無錫文庫

第四輯

吟風閣雜劇
真率齋初稿　芙蓉山館詩稿
芙蓉山館尺牘

鳳凰出版傳媒集團
鳳凰出版社

圖書在版編目（CIP）數據

吟風閣雜劇等 / (清) 楊潮觀等撰. -- 南京 : 鳳凰出版社, 2011.12
（無錫文庫. 第4輯）
ISBN 978-7-5506-0974-7

Ⅰ. ①吟… Ⅱ. ①楊… Ⅲ. ①中國文學: 古典文學—作品綜合集—清代 Ⅳ. ①I214.91

中國版本圖書館CIP數據核字(2011)第270305號

責任編輯　樊　昕
裝幀設計　姜　嵩
出版發行　鳳凰出版傳媒集團
　　　　　鳳凰出版社(原江蘇古籍出版社)
　　　　　南京市中央路165號　郵編 210009
　　　　　發行部電話 025－83223462
集團網址　鳳凰出版傳媒網　http://www.ppm.cn
印　　刷　無錫市證券印刷有限公司
　　　　　無錫市揚名高新技術產業園B區75號　郵編 214024
開　　本　889×1194毫米　1/16
印　　張　46.25
版　　次　2011年12月第1版　2011年12月第1次印刷
標準書號　ISBN 978-7-5506-0974-7
定　　價　610.00圓
（本書凡印裝錯誤可向承印廠調換，電話：0510－85435666）

無錫文庫工作委員會

顧問

楊衛澤　毛小平　周和平　譚　躍

主任

王立人

副主任

曹佳中　陳海燕　吴小平

委員

方標軍　須　儉　陳堯明　尤文科
何承志　蔡文煜　葉建興　施　展
嚴克勤　劉　川　雷群虎　李祖坤
瞿　敬　華瑞興　周興安　姜小青

無錫文庫編輯委員會

主　編

王立人

副主編

須　儉　姜小青

編　委（按姓氏筆畫排列）

王進雄　王賡唐　卞惠興　全　勤　吴　迪　沙無垢
金其楨　夏剛草　倪培翔　徐小躍　徐志鈞　浦學坤
陳文源　過旭明　過耀華　許墨林　張志清　程勉中
湯可可　蔡家彬　劉桂秋　錢建中　錢菲菲　顧文璧

執行編委

王華寶　王　劍　薛　飛　陳紅彦　林世田　謝冬榮
徐憶農　陈　立

編務人員

顧志堅　李躍光

無錫文庫學術顧問

（按姓氏筆畫排列）

朱玉麒　朱維錚　江慶柏　李文海

沈衛榮　武秀成　金良年　胡福明

莫礪鋒　徐中玉　陳熙中　許倬雲

張仲禮　張廷銀　彭　林　程章燦

馮　遠　馮其庸　楊天石　趙生群

劉玉才　錢　遜　錢中文　錢文忠

總序

七千年文明史，三千年建城史，江南名城無錫，襟長江依太湖，自古以來就是魚米之鄉，禮儀之邦。無錫文化自泰伯南奔以來，騰蛟起鳳，尚德崇文，在數千年的傳承發展中，教化常持，經世務實，人杰輩出，大家林立，文藻絢麗，錯彩鏤金。舍南舍北皆春水，欲與湖山作主人，數千年的人文傳統，賦予了風光秀美的無錫以獨特的文化魅力，鑄就了城市剛柔相濟、秀逸清麗的文化品格。

無錫是中國吴文化的發源地。早在商代晚期，周太王古公亶父的長子泰伯三讓王位，携其弟仲雍奔吴，定居無錫梅里，建『勾吴國』，『端委以治周禮』，施以禮儀教化；興修水利，授以農桑，不數年而『民人殷富』。泰伯帶來的中原文化與無錫本地土著文明相結合，吴文化以及作爲其重要組成部分的無錫文化就此發端。晋室南渡，北方人群大量南遷，帶來了中原的文化技術，促進了無錫農業、水利、手工業和商業的發展，中原文明再度與吴文化進行融合互滲。在本土文化與异地文化的碰撞和交融中，不斷推動着無錫這座城市的文明進步。

無錫歷史文化『追歷七千餘載歲月滌蕩，遂經四大轉折而成其廣大深厚：泰伯西來，吴文化成焉；永嘉南渡，江左文脉振焉；宋室波遷，江南文風始焉；歐風東漸，錫邑占風氣之先，民族工商文化始焉。數百代鄉彦賢達智慧與創造累積，文獻足徵，無慮百千』（《錫山先哲叢刊》重版弁言）。無錫文化以兼容并蓄多樣化的形態不斷發展。

崇文尚教，以教促文。北宋嘉祐三年（一〇五八），無錫始設縣學；北宋政和元年（一一一一），理學傳人楊時在無錫創建東林書院，此後無錫出現了喻樗、尤袤、李祥、蔣重珍等一批知名的教育家。至明代，顧憲成、高攀龍等在東林書院講學，此後又有許多書院相繼而起。古代無錫對教育的重視，促進了『崇文』和『尚教』的風氣，也造就了大量的人才。自隋朝開創科舉取士到清末廢除科舉，無錫共出了五名狀元、三名榜眼、六名探花和三名傳臚，并有五百四十名進士，一千二百多名舉人；『一榜九進士』、『六科三解元』，自古傳爲佳話。近代以來，經濟的繁榮進一步帶動了教育的興盛。無錫籍國學大師錢穆曾説：『晚清以下，群呼教育救國，無錫一縣最先起。』此後無錫的實業家紛紛出資興辦文化教育事業。教育的繁興，在極大程度上促進了無錫的文化發展，出現了空前的文化人才崛起的高峰。

文脉綿延，後出轉强。歷來『文化』的概念有廣義和狹義之分，這裏的『文脉』之『文』，用的是狹義的概念，即指經史、文學、藝術等人類所創造的精神財富的總和。在無錫的歷史文化傳統中，自古及今，悠悠文脉，如瓜瓞之綿綿。必須指出的是，從文化發生學的角度來看，早期中華文化的中心是在黄河流域的中原地區，無錫在宋元以前，雖有像顧愷之、李紳、尤袤、蔣捷、倪瓚等一批人文英才，但在整體上，無錫的文氣是自明清以迄近現代達到巔峰。在整個江南地區文教昌明和無錫經濟繁盛、教育勃興的大背景下，無錫地區在經史、文學、繪畫、音樂等諸多領域中，建樹卓越，俊才雲蒸，真正呈現出『人文之盛，冠於南國；碩彦輩出，著述繁富』的局面。

求實務本、重工崇商。無錫自古爲江南富庶之地、魚米之鄉。明代東林講學者將士商并列爲『本行』，講求經世致用，近代早期維新的思想家、實踐家薛福成提出『黜浮靡，崇實學』，大力倡揚『工商爲先，耕戰植其基，工商擴其用』的觀念，這些都成了近代以來無錫人求實務本、重工崇商的重要的思想根源；兼以明清時期，封建自然經濟解體，資本主義開始萌芽，無錫經濟日趨繁盛。鴉片戰争以後，上海開埠，由於商品經濟的發展和商業資本積累的增加，逐步形成了一個以上海爲中心的，北接江陰、靖江，西連蘇州、無錫、常州的經濟區域。有布、米、絲、錢『四大碼頭』的無錫，被譽爲『小上海』。到了十九世紀末、二十世紀初，無錫許多有識之士積極引進西方生産技術，大力興辦工廠，形成了近代六大資本系統，無錫成了近代中國民族工商業的發祥地和蘇南經濟中心。經濟的繁盛，不僅爲無錫文化的不斷發展提供了堅實的物質基礎，而且也形成了無錫文化的主流形態之一的，具有鮮明特色和豐富内涵的『工商文化』。

文化源長，文獻宏大。在歷史上，無錫有過兩次較大規模的文化整理。一八九九年，《常州先哲遺書》是包涵無錫在内的第一次區域性文化整理集成。一九二二年，《錫山先哲叢刊》是無錫真正意義上從城市角度進行的一次文化整理。當時，國家積貧積弱，社會動蕩離亂，身處亂世的有識之士高擎文化的旗幟，以縱覽千古的魄力和毅力致力於城市文化傳統的繼承與弘揚，爲無錫地方人文教育提供了文化楷模，對增强無錫崇文興教氛圍發揮了重要的作用，爲無錫躋身江南名城提供了文化動力，其意義至今爲後人感念。

滄桑巨變，天上人間。經過近一個世紀的奮鬥探索，特别是改革開放三十多年來的迅猛發展，中華民族强勢崛起。國運昌隆，盛世修典。中共無錫市委、市政府高度重視地方傳統文化的整理弘揚工作。自二〇〇七年提出『建設文明無錫，打造文化名城』以來，無錫全面深入開展歷史文化遺産的挖掘、清理、保護和修復工作，傳承弘揚優秀傳統文化，彰顯城市人文歷史底藴，掀起歷史文化名城建設新高潮。此後，市委、市政府在《無錫市文化大發展大繁榮行動綱要》中明確要求全面整理出版地方歷史文獻，市委、市政府在《關於深化文化體制改革加快文化强市建設的决定》中再次明確要求編纂《無錫文庫》，正式啓動迄今爲止無錫地區規模最大、綜合性鄉邦文獻集成的修編工作。爲確保《無錫文庫》的編纂工作順利進行，市委、市政府專門成立了『無錫文庫工作委員會』，由市委宣傳部牽頭，設立了『無錫文庫編輯委員會』，計劃用三年時間完成編纂出版工作。《無錫文庫》的編纂，將以嶄新的學術角度和現代學科框架對城市歷史文化進行全面梳理和弘揚，站在時代的高度，充分展示城市深厚的歷史底藴，彰顯先賢哲人的智慧創造，解讀無錫文化的獨特個性，提煉升華無錫的人文精神，光前裕後，古爲今用，以文化人，由人化文，以史爲鑒，開啓未來。

《無錫文庫》的編纂出版必將發揮重要的文化功能：首先是搶救文獻。無錫自古即有豐富的地方文獻，無論經史子集，都有重要著作流傳於世。然而無錫近代歷經戰亂，一些重要典籍已毁佚，僅有書名存留；還有一些珍貴的明清地方史籍，也以孤本存世，處於若存若亡之間。由於各種原因，一些代表無錫文化的典籍保存於國内外各大圖書館中，在無錫不易見到。從清末到民國期間，在文化上有不少重要成果，而這部分書籍因長期被忽視而處於毁佚的邊緣。《無錫文庫》的編纂就是爲了搶救文獻，保存文脉。其次是古籍整理。無錫先賢留下的載籍很多，但現存書籍，版本雜亂，良莠不齊，整體而言没有經過系統編排梳理，使用不便。《無錫文庫》的編纂，就是從版本目録學的角度加以梳理，每書皆撰提要，鈎玄指要，便於閱讀使用。第三是服務大衆。《無錫文庫》所收皆爲地方古史遺文，是研究無錫歷史沿革和文化傳承的必讀書目。《無錫文庫》的編纂出版，使這些書籍的使用更加便捷和廣泛，對無錫的文化建設、城市規劃、古迹保護、名勝開發都具有很高的學術價值和實用價值。

歷史唯物主義觀是《無錫文庫》編纂出版工作的重要指導思想。《無錫文庫》是一部具有社會主義新時代特點的典籍集成，編纂理念和選編觀念更加科學，注重學術性、實用性和經典性相結合，并且儘量收入古籍版本研究的新成果，廣泛收集流散在國内外的珍貴典籍。編纂工作中，始終堅持『尊重歷史、尊重科學、尊重規律、尊重專家』的原則，堅持『雙百』方針，對傳統文化中重要的不同學派、不同觀點的資料兼收并蓄，力求客觀、完整和全面。當然，《無錫文庫》不可能包羅萬象，而以文史哲爲主要内容，兼顧其他類别著述，整體呈現出無錫歷史文化的發展脉絡。强化編纂工作的學術規範，提倡實事求是的良好學風，對文庫的整體規模、體例框架、所收書目、版式裝幀等進行反復論證，反復比較，多方聽取意見，慎之又慎，力争使《無錫文庫》成爲一部真正代表無錫文化的綜合性鄉邦文獻集成。

編纂出版《無錫文庫》的盛舉，得到了海内外衆多著名的文史專家、學者教授的熱烈響應。許倬雲、馮其庸、楊天石、李文海、徐中玉、馮遠、胡福明等無錫籍文化名人和劉玉才、程章燦、江慶柏、張廷銀、金良年等專家學者應邀擔任《無錫文庫》的學術顧問，他們扎實的學術功底、嚴謹的治學風範、卓越的學術見識，爲《無錫文庫》提供了有力的支撑。

千年吴地文明，百年工商繁華，賦予無錫人聰慧和靈秀，創造了具有獨特品質的城市文化和城市精神。當我們手捧先哲留下的珍貴文化遺産，不僅滿懷感恩、敬畏之心，更涌動着不負前賢、勵志圖新的激情，去努力創造城市文化嶄新的輝煌，讓無錫文化大發展大繁榮的春天更加姹紫嫣紅、繽紛燦爛！

無錫文庫編輯委員會

二〇一一年一月

凡例

一、《文庫》所收爲無錫籍作家的著述和與無錫相關的歷代文獻，分爲《官修舊志》、《地方史料專著》、《年譜家乘》、《無錫文存》和《近現代名家名著存目》五輯。

二、無錫地域範圍以現行行政轄區爲準。《文庫》立足無錫市區，兼顧江陰、宜興，適當選收江陰、宜興具有代表性的著作。

三、《文庫》所收著作，以史料價值高、使用價值大爲原則，適當兼顧其版本價值。

四、《文庫》主要采用影印方式出版，《近現代名家名著存目》收入作家小傳和主要著述目録。

五、《文庫》所收著作，其編纂年代下限爲一九四九年；《近現代名家名著存目》則不受此限。

六、《文庫》所收著作，原書如有蠹損、殘缺、漫漶不清處，原則上以相同版本予以換頁、補頁，使全書清晰、整齊。

七、《文庫》對所收每種圖書，均撰寫提要，置於每種書扉頁之背面；每册均新編頁碼，自爲起訖。

八、《文庫》編制書名索引和著者索引，以方便讀者使用。

第四輯編輯説明

本輯爲《無錫文庫》之第四輯《無錫文存》，主要收録歷代無錫籍作家具有代表性的詩、詞、曲、文集或珍稀史料。

無錫歷來被譽爲人才輩出、人文薈萃之地，所謂『蒼聖造端，文教聿起，泰伯入吴，肇基梅里，由是人文之盛，冠於南國。碩彦輩出，著述繁富』（高鑅泉《錫金歷朝著述書目考》序）。明代以前，無錫地區就已出現顧愷之、李紳、尤袤、蔣捷、倪瓚等一代名家；到了明清時期，這種『碩彦輩出，著述繁富』的特點得以充分地體現。據對《江蘇藝文志·無錫卷》一書的統計，古代無錫地區（包括江陰市和宜興市）有著述存世或見於載籍的作者，從東漢到元代有一百四十餘家，而明清時期則多達四千四百餘家。其中，尤以詩、詞、曲、文別集爲多，并且湧現了如吴炳、陳維崧、萬樹、顧貞觀、嵇永仁、楊潮觀、周濟、蔣春霖等一大批在全國範圍内廣有影響、知名度很高的作家文人。

許久以來，無錫地區的許多文獻學家，致力於無錫歷史文化遺産的保護和流布。除了刊刻大量的別集外，還編撰和纂輯了許多無錫地區的地方文獻書目、地方文獻叢書和地方文學總集。地方文獻書目，如高鑅泉《錫金歷朝著述書目考》、無錫縣立圖書館《無錫縣立圖書館鄉賢部書目》、無錫市圖書館《無錫市圖書館館藏地方文獻目録》及續編、辛幹《無錫藝文志長編》、宫愛東主編《江蘇藝文志·無錫卷》等；地方文獻叢書，有侯鴻鑒、劉書勛輯《錫山先哲叢刊》，金武祥編《江陰叢書》，謝鼎鎔輯《江陰先哲遺書》等；地方文獻總集，有莫息、潘繼芳輯《錫山遺響》，顧光旭輯《梁溪詩鈔》，侯學愈輯《續梁溪詩鈔》，周有壬輯《梁溪文鈔》，侯學愈輯《梁溪文續鈔》，王直、王鑒輯《錫山文集》，侯晰輯《梁溪詞選》，楊敦原編《江陰詩存》，顧季慈編《江上詩鈔》，謝鼎鎔編《江上詩鈔補》等。而《無錫文庫》的編選，正是建築在前賢們這些努力的基礎之上。

本編收録歷代無錫籍作家的作品集一百多種。所收作家作品的時間下限爲民國。民國以後的作家作品，則進入第五輯《近現代名家名著存目》中，作爲存目處理。

按照經、史、子、集四部的傳統圖書分類，本編主要收録集部的作品；間亦酌情收録少量其他部類的作品，如顧憲成《顧端文公大學通考一卷大學質言一卷大學重定一卷》及《大學意一卷中庸意二卷大學説一卷中庸説一卷語孟説略二卷》屬經部四書類，徐弘祖《徐霞客遊記》屬史部地理類，李浚《松窗雜録》、費衮《梁溪漫志》和李詡《戒庵老人漫筆》等筆記體作品屬子部雜學類或子部小説類。這些著述或因版本珍稀，或因影響廣遠，故而收録。

本編之前數册，收録《梁溪文鈔》、《梁溪文續鈔》、《錫山遺響》、《錫山文集》、《梁溪詩鈔》、《續梁溪詩鈔》、《梁溪詞選》等無錫地區詩、詞、文總集；其餘各册，所收皆爲單集作品。

各總集内的作品，雖然與各單集内的作品會有少量的重復，但其中還收録有大量未選入本編單集中的作家作品，再加上這些作家的小傳，便使得這些總集具有了很高的文獻資料價值。

各册之間的順序，以歷史年代先後編排。所收録的單集作品，如卷帙較大者，則一種編爲一册或數册，如薛福成《薛叔耘遺著十六種》等；篇幅較小者，則或按年代先後，或按文體類別，或按家族關係，由數種編爲一册。

目録

吟風閣雜劇

（清）楊潮觀 撰

《吟風閣雜劇》，清楊潮觀撰。清乾隆三十九年恰好處刻本，前有作者自序與題詞。凡四卷，每卷八折，每折一事，劇前有小序，點明主旨，共收雜劇三十二種。

楊潮觀（一七一〇—一七八八），清代戲曲作家。又名潮，字宏度、又作閎度，號笠湖，江蘇金匱（今無錫）人。乾隆元年恩科舉人，入實録館供職。後歷任山西文水縣、河南固始縣、杞縣、林縣知縣和江蘇邳州、四川邛州、瀘州知州等十六處地方官。潮觀爲人『性和易，而爲政廉敏有聲』，他關懷民生疾苦，辦案周詳縝密，平反冤屈。還創設書院，修造學舍，對清寒學生資以衣食。乾隆四十四年知瀘州，時方大饑，因發倉廩，設粥廠，曲爲調護，活人無算。在職廣學田，置義渡，修養濟院，士民稱道不衰。一生著述甚多，纂有《林縣志》、《左鑒》，另著有《吟風閣詩鈔》、《吟風閣詞鈔》、《笠湖詩稿》、《周禮指掌》、《易象舉隅》等，惜多已散佚。事蹟入《嘉慶無錫金匱縣志》和《嘉慶四川通志》，袁枚爲之撰《傳》。

楊潮觀爲官之餘，不廢吟詠，絲竹陶寫，寄情聲律，尤善於度曲。乾隆三十三年在邛州知州任上，他修復卓文君妝樓古蹟，修葺官舍，取名小西園，并在園中建造吟風閣，約集藝人演唱自己創作的戲曲。他將平生劇作修改補正，輯成《吟風閣雜劇》。劇式短小，但情節完整，與後世的獨幕劇相似。旨意寄托遙深，曲文跌宕起伏，賓白酣暢詼諧。楊潮觀擅長并致力於政治倫理、道德主題，其所作雜劇，多能反映人民疾苦，揭露官場徇私枉法、賄賂公行、奢侈鋪張之積弊，針砭世態人情，提倡清正廉潔、勤儉樸質，品格高標脱俗，表達了作者對於賢明政治和清廉節操的嚮往，具有積極的社會意義和較高的藝術價值，在中國文學史上佔有一定的地位。

《吟風閣雜劇》最早有乾隆甲申恰好處原刊本，此後有乾隆己丑恰好處重刊本、乾隆甲午恰好處重刊本、嘉慶庚辰屋外山房主人重刊本，以及民國二年上海六藝仁記書店校印寫韻樓女士圈點本《吟風閣傳奇》。

本書據清乾隆三十九年刻本影印。

（金其楨）

吟風之曲往年行役以餘遣興
為之其登籍邪入籍邪殊不自
知年來與知音商搉次第被諸
管絃爰兹始獲刋定夫哀樂相
感聲中有詩此亦人事得失之
林也士大夫詩而不歌久矣風
月無邊江山如畫能不以之興
懷惟是香山樂府止期老嫗皆
知安石陶情不免兒輩亦覺矣
旹乾隆甲午之秋

吟風閣　序　二

吟風閣目錄

吟風閣　目錄　一

吟風閣

小序

新豐店思行可也命世無人而馬周巷遇爲世美談敷陳其事聊慰夫懷才未試者

大江西思任運也江行萬里消受無邊風月懷古之餘倚帆清嘯忘其于役之遙

行雨思濟世之非易也以學養才歛才歸道非大賢以上其孰能之

黃石婆思柔節也易用剛黃老用柔光武言吾治天下亦欲以柔道行之柔勝剛弱勝强柔之時義大矣哉

快活山思分定也即榮啟期之意而長言之至樂性餘至静性廉雖異伐木之旨其亦神聽和平者乎

錢神廟思狂狷之士也豐嗇由天狂者胸中無物若狂而不狷君子奚取焉

晉陽城思雪讒也溫郎固英物在當時國士無雙而有絕裾之謗求忠臣孝子門吾決其必不然而事或有因如兹之所云云爾或者曰近世征衣之製多缺一襟非獨便鞍馬蓋即溫郎遺事以儆夫遊子忘歸者

邯鄲郡思失職也譬之鹽車駿馬能無仰首一鳴然知命者怨而不怒有風人之義

賀蘭山思知己之難遇而賢者忠愛之至也汾陽偉人太白奇士思其事想見其爲人慨當以慷庶幾乎登場遇之

朱衣神思賢路也文章一小技而名器歸之九品中正以後舍此則其道無由及其權重而取精用宏進退予奪之際可勝慨哉

夜香臺思慎罰也武宣之際吏事刻深不疑亦快吏也史稱其嚴而不殘訓由賢母獲以功名終若夫嚴延年母雖賢曾莫救其子之惡悲夫

發倉思可權也爲國家者患莫甚乎棄民大荒召亂方其在難君子饑不及餐而曰待救西江不索我於枯魚之肆乎詩曰載馳載驅周

爰咨度汲長孺有焉

魯連臺思達節也戰國策士縱橫于秦貨楚惟魯連于世無求獨伸大義於天下其賢于人遠矣世稱魯連不死嘗讀太史公書子房東見滄海君求力士而不著其姓氏誰爲滄海君其卽魯連子非耶

荷花蕩思托孤寄命之難也自昔衣冠多賢智而愚不可及每于厮養中得之

二郎神思德馨也禮有功德於民者則祀之能

捍大災禦大患者則祀之灑沉澹菑禹之明德遠矣三代以降遠績禹功而大庇民者其惟蜀之二郎乎香火千年蜀人尊爲川主思其德而歌舞之宜矣惟是神之姓氏傳聞異辭在正史爲李氏子在虞初家皆以爲楊豈灌口有兩二郎耶

笏諫思遺直也唐人有相笏經當時吉凶頗驗而不知美惡之在人若夫萬笏朝天而魏鄭公用以諫君顯段太尉用以擊賊聞此眞笏

之美者也物以人重信夫

酕醄思重匹也孝子順孫義夫節婦天性淳篤可維風化者輶軒所及代有旌揚而連類及之從無特奬義夫者近事可徵是用隱其名顯其事以備激揚之缺典云爾

露筋思厲俗也煙花三月歲歲揚州詎二十四橋月色簫聲之外有自苦如露筋娘者來往邗江敬瞻祠宇輒借絲哀竹濫寫其幽怨焉

掛劍思古交也一劍何足道而死生然諾之際

情見乎詞

郄金思祖德也家藏有四知圖像并被諸絃歌亦白圭三復之義

下江南思武德也夫武禁暴戢兵安民和衆宋初李煜出降錢氏納土皆以全取勝東南之民晏然孰知百年而後東南卽其子孫獲以偏安處也曹彬之後當昌又其小焉者爾

藍關思正直之不撓也道之在天者曰其在人者心心君氣母内不受邪則光曜直達通徹

三界吾於昌黎發之。

荀灌娘思奇節也。至性所動。無鬚眉巾幗。無總角成人。臨事激昂則智勇俱出。如當日灌娘之救父。豈非動天地而泣鬼神者乎。

葬金釵思補遺也。當日信陵破秦歸魏。封侯生之墓。弔晉鄙之魂。而爲如姬發哀。蓋情事之所必有。而史不及載。輒用悲歌以補之。

偷桃思譎諫也。遊方之外。飾智驚愚。愚實易驚。非仙實智。知之者其滑稽之雄乎。

換扇思攖寧也。攖寧者攖而後寧。若夫得全於天。胸無滯碍。非蔓亦非覺。何入而不自得乎。

西塞山思物外觀也。風雨晦明。安危憂喜。頃刻萬端。用柰物變。

忙牙姑思死封疆之臣也。周有遺戍及勞旋師之詩。所以慰其心者至矣。而於死事者缺焉。孔明瀘江酹酒。哀動三軍。僉曰吾師待死者如此。況其生者乎。

凝碧池思志義之士也。妻子具則孝衰矣。爵祿具則忠衰矣。上失而求諸士。士失而求諸伶工賤人焉。昔晏子有言。非其私暱。誰敢任之。若雷海青者。其可同類而共薄之耶。

大慈嶺思返本也。是儒是釋。誰見道眞。求諸語言文字之間。抑亦末矣。

罷宴思罔極也。長言不足而嗟嘆之。不自知其淚痕漬紙。哀絲急管。風木增聲。恐聽者與蓼莪俱廢爾。

琴徵亭思英特也。蘄王忠智出則夫婦同奬王室。退則闔門養威重。不出家而得泉石之友。似此唱隨。亦賢矣哉。

吟風閣

題詞

南呂引子滿江紅（末上）世界雲浮幻樓閣空中人物平臼地為誰顰笑等閒癡絶對酒當歌何處好憑高弔古無人識但自家陶寫性中天開評跋　百年事千秋筆兒女淚英雄血數蓍茫世代斷殘碑碣今古難磨真面目江山不盡閒風月有晨鐘暮鼓送君邊聽清切

中呂慢詞沁園春美景良辰賞心樂事人生幾場自新

聲鄭衛淫哇競起悲歌燕趙感慨多傷大雅云遙陽春絶少子孝臣忠關幾章移情處風流宏獎別譜綵賛　吟風閣下徜徉有短笛橫吹信口腔借丹青舊事偶加渲染漁樵閒話粗與平章顛倒看來胡盧提起青史何人姓氏香呼僮至相將好去細按宮商

新豐店馬周獨酌

南呂南三登樂（生扮馬周上）天闕巍峨少架海金梁一座閃酸寒何處奔波待借壺觴澆磈磊有口懸河便踏破瓊瑤上市樓孤坐

好一天風雪也我馬周自到長安客店以來行李蕭條十分落寞昨有中郎將常何要吾代草奏章暫留門館正是時命不將明主合布衣空惹洛陽塵鎮日無聊到新豐市上把酒散懷今日衝寒而出獨步天街不免更圖一醉來此已

是酒保那裏（丑扮酒保上）小子穿爛犢鼻褌犢鼻褌酒錢只向當壚數前門看上卓文君後廂捉住畢吏部畢吏部相公這廂沒有你的坐處你看樓上樓下都是貴官長者公子王孫占滿了你到旁邊去罷（生）肥馬當風蹇驢避路不拘甚麼去處只管多多的篩熱酒來便了（丑）看你身上單寒倒消得我幾壺酒哩

正宮錦纏道（生）你道破窖邊臥袁安空將凍呵看俺滿引的醉顏酡（丑）可要甚麼菜下酒（生）古人云濁

酒當以漢書下之、不消別的下酒、（丑）書是好下酒的、原來你們讀書人把讀的書、都囫圇吞下肚去了、可不脹壞了人、（內叫介丑下）（生）我想漢高皇當日、威加四海、慢罵儒生、說道乃公以馬上得天下、何用詩書、這話好沒計較也、想漢當日羣方久困干戈、單仗着舊從龍、礪山帶河、却不道鬥乾坤、滲漏還多、只聽那猛士大風歌、他全不要詩書王佐、任書生禮數多、馬足下儒冠摧挫、怎教他園綺顧來過、

吟風閣　卷一　新豐店　二

酒保、酒來、（丑上）酒又來了、（下）（生）你看如今大唐開國、一樣是風塵三尺劍、社稷一戎衣、却文武一時並進、比那漢初光景不同了、

【仙呂】皂羅袍　戰罷元黃水火、儘驅除剗削、數子幺麼、端拱瘡痍問如何、還愁跌却金甌破、凌煙宿將、風雲殿閣、瀛洲學士、神仙會和、你道這朝臣宰還少着恁麼來、那裏去別尋事業書生做、

我想孔子說邦有道、貧且賤焉、如今似我馬周、酸寒乞相、爛醉生涯、可不孤負了生當盛世、（笑介）怎的解嘲、敢道是萬馬爭先、驊騮落後、

【前腔】可是飛騰無那、任長吟抱膝、命竟如何、幸感會風雲際時和、豈搜羅豪俊無堪可、丹青元化、河清頌歌、山龍補衮、賢良諫科、抵多少後功名圖向麒麟左、

且放下酒盃、不免就店壁上題他雪詩一首、聊寫倦懷、（題介）是誰空裏酒瓊瑤、甚不禁寒、季子貂、今日新豐一壺酒、滿腔磈礧雪同消、你看白壁上映着雪光、好不明亮也、再拏酒來、（丑上）酒

吟風閣　卷一　新豐店　三

又到、（看壁介）咳、你這人好不討嫌、我家舖面興隆、坐頭打埽清潔、（生）不見得、（丑）竟遭酸子降臨、慣要東塗西抹、（生）誰禁得、（丑）主人十分憎嫌、特地裱糊雪白、（生）狠難得、（丑）偏我遲來一步、不知已涴吾壁、（生）便宜了壁、我詩千金一字哩、（丑）莫道一字千金、我看半文不值、（內叫介丑下）（生）埽興埽興、平白被這厮奚落了一場也、

【商調】鶯皂袍　魑魅喜人過、被揶揄將奈何、嘆詩書不是居奇貨、享羔羊酒酡、擁妖姬艷歌、熱趕着五陵

裘馬翩翩過、今日裏、是新豐雞犬、也欺人坎軻。是長安風雪、也將人折磨。我只要問天公、怎安排這後樂先憂我

說話中間、不覺的獨斟易醉、作眈睡介、副淨扮內監末扮軍將領從人上、我等奉駕帖傳宣、要那山東馬秀才、說他在新豐酒店、我等那一處不尋來、原來醉倒在此。馬秀才、馬相公、生作醒介、酒保再拿酒來呀。列位何來、到此何幹、衆、我是符官快如電掣、傘天宮奉差遣、生、我尋那個

衆、周天列宿點俱全、只有文曲星不見、生、不見再尋、衆、走到人間始得知、道你就是星官貶、生、莫要認錯、衆、果然火色與鳶肩、玉皇坐等靈霄殿、生、還了酒錢去、衆、去了再還、就取冠帶過來、御馬監也牽馬伺候了、就此前去面聖、合、正是、

貧時土銼冷疎烟　誰識長吟不世賢

一旦時來知宦達　看他三斗去朝天

下、丑弔場、介、了不得了、不得眞乃有眼不識泰山、你看他壁上題詩、這是留下名公筆跡、糝計快把碧紗籠罩起來者、內叫、下

大江西小姑送風

（小生冠帶便服丑扮童兒隨上）高臥人豪世所欽出山小草客塵侵宦遊更逐江湖遠琴鶴相隨識道心下官幼竊儒巾早塵仕版敢誇抱負無非數卷書傭若問行藏已是半生吏隱今當遠任南中打從大江西去一路登舟雖則旅况無聊閑愁不少所喜一江風景不覺萬里迢遙今日裏呵將愁悶一齊放下眼見得風月無邊把軒窗四面打開真個的江山如畫可不暢快人也

【北雙調】**新水令**江山似此畫圖非拂雲來片帆天際俺則待趁仙風揮羽扇不爭便訪漁伴臥簑衣月朗漸星稀聽何處笛聲起

（丑）你看一輪明月萬里無雲老爺對此清光豈無佳興可不吟詠他一番者（小生）使得

折桂令耀金波似照燃犀水下魚龍水面虹霓分明見露濕漁磯煙橫戰壘風捲靈旗誰對着雲山長嘯漫驚他鷗鷺羣飛一拼拼船舫東西一層層煙樹高低白茫茫人倚窗扉響滔滔浪滚沙堤

（丑）雖則江景甚佳只是前途尚遠老爺怎生消遣哩（小生）你道怎生是好

雁兒落帶得勝令朝隨着估客帆夜攬着江妃佩填成了白苧詞收起了青衫淚呀你看那水濶魚爭戲你看那天空也任鳥飛你看那耕牧踏煙逼你看那一帶雲山紫邐齊須知俺際昇平萬里遄征易休提那弔滄桑千秋往事非弔滄桑千秋往事非

（丑）老爺要看江邊古迹這廂是京口那邊就是金陵（小生）好一帶繁華地面也

收江南呀這不是京江鎖鑰嘗眼便雄奇更揚州燈火歌吹起畫橋西只有那龍盤虎踞怕不似古南畿看金粉六朝剩繁華有幾只留得一拳采石縹緲謫仙衣

（丑）這廂是馬當山下那望見的就是小姑山呀前面烏雲起處風雨霎時到了須要泊船守風者（小生）舟行迢遞又值阻風不知江神有靈留我何事鎮日水艙獨坐書卷拋殘只得就此假

霎片時、童兒可吩咐船家好生在意（丑應下）（小生䏦睡介）（內作風雨濤聲介）（小旦扮神女侍從上）一點煙鬟不染埃、朝眞昨夜玉京回、已拚江上愁心盡、豈逐朝雲暮雨來、吾乃潯陽江上小姑山神女是也、自禹王導江、萬靈受職、吾神姊妹疏導潯陽九派、佐助有功、因而受其籙命、封爲水府正神、大姑鎭守湖干、小姑控制江上、數千年血食、保障生靈、只因對江有一個彭郎磯、相傳吾神有甚緣由、每在烟雨中與彭郎往來

交接、彭郎乃是頑石一塊、終古無靈、這話從那裏說起、

（南呂仙）【醉扶歸】你看大姑他立處誰陪從、咱小姑閑影照江空、端的是無匹匏瓜常在暮雲中、沒來由拖將頑石爲情種、遙望着一龕香火最高峯、說甚的塵生羅襪凌波夢、

可見世間好事的人附會之言、何所不有、這也不在話下、今日吾神在梳粧樓上、憑闌一望、見有官舫阻風、逗遛在此、那艙中隱几之人、看他道氣猶存、可柰塵緣未盡、風婆水母、須得與他順風相送、教他前去十分輕便也、

【皂羅袍】（合）驀地裏靑蘋吹動、聽叮噹遞響、環珮天風、提起輕舟浪花中、箇人未醒遊仙夢、岸猿啼過靑山數峯、檣烏飛去芳洲數叢、步微波、又巧爲着他時來送、

吾神就此回去、你們好生護持者、只願他風檣陣馬、浮名過早、向蓬萊頂上行（下）（丑上）耳聽好消息、眼望捷旌旗、老爺還不醒來、一霎時轉了

好風、不知里數、已是吳頭楚尾了、（小生醒介）好奇怪、適纔似夢非夢、見有神女前來、這不是小姑顯聖哩、

（北雙調）【沽美酒】（帶太平令）馬當山咫尺迷、馬當山咫尺迷、雷雨至浪花飛、坐對着小小孤山眉黛低、謝伊家姊妹、可方便的送咱過大江西、（丑）那不是琵琶亭、轉眼又到赤壁磯了、（小生）想當日逢白傅琵琶掩泣、遇周郎檣艣飛灰、那百尺高是黃鶴樓、岳陽樓都醉了、那洞仙飛去、這一片白是洞庭湖、靑草湖、

真見了他龍女傳奇。偬呵、看一路裏朝暉暮暉。鎮
日間鵑啼鴂啼。呀可不道壯遊的心兒裏直恁地
宦情難已
（丑）看不盡江邊美景、也須防風浪非常、稟老爺
前面就是驛亭官路、你看岸邊、夫馬齊備、即請
上岸登程者（小生）可就此起馬、
尾聲中流鼓棹誰同濟。蝸角蠅頭名利。却忘了天
塹風濤路險夷。

李衛公替龍行雨

（北仙呂）點絳唇（小生扮李靖上）寶劍橫腰。尋師訪道。
程途杳。日掛林梢。問何處停驂好。
吾乃三原李靖、年方弱冠、出自將門、俺舅舅韓
擒虎、是當今第一員上將、他平吳之後、把一身
武藝、各種韜鈐、都傳授於我、只是文武不能兼
備、聞得如今龍門山下、有個文中子先生、他道
行甚高、俺要去從他學道、三年方纔出世、自然
做得個擎天巨手、竹帛揚名、故此取路前來尋
俺師父、說話中間、不覺天色已晚、有悞程頭、你
看樹林中、一點火光、想有人家、也不免上前叩
門則個（老旦扮龍母上）恐有燃犀客、須防煮海
人、那個叩門（小生）驚動老母、不知寶庄可容借
宿（老旦）郎君休怪、老身孩兒出去、家下無人、沒
柰何這庄外團瓢裏面、郎君將就些罷（小生）但
免露宿、便承老母厚意了（老旦）非關雨落天留
客、掩門（下）（小生）難道天留人不留（下）
（小旦扮龍孫跑上）大聖召小聖、急急如律令、嫣

嬀開門孩兒自外回來遇着天符下降急宣父王河東行雨明日寅卯時分準下甘霖一尺救彼旱苗現有勅書在此如今父王未回怎生是好〔老旦〕這事怎麼處有了勅書供奉〔叩門介〕郎君醒來有事相煩我與你實說我不是凡人我乃龍王之母頃奉上帝勅書差遣河東行雨怎奈孩兒出外童兒幼小事在緊急要請郎君代勞〔小生〕原來如此但我是凡人怎生代得〔老旦〕郎君本非凡品倘肯代得吾有白馬行空皂旗

遣將到那地面你只搖動淨甁將柳枝灑下自然下方得雨時刻無差但這淨甁非同小可張唇海納舉手山搖地下萬點非多天上一滴非少交與郎君須要聽吾囑咐〔小生〕果然上天有路你看俺爲霖手段波〔小旦〕嬀嬀我正想天上去走走可放孩兒捧着淨甁同去〔老旦〕使得須知用汝爲霖處正値蒼生仰望時〔下〕

【混江龍】〔小生〕則聽得一聲呼哨馬蹄兒冉冉入雲高眞個的排空駁氣直上扶搖脚底下掠過了何郡何州銀壺點滴催殘漏頭頂上冲開了非煙非霧罡風推激洒鴻毛黑漫漫晨星散落金雞叫明晃晃海霞烘起赤城標你看天色黎明無端身在天半俺不是揚州遊客跨鶴纏腰俺不是秦臺嬌客乘鳳吹簫俺待叩天門咫尺俺待酬下界哀嗷你看那四下裏逃的逃散的散湯火遊魂五百年蒼生厄難你看那半空中跳的跳舞的舞驕陽旱魃數千里赤地枯焦消磨盡開皇富庶折罰起大業奢豪今日裏喜得天誘其衷假手於我這匹白

馬呵看馬蹄兒騰踏是匹練光冲散了黃塵匝地這面皂旗呵看旗尖兒招颭是蚩尤影遮住了赤日當霄這個淨甁呵妙空空一口兒吸盡了銀河天漢這枝楊柳呵輕裊裊幾葉兒灑徧了甘露祥飈一般般如心如意眞奇寶一件件未能未信學操刀〔登高處介〕欲窮千里目更上一層雲來此已是〔符官上〕功曹上各澆場〔下〕那個是天符使者那個是日値功曹那個是各山各水各神祇一齊聽令那個是司風司雨司雷電四面揚鑣你看半雲

半霧諸神早到只是下方如此大旱依着龍母語
言一滴枝頭濟得甚事散絲絲神駒尾鬣點滴滴
活柳枝梢爲甚來緣慳難捨不由我手滑難熬
自古道將在軍君命有所不受自然龍在雲帝
命也有所不遵了正是一朝權在手便把令來
行第一來巽宮上風府諸神聽令者
油葫蘆大塊無聲本寂寥你急先鋒衝陣早不爭
的打從蘋末起蕭騷待飛砂走石神靈到更洪罏
鼓動陰陽竅你來自無形去絕踪慣使驅除能汎

掃不平鳴助虎空林嘯催着那垂天大片亂雲飄
遣到風伯風姨急急如律令風神遶場下第二
來艮宮上雲臺諸將聽令者
天下樂猛見那一帶連山也那萬里遙高也麼高
凸更凹氣氤氳還把山頭罩掛龍身拖下梢運鯤
池隨上湖你一層層班布空虛迷晝曉
遣到雲母雲童急急如律令雲神遶場下第三
來兌宮上水府諸神坎宮上行雨諸神聽令者
哪吒令則盼你密濛濛雨毛徧松柏竹梢潤蘇蘇

土膏浸禾苗麥苗更弄紛紛水妖起江潮海潮洗
乾坤從頭把疹氣消會風雲徹底把盆傾倒好助
我指揮如意做人豪洒柳枝介
遣到四海龍神急急如律令水神遶場下第四
來震宮上雷部諸神離宮上電母諸神都來聽
令者
鵲踏枝趁着這電光飛雷火燒則要你照耀人心
顯赫天條黑慘慘鎖住這十方昏暗劈淋淋下穀
了萬頃波濤倒淨瓶介

遣到五雷使者急急如律令雷神遶場下小生
天將已到風雲雷雨諸神點札起各部下天將
天兵急急如律令倒淨瓶介小旦扯住介罷呀
骨都都的再倒不得了衆神遶場下小生呀你
看這一套排場果然弄大了想來下土旱苗都
已沾濡透足在事諸神可各歸本位俺也就此
勒馬下凡去也衆繳法旨下
寄生草小生則見的濃陰散碧落高那一搭歸雲
猶露龍鱗繞那一搭斜陽已映霞光好那一搭遮

宵漸送鴻飛杳原來是神功收歛寂如無便看俺懸厓撒手回來了

我想人生怎能到得天上我且立馬雲端放開眼界觀看一回者

么篇這不是丹山鳳碧海鰲這是借他梯上追風驃看齊州九點輕煙罩看天門夜上無人到早則是著龍擺尾入雲深只怕俺大鵬展翅嫌風小

不免按下雲端龍孫你帶馬回去罷（小旦）先生有勞我從雲裏來還從霧裏去（繞場馳下）（小生）

吟風閣　卷一　行雨六　十六

你看山水陡發河流異漲且下馬高坡向前一問者那裏半山上有個廟宇廟門上是龍門山三個大字想俺師父就在此間好不僥倖也雜遶場上好大水庄田都淹了快逃命嗄（下）（小生）你看山門大開俺且到寺中尋俺師父文中子去（虛下）

（生扮文中子上）禮樂三千立兩旁年華雖去貌堂堂門牆不種桃和李松檜如龍伴老蒼自家文中子王通便是（小生上見介）果然是俺師父了弟子拜見（生）你是何人從那裏來（小生）弟子是李靖從天上來（生）這個後生撒虛捏鬼來做甚麼（小生）師父休怪容弟子禀來（生）你且道

後庭花（小生）俺弟子呵是三原年少豪是元龍湖海交是俺舅舅韓擒虎親將孺子教受龍韜只欠的擎天手段因此向龍門走一遭

（生）既如此怎說是天上來也（小生）不瞞師父說

青歌兒只爲著鬬龍宮龍無寶他苦央弟子代其勞挨至得手搭涼篷往下瞧枯旱炎歊雲漢焦勞

吟風閣　卷一　行雨七　十七

草木俱彫畎畝無苗其奈天高罔聽哀號車火延燒盃水輕澆不普恩膏怎救嗷嗷因此上甘心矯制罰天曹幾乎把那淨瓶兒傾倒

（生）哎喲這邊廂大水滔天原來是你這後生造孽（小生）弟子是好心怎說是造孽（生）就是你這好心害事豈知你自道好就不好了那淨瓶是坎宮精氣結成瓶中一點地下一尺怎禁得你隨手揮灑豈不是要救千人反傷萬命況且違了玉帝勅旨那龍王母子難免天誅這又不是

受人之托反害人之事麽（小生）弟子得聞師言、
不覺汗流浹背如今弟子情愿告天自首獨任
其罰免得帶累龍君便了（生）好笑何勞你自首
凡人舉心動念天地皆知豈有你累葬着天門
邊在那裏妄爲妄作天公還有不知道的麽
（南仙呂）八聲甘州你會風雲快哉倒做成一段陷溺
奇災看田廬漂敗抵多少瓠子堤開你爲蒼生反
把蒼生來害怕不似傅說當年濟旱才休猜難道
他阨運當該

你既往無從追悔筭來也是此地生靈合遭水
厄只是一件從來救世的人偏會做出悮世的
事來也只爲他信心太深便下手太重了那斡
大事的人惡心不可有好心也不可有造化之
妙普物無心你須省得（小生）弟子省得了（生）你
可慢整衣巾隨後進來者記取當年赤松子原
是神農舊雨師（下）
（北仙呂）煞尾（小生）鬼谷師商山皓敢認作冬烘頭腦
他整頓乾坤濟時了比似俺少年鹵莽徒勞氣冲
霄手握着斗杓幾乎把四海蒼生都誤了那的是
弄神通小巧怎的是做英雄全套且低頭負笈受
甄陶

黄石婆授計逃關

（副净丑扮門軍上）打着梆、搖着鈴。關前關後不曾停。我這裏自從走了孟嘗君、無招證犬吠雞鳴也吃驚。我等都是守關軍士。（丑）俺秦王只爲博浪沙一事、今日捉張良、明日捉張良、可道張良是個怎生模樣。（副净）你還不知、那張良身長一丈、腰大十圍、虎背熊肩、銅頭鐵額、有萬夫不當之勇、因此上膽大包天、一鐵錘幾乎把秦王斷送。我聞得張良那匹夫、他小指頭也有擂槌

粗、袖裏鐵錘千觔重、五行遁法會書符、雖然不是夜叉羅刹鬼、畢竟是好漢英雄大丈夫。（丑）如此我們關口怎生準備他好。（副净）有甚準備、你是精細鬼、我是伶俐蟲、刀出了鞘、弦上了弓、荅好了鷄籠、快去關門還須塞狗洞。（下）

（南調雙）【風入松慢】（老旦扮黄石婆道裝上）刼灰樓炭戰塵多、攪醒俺枕上南柯、英雄未入神仙座、肯教他好事多磨。

自家黄石婆便是、與黄石公仙家夫婦、偕隱名山。因爲韓人張子房俠烈非常、道根深固、他散財結客、爲韓報仇、帶着黄金力士、狙擊秦皇、雖則大功未成、却也驚天動地。我那黄石老翁、一心愛他後生神駿、又怕他單仗着少年意氣、未識元機、難成大事、曾在下邳橋上、點化他一番、已將素書兵法、傳授與他、足可圖王定霸、只是如今秦君受驚、徧搜天下、圖形畫影、要捉此人、老翁筭他此厄難度、特叫老身趕上前來、授他錦囊密計、好叫他逃出重關、放心前去。說話中

間、這早晚子房敢待來也。（虚下）

【前腔】（小旦扮張良公子服餙揚鞭急上）空身跳出虎狼窩、四下裏無限干戈、不堪措手山河破、更禁他趕逐奔波。

傾家狥國已拚生、一擊秦王四海驚。六國可憐忠義盡、白虹單貫日邊行。（老旦暗上）呀、博浪凶徒在此。（小旦）你是何人。（老旦）我是秦皇差來捉你的。（小旦）看你是道家打扮、豈是替亡秦幹事的、休得來哄我。（老旦）我與你寔說罷、你記得圯

橋上的黃石老翁嗎、我家老翁別你之後、怕你此去前途難脫虎口、特地着老身前來授計於你〔小旦〕原來如此、你就是我師婆了、且問有何妙策救我脫身也〔老旦〕如今秦兵四守關隘重重、第來萬難逃遁、吾家老翁見你爲人氣槩英雄、狀貌却像婦人女子、因此上將計就計、教你假充入海求仙的童女、待老身與你假做師徒、撞出重關、自然沒人盤詰、已把一套冠子絲條、道粧女扮、并丹藥葫蘆、防身寶劍、帶來就此與

你改粧前去〔小旦〕多承師父提挈、但我生來行不更名、坐不改姓、這個羞人、却使不得〔老旦〕呀、你大難臨身、須知通變、從來剛者必折、强者必滅、豈不聞始如處女、後如脫兎、這是執雌守柔、正合着素書上的元機妙用〔小旦〕說得有理、事在急切、只得從權、改粧介〔老旦〕試與你端詳一會者

〔仙呂入雙調〕**朝元令**你看他眉峰眼波、豈是凡花朶、雲鬟黛螺、賽得觀音過、冠帔芙蓉、端詳停妥、怎知他年少哥哥、子房、你改粧起來、竟是個妙年姑子、一般無二、只怕志氣消磨、男兒壯心將奈何、如畫淡粧梳、人從閬苑過、若不是三生業果、這就裏敢怕天瞧破、怕天瞧破、

〔老旦〕可替你再把髻兒整一整、如今看來連老身也辨不得你的雌雄了〔小旦〕待我就水邊自照來

前腔愁深恨多、巾幗英雄裏、雲飄帶拖、圖畫神仙我、黃石丹頭、赤松因果、你本來面目如何〔老旦〕好

笑呀、子房如今你倒底是個處女、是個脫兎〔小旦〕師婆休得取笑、道是奔月姮娥、烏兒兎兒怎辨訛、頃刻散花多、眞容現普陀、早則是金蓮纖可、驀地裏步雲飛過、步雲飛過、

〔老旦〕你看前面就是關口了〔小旦〕我們叩關去

明知山有虎、故向虎邊行、

前腔則見那長戈短戈、幾陣很威過、前訶後訶、怕向桃源躲〔門軍上〕來的是甚麼人〔兩旦〕我師徒們是秦王差遣、入海求仙、奉命采藥燒丹、進獻海上

三峰壺中一顆是童女多年功果（丑）我關口上要捉張良甚是緊急你一路見有個張良麼（老旦）你要捉張娘他俗家就姓張叫做張小娘（副淨）不是俺們要捉擊秦皇的張良（兩旦）我們是出家人怎識得亡命奔波是誰家少年公子哥匕首刺荆軻還驚博浪詭但憑你包藏有禍須信道大王福大大王福大

（丑）你看這小道姑倒有幾分姿色我們上前要他去（劍作响介）（副淨）小道姑你身上甚麼响（老

吟風閣　卷一　黃石婆五　五十四

旦）是劍响（丑）爲甚响（老旦）這劍是秦皇賜的軒轅寶劍凡人見財起盜心見色起邪心他就要响起來一連三响他就飛出來除邪斬惡見血封喉（净丑合）呀好利害我並無此心你各自去罷遇放手時須放手得饒人處且饒人（下）（小旦）喜得偷過關來了

前腔有恨難摹不隄防處女深閨坐何寐無訛沒攔當脫兎穿雲過（老旦）子房你須記得老翁囑咐的言語（小旦）我自理會得看百鍊金剛要十年淬礪直到得繞指柔和學步凌波分明妙門多謝婆設法現身多喬粧一刹那（師父呵）你教俺微服而過這樣子却是帝師王佐帝師王佐

（老旦）既如此子房卸粧可留下這劍與你指揮天下空中小試拏雲手提出天羅地網人（下）（小旦）俺就此望空拜謝師父只笑俺張子房呵一片雄心翻成雌貨

羣仙冉冉下蓬壺　直爲蒼生喘未蘇

今日無出覩雄畧　終須威定虎狼都

吟風閣　卷一　黃石婆六　五十五

快活山樵歌九轉

（末扮樵夫腰斧上）日日肩擔血汗錢，自然衣食不求天。只因世上多迯網，錯認樵夫作地仙。自家西山下一個樵柴漢便是。安心耐苦，隱姓逃名，靠着一把破斧頭，養家活口，守着兩間草房子，吃飯穿衣。只爲連日風雨，不好出門，喜得天氣初晴，曉來西爽，正好上山生活去也。（行介）

【北南呂】一枝花恁天高孤雲停不飛，道的是留件清閑我。淅零零一宵風露下，亂紛紛千葉洞庭波。俺待把舊斧新磨，拾得乾柴火，一徑裏撥開荆棘科蝪。好是踏空林啄木驚飛，立峰頂嘯聲兒入破。

你看一帶蒼煙斷壑，紅葉紛飛，俺幾日不上山來，怎知秋色已是如許。

梁州第七喜的那聳晴空青山不老，平鋪地野草先衰。望不斷跡林空翠寒烟外。有的是隨身器械，趂的是隨手生涯。儘逍遙隨天吩咐，任崛崎隨地安排。一路行來，怎這樵友們一個厮遇不着。莫不是隔重雲獨斧輪材，莫不是憩孤亭聽鳥忘懷。則

這般莽蕭蕭一徑樵風，有誰共採。却笑俺貪多力小心兒大，又何曾論錢賣，只落得滿担挑來唱上街，破笠兒歪。

（小生扮書生衣包雨傘上）求富要得富，求貴要得貴，脚步太匆忙，跌入山凹內。（見介）（末）這漢子爲何跌倒在此，扶你起來。（小生）樵子哥有勞搭救。俺是上京應試，下第而回，只因滿肚牢騷，把那路頭走錯。（末）牢騷牢騷，笑你爬高；快活快活，深山歲月。（小生）樵子，似你打柴辛苦，鎮日裏摩肩擦担，還說甚麽快活來。（末）唉，我的快活，你所不知，你所不曉，我的快活多着哩。（小生）你且道來。（末）你聽我道，世上人得福弗知，我第一件快活，是感謝天地大恩，教我得了人身，免其墮落。你只看那山中的飛禽走獸，他弱肉强吞，傷弓落穽，有無窮的苦厄難度哩。

【北正宮】貨郎兒第一轉跳不出陰陽化孕，數不盡的飛潜鈍蠢，知他輪廻六道是何因。偏我這野頭顱無業障，托天地有人身，免得那戴角披毛受轉輪。

（小生）將人比物、自然是做人的快活了、何消說得、（末）呀、相公、且存就是幸得人身、知道是男是女、怕做了女子呵、

二轉只見他悶深閨、執雌持下、儘妙質、脩鞍爲馬、半路裏知是與誰人做渾家、甘箕帚、還得要賠茶、幸前生占定了陽爻卦、看鏡裏鬚眉非假、由着俺點戡風前種種花、

（小生）將男比女、自然是做男的快活、從來物賤人貴、男尊女卑、（末笑介）相公旣如此說、我們這

吟風閣　卷一　快活山三　三十八

身子是又尊又貴的了、就該擺皮起來、（作滿場擺去跌倒坐下介）哌、幾擺了不多一會、就跌倒了、難道我這樣尊貴、還擺擺不得麽、你在傍邊不要笑我、只該扶我一扶、（作扶起介）（小生）你跌痛不曾、（末）還虧在半山邊、爬得不狠高、跌得不狠痛、若是跌壞了手脚、連這打柴的勾當也做不成了、還有恁快活哩、你看世上一般是男子漢、那些疲癃殘疾的、豈少他受用不受用哩、

三轉你只道一般的是男兒漢、好有幾樁兒瘖聾跛眇、免不得籧篨俯仰橐駝腰、恨出胞胎留缺陷、怪懸疣贅更蹊蹺、乍相逢是天刑、休笑却相憐、是人痾怎逃、只怕前生所招、今生肯饒、後生難料、喜得俺全受全歸漢一條、

（小生）這倒是現前的快活、（末）咳、相公、你且不要快活、你看好好的人、五官端正、氣體完全、忽然疾病纏身起來、癰疽之災、牀席之厄、何等苦楚、

四轉嘆人生恣意兒把七情斲喪、歷寒暑五行爭蕩、怎能彀兼全福事、百年康、身無恙、臨官帝旺、忽

吟風閣　卷一　快活山四　三十九

生魔障、只要他幾日個吃不的、坐不的、挣不起頭兒、上執着藥方、靠着醫王、困懨懨樂事兒都抛漾、到此際由他貴家王、富家郎、慌不覺的怕了無常、怎似俺今日呵、任逍遥步擔肩挑無痛創、

（小生）這樣說來、你自身是快活的了、且問你家下還有恁人、（末）我這窮漢、上有爹娘、下有妻子、仗着打柴過活、倒也骨肉完全、並不知生離死別之苦、却想世界上那些鰥寡孤獨的人兒、怎生單單另另過了日子、

五轉論樂事天倫上起算骨肉團圞者希都只爲利名心南北更東西拚遠別守孤栖把鴛鴦拆開做兩處飛也有的命犯孤辰鰥夫寡妻也有的無奈做僧尼也有的幼年間孤露無根蔕也有的白髮無兒依倚這的是窮民無告數都奇縱然他獨樂也凄其似俺打柴的回去呵向爹娘供菽水呼妻子共鹽虀儘年年厮守着柴門少別離

（小生）這原是天倫樂事多半是命中所招你何不自己尋些快活出來（末）相公那尋來的便不

是眞快活我看世界上要尋快活的偏會尋出不快活來自古道小人懷土君子懷刑你看那些犯罪囚徒現世報應就是着蠅蚊子也只得盡情供養他這苦楚是從何處討來謝天地偏我這打柴人信步行來倒也無辱無榮自由自在

六轉則看那犯罪的人呵他好似凛冽冽魚遊鍋釜慘慽慽肉臨刀俎就是那公冶長陷在縲絏中也只好寃寃苦苦嗚嗚咽咽叫無辜逼得他轉轉側側身無措更有那素富貴的人到下塲頭也時常行乎患難難道他都是應得的罪麽只爲他愛享過頭了陡然間花花碌碌風風雨雨顛顛倒倒忽忽律律災來也那運去就是故大將軍的周亞夫也弄得乾乾癟癟餓殍屆獄對着那惡惡狠狠的狠做鶩鶩怯怯的鼠怎顧得恩恩愛愛疼疼熱熱膚髮妻孥除非是悲悲慟慟提提挈挈佛天超度想到此處似俺雖則打柴辛苦這等自由自便就是福分天堂不及吾

（小生）聽你數來這些快活在下都也有分但只是公共的（末）相公俺窮漢那有私下的只還有大大公共的常言道寧爲太平犬莫作離亂人那刀兵亂世天翻地覆骨肉分離是怎麽光景偏你我生來值着太平盛世如今在深山內含哺鼓腹由着我們講這一席太平話這就是個大造化了想起那亂世呵

七轉積世裏着生業重莽天涯値兵凶歲凶下山虎鬭着混江龍那時節殺戮的洶洶更誅求的種

種有幾個得逃生出網籠還驚恐只避秦人先入桃源洞我和你像華胥國的人兒怎知他凛冽冽的肉顫心驚纔怕夢

（內作風起介）（小生）甚麼聲响（末）虎嘯的風响（小生）阿呀你還只管說快活這個害怕不害怕哩（末）相公不要害怕地上人行山中虎步有甚驚奇只不要惹他就是了人不起害虎心虎那有傷人意也（同立高處介虎跳一回下）

八轉俺這苦營生健勤身手趁時光晨昏卯酉深

吟風閣　卷一　快活山七

山無伴獨相求正黃花晚秋晚秋路荒蕪人跡罕來投材不材到處山中有吽鵂鶹也麼哥跳猿猴也麼哥野鹿兒舊遊猛虎揚威一見回頭俺何曾念咒念咒物我都忘有恁擔憂只怕得一點機心漏臥林邱也麼哥吼泉流也麼哥吼泉流伐木丁丁山更幽

（小生）如此說這裏想是爛柯山你莫非是個神仙出現（末笑介）呀相公俺明明是個樵子你却道是神仙

九轉那神仙呵只看這爛柯山逕重尋處吽癡兒瞎等則剩得樵無斧奕無枰眞個有仙分該呆漢通靈得仙氣該枯木重榮却怎生把千年換將來俄頃把樵子兒似夢魂厮迸把斧柯兒與封灰俱冷這不像海月空撈影俺只是舊生涯耕田鑿井蠢頭顱穿雲驀嶺挑一擔風月輕清也不見揶揄山鬼路逢迎也不曾見禹王的神冑但守着草鞋幾兩凡夫命一般的巢許無名姓你看俺野花斜插鬢邊橫朝朝的白木長機三尺柄

吟風閣　卷一　快活山八

（小生）你不信神仙我却想做神仙（末）做神仙怎的（小生）做神仙好上天（末）你這人想要上天可由來你只管往上想上不去自然想出煩惱來了我只管往下想便覺得非仙是仙像你這等想頭豈不是無苦尋苦（小生拍手大笑介）罷了罷了我一肚子的熱病被你這一服清凉散澆得來雪散氷消從前許多煩惱都不知那裏去了雙手拓開生死路一身跳出是非門（末）呀我說得快活你也聽得快活了麼

尾聲俺不過閑人自把閑情耐你也不要五十功名心便灰須知道是天工早已安排待你寬懷也該你操勞也該相公呵俺與你一斧頭劈破了愁城觀自在

只管在此閑話日已平西怕我老娘在家盼望我要擔柴回去了你也就此出山去罷〔指路下〕

〔小生〕多蒙指引正是要知山下路須問過來人呀轉頭過來那樵子飄然竟去了可惜他不曾留下姓名也罷俺就把這座山喚做快活山有何不可

窮阮籍醉罵財神

〔丑扮沙彌上〕油葫蘆醋葫蘆我做和尚觚不觚綾袈裟緞袈裟誌公鞋上繡朵花自家錢神廟中一個小沙彌便是這座殿廷眞乃物華天寶有小僧在廟就是人傑地靈我這一位神聖法天象地火德金身還是當初夏禹王鑄鼎開光姜太公安爐顯聖福緣廣大法力無邊因此上我們住廟的憑仗威靈也都搖擺得過只是我的出家呵葷酒充腸五戒並無一戒笑容滿面

三皈倒有四皈你道那一皈皈依佛皈依僧皈依法不如皈依這位錢菩薩可不有了四皈閑話少說吾神靈感每日燒香上供的教我們應接不暇且喜晌午清閑到山門外散步一回有何不可你看來的一個醉漢可不是阮相公他是從不到此的看他來做甚麽

〔北仙呂〕點絳唇〔生扮阮籍醉態披衣上〕漉酒巾歪竹風搖擺休驚駭醉眼看差踹入紅塵界

人道我阮籍狂我阮籍並不狂人道我阮籍醉

我阮籍並不醉今日在竹林之下與嵇康論養生共劉伶頌酒德正在講得有與不知怎麽散場來此山下你看金碧輝煌香烟飄緲好個去處見丑問介這裏想是夫子廟丑不是生可是文昌宮丑不是阮相公你可不認識這是生財發福的錢神廟生呀錢神錢神你自來與我無緣今日倒要借這殘步進去看他一看丑看仔細作到介生財哥哥久會久會丑財神爺說我從來不認得你這窮鬼甚麽久會久會生你須

不要如此我不是賴你做相與我不見你也罷我見了你要大笑三聲大哭三聲還要罵你千聲萬聲罵之不盡丑罪過罪過且問你爲甚要笑生見了他教我如何不要笑

混江龍則爲你和而不介熱烘烘不分清濁廣招徠哄的人香添燭換酒去牲來你簿兒上算定了子母權衙誰聚散你手兒裏把住了乾坤寶藏自關開丑他的威權好不大着哩生且問這個威權是誰付于你的爲甚缺了你聖賢無乃仗着你豪傑方纔響噹噹開金口一文得濟笑吟吟看薄面萬事俱諧要搭承只去懷兒裏將他揣没關節只要縫兒裏把他揌打透了天羅地網買通得鬼使神差丑你們讀書君子名義爲重不知甚麽叫做名生甚麽名腰纏萬貫交游廣丑甚麽叫做義生甚麽義裘馬千金意氣開丑你看那廝趑的生他活潑潑魚游水面丑又看那從容的生都喜孜孜蜂上花腮雖是我不貪夜識金銀氣却虧你有用深藏府庫財休輕怠躬身下拜笑口相陪

生作拜介丑背介我一向鬧得這阮相公是個驕傲不過的誰知見了錢爺爺也不覺低心下氣起來想他定是窮怕了也轉介難得相公如此信心你一面拜我一面替你上香生使得今日我阮籍頓首拜你幾拜是拜你的有權還要稽首拜你百拜是拜你的有德丑請問相公錢有幾德生若數他的聖德他却多着哩他能助人施捨是其仁也能救人緩急是其義也能厚人交際是其禮也能解人紛難是其智也能踐

人然諾是其信也只此一物五德俱全怎不敎
我敬之奉之親之愛之禱之祝之求之拜之（丑）
既如此你爲何要哭（生）見了他教我又如何不
哭財神呵

油葫蘆你是怨府愁城寔可哀休喝釆胼胝招惹
盜心來若不是針頭削鐵將身僨只怕你刀頭餂
蜜將人害想多藏他是禍胎拚亂揮他如土塊又
無奈空囊羞澀清高在偏死了幾多豪傑儁賢才

你舞弄的人好不苦也哭介（丑）罷了哭也由你

吟風閣 卷一 錢神廟四 兲

笑也由你只怕罵不得你不得罪他他還不照
顧你哩（生）你勸我不要罵你怎知我的恨處哩
是他一手掌握教人兩腳奔波

天下樂說不盡市道紛爭也那爲你開盡安排圈
套來則見你換人心都變成虎與豺爲刀錐把道
義衰競錙銖將骨肉猜更有甚恩仇深似海

（丑）這都是人心不善怎怨得神明（生）他不但黑
白不分還重富欺貧沒一些公道

那吒令爲甚的賢似顏回教他捧瓢似丐爲甚的
廉似原思教他捉衿沒帶爲甚的節似黔婁教他
嗟來受餒你把普天下怯書生窮措大一個個都
臥雪空齋

（丑）這是他們燒香不到哩

鵲踏枝（生）偏是那市兒胎鄙夫才一任將寶藏龍
宮滌得他錦上花開更佔掇出貧人的責兒錢債
輸與那權門內去供他酒肉池臺

（丑）這敢是他燒香燒得着也（生）提起來不由人
不怒髮衝冠而起只因普天下沒有人敢罵你

吟風閣 卷一 錢神廟五 兲

只我大阮特來罵你畢竟無求于你

寄生草俺側楞楞扶瘦骨孤另另挺窮骸有時節
悲來淚向窮途洒有時節興來嘯向蘇門外有時
節醉來不覺乾坤隘儘着你粧喬做勢弄神通我
名高不用你金錢買

呀數說了一回你怎麼一言不答待我撞鐘擊
鼓再從頭罵起（丑扯介）使不得使不得

六么序（生）你休佯不採呆打孩聽着我鳴鼓攻來
這不是念衆[illegible][illegible]法供清齋聚寶門開擠擠挨挨

都不過鼻尖頭嗅着銅臭而來你故意兒半空中築住了金銀寨反教人費紙陌錢財亂攘攘强吞弱肉無拘碍翻道顏淵没禍盜跖多才、

我要扯下來問他作跌倒介扶我起來（丑）悔氣悔氣被他纏個不清但這酸丁是個大戸人家不好得罪他作扶起介（生）我罵得氣上來了可扶我憑欄一望散散悶兒那山門外是甚麽橋（丑）是點金橋（生）你看橋上橋下人山人海有這許多人（丑）不多只有兩個（生）你道我醉眼迷離

怎說只有兩箇（丑）一箇爲名的一箇爲利的（生）如此說我看只有一箇並無兩箇（丑）怎說只有一箇（生）只有一箇圖利的如今爲名也無非爲利、

么篇你看貿貿前來並無幾樣人材（丑）怎的没有幾樣也有經商的（生）經商的營運當該（丑）匠作的（生）筋骨磨揩（丑）耕田的（生）少米無柴（丑）秀才們（生）潤筆書齋（丑）官員們（生）餽送盈堦（丑）公人們（生）他更巧文法賣（丑）兵壯們（生）摸金無賴（丑）軍將們（生）威名債帥（丑）道士們（生）神仙黄白（丑）如我等和尚們（生）逢人喜捨還酒肉之債（丑）連我也罵在內了更有婦女之輩（生）那個活觀音離得了善財你把蠢金錢休亂篩上至公台下至輿儓普人間一語兼該七盜八娼并九儒十丐都總來熱趕生涯只爲你財神呵弄虚頭聚散無常態咳我要把銅山踢倒金穴填埋

阿呀我酒湧上來了作吐介（丑）相公這不是佛頭澆糞（生）我只見鬼臉裝金（丑）咳無端的枉口

惡舌（生）抵多少梵唄鐘音吾今去也請請了（下）

（丑）阿彌陀佛這是那裏說起（下）

名韁利鎖二魔頭跳舞下凈扮錢神侍從隨上

萬壑雲烟寶藏深無星秤上見天心自從九府爲圜法多少人間躍冶金吾乃錢神司命大寶法王廟祀於招寶山上血食千年萬人瞻仰今日忽有一個窮鬼自稱大阮無端闖入殿廷乘醉發狂嫚罵吾神已差鬼卒們勾取他生魂前來拷問想就到來也值日功曹何在（末扮功曹

上敢上大王這個窮鬼甚是難拏〔净〕怎麽說〔末〕自來奉上帝之命勾攝生人只有兩件法器一條是名韁一把是利鎖那名韁發下文昌宮裏收存這利鎖發在吾神部下聽用今番鬼卒們前去誰知那大阮是不愛錢的利鎖鎖他不住〔净〕怎麽處〔末〕已經向文昌殿下借取名韁包管一牽就到〔雜扮鬼卒牽阮籍上〕窮鬼大阮拏到〔生〕只道文昌遣人來請我誰知是你守錢鹵〔净〕你無端狂醉瀆吾神把你套上名韁加利鎖〔末〕

窮鬼倘敢昂然不跪〔生〕男兒膝下有黃金〔净〕你也知道黃金貴哩〔生〕人把黃金托掌心我撇黃金地上〔净〕這廝倘然倔強看來倒有些氣骨也罷我想是神是佛個個清高偏我掌着幾貫錢財便人吐罵嘔氣不過沒奈何施捨去些罷窮鬼過來念你生來寒素吾神職掌薄有微權〔生〕你薄有微權就要弄權〔净〕莫亂道我有天干十大庫金銀地支十二庫財寶這是物各有主擅動不得另有閏餘庫無碍庫我權將二庫開來任你搬取受用可不快活哩

〔般涉〕耍孩兒救貧我亦無奇計拚兩庫黃花裊蹏爲憐君無命數兒奇商量頗費權宜從今後你牀邊阿堵層層遶你頭上青蚨片片飛休忘記送窮文巧致富書奇

〔生大笑介〕我爲天下窮民抱不平你却將這話兒來哄我敢是你還罵不殺哩我命中所有不怕你不替我守着少我一文不得要用時不怕你不送來遲我片時不能我若得了你這横財

呵你好把水火盗賊口舌官符災殃疾病暗暗遞來予我那時節弄得頃刻烟銷我依然一個窮鬼還落得不乾不净你只好愚弄別人休得來哄我

〔三煞〕問陰陽理不齊論公私義不欺布金那有閑田地不是我天生富貴難消受反着你鬼瞰高明惹是非休相戲金珠糞土軒冕塵泥

〔韁鎖作自脱介〕〔末〕大王看這厮有甚符水法兒一搖身韁鎖都脱落了〔净〕阮生阮生你就甚般

洒脫。你莫非就是竹林七賢之數。（生）不敢。（净）起立拱手介。如此失敬失敬。果然不愧爲賢。看坐。（生）我並不賢。原是窮鬼。窮鬼告坐了。（净）只是你罵我不值凡人。窮通得喪。種種由天。强取强求。災禍立至。我不過奉命而行。那一些自主得的。

二煞　値奇窮命不移。守清貧道在玆。乍相逢。休怪前言戲。你既是明知得。馬非爲福。我不過耶。試揮鋤可拾遺。阮先生。你竟撒手空行也。從今起。翻嫌我簿書猥瑣帶水拖泥

吟風閣　卷一　錢神廟十　四四

（生）大王既如此說。我也豈不知道。

一煞　冷淸淸草生金谷蹊。熱騰騰火燃郿塢臍。看盈虛消息旁州例。我這裏早知自命無承望。你那裏空守他財不自肥。今日箇我非無禮。只爲問天不語借你爲題。

（净）理會得。適纔唐突高賢。幸勿見罪。（生）大王。你看破靑生狂態。定荷海涵。（净）就此定交。鬼卒們。送先生回陽去罷。（生）正是不打不成相識。（净）慳慳還惜慳。慳。（下）（雜）拏了來。還要我送了去。（生）你大王原拏差了。（雜）官差、吏差、來人不差。錢來。（生）甚麽錢。（雜）公門蕩蕩開。有理無錢莫進來。（生）我那有錢。還不知我是窮鬼。（雜）那怕你窮。快拿錢來。（生）我就見閻王也只一雙空手。（雜）如此我不送你前行。（生）我要你行。（雜）我不動。非錢不行。（生）你大王太歲頭上動土。你還想石人頭上出汗。（雜）我把你這石人推倒。看有汗沒汗。推倒生介下　（生作醒介）原來南柯一夢。

煞尾　夢耶非。醉耶非。我白眼圓睜靑眼兒迷。却看汚了衫和履。悔在那搖錢樹邊倚。

吟風閣　卷一　錢神廟十一　四五

溫太真晉陽分別

【南雙調】【謁金門】（老旦上）關塞迥，城上暮笳吹動，霜鬢不堪秋意冗，又逢時倥偬。家國何人斷送，草滿洛陽邱隴。孟母斷機還自痛，教兒忠孝重。

老身崔氏，家住并州，先夫策名晉室，不幸早亡，遺下兩個孩兒。大兒溫嶠，現在并州劉司空幕府；次兒溫季，尚未成人。苦遭晉政不綱，洛陽殘破，劉司空矢志勤王，枕戈待旦，他一面立功河朔，一面歸命江東，修下表文，要遣我兒前往，我想孩兒抱負非凡，不曾出世，此番正是他男兒報國之秋也，只等他幕府回來，好囑咐他一番前去。（生上）行李千金贈，衣冠八尺身。（見介）母親在上，孩兒今日奉劉司空命令，要孩兒奉表經書江東，孩兒因母親年邁，不敢遠離，特來告母親知道。（老旦）你且道劉司空此舉是也不是？（生）母親說那裏話，那劉司空呵，

【仙呂入雙調】【忒忒令】他聽鳴雞悲歌五夜，中他哭登壇義動并州，衆因此上孤軍特起，要螳丸遙送，只看

這遍方州擁强兵，觀成敗，誰肯效忠勇。（作背立揮淚介）（老旦）可由來據你說，劉公是個忠臣，你就不該做個義士。

【前腔】臥銅駝在荆棘中，慘生靈亂離悲痛。劉公呵，他一腔熱血感的三軍動，偏是你國士一人知會騰那，能脫卻枉談了忠勇。（生）母親責備極是，只是孩兒呵，

【沉醉東風】矢生平常笑人妄庸，敢見義不爲無勇。（老旦）你是丈夫自已，就該赴國難，況奉劉公之命。（生）非是我逆劉公，怕此去山水千重，須顧不得你暮年衰冗。（合）辭親目中，思親夢中，更那一泒兵戈塞上傳烽。

（老旦）你若牽掛着我，現有你兄弟在家，你儘可放心前去。

【前腔】你長男行慷慨從戎，他幼子好晨昏陪奉。不是我忒龍鍾，苦將你攔縱，須信道顯揚爲重。（合）去兒懷中，思兒夢中，更那一泒兵戈塞上傳烽。

小生上末扮軍官隨上

仙呂 蠟梅花 末 從來仳別是亂離多，更才高惹得愁來大，仗劒去休慢俄，急如星火，幾聲喇叭𠯗天鵞。

小生 哥哥快出來，帥府差人在此。末 奉中軍將令，爲江東事大，别人去不得，請溫爺収拾起程。太夫人在家，元帥自然早晚看顧，不必掛懷。一應夫馬衣糧早已齊備，就請登程。生出見介 你先上覆元帥，我隨後就到轅門。末 曉得。下 小生 哥哥你是去不得的，娘呵，那劉公好没道理。

仙呂入雙調 園林好 你軍門豈少皇華選用，我家門誰把萱親敬供，怎不顧人私情千種，埋怨煞老司空，埋怨煞老元戎。

生 你休怪劉公，只是我不去便了。

前腔 他盼君門做包胥大功，我立軍門慕曾連義風，只可奈有身難動，怎拆得弟和兄，怎拆得弟和兄。

小生 待我再去轅門打聽來。下 老旦 你兄弟年輕，知道甚麽。如今且莫說國家事體，就是你做人叅佐，也該忠于所事。古人見危授命，以報知已，郤是爲何？如今不過一使之勞，便有許多推故。

江兒水 則你參帷幕有甚功，緣何被那人知重，他只道你呵，是汗血名駒消得非常用，就有死生綏急堪相共，誰知道戀棧駑駘惶恐，着甚牢籠，教你進退躊躇煩冗。

生 孩兒荷劉公知遇，一使何難，只是古人說得好，親在不敢以身許人也。

前腔 恐不邉將母難言義與忠，更看來世事多洶洶。老旦 你說時事怎樣來？生 據孩兒看來，劉司空崎嶇戎鹵之間，雖則義聲振于河朔，其實志廣力單，四面受敵。孩兒一去，倘有須風吹草動，這晉陽城免不得危如壘卵了。這的是失火城門有將來，恐處堂燕雀還做平時夢，到那時節呵，只怕馬腹鞭長何用，着甚牢籠，教我進退躊躇煩冗。

老旦 就依你說，果然晉陽難保，比似晉室傾危，孰輕孰重？

五供養犯原不是山河鐵桶事去中原人在江東但愁邊鄙聳昧却去朝宗你有奇才也落空待何時做大廈將傾棟要遂男兒願休怕犯兵衝合割愛分離肝腸忍痛

前腔生非見喞噥早晚難知別後音容只怕你後日呵盼兒兒不到應悔別匆匆這遠行人難定踪渺模糊急切無家鄉夢惟將兩行淚遙把一書封合烽火連天割慈忍痛

前腔娘言教忠南北東西惟命應從男兒生有願

怎怕犯兵衝奈桑榆暮景中又非關負米為親奔送養子難防老有母自尸饔合烽火連天割慈忍痛

老旦這也足見你孝思但我教你移孝作忠你却來借孝逃忠古人云事君不忠非孝戰陣無勇非孝你這一番話無非學那世上全軀守妻子之人借養親二字做隨身規避的護符那賢君孝治天下就不好說他不是了

玉交枝別離情重念烏私天性所同誰知借作倫安用一箇箇臨難無勇逢國慶叨榮受封際時危辭難推冗又何人忘家効忠更無人忘家効忠

你讀古人書不見那王孫賈阿

前腔娘言危竦倚門閭非不望顒一朝國難無人共便歸來有何用你若是口口聲聲再把我來推托我只好做王陵之母了休教你情牽意慵不如殘喘先拋送有何人忘家効忠看何人忘家効忠

作撲倒介生跪扶介母親不用如此奉母親嚴命孩兒便去只是母親老景兒弟年幼教孩兒

如何放心得下作牽衣介

川撥棹分離痛這其間愁萬種看征衣娘手親縫看征衣娘手親縫把娘衣拋兒淚紅合要流連情已窮任低徊言未終

前腔老旦我的丁寧意已窮你聽娘言從不從非是你孝養無終非是你孝養無終是我把佳兒颺遠空合甚來由多喞噥更牽衣不放鬆

末上稟爺元帥等候多時了一應晉陽文武官將都已出城在十里長亭相送就請登程老旦

你既恁般難捨難分、可割下一幅衣襟留爲記
念、這便是見衣如見你了、再休留戀、作截裾下
（生）掘衣看哭倒（介）呀、母親竟自進去了。
餘文慈懷不是無哀痛、只教我扶傾作棟、再不回
頭長驅到海東。（下）
（小生上）風吹紫荆樹、色與萱庭暮、花落辭故枝、
風回反無處、骨肉恩書重、漂泊難相遇、猶有淚
成河、經天復東注、自家溫季、只因留我哥哥、不
得到轅門打聽、誰知他使命匆匆、早已出城而

吟風閣　卷二　晉陽城七　七

去、百忙裏貰酒一壺、趕到十里長亭相送、來此
已是、你看塵頭起處、一簇人馬來也。（生上）世亂
各東西、人生有離別、所痛衰病母、生我不得力。
（見介）兄弟、我匆匆出了轅門、正在尋你不見。（小
生）我早知留你不住、特地趕來送你的。
（中呂）尾犯秋草遍山長、人去離亭、鞭聲响亮、只慮桑
榆、不堪回望、哥哥、你此去不知何日歸來、有甚吩
附、可在你兄弟手中盡此一盃者。（生）兄弟生受你
也、只是呵、你今日爲兄祖帳、我何日爲親稱[illegible][illegible]、

看處頻揩淚眼、濕遍征衫上。
（小生）哥哥、你衣襟怎生撕破、缺了半幅、爲着恁
來。（生）說起可憐、這是母親撕去的、方纔拜別之
時、母親見我十分留戀、把我割下衣襟、留爲記
念、說道你去後、我見衣如見兒了、說來好不傷
情也。（小生）原來如此、你竟絕裾而去了。
尾犯序風急雁無行、忽地牽衣、淚添上、悄惶、怕藕斷
絲連、越顯得衰年掛腸、凝想、剪得斷機絲萬縷、剪
不斷恩慈萬丈、願你歸來後、在慈親手裏、重綴舊

吟風閣　卷二　晉陽城八　八

征裳。
（生）兄弟、你豈不知我心事哩。
前腔換頭二我何須衣錦却還鄉、只要舊日萊衣
舞綵無恙、怎知今日呵、割愛分情、判將來兩廂惆
悵、忍決裂在慈親眼底、留缺陷寄遊人身上、重提
起二一絲一縷、誰補舊痕傷。
（小生）哥哥、事已如此、更不由人、只聞得道路艱
難、千萬珍重。
前腔換頭三你隨行少紀綱、萬里長征、自[illegible][illegible]霜、

怕兵火連天紛擾豺狼孤往只盼你平安兩字。〔小生〕想得門閭倚望哥哥我只一句話娘年老你但完使命早早辦歸航

〔生〕是不消你囑咐、只我放不下你來、

〔前腔換頭〕〔四〕你童心容易放我去後呵、更形單影隻無人依傍憐你獨掩柴門代吾侍奉高堂堪愴念別後衰遲未保問定省晨昏誰伏登高處關山莽蕩何處白雲長

〔小生〕哥哥你千萬早早回程莫使娘親老眼望穿也〔生〕此行豈吾本意何肯久滯他鄉兄弟就此分手〔小生〕哥哥就此拜別了、〔同拜介〕

〔仙呂鷓鴣天〕〔小生〕仗劍辭家直恁忙大江東去路途長鶺鴒原上頻回首鴻雁風中忽斷行〔生〕心耿耿淚汪汪小人有母不遑將征袍帶得殘鍼線獨自驅車下太行

〔小生〕世上勞勞別恨深〔生〕晉陽何事倍傷心
客途一下思親淚　從此征衣盡斂襟

邯鄲郡錯嫁才人

〔北南呂一枝花〕〔小旦上〕鑄成金錯刀錯剪了天衣縫煉成千片石費盡補天工補不滿離恨天中今日裏活埋人並不是鴛鴦塚任臨粧首似蓬誰遣爲容一霎繁華破夢

妾身任邯鄲本是良家女少小隨母氏曾入王宮去趙王一見頗預以才人許養成珠玉姿掌上教歌舞誰知待年久時事多乖謬宮車既晏駕父母未中壽兄嫂不我顧一身後誰作許嫁厮養卒鮮花落泥垢無語但含辛元霜擣藥臼秋風落葉飛凄涼爲誰受惟有明月來應見愁人瘦天阿怎將我一誤至此也聞得兄嫂就要草草送吾出門這終身如何可了、今日中秋佳節且幸今歲今宵尚在未曾落劫少待月上焚香一拜耶訴衷情念我爹娘呵、

〔玉交枝〕把懷中雛鳳恁看承珠含玉弄更自承一顧君恩重護花欄檻重重歌臺上人倚仙乎舞袖風端盼合蕊珠宮裡關關諷領羣仙珠圍翠擁怎

菱鏡碎銀瓶忽凍

說話中間不覺月上了月兒呵可知這一炷香
有我無限淚痕在上也 拜介

烏夜啼 正團圝一輪湧出流銀未滿前川別浦遙空則可惜俺連城白璧輕拋送少甚麽樓閣重重少甚麽歌管溶溶翻羡你姮娥奈寡在天宮恁孤眠不教人驚動月色高花陰重怎禁得天寒袖薄漏滴壺銅

你看三星在戶萬籟無聲心如栖鵲常驚人共

寒螿暗泣獨自一個只管絮絮叨叨做甚不如睡去也哥正是臨風有淚凝秋扇拜月何人見晚妝 作掩淚睡介 老旦急上 耳聽好消息眼見捷旌旗我兒快醒來你的喜事到了 旦 娘怎麽說 老旦 如今趙王中宮虛位想起我兒容貌要選取入宮羞的內侍宮娥捧著珠冠玉佩錦綵千端先來下聘即日就要大排鑾駕前來接你可不是非常之喜哩 丑扮內侍旦扮宮娥上 娘娘千歲奴婢們叩頭 小旦 果然如此趙王真信人也 老旦 孩兒呵今番當真果然不負老身疼惜你一場也

雙調 **清江引** 你到王宮一段真容貌只須自抱衾裯好若撒嬌癡倚寵高怕盼珍珠慰寂寥你若聽吾囑咐以後呵好教我老夫妻從此沾光不了

旦 丑 王親國戚主上是極肯推恩的就是奴婢們將來都要在娘娘手裏過日子的還望娘娘眼梢兒看顧一二 小旦 這是不消說得

前腔 旦 丑 恁寬慈合得君王笑階前先進宜男草

看你效鸞鳳第一宵卜你產麒麟第一爻他日呵繞庭前端的把趙江山都占了

老旦 謝天地我兒快去梳妝待送了天使老身親自來與你插戴也 俱下 小旦 娘我還有句話叫他們先說與趙王我不進宮便罷若進去要坐正宮不要甚麽才人娘便說去呀怎無人答應母親呢內侍呢宮娥呢一個不見送來的珠冠呢玉佩呢錦綵千端呢一物無有呸原來是黃粱一夢

【南呂鵪鶉兒】則聽得譙樓之上、響汪汪五更鐘動。則見那屋梁月落、冷清清射入寒窗紙縫、直恁淒涼一覺空、這須臾夢倒箅了今生裏花開一、紅惹起了舊恨千端、新愁萬種。

我想起來、都只爲沒了娘親、以至如此。從今起、我只有長齋過日、望大士慈悲。

【隔尾煞】可堪薄命人嘲弄、嬌滴滴好花枝偏不向佛前供。咳、畢竟我方纔呵、是眞是夢。趁今宵剩把銀釭照孤燭、猶恐相逢。大慈大悲的菩薩、可惜我如此花容、眞個付之流水乎。搵不住淚兒泉湧、准安排慧業他生用、則那觀音柳一枝活動、待倒將淨瓶空把舊根苗、再從天上種。

賀蘭山謫仙贈帶

【北商調集賢賓】（生扮李白上）弃河流奔騰東到海、一去不回來、恁高堂明鏡華髮相催、猛擡頭醉眼睜開、問天天生我何爲、太古里江山非改、歎寂寞昔賢安在、俺只有波瀾千首、潤恁好似芳馥一樽開。

下官李白、詩酒陶情、江湖遣性、數醉仙於今日、不讓賀監風流、記豪客於當年、特慕魯連高妙。昔日在天台山上遇見司馬子微、謂余有仙風道骨、可與神遊八極之表。不想賀季眞把吾薦到朝廷、荷蒙聖恩、官拜翰林學士之職。吾本山林野性、不受牢籠、乃蒙聖度優容、倍加寵待、錦袍玉帶、出入禁林、當世詞臣、榮幸無比。只是下官酒酣豪放、每每凌轢公卿、自問非宜、表求閒散、竟蒙優詔、許放歸田。眞乃海闊從魚躍、天空任鳥飛也。意欲遍遊天下、縱觀五嶽名山。今番來到朔方、要覽賀蘭形勝、適遇故人鎮守於此。流連詩酒、不覺月餘。今當告辭遠去、童兒把行李收拾起者。（丑上）行李都收拾齊備、有帥府差

官下書在此、生看介原來卽日城樓餞行既承
大夫見召就取冠帶過來倫馬伺候行介憶秦
娥簫聲咽。秦娥夢斷秦樓月秦樓月年年柳色
灞陵傷別前邊好個寬厰去處丑前面是演武
場了生樂遊原上清秋節咸陽古道音塵絕音
塵絕西風殘照漢家陵闕雜扮劊子綁副净末
上學士駕過犯人哥舒翰郭子儀跪道生這是
爲何雜二人違犯將令綁赴演武場軍法示衆
只等午時三刻就要開刀副作顫倒介生你看

那人怕死早已顫倒了你何姓名末姓郭名子
儀生背介這人氣宇非凡怎生恁般結果轉介
我且問你你犯何事末昨奉將令過河公幹適
值黃河水發違悞限期生悞了多少時候末悞
了半個時辰生悞了半個時辰打甚麼緊末端
的軍情緊急將令森嚴多承學士動問生起過
一邊背介你看此人聲响如鐘目光如炬精神
氣魄俊偉非常况他命在須臾辭色不動此豈
等閑之輩也丑老爺吃酒去罷管他則甚你平

日把一朝高貴奴隸看承如今遇着一個該死
囚徒這樣見神見鬼起來老爺想是你宿酒未
醒眼花哩生你那裏知道

逍遙樂你見我飛揚跋扈痛飲狂歌目空一代怎
知我惜惺惺不是猛見胡猜這是個架海金鰲困
縲絏則怪那醉天公恁地安排今日個是勝公相
遇蕭相相逢國士相哀

你們刀下留人我要將此人搭救便此疾忙前
去者雜應介生欲下復轉介急切不曾問得你

何處人氏甚麼出身現居何職末犯弁華陰人
氏武舉出身現爲帳前軍校生咳子儀呵可惜
你大才小用了也俱下

外引衆上訴衷情萬里籌邊第一樓雁陣報高
秋烽火平安無事卧護擁神州休覽鏡髩添愁
醉仙留且與危欄共倚安排酒令詩籌吾乃朔
方節度今日在城樓餞行軍士們外廂伺候李
翰林到來卽忙通報衆應下復上李翰林到生
上盛筵將進酒遠別更登樓外老夫久候學士

呵你何事掉頭不肯任（生）大夫呵我東將入海隨雲霧（外）你詩卷長留天地間（生）我釣竿欲拂珊瑚樹（外）今日餞別門樓原要爲歡竟日請問學士爲何來遲（生）不要說起俺正怪老大夫你身任北門鎖鑰不能爲國薦賢如何今日呵反殺天下奇士（外）那個奇士我何曾殺甚麼奇士來這段責備老夫不解請問其詳（生）奇士非別就是你帳下的一個小校郭子儀這就是天下奇士如今綁出去了（外）原來說的是那郭子儀他犯吾號令軍法無私且他効力轅門也未見出衆學士怎識得他奇處也（生）適蒙大夫見召路遇綁出二人那郭子儀呵

上京馬俺只見長身突兀出羣材聽洪鐘響應雲霄外更怪他命到臨危氣不衰似平常生死忘懷

下官問他幾句他詞直氣和了無怖色這還不足爲異只不解那人呵非熊非虎**眞有個浩然正氣貫將來**

我想古人遇變不動見難不辭知危不懼臨大

吟風閣　卷二　賀蘭山四　七

節而不可奪都從這等心胸上做出來的不是下官親見怎得知道大夫須要替國家愛惜人材纔是（外）學士是在局外愛才老夫是在軍中愛法一言有犯令在必行（生）據如此說老大夫是必不肯赦此人者下官只有親到法場與他決別將他抱頭痛哭一回再把下官血淚澆天禱告他早早生天及時出世好替我國家出力自古道烈士在難饑不及餐下官今番不能解救得他就是平生一樁大恨事了今日呵還有甚心情吃此酒也下官就此告辭（外）學士從來恁般灑脫如何這樣激烈起來且請坐下學士賞鑒自然不差只是他畢竟甚麼材料（生）咳若你軍中閑帳就是你如今殺了此人也還不打緊只是一件

梧葉兒假若是亂叢叢多壘假若是赤淋淋禦虎貔假若是凜慄慄寄命托孤孩要個擎天柱搖他也不歪磨他也不衰這其間須算不得吾儕爾

吟風閣　卷二　賀蘭山五　六

儕。
（外）學士既這樣憐才、老夫也只得暫時屈法、教
他將功折罪便了、（生）除了死法、豈無活法、（外）只
是今日呵、要我軍令旗下、赦出一人、須要才子
口中、多飲十斗、（生）但蒙一諾、百罰何辭、（外）左右、
可將令箭、提那綁出二人、都且停刑、帶來發放、
（衆）得令、（生）作大笑（介）今日我李白好不快心也。
這一樁事有快活三。（外）一面上席、一面請教、是
何三快、（上席介）（生）第一來、下官物色風塵、虛度

一世。今日得見異人。
（醋葫蘆）我要將白眼青、怎奈他下風無可拜、因此
上十年空坐釣魚臺、怎知道國士無雙來意外、休
教伍噲、洗風塵、一見也開懷、
（外）既開懷、須暢飲、（生）當得、（外）那第二樁快處呢、
（生）大夫軍令如山、原非游客所當干預、不料過
聽芻言、恩施不殺、得留有用之才。
金菊香則見你穰苴號令恁般風雷、羊祜風流却
登時網開、盃酒間撒手兒、毫不猜、端的是福將仁

臺、又不道良臣爲國惜人才。
（外）敢當盛譽、但學士在盃酒間、倒還不曾撒手
哩、（生）下官非不勝盃勺的、肯不盡歡、（雜上）犯弁
哥舒翰、郭子儀帶到、（外）顧丑（介）造化了那個狗
才、發馬坊當苦差去罷、（丑四顧介）得了狗命、奋
其馬糞、大造化、大造化、（下）（外）郭子儀、你犯罪當
刑、遇賢得解、將來須立功自贖、如今且戴罪當
差、（末）重蒙主將洪恩、難得學士高義。（外）你知道
這學士、是目空千古的人、却十分賞識於你、（末）

未弁何人、敢邀青盻、（生）我要借主人盞斝、替壯
士壓驚、（外）尊客有命、就賞他一罈、在外廂伺候、
（應下）更請學士、將那第三件快心處說來、好助
些酒興、（生）說起那第三件、非同小可、（作出席介）
左右俱下、（下）下官今日是爲着恁來、我等如今受
享承平、其實乃是宴安鴆毒、别事休提、只看如
今女寵亂政、武備久弛、又偏任蕃將統兵、全無
節制、一旦狼子野心、禍發非小、今日之憂、莫甚
於此、怎奈公卿但以遊宴爲高、朝士多以直言

爲諱正是厝火積薪堪慟哭不知憂國是何人大夫爲國重臣下官亦曾叨侍從雖無彼相之責豈忍坐視顛危下官旣疎野性成無濟國家緩急老大夫雖則元老壯猷兼資文武到得事發之日也恐年過其時了病症已成不知良醫出在何處（外）咳這是愁人莫與愁人說你待如何（生）因此上下官呵身在江湖心懸魏闕正不知如何是好

柳葉兒歎屋上瞻烏誰在笑堂間處燕無猜眼見得銅駝荆棘時將改則那將傾廈沒個不凡材怎救得漏乾坤東倒西歪

今日之事决非偶然可見天生此人定非無意的了

么篇這愁擔有人交代幸微臣少効涓埃俺前此呵雖則是江湖落魄無拘碍憂時事感興衰怎生便撇得下如今好了待看他萬牛回首壓三台

俺從此飄然長往終已不顧也就使得了這不是一椿大快事麼（外）只因老夫昏眊致令驚驥

吟風閣　卷二　賀蘭山　八　三十

同槽（生）敢言伯樂空羣還望你千金買駿（外）學士放心諸當領教對此秋光滿目正該暢飲爲歡況是憂時感慨話到其間可不淋漓痛飲者對飲（介）（生）今日裏是借酒澆愁還是個酒逢知已（探馬上）星忙開驛館火速報軍門請元帥出郊迎接聖旨（生）大夫請便下官乘着酒興還要賀蘭山登眺一回者（外）如此少陪就着郭子儀過來送學士登山遊玩（末）領鈞旨（生）江山欲去留名跡（外）樽酒方酣惜別離（下）（生）洒闌人散野曠天低迤邐行來就此憑高一望子儀你看賀蘭山翠一帶連雲萬里黃河奔流出峽兩邊襟帶迤拱神京好一個雄藩氣象也子儀呵

淚來裏俺不是記生平曾半面也不是水萍逢聊救排你知道天生豪傑爲誰來有兵戈怕的沒眞元帥憂時淚灑知心話記取在萬山崕

（末）學士不要過獎了（生）你不須謙遜只可惜立談之頃不曾携帶什麽我腰間玉帶一條就是當今所賜解來相贈聊表一時珍重之心（末）學

吟風閣　卷二　賀蘭山　九　三十一

士過愛義不敢辭但不知末弁將來如何報命
生 他日呵
么篇 你鬧攘攘當國難寘巍巍上將臺少不得出
河指顧感興衰須憶得鑿鑿閒瑣是那天寶君王
帶這便算繞胡鞭策你小讓要聽你大安排
來此已是路口了下官從此分手他日國家有
難身寄安危俺雖在海角天涯也只盼着你也
末 丈夫遭際有時敢不努力但願列聖有靈山
河永固不到得如此纔好 生 各自去罷 末 感恩

別知已報國且盟心 下 生 童兒扶我上馬
隨調煞 醉酕醄一日那憂千載只爲着舉朝都泄
泄愚慮過愢愢但整頓乾坤有人在俺本是閑雲
野鶴便省可的海天長嘯出塵來

開金榜朱衣點頭

淨生扮門神戎裝執鎗上 繡簷開處顯腰圍闊
外將軍面面威劍佩郎今移步武文昌新入有
光輝我等乃貢院門神今當大宋天開文運黃
榜招賢試官歐陽修乃是桂籍仙班下降執掌
文衡今日入場只得在此伺候呀你看南天門
外放出一朵彩雲之上端端正正朝紳象簡玉
佩鏘鳴敢是朱衣尊神下來也
北仙呂 點絳唇 末扮朱衣神旦小旦扮金童玉女隨

上 桂殿秋香瓊樓夜做綵綸掌華髮着着慧業在
人天上
中元氣運新聖主得賢臣將相本無種文章自
有神吾乃文昌帝君殿下朱衣使者是也 門神
向上 介 小神稽首了請問天使臨場有何報應
尊神乃福德總持這天曹功過今科作何分判
來 末 你還不知道 菩薩蠻 巍巍天榜雲霄立不
憑文字憑陰騭 旦 百善孝爲先惟誠可動天 小
旦 惡報般般有萬惡淫爲首 末 來早與來遲到

頭君自知今日吾神到此肅靜壇場規百邪迴避
專等歐陽主司到來爾等用心把守門庭者門
神領尊神法旨南向並立作掩門狀介擂鼓介
（旦）響第一通天鼓開門（小旦）一應舉子們報恩
鬼進（丑）扮鬼督鄆執魂旛導引上（末）怎地來許
多恩鬼報恁麼恩是誰喚到可一一道來（丑）啟
上尊神善有善報這是他們祖宗造福也有為
官的伸理寃獄賑濟飢荒救援多人陰功浩大
也有為民的矜孤恤寡敬老憐貧戒殺放生勸

人為善也有他本身孝友救人之急拯人之危
憫人之孤容人之過平日裏造下無量無邊功
德故此到臨塲時節種種福報不召而來的（末）
這也說得可喜你須曉得這些舉子呵
（雙調）淸江引打眊矂不改多烘樣更年年只務名標
榜念詩書口裏香幹功名腳下忙豈如他實丕丕
打在心田上
你看他們頂香的念佛的讚歎稱揚的一個個
歡天喜地來保佑着他好不欣羡人也可一一
放他進去（丑）領法旨引入門下又發擂介（旦）響
第二通天鼓開門（小旦）一應舉子們報寃鬼進
（丑）如前導引上（末）怎地有許多寃鬼報甚麼寃
是誰喚到可也一一道來（丑）啟上尊神惡有惡
報這是他們祖宗造孽也有為官的虐民酷吏
陷害無辜倚勢作威貪饕刻剝也有為民的利
已損人欺孤凌寡謀財占産刻薄成家也有他
本身奸詐唆人詞訟閒人骨肉淫人妻女破人
婚姻謀人財産壞人名節平日裏結下難消難

解的寃仇故此到臨塲時節種種寃魂不呼而
至的（末）這也說得可怕你須曉得那些舉子呵
前腔論才華頭刻青雲上奈他巧處將心喪舌尖
見太長筆尖見太强折罰盡美前程還勾不了帳
你看這些血淋淋的濕碌碌的披頭散髮的一
個個咬牙切齒來尋着他好不害怕人也也得
放他進去寃有頭債有主不得驚擾旁人取罪
（丑）領法旨作引入門下又發擂介（旦）響第三通
天鼓開門（小旦）各府各路城隍社司進（丑）如前

導引入門下小旦一應新科舉子們、祖輩先靈進、丑如前導引入門下副净扮鬼魂趕上一夜關防欠寄蕎地陰司走出帶有幾陌黃錢。不怕沿途盤詰。門神喝問介副净我也是舉子先靈。要來通個關節。門神胡說快走、副净當該不用作難但要何妨寔說。門神誰要你的。副净門官不得門包只怕咽喉阻隔。門神有神明在上。副净神明在上粧聾錢可通神更撻。門神甚麽地面敢來纏擾。喫看鎗副净你原來就是鎗手罷罷我下科叫兒子來聘你罷。下末這個來得可惱你也須曉得

前腔鬼胡行倘切見孫想也是他做馬爲牛賬誤家庭没義方揩家私是智囊險巴巴把太歲頭兒撞的響

從來掄才大典、三界內驚動無數神靈、可知爲着甚來此時人鬼都齊了自古道窗下莫言命場中不論文這歐陽試官是論文的法眼他在場中陰隲無憑矣難得兩全如何是好小旦我

吟風閣　卷二　朱衣神　四　廿七

們頭上有紅首帕在此、末要他何用、旦這是個紅紗罩眼法那才品兼優的不消替他費心其餘只等主司困倦用這眼罩蔽一時便了。末說得有理快去演這法兒莫待主司到來措手不及也漫道文章千古事幾人得失寸知心。下外冠帶扮歐陽修小旦扮門子隨上、朝朝深殿日邊春接引青雲滿後塵今日應圖求駿馬管教驚代得麒麟試卷都進來未。小旦試卷都齊了。外吩咐掩門。應介吹打門神下、外下官廬陵歐陽修欽奉聖恩謬知貢舉一心爲國求賢不免向天禱告。擡香案介拈香介這第一炷香我歐陽修正直立朝文章報國今司文柄鑑空衡平不受一毫請托有負此心

南仙呂入雙調　風入松敢教關節去貪緣到包老閻羅殿前你進身初便講功名騙向鑽穴踰墻厮見還說恁求才薦賢俺懸秦鏡對着湛青天

拜介這第二炷香我要提拔天下孤寒都教他揚眉吐氣、不使那飽學名儒沉埋聖世

吟風閣　卷二　朱衣神　五　廿八

〔風入松〕說不盡孤寒寸進似梯天，剛巴到三年利見，只憑他走馬看花眼，把一路芳蘭作踐。可憐那終身不遇的歎，一領青衫九泉，這窮苦怎生言。

我想下官也不過是貧儒僥倖來的，這其中甘苦呵，

〔急三鎗〕可不是螢窻下磨穿了生鐵硯，無人問十餘年，今日個出離了破窰裏，纔轉眼怎得魚的便忘筌。

〔拜介〕這第三炷香，恭惟宋德隆盛，治教休明，到

吟風閣　卷二　朱衣神六　二十九

此時還該有幾個大忠大孝大學問的人出來，鐵錚錚匡扶社稷，宏奬風流，遠出漢唐之上，方副微臣至願。且擡試卷過來閱看，你們去歇息片時，再來點茶伺候。〔小旦應下〕〔外看卷介〕

〔風入松〕想曾論千部大勳賢，豈少當年文獻，奈老成凋謝人情淺，徉誰肯奬借成全，怕辜負了賈生高見，空瀟灑數千言。

則這文場內各爲爲國求賢，其寔何曾求的是賢，那個爲的是國，嘆，

〔急三鎗〕算只把滿園的桃和李，都種向自門前，卻忘了費乾家養賢，共俺這辦香心只有天知鑒。

呀，隨手拈來，雷同勦襲，等閑梅雪爭春，也要騷人擱筆。〔朱衣暗上罩眼介〕〔外〕想是夜深了，一時五色目迷，不覺看朱成碧，波斯識寶，無眞罔象求珠偏得。也罷，從來雁塔高標，只要兎園塵冊。〔取卷介〕〔眼罩下〕〔剪燭再看介〕奇哉妙哉，忽有如此佳卷，如此妙文，如此奇才，眞乃下筆驚風雨，詩成泣鬼神也。〔外看卷讚歎連點頭介〕〔朱衣也

吟風閣　卷二　朱衣神七　三十

點頭介〕〔小旦茶點到〕哎喲，有鬼有鬼。〔末拂袖下〕〔外〕甚麼大驚小怪。〔小旦〕見一個紅袍白鬚的，立在座旁，見你點頭，他也不住的點頭點惱，忽然不見了。〔外〕我不見，說起來有個影兒，不須驚怪。

〔風入松〕那文光起處電飛天，直冲到牛斗中間，驚他駕祥雲走下靈霄殿，須不是神頭鬼面，是文場內有個大英賢，離明象漏出紫微天。

不信下官偶爾微忱祝告，就有神明感應如此，謝天謝地，特拔了董醇賈茂，管教冀北羣空，排

比着盧後王前請看汝南月旦。閱卷已完不知恁時候了。【小旦】稟爺曉籌將報請內轉更衣好出場開榜。【外】如此可吩咐外廂伺候。【行介】雜扮五奎暗上立高處介【外】出得院來仰瞻星斗瑞氣氤氳。我想漢朝五星聚東井人說應在董仲舒身上。如今我宋開國五星聚奎又不知應在那個身上哩。

鶴唳清宵上界聞　天機洩漏報明君
場中未晝三條燭　日下先占五色雲

【下】五奎跳出舞一回【下】

夜香臺持齋訓子

【南仙呂】鵲橋仙【老旦上小旦扮侍女隨上】香凝燕寢月明如晝底事眉頭暗皺三槐庭院帶秋霜問何計堪娛衰朽

老身孀寡年過七旬孩兒雋不疑荷蒙聖恩官拜大京兆之職將老身迎養官衙盡其孝道怎奈三輔浩穰素多豪猾吾兒天性嚴猛專以擊斷爲威雖則稱能一時其中宛橫豈少老身在衙日聞敲朴之聲歲閱屠戮之慘人心天道可

懼可危適纔在夜香臺上不免將心事向天禱告一番但他連日出巡屬縣審錄囚徒又不知添出許多業障來也【生上】戴星公事畢竟日襄門。踈太夫人何在【小旦】太夫人在夜香臺上纔回。【見介】【生】原來母親在臺上拜月夜寒風露小心。【老旦】吾非拜月乃是替你焚香告天懺除罪過【生】孩兒有何罪過【老旦】咳你道這公堂上是容易坐的麽

解三醒歎皐陶何然絕後把刀筆彈指生秋你就

平心惟恐寃盆覆怎禁那三木下細推求饒他人
心似鐵鎔難化可不道官法如爐鬼見愁休誇口
片言折獄一字春秋
（生）母親教訓孩兒自當早夜在心但母親年邁
幸得官衙團聚惟當含飴弄孫勿以孩兒官事
爲念方遂孩兒孝養之志（老旦）咳你只曉得自
家骨肉是要團聚的常言道一事到官十室牽
纏一人入獄一家盡哭你知道也不知道
前腔你散衙餘高堂將進酒怎不想一室歡娛百

室愁似你連日出巡我倘牽腸掛肚那些在官人
犯呵誰沒有娘親倚定門兒守無投逬淚橫流你
這裏妻孥笑語相酬勸他那裏敢哭倒長城恨未
休難消受天堂借福地獄分愁
（生）仰體母親慈命但孩兒職在肅清輦轂怎能
刑措不用（老旦）我且問你你此番出巡到些甚
麼去處錄囚有無寃濫平反得幾人（生）孩兒先
巡西路吏民豪猾作奸犯科自古道養稂莠者
傷禾稼孩兒盡法痛懲還多漏網的那裏有寃

濫的（老旦）怎麽說
（南呂）太師引你道護嘉禾先要除稂莠險些兒去莠
傷苗事逍頭但快你鋤奸辣手一口氣疾惡如讐
還只恨吞舟躍漏聽你說話就知你的作事了想
下馬來怎樣威風驟休回首人驚鬼愁只怕你
美甘棠底血橫流
似你這樣爲官果然強幹但教我做娘的寢食
難安我從此長齋念佛及早東歸不要見你下
場頭的行逕你道當初蒼鷹乳虎何等樣威風

到今來死無葬身之地（生跪介）母親息怒孩兒
還有話說（老旦）還有甚話起來講（生）孩兒西去
就有些小出入也只一家哭不到得一路哭誰
知到東路上有武皇帝時一樁舊獄那是關都
尉寧成造下的孽障起初不過師巫邪說煽惑
鄉愚那被怨家所告把題目弄大了現今牽引
千有餘人尚在株連未已孩兒想來當此太平
盛世那平民百姓個個安居樂業誰肯從逆誰
肯爲非及至親臨覆按果然是奸民騙錢的勾

當原無甚麽重情、平白地、把無數良民、寃沉黑海、怎奈有司畏罪、明知不敢誦言、孩兒仰體聖主如天好生、大膽陳奏、請將首惡誅勦、其餘桀從未滅、倘從矜宥、活此千人、可不負孩兒走這一遭也、（老旦）果然有這事、

【前腔】這因由誰分剖、歎危機無知誤投、他審層層羅網都張就、併微命似黃雀啾啾、不是一封朝奏、那九重天怎解得寃雲覆、（生）但未知聖意如何、（老旦）伸寃理枉、是你職分當爲、何須疑慮、聽前後敢

千人命休有聖明垂照極深幽、（末扮堂候官上）玉殿承明詔、金雞下赦書、稟爺、昨日進的辨明寃濫一本、已奉御批准奏、立時決遣施行、（生舉手介）聖德如天、果然千人都得其生命了、孩兒當出堂發放、（俱下老旦弔場介）救人一命、勝造七級浮圖、況係千人性命、出死入生、是多大關係、我自到官衙、食不下咽、今日這事、勝是五門三牲供奉我也、止是

一獄千人實可哀　今朝酬愿夜香臺

世間多少含寃事、只要你善體君親心上來、

汲長孺矯詔發倉

〔副净扮驛丞上〕若要蝗蟲飽、除非野無草、救得螞蚱飢、地上已無皮、在下河南郡一個老驛丞便是、這條路上原是出京第一衝要、無雙只因荒歉連年、人烟消散、馬草一束千錢、又兼差使越多、軍與旁午、把應付的官馬儘力奔馳、倒斃者不計其數、今日天上一陣蝗蟲過、明日地下一陣差使過、那公家的田租遇了旱蝗、或者有蠲有赦、俺驛中私下的例規、倒是常赦所不原

的、你道此時民有饑色、怎得廐有肥肉、野有餓殍、怎得廐有肥馬、我管驛也管到老了、到如今實在難得應付、正是做官莫做鬼、督郵是人是鬼、要誅求看我官兒只有芝麻大、就壓扁了芝麻、能榨出幾多油、咳、可爲長太息者此其一、從來說官府不威牙爪威、羣狐尾虎來、一虎百虎威、口兒裏蠻言亂喝、手兒裏鞭稍亂掣、額外加了撞頭人夫、又添上些騎坐馬匹、暗中得了折色分例、還來要你嘍程津貼、幾番在人面上彌縫、免不得馬口中奪食、我一件件燕子啣泥、一般般針頭削鐵、下不能白手成家、上不能赤心護國、今日一路平地風波、明日一個青天霹靂來不來都要立馬造橋、動不動急得推車撞壁任憑哀告、總是個皂白難分、如此飢荒、那管你青黃不接、咳、可爲流涕者此其一、雖然衙門裏的事、到處官清私暗、從來陽奉陰違、就是悖入悖出、也須好去好來、誰知陪着我小忠小信、不得他大慈大悲、憑你剜肉醫瘡、摠要捨身施佛

沒奈何、撞着他鬼使神差、只得拚着我奴顏婢膝、儘着他酒囊飯袋、還要硬着我銅頭鐵額、他幾回說不出、只管推毛求疵、我幾次忍不來、又恐旁竹、得節有打點、就是釜底抽薪、沒投奔、只落得眼中出血、咳、可爲痛哭者此其一、〔作哭介內問介〕你這驛丞、好端端爲何哭起來、〔副净〕列位不知、我乃長沙賈太傅之後、祖傳一篇治安策、慣會痛哭流涕長太息、記得我當初新上任時、排下龍圖公案、扮出優孟衣冠、雖則是魚龍

混雜劫倒也人馬平安銷筭的絲絲入扣支放的滴滴歸源奉行的何嘗虛應故事過往的也曾廣結良緣遇事親身下降從無袖手旁觀見人怒目相向唯有唾面自乾從不使唇鎗舌劍也無甚意馬心猿只靠自己良心難昧要圖上頭另眼相看誰知不用本來面目還當別有肺肝咳可為痛哭者此又其二你道這是甚麼飢荒時候差使越多每常時風雨無阻鎮日間雞犬不寧別條路還衆擎易舉我這廂更孤掌難

鳴來的那個是謙謙君子我呵怎做得好好先生幾番要另起爐竈與此官永斷葛藤圖得個金蟬脫殼別尋個白虎騰身且喜昨日得了任滿陞遷的喜信這也是我儻來富貴說不盡那過去光陰此後不愁他小船重載從今方信我大器晚成閑話少說我數十年來雖則一官如寄四海無家還有一個女兒賈天香隨任在此須要預先料理搬家方纔起身得快正是鰲魚脫却金鈎去擺尾搖頭再不來（雜扮驛卒跑上

呈）忙來路遠火速報君知稟爺探有黃門汲黯大人往河東勘恁火災兼程而進今晚就要到來本郡官員都至此接送夫馬嘎程不知可曾準備你看塵頭起處前站來也（副凈作驚跌介）怎麼說禍事了我昏昏的俾晝作夜忙忙的度日如年誰知瓜熟蒂落還是藕斷絲連頃刻五龍齊到眼見一馬當先聽了你面面相覷嚇得我默默無言既要頂禮那一佛出世又要發送他五嶽朝天叫驛頭且備馬一百（雜）槽上只有

一匹（副凈）可用夫三百（雜）簿內並無一卒（副凈）呀沒奈何且多備些酒食（雜）錢糧已斷了三七（副凈）如此怎了（雜）爺莫忙我有計（副凈）你有甚計（雜）三十六着走為上着等他到來你去你女兒房中躲在眠床脚下包管他搜尋不出自然去了（副凈）果然妙計這不是鬧中取靜也筭得忙裏偷閑雖不免垂頭喪氣也勝如搖尾乞憐且等女孩兒出來與他商議則個（雜）待我再打聽去（下）（小旦上）水來須要土掩兵來還是將當

一計明修棧道、三軍暗度陳倉、孩兒聽得爹爹說話好笑、故此出堂問訊、那差來你不打發他、憑你躲在那裏、他來得去不得、怎生了事、且問這是甚麼天使〔副净〕孩兒不知、這差使利害、是甚麼黃門汲大人往河東勘火災去的〔小旦〕既如此、孩兒有計較、父親請放心、只要孩兒書起一道靈符、包管禁住他不得往河東去〔副净〕從不見你會畫符、就這樣靈驗、事到其間、你說〔生〕蘆樹上生。我也只得依你說〔小旦〕只怕黃瓜樹

上生。我就不得同你活、爹不要閑管、待孩兒驛亭上去來〔下〕〔副净〕可憐一官半職、枉受萬苦千辛、我從來一籌莫展、到如今四顧無門、虧他隨機應變、替我見景生情、但得天從人愿、自然福至心靈〔下〕

〔生扮汲黯持節侍從隨上〕宾宾氛祲未全銷、路指河東絳水遙、誰與至尊憂社稷、繡衣仍捧侍中貂、下官汲長孺、荷蒙聖恩、官拜太中大夫、黃門給事、前日河東報到、居民失火、延及千家、聖上軫念災黎、特命下官持節前去撫綏、來此已是河南地面、軍士們且在驛舘歇宿一宵、再行過河北去〔衆應下〕〔生〕好個臨池的驛亭、叢篁拂地、高柳參天、怎多枯槁了、呀、壁上有甚留題、待我看來〔念介〕龍向河東兩河南隔岸災、過雲不澤物、空自起塵埃、洛陽才子賈天香題筆、呀、甚麼賈天香、自稱洛陽才子、他詩中句語、明明譏誚着下官、好生可惱、叫驛丞〔副净上〕做此官、行此禮、驛丞叩頭〔生〕好大胆驛丞、並不將驛舘打

埽潔净、快叫那壁上題詩的賈天香來、免你一打〔副净〕領鈞旨、阿呀、我說甚麼靈符惹出事來了〔下〕〔小旦上〕門前筛鼓喧、知有貴客至、不做儀封人、怎得見君子、黃門大人有禮〔生〕我要那題詩的人、怎來一個女子〔小旦〕我就是題詩的賈天香〔生〕你一女娃、何敢自稱才子、在壁上賣弄詩才〔小旦〕才不才、亦各言其志也、有甚使不得

〔北雙調〕【新水令】看雲天際驛垣高、倚危欄、使星不到、我只見紅塵迷候騎、因此上綵袖點吟毫、對景蕭

倣圖畫出流民稿

南仙呂入雙調**步步嬌**（生）只見料壁塗鴉把我題詩誚（小旦）怎見得是譏刺大人（生）是你分明道枉向這河南走一遭只爲咱繡斧經臨路途騷擾是何物女嬌娃也充做鄉三老

當今在上聖明洞悉民間疾苦那二千石長吏仰承德意膏澤旁流那有匿災不報的事你一女子焉知外事敢虛言惑衆謗訕朝廷當得何罪（小旦）黃門大人且休見罪請問大人河東去

有何公幹（生）河東失火千家吾奉聖恩前去撫郵此豈汝女子所知（小旦）既如此那河東是朝廷百姓難道河南獨不是朝廷赤子

北折桂令念河東土沃民饒物盛災生偶爾延燒卻不道比似河南頻年無麥又無苗看一望流離載道哀鴻無處不嗷嗷大人你想這兩廂孰輕孰重況且失火千家必是市廛商販元氣何傷這水旱蝗蝻乃是農民失望卻那邊廂一炬憐焦爇又逢茅這壁廂萬口空號直恁地隔斷雲霄

難得天使到來窮民如見天日大人乃過而不問可乎（生）下官自出關來也曾沿途體訪雖則年不順成還未見十分荒亂（小旦）大人你只大路邊一過其中就裏誰肯教天使得見你若不信請登北邙一望那虎牢關外赤地千里（生作登山望介）

南江兒水看滿目哀鴻起愁雲壓虎牢果然四野無青草如此奇災竟毫不上聞此皆二千石長吏之罪也那官家閑鎖着敖倉耗這生靈險做了溝渠料兀自把豐登入告我將你壁上簪花一字字

要碧紗籠罩

待我使畢回來定當入奏救此數郡生靈（小旦）難得大人肯援之以手只是等你事畢回來方去陳奏此間殘喘遺黎早都餓死還救得甚來

北得勝令亂慌慌焚溺在崇朝喘㰱㰱頃刻也難熬當不得救倒懸須臾早那些個等需雲濟旱苗待來朝受風吹便見千人倒趁今朝妙手憑君一着敲妙手憑君一着敲

（生）話雖如此，我乃河東使臣，怎得管你河南的事。（小旦）大人差矣。你在漢朝是甚麼閑散冗員？還是甚麼無名小輩？（生）吾乃漢天子黃門近臣汲黯的便是。（小旦）原來就是大人。你以忠直名於天下。妾雖不出閨門，也如雷貫耳。誰料今日所見不如所聞。就此看來，你忠也不十分忠，直也不十分直。（生）你責備得是，只是一件，

南園林好 我今來河南一遭，原是往河東一道，要救這鰥窮無告，怎不奏九重宵？怎不奏九重宵？

（小旦）請問大人，你持此節何用？妾身雖不讀詩書，嘗聞春秋之義，大夫出疆，有可以安國家、利社稷者，專之可也。因此上定當責備賢者。（生）依你便怎麼樣？（小旦）大人既爲親信近臣，就是天子耳目，豈有目擊顛危，坐視不救之理？依妾愚見，你既來到此，竟該從權矯詔，持節發倉，救此數百萬生靈垂死之命。一面便宜行事，一面奏聞天子，請其矯制之罪。聖明在上，必不加誅，就使因而得罪，你把一人的命，換了千萬人之命，也不虧負了你，豈不是一路福星，千秋盛事耶？河東去也罷，不去也罷，妾語不嫌唐突，大人也可不用三思。（生）你倒說得慷慨。

北收江南（小旦）呀，你名爲正直立當朝，恁擔承不做的一時豪，現放着熬倉千萬在成皋，咱要你做一擔兒挑，咱要你做一擔兒挑，你代天行道可辭勞？

（生）不料這妮子有恁般見識，難道我汲黯倒是個見義不爲無勇之夫？

南川撥棹 非推諉，便從權須矯詔，去打開常社倉敖，去打開常社倉廒，但將他飢人救療，任天威，何敢逃？爲蒼生拚這遭。

候吏們快去，宜那倉曹、戶曹在府堂伺候，宣古就此撥轉馬頭，且不過河東去者。（內應介）（生）呀，且住，方纔不曾問明，你是何家女子？（小旦）妾身就是這驛丞之女。既大人有命，不用過河，夫馬妾好回俺父親去也。誰知綏兵計，做了度人經。

北收尾 深閨敢露如簧笑，只爲着討阻星軺挑動

的書生迂濶代人勞，怎知俺暗度金針簡中巧。

（下）（生）原來這驛丞有此奇女。（雜扮候吏上稟）爺，闔郡官員同倉曹、戸曹都在府堂伺候。（生）吩咐打道。

天上星辰徙倚高　　幾人咨訪及芻蕘
人歌人哭無人問　　端賴忠良翊聖朝

吟風閣　卷二　發倉十一　卌七

魯仲連單鞭蹈海

（生扮魯仲連上）龍爭虎鬬血潺湲，遊士紛紛蟻走盤。誰道巨靈伸一臂，遙從海外數中原。俺魯仲連周行天下，為人排難解紛。前在邯鄲被秦兵圍困，魏將軍辛垣衍到來定議，六國尊秦為帝。那時平原君受其恐嚇，主意全無。俺把三言兩語折倒辛將軍，𨚫退秦兵三十餘里。恰好信陵君救兵趕到，殺退秦軍。因此上危趙不亡，强秦不帝。只是俺上觀天時，下察人事，不出二十

吟風閣　卷二　魯連臺一　卌八

年，六國并吞，强秦獨霸，也是數該如此，不能挽回的了。俺本齊東野人，不趂此長揖平原，蹈海而去，更待何時。

【北雙調】【新水令】六王未畢戰塲灾，去扶桑挂弓而待。看長鯨翻白浪，迎日出海門開。少不得弱水蓬萊，別有人兒在。

（末上）吾奉趙王之命，要趕先生回轉，輔助江山，賫上相印一顆，請先生就此挂印。（生）我要這相印何用。俺魯連呵，

【沉醉東風】有甚的功勞簿載又非關白屋荊材只看他浪乘軒人人愛却不道牢籠任抵死塵埃役本是一鶴輕身過海來怎閣得腰懸斗大

你爲我拜上趙王罷了【末應下】【丑上】吾奉平原君之命賫有黃金千兩白璧一雙特來津送先生【生】俺千里獨行要這黃金何用只笑平原呵

【喬牌兒】你賢名馳四海下士能傾蓋買絲綉爾形模在却不道俺今朝爲甚來

拜上你公子去罷【丑應下】【副净持鞭上】魯連先

吟風閣　卷二　魯連臺二　四十九

生少住吾乃信陵君使者朱亥聞得先生遠行特送來脚力兩副【生】多承公子厚愛【副净】這是一匹老驢那是一個千里名駒【生】可將老驢留下朱亥哥似俺今日呵

【七弟兄】脚躧着草鞋布鞋短衣孤劍青門外只要的識途老馬到天涯早讓他名駒汗血功名大

【作上馬介】爲我致意公子俺魯連此去不復預聞天下事矣但强秦虎視六國無人公子須爲天下自愛【副净】有勞先生囑咐不遠送了【下】【生】

且喜趙魏來人已去就此趲行

【梅花酒】俺則見驟馬來蹀躞塵埃道路疑猜敢十二金牌忙不迭繞朝鞭趕的來躲不迭范蠡舟漾的開你看前面已到齊東界上俺久不上瑯琊臺不免登高一望者暫登臨便感懷這是夕烽不接幽燕塞那是南風不競荊湘界望行山氣沉埋臨鞏洛歎周衰俺這裏袁方幸不相挨他那裏霸西戎似虎如豺陳寶雞呌的乖雒陽鵞扇的歪俺展不出聊城下射書才枉說我紛能解難能排天下事壞吾儕

吟風閣　卷二　魯連臺二　五十

叵耐那朝秦暮楚的只圖一時僥倖不顧攪亂乾坤到今日教俺何從下手

【收江南】呀滿天風色下高臺端的是安危須仗出羣材怎禁得下天魔殺戒一齊開要熬幾遍英雄成敗俺只得寫伯牙琴去海上忘懷

你看重洋絕島氣象萬千俺從此目送蛟龍出没口吸日月光華訪安期生尋羨門子蟬蛻塵埃神遊八極之表使世上人稱說魯仲連下知

所終豈不大稱人心也。

【收尾】寄語安期稍遲待，看九點齊州歷霧，早則是日觀雞鳴，佳氣蓬萊，是誰個寶馬橫秋，金梁跨海，且聆着指把江山一字兒排開，待俺立雲端，看的他厮殺在。

荷花蕩將種逃生

【南呂·掛真兒】（小旦抱孩兒上）碌碌蓬頭窗下養，干戈裏負羅逃亡，無計藏孤，將身捨命，顛倒死生情况。

吾乃花將軍府下一個侍女蘇昆便是。只因陳友諒作難，攻破太平城，吾主花雲戀城巷戰，亂箭亡身，主母郜夫人投井而死，可憐他夫婦一生只有這個孩兒，百忙裏主母在懷中取出，交付奴家，說道：我花門只此一點骨血，今日他的死生都在你身上，倘能保護得他，我夫妻死在九泉也感謝你不盡。奴家雖是蠢婢，生來膂力過人，自幼將門養育，仗着三分膽氣，受命托孤，一徑從亂兵中抱負孤兒，混入民間難婦逃出城來，好不危苦。

【二犯五更轉】把藐孤擎掌千觔擔兒，誰共將，早覆巢破卵無承望。拚我身孤膽壯，到底奴婢行（可憐我夫人他臨危四顧，把咱來相仗，只指望長板橋頭，保得他孤兒無恙，抵多少女趙雲充家將。那時被賊兵衝殺過來、把我等難婦一齊擄去、監在後營、他軍中又不許小兒啼哭、幾番幾次要把這孩兒殺死、我只得拔下釵環、將他寄養在漁翁雷老家、下可堪兩下難相傍、知他泣卧蓑衣、早晚怎生懸望、沒計較、計較難安放、所幸日來防守稍寬、因此向雷老抱出小官人、悄向江邊渡口、逃向金陵、誰知前面無船可渡、後面人喊馬嘶、看看追兵趕上、好叫我上天無路、入地無門、到此也說不得了、明知山有虎、故

吟風閣　卷二　荷花蕩二　五三

向虎邊行〔下〕

〔净扮陳友諒擁衆上〕十萬樓船百萬雄、揚旗鼓譟大江東、俺行軍不收漁家樂、打盡英雄一網中、孤家陳友諒、出身漁戶、子建號草頭王、從鄱陽湖起兵東下、打破太平城池、巳將守將花雲滿門屠戮、走漏了他一個孩兒、搜其下落、早巳擄來逃去、將士們快去把住渡口、截殺不許一人一騎過江者〔衆應遶場下〕〔小旦負兒上〕早道走頭沒路、情知孤掌難鳴、不是托孤寄命、為誰

捨死忘生、奴家逃難而來、剛被賊兵趕上、沒奈何、就賊將手中奪得弓刀器械、且戰且行、誰知一直趕到江邊、更無去處了、如何是好〔净領衆繞場趕上〕潑婢休走、快留下花家兒、饒你性命〔小旦〕仇人相見、分外眼明、可快來送死〔鬭介〕〔净馬射倒、敗下、作放暗箭、小旦翻身落水下〕〔净復上〕好潑婢、眼見得他帶箭投江、自然一齊淹死、就此收兵〔下〕〔小旦披髮帶箭上〕

【前腔】一霎時命喪悄魂兒巳飛、江外江波翻血濺

吟風閣　卷二　荷花蕩三　五四

隨飄蕩、苦我胸懷背負、死也只一旁〔作拔箭暈倒〕〔花雲鬼魂暗上救醒介〕倒虧了一枝賊箭、把我送過江來、這共聞若不是神天護持、怎得附木浮身、漂得到這荷花蕩中淺處、似鶯鶯兒帶箭立寒塘上、慘離離血灑衣毛、啼不出將雛哀愴、思量起這災危真无妄、且幸落水不死、中箭不亡、一言之托有靈、六尺之孤猶在、只可憐這孩兒又餓又冷、免不得要哭哭啼啼、這廂無從覓食、且摘些蓮子來就懷中哺着他、縱殘生未向江魚葬、早則是多少

荷花蓋不任他孤身飄蕩昔淚眼空把蒼天望
我陷在泥水中已經七晝夜、帶傷漬水、日夜不瞑、身子困乏、不覺打盹、起來小官人休要啼哭（作磕睡介）
【仙呂】卜算子（末扮雷老兒上）仗義肯扶危、貴賤何須辨、一點愚忠自不知、幸有神明鑒、
自家雷老兒非是別的、乃是采石磯江上一個土神、顯化而來、因爲院判花雲闔門殉難、是他婢女蘇昆保孤義烈、感動天庭、吾神奉命一路

將他護持、如今正可上前搭救呀、蘇昆姐醒來現在賊兵已退、可隨着我來、好前去金陵面聖介（小旦作醒介）原來是公公有勞搭救（作上岸行介）（末）蘇昆姐、你爲這哇哇、受了千辛萬苦、從此得見天日了也、（小旦）多虧了公公、我做了頭的、受了主母一番付託、一心只在這孩兒身上、不圖今日死裏逃生也呵、
【南呂】二犯五更轉 痛定難回想、今朝到來都倘嘗箇中、敢望神明相、只爲言猶在耳、我只心自將在當

初受托、知難量、草扮着險阻艱難、死生孤往、天憐念、保得他人無恙、料他夫婦應無恨、奈我箭傷水浥、痛苦難禁、就是挨得到時、料也不能久活的了、今日呵、幸得手抱遺孤交還主上、吾事畢、要回話黃泉壤、
（末）蘇昆姐、你不須如此、我已替你送信金陵、自然就有人來接應、你你看前面天使來也（下）（小旦）怎麼一轉眼間、雷老就不見了、（丑扮內侍、旦扮宮娥上）聖旨到、跪聽宣讀、朕聞古之義士程

嬰杵臼存趙孤兒、今蘇昆以一女奴、單身救主保全我忠良之後、義烈尤難、所抱孤兒、是吾將種、可送歸花將舊第、即着蘇昆撫字、郵典有常忠魂不泯、可宣取入宮、朕當親問、欽哉謝恩、（丑）只你就是蘇昆姐、就此更衣、同去見駕、
【仙呂入雙調】好姐姐（小旦）公公念奴千辛萬苦、要挨到金陵無路、賴雷老指迷苦中相救度、（合）真凄楚、剩的病身難移步、且換衣妝向帝都、
（丑）這哇哇怎沒一些聲息來

〔前腔〕（蘇比妞）撫孤依然嗎寡在襁褓寧知痛苦只他日長成可知誰恃怙（合）真凄楚剩的病身難移步且換衣妝向帝都

〔五〕只因世亂顯忠良（小旦）烈烈轟轟父一場
血性男兒貞烈女　莫將良賤定行藏

灌口二郎初顯聖

（南呂）〔中呂菊花新〕（小旦扮二郎神領侍從上）麒麟汗出血流紅天産奇男繼禹功本色是英雄只看俺幼年行動

走馬一道烟吹劍一口氣游戲到人間諸神且廻避吾乃蜀郡太守之子李二郎是也只因這廂江水泛漲傷害居民俺爹爹臨江率衆開鑿離堆急切不能回府俺鎮日在書房看書納悶趂此帶了奴婢們架鷹牽犬偷出府下喚同了郭伸直健雨將軍一逕到山前打圍須要不一時打了無數山禽野獸小的們你看山坡平廠可就此席地班荆割鮮野饗灑落他一回者

〔駐馬聽〕（合）環着看風吹草動看風吹草動飛走潛蹤調虎離山呼猿出洞鷹犬一時齊縱把四面江山只佈個小圍場周遭收攏偪拶得禽堆邱壟歡笑煞烹龍鳳流星彈寶雕弓雨血風毛地搖山動

（小旦）就此坐下吹彈歌唱起來（衆）公子見獵心喜自然對酒當歌（小旦）就把酒為題唱的唱飲

的飲（衆）有理（雜）你們吃酒我先唱（起立搖櫓唱）岳陽樓上呀醉的不分明白牡丹花照子個洞阿庭一盞斝來一盞盡不想活神仙摟抱子個活妖阿精不要說起（飲介）原來老仙也是酒色之徒（小旦）有酒此有色有色此有財有財此有氣就將這四件爲題各自道來（雜）有酒此有色聽我道（起立斝巾扇唱）張生做事太風流呀今日央求呀明日央求夫人聽見央打求打央求肯干休呀那個牽頭呀一個丫頭跳過粉墻猶

自可呀一半含羞呀一半擔憂跳不出時擔打憂打擔憂五更頭呀官了私休呀私了官休（淫唱的好（飲介）（雜）有色此有財聽我道（起立斝馬鞭唱）想他家雄豪覇滿園金谷春無價綠珠樓綠珠樓上梳妝罷珊瑚七尺輕敲下你知道金錢常在石崇家誰知道楮錢兒莫向他墳前掛（雜）唱的好（飲介）（雜）有財此有氣聽我道（起立斝漁鼓簡唱）今古事難評看將來没正經有一個二國周郎忒聰忒聰明有一個諸葛先生鬬智

鏖兵雨下雨下裏爭一朝看破你情和性他笑道非是我無情只爲你心頭緊逆火無明按捺不定我但畧施小計把一個有情有趣千伶百俐的周公瑾偏得來死不明活不成賠了夫人又折了兵撇下了嬌滴滴的小喬娘子青春年少成孤成孤另一旦無常枉自輕呀呀呀看將來没正經誰叫你來爭誰叫你火星兒亂迸你但把自心來放平你把自心來放平天也平地也平就是胡盧提倒也倒也行你要見分明你

看那今來古往七七八八顛倒英雄歹事情都要一般般替他愁替他惱替他爭你這書生只怕你一肚皮裝不下這許多腌臢腌臢病還有一件（小旦）且住我們出來須要怕俺爹回衙知道一面着人到江邊打聽去者（雜應下小旦）我們且把村醪野味賜飲他餐大家受用則個（衆）有理

前腔（合）靠江山點（衆）靠江山點（衆）斜倚雕弓鐵綽銅琶醉歌齊動藉草分甘受用與衆言歡休道俺

小喬才。不知尊重。傳笑語。髻丫雙擁。齊喝采。繡鞋回蹬。前村笛。牧牛童。年少偷閑。一般喧鬨

（雜揚鞭馳上）星忙飛騎到火速報君知稟爺不好了。只因俺爺鑿破離堆。壞了蛟龍窟穴。那江中龍母怒恨。駕起風雷雨電。彝着俺爺在江邊厮殺。又有他龍子在洙水中出來接應。甚是兇猛。俺爺寡不敵衆。看看不濟事了。公子快來救護者。（小旦）有這等事。

添字紅繡鞋（合）偷將閑空從容從容馳驅較獵正稱雄稱雄聞報道信多凶激得我怒忡忡趁今朝威風威風快去戰羣龍快去戰羣龍

（小旦）待俺裝札起來。奴婢們快去回報夫人。俺自救俺爹去也。（奴婢下）（丑）公子且住。那龍婆母子都變化人身。與爺攪做一團厮殺。那龍婆母子角尖上掛的是碧綃。俺爺頭盔上掛的是紅綃。切須看個明白。用計收擒。莫被他逃走了。（小旦）我自理會得。憑他走上焰摩天。也要騰身趕將去。就着你引路。（丑）當得。公子你雖然英勇。還

得添些人馬去好。

尾聲（小旦）那用重添人馬衆。何物鱗而一水蟲。禁得俺伏虎降龍天將種。（俱下）

（外扮李氷戎裝跑上）血染團花舊戰袍。幾番磨洗不更刀。石人泥馬皆流汗。要顯屠龍手段高。我蜀太守李氷。與業龍戰敗。幾乎一命難逃。如今並無一路救兵。如何是好。（龍婆龍子趕李氷遶場下）（小旦挾彈兩將隨上）

（北正宮）端正好閃江天。迷昏曉。陰風起。平地波濤。是甚麼常鱗凡介。都來到。則索的把寃讐報

兩將可前去擋住他。俺且閃在一邊。等着他者。（兩將得令下）（鷹犬遶場下）

滚繡毬（小旦）只見那閃屍屍雷電交。半空中張牙露爪。他害生靈。須不是兩遍三遭。又聽得怒騰騰風雨號。俺這裏搖旗放砲。潑泥鰍只欠他萬剮千刀。可怪那風雷丁甲無分曉。反助着下劣修羅氣勢高。困任賢豪

（業龍母子李氷又厮殺上。二郎截殺放彈縱鷹

犬業龍傷敗兩將擒縛介小旦且喜業龍拏住了下可押到營盤聽令衆應下李氷帶敗兵上𢿘得孩兒攩住他來路方纔得到此間但不知孩兒勝負如何小旦上不施萬丈深潭計怎得驪翁下釣臺爹爹可曾受傷孩兒已將那廝母子拏下請爹爹處治外那業龍甚是兇惡且問你怎生擒得住他小旦爹爹聽禀孩兒知道的制禽在氣那蛟龍最怕鐵氣孩兒把一個鐵彈丸望空打去正打着了那龍婆左眼又筭定辰

戍相冲把細犬放去咬下他領下明珠他就不能動彈了也

小梁州俺則爲血戰元黃氣不銷刺斜裏手起丸抛滴溜溜正中他眼兒胞飛不了血淚染碧鮫綃

外那龍子又是怎麽拏下的小旦那龍子是一條小蛟但額上尺木成時便能飛行變化被孩兒一彈丸打斷了他尺木又被神鷹追赶不能落水那蛟原是木畜金木相犯孩兒因此在空中去下黃金索子一索子便把他套住了也

么篇怕龍生九種都來到這其間黜額而逃角木蛟空中弔便一天風雨飛不起那尾兒稍

外原來如此你與父報讐爲民除害不愧克家幹蠱之子我身帶有重傷這業龍既是你收擒還是你去處治了罷小旦領爹爹嚴命請自回衙調治孩兒斬了業龍就來也外傳家自有降魔杵放馬先回卸甲村下小旦如今逆龍是拏下了你看這廂好一派的源頭活水待我山厓上砍下劒痕數道沙灘上揷下鉄杵一頭教他

蓄洩有方永爲美利擒龍鎮水渾閑事留與他年作話傳作法揮劒揷杵介手下可黜起信香召江神來見江神上衙內相召小神有何法旨小旦江神聽者這廂水害都是你那江中蛟龍作怪吾奉父命擒拏已經就縛但這廝修煉多年神通廣大人間刀劍不能了結得他吾當運動先天祖炁揮慧劍斬之與你西川永除水害江神這廝合當梟首但衙內威德並行還當仰體上帝好生留他一命聽憑衙內如何驅使他

便了〔小旦〕這廝惡貫滿盈本該付斬龍臺上處治也罷叫他聽吾法旨〔江神〕善哉善哉業龍速復原形聽衙内法旨〔小旦〕江神這事須交與你去擺佈那龍婆與我鎖在離堆之下要他約勒江波深無至肩淺無至足盟山誓水只此兩言可立碑表記如有違犯呵

【白鶴子】有原拴的金鎖固有永鎮的石犀高但還劣性再蹊蹺便灌的他鐵汁銅漿兒飽

那小蛟着他與我攻開東岸分水内江灌洼農

田使千里荒蕪變成沃野永爲天府之土就把小蛟裝在寶瓶口内着他守定水門一呑一吐就像塞了海眼一般你看當初禹王導水水由地中行呀耐凡夫治水水由地上行地發殺機龍蛇起陸吾有深淘灘低作堰六字口訣付與爾神傳示者

【快活三】休教作的堰兒高壅灘沙兜底要深淘把源頭活水散千條遍西川看美滿知多少

〔江神〕小神謹遵法旨但如何深淺節度還請衙内明示以憑永遠奉行〔小旦〕是不消你說我有沙平水畫留在人間憑你長落無常我的規程早定〔江神〕怎叫水畫〔小旦〕你看山崖上有石痕九道是我將寶劍砍下的這就叫做水畫這便是低作堰之節度〔江神〕怎叫沙平〔小旦〕你看沙灘上露出一頭鐵杵是我揷下的定底神鍼這就叫沙平這便是深淘灘之節度上看水畫下看沙平但準量高低隨時蓄洩自然安瀾永慶物阜民安你聽我道

【要孩兒】看夏王門上支祁號鐵樹花開還早把三山移過壓金鰲這功勳玉壘齊高俺自有劍分水畫留千古你休把鐵作沙平動一毫〔合〕俺威靈到只教他千秋萬載平長平消

江神你須不要放鬆了那業龍守吾法度吾當告禀家爹勅令居民蓋造伏龍觀一座教你千秋血食也〔江神〕領法旨帶業龍下〔小旦〕就此擺隊回衙

【尾聲】俺只把禹王功開修好但施爲敢覷俺兒曹

小占巍巍有誓水穹碑倚天表

魏徵破笏再朝天

南呂 南仙 糖多令 小生上 家世大唐朝，衣冠甲第高，秉忠貞繩武非遙。圖畫凌烟遺像暗，誰補綴，袞龍袍。

下官魏謩，乃貞觀宰相魏徵後裔。國恩世澤，官拜起居舍人，現列朝班，職居清要。想俺祖公公正直爲臣，遭逢聖主。當初在太宗皇帝駕下，瀝胆披肝，知無不言，言無不聽，遂乃偃武修文，太平致治。眞個主聖臣直，千載一時。如今事隔二百年，那朝天象笏還供在祖先堂內，手澤如新，豈不是一件鎭家之寶。今上聞知此笏尚存，特地宣召下官，因此親賫朝見，須索到宮門前去走一遭也。正是舊傳寵命王三錫，得覲天顏日再中。下

郎將上 蓬萊宮闕對南山，御史上 承露金莖霄漢間。內監上 西望瑤池降王母，東來紫氣滿函關。昭容上 雲移雉尾開宮扇，日繞龍鱗識聖顏。

郎將 我執戟郎官，御史 我糾儀御史，內監 我司禮內監，昭容 我戶外昭容。合 今日聖駕東巡在

洛陽帳殿延見臣僚、須要整肅威儀者、（內）淨鞭

升帳殿介（上）輦路生春草、上林花滿枝。憑高何限意、無復侍臣知。可宣奏事官上殿。（昭容）中書門下奏事者上殿。（外上）天上中台正、人間一品高。休明值堯舜、勳業過蕭曹。臣平章軍國重事晉國公裴度見駕。（上）卿有何奏章？（外）臣無奏章。只爲久玷台司、舉朝公論都道臣晚節浮沉、爲自全之計、老臣有口難分。

【中呂調】滿庭芳　位極人臣、名高天下、孤忠頻蹈危機。忘身憂國、毫髮肯留遺。誰料浮沉晚節、到如今進退皆非。瞞天地、聖朝無闕、自覺諫書稀。

（上）上相元臣、坐而論道、調元贊化、自來無迹可尋。須知歷聖憖遺、朕心簡在、外廷浮議、卿可不必掛懷。（外）聖主誠如天地包含、老臣難免春秋責備。上不能格心致主、下不能盡諫極忠。知者謂臣晚節蹉跎、不知者反謂臣保身明哲。內揆臣分、俱所未安。方今雖邊閫未靜、藩鎮未平、幸新進多賢、不患無人簡用。老臣今日之意非他、

奏爲衰老乞閒、懇辭相位、念臣呵、

前腔換頭　勳高非郭李、謬承隆遇、功紀淮西。幸愚孝愚忠、都有天知。所願丹忱勵匪、奈侵尋鬢霜難支。餘生在、乞身綠野、歌咏太平時。

（上）卿文武兼資、四朝元老、正欲借卿之重、鎮撫四夷。即如現在維州邊事、牛李是非、非卿誰定者。（外）聖眷雖隆、臣衰恐悞國事。（黃門官上）奏駕、帖傳宣魏徵的孫兒魏謩到。（上）宣門候旨。（應下）（上）朕觀國史、先朝忠讜大臣無如魏徵者。聞他朝笏尚存、朕思其人、想見其笏、因此將他孫兒召見。卿卽今之魏徵也、豈可遽圖便安、使朕闕匡輔之美。（外）老臣衰耄、何敢望魏徵。那魏徵呵、

前腔換頭　忠良無與比、補天浴日、力贊危微。把草昧乾坤、磐石成基。看取貞觀政要、論功勞良相如醫。無他技、十思十漸、所志格君非。

自從魏徵亡後、遺直幾人。敢諫難、受諫也不易。

前腔換頭　良言偏逆耳、老成人去、誰與鱗批。對剩水殘山、誰問瘡痍。只顧稱功頌美、一般般全是虛

䍠圖恩過天顔有喜那管是和非

〔上〕受諫無今日臨危憶古人朕誦此詩每用三歎卿可與朕同觀魏徵之笏此亦甘棠之比也〔昭容〕常忝官奏事者上殿〔小生上〕太液天爲水蓬萊雪作山今朝上林樹無處不堪攀臣起居舍人魏謩見駕宣取先臣牙笏一張恭呈御覽〔呈上介〕微臣昧死奏明這笏已非全璧上面有破損舊痕數道〔上〕敢是你們收藏不謹〔小生〕此笏之破非關别的乃是先臣當日諫伐高麗言

詞懇切失手在丹墀一擲而破從此缺角殘邊君臣之分不終幾爲預兆臣聞貞觀之末太宗鋭意東征舉朝無人敢諫那時節呵

〔仙呂調〕**甘州歌** **皇圖八表正金甌無闕玉燭長調邊烽罷警纔免四方征調怪無端不辭征戰苦自將臨邊走這遭兵端起四海擾可憐籍口衆臣像回天力苦打熬獨將手版拄雲霄**

〔上〕可有諫草留下外國史雖然不載但當日東征事在得已彼未犯邊我非縱敵徒然勞我士衆但爲前代報仇卽使泉蓋蘇文罪在不赦但當調兵遣將何勞御駕親征是志小夷不足爲武稍有蹉跌所損實多魏徵之言諒不出此〔小生〕丞相所言猶如親見當日呵

前腔換頭 **擎天一柱半生辛太平刑措安危難保修文偃武那更跨海征遼忠言苦口不憚勞只見鵷立通明連諫草朝衣卸象簡抛竟留缺陷在螭坳**可憐備得瓦全舊痕宛在今日呵 **收藏處遺像好宗臣冠劍肅清高**

〔外〕臣觀魏徵獻替之忠可謂遭時遇主然而身殁之後骨肉未寒舊恩遽替奪婚仆踣倒墓碑幾乎從龍逢比干於地下言念及此實可寒心〔小生〕自古道忠臣不怕死怕死不忠臣先臣只是一心愛國遑恤其他〔上〕且問這番惱怒因何而起〔小生〕聖上這也非爲别的還是東征不肯將順含怒已深說起來其實可怕也

前腔換頭 **亡隋鑒甚遥道傷痍纔起復番征討轉輸千里不顧萬姓疲勞由來常勝兵易驕怕賈勇**

將他輕看了。箴規切忌諱遭。向來恩禮一時拋。身雖沒恨未消。墓門拽倒一長條。

（上）後來天心回轉。慰勞有加。把墓碑從新豎起。又因何事。事在何年。（外）待得棗兒甜口。已經橄欖酸牙。此事在魏徵亡後已數年了。（小生）不是久後來也不能表白東征之役。起初一勇無前。誰知日後師出無功。悉如所料。

前腔換頭東征萬里遙。果損將威重。遲遲歸到。那時追悔。方嘆忠諫人遙。凌烟勳舊都漸消。歎笏在人亡天不弔。休回首。魂暗消。一杯茶酒墓前澆。今何幸。得再遺錦囊塵暗聖明朝。

（上）乃祖翊贊昭陵。忠貫金石。今留此笏在家爲栝棬之思。在國爲甘棠之愛。特賜卿番錦一端。用作新囊。盛貯什襲而藏。留爲一段公案。卿宜念祖聿修。毋忘厥職。（指裴介）雖無老成人。尚有典型。卿當在朕左右。無廢箴規。以對揚我國家丕顯休命。（作謝恩介）（小生）直道從先進。貽謀啟後昆。（外）敢辭黃髮老。留輔聖明君。（上）就此起鑾。

尾聲（合）但從今交修好風雲。長在故家喬可不道拜手明良舜繼堯。

上林花木盡蟠根　猶見元勳五代孫
紫陌朝天誰是伴　各將忠赤報君恩

動文昌狀元配瞽

（外儒服上）晉聞桂子月中落，今見天香雲外飄。樓上誰觀滄海日，門前空對浙江潮。老夫延陵舊族，世代書香。所喜小兒今科發解，老夫要與他完娶之後，北上公車。不料他原聘之女，忽然兩目失明，這段姻緣，畢竟是美中不足。聞得親家那邊今日進城作賀，須索酒筵欵待，在家等候他者。（末同丑扮媒人携聘禮上）（末）不如意事常八九，（丑）可與人言無二三。來此已是。（見介）（合）

令郎高中，特來賀喜。（外）小子年輕，眞乃僥倖之極。遠隔鄉城，重勞貴步。（末）讀書食報，親族有光，且將禮物放下。（外）既荷光臨，又蒙寵賜，何以克當。（丑笑介）這不是他家來的賀禮，還是你家去的聘禮。（外）怎麼說？（丑）且坐定再講。貴親家此來，你道爲何？一則賀喜，二則退婚，交還原聘哩。（外）這話如何說？（末）親家休怪，從前小女許配賢郎，原圖一雙兩好，豈料小女福薄，喪明已成廢疾。賢郎恭喜，定當另選高門，因此上邀請原媒同來告謝也。

（南正宮）【普天樂】論婚姻何曾誤，相女兒方配夫。奈嬌娃殘廢中途，好姻緣已成辜負。怎教你娶個盲新婦，教人到此難廻護。更賢郎年少亨塗，請另擇對門當戶。須怪不得一朝發迹，人心非古。

（外）親家說那裏話，且請奉茶。（丑）親家親家，賠酒賠茶。（外）且問令愛此疾因何而起？（末）說起可憐，只因先荆病亡，繼妻在室，小女一心痛母，遂至哭泣喪明。

【雁過聲】悲呼娘親早故，無明夜心傷淚枯。更前親後母，其間故就有千般愁萬般楚，端的向誰行訴。枉鴛鴦繡譜，可憐更是瞎兒無淚苦，只怨他那生的命兒孤。

（外）親家來意，可曾問過令愛？（丑）誰教他有目無日，自然該有夫無夫。（末）女孩家有苦難言，他曾向妳娘說過。

【雁過沙】我一身兒要人扶，待如何事舅姑，怎操井臼親家務，忍教人爲我相擔誤。似我這樣兒呵，怎

教人不相憎惡更是他青春年少得意皇都
（外）說得可憐但這是小兒終身大事也須問他
主意如何（丑引外同背介）不是我勢利令郎年
少高科豈少良緣佳偶今日之事這村老兒倒
也見機你正好順水推船了還有甚商量（外丑
等小兒出來者（小生上）一舉登科日雙親未老
時父親有何吩咐（外）我兒先與你丈人見禮你
丈人到此一來賀喜二來是悔婚因他令愛喪
明却要我兒另配你意下如何（末）已經告稟令

尊原聘禮物都帶來在此（小生）這是那裏說起
除非小婿有甚不才之處合當見棄若不是呵
傾盃序當初想人家女配夫嫁雞不道從雞誤只
爲前世前生注定姻盟一緘定了豈容輕負他今
不幸未嫁而瞽假若是過到吾門漸生災苦就是
百病千痛可說他不是吾家結髮婦
岳父在上如今既要改悔前盟你把這在室之
人將來作何究竟（末）無非是老漢養他終身便
了有何究竟（外）自古道女有三從這不少了〃二

從只在家從父的一從了（丑）還只怕從不到老
玉芙蓉（小生）這盲人何罪辜喪娘親父拆夫你教
他一世倩誰看顧無非料量我心兒不固情知缺
陷由天數傍人覩也應憐其苦怎親夫反拚的將
他來厭惡
（丑引小生同背介）解元你前程遠大現在本城
內錢員外家賠奩萬貫李翰林之女才貌雙全
都在選壻招親不怕無人作合解元我道你書
中自有顏如玉何必區區戀故人（小生）呀你是

原媒怎倒說起這樣話來這個斷難從命（外聽
介）聽我兒主見不愧讀書人待我再試他一試
（轉介）我兒差矣你娶個瞎婦來家不想我老夫
妻沒人奉侍麼你就這般自做主張起來（丑從
來婚姻大事全憑父母之命媒妁之言自做主
張原使不得的（小生跪介）父親在上孩兒怎敢
自做主張只是這頭親事
芙蓉樂盟緣非自圖父言在當初敢說孩兒大了
不由得父（外）起來講（小生）若怕蘋蘩有缺呵他傷

身痛毋、那般孺慕、料移來婦道無驕妬、若嫌他無日呵、少甚麼賽羅敷、明眸皓齒、不賢的婦

外我兒既執意如此、親家我們當得依他、快把原聘收回、不日就要登門請吉別語、再休提了、末大媒你看世態人情、像他父子們這樣有情有義的、實在難得、丑難得難得、絮絮叨叨、講得口渴、外一面上起席來、上席介孩兒與你丈人把盞大媒大量、彼此當各奉他幾盃、丑我道今日是離筵、誰知却是合歡酒、甚麼三盃兩盃、大

家觴飲則個、醉倒介、末賢壻、你今雖如此說、只怕你少年人一時慕義、久後來你在富貴場中、諸凡不便、翻成後悔哩、小生岳父也忒過慮了、

小桃紅慮將來非盡無好兒郎、義可沽、奈下梢到底成辜負、我看接木移花、縱好非[illegible]理、若還悔却塗鴛讚甘怨曠、兩下裏成孤、

末不想你少年人竟恁般古道、如今你此去、自然金榜題名、只是這洞房花燭、呵、慙愧慙愧呀、怎麼這大媒醉倒在那裏了、不用驚動他、原聘帶回、老漢就此告別、外多多有慢、末另日總謝罷、正是混濁不分鰱共鯉、外水清方見兩般魚

下

仙呂入雙調 玉抱肚 生扮文昌帝君引天聾地啞上文昌座下、偏攏着天聾地啞、儘教人去賣盡聰明、聰明憿不如痴啞、合人間萬事到頭來、巧處差你看天道還親盛德家、

生頃奉上帝勅旨、臨安解首不棄瞽妻、重倫尚義可選為今科狀元、以彰風化、吾神便當奉勅

而行者、

前腔 稍壓宮花昨日今朝魚龍變化、他只安心賣蠢裝痴呆看何曾久居人下、合人間萬事到頭來、巧處差你看天道還親盛德家、

天聾把如意掐案下、丑驚醒介、奇哉怪哉、我方纔做夢見文昌帝君下降、說新科狀元就在這裏、有這等樣事呀、怎麼他們賓主都不見了、還不去待怎的、一心忙似箭、兩脚走如飛、

感天后神女露筋

南正宮 **梁州令**【旦上】**一片江湖白鳥秋正暑雨初收奈意慌偏覺步遲留逢人難借問趲一段夕陽愁**何事小嬌娃行行陌上花驟來歸鳥盡啼殺後栖鴉奴家路氏名喚金娘只因母親病在舅家心中十分疑慮奴家同着嫂嫂急忙奔向前來怎奈新秋雨過路滑難行看看日落西山前途尙遠嫂嫂趲行幾步上來者【副淨作跌上】新綉花鞋剗幾分一般喬樣欠溫存濺泥不辨幫和

底十步行來九褪跟妹子你莫慌等着我者【旦】嫂嫂你面上爲何花碌碌的【副淨】妹子我一條手巾一把扇揑着脚來一頭汗一頭汗粉面界成三道半我原說婆婆不打緊明日去罷了你自寧耐不得如今前不巴村後不巴巷如何是好【旦】嫂嫂休要埋怨正是在家千日好出外一時難你看前面有個唱歌的孩子來了好向他問路【丑扮牧童唱上】五月五蚊子生來出林虎。六月六蚊子成團飫蝙蝠七月七蚊子嘴頭硬如鐵八月八蚊子肥來大如鴨這裏叮一叮那裏針一針日裏還要細丁寧細丁寧他說世上希奇事罕聞多年蚊子老成精蚊子成精會吃人【旦】小哥唱得好前面過那溝的路走得麼【丑】這時候還問路前面獨木橋頭我們還是鳧水過來的【副淨】你聽如何【旦】如今埋怨也是無益了

雁魚錦何尤是奴耽母憂却匆忙不暇思前後如今便相携那邊走累你共崎嶇兩躊躇【丑】你看渡

船上的人也回去了【旦】**更無人野岸橫舟三叉古渡頭**【副淨】你道怎處【旦】**拚着我今宵露處甘生受只看那暮鴉兒揀甚枝頭宿**嫂嫂事已如此只好就此露宿一宵更無別法的了【丑】呀你們要在這荒草窩裏過夜這廂蚊子的利害可知道麼【旦】這廂蚊子如何利害【丑】你聽我道下邊生着蚊母草上邊飛着蚊母鳥蚊母草蚊母鳥一苞結得萬花鷹一口吐出千飛豹【旦】當眞【丑】還早哩更有那打拳蛆出水窪。

孑孑因風化他嗜膚吃血無間暇你若不怕他草窠裏面是他家夜做市早排衙萬萬千千日日加老來還要嘴生花蓋在甕頭裏鴨蛋殼上眼如麻放在房簷下石臼頭上也要叮個疤昨夜我在家土地廟中爬一爬淘出一斗夜明砂〔副净〕如此說這裏料想熬不過就煩小哥引路到村庄裏人家借宿一宵去罷〔旦〕嫂嫂差了也你我年輕婦女怎好昏夜去投宿人家斷使不得

【二犯漁家傲】停留莫漫奔投論田家閨閫嫌疑須行藏難共守也須防薄倖相遭偶甚來由思親遠收甚來由防身要周甚來由念衾裯今夜休〔丑作撲蚊子介〕〔副净〕妹子你莫在這等死嘿〔旦〕縱然委骨荒邱斷然不辱人保儆那一頭只怕你掯到江心難補漏這一頭就是咱死守孤城一敵樓

〔丑〕夜光下了他成團的來了還不去等甚麼的〔副净〕小哥且住煩你引着我隨便借宿去〔旦〕嫂嫂同行不失伴我只不放你去〔副净〕妹子不是我不陪你是你不肯同去明日來尋你罷〔旦拉住〕〔副净推跌走又回顧介〕癡了頭笑你忍死在荒坵做鬼也不風流〔隨丑下〕〔旦起哭介〕呀你真個撇下奴家去也

【二犯傾盃序】凝眸一片蘆洲茫不見白雲親舍誰相救〔作揮扇撲蚊介〕恨嫂無情敢行多露拋奴獨自淚漬衣襦知他好否縱然無恙到底是非難剖咱非是千金深屋藏嬌女也強如冒耻褰裳過別舟

〔雜扮蚊神暗上吹蚊介〕〔旦〕呀這蚊出来然利害得緊

【喜漁燈犯】如雷聚響亂迸星宿忙禁架輕紈扇落早力怯纖手〔作不住扇落地介〕謝流螢暗飛好似分光照奴雙眸幽這不是捨身施物前生債受多少神針法炙端的至死方休情知是狂蜂浪蝶鬧香採誰教你白璧明珠向暗投

料想這一夜定然打熬不過的了趁着掙扎得起時且移向前行但與我娘近得一步死也好

呀這高坡上苦竹叢邊恰好一片乾凈地也
錦纏道犯護回首病娘親魂飛淚流正割股未能
酬反普同供養蚊蝇啾啾算來我零星受罪不過
倒不如慷慨捐軀的好臭皮囊與君甚仇小靈臺
自來無垢勞斷送費綢繆正是路逢險處難迴避
事到頭來不自由
我的母親嗄（作投崖倒地介）（雜扮土地上）我道
是痘殤女兒原來是個癲疥菩薩善哉善哉寧
可貞潔死不肯苟安生路金娘眞露筋只是這

些蚊子呵惡口傷人寔可憎今日天妃娘娘聖
駕過此雨師灑道風伯清塵急切間且把金娘
擡過屍身伺候尊神過去再行上奏天庭（虚下）
南呂生查子（小旦扮天妃侍從上）海上顯威靈天一
掌神首普渡世間人伸出擎雲手
吾乃天妃聖母是也來從水府奏事天庭經過
揚州地界遥見一道怨氣冲天不知是何事體
當方土地何在（雜上）小神叩見本日有路金娘
子探望母病路阻邪溝守節全貞死於衆口小

神正要啟奏恭遇聖駕來臨合當陳啟聽候指
揮（小旦）原來如此你便去宣那金娘鬼魂來見
（雜領法旨下）（旦上）金娘鬼魂見娘娘聖駕（小旦）
你可將枉死情由一一奏來
香柳娘（旦）爲娘親病起爲娘親病起跟蹌急走奈
荒郊曠野時將西聚蚊聲似雷聚蚊聲似雷姑嫂
各薰蕕獨自塡仇口碎紅顔膚腠碎紅顔膚腠似
針芒箭頭文身刺繡
妾身雖是田家之女聞得身體髮膚受之父母

不敢毁傷今遭此厄百刼難消合就尊神前領
罪（小旦）左右揭去他魂帕者果然爲小魄所傷
額筋盡露以身殉節貞孝可嘉你本是路姓金
娘吾當轉奏天庭封爾爲露筋神女在吾部下
做邪溝一帶水府神祇用顯幽魂以彰烈節（旦）
恭謝尊神超拔
前腔似金蟬脫殼似金蟬脫殼形骸何有只本來
真性無消朽想萱幃惘然傍雲幡儼然不是沙骷
髏塵凡自參透謝尊神見收謝尊神見收芳魂再

修承酬高厚
〔小旦〕既如此金娘聽吾諭旨從來幽明一理務要佈善除邪你將來秉仗威靈便可代天行化吾當上奏天曹去也〔旦〕領法旨
單調風雲會〔合〕最難留人到三叉口失足般般有昧貪安一旦休那堪回首匪石堅貞魔障原難受好顯得香名千載流無限芳菲杜若洲
〔小旦〕流盡胭脂水　〔旦〕繁華未歇消
〔旦〕空江留片月　三尺女墳高

華表柱延陵掛劍
南呂〔小生上〕鵲橋仙　遨遊天下一鞭回輊裘馬翩翩簇擁俟王脫屣剩閒身只四海交遊情重
官人迎途路人指爭看濁世佳公子腰間寶劍值千金駿馬追風去如矢俺延陵季子周室懿親吳王介弟讓千乘之國如委泥沙慕四海之賢如同性命前因嗣君即位命俺歷聘中原一路裏遍觀名山大川且陰求天下奇士自夏徂秋壯遊數月雖則跋涉關山車徒勞頓所喜憑

今訪古論樂歌詩得有數人知己可不負俺走這一遭也不是大名垂宇宙怎教到處有逢迎
甘州歌〔合〕離愁散冗喜過江開拓萬古心胸黃河如帶早見岱宗遙聳西登太行雲盡自抹接泱泱齊大風長思想到洛中中原文獻不應空周流去任轉蓬幾多國士笑相逢
俺此番北上有齊大夫晏嬰晉大夫叔向衛大夫蘧伯玉鄭大夫公孫僑這四位名賢與下官解帶寫誠都如舊識所恨南轅北轍天各一方

從此回首中原端的離多會少侍從們前面甚麽去處（衆）已到徐州界上了（小生）且喜回到徐州此間徐國之君曾與下官入拜爲交眞乃是世味酸鹽外交親氣槩中準盼着歸途欵叙却早到來好不欣幸也那徐邦呵

【前腔換頭】（合）東吳舊附庸便縱然蕞爾襟帶齊宋只愛他箇人如玉情懷上霽月光風彈琴自賞誰和汝看劍論交若個同前宵夢客館中今朝歸騎莫匆匆班荆去快寫胸只愁燭跋話難窮

（末上）昨日班荆地今朝下馬陵徐國陪臣迎接大吳公子（小生）你國主好麽（末）敝上公子天有不測風雲人有旦夕禍福痛先君無祿已經永别公子了那前面高岡望見的就是寢園之地（小生驚介）呀有這等事那有這等事就到他墓前去來（末）園内荒蕪不知車騎辱臨有缺洒埽（小生）不妨你自引路（末）曉得（小生）無端地下埋憂做成短夢（末）只恐碑前墮淚滴醒長眠來此已是（小生）呀你看愁雲在天落葉滿地山川如故華表雙高可不傷感人也就此下馬侍從們道旁伺候（衆應下）白楊何蕭蕭風聲若哀訴地下有陳人杳杳即長暮待我喚他幾聲徐君徐君你故人吳季子千里馳囘有無限衷腸相告如今下馬在此你知道也不知道（揮淚介）

【南呂太師引】我遍天涯幾個知心共到中原慕想賢豪只數公可是那善交平仲古遺愛苧縞相逢見遥向也高懷殊衆是吾儕特地相知重遥傾聳逢人要識公怎知道墓門華表泣西風

（末）公子路途勞頓請免愁煩（小生）大夫我想起一事你國主生平雅有純鉤之好吾腰間所佩的賽過昆吾曾許回來解贈怎知今日劍在人亡我只好把來掛在他華表柱上以表吾昔日之心（末）仰見公子然諾之重義動幽明吾先君有靈冥冥中自當前來領受（掛劍介）徐君有知你自領取劍兒呵

【前腔】把你化青蛇遥向黄泉送道延陵思君帶鬆特解贈慰君珍重好教你魂魄俱雄斬斷人間壟

夢。我待留一吷。怕四圍山。悲風凄動。相承奉。似扶桑掛弓。敢則待氣冲牛斗會天宮。

〔末〕竊聞寶劍之氣。可以上冲霄漢。豈不能下達重泉。只今借劍傳情。也算相逢一度。且請公子。小憩片時者。〔小生坐介〕這不是五里松前。多敢是三生石上。大夫。我正要問你。遭此變故。你國王身後之事。怎麽樣了。〔末〕痛念先君早薨。嗣子幼弱。國小無依。多蒙公子垂問。〔小生〕世事茫茫。可勝感歎。前日我在客館中。會夢見你國王抱

着一個孩兒。向我欲言不語。恰被這劍在床頭嗚嘯起來。一驚而醒。〔末〕不是生前氣誼相投。怎得死後精神感召。〔小生〕只想道路迢遙。他因何托夢于我。

三學士 千里魂飛來入夢。怪他慘淡音容。怎知他死別吞聲去。有身後蒼茫付阿儂。此時此際。國危王幼。藐是諸孤。辱在大夫。只怕的死生人事。致見孤危的鮮効忠。

〔末〕公子尚如此用心。我等從往事居。敢不効命。〔小生〕所愧下官力薄。能鮮辜負良朋。不能鎮撫其社稷。但是俺有生之日。再不遣一匹馬一條箭到你徐國界上。倘若有別國侵陵。也來告我知道。〔末〕公子言念及此。我小國歿存均感。〔小生〕感甚麽來。只恨我遲來一步。〔末送茶介〕宿艸空流淚。長途合飲冰。公子用茶。〔小生〕且放一邊。〔起立介〕下官今日到此。道路匆匆。生芻未具。我只得撮土爲香。就這一盃茶。澆奠于你。〔拜介〕百年朝露。情知過去難留。幾度秋風。不覺悲來易慟。

徐君呵。我與你幽明路隔。從今辭別你去。再無相見之日了。

前腔 高塚麒麟碑一統。叩荒原涕泗無從。俺生芻尚想人如玉。你寶劍長埋氣似虹。將來下官有事北上。須將遶道而行。再不從你這廂經過了也。〔末〕這却是爲何。〔小生〕唉。大夫。怕到此白楊重繫馬。對青山更痛不窮。

〔末〕君亡國在。還請公子停驂舊館。〔小生〕大夫。我使命在身。不得入郊一唁。國家賻贈。自有常禮。

只生死交情此情無盡左右帶馬就此啟行（衆
應行介）（末）茫然世事遣人猜山木蕭條逝水哀
（小生）古往今來皆涕淚一生襟抱向誰開（末）來
此已臨大道請負弩前驅（小生）大夫先請
尾聲歸騎無端來上塚傷心處雁叫長空早回首
松楸暮靄重

東萊郡暮夜卻金

南正宮喜遷鶯（外扮關西夫子袍帶引從人上）（衆）叨
師表看政在詩書學在條教攬轡清風隨車甘雨
免他供頓徒勞千里海東風化兩字關西節操清
白在待褰帷露冕正詔擧察
吾乃關西楊伯起下帷教授弟子千人身爲大
儒志存古義前蒙公府辟召出刺荊州今奉詔
書特拜東萊太守現在單車赴任郵籤報來已
到昌邑地面吩咐可就此住宿擇日吉時上任
者（衆應介）（外）踏莎行半世青氊廿年絳帳致君
時作唐虞想六經猥被後生師一麾暫做諸侯
長竹馬兒童香花衢巷紛紛迎送何勞攘豈知
恬淡一儒生布衾瓦器單車上吩咐張燈吾要
草入境奏章一應迎接官員人等明早傳見（衆
應下）（內作起更介）（末扮門吏上）啟上老爺一應
官員都已散去只有昌邑縣官王密在外伺候
要黃夜求見（外）既如此就傳進來（生扮王密進
見介）（外）賢令是吾荊州所擧茂才不想又在此

處相遇、（生）昔爲舉主、今爲上官、獲戴二天、三生有幸、（外）賢令在家見重鄉評、在官豈無政績、今來有何見教、（生）竊有下情、未敢造次、（末下）（外）請教、不我遐棄、示我周行、（生）盲采其芹、承筐是將、懷中取柬帖呈上、（外）接看（介）謹具奉申、呀、老夫是你故人、故人知道、你你竟不知道故人也、（擲帖介）吾今下車伊始、延見諸公、所望集思廣益、闡所未聞、不意賢者相遭、乃是欲來汚我、可惱可惱、（生）且請息怒、豈不知大人一片氷心、但行

李徑來、用犒從者、亦屬交際常情、不才仰辱薦剡、平日居官自愛、又非有所干請、只此區區私覿、料外人也不得而知、（外）好個私覿、就這一個私字、天昏地黑、你說無人知道、上有天知、下有地知、你之外有我知、我之外有你知、何謂無知、你道欺得那個、我今日呵、

雁魚錦、雁過聲、相遭那得將氣消、便登時奏劾忙起、草、怕我下馬見威風小、（生拾帖側介）（外）常言道若要不知、除非莫爲、明放着湛青天恁般高、你不投明、却向暗中拋、將人瞞得牢、只怕瞞不過有眼皇天照、那裏有二天、天教你私依靠、

（生）一時愚昧、冒犯淸嚴、望乞恕罪、

二犯漁家傲、（外）高高晝日當霄、那九重天子、便眞個如蒼昊、欺他可好、你舉頭時、敢咫尺天知道、地知饒他立不牢、你知饒他心自搖、我知饒我粧喬、四不饒瞞心處、笑你徒勞、相知如今是兩遭、那一遭道你是不負舉的茂才眞異等、這一遭方信你是不惜財的分贓好縣條、

（生）不才萬死、荷蒙薦舉、何敢稍涉贓私、今日下情、都是出於淸俸、

二犯漁家燈、（外）何消惠贈分毫、你想我二千石吏寧難飽、況我單車載着布被、將儉爲廉、猶愧恩叨、算若干兩俸、幾多兩祿、殼得辭饔討好、料無非膏脂剝削、層層擾、好待半去肥家、半奉高、

（生）大人官箴至當、還望察情、（外）還察你甚麼情嘎、

喜漁燈、老夫耄矣、濫爲師表、承君命除殘去穢、須

有個分曉更朦朧到來教我包苴汚身先自招只恐自心不净人難問既同道怎相檢較敢做執法蕭曹今日裏是偶垂芳餌魚貪釣他日裏便任意閑眠鼠共猫

（生）不才那有他意原是一點感恩圖報之心不想大人十分見責起來（外）呀你道感恩却是這樣圖報的麽

【錦纏道犯】休草草寬洪人非斗筲市道既非交我何難寫着白簡申朝（背介）只怕他身敗名消（轉

介）須識我用心公道只待你變前操莫要乞憐暮夜愁人見又去將人白日驕

你去罷勉盡前愆試圖後效（生）不才萬死仍荷矜憐愧謝不盡（下）（外）咳老夫每日行事到夜來都焚香告天怎麽有人以私干我難道我平日間還有教人信不得去處也（正是）

介圭無藻飾　古井息波濤
惟將淸苦意　嶽立冠人曹

下江南　曹彬誓衆

【南正宮 梁州令】（外帥服擁衆上）車書混一帝王州殺運將收鍾山餘孽尚魂遊（合）孤城如破竹一鼓下且遲留

（昭君怨）誰道金陵無罪臥榻傍邊鼾睡嗚鞭喚醒來陣雲開一字止戈爲武萬里義聲先路蒼生喘未蘇仗洪圖我曹彬奉命專征統兵十萬前下江南所喜一路來兵不血刃直抵金陵已將孤城圍困只可惜這一城生聚前日我曾貽

書李煜勸他早早投降怎奈他執迷不悟到得一聲摧破四下風塵將喜殺戮之威兵貪擄掠之獲可不是錦繡城池一朝塗地（末扮中軍上）有聖旨到

【越調 金蕉葉】（老旦扮內監捧劍上）洪猷壯猷更寶劍上方親授閫森嚴萬竈貔貅怕犯了猛將軍的營邊細柳

欽奉聖旨賫賜曹元帥尚方劍一口但副將軍以下有不用命者可斬訖奏聞領旨謝（外謝禮

畢相見介老旦風動將軍幕外天寒使者裘請
到後營把盞老旦下外我想此時此際功在垂
成聖上此劍之賜却是爲何從來刀磨藥雖好
不割爲妙我自有道理

正宮梁州令鷹揚親奉廟謨猶笑看吳鈎代天行道
代君憂赫然兵似火行弔伐敢虔劉作欠伸介
吩咐本帥身子欠安一應軍情着暫停通報末
應下四將上副凈殺氣冲開陣上雲丑天邊飛
鳥避轅門生軍聲肅穆山河壯小生中有輕裘

緩帶人副凈我大都監潘美丑我先鋒將曹翰
生我水軍都將王明小生我馬軍都將李漢瓊
合聞得元帥欠安同到牙前問候末傳進見介
合末將等仰蒙威信功在垂成忽聞尊體違和
元帥想是櫛沐勤勞太過了請急加調治好奏
膚功外列位不知我這是心病非藥石所能治
也合九重推轂更加一劍之威衆將連鑣共効
三軍之命請問有何心病來

南呂梁州序犯外天威遐布衆賢畢奏多少健兒身
手一身臥護敢稱多病留侯喜兵行風草八公雲
霓四面都徯后金陵王氣也黯然收怕不是一片
降旗出石頭我心上不愁金陵不破只愁城破之
後那時節呵合入千萬懸吾手崑岡火燄誰相救
那玉石難分剖

丑元帥奉朝廷命令仗鉞專征那李煜癡騃不
識順逆累我們曠日持久坐守堅城一旦摧鋒
正當盡敵而返區區小仁小義何足惜哉外怒
介任了本帥察聽軍情只你先鋒營裏軍心息

慢專以鹵掠爲事如今看來竟是你有心驕縱
左右把曹翰綁起看劍衆跪介元帥息怒外列
位豈不聞兩川之亂王全斌近事可見

前腔皇仁兼覆兵殘致寇激變西川非久況金陵
何罪癡兒磕睡齁齁你看山川圖畫人物衣冠生
聚年時久忍下得咸陽一炬裏變焦邱猿鶴沙蟲
滿地愁合入千萬懸吾手崑岡火燄誰相救那玉
石難分剖

合仰見老元帥威德並行王者仁義之師正該

如此、外須知聖主以生靈爲重、老夫奉命而來、
義在弔民、原非耀武、但是衆心不一、軍法無私、
諸公又都是國家勳舊、自古道矢在弦上、不得
不發、誠恐臨事之際、不能相爲保全、故此鄙懷
積而成病耳、正是天機近人事、獨立萬端憂、合
若果如此、元帥有令誰敢不從、外足見諸公厚
愛、
前腔覆巢時、完卵難求、破竹處、還須留手、歎欃槍
迅埽、似摧枯朽、把龍盤虎踞、幾番兵燹、金粉消、何

有、更摸金校尉、去遍墟坵、可也庾信悲哀淚更流、
合人千萬懸吾手、崑岡火、燄誰相救、那玉石難分
剖、
丑小將知罪、外你再若約束不嚴、軍法具在、旣
知罪了、且饒此次、衆元帥大恩、
前腔外竟長空旗捲虫尤、待勝殘角端仁獸、體好
生天意、吾皇恩厚、只怕兵貪將忿、暴還易暴、貪却
來蘇候、卽此呵、是闕身疾痛也、與君謀、舉手介你
可也悲憫同心、我自寥、合人千萬懸吾手、崑岡火
燄誰相救、那玉石難分剖、
今日之下、旣諸公同此一諾、須得焚香立誓、撞
香案過來、作拈香同拜介我們向天禱告、一克
城之日、不得妄殺平人、二不得擄掠居民子女
玉帛、三不得發掘居民塚墓、再李煜一門、不得
擅行加害、諸公愛我、但誠心共誓、克踐盟言、吾
病自當勿藥而愈、合元帥威信、有違此誓者、天
日鑒之、外澆酒介
節節高神明在上頭、告君侯、焚香共此澆天酒、他

困猶鬬、非有仇、情堪宥、少不得若崩厥角咸稽首、
若一人妄殺天不祐、合時雨行天帝王師、春風滿
馬聽金奏、
非是我貪着小仁小義、來天道神明、人不可妄
殺、
前腔你看功封萬里侯、沒來由將家三世多殃咎、
願膚功奏、鋒刃收、殘黎救、一時挺鹿無驚走、便普
天共此登仁壽、合時雨行天帝王師、春風滿馬聽
金奏、

同酹酒介（外）這酒治病勝似丹藥只望臨時諸公約束嚴整眼見得江南士庶從此去暴依仁不知有滄桑之感市肆不移耕耘不變謳歌歸舜其樂無窮（合）這都是元帥全勲（外）尚賴諸公協力待得奏凱還朝吃過太平筵宴老夫還要與諸公痛飲者

尾聲笑維摩示疾原無有（合）爲蒼生請命告君侯俺還要盡洗兵戈天漢流

鳴玉鏘金盡正臣　修文偃武不無人

與王會凈妖氛氣　聖壽宜過一萬春

韓文公雪擁藍關

北仙呂 點絳唇（小旦扮韓湘子吹笛上）福分難消蓬萊靜悄乾坤老輸與兒曹一點先天妙

棄世學神仙神仙笑人誤豈知忠孝心即是神仙路自家韓湘子七世童眞九齡入道無生證果自然五氣朝元未冠登眞早已三花聚頂慣在人間須要無煉無修閒來天上逍遙非天非壽正是彈指落花無盡劫千秋萬載一童身今日在大羅天上忽然想起俺昌黎公公厄難到來俺因此飛空而至他因上了佛骨表觸怒當今貶向潮陽而去算來今日該過藍關俺且先到那廂等待他去養成丹竈無烟火點盡人間有暈銅我想凡間有個三教之分到了天上萬法歸一只是還他一個善惡邪正分明你在雲端裏面看那下界阿

混江龍 單則是上方重眺幾曾百里辨秋毫只見那遍地裏紅塵滾滾普天下黑霧滔滔則幾個忠臣孝子義烈人豪赤淋淋天眞感激顫巍巍至性

堅牢、從來是這樣人、偏有許多磨難、喜的是眞金
不怕火、他頭頂兒上呵、他一道正風迎浩氣、直冲
黑霧貫丹霄、莫說那邪魔煞黨、辟易奔逃、就是些三
星官天將、敢毛骨森蕭、則俺八洞高眞、廝遇處也
要一邊拱立、讓他遭忠和孝、這是天上人間齊印
可、萬空充塞起心苗、
話猶未了、你看遠遠的長安一帶雲煙冲動、俺
祖公公敢待來也、此時下界正值大雪嚴寒、看
他到來因苦窮途、有無怨悔、來者、（立高處吹笛
介）

【南黃鍾】【點絳唇】（外扮韓文公執鞭上）枯木寒鴉、愁雲
一帶空圍繞、潮陽望杳、氷雪關山道、回首秋梭、一
霎今方覺人潦倒、丹心日照、慣與風霜傲、
一封朝奏九重天、夕貶潮陽路八千、欲爲聖朝
除弊政、肯將衰朽惜殘年、我韓愈竄逐而來、童
奴驚散、形勢窘皇、到得此間、又是嚴寒大雪、行
人斷絶、路徑俱無、呀、這風雪中何處笛聲嘹喨、
你聽他裂石穿雲、清商激越、好不凄涼傷感人

也、（小旦唱下）你是儒流闢異端、異端先闢自家
緣、西方佛骨燒不去、一任兒孫元又元、祖公公
拜揖、（外）原來是湘子、你緣何到此、（小旦）知道祖
公公有萬里之行、特來作別、孫兒已在此等候
多時了、（外）我倉茫遠竄、家問不通、你怎得知道、
（小旦）祖公公、你還記得頭刻花中詩句乎、（指介）
那邊是甚麼山、（外）是秦嶺、（小旦）這邊是甚麼關、
（外）是藍關、（作點頭介）好奇怪、雲橫秦嶺家何在、
雪擁藍關馬不前、你怎麼早知道了、湘子呵、知

汝遠來應有意、好收吾骨瘴江邊、（小旦）呀、你要
燒佛骨、你自已的骨頭又是愛惜的麼、且請祖
公公將惹禍緣由細說一番者、（外）湘子、你聽我
道、
【神仗兒】丹墀進表、丹墀進表、爲桑門祈禱、碍先王
正道、弄得四方傳笑、迎佛骨遍遊遨、迎佛骨遍遊
遨、
【滴溜子】龍樓下、龍樓下梵音海潮、狂瀾起、狂瀾起
障來已倒、歎此心惟天堪表、待把涓埃答聖朝、違

時所好因此上干冒宸嚴會不恕饒
小旦這風雪下得越緊了且在半山亭子躲一
躲去外使得行作到坐介洲了我以疎狂獲罪
自甘九死南荒只可憐一家骨肉曾有幾人似
你早年孤露又性喜雲遊眼見得團欒無日正
不知將來各人漂泊何所小旦祖公公請免愁
煩
越調近詞入破第一念孩兒尙童穉孤立無依倚有誰
來愛憐恩庇感慈懷更縈繫骨肉臨岐但我飄飄

吟風閣　卷三　藍關四　平

孤鶴雲裏霧裏泛泛浮槎没根没蔕上丹墀早已
致身福地不復人間戲大父母是大地紅塵齊其
樂隨意只念哀頹此去天南迢遞待牽衣小別今
朝無端雪涕
外我不是兒女之態只爲身受國恩我去後朝
臣內絶少法家弼士因此戀闕區區不能自已
破第二小旦九重聖明問着安危討有大臣調劑
何勞疎遠流謫况裴丞相朝中柱石方隆眷倚想
事業中興一夔足矣

外這也說得是只是佛教滅倫妖僧惑世我一
發不中勢愈猖獗眞乃不復知天大空餘見佛
骨怎教我不擔着千古之憂也小旦你再不必
枉費勞心了
袞第三四大神州一塵裏與三教爭閑氣笑入主
出奴誰是非還似戲况把療窮養濟王政難周缺
憾從教補裨你自癡看後果前因非難猜啞謎
外我原說佛如有靈甘受其罰倘我生還無日
你須記我詩中一語小旦不到得如此古人自
然天相

吟風閣　卷三　藍關五　丰

歇拍此去此去千鄉萬里却早定數安排矣撥雪
爪似鴻泥若怕蠻烟難道南荒無吏事不齊否泰
循環榮枯是非
外正是升沉應已定不必問君平趁此風雪漸
開吾當就此別你前去介揮淚起行介小旦祖
公公不用傷悲你此行還朔非遠但那薑桂心
情還宜消去些好外你說那裏話
黃鐘啄木兒我中心正秉氣高薑桂森嚴直到老那

些個便明哲其身，我道裏其愚難到。畢竟立功立名能多少，生心昧心天知道。爲甚的百鍊金鋼一旦消。

〔小旦〕人生百年，花開頃刻，祖公公你可不着相了些。〔外〕你道百年頃刻，我道頃刻百年。

【前腔】你有丹心照青史標，這就是萬載長生眞不老。等閒間小節鏗鏗，振古來大義昭昭。今日裏正色立朝，天不照他日裏就做商干楚屈無哀禱。至竟來一身無二道。

吟風閣　卷三　藍關六　五十二

〔小旦〕似你爲臣忠正，仙佛同欽，只可惜你太勞受困了也。

【三段子】〔外〕此生本勞，仗丹心人豪氣豪。那天本高，任孤征山遥水遥。〔小旦〕祖公公只歎你做官依舊能潦倒，一生何日開懷抱，勸你及早歸來却不是好。

祖公公保重，孫兒去也。一聲鐵笛人何處，飛上千峯紫翠間。〔下〕〔外〕呀，湘子說一聲去竟去了，倒是他不來也罷，如今反致我萬里征人百感交集。你看茫茫前路，雪渺模糊，且自崎嶇前去者。

【歸朝歡】垂鞭去，垂鞭去，朔風亂飄，汝爲的聲兒漸杳。藍關外，藍關外，離愁怎澆。正不知九重天何時再朝，咳，古來仲尼孟軻難行道，綱常世上多起倒，免不得獨自身將已擔挑。

漫天風雪不難捱，　松檜經寒老更成。
傲骨未燒雖有恨，　千秋吾道賴干城。

吟風閣　卷三　藍關七　五十三

荀灌娘圍城救父

〔南越調〕〔風馬兒〕（小旦上）小燕危巢不耐驚，拈針線，又重停，鏡臺前，驚見旌旗影，相看困坐，無計慰椿庭。生小深閨未離膝，誰知一夜西風劣，拈花欲笑却成顰，狼籍畫眉長又濶。奴家荀氏灌娘，年方一十三歲，母親亡故，止留下奴家一人。俺爹爹鎮守襄城，遭山賊杜曾作亂，圍困孤城，鎮日上城守禦，不得回衙，正不知作何計議，好不傷情也。（生扮荀崧戎裝引衆上）忍死重圍鼠雀熏，只

吟風閣　卷三　荀灌娘一　五十四

留忠壯氣如雲，孤城已作王羆塚，弱息難全李穀軍。外廂伺候。（衆應下）（小旦）爹爹萬福，連日戰守如何？（生）不要說起。俺荀崧臨老無兒，有恨誰知？如今糧援俱斷，危在旦夕，只可憐孩兒没處安頓着你也。（淚介）（小旦）爹爹且休煩惱，孩兒不足掛懷，事須死裏求生，還請别籌計較。（生）兒阿，事到今朝，還有甚計較？現在只有梁州鎮將周訪兵精糧足，是吾八拜之交，但我一身孤獨，那得梯已人去，只索罷休了。（小旦）既如此，爹爹請放心，不怕没梯已人去。（生）你道有那個？（小旦）待我去喚他出來。（下）（生）女孩家一味嬌癡，知他説個甚的。

〔山桃紅〕則見雲梯衝競，雉堞將傾，是處兒風聲勁害，嬌娃受驚，只道是夜月鬧箏，早都是登陴哭聲苦，我半世孤兩鬢星，這塲兒端的無徯倖，也就是你望救邯鄲有信陵，又那個能將命，何來救兵，只嘆的伯道無兒莫請纓。

（小旦改男裝帶劍馳上）簪花藏嫵格，佩劍表雄

吟風閣　卷三　荀灌娘二　五十五

心。爹爹請看，這不是你的梯已人麼？就此請令奔上梁州去。（生）我道那個梯已人，像你這小小年紀，就是男兒也還早哩，眞成兒戲了。（小旦）爹爹休要這般説，如今父女坐守孤城，畢竟是死，放孩兒冒險一去，也只一死，倘出得去，還可死裏求生。爹爹若決意不聽，不如一命先捐，免得親心牽挂。（生）孩兒不用如此，却教我如何捨得。（小旦）孩兒豈肯輕離膝下，只是如今顧不得了。

〔前腔〕恨孩兒不稱，枉掌上看承，違親命，改裝便行，

休念我路途梗休念我瘦伶仃就此撇下奴抛出城去衝鋒只等的更兒靜也煞強如束手重圍併命傾是那個能將命何來救兵且休嘆伯道無兒莫請纓

（生）也罷我只得斬斷愛根由着你罷但這圍城中如何出去得（小旦）兒會插翅飛走慮不走實（生）得幾人護送（小旦）一個啞崑崙便是兒脚力（生）要憑麽通關（小旦）告急一封書是要親筆跡左右快取筆硯來（生）還用憑麽筆硯我只得咬

吟風閣　卷三　荀灌娘三　三十六

破指尖寫血書求救罷

前腔苦我花箋血映動他香火盟情（小旦）這書札內如何寫（生）只好說遭不幸遭兒奔命我的孩兒呵只念你路途梗只念你瘦伶仃教我望眼穿兩淚零送孩兒更自成孤另也還不知死別生離是怎生（合）是那個能將命何來救兵只嘆的伯道無兒女請纓

（生）授書介書用蠟丸你自齎去只是一件我無子息他是知道的你去怎生答應你就改裝還俏露出破綻來反爲不美（小旦）爹爹放心者

前腔那個圖形畫影但須見景生情此去權將命暫離定省只慮你衰年景只慮你坐愁城病着有道義交生力兵待兒家覷與孤城病也料急難能無見面情（合）是那個能將命何來救兵且休嘆伯道無兒莫請纓

孩兒方纔上城觀看四面圍得鐵桶只東南角上賊兵欠整爹爹可傳令在西北角上豎起降旗只說守城力竭明早出降哄得他軍心懈怠

吟風閣　卷三　荀灌娘四　三十七

等夜靜時孩兒便可從東南角上縋城而去矣（生）說得有理（小旦）爹爹請上孩兒就此拜別仗劍出門去恥爲兒女憐（生）不知生死地淚盡別離間

收尾（合）相看淚眼空悲哽早縋城暗度三更怎能彀破鹵歸來一笑迎（下）

（外扮周訪上）白頭一老赤心存侵曉霜寒鬬戟門誰使不眠憂戰伐可堪無力正乾坤下官南中郎將周訪是也只因山賊杜曾作亂下官鎮

守梁州、曾把杜曾那厮、殺得他抱頭鼠竄、兵潰而東、算來襄城必遭其毒、現在本境稍寧、但襄城久無音耗、不知却是爲何、軍吏上、轅門外有荀家小公子求見、外請進、小旦上

北宮 正 **端正好 趲程途無昏曉、據鞍心扭斷纖腰、便殘更下馬人聲悄、也索向轅門報**

見介 伯伯請上、待孩兒拜見、外請起、小旦世亂方多故、靠鬚亦行李、外從來汗血駒所志郎千屯、賢姪如此幼齡、因何遠涉到此、小旦伯伯聽稟、

滚繡毬 爲家爹代勞、命投奔故交、外呀、久別荀兄、原來無子有子、小旦**早年間本是無兒、伯道却還有發旁枝蕨孽根苗、**外賢姪揹眼克肖、怎帶些女相來、小旦**那裏有輔漢廷留侯相貌、倒是個哭秦庭七日申包、**有家爹血書在此、呈書介**困孤城難打熬、似倒懸須救早、**外拆看介、呀、賢姪你來差了、我這廂防賊自顧不暇、那得來救你、小旦跪介、咳、**我只得屈身軀代親哀告、難道是我爹行錯認賢**

豪、外搖手介、小旦**全不念在原急難良朋少、生扢香火深盟一旦拋、**伯伯呵、**這的是八拜之交**

起立介、外賢姪休怪、我與尊公相好在先、此際斷難從命、你別處投奔去罷、小旦上山擒虎易、開口告人難、果然是我來得差了、只可憐家無長男、我爹不是萬分無奈、怎肯叫個小哇哇從刀尖上鑽出來、投奔到你、我也再無別處投奔、伯伯在上、莫怪我小頑童污了你的地土、濺了你的龍袍、今日今時、五步之內、有死無生、可憐我小孩兒頸上的熱血能有多少、但一點一滴、洒在你堦前、好叫人知道、我荀郎是來過這裏的、作按劍介、我的爹爹呀、孩兒今生不能報答你的了、

伴讀書 這是你做孩兒的無材料、不是他做父執的不賢豪、既不能救你形衰髦、倒不如一朝効死堦前好、只恨死去呵、**反不能父子相持抱、只落得兩下相拋、**哭倒介

作向天跪拜拔劍自刎介、外急下抱住介、我的

兒呀、你何遠如此、我做伯伯的、是把話頭來試你、莫說你父的交情、就是你這一場孝感、也叫我如何坐得穩、你且起來、等我孩子回來、你弟兄們相見、要發兵多少、就着他同你去便了、(小旦)伯伯一言既出、真乃生死而肉骨也、拜謝起介(小生扮周郎上)仗義切同舟、元戎奮壯猷、少年別有膽、含笑看吳鉤、方纔教場中正在把孩兒兵操演、聞得荀家兄弟來此請兵、何不就在此數內挑選八百名兒自統領前去、儘足破賊

吟風閣　卷三　荀灌娘七

但不知兄弟意下如何、(外)可與荀家兄弟相見、兒介(外)賢姪可嫌兵少麼、(小旦)兵精不在多、但憑伯伯便了、

笑和尚只要一千名、似虎彪、就是八百個非嫌少、料賊衆攻圍早多應是此時疲倦了、論兵法、貴乘勞、但要怒騰騰把先聲多鼓張軍號、

(外)孩兒同你兄弟後堂一飯再行、(小旦)哥哥你自請便、

叨叨令痛圍城早已無糧草、怎孩兒在此能獨飽、哥哥、只要你牢拴緊扣揚鞭早、恨飛快把雄兵調、我與你馳檄去也麼哥、我與你射書去也麼哥、只說道小將周郎統領着梁州十萬的強兵到、

(外)既如此、我也不好留你、(生旦)孩兒們奉令就此拜別、(小旦)爲人須爲徹、(小生)救人須救急、(外)不道二郎神、得了哪吒力、(外下)(小生)兵貴先聲、我已馳檄前去、兄弟就此勒兵、(小旦)願觀(小生)四百名刀斧手上、(作勢下)四百名籐牌手上、(作勢下)(小旦)果然精練也、(刀牌齊上)(小生)孩兒們

吟風閣　卷三　荀灌娘八

聽令、離賊百里、銜枚疾走、去賊五里、金鼓齊鳴、就此兼程、殺上前去、(應介)

川撥掉(合)齊奮勇、盡喬髻、盡喬髻、偏出跳、(小旦)哥哥須要乘夜進兵、使他不知我兵多少爲妙、(合)我和你火把連燒、金鼓齊敲、但顯得我兵來不少、驚得他塡坑也那又落壕、

七兄弟那須用虎韜豹韜、早賽過了霍嫖姚、便夾攻裏外齊鵰鶚、管教會合在今朝、只怕你父子重逢、痛哭難成笑、

雜扮杜曾擁衆上殺敗下小生追趕下小旦旦
喜賊兵冲散回馬城濠開城門下吊橋開城門
下吊橋喜得啞巴兒高叫飛信先跑早望見尉
堂旗號爹爹何在生上已拚生死別疑是夢中
來見旦抱哭介見呵好叫我疼煞你也小旦孩
兒請救遲延教爹爹多受驚恕孩兒不孝之
罪生虧你怎生請救來的可細說與我知道小
旦爹爹聽稟
梅花酒呀這一場難打熬誰知他老友粧喬倒是

吟風閣　卷三　荀灌娘九

這小友賢豪畢竟是兩個小兒曹把一陣豺狼冲
散了生那梁州是誰領兵來此小旦是那周家哥
哥好不英勇哩他一直趕了下去定要擒將剿賊
馬前梟叙功勲心事表那名將種定是有根苗生
等他到來自當椎牛釃酒小旦待太平筵上叙同
袍却不羞殺我女申包
孩兒自出門去衣不解帶多日了待去梳洗了
出來生使得小旦下門軍上周家小將軍到生
快請相見小生上男兒欲取封侯印腰下常懸

帶血刀叔父請上姪兒拜見先不知襄城有警
不曾早赴救援今同兄弟趕來已將賊師杜曾
首級梟下特來與叔父獻俘生遠勞賢姪救患
分災眞乃將門出將小生怎似兄弟幼年不辱
父命孩兒自媿不如僥倖賊兵自退何敢言功
生賢姪領兵勞頓先具一盃水酒與你弟兄們
洗塵小生如此郎請兄弟出來小旦女粧艷服
上傾城女子作干城曾賦無衣解佩行今日埔
肩重問訊鏡中人面看分明哥哥萬福小生驚

吟風閣　卷三　荀灌娘十

介呀纔脫征袗便斑衣戲綵哩小旦並不是戲
特地出來見禮
收江南呀這權宜行事忒蹊蹺只記得漢緹縈爲
父哭當朝又誰知木蘭娘也代父執弓刀那周伯
伯呵說咱是千里駒兒忒恁好早瞞過他不知牝
牡的九方皋
小生是戲是眞我偏不信小旦你一向做夢哩
煞尾從軍一樣男兒表鎭日裏並轡聯鑣但歸來
重整翠雲翹只教咱活現的觀音瞞不了下

小生道破機關、如夢初覺、但姪兒愚昧、畢竟還驚疑未定。生賢姪不用驚疑、只因老夫年邁膝下無兒、權遣女哇將命。小生呀、果然如此也。覺得芳齡太幼。生小女乳名灌娘、今年一十三歲、且問賢姪這樣頭角崢嶸、不知青春多少。小生虛度一十五歲。生定過親事沒有。小生還未。生小女也還未議婚哩、且到後堂敘話、戰罷歸來脫戰袍、鳳凰臺上憶吹簫、當年得壻如公瑾、愛看兵書是小喬。小生城闕靜月雲高去、尋月老不辭遙、卻因未遂于飛樂、轉憶春風上馬嬌

信陵君義葬金釵

旦扮如姬鬼魂宮粧披髮上

北呂 南 一枝花 歎沉寃十載埋、一靈兒迸出黃泉罅、猛見那崩厓天際險、怒河流徹夜浪淘沙、月暗雲篩、告的這閻羅假、咱本是繁臺第一花、訴恩仇圖愛等伊家、又只怕怯魂靈攏不到元戎他帳下

吾乃魏王宮中如姬鬼魂是也、咱生前蒙王寵愛、掌管兵符璽節、恩信不疑、只因秦兵圍趙、魏救不行、王弟信陵君用侯生之計、從王臥內盜取兵符、奪軍赴救、妾感公子之義、曾經報我父仇、分當以死酬恩、捨身從命、可憐竟死於魏王拷掠之下、並把殘屍碎骨、拋入黃河、滯魄沉魂、已將十載、如今信陵君領兵歸國、大破秦兵於河外、震動幽明、因此聞聲赴感、趁這明星淡月迤邐而來、你看萬竈雲屯、旌旗閃閃、刁斗沉沉、好不威嚴也、欲伸地府千秋恨、敢避將軍八面威。下

南呂 南 生查子 生扮信陵君帥服擁衆上 生怪購龍

神不放雷霆響一旦失其珠激起波千丈
〔淨扮朱亥末扮內監顏恩上〕〔生〕生平常笑孟嘗
君雞鳴狗盜充賢能誰知事到難爲處也作椎
埋一路人一旦虎符奪在手驅逐秦兵盡反走
趙王雖救魏王疑從此投兵不敢歸傷心往事
向誰說夷門冷落侯生血僅存朱亥何從覓植
髮如竿今似雪十年漂泊定誰依先王陵廟想
依稀若非再破秦軍下幾老邯鄲一布衣下官
信陵君生平慕義倜儻稱豪只因大梁被秦兵

圍困社稷將危俺從邯鄲領兵歸救統領五王
百萬之衆大破秦軍逐北追奔直殺到函關之
下如今奏凱班師長驅歸國早有內監顏恩奉
王兄之命帶領兩班文武迎接界上來此是黃
河岸邊已將營盤札下將士們部伍相招各歸
本寨〔衆應下〕〔更衣介〕大將朱亥過來可賚香帛
前去設祭兩壇一封侯生之墓一弔晉鄙之魂
代俺走遭者〔淨領鈞旨下〕〔生〕去國十年山河如
故所恨訪舊僕人不勝今昔之感軍書已畢假
寐片時好待明早入朝也正是通天手段千般
易震主功名一着難〔入帳睡介〕〔內起更介〕
梁州第七〔旦上〕只聽他鼓三鼕嚴更令下盡雲空
列戟如麻呀呀呀趁陰風早悄立在旗門下想起
俺承恩御榻天上爲家宮壺漏永金屋瑤華呀呀
呀救邯鄲無端禍芽盜兵符生死爭差呀呀呀你
不是爲家邦怎肯將宿將手來撾我不是爲亡親
虧你將仇人來報下咱怎肯鬼胡行負了官家嗳
情甘碎剮這陰司裏幸未把神靈化那轉輪王却
也肯消停罷等得你撞破秦關今到家魂夢嗟呀

你看勾陳衛士都枕戈而臥且喜無人驚覺已
到他中軍帳下了
牧羊關他正氣邪難犯咱貞魂死不差還只爲守
宮闈避李嫌瓜爲甚的燈暗無花不由人寒毛冷
乍靜悄悄城頭鳴畫角淅零零虎帳捲風沙原來
統三軍營宵圍枕大星竟臥虎如雷怎近他
公子想起你爲人真乃神欽鬼服就是妾身爲
你而死也不能埋怨於你

四塊玉他他他是四君中第一籌是六國裏無雙價誰似他玉葉金枝貴王家誰似他三千食客人謙下誰似他顯威名萬乘加動不動破強秦直殺到函關下則那狠秦王何曾敢正覷他
元鶴鳴他他他看原嘗猶如井蛙那胸懷義高天下咱只爲父讐未報常薪膽他便把那人頭一劍手分花熱淋漓提向墳頭掛俺纔得刿心滴血哭奠披麻俺纔得甘心瞑目去享繁華他又不是做好尋人結識他只教咱粉身碎骨報答還差

但是咱死時愛的苦楚公子你在軍中怎得知道
烏夜啼明知道事發時鋼刀一把俺怎肯扱將來傾陷人家那顔恩幾死在鉗筆之下俺可也一身自認甘休罷玉斧金橇碎剁分花吉丁當敲破咱玉無瑕吉丁當敲破咱玉無瑕更殘骸抛散在洪濤下到今日香魂無着信物誰拏
咱自到陰司遍遊地府三曹對案之後冥王將我送入枉死城枉死城不收說道這女子背主忘恩死不爲枉應該送入地獄誰知地獄又不收說道這女子報父仇救國難徇義捐生是個又忠又孝的地獄中沒有這樣人應該上送天堂誰知天上又不收說道女子善惡相關恩仇念重還上不到天堂去可憐上天無路入地無門從此遊魂浪蕩只得訴哀於幽冥教主他教我只等公子回來自當有你見天之日如今僥幸到來只是幽明路隔叫你又怎生區處是好
收尾這一會說不盡傷心話却不是索命寃家債

主家只可憐生前淚血沾羅帕若還念我貧灰并他萬苦無加却還有半股金釵跌落在閙沙灘下
作鬼聲拂袖下生驚醒出帳介羅帷舒卷似有人開明月直入無心可猜這一陣冷風明明是如姬鬼魂入夢你在陰間可不埋怨我來
南呂　南一江風熱心腸喫盡多魔障斷送人無量好凄凉月暗魂遊驚起中軍帳今朝到大梁今朝到大梁羈愁正感傷負娘行往事難回想
那時節俺一見兵符早知把他斷送了現有内

監顔恩在此定知明白喚顔恩、坐介末上秋高
戰馬歸來健雨打空花落後香公子有何吩咐、
生非爲别的你也不是别人當初這兵符是怎
生偷出來的你自然知道末呀這原是奴婢過
手的事當日如姬娘娘把一盒花勝送與公子
夫人原是叫奴婢送來的
前腔那娘娘鈿盒中間放親手題封上不提防神
鬼機藏扯個瞞天謊生其間就裏難道你竟不知
末那盒兒内是花勝是兵符叫奴婢如何曉得唱

吟風閣　卷三　葬金釵六　廿一

穿宮過那廂穿宮過那廂他稍書瞞雁行險些兒
飛不出彌天網
生難逕你不知當時趙王被圍平原請救吾姊
又血書告急於我下官雖懦魏國猶存乃姊妹
同胞不能相救有何面目再見天下之士所幸
如姬呵
刮鼓令他日夜勸王慮邯鄲唇齒邦幸喜得揚兵
西上索怕强秦似虎狠仍袖手在邊旁俺怎生替
他千思萬想不怕潛通宮掖謗難當只拚一死爲
家邦
末公子爲何不諫生怎奈諫王不聽坐視危亡
下官負不義於天下且趙亡魏亦隨手亡矣畢
竟身危國安區區此心惟我宗廟先靈諒之矯
詔行權吾豈得已末非常之人做出非常之事
那時軍中報到吾王大驚失去兵符閭門大索
你想宮禁怎樣深嚴兵符何等機密誰知奸細
就在宮中怎教吾王不要窮究其事生起立介
你道是怎生窮究

吟風閣　卷三　葬金釵七　廿二

前腔末你奇謀在錦囊奈風聲通永巷問起兵符
何處只拷遍宮娥齊受殃生那時拷問到你不曾
末可憐奴婢呵頭一個去承當怎受得許多綳巴
吊榜有佳人義烈世無雙把滿宮超豁一身當
虧他把滿宮超豁獨認成招便拜别君恩伏劍
而死生可憐阿可憐末然而大王怒猶未洩生
還要怎麽樣末公子不知活的是酷吏訊囚死
去又是酆都拷鬼那佳人天生麗質就像一朵
鮮花霎時間揉得個粉碎你道可憐也不可慘

（生嘆介）咳、教他到此地位、都是俺無忌之罪也、論起理來、我與他生無通問之情、死亦有避嫌之道、但患難相遭、痛定思痛、已到得不堪回首處了。（慟哭介）

前腔當初事反常、他爲我使心機潛運掌、他爲我拚生冒死負郤君王恩愛長、他爲我刀劍上受鋒鋩、說不出許多深情屈枉、今日呵、他游魂血汚杳難詳、只有一盃澆奠向著茫

吟風閣　卷三　葬金釵　八　圭

（坐介）如今葬在那裏、（末）公子、他還有甚麼墳塚

前腔桃花去隨浪送青春恨渺茫、早則是沙蟲同葬、（生）這是怎麼說、（末）當時吾王盛怒之下、血唬淋喇、把他碎骨殘屍、都抛入黃河去了、那黃河萬里長、留不住捲滄桑、有誰與他招魂感愴、幾曾半盌澆涼漿、任孤魂月上哭穹蒼、

（生）畢竟他冤魂未散、方纔我曾夢見他來、怨語愁容、不甚明白、臨去時、郤說甚麼半股金釵、正不知是何意思、（末）這事郤又奇怪、方纔奴婢從沙灘上走來、拾得金釵半股、好像內家粧束的物件、又是地下多年的光景、帶來在此、公子請看、（生）起立（介）想來這邊廂那得有此陰靈所托、夢境非虛、可就這河堤上、與他立一虛塚、就將此釵藏於墓下、只算招魂而葬了罷、（末）接釵（介）領鈞旨、（生）想當日呵

大迓鼓他名花在上陽、倚承恩寵、雲想衣裳、金釵折斷誰承望、幸十年埋沒尚堅剛、咳、如姬呵、縱有還依你魂在何方、

生者有歸國之期、死者無返魂之術、如今下官

吟風閣　卷三　葬金釵　九　圭

無可酬報、只有與他墓前立碑一統、以表貞魂、（末）這碑上如何寫、（生）你想他是個女子、乃能捨身殉義、上紓國難、下報父仇、這是何等人物、所恨名節未彰、這碑面上可書忠孝如姬之墓、下官當親手標題、教他千載流芳也、（末）仰見公子盛心、（生）題碑更衣望空澆奠介

前腔（合）長河倚太行、穹碑六字豎向斜陽、他家讐國難將身擋、千年青塚土猶香、只恐猿啼還是斷腸、

（內）報曉介 有懷不寐你聽霜天曉角早是黎明
就此傳令拔寨啟行（衆上行介）
尾聲（合）轅門鼓角聲悲壯滿目山川往事傷說不盡十載叢臺客望鄉

偷桃捉住東方朔

（南仙呂入雙調）普賢歌（丑扮東方朔上）人人說我慣偷桃真比猢猻手段高千年做一遭學偷先學跑怕未到口時空喫拷

誰似我東方曼倩能滑稽倒了又翻身口兒裏番番盡是鬼話骨頭裏片片都是仙根（內問介）怎見得是仙根（丑）說也話長是我漢武皇帝一心愛慕仙眞俺是歲星下降做了中郎將臣那個壽星下降做了侏儒舍人只因壽星矮小雖是一尺之頂只有三尺之身我最生得體面身長九尺九寸腰帶八尺日尋我那武皇是最會作耍的把侏儒飽得要死把臣朔餓得發昏思量向王母娘娘討些菓食又無奈蟠桃會上無因只得做了猢猻行徑且圖他一飽歡欣誰知被他捉住了穿了一邊琵琶骨打了三百枸杞根（內問介）怎打枸杞根（丑）枸杞根者仙人杖也彼時雖受了他一頓惡杖巳落得一肚子的仙氣氤氳歸來養下孩子還是這蟠桃化身勝似

脫胎換骨。豈非滴泒仙根。閑話少說、那科蟠桃大樹。最是難熟難成。三千年花兒始放。三千年子兒始青。再三千年鮮紅透熟。剛剛一萬年纔得圓成。笑我當初偷的性急。還喫的是半熟半生。如今造化到了。恰好當蟠桃大熟之期。且去瑤池再走一遭也。［下］

前腔［副凈持竿扇上］瑤臺臺下守蟠桃。百尺竿頭接下梢。獲猴見了逃。鳥鳶去了巢。且醉倒園門圖一覺。

在下乃王母娘娘駕下、看守蟠桃園的、名喚康寧。法號庸庸道人。自來承值花園。小心莫過于我。園門晝夜長開。籬笆被犬鑽破。閑遊一去忘回。醉倒何曾醒。可虧的門頭告示謹嚴。閑人不曾經過。幾番數去。數來不曾少了一個。娘娘你教我坐守千年。怎知我清閑不過。適纔酌了兩壺。晒魔又來尋我。作打盹介

［商調］吳小四［丑上］眼高擡。膽放開。行程步步挨。划過岸兒星宿海。竟爬崑崙頂上來。兒園林好美哉。

你看園門大開、無人看守、待我擅將進去［副凈醒介］呀、是甚人、那裏來的、［丑］我從東方來、東方就是我姓、今日是初一朔日、朔就是我名、［副凈］有這樣現成的姓名、你既是東方朔、與我壽星哥可不是朋友哩、［丑］你原來就是壽星的令弟、失敬了、且問你弟兄幾位、你因何在此、［副凈］你還未知、我愚弟兄五個、一曰壽、就是壽星哥哥、二曰富、三曰康寧、就是我、四曰攸好德、如今只有四箇、第五的考終命了、只因我二哥爲富不

仁、每常嫉我貪喫懶做、我大哥壽星是個仁人看意不過、把我送在佛祖處、佛祖封我自在菩薩、誰知自在菩薩每日也要撞撞鐘念卷消齋經、我不耐煩、又投在王母娘娘駕下、他看哥哥面上、封我爲庸庸道人、說這康寧只圖自在、却倒有福、叫他看守蟠桃園、自在去罷、莫言自在不成人、自古庸庸多厚福、且問你來做甚、［丑背介］看這人騃氣、我只順口答應他去、［轉介］我正爲尋你壽星令兄不見、一直尋過東洋大海、只

見麻姑正在那裏納悶、副净麻姑是上仙、如何納悶、丑你在西天那知東海的事、只因東海中有一座沃焦山、山下有一個尾閭大洞、那洞門走水日漸寬大、把蓬萊水都放淸淺了、眼見得滄海就要變做桑田、那麻姑憂慮、要向天公借取息壤來塞那尾閭去、誰知道當初洪水汎濫被伯鯀爺爺偷去用消乏了、到如今尾閭有漏息壤無靈、麻姑因而納悶、我復翻身轉來、一葉大的小船、還在大洋裏、閣了淺、虧的趁了張騫的浮槎、過來到了海灘上、誰知蓬萊水淺、不關那尾閭的事、只見海灘上有一個張生、正在埋鍋煮海、差不多把海水都煎乾了、魚鱉都無處存身、是我路見不平、登時性起、兩手揪開八卦神爐、一脚踢翻九還丹竈、那張生正尋着我厮鬧、恰好遇着張果老兒、借他白驢兒騎上、一轡頭逃跑了、一日夜走了十萬八千里、竟來到此副净呀、你就這樣出跳、丑你不曾奔南走北、由着我指東話西、且問你壽星哥、可會到這裏來

副净現在蟠桃大會、鬧得我壽星哥是必要來者、

前腔聽瑤池宴又開、家兒也就來、他扶上杖兒飛過海、矮人觀場高坐臺、敎你笑侏儒似耍孩

丑背介待我支開了他、好幹事、轉介哥我走乏了、且借盃茶水來解解渴要緊、副净茶不現成我去取壺酒來罷、正是遇飲酒時須飲酒、丑得偷桃處且偷桃、副净怎說偷桃、丑喫酒怕醉、豈不要偷逃、副净你莫偷逃、我將進酒、下、丑且喜這傻子去了、得他身轉、日是我運通時、待俺裝扎起來、好上樹去、下

雙調**搗練子**、旦扮王母引嬰兒姹女上、**黄竹地、白雲天、閬人閬世不知年、一柱崑崙雲外顯**

有物先天地、無形本寂寥、能爲萬象主、不逐四時凋、吾乃西池王母、秉靈顆氣、作鎭金天、握無始之元機、净持三寶、襲混元之氣母、揔攝萬靈今有東華帝君、相約在大羅天上、考定神仙位業之圖、須索前去走一遭者、黄婆那裏、老旦上

乾坤羅帳裏，日月鏡臺前。黃婆啟上娘娘：鑾駕雖已伺候，連日有幾樁公案，請娘娘發放了好行。（旦）如此可一一奏來。（老旦）第一件何仙姑犯姦，是沒頭帖子；第二件李鐵拐作弊，是紫府眞人參奏。（旦）怎麼神仙洞府也說起奸弊二字？（老旦）如今人心難測，那怕你做了上八洞神仙，也要賴他一賴哩。那何仙姑犯的淫，是未來的罪名；李鐵拐作的弊，是過去的罪名了。（旦）宣他二人上殿。（小旦扮何姑、末扮李拐上）（小旦）道高一

尺，魔高一丈。（末）凡人不可貌相，海水不可斗量。（合）小仙見駕。（老旦）何仙姑何仙姑，人人說你多丈夫。（旦）是非終日有，不聽自然無。（小旦）娘娘吩咐雖是，自古道男女授受不親，今八洞中寡漢處女，七雄一雌，飲食起居厮混一處，雖非烈火乾柴，畢竟外觀不雅，也怪不得旁人閑話哩。念小仙呵，

孝順歌成仙道，非避嫌，奈兒家貌容還少年。七箇是男仙，一個女嬋娟，諸非穩便。（旦）你心下如何？（小旦）願侍瑶堦，掃除花殿。一片氷心，早離李下瓜田。

（旦）李孔目過來，你生前是個衙蠹，作奸犯科，罪孽深重，應該付地府勘問，怎生漏網投胎，又行混入仙籍？（末）小仙當日原是個把持衙門的。娘娘豈不聞放下屠刀，立地成佛。

前腔我一生刀筆，更如何敢諱言，作過鬼神奸，喫過虎狼錢，刼事在赦前。（旦）雖然如此，可無孽報？（末）若說起孽報來，我乃好端端一表人物，誰料遺骸燒燬，無路回陽，没奈何奪舍投胎，做了殘疾乞丐。

還你神通變化，離不去這臭龜殼兒，則這孽障你道彀也不彀？娘娘，你看我這樣形骸，恁般傴蹇，這半邊人，見算來枉號神仙。

（旦）我道你二人已都成勝果，怎又生障碍起來？你聽我道：過去已過去，未來還未來，眼前俱現在，何必起塵埃。（小旦、末稽首介）多謝娘娘點化。（末）雙手拓開生死路，（小旦）一身跳出是非門。（俱下）（老旦）還有二人在宮門伺候。（旦）是甚人？（老旦）一個周穆王駕下的馬夫造父，是私下逃來訴

究的一個漢武帝駕下的弄臣方朔是再來偷桃挺任的旦可宜造父進淨扮造父執鞭上天上人間方便第一。小臣造父見旦你有何究我且問你那八駿日行三萬里穆王何事不重來。淨娘娘有所不知那八駿馬除了造父無人駕馭得住只因當日晉王赴宴瑤臺小臣不該在瑤池洗馬點汚清波這瑤池是星宿海的源頭星宿海又是黃河萬里的源頭黃河曰禹王導水之後已是徹底澄清被那八匹馬在池上這

個一泡尿那個一堆糞淌到星宿海中墜出一個火敦腦兒來積穢源源而下把黃河清流登時變成濁流了小臣因此犯了天條移名改姓逃往西天佛國躱過幾時如今在西天趕腳趕着一匹白馬馱了大藏眞經回到中華地面誰知物換星移已不是周朝了不但穆王不得重來就是我造父尋到天邊那閤道中間星辰舊位也被那王良占去了王良不過晉大夫的馬夫倒在天上受用我是周天子的馬夫倒在人間受苦嘔氣不過因此上特來叩娘娘救拔想穆王呵、

鎖南枝行天下八駿全誰爲駕車誰執鞭怎知閣道中間讓與王良賤把我造父呵**翻留下方莫見憐**望娘娘**與周全見天公講情面**

旦造父你還不知這池邊石上刻有六個大字黃河清造父昇若黃河一日不清你造父一日不昇淨呵喲俟河之清人壽幾何哭介旦你要我救拔須得兩件寶物淨那兩件旦那天河內

織女有一顆辟塵大珠每千年在析水津頭洗一遍故此下界黃河也千年一清你可借來養在我瑤池內但此珠是天寶還須借佛祖處盂蘭盆供養若此珠養得一天黃河清得七晝夜你若無寶物再休想超昇之日也淨多謝娘娘指引正是要求生富貴須下死工夫下旦外面甚麽喧嚷老旦就是拏住偷桃的賊撒賴哩旦帶上來丑捧桃雜扮熊虎二將擒上偷桃的人雖現獲雜下丑在他門下過怎敢不低頭東方

朔見駕、旦你怎敢到我仙園偷菓、丑從來說偷花不爲賊、花果李同一例、旦這廝是個慣賊、快拏下去鞭殺了罷、丑原來王母娘娘這般小器、倒像個富家婆人家喫你個果兒也捨不得直甚生氣、且問這桃兒有甚好處、旦我這蟠桃非同小可、喫了是髮白變黑反老還童長生不死、丑果然如此、我已吃了二次、我就儘着你打、也打我不死、若打得死時、這桃又要吃他做甚、不知打我爲甚來、旦打你偷盜、丑若講偷盜、就是

你做神仙的慣會偷世、世界上人那一個沒有職事、偏你神仙避世偷閑、避事偷懶、圖快活偷安要性命偷生、不好說得還有仙女們在人間偷情養漢、就是得道的也是盜日月之精華、竊乾坤之秘奥、你神仙那一樣不是偷來的、還嘴巴巴說打我的偷盜、我倒勸娘娘不要小器、你們神仙吃了蟠桃也長生、不吃蟠桃也長生、只管吃他做甚、不如將這一園的桃兒盡行施舍凡間、教大千世界的人都得長生不老、豈不是個大慈悲大方便哩、

前腔笑仙真太無厭、果然湌來便永年、何得伊家獨享、不如謝却羣仙罷了蟠桃宴、暫時破慳結世緣、與我廣開園做個大方便

旦你倒說得大方、丑只是我還不信哩、你說吃了髮白變黑、返老還童、只看八洞神仙在瑤池會上、不知吃了幾遍、爲何李岳仍然拐腿、壽星依舊白頭、可不是搗鬼哄人哩、旦既如此、你爲何又要來偷他、丑我是口渴得狠、隨手摘兩

個來解解渴、說甚麼偷不偷、旦這頑皮倒有幾分見地、我與你直說罷、你聽我道、大道無爲至人無欲、人爲萬物之靈、豈反乞靈於草木、一切寶海珍山、都從空中變現、蟠桃本非樹、瑤島舊無林、若問真種子、還在自家心、丑稽首介多謝娘娘點化了也、與你一齊放下、旦還與我信手拈來、吩咐就此起駕、

尾聲合但一齊放下無貪戀、敢信手拈來都是便凡世界卽是洞中天

遶場下丑弔場笑介

憑你仙囊慳又劣。捉了賊來放不迭

甚麼千年不死方 只有三寸不爛舌

換扇巧逢春夢婆

老旦扮蝶母道粧雙扇上 幻化出蓮臺、蓮開世界開、一花一世界、一葉一如來。吾乃混元蝶母、在羅浮山修煉千年、過南海菩薩點化、顯現人身、成其正果。老身乳下四個女兒、一個蓮仙、一個花犯、一個村裏來、一個風中定、今日春光明媚、帶他們過海來、逕到黎母峰前、觀玩景致、來此已是。孩兒們過來。旦貼丑小旦各繡衣持扇上 一枕羅浮夢醒、無忽聞花下喚、將雛滿園芳草無尋處、寫入鞦韆仕女圖、母親有何吩咐。老旦 趁此花明柳暗、可將團扇迴風之舞、歌的歌、舞的舞、試演一番者。合 領母親慈命。單舞介對舞介又兩對舞介

黃鶯兒 春氣暖來呵。曬荼蘼到午殘。滿園香色門兒鎖。粉墻頭自在。過畫欄前不住。睃雙雙更向深叢躲。奈情何。無端粉褪。昨夜宿花多

老旦入隊同舞介

前腔 合 片片遶林阿。動花枝幾陣。多似曾相識。穿

簾過爲春慵正倦梳怕春愁更欲蛾抵多少霓裳
歇拍消停坐強騰那風欺雨妬聊綴小南柯
〔內風起介〕〔旦貼丑同吹下〕〔老旦〕呀好陣狂風來
者何方仙駕把我嬌兒女飄散各何處〔小旦〕奴
比玉環肥任風吹不去
〔稿八分〕〔魂旦朝雲上〕舞衫歌扇久成烟彈指三生
斷後緣惟應記取別時言夜深香靄勤禮塔中仙
吾乃東坡侍妾朝雲蒙觀音大士慈悲將我神
靈補入散花天女之數今因學士宿業將完奉

菩薩法旨乘着風輪來到瓊厓地面着混元蝶
母點化于他叫他及早回頭我在空中散下天
花助其勝事蝶母可即領受奉行〔老旦〕領法旨
〔旦〕還將一覺莊周夢說與天涯淪落人〔下〕〔小旦〕
佛度有緣你看遠遠的一笠一瓢隔林長嘯早
是東坡學士來也〔下〕
〔二郎神慢〕〔外扮蘇東坡戴笠負瓢上〕春將過有倦
客天涯無那問何事南冠來萬里又幾度暮烟新
火笠屐圖中人更老尚未了多生業果空極目孤

雲海角一髮中原烟鎖
俺東坡再貶瓊厓孤身萬里學道未至靜極生
愁今日出門偶爾散步禪林又訪長老不遇前
路蒼茫不覺又走迷了如何是好〔老旦上〕〔鷓鴣
天〕一片繁華一片烟貴人流落野人憐空山啼
遍春將暮野鳥催歸客尚淹〔外見介〕圓夢好待
何年數聲啼斷鷓鴣天相逢欲問前程事我亦
人間落魄仙〔老旦〕原來是蘇學士你尋那條路
你尋下海的路還是朝天的路〔外〕休提起那朝

天路你道我蘇學士呵
〔前腔換頭〕眞個茫茫宦海幾番掀簸鵲沒天低雲
外影茲響處又無端塵墮猶有文章節義在怎拚
得立朝還儒笑今日天涯夢遠觚稜弔下忠魂一
個
要知山下路須問過來人煩老媽媽指引則個
〔老旦〕早聞內翰大名如在天上如何一朝失足
落在人間難得內翰今日閒遊到此何不把從
前做官做宦一生得意之處細述一番叫我們

海外村人一新美聽、〔外〕如此不嫌絮煩、一同坐下、我是制舉出身、不比尋常科第、我有詩書滿腹、不是應舉文章、早歲登科、便兼兩制、一麾出守、歷典八州、做翰林則歸院的金蓮花炬、爰晝了北闕恩光、做郡伯則夾道的執樂紅粧、占斷了西湖美景、猛擡頭紫閣丹墀、泯隨身金章紫綬、正是我有文章華國去、天教富貴逼人來、那時節呵、要建白龍樓下、立草千言、要施爲鈴閣中、坐活萬命、敭歷中外三十年、論事陳謨幾百

道、若將我比着古人、賈董才高、無吏治龔黃、政美少文章、如此半生、原不爲虛度、〔老旦〕如此說來、果然美聽、如今你的翰林學士呢、〔外〕罷任了、〔老旦〕你的杭州太守呢、〔外〕政調了、〔老旦〕你從前掙的科名呢、拏來我看、〔外〕這原是虛名、〔老旦〕原來這是虛名、且問你的文章呢、你的政事呢、這自然是實在的了、如今何在、怎不拏來長久受用、〔外歎介〕不必說起、彼一時、此一時了、〔老旦〕原來如此、你那許多本事、到今來、流落天涯、一無可靠、內翰呀、你當初富貴、不是一場春夢來、

集賢賓 黃茅瘴裏生折磨、任黑海翻波、不照十方昏暗鎖、你記當初聽美南柯、把青春夢做、猛可地魂飛湯火、沒結果美前程、一霎曉風吹過、

〔外〕我也知富貴浮雲、只無端的惹禍生災、教我無從懺悔、〔老旦〕你還不省得麼、

前腔 翰林學士風月窩、奈只幾日東坡、早憂患隨身無處躱、你口頭禪畢竟無多、聰明悞我、怎脫得利名韁鎖、窮措大、這一覺欠伸千個、

且問內翰、你這般淪落光景、從前經過、不曾〔外〕也曾一謫黃州、其奈聲名愈甚、〔老旦〕你那時也就該醮甦了、

鶯啼序 困人天氣生欠呵、請倦眼揩摩、怕黃粱熟後空鍋、你不曾聽裏降魔、一謎價蒲團困坐、只等着暮鐘敲破、挨不過要棒喝當頭稍可、

〔外〕這是過去的東坡了、果然如是、那未來的東坡、還不知怎地哩、〔老旦〕呀、閑話中間、倒教學士添出煩悶來也、且請放懷、〔起立行介〕〔小旦攜花

籃上西江月紅雨霏霏村舍，綠雲冉冉溪橋，留仙裙帶順風飄，却又趁風而到。老旦你自要去，怎又奔來。小旦相約遊春女伴，奔芳蹈遍東郊，憑他百媚鬭千嬌，我愛一枝萱草。外這位小娘子是媽媽的甚麼人。老旦這是小女風中定。外怎教風中定。老旦花開花謝，須經過二十四番相妬相欺，只怕的風中不定。外好個名兒，有意思。你這籃兒內是採些甚麼花。小旦都不過是眼前花。我這無底籃兒，收拾繁華，愛根早斷，你

吟風閣　卷四　換扇六　十六

等閑不識東風面，萬紫千紅過眼空。外我要與東風一面，怎麼是眼前花。

前腔小旦他無情風雨春恨多，不堪回首南柯，早知他花有根科，怎當得歲月蹉跎。外他在十里湖頭。小旦把美景送良辰賤過。外他在六如亭下。小旦更黃土變美人因果，春去我，一鳥花開誰和。

外背介聽他這番說話，粉碎虛空，教我無錐立地，此豈是凡間婦女。轉介方纔不曾問得媽媽姓名。老旦笑介呀，內翰還認不得我們麼。

黃鸝兒合我團扇愛風和，弄翩翩花影多，海中也好搨帆過，送王孫淺莎，趁佳人踏歌，往來夢覺都輕可，儘延俄，凌空起處，只要口氣兒呵。

老旦閑話少說，學士你到此間，山窮水盡，魔障將消，此去是一條直路了，不消細問。但炎天道上，並無甚麼障日搖風，我有團扇一柄，你可用得着哩。外是用得着，可將我一瓢換你一扇。交扇取瓢跌破介。小旦瓢破了，要他何用。老旦誰言善知識，都是假姻緣。下。外看扇介好奇怪，原

吟風閣　卷四　換扇七　十七

來不是團扇，是片蝴蝶翅兒。內樂作介呀，一霎時花雨繽紛，異香法曲，佈滿空虛，我今省得了。

簇御林香風散，花雨多，是慈航來普陀，他翅兒解脫了，我瓢兒破，早散却心頭火，剩無多，蝸牛角上，一個瘦東坡。

當初我在惠州，有詩兩句，爲報先生春睡熟，道人輕撞五更鐘。不想今日的五更鐘，倒被這妮子狠撞了一丁。末扮詔使上玉殿承恩下金雞，放赦來。誰知滄海上，天遣此時廻。宣詔介皇帝

詔曰咨爾前知制誥翰林學士蘇軾，文章矯俗，節義匡時，先帝嘆曰奇才，天下知其忠悃。前因小眚，謫向遐方，朕以謀國無人，遺賢在野，特從昭雪，欽取還朝，可即授禮部尚書，先正春卿，次參撰席。欽哉謝恩。（見介）學士，虧你受困多年了。（外）自甘九死蠻荒，豈料一朝湔洗。天使呵，

【尾聲】我一身寵辱君恩大，百感銷除無淚墮，從今後須信道蝴蝶莊周都不是我。

只爲拈花一笑癡，今年花發去年枝。
從今一任春來去，顛倒繁華夢覺時。

西塞山漁翁封拜

（净扮漁翁上）西塞山前白鷺飛，桃花流水鱖魚肥。青箬笠，綠蓑衣，斜風細雨不須歸。自家張志和，道號元眞子的便是。漁釣江干，不貪榮利，自來自去，坐的是不繫之舟；時醉時醒，吃得是無愁之酒。記得那年上，朝廷要求山林隱逸之士，地方官吏逼着我六月上長安，應那不求聞達科，豈不好笑。虧得入都見駕，不久就放回來。今日上岸賣魚，換得這一瓶三白美酒，你不睜開

老眼，暢飲他一回，可不辜負了那江天好景。（內問介）怎見得江天好景？（外指介）但見一江春滿，萬頃潮平。胭脂雨細，落桃花艇趁風低；飛燕子汀蘭岸芷，霏霏馥馥，飄來的九畹清香；岸柳堤花，杳杳濛濛，望去是十洲仙霧。數聲欸乃，忒楞楞浴鴛鷺起白蘋洲；一棹泝洄，樸簌簌立鷺斜飛青草渡。三三兩兩，悠颺旌旆龍驤，萬斛從中流；簇簇層層，高下檣竿錦纜，千條排遠岸。來的來，去的去，數不盡估客征帆；近的近，遠的遠，聽

不了漁歌互唱問何處水龍吟隱隱凌波恰像那湘靈鼓瑟又何人水仙掾泠泠清響遙應着古寺鳴鐘亂點蜻蜓蒼蒼茫茫波心裏炊烟擁舵隨風過交橫荇藻潑潑刺刺波面上出水鷺鷥帶雨飛只見那水中山山外水山水千重明鏡光中浮髻影又見那水連天天連水水天一色白銀盤裏漾螺紋那是蕩槳的那是鳴榔的更有那沙觜上停着幾個候潮船艋各趂他衣飯生涯那是扳罾的那是撒網的更有那魚梁

上放着幾個沒水鸕鷀都是俺漁樵舊友你看輕塵不飛纖蘿不動自自在在鎮日裏魚鳥相親你看微風似線細雨如絲泛泛悠悠到處來江山入畫這地面不比城市喧嚣不比山林枯槁浩浩落落但覺海濶天空這時節像那人身康泰像那世界承平優哉游哉豈不神怡心曠正是韶華無定色烟景易迷人但得今朝醉滿江都是春話猶未了酒已告乾豈不是個壺中造化也

【北黃鐘】醉花陰一臥蒼江歲驚晚看世界滄桑虛幻紅塵外白雲間醉倒蒼顏夢不到朝天簡今日呵我便要倚棹返蓬山莫遣那落花兒驚醉眼（作醉倒介）（生扮顏眞卿冠帶揚鞭小生小旦扮童男女宮粧上）（生）策馬江干遍訪眞見桃疑有武陵人行來到處春光好不是仙源也問津下官御史大夫顏眞卿奉聖旨訪那高人張志和賞有飛白御書童男童女之賜只因下官是他故友知他漁釣江邊怎奈一路來全無踪影你看

前面柳陰中有個漁船上睡着醉漢可不像是他待我喚來（淨作醒介）那騎馬的官人想是要我漁船過渡的可就來（生）老兄你不是張志和麽（淨）原來是平原公有何公幹到此（生）有聖旨到來（淨）怎得有聖旨到我（生）奉聖上口勅賜爾江湖散人之號并漁童樵青二人用扶衰老可領旨謝恩（淨作謝捧過御書介）（生）來從天上訪遺民（淨）不脫蓑衣拜聖人（小生）盤裏慣承仙掌露（小旦）袖邊猶帶御爐薰（合）漁童樵青拜見（淨）

好一對孩兒平原公我船上有魚有酒可就此
坐下叙濶一回〔生〕使得〔净〕且問平原公聖上此
賜因何而起〔生〕聖上思賢若渴雖遠不忘只因
那日聖上偶幸曲江釣魚想起尊兄高蹈故此
特加存問〔净〕原來如此
喜遷鶯聽說曲江春泛看放龍舟手弄着潺湲垂
也麼竿聖情遙遠想着俺獨釣江邊隻影寒老漢
形骸放浪無補聖朝怎當得酒宸翰幷雙攜煖玉
存問江干

吟風閣　卷四　西塞山四　三十四

你道這一對玉人教我如何安放
出隊子人間天上倚蒹葭玉樹攀㒔着你錦裝玉
琢下塵凡對着我子鶴妻梅老懶殘兀的不魚鳥
驚猜怪眼看
〔小生小旦〕你老人家不知道我們原是龍舟上
選來水面生成船梢長大有恁對你不來〔生〕既
如此可就着樵青扶舵漁童扯篷趁此風恬浪
静放船到江心裏去把盞臨風多少是好〔净〕使
得〔小生小旦扶舵扯篷介〕〔净〕你二人可聽我道

刮地風〔內〕噯呀這是細雨滄波一片帆須不是畫舫
雕欄也不是龍池鳳沼蓬茅泛漁童呵你濯滄浪
和咱水調潺潺你倒香醪扶咱醉態珊珊樵青呵
你賣魚籃可替咱分勞上岸你採荆薪可替咱煮
石供餐那芙蓉園曲江頭的景致呵想起來彼一
時此一時早則舞闌歌散你是錦鴛鴦飛來灘外
灘好傍虛舟看那天淡雲閑
〔小生小旦〕我們都理會得〔生〕只是老兄呵聖心
如此眷注於你你也該出來扶助江山一番方

吟風閣　卷四　西塞山五　三十五

不負聖主的遙情千里〔净〕呀你又來我這一把
老釣竿你道是釣魚的還是借來釣名的哩
四門子你看俺野衣毛曾受君王盼早則是脫樊
龍放白鷴你看俺冷芙蓉不入時人眼怎又來買
胭脂畫牡丹倒是平原公你幾時方算得功成名
遂時也〔生〕我也豈不念及此〔净〕你塵土下鬢毛斑
只爲的報君心一寸丹任驅馳何敢憚正不知要
懸車到甚日還
〔內作風雨濤聲介〕〔净〕呀你看東海邊掛下龍來

了正是咫尺但愁雷雨至著茫不曉神靈意可扳轉柁來隱在堤邊等待（生）這聲勢來得利害哩（净）你看他頃刻就到了江面上雲天昏黑雪浪高飛舟楫縱橫人聲雜沓好不忙亂也

水仙子嘯長風驟雨寒嘯長風驟雨寒聽聽聽聽萬鼓濤聲拍岸翻霎時間盆翻海倒正不知雲裏來霧裏去是是是恁麼鼓鬣揚鬐拔海山敢敢敢敢則是戰元黃遇羣龍追趕那帆兒收不迭槳兒划不得柁兒扶不疾中流掀舞早早早早做了

斷去風箏怎忍看就是那到岸的收口的停灘的繫纜的低昂撃撞也也也也不免捲篷桅折斷了檣竿俺只怕的雨催風風催雨便便便便瀉空了銀濤萬頃天邊漢我且問你兩個孩兒你不曾經過風波可害怕來（小生小旦）這小船忽上忽下又輕又軟倒好耍子的（净）畢竟是童眞也他他他他是天全處喜懼兩無干

一日之間就像滄桑改變平原公對此壯觀可無豪飲（生）雖則壯觀可勝變態酒酣耳熱目眩神搖所未曾有且喜說話中間不覺的猛勢過頭了你看霧捲雲收江山寂靜好像我們的酒闌人散時也（净）平原公方纔風波起處人有戒心豈知宦海茫茫比似這長江大湖更加不測你只看煙雲好處無多子及取昏鴉未到間（生）多多領教吾當就此起身復命前去（净）過承厚愛只是聖德如天其奈臣心如水替我老朽遙謝至尊白鳥飛不下（生）皇華去復還（小生）一聲離岸轆（小旦）數點別州山（生下）（净笑介）我如今

做了個四不像了又不是客星犯帝座又不是范蠡載西施怎麼做漁翁的也受起封拜來（末）上爲看烏紗帽漁船都罷釣張哥喜哩你今是勅封的漁翁比衆不同了只是官銜太長了些欽命江湖散人督理西塞山等處釣魚臺捕務天下大漁翁張快借筆硯來寫報單貼在船頭上好教人知道咻船頭上不好貼還不如貼在鼻頭上的好（净）休得取笑（末）只是這兩個孩兒跟着你像恁麼則等你將來度世之後在江邊

上荅個小廟〔指介〕中間泥塑一個你左邊泥塑一個他右邊泥塑一個他如今是活的漁童樵青將來是塑的金童玉女倒好同受香烟罷罷罷一同解纜放船去罷

【尾聲】〔合〕客去還同海鷗泛去烟波萬里無還再休教那問津人過眼

〔淨〕鮭菜忘歸范蠡舟〔末〕一雙鸂鶒對沉浮

〔合〕自今以後知人意　稚子敲針作釣鈎

諸葛亮夜祭瀘江

〔鬼目揚大旗上丑扮猖神引四猖鬼上〕

北仙呂【點絳唇】〔合場唱〕陽世人喪陰魔魘魆腥風灑血噴裙釵抵多少緊那羅月孛光芒大

吾神乃交阯國女王徵側是也咱當初姊妹二人統領十萬蠻兵從交阯日南殺入中華地面擾亂他漢室江山不料爲伏波將軍所破數百年來怨氣未消權在這瀘江上爲神喚鬼呑人興妖作怪〔鬼卒上〕大王不曾早膳小的們山下

打生割有人頭一顆獻上大王受用〔丑〕你大王食腸寬大這一顆頭不穀咱狼牙一嚼哩〔鬼卒〕這個人頭好喫是個醉漢大王喫醉人像喫糟猪肉哩〔丑〕好捧上來〔吃介〕小的們再去打來湊飽〔應下〕〔丑〕聞得蜀丞相諸葛亮變詐百出愚弄番蠻如今他得勝回還提兵過此好不令人頹氣若放他好好還朝顯得我蠻方鬼也沒有一個來豈不可惱早有妹子徵貳王前去沿江廵哨以召陰兵怎還不見回報〔番鬼上〕新鬼大故

鬼小、冤冤相報、横磨十萬鬼頭刀。（奉黑虎神旗、招到蠻夷酋長等陣上亡魂、帶來投女神聖做主。）（丑）江邊聽令（應下）（漢鬼上）一陣贏。兩陣敗。愁雲壓寨載鬼一車。又一車。（奉白虎神旗招到蜀中兵將等陣上亡魂、都帶來投女神聖做主。）（丑）江邊聽令（應下）（丑）鬼目聽吾吩咐。佛法無量、魔法無邊。不論番鬼漢鬼來者但聽吾號令、都到瀘江顛風作浪、把諸葛亮全軍覆没、莫放他匹馬隻輪回去者（應下）（雜扮徵貳王上）一路逃竄

吟風閣　卷四　忙牙姑二　三

陣千條鬼箭風、妹子奉命收召陰兵、就此繳令（丑）已曾吩咐都到江干、聽候驅遣。妹子衆生好度人難度、咱要尺水翻成一丈波。（雜）姐姐惡八白有惡神磨、看他死蠻兒不離井上破（下）

（蠻頭二八吹海螺開路上）（四將上）猿聲一夜傳刁斗、瘴氣三時作陣雲。（生）吾大將趙雲。（淨）吾大將魏延。（末）吾副將王平。（小生）吾前部先鋒關索。（合）丞相南征返旆、有令升帳、只得在此伺候。

【南雙調】【金瓏璁】（外引衆上）秋嶺帥旗高。靖烟塵萬馬飛鏢、一重重行過鐵繩橋。掀天波浪起、阻軍鋒。（詞）鬼號啕何物更興袄。

莽莽江山入戰圖。生民何計樂樵蘇。憑君莫話封侯事、一將功成萬骨枯。我諸葛亮、自五月渡瀘以來、戰征蠻王孟獲、把他七縱七擒、嚇得那八番九十三甸、洞主夷酋、莫敢不輸誠奉貢、如今已是深秋天氣、且喜南方已定、奏凱班師、不期行到瀘江岸邊、陰風大作、江中黑浪滔天、軍馬不能得渡。前軍報到、這邊廂積年被猖神作

吟風閣　卷四　忙牙姑三　圭

祟、傷害生人。有一個女土酋名喚忙牙姑、慣在袄廟跳神、善傳神意、他現領着蠻兵相送、早喚來也、

【南黄鍾】【絳都春】（旦扮忙牙姑引婢上）鎮蠻天。銅柱高標。奈把長蛇還。不識山神貌。不是他顯陰靈。怒起波濤。誰認的俺。鬢雲堆。瘴烟花草。

（報門介）（忙牙姑進、）（旦）忙牙姑打恭、（外）你就是忙牙姑、你可將作祟瀘江、是何袄魅、從實道來、我要逐此軍行、火燒袄廟、

〔北仙呂〕混江龍〔旦〕呀、丞相、火燒祆廟、你要來火燒祆廟、他血盆般口吐的瘴雲高。〔外〕怎生這般猖獗、〔旦〕鬼哭神號帶領着陰兵十萬臨江哨、不由你不玉斧畫河橋。一個個猛將軍都退倒。敢是他女王城餘怒氣難消。〔外〕恁麼女王城、〔旦〕這廟猖神、非是別的、是當初交阯國兩個女王、爲伏波將軍所破、大的叫徵側娘娘、小的叫徵貳娘娘、這一對兒呵、是前生的胭脂虎豹、是後身的魂魄鵑鴞、是九尾狐空林風草、是三足鼈黑月波濤、是禹王鬥也鑄不

出他猙獰狀貌、是軒轅鏡也照不定他形影蹊蹺。怒灑的風毛雨血朋呼着木魅山魈、舊鬼頭不去陰君點卯、新鬼頭又來白日興祆。〔外〕有甚麼新鬼、〔旦〕咳、丞相、你賣弄精神、七縱七擒、那蠻兵番將、死在你手下的、難道還少哩、一個個身膏了野草一個個頭飲了鋼刀、赤律律魂騎着瘴鵵集趷門屍屍神聽着帶鐘搖、你看那錄坑山錦帶山蛇盤山、是處殘骸堆垜。你看那牂牁郡越嶲郡永昌郡、幾番剩壘蕭條。又見那朵思王烏戈王木鹿王亂紛紛拖刀落馬、又見那都梁洞帶來洞禿龍洞刮刺刺破卵空巢。你把那董荼那害的早、你把那阿會喃困的牢、你把那塔郎甸屠其肝膽、你把那突兀骨、絕了根苗、你把那金環三結連營勦、你把那藤甲千軍一把燒、到今朝尋仇索命都來到、萬鬼含冤恁地消。〔外〕這些番鬼們原孽由自作、還有甚漢家鬼來、〔旦〕嗄喲、丞相呀、你得勝的汗馬功勞、生還的旌旆逍遙、你當初五十萬王師來到、看如今半年來有多少還朝、畢竟烟銷、何曾增竈、就如那馬岱

的三千人馬、當日到這流沙渡口、只爲你百忙裏心思未到、一霎時斷送千條、你道效也不效、囂也不囂、這命兒何處討、他魂兒何處招、不瞞丞相說、這瀘江一帶、自從你過兵之後、但添新戰骨、不返舊征魂、那一日不煩冤到曉、那一夜不鬼火紛拋。每到天陰雨濕添悽楚、有影無形徹夜號知多少。雲來霧去、雨嘯風跑、把往來的行人斷渡、更早晚鬧癘氣傷苗、叫不住無情鵑血吹不散有恨胥濤、丞相、你今日回兵到此、逗着他游魂渺渺認得你

班馬蕭蕭，他那裏隕身碎首心難死，你這裏存折戟沉沙鐵未消，說甚麼百神受職，敢痛煞你一將賢勞。

外 既如此，我等軍馬怎生得過。旦 這猖神廟往來番漢無人不祭奠而行，今丞相軍行往不祭來不享，未免懷柔百神典禮有缺。外 且問你們蠻俗向用何物祭奠。旦 丞相不知，這廟中舊例不用雞豚，不用牛羊，只要幾顆活人頭供獻。外 要多少。旦 不多，每供獻一次，只要活人頭七七

四十九個，還要童男一對，童女一雙。外 說那裏話，吾今事已平定，豈可妄殺一人，況殺生人祭怨鬼，豈不冤上加冤。吾自有主意，那童男女用紙糊像生代之，這活人頭可用麵包肉餡塑成人首代之。旦 丞相妙用，這假人頭可取何名。外 像形會意，喚做饅頭，可就江岸結壇，列燈四十九盞，一燈一個饅頭，陳設像生，招魂而祭。等夜靜之時，吾當親臨澆奠。忙牙姑，你且伺候轅門，要你蠻歌幾曲，跳神迎神者。旦 領鈞旨。下

外 壯士軍前半死生，美人帳下猶歌舞。將士們傳令結壇江岸，豎起幡竿伺候。眾應。下

內吹打起更介 設壇介 關索上 戰馬不過分水廟，將軍須上祭風臺。神燈鬼供俱已齊備，轅門鼓打三更，丞相金冠鶴氅出帳來也。

雙調 **清江引** 外引行童捧淨瓶寶劍上 歎兒郎束髮從征調，無端爲國捐軀早。盼家鄉萬里遙，骨肉憑誰告，空叫我淚盈盃灑不遍沙場草。

關索請丞相淨壇 外淨壇介 來到江邊，陰風

慘慘，黑霧漫漫，好不凄涼人也。關索 請丞相炷香。外炷香畢升帳介 宣忙牙姑。關索 忙牙姑上壇。外 忙牙姑，可先舞迎神之曲。旦 領鈞旨。化甲馬

夜行船 旦引婢上 壯士轅門慘不驕，聽江心入夜波濤，萬鬼冤多，七星燈小，儘一片志誠祈告。

擊鼓唱舞介

浪淘沙 一擊鼓兒高，心血來潮，過江風明滅閃蘭膏。你披髮猖狂何處也，何處號啕，何處號啕。

前腔 二擊鼓兒高，風雨蕭騷，漢將軍[illegible]河橋。

你那陣上亡魂何處也。憯影相招。憯影相招。
前腔三擊鼓兒高。壯士提刀。看幾人征戰得還朝。
你的麟閣勳名何處也。回首空勞。回首空勞。
前腔四擊鼓兒高。月上荒郊。照沙場斷箭折弓刀。
你的骨肉音書何處也。馬革誰包。馬革誰包。
前腔五擊鼓兒高。薦水滔滔。捲陰風慘澹旆旗飄。
奠的桂酒椒漿何處也。萬淚齊拋。萬淚齊拋。
丞相誠心感召、萬神聽令、就請開讀祝文者。下
末上不須丞相宜忙步到壇前、稟丞相開讀祝

文。外小將關索代本帥行禮。關索應介末贊介代祭官就位、跪。關索執香跪介末念介維大漢建興三年秋九月一日、武鄉侯丞相諸葛亮謹陳祭儀、享於故歿王事蜀中將校及南人亡者陰魂曰我大漢威德普覆華夷、昨以小醜陸梁、興兵問罪、爰仗師中之吉、已伸天討之威、但士卒兒郎盡是九州豪傑、官僚將校皆經百戰功勳。何期陷陣以衝鋒、遂致捐軀而殉國。或為流矢所中、骨掩黃沙。或為刀劍所傷、屍橫野草。凜凜生前之義氣、茫茫陣上之忠魂。今凱歌欲還、獻俘將及、汝等英靈尚在、祈禱必聞、隨我旌旗、逐我部曲、同回上國、各認本鄉、受骨肉之蒸嘗、領家人之祭祀、莫作他鄉之鬼、徒號異域之天。念汝等陣亡妻兒孤寡、我當奏之天子、年給衣糧、月賜廩祿、用加優卹、慰汝幽魂。至于本境土神、南方亡鬼、血食有常、憑依不遠、生者既稟天威、死者亦歸王化、想宜寧貼、毋致號咷。聊表丹誠、敬陳祭祀。嗚呼哀哉、伏惟尚饗。開讀已畢、代

祭官復位、請丞相親臨奠酒。末下外奠酒哭介天呵、可憐我陣亡兵將、當初動衆興師、國家原非得已、誰道今日遍地傷殘、生還者僅存鋒鏑之餘、死事者委骨窮荒之外、生與爾等同出、死不與爾等同歸、老母號咷、妻兒巷哭、此皆我之罪愆也。關索跪稟介將士們義當捐軀報國、今蒙薦度洪恩、自當超生有路、丞相請免愁煩。外可宜忙牙姑。關索忙牙姑上壇者。
駐馬聽丑上丞相壇前早望見丞相壇高只聽他

哭負亡軍如妣考．咱蠻姑兒到寶珠纓絡小身麽
爲他歌舞徹中宵．早順風兒吹送過落魂橋．紙馬
兒燒．臨風再聽咱凄凉調
〔外〕忙牙姑再將亡者怨苦、細述一番、用作送神
之曲〔旦〕領鈞旨〔燒紙馬介〕
沉醉東風弄鳥鳥排簫洞簫聽蓼蓼靈鼓靈鼗銷
他漢鬼愁侑的蠻魂飽只歎猿鶴沙蟲孤弔〔合〕總
是向輪迴走一遭．偏是你殘生誤了
想陣亡兵將你好死得苦也、〔打鼓唱舞介〕

吟風閣　卷四　忙牙姑十　三十八

么篇似驅羊刀頭怎逃．慘游魚沸鬧相遭．誰不是
貪生怕死人．誰不是父母懷中抱．倂將來一命鴻
毛〔合〕回望家鄉萬里遙．血汚了遊魂歸不到
么篇誰不想妻孥夢遙．誰不念父母年高．一家家
望夫石上號．一個個思子臺前老．到頭來有甚功
勞〔合〕只落得無祀孤魂餒若敖．燐火沙場蔓草
么篇悶貔貅英靈未消．委豺狼骸骨長抛．誰將你
無辜白刃投．誰知你至死丹心報．聽空山銅鼓聲
高〔合〕壯士長驅入漢朝．悄靈兒快趕上旌旗繚繞

衆鬼繞場下〔旦〕你看愁雲怨霧之中、隱隱有千
百鬼魂隨風而去也、請丞相撤壇焚帛送神〔行
童下〕〔外澆酒介〕左右可將祭物盡行投入江中
天色黎明、就此起馬〔旦〕請去吩咐蠻頭、攏齊船
隻、趁此風恬浪靜、送丞相過江、〔外〕先到江邊伺
候〔應下〕〔四將上〕〔外〕大小三軍拔寨前進〔俱下〕
〔旦戎裝上〕令傳得勝鼓、天助順風旗、蠻頭喚船、
五方聽點〔立高處〕蠻頭吹第一號、朱雀營放船、
前部將軍領隊開行、船梢蠻女紅衣紅旗上與

吟風閣　卷四　忙牙姑十一　三十九

鬬索交旗〔下〕吹第二號、青龍寨放船、左哨將軍、
領隊開行、船梢蠻女綠衣綠旗上與趙雲交旗
〔下〕吹第三號、白虎寨放船、右哨將軍領隊開行、
〔船梢蠻女白衣白旗上與王平交旗下〕吹第四
號、元武營放船、後哨將軍領隊拔行、船梢蠻女
黑衣黑旗上與魏延交旗〔下〕吹第五號豎起招
搖旗、二十四隊遊軍、往來策應船隻、元帥中軍
船隻俱已齊備、忙牙姑親自擁舵、請丞相登舟、
清江引〔外引衆上〕〔合〕點旌竿遙見龍蛇裊橫戈立

馬江邊艸哨尖見快招艣梢見慢搖凱歌齊都應着羽扇中軍號

外吩咐留兵斷後就此開行

五馬江見水合吾奉天威來討羣蠻服的牢看百靈呵護簇擁還朝岸綸巾羽扇搖深入不毛收了功勞驚起魚龍偃臥水面秋高金鼓回橈金鼓回橈齊看吳鈎歡笑

外你看前鋒已登彼岸了也

前腔合捲天風壓任江波小投鞭齊渡軍聲悄聽夷歌正高望蠻山漸遙小回頭早不覺一棒鑼聲到

外憑將兩眼淚散却一江風且喜全軍已渡忙牙姑勞你帶兵遠送可將金帛等物爲我分賞蠻兵我當奏聞天子封爾爲祝融夫人用酬恭順可早早回去勤宣政化勿悞農時各安生理我和你蠻人共事半年今當遠别不禁揮淚而行旦丞相一片洪慈神人感泣我八番九十三甸無恩可報只有家家供奉你香烟去也各揮淚介旦丞相在上忙牙姑拜辭外戰骨誰收恨滿江旦天威且喜靖南邦外低門刹米千年誓且不用黃龍罰一雙下外軍士們整齊隊伍而行應介你看鞭敲金鐙人唱凱歌我們是回去了只是此去呵

淸江引到朝堂飲至策勳勞受賀多箋表太平筵宴高旋帥還家笑作立馬回頭介誰還想瘴江山把殉國忠魂弔

關索稟丞相前面已到漢關了外軍士趲行

尾聲合報國從來敢憚勞但將軍戰馬都難料休看得龍虎韜鈐容易了

凝碧池忠魂再表

南越調【浪淘沙】（丑上）草滿玉勾斜，零落宮花，廣寒金色瀨蝦蟇，早是天邊行不得，地上爬沙。

你道在下是誰，曾唱開元供奉曲，花帽錦衣緣竹肉，當初駕幸東都離宮夜宴，力士傳呼覓念奴。念奴潛伴諸郎宿，那時節念奴的歌喉，在下諸郎的簫管，都是教坊第一，倚承恩顧，朝歡暮樂，誰知祿山亂後，俺流落東都，衣單食缺，只得在這離宮面前開個酒店度日，真乃花開蝶滿枝，樹倒猢猻散，數日前見這宮門大開在那裏打埽，說是上皇蜀道回鑾，要到東都重遊凝碧池，未知真假，且去把酒旗高高掛起來者。（下）

（老旦扮高力士上）亂離重返舊京華，奉帚承明鬢已花，卻憶開元太平日，無愁天子莫愁家，自家高力士，奉上皇車駕蜀道回鑾，不覺已將一載，只因安祿山那廝，曾在東都凝碧池大宴，有樂工雷海青，把琵琶奮擊罵賊而死，上皇聞知，此事聖心十分感歎，特命咱家前去東都，就凝

吟風閣　卷四　凝碧池一　四二

碧池上，與他澆奠一番，并訪知備細回奏，我想起來唐朝臣子錦衣玉食，受恩深重者不知多少，到得國家有難，降的降，躲的躲，倒是一個不識字的樂工，要替朝廷掙起氣來，可不叫朝班上人羞死，話猶未了，來此已是離宮前面。（丑上）來到酒泉郡，請上醉翁亭，呀，來的好像是高公公。（老旦）你是教坊中的諸郎不是。（丑）天上人間形容變盡，虧你還認得我，公公想是扈駕來的。（老旦）誰說是聖駕來，是咱家奉上皇之命前來祭奠雷海青的，一應香帛祭儀，已吩咐河南府尹伺候，倚俺要先到池邊觀看，你可同我去來。（丑）原來如此，就此便行。（行介）

【繡停針】（丑）則見的苑柳槎枒，石馬銅駝臥淺莎。（老旦）呀，進的宮門，竟是荒凉一片也。（丑）幾堆馬糞金堦下，空鎖着落日昏鴉。（指介）把一幅樓臺畫景顛倒，列萬幕平沙。（老旦）來此已是池上，這些太湖石，怎生也都倒了。（丑）你道他是怎般作踐來，他酒酣試劍湖山[illegible]歎[illegible]是誰家，又幾度夕陽西。

吟風閣　卷四　凝碧池二　四三

下。
老旦我且問你你怎生飄流到此的、
前腔丑則為着事起波查歌舞方酣戰鼓譁潼關
一破番兒下。那安祿山呵從前在宮中賜宴見了
些法曲名優教坊雜戲他心兒裏他早是愛着風
華捲地起漁陽塞馬便向長安把梨園供奉的一
應伶工樂器盡情都搜捉來此老旦你那時怎樣
了丑可憐我諸耶呵也是此數中人了不由你做
沸鬥魚蝦吞聲悲痛難禁桀聽喑嗚血戰染袍花

有幾個完卵覆巢之下。
老旦如此說那祿山池上大宴你是親見來的
了丑公公可不是哩老旦那時他怎生耍樂胡
為你可一一說來我聽丑不消講得那虎狠得
意時也要洒落一回者
前腔則見驚起宮鴉殺氣騰騰晝禡牙偽官降將
穹廬下。一面的殺人如麻一面的投鞭戲耍生扮
出錦虽尤喬做官家葬池臺牛飲三千下排列着
笙歌全部奉承他。老旦這賊頭好不與哩丑誰知

正在興頭有一個煞風景的闖將來弄得個不歡
而罷。
老旦這却是誰丑不是別人只雷海青便是老
旦咱家正要問你那雷海青如何把琵琶奮擊
怎生駡賊而死他倒恁般義氣恁般忠憤丑公
公他是一個樂工知道恁麼叫做忠恁麼叫做
義起初他厮混在梨園隊中也只暗暗叫苦而
巳誰想捋那虎鬚去來老旦如此他怎生便鬧
將起來者丑公公有所不知祿山那厮饞手下

偽官僚不知多少誰知這大會中奴顏婢膝向
那賊酋獻媚的都不是別人別人也不足責了
再不想上皇平日極其寵待恩幸無比的偏生
翻過面皮在那裏領班承奉全無一毫不過意
公公你道是誰你我都是狠熟識的哩老旦畢
竟是那幾個丑公公你若猜不着只想開元勳
貴在朝的那有似貴公子駙馬張爺在外的那
有似哥舒老將威風大老旦畢竟他們有些甚
麼醜態來丑公公我與你說也不明可像演戲

的我做與你看那時文武排班先是安祿山出來了吾乃代唐爲君山河帝主安祿山的便是孤家今日在凝碧池奧集文武千員大排筵宴內侍們傳旨下去是那唐朝降順的可叫他把新舊官階一一奏明方許他入班賜坐內侍傾旨下去了只聽得一人出班奏道老臣乃唐朝河西隴右節度使充天下兵馬副元帥哥舒翰因兵敗被擒蒙聖恩不殺官拜司空現在執鞭隨蹬効其犬馬的便是那祿山說道你就是哥

舒翰如今認得孤家了麼那人戰兢兢的回奏道臣當初肉眼不識聖人那祿山呵呵大笑叫內侍們可滿斟一巨觥叫他跪到滕前替孤家上壽一個的謹依台命去了又聽得一箇出班奏道小臣乃殘唐宰相之子世襲燕國公駙馬都尉張垍因兄弟相率迎降荷蒙聖恩官拜右丞相現在參預機密極其親信的便是那祿山一發說的可惡呀你是唐家的皇親國戚也來投順孤家可見那個昏君已是衆叛親離的了

內侍們可再斟兩大斗也叫他兄弟們跪到滕前與孤家上壽那時他帳下都把兒們一排排露刃相向誰敢擡頭這些梨園子弟見而不忿也只傷感在心則那雷海青忽然臉上紅了白白了青忍不住放聲大哭抱着琵琶連聲高叫我那開元皇帝呀向西哭拜不止回過身來指着哥舒翰道恭喜老將軍賀喜老將軍你老運亨通又換了一番富貴了難得也難得

【前腔】笑罵由他好一箇白髮元戎姜子牙你幾生

再活也只須臾罷誰料你主意兒難拿（老旦）這一罵可不叫他羞死（丑）又指着張垍說道好好好張爺昆仲你可還認得樂工雷海青當日長安鬧變聖上那一處不尋你來原來你在這廂受用哩**好一個乖巧的風流駙馬難兄弟定不爭差**（老旦）罵得好也罵得惡哩（丑）又指着祿山說道你這很心賊原是天生天殺的我倒不怪你但不解我們唐朝臣子是怎樣的心肝嘎**只有俺樂工命賤無牽掛怎省得貴人珍重要身家都是我不達時宜爲**

下。

〔老旦〕那時這賊黨們怎麽樣、〔丑〕這一番帶哭帶駡但是降臣降將一個個滿面羞慙只激得安祿山竪眼横眉咬牙切齒却不隄防他手把琵琶儘力擲去剛剛打在他食前方丈弄得酒倒壺翻七零八落竟閙他一個散場

下山虎遇着了匹夫作耍管教你威武無加但有口還能罵有腸任刳他那裏四面刀鎗怒騰騰萬千軍馬俺這裏粉碎琵琶只一下把賊威風倒了

吟風閣　卷四　凝碧池七　四十八

架〔老旦〕好個雷海青說來也是驚人也覺爽快〔丑〕爽快是爽快霎時間一箇雷海青已剁成肉醬了慘模糊至死何曾怕、咳、若講忠和孝怎輪到他可憐一命輕微殉國家。

從此祿山埽興再不曾在東都筵宴也再不到凝碧池來了〔老旦〕這個自然埽興了只是後來可有人替他收拾遺骸葬埋何處咱家奉命還要去看他墳塋來〔丑〕可到池邊指點你看〔老旦〕墳在何處〔丑〕公公那有甚麽墳墓、嗄、他被祿山殺死血唬零刺把些殘骸碎骨都抛入池中了。

前腔則這一池水是萇宏血化那裏有一坏土去弔屈懷沙今日呵聽潺潺壞道哀湍下更尋甚麽俠骨留香虛舟飄瓦只此地黑浪陰風怒捲沙他英靈不是耍〔老旦〕說來也是傷慘〔丑〕如今池上每到風雨之夜鬼哭神嚎好生作怪此番公公來的正好雖則是冷池臺往事差却不是閑說漁樵話可憐見他敲碎琵琶片片花

〔老旦〕我想當初這池子怎生叫做凝碧池無非

吟風閣　卷四　凝碧池八　四十九

說是凝的碧草碧波怎知今日倒凝了忠臣的碧血豈非異事話猶未了祭筵早到〔雜上〕路旁驄馬繫頭上杜鵑啼祭筵香帛在此請公公炷香〔老旦〕揮淚介雷海青你好死的苦也咱家奉上皇口勑前來致祭於你誰知你骸骨抛殘衣冠久化一池空水墳塚俱無所賴你一點愚忠久已上達天聽魂而有知享其澆奠〔作奠酒介〕

前腔厠身卑下不戴烏紗名不在朝班掛豈知道他不讀詩書更無虛紮怒起螳螂奮臂加那時節

一個個將軍不下馬，偏是你猛豺狠手去抓。今日
個感得哀詔從天下，壯哉可嘉，不負你血性淋漓
大結瓜。

可吩咐就此池上立碑一統，以表忠魂。（雜應下）
（老旦）諸郎，你看雷海青雖然死的苦楚，卻是替
梨園增色。還有活的，不知飄散何處？（丑）公公，便
是這般說。聞得李龜年流落江南，沿門賣唱；那
賀懷智、黃旛綽、馬仙期，自從亂軍中逃散，並無
下落哩。

前腔（老旦）則俺椒房阿監兩鬢俱花，到池邊老淚
交流下。想來也差，花萼樓頭，沉香亭下，一曲霓裳
媚眼花。如今看完，盡是假，倒是那蠢頭顱沒點瑕，
日月肝腸掛。有誰似他，不喫甜桃喫苦瓜。

（丑）話到其間，難怪公公悲感起來。且到小店中
吃一盃叙話去罷。（老旦）使得。眼面前只你還是
梨園舊伴哩。

尾聲（合）從今後敢說伶官傳裏人低下，則這秋草
池邊一席話，抵多少千古英名博浪沙。

（丑）萬戶傷心生野煙，
秋槐葉落空宮裏。
（老旦）百官今日再朝天，
凝碧池頭罷管絃。

大葱嶺隻履西歸

〔場上大吹大擂雜甲冑上〕吾乃海中兵將是也今日初祖西歸吾奉水府尊神之命帶領八部天龍前來頂禮須索趄上前去〔遶場下〕〔副淨鬼裝上〕吾乃陰府簽書判官是也今日初祖西歸吾奉十殿閻君之命帶領九幽鬼卒前來瞻仰須索趄上前去〔遶場下〕〔旦小旦宮裝道服上〕吾乃散花天女是也今日初祖西歸吾奉玉帝之命帶領六時仙樂前來供養你看幢幡寶蓋飛

錫遙臨我等且把異香法曲佈滿虛空好前去雲端伺候〔遶場下〕〔內細樂作介〕

〔北正宮〕〔端正好〕〔淨扮達摩杖錫担履上〕莽滔滔無休罷閃的來滿目空花猛回頭向鷲峯之下登對如來話

吾乃達摩尊者奉佛祖之命闡教東來一蘆渡江九年面壁如今中華震旦已將衣鉢流傳還留下一隻履兒不免帶將回去前面已到葱嶺了那山頂龍潭上可以卓錫片時〔作到介〕你看他澄清徹底俺從中華濁世而來可借此寒潭止水一照俺本來面目如何

〔滾繡毬〕只見那翠參差斷崖壑空明水沙莫驚他睡龍神瘖啞他静養着無損無加俺不是那老波斯幾年間面皺花這鐵楞楞一條禪杖錫翩翩半臂袈裟照的俺虬髯倒捲臉生霞還是那碧眼威光電水涯早不道來去無差

〔末軍裝從人上〕萬里河源萬里渾去時士馬半生存誰言極樂西方路白草黃沙出玉門吾乃

魏將軍宋雲奉使西回日行瀚海一路水草俱無人馬十分渴乏軍士們前面想是葱嶺了可到那龍池上解鞍飲馬歇息片時再行趲路前去〔作到見介〕呀你可不是達摩師〔淨〕是便怎麼〔末〕你在少林寺面壁以來你有尖上都鴉鵲成巢耳朵裏長出草來人都道你圓寂去了怎還在此你不曾死嗎〔淨〕我本無生怎得有死

〔叨叨令〕遍閻浮一雙白足閑遊耍那少林寺呵偶來息影忘冬夏香消一炷無俗話你怪他鵲巢肩

上芽生鋍兀的不是活如來也麽哥兀的不是生菩薩也麽哥可不道木雕泥塑原非假

（末）你怎的有屨不穿倒赤着脚走來（淨）俺從來脚踏實地

倘秀才往世裏一絲不掛後世裏一塵不怕省可的隔着靴兒將癢抓須信道真實相本無加一齊抛下

（末）你兩脚如何只有一屨那一隻何處去了（淨）落在你中華地面你不知那一邊就看這一邊俺不二法門中原不曾有二

滾繡毬那的是無心見別了咱却有緣見留下他須不是陽孤陰寡就分劈去還合攏無差這的是趲前程便棄了他却回頭還認是咱恰正好單提直下敢大踏步將禪杖來乂俺本是獨來獨往三千界管教你不二門中二便加是一還差

（末）我回到中華面聖你可有甚麽話留下（淨）早留下了却不是甚麽話來

白鶴子你向少林山寺裏壁上去尋查只是俺迎面本無人枉教你把壁全無縫口兒裏成話靶意兒裏起波喳問誰個廻光返照認真如我要將三車貝葉都燒化

（末）你燒了經教後輩將何念誦（淨）燒去經上佛各人有心上佛哩

要孩兒兀那充飢餅子徒然畫究竟有何堪把只從舌上吐蓮花怎知何處生芽那楞伽百問空留下似飛去蜂兒剩蜜渣真和假有了那馱經白馬就有那燒佛丹霞

（末）既如此你幾時再到中華來度世一番者（淨）再來做甚

煞取來沒字經拈來微笑花肯還三宿留桑下那空山老宿年年住俺古竺先生處處家安心下千山萬水普照恒沙

（末）請問大師如今往何處去（淨）俺從去處來豈不從來處去（末）這西方原沒第二條路大師去處豈不就是下官來處也（淨）既省得了各人遵路（末）正是將軍不下馬各自遊前程（遶場末下）

（淨）前面可不是西慈嶺哩、（登高處介）（天女上前問訊退立兩傍高處散花介）（小兵鬼判分班向上瞻仰介）

【尾聲】（淨）立懸崖、撒手下山河、踏破了雙鳧化人天、等衆既同此妙因、俺又饒舌甚麽來、直向靈山歸去罷

（下）（天女下）（水兵鬼判向空膜拜遶場畢俱下）

冦萊公思親罷宴

（北中呂）【粉蝶兒】（老旦扮劉婆扶杖上）白髮青裙、畫堂前偷蒙恩養、想當初獨伴孤孀、今日個受黃封、膺紫誥、惹大風光、怎知道孟母先亡、倒是咱賤殘生趂着他暮年安享、

梅花雪壓深難見、誰道春來香已遍、繞樹還依畫棟飛、舊時王謝堂前燕、自家冦丞相府中一個老婢子劉婆便是、我家相爺官居一品、祿享千鍾、纔辭了軍國平章、又拜了相州節度、出將

入相、蔭子封妻、你們只見他富貴當前、豈知他幼年孤露、當日太夫人青年守節、零丁孤苦、把他教養成名、不想今日榮華、太夫人早已辭世、如今府中只有老婢子還是當初服侍太夫人的、因此上相爺夫人念其舊日留養府中、多蒙另眼相看、倒也十分自在、只是咱酒星照命、最是貪盃、雖則相府存身、寔乃醉鄉度日、終日醺醺、不省人事、因此府中上下都叫我是個女劉伶、這也不在話下、明日是相爺的千秋大慶、文

武官僚齊來上壽、聽得今番的酒筵歌舞、比前異樣豐華、你看笙歌醉飽、僮奴隊。羅綺光華、婢妾身眼見得咱又有一番僥倖了也、

上小樓清閒一向、幸衰鬢依然無恙、看到他貴子賢孫、蘭桂齊芳、春滿華堂、只笑我靠糟床、聞酒響、便喉嚨搔癢、這是俺女劉伶半邊也那風樣、

副浄扮院子跑上、宰相家人七品官、官不算還要知一段。宰相肚裏好撑船、船不歇還要轉一轉。老旦院子爲何這樣慌張、副浄老媽媽、你還

不知道我的慌張其實耶當、只因相爺慶壽、比前異樣鋪張、色色翻新換舊、差我前往蘇揚、廣徵水陸千品、妙選伎樂成行、舞女珠圍翠繞、歌童玉琢金裝、不是貴人誇耀、怎得奴輩猖狂、領了雪花一萬、嫖賭去了半方、誰知幹事停當、小猴恨未分贓、攛掇相爺火發、帶怒下了教場、回來就要發放、險些性命存亡、媽媽煩你通個內信、夫人解勸從旁、但肯周旋則個、謝你手帕一方、老旦你是說些甚麼、我已醉的糊塗、聽不明白、等我醒過來、你再說罷、副浄好話、你的酒也難醒、我的事也難等、下、老旦你看那院子倉皇而去、我想起來相爺福祿齊天、如此豪華、怎生還不知足、雖則貴人性大、也不該十分忘懷了、不免從廻廊走將過去、看是如何、你看潭潭府第、畫棟珠簾、列幕張燈、如同白晝、别院笙歌乍起、滿階珠翠齊迎、想是相爺教場回來了、作跌介阿呀、是甚麼將吾滑倒、連跌了幾交

么篇穩不住齊眉拄杖、猛將咱玉山頽放、原來是

歌舞連宵、蠟淚千行、堆徧廻廊、滑溜溜扒的忙、跌的慌、幾乎把老身停當、咱正要借因由、去把那舊情來講、

聽得相爺夫人同在後堂、正好上前厮見、只怕的酒逢知己千鍾少、話不投機半句多、下、外扮寇萊公戎裝擁衆上、赤手擎天一着高、生平從此顯英豪、澶州事業相州節、不覺蟬冠已二毛。下官萊國公寇準、現在節度相州、今日教場合營大操、事畢回來、不覺已是上燈時候、退下衆

下〔更衣介〕不如意事十常八九、只因下官初度、文武官僚合當加禮酬答、歡宴軍門筵宴所需、都令翻新換舊、不料爲採辦家奴所悞、以致不能成禮、因此心中十分不快、已曾吩咐將那厮綁出轅門、定當一頓處死、請夫人出堂、且扮冠夫人上〔夫〕君鎮大藩、象服稱河山、治國難而易齊家易、郤難相公當此千秋大慶、百福俱全、正該燕喜開懷、緣何郤生煩惱、就是家奴無禮、處治何難、今當家慶之辰、且請停刑造福〔外〕夫人

吟風閣〔卷四〕罷宴四　卒

有所不知、下官入豫朝政、出總兵權、無令不行、無人不服、今乃家奴賤才、玩褻如此、家之不齊、豈能治國乎、內老旦哭介〔外〕你聽是何人啼哭、喚他過來、老旦上〔旦〕原來是這風婆子、你是風了、醉了、怎到此啼哭起來〔老旦〕老邁龍鍾、在廻廊走、誤被幾堆蠟燭油滑倒、一連跌上兩交、只爲老婢子是從不曾經過跌踣的、大意了些〔旦〕想是跌痛了〔老旦〕痛是不曾很痛、因此一跌想起太夫人、不覺掉下淚來、失聲一哭、剛被相爺

夫人聽見、合該萬死〔外〕你是怎地想起太夫人來也〔老旦〕相爺你自然忘了、老婢子還記得你幼年時節、自從先太爺亡後、並無遺下田園、太夫人百般哀苦、把你教養成名、那時節燈火寒窻、停鍼課讀、就是你讀書的燈油、都是太夫人十指上做出來供應你的、你如今功成名遂、富貴榮華、每夜府中輝煌燦爛、四壁廂高燒絳燭、遍地裏蠟淚成堆、眞那彼一時、此一時、可憐當日太夫人的苦楚、竟不曾受享你一日

吟風閣〔卷四〕罷宴五　卒二

滿庭芳想當初辛勤教養、他挑燈伴讀、落葉寒飈、那有餘輝東壁、分光亮單仗着十指縫裳、纔膏油叫你讀書明明、拈針線見他珠淚雙雙眞個恰到如今怎金蓮銀炬、照不見你憔悴老萱堂

想到其間、老婢子不覺的老淚交流、不能自止了、你休怪我

快活三不由人退繁華更慘傷、不由人提往事獨淒涼、也只爲小來看覷感恩長、剩今生頭白還相傍

外背立揮淚介旦既是你爲太夫人弔淚也不怪你只是今朝歡慶你休說得相公傷感起來你且到後廂自在去罷外夫人且住下官聞言悲感煩惱頓消倒要他把舊時甘苦細細說一番也左右可將綁出那厮暫且押回聽候另行發放者內應介外老婆子你且說來下官不嫌絮煩也老旦當日太夫人守着孤孀千辛萬苦如今已日久年深漸漸相忘了

朝天子則記得太夫人呵**撫孤兒暗傷代先人義**

方爲延師盡把釵梳當只要你成名不負十年窗倚定門閭望怎知他獨自支當背地糟糠要你男兒志四方又怕你在那廂我在這廂眼巴巴巴到你學成一舉登金榜

日那年太夫人泥金報信可也歡喜老旦他就此開顏一笑爭奈他筋力已枯淹淹一病空費了無限勤劬你後來的富貴都不及見了

四邊靜今日呵**他身先黃壤博得你富貴夫妻同受享你如今縱玉盤瑤觴熱騰騰親捧着三牲養恁羹香酒香也滴不到泉臺上**

老婢子語言顛倒冲撞貴人望乞恕罪外呀你說那裏話老旦老婢子還想起一事來當日太夫人曾有一個遺念留在老婢子處外快去取來老旦下末生扮院子上末稟相爺朝內王侯卿相各路節將監司擡送壽山福海等物禮單一一呈上生稟相爺合屬文武官員率領將吏耆民稱觴製錦預祝千秋明早都在轅門伺候外正要吩咐中軍明日罷宴一應賀儀賀客俱

免傳宣壽樂壽筵槩停伺候末生應下老旦取畫上旦這畫如何說老旦挂起來看你看這畫中母子二人孤燈一盞是那個來可不太夫人音容如在當初你在京新科及第太夫人已得病在家不起的了記得他臨危之際特叫老婢子到跟前外揮淚介那時有何說話來老旦那時他也沒多說話就把這軸畫兒交付於我也不知甚麽意思他只說道你的小官人將來前程自然遠大只是沒爹的孩兒從小任性我又

失教，悄他一朝得志起來，就這一件，我做娘的放心不下。話猶未了，只見他幾聲嗚咽，兩淚分流，竟是回首了。我的太夫人呵，你好苦也。

【要孩兒】你眼穿，但把孩兒望，怎知道臨去也莫話衷腸。只這一幅舊形相，費他無限思量。則爲你小來心性無拘檢，反着我禿尾烏鴉教鳳凰。〔指畫介〕你開圖像，看這儀容蕭瑟，怎禁仔細端詳。

〔外哭倒衆救介〕感念亡親慈訓，畫中之意，何敢刻忘。〔旦〕可將此像懸掛中堂，我夫婦好朝夕展

拜。〔外〕正該如此。可奈下官忘親縱欲，劉婆怎生把我畫情數說一番，只當我自家懲艾也。〔老旦〕老婢子怎敢。

【五煞】則是你受君恩，恩可酬；受親恩，親已亡。故園攀柏眞堪愴。早知道鬥鐘不逮團圞日，反不如菽水親供田舍郎。你休回想，今日個朱門酒肉，〔指畫介〕當日個白髮糟糠。

〔旦〕先姑如此恩勤，怎生這般命苦。〔外〕樹欲靜而風不寧，子欲養而親不逮，眞是古今同此一恨也。〔老旦〕相爺，你富貴當身，原該享用，因此罷宴，足見你夫婦的孝思。

【四煞】一宴時喜宴開，一宴時怒氣張，歡娛煩惱都勞攘。他那裏亡親骨冷荒郊草，你這裏貴子筵歌畫錦堂。怎不成悲愴，親在日受不起你萊衣半縷，親亡後消不盡那〔介〕酒千觴。

〔外〕聽你說來，令人不堪回首。下官眞乃忠孝兩虧也。〔老旦〕話到其間，教你如何不要痛苦。但似你的顯親揚名，也就彀了。

【三煞】他做慈親願已酬，他撫孤兒名已揚，一重重紫泥封誥來天上。雖則你含悲捧土情難塞，早知他含笑歸泉恨已忘。人長往，畢竟是顯揚爲大，更何如忠孝成雙。

〔外〕生前欽養，死後邀榮，瞻仰豐碑，令人徒增悲痛耳。〔旦〕每念先姑早亡，今得劉婆話舊，相公既不勝哀感，賤妾亦無限傷情。只是欲報無從，空悲何益。依妾愚見，既是明日壽辰，停筵罷宴，何不廣延僧衆，設醮修齋，且慰孝思，庶資冥福，如何。

公意下何如〔外〕言之有理、就請過遺容供在明日齋壇之上、〔外收畫介〕〔旦〕明日太夫人靈位前換水添香、須得劉婆去者、〔老旦〕這個當得、

【二煞】淨瓶兒佛座前、繡幡兒慈位傍、看源頭一滴楊枝上、早知他塵根淨處無磨刼、只怕你鐘磬聲中帶慘傷、空悲仰、千鍾粟盛來齋鉢、一品衣披在靈床、

夫人明日修齋設醮、自然合府中斷酒除葷、但老婢子是一天斷不得酒的、合先稟告、〔旦〕風婆

子、你不比別人、不來管你、〔外〕能有幾個舊人、諸凡由他遣意便了、〔老旦〕感謝不盡、

【一煞】你則爲念微勞注意深、感慈親遺愛長恩波、似酒俱無量、不嫌我趨承不入時人隊、不嫌我老朽無知醉後狂、還只是含悲向、他拋我似遺簪棄舃、你憐我知物在人亡、

〔外旦同哭介〕〔老旦〕相爺夫人、請且寬懷、憑仗佛筵、太夫人自當早生天界、老婢子嘮叨了一會、口渴難熬、要到厨房下討三盃去也、

【煞尾】看家雞遶遶廊、看飛雛便遠颺、問人生誰沒有娘親想、怎到頭來偏是有祿的人兒不逮養、

〔老旦下〕〔外揮淚不止介〕〔旦〕劉婆這番說話、聽者都要傷心、只是子孝無窮、親年有盡、相公若哀感傷和、反不是仰體先人的意見了、〔外〕咳、教我心中如何過得也、夫人、我孤苦娘親骨已寒、如今揔榮華富貴也徒然、〔旦〕相公、我在家不敢常提起、也只怕你孺慕終朝淚不乾、

翠微亭卸甲閑遊

生便服丑扮童兒隨上莫怪朝參懶應耽野趣長爾抛金鎖甲苔臥綠沉槍我韓世忠自從辭去兵權日日在西湖閑玩遊目騁懷信爲可樂今日天朗氣清風日和暢要與夫人梁氏前去同遊只等他梳粧完畢好趁早偕行也

北越調鬪鵪鶉百戰歸休湖山舊偶顧盼逍遙精神抖擻野水一篙長堤萬柳今日遊明日遊向內介請問夫人所藏斗酒

吟風閣　卷四　翠微亭一　十六

紫花兒序旦上貼扮侍女隨上我這裏藏之已久不時需無待他求好相將與子同遊飄然一棹菡萏芳洲回頭想桴鼓親援駕海舟猶卸甲胄一笑歸來吩咐東流

相公酒肴已備就此偕行生如此甚好行介

天紗淨獨遊更此同遊我有獻酬風月扁舟你有灑掃湖山做帝如賓如友到綠陰深處勾留

好一陣荷風來此已是翠微亭了可到亭子上飲一杯者旦使得

調笑令颼颼一亭幽看四面千章萬个稠[illegible]喔蟬聲嫩這不是故將軍營邊細柳恰宜就此飲一斗請開懷對酒當謳

生我家聲妓已經散遣無可爲歡旦這個何難你這小厮就算歌童我這丫鬟就算舞女叫他們胡謅一回有何不可丫頭你過來先唱我和你者

小桃紅旦貼吳儂水調唱歌頭船到三叉口獨木橋邊看人走替人愁放船自到中心溜帆兒快收柁兒穩守邊岸放心頭

吟風閣　卷四　翠微亭二　十七

生唱得好小厮過來我同你唱一隻兒

鬼三台生丑漁船上漁翁漾漁婆醜却雙雙到頭晝暖網夜眠鷗亭水清山秀趁斜風細雨垂釣鈎看朝炊晚煙擁舵樓這一個補綻縫裳那一個上厓沽酒

旦你越發唱得好可同飲一杯末扮圓丁淨扮將官上啟上老爺有舊將呼延通聞得老爺在此叩安求見生我久已杜門那舊時將佐從不

見面[旦]那呼延小將不比別人你擒方臘報捷軒蕞傳勳上黃天蕩之戰捉龍虎大王他都身在行間先登陷陣於你我分上不同何妨一見[生]笑介不如一概謝絕的好

禿斷見俺宮觀使青山白頭他背嵬軍雨散星流中興將佐那時門下走今日裏種瓜侯全休丢手

吁好好回他說我同夫人湖上閑遊去了罷[末]曉得搖手下[生]酒與彼他打斷了我們兩個湖上閑行去罷省得彼人知道再來纏繞且使得可

上船到放鶴亭去[丑]丑操舟作到介

聖藥王[旦]風自流水自流浩歌流到小亭休梅也幽鶴也幽梅妻鶴子共虛舟瀟蕩是吾儔

[生]此間有遊人來了不要妨他我們可到冷泉亭去[旦]我正想湖上逍遙不如山間清淨[生]可即攏船上岸行作到介

東原樂青山瘦淨土幽一角飛來自靈鷲我怪他冷泉源却向熱處流歌舞地忘回首問誰個把法華參透

外扮僧人持茶上擂將一滴曹溪水點醒三生石上魂檀越獻茶[生]生受了[旦]我曾在大士前許下愿心後日聖誕我們當一同再來[外]難得善緣勝會恭候早降拈香[下][旦]相公從來英雄到末路時也要各尋個回向哩

綿搭絮你綸巾瀟灑拾却談笑封侯俺繡旗招展拋却帷幄持籌西子同歸范蠡舟對水月觀音海一漚皈依處待繡個寶蓋長幡夫妻在上頭

[生]正合吾意我們且到那日再來罷

收尾[合]休辜負春三秋九則今日白萍紅藕甚麼的事業半天雲樂得個夫妻一樽酒

吟風閣譜上卷

新豐店

【三登樂】天闕巍峨，少架海金梁一座。肉酸寒，何處奔波，待借壺觴澆磈礧。有口懸河，便踏破瓊瑤上市樓孤坐。

【錦纏道】你道破窰邊卧袁安，空將凍呵。看俺滿引的醉顏酡，想漢當日羣方久困干戈。單仗着舊從龍礪山帶河，卻不道鼎乾坤滲漏還多。只聽那猛士大風歌，他全不要詩書。王佐任書生，禮數多多。馬

腳丁，儒冠摧挫，怎教他圖綺願來過。

【皂羅袍】戰罷玄黃水火，儘驅除剗削數子么麼。端拱瘡痍問如何，還愁跌卻金甌破。凌烟宿將，風雲殿閣；瀛洲學士，神仙會和。那裏去別尋事業書生做。

【前腔】可是飛騰無那，任長吟抱膝，命竟如何。幸感會風雲際時和，豈搜羅豪俊無堪可。丹青元化，河清頌歌；山龍補袞，賢良諫科。抵多少後功名圖向麒麟左。

【鬭鵪鶉】魑魅喜人過，被揶揄將奈何。嘆詩書不是居奇貨，享羔羊酒酡。擁妖姬豔歌熱，趕着五陵裘馬翩翩過。是新豐雞犬也欺人坎坷，是長安風雪也將人折磨。問天公怎安排這後樂先憂我。

大江西

【新水令】江山似此畫圖非，拂雲來片帆天際。俺只待趁仙風揮羽扇，不爭便訪漁伴卧蓑衣。月朗漸星稀，聽何處笛聲起。

【折桂令】耀金波似照燃犀水下魚龍，水面虹霓，分

明見露濕漁磯，烟橫戰壘。風捲靈旗，誰對着雲山長嘯，漫驚他鷗鷺羣飛。一拼拼船舫東西，一層層烟樹高低。白茫茫人倚窗扉，響滔滔滾滾沙堤。

【雁兒落帶得勝令】朝隨着估客帆，夜攬着江妃佩。墳成了白苧詞，收起了青衫淚。呀，你看那水濶魚爭戲，你看那天空也任鳥飛。你看那耕牧萋烟遍，你看那一帶雲山紫邐齊。須知，俺際昇平萬里遊，征易休提。那弔滄桑千秋往事非，弔滄桑千秋往事非。

收江南呀這不是京江鎖鑰嘗眼便雄奇更揚州燈火歌吹起畫橋西只有那龍蟠虎踞怕不似古南畿看金粉六朝剩繁華有幾只留得一拳采石縹緲謫仙衣

沽扶歸你看大姑他立處誰陪從咱小姑閑影照江空端的是無匹匏瓜常在暮雲中没來由抱將頑石爲情種遥望着一龕香火最高峯說甚的塵生羅襪凌波夢

皂羅袍驀地裏青蘋吹動聽叮噹遞響環佩天風

提起輕舟浪花中個人未醒遊仙夢岸猿啼過青山數峯橋烏飛去芳洲數叢步微波又巧爲着他時來送

沽美酒帶太平令馬當山咫尺迷馬當山咫尺迷雷雨至浪花飛坐對着小小孤山削黛低謝伊家姊妹可方便的送咱過大江西想當日逢白傅琵琶掩泣過周郎檣艣飛灰那百尺高是黃鶴樓岳陽樓都醉了那洞仙飛去這一片白是洞庭湖青草湖真見了他龍女傳奇您呵看一路裏朝暉暮暉鎮日間鵑啼鴂啼呀可不道壯遊的心兒裏甚恁地宦情難已

尾聲中流鼓棹誰同濟蝸角蠅頭名利却忘了天塹風濤路險夷

行雨

點絳唇寶劍橫腰尋師訪道程途杳日掛林梢問何處停驂好

混江龍則聽得一聲呼哨馬蹄兒冉冉入雲霄真個的排空馭氣直上扶搖黑漫漫晨星散落金雞

叫明晃晃海霞烘起赤城標俺待叩天門咫尺俺待酬下界哀號敢是湯火游魂五百年蒼生厄難爲甚驕陽旱魃數千里赤地枯焦消磨盡開皇富庶折罰起大業奢豪看馬蹄兒騰踏是匹練光沖散了黃塵匝地看旗尖兒招颭是蚩尤影遮住了赤日當宵妙空空 口兒吸盡了銀河天漢輕梟梟幾葉兒灑徧了甘露醇醲那箇是天符使者那箇是日値功曹那個是各山各水各神祇一齊聽令那個是司風司雨司雷電四面揚鑣散縹縹神

駒尾鬣點滴滴活椰枝梢爲甚來緣慳難捨不由
我手滑難熬
【油葫蘆】大塊無聲本寂寥你急先鋒衝陣早不爭
的打從蘋末起蕭騷便飛砂走石神靈到更洪罏
鼓動陰陽竅你來自無形去絶踪慣使驅除能汛
埽不平鳴助虎空林嘯催着那垂天大片亂雲飄
【天下樂】猛見那一帶連山也那萬里遥高也麼高
凸更凹氣氤氳遏把山頭罩掛龍身拖下梢運鯤
池隨上潮你一層層班布空虛迷晝曉

吟風閣譜 上卷 五

【哪吒令】則盼你密濛濛雨毛徧松梢竹梢潤蘇蘇
土膏浸禾苗麥苗更弄紛紛水妖起江潮海潮洗
乾坤從頭把疹氣消會風雲去底把盆兒傾倒好
助我指揮如意做人豪
【鵲踏枝】趁着這電光飛雷火燒則要你照耀人心
顯赫天條黑慘慘鎖住這十方昏暗劈淋淋下轂
了萬頃波濤
【寄生草】則見那濃陰散碧落高那一搭歸雲猶露
龍鱗繞那一搭斜陽已映霞光好那一搭遥穹漸

送鴻飛杳原來是神功收斂寂如無便看俺懸崖
撒手回來了
【么篇】這不是丹山鳳碧海鼇這是借他櫪上追風
驃看齊州九點輕烟罩看天門夜上無人到早則
是着龍擺尾入雲深只怕俺大鵬展翅嫌風小
【後庭花】是三原年少豪是元龍湖海交俺舅舅親
將孺子教受龍韜只欠的擎天手段因此向龍門
走一遭
【六幺序】只爲着鬬龍宮龍無寶他苦央弟子代其

吟風閣譜 上卷 六

勞投至得手搭涼篷往下瞧枯旱炎歊雲漢焦勞
草木俱彫瞅瞅無苗其奈天高罔聽哀號車火延
燒盃水輕澆不普恩膏怎救嗸嗸因此上甘心矯
制罰天曹幾乎把那淨缾兒傾倒
【八聲甘州】你會風雲快哉倒做成一段陷溺奇災
看田廬漂敗抵多少瓢子隄開你爲着生反把着
生來害怕不似傅說當年濟旱才休猜難道他厄
運當該
【煞尾】鬼谷師商山皓敢認作冬烘頭腦他整頓乾

垰濟時了比似俺少年鹵莽徒勞氣冲霄手握着斗杓幾乎把四海蒼生都誤了這的是弄神通小巧怎的是做英雄全套且低頭負笈受甄陶

黃石婆

【風入松慢】刼灰樓炭戰塵多攪醒了枕上南柯英雄未入神仙座肯教人好事多磨顛倒却雄飛雌伏打翻他地網天羅

【前腔】空身跳出虎狼窩四下裏無限干戈不堪措手山河破更禁俺追趕奔波怎得雞鳴暗度且來拔劍高歌

【朝元令】你看他眉峯眼波豈是凡花朶雲鬟黛螺喜得觀音過冠帔芙蓉端詳停妥怎知他年少哥哥只怕你志氣消磨男兒壯心將奈何如畫淡粧梳人從閬苑過若不是三生業果這就裏敢怕天魔破怕天魔破

【前腔】愁深恨多巾幗英雄裊雲飄帶拖圖畫神仙我黃石丹頭赤松因果你本來面目如何道是奔月姮娥鳥兒兔兒怎辨訛頃刻散花多真容覘瞽陀早則是金蓮纖可驀地裏步雲飛過步雲飛過

【前腔】則見那長戈短戈幾陣狠威過前訶後訶怕向桃源躲海上三峰壺中一顆是童女多年功果怎識得亡命奔波是誰家少年公子哥匕首刺荊軻還驚博浪訛但憑你包藏有禍須信道大王福大大王福大

【前腔】有恨難摹不隄防處女深閨坐倘寐無訛沒攔當脫兔穿雲過看百鍊金剛要十年淬勵直到得繞指柔和學步凌波分明妙門多謝婆設法現

身多喬妝一刹那你教俺微服而過這樣子却是帝師王佐帝師王佐

快活山

【一枝花】恁天高孤雲停不飛道的是留伴清閒我漸零零一宵風露下亂紛紛千葉洞庭波俺待把舊斧新磨拾得個乾柴火一徑裏撥開荊棘科暢好是踏空林啄木驚飛立峰頂嘯聲兒入破

【梁州第七】喜的那聳晴空青山不老平鋪地野草先衰望不斷疎林空翠寒烟外有的是隨身器械

趂的是隨手生涯儘逍遥隨天吩咐任崎嶇隨地
安排莫不是隔重雲獨斧掄材莫不是憩孤亭聽
鳥忘懐則這般莽蕭蕭一徑樵風有誰共採却笑
俺貪多力小小心兒大文何曾論錢賣只落得滿担
挑來唱上街破笠兒歪
貨郎兒一轉跳不出陰陽化孕數不盡飛潛蠢蝕
您知他輪廻六道是何因偏我這野頭顱無業障
托天地有人身免得那戴角披毛受轉輪
二轉只見他悶深閨執雌持下儘妙質脩鞍爲馬

半路裏知是與誰人做渾家甘箕帚還不免要賠
茶幸前生占定了陽爻卦看鏡裏鬚眉非假由着
俺點勘風前種種花
三轉您只道一般的是男兒漢好有幾樁兒瘠聾
跛眇免不得籧篨俯仰槖駞腰恨出胞胎留缺陷
怪懸疣贅更蹊蹺乍相逢天刑休笑却相憐人疴
怎逃只怕前生所招今生肯饒後生難料喜得俺
全受全歸漢一條
四轉嘆人生恣意兒把七情斲喪歷寒暑五行爭

蕩怎能彀兼全福事百年康身無恙臨官帝旺忽
生魔障只要他幾日個吃不的坐不的掙不起那
頭兒上執着藥方靠着醫王困懨懨樂事兒都抛
漾到此際由他貴家王富家郎慌不覺的怕了無
常任逍遥步擔肩挑無痛創
五轉論樂事天倫上起算骨肉團圞者稀都只爲
利名心南北更東西拚遠別守孤栖把鴛鴦拆開
做兩處飛也有的命犯孤辰鰥夫寡妻也有的無
奈做僧尼也有的幼年間孤露無根蒂也有的白

髮無兒依倚這的是窮民無告數都奇縱然他獨
樂也凄其向爹娘供菽水呼妻子共鹽虀儘年年
厮守着柴門少別離
六轉他好似濵洌洌魚游鍋釜慘慽慽肉臨刀俎
也只好寃寃苦苦嗚嗚咽咽叫無辜逼得他轉轉
側側身無措阧然間花花碌碌風風雨雨顛顛倒
倒忽忽律律災來也那運去也弄得乾乾癟癟餓
殍同數對着那惡惡狠狠的狼做驚驚怯怯的鼠
怎顧得恩恩愛愛疼疼熱熱膚髮妻孥除非是悲

悲憫憫提提挈挈佛天超度就是那福分天堂不及吾

〔七轉〕積世裏蒼生業重葬天涯値兵凶歲凶下山虎鬬着混江龍那時節殺戮的洶洶更誅求的種種有幾個得逃生出網籠還驚恐只避秦人先入的桃源洞怎知他凜冽冽的肉顫心驚纏怕夢

〔八轉〕俺這苦營生健勤身手趁時光晨昏卯酉深山無伴獨相求正黃花晚秋晚秋路荒蕪人跡罕來投材不材到處山中有叫鵂鶹也麽哥跳猿猴也麽哥野鹿兒舊遊猛虎揚威一見回頭俺何曾念咒念咒物我都忘有甚擔憂只怕得一點機心漏臥林邱也麽哥吼泉流也麽哥吼泉流伐木丁丁山更幽

〔九轉〕只有這爛柯山逕重尋處叫痴兒睜等則剩得樵無斧奕無秤眞個有仙分該呆漢通靈得仙氣該枯木重榮卻怎生把千年換將來俄頃把樵子兒似夢魂厮迸把斧柯兒與刼灰俱冷這不像海月空撈影俺只是舊生涯耕田鑿井蠢頭顱穿雲驀嶺挑一擔風月輕清也不見揶揄山鬼路逢迎也不曾見禹王的神鼎但守着草鞋幾兩凡夫命一般的巢許無名姓您看俺野花斜插鬢邊橫朝朝的白木長欃三尺柄

〔尾聲〕俺不過閒人自把閒情耐你也不要五十功名心便灰須知道是天工早已安排待您寬懷也該您操勞也該俺與你一斧頭劈破了愁城觀自在

錢神廟

〔點絳唇〕漉酒巾歪竹風搖擺休驚駭醉眼看差踹入紅塵界

〔混江龍〕則爲你和而不介熱烘烘不分清濁廣招徠哄的人香添燭換酒去牲來你簿兒上算定了子母權衡誰聚散你手兒裏把住了乾坤寶藏自闔開爲甚缺了你聖賢無乃端的仗着你豪傑方纔那裏哭哀哀破慳囊一文得濟這裏笑吟吟看薄面萬事俱諧要擔承只去懷兒裏將他揣沒關節只要縫兒裏把他摠打透了天羅地網貫通得

鬼使神差腰纏萬貫的交遊廣裘馬千金的意氣閒似洒潑潑魚游水面都喜孜孜蜂上花腮雖是我不貪夜識金銀氣却虧你有用深藏府庫財休輕怠躬身下拜笑口相陪

〔油葫蘆〕你是那怨府愁城實可哀休喝采犀盧招惹盜心來若不是針頭削鐵將身儧只怕你刀頭餂蜜將人害想多藏他是禍胎拚亂揮他卯上塊又無奈空囊羞澀清高在偏死了幾多豪傑儁賢才

〔天下樂〕說不盡市道紛爭也那爲你開畫安排圈套來則見你換人心都變成虎與豺爲刀錐把道義衰競錙銖將骨肉猜更有甚恩仇深似海

〔那吒令〕爲甚的賢似顏回教他操瓢似丐爲甚的廉似原思教他捉衿沒帶爲甚的節似黔婁教他咲來受餓你把普天下怯書生窮措大一個個都卧雪空齋

〔鵲踏枝〕偏是那市兒胎鄙夫才一任將寶藏龍宮添得他錦上花開更偏援出貧人的賣兒錢債輸

與那權門內去供他酒肉池臺

〔寄生草〕俺側愣愣扶瘦骨孤另另挺窮骸有時節悲來淚向窮途灑有時節興來嘯向蘇門外有時節醉來不覺乾坤隘儘着你粧喬做勢弄神通偏是我名高不用你金錢買

〔六么序〕你休佯不採呆打孩聽着我鳴鼓攻來這不是金粟蓮臺法供清齋聚寶門開擠擠挨挨都不過鼻尖頭嗅着銅臭而來你故意兒半空中築任了金銀寨反教人費紙陌錢財亂攘攘彊吞弱肉無拘碍翻道顏淵沒福盜跖多才

〔么篇〕你看貿貿前來並無幾樣人材營運當該筋骨磨揩少米無柴潤筆書齋餽送盈堦他更巧文法貢換金無賴威名債帥神仙黃白逢人喜捨還酒肉之債那個活觀音離得了善財你把蠢金錢休亂篩上至公台下至輿臺普人間一語兼該七盜八娼弃九儒十丐都總來熱趕生涯只爲你弄虛頭聚散無常態我要把銅山踢倒金穴填埋

〔耍孩兒〕救貧我亦無奇計拚兩庫黃花梟嬲爲憐

君無命數兒奇商量頗費權宜從今後你牀前阿
堵層層遶你頭上青蚨片片飛休忘記送窮文巧
致富書奇
【三煞】間陰陽理不齊論公私義不欺布金那有閑
田地不是我天生富貴難消受反着你鬼瞰高明
惹是非休相戲金珠糞土軒冕塵泥
【二煞】值奇窮命不移守清貧道在茲乍相逢休怪
前言戲你既是明知得馬非爲福我不過聊試揮
鋤可拾遺從今起翻嫌我簿書猥瑣帶水拖泥

【一煞】冷清清草生金谷蹊熱騰騰火燃郿塢臍看
盈虛消息旁州例我這裏早知自命無承望你那
裏空守他財不自肥今日箇我非無禮只爲問天
不語借你爲題
【煞尾】醒耶非醉耶非我白眼圓睜青眼兒迷却看
汚了咱衫和履悔在那搖錢樹邊倚

晉陽城

【調】金門關塞迴城上暮笳吹動霜髩不堪秋意冗
又逢時倥偬家國何人斷送草滿洛陽邱隴孟母
斷機還自痛教兒忠孝重
【忒忒令】他聽鳴鷄悲歌五夜中他哭登壇義動幷
州衆因此上孤軍特起要蠟丸遥送只看這遍方
州擁強兵觀成敗誰肯效忠勇
【前腔】卧銅駝在荆棘中憐生靈亂離悲痛他一腔
熱血感的三軍動偏是你國士一人知會騰那能
脫卸枉談了忠勇
【沉醉東風】矢生平常笑人妄庸敢見義不爲無勇
非是我逆劉公怕此去山水千重須顧不得你暮

年衰冗辭親目中思親夢中更那一派兵戈塞上
傳烽
【前腔】你長男行慷慨從戎他幼子好晨昏陪奉不
是我忒龍鍾苦將你攔縱須信道顯揚爲重去兒
懷中思兒夢中更那一派兵戈塞上傳烽
【臘梅花】從來仳別是亂離多更才高惹得愁來大
仗劍去休慢俄急如星火幾聲喇叭叫天鵞
【園林好】你軍門豈少皇華選用我家門誰把萱親
敬供怎不顧人私情千種埋怨煞老司空埋怨煞

老元戎。

前腔 他盼君門、做包胥大功、我立軍門、慕脅連義風、只可奈有身難動、怎拆得弟和兄、怎拆得弟和兄。

江兒水 則你參帷幕、有恁功緣、何被那人知、重是汗血名駒、濟得非常用、就有死生緩急、堪相共、誰知道戀棧駑駘、惶恐着甚牢籠、教你進退躊躇、煩冗。

前腔 恐不違將母、難言義與忠、更看來世事多洶洶、這的是失火城門、有將來恐處堂燕雀、還做平時夢、只怕馬腹鞭長、何用着甚牢籠、教我進退躊躇煩冗。

五供養犯 原不是山河鐵桶、事去中原、人在江東、但愁邊鄙、烽烌却去、朝宗、你有奇才、也落空、待何時做大廈將傾棟、要逢男兒願休怕犯兵衝、割愛分離肝腸忍痛。

前腔 丹兒、唧噥、早晚難知別後音容、盼兒兒不到、應悔別匆匆、這遠行人、難定踪、渺模糊急切無家

吟風閣譜 上卷 七

鄉、夢惟將兩行淚遙把一書封、烽火連天、割慈忍痛。

前腔 娘言教忠、南北東西惟命應從、男兒生有願、怎怕犯兵衝、奈桑榆暮景中、又非關負米爲親奔送、養子難防老、有母自尸饔、烽火連天、割慈忍痛。

玉交枝 別離情重、念烏私、天性所同、誰知借作倫安用、一箇箇臨難無勇、逢國慶叨榮受封、際時危辭難推冗、又何人忘家効忠、更無人忘家効忠。

前腔 娘言危竦、倚門閭非不望顒、一朝國難無人共、便歸來有何用、休教你情牽意慵、不如殘喘先拋送、有何人忘家効忠、看何人忘家効忠。

川撥棹 分離痛、這其間愁萬種、看征衣娘手親縫、看征衣娘手親縫、把娘衣拋兒淚紅、要流連情已窮、任低徊言未終。

前腔 我的丁寧意已窮、你聽娘言從不從、非是你孝養無終、非是你孝養無終、是我把佳兒颺遠空。甚來由多唧噥、更牽衣不放鬆。

餘文 慈懷不是無哀痛、只教我扶傾作棟、再不回

吟風閣譜 上卷 大

頭長驅到海東
【尾犯】秋草遍山長人去離亭鞭聲響亮只慮桑榆
不堪回望你今日爲兄祖帳我何日爲親捧觴相
看處頻揩淚眼濕遍征衫上
尾犯序風急雁無行忽地牽衣添上悽惶怕藕斷
絲連越顯得衰年掛腸癡想剪得斷機絲萬縷剪
不斷恩慈萬丈願你歸來後在慈親手裏重綴舊
征裳
【前腔換頭二】我何須衣錦却還鄉只要舊日萊衣

吟風閣譜 上卷 九

舞綵無恙割愛分情判將來兩兩惆悵忍決裂在
慈親眼底留缺陷寄遊人身上重提起一絲一縷
誰補舊痕傷
【前腔換頭三】你隨行少紀綱萬里長征自愼風霜
想兵火連天紛擾豺狼孤往只盼你平安兩字少
慰得門閭倚望娘年老你但完使命早早辦歸航
前腔換頭四你童心容易放更形單影隻無人依
傍憐你獨掩柴門代吾侍奉高堂堪愴念別後衰
遲未保問定省晨昏誰仗登高處關山夢遶何處

白雲長
【鷓鴣天】仗劍辭家直恁忙大江東去路途長鶺鴒
原上頻回首鴻雁風中忽斷行心耿耿淚汪汪小
人有母不遑將征袍帶得殘針線獨自驅車下大
行

邯鄲郡

【一枝花】鑄成金錯刀錯剪了天衣縫煉成千片石
費盡補天工補不滿離恨天中今日裏活埋人並
不是鴛鴦塚任臨粧首似蓬誰適爲容一霎裏縈

吟風閣譜 上卷 十

華破夢
【玉交枝】把懷中雛鳳恁看承珠含玉弄更自承一
顧君恩重護花欄檻重重歌臺上人倚仙乎舞袖
風端的合甚珠宮裏關關諷領羣仙珠圍翠擁怎
菱鏡碎銀瓶忽凍
【烏夜啼】正團圞一輪湧出流銀汞滿前川別浦遥
空可惜俺連城白璧輕拋送少甚麼樓閣重重少
甚麼歌管溶溶翻羨你姮娥奈寡在天宮恁孤眠
不教人驚動月色高花陰重怎禁得天寒袖薄漏

滴壺銅
【清江引】你到王宮一段真容貌只須自抱衾裯好
若撒嬌癡倚寵高怕盼珍珠慰寂寥好教我老夫
妻從此沾光不了
【前腔】恁寬慈合得君王笑階前先進宜男草看你
效鸞鳳第一宵卜你産麒麟第一爻繞庭前端的
把趙江山都占了
鴟鶚兒則聽得譙樓之上響汪汪五更鐘動則見
那屋梁月落冷清清射入寒窗紙纔直恁凄涼一

吟風閣譜 上卷 三二

覺空這須臾夢倒算了今生裏花開一紅惹起了
舊恨千端新愁萬種
【隔尾隨煞】可堪薄命人嘲弄嬌滴滴好花枝偏不
向佛前供是真是夢越今宵剩把銀釭照孤炯猶
恐相逢擡不住淚兒泉湧准安排慧業他生用則
那觀音像一枝活動待倒却净瓶空把舊根苗再
從天上種

賀蘭山

【集賢賓】莽河流奔騰東到海一去不回來恁高堂
明鏡華髮相催猛擡頭醉眼睜開問天天生我何
爲太古里江山非改歎寂寞昔賢安在俺只有波
瀾千首瀾恁好似芳醖一樽開
【逍遥樂】你見我飛揚跋扈痛飲狂歌目空一代怎
知我惜惺惺不是猛見胡猜這是個架海金鰲困
騾緦則怪那醉天公恁地安排今日個是滕公相
遇蕭相相逢國士相哀
【上京馬】倚只見長身突兀出羣材聽洪鐘響應雲
霄外更怪他命到臨危氣不衰似平常生死忘懷

吟風閣譜 上卷 三三

真有個浩然正氣貫將來
【梧葉兒】假若是亂叢叢逢多壘赤淋淋禦虎豺凛
慄慄寄命托孤孩要個擎天柱搘他也不歪磨他
也不衰這其間須靠不得吾儕爾儕
【醋葫蘆】我要將白眼青怎奈他下風無可拜因此
上十年空坐釣魚臺怎知道國士無雙來意外休
教伍喻洗風塵一見也開懷
【金菊花】則見你穰苴號令恁般風雷羊祜風流郄
登時網開盃酒間撒手兒毫不猜端的是福將仁

臺又不道良臣爲國惜人才·
【柳葉兒】歎屋上瞻烏誰在笑堂間處燕無猜眼見得銅駝荆棘時將改則那將傾厦没個不凡材怎救得涌乾坤東倒西歪·
【么篇】這愁擔有人交代幸微臣少効涓埃雖則是江湖落魄無拘碍憂時事感興衰待看他萬牛回首壓三台·
【浪來裏】俺不是記生平曾半面也不是水萍逢聊救排你知道天生豪傑爲誰來有兵戈怕的没真

元帥憂時淚灑知心話記取在萬山崖·
【么篇】你鬧攘攘當國難顛巍巍上將臺少不得山河指顧感興衰須憶得繫腰間還是那天賓君王帶這便算繞朝鞭策休小讓要聽你大安排
【隨調煞】醉酡酡一日那憂千載只爲着舉朝都泄泄愚慮過忽忽但整頓乾坤有人在俺本是閑雲野鶴便省可的海天長嘯出塵來·

朱衣神

【點絳唇】桂殿秋香瓊樓夜啟絲綸掌華髮蒼蒼慧業在人天上·
【清江引】打眊矂不改冬烘樣更年年只務名標榜念詩書口裏香斡功名脚下忙豈如他實丕丕打在心田上·
【前腔】論才華頭刻青雲上奈他巧處將心喪舌尖兒太長筆尖兒太强折罰盡美前程還勾不了帳
【前腔】鬼胡行倘切兒孫想也是他做馬爲牛賬誤家庭没義方揩家私是智囊險巴巴把太歲頭兒撞的響

【風入松】敢教關節去貪緣到包老閻羅殿前你進身初便講功名騙向鑽穴踰墻厮見還說恁求才薦賢俺懸秦鏡對着湛青天·
【風入松】說不盡孤寒寸進似梯天剛巴到三年利見只憑他走馬看花眼把一路芳蘭作踐歎一領青衫九泉這寃苦怎生言·
【急三鎗】可不是螢窗下磨穿了生鐵硯無人問十餘年今日個出離了破窰裏纔轉眼怎得魚的便忘筌·

風入松想曾論半部大勳賢豈少當年文獻奈老
成凋謝人情淺有誰肯獎借成全怕辜負了賈生
高見空流涕數千言
急三鎗單則把滿園的桃和李都種向自門前却
忘了費朝家養賢典俺這瓣香心只有天知鑒
風入松那文光起處電飛天直冲到牛斗中間驚
他駕祥雲走下靈霄殿須不是神頭鬼面是文場
内有個大英賢離明象漏出紫微天

夜香臺

鵲橋仙香凝燕寢月明如晝底事猶頭暗皺三槐
庭院帶秋霜問何計堪娛衰朽
解三醒歎皐陶尚然絶後把刀筆彈指生秋你就
平心惟恐寃盆覆怎禁那三木下細推求假饒他
人心似鐵鎔難化可不道官法如爐鬼見愁休誇
口片言折獄一字春秋
前腔你敢衙餘高堂將進酒怎不想一室歡娛百
室愁誰没有娘親倚定門見守無投遴淚横流你
這裏妻孥笑語相酬勸他那裏敢哭倒長城恨未
休雖消受天堂僭禍地獄分愁
太師引你道護民苗先要除根莠險些兒去莠傷
苗事過頭但快你鋤奸辣手一口氣疾惡如讐還
只恨吞舟疎漏想下馬來怎樣威風馳驟休回首
人驚鬼愁只怕你美甘棠底血横流
前腔這因由誰分剖歎危機無知誤投他密層層
羅網都張就併微命似黃雀啾啾不是一封朝奏
那九重天怎解得寃雲覆聽前後敢千人命休有
聖明垂照極深幽

發倉

新水令暮雲天際驛垣高倚危欄使星不到我只
見紅塵迷候騎因此上綵袖點吟毫對景蕭條圖
畫出流民稿
步步嬌只見粉壁塗鴉把我題詩誚是你分明道
枉向這河南走一遭只爲咱繡斧經臨路途騷擾
是何物女嬌娃也充做鄉三老
折桂令念河東土沃民饒物盛災生偶爾延燒却
不道比似河南頻年無麥又無苗看一望流離載

道哀鴻無處不嗷嗷却那邊廂一炬憐焦悲及蓬茅這壁廂萬口空號直恁地隔斷雲霄

江兒水　看滿目哀鴻起愁雲壓虎牢果然四野無青草那官家閉鎖着敖倉耗這生靈險做了溝渠料兀自把豐登入告我將你壁上簪花一字字要碧紗籠罩

得勝令　亂慌慌焚溺在崇朝喘𠳐𠳐頃刻也難熬豈不聞救倒懸須是早那些個等需雲濟旱苗待來朝發風吹便見千人倒趁今朝妙手憑君一着

敲妙手憑君一着敲

園林好　我今來河南一遭原是往河東一遭要救這瘝窮無告怎不奏九重霄怎不奏九重霄

收江南　呀你名爲正直立當朝恁擔承不做的一時豪現放着敖倉千萬在成皋咱要你做一擔見挑咱要你做一擔兒挑你代天行道可辭勞

川撥棹　非推調便從權須矯詔去打開常社倉厫去打開常社倉厫但將他饑人救療任天威俺敢逃爲着生拚這遭

收尾　深閨敢露如簧笑只爲着計阻星軺挑動的書生迂潤代人勞怎知俺暗度金針箇中巧

魯連臺

新水令　六王未畢戰場災去扶桑挂弓而待看長鯨翻白浪迎日出海門開少不得弱水蓬萊別有人兒在

沉醉東風　有甚的功勞簿載又非關白屋卿材只看他浪乘軒人人愛却不道牢籠任抵死塵埃俺本是一鶴輕身過海來怎閣得腰懸斗大

喬牌兒　你賢名馳四海下士能傾蓋買絲綉爾形模在却不道俺今朝爲甚來

七弟兄　脚踏着草鞋布鞋短衣孤劍青門外只要的識塗老馬到天涯早讓他名駒汗血功名太

梅花酒　俺則見驟馬來蹀躞塵埃道路疑猜敢十二金牌忙不迭繞朝鞭趕的來躲不迭范蠡舟漾的開暫登臨便感懷這是夕烽不接幽燕塞那是南風不競荆湘界望行山氣沉埋臨鞏洛歎周衰俺這裏表東方幸不相挨他那裏覇西戎似虎如

豺、陳寶鷄叫的乖、雒陽鷲扇的歪、俺展不出聊城下射書才、枉說我紛能解難能排天下事、壞吾儕、

收江南呀滿天風色下高臺端的是安危須仗出羣材怎禁得下天魔殺戒一齊開要熬幾逼英雄成敗俺只得寫伯牙琴去海上忘懷·

收尾寄語安期稍遲待看九點齊州煙霧早則是日觀鷄鳴佳氣蓬萊是誰個寶馬橫秋金梁跨海且輪着指把江山一字兒排開待俺立雲端看的他廝殺在

吟風閣譜　上卷　二十九

荷花蕩

掛真兒跣足蓬頭灶下養干戈裏負襁逃亡無計藏孤將身捨命顛倒死生情況·

二犯五更轉把襁孤擎掌千觔擔兒誰共將早覆巢破卵無承望拚我身孤膽壯到底奴婢行他臨危四顧把咱來相仗只指望長坂橋頭保得他孤兒無恙抵多少女趙雲充家將可堪兩下難相傍知他泣卧蓑衣早晚怎生懸望没計較計較難安放、

前腔一霎時命喪悄魂兒已飛江外江波翻血濺隨飄蕩苦我胸懷背負死也只一旁似鷺鷥兒帶箭立寒塘上憐襁褓血灑衣毛啼不出將雛哀愴思量起這災危真無妄縱殘生未向江魚葬早則是多少荷花葢不住他孤根搖蕩揩淚眼空把蒼天望·

卜筭子仗義肯扶危貴賤何須辨一點愚忠自不知幸有神明鑒·

二犯五更轉痛定難回想今朝到來都倘當箇中

吟風閣譜　上卷　三十

敢望神明相只爲言猶在耳我只心自將在當初受托知難量早拚着險阻艱難死生孤往天憐念保得他人無恙料他夫婦應無恨幸得手抱遺孤交還主上吾事畢要回話黃泉壤·

好姐姐念奴千辛萬苦要挨到金陵無路賴雷老指迷苦中相救麼真凄楚剩的病身難移步且換衣粧向帝都

前腔撫孤依然膽壯在襁褓寧知痛苦只他日長成可知誰恃怙真凄楚剩的病身難移步且換衣

牧向帝都

吟風閣譜下卷

二郎神

菊花新麒麟汗出血流紅天產奇男纘禹功本色

是英雄只看俺幼年行動

䭾環着看風吹草動看風吹草動飛走潛蹤調虎

離山呼猿出洞鷹犬一時齊縱把四面江山只佈

個小圍場周遭收攏偪撥得禽堆邱壟歡笑煞鼎

烹龍鳳流星彈寶雕弓甬血風毛地搖山動

前腔靠江山點衆靠江山點衆斜倚雕弓鐵綽銅

琵醉歌齊動藉草分甘受用與衆言歡休道俺小

孩才不知尊重傳嘆語髻丫雙擁齊喝采繡鼓回

輕前村笛牧牛童年少偷閒一般兒喧閧

添字紅繡鞋偷將閒空從容從容馳驅較獵正稱

雄稱雄闘報道信多凶激得我怒忡忡趁今朝威

風威風快去戰羣龍快去戰羣龍

尾聲用重添人馬衆何物鱗而一水蟲禁得俺

伏虎降龍天將種

端正好闘江天迷昏曉陰風起平地波濤是甚麼

常鱗凡介都來到，則索的把寃仇報。

【滚繡毬】只見那閃屍屍雷電交半空中，張牙露爪，他害生靈須不是兩遍三遭。又聽得怒騰騰風雨號，俺這裏搖旗放砲，潑泥鰍只欠他萬剮千刀。可怪那風雷丁甲無分曉，反助着他下劣修羅氣勢高，困住賢豪。

【小梁州】俺則爲血戰元黃氣不銷，刺斜裏手起丸拋，滴溜溜正中他眼兒胞，飛不了，血淚染碧鮫綃。

【么篇】怕龍生九種都來到，這其間，黠頷而逃，角木

蛟，空中弔，使一天風雨飛不起那尾兒稍。

【白鶴子】有原拴的金鎖固，有永鎮的石犀高，但還劣性再蹊蹺，便灌的他鐵汁銅漿兒飽。

【快活三】休教作的堰兒高，壅灘沙兒底要深淘，把源頭活水散千條，遍西川看美滿知多少。

【耍孩兒】看夏王鼎上支祁號，鐵樹花開還早，把三山移過壓金鰲，這功勳玉壘齊高。俺自有劍分水，畫留千古，你休把鐵作沙平，動一毫，俺威靈到，只教他千秋萬載平長消。

【尾聲】俺只把禹王功開修好，但施爲敢覷俺兒曹小，占巍巍有誓水穹碑倚天表。

笏諫

【糖多令】家世大唐朝，衣冠甲第高，秉忠良，繩武非遥。閬畫凌烟遺像暗，誰補綴，袞龍袍。

【滿庭芳】位極人臣，名高天下，孤忠頻蹈危機，忘身憂國，毫髮肯留遺，誰料浮沉晚節，到如今，進退皆非。瞞天地，聖朝無闕，自覺諫書稀。

【前腔換頭】勲高非郭李，謬承隆遇，功紀淮西，幸愚

孝愚忠，都有天知，所願丹忱厲，匪棄侵尋衰病難支。餘生在，乞身綠野，歌咏太平時。

【前腔換頭】忠良無與比，補天浴日，力贊危微，把草昧乾坤，磐石成基。看取貞觀政要，論功勞，良相如醫。無他技，十思十漸，所志格君非。

【前腔換頭】良言偏逆耳，老成人去，誰與鱗批，對剩水殘山，誰問瘡痍，只顧稱功頌美，一般般全是虛脾。罔恩遇，天顏有喜，那管是和非。

【甘州歌】皇圖八表，正金甌無闕，玉燭長調，邊烽罷

警纔免四方征調怪無端不辭征戰苦自將臨邊
走這遭兵端起四海搖可憐箝口衆臣僚回天力
苦打熬獨將手版插雲霄
〔前腔換頭〕擎天一柱牢幸太平刑措安危難保修
文偃武邦更跨海征遼忠言苦口不憚勞只見鵲
立通明連諫草朝衣卸象簡拋竟留缺陷在螭坳
收藏處遺像好宗臣冠劍肅清高
〔前腔換頭〕亡隋鑒豈遥道傷痍纔起復番征討轉
輸千里不顧萬姓疲勞由來常勝兵易驕恃賈勇

將他輕看了箴規切忌諱遭向來恩禮一時拋身
雖沒恨未消墓門拽倒一長條
〔前腔換頭〕東征萬里遥果損將威重遲遲歸到那
時追悔方嘆忠諫人遥凌烟勳舊都漸消歎芴在
人亡天不弔㑹回首魂暗消一杯茶酒墓前澆今
何幸得再遭錦囊塵暗聖明瞧
〔尾聲〕但從今交修好風雲長在故家裔可不道拜
手明良舜繼堯
酏贊

〔普天樂〕論婚姻何曾誤相女兒方配夫奈嬌娃殘
廢中途好姻緣已成辜負怎教你娶個盲新婦教
人到此難廻護更賢郎年少亨塗請另擇對門當
戶須怪不得一朝發迹人心非古
〔雁過聲〕悲呼娘親早故無明夜心傷淚枯更前親
後母其間故就有千般愁萬般楚端的向誰行訴
枉鴛鴦繡譜可憐更是瞎兒無淚苦只怨他那生
的命兒孤
〔雁過沙〕我一身兒要人扶待如何事舅姑怎操井

臼親家務忍教人爲我相擔誤怎教人不相憎惡
更是他青春年少得意皇都
〔傾盃序〕當初想人家女配夫嫁雞不道從雞誤只
爲前世前生注定姻盟一縤定了豈容輕負假若
是過到吾門漸生災苦就是百病千痛可說他不
是吾家結髮婦
〔玉芙蓉〕這盲人何罪辜喪娘親又拆夫你教他一
世倩誰看顧無非料量我心兒不固情知缺陷由
天數旁人覩也應憐其苦怎親夫反拚的將他來

减惡、

芙蓉樂】盟緣非自圖、父言在當初、敢說孩兒大了、不由得父他傷身痛母那般孺慕、料移來婦道無驕妬、少甚麽賽羅敷明眸皓齒、不賢的婦。

小桃紅】應將來非盡無好兒郎、義可沽奈下梢到底成辜負、我看接木移花縱好非連理、若還悔却塗鴛譜甘怨曠、兩下裏成孤。

玉抱肚】文昌座下、偏擺着天聾地啞、儘教人去賣盡聰明聰明悞、不如痴啞人間萬事、到頭來巧處

吟風閣譜　下卷　六

差、你看天道還親盛德家。

前腔】帽壓宮花、昨日今朝魚龍變化、他只安心賣盡痴呆、看何曾久居人下、人間萬事到頭來巧處差、你看天道還親盛德家。

露筋

梁州令】一片江湖白鳥秋、正暑雨初收、奈意慌偏覺步遲留、逢人難借問、擔一段夕陽愁。

雁魚錦】何尤是奴躭、毋憂却匆忙、不暇思前後、如今便相携那邊走、累你共崎嶇雨躋躊、更無人野岸橫舟、三叉古渡頭、拚着我今宵露處、甘生受、只看那蕣鴉兒揀甚枝頭宿。

二犯漁家傲】停留、莫漫奔投、論田家、閨闥還須有、覩辦共守、也須防、防薄倖相遭、偶甚來由思覩淚收、甚來由防身要週、甚來由念衾裯、今夜休、縱然委骨荒郊、斷然不尋人保做、那一頭只怕你船到江心難補漏、這一頭就是咱死守孤城一敵樓。

二犯傾盃序】凝眸、一片蘆洲、望不見白雲親舍、誰相救、恨嫂無情、敢行多露、拋奴獨自、淚漬衣襟、知

吟風閣譜　下卷　七

他好否、縱然無恙、到底是非難剖、咱非是千金深屋藏嬌女、也强如冒耻褰裳過別舟。

喜漁燈犯】如雷聚響、亂遮星宿、忙禁架、輕紈扇落早力怯纖手、謝流螢暗飛、好似分光照奴雙鬢、幽這不是捨身施物前生債、受多少神針法灸、端的至死方休、情知是狂蜂浪蝶聞香採、誰教你白璧明珠向暗投。

錦纏道犯】護回首、病娘親魂飛淚流、正割股未能酬、反曾同供養蚊蚋、啾啾臭皮囊、與君甚仇、小靈

臺自來無垢勞斷送費綢繆正是路逢險處難廻
避事到頭來不自由。
生查子海上顯威靈天一拳神首齊渡世間人伸
出拏雲手。
香柳娘爲娘親病起爲娘親病起跟蹌急走奈荒
郊曠野時將西聚蚊聲似雷聚蚊聲似雷姑嫂各
煢猶獨自填仇口碎紅顏肩膝碎紅顏肩膝似針
芒箭頭文身刺繡。
前腔似金蟬脫殼似金蟬脫殼形骸何有只本來

眞性無消朽想萱帷惘然傍雲幃儼然不是粉骷
髏塵凡自發透謝尊神見收謝尊神見收芳魂再
修永酬高厚。
單調風雲會韻難留人到三叉口看失足般般有
嗏貪安一日休那堪回首匪石堅貞魔障原難受
好顯得香名千載流無限芳菲杜若洲。

掛劍

鵲橋仙遨遊天下一鞭回乾裘馬翩翩簇擁侯王
脫屣剩閒身只四海交游情重

甘州歌罷愁散冗喜過江開拓萬古心胸黃河
帶早見岱宗遙聳西登太行雲晝白卻接泱泱齊
大風長思想到洛中中原文獻不應空冉流去任
轉蓬幾多國士笑相逢。
前腔換頭東吳舊附庸便縱然蘋蘩衛禮帶齊宋只
愛他箇人如玉情懷上霽月光風彈琴白賞誰知
汝脊劍論交若個同前宵夢客館中今朝歸騎莫
匆匆班荊去快寫胸只愁燭跋話難窮。
太師引我遍天涯幾個知心共到中原幾想賢豪

只數公可是那善交平仲古遺愛子産縞相逢見蘧
向也高懷殊衆是吾儕特地相知重遙傾聳逢人
要識公怎知道墓門華表泣西風。
前腔把你化青蛇遙向黃泉送道延陵思君帶鬆
特解贈慰君珍重好教你魂魄俱雄斬斷人間噩
夢我待留一映怕四圍山悲風淒動相承奉似扶
桑掛弓敢則待氣沖牛斗會天宮。
三學士千里魂飛來入夢怪他慘淡音容怎知他
死別吞聲去有身後蒼茫付阿儂只悄的死生人

事攺見孤危的鮮効忠

前腔高塚麒麟碑一統岇荒原涕泗無從俺生芻尚想人如玉你寶劍長埋氣似虹怕到此白楊重聲慘馬對青山更痛不窮

尾聲歸騎無端來上塚傷心處鴈叫長空早回首松楸暮靄重

刼金

喜遷鶯榮叨師表看政在詩書學在條教攬轡清風隨車甘雨免他供頓徒勞千里海東風化雨字

關西節操清自在待褰帷露冕正詔羣寮

鴈魚錦相遭那得將氣消便登時奏劾忙起草怕我下馬兒威風少明放着湛青天恁般高你不投明却向暗中拋將人瞞得牢只怕瞞不過有眼皇天照那裏有二天天教你私依靠

二犯漁家傲高高書門當霄那九重天子便真個如蓍呆做他可好你舉頭時敢咫尺天知道地知饒他立不牢你知饒他心自揺我知饒我粧喬四不饒瞞心處笑你徒勞相知如今是兩遭那一遭道你是不負舉的茂才真異等這一遭方信你是不惜財的分賍好縣僚

二犯傾盃序何消惠賄分毫你想我二千石吏寧難飽況我單車載着布被將儉爲廉猶愧恩叨算若干兩俸幾多爾祿穀得罄囊討好料無非脊脂剝削眉眉擾好待半去肥家半奉高

喜漁燈老夫耄矣濫爲師表承君命除殘去穢須有個分曉更朦朧到來教我包苴汚身先自招只恐自心不凈人難問既同道怎相檢較敢做執法

蕭曹今日裏是偶垂芳餌魚貪釣他日裏便任意閑眼鼠共貓

錦纏道犯休草草幸寬洪人非斗筲市道既非交我何難寫着白簡申朝只怕他身敗名消須識我用心公道只待你變前操莫要乞憐暮夜愁人見又去將人白日驕

下江南

梁州令車書混一帝王州殺運將收鍾山餘草尚魂遊孤城如破竹一鼓下且遲留

【金蕉葉】洪猷壯猷，更寶劍上方親授。閫森嚴萬竈貔貅，怕犯了猛將軍的營邊細柳。

【梁州令】鷹揚親奉廟謨，猶笑看吳鈎。代天行道代君憂，赫然兵似火，行弔伐，敢虔劉。

【梁州序犯】天威遐布，衆賢畢湊，多少健兒身手。一身卧護，敢稱多病留侯。喜兵行風草，人望雲霓，四面都徯后。金陵王氣也黯然收，怕不是一片降旗出石頭。人千萬，懸吾手，崑岡火燄誰相救？那玉石難分剖。

【前腔】皇仁兼覆，兵殘致寇，激變西川非久。況金陵何罪，凝兒磕膝齁齁。你看山川圖畫，人物衣冠，生聚年時久。忍下得咸陽一炬裏變焦邱，猿鶴沙蟲滿地愁。人千萬，懸吾手，崑岡火燄誰相救？那玉石難分剖。

【前腔】覆巢時完卵難求，破竹處還須留手。數欃槍迅埽，似摧枯朽。把龍盤虎踞，幾番兵燹，金粉消何有？更摸金校尉去遍墟坵，可也廣信悲哀淚更流。人千萬，懸吾手，崑岡火燄誰相救？那玉石難分剖。

【前腔】竟長空旗捲蚩尤，待勝殘角端仁獸。體好生天意，吾皇恩厚。只怕兵貪將忿，暴還易暴，負郤來蘇傒。是關身疾痛，也與君謀，你可也悲憫同心我自瘳。人千萬，懸吾手，崑岡火燄誰相救？那玉石難分剖。

【節節高】神明在上頭，告君侯，焚香共此澆天酒。他困猶鬬，非有仇，情堪宥。少不得若崩厥角咸稽首，若一人妄殺天不祐。時雨行天帝王師，春風滿馬聽金奏。

【前腔】你看功封萬里侯，沒來由將家三世多殃咎。願膺功奏，鋒刃收，殘黎救。一時挺鹿無驚走，便普天共此登仁壽。時雨行天帝王師，春風滿馬聽金奏。

【尾聲】笑維摩示疾原無有，爲蒼生請命告君侯，俺還要盡洗兵戈天漢流。

藍關

【點絳脣】福分難消，蓬萊靜悄，乾坤老。輸與兒曹，一點先天妙。

【混江龍】單則是上方重眺，幾曾百里辨秋毫，只見那遍地裏紅塵滚滚，普天下黑霧滔滔。則幾個忠臣孝子，義烈人豪，赤淋淋天真感激，顛巍巍至性堅牢。他一道罡風迎浩氣，直冲黑霧貫丹霄。莫説那邪魔煞黨辟易奔逃，就是些星官天將敢毛骨森蕭。則俺八洞高真厮遇處，也要一邊拱立讓他遭。忠和孝，這是天上人間齊印可，萬空充塞起心苗。

【點絳脣】枯木寒鴉，愁雲一帶空圍繞。湖陽望杳，氷雪關山道。回首觚稜，一夢今方覺。人潦倒，丹心日照，慣與風霜傲。

【神仗兒】丹墀進表，丹墀進表，爲桑門祈禱，碍先生正道，弄得四方傳笑。迎佛骨遍遊遨，迎佛骨遍遊遨。

【滴溜子】龍樓下，龍樓下，梵音海潮。狂瀾起，狂瀾起，障來已倒。歎此心惟天堪表，待把涓埃答聖朝。違時所好，因此上干冒宸嚴，曾不恕饒。

【入破第一】念孩兒倘童穉，孤立無依倚，有誰來愛憐恩庇？感慈懷更縈繫，骨肉臨岐。但我翩翩孤鶴，雲裏霧裏，泛泛浮槎，沒根沒蔕。上丹梯早已致身福地，不復人間戲。大父母是天地，紅塵外其樂隨意。只念衰頹，此去天南迢遞，待牽衣小别，今朝無端雪涕。

【破第二】九重聖明，問着安危討，有大臣調劑，何勞疏遠流涕。况裴丞相朝中柱石，方隆眷倚，想事業中興，一夔足矣。

【袞第三】四大神州一塵裏，與三教争閑氣，笑入王出奴誰是非，還似戲。况把療窮養濟，王政難周欽慽，從教補裨。你自癡，看後果前因，非難猜啞謎。

【歇拍】此去此去，千鄉萬里，却早定數安排矣。留雪爪似鴻泥，若怕蠻烟，難道南荒無吏事？不齊否泰循環，榮枯是非。

【啄木兒】我中心正，秉氣高，嘗桂森嚴直到老。那些個便明哲其身，我這裏其愚難到。畢竟立功立名値多少，生心昧心天知道。爲甚的百鍊金鋼一旦消？

【前腔】你看丹心照青史標，這就是萬載長生真不老。等閒閒小節鏗鏗振古來，大義昭昭。今日裏正色立朝天不照，他日裏就做商于楚屈無哀禱，至竟來一身無二道。

【三叚子】此生本勞役，丹心人豪氣豪。那天本高，任孤征山遥水遥，只歎你做官依舊能潦倒，一生何日開懷抱，勸你及早歸來却不是好。

【歸朝歡】一鞭去一鞭去，朔風亂飄，吹笛的聲兒漸杳。藍關外藍關外，離愁怎澆，正不知九重天何時

吟風閣譜　下卷　十六

再朝。古來仲尼孟軻難行道，綱常世上多起倒，免不得獨自身將巨擔挑。

荀灌娘

【風馬兒】小燕危巢不耐驚，拈針線又重停，鏡臺前驀見旌旗影，相看困坐無計慰椿庭。

【山桃紅】則見雲梯衝競，雉堞將傾，是處兒風聲勁，害嬌娃受驚，只道是夜月聞箏，早都是登陴哭聲，苦我半世孤，兩鬢星，這場兒端的無徯倖，也就是你望救邯鄲有信陵，又那個能將命，何來救兵，只歎的伯道無兒誰請纓。

【前腔】恨孩兒不稱，枉掌上看承，違親命改裝便行，休念我路途梗，休念我瘦伶仃，就此撇下奴，拋出城去衝鋒，只等的更兒靜也，煞強如束手重圍併命傾，是那個能將命，何來救兵，且休嘆伯道無兒莫請纓。

【前腔】苦我花箋血映，動他香火盟情，只好說遭不幸，遺兒奔命，只念你路途梗，只念你瘦伶仃，教我望眼穿，雨淚零，送孩兒更自成孤另，也還不知死

吟風閣譜　下卷　十七

別生離是怎生，是那個能將命，何來救兵，只嘆的伯道無兒女請纓。

【前腔】那個圖形畫影，但須見景生情，此去權將命暫離定省，只慮你衰年景，只慮你坐愁城，虧着有道義交生力兵，待兒家慫與孤城病，也料急難能無見面情，是那個能將命，何來救兵，且休嘆伯道無兒莫請纓。

【收尾】相看淚眼空悲哽，早縋城暗度三更，怎能彀破鹵歸來一笑迎。

端正好趲程途無昏曉據鞍心扭斷纖腰便殘更
下馬人聲悄也索向轅門報
滾繡毬為家爹代勞命投奔故交早年間本是無
兒伯道却還有發旁枝庶孽根苗那裏有輔漢廷
留侯相貌倒是個哭秦庭七日申包困孤城難打
熬似倒懸須救早我只得屈身軀代親哀告難道
是我爹行錯認賢豪全不念在原急難艮朋少生
把香火深盟一旦拋這的是八拜之交
伴讀書這是你做孩兒的無材料不是他做父執

吟風閣譜　下卷　十八

的不賢豪既不能救你形衰鬢倒不如一朝効死
增前好反不能父子相持抱只落得兩下相拋
笑和尚只要一千各似虎㺌就是八百個非嫌少
料賊衆攻圍早多應是此時疲倦了論兵法貴乘
勞但要怒騰騰把先聲多鼓張軍號
叨叨令痛圍城早已無糧草怎孩兒在此能獨飽
只要你牢拴緊扣揚鞭早星飛快把雄兵調我與
你馳檄去也麼哥我與你射書去也麼哥只說道
小將周郎統領着梁州十萬的強兵到

川撥掉齊奮勇盡垂髫盡垂髫偏出跳我和你火
把連燒金鼓齊敲但顯得我兵來不少驚得他填
坑也那又落壕
七兄弟那須用虎韜豹韜早賽過了霍驃姚便夾
攻裏外齊鵰勦管教會合在今朝只怕你父子重
逢痛哭難成笑
梅花酒呀這一場難打熬誰知他老友粧喬倒是
這小友賢豪畢竟是兩個小兒曹把一陣豺狼冲
散了定要擒將劇賊馬前梟叙功勳心事表那名

吟風閣譜　下卷　十九

將種定是有根苗待太平筵上叙同袍却不羞殺
我女申包
收江南呀這權宜行事忒蹊蹺只記得漢緹縈為
父哭當朝又誰知木蘭娘也代父執弓刀說咱是
千里駒兒忒恁好早瞞過他不知牝牡的九方皋
煞尾從軍一樣男兒表鎮日裏並轡聯鑣但歸來
重整翠雲翹只教咱活現的觀音瞞不了

葬金釵

一枝花歎沉寃十載埋一霎兒迸出黃泉鏡猶見

那崩厓天際險怒河流徹夜涙洶沙月暗雲篩告的這閻羅假咱本是繁臺第一花訴恩仇圓夢等伊家又只怕怯魂靈攏不到元戎他帳下

【生查子】生怪睜龍神不放雷霆響一旦失其珠激起波千丈

【梁州第七】只聽他鼓三鼕嚴更令下蟲雲空列戟如麻呀呀呀趁陰風早悄立在旗門下想起俺承恩御榻天上爲家宮壺漏永金屋瑶華呀呀呀救邯鄲無端禍芽盜兵符生死爭差呀呀你不是

爲家邦怎肯將宿將手來撾咱不是爲亡親虧你將仇人來報下咱怎肯鬼胡行負了官家嗳情甘碎剮這陰司裏幸未把神靈化那轉輪王却也肯消停罷等得你撞破秦關今到家魂夢嗟呀

【牧羊關】他正氣邪難犯咱貞魂死不差還只爲守宮闈避李嫌瓜爲甚的燈暗無花不由人寒毛冷乍静悄悄城頭鳴鼓角漸零零虎帳捲風沙原來統三軍警宵圓枕太卧虎如雷怎近他

【四塊玉】他他他是四君中第一籌是六國裏無雙價誰似他玉葉金枝貴王家誰似他三千食客人謙下誰似他顯威名萬乘加動不動破强秦直殺到函關下則那狠秦王何曾敢正覷他

【玄鶴鳴】他他他看原嘗猶如井蛙那胸懷義高天下咱只爲父讐未報常薪膽他便把那人頭一劍手分花熱淋漓提向墳頭掛俺纔得剜心滴血哭奠披麻俺纔得甘心瞑目去享繁華他又不是做好尊人結識他只教俺粉身碎骨報答還差

【烏夜啼】明知道事發時鋼刀一把俺怎肯撥將來

傾陷人家那顔恩幾死在鉗筆之下俺可也一身自認甘休罷玉斧金槌碎剮分花吉丁噹敲破咱玉無瑕吉丁噹敲破咱玉無瑕更殘骸抛散在洪濤下到今日香魂無着信物誰拏

【收尾】這一會說不盡傷心話却不是索命冤家債主家只可憐生前淚血沾羅帕若還念我負疚非他萬苦無加却還有半股金釵跌落在閻沙灘下

【一江風】熱心腸嗅盡多魔障斷送人無量好淒涼月暗魂遊驚起中軍帳今朝到大梁今朝到大梁

羈愁正感傷負娘行往事難回想
【前腔】那娘娘鈿盒中間放親手題封上不隄防神鬼機藏扯個瞞天謊哨穿宮過那廂穿宮過那廂他稍書瞞雁行險些兒飛不出彌天網
【刮鼓令】他日夜勸王聰耶鄲唇齒邦幸喜得揚兵西上奈怕强秦似虎狠仍袖手在邊旁俺怎生替他千思萬想不怕潛通宮掖謗難當只拚一死爲家邦
【前腔】你奇謀在錦囊奈風聲通永巷問起兵符何處只拷遍宮娥齊受殃頭一箇去承當怎受得許多綳巴弔拷有佳人義烈世無雙把滿宮超豁一身當
【前腔】當初事反常他爲我使心機潛運掌他爲我拚生冒死負郤君王恩愛長他爲我刀劍上受鋒鋩說不出許多冤情屈枉歎游魂血汚沓難詳只有一盃澆奠向蒼茫
【前腔】桃花去隨浪送青春恨渺茫早則是沙蟲同葬那黄河萬里長留不住捲滄桑有誰與他招魂

吟風閣譜　下卷　三十二

感愴幾曾半盌澆凉漿任孤魂月上哭穹蒼
【大迓鼓】他名花在上陽倫承恩寵雲想衣裳金釵折斷誰承望幸十年埋沒倘堅剛縱有憑依你魂在何方
【前腔】長河倚太行穹碑六字豎向斜陽他家讐國難將身擋千年青塚土猶香只恐猿啼還是斷腸
【收尾】轅門鼓角聲悲壯滿目山川往事傷說不盡十載叢臺客望鄉

偷桃

【普賢歌】人人說我慣偷桃真比猿猴手段高千年做一遭學偷先學跑怕未到口時空喫拷
【前腔】瑶臺臺下守蟠桃百尺竿頭接下梢猿猴見了逃烏鳶去了巢且醉倒園門圖一覺
【吳小四】眼高撞膽放開行程步步挨划過岸兒星宿海竟爬崑崙頂上來見園林好美哉
【前腔】聽瑶池宴又開家兒也就來他扶上杖兒飛過海矮人覷塲高坐臺教你笑侏儒似耍孩
【搗練子】黄竹地白雲天閬人閲世不知年一枉崑

吟風閣譜　下卷　三十三

嶰雲外顯·

孝順歌成仙道、非避嫌、奈兒家貌容還少年、七個是男仙、一個女嬋娟、諸非穩便、願侍瑶增端除花殿、一片氷心早離李下瓜田·

前腔我一生刀筆吏、如何敢諱言、作過鬼神奸喫過虎狼錢、刼事在赦前、你看我這樣形骸恁般偃蹇、這半邊人兒算來枉號神仙·

鎖南枝行天下、八駿全、誰爲駕車誰執鞭、怎知閬道中間、讓與王良賤、翻留下方莫見憐、望娘娘與

周全、見天公講情面·

前腔笑仙真、太無厭、果然飡來便永年、何得伊家獨享、不如謝却羣仙、罷去蟠桃宴、暫時破慳結世緣、與我廣開閶、做個大方便·

尾聲但一齊放下無貪戀、敢信手拈來都是、便凡世界、卽是洞中天·

春夢婆

遶池遊曉烟穿破、花裏將雛過、有緣人等閒拋躲、檢點芳叢、證明仙課、笑春歸繁華在也波·

黃鸎兒春氣煖來呵、喃茶蘼到午、砌滿園香色、門兒鎖、舞高低玉莎串來回、錦窩雙雙驀向深叢躲、奈情何、無端粉褪、昨夜宿花多·

前腔片片繞林阿、甚閑游幾陣多、似曾相識穿簾過、卸霓裳錦拖、換春衫綉羅、怕色香不上蓮華座强騰那、風欺雨妬、聊綴小南柯·

喬八分舞衫歌扇久成烟、彈指三生斷後緣、惟應記取別時言、夜深香靄勤禮塔中仙·

二郎神春將過、有倦客天涯無那、問何事南冠來

萬里、又幾度暮烟新火、笠展圖中人更老、尚未了多生業果、空極目孤雲海角、一髮中原烟鎖·

前腔換頭眞箇、茫茫宦海、幾番掀簸、鶻沒天低雲外影、啞響處、又無端虛嚥、猶有文章節義在、怎拚得立朝還懦、笑今日天涯夢繞、觚稜弔下忠魂一箇·

集賢賓黃茅瘴裏生折磨、任黑海翻波、不照十分昏暗鎖、你記當初喃美南柯、把青春夢做猛可地魂飛湯火、沒結果美前程、一霎曉風吹過·

前腔翰林學士風月窩奈只幾日東坡早憂患隨身無處躲你口頭禪畢竟無多聰明悞我怎脫得利名韁鎖窮措大這一覺欠伸千個

鶯啼序困人天氣生欠呵請俺眼揩摩怕黃粱熟後空鍋你不曾睡裏降魔一謎價蒲團困坐只等着暮鐘敲破捱不過要棒喝當頭稍可

前腔他無情風雨春恨多不堪回首南柯早知他花有根科怎當得歲月蹉跎但美景送艮辰賤過看黃土變美人因果春去我一鳥花間誰和

吟風閣譜 下卷 三六

黃鶯兒我團扇受風和弄翩翩花影多海中也好揚帆過送王孫淺莎趂佳人踏歌往來夢覺都輕可儘延俄凌空起處只要口氣兒呵

簇御林脊風散花雨多是慈航來普陀他翅兒解脫了我飄兒破早散卻心頭火剩無多蝸牛角上一個獨東坡

尾聲我一身寵辱君恩大百感銷除無淚墮從今後須信道蝴蝶莊周都不是我

西塞山

醉花陰一臥着江歲鶯晚看世界滄桑虛幻紅塵外白雲間醉到着顏夢不到朝天笏我便要倚棹返蓬山莫遣那落花兒驚醉眼

喜遷鶯聽說曲江春泛看放龍舟手弄着潺湲喜也麼竿聖情遙遠想着俺獨釣江邊隻影寒怎當得洒宸翰弁雙攜煖玉存問江干

出隊子人間天上倚蒹葭玉樹攀淺着你錦裝玉琢下塵凡對着我子鶴妻梅老懶殘几的不魚鳥驚猜詫眼看

吟風閣譜 下卷 三七

刮地風嗳呀這是細雨滄波一片帆須不是畫舫雕欄也不是龍池鳳沼蓬萊泛你濯滄浪和咱水調潺潺你倒香醪扶咱醉態珊珊你賣魚籃可替咱分勞上岸你採荆薪可替咱煮石供餐想起來此一時彼一時早則舞闌歌散你是錦鴛鴦飛來灘外灘好傍虛舟看那天淡雲閑

四門子你看俺野衣毛曾受君王盼早則是脫樊籠放白鷴你看俺冷芙蓉不入時人眼怎又來買胭脂畫牡丹你塵土下髩毛斑只為你報君心一

寸丹、任驅馳、何敢憚、正不知要懸車、到甚日還。

【水仙子】嘯長風、驟雨寒、嘯長風、驟雨寒、聽聽聽聽萬鼓濤聲拍岸翻、是是是是恁麼鼓鬣揚鬐拔海山、敢敢敢敢則是戰元黃、遏孽龍追趕、早早早早做了、斷斷去風箏、怎忍看、也也也也不免捲篷梢折斷了檣竿、便便便便瀉空了銀濤萬頃天邊漢、他他他他是天全處、喜懼兩無干。

【尾聲】客去還同海鷗泛、去烟波萬里無還、再休教那問津人來過眼。

祭瀘江

【點絳唇】陽世人衰、陰魔魆魆、腥風灑、血噴稀、叙抵多少緊那羅月孛天狼怪。

【金瓏璁】秋嶺帥旗高靖、烟塵萬馬迴鑣、一重重行過鐵繩橋、掀天波浪起、阻軍鋒神鬼號咆、何物更興祆。

【絳都春】鎮蠻太銅柱高標、奈把長蛇、還不識山神貌、不是他顯陰靈怒起波濤、誰認的俺髯雲堆瘴烟花草。

【混江龍】火燒祆廟、你要來火燒祆廟、他血盆般口吐的瘴雲高鬼哭神號、帶領着陰兵十萬臨江哨、不由你不玉斧劃河橋、一個個猛將軍都退倒、敢是他女王城餘怒氣難消、是前生的胭脂虎豹、是後身的魂魄鵰鶚、是九尾狐空林風艸、是三足鼈軒轅鏡也照不定他形影蹊蹺、怒灑的風毛雨血、朋呼着木魅山魈、舊鬼頭不去陰君點卯、新鬼頭又來白日興祆。

【又一體】一個個身膏了野草、一個個頭飲了鋼刀、赤律律魂騎着癩象走、閃屍屍神聽着蒂鐘搖、你看那銀坑山、錦帶山、蛇盤山、是處殘骸堆垛、你看那牂牁郡、越巂郡、永昌郡、幾番剩壘蕭條、又見那朵思王、烏戈王、木鹿王、亂紛紛拖刀落馬、又見那都梁洞、帶來洞、禿龍洞、刮刺刺破卵空巢、你把那董荼那害的早、你把那阿會喃困的牢、你把那塔郎甸屠其肝腦、你把那兀突骨絕了根苗、你把那金環三結連營剿、你把那藤甲千軍一把燒到今朝尋仇索命都來到萬鬼含冤怎地消你得勝的汗馬功勞生還的旌旆逍遥你當初五十萬王師來到看如今半年來有多少還朝畢竟烟銷何曾增寵只爲你百忙裏心思未到一霎時斷送千條你道效也不效囂也不囂道命兒何處討他魂兒何處招那一日不煩冤到曉那一夜不鬼火紛拋每到天陰雨濕添悽楚有影無形徹夜號知多少雲來霧去雨嘯風跑把往來的行人斷渡更早晚間癘氣傷苗畔不任無情鵑血吹不散有恨胥濤

逗着他游魂渺渺認得你班馬蕭蕭他那裏隕身碎首心難死你這裏有折戟沉砂鐵未消說甚麼百神發職敢痛煞你一將賢勞

【清江引】歎兒郎東髮從征調無端爲國捐軀早盼家鄉萬里遥骨肉憑誰告空教我淚盈盈灑不遍沙場草

【夜行船】壯士轅門慘不驕聽江心入夜波濤萬鬼齊多七星燈小儘一片志誠祈告

【浪淘沙】一聲鼓兒高心血來潮過江風明滅閃蘭

賫你披髮猖狂何處也何處號啕呼何處號啕

【前腔】二擊鼓兒高風雨蕭騷漢將軍回馬到河橋你陣上亡魂何處也幡影相招呀幡影相招

【前腔】三擊鼓兒高壯士提刀看幾人征戰得還朝你的麒麟閣勳名何處也回首空勞呀回首空勞

【前腔】四擊鼓兒高月上荒郊照沙場斷箭折弓刀你的骨肉音書何處也馬革誰包呀馬革誰包

【前腔】五擊鼓兒高瘴水滔滔捲陰風慘澹帥旗飄奠的桂酒椒漿何處也萬淚齊拋呀萬淚齊拋

【駐馬聽】丞相壇高早望見丞相壇高聽他哭負亡軍如姚考唱蠻姑兒到寶珠瓔珞小身腰不辭歌舞徹中宵早順風兒吹送過斷魂橋紙馬兒燒臨波再聽咱淒涼調

【沉醉東風】弄烏烏排簫洞簫聽鼕鼕鼉鼓靈鼗銷他漢鬼愁侑的蠻魂飽只猿鶴沙蟲孤弔總是向輪廻走一遭偏是你殘生誤了

【前腔】似驅羊刀頭怎逃慘游魚沸鼎相遭誰不是貪生怕死人誰不是父母懷中抱併將來一命鴻

毛回望家鄉萬里，遥血污了，遊魂歸不到。

【前腔】誰不想妻孥夢遥，誰不想父母年高，一家家望夫石上號，一個個思子臺前老，到頭來有甚功勞？只落得無祀孤魂餒若敖，燐火沙塲蔓艸。

【前腔】閃鑵猻英靈未消，委豺狼骸骨長拋，誰將你無辜白刃投，誰知你至死丹心報，聽空山銅鼓聲高，壯士長驅入漢朝，悄靈兒快赶上旌旗繚繞。

【清江引】熊旌竿遥見龍蛇裊，橫戈立馬江邊艸，哨尖兒快招摇，梢兒慢摇，凱歌齊都應着羽扇中軍號。

【五馬江兒水】吾奉天威來討，羣蠻服的牢，看百靈呵護，簇擁還朝，岸綸巾羽扇摇，深入不毛收了功勞，驚起魚龍偃卧，水面秋高，金鼓回橈，金鼓回橈，齊看吳鈎歡笑。

【清江引】捲天風壓住江波小，投鞭齊渡軍聲悄，聽夷歌正高，望蠻山漸遥，小回頭早不覺一棒鑼聲到。

【前腔】到朝堂飲至策勳勞，受賀多箋表，太平筵宴高，旌帥還家笑，誰還想瘴江山，把殉國忠魂弔。

【尾聲】報國從來敢憚勞，但將軍戰馬都難料，休看得龍虎韜鈐容易了。

凝碧池

【浪淘沙】草滿玉勾斜，零落宮花，廣寒金色癩蝦蟆，早是天邊行不得，地上爬沙。

【嬌停針】只見的苑柳槎枒，石馬銅駝，卧淺莎，幾堆馬糞金階下，空鎖着落日昏鴉，把一幅樓臺畫景，顛倒列萬幕平沙，他酒酣試劍，湖山鋪歎畫船歌

舞，是誰家又幾度夕陽西下。

【前腔】則爲着事起波查，歌舞方酣，戰鼓諠闐，一破番兒下，他早是受着這風華，捲地起漁陽塞馬，不由你做沸鼎魚蝦，吞聲悲痛難禁，架聽暗鳴血戰，染袍花有幾個完卵覆巢之下。

【前腔】則見鸞起宮鴉，殺氣騰騰，畫禡牙，僞官降將穹廬下，一面的殺人如麻，一面的投鞭戲耍，生扮出錦虫尤裔做官家，葬池臺牛飲三千下，擺列着笙歌全部，奉承他弄得個不歡而罷。

前腔笑罵由他、好一個白髮元戎姜子牙、你殘生再活也只須臾罷、誰料你王意兒難挐、好一個乖巧的風流駙馬、難兄弟、定不爭差、只有咱樂工命賤無牽掛、怎省得貴人珍重要身家、却是我不達時宜爲下。

下山虎遇着了匹夫作耍、管教你威武無加、但有口還能罵、有腸任剖、他那裏四面刀鎗怒騰騰萬千軍馬、俺這裏粉碎琵琶只一下、把賊威風倒了架、憐糢糊至死、何曾怕、若講忠和孝怎輪到他、可

憐一命輕微殉國家。

前腔是萇弘血化、去弔屈懷沙、聽潺潺壞道哀湍下、更尊甚麽俠骨留香、虛舟飄瓦、只此地黑浪陰風怒捲沙、偏英靈不是要雖則是冷池臺往事差、却不是閑說漁樵話、可憐見他敲碎琵琶片片花、

前腔厠身卑下、不戴烏紗、名不在朝班掛、豈知道他不讀詩書更無虛假、怒起螳螂奮臂加、個個將軍不下馬、偏是你猛豺狠手去抓、感得哀詔從天下、壯哉可嘉不負你血性淋漓大結瓜。

前腔則俺椒房阿監兩鬢俱花、到池邊老淚交流下、想來是差花萼樓頭沉香亭下、一曲霓裳媚眼花、如今看完盡是假、倒是蠢頭顱沒點瑕、日月肝腸掛有誰似他、不喫甜桃喫苦瓜。

尾聲敢說伶官傳裏人低下、則這秋草池邊一席話、抵多少千古英名博浪沙。

大慈嶺

端正好莽滔滔無休罷、閃的來滿目空華、猛回頭向鷲峯之下、登對如來話、

滾繡毬只見那翠參差斷崖、鑒空明水沙、莫驚他蟂龍神瘖啞、他靜養着無損無加、俺不是那老波斯幾年間面皺花、這鐵楞楞一條禪杖錦翩翩半臂袈裟、照的俺虬髯倒捲臉生霞、還是那碧眼威光電水厓、早不道來去也無差。

叨叨令遍閻浮一雙白足閑游耍、偶來息影忘冬夏、香消一炷無偕話、你怪他鵲巢肩上茅生胯、兀的不是活如來也麽哥、兀的不是生菩薩也麽哥、可不道木雕泥塑的原非假。

俏秀才往世裏一絲不掛・後世裏一塵不怕・省可的隔着靴兒將癢抓・須信道真實相本無加・一齊抛下・

滚綉毬那的是無心兒別了咱・却有緣兒留下他・須不是陽孤陰寡・就分別去還合攏無差・這的是趲前程便棄了他・却回頭還認是咱・恰正好單提直下・敢大踏步將禪杖來乂・俺本是獨來獨往三千界・管教你不二門中二・便加是一還差・

白鶴子你向少林山寺裏・壁上去尋沓・只是俺迎

面本無人・枉教你捫壁全無罅・

么篇口兒裏成話靶・意兒裏起波喳・問誰個廻光返照認真如・我要將三車貝葉都燒化・

耍孩兒兀的那充饑餅子徒然畫・究竟有何堪把・只從舌上吐蓮花・怎知何處生芽・那楞伽百問空留下・似飛去蜂兒剩蜜渣・真和假・有了那馱經白馬・就有那燒佛丹霞・

煞取來没字經・拈來微笑花・肯還三宿留桑下・那空山老宿年年任・俺古竺先生處處家・安心下・千山萬水・普照恒沙・

尾聲立懸崖撒手下・山河踏破了・雙鳧化・直向靈山歸去罷・

罷宴

粉蝶兒白髮青裙・畫堂前倘蒙恩養・想當初獨伴孤孀・今日個受黃封・膺紫誥・偌大風光・怎知道孟母先亡・倒是咱賤殘生趂着他暮年安享・

上小樓清閑一向・幸衰髩依然無恙・看到他貴子賢孫・蘭桂齊芳・春滿華堂・只笑我靠糟床・聞酒香・

便喉嚨搔癢・這是俺女劉伶半邊也那風樣・

么篇穩不住齊肩拄杖・猛將咱玉山頹放・不是他歌舞連宵・怎蠟淚千行・堆徧廻廊・滑溜溜扒的忙・跌的慌・幾乎把老身停當・咱正要借因由去把那舊情來講・

滿庭芳想當初娘兒相向・他挑燈伴讀・落葉寒窗・那有餘輝東壁分光・亮單仗着十指縫裳・繼膏油・吽你讀書朗朗・拈針線・見他珠淚雙雙・真恓愴・到如今怎金蓮銀炬照不見你憔悴老萱堂・

【快活三】不由人遇繁華、更慘傷、不由人提往事、獨淒涼。也只爲小來看覷感恩長、剩今生頭白還相傍。

【朝天子】撫孤兒暗傷、代先人義方、爲延師盡把釵梳當、只要你成名、不負十年寒窗、倚定門閭望、怎知他獨自支當、可也背地糟糠、要你男兒志四方、又怕你在那廂、我在這廂、眼巴巴巴到你學成一舉登金榜。

【四邊靜】他身先黃壤、博得你富貴夫妻同受享、您

如今縱金玉滿堂、熱騰騰親捧着三牲養、焦羹香酒香也滴不到泉臺上。

【耍孩兒】你眼穿但把孩兒望、怎知道臨去也莫話裏腸、只這一幅舊形相費他無限思量、則爲你小來心性無拘檢、反着我禿尾烏鴉教鳳凰、你開圖像看這般儀容蕭瑟、怎禁得仔細端詳。

【五煞】則是你受君恩恩可酬、受親恩親已亡、故園攀柏真堪愴、早知道鼎鐘不逮團圞日、反不如菽水親供田舍郎、你休回想、今日個朱門酒肉、當日個白髮糟糠。

【四煞】一霎時喜宴開、一霎時怒氣張、歡娛煩惱都勞攘、他那裏亡親骨冷荒郊草、你這裏貴子笙歌畫錦堂、怎不成悲愴、親在日受不起你萊衣半綵、親亡後消不盡那介酒千觴。

【三煞】他做慈親願已酬、他撫孤兒名已揚、一重重紫泥封誥來天上、雖則你含悲捧土情難塞、早知他含笑歸泉恨已忘、人長往、畢竟是顯揚爲大、更何如忠孝成雙。

【二煞】淨瓶兒佛座前、繡幡兒慈位傍、看源頭一滴楊枝上、早知他塵根淨處無磨刼、只怕你鐘磬聲中帶慘傷、空悲仰、千鍾粟盛來齋鉢、一品衣披在靈床。

【一煞】你則爲念微勞注意深、感慈親遺愛長、恩波似酒俱無量、不嫌我趨承不入時人隊、不嫌我老朽無知醉後狂、還只是含悲向他拋我似遺簪棄舄、你憐我知物在人亡。

【煞尾】看家雞還繞廊、看飛雛便遠颺、問人生誰沒

有娘親想怎到頭來偏是那有祿的人兒不逮發

翠微亭

【鬬鵪鶉】百戰歸休、湖山舊偶、顧盼逍遙、精神抖擻、野水一篙、長堤萬柳、今日遊、明日遊、請問夫人、所藏斗酒。

【紫花兒序】我這裏藏之已久、不時需、無待他求、好相將輿子同遊、飄然一棹、菡萏芳洲、回頭想桴鼓親援、駕海舟、裙釵甲冑、一笑歸來、吩咐東流。

【天紗淨】獨遊更此同遊、我有獻酬風月扁舟你有

灑掃湖山、敝帚、如賓如友、到綠陰深處勾留。

【調笑令】颼颼、一亭幽、看四面千章萬个稠、翠濤如、幄、蟬聲漱、這不是故將軍營邊細柳、恰宜就此飲一斗、請開懷對酒當謳。

【小桃紅】吳儂水調唱欸頭、船到三叉口、獨木橋邊看人走、替人愁、放船自到中心溜、帆兒快收、枕兒穩守、邊岸放心頭。

【鬼三台】漁舡上、漁翁瘦、漁婆醜、却雙雙到頭、晝晒網、夜眠鷗、亭水清山秀、趁斜風細雨兒垂釣鈎看朝炊晚烟兒起舵樓、這一個補綻縫裳、那一個上厓沽酒。

【禿斯兒】俺宮觀使、青山白頭、他背嵬軍、雨散星流、中興將佐、那時門下走、今日裏種瓜侯、全休丟手、

【聖藥王】風自流、水自流、浩歌流到小亭休、梅也幽、鶴也幽、梅妻鶴子共虛舟、澹蕩是吾儔。

【東原樂】青山瘦、淨土幽、一角飛來自靈鷲、我怪他冷泉源、却向熱處流、歌舞地忘回首、問誰個把法華參透。

【絡搭絮】你綸巾瀟灑、捨却談笑封侯、俺綉旗招展、

拋却帷幄持籌、西子同歸范蠡舟、對水月觀音海一漚、皈依處、待繡個寶蓋長幡、夫妻在上頭。

【收尾】休辜負春三秋九、則今日白萍紅藕甚麼的事業、半天雲、樂得個夫妻一罇酒。

真率齋初稿　芙蓉山館詩稿

（清）楊芳燦　撰

《真率齋初稿》詩十卷詞二卷，清乾隆四十四年刻本，《芙蓉山館詩稿》詩十六卷詞四卷，清嘉慶間刻本，清楊芳燦撰。《真率齋初稿》刊作者自少至謁選期間詩詞，卷首有王旭、顧敏恒序，共收各體詩二百七十一首，詞一百五十二首。《芙蓉山館詩稿》收其官甘肅户部期間詩詞，卷首有法式善序，其子蓮朱記，共收各體詩六百一十八首，詞二百四十三首。

楊芳燦（一七五三—一八一五），字才叔，一字香叔，號蓉裳，江蘇金匱（今無錫）人，清代著名戲曲作家楊潮觀的侄子。乾隆三十六年金匱縣試第一，『詩文華贍』，獲學使彭元瑞賞識。乾隆四十二年拔貢，廷試補甘肅伏羌（今甘谷）知縣，以功擢知靈州，改户部員外郎，參與修《大清會典》。後丁母憂，貧甚，鬻書以歸。嘗主講衢杭、關中。又入蜀修《四川通志》。事蹟見其自訂、余一鼇補訂《楊蓉裳先生年譜》、《清史列傳》本傳、《清史稿》邵齊燾傳附、《光緒無錫金匱縣宦望》本傳。陳文述撰《傳》，陳用光、趙懷玉分撰《墓志銘》，姚椿撰《墓表》。另著有《芙蓉山館文鈔》、《駢體文》及《吟翠軒初稿》、《荆圍唱和集》、傳奇《羅襦記》、《四川金石志》、《嘉慶四川通志》等。

芳燦十九歲成爲清代著名性靈派詩人袁枚的及門弟子，又出沈德潛格調派傳人王昶之門，采两家之長，詩文風格自成一家。其詩取法於工部（杜甫）、玉溪（李商隱），填詞兼有夢窗（吴文英）、竹山（蔣捷）之妙，尤工駢體。詩詞集中有大量描寫、詠歎其西北地方的生活和經歷的作品，其中最有代表性的作品是《伏羌紀事詩一百韻》。他的詩詞在當時頗享聲譽，袁枚論及當時的詩人説：『常州星象聚文昌，洪（亮吉）顧（立方）孫（星衍）楊（芳燦）各擅長。』芳燦詩風華美，洪亮吉評贊其詩『金碧池台，炫人心目』。法式善稱其詩『錯采鏤金，警才絶豔，其清峭幽冷處尤入王（維）、孟（浩然）之室』，謂其駢文可『上掩徐（陵）庾（信）』。但洪亮吉也批評他的詩『少骨多肉』。

芳燦詩詞以不同書名刻印較多，《真率齋詞》有光緒八年娱園刻本、光緒十九年刻本及光緒二十五年顧敏恒己亥序刻本；《芙蓉山館集》有嘉慶十二年刻本；《芙蓉山館詩鈔》在《真率齋初稿》和《芙蓉山館詩稿》基礎上增減，有乾隆五十八年松花庵刻本和嘉慶十年刻本，嘉慶三年松花庵還出了吴鎮選評的《續刻》；《芙蓉山館詩文鈔》有道光二十三年刻本、光緒五年木活字本和光緒十七年木活字本。

本書據《真率齋初稿》乾隆四十四年刻本和《芙蓉山館詩稿》嘉慶刻本影印。

（金其楨）

峯鈍翁言詩有臺閣之體有山林之體磊落華贍臺閣之詩也悲嘷憤慨山林之詩也爲臺閣體者宜貴宜大宜設施爲山林體者宜不偶宜無所表見信斯言以言詩將畫爲兩戒區爲兩人離而不可相兼矣且何以處夫非山林非臺閣者歟夫山林臺閣時之異也所以爲詩則豈有異哉譬諸水其出於山也湧而爲濫縣而爲沃仄而爲氿其運於海也朝而爲潮夕而爲汐大而爲瀾小而爲淪求之於水益一而已矣發之有原滙之無盡由是因物賦形將怪變百出弗可勝紀也兩體之云豈通論歟楊子蓉裳於學無不識於才無不能落筆爲

詩歌時而悲嘷憤慨焉時而磊落華贍焉山林臺閣之體穰然出之所爲因物賦形不可以一端求者也年弱冠以貢來於都世之交於君者望其人逌然以喜叩其學肅然以敬及覽所爲詩若河伯之面海茫洋吒嘆適適然驚規規然自失謂君非山林中人將掞其才華以揚光臺閣也試於

廷當爲令於甘肅將行出真率齋初稾示余余讀之若元虛賦海景純賦江所謂天吳馬蹊閃屍髣髴雲精水碧娟曜頮彩者嗚呼偉矣君今進不得居臺閣而膺百里之寄亦非山林者比且甘肅界窮邊風沙莽莽山谷嶇絕沓戎所據北凉西夏所都魁奇人傑橫戈百戰之地往往而開拓心胸發皇聞見恣其學與才以見于詩山林臺閣之語益不足以限君也已君弟荔裳兄方叔永叔咸以異才崛起東南而賢伯笠湖先生世推爲通儒長者皆辱余交善也君承家學與兄弟相師友益猶江海之水源所從來遠矣又有分支與派滙其波瀾而增其氣勢將見放搏桑泄尾閭可量其怪變百出也哉戊戌七月朔日青浦王昶序

僕與蓉裳楊君託膠漆之密契有葭莩之世親騑貧而蛩趨蟲鳴則龠躍溜淵同器笙磬其音中心藏之爲日久矣乃者哀所述作錄其詩歌授簡鄙人俾爲之序夫良玉既剖不待卞和之泣血也利劍既躍不待茂先之望氣也僕學無淵源詞之文采而稷下杜口早聞聲蓮之談東隣捧心先識西施之貌情在於是烏能無言君秉氣英淑負材經奇襟披蕙風袂灑蘭雪清談而霏屑如鋸刻座而無衣不寒若升堂入室何遠古賢但飲酒讀騷便成名士篤嗜緗素頤情典墳徙倚丞曰移魏收之胡床沉冥下帷銳管甯之木榻凡汲冢斷簡龍威秘

眞率齋初稾序　一

文夷吾所知者七十有二代曼倩能誦者二十餘萬言庋以陸公之廚貯以邊韶之笥胸咽丹篆掌盈墨書並遺糟粕嘰菁華筌簣六經腊粉百氏故其所作如威鳳五色仙霞九光錦罽繽紛花葉麗爾燃龍燭以照海建翠旍以蹋天鬭者動心觀者眩目予季父謇泉先生每曰蓉裳之才可云秀絕寰區庾蘭成之麗藻目以清新揚子雲之瓌詞謂之淡雅別有真賞不同妄嘆也憶在弱冠即罹屯災王裒廢其蓼莪原憲羨其藜藿耕不富食糠何肥時則顧爲博士請元家之異書將游大人挾齊客之鳴瑟或劉穫以遺江革或倒屣以迎仲宣見說難孤憤願與同遊諷游山九吟幸其並世人思薦禰衆共推羊雖未能問道瑯華校書天祿而方襞裾以謁吏部旋束帶以從督郵乃聞仕宦之鄉是昔要荒之服天高日淡地古沙平弱水西流黃河東走馬嘶風而噴玉鵰睇野而生雲君於是時飫黃羊之饌擁青兕之裘弦邏逤之檀酌蒲桃之酒此間才子不異從戎何事叅軍但工蠻語必且以兒女之情挾幽并之氣陽關三疊甘州八聲混沌高謌防風起舞他日者傳之以一雙黃鵠遞之以千里明駞當使曲中楊柳倍覺風流塞上焉支別增顏色耳茲有事於剖珠恐見譏於倚市而君方

眞率齋初稾序　二

以廣忠益集恭稽夫豈海神匿跡堅避畫工長康隱形見欺蟬葉所可同日而語哉況乎一別千里相思各天尋君紫邏異逢吹夢之風寄我翠鴛慮有沉波之字寘此懷袖如聆音聲是又僕一人之私而與君兩得其願者矣祖帳將設離樽欲傾聊書所懷并以爲別已亥正月望日顧敏恒序

真率齋初稾卷一

梁溪楊芳燦蓉裳

採蓮曲

採蓮女玉腕輕搖櫓翠鈿紅裏湖中流中流蓮花過人頭棹歌驚散鴛鴦鴛愁鴛鴦愁入花去兩相思兩無語

寓言八首

寶帳芙蓉氣若蘭那堪開晚怨芳殘汝南小女原名玉洛下才人舊喚檀憐母日多憐壻少嫁雞事易嫁鸞難蓬山咫尺稀消息擬遣青禽鬬羽翰

桑葉城南五馬留日高丈二照珠樓餘香銷盡寒金獸

晝漏傳來響玉虬月姊獨眠盧顧兔天孫隔歲望牽牛神仙猶自嗟離別碧海黃塵一樣愁

蜃牕蝦箔鬱金裳挂鏡珊瑚爛熳光仙客幾年逢鳳女孫枝何地覓桐郎影嬌半掩含風扇歌緩全飛却月梁卧後肯背儂惆悵望繡衾辜負絲熊香

珠珮星鐺不受塵無心同踏斷腸春空箕鸞鏡窺香掾漫挽羊車嫁璧人黛筆難描眉際恨銀燈自照夢中身武陵溪上潺湲水到否雙魚白錦鱗

花滿瑤堦春滿城銀雲櫛櫛月朧明綵鸞十二衡青綬飛雁千雙上錦箏曲院游絲縈短夢文牕小管理閒情可憐寂寞瓊樓畔誰聽嬌獰玉鳳聲

口壓雲屏斂灩紅廻廊窔奧語難通蘭舒未受三春露柳困偏驚五夜風雌蝶雄蜂樓上下雛鶯乳燕陌西東幽閨不出看春色誰慣褰裙似卷蓬

一縷柔腸一寸心藕絲作線不勝鍼東園桃號銷愁樹西國鵝稱並命禽麝炷氣濃疑霧逼鳳羅紋細畏風侵紅薔空效佳人貌若個經營買笑金

兩美何時共比肩霞牋恨字寫蠶眠可憐日煖雲輕候不到紅愁綠慘邊檀暈欲融收璧珥蘭膏初試貼新鈿臙脂匯畔船應到西子今當未嫁年

秋夜曲

斜倚梧桐白露寒半篝香燼鳳衾單紅牕一樣團欒月只許閨中獨自看

玉堦灩灩浸金波斜背蘭釭奈獨何懊惱兒身似明月圓時不比缺時多

秋感四首

孤坐忽不樂撫劍登高臺白日倏隱見泱漭雲煙來梧楸葉如雨驚蓬逐風廻棲烏與饑雀叫嘯有餘哀眺遠輿誠佳恨無菊花杯悲秋如宋玉感嘆良悠哉

悠哉賦停雲憶我同袍友咫尺如千里小別數旬久抱

影獨行吟高懷向誰剖憂從寂寞生情以睽離厚寄言敦古道何必長攜手緘書欲相報臨風一回首

回首望天南星辰粲可數慘慘暝色浮颼颼林霽怒屏翳散浮雲華月納復吐美人隔秋水沉思獨延竚燈青月冕死姑惡叫儔侶寂歷閉重門落葉紛如雨

落葉挾暗風打牕聲悉窣籬根積幾許小犬還頻蹜幽人夜不寐貿褋殊拉雜念我同袍人何時復簪盍疎鐘敲落月殘柝催短蠟寒贊噤無聲風扉自開闔

偶興

寂寞雲亭掩薜蘿年光如水易蹉跎清秋風物繁華盡

才子文章感慨多夜半雞鳴抽劍舞燈前酒醒擊壺歌所思遠在瀟湘渚欲贈瓊英奈晚何

野眺

獵獵晚風勁寒空作微雪延頸望八荒撲面氣凜冽草枯殘燒明木落亂山缺鳥語因寒悲人跡向暮絶野煙聚爲雲空中自升滅心隨飛蓬轉愁共層冰結塞北斷家書江南驚令節登臨發長嘯憂端不可輟

七夕

天風吹月明飛度銀沙城今夜長河側應聞鸞鳳鳴華雲納綺閣雌霓結玉楹龍箱藏舊錦河鼓發新聲車轉行初進笙調曲乍成青鳥鬪峯頭立波紫貝浮洞庭夏杵動緱山喬鶴留煙光迎斗暗漢影帶星流繫鈫連愛縷穿針百子樓倡樓盼遥夜鸞閨遣遠愁同心何縋綣珀盞屠蘇滿臂寒羅袖長鬟重蟲簪短龍文金錯刀鳳翼篸纓管梧庭繚穗垂蓮浦紅衣散三更望牽牛高空目應斷凉氛透綺櫳嬌囀滿庭中逡巡盼仙轂禱祝托微風細文雲子纈結縷鳳見紅鴛鴦緣茵冷翡翠錦屏空安得靈槎泛遥將碧海通蟾光不可掃簟卷秋風早瑶琴廣陵散鈿笛臨江調筵前歡會合花下聽語笑願乞九華丹青髓長美好斟酌夜如何金莖沆瀣多螢排

綠莎出烏帶碧雲過藺缸明孤影鵲爐焚四和腰纖減束素眼俊見橫波誰令拈繡帶倚欄看渡河

月夜泛舟莕湖

夜泛木蘭舟周矚無不極長風吹月來湖明蕩秋色秋色向空盡蕭然襲衣裾星光隨野動水影含沙虛紆回遶山行一折改奔峭翠色雜暮煙九峯自縹緲緣溪綠篠動隔浦杜蘅香叩舷發棹歌風景疑滄浪流連情靡已感念鳴已子物我付兩忘飄然老煙水煙水意悠悠蛩聲兩岸愁問誰堪作伴沙渚有閒鷗

長歌贈笠舫兼寄紫崖

桑枯識歲秋雁度知天寒窮居儻悦不稱意攀翻桂樹增憂端蘭陵一棹歸翩然製霞裂月索古歡鷺斯搶地何足數矯翼六合攀龍鸞空山流水閉余步自笑煩愁爲誰故從教蠻觸著兩雄我織流黄君織素我效謝朓驚人才揚波蹴石噴雲雷遠煙空翠變明滅人傳中有騷人宅龍劍掛壁青苔生喑嗚爲我鳴不平中夜悲歌起斫地寒光上决浮雲征君不見鸞儀鞭日落西海流光飄忽不相待蓬萊雲螭倘可乘九芝三秀爲君采秋風夜吹海色來芙蓉花落靈均哀夢遊衡上衡嶽頂洞庭一擲蒼波開平原一笑輕豎子窮途南阮真儓疑世

人抗墜歌下里我聞其聲但掩耳瑛璠勿與魚目爭去去無言若桃李白雲浦上青楓林攜琴彈作蘭芷吟金擞玉軫發高調猿啼鶴唳天陰森塵埃下士何瑣瑣鍾期巳沒誰知我愛君山岳心不移感君意氣莫相疑青松努力保霜雪任他世路爭險巇更有佳人天末遠臨風莫寄瑱玗餅山中瑶草含綠滋别後容華未應晚

感興

等閑歲月赴流波渺渺佳期奈晚何命賤難從蜀市卜調高羞和楚人歌瑟彈夜月悲芳芷屋破秋風補女蘿耐可關心對摇落空林黄葉暗蛩多

秋怨

雲重凝秋色霜寒落暮林可憐南去雁猶帶玉關心

題畫

綠慘隨意綰雙鬟玉照臺高不上關病起眉痕濃似黛春愁都在鏡中山

退紅衫子稱身裁凝睇無言立翠苔花意漸肥人漸瘦銷魂春是幾時來

冬夜曲

雪欲含春語雲初約夢歸夜長燈燄短愁卷楚羅幃

明月

明月飛青海徘徊千里光參軍吟思發與共碧雲長鴈影沉寒水鐘聲破曉霜綵虹如可駕狂醉勸龍觴

寒夜吟

霜飛綠井寒無聲夜光如煙映銀屏幽州思婦憶龍城心同手語彈秦箏箏絃絶幽怨多風吹夢越江波越江波渺何許入君懷與君語月痕墮水曉鵶啼夢落空房淚如雨

試燈曲

日沒月當花餘霞鬭華綵蓮燈初試輝麗人早相待四衢溢遊人簫管起南隣擲果窺潘掾攀花賦洛神邐迤

行水曲印履春芳綠鈿車文錦茵寶馬雕金絡星移燈影微斜月趁人歸燭映垂鬟轉香迎羅袖飛吳儂掩歌扇相逢不相見使君南陌頭五馬空留戀步障擁青綃分頭過洛橋風光三五夜同伴早相邀

蓉湖曲

淥水漲桃花芳洲采蘭杜儂言江南樂好在蓉江渡蓉江篙户多撥棹屢經過佳期不可駐齊唱懊儂歌湖流浩蕩連南北菌閣蘭牕萬種色從教畫舫刻龍鱗好取朱甍垂鳳翼羅衣珠佩照芳春日晚湖邊多麗人黃蝶盤徊依綵袖青禽來去啄紅巾紅巾綵袖紛無數吳娃

玉腕輕摇櫓日映花光豔晚霞煙開水色横輕素别有朱樓夾水斜停橈借問是誰家碧玉貌如玉麗華顏正華欄前露條脱花下撥琵琶的的容光人所羨王孫驄馬空留戀願作織羅近瘦腰但愁綵扇障嬌面鸞歌鳳吹斷人腸鼓枻中流望渺茫一縷眉痕分月影半江衣嚮雜花香春來春去傷懷抱不覺朱顏鏡中老芳意偏輸比目魚淚痕空效啼珠鳥狠籍金尊錦綺筵玉簫斑管負華年踏歌歸去逢人少兩兩鴛鴦沙際眠

春宮怨

草滿宮扉塵滿幃雲和彈罷淚霑衣春風多少銜花燕只向昭陽殿裏飛

折楊柳

春風似相識忽然度灞橋灞橋兩岸柳密葉依柔條柔條亘接建章路銀臺畫閣紛無數風輕鶯語合歡枝月明蝶宿相思樹紅樓少婦望關山鐵騎逶遲去不還隴頭春色少楊柳爲君攀萊黄帶拂飛纖袖龍雀釵垂窈窕鬟郎如垂柳花妾似垂楊葉花落蛩辭枝葉枯豈堪折飛絮飄揚攪夢雲容華憔悴片時春折芳濺上千絲淚驛使西來好贈君

閒居

窮居罕人事試尋林野娱耆閒頼貧賤超俗谿琴書和

澤周九春景物紛華敷晨興聞人語披草尋東隅紫芝誰當採瑶華久應蕪流景眇然逝離思鬱以紆伊人在天末賞心不克俱緘書相問訊懷抱今何如

啄史小樂府

可給廩

華林園蛙兩部前者吹後者鼓君曰給廩給廩可蛙言官家不如我糲一盂桃數顆誰給糈憐君餓君不聞牝雞夜叫天模糊齊趙厲吻相吞屠爲公爲私君知乎

燕軍破

齊城開出奇歡五百壯士隨其後龍文煌鋩帶刀走帶刀走燕軍愁騎刼由來不如牛孤軍敗沒而懸頭嗚呼寗仇讐復宗祏宣王曾放觳觫牛放牛始終得牛力

罘老表

豫章司空號博物皃毛蚍蜉無不識何物小魍能矜才敢詅腹笥公然來妖狸白日作人語巢居知風穴知雨善言不聽生禍罹千年老表蒙斧柯子其累我奈子何

封使君

虎常道林密山深布牙爪千人血肉供一飽虎垂涎孽狐假威有數千殺人媚虎取虎憐虎生甕村中攫人穴

中食五陵年少不敢射蔵骨剜血胡不仁生不治民死食民宣城太守封使君

懷中扁

盧懷納諫懷不虛中有一鵠藏其軀形廷嘵嘵諫不止羽翮摧殘一鵠死一鵠死君不嗔喜今夕逢直臣失一鳥得一鳥白簡霜飛號卓雕直臣不讓秋天鶚

潯陽射

秦宮噩夢海神鬭射魚弩發波濤吼劉徹雄才繼其後潯陽處蛟帶箭走帶箭走濺血紅鱗甲碎澌夷宮水族不幸遇英主巨魚爲鮓蛟爲脯前秦皇後漢武

隋宮樂

隋宮螢放千斛穿樹粘花照山谷君王但見流螢飛不見黍陽鬼燐哭火炬入江都宮外聞大有人闖攘野火燃螢火盡紫焰吐紅輝迷樓更好景他日迷樓更好景綺房紫焰吐紅輝煬帝詩也後迷樓果燬於火人或以爲讖云

銜花讖

紅苞紫萼烘朝霞沉香亭北花交遮伊尼愛花入花裏芳根斷香心死伊尼入君不知錦翻繡袱春洗兒野鹿日在花中居伊尼入君不逐漁陽鞞鼓走駭鹿銜谷無人折其角

洛中書

洛中吳郡隔千里與犬寄書犬爲使沉者沉浮者浮當時亦有致書郵問君能及此犬不憑提兒還宛洛賸上蔡東門空將狐兔逐他日御宛悲二陸緣何但問華亭鶴

倉中悟

倉中鼠食積米倉中小吏大歎喜男兒生當如此矣牽犬出東門臨刑顧中子平生搃與獸爲緣鼠竊狗偷一俐耳嗚呼倉鼠尚無人犬虞斯乎乾沒亡其軀斯乎斯乎鼠不如

覆棊賞

沉香亭北晝無事玉枰對設手談器一角東南風失利風失利狸奴來局中勝呂齋撥開崖公一笑天顏回君不見東控函關西控蜀唐家天下如棋局何處狂奴肆爪牙金甌鐵桶皆翻覆

紅縷繫

擣殘麝臍香更濃揉碎桃花色更紅眞情千刼不磨滅孤禽亦解悲春風杏梁藻井前恩重空巢久斷濃香夢繫定柔情一縷紅颸颸不羨雙棲鳳蜂喧蝶駐早春天彈斷蘭閨寡女絃願將不忍雙飛句遥繼陶嬰寡鵠篇

半閑堂

半閑堂多寶閣蟋蟀閉金籠姬妾相歡樂師臣熟習蟋蟀經我行我法躬督兵珠金沙頭挑寸草十萬沙蟲解甲行木棉花發古巷側暗風吹雨暗蛩泣

流螢詞

影娥池畔明星稀蕊珠宮裡華月微九枝燈影散光彩翡帷珠閣流螢飛蘭夜如年人語悄刺桐花下千回繞掩抑多情戀苑墻誰識前身是芳草飛去飛來稍覺多驕衾蕙幌奈愁何微光巧入繡屏押淺碧依人豔鳳羅一番凉雨天如練更逐閶闔風入瑤殿鈴索高搴寶炬來

呆風斜映繁星見趙女熏香侍玉牀班姬掩淚吟紈扇熒煌若草最輕盈欲落未落似有情萋簾覩裡宮槐暗鳷鵲樓前天漢明又見揚輝入牕內吳姝此夕尋螺黛碧沼偷窺菡萏開紅塘熠見鴛鴦睡君不見隋宮秋夜誇豪遊熒煌千斛飛螢流祗今亂草連荒甸應有青燐帶雨愁

夏夜

素月未舒光丹霞先冠嶺焚香滅華燭開簾接清景遠渚樹如浮深巷人初定庭虛引天翠沼淺淨雲影伊余性好靜塵夏暫爲整衣沾露又濕室延夜光冷天籟悠然來隣菴數聲磬

遣懷

榆柳陰濃晚吹凉凭闌望遠極蒼茫遣愁壓笛爲三弄寫怨拈毫賦九章古寺雲中揚遠梵高樓花外帶斜陽紫桐廊下無人到唯聽鈴聲杳戾岡

一番凉雨洗高旻瞑色蒼然上嶺勻門巷風流元亮柳庖廚况味陸機蓴芳洲採杜思公子茅屋牽蘿怨美人記取白雲明月夜好攜詞賦弔靈均

歲序關心嘆逝波荆扉閒倚引清歌溪流自齧危沙落鴉背遥飜斜照過騷客易悲芳草晚佳人猶隔碧雲多

臨風無限瀟湘意欲擷蘭茝奈遠何
星影霞文麗絳宵愁人獨怨夜迢遥悠揚逸興詩千首
漫落生涯酒一瓢數片梨雲疑是夢半牀松月竟無憀
香殘燈灺三更靜誰倚高樓弄玉簫

秋江泛月歌

江妃扶月出紫雲天香瑞彩含氤氳嬋娟臨水鑒孤影
七寶闌上嫦娥嚬秋空萬里皺寒綠老兔元蟾自相逐
水極星搖曆曆珠湖平月帖團團玉江頭行客怨别離
倚舷吹碎瑣參差紫晨擊磬破空碧天孔漏衣寒不知
輾風壓浪鮫潭冷酣睡雌龍呼不醒霞彩空明蓋倒光

琉璃雲母空烘影迢遥京口迷秋煙隔舫誰人彈雁絃
安得一盃瓊液酒遥勸雲中金骨仙蒼茫海色東方動
扶桑喔咿晨雞弄奈寡姮娥自不情今宵照斷還家夢

桃葉渡曲

素波瀲灩銀塘東小疊重紋搖碧空江花玉面兩相向
鏡奩照處新粧紅雲光不動沉蛾翠波底嬋娟效部媚
幽軋蘭橈雪腕慵棹謳驚起鴆鵡眛金須繡領紅玉春
燕釵插鬢扶元雲風流大令渡江晚差差愁浪生鯨鱗
柳影蘭叢大堤上秣陵春煖波如掌但願郎心似水平
兔打横塘逆流槳紅菱翠荇相高低祇今渡口成荒陂
鴛鴦散去夕陽裏玉沙交頸青頭雞

燕子磯

颶毋揚威吹海立驚濤夜撼烏衣國飛雲軒墜大江東
望鄉不到形成石巃嵸碧嶂高插天涎涎尾拂蛟龍淵
古臺石磴出窔突倚留一擲滄溟煙鯉魚風急金陵道
秋潭寂寞江妃老此地偏餘萬古春翩翾紫乙尋芳早
寄奴一去霸氣銷石頭城遠秋雲高山根束斷海門浪
暘侯出入喑不驕攏吟浦口如更鼓破天絲絲逗寒雨
龍伯馮夷鎖鑰牢莫作零陵石飛去

旅懷

香陵書客怨秋風青衫淚點斑斑紅紫絲鞭折蹇驢瘦

長堤衰柳垂煙濃蹇修美人隔千里暗風吹秋天墮水
旗亭痛飲金屈卮酒力壓愁愁不起空山蘭蕙凝愁香
紅粧啼血真珠房盲人不識鳳凰鍋鮫人織罷藏龍箱
興酣擊劍荒臺下苦霧驚沙滿平野英雄俠骨没蓬蒿
勞勞誰念窮途者歲寒桂樹香扶疎迷魂夜蹐金蟾蜍
銀河浪高渡不得如此男兒坐嗚呃

題淵明采菊圖

卧遊忽入南山道村落無人菊叢老隔籬喚起彭澤翁
芳尊快與澆懷抱吾聞金刀初葉人披猖堅冰氣運先

凝霜士行孫子傲霜客掛冠解綬歸故鄉同心愛此東
籬種瑣瓣又報江州送酒酣依約義熙年冷香叢裡羲
皇夢興來曳杖西園行迎風挹露餐華英塗黃嫩白摘
盈把帽簷衫袖飄香清君不見菊把賜鍾繇菊潭飲伯
始黃花豈樂蒙此恥蓬蒿三徑歸來是

寄衣曲

織寒衣一行眼淚織一絲機中羅綺剛一疋半是妾身
淚絲織織成身着有幾何征夫遠戍白狼河官家賜衣
不得力年年邊塞西風多意中裁剪稱長短別久恐教
衣帶緩願得妾身如此衣寄向陽關不言遠阿侯幼小

難把筆殷勤倩人書年月爲語驛使寄莫遲得及朔漠
飛霜時萬一征人返鄉國此衣雖寄亦不惜

青溪詞

雲光不動春塘滿芙蓉墜粉蘭芽短綠濕紅鮮逐畫橈
鵁鶄眠熟金沙暖小姑向曉開新粧鸞褶鳳帶雙明璫
寶奩露出照膽鏡花風演漾吹團光澄潭夜浸桃花月
好與姮娥伴孤絕玳食珊枕獨眠醒一點紅凝守宮血
風車雨馬何翩躚神雅夜集叢祠前謝郎走馬射不得
盤盤古木凝愁煙烟鬟霧鬢韶華老相風竿上孤星小
隔溪白石自無情巫雲一夢春江曉

黃保儀掌書歌

玉軸牙籤伴朝暮鸞雲綾影澄幽素美人䀹起芙蓉屏
爐熱芸香碎花蠹南朝新敞澄心堂罨花叢裡金粉香
玉纖親展簟文鋪龜螭印紐鈐文房玉釵扶鬢紅粧靚
隻影娉婷對鸞鏡從知文采累佳人孤星夜照深宮命
桂紅印臂痕不銷珠愁玉恨傷春宵西宫新製邀醉舞
周家姊娣誇妖嬈小苑銅魚鎖寒翠班姬左女同憔悴
咫尺蓬山無路通漫勞食盡神仙字

秋夕寄朱大 時客都下

憶昔嬉游伴相看兩意恔狂奴初毀齒詩客最多稱[illegible]

水乘鳧舫看花卷翠簾酒濃瑣聲重詩冷彩毫尖淚漫
文欄廣森羅武庫嚴被堅甲不斷出匣劍方銛山海囊
中物蟲魚架上籤霧深玄豹臥淵冷紫蚪潛翩勁疇能
鍛言多未許拑驚心談鬼魅壯膽說韜鈐欲應飛騰象
偏成睽渙占人離故鄉遠名願大羅僉落日長堤柳微
風小市帘夢寬五夜魘淚血數行添人隔天涯杳雲從
日下瞻探驪翻巨浪斫桂入新蟾蠻觸知誰勝熊魚不
易兼果能占壯往莫便惜留淹君若飄蓬轉余悲落絮
黏薄遊同邴子任達愧劉惔虛慕凌霄鶴翻成上竹鮎
擴懷生鄙吝集益乏針砭披簡燃紅蠟摛詞寫素縑洄

秋夜詞四首

半規新月到粧樓，蟬翼輕羅怯早秋。忽訝一襟涼露濕，銀河無影向人流。

水紋簾影蕩瀟湘，香品茶名費較量。誰向風亭調鈿笛，一雙驚起睡鴛鴦。

攜將紈扇立中庭，銀燭幢幢背畫屏。落月闌干涼似水，手拈羅帶數秋星。

一樹青梧葉乍凋，空簾涼鬢影蕭蕭。階前移過三更月，猶翦秋鐙讀六朝。

舟過秣陵口號

蕭踈風柳白門灣，依舊寒潮寂寞還。指點夕陽紅盡處，殘霞一抹六朝山。

寒食郊行

偶攜吟伴出前郊，寒食風光愴客魂。一樹桃花斜照裏，冷煙如夢不開門。

記夢

敲牕小雨作春聲，涼壓羅衾睡失明。夢到桃花最多處，滿身香露聽流鶯。

題韓仲湘紅蕉遺草後

瓊枝委露幽蘭死，破冢寒灰泣才鬼。遺文零落委青箱，聯書早寄瘢絜韵。慵拈秋老蛩專夜，燈昏月傍檐。懷人情脈脈，抱影漏厭厭。解悶尋黃妳，逃愁揀黑甜。才奇窮鬼妒，性僻俗人嫌。九節丹芝秀，三危瑞露沾。何當偕道侶，養靜窟窮巖。

長歌贈映洲上人

蓮旛寶座珠瓔珞，祇域醫王下寥廓。丹丸投入紫關開，夢中二豎咿嚶哭。斡回元氣天無功，能令寒谷迴春容。坎離活火調丹鼎，麟鳳靈香鎖藥籠。昔年隻履遊香積，碧殿紺園駐飛錫。虎護珠林石氣青，龍歸鐵鉢雲陰黑。般若仙舟一葉輕，御風又向晉陵行。怪石點頭朝說法，

天花散影夜繙經。榻前纔醒維摩夢，收拾丹青作清供。鶴樹檀林佛地春，玉莎瑶草仙家種。（上人善畫）與酬落筆煙雲飛，貫休惠崇未足奇。紅塵世事幻如畫，聊示禪關第一機。丁當藥杵仙禽擣，追逐沉疴疾如掃。十丈蓮舟苦海清，一輪慧日龍泉曉。紺髮青眸白氈巾，高名從此動人羣。明年又入京華去，踏徧燕山萬疊雲。

過紗帽洲

一幅蒲帆指路迷，漁村沙市晚烏啼。石頭城遠寒煙重，玉樹歌殘敗柳低。雲影不隨飛鳥沒，潮聲又送夕陽西。併將懷古無窮恨，十樣蠻牋蘸墨題。

魚蠹蛛絲兩三紙記昔遊君伯仲間風流文釆恰齊肩
纔看春柳憐思曼早向秋風哭茂沿凌雲賦就難高第
彩筆凄凉半途棄始知白首困青衫猶是文人眞幸事
似綺年華過眼忙虛星黯黯夜臺長惠連池涸無青草
長史齋空尙白楊名山寂寞千年後何計爲君圖不朽
死友慙非范巨卿奇才應識王延壽秋齋擁鼻百迴吟
不盡懷君輾轉心憐家何事吹橫笛竹下同誰撫素琴
吉光片羽欣無恙寄語重泉莫惆悵絶調寧教空井埋
哀音忍聽秋墳唱殘燭青熒月影寒夜闌歌罷重辛酸
還憐老屋西頭客長對秋燈掩淚看（謂景圖）

眞率齋初稾卷二

梁溪楊芳燦蓉裳

擬古

帝女臨河洲容華何嫵婉漾漾璇𤦲低回回翠霞亂華霓自晻靄蘭旌紛宛轉裾迴豔雪飛盼美秋波泣瓊瑶未敢贈滄波若天遠迢山澹無姿行雲欻已散江渚青楓愁乘鸞竟不返

我登少微宮舉手攀明星飄颻碧雲裏肅然聽天聲朝弄紫泥海夕宿銀沙城路遇羨門子瓊漿爲我傾借余一青龍高舉凌紫溟應叔超象識元感入淪冥永隨天風去採鉛向蓬瀛

雨歇無濃雲花落無嘉樹歲月不憐人倏忽容華暮菱鏡委浮埃綃帷掩輕素深恩不再來韶顏坐相誤欲陳決絶詞難忘定情賦願君如白日迴光在中路

採萍萍無根種蘭蘭不芳佳人眇天末碧雲暮無光蕙帳積素塵椒戶迎夕凉風悲寒機碎露冷哀蛩傷團團無情月偏來照空牀中夜三嘆息良會安可忘

擬唐人塞下曲

荒壘千營暮金門一望賒沙翻旱海浪雪放早春花合沓圍雞塞連旌認虎牙思歸腸已斷不假聽蘆笳

日落長城暮雲行故國秋可憐紅粉淚不到黑河流猿哭兼清角雕飛避畫旂臨風看長劍誓飲月支頭

賦得簫

蜃牎蝦箔隔虹橋碧玉參差響泬寥乞食市傍吳客調懷人江上楚辭招舟回赤壁潛蛟舞僊去秦樓綵鳳遥贏得宮娃傳賦手漢家王子舊丰標

賦得琵琶

銀浦雲紋咽不流檀槽調迥繞珠樓和親絕塞秋風淚送客寒江夜月舟金屑拍殘周后怨銅絃彈斷淑妃愁甚時買得雙鬟就更遣殷勤唱石州

冶春詞

翠暖紅香夢雨天嬋娟何事惜韶年青溪夜月窺香玉粉鏡春風唤小憐錦羽穩棲生色畫沉檀細注並頭煙西飛迷雀東飛鷰雉腸斷蘭閨蜀國絃

貽椒佳節採蘅朝淥水斜通雁齒橋狎客競拈金葉格美人偷倚木蘭橈重開綺席斟碟椀小步紅氍彈翠翹爲語東君莫歸去青樓香粉未全銷

轣轆樓前走鈿車青綾步障踏堤沙遊人折盡江干柳倡婦歌殘陌上花一抹行雲巫女峽半灣流水莫愁家扁舟不到燕支匯窄袖單衫自浣紗

一線春歸羅綺叢向甄無力倚東風鵑啼舊恨斜陽裏草惹新愁細雨中麝月平分眉黛破梨雲早散夢寬空花樓不啓菱𧿹鑰百尺蓬山未許通

晝長貪睡枕瑠璃懶把宜春帖子題柳絮東風深院靜杏花微雨畫橋低珊瑚鏡暗銷蛾綠翡翠衾孤冷麝臍愁燕雛鶯都嫁了伯勞何事好單栖

綠紗牕下試朝粧細裌裙垂白玉璫芳草夢寒蝶粉退落花風軟燕泥香弄晴天氣雲深碧閣雨樓臺日漸黃一摺紅箋填艷字憐姬小約踏春陽

薄粉輕粧一面勻高牆步屧印芳塵含羞俊眼頻看影解舞纖腰欲倚人桃樹不銷心曲恨柳絲曾駐夢中春流觴泛羽都歸去日晚河邊賽解神

殘蛾淺黛倚牎扉旭日曈曨暖翠幃紅味嬌鸚嫌籠罵綠毛么鳳抱花飛桃脂漬粉朝勻面芍藥煎香夜浣衣製就懊儂歌一曲山南山北送春歸

隴頭水

朔風吹隴水廻流帶水咽天山雲霧愁壯士肝腸絕驚湍濺馬蹄寒光照衣鐵都護逐北歸刀頭洗餘血征人一掬淚長遶邊城流寒波玉關月哀響金微秋照影飛雁墮逐浪沙蓬浮願將祇遠石填此萬古愁

觀朝雨

朝雨江上來連山渺無際輕煙濕不飛閒雲去還滯幽花解紫苞野鳥落輕毳庭樹珠光泫鈇岸環流細文通麥未收仲蔚門常閉窮居衡茅下坐惜光陰逝安得萬里風長空掃氛翳

烏栖曲

金屑琵琶昭華琯宛轉吹彈夜將半明星窺戶月臨河含嬌聚態爲君歌

華筵九枝蘭燭明綠珠弄玉相逢迎芳茵翠帳春情亂鯨釭花飛愁夜短

珠帷網戶香風逐可憐夜夜倡樓曲門前垂柳烏爭啼月痕墮水天河低

合歡被織雙鴛鴦麝臍撲枕巫雲香城頭老烏啼達曙獨持愁緒送郎去

姬人怨服散篇

君不見邯鄲美人顏如玉戀咽妃唱陽春曲香風暗入昔邪房行雲時度踟躕屋蟬衫麟帶夜開宴素手爭持九華燭豐容盛鬋已無儔雙眉生小不知愁如花鏡裏匀香粉待月簾前控玉鉤汝南雞唱天河墮蜀錦文衾壓朝卧鯨燈花落夜透迤貎爇香濃春帖妥一朝夫壻好長生豹枕鴛幃無復情仙禽搗藥巖房迥玉女緗書晝戶扃繡榻啼多紅粉落瑤堦人去碧苔生桑田滄海須臾變仙家樂事何須羨姮娥遥夜耐孤棲織女經年不相見何如錦水兩鴛鴦雙宿雙飛春草長寄語仙郎好相待會乘秦鳳共翱翔

三日淥潭篇

春潭蕩漾玉爲砂東流流入莫愁家樓臺倒影搖輕浪桃李新粧艷落霞輕浪落霞相照映青菱翠荇開奩鏡掠水頻看燕往來唼花皆見魚游泳連臂吳娃發棹謳哀絲急管令人愁風吹嬌囀入雲去餘聲還繞春潭流

春潭一望明如練瑤草含滋滿芳甸柳外佳人弄綵舟花間浣女看嬌面誰家年少騁輕肥朱輪雕弧逐烏飛鴛鴦浦上流杯宴蘭杜洲邊試馬歸紅塵落絮愁難歇隔岫斜光漸微沒舞影衣香散翠煙一潭淥水流孤月

即事寄笠舫

日與塵事遠塊然守茅屋屋垂榆柳陰樓含林樹逐斜暉歛細雨遠阜净如沐丹霞麗雲松蒼煙潛新竹欲攬空翠光開軒望山腹伊余知止足觀物游麋欲取志黙晝生無勞季主卜

卷葹藹幽緑夏蘭垂華英美人在雲山搴之寄遠情天

氣日巳佳草徑無人行荇亂數魚戲樹喧一鳥鳴冥心
觀大化應潛物自輕
白日半西山暝色萬里昏丹霄華星爛高樹孤雲徹閶
闔蕩綠波天宇增淸寒登高望所思惝怳生憂煩情深
疲夢想室遠隔思存寄言敦古道歲寒盟勿諼
澄江月夜感懷贈邵大星城儲大玉琴
青山澹如畫孤月千里明長風掃雲歸碧海銀河中道
流無聲北斗横空珠錯落寒光繞樹驚棲鵲人生得意
有幾時城市山林儘行樂恨無百斛金巨羅酒酣對月
發浩歌道逢俗子開口笑瘦狂奈爾癡肥何脫帽科頭

眞率齋初稾　卷二　六

鸜鵒舞興來筆力如牛弩范史曾傳零藿方卞生自著
蝦蟆賦生不得短衣射虎南山頭馬蹄踏草如星流又
不得龍文金翅横滄洲嗔取吳娃揚棹謳男兒二十不
稱意芒芒觸起平生愁馬坊自教諸奴子不道英雄竟
如此世間無復常將軍誰識溫生大才士金盡交不成
薄俗還相輕胸中塊磊平不得裸身大叫千秋亭感君
意氣握君手昂藏肯落他人後一笑黃公壚畔春蟻羸
蠙蛉竟何有絲履貽璧者寶鏡贈盲人擾擾塵中了誰
能識君眞君才奇絕誰與隣湘江波浪巨艫雲揚眉吐
氣造我語相對都非億傒人還愁兩地雲山隔倉雁頳

魚嘆寥濶蘭陵美酒廣陵花相思共望天邊月時星城就館毘陵玉琴買舟維揚去矣風流雲散言之憮然
懷朱大
庭院梧桐老思君又一秋萍蹤無任着魚信久沉浮八
表停雲暝三更落月愁錦函珍重字爲倩致書郵
孤館靜愔愔憺彈玉軫琴懷人當永夜見月上疎林紙
帳迢遥夢寒燈索寞心唯餘蛩四壁徹曉伴愁吟
夜泊山塘
一枕秋涼蘭槳風繁華舊國水煙中蓮花院落歌聲脆
卍字闌干燭影紅七里鏡塘愁越女三分壁月夢吳宮

眞率齋初稾　卷二　七

誰憐青翰舟中客螺墨香箋賦惱公
秋夜詞
銀河水影漾琉璃七寶窗開月漸低連愛纈暗殘夢斷
相思句帶遠愁題芳幃夜靜偎涼玉芸閣風微觸碧犀
牛女合離誰管領雕陵烏鵲汝南雞
紫磨纏臂玉搔頭少小珠娘不解愁綉閣炙笙調鳳曲
花盤瀉水貯蟾鈎薌無燼冷三霄露繭香殘七日秋
屧箔蝦簾人不到獨拈羅帶看牽牛
冰肌新試麝蘭湯杏子花紗貼體涼一剪香風迷迭檻
半牀華月昔邪房銀虬貯水丁丁咽鐵馬敲更細細長

行過芳塘遮鳳燭，恐教驚起睡鴛鴦。
花琯無聲月杵停，夜雲如水遠空青。凉宵夢壓狸毛席，曲院鐙明猩色屏。酒瀉蘭尊酬七夕，箋書錦字讖雙星。摩訶池畔嬌無那，怕聽風吹九子鈴。

碧檻

碧檻通蘭館，珧牕隱翠樓。月從蓮井墮，雲入錦屏流。懷探支機石，槎通聚窟洲。貽椒箏院杳，贈芍瑣牕幽。傳面龍綃粉，膏鬟蘇合油。桂紅春一捻，蓮印玉雙鉤。翡翠酣春帳，芙蓉夢雨稠。酒緣薰醼釀，花爲助情收。嬌鳥青絲籠，金魚白定甌。小詞翻越調，急拍按凉州。草可名銷恨，

眞率齋初稿　卷二　八

蟲應號叩頭。傳釵巫女艷，解佩洛娥羞。子夜聲聲苦，辛夷樹樹休。鵶啼金井院，人上木蘭舟。遠盼文鴦會，訛傳紫貝浮。空房香膽怯，圓鏡澹蛾愁。寂寞蛩螿夜，飄零菡萏秋。蝶充通夢使，雁作致書郵。錦軸朝彌勒，新詞怨蹇脩。銀河一水曲，脉脉盼牽牛。

採菱曲

妾家住銀塘，遶塘菱葉香。採菱濕槳去，水共離愁長。紅巾綠袖揺輕櫓，青鴨灘頭人不渡。西風昨夜吹素波，萬花凉雨蘋花露。安得菱四角，生向郎車輪。郎車不得行，穩醉橫塘春。橫塘屈曲道，鸂鶒鴛鴦少。莫照菱花鏡，愁多顔色老。爲報隴頭人，歸時須及早。

畫船

曲渚魚鱗浪，迴堤雁齒橋。繽紛張錦幔，容與泛蘭橈。羅襪凌波步，瑱煙貼水飄。半篙新漲潤，七里淥塘遥。網戶垂銀蒜，瑚牕嵌玉珧。簾編湘女竹，扇剪美人蕉。綵絡調歌鳥，珠鈴繫雪貓。叩舷洪藥岸，解纜藕花潮。迷迭含芳長，蘅蕪爇火焦。繁華今好在，香粉未全銷。午夜開華宴，辛房出阿嬌。約黃孫壽額，束素小憐腰。粉鏡千回照，雲梳百遍撩。眉長匀綠黛，髮膩鬟珠翹。彩盌猩唇煮，碟杯桂露澆。風微衣麝散，帆轉酒鱗揺。射覆園蟲豸，攤錢喝

眞率齋初稿　卷二　九

雉梟。怕成泥絮果，休負雨雲宵。促坐心相印，搴帷目屢招。犀筒銀液減，蛤帳守宮銷。催賜纏頭錦，還留繫臂綃。鴛鴦一夢覺，煙水兩迢迢。

姑蘇無梁殿歌

殿純以磚石累成，相傳宋南渡時所建。

寶津樓起京東陌，快馬輕車運花石。土木餘殃尙未銷，貝闕琳宮藏械骨。突兀銅烏鐵鳳翔，半空花雨散天香。搆成馬寶千尋殿，不用龍身百尺梁。磨磚累甓推能手，不識經營是誰某。世遠寧愁蠹蟓侵，地靈好教獅王守。亂草荒榛屓贔高，斷碑風雨認南朝。南朝柱石今何處，

輸與禪宮結搆牢金牌十二馳飛鞚風波三字孤臣痛
萬里長城一旦傾誰與王家作梁棟此殿糊成讖兆奇
當年讖語是耶非脩羅龍象空神力甲騎西來勢不支
懺炎祈福虛言爾雪窖氷天道君死毳幕千群戰血腥
宮草蕭條土花紫江水東流作怨聲偏隅臣搆竟偷生
金繒盡付明駝足那有餘貲給化城罡風吹盡連雲宅
畫棟文榱竟何益剩得旃檀祗樹林猶記炎興舊年月
紺宇嵯峨向日開摩挲古蹟爲徘徊笑他大厦高如許
秖有針頭木屑材

酒僊歌

姑蘇王氏女自號酒僊名倡也能倅斅日惟啜
酒啖果而風貌特異爲作長歌紀之

美人家住吳閶路羅襪盈盈振僊步借問當壚有幾年
碟椀磁盃伴朝暮呼來對客笑臨風酒暈臙渦一抹紅
獺髓神丹勻瑪瑙璃壺清露醉芙蓉粧臺珍膳餐桃李
卯飲纔醒試羅綺自言生小住橫塘不識猩唇鯉魚尾
橫塘瀲灧麴塵波象管鸞笙唱棹歌但得半江成玉液
不辭千盞泛金螺麝臍香撲玫瑰枕紅玉娥娥驚華髮
檀奴若解送縹醪抵得纏頭百梭錦媚眼微含似有情
侍兒扶起倚雲屏長齋也願飯彌勒薄命還應嫁麴生
一樽薰醲靈妃送瑣骨珊瑚跨花鳳盼得他年塵劫空
糟邱臺上遊僊夢撥悶拚教典鸘鷞邀來消渴長卿狂
歌樓春色濃如酒不辦柔鄉與醉鄉

姑蘇彌羅閣天神像歌

參陽寶閣連雲開銅烏鐵鳳高崔嵬青霓叩額通帝座
鞈鞁神物憑虛來我聞明代真人出叱鬼呼星擅奇術
綠章夜付小心風丹爐曉鍊重瞳日鑄就幾猊噴異香
混元天界睇微茫觚稜金爵開元闕翠甃雲旓拱紫皇
羣神環侍威靈壯晝戟瑚戈屹相向兩面森羅狒狨裝
三霄警蹕麒麟仗殊形異態窮秋毫肅立左右如趨朝

身披虎皮血斑剝腰垂鷹翅毛森蕭當年召神神不怒
篆字朱符不知數神龍掉尾下層雲寶馬搖韁踏寒雨
靈麘華燭光糢糊百靈彷彿來馳驅獰面魔王被金甲
高鬟天女投玉壺擲沙範土肖靈怪燒盡劫灰身不壞
天上曾聞十二樓人間陡現三千界我來排雲謁紫宮
神光閃爍入眼中心寬炫晃難自主坐覺一氣迴鴻濛
凭高下視如元脅珠斗闌干手堪擥地古常疑黑霧屯
年深不怕罡風撼縹緲疑登白玉京翩翩欲跨紫鸞軿
瑤墀碧瓦曾相識我亦星曹舊有名從知造物真豪縱
列缺虀廉走羣從手攀鐵鏁下丹梯嗒然若醒鈞天夢

夜探若氷洞

山氣夜冥冥陰崖守巨靈松荒聞鶴語洞古帶龍腥一徑破雲白雙峯削玉青坐來煩慮遣泉韵入清聽

盂蘭盆歌

毘盧澆酒荒山菴紙錢燃火紅酣酣青霓叩額供伽藍左竈右竈趨趨蹇彩蚪揺尾秋潭去一逕燐蘿鬼相語荒荒闇月青無光幽壙秋螢散如雨妖狸拜斗戴髑髏夜深破塚松杉秋畫弦淺促素管愁空山陰雲凝不流黑風吹霧野田下蒼鼠成羣踏殘瓦一派斷聲蒿塢空鬼伯避人鞭石馬蠟光顆顆旃檀銷郊原碧血悲號號

山魈攫飰歸古墓千載冬青啼老鴞

訪邵大星城幽居

孤館忽不樂言訪仲蔚園稚子啓柴扉邀客坐前軒殷勤故人意欵曲清夜言幽棲城市間疎曠如荒村哀草被古石垂蘿絡頹垣夜涼秋在樹月明潮到門堪領物外趣杳無塵中喧握手相顧笑古道期勿諼

夕泛蓉湖因訪某氏廢園

秋色在蘆花明湖浸斷霞停橈漁子渡看竹野人家古堠迷歸騎平林落暮鴉栖栖兎園客惆悵負年華

秋夜

老樹得秋色虛牖延夕凉幽人愛清曠躡履下高堂時當仲秋節雲物蔚蒼蒼華星入池靜明河界天長悵悵人有懷迢迢夜未央松巖月色古花林露華香風景非不佳同心隔兩鄉願待重九日邀君醉壺觴

客館孤坐

孤坐聞西風離愁夜來積徘徊巡前除秋氣何寥寂庭延露氣寒池浸煙華碧冷蛩揚哀音征鴈厲歸翼景物日凄其羈懷若煎迫休文旣善病何堪長作客明日東輕裝願言理蘭檝

吳門與顧大笠舫夜話

三更青海月流影滿寒林喜與故人話不知秋夜深風威搜暗牖露氣冷枯琴對此感遲暮還爲遊子吟

舟中

孤客踪無定停橈便是家水深魚跋浪霜冷鴈眠沙落月澹楓樹疎燈明葦花懷愁不成寐斗柄又西斜

懷星城

細雨聞孤鴈思君淚濕襟登樓望天末愁與白雲深蟲齧狸毫管塵淹玉軫琴欲持丹橘贈共勵歲寒心芙蓉墮殘露湖水澹無波不與美人共其如秋色何雁行依斷渚蛩語伴殘莎離思渺安托臨風時浩歌

偶效長慶體四十韻

亞字紅墻畔交鐶洞戶邊冶遊逢小小雅步認娟娟髩
東斜侵雁粧菱巧襯蟬額塗黃子薄翹插綵珠鮮唇窄
猩猩艷腰纖燕燕翩羞郎回笑面彈鵲緊喚春廚衩蜓
毫纖單衫惹葉纏帕低榴子染袖效柘枝揎乍見柔奴
面因之別緒牽相思乘月訴密信託風便青鳥雙飛翼
蓬山百尺巔愁多成夢幻思發占花先擊節歌聲脆彎
弓舞影躚桃腮勻膩粉筍指傳香鈿黛帳烘獅錦瑁樓
籤翠錢瓜牢凴檻剝蔣慁向爐煎珊鏡千回照金鍼半
晌穿回腸攢束竹暗淚貫紅泉葵扇捎蝴蝶珧牕聽杜

真率齋初稾　卷二　十四

鵑鳥絲題往事錦瑟負華年茗艼非關醉朦騰不爲眠
銀虹飄落蕊粉麝斷雙燂芸閣晨朝佛蘭衾夜與天繡
成花婀娜書就字洄聯萱草凝長恨梅花報可憐寶奩
金屈戌茱幔鍋連乾翠煥紅香候薰風遲日前璇臺休
蹤跡彩板拆鞦韆佳會今虛矣行蹤昔宛然遊曾過鶴
市館爲啟芝田消渴三年病當壚一日緣弓寺拾翠跡
宛宛采菱船月九笄笙鬧春三士女喧鶯花同繾綣泥
絮兩纏綿唾裏留華碧分釵顯鈿堅行雲人薄命抱日
夢難圓愁緒金城鎖啼痕玉筯濺嗡殘書鏤管寫遍行
波牋去日煩珠記幽衷盼葉傳盤塡紅豆熟相望渺瀼
淺

懷宋大

蕭寺在何處疎鐘隔水聞樹聲全作雨山氣半成雲問
世誰知我臨風獨憶君哀吟天北雁亦似惜離羣
趙壹窮如此休文病到今高懷正寥落日晚倦登臨駿
馬千金骨神鷹萬里心惜哉時不遇歲暮百愁侵

驄馬驅

龍劍金塗鞘犀羈玉飾鞍報讐言一諾射虎路千盤月
黑陰山險風高易水寒封侯何處覓揮手渡桑乾

過錦樹林弔玉京道人墓

真率齋初稾　卷二　十五

嬌魂夜泣茱萸嶺淚花飄落燕支冷流作山根一掬泉
寘寘照出棠梨影仙姬蛻去荒山巔哀螢如雨飛愁煙
古臺石磴人不到土花千點圓如錢秦淮流水鍾山月
斷雨零雲歸不得半畝黃蒿長似人下有舊時歌舞骨
嚴頭飄落椒花紅凄凄破塚吹桐風遊魂莫戀板橋路
雌龍悲嘯秋江空慘澹楓林夕陽下蒼狎蹢碎鴛鴦瓦
一剪幽蘭帶露啼錯認卿家寫生書向空澆洒倒銀甖
西陵翠燭光熒熒風鬟霧鬢渺何處老鴉弔月啼冬青

夜來香

知爾媚人處秋宵枕簟凉有花皆似藥無夜不生香磁

椀蕭新𦶜（吳人取以瘖茶）瓊臺助晚粧遶欄多菊婢未敢妬芬芳

獨不見

曲逕長蘭芽春歸盧女家愁粧掩鸞鏡別夢繞龍沙桂月圓留影鯨燈細吐花含情獨不見玉筯萬行斜

眞率齋初稾卷三

梁溪楊芳燦蓉裳

織錦曲擬劉豫章

華風吹薄寒壁月流輕素樓中織錦姝含情朝復暮玉勝綴珠瓔朱絲垂伏兔琮琤雜佩鳴簇簇金梭度網戸掩青苔秋蟲向晚催天寒絲縷脆欄高杼聲哀橫波巧能語彎蛾鎖不開盈盈半綺房的的見紅粧杏子衣裙短蓮花裙帶長一叢金翡翠八幅紫鴛鴦殘絲不可斷似妾愁心亂機中艷彩凝機頂流蘇顫髻滑蟬瑶簪衫輕露粉腕細文魚子纈雜寶皴珠串剪來雲縫迸洗出霞光炫永夜獨含愁良人戍隴頭襯以寒蛩礙兼之飃子裘風霜滿西塞刀尺在南樓征衣宜早寄爲倩致書郵

普梨曲

東魏爾朱榮作今亡其詞卽借以咏其事

祁連池畔鬪簫鼓白飣蠻奴健如虎手中七石寶雕弓射殺襃垣一雙兔五千赤棒追陰風馬蹄蹈處妖氛空貂袍鸞帶趨紫禁將軍跋扈矜奇功西林校射開華宴鏘鏘彩仗流蘇顫馬汗橫流碧玉鞭雕翎巧避烏號箭城陽起舞何婆娑酒酣拍地歌回波宫中美人衆長袖

滿空颯纚元雲羅河橋甲騎煙塵亂妖星森索橫天半白蚪天子握金刀十指琤然夢中斷伽邪（陳留王小字）留客華筵高燃頃百盞紅蒲萄醉覓沉沉與不醒血腥濺上千牛刀

里巫謠

日次角尾年壬辰冬氣和且溫陰氛雨濕薰蒸鄉邑疫癘訛言沸騰里中一老巫能作迎神送神舞自云見鬼面目識鬼言語邀人迎之來戚戚泣涕告以故老巫膛目大言鬼神俱怒汝一巫從外來百鬼跟蹤後頭隨齒牙作光怪空屋索索陰風吹室中離立翁姥一一面色

如土灰曰擇月之日冥鏹百萬誠當治可憐鄉老公扶杖匍匐前致辭牽率衆童穉再拜稽首乞哀醲清酒烹黃雞家貧無肴神鑒之老巫色忽變代傳鬼神言徧檢地府籍汝壽當止此我神微有權爲請上帝宥汝死鼓鼕鼕香烟熅風車雨馬遨且奔分肴醵金巫出門里人愁老巫樂合家閉門嚼復嚼東鄰糶斗粟西家典破屋荒郊窶婦三日哭

夜過楓橋

湖水綠迢迢中流漾畫橈雲埋齊女墓山鎖伍胥潮狎客靑驄馬嬌郎白瑁簫繁華看不盡乘月過楓橋

秋晚

竟日雨霏霏尋秋客到稀幽花寒不落獨鳥夜還飛石罅泉聲細峯頭樹影微誰憐張仲蔚寂寞掩園扉

懷洪稚存

雲擁陽烏去風隨朔雁來故人不可見孤抱幾時開牢落安仁思凄涼庾信才行行臨水柳吹葉入荒臺

獨立蒼茫外霜花冷佩刀他鄉消息隔昨夜夢覓勞明月蛩吟苦寒風雁影高蘭茗盡搖落休續楚離騷

雨中南軒賞菊呈賁谷四叔氏

種菊軒之南幻成衆香閣霜葩盡拆裂翠葉相交格飛

仙下三山繁星羅六幕瑪瑙盤熒煌珊瑚枝戍削九光紛陸離千色爭灼爍颭颭被甲鱗矯矯插翎鶴（鱗甲鶴俱菊種）之最高者煙霞歸部伍沙石就鑱鑿奚奴運瓴甋圍官握鉏钁幹弱截竹撐枝曲壁椶縛剝蘚護根株篩泥去礫硌偃石見尻脽鈌崖豁齦齶有如伏獅豹或似立猱玃隊隊各異態一一非苟作軒窗八面開斗室數弓拓廣除屋掃灑素壁新粉堊琴彈柳雙環棊共井三箭小爐宜德款古帖元和脚虛堂陰沉沉鼻觀香漠漠天公酷相妬雨師惡作劇鸜鵒一足跳黑蝀千頭躍雲煙互變滅昏旦兩參錯長湖翻波瀾遥山滅巘崿蝦虹伏不出陰

氛黝而惡滑澾掩紫荆瑣碎劇蒸藿一錢買粔籹十日餐傳飥街衢積泥濘朋儔遂跡索三冬吟興同幾處相思各辛我東籬景負此黃花諾吾家老嗣宗才思浩且博示我倒井篇淸詞謝丹雘（是日叔兄出示若雨詩見極工）移時相招呼取金出私橐言成竟夜歡奚止百錢醵座上無雜賓分班叙華萼張家敷演鏡劉氏威儀綽探幽談兩說劍辨干鏌冥茫心髓兵詭怪夢應噩須臾陳圓方雜沓羅杯勺細炙通卬魚爛蒸披緗雀商量及醯醢狠籍到羹臛犀尊一手擎羊裘半臂著覆從盤底射鈎向㢠中捺拇戰叱亦叱頤張嚼復嚼被罰互揶揄得雋大嗢噱

有觸即成趣善戲不爲虐枯腸生光芒愁城脫扃鑰蕭寺半夜鐘譙樓百聲柝徑醉我不辭曰歸卿且莫樺燭紅漸銷鳳莽翠初瀹莫問地主誰爰叙天倫樂酒懷各昏酣豪興愈騰踔神鷹摘鞭絛駿馬脫羈絡曼倩善恢調長卿少落魄日月雙跳丸古今一邱貉會須放形骸胡乃自束縛我聞老農言今歲稻新穫安得黑白秫釀成下上若與酒同死生對花歃盟約遨名亂觥籌呼兒縛郭索醉許卧芬芳醒便餔糟粕狂言自驚妊一笑天宇廓

月夜

忽見高峯月光含萬里愁兼之玉關鴈聲散一天秋落葉寒無影凉雲澹不流年來豪興淺怕上庾公樓

亦齋兄出險韻見寄作此答之即用原韻

詩骨無緣脫凡近螻蚓蛟螭不堪問寄人籬下竊自笑陶謝曹劉强依傍銳師屢出壓孤城豚上何堪瘠牛僨蕭齋吟咏日兼夜燃盡膏油重束緼祗云狗尾續貂莫笑佛頭偏着糞韻穩應同精騎排格嚴莫似殘絲紊頻展硬黃吟好句便思浮白傾良醖推敲險似角强敵位置難於治劇郡礱磨雕錯出人工磊砢權奇任天分直言肝膈盡傾吐不向史書誇摭捃兄也雄驍脫羈靮

追隨那許如驂靳相逢擬效轆轤體屢次遺賡𤸃絮韻三椽茅屋耐奇窮十紙新詞洩孤憤將文吾欲守其樸蠹伏者飛蹋者奮荒園離立筆成冢破袖斕斑墨生暈可憐雕琢費精神詎云炫燿求聲聞任他塵世笑書淫自署蕉牕曰嚚隱

深院

深院雙梧樹連宵作雨聲西風吹不任凉意滿江城葉脫寒蟬去巢孤倦鳥驚高齋人未寢坐待月華生

古墓

黃壚一片塋繁華壞道年深塌淺沙魅氣着人狐拜月

憐光照骨鬼思家古碑字滅苔添篆病栢根枯菌作芽猶有兒孫來上塚夕陽爭飯噪飢鴉

可園 姑蘇作

柳陰行幾轉斜日畫眉啼仄徑界寒竹飛梁橫小谿風塵容暫憩泉石似幽棲莫道秋光澹早蓮開欲齊

滄浪亭弔蘇子美

蛾眉遇謠諑湘水哭靈均何意盛明代偏餘放逐臣文章留勝跡口腹累才人我亦狂歌客臨風淚滿巾

暮鴉啼不住斜日滿空亭芳草四時碧吳山一面青風霜凌檜栢龍象護碑銘爲續騷人些精魂去杳冥

聞砧

我本無衣客時愁霜露侵那堪當永夜不寐聽寒砧明月閨人夢西風遊子心哀音吹不斷爲爾淚盈襟

懷可齋兄

何處吹長笛嗚嗚作羽聲愁人懷遠道孤坐數寒更焦壘妖星動蠶叢鐵騎行倘逢西去雁爲我寄離情

落日牕中坐擬盧武陽

斜日照雕梁秦娥罷晚粧衫輕露珠釧袖長垂玉璫花壓垂鬟影風傳細語香寄言同心伴明日踏春陽

戲場轉韻擬薛司隸

吳趨佳麗地士女重遨遊華筵徵趙舞曲部選齊謳衣香散蘭閣花影護珠樓臨衢金絡擁夾道鈿車留倡女紅裙嬌妖童綠幘鞲相逢各歛笑對面不成羞婆娑畫鼓撾百戲迭相誇團欒歌扇麗閒遝綵幔遮妙舞如翔鵠高旨若盤鴉帶裁翡翠錦袖織荷花細腰生楚國玉貌出盧家燈燃蘇合油屏列靈鸞燭竟夕按節歌當場吹管逐細度廣陵散慢摻漁陽曲鈿笛和鳴鳴金槽彈續續彩仗顫流蘇假面塗朱綠漏滴玉虬寒宵深興未闌既躍公孫劍旋弄宜僚丸袨服生光耀婉轉回宮調白雲停不流華月低還照千回檀板敲一面紅粧笑

翠釜點駝酥金壺沉瀣多桂樽陳百味猊爐焚四和姍姍曳長袖的的見橫波坐有多情客聞歌喚奈何

裁衣曲擬劉庶子

星光懸綺閣月華燭幽房愁人不能寐夜起裁衣裳細錦蒲桃色輕羅鬭麝香針孔穿衫袖花枝繡裲襠初懸陽燧珠旋爇驪龍燭霜落鴛鴦瓦雲度蜘蛛屋雙雙垂襻帶一一成袙複辜橫象牙尺樹展狸毛褥白憐纖指寒爲愴緹光促盈盈網戶前雅步最嬌妍紅簾一桁捲茉幔半鈎懸絮用同功繭熏將百和煙裁縫猶未半淚點斑斑滿不知腰大小猶記身長短雙鈎剪刀響八幅

回文亂屑金塗熨斗斳玉纏參管休同細葛捐好代雕
爐煩獨夜自沉吟相思力不禁水冷雙魚杳雲高一雁
沉好憑隴頭使寄向燕山陰胸前雙郄月千里照君心

近而不見擬王左丞

陳后長門愁班姬別宮老碧檻落衰螢瑶階長秋草花
影轉房櫳雲屏微曉空霜凋庭下綠病損鏡中紅盈盈
鳳樓上含情各相望銀蒜水精簾珠繩雲母帳絃吹趁
風來西宮夜宴開舞扇裁圓月鈿車應薄雷君恩渺何
許凭闌淚如雨銀河一水間脉脉隔牛女

題水愁人集後（集爲邑才媛龔靜照著）

七寶樓前侍書女身跨青鸞入瓊圃剩得紅箋一卷詩
猶是九天珠玉吐怨雨愁風不可聽從來香粉易飄零
蒿墳鬼唱寃銷句瑶瑟人彈腸斷聲郿家少小金閨倩
白玉爲膚花作面粧閣朝翻翡翠箋鏡臺夜洗琉璃硯
東南初日照秦樓未嫁羅敷不解愁繡譜新描拈黛筆
裌衣初試倚香篝鸞歌鳳吹嬌鬟媵畫堂誤受紅絲聘
可憐文采瀜浮塵　才華宜薄命荆棘銅駝帝業殘
蒼茫漢月照衰蘭靈均竟賦懷沙去弱女空閨血淚斑
年來年去空惆悵含愁倦倚芙蓉幌惆同謝女擅風標
詎意王郎在天壤拍碎珠徽玉軫琴此生拚不遇知音

條條斑竹空樓怨菂菂紅蓮獨夜心綠隱朱戶蕨甃鎖
微吟猶擁青城坐酒覺多情入夢酣花憐有封隨風墮（用集中成句）
一瓣心香爇上眞願兒莫作有情人祇今蠹尾
蠶眠字猶是珠啼粉泣痕燃脂弄墨文焉用身世淒涼
爲卿慟零紅蕩漾怨東風流水桃花春一夢（桃花流水漾零紅集中句也）

爲李大笠塘題狂飲圖

櫧皮欲脫椰花黃龍頭點滴冰蟻香披圖一笑認渴羌
玉缸滿貯蒲桃漿金錢半囊那足惜大呼索郎召歡伯
觥船行酒計以百醉來不覺中區窄會尋括頸雙車輪

留客劇飲客莫嗔如泥爛醉銅鞮春李郎果是青蓮孫
黃公壚頭春日暮脫帽科頭鎮西舞歸來著得酒人譜
洛市中山盡千古官奴醉共羣豕爭幾卿笑拉三黥行
隣家甕底眠初醒拍浮酒池了一生人言覆瓿布易朽
卿說糟醃更耐久生前好盡一杯酒身後虛名復何有
我昔曾醉東臯家瓊杯瀲灧飴丹霞嘈嘈仙樂雜琵琶
女兒勸酒嬌如花前緣零落那能記鎮日凝愁轉成醉
積生狂嘯阮生淚乞食行歌不得意世人鼻間生酒魔
一滴入腸已覺多鸕鷀長勺鸚鵡螺有酒不飲奈酒何
劉伶墓前長秋草得酒應須放懷抱魚鳥流連隨處好

速營糟邱我將老

舊姬有怨

衾寒夢不成夜永愁偏重花發去年枝入懷舊時寵

詠照鏡

誰贈盤龍鏡高城百媚郎長眉輕貼翠廣額細安黃對影雙鬟笑迎人兩面粧還疑紅薔苔流豔到銀塘

薄暮動絃歌擬梁元帝

青海月初上朱樓樂未央風吹珠襪冷花落玉釵香媚靨遮檀扇清歌遶畫梁莫愁歡易散虬漏入秋長

橫吹曲

好女嫁健兒鴛鴦配鴿子鴿子飛不歸鴛鴦抱花死

可憐隴頭水只向陰山流邊地風霜多凍碎鐵鉦鉾

獨坐空房中妾心愁不樂箱箱錦裲襠郎去那用著

南園好花樹怕被春風吹老女無好顏持此屬阿誰

擔飯常苦飢逐馬常苦疲郎不得女力焉用同居爲

歲暮有感

霜落荒雞咽城高急柝哀一年愁裏度萬響靜中來古樹鷹風勁平沙蚌月開燈前看雄劒鏽澀漸生苔

讀楞嚴經

維摩榻畔炷沉香佛土端嚴七寶裝苦向瑤清尋故我好從金葉問空王微禽化蛤千年幻弱絮爲萍兩世忙悟得浮生無別語塵緣濃處早迴光

玉簪曲爲徐楡邨作

美人家住吳趨坊雲髮鬖鬖覆額長寶盒細勻桃瓣粉金針新繡藕絲裳風流公子徵歌舞曉日香奩畫眉嫵烏骨簾開凭玉闌鵾筋絃急調金縷自言少小住珠樓小字生香齒荅秋當筵訴出飃零苦一剪嬌波淚暗流羨君年少輕華子不惜紅顏爲君死象牀蛤帳煖香融歡愛白頭從此始交頸文鴛戲綠莎橫塘打鴨起驚波紅膏空印綢繆字綠綺難忘宛轉歌溪頭狼籍夭桃片

阮郎一別何由見繡被煙寒鵲腦爐銅壺漏斷蓮花箭擲碎搔頭碧玉簪好憑花使寄知音卷葹甘作無心草翡翠原名並命禽相思判守情天老嬌嚀玉鳳佳音報寶斛平量衛尉珠鈿車緩出青樓道麝衾豹枕九微熏抱日檀奴癡若雲花底笙聲呼小玉風前鬢影看文君從來美事多儔㑭長條幾折他人手花盟繡譜舊姻緣他年好續章臺柳

月夜

一彎珠海月送到可憐光影射倉琅鑰寒生蘇合房越蟾晴吐暈秦桂迴含霜織錦誰家婦停梭怨夜長

鄭櫻桃歌

霧綃衫袖珠襠襦纓腰寶帶雕珊瑚娥娥花顏白玉膚不讓霍家馮子都粘雨樓前陳百戲蘭燭熒煌照金翠按拍當筵宛轉歌綵雲艷雪紛紛墜可憐越女紅粉粧屑檀作飯輕軀香羊車不到深院閉盤龍明鏡愁無光溫香渠繞離宮下淺笑輕顰鬭容冶四時浴室貯燋龍七寶射場盤宛馬黃頭郎君作弄臣一身占斷椒房春象牀夜薦琥珀枕鈿車日坐鴛鴦茵妖星屬地金戈動鄴城門外誰陪從錦障瑤餅蹈作泥芳塵臺觀春如夢

陳宮曲

無頭小兒船底喚今年安樂明年亂黃奴此際還無愁離宮更起齊雲樓鑾紋八拍曼聲變錦箋五色珠光浮葡萄百斛連宵飲玉樹瓊枝薦華寢剩水殘山持與人換得新詞艷於錦蟲飛天北聲如雷高原盛草燒成灰長江衹一衣帶水北兵投柹橫飛來碧雞曉唱樽桑頂珊枕凝寬呼不醒結綺臨春未足誇藏嬌別有燕脂井

咏薑

白日長饑自荷鉏霜前露下出嘉蔬相如有賦名曾托子野無緣饌久虛紅指儘供畦叟俸白芽新到故人書許他秦桂堪同傳辣性生成老不除

城頭黃雀啄楊花吹入城南少婦家少婦幽閨怨春色拾得飛花淚霑臆道似長安輕薄兒去來消息少人知七香陌遠尋春早百戲場開入宴遲挾彈探丸杜陵路走馬鬭雞朝復暮燕市爭誇俠骨奇秦樓誰惜紅顏誤蠹粉黃侵文柱梁鴛鴦幃綠爐金香空巢燕去殘泥落瓊砌人稀碧草長春深小苑繁華競可憐孤負新粧靚紅豆拋殘不教歌紫珍拍碎慵看鏡日暮鴉啼金井闌貂褕翠袖澀生寒一彎珠月掩却銀屏不忍看

冬夜寫懷三十韻和顧大笠舫

寒月挂松杉光流百尺巖艮朋占渙散積閟費鉏芟華嶽千峯矗龍牛二鳥岬燃脂翻薤篆築室貯琅函利器韜鋒鍔蛾眉避謗讒着鞭爭道路尋味異酸鹹並命蛩將駏攻瑕功與瑊相思碧雲暮托意錦書緘破朔青銅劍荒畦白木鑱途窮悲趑趄語拙勞詀諵好古余眞誤躭詩子更饞才招窮鬼愛書遣墨神監星宿憑掎摭元黃畀刻鑱高文光爛爛雅奏響渢渢蒸髮嗤劉峻輿薪效畢諴奇材儲梠栢絕力扼熊麃事業千秋在牢愁兩地咸難謀千日醉発着七斤衫世味如雲薄人情類兎毚全身棲枳棘衆足避巉岩莫笑卮言妄休嫌筆陣饞

蓉城花是倖麴部酒名銜磊砢才無敵驍騰骨不凡騁
鷹張健翮櫪馬趁驚飈玉埴雕詞八寶嵌射生
旗獵獵執燭手攕攕乍捩衝風柁旋廻架海帆揭來誇
軼宕崛起謝扶攙名許丹青勒歸將苓朮劉男兒懷已
遂從此老嶔崟

行行且遊獵篇

昨宵雪壓赤亭口黃塵匝地寒雲厚玉帳齊開射虎弓
平明好試擒生手百里圍場獵火燒龍旌蛇幟捲雲高
錦襠八幅蠶綿煖窄袖雙縫兒甲牢嗚沙一望平如掌
耳後生風姿颯爽蹴地名駒赤汗流帶霜勁箭烏翎響

蓮韡金縷醉顏酡十五胡姬細馬馱檀槽慢撥平凉調
蘆管橫吹入塞歌細柳營中撾畫鼓置酒張燈月未午
半臂斜披紫鼠裘千盃恣吸青羊乳風毛雨血塞垣長
磅礴齊更回鶻裝鐵鏇鎖牢雙健骹佩刀斫中一黃麞
碧眼胡兒夜吹角白狼河北星芒落但博華筵一夕歡
寧知絕塞千夫哭儒生悔不渡桑乾憔悴江關短褐寒
著得長楊遊獵賦青燈老屋背人看

狂歌行贈華六雲驤

貴不得萬戶侯壯不作千里遊挾鉛齋素上几席臣等
齷齪何所求平生傲岸知已少逢蒿三徑客不到崑崙
山頭海門島負雲孽浪逢二鳥喙長三尺儘傾倒君才
似儻無與儔蟲書鳥篆窮冥搜豪健不耐爲詩囚詞源
齊縮不得流一瀉恐教星辰愁燈青月黑孟冬夜城頭
嚴更四五下緇經摘史未能罷與酣斫地地成罅古今
豎子何足罵丹黃狼籍箋離騷陵魚蒼駟降泬寥龍堂
貝闕雄虹旟薜荔荃蕙辛夷椒迸入彩筆光芒高窮愁
騷鬼揶揄汝公乎莫受靈均誤何不習農更習賈酒闌
歌罷我心苦空山啾啾神靈雨

子夜歌

願將雪藕絲織作蓮花錦八幅合歡被夜夜薦華寢

三尺簟文綃要郎作誓詞不願情更厚願如初見時

眞率齋初稾卷四

梁溪楊芳燦蓉裳

天璽紀功碑歌

岐陽石鼓商目古嶧山秦篆文章遒史籀李斯作禍首鐫天鑱地無時休後來碑碣蝟毛奮銘勒功德紛嘲啾瘡瘢剜盡萬片石營運歷幾千頭牛誰何桓碑立而怒古藤蒼蘚交相樛鈌畫不辨篆籀隸斷趺迸碎龍蛟虬血花土繡色剝落霜鱗雪甲寒颼飀手摹口誦恍有悟東吳年月鐫螭頭我聞東吳昔開刱猘兒俊健非凡儔秣陵片土抗洛蜀柴桑一旅當曹劉未孫不肖足可惜

仲謀諸子豚犬流天禍人國出祅讖臨平怪物聲咿嚘渴鯨驚鼠馮夷舞水心捧出琳琅球平明獻瑞受朝賀諸臣媚子咸傴僂濡筆撰述東觀令蟲書鳥篆工雕鎪刻石垂後詔曰可贔屓岌嶪蟠山邱阿童阿童銜刀游誰家三馬雄如彪上流木栜蔽江下撾鼓夜發龍驤舟千尋鐵鎖鎔作汁縈華寵裏屯黿鮲降幡一片城上竪泥首銜匃迎道周徹明野火燒第宅連營健卒排戈矛此碑橫被兵燹厄可憐滅沒蒿與蔞深宵月黑跳猿狖空山燐暗堆骷髏纍作馬槽刓作臼亦常理耳吾何尤寧知神鬼默呵護不遺古物淪九幽轟雷掣電發光怪排沙扶石相爬鉤羅致黌序永不壞敦雖夔虎同千秋從來刼灰燃不盡萬事變滅如浮漚敗壘猶聞形赤壁故臺誰復尋環榴荒陵盜出白玉盌纖兒擲破黃金甌爭如天璽一片石屹然閱盡滄桑愁

贈劉古三

寒梅野橋路微雨散如絲以此銷魂景偏當送客時生涯書籠似心事海鷗知遠渚搴蘭杜臨風贈所思

三弄南樓笛離聲不可聞丁年長作客甲觀蚤期君歸夢龍峯月鄉愁鏡水雲西牕風雨夜何日共論文

折花出擬江令君

花壓蜘蛛屋香繞菖耶房嬋娟彼姝女當牕理新粧裁金貼圓的散麝點微黃衫織連枝繡裙垂七寶璫搴帷曳珠舄上砌折紅芳折芳好遙寄春色方韶麗風敲雕玉釵露濕纖羅袂新光映臉霞艷霧籠雲髻上頭憐獨蔓入手嫌雙帶柔蛾繞樹飛海蝶縈空戲顧影獨含愁看花轉凝盼凝盼不勝情南枝帶笑迎嬛屧紈巾影琮琤瑤釧聲葉高粉腕怯枝軟細腰輕鬬豔鏘鬟戲分香同伴爭殘花不可掃遥憶關山道雕苑落櫻桃芳汀萎蘭草花落花更開人愁人易老朱顏偏易改綠鬢難長好中園邊鴂鳴芳時知不叅薄暮涓𥟇邊歸途趁翠㷉

綺霞初映水華月乍流天踏歌送佳節望遠惜華年巵君早旋返折妾片時妍

長歌寄顧大立方朱大紫崖

長風吹明月初向南樓見把酒懷故人凭高淚如霰憶昔握手南城壕骨骼俊健如生猱虎頭下筆最神俊髯也磊落人中豪機才岳瀚足驅使秦碑漢篆爭爬搔墨狂禿盡千兔頴紫崖喜書書涵掴載三牛腰元長年少卿莫問昭暑狂瘦公休嘲舐頂交跖卧虛室談空說怪譁中宵可憐此景大不易咫尺今無尺書寄轅駒不展追風足饑鷹尚剩凌雲氣世許才華敵古人天留糠覈貽吾

輩買劍將從俠客遊簪花且擁名倡醉乍學毛公隱博徒耻共揚雲飽奇字江南三月春草青新粧袨服照眼明高崖破空雲浛浛獨樹臨水花盈盈皂莢橋頭駐金犢櫻桃樹底啼流鶯短衫白帢入山去長杓巨盞當風傾胡爲局促不出戶嗟子畢竟非狂生周家小兒笑破齒挾鉛齋素可憐子誰能學此取富貴適意唯有大槊耳噫嘻乎信如卿言良足多明朝射虎南山阿

春夜獨坐有懷

飱拙避紛喧閉門即巖壑農書緘竹笥丹經度塵閣春暮妍景馳夜靜煙光薄巢危文羽栖庭空雜花落暝露泫草華明星粲雲崿佳人隔洲渚獨居負然諾鍊藥劚芝英贈遠拾蕙若孤坐有所思清樽對影酌

爲鄧鳳舉題望雲圖

一春門掩桃花雨有客敲門作吳語入門再拜問起居持册殷勤索詩句極目浮雲萬里陰飄蕭兩鬢旅塵侵披圖我識圖中客幷識春暉寸草心自言少小多顛躓欲話愁腸淚潛墜趙壹探囊計已窮蘇秦負郭謀終左男兒貧賤一身浮孤劍单衣入洛遊此去蓼莪終古恨歸來風木萬重愁梁公舊蹟曾凭弔太行險絶前年到爲憑畫手寫悲懷不似羣兒漫留照落拓袁家一懸孫

板橋茅店黯消魂生綃一幅斑斑汚半是丹青半淚痕嗚呼君之先人我中表明珠繡段相於早夜雨緇書小閣西春風蠟屐遥山道當年兩小痛孤窮相對芝蘭臭味同賓歷航頭悲茂遠負薪郭北哭文通黄蒿青櫟荒原路不堪風景都非故盃酒難招屈子魂隻雞誰上喬公墓可憐門戶日蕭條望爾傳家有鳳毛一曲歌殘回首望白雲無際暮天高

春晚

閉戶無來客脩然半畝宮燕歸疏雨後人坐落花中斜景明孤嶼芳池漾斷虹相思不可寄惆悵拂絲桐

醉紅軒賞牡丹長歌和劉大仲韻

一庭紅雨東皇老，名園芍藥唐以前不名牡丹即木芍藥花開早。誰教奇卉殿晚春，亂發繁英媚晴昊。劉侯示我好詩句，暈碧裁紅擅詞藻。鏗鏘球磬和八音，宛轉流蘇垂七寶。乍展霞牋炫心目，擬探苔徑開懷抱。誰其假我半日閒，不辭爲花百帀遶。主人有頃呼園丁，洒掃几榻開牕櫺。一卯一壑揖客入，千枝萬枝照眼明。亂捲江霞色翕艴，碎纈蜀錦光瓏玲。朝眠未足臉潮暈，卯酒欲醉瓊酥凝。張孔笑凴結綺閣，尹邢愁倚琉璃屏。國香步障煙濛濛，護花簷鐸風泠泠。朱輪繡幰崇敬寺，鵾絃鵝管沉香亭。繁

華過眼幾千載，忽移妙境來軒楹。昨夜三更風雨急，蓉城飛下催花牒。海客高擎瑪瑙盤，花工淨洗玻瓈葉。茜袖斑斑飛燕唾，璃壺顆顆靈芸泣。惜艷宜將錦繖遮，藏嬌莫放檀纖捻。擬遲晴日借高軒，爲約狂朋移步屧。十盞紗籠絳蠟燒，九宮法曲紅牙壓。吾家花發軒之南，妙香小閣空潭潭。黃蜂紫蝶來喽喋，雛鶯慈燕爭詀諵。不如君家更奇絕，瞿紅歐碧同春酣。孳伴好攜鸚鵡榼，貰酒願典茱萸衫。百觚莫笑飲量窄，七字忽破詩腸緘。主持艮會予爲政，追逐強韻吾能堪。

醉紅軒賞牡丹即席呈杲溪先生四十韵

曲院紅椒壁，迴欄青漆房。周遭種珍卉，取次圻濃芳。密葉調蛾綠，檀心注麝黃。翠翹雙宛轉，蜈翅五文章。豐草垂長佩，輕烟飾下裳。藏嬌移扇影，學舞嚲釵梁。頳玉盤三暈，縹紋錦七襄。孅人殊旖旎，照影轉焚煌。鳳子分香俸，蜂王飲蜜糧。深深結綺閣，艷豔鬱金堂。賢主時相召，名藍許共望。邐迤登棧閣，曲折步斜廊。採朮淵明徑，吹笙向詡牀。窓開銀屈戍，鐸響玉丁當。艷句奚囊小，淸談麈尾長。金槽壓酒熟，土銼焙茶良。花葉千回數，形骸一笑忘。搜奇辨千鎮，促坐展縹緗。美景交春夏，長天亂雨電。高檐停急溜，穠蕋炫新光。磔梘三危露，銀盤九醞湯。

醉嬌朝日嫩，浴顫晚風凉。餘潤霑腰綵，圓珠墜耳璫。阿環紅汗麗，飛燕紺津香。細刻銅牌護，斜擎錦繖障。雀鈿扶濕翠，菱鏡照啼粧。絡鎖紅鸚母，庭延紫鳳凰。詎輸崇讓宅，不數善和坊。爲怕芳時晚，頻催華宴張。商量及盤榻，羅列倫圓方。香瀉薔薇露，光浮琥珀觴。去毛蒸語鴨，縮頸膾河魴。韲切青絲菜，匙抄白玉漿。調羹封細筍，作脯糝芽薑。終席無苛令，提壺勸渴羌。公乎情已厚，僕也醉能狂。艮會宜牢記，芳華願再揚。當筵抽綵筆，拈韻索枯腸。檀板詞三調，瑶箋字幾行。慙非瓊玖報，持以壽花王。

爲杲溪先生題友松圖

君不見元禮謖謖如松風長輿落落如長松誰其匹者今劉公骨幹眉宇將無同公乎掀髯喜濤嘯愛松之人與松肖亟呼妙手寫吾照十丈虬枝倏夭矯調調刁刁江風涼霜鱗黛甲爭開張我公據石繙縹緗唱于唱喁狂非狂脫帽露頂神洋洋囁嚅翁支離叟一生孤直耐嘲詬朝華夕秀豈足偶彼蒼髯者吾老友廿載摩挲最耐久一任羣兒笑哀醜松乎善保歲寒姿盟以金石永不移朅來與子相娛嬉茯苓琥珀皆松脂屑而食之甘如飴良友所贈公莫辭公莫辭令公喜骨青髓綠世莫

比駐公光景三千年乘雲去友赤松子

子夜變詞

君不見美人嬌小藏金屋袨服新粧採芳藿玳瑁簾開境似仙珊瑚鏡照顏如玉柳外斑騅認陸丞花下紅紘唱黃督一笑相逢搖搭郎門前白水近橋梁邀將月彩歸蘭帳種得蓮窠抱玉牀裁羅只贈新歡子倚曲頻翻夜度娘廻身故入歡懷抱儂作雕鑪歡作香鐵鹿長檣留不住阿歡向曉開門去秋雨螢飛並蒂花春風鶯語相思樹生憎金縷畫門楣枉取沉香帖欄柱背畫天圖子負星手傾鐵冶儂成錯蟬彡鱗帶幾時還空寄揚州

蒲鞋環憶得淚淹蛩蛆褥分明夢到鳳凰山芳草萋萋二三月不堪冉冉韶華沒牛跡沙痕認宿蹄龍歸藥店存枯骨黃蘗偏生梅樹邊含酸忍苦一年年舞衫拋去瑤釵折博得旁人說可憐行雲泥絮空留戀何處因風托方便桃葉輕舟祇載愁芳姿團扇羞相見與歡相見在何時玉局空陳未有棊儂援皂莢煎衣藥嬾取桃花合面脂儂說三更書石闕阿誰解是夜啼悲

雨牕有懷

三徑靜愔愔蘼蕪日夜深佳人望不見暮雨下平林薄霭漂虛幌清香盪玉琴湘醽空自酌難遣別離心

題青溪女史蓮花册子

美人家任青溪曲記得芳名喚珠淑蘭氣凝餐石葉香韶顏似琢茗華玉明慧天然林下風銘椒咏絮最能工嬉春不闘呼名鴨覗夜常聽待漏龍弄墨燃脂坐瑤薦丹青結習未能忘畫本徐黃蜀錦裝玳瑁牕明朝黙筆玉臺粧罷無人見貼地團窠青雀裙敲風寶粟金蟲鈿琉璃硯冷畫研香雁來燕去韶華暮鴆鳥爲媒坐相誤可惜羅敷未嫁年早跨飛鸞入瓊圃蟫文蠹簡總飄零鬼唱秋墳不可聽剩得鏡奩三尺絹芙蓉花底憶娉婷風鬟霧鬢湘江道羅襪凌波自娟好可是卿卿自寫真

芳根渡出汚泥早想見湘簾小閣邊抒衫揎袖譜清姸
拈來香粉眞如夢熟到明珠不肯圓此日休誇寫生手
圖中悒悵君知否蛺蝶雙棲並蔕花鴛鴦穩傍同心藕
冷香寂寞奈愁何願證無生優鉢羅不羡横塘小兒女
畫船輕槳采蓮歌亭亭瘦影田田葉露重煙寒那堪摘
自憐妾命不如花誰說花顔勝如妾彷彿湘娥贈錦衾
調鉛吮粉費沉吟箇中不畫青蓮子恐被旁人識苦心
熒熒犀角珊瑚暈不爲殘秋減丰韵標題緣皺衍波箋
壓尾紅鈴辟邪印苦雨闌風長板橋斷腸碑碣小墳高
寒宵鼯鼠巢荆棘黑月鵂鶹哭葦茗花蒐凋落增悲痛

巖霜蘙盡相思種蓮座應皈選佛場蓮舟好做遊仙夢
天葩吐艷世無雙冉冉紅衣照碧淙錦袱珠囊好珍重
莫教紅粉墜秋江

首夏有懷邵星城儲玉琴洪華峯諸子

遯跡慕幽居僦閑閉元閣得遠人世喧何須卧丹壑幽
禽刷文羽餘花坼紅蕚芳池細流聚遥岑暝雲薄丹經
緘竹笥農書庋塵橐遐憶同心子不共泉卉樂徘徊成
首疾湘甌不能酌
絶絃多急響窮鳥多哀聲離人多苦辭惻愴難爲聽荒
園蘼蕪長空林趨鳩鳴感此節物變坐令愁思盈相思

昨有夢惝怳生空精願君保歲寒努力樹令名
泄雲吐華星喬枝墮殘雨夏蟲扶戶樞似與愁人語少
歲惜光輝瑟居慕儔侶傳書路迢遞望遠人延佇握手
更何期思君積歲時美人隔流水星漢何參差
落日下荒墟陰雲塞空起撫劍登古臺莽莽悲千里問
我何所悲感念同袍子各爲饑寒驅飄泊不能止去日
忽已遒韶顔豈足恃採芝陵陽谷斲玉苕溪水相期鍊
金液寸心保終始
把酒坐前楹落花入我鄰喬林結壚霧懸崖宿孤月熤
熤玉繩高晻晻瑤井沒露苦染綠滋風枝墮朱實對此
意如何夜長愁更多樹萱堂之背採若山之阿

遣興四首呈劉大仲夔王二淙雲

蕭蕭竹木數椽廬跂脚高眠樂有餘逐兎未能追佛助
雕蟲或可擬相如千函迦葉拈香偈六甲靈飛讀異書
笑折松枝當麈尾縱談元理夜牕虛
邂逅形骸一笑忘沈家昭畧瘦而狂且須吹火脩行屐
便擬裁羅製隱囊步窘無緣齊驥騄文豪未許誚猪羊
置身材不材間好悟徹端倪傲吏莊
一鈎海月掛松杉此夜高軒與不凡銀屑金銚傳餅說
霞箋錦字錫花銜青衫有鬼還愁著黄獨無苗未可劉

大窖藏舟偶然事會須破浪曳雲帆
唾壺敲缺引淸歌孝綽風流名理多坐久明星沉遠渚
語來京月上垂蘿共驚面目同蝌蚪莫笑文章似駱駝
更約東鄰王慧炬夜闌起舞唱廻波

問適

微風吹紫蘭襟袖生幽香開牖撫玉琴湛湛明月光徘徊下前除淸景不可度垂蘿結飛煙餘花墜瞑露丹經伴雲卧愛閒復懷仙龍鸞不可待蓬壺路茫然飈引天翠虛池涵水華碧冷然夜已深松峯起寒色

青山莊歌

誰家園枕青山麓野棘荒榛亂人目洞戶交鐶蝕土青
壞墻澁浪粘苔綠瓦碎香姜剩故基摩挲斷碣總然疑
路人指點爲余說曾見名園全盛時名園臺榭遥相接
壯武家聲傳八葉珍樹春深集紫鸞蕙欄日煖延紅蝶
冶遊子弟盡雕華連轡經過趙李家瑙勒珊鞭盤宛馬
繡衫白帢訪奇花戲馬尋花不知倦青衣又報開華宴
醉客玻璃七寶杯贈人蝙蝠雙翎扇鈿笛銀箏樂未央
鵲爐微炷水沉香煎酥蠟代勞薪爨擲進錢將寶斛量
孫家荆玉芳年少莫家瓊樹淸歌妙鳳脛燈明粉鷰廻
麟毫簾捲紅粧笑人傳王謝舊烏衣少俊聯翩世所稀
從道風花春晝永寧知歌舞彩雲飛浮生一枕黃粱夢
繁華轉眼成悲痛蕭庫飛蚨一旦空紫標紅牓成何用
雕碣文楣持與人槿籬款側半無門到公奇石鑱爲臼
杜老長松伐作薪潺潺壞道哀湍去荒徑無人鬼相語
猶有兒童拾斷釵記得當年教歌處黑月凄風鳥夜啼
野棠花落竄狐狸重題舊事君應淚欲問遺蹤我亦逃
乍聞此語心悒怏世途翻覆猶廻掌綠野堂荒麋鹿遊
平泉莊廢蓬蒿長欲去還留倚短亭夕陽城角不堪聽
無情最是遥山色閱盡興衰眼更青

潺湲引

潺湲引者令貽伯氏自度曲也伯氏工琵琶製此曲癸已夏夜聞之廣勤齋中喜爲作歌

我曾夜宿青山裏萬壑松泉入幽耳跳珠歕玉令公喜
今夕何夕聞此聲檀槽金屑鳴棖棖恍疑聞風巔上行
足底水樂流琮琤慢撚輕攏戛宮徵一派寒聲赴纖指
綵霞亭亭華月起寂不聞喧夜如水忽然入破不可聽
變幻萬象歸空冥驚挺彈舌韻嗷嗷老鶴刷羽音泠泠
水明洛渚降窈窕草枯青塚啼娉婷三尺么絃裂秋練
四條瘦玉敲寒星飛流瀉入金碧浦瑶漿迸破琉璃瓶
靜中不辨泂與涔叢鈴碎佩鏘瓏玲我聞此語狂興發

拂袖竟欲淩風颷人間絶調許誰和紫晨擊磬緱山簫
曲終飄落神靈雨幽修似與湘娥語潺湲餘響流不住
一片空山冷雲去

偶成

颷館梧桐樹先期早報秋一庭凉雨過滿地碧雲流犬
吠人爭渡鴉啼月上樓誰憐今夜客又作去年愁

送人入蜀

匹馬秋風又遠行白鹽赤甲入青冥愁懷莫唱瞿塘曲
健筆宜題劍閣銘細雨孤舟前後水清宵歸夢短長亭
嗚嗚誰弄南樓笛無那離人不忍聽

真率齋初稾　卷四　廿三

長歌贈恒修上人

劉歆七畧畟肉脯李充四部覆醬瓿千年秦火燒不盡
門籬藩涸隨漂流赤章緑篆羅黑刧驪鬼夜哭聲咿嚘
天公憑怒下攝取役使萬怪蛟螭虬六丁有脚走不到
飛電著壁無從搜梁溪上人號寂定慧心如鏡非凡儔
能施五指驚醉象突下一棒迴泥牛爇香向空作膜拜
誓發大願完清修蟲餘鼠耗競掇拾隻字珍重踰琳璆
歸來丈室運三昧虹光上燭青幽幽煙魂墨魄散何處
照映天上白玉樓星曹昨日巡下界手持符節麾幢旒
換骨賜以定慧相雪眉圓頂紺青眸文字緣從今世結
筆墨債向來生收一瓶一鉢一束葉如幻如影如浮漚
迦音梵語盡糟粕俗僧誦習空喧啾直須炎炎付烈焰
解脫罣礙還天游回頭是岸君知否

夜半

華風吹缺月半夜上南樓凉篁回殘夢明釭照獨愁葉
隨螢影墮露入竹根流誰遣眠孤館倀倀易感秋

遊塔映生

撥棹破煙霞柴門倚水涯異書談種樹活火坐烹茶鳥
啄青藤子蟲吟扁豆花俗塵飛不到吾亦願移家

閒居

真率齋初稾　卷四　廿四

竹外一峯暝輕煙流玉除林深宿文羽露冷落紅蕖人
語斜陽裏鐘聲暮雨餘雲連河影亂沙蝕水痕虛半畝
淵明宅三椽仲蔚居蟲鳴喧院落樹色靜琴書爇鼎千
年後文章六代初簾開金翡翠硯滴碧蟾蜍移榻追凉
蔭揮鉏種晚蔬緘函問親舊懷抱近何如

美人篇

燕啄樓前楊柳花紅樓十二美人家葳蕤帳捲含香霧
瑇瑁牕開爛曉霞香霧曉霞相照映侍兒朝拂盤龍鏡
絲絡垂垂嬌鳥呼金鈴隱隱猧兒醒頮面纔煎五蘊湯
褰帷小步下斜廊螺痕巧畫南都黛花餅新翻北苑粧

出水芙蕖競朝日含嬌含態曾無匹輕擲蚨錢愛賭碁
薄施貍鷰親調瑟慧性玲瓏出化城穠春何處最關情
櫻桃花下三分月荳蔻梢頭百囀鶯南曲長干踏靑路
珠屏小立窺紅步瑙勒雕鞍逐隊來諸于繡袖尋芳度
誰家年少駐羊車細語殷勤問妾居只爲才情憐犬子
也緣姿貌認檀奴君情妾意相縈繞萍梗因緣托蘿蔦
貽妾靑瑶鸚䳇環贈君紅錦蜻蜓帽織女黃姑水一涯
不愁約誓兩難諧佳期願攬同心結祅讖休成獨見鞋
春鶗秋蟀韶華改誰識相思易憔悴怨曲聲聲嘆白頭
氷壺顆顆承紅淚可憐魚雁久沉浮烏桕門前盼客舟

待月倦傾銀鑿落催花怕聽鈿箜篌夜深響卜靑銅片
可許今生暫相見已拚長恨五留連誰看艷飾雙行纏
亞字墻東獨憶君燒殘鳳腦思氛氳妾身已是沾泥絮
不作巫峯別岫雲

宛轉歌

洞戶迎凉吹晶簾凝夜光愁人不能寐躡履步斜廊斜
廊寒色裏露氣淸如水鴛鴦香夢醒菡萏芳根死燼彩
冷冥冥姮池淥落星含情倚羅幌背面對銀屏自憐妾
命薄千里相思各斛箭水頻催鯨燈花又落珙樹爲誰
攀征犬山上山拔開金屈戍擊碎玉連環幽懷耿難訴
韶華空擲度織成魚文錦寫遍鵶毛素妾意托春潮君
情竟寂寥望歡歡不見玉貌淚中銷夜永愁相續形孤
影相逐殘月不成光濛濛上疎竹

眞率齋初稾卷五

梁溪楊芳燦蓉裳

消夏偶檢塡詞數十種漫題斷句倣元遺山論詩體

太液池頭異鳥翔彩翎紅咮叩宮商殿頭臣朔通諧偷得餘音播樂章

甲帳新聲艷綺羅嘈嘈橫吹雜鐃歌挍讐枉費陳思力無那妃豨鉄字多

鳳舸龍舟歸不歸玉勾斜畔鷓鴣飛隔江又唱安公子花月揚州事已非

沈宋仙音擅景龍雕華猶振六朝風沉香亭北花如錦新調還輸白也工

樂府繁華天寶時雙鬟果是解聲詩邇來古調全零落誰唱黃河遠上詞

腕管繁絃百態新温韋才調更無倫關卿何事馮延巳怨出聲聲感路人

側艷流傳滿教坊曉風殘月太偎偎玉人爭汲井華水貪學新歌柳七郞

天涯芳草泣羅裙杜宇枝頭不可聞吹到柳綿腸已斷一聲河滿詛朝雲

取次翻新譜艷歌當筵不用唱迴波金元院本流中國會見塡詞取甲科

迻邏檀槽唱北宮詞場關馬足稱雄豹頭鳳尾當時體大有幽并俠士風

水調聲淸戛碧玲白公筆墨最精靈蕭蕭南內梧桐雨蜀道歸人不忍聽

酌酒臨風破客愁貫喬才思也風流紅牙拍碎么絃斷人說精神恨太遒

細貼銀毫緩頰吟北音從此變南音貫珠瀉水都微妙誰識詞人苦用心

南音作手數東嘉獨步騷壇語太夸舉止不無寒儉態可如餓隸出嚴家

才調如君未足珍獨憐出語任天眞就中令我情移者南浦秋風送遠人

唱遍江湖淚得名只憑點綴得佳伶荊釵拜月無才思好教村姑里婦聽

蕃馬胡笳血淚流誰歌孤雁漢宮秋李陵臺上黃昏月訴盡明妃去國愁

侵曉禍兒撼寺鐘雙文遺事記蒲東銀箏譜出凄凉調千古才人拜下風

杯酒西風夕照斜眼中人又隔天涯聲聲芫淚長亭曲
奪得江郎夢裡花
强敲音律譜南詞庸妄爭喚乳臭兒懊惱吳儂不解事
錯教嫫母替西施
桃花流水若耶溪記取兒家舊姓西一曲浣紗饒寄托
吳王臺上晚鴉啼
按拍誰精南九宮王康自是出羣雄霓裳法樂人間少
天寶銅蟬剩兩公
金閶鎭日盼雞竿滇海風煙路百盤珍重吉光留片羽
記他微雨釀輕寒

真率齋初稾　卷五　三

瓊蕚銀潢絕世才摛詞何事倩鄒枚金梁橋上彎彎月
曾照當年度曲來
飛花如夢柳如煙彩板鞦韆二月天怊悵牡丹亭下路
每逢春好卽潸然
紅牙掐遍教歌兒玉茗花開譜艷詞識破繁華都是夢
臨川猶是爲情癡
師師舉舉擅風流熱趁郎君逞狎游愛唱楚江情一曲
江南花月屬西樓
妙舞盈盈掌上軀可憐長信久荒蕪新歌一串勻圓甚
銷得樓東滿斛珠

叢林密箐夜猿號跋扈徐郎一代豪此曲莫教商女唱
好從沙塞醉弓刀
半壁江山叔寶家誰教狎客擅才華紅箋燕子風流絕
歷到陳宮樹樹花
三影堂西擘鳳牋葉兒樂府也清妍他年買得簪花伎
紅豆新聲記淚仙（施子野字淚仙有花影集散曲最工）
羯鼓聲高曲未終吳郎衰鬢哭飄蓬銅盤金掌咸陽道
羨殺還家沈侍中
紈扇桃花血未乾哀絲急管襍悲歡世人莫笑雕蟲伎
當作南朝野史看

真率齋初稾　卷五　四

天上人間抱恨長玉環紅淚點霓裳傳情別有生花管
古驛千秋艷骨香
吳音誰似李郎多僮按秦箏麥唱歌贏得市兒開口笑
未能免俗奈君何
藥煮鶬鶊竟不靈蛾眉謠諑誤娉婷人間我亦多情客
冷雨幽牕哭小青（粲花五種樂府中療妬羹爲最工）
歌殘紅雪下高樓占斷詞壇最上頭菩薩心腸兒女淚
莊嚴七寶也風流（蔣苕生太史塡詞十餘種冠絕一時紅雪其樓名）
三生緣斷惜分攜碧海青天路總迷唱到錢郎腸斷句
兩行箏鴈一時啼（錢曙川有碧落緣鸚鵡媒樂府皆悼亡後作）

三椽草閣署吟風，認取吾家蘇長公。爲倩教坊雷大使，銅絃鐵撥唱江東。家伯氏著有吟風閣雜劇
東南孔雀幾時還，妾採蘪蕪獨上山。譜得羅襦新樂府，衍波箋紙淚斑斑。

狂歌贈吳斧仙

饑鷹能啄肉，倏爾凌九霄。餓驎不噬人，誰爲落一毛。男兒失足墮塵坱，斷蓬飛絮隨風飈。但令胸有三尺錦，筆有五綵毫，凌轢屈宋驅雄褒，家無儋石亦足以自豪。生不讀致富書，死不入貨殖傳。莫言酒削與賣漿，齷齪錢愚吾所賤。市兒哆口笑不休，如君自合終窮愁。聞言不

答掉頭去，碣屏吟嘯聲咿嚘。居無華堂卧無被，窮年薪水難爲計。拔劍空爲斫地歌，擊甌尚有干雲氣。世人吝一飯，餓死韓王孫。義不受人惠，區區寧足論。吳兒木石心，如君最耿介。才名溫八叉，禮數方三拜。咳唾紛珠玉，著作高等身。青蓮去已久，倜儻無其倫。成言可一家，流輩推爲伯。人生艮已足，何爲坐鳴咒。朝不食，夕不食，出亦愁，入亦愁，安得葡萄十斛恣捐浮，下視俗物如蜉蝣。我曹蹈地有千古，金紫貂蟬那堪數。局局甘爲轅下駒，營營肯慕倉中鼠。辱收虎爪持霜金，御風昨夜空中行。城頭嚴更四五聲，蒲庭秋氣寒稜稜。脫帽狂叫爲君吟，繁音促節傷我心。傷我心，淚盈臆，腰間寶弓勁如鐵，可憐有虎不得射。

澄江送儲大玉琴之東臺

去年話別碧江濱，芙蓉流水相鮮新。今年握手澄江道，滿眼霜風長秋草。逢君令我懷抱開，旅舍十日同徘徊。自言綵筆干氣象，豈視俗士皆塵埃。索楮笑題鸚鵡賦，賭酒共醉珊瑚杯。西風吹君不肯住，別我又向東臺去。世路崎嶇作客難，男兒貧賤依人苦。東臺卑濕沿海濱，煎水熬波屯穢鹺。地壓江潮避惡風，火爇鹽井蒸濃霧。濕煙沙雨變風景，紅蚶綠蠣供朝暮。可憐羈旅困英雄，

磊落襟懷向誰訴。對此茫茫我欲愁，牽衣把袂不可留。登山臨水話悄悵，好作九辯悲清秋。是日狂飈勁如箭，黃塵黯淡吹人面。雲鎖荒城畫角哀，草枯平野蒼鷹健。孤棹將催旅客船，夕陽欲下空王殿。廿載相期交誼深，一身如寄詩名賤。戍鼓煙鐘不可聽，臨岐別淚爲君零。暨陽城下寒潮水，送我愁心過廣陵。

贈錢三嵋川即題其集後

蘭陵覇氣今已銷，山川靈異生詩豪。詩豪獨步無與偶，錢郎江左知名久。廿年蹤跡判雲泥，沉魚翔鳥相差池。秋風夜吹客帆到，相逢却在澄江道。相逢一笑莫相疑，

倒倭示我平生詩赫蹏小紙一百幅蠶眠細字蟠雲絲
驪珠顆顆相輝映汪眼熒煌看不定歸來兀坐更呼燈
狂頰高吟忘夜永君才猛銳不可當抵突韓杜凌蘇黃
世間碌碌兒子輩詎敢角勝爭鋒鋩興酣伸紙幻萬像
琉璃硯水翻成丈百尺蒼崖騰健鶻千盤巨浪浮香象
千鎮煒煒出奇光金石淵淵發洪響詞場已看一戰覇
筆陣推作千夫長瀏離醉墨足自豪絡繹名章期共賞
羌余總角耽詩篇耕心織舌徒窮年夢中曾奪邱遲錦
座上恨乏江郎璮殘鱗剩爪競掇拾棘猴玉楮空雕鐫
遇君精騎退三舍羸卒數萬不敢前賜源袖草竊自媿

君苗燒硯亦可憐跳丸兩兩歸西海爲語韶光不相待
記取心期一旦傾相期事業千秋在狂言磊落懷抱開
惜無醽醁斟千杯錦書別後須頻寄龍嶺蓉江盼雁來

邵大星城赴浙東書以贈行

蒼鷹嗷天末古道暮雲愁持此一樽酒送君千里遊壯
心空慕蘭旅食愧依劉詞客生涯賤隔岐淚共流
西子湖如鏡紅裙盪畫舡此行逢一笑久住卽三年人
逐寒潮去愁隨落日懸曼聲誰與和揮手兩茫然

董小宛貼梅扇子歌仝錢曙川賦

九華宮扇裁紈綺錯翠鈎紅世無比寧須漢毫
不向謝家誇麈尾活色生香點綴工折枝梅蕚彭重重
孤山萬樹花如雪飛入卿家便面中奪得仙人掃花帚
收拾冰姿出塵垢畫圖嬌面試春風未要徐熙誇妙手
纖指拈來上碧綃忍令香粉逐春潮招凉曲院藏羅袖
待月西樓傍翠翹吳儂小搯紅牙脆掩映歌唇送妍媚
吹到嗚嗚鉶笛聲恐教顆顆冰花墜煙覓月覓太分明
入手翩翩蟬翼輕借問當年誰鬬巧依稀記得董雙成
雙成家在金陵住門前便是長干路射雉參軍正妙年
飛梁架就銀河渡錦幙文驄貯粉兒明霞爲骨玉爲姿
劇憐妾命如花薄偏遇霜欺雪壓時當筵曲唱家山破

高家兵馬闕江過細雨關山正斷覓澹粧恐被塵埃涴
歸來魚鑰鎖重門寒食東風度好春粧閣新翻方麴樣
一枝爲贈遠遊人素英狼藉梨雲凍一去珠宮騎綵鳳
塵世難逢蕚綠華師雄空入羅浮夢箋頭點點淚花圓
剩墨零紈總可憐君不見謝娘團扇曲一般辛苦五流
連

暨陽客舍雜興

平楚蒼然暝色開荒城眺遠獨徘徊無端畫角迎秋起
不盡寒雲送雁來入到窮愁銷壯骨詩從登覽出雄才
那堪滿目悲摇落敗葉隨風上古臺

興酣曳策上嶙峋翠巘蒼崖着此身磵石苔荒疑有字僧寮門閉迥無塵風高鷹隼盤空健潮落魚龍戲水馴滿眼江山懷古恨可無盃酒酹春申 君山望江

木落吳江雁影高送君南下解輕舠樊窮那免依人苦入世休誇結客豪别酒當筵傾鑿落離聲隔院拍檀槽臨岐愧乏千金贈笑脱腰間龍雀刀 别玉琴諸子

擊劍狂歌意氣投西風江館共淹留翩翩白袷新遊伴葉葉青旗舊酒樓我是袁羊工作達君如衛虎善言愁莫教閒却持螯手爛醉黄花度晚秋 遇錢竹初

廢寺

松杉鬱然深逕指空王宅入門無人聲棲鶻鷲磔磔卧鐘苔篆青頽牆土花赤塵埋狻猊首泥坼龍象脊古鼎冷不燃殘僧瘦如腊宵寒鬼吹燈徑僻犬疑客飛鼯互格鬬鳴聲聚啾嘖銷磨匪自今繁華記猶昔刼灰歷千載慧眼纔一瞥變滅殊無端持以問禪伯

攬鏡

攬鏡私誇絶世人明霞爲骨雪爲神入時高髻盤鴉色新様長眉畫黛痕香閣慣曾聯女伴蓮臺無計懺情根東隣姊妹多相妒翻道儂家倚市門

爲杲溪先生題添香讀書小照

碧煙如霧明蟾起曆曆華星墮寒水雙鬟夜倣芙蓉屏手撥沉灰煖凫子博山舊様來漳宮晶熒獸啖噴煙紅蚪鬟公子青雲客熏香宴坐蘭堂東鈿雲不動蟬釵墜兩兩嬋娟趁韶媚纖指輕拈蕃錦箋慧心解識眞珠字紫臺小篆如蠶絲墨痕照眼光參差彩鸞簾額轉花影檀霧滿庭人不知茶經注罷繙眉譜彩筆風流映千古笑他甲煎沃沉香只向紅樓照歌舞

穹窿山歌贈趙映川

我登姑蘇臺凭高覽羣峯岡巒起伏抱城走但見一氣青濛濛就中奇特推穹窿懸崖峭壁撐晴空深叢宿鶴鶴巨澗跳猿猱俗人屐齒走不到柟杉檜柏吹陰風平原公子好奇者意氣軼宕凌華嵩擔書一千卷徑往攀龍從半牀茵席數椽屋呼吸上與風雲通有時騁望到絶頂雲端練影來搖溶茫茫具區幾萬頃洪濤勢欲吞蒼穹日車碾浪紅破碎煙鬟畫霧高玲瓏興酣揮彩毫灝氣蟠心胷詞鋒俊健掀雕鶚墨池隱見翻魚龍湖山助人有如此精力廻斡參神功君不見館娃舊址連梧宮珠簾繡柱圍重重青樓珠翠紛妖穠金車玉作輪寶馬高纓綮日間置酒夜張樂擡頭傳粉趨步偎君獨何爲好寂靜閉戶隔斷浮塵紅畫餠汲山綠倚檻看山容

清涼界現繁華中君乎拔俗有仙骨奇峻亦與茲山同
噫嘻巇我家在九龍之麓蓉湖之東嵐光倒影入波底
素波蕩漾千芙蓉山靈折簡倘招我青鞵布韈甘相從

雨夜喜洪大華峯趙大映川過訪

暮雨黯平林江雲莽無際隔墻榆柳葉策策鳴軒砌目
極南雁飛心傷北風厲董生園不窺仲蔚門常閉忽聞
剝啄聲喜見故人至得慰饑渴懷且畧寒溫例深衷互
傾倒軟語及瑣細憶昔我與君相望有年歲兩函魚鴈
字千里金蘭契牢落賦停雲飄零嘆秋蒂今夕是何夕
良朋許聯袂呼童掃蓬蓽促饌供粗糲堆盤煮蔬筍沃

釜烹鱸鱖君爲盡十觴我愧無兼味落落忘形骸怡怡
叙昆弟酒闌促坐語商畧盡文藝詞壇日蛙黽雅道方
凌替努力愛盛年等身富清製南溟鵬欲化碧海鯨當
掣決雲千仞翔臨風九皐唳曹劉競豪健李杜誇雄麗
古人今不作絶業君其繼入世葆聲華立言務根柢苦
辭慎勿忘前修永爲勵饑烏啼獨樹秋旻忽澄霽巖高
初月沉參橫衆星嘒鳴鳴哀角喧黯黯青燈翳匆匆撤
殘樽悽悽送歸袂相逢纔破顔話別重揮涕去矣莫復
陳川原正迢遞

寓感

倚竹蕭蕭彩袖寒爲誰憔悴帶圍寬思如園客繅千尺
淚似鮫人滴滿盤慵奏新聲調火鳳頻封密字託青鸞
中庭檢點閒花草莫種相思種合歡

少日人誇咏絮才華年如水苦相催獸鐶銅澀花樓閉
鳳腦香銷黛帳開記得小名書玉冊曾因歸夢到瑤臺
蕋珠幾許游仙伴不爲多情不下來

珠帷帖地掩蘭堂寂寂銅蠡漏水長榆塞路遥稀候鴈
針樓死冷下寒霜時當搖落難回首人爲聰明易斷腸
獨向合歡牀畔坐愁眉慵畫不成粧

庭院深深道韞家白銅鋪映綠牕紗朝粧懶試金跳脫
夜被空熏玉辟邪閒展畫叉臨北苑每尋仙籙憶東華
懺除慧業渾無計願上瑶壇掃落花

任他蒙竹閒哀絲未抵儂歌子夜悲龍落店中餘瘦骨
燈明罫上只空碁淚乘幽夢尋梧子獨守虛幃咽蘖枝
剪盡田田千萬葉也應天有見蓮時

亞字欄干猩色屏羅衣如霧倚娉婷彎環月照雙魚鑰
蘊藉風搖九子鈴小研鸞箋填恨字自持犀盞酹湘醽
隔牆微夜檀槽響那管愁人不願聽

迢遞蓬山路幾千怨他鳥使不相憐定情空贈琉璃匕
佳約難傳翡翠鈿鏡裏朱顔銷往日夢中紅淚泣韶年

來生願作青萍葉傍着鴛鴦個個圓
聞道慈航慧海過孳儂成佛到修羅也拚舊誓鉏烏鰂
不遣新愁上黛螺一卷金經緇貝葉半爐檀篆禮維摩
還憂小㚘難偷度阿母偏逢九子魔

冬夜書感寄顧大笠舫

獵獵狂飆勁吹來白鴈聲竆冬風景惡孤館夢覓驚月
見窺虛牖霜威逼短檠空梁饑鼠鬬敗砌冷蟲鳴怊悵
懷人思凄涼感物情心兵頻擊觸淚霰頻縱橫憶得兒
時事曾隨君輩行裘衫常換着梨棗訖相爭謝氏聯昆
弟郗家聚舅甥高文光粲粲雅論氣英英古簡奇仝賞

新詩妙共賡頗能拈競病奚止識風丁交誼千秋在心
期一旦傾兒時呼爾爾我自慣卿卿狂戲追孩稚偷閒
畏老成芒鞋尋遠近博簺賭輸贏按曲紅牙譜催花白
瑁笙呼燈捕秋蟀挾彈逐春鶯毎笑談經叟頻嗤作賦
傖顛狂招詬罵跌宕炫聰明去日難留駐歡場易變更
三彭輿禍祟五鬼忌才名文籍徒該博饑寒竟合并累
將山岳重命只羽毛輕似此負騎虎何心說射鯨邅應
遭坎壈天豈鑒精誠推枕中宵起拈毫萬感盈荒城飄
叠鼓空室戛寒箏解渴思瓊樹凭高望玉衡唾壺敲欲
缺拉雜叙生平

題孔千秋篆册

我聞混沌初文字本烏有誰泄天地藏倉頡禍之首中
間李蔡輩接踵尾其後鬼神若陵暴山谷遭擊掊石驅
槖駝運碑遺靈鰲負玉簡授龍威金薤垂岣嶁曾觀古
器皿一一篆蝌蚪若盃盞匜甗若彝勺鼎卣藏之誌年
月貽厥付誰某摩挲字可辨刻畫製不苟可憐蠲篇法
去我忽已久俗儒强摹倣得一遺八九膨脝豕腹脹蹙
縮兒頸醜弱如蠶絲卧亂若犀跡瓜穰纖譌黠畫詰屈
昧跟肘誰能邁淳古具此好身手緊唯我孔君聰明自
天牖側聞丱角年踰地跳而走刻作鄭元碑瓦屑卯汁

澳兒時擅三絶壯歲探二酉鈎摹篆籀隸經歷澤山藪
每逢舊印章飛出古陵阜爛銅苔鏽青破玉土花黝鬱
律蛟螭文鈌蠹獅象鈕十五部將軍二千石太守官銜
認髣髴稜角漸銷朽傾囊貫之歸寶護若瓊玖鄭識黃
初鼎何辨亡新斗搜奇君大癡嗜古世無偶乘酣驂鐃
鑴作氣極抖擻渴驥脫韁韁乖龍掣楲杻飛騰神欲活
劈裂勢逾陡嚣將心共古石與名並壽昨朝得會面依
依意彌厚十載望清徽一見得良友樹杪風舒舒簷牙
雨瀏瀏天氣殊未佳汝定成行否且住爲佳耳此語君
聽取男兒貴作達萬事等芻狗歲冬正寒冱何可不與

酒君誇雕龍伎我賜懸河口繆篆肯餉予予將拜而受

當公無渡河行　弔朱陳二生也

二生靖江人癸巳科試補博士弟子員渡江溺焉余悲之作此以弔

大江直下掀天關崔嵬巨浪如連山凭高四望無人煙但見黃風黑沙奔騰其間荒蘆何蕭蕭沙岸多崩摧一一攢集千檣桅云是大估富商載取珍珠瑇瑁盈艘廻到此目眙口噤三日不敢開彼儒生者何所求使者擧臣秀才星夜赴命無稽留買船長江濱刺船江中流公欲渡兮天爲愁狂濤萬斛茫無涯直下千仞乃是蛟龍

真率齋初稾　卷五　十五

家長鯨豨豨怪螭盤拏浮骸相拄血入于牙公無渡兮歸來些些（沙音）公竟渡江江神嗔雷轟電掣聲砰訇鬼馬踏浪東南奔裂帆截棹一去如飄塵挂骨魚齒間安望登靑雲嗟嗟浮名累人爾室有莞蒻爾田有黍稌白首望子常倚閭盤盛魚膾炊雕胡龙穊濁醪美可沽舍此被髮乘流何爲乎吽天兮無辜平明使者臨江濱赤幡黃蓋雙朱輪弔爾酹爾爾豈聞陳椒觴薦雜俎楚覡歌越童舞道旁躑躅涕如雨竟招不來奈何許

爲許大麟石題看鏡圖小照

誰染生綃作橫幅金題繡褫文犀軸依稀識得畫中人往往丰姿絕塵俗筠廊竹几一床書攬鏡低徊認故吾半破紫珍看玉度一泓淥水轉淸臚陳思對鏡誇姿貌王濛撫鏡憐風調塗鉛傅粉著帕頭紛紛閨態君應笑昂藏七尺世無儔中夜尋思萬戶侯爲持一片空明色照入千端黯澹愁君不見飈輪馭日落西海流光漂忽不相待難將銅片鑄容光空見霜華換眉彩擊節高吟伏櫪歌壯心千里易蹉跎年來那免傷哀樂顧影茫茫喚奈何骨骼權奇君自賞鳶肩火色應騰上好駐韶顔幾十春莫愁華髮三千丈潦倒風塵眼倦開褰余刺促實堪哀學書學劍都非計且向街頭磨鏡來

真率齋初稾　卷五　十六

晚眺

遙山澹無姿雲歸日西夕徑古不逢人亭皐落秋葉

弔金川死事二公詩

金酋不靖抗逆　王師癸巳歲吾邑王公楊公相繼死事歎舊昭忠形諸筆墨代楚些之招云爾

故刑部主事贈光祿寺卿王公日杏

王公眞天人玉立姿昂藏凝然負衆望崢嶸楚琳琅弱冠登賢書三十侍中郞貂冠儼豐容瑤佩鳴淸鏘四十典大郡報政稱循良二千石太守婉美龔與黃還入充

半鬼哭郊原空頽雲如壞山墮地聲硠磕訾蠻奴呼哨來
殺氣凌蒼穹刀光耀月白炬火燒巖紅都尉格鬬死甲
士成沙蟲手無尺寸刄何以當矛矟昇公一稜興項刻
超龍從平明入賊巢羣賊攢如螽森森戟門開左右張
刀弓擬金擊大鼓蠻酋坐當中公時怒目視背血凝雙
瞳好語爭慰勞不應如盲聾廹公發九礮廻礮當賊鋒
天心鑒孤憤神力誅姦兇飛石亂飛鳴列鈌鞭豐隆蹩
其十七八糜爛隨蒿蓬公笑酋忽怒戈鋋交撞舂殘生
隨虎口斫頭穴其胷肉飛西塞草血灑寒山風男兒不
惜死報國捐微躬精䰟叩九閽幽恨無終窮生爲千人

傑死作衆鬼雄

部曹肅穆登玉堂追隨鵷鷺班重向天池翔蛇年建巳
月小醜羣跳梁天狠下舐地枉矢森森張　九重按劍
怒遣將征鬼方臨軒策三軍戈甲金銀光赤幡豹尾纛
金印螭頭璋問誰作艮副盈廷各徬徨交口薦王君智
畧能兼長　帝曰佐元帥爲朕清封疆公也拜舞出行
色何慨慷蹀躞紫騮馬玉勒精鏐裝大軍如雷霆伐鼓
臨龍荒摧陷無堅城幺麽悉破亡頓兵入重地刻日擒
鬼章祅酋善剽突狡黠不可量堂堂貔虎師遽受蜂蠆
傷半夜度嶺來鐵柵空遮防極天鼓角震匝地風砂颺
我公目鋒鏑殉死分所當鬢髯怒尼磔碧血沾襟裳精

靈竟不泯姓氏猶餘香蠶叢萬里道赤甲千重岡燐飛
兵後火鬼哭生時瘡思歸有温序收骨無朱瑒　聖主
褒純忠　丹詔來煌煌遊䰟如有知乘風返江鄉焚椒
薦俎豆千載祠國殤

故酆都縣知縣贈兵備道楊公夢槎

妖星照魚海竟夜光熊熊幺麽遂跳梁戈甲屯蠶叢連
營飛羽檄來道傳邊烽　九重赫斯怒命將擒西戎公
時宰酆邑惠政安巴賨軍門需巨礮奉命監百工鞲爐
扇烈焰鐵汁平銷鎔飛鞲運硝石高架連鈎衝坐看堅
城摧不藉雲梯攻廻兵縛賊酋計日收邊功高秋夜方

眞率齋初稾卷六

梁溪楊芳燦蓉裳

短歌

公莫舞聽我歌藂音促節傷坎軻淚痕需㝠斑斑多生前一盃酒身後一邱貉問君何爲慘不樂途窮自合困饑寒身賤何妨委溝壑嗷嗷征鴈求其曹夜闌歌歇風刁騷搔首仰望明星高

跨鶴將安歸騎虎不得下家徒四壁苦無藉撫劍悲歌向中夜燮博竟無成放顛輒遭罵不從薛公博倦學樊須稼身世茫茫足悲咤食牛倘得五羖皮且向豪門問奴價

謝朓割氈來伯桃脫衣贈稱貸無端累友生我躬貧薄天所命萬端瞅瞅橫心胸窮交今古誠難逢少來義不當人惠到此愧赧難爲容冥報相貽虛語耳男兒饑餓倘不死若負公恩有如水

柘絲利屣五文章壁者著之無輝光錦囊身毒八銖鏡盲人持照不見影靈珠委泥沙白璧沉草萊珍奇棄置良足哀男兒富貴須及早誰能刺促相看老

誰積萬斛粟易京走麋鹿誰藏千窖錢金谷生荒烟黃頭郎君竟餓死銅山摧塌殊可憐搜括金刀聚珍寶蕭家阿六生活好紫標紅牓散如沙齷齪錢愚何足道

衛門風雪寒蕭蕭中有一士方緼袍半牀花席積塵土旁觀嗟惜妻孥嘲道逢癡肥兒聯翩數十騎黃金絡頭青絲轡蹀躞交衢炫都麗汝曹但足誇兒童脫下衣帽欲何計

欲耕作無良田欲行賈無金錢男兒讀書眞大錯一卷靑編飽花蠹豈有陶朱致富書空作揚雲逐貧賦他年整頓鐵裲襠臂鷹放犬南山岡

嚴城隆隆四更鼓空室精靈聚相語陰雲滿野昏不開老樹鵂鶹嘯寒雨南來征鴈謀稻粱蘆汀沙渚羣飛翔

我獨何爲困溝壑不得摶扶上寥廓

獰風怒號雲氣惡鳴咽荒城響哀角黑月八愁鬼車樂今夕何夕歲欲徂朔氣凛冽皴肌膚銅盤殘蠟靑模糊腸中九曲轉愁纏握筆酸呻不成語躑躅空庭涕如雨

少讀東華籙曾慕求神仙更遇方外士授我黃庭篇閉口嚼紅霞輕身凌紫煙追征僑侶偓佺鞭鸞笞鳳紛翩躚金丹久不成四顧心茫然君不見鮑魚一石腥風起茂陵桃樹蟠根死漢武秦皇尚如此

學仙既不成不如圖作佛斗室焚蒴檀琅函展金氎西方舍衛國寂寂青蓮花三十二相觀如來千八百佛朝

頻伽人生如電復如泡火宅煎熬人易老六根八苦永
糾纏兜率天宮豈能到
龍劍忽鳴嘯誰望長安發大笑丈夫生世有壯懷何辭
跋涉適長道跨馬出門去踰巖度嶺崎元猿跳粱杜鵑
叫擊節高歌行路難虎牙銅柱金牛關摧輪折軸胡不
還
君不見文通貧採樵叢中拾得黃金貂僧孺少鬻布道
逢騶卒溝中墮朝吁暮嗟愁不歡古來才士多孤寒子
昇賃馬坊褚生困牛屋鬱鬱終天恨不銷誰憐風樹皋
魚哭

和晴沙舅氏謁惠陵作

益州險塞今何在四尺蒿墳尚屬君孺子無心紹帝祚
譙侯多智識天文蠶鳧王業三分定貔虎雄師一炬焚
終古英靈遺恨在峽流嗚咽不堪聞
玉壘山川拱帝都樓桑片土啓雄圖普天齊奉黃初歷
大統終歸赤伏符八陣風雲長護蜀千年魂魄悔征吳
相臣逝後降車出難問流離六尺孤
回首荒宮是永安棧雲關樹路千盤沙沉斷碣文章碎
峽鎖危祠劍佩寒此日邨童喧社鼓當年上將築靈壇
行人駐馬斜陽外一薦蘋蘩恨渺漫

王氏漢銅印歌

吾鄉王殿撰爲秦中學使時大吏窮治部民盜
冢事王公因得漢印數百以歸余於其曾孫光
飏齋頭見之已散失殆半矣爲作此歌

北卬山勢何嶄巖聚斂魂魄歸蒿蘞墳封馬鬣土脉旺
碑鐫蝌篆刀鋒銛兕皮作槨堅且韌蜃灰塈壁幽而潛
深林祇有陰昔語黯隧不見陽輝暹健兒嘯聚試身手
黑夜竊發揮鉏鐮石扉雙閉脫扃鑰鐵鑄碎落撤帷帘
碧玲瓏瑩賴玉盌雲母臥榻青銅奩墓前椎碎捧燭攫
懷中盜出滴水蟾最多纍纍古印檢取去一一抛榛薕

可憐棄置賤如土誰能購取酬以縑王公遠宦越險阻
古物入手窮該兼奇蹤詭跡搜欲徧爛銅殘鐵求無厭
俸錢探囊已罄竭古癖刻骨難鍼砭裝充壽挈不足羨
車盈蔥苡寧傷廉攜歸幽齋自摩玩未許俗客來窺覘
匣將鈐璽暨徽尾配以斝鬵和盦鬵土花斑剝黝黮鏽
血暈拉雜珊瑚鈐龜螭壓鈕妙刻畫蚪蛟蟠字驚覩瞻
嗟余好古生苦晚句韓對此懷舊情難恢雙眸諦視屢盼
轉寸隊斷空磚礎官銜鉄鱗辨蠣扁篆籀佶屈如疇
髓中樞權勢山岳重部曲號令風霜嚴虎符制閫臚頻
押龍章降省名同僉奇物閱世久仍在徐威炙手今已

燐門嗟乎山陵半入刼灰黑玉石莫逃野火炎世餘此
物未磨泐天豈有意存微纖荒原颶瑟伴狐兎幽巖黷
黷叢蛇蚺精光夜上觸牛斗靈神默護趨屏黔爲幸精
英盡洩露旋恐零落無留淹著書重訂琳琅譜蘊奇客
鎖項瑶槭未央宫瓦甓作硯上林苑竹磨爲籤蕭齋得
此足三絶縱有奇物無容添

雨沙

疑是蓬萊清淺時海塵都向石山吹半牀鼠蹋長留印
一桁鶉衣恐化緇豈是唱籌煩道濟未須障扇避元規
朝來農叟談黄雪預卜今年麥兩岐

錢忠懿王金塗塔瓦歌 背有篆文曰顯德二年乙卯錢王弘俶製向在西湖寺

貝闕琳宫啓華闕云是錢王布金地椒墻剝落帖花欆
龍帳森森鎖幽魅訪古人來叩法局摩挲神物易飃零
天衣中坼青猊座刼火延燒白氎經膽有嵯峨相輪在
土蝕塵埋經幾載什襲欣看趙璧完護持不共衆甌碎
刻畫丹青入細磨幡幢瓔珞現脩羅徧傳大衆優婆塞
共禮前朝窣堵波相傳此是宫中物錢王舊事人爭説
虎落雄圖十四州龍天慧業三千佛貝工當日試雕鎪
朱火烏金躍冶流七級浮圖初鑄就人天珍重勝琳球
無端納土京師去嵩草蕭條故宫暮內府圖書秘色窰
流落人間不知數瓜子南金賂趙公卜瓶衛物尺書封
裹䟫輸去黄華盡那有餘貲給梵宫塵寰無路求回向
不如去逐降王長談禪早已放屠刀鏖戰底須排甲仗
麟帶貂袍拜太師一家湯沐奉恩私始知北面朝元日
即是西方證果時閲來日寫金經誦此塔依然作清供
翻笑癡兒卧榻旁等閑不醒維摩夢斷鐵零金總可憐
刼灰寒灺不重燃幾行蝌蚪書名字并識柴家乙卯年
好奇今有平原子購得奇珍歸趙氏 余友毘陵趙映川購得之 瑣瑣
饑蠡蝕碎黄斑斑古血凝殘紫洛下銅駝荊棘荒仙人
流淚别咸陽古今一例難回首幻影空花悟法王

春閨思

掠削粧新倚繡楹攤門竟日不安横袖沾甲苽龍綃裏
影著膏蘭蟬翅輕薄暝簾櫳飛燕影細風庭砌落花聲
無聊又掩屏山睡一枕春愁夢不成

瑶宫仙子掌花曲

碧雞曉唱扶桑枝白榆照眼光參差盤龍明鏡鑒嬌影
琖珠宫裏新粧遲雀扇圓圓掩神女花前顧影低徊語
璘壺一點貯雲膏洒向枝頭作香雨迦陵仙鳥雙紅翎
銜書密約千娉婷當筵小飲不成醉蘭颸宛轉吹幽馨
娃鬟悄遞蓉城信催花小蝶泥金印綺閣新更舞鶴衫

犀梳巧掠鳴蟬髩油𤕠雙引朱斑輪陌頭欵欵追輕塵
仙芬昨夜染花骨桃腮柳眼都含顰閒來自掩文鱗鑰
蒜影低垂壓簾箔凉露如煙麗草香春風無影瑶華落
欄前千頃瓊田覓斑龍嬾耕玉子寒夜深獨坐挍花冊
蠶眠小字絲盤盤人間鵲鳩呼春早零落嬌寛滿層道
一樹棠梨傍夕陽碎紅顆顆如錢小

寒食日九龍晚歸

買得蜻蛉一葉輕叩舷歸路不勝情那堪佳節逡巡去
又背名山宛轉行新水遠浮菱荇綠夕陽低傍鷺鷥明
無聊賸有微吟興遥和漁童欵乃聲

眞率齋初稾　卷六　七

廢宅行

殘蘿絡墻苔覆瓦雙掩朱門夕陽下路人說是將軍家
珠歌翠舞曾繁華昔年籍沒入官府六印巖封少人住
瑚欄寂寞凝暗塵哀桃墮紅吹古春樓頭野鳩來哺子
鼠閉空廚饑欲死深宵黑月照斜廊虛響疑人復疑鬼
彈指滄桑能幾時樂遊冤窟不須悲君看今日桑麻地
半是當年臺殿基

古塚行

白楊三丈巢訓狐羣飛樹頂爭哀譁髑髏歲歲墊秋雨
血花迸作紅珊瑚拜壇高處苔錢濕漆炬宵來扶沙出

棠梨吹霧冷冥冥春風到此無顏色墓前松樹三兩窠
野蠶蝕盡空枝柯樵人持斧斫將去至今望裏黃蒿多
麒麟僵卧左肢折斑剝紅脂似凝血豐碑篆字半模糊
移作前村浣衣石

夢中句

鈎簾不捲燕歸遲細雨斜風薄暝時曲曲迴廊人不到
櫻桃花發兩三枝

神仙

神仙不可求蓬壺渺無際世不見神仙與死何以異辟
穀厭芻豢生世欲何計纍纍古人墳半作耕耘地

眞率齋初稾　卷六　八

答朱紫崖

閉戶翛然物外情綠牕烏几有餘清張衡好賦憑虛子
沈約閒身太瘦生繞架芸煙蟫粉落隔花鈴語蝶寛驚
江南二月春光麗擬與蘭舟載酒行

與劉三蕘堂夜話有感

一春兀兀抱愁坐面垢冠欹任慵倚良朋三五隔天涯
對影呻吟苦無那辟除妄念學枯禪諷誦金經當清課
書床不整卷縱橫硯田久荒塵堀堁忽聞君自蘭陵來
倒屣相迎積愁破互看顏色憐枯槁共話生涯悲轗軻
五言妙手出偏師三耳雄談驚滿座忼壯幽州馬客吟

淒凉楚澤騷人眥嗟余少小丁憂患回首風波苦掀簸
胸襟自昔誇豪宕骨骼而今變柔懦子卿痛淚灑牛衣
許靖餘生甩馬磨臨巷挽車悲寂寂大澤迷途陷左左
饑鷹縫目上新韝駑驥垂頭戀棧莝囊中只剩一錢在
桑下那禁三日餓舉世言愁亦欲愁窮年得過權須過
羨君俶儻才無敵歷軫連箱富奇貨明珠有價莫輕投
利器新磨寧忍挫當前人物愛卿狂長此窮愁哀我癉
歎語嘈嘈堪達夜倦僕頻頻又催卧殘燈照壁鼠窺覦
寒柝敲更卒巡邏微霜入戶夜氣清明星墮水寒芒大
布衾如鐵枕手眠愁夢闌珊不堪作

泛舟

筍鞋棕笠爲春忙竟日沿洄繞野塘蕭寺遠猶聞粥鼓
扁舟寬可著琴床一陂新水蒲牙淨兩岸繁花蝶粉香
無奈吟情近疎索小奚歸去只空囊

飛龍宮歌

潞州城上黄龍起潞州城中瑞雲紫龍種作事非尋常
鐵騎背飛入宮裏歡譟人趨白獸門李家重闢舊乾坤
黄麻旦下恩如水緹仗晨排騎似雲昇平樂事今朝見
鯷海雞林慶清晏報道官家幸潞州虬車咋下神龍殿
凝笳清吹來故宮鬼宨膀額名飛龍挹牛釃酒縱
漢祖不須誇大風居捐龍飛年十九比戶年年歌
玉勅飛來禁捕魚恐教龍落漁人手端正樓頭夜宴
嘈嘈横吹閙秦簫翠盤舞破霓裳曲不道龍簽竟作
從此漁陽鼙鼓動猪龍撼海驚波湧苦霧愁雲入劍閣
江頭宮殿空如夢回首煙氛一掃開哀鵑啼血喚歸來
雙魚夾檝春江渡父老爭看龍馭廻射生五百持弓矢
阿瞞此日幾兵死辟穀南宮鎖鑰嚴滿眼淒凉怨龍子
餌石燒丹總渺茫鼎湖歸去路途長行人欲識龍蟠處
蔓草斜陽金粟岡

胡園

桐帽棕鞵避俗譁厭他裙屐鬬繁華蘭叢水漲迎鳧舫
柳絮塵香逐鈿車猶有閒園依僻地爲攜俊侶訪孤花
此間不許春人競寥落居民自市茶
門掩青巖一徑幽偶來剝啄亦成遊繞籬野刺牽人衽
坐樹流鶯絮客愁山靜泉聲通竹圃雨餘虹影帶花樓
芒鞵歸踏堤沙軟未要横塘棹小舟

寄題袁簡齋夫子園居

不是迎詩客經時掩竹扉草深行藥徑花覆釣魚磯石
古苔成篆花香蝶换衣春來足佳味白韮帶霜肥
傍石藤爲架臨溪樹作橋欒欄飄鶴毳苹渚闇魚苗酒

料封春襪詩九納水瓢何啻拂桂棹問字不辭遥知足猶耽讀忘機不廢詩曉風猿𥨸落新雨樹蛾滋去鳥有遺響遠山無定姿笑入隔天末遐眺足相思

暮春清華從祖招賓谷叔亦齋兄小飲寶綸堂時牡丹蕙蘭盛開即席命作

銀雲櫛櫛鋪纖羅半規蟾影沉微波春風笑人人自笑不飲如此良宵何七寶香車五明扇百卉爭呈曉粧面才子工吟鏤雪詞主人早儆催花宴相邀南道阮嗣宗更約東頭陸士龍酣歌共惜蘭夜短沉醉莫放螺杯空花紋榻子烏皮几揮麈高談衆香裏鈿影蟠蟠寶篆明

蠟珠顆顆銅荷紫滿庭煙重月斜時和芍烹椒入宴遲供饌筍應刲玉版堆盤魚盡鱠銀絲落落高雲墮烏鵲巖城欲上萎蕤鑰滴水生憎銀箭催當筵更引金壺酌良會芳筵欲別難夜深花暝露華寒卷簾重看千年藥把盞頻澆九畹蘭出塵標格傾城貌宛轉風前共癡笑湘娥倚竹影迷離如子熏香態妍妙小步名園六曲廊酒闌百感正茫茫我憐癡絶王家叔誰識多愁衛氏郎昭華小瑄花前壓更數花房摘花蘂九枝燈影傍花明驚起花心綠蝴蝶爲祝名花歲歲開緘書招客約重來金鯨壓酒舩船滿一月花開醉百回

和唐張夫人拜新月詩

拜新月拜月出疎櫳簾隱螺痕碧香煨獸頭紅拜新月拜月粧臺畔翠幔上龍鈎珠樓弄花瑄拜新月拜月暗尋思記得妙年時凭欄看樹影映水掬雲絲蘼花開盡陽春暮迷雀西飛雉東去魚信難傳碎葉城蟾輝空照衰蘭路麝枕檀篝伴獨眠低頭彈淚落金鈿那能三五團欒月長照紅閨二八年

滦水曲

滦水映梨花花邊少婦家不栽烏桕樹怕聽夜啼鴉

蓉湖曲

屋角殘虹架綵橋灘頭新水長紅潮無邊煙景明於畫幾箇輕舟蕩短橈

許大麟石藏書詠

羽陵蠹簡高連屋氣壓鄴侯三萬軸把卷宵蹄月影看移牀夏趁凉陰讀買盡青緗不厭貪幽齋小築近城南風飄錦袂雙垂組日麗牙籤五色函塞余日擁書城坐子敬青氈當膝破搜殘柳篋鎮長貧不賣斑書窗忍餓入市觀書亦大癡世間還有鬼名嗤欲充儉腹從君借惜少牀頭酒一鴟

水仙祠偶成

斜港流花影輕雲逗雨絲愛聽漁子曲獨過水仙祠宛
宛春深候騰騰酒病時雛鶯知有恨啼斷綠楊枝

過蔣大重光齋頭談去年穴地得古棺事感賦（棺中人宮粧儼然蓋蕭梁時妃嬪也）

荒煙白草蘭陵路黃土如雲堆積嫵通替棺歸妃女冤
轆轤仰記宮嬪墓陵谷遷移閱幾秋刼灰飛盡鬼神愁
昔時青櫟叢高塚今見朱門起畫樓怪底秋齋漆燈出
穴地驚看得奇物石罋斑斑兕槨開梅灰朏朏犀釘脫
玉容猶是故宮粧九樹花鈿作兩行殉葬未曾頒玉椀
招魂不用拾香囊桐棺七尺無銘誌苔鏽模糊不成字

廢井爭傳梁苑基才人解說蕭家事可憐金粉委蓬蒿
零落殘骸認六朝麗質幾時花底活穠歡早向掌中銷
蠶鴈無光沉壞道髑髏那得重妍好夢破誰歌瓊樹花
魂來應化金蓉草是處夷堅紀異多千年遺跡未銷磨
秋墳鬼唱黃華子舊浦人逢鄭婉娥我亦三生悄悵客
擁鼻微吟淚沾臆月落陊門陰雲寒雨零石室愁燐碧
三徑依然蔣詡家墻東便是玉勾斜春風怕到銷魂地
桃樹年來罷作花

落花

落花吹不盡春亦戀江南日照犀簾押人窺玉鏡函砌

香留碧草筐燠長紅蠶歲歲銷魂候芳辰三月三

遊大樹園呈劉大葧原

一徑穿蘿薜軒牕爲客開逕山似圖畫滴翠入亭臺鬬
雀行堦草遊魚唼水苔微吟不成詠繞枉久徘徊
飛蟲低避燕戲蝶暗隨人偶爾尋幽徑難忘是晚春花
房承泫露日隙看流塵更愛蓮塘靜從君乞釣綸

李夫人

紫綃複帳輕如煙蕊宮飛下瓊瑤仙嬌鬟低擁顋無語
一朶梨花泣香雨珠樓小鳳聲咿嚶鳴環戛月寒錚錚
花雲如夢無留影吹作煙絲墜秋暝銅盞滴水更欲殘

茱萸灰燼猊爐寒回首明星爛如石天乳無聲點衣碧

寄懷錢三竹初

葡萄美酒瀉千鍾憶昨蘭陵雅會同南國淸才推謝朓
東隅狂謎王融曉寒簾幙藤花雨暝色林塘燕尾風
此日相聆天末爲君惆悵句難工
一舸寒江袂易分歸來孤館賦停雲六朝金粉還餘我
兩晉風流最憶君彩散魚霞明遠岫花開燕麥漾斜曛
何年招隱山南北好策廬皇十賚文
彩筆江郎別恨多芙蓉江上水嶒波尺書寄去煩青鳥
遠夢歸來謎綠蘿小擲劉毫慵作字偶敲銅斗不成歌

相期射鴨菰蒲裏獨速船頭舞短蓑

元亭寂寞掩藜蒿偶有人來聽解嘲睡起亂抽蟫簡讀
吟成虛費麝煤鈔紅珠的皪櫻垂子青玉參差竹破苞
更拾汀洲芳杜若臨風爲贈歲寒交

賽神會

鏗金鉦曳大旆三月春郊賽神會東家西家喧小兒攔街叫跳如狂癡須臾馬蹄來特特黃金絡頭珊瑚勒馬上人持紅錦勑神從中央來夅臨聲喧猻神從門前過市人不敢坐緋袍窣地穩稱身蟠絲孔雀鈒麒麟當輿旌蓋交繽紛路旁富兒指而笑昔年曾捨三千緡相追

逐歡不足罄金錢娛土木君不見寒女衣单不掩身老農夜守空倉哭

葢神廟

匠人來築臺觀運甓磨磚二年半匠人朝不來太保行相催廟中夜掣銀鐺鎖廟令大呼神怒我瓠稜金爵高刺天一臺築就十萬錢搥肥牲喧紙爆大平明盍神廟明神坐中央廟令羣趨蹌布商米估爭解囊解囊來詎誰某貧人錢落富人手布五尺米一斗入市嗷嗷求速售一貫蚨錢九十九富人萬金賤如衆貧人一錢惜如玉抽得貧兒手內錢施向神祠種神福九級皆十丈廊

裁金嵌碧光熒煌土馬泥人立堦戺夜聲啾啾衆鬼喜廣厦萬間有如此何不移來庇寒士

春感示務裳

侵曉空林聽鳩鳴愁多不耐餞春行半池水氣蒸雲濕
一角霞輝抱日明到處揶揄應笑我此中空洞儘容卿
洛生吟罷支頤坐一任人嗤老婢聲

九辨摹成楚些歌一通小字寄清河落花風定新詞富
芳草春深昨夢訛紅爛櫻桃垂畫檻粉香蛺蝶戀晴莎
無端煙景添惆悵幾度登臨喚奈何

前身結習破書堆蠹簡零星散麝煤慧業生天誇阿客

精心奉道笑方回閒塗故紙酬詩債細拾殘花當酒材
正欲劇談無客到東頭老屋盼君來

元亭門掩不通輿倦枕琵琶午夢餘嫩誦維摩金字偈
細鈔靈寶玉函書女牀聞集青鸞鳥碭浦誰乘赤鯉魚
浪說遊僊歸路近五城樓閣是儂居

爲亦齋三兄題策驢圖照時將北上即以贈行

平堤十里旗亭下烏帽黃衫控生馬尺幅吳綃點綴工廻策如縈最都雅特特瑩蹄白蹋煙虎文龍脊貼連錢臨流好解青絲障爭道先抽碧玉鞭權奇倜儻來西極上籥浮雲有餘力鞍磨瘦骨帶銅聲汗濺旋毛噴血色

此去燕關賦遠遊曉煙凉月度蘆溝孫陽應識千金駿
王濟休誇百里牛高秋八月霜蹄迅晾鷹臺下沙風勁
燕角弓開寶月圓烏翎箭脫珠星迸取次看花灞滻傍
銅街蹀躞不驚香拊將便面嘲張敞挽任絲韁認陸郎
塞余十載閑中伏顧影酸嘶縶雙足虛名何意作黔驢
妒口每聞呼栗犢羨殺輕裝上　帝都承華天廄飽青
芻懸知此日翹材館已展燕家買駿圖

答顧二學和

丹穴飛來五色鸞美人隔水贈琅玕字粘金粉銷難盡
墨暈銀鈎拭未乾紅雨林塘新漲濶翠陰簾幌落花寒

真率齋初稿　卷六　七

德柔故是江東秀脫手清吟若彈丸
手把英瑤倍愴神舊歡如夢復如塵無端愁病辜芳景
幾度登臨憶故人落絮入池紅蔕淺枯苔繡石綠花勻
嵇康柳樹依然在雜酒相從莫厭頻
新署書齋號墨莊社南社北種青楊逢人漫說貧非病
入世何妨瘦且狂麈尾攜來毛落飯鸞箋書就字盈囊
移牀好上城樓坐一唱陽春大道王

珠江曲送徐大昇春之廣東

芙蓉湖頭春水流芙蓉峰畔春雲愁沙棠雙槳木蘭枻
送君遠向珠江游珠江曲曲環南國丁星金翠繁華窟

蠻鄉怪物載龍編海國方言通象譯蜃雨魚雲積水東
山川形勢覇圖雄誰尋葛令丹砂井莫問劉鋹碧玉宮
珊瑚扇子猩紅屐珠江佳麗人爭說抹厲花開艷雪香
檳榔子熟晴雲熱珠江淺瀨漱金沙素足珠娘慣浣紗
日煖章魚齊上水樹深么鳳共銜花富商巨估相誇衒
奇珍入手如泥賤蠔甲堆成亞字欄鮫絲織就冰紋練
君去珠江南復南珠官風俗舊曾諳秋深桂嶺爭鑽蠹
春到花田學種蚶誰誇羅襪凌波步葉葉花舡粵溪渡
怕被嬋娟一笑留莫躭香粉三年住無端送別黯銷魂
把袂臨岐未忍分我所思兮望明月君之出矣逐浮雲

真率齋初稿　卷六　六

渭城三疊殷勤唱碎曲零歌惹惆悵磲椀斟來且莫辭
布帆吹去應無恙十八灘頭走急瀧計程五月下珠江
倘逢庾嶺歸來使寄我羅浮繭一雙

閒居

水晏林嬉慣索居巳十秋花紂當檻落豆角傍畦抽濁
酒招元亮新詩寄德柔隱囊高齒屐擅絕胥風流
戲綴花鳥冊興作小陽秋錦字奚囊貯牙籤鄴架抽蕉
心隨日轉燕尾剪風柔是處躭幽賞移橈溯碧流

錢二十二韻

魚伯飛來後平添利海波新銅耶水曲鑄幣歷山阿輕

影翻鯨甲花紋皺鳳羅五銖工剪鑿四柱細摩挲輪郭
分烏漉文章倫隸蝌蚪穿沙驚雀舞斫樹畏蛇訶臺上形
成鴨鑪頭眼似鵞好從牀脚遶誰向夢中磨個是繁華
窟眞成安樂窩齊奴雄洛下姹女富淸河蕭庫懸標牓
吳宮衛甲戈營中贖才士帳下買靑娥藏處鬪牛吼行
來倩馬馱無緣休慕孔有癖定歸和積窖千緡朽當筵
一擲多裁皮嗤大業剪葉記閻婆只我偏窮薄終年嘆
轗軻逐貧空有賦得寶亦成歌的的收榆莢圓圓愛蘚
窠書堆將紙印山庫用泥搓壁立已如此囊空將奈何
晝乂三十塊掛壁羨東坡

眞率齋初稾卷七

梁溪楊芳燦蓉裳

首夏信筆

蕭蕭白帢晚風涼四月淸和勝艷陽爲擕奇文頻蹋壁
愛吹橫笛慣登牀翠陰覆地流雲濕紅雨平堦泣露香
蠹粉芸煌勞結習無端悄悵不成狂

颯沓天風吹面涼憑高擊節唱𨗴陽甚緣爭道常投局
博喜成盧便繞牀鞲上胡鷹新摘鏇車前宋鵲細熏香
一身兩役城南獵我愛張耶果是狂

梨花莊歌

相傳吳興富民置妾於此妾愛梨花曾植梨萬
本今廢址不可問矣作歌記之

荒村路遶蓉湖曲中有豪家舊金谷不見梨雲照眼明
生憎草露粘衣綠鏤檻文梍盡已傾繁華過眼易飄零
空留壞道埋殘甃誰向重樓問故釘昔年此地花娥住
愛花曾作名花主蛩蚷疊鋪散玉塵蟰蛸隱掩團瓊樹
玉塵瓊樹擅豪雄人是吳興小沈充買得嬌郎吹笛妙
擕來姹女數錢工文魚兩兩隨蘭檝夜向蓉湖渡頭歇
粉鏡粧成喚窈娘金屏開處迎桃葉愛種交梨萬樹花
萬花深護美人家雪明簾額樓香蝶月到樓頭噪玉鴉

陽春三月韶光裏朶朶寒香覆池水冶葉還遮種璧田交枝直接燒金疊蠟椀膏毬夜宴遊最憐香霧罨珠樓綃衫舞罷迎人笑素面勻來對影羞露脚飛飛風草草狼籍穠華滿層道舊井唯栽北苑桃廢基留種東家棗回溯風流亦可憐荒苔何處葬花鈿綠珠艷骨銷成土紫玉嬌魂化作煙黃蒿青櫟埋殘龍倩誰直取芳根種擘紙慵賡江令詩看雲且續王郎夢弔古問來酹夕曛瓦棺玉雁鬱金裙多情應化紅心草歲歲東風護小墳

夏夜苦熱因懷亦齋三兄

藜萬不剪三椽室晝積炎歊夜猶爇星影爭輝容似沙

月樞欲出紅如日饑蚊嗜膚那得眠推枕起坐心茫然桃笙蒻席亦不惡底事着體同針氈憑欄遠望心如醉雲漢搖溶雜光碎垂釣忽爲北渚遊浮瓜誰赴南皮會苦憶金門射策人騾車竟日逐朱輪江南水國尙不樂何況長安十丈塵

讀趙璞函先生詩集輒以弔之

趙公倜儻眞奇才獨立南國風煙開詞場已推萬人敵墨池欲引千瀾廻少年薇省熒官燭旋賜牙緋直天祿妙選應歸劉秘書詞人解識王寧激劍外辭兒竊弄兵虎符龍戟八軍行奏時定遠甘投筆出塞終軍願請纓白鹽赤甲重山繞鐵騎無聲踏邊草爲試千言倚馬才寧愁萬里盤羊道幕府將軍擁節旄飛書馳檄愛枚臯鮫文劍重霜華冷燕角弓開月暈高銅鐎蘆管邊聲惡萬帳弓刀排柞鄂才子能翻破陣歌征夫盡唱從軍樂狡黠妖酋竟陸梁鐵菱鹿角少周防戶塡柳港人無主箭盡蘭山事可傷身是三吳好男子七尺微軀明白死拚將朽骨葬沙場膽有才名照青史生死終隨大將營望鄉腸斷沈初明誰憐玉笋金閨彥聽盡水車鐵馬聲千盤蜀棧鵑啼苦颯沓旌旗走風雨英魂猶提甲盾行遺文應道蛟龍護靈篋攜來一卷詩披華抒采是吾師

還從擁鼻悲吟裏想見銜鬚畢命時會看勒石巴關口不遺雄文出公手一曲凄京楚些歌招魂酹酒公知否

吳大黼仙告余有敬亭之行作此送之

我聞敬亭山色幽且奇雲英石黛相參差遠遊不得理輕策十載空讀青蓮詩吳郎欵門造我語別我揚颿敬亭去攜將竹杖着芒屩欲覓青蓮舊遊處嗚呼青蓮蛻去經千春長星黯慘無精神青山向日尙如昨冷眼閱盡登臨人一般歸骨青山路未許青蓮誇獨步斷碣猶題小謝城喬松深拱長江墓（賈島墓亦在敬亭）君到荒墳酹濁醪焚蘭薦芷楚詞招靈旗下貪魂常在彩筆成塵氣不

銷捫蘿附葛探巖谷，寂靜丹房待君宿。底須餐玉學三茅，不用泥金圖五嶽。身輕似挾青龍飛，目力所到窮煙霏。壽頭直突然犀渚，皎月長懸愁姥磯。斑狸捧硯青猿走，醉晁騷寃入君手。破悶傾將酒百盃，嘔心著得詩千首。蕩蕩晴雲生遠愁，送君夜上木蘭舟。名山有約何時踐，千里隨君作夢遊。

次彭雲楣夫子贈洪稚存韻即以寄洪

君不見寒陵片石濕生筆，壓倒魏郎邢阿吉。常公一顧登青雲，倏若鵾鵬傳。騄駬男兒不合生，衰門馬坊賤客名公孫。失職文人古所歎，憐才高誼今猶存。我友洪君

負才地，乞食蘆中不得意。八歲空傳善屬文，十行枉自誇强記。豐城干莫森有芒，鹽車驥騄曉且强。鉛刀未敢角利鈍，駑駘邪許爭低昂。白石爲糧不堪煮，阿誰識得寒儒苦。學士爲脩硯北書，經師穩住淮南土。平生自許非常儔，得一知己他何求。門墻我亦感恩者，讀此涕淚緣纓流。更攀桂樹思君子，金石盟言誓終始。爲囑雙魚莫浪傳，廣陵江上寒濤起。

秋感

經案繩床半畝居，分甘遲暮就華子。溪山深處招康樂，邱壑中間着幼輿。階草落紅依古石，池萍沉碧襯文魚。閒來結習銷難盡，又擲精神賦子虛。

蠹粉芸煙困此身，臣精銷減不如人。爭看碧漢翔威鳳，誰識空山泣餓麟。擲鏡底須誇骨相，登樓猶自憶星辰。百端交集傷哀樂，未到中年已愴神。

一曲狂歌擊玉甌，好天良夜倚層樓。露凝清影隨雲散，星帶寒芒入漢流。記續齊諧工志怪，賦成楚些慣悲秋。年光半爲愁孤負，滿架蟲書嬾按讐。

清淚無端灑客襟，凌秋小病瘦愔愔。三生空鑄金爲骨，百劫難磨石作心。喚鶴御芝雲路杳，隨狙拾橡暮山深。聲塵寂寞尋常事，伯玉何緣便碎琴。

喜汪大容甫過訪長句贈之

汪生倜儻出世姿，短衣孤劍將安之。江湖流浪苦復苦，人說才奇窮更奇。相逢每恨來何晚，掃室慇勤開酒醆。糝將何胤白葵羹，捧出休源赤倉飯。狂來不顧世眼驚，相對拉雜談生平。文人失職有同病，出吻各作寒號聲。君言稚齒饑寒迫，棄擲詩書最堪惜。弱冠方傳作賦才，壯年始奪談經席。五經復興曾叔陵，纍纍著作充箱籯。心開窔宎深莫測，面若刻畫森有稜。奔走風塵饑欲死，撐腸萬卷徒爲耳。肉食難分博士羊，草衣且牧公孫豕。羌余少小趨雕華，斧藻繡帨相矜誇。愛儲奇字未滿腹，

慣拈强韻空聱牙千秋絶業不同傳君入儒林我文苑須識夔蚿總可憐何當蛩蚷聯爲伴坐談不覺日影移榜人催上河之麋卽今一見復奚益翻令千里勞相思留君不住我心苦握手臨岐涕如雨他時相望越王臺何日同澆趙州土布帆無恙凌風颮秋來應看錢塘潮潮頭倘有雙赤鯉盼君寄我英瓊瑤

秋夕

暝色半長林棲禽晚爭赴登高散遠愁愁逐秋風度螢色翳凉草蟬聲咽清露流景不憐人棄我忽如騖戚戚抱空意栖栖局遐步墻下幽蘭花萎蕤怨遲暮結根不

得地孤生更辛苦

幽廬匝叢薄戾戾凉風生孤燈曖脩夜入耳皆商聲鶺鴒嘯荒隅蟏蛸號前楹撫時念陳事承睫涕泗盈沉憂阻清夢幻想勞空精微軀困溝壑幾時樹脩名

和吳大斧仙韵卽以贈之

桂華驀樹兩依然底事君家作謫仙一轉風輪殘刼夢半龕雲影現身禪饑餐庾杲籬邊韭貧僦張融岸上舩世路崎嶇雲路杳此生無計了愁緣

懷刺匆匆越故鄉東雲泥跡又飛揚春江送別人千里遠道歸來字半囊京口濤聲吞客枕敬亭山色照行裝但教一拜靑蓮墓憔悴窮途總不妨

依人心事最無聊水驛山程莫復朝旅食三旬餐餺飥秋風一夢落團焦祇應橋叟臨林任多事桃人逐浪漂從此天涯遊興倦故園甚愿不須招

去本無端任亦難胸襟牢落不成歡神鵰在野呼爲馬惡草充幃目以蘭剩有悲聲歌獨漉并無佳夢到邯鄲靈方檢得銷愁劑願向金仙乞一丸

葉裏香餳苦復甜頻伽妙偈六時拈更攜短鍤朝栽樹獨對殘燈夜織簾入世有緣能作達求人無術轉疑廉樂行苦住君應悟莫問墻東季主占

醉鄉深處易勾留歡伯相邀便解愁破鏡蛾眉雲壘月虛窓龍氣劍花秋雄心不死抽金鞘好句如仙詠玉鉤倚酒懷人濤不寐今宵飽照在南樓

秋雨嘆贈顧七韶陽

西風作商聲嗚咽不肯住吹聚秋空萬疊雲竟夕淋浪雨如注荒堦汩汩盈塗泥茅簷偪側如雞棲苦吟杜老秋雨嘆捉鼻未免聲酸嘶感君有情能念我十日柴門九相過劇憐同病話悲辛誰遣頻年困寒餓短衣破帽顏如灰坐受俗物相塡豗雄文百軸復奚益治生無術休言才狂蹤落拓棲榛莽親串經時罷來往肥馬當風

避市兒枯魚呴沫憐吾黨空思懷刺浮江湖足跡到處皆窮途無錢誰識趙元叔索米耻詣陶胡奴如此幽寒坐嗚呃逢人未肯低顔色客來莫解身上襦顧郎本是難衣食崚嶒傲骨無與儔如君未合終窮愁悲聲激激歌楚調雄心憤憤看吳鈎男兒不灑牛衣涕何事差堪快人意萬口爭傳白雪詞十年未減長虹氣勸君且止聽我歌歌成其奈聲繁何君行不答掉頭去着屐撩衣踏秋雨

呈鄒寶松太守三十韵乞臺灣府志

島嶼窮溟外波濤積水東領符分虎竹懸篚繞蛇弓騶從專城貴旌旄列郡雄海疆來杜母蠻俗仰羊公威惠三年遍謳謡四野同歸裝辭越嶠鄉思值秋風異境超區外奇觀入眼中此行凌渤澥眞擬鑿洪濛蜃市吹嘘幻魚雲刻畫工颶風晴颭颭陰火暝熊熊水豹翻層浪花鷹捩遠空金沙華蛣紫鐵網女珊紅漢石堆殘錦秦橋界斷虹路疑圓嶠近穴豈沃焦通夜泊鉛爲碇晨裝錦作幪衝波廻鷁舫撾鼓渡鮫宮五柳家猶在千桑願已豐閩尋遂初賦自署樂天翁寄興琴書酒關情杞菊松室餘廉吏槖人愛使君驄許靖鄉評美王球族望崇壺冰開皎潔佩玉戛玲瓏昨歲虛投刺今晨幸發矇上林賦迺今日發矇窮途哀繫驥末技奬雕蟲睹墅陪安石開樽謁孔融有心希剪拂刻意自磨礲鯨島侏俻俗龍編幽怪叢可能蒙惠贈便足破盲聾跛浪乖奇志蟠泥抱隱衷從今誇海運矯翮待飛翀

寒村

醉踏霜紅葉行行出遠郊敗籬多傍石矮屋半誅茅水落魚分子天寒鵲補巢尋幽不覺晩斜日下林梢

秋夜懷亦齋三兄

曾折離亭柳依依送畫船春江千里別海月七回圓孤館貂裘敝窮途馬薦穿賦成名不達空谷泣嬋娟

故國秋光好東園菊滿枝看花悲異地把酒省當時夜靜霜侵牖燈昏月入池繁香自盈手無便寄相思

風雨聯床夜新詩記共賡明珠穿乙乙元璧耀庚庚妙筆雄無敵淸才老更成弟兄期望意豈獨在科名

作計君應誤君胡向益州危峯盤一鶴急浪駕三牛爲語還家樂應勝作客愁裁書憑驛使勸卜大刀頭兄擬由燕入蜀余作書勸其歸

寒夜曲

數到銅蠡第幾籤靑天絡角夜厭厭霜寒似水流瑤甃月澹如塵上畫簾蝸口雙花微欲卸龍涎一瓣冷旋添

劈箋細寫相思字樂府翻成昔昔鹽

和吳大松崖山栖

見說山栖樂閒身任嘯歌茗花封石角松子落雲窩元室屏長閉丹經字易訛何當躡芒屩相訪入煙蘿

老樹如人立淩風落嘯聲秋隨千鎭發夢入萬峯清澗潄寒雲淨牕延古月明山栖有眞樂何事赤城行

寒夜有懷黃大仲則

荒林葉脫行人稀嚴霜碎落寒霏霏初生月魄不照地列宿錯落鋪珠璣駕鵞東來厲哀響十十伍伍排風飛幽人畏寒不敢出未到日暮扃柴扉藜牀危坐擁殘帙

一燈晻睒明書帷懷君竟夕不成寐反手據案長歔欷男兒作健好身手有淚寧向岐途揮天涯倘得快心地絕勝窮巷號寒饑但愁干謁不稱意坐受俗物相嘲譏千金辟士置幕府此風古有今則微高秋與君一握手幽齋軟語情依依留君信宿不肯住勁帆健櫓如發機迅猋忽捲歲華去層冰滿野高崔巍茅簷擁絮尚不樂況復遠道驅驂騑何時壚下貰美酒對飲立解愁城圍相思展轉入欲曙晨風肅肅歌妃豨

寄宋大岳青

歲晏孰華予端憂守敝廬却寒行酒後抱病罷吟餘涉世之長策報君憑短書齋前松樹子楚楚近何如

一片多情月清光正抱肩相思無好夢孤坐撫危絃雁警殘燈夜梅開小雪天何當乘逸興便泛剡溪舡

寓感

翠袖蕭蕭獨倚欄玉琴絃脆不勝彈移來露井香桃瘦帖上雲屏粉蝶乾曉戶不開銀鎖澀夜衾虛擁麝爐寒重湖燕去無消息腸斷閨中郭紹蘭

霧幌風簾夜氣侵凝粧孤坐靜愔愔擘箋纔寫旁行字添線還拈獨孔針書自中央周四角衣看一袜共雙心爲憑魚使殷勤寄從道相思似水深

贈日者

一轉風輪墮塵境集菀集枯皆有命火飛水伏理微茫君能縱談我能聽暇日來過季主居羨君妙術握靈樞持將一卷瓊瑤册掃却諸家珞琭書半畝廬中跡孤寄不向庸人炫奇異剖析三庚識獸災推排六甲看龍忌繩榻靑帘大道邊振棊按式自年年壁間常掛談元麈囊底偏餘賣卜錢乙乙精思窮奧突探微疑有神靈告雄談欲折呂才鋒絕詣寧爲宋忠誚抱影哀吟暮復朝蹇余生計寂無憀論成辨命添怊悵誰識平原劉孝標獨坐書空頻咄咄壯夫心骨遭摧捽墮地星精未感孤

誤入命王唯磨蝎 大夢茫茫苦未醒夢中無路叩天扃
爍黄粱夘朝來具便擬從君問玉靈

春陰撥悶

半畝閒齋坐悄然香爐貝典共延緣忘機不看鑿棋譜
任俠還鈔說劍篇遣莫風光過上巳可堪哀樂感中年
好攜小榻簷花下卧過春陰二月天

冥濛寒雨殷輕雷深院閒階鬬緑苔時有野禽窺戶入
惜無佳客款關來隔簾花醒前塵夢經宿香留小刼灰
一自故人千里别春醪釀就罷銜杯

殘蠟青熒伴夜分縿空絲雨白紛紛人遊燕國三更夢

春殢梨魂一徑雲若爲閒愁常掩閣任從佳節到湔裙
怪來觸景添惆悵昨日河干别卯君 時二弟北上

藥爐茶臼裊煙絲小院更深坐雨時幾度拈毫知思澀
偶來欹枕得眠遲煗風爽藥湔衣句雪水桃花頮面辭
别有深心托纖素任人猜作有情癡

懷亦齋兄荔裳弟

九十春光轉眼中那堪急雨復顛風阮家北道行車少
陸氏東頭老屋空偶欲傳書呼慶忌可能縮地學壺公
燕臺蜀棧勞回首一樣天涯信轉蓬

越布单衣烏角巾閒招遊伴共尋春時從鬬草拈花地
憶得推梨讓棗人夢裏歡娛裳後夜酒闌歌笑認前塵
朝來買取君平卜又擲金錢問鬼神

晚春花事甚盛因寄懷亦齋三兄荔裳二弟

去年看花人在家一春風雨空嗟呀今年花開春色好
看花人又涉長道從來勝事總多磨無可向東君喚奈何
九十韶華逐塵土兩三伴侶隔關河昨日曾過妙香閣
永晝沉沉下簾幕蜂聲滿院夕陽斜一架藤花背人落
歸來孤坐傍闌干抱影空堂慘不歡數盡銅籤人未睡
薔薇花底露華寒醉紅軒駐東皇駕劉侯酌我來花下
仙娥高捧赤瑛盤狂客爭持青玉斝是處看花勝昔年

紫雲樓閣碧霞天銷除詩債何辭醉領取春光不費錢
對景眞應放懷抱底事閒愁倍潦倒白日惟看北嶺雲
清宵不夢西堂草春來花事逐番新每對新花憶故人
皂莢橋頭稀酒伴青楊齋裏剩吟身錦江水煖貢君渡
紫陌塵高卯君去鄉信千行托便風歧途一别悲零雨
東頭老屋更西頭猶記年年選勝遊袖底新詩飛白鳳
筵前妙令鬬潛虬别離未慣多僝僽翻悔當時易分手
一語憑將驛使傳故鄉風物君思否春事闌珊花信遲
别來何日不相思櫻桃着子如紅豆轉眼江南四月時

春夜戲作斷句

花落江南四月天多愁人自惜華年陌頭榆莢塵中絮
輕薄韶光值幾錢

昭華小琯玉無瑕新曲傳來商女家莫向風前翻水調
恐教吹落後庭花

一摺瑣箋墨未乾聊憑小句話辛酸從今參破鶯花劫
只作尋常彈指看

繩床棐几理清脩篆鼎香温宿火留自諷淨名經一卷
化城高處避春愁

連朝小雨不成泥無恙風光水竹西聽取東君臨别語
流鶯枝上盡情啼

午夜無人坐小亭水明簾子漾空星夢魂又趁楊花去
剩有銀釭炷暗螢

題將艷字上芭蕉愁思尋人暮復朝一碧春魂隨逝水
不須更着楚辭招

泥費花神點綴功苔衣狼籍糝零紅殘香如夢歸何處
只在蜂房燕壘中

綠陰青子探春遲禪榻茶煙颺鬢絲我似當年狂杜牧
三生惆悵爲情癡

花情鳥思惜餘春莫更微吟易愴神好乞樽前歡喜地
醉鄉安穩着吟身

接洪大稚存書詢余近狀作此答之

碎雨零煙春事終無多好句付奚童闌情芳訊遥天末
過眼流光短夢中幽徑尋詩朝點筆小溪垂釣晚收筒
頻年身作沾泥絮翻對長風羨轉蓬

庾郎鮭菜只佳蔬半畝荒畦自把鋤奉佛少曾參白足
談詩近更愛黄初清寒骨相緣春瘦嬾散襟期與世疏
剩有閒愁如亂髮日來種種不勝梳

凝塵滿榻舊氊温不慣將迎自杜門潦倒千盃誇作達
摩挲一劍待酬恩未甘佞面從人借只信愁腸歷劫存
蓬廡傭書生計短會須牧豕學公孫

君苦塵勞我愛閒相思容易改朱顔叢殘書篋盈千帙
枯槁齋期設八關碧盌茗分鸂鶒色雕爐香劈鷓鴣斑
好移艇子來相訪無恙溪山任往還

寄懷錢三曙川 時曙川由燕入陝

鍵戶絕將迎索居少歡意念我同心人飄零各天地憶
昔我與君旅舍欣把臂從此數招尋素心訂神契我齒
少於君君畜我爲弟文史相嬉娛金石互磋礪秋風豎
陽城清樽夜同醉爲歡無幾時旋判江干袂獻歲春之
孟君作北行計買馬料衣裝去應春卿試團雪苦易散
飄蓬本無蒂會合不可常蹤跡倏離異時時西向笑望

君掇高第君本磊落才千緗富文藝名不忝翹材官應典中秘奈何金門賦屢上遭棄置九萬始培風六月忽垂翅淒凉抱璞心惻愴迴車淚長安米價貴居又大不易席從幾時煖駕向何方稅問訊北歸人語苦未詳細昨宵閱劉豚蓬門來驛使燕臺三千里弱弟作齊贅謂荔裳寄我一札書道君出幽薊单車度函谷意氣頗凌厲關中昔天府平阜莽迢遞巨靈拓高掌破空出奇勢泰皇縱博處笴栝長丈二鈞梯不可攀仰望心巳悸長河鼓洪濤八水合涇渭秦嶺瞰九峻一氣鬱蒼翠歷歷漢唐陵豐碑蠹如蝟月黑松楸深森寒走妖魅君行恣憑

眺到處頓征轡奇境入吟懷奔溢不可制揮毫書峭壁乞火題破寺脫手皆珠璣錯落盈篋笥浮名何足論此寔千古事嗟我獨何爲草間日憔悴豈不願騰躍束縛有家累懷君百感集纚纚坐揮涕擲筆復高吟天風激淒戾

寄懷劉二古三

南樓待月據胡牀八尺斑文竹簟凉健筆凌雲思孝綽元言破的憶眞長蓮房俯鏡微波淨茶串盈甌嫩水香京洛黄塵憔悴否此時覊客定思鄉

渺渺吞湖水倒羅紫菱紅芰漸成筐故鄉六月風煙好別恨三秋洶泗多硯北剪燈談舊事樽前散雪記新歌相思覼縷無人識細寫淸吟上衍波

輿酣倚醉獨登臺北望長安倦眼開岸上牽舟君好住車前戴笠我應來也知鏡裏無奇骨未信溝中作棄材昔昔釣魚溪畔夢乘槎頻向日邊迴

叢書滿架散香芸甲乙丹黄手自分謝客不須收白望掩關且自釋元文過時巨瓠堅於石無用羆牛大若雲落寞窮居銷壯志一鞭先着已輸君

為段大蓉皐題修竹吾廬小照

生綃尺幅濃陰重萬个篔簹森欲動膩香罨地黑離離

瘦影緣雲青蝀蝀誰坐玲瓏綠玉叢出塵姿與此君同過江人物今猶昔標令居然正始風企脚科頭踞盤石冷翠空濛沁肌骨嗣宗散髮待凉風摩詰停琴佇明月竹葉何須泛碧螺竹枝不用譜新歌三椽草閣遺塵事象外煙霞領取多露初星晚常相傍靜色孤根鎭無恙射鴨從教截作弓化龍可許攜爲杖愧我宮無一畝寬更無隙地着琅玕牽蘿補屋空惆悵翠袖蕭蕭獨自寒感君過訪荒齋靜晚歲心期一朝訂此日從君乞釣竿他時爲我開花徑嫩筍新篁好護持莫教遊客浪題詩留將百尺青光在小字行行寫楚辭

久旱得雨

三升乞得官倉粟十日禁斷屠門肉亢陽天氣悲枯槁
謀食生涯傷刺促從來常餒只虀鹽敢望中厨富羹粥
窮村老農更辛苦八口啼饑守茅屋破甑纔支七日粮
空倉那有三年蓄力耕枉自鞭牛背慘于負如灼龜腹
朝踏盤車戽水歌夜卧荒郊仰天哭寧知造物憫黔黎
不遣三時困炎酷龍公試手破天慳海藏明珠瀉千斛
濕雲模糊吹粉絮白雨森寒削銀竹繞畦豆莢綻羊腸
傍舍槐陰張兔目碧筩翻水遞舒卷紫角浮波聯出縮
稜稜釵股長蕪菁簇簇繡紋敷苜蓿流膏淫液不擇物

一雲迴黃盡成綠崇朝滲漉蘇土脉入夜翻盆更沾足
虛堂燈火愛微凉漫卷詩書廢宵讀行看高壠揷青秧
應免窮年掘黃獨卧聽檐溜滴空堦絶勝清音鬬琴筑

真率齋初稾卷八

梁溪楊芳燦蓉裳

秣陵城南晚步

殘柳萬千絲寒花三兩枝心期正寥落況復晚秋時
蕭瑟秋將老登臨客未還暮雲濃似墨青出六朝山
小駐青驄馬無人問阿歡南朝金粉盡空到大長干
悟得空王偈回頭總刧灰棲烏如有恨啼過雨花臺
新愁長短笛舊事去來潮一抹荒煙裏逢人問板橋

贈何南園

我來秣陵城十日頓征轡得逢何仲言一見托深契示
我詩百篇才情極清麗朱弦海上彈獨鶴雲中唳澄心
領衆妙爽朗絶氛翳下士競浮夸雅音久陵替懷哉陶

謝手非君復誰繼愧余埜陋姿得把浮邱袂許作忘年
交齊肩若昆弟君家城南隅輿到輒見詣形骸互脫略
談噱到微細悉君邇年況棲棲苦失意運去百謀拙貧
來一身贅昔年束輕裝浪游越齊衛風塵困馳逐山川
莽迢遞家遥寬夢勞客久衣裘敝弱軀漸成瘵腰腳增
疲曳驅車歸去來養痾室常閉荒徑衆藜蒿窮年飽粗
糲況復嘆無衣天寒北風厲凄凉一歲中生事那堪計
吁嗟文人命今古同一例趙岐憫厄屯吳均悲侘傺萬

事與時違千秋令人涕爲君抗聲歌清商激悽戾君復顧我言近頗識通蔽把書簷際讀行樂林間憇吳兒木石腸樂饑可卒歲始知騷雅人甞次與俗異温柔存古風灑落見高致所以篋中作絶無不平氣惜我塵累多匆匆買歸棹未得諧素心晨夕相砥礪愛君不忍別臨岐淚難制殷勤進苦言鄭重申明誓浩浩長江流蕭蕭片帆逝别後倘相思望寄平安字

贈蔡芷衫

南都萃人文蔡侯最英絶作作龍泉鋒稜稜渥洼骨入世寡所諧終歲掩蓬蓽所以夸毗人尠能識其實我暫

遊秣陵深心訪奇傑相逢陳孟公(孟公謂古漁) 鄭重爲余說說君抱高才窮巷閟巾褐聯袂急訪君排闥造君室君爲倒屣迎一見兩心折詰朝肯顧我不鄙我凡劣累幅贈我詩雲詭而波譎軒然俊鶻舉書若長鯨掣嶙峋篆籀鼎璀璨金玉玦拜賜緘篋中至寶詎敢褻君才猛且鋭百氏盡穿穴撐腸五千卷文字浩盤鬱筆底怒作花眼中森有鐵勘書霹靂手論事廣長舌平談若震厲刺刺不可輟我亦誇辯才對君成木訥磊落如此人宜充金閨列誰使驅風塵十步九蹉跌獻策棄不收謀生動成拙打頭茅屋低露肘鶉衣裂無邊愁苦境天爲文人設

君言邇年來萬念逐灰滅唯餘愛客心耿耿腸中熱留我作狂飲壺榼自提挈家肴極甘脆村醞頗清冽窮交一飯恩眞摯非瑣屑惜我難久留歸心廹冬節暫遇卽言離團雪復散雪男兒須落拓快馬須蹉齧一生重意氣世事等蠓蠛渡口喚歸船寒潮正嗚咽星月夜明明照我與君別

秣陵月夜

如鏡南朝月和煙蕩冷光曾從芳苑裏照過美人粧小刼三生夢微吟九轉腸芙蓉知我恨一夜褪寒香

題陳古漁詩集後

一篇傳出八音調大雅於今未寂寥名字不緣金榜著風流直繼玉臺遥彎弓百步能穿葉縱博千場定殺梟可惜詞壇好身手年年生計逐蓬飄

觸緒牢騷楚客辭斷風零雨不勝悲模成山水才原健寫到窮愁語始奇破篋攜歸江上路暗燈吟入夜闌時天涯知巳如君少把卷平添十倍思

金大荔屏招集簡齋夫子隨園同何南園蔡芷衫方子雲卽席成三十六韻

千載蘭臺聚風流未寂寥許參名士會急赴故人招地借鱣堂近游經鵠苑遥(是日先過隱仙菴) 問奇應載酒躋勝遂

聯鑣閏歲冬猶煖名園景正韶早蓮紅瓣瓣寒柳碧絛絛苔皺細紋纈草抽白瑄簫枳籬懸橘彈萍沼漾魚苗盤磴玲瓏遶飛樓彩翠描簾旌垂軟繡牕眼欹明珧偶語憑虛檻徐行過小橋繞林花欲笑出徑鶴相邀東閣張筵早南皮發興饒奇珍鏤蚶蛤佳味芼橙椒綺席蘭餚薦瑣璺桂露澆氣豪斟百榼戶小盡三蕉雅會同游霧高談競軋霄傳觴新令甲佐飲古歌謡舊手推無敵羣才盡不驕繁星羅皎月巨海納迴潮絳帳彭兼戴龍門薛共姚締蘭齊臭味倚玉各丰標燭祗三分刻香纔一寸焦擘箋看錦爛落筆訝珠跳青兕才真健黃獅品

果超酒頻傾畢甕詩已潚唐瓢離坐天曛黑循堦夜沆瀣雲綃闌月額水帶束山腰砌濕梅灰脫欄空蕙葉雕蝦蟆更緩緩薛荔雨瀟瀟班竹留賓榻紅泥坐客脅歡宜終此夕別莫問來朝密契纔投縞浮蹤偶聚漂感君陳酒炙說我抵瓊瑤揮麈論千古聯床夢六朝他年倘相憶記取此良宵

鳳齡曲

鳳齡袁簡齋夫子侍姬妹也幼鬻某姓爲贖歸育之年十六滕陏生川增虐於大婦投繯死夫子悲之命紀其事

汝南太史人中傑文釆風流世無敵羊侃筵前舞袖闌馬融帳外金釵列我是彭宣到後庭隔幃絲竹許同聽酒酣棖觸平生事向我低徊說鳳齡鳳齡本是蘇臺女貧向豪家傍門戶牙郎邪解惜娉婷鸞妾由來耐辛苦攜出淤泥一瓣蓮青衣纔脫便登仙漫拈郭璞三升豆判費初明十萬錢闕情三五韶年紀道髮初齊試羅綺碧玉嬌癡未有夫桃根宛轉長依姊愛惜盈盈掌上身恐教辜負永豐春誰言絡秀堪同老願把西施別贈人堂前文讌多賓從隋郎風貌偏殊衆照影人誇城北徐嬉春女愛墻東宋珍偶相看已目成許將紅粉嫁書生

重重錦幔憑私語叩叩香囊易定情蘭期初七銀河渡啼痕滿面登車去從此茫茫萬刼塵回頭逃却仙山路銅街別館貯嬌姿蹤跡難教大婦知綃帳香濃檀枕煖一絇緣絡幾多時宜城郡主威名重搜牢驚破巫雲夢淚說王家九錫文短轅長柄成何用架上拋殘金縷衣篋中奪去紫鸞髲粉痕狼籍垂髮卸扶入車中不敢啼檀郎隔絕無由見秋雨秋風閉空院九轉柔腸對暗燈千行愁淚吟團扇絕粒非關愛細腰 衣何計度寒宵膚皴瘦玉心還熱口嚼紅霞怨不銷 經半載九死窮泉更何悔只是難忘舊主恩 將一綫殘魂待

更念同根兩地分蘭幃應亦痛離羣一朝噩夢花辭樹
百種癡情泥憶雲誰知路比蓬山峻更無青鳥通芳訊
繐幰頻迎邪許還黃柑遥贈知無分（二句用本事）綵果蘭因
去住難揀將弱息自摧殘腰間三尺冰文練百轉千回
掩淚看黃昏人靜重門閉逡巡竟向南枝繫紅蠟纔灰
輾轉心冰蠶永斷纏綿意鬱鬱埋香土一坏長干西去
板橋頭空林鵑語三生恨幽壙螢飛獨夜愁浮花浪蕊
消彈指究竟韶顏爲誰死殺粉親書墮淚碑燃脂好續
傷心史只悔當初作鴆媒生將珠玉委蒿萊縱教採盡
中州鐵鑄錯無成劇可哀我聞此語心驚詫潸潸涕泗

緣纓下譜就悲歌付鈿箏題成恨字盈羅帕療妬神方
秘不傳塵寰無地着嬋娟叮嚀好向泉臺住莫續帚家
再世緣

爲吳大松崖題蘭陔圖（圖係其尊人所繪）

城南吳郎數相見示我篋中三尺絹鄭重疑傳馬服書
悽涼若捧龍舒硯爲說先人善寫生丹青妙擧動公卿
曹衣吳帶天然妙出水當風別有情暇時筆墨供驅使
文牕棐几無塵滓貌出牽衣膝下人秀眉長爪形容似
不畫王家蠟鳳凰不圖謝氏紫羅囊晨餐夕膳兒曹事
記取笙詩第一章澤畔垂垂長蘭草帶露摘來顏色好
只憐弱植太離披誰識靈根早枯槁哀哀攀栢恨終天
遺墨零星總黯然一畝墓田依丙舍兩回家難廹丁年（松崖兩尊人於今春繼歿）
相逢莫訴孤生苦我亦年來痛偏露衣葛
誰憐東里貧採蘭忍續南陔賦門戶蕭條萬事非題成
七字淚沾衣若論辛苦纏綿意應勝陽平束廣微

寒夜書感和甥謏齋舅氏韻

霜氣稜稜下玉除一庭寒色掩關初挑燈細檢栽花譜
閣筆慵脩乞米書玉軫清聲彈賀若香臺妙偈悟眞如
貧居況味能消領莫笑斯人用意踈

夜永蟾輪影半頹空堦落葉漸成堆情腸不待聽歌斷

文思寧從奏樂來百鑷冰絲天女贈七襄雲錦美人裁
才華未是儒生福那免窮年困草萊

胷中㞦兀起坡陀無酒堪澆奈若何劉峻論成知命蹇
陸機賦就患才多短裘禿速當風皃古劍斕斑蘚水磨
猶有俠腸銷不得夜闌耿耿看星河

無事投籤訴碧穹隔浮世界本來空刻猴我亦嗤燕客
得馬人應問塞翁感遇詩成殘醉後懷人夢斷峭寒中
逃愁除是神仙國十二樓臺大海東

爲質谷叔氏題揚鞭圖

寫出秋原試馬天[illegible]蕪淺草景蒼然誰知兩晉眞名士

竟似三河俠少年握稍應更黄袴褶看花好貼錦連錢
笑他驢背尋詩客骨相酸寒劇可憐
驪子長裘金䩞較跨將叱撥蹋平沙沫噴銅埒都成玉
汗濺雕鞍别作花不共健兒誇結束偶隨俠客鬬豪華
從今樂府翻新曲罷唱當年白鼻騧
倜儻襟期我獨知來回蹀躞逞丰姿愛裝寶勒排紅玉
新買長鞭颺紫絲杜曲春深花朶朶章臺風細柳枝枝
曾從道左看縈策果是臣家叔不癡
駿骨雄心兩激昂眼前何地好騰驤秋風榆塞盤鵰路
春草茸城射雉場倘向五陵招俊侶便教萬里束輕裝

浪遊本是男兒事弄戟何須誚魏郎

趙大億生過訪有贈依韻答之

天際碧雲合飄然來故人相看同一笑不見巳經春酒
酌梨花釀詩題蘭葉新愛他留客雨吹面細如塵
話舊傾深盞談經岸小冠風傳街鼓急雨逼夜牕寒重
有分襟恨難尋剪燭歡他年如並宅共理釣魚竿

舟過青浦

夾岸山如畫乘潮晚放船市聲煙外合城影浪中圓薄
醉聊欹枕微吟漫叩舷今宵如有夢應遠泖湖邊

泖湖

遠火兩三星空波接杳冥雲英浮水白月皛盪煙青客
裏吟懷濶風前酒面醒聲聲漁子曲獨夜不堪聽

題漁隱圖

殷紅日脚浮波面遠浦澄澄橫匹練信是丹青點染工
漁村盤舍分明見對此吟懷坐渺然瀟湘水色鏡湖煙
江漢花發停舟地岸柳陰濃曬網天三春水漲涓流急
罟笠箬簪萬人集雜遝龜魚觸浪驚零星螺蚌粘沙濕
銅斗聲高和醉歌閒時江岸舞娑拖只從波底看魚騰
不向船頭拜浪婆水國由來風景異落筆蒼茫得真意
漁婦全非時世粧畫師别有煙霞氣扁舟昨向泖湖回

遠近茆庄夾水開漁䑳重重波曲曲此身眞擬畫中來
浦風吹送蒲帆直好景眼前留不得浮世難逢范蠡舟
荒基莫問張翰宅此日蓴齋任卧遊滄波回首迴生愁
未妨標格榆沙鷗只恐盟言負海鷗塵中無處問余步
浮家祇合圖中住何得桃弓射鴨還揭將草屩撈蝦去
紅蓼青蘋白錦鱗漁家偏占四時春高風第一元眞子
長作煙波澹蕩人

懷方子雲

記昨南都雅會同雄談揮麈氣如虹三升酒壯公明膽
萬卷書藏袁豹胷遠别久踈魚鴈信浮蹤虚悵馬牛風

他時倘踐歸耕約上水田須買百兮
同心人隔水盈盈閉戶淹旬罷送迎未信才華能折命
卻緣飄泊悔多情博經十擲都成讖兮伏三旬未解縈
何日西窻同剪燭與君慷慨話生平
空王香火夙生因漫道文章自有神名士襟懷開朗月
美人爪甲灑清塵通明慧業唯躭隱子美新詩不諱貧
料得南樓吟眺處也應遥憶舊星辰
囊底慙無鑄賈金清文擕得百回吟湘絃幽咽騷人淚
燕筑蒼凉俠客心無分芳辰同對酒每當遥夜憶題襟
衍波箋紙松螺墨小字鈔成付典琴

題趙億生雲溪樂府後

炎劉盛樂章高與雅頌近鐃謌郊廟奏細不爽分寸累
遭兵燹厄流傳失眞本陳思撥妃豨殘缺有餘恨遂令
操觚人任意自增損白也倡其源下逮居易稹矯喨起
新聲擺脫舊畦畛我友平原子好古詰無朕百篇新樂
府一與史筆準生長南蘭陵人物最殷賑鄉邦擕名德
蹤跡未云泯胥閭諸故老軼事出嘲覼況有萬牙籤羅
列供搬掘乘閒弄毫翰伎癢不可忍幽幽抽秘思鬱鬱
攄孤憤光輝炫龍豹變幻騰蛟蜃韻調錘律細例比陽
秋謹夜窻抗聲歌金石出脣吻絕叫擊壺口燈花若星
賞美君才力銳百折愈遒緊有如萬斛鐘摐撞出龍[illegible]
自媿庸纖音隙穴嗷寒蚓君顧不我鄙令我作喤引佛
頂强加汚恐爲識者哂再拜稱主臣下走謝不敏

秋夜雜感

池館秋生竹簟寒凝情孤坐夜漫漫酒能引夢休辭醉
書爲排愁不厭看河漢當樓光絡角參旗墮水影闌干
魚懸獸檻何須恨寂靜偏宜索古歡
數徧銅壺五夜籌草蟲沙鳥盡驚秋雲波隔夢難尋路
月露侵衣獨倚樓未到窮途休[illegible][illegible][illegible]離恨始風流
眼前清景堪消領底用懷鄉悔薄遊

潦倒平生席未溫而今眞到信陵門骨難諧俗如鷙傲
心不通靈類棗昏浥浥爐香凝曲榭幢幢燭影照清樽
寶刀懸着中梁柱百徧摩挲爲感恩
懷人永夜意如何側札磨殘墨二螺遠道音書憑夗下
故交蹤跡共蓬科平看[illegible]覆龍華刼謾唱蘋唐雀石歌
甚日相逢訴離抱黃公壚下數經過

客館孤坐

疊鼓聲聲促南樓客未眠夜長星替月秋冷水生煙憎
影移孤燭疑情擘小牋故人各異縣離夢杳無邊

秋夜讀錢南浦先生詩集因題三十韻

六代新詞藻三唐舊典型望高懸北斗才富溢南溟古調含宮徵奇書撫丙丁氷襟開爽朗天籟韻流鈴妙譽宜遐播名都已飽經賓僚紅杏幕謝集綠莎廳閒訪江郎宅頻過柳惲汀鷄臺乘欵叚桃渡漾艫舲有客尋芳渚無人唱後庭大堤餘弱柳板渚剩流螢懷古思千縷當筵酒半醒纏綿今舊雨悵望短長亭登覽開襟抱江山助性靈錦腸攄異采寶唾散幽馨吁納煙霞氣雕鎪花鳥形波殘翻翠瀲珠字織華星魁鼎蚴蟉篆祥鸞綷縩翎奇詞夌鮑謝高唱壓溫邢鏡古深韜彩鋒銛愼發硎虛衷勞採訪雅抱絕畦町末學徒窺管庸才媿挈瓶

感公勤拂拭憐我劇伶俜問字通萊丏傳觴醉醁醽銜恩鐫赤玉論報看青萍不信承雲奏偏教下里聽攜來香滿袖吟罷月移櫺攻玉須凡礦摐鐘待寸莛一詞參未得萬本寫難停健筆金天頌雄文劍閣銘他年上開府神化炳丹青

夜雨

暮雨瀟瀟濕薜蘿小牕臨水得秋多燈垂金穗光全澹書著花蟲字易訛驚鵲有聲翻岸樹暗螢無影落煙莎離人此夕腸應斷不待吳娘一曲歌

御曲

御曲迷陽總異途蕭條書劍一身孤讀騷未必成名士作賦真能悔壯夫謾恃老羆若貉子只緣腐鼠嚇鴛雛胸襟抑塞從誰說市上來朝覓博徒

贈吳夢伯

才筆縱橫四座驚翩翩季重早知名昔年未遂題襟願此日真應倒屣迎老驥歌殘壺口缺荒雞舞罷劍花明男兒一寸心難說脈脈相看倍有情

津鼓煙鐘儈客蒐半生潦倒幾侯門塗窮那禁頻揮涕身賤由來易感恩絕調罷彈金捍撥高談欲碎玉崑崙他年雲樹相思處莫忘南樓酒一樽

孫閣初開折簡招媿余末至厠賓僚依人王粲才都盡任俠袁絲氣不銷可許深盟訂鷗鷺先貽雜佩採蘭苕秋齋何限佳風月竚待濤言破寂寥

神仙富貴兩茫然魑魅爭光事可憐堅却胡奴千斛米恥言元叔一囊錢輪囷肝膽酬知己澹蕩風懷倚少年漁弟漁兄成約在與君同泛五湖船

採菱曲

湖上輕風吹面凉紅巾拂水浪花香菱絲不解牽郎住只共相思較短長

尖尖菱角細如針不刺柔腸便刺心望斷水雲郎不見

踏歌歸去淚痕深

懷洪大稚存卽用甲午長至日見寄韻

饑來驅人不可當東西奔走空旁皇哀吟顧影慕儔侶面目慘悴無輝光憶得前年見君再郭北扁舟喜同載磊落心期重石交縱橫意氣空流輩談經說史君最工豪情激越風雲中詞壇已推一戰霸筆力足敵千夫雄嗟余追逐苦未暇駑駘欲並飛黃駕梜指同蟬鄭緩琴折蓬共學甘蠅射同時才筆推黃童仲則儕輩偏玉立雙青瞳與酬伸紙作長句復見李白生山東男兒飄泊文焉用休說狂名古今重枉草千言石闕銘未經一獻河清

頌少歲功名已讓人窮途文采空驚衆寒雁江魚兩寂冢春鶊秋蟀相催送三載懷中字尚新燈前展讀重酸辛憶君咫尺無由見況是燕臺落魄人時仲則淹留都下未歸

中秋月夜小集用元微之咏月原韻約錢生毓畦劉生彥佐同作

目送翔陽入長天湛晩暉蓮塘殘翠盡桂苑暗香微霞嶼遥鋪彩飈柯靜歛威哀螢明自照宿鳥暝相依客裏吟身健風前逸興飛陰鏗移莽銚高鳳捲書幃令節秋方半良宵望已幾水涵青灩灩山繞翠巍巍籌樹開瓊蕊恒娥敞粉闈霓裳飄綷縩靈藥散芳菲素影圓摹扇金波冷浸衮殿勤照珠閣縹緲墮雲圻露乍凝元液星疑嵌碧瀲入池明爵釃灑徑靄霏霏坐客紅泥檻臨流白板扉掠檐飛蠟蠼撲幔落蚰蜒促坐鋪蘭席開軒面石磯且留張率夢松任莫令許詢桐叔歸銀蒜簾雙約金花燭四圍甌丞宣令甲麴蘖建旗其引深杯酌寧甘小戶譏放顛偕伴侶行樂忘鄉畿暫遣胸襟豁休嗟心事違煙波留謝朓魚鳥戀王晞乘興抽班管攄懷出錦機風情逃句綫良會記依稀離席回燈婢揮杯勸月妃秦簫吹欲咽湘瑟鼓方希縱酒從劉好悲愁覺宋非詩成誇狡獪隨手撒珠璣

真率齋初稾卷九

梁溪楊芳燦蓉裳

九日同嘉禾呂香圃張夢松許桐叔錢劉二生登瓶山賦詩分體得五排即席成二十八韻瓶山在城北隅南宋開酒庫於此多棄瓶甖好事者壘土成山故名

日其有觴餞興相將遨勝過良朋欣會合佳節莫蹉跎映星星暈霞明瑟瑟波禽華開石徑鴈字度雲窩殘柳罥眉鎖秋蓉笑齒瑳客懷俱澹蕩風物總晴和院僻心俱靜山平步不頗逶迤通曲榭屈折上危坡老樹根株朽荒碑字蹟磨三成空磊砢十笏自嵯峨舊事猶能說

方言未盡訛南朝開酒庫今日滿蓬科小立憑虛檻徐行踏淺莎香羡遺瓦少官定屢甖多彈指微塵泉回頭一剎那撫摩新鐵鳳悄悵小銅駝鶴苑淸樽設瓊筵華饌羅半船斟綠蟻百榼貯黃鵝促坐行觴緩當筵起舞傞指兵原健闘觥政不嫌苛白也麤鷄杓徵之嬲鷫螺但教歡意足莫惜醉顏酡豪興排詩壘淸思却酒魔高談追衛樂妙句繼陰何擘紙拈花管分泉瀹茗柯繁音奏鸞竹麗錦擲龍梭讌罷風光晚吟成日影蹉莫唾生活冷對酒恰當歌

花燭詞爲平湖蔣永川賦

專城夫壻上頭居爛熳天街輭繡鋪夾路人爭看叔寶當樓日正照羅敷一重一掩鴛鴦箑雙宿雙飛蛺蝶圖費得聘錢三百萬早開織室待黃姑

金迷紙醉爛生光脆竹嬌絲沸畫堂王令成婚過郄氏杜公邀壻得裴郎紅輪有影障風煖翠鈿無聲墜地香莫道秋容今夕澹芙蓉十丈鬪蘭房

齊年眞見絳雲攜墨會靈書小字題待月帳應懸寶蛤辟塵簾乍捲通犀雙煙一氣香心熱並蒂交花燭影逃二十五聲虬漏永莫教輕唱汝南雞

隊隊青鸞接尾來蓬山芳訊探千廻十番眉向瓊臺譜

五色花從翠管開鴈爪撥絃長短調龍頭瀉酒淺深杯吟成霧夕霞朝句知費何郎幾許才

寒夜讀鄒泠齋見寄詩有感

寒雲翳空葉滿地客子悲秋少歡意獨坐偏多嘆喟聲苦吟總帶蕭騷氣擕得鄒陽贈我詩行行小字界烏絲百回擊節釭花炧五夜高歌漏箭遲含商咀徵調淸角楚客幺絃漸離筑抗壯陰山敕勒歌悽涼北國摩支曲回首天涯落拓身更番歌哭認前塵無端此夕添悵觸一聽淸吟一愴神嗚呼男兒富貴須年少底事窮途嘆潦倒當世中郎不易逢得時鄧禹應相笑勞勞人日

侵尋竊粉芸烟損壯心銷殘一刺懷中字擊碎千金市
上琴殘羹冷炙侯門下可憐名士同奴僕窮年無策却
饑寒失路原應被詈罵對面輸心背面嬉與鄉誰與話
襟期名心未死才先盡俠氣難銷骨尚奇到處生涯傷
刺促上車著作空盈軸記得相憐有故人鄧魴失喜唐
衢哭落落晨星聚會稀兩鄉相望各沾衣暮雲春樹新
吟少綠蕜黃粱舊事非（謂洪稚存方子雲諸君）乍得君詩覺神王
慷慨爲君發哀唱庾信悲來涕淚多鮑昭吟罷音辭壯
心事波濤觸處驚床頭劍作不平鳴與君同是飄零客
不待相逢已有情

真率齋初稾　卷九　三

送臧子三歸廣陵

聚不成歡別可憐引杯燒燭任留連脫囊好贈千金劍
弄墨還題十樣牋滯我尚爲長水客看君獨上廣陵船
離人已是添惆悵況復輕冰小雪天
渺渺星湖長白波片帆雙槳此中過停琴罷奏歸風操
按拍新成散雪歌入海行蹤同土梗名山舊約記爐轟
車公去後歡遊少綠酒紅燈奈爾何
武水塘西十日留閒雲懷抱兩夷猶瑣窻紅燭拈僧偈
小市青帘認酒樓歌笑更番疑昨夢年光晼晚引新愁
無多知己晨星散話別臨歧淚總流

最是離聲不可聞濛濛江鴈落寒雲鶴裝催去歸程急
鷁蓋行來別酒醺小杜詩篇多悵悵大堤歌管自紛紛
遥知相望相思地廿四橋頭月二分

南浦先生贈裘賦謝二律

雪虐風饕歲向闌吉光裁出稱身寬輕寒詎合牛衣伴
珍惜須同鶴氅看楸席緣深前日定解襦恩重古人難
幾回顧影頻驚喜一到師門士不寒
記取憐才一片心半披半曳獨沉唫袖中詩卷從教着
襟上霜風未許侵最好負薪當五月可應換酒抵千金
華堂此後追陪夜不識門前積雪深

真率齋初稾　卷九　四

將赴金陵晴沙舅氏招飲即席留別

饑來驅人不得住片帆行指金陵去感公折簡招我來
高齋夜飲開樽罍月明光光燭花短促坐行觴不嫌緩
匣中寶劍波濤驚一生知己恩分明憶昔髫年弄筆墨
爾時公面我未識巴樹蒼茫棧雲黑彷彿中宵見顏色
瞿塘水漲雙鯉魚聊持小札通起居秋來水落得報書
真珠密字千言餘憐我生涯久憔悴爲勗榮名須自愛
五湖更約扁舟載狎鷺閒鷗苦相待去秋公賦歸來篇
我初聞之喜欲顛登堂再拜捧公手示我新吟三百首
公詩跌宕無不有醉墨淋漓揮一斗[illegible]謫仙才調夜郎西

少陵格律夔州後前身應是餐霞人意所到處皆煙雲
眼中碌碌輕餘子只說文章歸阿士向人誇我不去齒
愛我如公合心死芙蓉湖水揺漣漪遠山照人青半規
笭箵榔栗相追隨坐談竟日忘饑疲兒兼蝎末才無兩
文陣相鏖不相讓堪傲王符無外家敢說魏舒成宅相
苦恨青年多事身醉中又別謝池春東山棋局渾無恙
可念羊家乞墅人

附和詩　顧光旭 晴沙

身如輕舟安得住片颿又逐東流去落花遊絲天際
來狂吟綠水添金罍而我心長髮欲短但囑樽前歌

緩緩任教寵辱都不驚見爾新詩郄眼明人人稷契
家儒墨鳳凰麒麟初不識昨夜片雲頭上黑偏爾文
章成五色且換美酒拋金魚盛年那得長閑居閑帷
夜讀床上書撐腸拄腹萬卷餘濃陰五月無榮悴不
必吾廬吾亦愛二泉水瀉爭滿載嶺上白雲如我待
欲擬金陵送別篇不知鈴語江風顛曹劉波瀾陶謝
手寥寥千載詩千首萬事蒼茫竟何有歌呼烏烏拍
銅斗書劍飄零白下行風流歌絶黄初後欽竒歷落
可笑人芒鞵半入三山雲拄杖還尋赤松子脫巾高
揖天下士褌中蟣蝨詎足齒淮南雞犬長不死此時
江水揺漣漪此時江月銜半規與人千里常相隨清
川明鏡兩不疲日日南風吹五兩莫言風利不相讓
門前凡鳥爲誰題臺上雨花無我相共是勞勞亭外
身當年風雨石頭春鶯飛草長殘鷄夢孰是圍棊賭
墅人

金陵晤何南園蔡芷衫方子雲諸同人是日小集屏山閣以今日良讌會爲韻各賦五首

索居越年歲命駕來招尋不經相思苦安識交情深平
生金石友落落鼎與參茲辰各會面失喜不自禁共賞
氷雪文對奏絲桐音清言自斐亹雅抱何嵚欽猶寄會

面初還勝爭題襟良會如昨日風光逝駸駸慨慷勞者
歌儵蕩達士心行樂貴及時百年去來今
行樂問春光三分尚餘一得與良友偕何須吉日出逶
迤信幽步超遥踰廣術徑造贊公房同坐維摩室香篆
散繽紛茶煙泛清謐遠山青潑眼落花紅入鄰賓主四
五人意致各超忽况有支道林稜稜秀禪骨元言互往
復勃窣爲理窟坐來不覺晩林梢澹斜日
斜日下崦嵫暝色何微茫晩風冷然來草木生幽香呼
童下簾幙燈燭相輝光開筵促膝坐肴榼羅圓方共洗
金叵羅緩酌玉浮粱我無麴蘗緣涓滴不敢嘗今日感

君意狂飲滿十觴君當恕醉人使得盡其狂索筆頌酒
德連袂遊醉鄉此鄉可卜居頗覺風土艮
風土艮如何淳悶令人羨一過糟邱臺徘徊有餘戀君
看古賢豪半入酒人傳孟公磊落入老兵互酬勸謝郎
傲權貴對飲騶卒賤何如今日遊合坐盡英彥高談勝
絲竹雅令雜謠諺未到玉山頹已覺銀海眩形迹旣兩
忘坐起各從便瀟灑洛濱遊風流鄴中讌
讌飲夜向闌離席整巾帶嚴城欲下鑰欲別情無奈攜
手遵歸途依依共淸話天高夜氣寒月黑春星大人生
隮塵網百事無一快屈指文字飲斯遊足稱最相約吟

新詩更請作圖繪但博素心歡何妨俗眼怪篋中有春
衣足支酒家債卜日重招攜來作櫻筍會

方五子雲喜余至作轉韻長句枉贈卽用余去歲
寄鄒冷齋詩韻作此答之

去年相望蘭陵地暮唶朝吁少歡意今年相遇秣陵城
橫行濶視增豪氣百遍吟君贈我詩苦心一縷裊蠶絲
彈成側調攏絃急度出雙聲按拍遲嘹亮疑吹燕客角
蒼凉似擊秦人筑爲訴離時夢短長故教聽處腸迴曲
兩載天涯飄泊身路旁花柳馬頭塵芳時常負琴書酒
獨夜惟看形影神飛飛黃雀尋年少舊遊如夢還重到

欵戸看君倒屣迎登堂爲我開顏笑揭來勝地愜幽尋
是日遊雨花岡對話平生骯髒心王鈞好句新花鳥裴綽高談
古琵琶紛紛程李才中下一錢不値寧論價奇才失路
始堪哀豎子成名何足罵墨癖詩狂兩不疑名山絕業
早相期也知墮地星辰誤猶喜凌雲筆札奇我輩生涯
應刺促幾見豨膏運方軸到手千杯雜怒嬉入腸百怪
工歌哭如此江山天下稀無端弔古淚沾衣瓊枝璧月
嬌歌歇紫蓋黃旗覇業非醉墨淋漓神忽王可獨君家
擅高唱喚起齊梁六代人聽我長吟激悲壯回首春光
去可驚枝頭鶗鴂正悲鳴與君早訂重來約我愛青山

不世情

方五子雲三疊前韻何南園蔡芷衫李瘦人燕山
南俱有和章因繼作誌謝

三載飄零各天地重逢得遂平生意舊侶依然金石心
新交更有風雲氣才人南國總工詩妙句傳來盡色絲
自媿投魚同傳緯漫誇乞錦向邱遲絕技誰吹柱間角
擅長誰擊當筵筑流麗誰工雜組詞纏綿誰譜雙聲曲
同是浮萍梗泛身故將溫語慰風塵窮年淚走車生耳
深夜高歌筆有神容易拋人是年少轉頭三十鬢鬖到
但博塡胷萬斛愁難尋開口千場笑感君愛我屢招尋

爲詐男兒一寸心掌上結交須利劍篋中同調有青琴
九天咳唾隨風下靈珠美玉俱無價但得名流掛齒牙
未妨俗客長嘲罵青眼相看莫復疑空王香火有前期
三生刼轉情難盡千里神交夢亦奇詩筒來往相催促
會見華牋積成軸就中悲喜兩無端香桃自笑枯桑哭
明星落落漏聲稀五夜沉吟起攬衣衆許清狂同趙壹
我知孤憤似韓非伯歌季舞神俱王白雪家家摧高唱
聽來已覺客愁銷攜去好教行色壯累牘連篇世莫驚
由來鸞鳳不孤鳴他年兩地相思處對此應添十倍情

牡丹詞同方子雲作

采蘭時節見嬌姿憨燕雛鶯莫怨遲絕豔肯教容易放
東君着意爲矜持
綷錦明羅費剪裁泥人長傍畫欄開倩誰傳語司香尉
好避封姨更築臺
薄雲如夢雨如塵爛熳裝成小院春生愛吳娘巧心意
護花旛子繡星辰
陌頭吹斷賣餳簫金粉叢中認六朝一種春風好圖画
任他無語已魂銷
一朶紅酥露未乾不禁憐惜曉風寒阿誰偷得儂家様
高髻玲瓏鏡裏看

花前葉底駐游驄豔曲翻成付小紅却笑三郎太輕薄
漫撾腰鼓鬧春風
十幅巴牋擘彩雲對花還肎好香熏爲憑粧閣銀鈎手
細寫羅郎九錫文
錦幕藏嬌不上鈎臉潮微暈爲誰羞長生殿裏香盟在
取次開來慣並頭
鞓紅甌碧淺還深費盡花工渲染心一一小名憑點勘
牙牌新鏤麝香金
佳句誰挑韻字紗銀瓮翠管鬭繁華秣陵自有無雙豔
罷唱陳宮玉樹花

澄心堂紙二十四韻

記昔風流主爭雄翰墨場新詞何妙麗小札最精良巧
織光明錦勻鋪細膩霜品方蠶繭重價比衍波昂進御
君王笑拈毫女史忙繙來金葉底擘向綺筵傍妙墨留
仙子[illegible][illegible]玉香經寫法王紅鈴署鍾隱豔曲記娥皇方勠
黃羅面燒槽紫錦囊一般供玩賞終古怨興亡五夜家
山破千年刼燼颺灰都作蝴蝶魂不化鴛鴦風送迎降
表星飛告急章聚時勞護惜散日太蒼惶故國春江冷
羅衾夜雨涼纏綿歌半闋慘淡墨千行無復迴鸞影空
教[illegible]叢殘歸史館粗使給文房淳化銀鈎搨宣和

玉局藏謡纔聽白鴈識又應紅羊梅老新詩在王郎舊
志詳奇珍易零落尤物幾淪桑兩軸如相贈千金可許
償好同龍尾硯軼事話南唐

楊花四首

垂楊千樹又吹綿滿眼春雲乍熱天弱質怕沾三月雨
閒愁慣惹六朝煙撲來帳底渾疑夢扶上釵頭便欲仙
記說長秋宮畔路有人拾得淚潸然

獨向花堦取次行縈肩拂面儘逢迎隋堤流水前身果
巫峽輕雲出世情翠袖啼痕全黯澹紅腮黿影不分明
願他化作青萍子傍着鴛鴦過一生

生來心性最天斜慣逐春郊鈿尾車掠水燕逃千點雪
窺牕人隔一重紗粉棉宛轉裝花額香霧朦朧護月牙
何似魏郎驚蛺蝶東家飛過又西家

盼斷天涯長短亭杜鵑聲裏怨飄零未應鬢角添新白
巳覺眉梢換舊青送去花黿須緩緩拈來春恨只星星
眼前指點瑶臺路莫逐東風舞不停

早夏集李瘦人剪淵巢分韻得餘字

聚首僅匝月一別兩載餘別易會合難相見還欷歔嗟
我同心人各爲饑寒驅搏沙一以散浮雲互相踰今日
不作歡是誠何心歟我昨遊秣陵十日停征車故人喜
我來歌呼相唱喁是時風日佳宛宛四月初孤花猶未
殘濁酒正可酤方子野狂興發折簡先招呼晨來拉我
往會飲城南隅城南李君家泉石堪清娛衆賓先我至
雅雅而魚魚爾來會面熟一見皆軒渠禮豈爲我設儻
蕩無須拘爲客做幽室凉風至徐徐軒牕面流水清影
摇菰蘆室偏以巢名結搆與俗殊客起爲鳥言君何好
巢居我知主人意欲爲達士模巢林得一枝不計菀與
枯凭欄看鸊鷉隔渚招飛鳧吃應呼鳳鳳狂或歌烏烏
好與黄鵠遊適興忘江湖寧同鷃雀翔得意搶枌榆賦
手抵鸚鵡詩篇凌鷓鴣即此巢爻巢絶勝壺公壺我聊

戲之耳君眞笑矣乎移時進杯勺奔走平頭奴嘉羞溢
盤榼異味充庖厨筍白劉玉版櫻紅堆火珠肥煮槎頭
鯿脆摘園中蔬王稱謫仙孫客亦高陽徒流連進三雅
次第陳百觚拇戰互往復藏鉤共揶揄或作古歌謡楚
些兼吳歈或爲滑稽語優孟和淳于索笑絶冠纓翻酒
沾衣裾不數白銅鞮何況黄公壚巢中此時樂巢外人
知無離席夜已沉客欲尋歸途主人重挐留爲復停斯
須良辰足可惜過後勞追摹人生牽世網譬若鳥在笯
銜羽一相失高飛不可俱鳳別鸞欲啼鷺去鷗長孤我
欲搆一巢徧集諸相於新聲聽啁哳怪語爲唫呿曾讀

二烏詩此語頁匪誣爲問掉頭客君以爲何如

碧紗幮十六韻

紫貝冰紋檻明螺梵宇櫺桃笙凉乍展網戶靜初扃暫却蕭葵扇教移雲母屏千絲成巧製十幅可中庭水玉寒纔凝秋雲澹欲停薄翎裝翡翠輕翅擘蜻蜓螢暗分光綠蟾孤逗影青雙煙紫寶篆列點數空星燈穗看來澹花房摘處馨倦眸時甸線俏語倍瓏玲小掛龍皮拂勻排犀角釘密防蚊陣入慢遣蝶魂醒白板爐中舫紅羅水上亭清疑通溟涬深好護娉婷却暑眠方穩遊仙夢亦靈碧城十二曲曲曲記曾經

金陵送盛大春谷還檇李

如此江山不肯住長橋鐵鹿催君去石橋官柳萬條青腸斷江干送行處送行聽我曼聲歌緩酌當筵金叵羅底事行蹤如斷梗那禁別淚抵流波記昔相逢懷抱展脈脈相看兩青眼自喜芝蘭臭味同誰言香火因緣淺一夜西風歸思催明明短燭照分襟迷離似憶前塵夢輾轉難爲此夜心傷離惜別多詞客烏衣舊是名流國李頻風調項斯才（李瘦人 項華甫）更有何郎好標格（何南閣）凌雲健筆數方干（方子雲）數子追隨索古歡蕭寺有花常共把高樓無月不同看話到生涯偏作惡側身天地驚流落侯人窮鳥悵投籠失水枯魚更銜索路鬼揶揄笑不休世間萬事詎人謀遭逢空羨鵉有客意氣難諧龍頷十年一劍磨如練輪囷肝膽無人見跳盪休誇俠骨奇飄零久識儒冠賤歷遍緇塵保素衣乘車戴笠早忘機十千美酒離心醉三五晨星舊侶稀此去未須傷刺促知君才是豐年玉霄漢遥聽老鳳聲海山待奏青琴曲行李蕭條兩版書潮平如鏡掛帆初鴛湖水接吾江渚好覓西流雙鯉魚

得二弟歸書感而有作

飄泊憐吾弟饑驅傍壻鄉誰傳方寸札頓觸九廻腸久

別顔應改將歸話轉長計程人漸近屈指慰高堂

記得分攜日千回獨愴神媿余長坎壈累汝久風塵別夢迷中路歸期及小春嬌癡諸弟妹燈下說行人

兩小爭梨栗風光在眼前如何成遠別不信已三年夜月黃河曲秋風白鴈邊懷鄉心一片應伴客帆懸

青雲俄鎩羽門戶苦難持惻愴悲秋賦凄凉下第詩多應識字誤只恨報恩遲無限難言意天涯獨爾知

伏枕思陳事中宵夢屢驚去留俱失計爾我兩無成月黑烏啼樹天寒柝繞城不堪簷外雨已作對床聲

送謖齋舅氏之閩中

憶昔髫齔年從公授章句記送舅氏詩迢迢渭陽路今日送公行纒綿敘悱惻彷彿秦人風斷章爲公賦緊余長母家事舅爲外傅韓康本孤貧孝綽尚童孺愛我早年慧爲我作聲譽詩歌强我吟篇幅亦粗具圖史强我批丹黄頗能詮荏苒六七年一編共晨暮此景不可常雙丸跳烏兔年行漸長大撫事煎百慮呲落拓貧米身依人類傭雇舅亦苦饑驅天涯共飄寓邅迴吳越間蹤跡相錯迕今年歸里門幸得侍襟屨艱難復此行作計抑何遽吁嗟一生事總被儒冠誤空讀十年書竟成六州錯才命兩背謬知音幾時遇壯心未肯灰元髮忽已

素故鄉是窮途局促難久住擊柱長太息去矣莫復顧閩中風物好未到心已慕楓亭離支實霞嶼桄榔樹縹緲武夷亭蒼凉越王墓插天嶺色奇近海潮聲怒無邊形勝地歷歷遊驄駐詩才本豪宕況得山水助想見放筆時雲煙莽奔赴明年春水生我亦行北去燕臺與閩嶠離兎渺難度所望估客船尺書或可附臨岐重牽衣別淚不知數風霜多爪角前途愼調護

答秦二麗中

古劍苔痕鏽澀多平生壯氣漸銷磨未能名列龍華會漫許身當曳落河跌宕任看鸜鵒舞凄凉怕聽鷓鴣歌流光如駛難回首灑哭乾啼夢裏過

搏飛無分到青昊夜燭長燈各苦辛盧薛曹推名下士曹劉同是暗中人三生慧業難兼福千首清吟不救貧只合杜門躭嬾散凝塵一榻着閒身

荔裳南歸夜話三十六韻

三年遠別離歸期渺難望今日君果歸笑相向料量胸中事菀結有千狀誰知倉卒間十有九遺忘惟思昔年別作計太孟浪煢煢痛偏露戚戚傷弱喪長貧寠婁勞遠道心旌颺今年盼秋風微志或能償吁嗟時命蹇兩兩遭斥放可知蓬蒿人本是窮乞相君言失意時

舉足輒多妨急裝犯奇寒衝風阻歸榜黄河起層冰硉兀若高嶂窮途六十日典質到裘纊艱難還故土微軀幸無恙一事差自豪詩格進逾上情懷寄杳渺節奏極清壯未甘三舍避堪作一軍張曠代慕機雲齊名弟兄行持此相抗衡爾我詎多讓棄置莫復陳斯言最虛誑才華妨祿命文字足塵障那能易斗粟秖可覆醯醬坐使七尺軀日與五窮抗入門徒壁立觸事輒酸愴乞食逝東西隨俗疲俯仰忍饑吟苦調刺促神不王余爲古人誤君又違時尚千秋未可期門戶欲誰仗安得二頃田躬耕就閒曠山妻解蠶織稚子能饁餉高堂白髮人

甘旨足頤飬厎幾我與君晨夕得相傍區區不余畀萬
事安可量君歸我又去天涯任飄宕回首憶華年牢愁
百端釀對語不成眠荒雞已三唱

守歲示荔裳

和罷東坡別歲詩合家圍坐夜闌時迢遞海水添更漏
瀲灩春風泛酒巵記否韶年輕作客毎逢佳節輒相思
開顏一笑非容易舉白浮君更莫辭

狂向燈前共拍肩未甘行樂讓童年紅箋漫寫宜春字
綵線爭穿壓歲錢船玉十分浮夜色炬花雙影散寒煙
藏鈎射覆喧喧换坐到春生臘盡天

眞率齋初稿卷十

梁溪楊芳燦蓉裳

將赴　都門雜別六首

新正未破去匆匆爭怪離筵唱惱公乞食生涯原自慣
趨時裝束最難工心傷慈母千條線夢遶先人半畝宮
吹得江頭帆似箭能銷幾陣落燈風

去住都難悔嗷名　他撒幕待明經銷魂春水和煙碧
濺淚征衫似草青拊掌只愁逢路鬼盟言未肯負山靈
他鄉知己今誰是落落高天數曙星

行程直與鴈爭先此去風沙路幾千小技愧稱詞賦客

浪遊虛趁孝廉船滴殘紅蠟牕前淚彈歇青琴海上絃
莫道無情輕遠別男兒事業仗丁年

別淚千行為卯君三年京國悵離羣西牕剪燭眉纔展
南浦回颿手又分燕去鴈來悲遠道參橫商沒望高雲
百年兄弟長飄泊散雪歌成那忍聞

單衣襆被客裝寒僮僕都將冷眼看笑我風塵橫短策
隨人裘馬上長安華年樂事吟邊憶故國韶光夢後闌
剩有窮交還惜別頻番溫語勸加餐

從今佳日掩元關怊悵羊求絕往還浪走亦知妨舊業
奇才只合任名山不將妄語題橋柱差有雄心叩劍鐶

他日淮南桂之樹秋光好處共誰攀

渡江

三兩明星墮寒水戍鼓頻催榜人起爭拽青蒲十幅帆東風吹轉銅烏尾舡頭口出看漸高水光明艷翻紅綃回頭却望隔江樹一碧欲與空煙銷昨宵猶是江南客今晚維舟在江北渺渺滄波千萬重多恐夢魂歸不得

揚州

細浪浮蘭槳斜陽上畫樓一聲新水調六代舊春愁快語思騎鶴孤懷擬狎鷗客囊羞澀甚辜負少年遊

莫唱安公子腐家事可憐瓊花春九十錦纜女三千墓

古埋荒草魂歸化杜鵑吳公臺畔柳空自鬬嬋娟

小杜狂遊地奇章幕府開青樓十年在紅粉兩行迴惆悵尋春夢飄零作賦才二分今夜月曾受品題來

懊惱征程急孤帆掠岸行空波流月影小市沸燈聲酒薄愁難却衾寒夢不成長吟鮑家賦草草别蕪城

阻風淮陰

婁京中酒阻風天北望淮南路渺然市上兒童皆大俠雲中雞犬盡神仙碑殘尚識前朝壘米賤多逢估客船我亦窮途憔悴客恥緣一飯乞人憐

茫茫回首百愁侵底事天涯嘆滯淫漸覺風煙非故土只餘僮僕尚鄉音擁衾半晌闌珊夢倚劒千回宛轉吟不信南中丹橘樹到來便易歲寒心

曉發

荒雞已三號殘月墮空水僕夫促登車倉黃夜中起長途多所虞相呼戒行李稍聞人語喧小憩心亦喜茅屋三兩家荒凉不成市風高塵眯目霜重寒裂齒翻思在家樂夢境正清美極知路險艱去去誰所使一饑走天涯咄哉可憐子

迴岡抱平壤曉霧青冥冥征車絡繹來燈影羅明星詰屈避石路清鏘戛風鈴却寒思得酒行行就旗亭村醪

淡如水薄醉風前醒所嗟徒御苦爾足何時停勞歌聲似哭凄斷難爲聽

過東方大中故里

吾慕東方生蕭散謝塵滓出入金馬門自云避世士少小學擊劍三冬足文史雄詞絡繹來俊辯從横起射覆必奇中庾辭有精理當時漢公卿博達無與比宜領大著作齊筆蘭臺裏誰使儕倈儒日索數升米空持三千牘終歲飢欲死天子好神仙荒怪多所喜清宮侍遊讌往往掉牙齒後人浪傳聞或以俳優擬寧知夸誕辭假托非得已辟戟責董偃獄獄大臣體至今傳七諫指事

發深喟直與楚靈均忠愛同一軌我昨事於役邇行過茲里拂曉讀殘碑臨風薦芳芷寧獨夏孝若隔代托知已仰視歲星明烱烱射眸子

茌平道中月夜

戍樓紞紞催嚴鼓孤館蒼涼月當午暗魄應憐獨夜長清輝慣照離人苦獨夜離人望欲迷白沙如雪路東西若教天上無圓缺那得人間有笑啼照壁昏燈落殘穗却看孤影驚顦顇靈藥何曾療别愁方諸只解流清淚見月方知一月行碧空迢遞夜無情吹來一片清霜影添上千峯冷鴈聲藜牀土銼凝塵重推枕徘徊不成夢

警夜悲笳著意吹却寒濁酒無人送回首吳關有所思斷腸芳訊月明知問他故國三千里開到繁花第幾枝吹盡纖雲更清廓漸覺斜光向人落刀上環留只半規匣中鏡破無全郭星斗離離夜向闌荒雞咿喔促征鞍盼他三五團圓夜便許征人馬上看

過平原

北風吹驚沙如雪撲人面郵亭痛飲不成歡驅馬夜過平原縣此時却憶平原君雄豪意氣干青雲黃金隨手散如土門前珠履來繽紛受君知重爲君死我亦人間報恩子蓬蒿已没趙州墳四海茫茫向誰是千金劍已折五色絲成灰俠骨欲腐雄心摧北行觸處增感激明日又上黃金臺

弔陳思王墓二十八韻

寂寞魚山道千年草自春此間歸骨地猶識建安人健筆空今古雄才邁等倫文星流異彩紫嶽孕奇珍公讌南皮郡陪遊漳水濱高談能破的小伎亦通神恩寵原難恃威儀太任眞禍心餘子妬異目乃公瞋空說才無敵寧知命不辰憂生貴公子屈首老藩臣岐路悲黃髮高天隔紫宸轉蓬無住著煮豆太酸辛計已輸吳質讒偏遇灌均九關雲黯黯衆口犬狺狺飄泊遷遐郡艱難

托懿親風高摧勁羽淚涸損修鱗洛浦留殘夢遮須認後身蓬山纔歷刦桑海幾揚塵壞道沉金鴈高原泣石麟緗圖散文藻黃土蔽荆榛夙世曾遊鄴今來豈過秦一杯澆濁酒三步輾征輪倘給蘭臺札容參桂苑賓君應愛枚馬我詎讓徐陳代隔交堪訂名高跡未淪徘徊夕陽下嗚咽欲霑巾

過高唐

何處荒雞唱膠膠角角聲平岡三面合古道一鞭行草没綿駒里雲昏盼子城前途正迢遞顧影歎勞生

過鄭州

驅車古易京，荆榛塞衢路。炎漢昔季年，伯珪此雄據。大聲奮叱咤，虎視有餘怒。投衆聚金刀，盈羡不知數。巖疆控燕趙，山川莽盤互。自謂千百年，永作金湯固。誰信袁家軍，倏忽已飛度。至今告急書，倉皇令人怖。滄海倘横流，豈有安居處。想作避世人，此計良已誤。得失無已時，袁曹又官渡。

北朝盛英彦，文筆爭照灼。我懷邢子才，犂籍盡通博。同時温與魏，妙譽滿京洛。鵬舉旣深險，佛助亦輕薄。惟公有德素，任達隨所託。讀書剫讐校，對客善調謔。想見明眼人，蕭散謝塵縛。我來拜公墓，狐兔窟墟落。聊誦鄴都篇，九原不可作。

春草篇送陳秋士歸毘陵

江南二月青青草，離家便憶還家好。燕臺三月草青青，送客偏傷作客情。一般春草天涯路，我自遠來君自去。極目芊綿長短亭，一年兩度銷魂處。共向壚頭貰酒錢，醉來草路蹋空烟。立當夜月娛無影，吹上春衫色可憐。故園誰把文無寄，正是芳時理歸計。難忘春暉一寸心，易垂南浦千行淚。此去揚州廿四橋，片帆又挂白門潮。荒荒舊址尋三閣，脈脈斜陽認六朝。馬頭烟雨春愁重，千里萋迷遠相送。我亦裁詩寄阿連，東風綠遍池塘夢。

得錢生蔬畦書却寄

玉河橋下春波綠，綢得錦鱗三十六。中有直珠密字書，封題遠自章江曲。去年君向章江行，秦淮水落秋潮平。勞勞亭邊折楊柳，驪歌悽斷難爲情。今年我作長安客，回首雲波萬重隔。青峯江上數才華，瓊樹風前見顔色。歷歷前塵費夢思，燒蘭擘錦記年時。愛君俊健空餘子，媿我迂踈作導師。書中不盡纏綿語，上言雲樹相思苦。下言五月下章江，還到金陵舊遊處。金陵是處好樓臺，近水紅闌面面開。李約（瘦人）方干（子雲）無恙在，掃除花徑待君來。知君才氣横寥廓，盡捲波瀾歸少作。舊蹟重經將

帝城，壯觀曾上滕王閣。只我愁吟度一春，出門怕踏軟紅塵。誰憐老屋挑燈夜，絶憶元亭問字人。

夏五雜憶

燕市風光引客愁，漫天絲雨怕登樓。關心重五匆匆去，夢裏吟邊說舊遊。

吳儂生小住湖邊，丁字湖波綠可憐。四面明牕新水榭，倚闌閒數麗人船。

吾鄉爨弄數諸郎，幡綽新磨總擅場。記唱六幺花十八，城南爭賽水仙王。

玉盤珍果說吾家，蘇鶻勻圓絶可誇。留客飽嘗三百顆

吳鹽如雪復如花
好是漁莊夾水開網師海口販鮮回就中鄉味尤堪憶
白白鰣魚上市來
年年競渡滿晴湖搖漾中流勝畫圖一色明粧樓上女
艾人繭虎小桃符
方空小扇引凉颸楚簟斜鋪漾綠漪魚子蘭花香似夢
惱人最是晚凉時
最愛清狂王逸少宗雲歡場鎮日共追隨泐香酒綠應相
憶懶到湖頭看水嬉
戲鼓十番青雀舫酒旗一挂綠楊村當時眼底尋常見

別後思量總斷魂
歎紅香土滿征衫節物他鄉百不諳苦爲離家惹惆悵
阿儂生悔任江南

送汪大劍潭歸揚州　郎題其越游詩稿後

鏡湖水色桐廬雨蕩槳吳娘浣紗女落絮遊絲舊夢長
逃離心事分明語久識君身是謫仙再來仍坐有情天
么絃音響悲笳許青鳥文章奇可憐玉啼寶唾當風墜
濇是墨痕濃是淚擁鼻燈前破寂寥牽愁鏡裏添憔悴
似綺年華彈指過只餘冶習未銷磨香詞百闋拈紅豆
淨業三生禮貝多相逢握手靈臺下君正金門報聞罷

客路無邊宛轉愁濤宵有限凄凉語孤劍單衣作急裝
江南花落好還鄉嫌身李廓頻垂淚失路溫岐易斷腸
君家記任紅橋口消魂板渚絲絲柳畫檻春風盡捲簾
青旗細雨爭誇酒我亦懷鄉作越吟清秋準擬共招尋
好堅跂石眠雲約一慰傷離惜別心

題白華先生入蜀詩鈔後

烏櫳盤羊天尺五劍閣瞿塘極脩阻蜀中山水天下奇
到此詩人例千古少陵野老隴西客一時狎作風騷主
二豪一去不復還後起何人堪步武雲門　今詞伯
通籍金閨紆尺組頊承　丹詔下秦關共見使星占益

部三千禮樂歸王肅五百門徒尊郭瑀趨風州將競題
車取道邦君來負弩是時　王師掃蠻落馳檄飛書日
旁午筐間一戰擒梟獍劍外千軍擁貔虎煩聞妙筭煩
諸葛便見長纓牽贊普儒臣縱不閑韜略大筆猶能作
霖雨指揮煙墨入凱歌春戛鉦鐃成樂府早看鉅製鐫
金石還剩餘波紀風土龍膏須作照海燭麟皮自是郊
天皷力追元氣得和平要使邦人日歌舞鯫生束髮好
吟咏篆刻雕蟲徒自苦三錢雞毛弱手腕百首癡符拙
言語感公大力作導師教我安心學初祖一編入手百
回讀悲樂中來頻仰俯雄詞欲瀉三峽濤險句疑揮五

丁斧雲安江水淸可憐峨眉山月佳如許千秋絶調待

栫人今代未應無白甫

眞率齋初稾 卷十 十

眞率齋初稾 詞

梁溪楊芳燦蓉裳

虞美人

獸鐶不啓文鱗鎖寂寞熏香坐陰陰斜照上簾衣一片落花無語背人飛　羅衣巧襯雙金鳳猶怯寒威重春愁如夢不分明央及杏梁燕子喚他醒

浣溪沙

宿雨初晴庋淢雲流鶯猶自惜餘春楝花落盡閉閑門　小市酒旗風帖帖橫塘漁網水鱗鱗垂楊影裏浣衣人

眞率齋初稾 卷一 詞 一

蝶戀花

獨倚畫屏山六曲喚起雛鬟鎖上文鱗鑰帖地珠簾煙翠薄隔墻風弄鞦韆索　斜抱銀箏嫌寂寞蚪箭三更好夢偏擔閣一架薔薇花自落濛濛凉月聞姑惡

醉春風

蝶趂殘紅過燕啄香泥墮綠苔石徑小園扉鎖鎖徙倚臨風瘦軀微恙淸吟難妥　爐炷沉香火留伴凄凉我薔薇架底月初弦坐坐坐紫板三聲紅簫一曲不教人和

鳳凰臺上憶吹簫

荳蔻湯温芙蓉衫薄嬌羞都上眉尖嬍盈盈小玉捲起湘簾瑣碎梧陰半畝窺人有一點銀蟾甩欄處不知秋到祗訝愁添　懨懨閒情慧業似風絮沾泥着處都黏把香囊小叩繡線輕擣待覓相思麗句因凉夢好寄江淹羞人見紅箋一摺抛向青奩

菩薩蠻

珠簾隱約摇花影麝臍煙燼香篝冷門掩小紅樓月明蟲語秋　衾盤金縷鳳倀枕難成夢起把玉箏彈夜深纖指寒

清平樂 泛舟

鏡奩眉嫵湖水清如許蘭槳輕風槐葉雨好個秋光無主　興闌欲泛歸橈隔溪漁子相招一帶藕花深處夕陽人影紅橋

燭影摇紅

孤棹遭迴濕雲如夢臾天暝一彎微月到蘆花晴雪寒無影離思匆匆未定更那堪漏長人靜倚舷凝眺山澹無姿水明生暈　怊悵冬郎巳凉天氣江南恨冷蛩哀鳫攪余思淚點青衫凝拚向旗亭酩酊奈愁思易催人醒爲秋銷瘦詩號秋懷賦題秋興

浪淘沙 聽雨

落葉帶愁飄敲響牕寮相思人度可憐宵幾片凉雲流不任夜雨瀟瀟　鵲尾嫩香銷燈也慵挑羅衾如水夢無憀自是儂家聽不得錯怪芭蕉

浣溪紗

殘月窺人荳閣空碧紗綱戶小簾櫳相思人在峭寒中　衾角淚淹愁有跡枕函香冷夢無踪一聲寒鳫五更風

如夢令

何事芳蹊栩栩飛入翠紅深處香夢忽驚回煖日半庭花雨無語無語又被𩗗風吹去

雙調望江南

人去也極目碧雲流梧葉有情留夕照柳緜如夢送殘秋倦倚晚粧樓　無聊甚强把縷蝬兆纏捉康猧翻玉局又移么鳳近香篝誰解箇中愁

前調

輕寒峭雙掩小牕紗醉月亭臺銀鑿落嬉春闘畫玉鴉叉樂事屬誰家　鸞鏡暗不耐上鉛華瑶砌雨滋懷夢草曲欄霜蒻叻情花流恨滿天涯

鵲橋仙 初冬

遥山欲暝濃陰猶滯鳫唳一天雲溼初冬時候恁温和

好換却单衫白帢　茶甌浮綠墨池泛紫寫得香箋一摺輕雷細雨似殘春只多了半庭黃葉

滿江紅 蘆花

十月江南誰描出淒清暮景休認是梨花小苑楊花幽徑千里迷他孤客夢一行逗出閒鷗影正半鈎微月瀉如煙空江冷　長宵裏霜華炯斜陽外雲容靜願伊休點上潘郎愁鬢紅蓼灘頭秋已老丹楓渚畔天初暝看兩三星火傍空濛橫漁艇

踏莎行 別情

乍引離觴已添別緒美人和淚星星語今宵身在木蘭

舟夢魂仍向樓頭住　明月蘆花凄霜楓樹出門便是天涯路一聲新雁送殘秋個儂也到秋邊去

少年遊 懷儲玉琴

美人何處碧雲流魚信久沉浮一行冷鴈幾株衰柳併作十分秋　西風若解懷人意吹夢到揚州心曲愁濃眼中天遠獨倚夕陽樓

滿江紅 咏北齊三才

陵轢詞場記當日馬坊賤客渾不數偷任竊沈公然作賊百卷文章留海島千秋碑版開沙磧廿年來獨擅塞天雄才無敵　雕龍手凌雲筆才藻富聲名烈羡朝來逐北靡輪亂轍澆酒難尋荒塚骨驚人猶剩寒陵石晉陽城冤獄竟誰明爲公惜 溫

前調

虎卧龍拏羡阿吉才華最健曾記說淫霖五日漢書讀遍萬卷橫陳何足校半生登覽無時倦數詞人一例盡如斯躭遊宴　宗室秀金閨彦駕曹植方王粲上華筵作表袁公色變對客且尋衣上蝨逢人便說閭中犬笑無端軼事偶拈來成佳傳 邢

前調

折節觀書追凉蔭板牀漸銳人誇道魏家佛助寮人之

偉弄戟少隨狐兎隊脫巾老共獼猴戲只一生輕薄耐譏嘲翩翩逝　遭際盛才名起領著作充常侍羡宮階歷盡銀青金紫辭藻合推河北冠風華好副江南使笑人生才命得如君應足矣 魏

菩薩蠻 夜泊姑胥

白沙汀畔停孤棹一泓水浸寒星小何處最銷魂月明黃葉村　篷牕寒氣重衾薄難成夢殘夜酒初醒西風新鴈聲

鳳凰臺上憶吹簫

細雨凝愁輕寒釀病西風吹亂簷鈴漸黃昏時候翠戶

初局剛是背人私語將紅淚彈向銀屏淒涼境雕牕影黑蘭炷煙青　飄零個人何處恨錦字難傳冷雁無情早慵敲鳳局嬾炙鸞笙聽盡蓮壺清漏寒更永酒力微醒欹珊枕把前宵好夢記起星星

清平樂 秣陵秋旅

半林黃葉幾點寒鴉黑一展酒旗風獵獵人醉六朝烟月　故宮玉樹誰攀土花血影斑斑欸乃聲中歸去愁雲鎖鍾山

臨江仙

草滿瑤堦塵滿鏡鵲爐殘麝香焦相思瘦損楚宮腰花

廊月廡從此罷吹簫　倚徧危闌十二曲平蕪去路迢迢夕陽流水小紅橋別時折柳今又長新條

念奴嬌 吳門客舍

廻廊閒步露華寒幾琖香醪易醒午夜殘蛩吟四壁冷月半庭無影松檞衾寒蕉牕燈炧耐此淒涼境煙鐘津鼓聲聲總惱清聽　帶圍日減三分寂寥客館誰問休文病剩有愁城新鎖鑰付與騷人管領人説華予兒能笑我生計渾無定風前試看青衫淚點猶凝

子夜歌

琉璃箋譜香奩句惜春怕到春濃處門外雨蕭蕭梨花落畫橋　淚珠澪粉臉蛤帳和愁掩鸚鵡儱多情金籠學誦經

前調

東風輕薄窺羅幕雛鬟曉啓蒼珢鑰錦雨隔牕紗夢回聽賣花　相思銷玉貌慵揭菱花照香霧繞亸鬟濃熏金博山

前調

無情燕嘴啣花去多情蛛網粘花住去住總銷魂紅巾凝淚痕　水晶簾押靜寒浸春人影新恨壓眉頭嬌波橫不流

臨江仙 雨牕柬王二涼雲

準擬春來銷寂寞狂朋折簡相招畫船新漲綠迢遞踏青挑菜裙屐小紅橋　臥耐銷魂牕外雨泥人過了花朝者回悶損沈郎腰梨雲夢杳花落可憐宵

愁春未醒

煙籠繡戶日映璇題漸春夢闌珊賣餳簫聽過長堤鸚鵡多情頻呼小玉語聲低半盃雀茗一爐鵲篆人在樓西　掠削粧成朱闌倚處心緒淒迷凝睛看蝶翻鍋雨燕吐香泥懊惱韶光玉梨花又歷簾犀分明記得去年花底纖手同攜

邁陂塘 題劉去三集後

怪卿家擲來珠玉令余燒硯焚稿劉郎已採驪珠去底用餘鱗剩爪驚才藻共剪燭西牕綠鬢相逢早寄情縹緲算七寶闌痕九華燈影總是斷腸調（九華燈散春人影七寶闌楷舊酒痕集中句也） 行期定檢點隱囊紗帽離筵又酌瓊醥送君南浦帆如箭目斷夕陽芳草春色好正花落西湖香逐沙棠棹意中人少只一事煩君西陵松栢爲我弔蘇小

（時古三之浙東即以送之）

蝶戀花 春寒

片片輕氷凝綠井鳳脛燈明一桁簾波靜雪透牕渦殘

醉醒背人爐內添香餅 偎定薰籠還道冷細剪豐貂巧護雙蟬鬢鴛瓦霜華看不定半墻澹月梨花影

南鄉子 二月望日偶成

風脆紙鳶絃山額浮雲澹似煙宿鳥無聲蘭夜永如年一院輕寒送九天 覓句擘紅箋知否閒情在那邊麝炷香銷銀燭炧無眠獨對梅花盼月圓

尉遲杯

西風裡見冷雁濛濛落沙尾閒愁閒悶生涯乍煗乍寒天氣春衣纔試微雨簾纖小門閉與雛鬟慢炷沈香送九玉梅花底 恨煞薄倖蕭郎辜負了儂家錦箋曾寄閒擁紅箋凝淚想枉說嫁畫眉夫壻竟忘却折枝屏後那夜半同心珍重意病懨懨金縷裙捎藥煙一綫吹起

風流子 春雨撥悶

盼春春不見閒凝想春色在誰家只賦古奼詞少年生計慵紅悶綠二月韶華銷長晝半欹烏木几雙掩碧牕紗微雨如愁濕雲似夢一聲歸雁數點昏鴉 當初曾相約春來也儘教鬬酒研茶準擬畫船同泛腰鼓頻撾奈此去闌珊者回擔閣雕梁燕子繡閣梨花寄語醉鄉宜到酩酊爲佳

七娘子

犀釘銀蒜雙朱戶晶簾窣地人無語爐爇龍涎裘添鼲鼠春寒似夢無尋處 零星鈿合香脂汙者回倦鬬新粧嫵二月韶光半春愁緒杏花影裏朦朧雨

一萼紅 促顧大笠舫譜羅襦樂府

坐長宵有多年舊事約恨上眉梢記得當初新凉天氣銀毫亂點紅幺譜就了盧江怨曲正小樓蘭燭爐雙條一桁紅簾幾聲紫板莫也魂銷 零落珠宮法樂算此生孤負丈八檀槽賦雨絲絲醉雲藥藥春光又近花朝料此夜殘梅院落任虎頭癡絕也無聊好把金荃賸稿寫入氷綃

八聲甘州

晚晴天一抹澹煙浮捲上玉簾鉤漸春光如畫桃花影裏新月當樓小炷沉檀一瓣枯坐聽更籌好迢迢良夜不管人愁　多少閒情慧業付青瑶硯匣自定茶甌自知音人去慵擘鈿箜篌最難忘挼香寄約又幾回想起爲郎羞紅箋字疊成方勝囑付伊收

青玉案

五更百舌含愁語語語惜春歸去看粉蝶爭香梁燕乳杏圓如豆荷新似鏡美景渾無主　爐中小炷沉香縷研紙新鈔六朝句問閒裏韶光餘幾許湘簾不捲銅環

深掩落盡藤花雨

酷相思

一剪香風吹柳絮惱亂寸心如許儘望斷天涯芳草路春去也花無主花落也春無主　回首池臺行樂處斜照飛紅雨只可惜流光空擲度人愁也鶯無語鶯愁也人無語

念奴嬌

多情風雨伴春來忽又送春歸矣彈指聲中春九十麗日輕雲有幾笑也含愁醒還似夢慵上高樓倚牀頭醽醁判他眞個沉醉　萋萋芳草池亭蟬前鴂後到處愁人意擬趂良朋櫻筍約錦字奚奴先寄小鉢研香圓爐焙茗寂寂簾垂地無憀頻問杏梁雙燕歸未

臺城路

明霞逗出京蟾影空堦徧流銀汞詞譜三中笛吹四上彷彿瑶天簫鳳輕飔又動怕紈扇驚秋舊愁催送一鏡芳池藕花香入鷺鷥夢　濕螢時趁槐影繞回廊寂寂更與誰共古硯糜丸磁甌雀茗儘葬騷人清俸幾回吟諷奈只是無眠夜深煙重清簟胡牀醉歌懷二仲

摸魚兒 韓大景圖有句云歸來坐深林悟到秋生處心甚愛之作此以寄

據胡牀深林獨坐微茫天色催暮碧雲幾葉流無影窣

地感秋成悟秋有語道還叩騷人識我家何處君應不悞想籬豆花邊京蟬聲裏依約認來路　凄凉意不數庾詩江賦天然空外琴趣悵悵我亦悲秋者忍掐檀槽遺譜擣砧去枕半榻明蟾夢與秋同住玲瓏牎戶正露沁池蓮夜深人靜花氣冷如雨

消息 月夜感懷

碧海蟾光清宵照斷夢寬千里小簟胡床隱囊玉麈獨上高樓倚遠笛吟風夏蟲泣路百感蒼凉齊起杳沉沉瑶宮璚殿算只有愁難寄　如意揮來唾壺敲缺說恁凌雲豪氣賣劍買牛貨羊糴米生計都非矣複壁爲傭

吹箎作婢誰惜英雄心死懷人意悲歌一曲有頭無尾

浣溪沙

寂寞臺城斷客覓蕪崖如臼歎雲根古碑螭獸不堪捫

禾黍西風江令宅松楸斜照杜娘墳一聲鐵笛暮煙

昏

臨江仙

最是惱人桃葉渡浪紋吹皺玻瓈紅泥亭北板橋西畔

荷雙鴨語高柳亂鴉栖　艷字題殘蟬雀扇費他金粉

銀泥花叢無處奪鸞篦邀入餐不託黃酒用偏提

唐多令

露彩淡高空煙華漾斷虹驗秋聲一葉踈桐白紵衫輕

涼似水添幾陣藕絲風　珀盞玉醪濃腮渦小暈紅凭

香肩細語歡儂貪向水晶簾畔坐花隱約月玲瓏

喜遷鶯立秋日柬顧大立方

琉璃牕牖正紵衫初試嫩涼盈袖一抹銀雲三分壁月

酒醒黃昏時候儘開簾滅燭攬不盡清輝盈手闌干曲

只拈將抹麗暗香偷齅　回首空感舊沉李浮瓜往事

卿思否菡萏池塘蠨蛸庭院贏得而今僝僽相思無可

寄聊數遍暝鐘清漏惆悵也稜稜玉骨共秋爭瘦

賀新涼

蕉館蛩聲起足清歡未寒時節已涼天氣看意悲秋秋

不管何苦爲秋憔悴且領略露華煙翠小炷沉煙翻梵

夾正桐陰滿院簾垂地雕梁靜燕歸矣　高樓四面山

光裏又何須揮杯開宴燭奴燈婢銷遣閒情無長策作

達放顛而已儘拈遍艷詞香偈眉月半牕花影轉拂藤

床藉月和花睡蝶夢覺驩然喜

西江月

仙骨不煩金鑄芳心長替花愁濕煙一院蕩簾鈎秋雨

秋風時候　小病暗銷粉靨長啼易損明眸蕭娘減盡

舊風流只有相思依舊

釵頭鳳有嘲

朱扉鏬湘簾下泰娘喚駐青驄馬擡星眼迴嬌面茱萸

欄檻枇杷亭院見見見　同心社銷寬夜問卿可便留

儂也桃花片垂楊線有緣招惹無端繾綣戀戀戀

思佳客

七寶鐙前卸翠翹更更漏可憐宵三分華月芙蓉館

一水明星烏鵲橋　栽恨葉種愁苗綠牕擁髻倩寬銷

他生願化無情樹不宿青鸞宿伯勞

菩薩蠻

露華淨洗雲痕碧槐龍帶濕吹黃雪人坐已涼天弓弓

月末弦　玲瓏文椷子明入秋螢尾一瓣水沉焦挑燈讀六朝

一剪梅

秋到黃昏最寂寥鳳壓頻挑鵲腦頻燒玉人孤坐按秦簫曲點紅么淚裏紅綃　夜色陰陰上綺寮空院蠨蛸寒雨芭蕉魚書無便托江潮千里人遙一段寬消

雙調望江南

秋如夢一院雨簾纖亞字闌干之字路桐花庭甃棗花簾側側晚寒添　相思意竟日未曾忺筆染青螺翻黛譜墨研烏鰂寫霜縑因使寄江淹

前調

腰圍減芳思漸銷磨白紵单衫裁却月紅鹽怨曲唱廻波閒處斂雙蛾　人跡少瓊砌草成窠鬢影恰同花影瘦淚絲持比雨絲多怊悵奈秋何

采桑子

一庭霜片黃花瘦蘭炷初殘金甀慵繙簾影玲瓏不隔寒　栢枝驚斷棲烏夢城上更闌樓上衣单凉月如煙轉畫欄

念奴嬌 讀相如傳有感

平生慕藺羡襟期豪宕居然相似駟馬傳車經故土縣令前驅負矢一曲琴心千金賦草巾幗皆知已雄文照耀子虛烏有亡是　廻念金馬坊頭銅官城畔壁立秋風裏生世不逢楊得意埋沒凌雲豪氣犢鼻穿來鷫裘典去謀食渾無計轉頭虎鼠英雄大抵如此

水調歌頭 飲淙雲齋中郎席賦此

吾愛王曇首磊落不凡才隱囊紗帽人物大似過江來新葺茅齋半畝中貯古書萬卷錯落盡瓊瑰嘯傲有餘地庭戶絕煙埃　秋光好招俊侶試金杯任他四飲驚飲令到莫疑猜我笑酒巾易爛卿道糟腌耐久戲語互咍臺起舞拍銅斗懷抱爲君開

前調

天末亂雲捲圓月湧珠光呼童四捲簾幙霜氣浸虛堂砌角枯桑策策樹杪飢禽磔磔哀角嗷淸商半醉與君語磈磊塞中腸　吾有願交俠客聘名倡奇鷹俊犬肥馬射獵上高岡豪興幾時得遂妄語差堪快意昭晷瘦而狂脫幘看雄劍苔繡澀寒鋩

前調

寧有英雄客不解狹斜遊我生弱不好弄刺促最堪羞弄戟魏家伯起縱博袁家彥道落魄亦風流我欲從之去公定臆我不　廨中隸閭中婦豈君儔千場開口大笑

逹命底須愁且典紅衫絳衲莫負螺杯鷓勺痛飲餞殘
秋生領酒泉郡死贈醉鄉侯

憶秦娥

心相語當初不信離情苦離情苦三更殘夢一城寒杵
燈飄金穗香銷炷麝衾豹枕寒如許寒如許黃花時
節沉沉秋雨

昭君怨

一派雁聲如語一院寒聲如雨愁夢不成圓夜如年
香閣鸚哥睡未繡榻貍奴來未閒事最相關喚雛鬟

喜遷鶯 泊舟楓橋聞歌有感

眞率齋初稾　卷一　詞　十六

微雲如霧送晚來幾點菰蒲涼雨林影皺紅潭痕渲翠
做弄秋光如許悵行踪無定繫一葉扁舟沙渚誰相伴
有蘆花深處一行眠鷺　凝佇天已暮露柳霜蓮秋滿
楓橋路絃響悵悵蠟光隱隱隔院謝娘眉嫵歌聲留不
住又化作水烟飛去淒凉意算者般情味縣䆫難賦

摘得新

初試粧畫屏凝曉光桃膠勻膩髮玉梳香眉譜新翻驚
翠樣洗殘黃

前調

初卸粧夜衾鋪玉床玲瓏銀盒子貯花粱窣地一聲珠
釧落鏡臺旁

洞仙歌 爲鄒雲臚題環溪圖

蓉湖一曲有垂楊千樹翠幛深深覆沙渚記昔年移艇
小坐溪亭閒凝望與寄水雲佳處　遥山青欲滴淨洗
螺痕昨夜林端過微雨隔浦夕陽微放鴨船歸聽兩兩
煙中人語又柔櫓嘔啞數聲來見翠碧窺魚一雙飛去

前調

今年重到展生綃瑩淨攜得蓉湖好烟景把沉香小炷
冰簟平鋪蕭齋裏許我卧遊消領　波痕明似鏡畫閣
紅橋宛在中流巧相映演漾白蘋風葉葉輕舟吹不了

眞率齋初稾　卷一　詞　七

日邊帆影算山水清輝足娛人只少却秋來綠荷千柄

金縷曲

靈境吾曾到夢魂中輕軀控住迦陵仙鳥帖帖紅霞輕
似葉下界銀潢一道見七寶飛樓縹緲認得少微金字
牓叩瑶扉忽聽天聲悄青乳濕白榆小　莪冠三士迎
余笑似曾將星曹舊事殷勤相告果是書生仙骨在不
信者般淪謫被恨繭愁絲縈繞三十六年塵刼盡問可
能再赴珠宮召殘夢醒碧天杳

摸魚子 送吳松厓赴金陵

漸春深飄煙碎雨韶光陌上初煥朝來露井香桃瘦減

了紅情一半腸已斷那更送行人又到離亭畔垂楊水岸聽一兩三聲陽關怨曲珠淚已成串　香醪滿且酌碧螺春盌莫言離緒長短軟風帖帖移帆影一抹碧波天遠尋蘼苑把金粉前朝寫入生花管鄭簡迴轉有雜體新詩迴文小札頻寄與儂看

滿江紅 寒夜感懷和□齋舅氏韵

一夢黃塵人世事隨他翻覆君不見香桃自笑風荷自哭儘有熱腸堪任俠惜無媚骨能諧俗看容顏强半爲愁銷秋眉綠　元蝶化緗千軸白鳳吐才千斛算墨池滋味此生嘗足詩好只應供鬼唱文成誓不教人讀錦

囊空祇剩一編書東華錄

前調

少日詞塲揮彩筆雲蒸龍變曾記得夢中拜賜玉泯金硯書上欲摩烏集闕賦成不數靈光殿十年來意氣漸消磨聲名賤　千丈髮隨年損一掬淚和愁嚥恨流光如此最難消遣蘸墨細臨鷹嘴帖挑燈快讀虬髯傳向人前擊碎古桐琴花成片

前調

霍幕風簾青楊樹幾番搖落翹首望青天碎碎珠星作作一院明蟾清影瘦五更白鴈寒聲惡耐凄凉自倒酒鐏看餘酩脚　劍欲活青萍躍燈欲死紅䔥落問人生那得窮年寂寞市上好從騶卒飲朝來更逐毛公博好男兒俊健似生猱寧甘縛

前調

墨寶騷茵人爭笑腐儒塗抹渾不信窮愁累我文章無色枉費千杯元麝髓難求半點青蚨血只贏來磊塊不能平塡胸臆　蘭膏燼心還熱蠶絲絶腸應直嘆年年只與蠹魚分食至竟縹緗成底用少來楮棘何勞刻不如他估客競錐刀驅南北

蝶戀花

丁字簾前千遍遶啞翠勾紅攪得春煩惱雛婢撲將紈扇小成團飛過王孫草　雙翅香痕全褪了小任花房好夢花知道繡閣拈來添畫稿試看金粉銷多少

眞率齋初稾 詞

梁溪楊芳燦蓉裳

菩薩蠻

葡桃艷錦絲雙扣龍梭墮地沉吟久夢雨濕輕容巫山十二重 玉屏花鎖鎖獨聽啼蛄坐無奈洛神何騎魚慣撇波

前調

櫻桃花煖棲黃蝶珠簾掩映春雲葉門掩寶釵樓朝來嬾上頭 石榴裙樣巧線壓雙鴛鳥茜帶一條條相思瘦舞腰

前調

玲瓏牕掩桃花紙蟫蛦甲弄三絃子繡被狄香熏蟠蟠鬌鈿雲 月篩花影碎人傍花窩睡惱是夜烏啼花飛月又西

前調

嘉文小簟銀絲細綠鬟着枕香膏膩懶唱懊儂詞病闌春去時 燭花雙苣小龜甲屏風遶花外雨瀟瀟春寬何處招

減蘭

文牕病起倚樹微吟憔悴矣試問鶯兒春到桃花第幾枝 坐愁愁坐欲說相思何處可六曲廊空一片斜陽照落紅

滿江紅

沽酒來耶狂興發頻呼便了算還有春衣堪典儘教埋照休覓巴西無睡著莫栽堂北忘憂草只臨風獨酌獨長謠遊仙早 頹然醉元關悄蘧然醒閒愁攪問醒何如醉解人應少一院香消花有劫五更寒重風偏裊趁明朝挈榼上蘭舟春還好

前調

踐壓詞場惹餘子紛紛側目須信道文工作祟才原非

福上鏇饑鷹悲鎩翮飲河渴鼠求充腹算書生長物剩無多青千束 妨途轍牛何速登臺省犀何禿只可憐憔悴佳人空谷若解吹篪寧作婢未甘穿鼻休爲僕待覓他射獵兩當衫相馳逐

喝火令

荳蔻含唇小了蘭翶鬢紅閒眠偎定錦熏籠一縷香寬如蝶度牆東 寶簟凉如水紗屏翠若空玲瓏月上瑣牕中無奈燈昏無奈夜香濃無奈夢兒回處幾陣落花風

蘇幕遮 燕

柳風輕絮雪溶翠咮紅翎不羨颶颶鳳薄帳歸來香雨凍絮語相偎似訴春寒重　掠珠屏穿繡棟那管人愁又跗簾鈎蚜滿地落花紅不動聊入新巢軟襯雙棲夢

摸魚兒 寄王二淙雲

閉重門悄無人到荒堦苔巳成篆蠻牋摺疊成方勝倩寄舊時吟伴腸巳斷問春色和愁畢竟誰深淺危欄凭遍愛空翠濛濛斜暉澹澹一縷斷虹茜　芳洲路細草高低似翦來波來去如瀲冶遊情事渾如夢花雨半樓人倦春婉娩挮讓與尋香小蝶棲香燕如何消遣聽曲豖廊西丁冬鈴語也似訴淸怨

前調

據蒲團楞嚴讀罷旃檀縷縷煙細闍黎公案誰能悟畧遣煩愁而巳拈短偈蚤度取一番小刼春聲裏烏皮棐几笑斑管款斜粉箋狠籍詩句沒頭尾　文窻下一種悲涼滋味滿襟無限淸淚落花穩傍苔衣臥無奈軟風驚起憔悴矣怪如此穠春却有悲秋意鎭簾垂地又淸影窺人夜闌人寂松頂月如水

一叢花 並蒂梔子

盈盈雙笑翠梢頭那許巧鸚偷相思人在穠兒裏並香肩着意勾留一種心酸十分情重生小慣風流　紅潮微暈似含羞春去不知愁迴廊月影涼如水伴雙棲翠羽啁啾的的圓期靑靑小字同夢到羅浮

菩薩蠻 廻文

靚粧新照高臺鏡鏡臺高照新粧靚花映薄蟬紗紗蟬薄映花　小篝香霧繞繞霧香篝小人去憶殘春春殘憶去人

前調

紐絲雙扣輕羅袖袖羅輕扣雙絲紐裙襉細凝塵塵凝細襉裙　去鶯催落絮絮落催鶯去愁月對空樓樓空對月愁

青玉案 爲劉杲溪先生題罷釣圖照

星星蟹火明漁磴收因笠懸笭箵罷釣歸來江渚靜宜釣無餌虛舷不繫大有濠梁興　半汀晴雪蘆花冷吹面微風酒初醒老鴈叫雲天色暝月寒欲暈露濃如雨水碧魚無影

浣溪沙

窣地珠簾小院空薔薇香露沁嫣紅月痕如夢隔疎櫳　釵影垂垂欹玉鳳燭煤的的墜金蟲自摹花樣拂輕容

前調

一繫斑騅甚處尋畫橋依舊柳陰陰别來憔悴到於今未許梨花通半夢怎教梔子結同心輭風吹淚濕蘭襟

江神子

晚風簾幕理殘粧卸紗囊繫羅裳小扇單衣時候好追凉曲沼新荷圓似鏡和泿影照鴛鴦　一丸冷月上斜廊耐思量斷柔腸數盡流螢點點過東墻坐近海榴花一樹紅影下露華香

小梅花 戲効賀東山體

公莫舞吾語汝男兒踏地有千古傾醇醪讀離騷狂歌

痛飲亦足以自豪飛光勸汝一盃酒雖壽松喬竟何有莫怨怨且寬公聽唱黄雞白日呼玲瓏　調惡馬卧空厩卿復何爲者山上苗墻上蒿結根得地由來非一朝金張甲第長安道富貴應須致身早大鮞頭困喧湫如此車前那可無八騶

前調

脱吾帽向君笑有酒相逢須醉倒酒三行杯莫停悲歌一曲君可側耳聽狂呼頭沒酒杯裏俗物休來敗人意逞雄豪互詠調惜少拍張琴舞琵琶槽　傷心事可憐子唯我知卿耳據胡床凭隱囊眼前人物誰得如卿狂寒陵片石差千古狗吠驢鳴那堪數把神擔困神錐試聽清談亹亹從天來

齊天樂

晶簾半捲玲瓏影絲絲露痕如雨魚子單衫蟬翎小扇人在夜香庭宇眉峯愁聚傍亞字雕欄幾回凝佇月額纔明無端又入冷雲去　瑶堦回盼纖影爲誰憔悴也羚瑚如許連理衾寒相思夢杳獨自嗔蘭低語雲間青羽問爲恁傳書去來無據砑得紅箋嬾拈腸斷句

念奴嬌 答顧二學和

嵚奇歷落笑談間棄筆投觚而起少日詞場吞彩鳳人

識盧家千里辛味都嘗丁年易過氣短謀生計有誰知得温生是大才士　須信狂受人憎才非汝福寒餓應如此宿瘤無鹽都已嫁只有夷光未字世盡言愁僕原多恨卿復何爲爾茫茫交集伯輿當爲情死

石州慢 過鄒愚谷十二樓廢址

桐帽棕鞵無端尋到最銷魂處交鐶凝紫碎屏腐碧誰家庭宇斜陽一片照見十二樓空鈫光扇影銷何許雙燕不知愁只啣花私語　凄楚靖安坊冷金谷園空繁華無主付與攤錢牧豎撈蝦村女微波如瀫可惜金粉塡邊芙蓉蓮子隨他去臙一樹棠梨春年年春雨

齊天樂 柬淙雲

泄雲一片篩寒雨，虛幃涼意微逗。彩扇銷香，碧羅淹淚，恰似去年銷瘦。玲瓏窗牖，只孤影相憐，更誰攜手。一桁簾垂，暗燈花結小紅豆。　匡牀清夢易覺，聽聲聲點點，亂梢鴛甃。卸砌蛩寒，畫廊蕉碎，併作一宵僝僽。雙眉青鬬，怪幾日西風，替儂吹皺。試把圓冰，病容憔悴否。

前調

梧桐葉裏無多雨，絲絲心上縈繞。憎影移鐙，避愁約夢，總是淒涼懷抱。吟悰暗惱，又佳約尋山，等閒悞了。碎墨零箋，無聊打出斷魂稾。　相邀擬向南浦，便訪將桂樹，

喚個蘭橈。冷濯吟魂，香侵仙骨，俊煞雨襟風帽。芳遊草草，也勝似空齋，坐愁行嘯。去否明朝，倚踈牕盼曉。

浪淘沙

一桁畫簾前，眉月初弦。珊瑚鉤小掛秋煙。淺碧紗幮光似水，菊影匀圓。　小立髻鬟偏，半嚲檀肩。玉盤香水洗珠鈿。料是夢中歡趣少，判个無眠。

臺城路 爲晴沙舅氏題春風啜茗小照

頭銜最愛稱茶部，高風更懷桑苧。楠籠抛時，桐瓢攜處，飄出冷烟千縷。青驄緩駐，約不夜僕來，共伊容與。此客殊佳，未須更顧索郎語。　松濤時沸幽壑，又疑瑤甃畔，亂響春雨。細點紅薑，輕研綠雪，小盞盈盈匀注。清幽如許，吹不上京華，一分塵土。謾解朝衫，腋風輕自舉。

前調

一肩茶具隨行展，揭來錦城閒憩。巴峽寒流，峨眉飛瀑，可似江鄉風味。郫筒頻寄，問蒙頂春初，雪芽生未。折腳鐺中，空明滿貯冷雲髓。　軒牕長日無睡，愛披襟獨坐，風日晴美。琴韻愔愔，墨香浥浥，添上半甌寒翠。閒情如水，憶小杜當年，落花風裏。何似眞長，茗柯饒實理。世說：劉尹茗柯有實理。

前調

長吟平子歸田賦，翩然遂吾初服。調水符閒，清人樹老，

無恙家山新綠。浪翁水樂，愛別有宮商，不關琴筑。貯月分雲，不勞遠去問甘谷。　眼前塵事都遣，向林泉勝處，管領清福。冷纈水花，香凝雪乳，抵得明珠十斛。燃將湘竹，看魚眼匀圓，嫩湯初熟。破睡風來，萬松涼謖謖。

前調

生綃畫出江南夢，而今果饒歸興。綠拗盈階，紅尖照水，彷彿圖中風景。煙霏雪凝，看水色茶香，故山都勝。只是風前，鬢絲換却舊時影。　相看共有茶癖，記輕風細雨，催煥煙艇。秘色窑邊，長生瓢畔，細和昌黎石鼎。頭綱八

餅怕趙起前塵便勞追省悟到無言聽流雲出嶺

戚氏 方五子雲約同人集雨花臺餞席賦此

正春韶石頭城下繫蘭橈紅衫白帢舊時伴侶又相招道尋幽興劇揭來休惜馬蹄遥猶認蕭家帝子談經地亭榭周遭花市開時酒旗飄處鈿車來往遊遨愛闌干影外灧瀲青波宛轉紅橋　相看飲興都豪開樽促坐硯磊快同澆何必羨畫樓弦管上客金貂清言似屑好句如珠座中各占風標謝家末婢衛家叔寶終不及阿龍超　兩年離別恨伯勞飛燕難得今朝看我當筵起舞便夕陽莫放整廻鑣錦障千重瓊枝一曲六代人多

眞率齋初稾　卷二　詞　九

少更南皮北苑佳遊好今都付蔓草寒潮只春光又讓吾曹怕良會難將薄福消留將殘醉好攜舊雨來話前朝

臨江仙 寄仲則

蘭露娟娟清欲滴嫩凉天氣先秋相思獨夜倚層樓嬾排金鴈柱怕捲海犀鈎　記起離居多少事無眠數徧更籌砑紅箋紙寫新愁錦鱗三十六遡向玉河流

前調

眉月窺人庭院靜坐看轉斗横參無聊擁鼻只孤吟燭荷無限淚棊局不平心　驛使傳來新句好可應題向蘭襟别來相望到如今瑟居愁脈脈小病瘦愔愔

摸魚子 示劉生彦佐兄弟

擅詞場是何年少才華别樣清綺一門兄弟翩翩甚不數胡奴末婢攜硯几偏解製翻香小令回文字風流誰似似昔日王郎清歌一曲能令謝公喜　多情甚春水干卿何事也勞枉費才思多應蕪業難忘却忍俊不禁如是重記起我亦有蠹箋麝帕閒生計花前葉底待細掐紅牙輕拈紅豆字字爲君記

前調 丙申七夕

水明簾深深窣地一彎眉月催暝黄姑織女相逢處露

眞率齋初稾　卷二　詞　十

洗銀潢如鏡庭樹靜看幾個流螢點綴寒波影危欄獨凭恨好夢難圓愁寬易怯薄醉旋成醒　無聊甚往事從頭記省爲誰辜負芳景雲堦月地清歡夜知否人間凄冷移石鼎且點活清泉細瀹釵頭茗蓮壺漏永又聽得聲聲商颸過處暗葉打金井

蝶戀花 爲玉溪題小影

小坐莓闌苔砌畔如此風姿消得卿卿唤日午晝簾桐陰轉水沉一縷飄香篆　杏子單衫紅玉釧滴粉搓酥兩兩瑶臺伴半嚲檀肩儂意倦春風鬢影憑郎看

前調

金菖同心何處結歷徧歡場多少狂蹤跡記得紫騮花下歇夜明簾捲人如月　寫出雙鬟嬌欲絕尺幅輕容點綴燕支雪別後情絲千縷繫櫻桃花底分明説

前調

俠骨情腸君自許硯染青螺十樣緇眉譜好是秋香深院宇隔簾雙玉玲瓏語　韋曲煙花無夢去笑我三生緣薄吹簫侶聽盡小牕蕉葉雨銀牋題出銷魂句

南浦懷方子雲

西風嘹嚦正濛濛冷鴈落空城恰似去年江岸絮出別離聲久斷離居消息問故人憶我若爲情料秦淮簫鼓

鶴湖煙月一樣水盈盈　萬事都教棄置只難忘三兩鷺鷗盟記起西牕剪燭回首涕縱橫報道薄遊仍落拓高歌縱酒得狂名約他年相遇攜樽重過舊旗亭

荷葉杯寄二弟

一點幽懷難寫深夜牕燭背人紅三更殘夢鴈聲中相見總朦朧　冷月黃花籬落蕭索一別兩重陽故園對酒也淒涼何况是他鄉

摸魚兒爲劉生彥佐題杏花踈影圖

愛翩翩青衫白帢誰家少俊如許粉纖采弱花千樹人坐香香深處花有語道第一功名只貸才人句銀毫點淫正鰕簹煙濃蠟墻月澹紅影倍嬌嫵　還說與好替儂家作主莫教芳景虛度粥香餳白清明近轉眼輭紅香土扶醉去認葉葉青旗沽酒郵頭路隨緣容與也勝似京華寶花聲裏獨聽小樓雨

踏莎美人將赴金陵徐二彥卿以詞贈別和韵却寄

遠浦帆檣夕陽煙樹問儂去去遊何處金陵伴侶又相招早向津亭與個木蘭橈　惆悵前塵飄零舊雨百回記取臨岐語芙蓉江口長新潮催過紅泥亭子赤欄橋

如夢令閨意

放下竹簾清晝小立碧欄時候纖手被郎牽微笑拍他

香袖知否知否因甚今年消瘦

減蘭赴金陵途中雜書

年年作客穠纖此行偏觸熱一葉蜻蛉數過長亭又短亭　家山如畫船尾半痕青欲化新水菱塘輸與閒鷗占晚凉

前調

蘭陵城畔卧聽三更更箭轉落月如盤欲攬清輝贈素歡　相思最苦誰道神交能識路短夢糢糊咫尺難尋舊酒壚懷洪稚存趙味辛

前調

新豐水驛風漾浪紋千頃碧指點空濛宋苑齊臺一夢
中　放舡京口痛飲旗亭紅玉酒半酣停杯滿目山川
憶霸才
前調
山根如削鐵鎖懸崖千丈絡鬣作鯨吞隱隱驚濤奪海
門　流光彈指猶記當年焦隱士結屋高峯不管人間
浪與風
前調
真州城下雪浪奔騰帆似馬無計淹留空望停雲憶虎
頭　齊年兄弟少小飄零同一例轉眼槐花遲爾秦淮
舊酒家顧立方時客儀徵

愁風愁雨津吏問君何處去三暮三朝看盡沙頭早晚
潮　販脂削鉄來往此間多估客何事書生琴劍飄零
也遠行二套口阻風
前調
長江天塹險處足當兵十萬風急雲高偃蹇魚龍戲怒
濤　天涯遊子對此茫茫愁欲死怪煞長年閒坐舡頭
白打錢
前調

瓜皮小艇兩槳盪開波底鏡霧鬢煙鬟飽看金陵隔岸
山　冶城東渚一載三番來小住記省前因莫是齊梁
六代人
摸魚兒送劉生彥佐之楚中
好家山秋光如畫君行又向何處青蒲帆子沙棠柵遙
指楚天煙樹芳草渡是舊日屈原宋玉銷魂路一家詞
賦算如此師生而今有幾悵悵送君去　勞生事我亦
年年羈旅滿懷離緒難訴花前鴈底腸迴曲淸淚暗彈
無數吟思苦把硯匣詩囊攜過潯陽浦歸期休誤待酒
熟梅開小寒時節同話竹窻雨

臨江仙舟過平望
澄碧奩中紅一抹秋波倒浸斜暉畫眉橋影向人低柳
腰霜外瘦菜甲雨餘肥　一曲漁歌聲未歇沙頭鸂鶒
驚飛何時覓得綠簑衣三間茅屋畔着個釣魚磯
蝶戀花吳江道中
秋水一灣雙槳舉又送行人過却吳江浦回首津亭天
欲暮碧雲如畫含殘雨　獨倚危舩愁不語無限吟情
付與崔郎句夾岸丹楓無別樹夕陽紅到銷魂處
水龍吟舟中對月有感
浪紋千頃玻瓈蘭舟棹入空明地推篷遙望露華吹濕

薄羅衣袂蠟燄幢幢簟痕隱隱清輝如水恰愁人無賴眉間心上無限事都提起　莫是誤來人世倚姮娥把愁遥寄奈他碧落深沉長是玉樓深閉五夜哀蛩一天冷鴈逼人愁死看方諸影裏絲絲點點替彈清淚

齊天樂 雪夜排悶

海神慣作魚龍戲漫空六花零亂細刻圓冰輕研碎玉裝點誰家池館簾絲串斷愛脈脈如塵當庭吹滿一曲新歌行波箋紙付蕭貫　青燈掩冉如豆擁裘孤坐處更箭頻轉蓮子杯空蘆花被薄無分酒香裀煖淒涼誰管便憶起天涯兩三吟伴凍合江雲夜深離夢遠

蝶戀花 題水晶簾下看梳頭册子

月榭花廊春色靚愛看明粧故向雕闌凭學綰靈蛇嬌未整元家句裏銷魂景　窣地夜明簾押靜玉照亭邊空水寒相映一片桃花紅不定添將鬢角春風影

虞美人 題佳人雪藕絲册子

泿花槅子揺空綠冰簟鋪寒玉雲藍小袖笑臨風珍重爲郎洗出玉玲瓏　憐渠少小逢珍偶正是成蓮後故拈謎語要郎知認取風吹不斷是真絲

蝶戀花 旅夜

金柝敲更蘭夜半燈暈迷離抱影眠孤館一榻青綾偎未煖荒雞又把行人喚　衷上霜花吹欲滿鳧裘擁緊催過溪橋畔回首吳關天樣遠柔腸只共車輪轉

前調

替戾鈴聲寒轉急絮起閒愁百種縈心鐵塞北風高綿欲折蒼涼古道沙如雪　底事芳辰輕遠別昨夢還家似有人憐惜坐轉碧欄干外月曉寒珍重分明說

望海潮 二月十二日陰平客舍見月有作

短策纔停征衫小脫郵亭燈影揺揺衣上塵沙夢中煙柳驀覓生怕長宵月額一痕描向曲闌干外孤照無聊試看方諸絲絲愁淚湧紅潮　關心故國春部正百花

生日誇俊爭嬌篤齒橋紅鴨頭波綠舊遊記否今朝此福也難消問幾時重見香烏珠瓢莫更回頭夜雲無際碧空遥

風流子 茌平道中聽琵琶伎詢知爲江南人也感賦

雲山遮望眼分攜恨舊日幾曾諳只牽惹離情長堤折柳拋離節物故國傳柑旗亭畔曲遊狂客聽酒興玉奴監鈫影玲瓏風鬟十八眉痕淺潤月額初三　幺絃傳哀怨嬌歌裏半含吳語訴諭憫是吹花嚼蕊解憶江南問紅豆拋殘刪緣底事青衫着破我又何堪觸起一襟愁思酒不成酣

眞珠簾 冰花

誰將面面琉璃鏡照出雯華層叠香色了難尋最高寒標格花工小住光明界早枝葉生來都剔瑩徹似一叢瓊樹逗來圓皃　惜少嗛雪璃霜做紅嬌紫姹助他顏色移傍水晶簾怕誰人偷折奈他彈指銷融後都化作冷雲無迹愁絕似殘春風雨一般憐惜

風流子

風光逾百六飄零客那得不思家只望遠凝愁鷓鴣心事依人作活燕子生涯無憀甚廻腸縈宛宛舊恨記些些譜就新歌紅絲小硯挑將好句韵字輕紗　極知作

眞率齋初稿　卷二　詞　六

計誤燕南路難禁滿目風沙可惜一聲彈指過却韶華正遠夢模糊銀釭半點離心破碎畫鼓三撾知否江南春信開到梨花

河傳 夏夜聞隔院歌聲有感

宛轉凄怨路迢迢隔斷紅墻綺寮香喉一串可憐嬌長宵惱人㬹六么　我亦康陵傳舊譜箏琶鼓紅豆當場數到而今恨飄零空庭倚欄和淚聽

前調

記否紅袖綺筵前玉指纖纖攏絃念奴嬌破想夫憐纏綿銷魂自去年　觸起前塵惆悵煞江南弄驀地風吹

滿江紅

草草離家只一片閒愁相送猶記得故人臨別數聲珍重攬鏡怕看塵土面挑燈懶作關山夢耐凄涼荒驛冷無煙衾孤擁　星作作寒芒動月漉漉浮波涌儘深更抱影有誰相共故國關心聞怨鶴紅塵滿眼啼饑鳳夜闌時清淚萬行垂風吹凍

邁陂塘 歸鴉

傍層檐昏鴉接翅微茫天色催暮林梢幾陣西風急墨點欹斜無數煙水渡愛極目荒寒打就荆關譜飄零倦羽悵塔火明初山鐘敲罷去去那能住　徘徊處一派

眞率齋初稿　卷二　詞　七

凄聲如語來朝生怕風雨廻廊柘彈棲難穩更選誰家高樹呼伴侶何不向孤邨流水江南路吟成樂府試與取雙鬟四條絃上彈出夜啼苦

同作　黃景仁 仲則

倚柴門孤村流水昏鴉去影如織分明尺幅倪迂畫點上米家顛墨看不得帶一片斜陽萬古傷心色暮寒騷屑似挾得風來還兼雨過催送小樓黑　曾相識誰傍朱門貰宅上林誰更棲息羽林金彈休拋灑我是歸飛倦翮飛暫歇恰好趁江船小坐帆檣側啼還啞啞笑畫角聲中暝煙堆裏多少未歸客

送蘋花香月影凉思鄉夜深人斷腸

燭影搖紅 燈花

花影垂垂簾紋窣地氷荷小多情偏向獨眠人逗出香心巧一剪春紅未了件梨雲夢中縹緲篆香銷後玉局閒時暗愁多少　佳約關心明朝好盼三青鳥郤憐寒暈轉迷離凝影和煙抱六曲屏山繚繞護輕風不教吹到百般憐惜祝取他時照人雙笑

卜算子 夏夜

露脚細無聲吹濕湘簾影一點蠟燈紅小閣如煙艇雪色越甌圓新點釵頭茗斜月到花遲倚偏闌干等

菩薩蠻 蒲扇

扳蒲誰唱湖干曲織成便面煙痕綠生傍水雲鄉拈來意便凉　如今懷袖裏莫怨秋風起塘上泣嬋娟前身更可憐

望湘人 爲吳執盧題湖田書屋圖

愛平疇數稜老屋三椽卜築雲波佳處菱芡初肥魚蝦大上好是露朝星暮隔斷浮塵此間恰稱詩人家住儘安排筆格琴床試咏茶隨瀨具　三載軟紅香土向吟邊夢裏鄉思無據甚日歸來好傍湖干容與白水盟心青山招手我亦舊時鷗鷺待他年拼揢浮家笑把釣輪同去

木蘭花慢 竹簾

是湘雲一片誰剪落影娟娟看愁淚無痕離魂欲化院後廊前玲瓏冷波低蕩任花風裊上水沉煙曉露干絲碧窨夕陽一桁紅偏　明玕成俏可人憐最好已凉天憶舊家風景共花小閣箬葉輕船而今水雲無分只紅塵遮斷便疑仙留伴桃笙八尺日長枕手閒眠

一萼紅 瓦松

檢青箱記六朝詞客慣咏昔邪房者是人間繁華變相眼前小小滄桑看和雨和煙生遍更難尋古篆辨香姜

一片模糊埋殘鴟吻覆遍鴛鴦　莫怪名齊耆叟比墻蒿路草郤耐風霜澀淚平傾承塵半腐幻成思緣悲黃曾經過荒宮破廟迷離幾簇弄斜陽偏向斷無人處做盡凄凉

念奴嬌

錦筵紅燭酒三行以後拍張言志但得索郎同旅語眼底何知許事如此良宵爲招座客各試平生技藝竿爲仗下皆三中其儁　便擬火底調笙枉間縛角演出魚龍戲打鼓揭來騎屋棟竟作摻撾而起人笑顛狂我誇跌宕任達爲佳耳誰能端坐讀書作老博士

臨江仙

花琯無聲虬水咽，比肩人倚紅樓。拈將夜合入磁甌。玉纖斟翠醥，珍重解郎愁。　疊疊凉雲相掩映，素娥也似嬌羞。曲闌干畔笑凝眸。滿簾花影好，不肯上銀鈎。

義山于詩喜少陵而所作不似杜，山谷于詩喜少陵而所作亦不似杜，然後世稱善學杜者莫如義山山谷，何也？則眞與僞之辨，神與形之説也。今之稱能詩者，大都以剽竊漁獵見長，求所謂牢籠萬象、變化一心者，十不一覯。豈知喜怒悲愉，必實有其不容已于中者，而後發爲文章，足以使人激發。甚矣，詩不可以僞爲，尤不可以形似歟！梁溪楊蓉裳農部，髫年與其弟荔裳方伯以詞賦雄東南。農部由諸生貢成均，試高等，官甘肅二十年，甚著功績。昔袁簡齋前輩書來，稱其才且賢，又于洪稚存、趙味辛、孫淵如暨荔裳所見其所作詩文，心賞其工，然實未覯其人，亦未嘗見其全集也。兹來京師，一見如

舊相識，復承以詩集委余校勘，獲卒業焉。君于詩固喜少陵者也，反復讀之，不似杜，并不似義山山谷，乃知君善學杜，并善學義山山谷矣。昔人有言曰：秦音亢厲，吴音靡曼，此其性然也。今乃欲盡變其生心之音，使越無吟，齊無謳，楚無歌，而俱擬爲秦聲、吴聲，則其僞亦甚矣。君生于吴而宦于秦，詩則工於諸體，而皆出之以眞，又能神明規矩，不沾沾法古，而古人之妙盡有。就今所詣，已將於義山山谷之間高置一座，况日進而不已耶！

嘉慶六年冬月，年愚弟法式善拜序

芙蓉山館詩稿卷一

金匱楊芳燦蓉裳

捧檄後請急歸里門有作

青袍纔北去墨綬且南歸喜動毛生檄榮分菜子衣芸籤高閣冷菊把故園稀煙水蓉湖曲閒鷗莫遠飛

山丹客舍偶成

旅館中宵坐懷家倍黯然那堪經歲別不見尺書傳殘燭高城柝孤衾土銼烟燕支山上月辛苦爲誰圓

早秋道中偶成

任着征衫試馬鞭關河蕭瑟已涼天離人懷抱偏多感薄宦生涯祇自憐野渡綠痕秋草外驛樓紅影夕陽邊故園迢遞音書絕憔悴風沙又一年

早春剪韭適史南村過訪有作

曉步東園燒痕綠初轉愛茲小甲蔬出土自清嫩雪意晴漸銷霜華冷猶泫閒將巴童課快試并刀翦平生碧參差半破黃輕淺玉脆不任觸針纖詎堪撚嘗新世所珍入饌此其選不煩園官送好付廚娘典我生蘇莧腸饑春不知饕誰令嘲肉食蔬圃夢半蹊故人欣過從旬日慣抱甕晨炊進黃粱夜火烹綠菇得此飣盤稿佳味踰禁臠庾郎二十七韭菜亦云腆却憶故園無鄉愁浩難遣

閩友寄新茶

好事閩山客新茶寄遡邊香含幽礀雨綠帶早春烟漫用晶鹽摻偏宜石鼎煎茗柯饒實理轉憶故山泉

讀史偶成

蓋世功名百戰餘河山回首霸圖虛悲歌一曲千秋在肯信重瞳不讀書

美人愛子總難忘倚瑟歌成氣不揚一種聲情兩般淚英雄末路到詞章

夜行青陽峽 少陵有紀行詩註家俱云無考峽在西和縣南五十里係達成縣孔道成縣即唐之同谷也

我行入峽日已昏雙崖刺天呀一門上有密箐鬱蒼蒼下有暗水流渾渾蛇路佶屈緣山根蘿垂葛蔓不可援十步九蹶傷骿骻從行僕隸懸櫜鞬爲言山有百獸尊搖喉擊齒種實繁獨客往往遭咀吞假鬼夜嘯聲煩冤居人石戶高作垣白茆青棘圍籬藩猶攫狡獮兼猳豚編秸束燼列炬燔衆聲齊沸爭前奔伏石當道疑虎蹲怯者噎馬群譁喧模糊烟樹誰家邨眼穿不到心中煩斗杓插地霜風掀半夜始達山南屯却尋來路驚心魂沙上尺深留爪痕嗟我豈忘垂堂言簡書敦迫難具論

入險出險身幸存履尾兕復蹶焦原且進濁酒餔糜饘老屋破碎衾不溫危坐無寐遲朝暾

春夜微雪效玉溪生體

乍覺東風颺悠颺拂面飄三英宜夜賞六出鬬春嬌寶唾空中墮冰肌暗裏銷縈煙低可數隔霧遠難招艷絕驚花骨寒嚴禁柳條雲光沉極浦月彩逗層霄燈淡垂紅豆茶香滿綠瓢幽蘭不成曲脈脈坐深宵

獨夜有懷漫成六韻

夜久寒逾峭沉吟擁敝裘雲低常傍檻風緊故侵樓碧瓦拋銀礫紅簾隱玉鈎背燈殘帙拚翻局坳棋收露井桃爭瘦空梁燕對愁懷人勞選夢怊悵數更籌

題秦大梧園柳塘送別畫卷即以寄懷

小閣沉吟點筆遲銷魂寫出一枝枝臨岐領取纏緜意欲縮離人住少時

倡條冶葉正毿毿滑笏波光照蔚藍一種風情忘不得畫船春雨夢江南

鵞黃十里覆長堤記得蘭齋傍柳溪甚日同攜釣輪去兩家春在水東西

頻年蹤跡滯秦關夾道楊榆那可攀白塔紅亭好烟景教儂爭不念家山

示朱圉書院諸生

伏羌古冀城風土最淸美渭水縈廻流朱山儼環峙平疇如繡錯茅舍若鱗比應有絃誦人翹秀同杞梓繄余本儒生少小誦文史生涯依破硯昔譏作故紙冷撥遂初心為貧故求仕幸縮綬半通忝分符門里遠志難蹉跎結習未忘弭驅車莅茲邑半載閱星霜體消瓊林談經向槐市每喜諸生徒青衫何濟濟西郭傳講席規模具堂廡灑掃刈蒿萊拂拭去塵滓俾書仔一二井井有條理後起賴有人前徽尚堪企教督苦所司頹廢誰之恥況際隆平時文治越前軌風騷崇雅正詞章戒

浮靡振鷺集巖廊祥鸞儀殿陛絕塵冀北過璧水尺南能讀書要世用豈獨慕青紫義舒迅節驅晷光不可恃努力自鞭策銖寸看積累慎勿貪見功慎勿隨擬學跬躐等躋功休半途廢藝香嘗蘭食魚當食鮮精故不在多泛濫胡足喜彥先吾畏友相推執牛耳（謂顧學和）二史解辨源流經能究終始諸生宜虛懷且聽臧否求師貴聞道詎宜計年齒不見王孝逸北面文中子教學兩相資玉石互磨砥好見春風中鬖鬖盈桃李宛轉陳苦詞非同束溼徒敬矣青雲客勉旃天下士

夜坐

養拙無能每自嗤寂寥誰與話襟期名心未淨耽奇句
機事難忘愛劇棋閒館雨深燈影細遠天雲重雁飛遲
最憐弟妹音書隔迢遞鄉園入夢思

春寒曲

重衾夜怯寒威重淅瀝尖風透隙縫爝火無烟獸炭銷
銀荷半滅蘭膏凍曉光陰陰團冷雲瓊霙瀰面吹繽紛
小桃憔悴柳芽短春事十分無二分江南正是芳菲節
照眼存光爛如纈水國輕寒別有情楊花吹起河豚雪

題錢官懷古

四七當龍鬭蓁材奮草中經生習弓劍文史有英雄飛

檄聲三罪揮兵出九攻嚴疆分離右威望震山東白水
眞人起金刀帝祚隆初心原悃款內向足謙恭壞地風
烟接春秋信使通相期作犄角協力殄姦兇反側出羣
議寬仁待乃公偏隅遷扼塞大勢眛朝宗氣想全師畢
谿古長子內封泥遺函谷倚劍失崆峒愛士心徒切攖
城力已窮兩河精銳盡三郡糗糧空自任爲綜布無由
效竇融長假豪氣短回首斷鬮終暇日尋荒寺居人識
故宮山門森榆栢野殿沒蒿蓬殘社無村到行歌有牧
童徘徊古原上長嘯大王風

同王刺史西園遊秦州南郭寺

秦州郭南山勝絕空王宅曾聞杜陵老來此慰行跡我
本落拓人夙負山水癖頻年來手版未暇理遊屐幸逢
賢使君招攜愜所適共有遊興豪況値官事隙是時三
月暮流光瀉將夕烟鬟列層青目足散餘赤草露濕行
滕樵風壇輕幘最高峯益奇直上路彌窄陰翳多古藤
犖确紛怪石仰看覺響轉紆行藉扶掖漸聞塔鈴語稍
見松門闢老僧皓鬚眉再拜出迎客却入登廣庭離奇
撫雙栢森森翠鬣張碎碎霜皮礫斕斑韓兕角倔強北
龍脊根連媧膠粘餘一分靈掌擘還尋龍湫水避鮮湛凝
碧深容百尺綆圓似一輪璧玲瓏噴雲乳瀲灩翻雲液

冷解定禪心清可濯吟魄有奇盡搜探無處不登歷心
愜悅重來景幽疑創獲邐迤步斜廊蹣跚坐重席舊龕
少全函斷碑多缺畫長明燈焰青出定爐烟白談深月
照面茶罷風生腋忽忽山鐘催喧喧候騎迫蘗炬下山
來靈境倏成隔頓就禪悅趣難謝風塵役好景強追摹
枯腸費尋索持此謝山靈幸勿貽譏責

詠鷹效李昌谷詠馬詩體六首

側目空凡鳥奇姿絕世無如遊雲夢澤須擊大鵬雛
大漠野雲開悲風四面來呼聲何處急日暮景升臺
攫入郅都猛搏肉奉先饑一點凌空起長天鳥不飛

玉爪搭金鏇霜毛暎錦鞲祇應隨壯士萬里塞垣秋
解辨梟鸞族能空狐兔羣鋒稜十二翮落落刷長雲
俊逸無留賞昂藏雅自雄頭銜無限好特進上儀同

次顧大立方見懷原韻却寄

最愛風流顧愷之齊肩垂髮兩心知晨窗共硯搜奇字
夜榻分箋賦小詩萬里雲沙辭故土十年燈火憶兒時
風南枝北勞相望黯澹青衫涕淚滋
暫拋竿牘避愁端兩版叢書索古歡有托未妨稱沒士
無能只合號枝官文章靈鞠才先退仕宦幾卿興易闌
懶上高樓頻望遠塞天風露不勝寒

芙蓉山館詩稿　卷一　七

萍蹤半載傍蕭關又向臨洮策馬還詎有才能堪赤縣
只緣奔走變朱顏迢迢砂磧留晴雪莽莽邊雲雜遠山
自覺壯懷銷未得醉看龍雀大刀鐶
愁中歲月易蹉跎客舍淒涼喚奈何已識謀生無五技
可應論命有三科風塵遠道功名薄絲竹中年感慨多
何日幡然歸計穩五湖重覓舊漁蓑
隴坂江皐兩地分一回吟眺一思君隗王城畔花初落
杜老村邊日任曛碧海青琴懷絕調孤雲飛鳥悵離羣
莫嗟老大身飄泊努力詞壇看策勳
抑鬱襟期不自聊詩腸賦手爲誰驕失晨雞不忘三唱

上鏇鷹猶盼九霄春草池塘悲謝客楊花明月寄龍標
知君寂寞西堂夜耿耿殘燈照絳蕭
關月明明上戍樓誰家橫笛按涼州臨風漫灑離人淚
對酒難銷獨夜愁噩夢尚尋蕉下鹿苦心空刻棘端猴
澤車欵段田家樂快語應思馬少游
迢遞天南一紙音開緘珍重抵兼金泔魚負悔平生事
談虎還驚此日心明鏡易催元鬢改緇塵莫向素衣侵
誰憐莊舄多鄉思百感蒼涼付越吟

蜀伶三首

十五巴童小當筵唱未休新裁花簇稱低擘鈿箜篌雅

芙蓉山館詩稿　卷一　八

步珊珊骨微波剪剪眸錦城絲管好不數按涼州
夜雨唐宮曲春風蜀國絃祇今遺調在宛轉可人憐舊
事拋紅豆閒情托錦箋當歌翻悵悵無那是中年
異方聞此調悽切若爲情蜀魄花邊語巴猿峽外聲酒
闌杯淺淺坐久燭明明誰識狂司馬青衫淚已盈

元夕同陶午莊家賓山分賦得黃柑

令節偕知已當筵興倍酣絲淨千樣酒黃破一筒柑珍
品登嘉讌清芬佐劇譚金宜盈手勝玉愛滿懷探雖雪
堆盤冷璞霜沁齒甘分香君善謔賭勝我尤憨景物佳
堪賞家山味久諳勾圓壓村舍錯落貯筠籃逸趣雲門

寺高吟海嶽椎鑪香尊采采鬻語柳絲絲記舊偏多思
嘗新不厭貧一般歲宴侶丹橘在江南

咏落燈風和家貧山闌字韻

冉冉飈輪動依依燈事闌月痕搖彩暈星影逗明玕火
鳳猶催拍銅烏乍轉竿封姨偏蘊藉少女最便姍虹落
橋雙架霞收銷一端冰街珠蕩漾寶苣泝闌干夜色飄
難定春紅剪欲殘偶抛金葉子孤對水晶盤虛館蘭熏
敗生衣玉豔寒預傳花信息頻泛酒波瀾吹向銷微醉
擄懷補墜歡何當辦金綺更買兩宵看

咏春餅和陶午非家貧山韻

說餅新吟就嬉春樂事占筵當燈夕設技是鼎娥兼銀
屑搏來賦瓊膏溲處黏千張輕易研十字巧能添薄落
雲盈釜閣戀鏡出奩蕉心抽一束蓮葉捲雙尖細掌與
縹軟勻鋪艷縞纖莧淘槐汁冷龍點蕨霜甜縷切泰入
炙融調蜀井鹽金鮮蘿仨擣玉脆韭初醃好向辛盤飣
還宜卯酒沾故鄉誇不托小市認青帘

分咏汴水

日煖蘋花渚冰銷杜若洲瓊田開霽景瑤鏡落春流風
剪裁雲役雯華裂月秋圓鞠捲涚漾方響曼幽修洛浦
珠璣散洲梟玉佩留鮫工精刻鑿梟客餅雕鏤野渡逦

下橫塘淺淺淨近槎時聚沫遂渠欲成涯冷漱雲牙
淨輕縈石髮稠空明鷺浴鷗瀠蕩嬋潛蚪大泊鎔能化
微瀾洗不收江鄉此時節好放木蘭舟

花朝前一日赴蘭州途中雜題

馬背看花柳春光負汝多故園歸未得薄宦意如何又
續離人夢誰聽勞者歌殷勤清渭水還送麴塵波
路出當亭口千山擁落門風雲睨王畾烏雀杜陵村遠
水留斜照春烟入燒痕蒼茫懷古意跋馬向高原
風土南安美農家樂事偏宵崖殘臘雪疎樹隔郵烟就
潤開山碓疏渠溉水田梨花春正熟茅舍一停鞭

山名猶鳥鼠異事古今疑舊蹟傳神禹荒祠賽伯夷渭
流清宛宛薇出綠差差竟日探幽勝經行不厭遲
一片秦關月流光入遠春珠胎明有淚銀地迥無塵花
竹園官閣琴樽對故人鮑家詩句好若爲謝清新
日落洮水上行人生暮愁風沙迷驛路燈火上關樓刺
促嗟身事飄零笑宦遊誰家吹短笛楮調按涼州
行行殊未已策馬度重關野渡縱橫水斜陽縈磵山柳
條青尚短草甲綠初斑迢遞風塵路何堪數往還

題芍藥圖和孫季述韻

天斲豔質放教遲蝶後蟬前絕妙時一朶雲軿隨月墮

六銖衣薄帶烟披，泥入標格生綃在，惜別心情明鏡知。回首春殘夏會少，掌中憐翠玉交卮。

明妝一面出塵埃，不逐東風爛漫開。艷似遊仙偕鳳侶，清宜供佛上瑤臺。花叢惆悵前塵杳，香國淒涼短夢回。閒展黃荃生色畫，姍姍如見步虛來。

再和

別來容易見來遲，嚼蕊吹花彼一時。幽恨纏綿書嬾寄，妍姿綽約容重披。當風欲避嫌生客，帶露如啼憶舊知。爾許銷魂忘不得，香香深處醉金卮。

絕世手姿不染埃，春餘夏始一叢開。矜嚴未許藏金屋，

佳麗真應傍玉臺。好句競題青鏤管，艷歌頻按紫雲迴。惜花更祝花多福，親冊羅郎九錫來。

題雙芍藥圖和孫季逑韻

一種名花兩地開，亭亭雙照鏡春奩。憐卿薄命休相妒，伴我多情合並栽。隂砌嬌雲愁易散，翻堦艷影惜遲來。歌前燭底添根觸，小謝詩成有別才。

疊剪交枝照眼開，披圖爲把淺深杯。玉盤金帶殷勤贈，月地雲堦取次栽。色映暈華空外現，巫山香氣雨中來。千卿何事閒花草，剝燭微吟也費才。

又題雙芍藥圖四首

徐黃妙手寫生工，幻出仙葩各一叢。舞向雕闌雙宛轉，護將珠箔兩玲瓏。持繼比素知誰好，看碧成朱訝許同。笑我風懷似元九，爲渠重賦豆枝紅。

芙蓉城裏謫仙曹，花史修成管自操。二月韶華吟荳蔻，六朝遺事說櫻桃。郢君繡被辭江浦，神女明珠落漢皐。空爇沉香熏小像，行雲無定夢魂勞。

廣陵佳種記曾探，宛轉紅橋路舊諳。如何輸君傳隴右，離愁憐我滿江南。雲因出岫情全淡，蝶爲離花夢不酣。檢點小園凡草木，叢殘心緒學秘含。

悔把將離喚小名，書生薄福惧卿卿。嬌雲一朵尋無跡，

春恨三分畫不成。各有因緣酬慧業，共拋心力賦閒情。在旁紅燭能知狀，惆悵無眠直到明。

六盤山

羣峭摩空起，縈迴上六盤。馬蹄臨澗怯，人影隔雲寒。敢忘垂堂戒，其如行路難。招提何處是，隱隱暮鐘殘。

過隆德縣

旅宿荒城畔，停鞭日已晡。野橋橫古渡，秋隼點平蕪。磧晚牛羊下，風高雁鶩呼。昔賢漂寓地，著論憶潛夫。漢王節信先生流寓處

宿高家堡

莽上高臺望雲沙幾萬重寒威凌白草霜氣激清鐘莽便蹤難定風塵興易慵一樽村釀薄不似旅愁濃

會寧道中曉行

午夜荒雞動膠膠唱未休寒燈明半滅鄉夢去難留星影侵孤劍霜華冷敝裘殘更兩三點催過古城樓

晚至西鞏驛

目送歸鴉盡行人尚着鞭霜濃疑作雨霞暗欲成烟局促嗟卑宦蹉跎愧壯年塵勞何日息回首意茫然

阻雪三角城有作

塞天十月寒雪意連旬做匝地陰雲垂凌晨朔風鏇初

芙蓉山館詩稿　卷一　十三

看霰雰霏細若塵埋堁須臾撲面來飄忽如掌大陡開光明藏亂落珠玉唾客行閱險艱關路足坎坷憂彼車輪摧哀我役夫癉堅冰欲裂膚深泥行沒髁延緣舳上竹紆迴蟻旋磨作氣競蹄攀失足遭跌蹉且住官有程欲行意先惰倉黃投遊旅取次解鞍馱打頭茅屋低刺眼風飈破凝塵滿蔡床微烟生土銼俗僕蒔濕薪餧馬齕殘莝渴思陶痛飲嬾憶袁高卧風塵祇自憐辛苦知何奈聊爲桑下宿幸免樹中餓暫留非久留得過且須過岑寂夜初更淒涼入一箇悵悵巡簷行兀兀擁衾坐寒蹤手自剪凍還口頻呵謝賦巧難階楚歌高寡和鶣

懷誰共遣新句默自課持此詫邨農預作豐年賀

夜宿佛慧寺

西峯雪未銷東峯月初吐湛然空明鏡流照梵王宇寒光鑒毫髮清氣徹肺腑幽入夜無寐行吟繞廊廡禪關靜不扃佛燈暗猶炷天界凝空香地爐響疎雨半晌清淨緣十笏莊嚴土平生躭慧業頗覺諸趣苦失腳風塵中擾擾竟奚補何當洗蓬心安禪問初祖

弔李長吉墓二十韻（墓在隴西縣）

覽古懷詩客尋幽弔鬼才殘碑沉碉道古墓傍巖隈仙李當中葉靈根挺異材嘔心成綺繡脫手散瓊瑰日炙

芙蓉山館詩稿　卷一　十四

春紅坼雷驚蟄戶開精奇穿窔奧卓犖變風裁百怪行間泣千瀾筆底迴曹劉供指使屈宋合輿儓（本沈亞之語）是聲名誤翻教物議猜舉場原有避朝列本無媒短晷容華換高雲羽翮摧碧虛丹篆下清曉赤虬來飈忽八長往寞茫理莫推人間真夢幻天上有樓臺鬱鬱金刀掩深深玉樹埋龐童愁失主古錦囊成灰暮雨神絃急秋宵鬼唱哀白楊森似彗衰草短於苔有客羞芳芷臨風薦綠醅敬亭三尺土相望兩崔嵬

王大笠亭出小照索詩題贈四律

天涯薄宦泛萍蹤邑會今宵未易逢愧我風塵長落拓

羨君簿領獨從容置身邱壑圖中得養性烟霞筆底供
想見溪山佳絶處一潭秋水萬芙蓉
最好披襟趁晚凉瑚紅搖曳照銀塘倚魚白髮依人樂
簑履何妨任我狂貰酒小童呼便了折花嬌女字平陽
眼前風物眞堪繪何必維摩輞口莊
兀坐風廊月檻邊玲瓏書閣小於船行魚成隊喉香雨
浴鳥一雙飛暝烟舞能紅衣猶脈脈低殘翠蓋正田田
龍門自有家風在妙句吟成定採蓮紅子安有採蓮曲
埆來廨舍共棲遲磊落襟期對素知到眼鶯花南國夢
關心猿鶴北山移紅雲明鏡蓮吳苑碧玉春流繞晉祠

芙蓉山館詩稿　卷一　十五

各有家鄉好風景披圖悵觸遙思

朱園山

冀城饒奇峯朱園爲之冠孤撐倚天表聳秀出雲半髣
髴怪獸蹲突兀連蔡貫邑分離方正勢壓坤軸斷高峯
瑪瑙盤猛熾麒麟炭疑遭秦火赭詛入媧爐鍛赤幟一
單張旗虬九子蝦圈圍一朝日鮮輝爛晚霞爛氣候殊冬
春光景變昏旦仰鬭天一握俯瞰城如卵勢稍帝嬌時
渭水㳗滿悍破山爭激浮天無際畔懷襄勢莫遏疏
鑿功誰贊於此規嶙峋用以砥瀾漫坐使横流息旋見
清波渙山名垂夏典列若星辰粲鄭桑工昔書抄撮語

非護微禹吾其魚遐高發三歎

久不得蕘裳書作此寄之

兄宦隴東弟燕北五年別恨横胸臆有同信到猶悵望
況復經秋斷消息白晝看雲眼欲穿青燈照夜腸應直
心事頻占烏鵲喜夢魂恐被蛟龍得霜落秦川衰草黃
風吹渭水寒冰黑宦情羈思迫歲暮盡日行吟獨悽惻
念君索米忍長飢愧我濫竽嘲素食勞勞何異刮龜毛
去去眞嘗棄雞肋長恨人生遠別離何心苦愛高官職
甚時買得二頃田相約歸耕返江國弟應荷篠兄攜耒
朝出辭親暮親側臨觴對案忽不御此意妻孥未能識

芙蓉山館詩稿　卷一　十六

爲逢征雁向北飛附書道我遙相憶

喜蕘裳充校書之選却寄

清嚴高閣枕芸香標格爭看畫省郎須識傳家原翰墨
休誇報國祇文章多君幸接鵷鸞翅愧我空持鴈鶩行
縹帙牙籤久拋棄簿書堆裏負年光

杏花雜詩八首

亟字騎頭紅半欹養花天氣禁烟時水郎山郭風光好
分付清狂杜牧之
新月纖纖夜漏分滿枝香雪壓春雲隴頭不到梅花信
管領東風合讓君

山城花事近清明小白長紅最有情願得一犁烟雨足
提壺樹底看春耕
小院深深六曲廊玉膏紅蜜試新粧牆東一樹酣朝露
未信風姿遜海棠
春陰屋角響雙鳩窣地簾衣不上鈎一種矜嚴好標格
玉人閒倚小紅樓
爲愛穠華獨倚欄晚風無賴釀春寒低枝折得橫斜影
移向銅缾着意看
瀟灑風懷憶舊時花前葉底寫烏絲年來飄泊心情減
却怕伊家要賞詩

芙蓉山館詩稿　卷一　七

當筵洗盞酒初酣棖觸鄉心百不堪還仗花間雙蛺蝶
引人香夢到江南

古落門行（漢來歙破隗純處）

天水西來山百轉截辥岡巒忽中斷雄雄砂磧野蒼茫
落落邊雲天闊遠居人識是古落門隗王舊壘今猶存
當年曾此事攻戰連營勁卒如雲屯西州反側前盟棄
不識眞人銅馬帝兩關已潰一丸泥設險空餘方寸地
梯衝百道爭來攻戰士奔散成沙蟲謀臣畫策失方望
降將解甲還周宗番須兵下何神速收隴先聲已吞蜀
若數中興蕩寇勳應推第一來君叔方今寰宇慶昇平

高原沃衍農人耕耕餘往往拾敗鏃土花剝蝕殷痕腥
橫戈躍馬誇雄據青史人豪竟何處弔古閒來酹久嘯
無情渭水東流去

清明偶成

百五逢佳節山城早放衙峭風梳柳葉微雪點桃花（是日雪）
禁烟初分火攜罌自鬭茶客懷牢落甚未免負韶華

宋生伺夫送竹筍賦此謝之

昔聞渭川竹叢生徧巖岫籜龍賤如蓬斤斧未曾有當
亭渭之濱是物偏罕覯氣候寧有殊傳聞或多謬郊原
過春雨萬絲怒齊透嘉蔬飣盤槅葵薤紛雜糅獨不見

芙蓉山館詩稿　卷一　六

此君悄如憶朋舊嬾參東坡禪空學山谷咒（黃魯直詩一生咒齋萌成竹）
宋君攜一束貺我意良厚稜稜明玕削節節青瑤
皺嬰兒脫錦繃駢頭玉膚勝佐以花豬肉留客酌醇酎
飽食還自嘲差免俗與瘦

春晚即事

小閣香溫睡起遲嫩晴天氣晚春時丹黃小註旁行字
甲乙新編雜體詩無事聊爲斤首飲有情眞似虎頭癡
生憎風雨苛來急減却繁紅幾萬枝

學署白牡丹盛開博士鄭公招飲長句誌謝

塵囂迥隔衙齋靜夏始春餘花事盛天然標格謝鉛華

姹紫嫣紅漫相競百朵爭開曉露酣一株立對春風正衣白山人自華貴藐姑仙子何清瑩暉暉雪豔傾欲融的的珠光看不定玲瓏麗質搯扇籠縞練新粧對瑤鏡呈祥忽見雲三素無垢如觀華七淨先生長日一無事藉卉攀條動清興殷勤招客過風軒取次呼童摘哲徑食單羅列出佳饌觴政縱橫行雅令華燈欲上入初醉明月自來宵不暝座中玉山各傀俄上聲眼底冰壺兩輝映只我纓塵化素衣標格對花慙未稱欲書花葉無好語搜偏枯腸不堪賡聊持杯酒壽花王還向先生索高詠

閏三月望日招同鄭學博希賢宋茂才侗夫戴曉嵐家賓山容光過蔣上舍鷹琳山庄看牡丹午後集朱園書院飲席成二十六韻

彈指春光晚關心俗慮紛作歡須假日選勝有同羣郴絮飛晴雪槐陰卷曉雲山容晴瀞沱野色遠氤氳曲澗鏘琴韻平畦展縠紋遊絲縈宛宛淺瀬動沄沄蔣徑饒花事羌村少俗氛爭開番錦幔齊叟薺金裙色比燕支暈芳疑艾蒳焚一叢垂露泣十步逆風熏興劇八忘倦春遲日未曛迴車過西郭洗盞餞東君秀影吟窗竹清香講院芸徑幽通曲樹堂敞累重葬雅集聯裴殿高談乘興墳襟情俱落落諧笑自云云疊鼓催花急飛觥勸客勤山廚供筍蕨淨饌減膻葷好豎詞壇幟先銘翰墨勳歎歌傳李供奉舞愛謝將軍酒國三章約花王九錫文蘭燒銀燭上錦掌綠牋分冉冉斜陽入頻頻暮柝開華星明迫夜圓月麗高雯慰我惟浮蟻從人笑聚蚊題詩記茲會吟罷恰微醺

秋日遣懷用唐陸魯望韻

已是悲秋客那堪別緒兼一官成濩落六載此留淹莫問靈氛夢難邀季主占藝香緗白氈撥拍譜紅鹽好靜貞成癖無求似近廉形羸同衛玠腰折愧陶潛玉軫琴

絲澀冰荷燭淚沾微吟頻倚杖悵望獨巡簷閒羨桓家笛慵拋鄴架籤劍餘千十氣錐退處囊尖頗怪情懷惡還憎面目黔會嘗尋鹿褐不是薄貂襜罷瀹雲流硯茶烟霧冒簾山空聞怨鶴天迥盼明蟾松徑荒應翦茅齋陋可苫連宵鄉夢好恰喜漏厭厭

芙蓉山館詩稿卷二

金匱楊芳燦蓉裳

伏羌紀事詩一百韻（王述菴夫子序、景秋浦跋，附同作寄贈詩）

伏羌紀事詩一卷，楊子蓉裳因城守而作也。甘肅賊回之變，旬日間破通渭，擾安定、會寧，戕都統桼府於高廟山，鴟張豕突，將南走秦州，東犯隴州，延蔓而不可制。伏羌彈丸地，無一旅之師，內有首鼠兩端之回衆，將從中起。蓉裳乃萃鄉勇力守禦，遏其方張，使跳踉搏噬之性莫能少逞。於是逡巡惶惑，折歸于石峯堡以俟，聚族而殲。蓋以伏羌蔽秦隴，秦隴安則陝西、甘肅全境安，故其勢甚危而其功甚偉。然是時事聞，

上即遣侍衛數十人、京旅數千，督以大學士英勇阿公及制府嘉勇福侯，飈馳電擊，賊知大兵將集，不敢頓於堅城之下。蓋非

聖天子威靈洞矚萬里，先幾決策，不及此。考耿恭守金蒲，為車師所攻，數月食盡，至煮鎧弩食筋革，僅而獲免，城亦終弗克保。然則蓉裳之得以完城自效，可不謂非厚幸歟？方賊自北而南，予在西安得警報，率兵二百餘出駐長武，以遏西路之衝，與蓉裳時相通也。聞被圍，心怦怦不能寐，作詩以訊之。不意其慷慨

激發，自試于盤根錯節如此。今蓉裳以特薦將入都，受不次之擢，則是詩其功籍也。至辭句之工、才力之富，皆古人所未有，為詩家別開一格云。乾隆丙午秋日，青浦王昶。

聖澤敷殊俗，

天聲震八紘。花門何醜類，草竊敢縱橫。釁為尋仇啟，妖由搆煽成。（逆回田五謀復新教，勾引匪類，修理石峯堡為聚衆之地。）鼠牙工發覆，蝎角怒相傾。（先是賊匪約於本年五月五日起事，緣回民李應得首告，未及期而遂反。）方鎮空持重，中權孰使令。養癰憂內潰，躡尾失先鳴。（賊由海城攻靖遠轉掠而南，官兵尾追蹤于堵截。）濡滯師將老，驍騰敵果勍。誰當擒罔象，

無計掣長鯨。祖厲朝呼渡，（靖遠從逆賊匪艤船以待，賊因沿流而下。）蕭關夜斫營。（西安州營被刼，四月十六日事。）定西仍聚落，（賊首田五斃於狼山，餘黨僅百餘人遁至官川，招集安定回匪，賊勢遂熾。）渭北刼飜城。（賊衆刼通渭之馬營監，進攻縣城，一夕而陷。）蕞爾當陽邑，相違一日程。虢唇虞是齒，鄰析鄶聞聲。中夜荒雞噭，高巖石鼓鏗。（先是伏邑雞未夜半輒鳴，占云有兵。又境內天門山有石鼓，相傳鳴則兵起。）重圍占月暈，大角動星精。縣尉能全節，（五月初九日賊破通渭，典史溫橫死之。）將軍竟殉名。（明都統孫桼將遇賊於高廟山，奮勇死綏。）沙蟲師行刼，風鶴信頻驚。陸地機纔發，蕭墻禍早萌。朝三狙暮四，晝伏鼠宵行。無奈禾生莠，難教石化瓊。搜牢寧有術，鈎距遣誰偵。（城內回民馬稱驥兄弟數人從賊，約為內應，包藏詭秘。）狼卜陰謀泄，犀

燃詭狀呈么麼方擾擾數士獨錚錚義可捐妻子情誰顧舅甥同民馬映龍卽馬稱驥甥也矣心先告寄雪泣自輸誠嘉爾殊慷慨繫余不聽瑩終然邀上賞可以定輿評五月十四日同民監生馬映龍自中煒馬宏元首告逆謀伏邑尚未設兵是馳告懲粹未能至芳燦督率漢同民夫守城外議以同民不便同守後李制府到縣以馬映龍等舉發內應守城出力賞給武弁劄付外議遂息衆志堅堪恃狂鋒猝敢攖卧羆吞貉子嗾犬搏狸狌狡窟憑熏灌祆圖競抗衡交衢長鐵滿狹巷短刀迎螳臂窮猶奮蠢肆死尙瞠駢頭塡犴獄連頸縛纍纓五月十八日蕭兵未至而馬稱驥等逆跡漸露勢難復待決計擒捕賊已持械而出當時格殺馬稱驥等四人餘皆先後就縛內患方消弭前村倏鬩爭烽烟騰土堠賊騎滿山坪十八日曉賊由縣鄉

芙蓉山館詩稿　卷二　三

巴斯坪各村庄驅脅同民大掠而進跣足夫攜婦摩肩弟覓兄倉皇棄髮亂鳴咽哭變娘近郭人流血環郛火徹明姚墟餘瓦礫謝墅剩榛荆縣北五里姚謝家庄有武生姚以寧等率衆拒賊被害尤烈譟或千肩沸行如一足夔飛揚氣甚惡跳盪色何獰呼鬨摧墻壁喧砸折棟甍陣雲愁燬燹邊日慘光晶滿谷驅牛馬連車轎稻秔爭先誇矯捷走險據嶢崢賊據天門山距城里許巖邑周防早徵官一性命輕俠腸原耿耿獨行信硜硜黑子城三版青萍水一泓周苛惟誓死傅燮敢求生竭末才無敵全何氣竝英射雕驚斛律倚馬笑袁宏時羽書絡繹皆出戴曉嵐暨從姪贊山秋岑之手而贊山登城射賊竟斃一人勢只伸孤掌危還藉衆擎帶

刀農偏憤時招募鄉勇多至千餘人持戟上離營邑諸生魏輔君王表等均有幹略悉令守城健婦俱行汲羸童亦踐更奔馳勞僕隸奮厲速髡黥京流人李忠等上城禦賊頗為出力流電飛骸落狂雷巨礮轟登陴均受甲給廩免呼庚四日孤墉在千夫一膽并徒勞設梁麗屢見碎衝輣賊積草盤車伏車下過城屢被鎗石擊斃天意為誰怒民心笑爾傖賊連圍攻四晝夜城上矢石如雨斃其首從百餘人賊膽恇怯遂不敢復進如棋爭切勝似博殺梟贏侵曉憑樓堞遙原見旆旌烟塵飛候騎笳吹到援兵象主羣陰遯爻占大道亨危巢從梟鴿鶴穴聚狐麝二十二日李制府率兵到縣賊戰輒敗遂於二十四日遁走泰安由底店仍聚石峰堡自昔恢王度由來仗國楨班資周保傅勳閥漢公卿

芙蓉山館詩稿　卷二　四

福制府暨英勇中堂先後率京兵來甘進劉秦蜀各路官兵亦陸續雲集玉節來樞部銅符事遠征指麾皆頗牧趨走盡韓彭蓐食嚴刁斗轅門急鼓鉦羽書千里應積聚萬艘盛饋挽全軍興醪投衆士醒兩甄排稱娖列騎雜斑騂貳負強遭梏防風窘待烹長圍羅劍槊險道斷溝坑賊堅守石峯堡我兵四面列圍絕其汲道乘機攻剿賊巢遂破羣慝應籥勺神姦貫滿盈臍膏明似燭項骨脆於菁項骨脆於春蔓菁見盧仝詩困獸攣籠檻遊魂戀釜鐺肘跗紛礫裂骸骼亂枝撐烈烈摧枯枿炎炎燎聚蘊纍纍俘婦女嫛婗叟孩嬰跧伏難藏跡推求莫遁情自知應斧鑕初不假箠搒縣中從逆同匪有自底店竄回各村者獲之輒一訊而服革面從文豹還喬

羆谷鬻兩曹生有路。今代獄惟平近奉　上諭良善同民仍令安業册許林累有向從新教者許其改歸舊教寬大羣方悅明良百度貞直教空貫索笑止掃欃槍歸馬秦川迥同軍華嶽晴豹韜宣偉署龍額錫殊榮福制軍晉侯爵特銘擬燕然勒歌同漢樂賡歡聲溢鄜市和氣叶韶韺温語傳丹扆恩綸出玉京蠲租憐瘠壞給復慰疲氓賫溥金兼粟仁先獨與俘遺墟修板屋殘骴掩荒塋奉　恩詔凡被賊焚掠傷害村庄均與賑卹恩極優渥痛定微軀在腸迴百感縈失時殘拾瀋纖熱慣吹羹彈指龍華刼當塲傀儡棚青山招遠夢白水憶前盟關隴

皇威暢邊陲戰氣清江鄉三畝宅何日好歸耕

附同作

會稽陶廷珍午莊

奉檄宣

温詔瘡痍撫冀城奉　旨賑卹被賊各州縣廷珍分董伏羌賑務伏戎三舍退乘傳一車輕僚僕愁呼癸自安定而南市集俱罷途中薪水徃徃乏絕風塵困伏庚珍于六月十五日抵伏空山開夜哭急雨帶兵聲周走俄遮道疑軍怨滿坑莫須逢罔兩爲有指欃槍將抵伏羌有村民奔告賊至旣而偵之知爲寧夏鎮官兵搜山至白馬家庄而訛也新息門猶警萑苻澤尙驚民居屯檻獸人語尙籠鸚伏羌被難較他邑尤

烈城門開最遲之挽索隨魚貫緣墻窘蟻行宰官欣會合父老識逢迎耶歳會至伏羌留居十餘日痛定還思痛生涯偶遂生要兼諸郡說未可一談并浩蕩沙蟲刼么麽木魅精蛇憐蚿適等蠻與觸紛爭吠孰先狂吠鳴胡不善鳴妖興由伯有賊人相煽有謂逆犯馬明心未死者煽惑自田橫兎狡多營窟梟凶錯置枰賊同初起時各郡縣均有黨羽遊何勝負阿渾初嘯聚滿捺轉猙獰同人以罕職爲最尊郎華言之聖人其次阿渾猶云師父又次依嗎穆猶云頭目又次滿捺猶云好些兒又次元巾猶云某老皆以念經精粗爲差等惟四十六年之逆犯馬明心稱爲罕賊號首田五止稱阿渾而巳何意焚巢鳥翻成出谷鶯賊自靖逵驚竄石逸出翻山而走勾結益衆養癰終走險傷股或殲泓共看星流雁

誰教網逸鯨訛傳經北地流毒到西傾張文慶李鬍子馬四娃俱猖獗於田五鎗斃之後温序能拚死王離辱待烹謂遇渭一令一别霆隣來虢虢帶水隔盈盈通渭在渭河之北伏羌在渭河之南卧榻防將起蕭墻敵又劾全隄穿蟻穴左券驗牛盟側目鬩生杞寒心淚迸瓊種人冰皎皎義士鐵錚錚爲休皇岡火燹陳息壞情上棠毛遂勇踵鬪寺披誠投鼠原多忌燃犀妙用偵遲疑憂內閧消息訊來仵尸市收秦諜俘四釋楚伶明府諜擒內應以獲賊營求諜丁再鞫而始累詐探魚帛見書購紙鳶呈問豈能容髮危寧待請纓斬蛟宜直入搏虎誓先攖賓客歸鈐轄輿臺足使令犖纓牛斂餗

刳腹豕膨脝螳挫雙鉗利孌頗一兒鬟狡焉思外逞
奸矣敗垂成反側崇朝定歡譁滿縣轟歸機犀以照
制勝蘖之萌越夕看流矢漫山訝旐鉦蒼頭擁長鬣
寇伏之賊以李驕子爲首白練揭前旌逆同衣幟皆白糾合紛於蝟飛鳴
瑣以貔於莼偎本謬水田目原盲伏羌自馬家庄巴斯坪等村逆囘爲
賊鄉導倏爾都浮渭公然敢涉彭連鄉爭拔戟樂寇集
編氓謝墅佳鬭玉姚邱好弟兄包碍徒立泣晉鬩孰
牽縈望救烏頭白言勞魚尾赬焚燒空甃屋蹂躪聲
香杭棲樹皆提抱橫尸半裸裎賄帷餘燼煨毛詎膽
燕巢坰馬偷乘騄郊牛攘劊騂彈丸偏獨固大厦賴

芙蓉山館詩稿　卷二　七

孤撐手授宜陽甲胸羅武庫兵丁男謀擊刺守邏許
番更一鶚期先奮雙鳧懼後瞠短衣懷印綬長劍眠
雪峥明府懷印佩劍登城督爨五晝夜不返私宅白髮堂前母紅綳乳下
嬰出門如夢甌內顧恥吻嚶悄悄城疑啞昏昏日少
鬪登陴多俊秀肩賊沸摩贊廣文鄭君行健率弟子員守城者以數百伯
約雄饒膽中行怒出晴投簞均龕飲增竈啜羊羹圍急
時守城民夫三四千許日給人饑二百時以秦饘壺漿加勞比戶心皆赤同仇面
或躁何勞縋燭武幾見嗾獮明霹靂神飛礮泥沙亂
擲罌踰垣碎樓櫓轉石陷轒輣咳唾珠噴雨盤旋汗
溜瓔生塵鏡轑釜倚蓋當棲正括城中釜蓋下以障鎗箭數華不

三周疾烏號萬弩抨雞燈謀捲甲列炬僞連棚賊營天門
山每夜下攻城哀無燈火二十三日夜忽秉燭數千俟晨卯遁矣撲速惟求脫趑趄
不算贏石峯尋廢壘石峯堡即唐吐番所據之石城滿俊據殘營明時
土賊滿俊亦保石堡城項襄毅忠破之元老馳方召先鋒隨郈郕嫖姚
迎上相斧鉞賜專征金節崇侯度桓圭賚家卿和衷
講韜略濟美篤忠貞六月歌周雅三單發
帶京羽書徵鄴善韜甲度陰平時阿拉善及四川屯練土兵俱集氣
奪羣頑豎功成衆力擎安希銜鄭璧詭欲負廉荊底店
賊首馬文喜詐首伏誅唾手看懸橐攻心易劈橙邊籌資富弼
露布草袁宏湯網蠲羅織虞刑省扑搒鵰盤屯戍靜

芙蓉山館詩稿　卷二　八

蟻掃戰場清石峯堡大兵於七月初五日蕆事官閣重開讌公堂又
獻觥
皇仁悠覆載
聖澤浩滄瀛白粲分天庾青錢費水衡伏羌賑卹爲銀凡一
萬七千七百餘兩爲糧凡三萬三千餘石曾拚析骸變令直買刀耕牲畜被掠
許借官帑分年納還構給桐三寸被難民人給與埋瘞銀兩大小有差堂佽草一
楹焚燒盧舍每間給銀二兩羌童仍撅笛秦女復彈箏非種惟除
芳能言漫狎猩奇男本儒素衆毋仗邦楨庭樹憐棠
藍籬花對菊英平安亭堠火圓滿道塲名宦跡經兵
燹稗官備史採詩成當奏凱留與隴頭賡

華亭楊之灝賀山
石鼓震當亭（水經注云稀中聚有石鼓山鳴則兵起川在伏羌）花門正弄兵
焦原今樂土安坐昔危城列炬天爲赭吹笳地欲轟
白衣工變幻黑子漫支撑長鍛攢如蝟羣妖衆若蠅
周防欽伯約猖獗笑思明弱肉殊他邑纖旃實此行
稍誅人盡殄稔惡事何成夜道逢飛甲秋擒困伏庚
三年空拜賜一瞬恐遭烹小小滄桑劫紛紛蠻觸爭
始終堪紀述得失足論評憶昔重光歲無端造兆萌
天經翻詭異新教煽蘭平（四十六年馬明心倡立邪教蘭州平凉一帶其徒實
繁）甚奐兇心壽居然夔足驚大軍揚撻伐小醜寘刀
鐺設網原因兎吞舟或漏鯨逃刑焉戴德革面豈忘
情張角邪仍角田横氣更横吐番餘廢堡滿俊樂殘
營征繕將爲懸（四十八年即修築土堡爲聚衆之地）官司竟若盲怨焉
延日月蠶爾沸溝坑（四月十五日由小山起事）搆釁操成算先期
負風盟渡河鞭斷水裂帛竹懸旌逐北渠魁殪鬮南
賊勢輕此時如一鼓未必不兼并坐甲屯邊縣韜戈
問主名（文武俱集靖逆訊問賊僞意忘餘黨之未盡也）材官司犴狴稗將卧
麏麖蹂躪狗求告倉皇始共驚窮山如有虎空谷已
無驚牛馬於餘監（牛營監馬營監俱通渭地）能顯死載棚此邦誰
保障之子更甚停（謂通渭令）馭馬偏忘策孿孤竟解嗍棄

城難藉口　明罰自平衡獨有比隣恐尤虞內患生
奸邪原擾擾良善却硜硜告變音詞壯輸心涕淚傾
但思依斗膽不敢避杯羹嚴備崇朝設陰謀徹夜偵
一庭秦對越大義弟分兄寄約知需寇糾入驗割牲
（日宰牛享其黨）既緣亭障警遂欲暮朝更嚴邑貞惶遽丁夫
幸果勍升堂方甲授欵戶已戈迎奮臂豐車壓春喉
短梁鳴巷深號且戰項盡縛於纓肘腋除憂慮閭閻
樂使令狐狸皆搗穴魑魅敢藏精民志經時定妖氛
四面榮謝姚鄉勇潰白馬賊巢盈縱掠無村落胥戕
及耄嬰叫號禽失木跳擲獸離棚飲羽看環雉（初到時飛）
（鎗如蝗集林林幾滿）上緣竿集衆猩（夜亦解用雲梯）勇夫能重閉大令
信邦楨地異渠邱惡心同牟侃清撫綏馴犬馬談笑
弱貍鼪釜蓋堪爲盾施頭不用正興臺咸効命黥刖
亦輸誠雷動懸門發星流轉石砰控弦時一矢決背
或千睛（城上矢不輕發發心驚賊）重賞精神奮中堅心腹貞詰朝
來勁旅淡日事符征拔柵留空壁籌燈僞列縈游魂
還挺險殺氣尚盈坪（補）匡
皇威赫金符大將擎八旗來絡繹（時發健銳火器兩營精兵數千）兩
月掃欃槍盡滌寧王國綱維整衆卿論功多上上守
土獨錚錚報最宣無愧朝

天自有程伏羌以守禦有方經福制府保薦奉旨引見乘軺勞汲黯發粟
仰劉宏晉賑周編戶殊恩徧庶氓茅簷欣改屋藁
蓺感新瑩羌俗仍吹笛秦聲復拊箏訟庭濃蔭合官
閣瑞烟呈暇日琴三弄秋宵月一泓酒杯談往事棋
局算全枰文陣當堅敵詩魔懼後瞠緒繁珠可貫鋒
勁筆先攖倚馬千言就偏師五字嬴兼金爭煥爛雙
玨鬬光晶僕本因麻直貧惟托硯耕天涯頻躑躅吾
道恥咿嚶兩度登泰坂三年滯
帝京風塵嗟楚客奔走倦吳傖北涉河流險西瞻嶽
色晴舟車經坎壈歲月去崢嶸不料依帷幙還令習

芙蓉山館詩稿　卷二　十一

旆鉦襟懷平日壯心膽一時獰拔劍神俱王持弓手
竟抨德星方有耀天運已多亨亂後因逢李緣深再
識荊四十八年春曾偕午莊聯吟官舍高軒誠欲賦小阮孰云英客
枕無他祕奚囊何所盛牛吪嫌腹餒獺祭覺顏頳囊
伍𢠵鼓聲宮商羨戞鏗大鏞殊竹肉細響答噌吰古
香鐃吹意今茲絃誦聲其風誠肆好同調可相賡官
燭㸊踰寸吟髭斷幾莖詩成肝膈露豪氣尚觥觥

附寄贈詩

青浦王述菴

軍烽動地羽書馳斗大孤城隻手支仗劍登陴詞慷
慨燒燈磨盾墨淋漓傳贊蠱斥中人産卷甲誰爭大
將旗搔首不堪頻望遠天狼芒角射南陲
白崖山勢關崔巍殺氣昏昏掩翠微共有風聲傳兩
路獨看月暈憶重圍耿恭拜井心猶壯全倔憑城事
已非何日鯨鯢俱就戮碧湖無恙問漁磯

無錫顧敏恒立方四首

目斷雲山外春來信使稀阽危遭寇難辛苦事戎機
入夢兼憂喜傳聞有是非把書三過讀感嘆欲沾衣
盜賊餘殘孽邊隅困用兵清宵望烽火白日閉孤城
骨肉幸無恙閭閻喜再生艱難多壘後何策慰疲氓

芙蓉山館詩稿　卷二　十二

撫劍心彌壯登陴氣自雄無端蜂蠆毒相誘馬牛風
汎掃烟塵淨搜羅窟穴空書生能報國此日亦論功
夙昔論文地于今悵寂寥老親仍菽水微尚且漁樵
秋入郊原曠年催齒髮凋緘書報歸雁落木正蕭蕭

嘉興錢楷裴山

研經堂上重徘徊邂逅同岑昔異苔白雪聯吟從問
字紅燈隔座共銜杯知君不薄雕蟲技愧我終輸倚
馬才卻恨當時輕別去伯勞飛燕十年來
孤嘯叢爾鎮當陽草竊無端踞一方大令忠誠盟
日將軍威武險秋霜嚴關百二平蠻觸禁旅三千掃

角張蘸墨書詞磨盾鼻長城從此照西羌
君恩如海勵臣衷奏績非徒續論崇穡務早應須來
莫壓魚何計救官窮江郎夢筆花猶在陸賈歸金橐
早空閒說來時梁苑佳寒衣十月典西風

狄道吳鎮松崖集句

昔聞楊伯起（吳均）文雅高搢紳（何遜）吾子盛譽裾（孔融）逍遙
播清塵（謝靈運）雖無揮金事（陶潛）新聲妙入神（十九首）雖非
甲冑士（左思）高步超常倫（江淹）隴右五岐路（吳均）月暈七重
輪（庾信）巨猾肆威暴（陶潛）攻城才智貧（吳均）誰言捐軀易（曹植）
五日暗城闉（梁元帝）誰謂邑宰輕（潘岳）輕舉攀龍鱗（張華）駟
馬無貴患（陶潛）淹留忘宵晨（陶潛）奈何此征夫（魏武帝）經秋
復度春（鮑令暉）山川阻且長（曹植）客子常畏人（曹丕）老夫有
所愛（陶潛）識曲聽其眞（十九首）眼前一杯酒（庾信）萬里猶比
鄰（曹植）行行備履歷（江總）畫像入麒麟（梁元帝）

芙蓉山館詩稿　卷二　十三

武進左輔杏莊

廿載數交遊君才最挺出豈徒工文辭而頗富經術
尚書貢
天子非爲百里屈郎官應列宿力可起痿疾當陽地
瘠貧
聖意勤撫恤方今承平久吏事有紛餘惟君究
皇仁僮僮核名實載道歌慈祥先幾亦明哲天地恩
曠蕩戎醜迺芟孽石鼓鳴梧中花門焬井末贊穴初
蟻附營窩仍兔脫殺氣屯天門孤城陣雲黑封狼突
壕塹滑蛾激沙沫使君厲智勇慷慨誓殺賊一矢殲
渠魁三更縛奸諜豈惟完危城秦隴有屏塞聚殲石
峯堅妖氛竟清謐儒生官清時循分易稱職當其遭
危難端要仗義烈平生報國心竊竊恥苟得往年馳
君書喜見論功籍旋聞下溫詔特許覲
天闕九秋過梁園劃然見顏色君肥我何瘦感子問
疇昔欲語淚縱橫旁人亦沾臆嗟嗟勿復道誓此共

芙蓉山館詩稿　卷二　十四

長夕太常齋初除（謂稱存）蔣謝徑重闕（謂重光）招邀故人
情排遣吳秋日歡會苦不長掉首便離別相期崇令
名天涯亦咫尺

武進徐書受尚之

艷絕才無敵盈川世復生論交猶綺歲出宰便專城
不謂文人過偏令將帥驚決謀身是膽摘伏腹藏兵
已散陳陳粟還連步步營三秦無小挫一面賴孤撐
薦劄邀殊擢經權重昔名始知從政果應藉著書
輕磨盾神先暇圍棋氣早平封侯非有分難與數奇
爭

仁和馬履泰秋藥

高瀉詞源百韻新眼中逝作見斯人論才合付蝸頭筆遠宦偏隨馬足塵豈意樓船原將種況聞斗膽是州民無端賸別詩先告滄海橫流要此身

京觀當時尙漏鯢俄驚渭北擾衝梯蒼黃令下傳金柝頃刻團成舞白題成士橫戈裳釋豹指李忠等書生投袂感聞雞指諸生時危深仗干城力大義眞同衛碏齊

指馬映龍

禦寇須防肘腋攻此中警悟與神通一丸竟遣先輸蠟百足遙僵未死蟲遮莫天經繙罕識終教月暈破

長風同時聞有西涼薄談笑親收伏莽戎謂朱大令臥道孤羆扼古亭肯容歡一瓜越郊坰休憑虜聚花門種爭識胸藏玉帳經莅上一時飛雨電掌中百道過雷霆從來九地矜難測此日翻成據建瓴

此事方殷涼葉飄坐思我友轉無聊亦知羽檄才人擅愁聽河蘭寇騎闐高誼祇憐房次律奇功終讓霍嫖姚當時鴻雁無消息腸斷西風柳萬條懷李莪洲二

陽湖洪亮吉稚存

十年復一面萬里各在胸重來酒壚邊恨已無黃公謂仲則我方強仕歷九州尙恨未極天西頭君才早宦原非過僅得一城如斗大花門務面昨負恩城大如斗眞思吞昇平本乏邊塞績小醜乃建君殊勳手揮稜稜萬言檄左手更兼能殺賊城頭一矢落一人餘者不敢來爭門飄然望君一千里時子客秦中日讀軍書爲君喜丈夫志業豈偶然頗恥僅以文章傳等身著述亦何有我抱壯心看北斗涼秋九月集大梁左蔣竝在寧辭狂時杏莊蔣重光適以左事客汴中此時頗復憶孫楚淵如爛醉尙滯華陽岡談深消盡雙紅燭別久話多還抵足尙書愛客知客狂夜勅齋廚餉醽醁一旬送爾城南臺倘得殊擢還能來君不見吾徒會合眞無幾更

隔十年愁老矣

权廷桀

塞上花門竊弄兵書生倚劍捍孤城烽烟掃淨軍威壯風鶴遙傳客夢驚時余客山左廿載殷勤憑尺素三秋饑渴慰懸旌挑燈讀罷池塘句攜步中庭月正明壬子季秋余至靈武時蓉裳從征衛藏蓉裳合刻其兄弟詩鈔

狼星歛角陣雲高鬬說前軍度賊壕勝算劇能防鐵勒巖疆久已肅銀刀文章華國傾時望棣萼從戎著遠勞今夜蔡州應已入佇聽鐃唱卸征袍

秀水王復秋塍

已信邑人之無眚殺之甚便遂消社鬼之潛謀此其弭患於未形而運籌於始事者也洎乎詰朝相見空壁爭馳嘯聚成羣揭竿竝起氛來甚惡塵埃敝日月之光繕具粗完樓櫓壯風雲之色君則拊循疾苦激厲壺飱韝刀帕首士多誓死之心藉甲枕戈民絶還家之念而且出奇制勝守同墨翟之道車應變多方智類張巡之束藁此東門之圍五日親履其危而知方之訓三年獲收其效者矣無何兵從天降寇已宵奔上將能謀迅矣機槍之掃孤城無恙依然磐石之安臨戎則壯志猶飛出險則驚魂甫定撫凋殘之衆悵觸偏多當灰刼之餘嘯歌不廢遂乃鋪張偉伐紀錄　殊恩須稱訊馘獻囚因長言之不足禮誌郇災賑乏尤贊美之難窮此百韻之詩所由作也於是盈川才子吮墨揮毫彭澤詩人賡歌踵韻珊瑚競闘旗鼓相當高奇爭華嶽之峯典重峙博山之鼎左癖書淫之目韓碑柳雅之遺若是班乎可謂偉矣嗟乎書生報國誰爲守土之良臣稗史備官孰是磨崖之鉅手如斯作者卽垂諸不朽詎曰非宜也哉僕也聿事未嫻偶效顧盼據鞍之態詞鋒遠遜安有淋漓濡墨之能屬觀紀事之篇用悉登陴之畧獅能搏象爰知

才名十載傾儕輩相思遠縈烟樹績著邊陲蹤聯官閣攬袂乍通情愫胸藏武庫憶草檄提戈壯談飛舞小醜纔殲千言吟就篋中句朋簪共依絳幄正深圍新雪濡翰重賦業訂千秋時商選刻諸同好詩集飲留十日早又嚴程催赴金門此去定異數酬勛手爲霖雨報我雙魚好音遲歲暮謂寄臺城路盤根錯節別利器於虞生走檄飛書還雄談於枚叔從來政事必稱治賦之才自古文章要有凌雲之氣然而人如畫餅啖豈充飢郎或功勤青珉詞難稱事旣治絲而必紊亦摘藻之無華求其二者兼之葢亦渺乎寡矣伏羌楊替霙明府胸有甲兵學窮流略明經擢第曾窺委宛之書仙令飛鳧來作當亭之宰琴彈古調居然單父風流蒿備周垣允矣晉陽保障鄭子産實衆人之母龎士元非百里之才而乃撫此彈丸適逢苞蘖蕭關之師已潰花門之勢方猖斯時也雀盜滿山四郊多壘風聲鶴唳警豈全虛螳斧雷車力原不量鉤結遍定西之黨滋蔓難圖憑凌狎渭北之城沸波將及况乎戎先伏莽變郎生肘腋之閒蜮善含沙疾乃在腹心之地處茲危境閒髮難容苟昧先幾噬臍奚及君則從容辦賊談笑除奸諜者誰何

全力之攫挐，狗可續貂，罔計流傳之嗤點。若使繩以失律，尚能贈子一言；如其攻用偏師，當必避君三舍。

歲次乙巳夏五琴川畢熒跋

芙蓉山館詩稿卷三

金匱楊芳燦蓉裳

得家賁山見寄詩依韻答之

雜花綻朝英，巢禽墮春毳。此時相思意，別秋夢中捧。遠書報清安，宿疾失肬尰。賁山有足疾已愈詞場高足擅，講座羣聽悚。莫嫌客況冷，可却俗慮冗。培風伏其翼，養氣息以踵。騶余困風塵，負累日云重。履險足易傷，望遠身頻竦。亭堠苦將迎，書檄疲承奉。姦猾未易防，彈射得無恐。遲迴就新儒，盤錯失前勇。緘書報舊知，停雲黯關隴。

檢舊篋得丁酉歲華君烜所寫小照題八絕句

生綃一幅剛盈尺，得自香煤繪簡餘。指點家山無恙在，雙梧樹下數椽廬。

瘦玉亭亭恰兩枝，翠陰如幄覆堦墀。何年見汝鳴秋雨，好和東坡五字詩。

一種陶家形影神，本來面目認難真。披圖相對添惆悵，渠是緇塵未染人。

憔悴風塵祇自憐，當時標格望疑仙。一官迢遞來邊徼，孤負韶華又六年。

此身雖在亦堪驚，頓向波濤險處行。記否危城遭寇難，干戈叢裏一書生。

頻年關塞逐風沙，莫訝潘郎鬢易華。說着故山風景好，短檠春雨夢還家。

梧枝照眼碧毿毿，點筆題詩興倍酣。廿度涼秋霜葉老，樹猶如此我何堪。

百年彈指去來今，莫惹閑愁損壯心。方便裁書報猿鶴，此身終不負山林。

質山以百字令一闋見寄，憶去歲五月九日事也，漫成四律答之

隴雲關樹路迢遥，錦札頻番慰寂寥。正復臨風思往事，那堪聽雨坐中宵。斷蛩此日心相憶，射虎年時氣尚驕。

爲說燈前看雄劍，血花繡澁未全銷。

年來壯氣漸消磨，謾許身當戍落河。百感縱橫才易退，半生盤錯事偏多。胸中底處容柴棘，夢裏眞應戀薜蘿。憑報江鄉魚鳥道，無邊逸興任雲波。

薄宦生涯味久諳，衙齋岑寂似禪龕。羨魚有意原知誤，搏虎收身莫更談。六載塵沙鞴隴首，五更風雨夢江南。蘭成漫說多才思，蕭瑟襟時已不堪。

管不吹金韻調新，也拋心力作詞人。飽經飄泊才彌健，同歷艱辛語更眞。對酒淒涼懷舊雨，登陴慷慨認前塵。誰憐遙夜微吟處，香炷燈昏獨愴神。

烏鼠山

西傾渭水發源處，有山雄峙天之隅。我行渡渭軌不濡，微流淺瀨交縈紆。泝源直上最高頂，眼界頓豁心神愉。危崖撑空自峍兀，怪石夾路何崎嶇。是時正逢秋雨霽，山容戍削清而癯。羅生野果紅瑣碎，平鋪遠樹青糢糊。巖腰隱約見茆屋，居人三兩行相呼。客程半日稍知倦，攬轡且復停斯須。茲山自昔名地軸，我聞其說繇河圖。又云同穴聚飛走，有鼠曰鼵鳥曰鵌。詢之土人恐未曉，相視掩口皆盧胡。風胎雨轂本荒幻，晨鳧露鶴同處無。經言確鑿詎我誣，古今物產原多殊。藉令信耳不信目，

讀書無乃爲書愚。僕夫爲言日欲晡，促我理策趨前途。深林或見五色雀，古窟時竄千年狐。掠烟蝙蝠大如掌，倏來忽往如飛鼯。暮投逆旅不成寐，光景過眼勞追摹。始知奇境要親歷，咫聞盍我徒區區。

織錦巷歌

鷺花古巷秦川陌，云是蘇娘舊時宅。遺蹟誰尋濯錦坊，居人尚指支機石。當年薄倖說連波，寂寞深閨別恨多。慧性玲瓏傳綵管，柔情宛轉托金梭。誰憐一寸芳心苦，幻出璇璣女媧譜。百首新詩顛倒看，千行寄字縱橫數。舊侶重諳繡憶來，此時愁殺趙陽臺。白頭吟罷空惆悵，

却笑文君枉費才，迴環尺幅龍鸞變。非我佳人詎能讀，别有閒愁織未成。始知薄命緣堪續，漫誇機絶與針神，未抵卿家錦樣新。韻事千秋誰作記，尚留餘巧付金輪。唐武后有璇璣圖記

過狄道超然臺弔忠愍公三十韻

老屋談經地，窮邊謫宦人。風霆千古淚，桃李一臺春。宣道原非屈，名儒信有眞。精思通律呂，公少精律呂之學碩學蘊經綸。正色寒蓑魄，危言犯逆鱗。封章泣湖上，邊事慨慷陳。賈誼原才子，朱雲信小臣。始聞收杜衆，旋見逐崔駰。官只紆黃綬，心常戀紫宸。殷勤羅髦士，悃款撫疲民。俗

芙蓉山館詩稿 卷三 四

化羌兒悍，名儕漢吏循。遺編搜竹素，荒徑剪荆榛。絶徼文壇起，卑曹官橐貧。金閨典釵釧，槐市盛冠巾。日父名何媿，本傳狄人呼公曰楊父兼師誼更親。三年終被召，百里競攀輪。互市言方驗，還朝氣益振。鳳鳴愁落漠，蛇膽笑逡巡。西苑尊仙醮，東樓竊國鈞。彼奸逾杞檜，公節自松筠。白簡飛霜雪，青燈泣鬼神。法先誅內賊，力欲肆宮隣。對簿詞猶壯，捐軀志未伸。丹心懸皦日，浩氣貫秋旻。此地曾遺愛，邦人仰後塵。門墻恢故址，俎豆薦明禋。爵最前僚宗鄒張儷主賓。儀型瞻泰華，氣象感星辰。嶽麓留祠廟，洮溪發藻蘋。高山標峻節，終古共嶙峋。

新店道中遇雨

路逼蒼崖窄，天低白晝昏。雨聲連笭下，雲勢沓潮翻。馬滑蹄頻跳，衣沾絮不溫。前途正迢遞，悽斷旅人魂。

哥舒翰紀功碑

唐家列鎮綏邊境，隴右雄藩是誰領。安西健將有哥舒，勇冠一軍無與並。突陣長矛半段鋸，搏敵鑌奴左車猛。防秋萬里平沙迥，北斗七星橫夜永。衆籟無譁刁斗傳，高風不動旌旗整。帳外雷霆軍令嚴，腰間霜雪刀光冷。直將洮水劃天塹，不許邊人洞馳騁。四塞山河倚屏障，萬家耕鑿安閭井。大書深刻頌功績，要與千秋竝鐘鼎。

芙蓉山館詩稿 卷三 五

幾經風雨半剝蝕，尚有字畫留鋒穎。奈何晚節竟披猖，坐使雄心化頑獷。嚴關覆師縱云逼，穹廬一屈膝緣誰肯。負恩無乃心全死，假息不知兵在頸。立身一敗百無取，縱有功名如畫餅。此碑合遣劫火焚，孰令鬼護倚高嶺。鬼神呵護不無意，留示後人心自警。

寓感四首

水簟銀牀一別有情，今年秋比向來清。瑤臺往事千回憶，錦瑟華年一擲輕。薄霧漸收山匼匝，長河無影月空明。誰翻天海風濤曲，不管離人感慨生。

惆悵鸞飄鳳泊身，水天閒話夙生因。如何一夜迷離夢

不見三山縹緲人唐句紅豆拋殘歌宛轉綵毫題罷墨鮮
新雲階月地曾經到爲問而今隔幾塵
遂夜將闌月乍低一天涼露小樓西雲連銀浦槎難到
風引蓬山路轉迷寂寞好音虛錦鯉縹緲舊恨觸靈犀
十番牋紙桃花色新句吟成着意題
玉字瓊樓訣蕩開乘風欲去久遲徊驂人有托遺蘭佩
佚女無言怨鴆媒詎爲養生留小病可堪多恨減清才
更長更短難成寐坐燼銀荷一寸灰

景秋浦爲余作紀事詩序作此答之

景君磊落人才筆特英妙鏘雲驥騄姿出匣龍阿耀君

芙蓉山館詩稿　卷三　六

本騷人裔宗風遠能紹趨庭到西陲山川恣登眺關隴
今形勝河湟古邊要橫戈躍馬地一一供遐弔奇觀拓
心胸放筆出雄峭入洛陸機才過秦賈生少神交固已
久一見兩心照文史相切劘把臂許同調僕也牛馬走
一官落窮徼去年路禍機倉卒非意料梟獍肆狂謀豺
狼逞橫剽孤城累卵危長圍數重遶蒼黔半羅劫郛郭
無遺燎支橋墨翟守嗚咽劉琨嘯仰藉
聖主威上將出嫖姚秖氣迅掃空滄海沃螢爝微軀幸
無恙窮鱗脫膏鑊爲茲勞者歌大類溺人笑餘生久已
拙筆硯原可燒誰使著蠅鳴怨發蚯蚓竅君爲作嘒引

譽我無鄙諳高雲翽鳳鶱巨浪錦鯨掉驚才八斗溢豪
氣千觴醻奇文入我手失喜忽狂叫我若曬沙魚君如
擊霜鶚巍科看連掇甲觀行待召一柱撐明堂六成鶴
清廟自愧久風塵竊祿忘不肖運乖屢顛躓才拙叢訶
譏何當稅羈鞅微尚遂耕釣泝波或鳴榔帶月還荷蓧
相約歲寒交軒車訪蓬藋

泰嘉村

去去妾歸寧行行君上計客路自逶遲空閨獨愁思滌
水漾雙魚傳來尺素書清新詩總好珍重意何如名香
千里送七寶瑤釵重明鏡鑒華容文琴寄清弄琴德靜

芙蓉山館詩稿　卷三　七

悄悄君心似妾心只彈合歡曲不譜白頭吟東風吹碧
草屈指歸期早錦水兩鴛鴦雙飛復雙老卓女拂金藏
蘇娘托錦機才華何足貴德素似君稀孤村清渭曲何
處一尋芳躅遙山薄鬢青垂柳修眉綠渭水去悠悠遙空
月一鈎停驂爲惆悵我亦有離愁

秋暑

西陲應金商秋氣來應早寧知今歲秋復此困蒸燠連
山火雲壯當晝驕陽杲山時盡鎔坼禾黍半焦槁念彼
農者勞我心愁如擣誰挽銀河流坐看炎氣掃大開清
涼界爲衆除熱惱

中元日追悼幼子

寂寞中元節關心憶杳殤珠胎沉碧海花乳翦紅霜緣
自前生薄情偏我輩長千秋亭畔恨歷劫那能忘

與龔四馥堂夜話

官廨論文坐秋宵喜漸長高風千葉響新雨一燈涼濃
綠烹巴茗微薰炷狄香翛然煩慮遣忘卻在他鄉

憶舊陳情五十韻呈王述菴夫子

憶昔遊京輦青袍拜月題蘭成初射策德祖尚垂髫
氣象瞻嵩岱文章仰璧奎雅懷開朗月豪氣吐長霓入
座皆瓊榮升階盡駃騠登龍爭御李題鳳詎嘲嵇謂同門叔

芙蓉山館詩稿　卷三　八

華竹橋仲則諸君
謬採蓬樗質容參桃李蹊浣腸吞寶篆刮目
得金篦賦手驚鸚鵡詞鋒淬鷫鸘橫經問裘邢就廡對
植梨升斗原爲養聲名敢厭低金臺纔奉檄燕市遂歌
驪別淚緣纓落新篇滿篋攜師恩迴鄭重吾道在提撕
客路關河迥勞人面目黧風塵從漫浪朱墨學勾稽虎
尾危曾蹈熊原險屢躋一官來絕徼六載此孤栖旌節
移三輔綵綸下九閽高秋雕鶚翮遠道驌驦蹄關吏
迎軺傳邊氓識組圭祥刑平庶讞惠政洽黎黃
圖右烏臺紫獄西稍欣函丈近仍悵笑言暌昨歲遭兵
燹儒生習鼓鼙狂塵奔猰貐駴浪沸鯨鯢誓死孤城在
輕生短劍提飛灰黯樓堞猛火照弧鋒浹日重圍解星
郵尺素齎一緘詞愴惻七字韻淒清惡鳥巢旋墜妖狐
穴盡犂感深神惝怳痛定涕流澌差喜身無恙休嗟命
不齊宋人空刻楮楚客尚吹虀蓬島風頻引銀潢路轉
迷往來旋磨蟻進退觸藩羝已分安蓬藋何心慕錦綈
公言眞可憶鄉思浩無倪容渚尋漁舫龍峯濯藥畦
清期射鴨柑酒好聽鸝試問飄零者何如歸去兮故山
聞怨鶴舊事觸靈犀欅柳當簷脫螢燈繞砌啼思枯抽
秃管興家祔空甑落日同陂雁寒烟竄竇鼷鐙光秋淡
淡林巒晚悽悽夢去星沉水書來雲憶泥無緣奉譚讌

芙蓉山館詩稿　卷三　九

幾度隔暄萋斐下邀三嘆車前試一嘶陸倕知已賦重
疊寫香緹

送顧二元樓改官歸里

金城九月木葉黃西風蕭瑟天雨霜旗亭貰酒不成醉
抗手送君還故鄉故鄉烟水縈心曲浩蕩川原馬蹄速
蛩蛆從今悵別離雲龍無分相追送憶昨逢君襄武城
高歌痛飲兩心傾風塵蹤跡同邊徼香火因緣記夙生
黃槐川北當亭口各有山城大如斗村落凋殘劫火餘
入烟慘澹兵塵後賦罷舂陵意愴悽相看無策慰窮黎
花門纔覺梟音變茇舍猶聞雁戶啼往來亭堠疲奔命

體弱如君更多病元亮由來鮮宦情季鷹那肯延歸興
會待秋風整馬鞭乞身果得上官憐未工米鹽輸絲綿
且理琴書作鄭虔巾履蕭然寡塵慮官冷偏宜領佳趣
白蛤詩生問字時青山片席談經處宦海扁帆夢亦安
草堂莫嘆客氈寒文章奇麗芙蓉讖詩句風流百花盤
嗟余七載身飄泊回首家山淚雙落平子空愁隴坂長
蘭成祇憶江南樂冰雪長途耐苦辛到時應及故園春
倘逢南雁西飛日莫忘天涯淪落人

大梁節署晤洪大稚存出機聲鐙影圖屬題感賦

我昔識君歲在巳拜母登堂締交始我少君如弟畜之
母今念我均猶子相逢爲訴孤生悲家貧祇仗偏親慈
書中稜稜見奇節母也艱辛我能說君家草閣中河邊
風雨不蔽三數椽經籍紡具置一屋母昔鳴機君夜讀
鐙光熒熒夜方午機聲正遂唫聲苦候夜漁人隔浦醒
棲烏驚繞窗前樹此景彷彿那可追此圖蕭瑟誰所爲
水雲烟黯雨欲化中有千點啼痕滋豈惟大樹凋零早
鳴昔慈顏今亦杳安得長爲膝下人辛苦相依貧亦好
梁苑逢君意轉親披圖相對各沾巾還從剪燭論心夜
憶起留賓截髮人

王二秋塍招同方五子雲攜酒過寓話別同用昌

芙蓉山館詩稿　卷三　十一

黎寒食日出遊韻

梁園小住八移病百五初過花事盛連朝微雨快新晴
鄰屋紅桃一枝映攀榼欣逢吟伴來杜門嬾與春入競
張筵樹底引深杯擊鉢風前促高詠憶得前番展歡讌
元夜明蟾影端正愁裏韶光匝月過客中良會今宵更
人生離合信非偶散雪摶沙總關命宗工爲主珠樂會
藝苑獨持威斗柄（謂弇山師）共聯雁序洵有情得傍龍門還
自慶才名早著識元英（子雲）家學舊傳推子敬（秋塍）忽憶洪
稚存孫淵如先我去北望燕臺路修贄當時入座誇作述惟
爾銜杯能樂聖（二君豪於飲是日余與在座諸君皆不善飲也）別來雲樹苦懷
思何日風萍重合併登山臨水惜年華怨別傷春損情
性感君溫語慰勞人長途珍重春風橫青琴如訴聲欲
希紅燭多情淚齊迸晴雲忽散萬重波皎月初升半規
鏡川原浩蕩吾欲行騷雅風流子爲政夜闌別語倍纏
綿醉後吟懷轉豪勁離居莫忘數寄書隴雁飛時及秋
合

芙蓉山館詩稿　卷三　十二

芙蓉山館詩稿卷四

金匱楊芳燦蓉裳

將發大梁留別方五子雲

春風吹客襟，春月照離心。堂中紅燭影，座上青琴音。青琴聲促不能緩，燭影幢幢怨宵短。客中光景彈指過，別君有淚如流波。平生幾度與君別，秦淮秋水梁園雪。憶昔秦淮握手時，傾心倒意不自知。春衫典去換美酒，彩箋分得吟新詩。雨花岡頭瓦官閣，痛飲酣歌樂相樂。人生會合那可常，萬里我忽行伊涼。感君送我出江氾，我別君行非得已。故山猿鶴莫相嘲，奉檄知余爲親喜。迢迢邊徼滯一官，六盤九折關山難。風波歷盡一身在，空囊仍復憂飢寒。十年對君夢中面，昨歲梁園忽相見。愧我負成失旦雞，憐君又作依人燕。翹材館裏去復來，今來正值園花開。花枝滿園春色好，節使憐才古來少。淹留三十日，日日相追隨。風塵莫訝客心急，簡書自畏官程遲。黄河遠上秦關路，我行正溯黄河去。萬里相望共此心，莫忘名山讀書處。

信陵亭

信陵壙上居人耕，信陵亭下春草生。身後淒涼竟如此，當時名冠四公子。虎符半夜出宮闈，談笑已解邯鄲圍。羨君結客得客力，朱亥侯嬴盡人傑。功高名重亦自疑，君今持此將安歸。婦人醇酒樂復樂，英雄末路良不惡。

滎陽城

滎陽城，一丸土，劉項當年戰爭所。重瞳叱咤氣如虎，隆準倉皇棄翁媼。苛嬰城，信誑楚，捽將朽骨付灰烟，不惜微軀委刀俎。慷慨孤忠心獨苦，我陟高原更懷古。滎陽城深且阻，西成臯，北修武。

鄭州道中

韶光九十春難駐，行子無端逐春去。空向郵亭綰玉鞭，柳條不繫遊驄住。花枝搖紅出短牆，烟絲蕩漾春風香。啼鶯乳燕莫相惱，客路風烟易斷腸。客心不耐花時節，況是花時偏惜別。剩有吳山入夢青，那堪秦樹連愁碧。連朝新雨細如塵，溱洧交流蕩遠春。可惜清明兼上巳，閒情都付采蘭人。

河陽縣

洛南壖，河北岸，舊是潘郎種花縣。少年專城任六雄，薦牘乃出魯武公。人言桃李花如繡，我識河陽總荊棘。官今種怨不種恩，孫令周旋記嘻昔。一生乾沒無已時，禍機猝發那得知。朝衰家暮公府，高情自愧閒居賦。世間富貴盡空花，可惜種花人不悟。

北邙山

北邙山前小家住今人耕耘昔人墓山頭日日驅柳車
新鬼復奪故鬼居烟林叢密變風景瑟瑟回飈捲衣冷
草碧猶疑古血痕山青却想春魂影禁人樵採幾荒塋
幾處行人下馬陵須信黃壚三尺土從來埋骨不埋名
不然寂寞歸邱隴七貴三公何足重斷碣空鐫蝌蚪文
劫灰那辨麒麟塚北邙山勢高嵯峨當年歸骨公卿多
只今同盡逐螻蟻詎有姓氏留山阿山空日落無人語
客子搖鞭背山去一逕紅飄鬼客花怪禽啼上山頭樹

金谷園

春酒美園花開二十四友連鑣來朝歌停夜絃續主人
留賓宴金谷花枝滿堂羅綺陳勸酒便殺彈箏人驕奢
意氣干青雲一日謂足當千春寧知一轉眼繁華改無萬
家財散奴輩陌上千緡錦幛收樓頭一斛明珠碎我來
駐馬洛城東惆悵無人識舊蹤剩有東風芳草外哀桃
一樹委愁紅

熊耳山

山形如熊蹲雙耳破空插崢嶸信殊狀詭異非恒法洞
黑泉堅深層青兩崖夾嶄然聳奇秀不受嵩華挾驅車
未敢上輪輻愁摧壓徒行升層巔腰脚苦疲苶一重復
一掩出峽還入峽古樹一鬼攫人巨石虎離柙俯瞰洛水
源涓涓細流狹出山才一掬遥入澗忽百匝從劉龍戰地
高積宜陽甲誰驅百鬼鑿破此千秣韜時平弗置防投
足心尚怯轉闘想當年地險安可狎流雲暗亭午飛雨
來一霎仄徑泥漸深却行力已乏漫作勞者歌山空響
相荅

函谷關

函關何雄雄蛇勢走秦中黃河百折繞關下關路西上
河流東中原到此疑無地入馬延緣入空際雙峽天爭
一綫青關頭盡日流雲氣臨口置一卒萬夫詎能來丸

泥封不住畢竟非雄才猶龍不見周柱史落日餘霞半
空紫車中讀罷五千言饒底更繙關尹子

潼關門

朝暉出東峯先射關門扇河流正當關一面三晉雲山
望中見風陵渡口波濤驚空烟水氣朝冥冥萬舟捩柁
未敢發逼岸愁有魚龍行我行駐馬層坡上飽看蓮花
西嶽掌關前巨石屹若山欲擬孟陽銘劍閣古來設險
竟何益此地雄師屢顛蹶我
朝威靈讋西極須識時平由
帝力潼關門闔且開坐看西陲萬國梯航來

華陰廟望嶽

夙慕尚子平名山寄眞賞中年婚嫁畢挈侶遂長往更
羨宗少文襟情極蕭爽神遊五岳間撫琴衆山響羌余
山水癖少小誇倜儻所恨窘方隅兼之隘塵坱作吏西
入關差喜問見廣關中羣山圍太華獨雄長排空一石
起傑特非鹵莽金精自凝結元氣孰陶瓬三峯類削成
亘上無寸枉偉哉造化工奇觀世無兩惜無雙飛翼安
得九節杖迺知濟勝具天賦誰能強金天有淸廟結構
極宏敞前年　詔修葺　賜金出官帑三成構臺殿十
萬散縟繡精鏐鐾階戺文石雕礎磉洞戶綴金漚高欄

纍珠網莊嚴乘珪琄肅穆垂帷幌甲夜羣眞朝申禋百
靈饗陰廊夾砧斧峻壁圖魍魎刑神司震撼氣祲歸滌
盪松槐栝柏古秦漢商周上風霜超浩劫烟露資幽養
昂藏萬夫特森陳五兵仗戈矜形譎詭防風骨骯髒利
爪紛攫拏拗肉立崛強礪角困猶鬭捽頭怒而搶掊讓
賓盈庭抱負兒在齯齔目洵可吁矯舌不容獎傑閣凌
重霄若翠塏詹鬱地勢據嶢峥天容肅淸朗拓拓層雲
開輝輝朝日景眼力窮微茫心神交炫晃嶽靈如慰我
軒豁呈萬象危聳法吏冠高擎巨靈掌尊收倚長劍王
女披華鬘戢戢靑菡萏拔地五千丈蓮房嵌明星荷蓋

承淸沆中空如藕竅呀開映蕩蕩飛仙所棲息巖竇列
銀牓當關踞噴虎遮道橫修蟒絕境夢中遊眞人天際
想雲松知此意笙鶴招吾黨家世本西秦名德溯疇襄
華井吾故山神皐吾舊壤淵明里是栗摩詰川名輞如
何買山志到此轉迷罔徘徊未忍去卻立神懞悅慷慨
自盟心齊邀重叩額願誅茅數椽更辦展幾緉投老好
餐霞忍飢甘拾橡塵纓苦束縛生事方勞擾茲懷恐難
遂高吟徒技癢登車紀奇勝什一存仿像去矣意未申
愧哉首空仰

爲莊恂齋題元池覽古圖。

豪梁公子才無敵文工畫妙各臻極韓句胸中邱壑能位
置筆底濤瀾爭盪激揭來示我尺幅圖烟林峭蒨雲糢
糊窅崖疑有風雨至絕壁恍見神靈趨略彴飛橋轉巖
曲歷歷前塵數遊躅節使聲華蒞斗山宰官才地如冰
王命儔眞與鮑謝侔探奇肯作蘇章續郎君下筆衆所
驚座客傳觴遞相屬嚴維五字嘆欲絕洪厓千言詠不
足嚴冬友洪稚存二君詩最工古來勝境須勝遊不爾政恐山靈愁
如君紀勝得此卷定許來者傳風流展羅君圖讀君記
範水模山寫靈秘穆滿重來黃竹枯秦娥久去丹樓閉
賡樂惟餘湫鼕聲頹宮空想流雲氣仙眞入道證虛無

石室譚經辨同異文奇何必追樊韓畫妙何必師荆關
天機到處筆力赴着我蕭瑟湖呼間還君此圖三歎息
笑我空躭山水癖兩脚風塵甚未閑百年婚嫁何時畢
五岳神遊宗少文撫琴動操衆山聞夢餘倘入仙都去
借爾元池一片雲

欽叔三弟二十生朝詩以勉之

我誦出臺禮二十日弱冠人生值茲辰譬如日初旦鼎
鼎年華過嶷嶷頭角嶄培風看鸞翮籥雲試駒汗開鶻
壽予季梨棗羅几案堂前拜家慶共博慈顏懽我年二
十時兀兀事毫翰一出違初心風塵逐瀾漫仲兄二十

餘校書入芸館粢米忍長飢健足轉羈絆兩昆少孤貧
況復困憂患唯有文字緣未使一日斷卷無僱傭千學
愧袁豹半歌吟時自喜嘲詅非所憚家門本儒素身手
苦疲倦既未習蹶張又不工權算令此無可爲恐負七
尺幹爾才非朽鈍爾氣亦精悍惟患學不專多好乃殺
亂如絲爾勿惡馳如耕爾勿越畔攻玉受礪淬鏐金出鍛
目如跳丸入手難把玩精勤未暇爲晚蹉跎負可惋但
使一月經傳何必六藝貫努力事丹鉛相期在霄漢

伏羌官舍中秋同蒓裳二弟翫月因成長句

月輪輾露離雲罅瀲灔團光相激射曲廊風細上燈初
小院涼生卷簾白星榆歷歷入池動烟襟離離傍欄亞
鏡影圓明彩暈銷孤光浮動金波瀉高興寧誇庾亮樓
佳遊不數陳王榭天涯兄弟欣聚首促坐開筵相慰藉
由來傲吏躭閑適況是山城值休暇當關且勿持事來
一夕清歡天許借却憶連年怨睽隔每逢佳節翻悲咤
小叔倉黃罷燮過素衣惆悵繼塵化欲訴離悰淚潛墮
未提往事心先怕餘生何幸有今年伯歌季舞同官舍
歡向高堂共捧觴狂攜小弟呼行炙謂三弟欽叔奪棗爭梨
阿㚣驕燃脂弄墨平陽姹詩債能償那肯運風光可買
應無價還雲妙曲圖繇竹伴月名香爇蘭麝擬將好語

遠寰宮各抱深衷待颺鷁下士無能望豈奢書生有願
言非詐不羨鵬從溟海遊詎思鶴向揚州跨已拚失脚
墮塵埃早乞閒身返耕稼繞屋松篁覓故園對牀風雨
消清夜三生慧業付琴書五嶽靈蹤畢婚嫁鳳泊鸞飄
定見憐雲愁海思寧垂訝忽聽銅壺急漏催頻看銀燭
高花卸預籌良會明宵續猶恐樂事前塵謝深杯瀲灔
且莫停情話纏綿未能罷詩筆拈來似有神天香法樂
從空下

讀石午橋詩稿漫題八絕句

秀骨稜稜似削成一編冰雪足平生襟靈乞得江山助

會向天涯萬里行
點蒼山畔月輪低六詔風烟望欲迷一種凌雲好才思
青蓮也到夜郎西
三晉雲山說壯遊橫汾簫鼓漢時秋驚人白日黃河句
健筆重題鸛雀樓
畫棟珠簾悲帝子碧蘭紅杜弔湘君最憐幾緉平生屐
踏徧匡廬萬疊雲
雙槳催儂返故鄉秦淮小住話齊梁紅箋小句風流絕
分得西崑一瓣香
短衣匹馬度關來消得詩人八斗才滿眼河山懷古恨

芙蓉山館詩稿 卷四 九

樂遊原上首重回
依人心事最牢騷管木吹金激響高訝是年來才更健
遊踪又過古臨洮
西窗重話舊遊時無那家山入夢思何日九峯三泖側
扁舟來往共論詩
將之靈武留別伏羌士民八首
捧檄西來隴坂長一城如斗古當陽自憐遠宦功名薄
部喜邊陬土俗良偶學猗玗稱漫士頗聞畏壘祝庚桑
八年光景全家住輾轉離心那忍忘
蒼翠羣峯抱古原盈盈渭水貫天門隗王戰後餘殘壘

杜老歸來有舊村寒埜霜濃畦菜美春塘冰泮野泉溫
行八忘却過關隴只覺風烟似故園
叢書兩版掩元關冠蓋經年少往還夜後徭符常伴月
朝來爽氣祇看山放衙吏早同雲散休沐官員似鶴閒
自是邊城稀鬬訟未妨容我養疏頑
每到穠春樂事頗紫蘭紅藥積成窠月明花塢驚尨少
風暖槐庭乳鵲多陶令一尊邀客共蔣家三徑抱琴過
蔣上舍膺琳山庄牡丹頗盛花時余數至其處更憐宋玉風華甚解和騎前宛
轉歌宋生同夫能詩
憶昨花門竊弄兵偶冠倉卒捍孤城登陴七日忘昏曉

芙蓉山館詩稿 卷四 十

授甲千夫共死生側足畏途身幸脫關心往事夢頻驚
臨歧莫訝頻揮涕同歷艱辛倍有情
調
帝承明往復來舊時官閣喜重開揚榆爽道新成列禾
黍登場正作堆瘠土民風偏近古康時元氣已全同相
從父老尋秋社爭進黃雞酌綠醅
最愛西郊五畝廬春風花竹講堂虛祇緣羣盜爭燔屋
遂使諸生久廢書小築經營荒壠上殘編綴拾劫灰餘
朱閬書院四十九年為賊所燬今歲余始重修猶未竟工也留將片席談經地若比
文翁愧不如

車騎駸駸去陌頭，郵程迢遞指靈州。有人載酒從楊子，無計牽衣挽鄧侯。謂李生炙曾時從余至靈署詩卷叢殘長律在，文章瑣碎斷碑留。雪泥蹤跡分明記，贏得他年話舊遊。

家玉圃學博以詩見貽作長句酬之

漢廷名德光前譜，四代三公列圭組。雲礽散落那可稽，淵源上溯仍關西。宦遊西上關山峻，喬木風烟渺難認。却看華嶽是家山，偶治秦川抵鄉郡。昨歲逢君靈武城，一樽相對話平生。蘭根共湛香原合，玉水同流派自清。半畝閒齋種松菊，便便經史邊韶腹。祇欣壓架有縹緗，不厭堆盤惟苜蓿。晴昔天涯聚雁羣，相傳臣叔最能文。

芙蓉山館詩稿〈卷四　十二

勞入鄉思秦關雪，傲吏行蹤楚澤雲。逢君却恨騷人去，零落風流錦囊句。蓬藋長埋揚子居，無人更訪談元處。家五叔名鶯字子安適關八少負盛名工詩歌著有邀雲草爲楚南令時與鮑伯笠湖暨先君子叙昆季行君之從叔也爲言殁已十餘年矣棣萼重聯又一時，輩行猶喜未參差。閒官自昔多名士，邊徼于今得導師。新篇裁就殷勤贈，戛玉摐金入清聽。羡君高咏有宗風，媿我塵勞倦吟興。共指峯頭玉井蓮，名山有約待他年。倘從故里尋遺蹟，好問吾家阿對泉。阿對關西夫子家僮名泉在華陰

爲石三午橋題照四首

和風吹縱千花色，暖氣融調百禽舌。花枝照眼明如纈，烏語清圓勝箏笛。春花看紅兼看白，春鳥聽鶯莫聽鵑。幽人自蠟行春屐，脫帽科頭踞磐石，聊憑花鳥消岑寂。別有襟懷向誰說，鶺鴒原上棠棣花。知君久客還思家，烏啼花落頻嗟呀。獨持尊酒念兄弟，故園渺在天之涯。右友于花鳥冊

江村地僻柴門迥，竹閣三椽小於艇。瓊田一碧瀰千頃，出水芙蕖曉粧靚。明玕亭亭自修整，繞屋參差綠雲冷。閒中清課耽虛靜，偶畫琹圖消晝永。玉雪佳兒秀而穎，浦畔風吹釣絲影。九峯三泖倘卜鄰，此圖此景見始真。雲波清遠離囂塵，烟蓑雨笠共來往，觸熱免嘲褦襶入。右長夏江村冊

芙蓉山館詩稿〈卷四　十三

碧雲破曉天新晴，露華落點圓珠明。幽蘭發箭含秋英，蕭寥三徑無人行。呼童掃石鋪桃笙，手持巨盞當風傾。曠懷何似阮步兵，醉中百事淨雲輕。逸諧祿憶張季鷹，一杯莫問身後名。雙梧桐古當軒牖，百尺琴材世無偶。嘯傲烟霞呼作友，若將此樹比公榮，相對何妨不與酒。右酹酒勸梧桐冊

豐年樂事誰能數，壓軸登場好禾黍。先將租稅輸官府，打門不聞吏胥怒。雞犬閒閒守環堵，奪裹爭梨任兒女。曝背南榮日亭午，村釀初成甘勝乳。樵叟溪翁互賓主，

但道歡樂無所苦平生誤矣陳元龍落落湖海將安容
生涯飄風泊隨西東求田問舍亦豪傑何時長作多牛翁
右農家樂冊至

學夏別駕談容菴丈以詩枉贈依韻奉答并憶舊
遊談名寰益金陵人

風流別駕本清曹來向邊城駐使軺久客寖憐鄉語熟
乍逢爲計驛程遙偶從詩卷論千古都指家山認六朝
回首長干行樂地烏衣羣從共招邀談丈諸猶子皆與余善大令兆華丁酉同譜也
酒燈碁雨少年場自別隨園已十霜聞說詩翁猶健在

芙蓉山館詩稿　卷四　十三

懸知花徑未全荒春風曾記陪高座夜雪無因訪小倉余束髮即從袁簡齋師受業歲嘗屢
猿鶴料應多悵望故人消息久茫茫至隨園今談丈來知師起居無恙而十載邊陲音問闊絕言之悵然
潦倒風塵憶舊知勝遊如夢觸遐思彔波古渡浮蘭槳
好月屏山照玉卮宦跡翻從千里合神交不道十年遲
鄭郎枉負詞壇譽此日方吟丈丈詩
十幅巴牋照眼明新篇持贈抵瑤瓊名山祇合抽身早
拙宦何時報政成筆牘勞形慚俗吏丹鉛結習笑儒生
聯吟却羨諸才俊秋到南樓分外清謂幕中選沈二君

芙蓉山館詩稿卷五

金匱楊芳燦蓉裳

靈州官舍古槐行同石午橋賦

古槐磅礴當庭戶長夏翛然靜無暑翠甦翳日相交枒
錦纖臨風自掀舞樛枝活欲化蛟螭勁幹撐能戰雷雨
花開時見黃雪飛月出疑從綠雲吐肯容穴蟻幻靈怪
耻共羣葩爭媚嫵未知移植是誰何試問閱人今幾許
蕭森受氣獨也正突兀賦形蒼且古信天眞已超塵劫
得地寧須避斤斧誰云大廈儲棟宇差免窮年翳榛莽
曉分清露潤百卉夜布濃陰安萬羽濡毫我欲贊怪魁

芙蓉山館詩稿　卷五　一

落筆君先出奇語徑須繪入主客圖自對孤根手摩撫

宿寺口子偶成

馬瘦偏愁關路險衣緇更被征塵染山行盡日雨兼風
秋色驚看滿崖厂暮雲天末雁一繩哀草城頭斜數點
更緣灰徑度南岡漸見斜陽下西嶺戍樓土堠已傾欹
酒市荆扉自開揜解鞍客俗識途長聚落人稀知歲歉
近窗土銼出微烟背壁昏燈搖短燄獨擁秋衾枕手眠
別夢迷離恐成魘

曉行

荒雞三號人語喧起策瘦馬持吟鞭微霜吹面冷如雨

殘月照影青於烟泠泠細瀑落寒澗擾擾陰火行秋田
路危不敢續殘夢遙望海色心茫然

晚行

晚風颯颯吹衣涼前村烟樹猶微茫夕陽已沒剩紅意
野水忽明搖白光僕夫護嗟行役苦客子亦厭關山長
據鞍回首忽自笑百年身世緣誰忙

蕤裝將赴京師長宵話舊申旦不寐成一千三
百五十字情難自已辭或傷繁聊以抒離緒云
爾

強歌聲無歡不飲心已醉明發當整裝今夕別猶未入

生墮世網飄忽百年內如何屢爲別別輒彌年歲疇昔
被飢驅今則備書畏孤雲失棲托行客無根帶幢幢剪
殘燭悵悵念陳事百感交縱橫欲語淚難制記昔我與
君兩小同嬉戲髫齡解屬文聰明絕相類鉛槧索古歡
齏鹽足佳味此景那可常荏苒流光異命途困連蹇生
事悲侘傺故家忽中落靈根痛先萎寂寞掩柴荊落索
供粗糲隨溝騶卒驅負薪葛衣曳棠棠南昌公夫壻子相水
鏡澄纖翳鑑君英儔姿選作高門婿挈君東雛遊揚君
習文藝君年甫十六弇皇作齊贊百結遊子衣千點衰
親淚送君蓉湖濱江慘陰矘丁寧未及已大艑將戕

逝悲來祇吞聲迸淚墮腸胃三載客京華思家勞夢寐
他鄉親舊少匹士聲華闊疏賤難自通骨體殊不媚畫
省盛冠譽朱門列勳衛獻策屢不收懷刺將誰詣竭來
返故居風雪衣裘敝用慰慈母心晨昏覺同侍我充鄉
貢郎書判稱拔萃會當試儀部撤幕且隨例君亦欲迎
婦遠鼓西江楫家貧賴師友惆欵敦高誼書鶴爾儕才
婿資阮修費獻歲共辭家江干再分袂出山負草草我
擢明經第聲名不厭低鍾釜差堪與折腰愧陶潛捧檄
儕毛義請急歸里門共舉先人櫬窀穸久未安荏苒今
當雉與君同負土慟哭蒼山際苦辛四尺封凄涼一棺

瘞明年君送我西陲去爲吏後歲我聞君獻賦入中秘
昔爲涸轍鮒今如翩雲驥庶幾共申眉安得長垂翅學
知宦海波十丈倏騰沸天霜下嚴威摧廓除積弊焦原
顛莫救覆轍危相繼量從金布罰僅免縲絏係豈係見
幾哲或賴先澤庇木雁竟得全塵魚敢言瘁君時宜芸
閣蕭瑟枕書睡啼飢餔絕炊乞米臺無餽五鬼不易祛
二豎旋爲祟馬卿既消渴杜陵復病肺輾轉牀褥間呻
吟屢垂斃相思兩地懸百苦一身試匝月尺書來開緘
輒揮涕窮徼偏災年殺氣騰平地鯨鯢掉尾鬬獩貐磨
牙噬賊機雖竊發危城幸先備儒生習鼓鼙守卒持候

精百道紛來攻孤墉屹然在全家脫虎口痛定膽猶悸
以茲列薦牘轉得拜　丹陛盡室已戒途及期當見昝
關山偏阻閡時命多顛躓郵程怪我遲衣食為君累門
戶苦支持典質到微細隆冬入國門握手兩噓欷風寒
短褐單烟斷空廚閒艱難且莫訴承明欣謁
帝微生業拔擢果得方州界喜已換頭銜仍許還邊裔
萬端迫歲暮作計急思避求人我卑詞索逋客怒詈勸
君且薄遊長途好聯轡對得遣羈煩差比息黔劓惘惘
出春明改歲同郎次名都何般賑盤盤大梁魏兎苑想
風流繁臺憶歌吹中丞聚戰開（弁山夫子）賓客富才技說詩

毛鄭妙作賦鄒枚麗舊侶再論心新交同把臂置酒慰
窮途徵歌作高會衣為顧郎解衆向謝公貸提挈荷師
恩感激均吾輩惆悵別龍門西行指秦塞小住話情親
河陽見弱妹共舁板輿行川原莽迢遞熊耳車輪摧函
關土囊臨烟霞華掌秀風雨殽陵晦洛浦咏翠施溫泉
弔鳴佩濡墨灑蒼崖裊筆題蕭寺文憑河嶽靈詩挾風
雲檝此行良不惡昔願今已遂四月到金城風塵暫休
憩尚書開幕府（福嘉勇公時開府陝甘）愛士先羅致古來織省郎
例得典書記君留浛進傍我去閾匏繫相邉咫尺閒會
面仍不易羌城昨歲過靈武今年至揚帆度長河漸車

涉清渭雨度抵冰衍三月同長被歡笑奉慈幃嬉遊偕
季弟（謂欽叔）燒蘭倒深杯學錦鬪清製兒女共牽衣平陽
頻明慧教吟哦絮詩看寫蘭芽字屈指廿年中此樂今
稱最朝來顧我語顏色倏顦顇聚首豈不歡奈非長久
計休沐別金臺頻年此留滯招徠良友書敦迫羣公意
微名苦愛惜細累難恕置行將別此去好語還相慰高
豈幸疆飯筋力未云憊此間魚稻鄉粗足供甘脆會合
自有期音書望頻寄我知難復留為君飭車騎邊方十
月寒霜風激悽厲獨行多恐怖長征慎勞勩攬衣起視
夜磊落明星稀疎鐘遠寺急缺月疏林墜巡簷還共語

壯懷破愁戚男兒七尺軀豈得長無謂局促祇自憐淨
沉竟誰為操持仗忠信擺脫須才氣卓犖樹修名從容
遂初志蓉渚搖漣漪龍峯滴蒼翠江國足魚蝦家園有
松桂青山堅夙約白水申明誓瀟灑好襟懷清白舊家
世努力念前修苦辭永為勵

送三妹出關兼寄稽問亭妹婿四律（時問亭以參軍任昌吉尉）

離筵相對話酸淒稚齒鳴鐶惜解攜鸞鏡將圓關月迥
雁書難寄塞雲低長征行度交河北別夢應馳大夏西
萬里從夫饒悵望誰言嫁娶不須啼
慈幃珍重勸加餐老眼臨風淚不乾已去莫愁征路遠

此行須放闊懷寬八稀馬邑悲荒作地遥龍堆耐苦寒
三載歸期頻屈指好教驛使報平安（時調口各官三年邊俸届滿例得遷擢）
雙袖龍鍾涕淚痕天涯去住總銷魂全家已是同浮梗
遠別況兼非故園落寞襟懷殊綺歲團欒笑語憶黄昏
阿兄自信無侯骨翻送班昭出玉門
寄聲鐵府舊參軍髯也才華本軼羣幕府名高譽上考
（時隨都統幕府）聖朝恩重念前勛（問亭係相國文敏公孫）鳳栖枳棘學
終屈鶴唳烟霄自遠聞莫以卑官銷壯志祖鞭陶甓我
期君

芙蓉山館詩稿　卷五　六

雪夜讀王大藝芸見寄詩草郎題其後却寄
凍雲催暝峭風寒兀坐呼燈把卷看我識籍咸皆俊侶
（藝芸姪申伯前歲在河陽亦許昆季之約）誰教屈宋作衙官（藝芸時爲嘉峪關巡檢）莫
因薄宦嫌身拙賴有豪吟好自寬讀罷君詩更聽雪小
齋此夕足清歡
愧我風塵興易闌年來書卷亦拋殘無邊人事關心早
依樣文章換骨難繡段空貽懸米報冰紈久溼怕重彈
托根同是江南橘珍重相期保歲寒
靈武衙齋夜坐聽雨用東坡次韻章傳道喜雨原韻
入夏炎歊不成雨端居深念三農苦連旬徒步禱禜祠
願得甘膏甦渴土乍驚旗腳靈風轉劇喜巖腰洩雲吐
布陣頻占移穴蟻偃飛嘗見歸巢羽微生敢道神能格
大力定知災可禦須臾洪湃澍林麓取次飄蕭入庭戶
試看降澤正及時須信呼雩傳自古神功變幻真難測
元氣淋漓非小補推車底用呼阿香躡蹬伊誰代龍母
溼浮墨瀋濃欲流潤逼琴絲緩難撫隔窗燈火轉青熒
傍屋松篁自掀舞高簷急溜削銀竹曲徑環流翻雪乳
朝來塵市沸歡聲先向吏胥聞好語天因瘠土惜疲氓
神以豐年歸
聖主已欣稠綠壓千畦會見黃雲堆萬畝乞漿得酒歲

芙蓉山館詩稿　卷五　七

逢酉採艾懸蒲月重午（時閏五月）不教倒井愁大謝好賦歸
風追小庾（庾子山喜晴詩有歸風已同異之句）嘉禾待補舊史書瑞麥應
繙新樂府有生共識康時樂一飽無忘甘澤普高吟聊
復寫懽悰剪燭他年話靈武
喜簣谷四叔出都將抵靈武兼憶荔裳
伊從秦嶺望吳天屈指分攜已十年少日難忘恩鄭重
別時曾記語纏綿無憑遠夢秋鐙畔有限鄉書冷雁邊
豈意天涯同話舊赫連臺上月輪圓
三月音書寄朔城清秋便擬賦西征那堪制淚嫌身日
又作銜寒冒雪行拙計未須悲往昔壯遊端不負平生

遥知西馬關山路千首吟餘萬古情
玉斧由來道氣濃幾卿自識宦情慵未應柴棘容三斗
可奈雲波隔萬重小叔餘生驚尚在華年樂事渺難蹤
如何猿鶴還山約却向邊城說再逢
御裝正及小寒初弱弟京華定附書玉塞看雲情倍切
金門索米况何如高堂念汝功名薄遠道愁余信使疏
官閣重尋謝池讌祇憐末婢久離居

哭顧斐瞻表弟

有客傳哀耗驚心墮我前故人真永訣才子竟無年楚
挽空成些牙琴忽絶絃憑將三斗淚灑朔雲邊君卒子舍

芙蓉山館詩稿　卷五　八

弟蒓裳京寓適秦小峴侍讀書來述君死狀而蒓裳尚未有書也
前月猶傳語京華不易居共巢憐客燕呴沫念窮魚六月趙孝廉歸猶得君書頗述蒓裳旅况之窘不信斯人歿翻疑昨信虛驚魂猶
未定重檢寄來書
拔萃推書判無過似我能尺書憑使寄上第盼君登君以選拔入都候試余會致書云願以甲觀相期勿淪落風塵似我也遠志年齡促高才鬼
魅憎青衫仍裹骨一命亦何曾
慧業難兼福憂生更尠歡五侖空已久一病劇無端別
夢吳山杳羈魂易水寒白頭慈母在啼眼望長安招魂
謝墅璠璵器風流萃一門頻年悲宿草此日復招魂君仲兄學和季弟傳爰先後俱歿今惟伯兄立方一人耳家世同希逸才名失叔源阿
兄應慟絶獨立鶺鴒原悲訣絶羈栖日凋零少壯時空
天高那可問人去不勝悲無限傷心事泉臺爾豈知
閨餘孱婦殘稾付孤兒

土爾扈特霍碩特哈薩克各蕃部入覲同巢余
奉檄護送出境紀事四首

昔持英簜朝天去今向欒坡獻壽同立仗許登三
殿側賜筵曾設九賓陪邊沙軟藉鋒車過塞草肥迎
宛馬來職貢萬方全盛事平安烽迓赫連臺
闕麟文茵照地光錦繒稠疊壓歸裝歡聲直遣騰荒外

芙蓉山館詩稿　卷五　九

珍品從誇出尚方玉節仍煩中屬國金符新拜左賢
王　聖朝綏遠無窮意長使邊氓慶樂康
邐迤郊原列旆旌城頭鼓角極和平秋星蓋野穹廬靜
夜火傳更戍堠明都護彎弓能飲羽名王上馬慣擒生
自憐文士無長技也挽絲韁傍塞行
馬蹄蹀躞響鳴珂韎韐材官逐隊過萬里嚴程趨紫塞
三秋高浪渡黃河郵亭客去喧烏鵲古道人閒散駱駝
歸義好繙新樂府白狼槃木入聲歌

九日横城登高放歌

賀蘭山勢何岧嶢一碧欲與天爭高黄流曲折繞城過

迴風滔日翻驚濤飛樓獨立縱遠目雲沙草樹窮纖毫
朔方形勝在指顧山爲壁壘河爲壕皷疆四塞信天險
靑史百戰誰入豪赫連阻兵極剽悍囊雷擁衆尤雄驁
防秋五路盛麾蓋屯邊萬帳嚴弓刀銀衡鐵牡那足恃
銳師突騎紛相鏖我 朝威德服荒徼羇馭不待鞭箠
操日棲月浴盡入貢豈徒遠致雉與獒狼居疏脫二萬
里後先獻 壽同迴鑣錦車都護自持節旃裘隊長咸
垂櫜奇鷹颯爽刷毛羽明駝肆元連雁尻能通華語頗
都雅共拳甲令無譁囂邊人安堵長兒女積鹵漸已堪
耕耨長城近衹在庭戶底用蒸土誇堅牢時護送土爾扈特各部落

入覲同親王此
昇平服官得休暇俯仰自慶平生遭惜無健
兒好身手短裘快馬馳平皐弓絃拓作霹靂響黃麞駭
竄元熊嗥更憐俊侶渺天末佳辰不得偕盤敖歌呼慷
慨倩誰和停雲黯黯增煩切徘徊不覺日云暮鴛鴦驚哀
噭求其曹壯心對景忽飛動短髮垂領偏蕭騷凉飆莫
漫吹破帽健筆何處題花餻縱無監州亦無餅孤負此
手能持螯揮鞭徑覓酒爐去且買一斗紅葡萄

秋日遣興呈石午橋

隴雲關樹久遭迴坐覺年光冉冉催偶得偸閒還是福
已甘淪落莫言才帶霜紅稻千畦熟冒雨黃花一徑開
滿眼秋容動吟興且斟桑落共銜杯

松崖看花圖長歌爲吳信辰太守賦

生綃尺幅光滑笏點綴樹石開晴嵐一鼠姑花發極爛漫
莊嚴七寶圖華龕先生趺脚踞盤石一邱一壑性所就
數櫞茅屋皮圖史此間即是松花庵紆徊石路我能識
昔年相訪曾停驂先生爲我拂袖席半我竹北花之南
爲言鄉國花事晚穀雨節過芭猶含峭寒不遣絕艷放
尺徑柰許狂朋探若將此花比富貴靑眷那免嘲厥領
得毋悅遇類翁子五十始釋樵夫擔或如謝公恐相逼
從容掀鼻聊吟談更言一事劇堪惜歸田久已抽朝簪

飢驅時復別花去十年看花無二三姚黃魏紫定何物
老眼盼爾如優曇我謂先生且作達何暇計及石與甔
春餘夏始好時節急召歡伯同開罇名花會識主人意
迎風浥露彌嬌憨頻斟酒杯拈重碧坐看鬢袖影輕藍
花開一月百回醉高吟落筆興倍酣新篇絡繹倘相示
追逐強韻吾能堪

寧夏旅舍與胡二息齋夜話因成長句

君才機敏世無比萬事不理閒伯始冉彩猶復屈一官
斂板低心百寮底我生迂闊衆所嗤窮年漫浪理固宜
炊沙鏤楮百無益君獨與我同襟期憶初識面蘭山陲

姓字未通心已知孟嘉風度覺小異高恵神交私自奇
官曹清暇縱譚讌略及文史兼歌詩漢之昀谷唐盤武
邊城斗大勞分治今年絡繹候冠蓋累月不見長相思
統篤城頭握君手相對黃昏一樽酒但逢傾倒卽眼明
共喜深談貪夜久是時月出三更後沓蝕靑銅光彩瘦
明星窺戶角尾動寒霜侵衣爪甲透興酣吟嘯聲殷空
驚起傍僕觸屏風酒兵詩敵少年事詎意得此風塵中
今來朔方昔隴東十年宦轍欣追從男兒事業趁身健
天涯且莫悲飄蓬

寒夜宿紅山驛有作

風塵敢吏疲將迎天寒日晚趨邊城深沙忽陷馬蹄重
峭風欲透羊裘輕窅崖雲橫慘澹長河冰立寒崢嶸
迢迢雁影入空没颯颯鴉陣投林鳴晚霞已沉錦繡散
新月猶掛瓊鈎明僕夫設作告勞語破屋尚有號寒聲
長途偶共耐辛苦卒歲誰復憐孤惸薄衾虛縻坐自媿
華年浪擲殊堪驚青燈驛舍不成寐殘角催曉喧空營

寒甚又得一絶

旅館無眠擁敝裘窺窗又見月如鈎關山此夜寒如許
祇恐金波凍不流

廢寺

廢寺無僧住經過客獨尋嶺巒緣殿角野雀噪庭陰雲
共山容淡樹隨秋意深羈懷感蕭瑟倚杖自微吟

雪後曉發

立馬遥原望千林曙色迷岳巒雲去住樓閣雪高低酒
向前村覓詩尋古寺題塵勞誰念我歲暮尚棲棲

芙蓉山館詩稿卷六

金匱楊芳燦蓉裳

春日偶拈舊句成詠

少年記得縱清狂，竟日高吟凭隱囊。一逕桐陰朝露滑，半池萍影午雲涼。客來有酒時尤好，春到無花處亦香。（中二聯皆舊句）此日邊城拈舊句，爭教羈客不思鄉。

春夜曲

夜半露寒花氣馥，蟾輝演漾春烟綠。晚粧掠削鬢鬟偏，蘭閨待月猶未眠。欲擬銀箏怯纖指，自炷沉香烟鳧子。春光正好郎不歸，嬌愁彈淚沾羅衣。夢斷巫雲漏悄悄，金井鴉啼天欲曉。

節近清明大風寒甚因作斷句

盡日颼颼響遠空，峭寒無賴逼簾櫳。江南客聽何曾慣，此是邊城廿四風。

爲怯塵沙晝戶扃，禁烟天氣冷冥冥。春光過却三之二，愁媿梨花夢未醒。

幸是春寒花信遲，免教零落惜幽姿。陌頭穉柳腰肢細，也覺臨風不自持。

惆悵年華客裏過，衝風短櫂渡黃河。關心却憶蓉湖曲，雙槳吳船瀲灩波。（時渡河赴郡）

風定朝來寒轉加，寂寥孤館客思家。榆羹杏粥無人送，綠雪輕研自煑茶。

夢中山水碧迢迢，昨夜分明到謝橋。可惜重三兼百五，只憑短句記無憀。

初夏郊園讌集漫成十律

邊城花事晚，新夏是穠春。勝地移樽近，高軒發興新。尋山蠟杬屐，漉酒墊紗巾。傲吏耽幽賞，園官莫厭頻。

籬護篔簹竹，欄圍芍藥花。頹牆縈石髮，曲澗漱雲牙。置酒文園會，懸車靖節家。（園主人曾爲蜀中嘉定守，謝病旋里）莫嫌近城市，即此足烟霞。

久覺塵勞倦，閒尋引興長。兒童笑山簡，吏卒恕嵇康。水靜鷗情逸，松高鶴夢涼。地偏人事少，許我暫疏狂。

傍屋藤爲架，沿堦溜決渠。花飛看掠燕，萍破見跳魚。意愜微吟後，神清小病餘。還思長夏日，來此度琴書。

結搆無多地，徜徉適性靈。拂塵安筆格，移石傍琴亭。掬水煩襟淨，看山倦眼醒。濠梁有眞意，莊惠已忘形。

俊侶相於好，風懷各不羣。背窗閒讀畫，促坐細論文。絮冐湘簾雪，苔鋪石徑雲。揭來貪嘯傲，不覺又斜曛。

鶯舌調歌管，花枝簇酒籌。開軒延晚籟，移席近明流。嫩暑侵槐夏，微涼助麥秋。平臺欣騁望，萬綠遍西疇。

百斛酒如泉頻催槳玉船狂來誇擊鉢興到共題箋
把供廚美魚羹入饌鮮家山櫻筍候雅會記當年
却話江南樂何時補墜歡雲波新夢隔猿鶴舊盟寒愧
乏青精飯難尋絲鞵冠買山資未得惆悵獨凭闌
候騎催歸急盤桓苦未能垂蘿上京月深樹出疎燈烟
澹晴嵐媚天高夜色澄題詩留薜壁流覽記吾曾

初夏雨後看芍藥

一雨留春意淩晨花氣寒佳人洗粧罷幽客捲簾看粉
薄臨瑤鏡珠輕墜翠盤飛來雙乳燕偷眼傍闌干

積雨初霽道中口占

積雨夜來歇河干信馬行朝霞紅欲斷秋水碧初生未
覺塵勞倦因憐景物清飄飄羨鷗鳥來往羽毛輕

傷小姪女德儀

繡褓牙牙初學語入抱依依最憐汝寧知泡影幻珠光
苦恨霜華蔫花乳竹馬瑤環戲衆兒玉溪棖觸淚如絲
容華靈慧今先夭誰附盌川集內詩

混泉 在靈州東南百二十里

石眼何環環泉脉涵澹瀩味爭飴乳甘聲戛珠玉碎名
山倘位置雅士應賞愛品珍甌鼎間名重圖經內僻遠
迺見遺朽壞騐荒穢其傍十數家終歲資灌溉盌畦收

晚菘繞屋種寒菜利物不在多有本衆所賴我來斟一
勺枯腸滌塊壘貪廉兩不知因風寄微慨

宿營盤水驛呈周大半帆

破驛當官道停車日已斜雞聲爭獨樹駝影亢平沙令
節增鄉思中年感鬢華明朝是重九何處覓黃花
寒月弦初上光微不耐看星芒臨水動霜氣入庭寒幸
接故人話共消清夜闌村醪酤滿眼相對若爲歡

得王二秋塍書却寄二律

共飲長河水離腸九折餘 王時宰武陟地亦濱河 連宵羈客夢千
里故人書侵曉聞烏鵲沿流得鯉魚臨風三過讀鄭重

意何如
憶賦梁園雪龍門集衆賓交知半臺省爾我共風塵各
抱文章在相憐意氣眞天涯兄弟少慰問莫辭頻

九日雙井道中

古臺駐馬暫登臨霜氣稜稜上客襟萬里關河空望眼
百年時序最驚心寂寥朔塞人蹤少迢遞南雲雁影沉
濁酒且呼騶卒飲商歌倚劍漫悲吟

寒夜偶成

兩版蓬書處古歡偏耐尋星河靜寒夜燈火抱冬心茶
熟餘甘釅爐溫宿焰深襟情微有會倚幌自微吟

屋角月痕澹庭除霜氣濃烏驚隨去雁漏斷聞疎鐘遣
道書難達青雲興易慵勞生三十九已復嘆龍鍾

同胡二息齋讞獄至恩和堡別後夜宿鳴沙州書
此却寄

朔方十月寒地白風颸颸連山霧不開長河冰亂流予
役驅單車喚渡登輕舟邦人有諜訴剖析偕賢侯片言
未能折半日還復留短晷易傾仄暝色千林浮匆匆別
君去前路猶阻修深沙頓疲馬積潦膠行輈中宵叩茅
店解鞍聊暫投殘月星冏冏獨火窗幽幽明當披星起
不寐擁敝裘

芙蓉山館詩稿　卷六　五

過長流水驛

擁鞍歌敕勒沙白草茫茫野曠鴈聲小日斜人影長連
山圍大漠亂石補邊墻爲赴征西幕衝寒作急裝 時嘉勇公自甘入藏進剿廓爾喀番余奉省符稽查台站

荔裳二弟銜
命隨嘉勇公相前赴衛藏余亦于役至西寧誌別十律

憶昔河蘭別依依我共君三年纔會面幾日又離羣飄
泊知關命飛騰看策勳男兒壯心起拂劍覗長雲
舍衛西方國祇園擁甲戈天心將殄叛佛力在降魔
積閥推橫海奇兵出伏波塔前齊放仗小刼度修羅

上相謀猷壯元戎禮數寬虛懷愛才士長揖許儒官盡
道從軍樂應忘行路難
皇威龍燭照莫慮塞門寒
話汝將于役高堂夢最真寒衣縫永夜老淚墮蕭晨瘴
癘須防護冰霜耐苦辛兩行仁恕字行矣慎書紳
一身經朔漠八口寄京師學恐驕兒廢家憐健婦持時
當通信使不遣忍寒飢萬里平安問頻頻慰爾思
河湟連鄯善去去赴戎機歲暮邊風厲天寒沙草稀懸
軍通玉壘間道出金微慙愧高書記飢鷹側翅飛
刁斗催更急嚴裝逐大營踟躕臨別意惻愴在原情萬

芙蓉山館詩稿　卷六　六

帳侵星起千軍鼙雪行此間多健者何事一書生
飲馬黃河外傳烽青海西征程何日到別夢徹宵迷漫
說工書檄何曾習鼓鼙愧予心膽怯送爾萬行啼
君語翻相慰休嗟別可憐百夫甘作長一障且乘邊愁
思蘆笳曲豪吟寶劍篇天涯各努力後會祇經年
勁旅驚霆入妖氛宿霧開飛書磨盾手健筆勒銘才星
宿探源上風烟紀勝迴好聽笳鼓競談笑洗樽罍

月夜懷二弟

邊月亦何苦霜空徹夜明征衫愁有淚孤枕夢無情側
想龍荒外應隨虎帳行傷離同不寐盼斷玉繩橫

松山驛

四野無戎落荒荒驛路遙塵高迷去馬雲迫壓盤雕塞北軍聲壯（時海超勇公亦由甘進藏）天西沴氣銷懷人兼憶事歲暮轉無憀

寒夜懷顧大立方三十韻（時爲蘇州儒學教授）

知己何寥落天涯久滯淹長宵追往事寒歲感鄉心憶昔同家塾終年守故林塵廢情散誕松桂氣蕭森譽望推盧薛文章敵沈任微言投水石古調叶笙琴銳讀頻移榻貪譚各擁衾夜鐙明頻頻朝幌靜愔愔部婁那能駐塵緣漸見侵微官落邊徼遠別判商參朔塞郵程隔

芙蓉山館詩稿　卷六　七

南雲信使沉燕常思舊壘苔自戀同岑縹緲千峰岳滄浪一水潯（縹緲峯名滄浪亭皆姑蘇名勝處）伊人殊落莫故態尚寄嶽首稍供寧馱縑緗味耐尋宦情隨境澹詩律與年深漂泊應憐我羈栖直至今路危眞履尾茹苦類吞針樂浪乖初志盈川負鵩箴藏身羞豹縮息嗾學蟬喑祇嘆膏銷火空思石點金阿誰能解縛何計好抽簪宿草悲嵇呂（謂王涤雲朱紫崖）名山愧向禽傷離魂黯黯吊夢淚涔涔短燭銷殘燄疏鐘激遠音邊風寒更厲關月慘長陰隱几唯愁坐揮杯且獨斟寄懷徒削札得句想題襟懶去繙書籠狂來叩劍鐔秦聲操未慣擁鼻只吳吟

石三午橋賦詩言別依韻答之用誌攀留之意

且住爲佳耳思家莫惘然感辭投贈句禮重縶維篇列坐燒高燭開軒設綺筵清樽浮瀲灩軟語接聯綿江介風華首雲間譽望傳高情殊磊砢逸氣最騰騫藝苑靈虛駿詞場霹靂絃焚山爭聘辟置驛競招延捧檄嗟亭伯登樓識仲宣佳時傾酒盞暇日索詩牋鼠忌憑城日魚殃失火年愧余遭坎壈念子費周旋道在心原合情深骨已鐫窮途思入洛小別遂摩燕（丙午歲午橋在會學途次送余北上）一刺分靈武孤墉近朔邊惠來投井轄促坐對牀氈妙手工朱墨寘心愛簡編襟懷祛鄙吝籌畫見精研煩霧

芙蓉山館詩稿　卷六　八

蒸桃候輕霜護菊天芳郊歡挈榼茅舍倦停鞭祇覺談諧寄寧知歲月遷良遊林是竹俊侶社名蓮縱有尊罏興能忘香火緣禪心三宿戀客意兩鄉懸莫慮成言謬還申後約堅倘同千里鶴同泛五湖船把臂容蕭放抽簪得靜便約車纔夜雨漁網織秋烟鷗鷺前盟在雲波舊夢圓此時歸計穩相與契真詮

送王振華表弟遊中州

梁園我舊遊遠夢縈心神繁華一都會花鳥萬古春君今欲遊梁別我指征輪囊空歸未得此去猶依人君言清洛渚路近江之濱雖仍兩鄉隔勝作萬里身從容買

歸榜堂上慰老親摯語出肝膈留君苦無因惟我少知
君天資粹而醇弱齡事鉛槧誦習專且勤風骨已超邁
才藻殊紛綸庶幾萬牛毛成此獨角麟廢學豈初志浪
遊爲家貧自我落邊徼眉頭不得伸窮魚共涸轍濡呴
無餘津爲君數郵籤到及春在辰吹臺烟景麗睢陽雲
物新交親倘憐我向君問訊頻爲言困負累無計離風
塵殊方慨漂寄五載同苦辛聚久別更難臨歧涕霑巾

徼外

徼外風塵苦未休天涯詞賦祗牢愁自憐樂浪長爲吏
却憶清河更遠遊沙草綠隨春出塞林花紅近客登樓

牙旗玉帳無消息日暮聽笳淚欲流

二月十二日夜旅館偶題

邊城寒色晚蕭條春半河冰尚未銷愁思不堪孤月夜
佳時空度百花朝𨒰昏壁前題在燭燼風簾去夢遥
苦憶江鄉好烟景綺筵紅袖木蘭橈

紅柳四首

柳色偏嬌紫塞春推烟唾月送行人傷心定染壺中淚
拂面空隨陌上塵冶葉恰宜縈繡袖柔條可解綰斑輪
小蠻巧按紅兒譜併覺今晨舞態新
惆悵江鄉別路遥無緣移傍赤欄橋春風百結垂珊網
烟日三眠擁絳綃底事施朱工作態却看成碧轉無憀
抵他南國相思樹一種纏綿恨未銷
纖纖小小愛穠華掠削新粧欲妒花漢殿漫懸連愛縷
楚宮曾繫定情紗頰痕欲暈迎朝日眉黛纔勻映晚霞
腸斷紫騮空躑躅朱樓十二是誰家
落絮應同嚥雪飛燕支山下見依稀啼殘怨血巴鵑去
舞倦香襟越燕歸豔影易迷三里霧濃絲不上九張機
謾誇汁染宮袍色如此風姿合賜緋

望遠曲

彈指韶光過百五望遠凝情泚何許繁花紅颭出墻枝

時有閒禽踏香語欲晴不晴春晝長遊絲落絮空悠揚
水精枕簟接幽夢十二峯頭雲影涼睡餘支枕雙眉蹙
香篆縈愁轉欄曲庭院無人鎖寂寥春風吹雨垣衣綠

得二弟抵藏後書作長句却寄

河湟話別慘行色橐筆憐君馳絕域千山萬磧去路遥
悵望經旬斷消息茲晨忽得一札書令我驚心淚沾臆
窮荒絕漠入罕經況復隆冬途梗塞星宿波濤凍不翻
崑崙崖广高無極冷光眩目積雪迷奇寒透骨嚴風逼
毒霧朝吹沸野黃瘴雲夜起蒸山黑破衲充薪苦不繼
斧冰作糜那可得疲馬虺隤棄道邊明駝硉兀僵巖側

作氣應推大將才（嘉勇公善于撫馭賞賚優厚蕃男入勇羅士氣百倍）出險終仗千夫力擊劍猶餘志激昂據鞍倍覺神充實頗聞耆落咸助順喜說官軍已臨賊天聲久已懾遐荒小醜何定煩誅殛懸崖高揭待鐫鑱遠壑寔搜記登陟聯翩才士共從軍（謂方長諸君）辛苦書生能報國一語還憑驛使傳努力戎行莫相憶

吳松厓先生見示隨園詩話因憶舊遊成轉韻六十四句奉懷簡齋師並寄松厓

松花庵中老尊宿示我隨園書一軸貝葉瀾翻千佛經天花飛舞羣眞錄收拾珠璣筆不停孤寒攀附眼常青

名流譚讌耽風月才子篇章主性靈赫蹏小紙蠶眠字豐元言足佳致花前燭底共論詩記起隨園舊時事隨園亭榭我曾遊門繞崇岡枕碧流散髻斜簪人濟宕茂林修竹境深幽龍門聲價高無量才筆縱橫不相讓入座齋傾北海樽橫經並侍扶風帳曲閣玲瓏洞戶連嵰山紅雪蔚藍天（俱園中小書室以紅藍色玻璃爲窗故名）清簪夢蝶聯蕤榻煖日聽鶯設綺筵東冶城邊箏笛消遣首高歌鎮西舞對客能繙白紵詞當場競按紅牙譜秋月春花樂未央嗟余萬里走伊涼離家始覺江南好捧檄先愁隴坂長十年一部乘邊徼身世茫茫事難料渺城向梱陷重圍却敵劉琨仗淸嘯相思惆悵只吳吟故國迢遙信使沉篋底空留懷舊賦天涯深負愛才心側聞杖履烟霞外文史依然供賞愛天遣入関作歲星靈光無恙歸然在一別名園幾度春卷中憐我困風塵（詩話云蓉裳梅岑皆翰林才而困於風塵俗吏亦奇陳梅岑名熙爲觴江司馬）鶯花有主陪良會猿鶴無言怨故人他年倘遂抽簪計烟月秦淮理歸棹衣鉢重來認本師林園正好尋初地朔塞棲遲宦興闌夢中常看六朝山先生老去頭如雪弟子年來鬢亦斑松厓詩老才名重風雨蘭山一樽共爲言相慕祇聞聲不覺傾襟已道契（松庵詩爲人撝至隨園已入詩話）文采風流此一時名山著作繫

人思公眞一代騷壇主我愧千秋國士知

簡齋師遠示自挽詩依韻寄呈

人生行樂耳百年如寄寓豈惟名利縛仙佛亦拘苦文人矜慧業用力愛旁騖媚道讀仙經佞佛習禪悟服食求長生大藥多自悞寂滅學無生空華竟誰覩詎眞聞道歟宜以貪生故卓哉袁夫子達觀超世塵屏棄二氏書不隨彼雲霧流行與坎止平生隨所遇早歲掇巍科披腹獻詞賦中年作循吏關心撫瘡痍翩然舍之去移病謝塵務料理等身書擺脫折腰具亂倚有高文驚八出奇句鵬徙天雲垂鰲呿海濤怒才名六十年宇內推

獨步結茅清凉山淨家桃葉渡名園好樓閣烟景供晨暮疏池引清泉移堂就嘉樹花竹深峭蒨岡巒迴互野情對麋鹿逸興狎鷗鷺煩惱悉破除動息善調護但祛六鑿擾不信三彭訴身閒心太平端居養恬素獨存靈光殿無恙顯慶輅非佛亦非仙壽如金石固作達靡不爲遣遥任天趣淵明自祭文表聖生營墓扶杖聽松風執鐸歌薤露我讀五字詩萬里起遐慕何當一解纓綾還得侍襟屨祝公三千歲名山妬小住弧南占一星中符瑞光吐

卽事

古塞蒼凉地低雲黯淡天滿庭榆莢雨隔院杏花烟昨夜夢會到故山春可憐因之憶親舊旅抱轉悽然

晚望

薄晚平臺上坐看飛鳥還斜陽明遠水片雨過前山幽境浩無主煩襟暫得閒一樽傾白墮且爲破愁顏

得王二秋塍書詩以寄之

有客發梁苑攜來雙鯉魚烹魚得錦字珍重故人書今節改朱火槐陰綠疎疎憑簷把書讀寥遠生嗟吁關河曠緜邈別懷安得攄低徊念往事伊鬱傷離居傷離獨不見憶昔同歡讌高燭照瓊筵龍門盛英彥新詞繙白紵妙句題黃絹落筆灑珠璣四座傳觀遍君才更敏銳龍阿經百鍊詩追滕王閣賦抵靈光殿相看意氣豪不道才名賤團雲忽復散墜雨不可收一別各鄉縣歲月去若流當時共巢鳥俱作扶搖遊落拓我與君風塵眯雙眸我更落邊徼君猶滯中州蕭遠諷九歌平子抱四愁愁心不可道轆轉令人老邊城耐岑寂蹤跡長潦倒撫劍登高臺沙黃風浩浩春來韶景遲秋至蕭寒早勞生苦刺促容鬢難長好薄宦易倦遊久客常思家與君同所尚素心托林霞娟娟龍峯雲艷艷鴛湖花何當結茅屋相從泛釣査此願幾時遂夢遠天一涯清輝如可

挹西窗流月華

重集郊園

地勝經過數官閒讌賞便美花紅映水高柳碧含烟繫戀曾三宿棲遲又一年眞成疎懶性媿得吏民憐

閒夏餘春事韶光緩緩催滿園桑椹熟一逕棗花開掃石安茶臼分泉滌酒杯年何多逸興長日共裴徊

梅風吹白袷麥雨潤青郊寄樹鳥將子空梁燕補巢繚桐和水繞疏筍佐山庖拓落年來慣無燈解客嘲

興極生離恨歡餘動泗悲烟花非故國容鬢異當時顛倒還家夢悽涼憶弟詩天涯春草色不似謝家池弟時從二

征衛藏三弟應試入都

野渡空明水邊牆紫翠山鐘聲來竹院燈影出柴關薄醉臨風醒高吟待月還暫時兼吏隱偃仰蟻陂間

秋望有懷二弟

暝色下平楚寒雲翳高空秋從西極來浩浩萬里風曠望生離愁瑟居寡歡悰念我同懷人囊鞬遠從戎絕徼路險艱雪山削千重俯瞰高鳥背平躡飛猱蹤身手素孱弱乘騎殊未工豈不憚苦辛感激由寸衷昨者聞好語奇兵出九攻天威震遐荒小醜勢已窮但願平安火早達甘泉宮幕府歸獻捷書生亦論功相思無雙翼

空憑魂夢通撫劍引濁醪商歌涕霑胸

蘭圃叔氏來靈武署小住月餘入都春試余送至寧安堡贈別成三十四韻

十載重相見邊城破寂寥竹林追讌賞桂苑接風標骨月情無間文章道久要歡場忘異地軟語接深宵憶忝諸孫末時從北巷招阿翁初曳杖童子尚垂髫臣叔聲華盛清門品望超詩才分八斗酒户闢三蕉翊秀金盌把梅舒玉滿條曲池栽菡萏幽砌蓺蘭苕有勝皆同選無筵不共邀踏春歌越調泛月嘯吳艘行樂華年過勞生別緒饒官程如許急旅況鎮無憀絕徼風波惡從年

豺虎騎衡因傷後警材是叔餘焦明舊經過少家山夢想遙艱難思往日容易得今朝却話從軍客叨陪入幕僚好音傳屢至沴氣看全銷象譯綏荒服嬰壤貢聖朝論功先散騎歸國從票姚戰士行衣錦書生已賜貂預徵笳鼓競爲促管絃調獸炭蘭薰炷牟燈蠟燄挑稱觴斟翠醴顧曲擲紅綃時嘉勇公西藏受降荔裳弟以書檄徵勞奉旨陞授侍讀兼賞花翎喜音至日適爲堂上稱觴歡讌累日匝月搏沙聚途時散雪飄言離仍命駕送遠暫聯鑣古驛驪歌唱寒空雁字描山容秋澹澹林壑晚蕭蕭剩有襟懷壯休嗟齒髮凋岐途還贈策健筆待題橋好取金懸肘先看綬挂腰相期各

努力矯首盼烟霄

秋雪篇

壬子中秋重陽日俱大雪念邊候之早寒感征人之遠別因成此什以寄蕊裳

賀蘭山接榆關道颯颯邊風吹白草四野同雲入望遙三秋飛雪催寒早同雲飛霏正紛紛掩映中秋孤月輪桂殿修成開玉蕊霓裳舞罷散珠塵秋宵官閣圍爐讌此景鄉園幾曾見陡覺風威欲折綿却看夜色如鋪練永夜低徊憶舊遊天涯飄泊迫生愁誰家月照芙蓉幌何處香溫翡翠樓彈指流光又重九準擬登臨招勝友

俄驚浮霰度房櫳，旋作飄霙入窗牖。浮霰飄霙拂面來，
那宜攜酒上高臺。褰簾祇共離心緊，護粥偏隨淚眼開。
抱影行吟意蕭索，憑闌更試衣裘薄。孤影橫空白雁迷，
寒聲捲地黃榆落。黃榆白鴈萬重山，望望征人去未還。
仲宣謾說從軍樂，明遠應知行路難。蒼茫絕域寒雲重，
北風捲雪牙旗凍。草檄愁看硯水凝，翻營怕聽笳聲動。
搖落年華已自悲，况看玉樹憶連枝。試聆秋雪邊城曲，
莫道弟寒兄不知。

芙蓉山館詩稿卷七

金匱楊芳燦蓉裳

秋夜有懷二弟

簿領暫淸暇，開軒散帙時。古懽兼夜永，逸興與秋宜。鶴
警露沾袂，蟲吟月入帷。西南天萬里，望望起離思。

塞行卽事

玁狁風初勁，荒荒日欲晡。沙瀾深刻畫，硝雪黯模糊。古
堠斷疲馬，平岡噪野烏。誰憐遊宦子，憔悴老征途。

夏夜宿大壩偶題

遙指停車處，蕭疎樹幾行。見星行未已，聽水意先凉。入
戶茅堂淨，開厨茗粥香。呼童展淸簟，煩暍暫時忘。

元夕郡齋公讌卽席賦呈

簫鼓康時樂，賓僚令節歡。冰輪澄夜色，火玉辟春寒。小
隊燈前出，新粧月底看。傳盃銜紫鳳，拂鏡舞青鸞。彩映
明霞帳，光搖瑞露盤。錦廻文錯落，珠貫佩闌干。銀浦雲
應駐，瑤壺漏未殘。綠浮千石蟻，紅吐九枝蘭。饞愛當筵
擘，箏宜促坐彈。烏交齊客履，釵掛楚臣冠。卜夜欣籌錯，
憐才禮數寬。相如慚未至，授簡愧詞壇。

郊行卽事二首

暮春風日佳，攬轡陟原隰。散漫春塘流，時雨夜來足。東

留袚春澤生意堪悅目此鄉濱大河土膏腴饒沃廣陌度逶迤清渠疏屈曲所願息諍訟庶幾厚風俗王烈愧益牛龔遂懲佩犢五載竟何施素餐忝司牧

我本山澤農頗愛田家趣方春勸耕作徧歷平疇路草香飛蝶來柳暗游禽住雜花紅出墻嘉蔬綠盈圃比隣三兩家相約理農具宿雨潤芳塍新泥滑芒屨風塵苦勞攘撫事有餘慕閒尋氾勝書快讀張衡賦

峽口翫月

雙峽束長河千里勢一直圓月湧其間浩浩金波色晃高縱遠眺夜久羣動息象緯森在傍精靈怳疑逼顥氣

浮衣裳清輝瑩心魄奇句欲遺誰狂呼水仙伯

答方葆岩見懷詩三首

龍豹銜奇姿鸞鷺耀高羽哲人宜令猷聲華邁前古崇基紹堂構弱冠登朝宁橐筆事戎軒運籌贊樞府橫海揚鋒旗乘邊振棡鼓談笑吐雄辭指揮萬貔虎　九重賜顏色爲奕膺珪組君負經世才終賈安足數欽遲歷年載蹤跡雲泥阻側聞軺傳來前驅欣負弩長鳴向知已感激出心腑捧袂未得歡軍書正旁午

送君青海頭嚴冬朔風寒積雪迷廣漠堅冰塞重山有弟亦從軍念其身手孱臨歧久屏營盈襟淚汍瀾感君重意氣提攜越險艱穹廬共野宿服匿同晨餐別來曾幾時弦望如循環長懷遠征客沉憂損心顏明駝傳捷書軍威讋羣頑象瑜貢丶天闕鐃吹入漢關文星何熾熾光照上將壇勞來歌杕杜振旅期君還

籌謀耐閒暇清襟富文辭烟雲縱橫飛想見落筆時雲屋信天擬匠者工何施追追軍幕中弱弟相追隨倡酬破孤悶慰喻忘艱危譚深頻念我遠寄五字詩古道期共敦薄技謬見推自憐墮風塵疵賤人所嗤君情一何篤萬里勞相思臨風再三讀悲喜難自持丹青久則渝金石終不移寄言報嘉貺賞心惟良知謝句

春闈榜發喜同學左杏莊曹山甫二君得捷因成口號以寄荔裳

太冲詞賦都門重子建才名海內傳却憶邊頭未歸客不題鴈塔勒燕然時荔裳作廓爾喀紀功碑文頗偉麗

固原太白廟題壁

古廟原州北峥嶸傑閣開神旗閟靈怪畫壁走風雷樹老根連石碑殘字隱苔憑高聯太白秀色正東來

偶唱

偶唱邊城曲長吟楚客詞鄉情餘夢遠詩格似官卑舊事無珠記閒愁有鏡知倚樓頻送目日暮去雲遲

汪稼門方伯見示登岱詩冊奉題四律
朝龍　鑾坡擁傳回言詩岱嶽陟崔嵬情徐捧日榑桑
近筆可廻瀾碣石開眺遠且窮千里目登高初試九能
才雄深博大兼羣雅斟酌名山稱體裁
玉檢金繩詎足云篇章直欲儷皇墳雄文自古原無範
大雅由來卓不羣圓嶠三成空外見齊州九點望中分
從知海內爲霖手膚寸携來絕頂雲
誰到天門宬上頭巖巖氣象與山侔舊傳曾壁遺經在
願抱尼山禮器遊會向央閶看白馬又從函谷問青牛
置身高處知公意萬事都爭第一流

才大非關徵引工摟羅漢碣辨秦封鑱成科斗千尋壁
撞徹蒲牢萬斛鐘俯覽烟霞歸翰墨高吟雲海蕩心胸
觥生仰止無窮願也似塵寰望岱宗

鳴沙道中

邊城車馬道日暮行人少短草碧茸茸西風黃蝶小感
物惜流景念遠傷離抱佇立向蒼茫無言晚山峭

新秋夜坐

開牖滅華燭夜凉生碧蘿微雲無定影新月不成波楚
調倚瑶瑟湘醪浮翠螺階蛬伴吟客秋思竟誰多

蘭倉道中

野寺鐘聲歇千峯暝色微水光搖地鏡霞彩卷天衣棲
鳥各爭樹居人半掩扉勞生空著論漂泊寸心違

秋漲

積雨添新漲陂塘一望賒魚多爭置腜鳧喜盡浮家碧
色蕩漁舍白波浮釣查行吟無限意水國憶蒹葭

途中偶作

客路逶遲僕馬勞平沙莽莽塞雲高十年飄泊空皮骨
百感蒼凉上鬢毛過眼流光同幻影關心往事觸波濤
暝投孤館添惆悵自對寒燈讀楚騷

秋日遣懷

冷醉閒吟悵望間離憂不斷若循環星緣有刼方成石
雲縱無心郤戀山萬里風沙人久滯五湖烟水夢頻還
最憐結習銷難盡書卷堆床獨掩關

偶題四律

盈盈天與出塵姿兩小關情乍見時自許文禽名並命
誰知彩鳳號長離懺除花刼全歸夢消遣風懷只費詩
漫道生天須慧業此生贏得是相思
無眠聽徹遠鐘撞小膽空房夢壓幢風引爐煙縈曉幔
日移水影蕩晴窗緗荷摘得難逢偶紅豆拈來不作雙
莫訝風姿易蕭瑟芙蓉原自傍秋江

仙心俠骨一身兼雲笈曾繙第幾籤薄慇能持偏蘊藉諸詞微逗轉矜嚴芳時多病防人問閒處生愁暗自嫌姊娣天人俱絕世輸儂佳句滿香奩

每到歡場便惘然繁華過眼總堪憐生成瑣骨珊珊鶴銷盡柔魂楚楚鵑鏤雪團香留彩管歌離弔夢付冰紘蕊珠信有神仙侶寄語人間莫浪傳

聞嘉勇公凱旋荔裳弟相隨已抵成都喜作長句寄之

歸邪星向天西照寶地莊嚴瑞雲繞上將還朝捧玉符降番嚮化修金表辛苦書生戎馬間也隨旌旆度千山

窮邊昔見懸軍入折坂今聞叱馭還却思前歲湟中別岐路分攜共嗚咽星海寒凝萬里冰陰山峭削千峯雪迢遞相望一載餘懷君清淚濕衣裾矛頭淅米驚危語盾鼻揮毫寄遠書焦原側足談何易此日邊城返征騎沙度繩行絕險過却看蜀道如平地玉帳牙旗唱凱旋錦城花柳拂晴烟軍中法曲巴渝鼓道上歡聲蜀國絃男兒作健好身手朔雪炎風亦何有報 國華言劒拄頤論功敢望金懸肘取次征程入 國門團欒骨月話黃昏壯遊已遂風雲志 殊擢還承 雨露恩朝來乾鵲催人起好音傳到慈顏喜檀炷重添繡佛前綵衣待舞華堂裏兩字平安慰我思報書珍重寄君知阿兄別有閒心計要索從軍百首詩

寧夏采風詩有序

余牧靈武五年矣聽覽餘閒宣 上德意而詢其疾苦懲其末流亦吏職宜爾也靈武隸寧夏于以徵風土之會因作詩十章聊以備輶軒之采云爾

沙鹻田

我來更吏考治賦無寸長常恐民力絀勸課違其方弭節原上郵父老相迎將舉策詰父老念爾愚不明不見古王制三耕備一荒李悝漢氾勝農政斯精詳節宣事

在人有腹爾自量比歲值豐稔猶然無蓋藏而反累守宰不得充官倉父老拜且語語多情慨慷自言農家子銚鎒日日忙此地多硝鹻春潮凝若霜腐根不出土嘉穀無由芳又有河壖地風沙卷雷硠往往萬金產廢為狐麂場黃流況屢徙拆隴如排墻君看數種田猶科見在糧其間可稼處馬體中毫芒孤莖出蕪穢赤立東不僵沙鹻之所敝隄堰之所鄣耘芋之所墾豚酒之所禳上熟畝盈石中熟六斗強歲下升與豆子本安得償腰鐮事未已吏牒紛在堂松花壓朱紐標識森成行色色著我名云我有田莊無田自傭力有田苦膏肓愧荷使

君語生事終茫茫余聞搔首嘆茲實古塞疆寧收此乘旺金飢木不穰百卉變衰落五種無精良安忍更鞭箠乘危扼其吭喟彼好事者乃云魚米鄉斯言孰傳播重爲吾民傷

糧草稅

邊徼地何瘠罷氓心所矜肅肅集中澤嗷嗷待西成歲收無常數賦入有定名夏麥秋穀粟二豆莞與青四色分兩稅畝入斗二升析爲子母耗紛束相因乘其餘減則地五稔裁一登差徭復蝟集與田爲重輕計彼平歲穫奚止大半征況又科所無疲喘何能勝繭絲吏有職

按簿事蒐榜米鹽綜靡密瓜蔓紛鈎縈不悉入者寡惡如取者盈側聞前明日置屯此邊庭沿河九衛所一一習戰耕軍三屯戶七二丁資一兵取足峙芻糧歲收算其贏地利旣殫盡百役滋繁興軍撤著空籍賦額懸逃丁撤派事紛拏包賠議沸騰善哉朱箋疏一字一撫膺此身非木石安得頑無情我　朝覃天澤深仁被邊氓蠲賑若山積休養致太平小臣來吏此纔閱五歲星前春豁逋欠今歲仍減征巍巍覆載恩守宰親奉行時聞諸父老感激涕縱橫

渠工稅

黃河走鳴沙雙峽名青銅洪濤一縛束勢急如張弓靈武秦漢渠上流扼其衝刷沙借水力疏濬易爲功春融土膏發士民自鳩工錢不借水衡費不煩租庸相安百餘年衆議無異同郡城渠有四漢唐留舊蹤我　朝復增置天澤何靡鴻灌溉十萬區禾麥青芃芃農祥甫晨正土脈如撥爞長官符亟下按畝人夫充土石雜薪楗堆積如山崇萬人具畚鍤築斸聲隆隆大渠三百里支渠橫復縱工作官有程一月期易窮料理稍不愼奔潦仍相攻千緡萬家産擲向波濤中溝人大修防民力或不供里長貸官錢逋欠還重重利害固相倚苦樂殊未

公所願良有司撙節念疲癃勿受黠民欺勿爲奸吏蒙恃人不恃法慮始復慮終任人專則奮用法簡則從始事宜急急終事毋匆匆度幾金堤固長使黃流通盈寧慶百室耕鑿安三農

堡渠長

周禮置六卿治具何其縟州閭族比隣一一備官屬漢時鄉亭職三老最尊宿其他斗食員頗亦資教督自從保甲行無復在齒錄徒有奔走勞而無擔石祿官旣賤其人人亦恥其役剜方屯戍地四塞兼水陸一堡置一長渠長爲之副厥初在得人明信堅約束比來日流失

抏敝寖爲俗額鈌更承充充者半貪贖堡政號殷繁渠
工亦奔輳往往征調時花名若星簇公庭持手教寄之
爲耳目謂可制吏胥吏反緣爲蝨一差蔓十家以次相
魚肉却署逃亡籍株累試鞭朴豈知民脂膏狠籍飽其
腹邊地鮮蓋藏　聖恩此亭育採新實稟固放舊起顛
仆況又委任之歛散從其出正使坐奸贓豈足償啼哭
更兼絲與粒國計關錢穀坐令百年間積逋不可復此
輩相依倚善幻如轉軸頗能知短長不省顧榮辱木磨
木則然水濟水則覆絲失紝者柰弓離槊者曲徵詞勿
復陳比類在君觸莫待薰灌窮始勘狐鼠獄

山田訟

靈武多山田廣袤無阡陌其陽皆石岡其陰半沙磧
聖朝尚寬大軫念邊氓瘠制賦從其薄數畜計牛隻任
民自耘耔不復論丈尺至今土附者賦一還占百雨澤
或愆期連山地皆赤商量負鋤耒舍此復他適數年歸
故里地址不能識探囊得舊劵轉輾相尋索不謂南舍
侵定訟東鄰匿覬彼糞壤腴思以荒田易爭庭語譊譊
難以情理測驅車至其地約畧指疆場參以故老言反
覆得其實隱情旣已輸強詞始默塞雀鼠技易窮咄哉
何足責比歲雨暘和高田宜稼穡愚民貪天功妄冀千
鍾獲乘間越畛畦向夜駕車軛播種猶未竟黠者抵其
隙什伍呼其曹彼此相交格蔓延滋訟端經年未能息
靈澤本無私人心自多僻甲壤共庚泥黃壚兼赤埴此
皆官家地豈容爾私鬬爭競浸成風本業轉拋擲爾各
田爾田爾其食爾力苦口爲爾陳不忍操束濕歸矣事
耕耘農時眞可惜

醮婦辭

衛燕甘獨栖陶鵠無再偶高節照千秋從一義不苟大
哉夫婦倫斯爲風化首奈何此邦人嫁娶忍含垢結髮
諧百年阿夫不中壽骨肉猶未寒求婚來某某料理嫁

衣裳仍復撩箕帚媒氏有讕言持家須舊手郎如欲娶
妻女兒不如婦嫖忽背尊章歡呼宴親友相看成習慣
不謂言之醜阿婆重錢刀母家索羊酒共忘天屬親均
爲利所誘爭利偶不遂訟牒或紛糾士族且復然蚩氓
更何有復聞東家婦良人別來久超遥萬餘里西出玉
關口自從絕音書今已五年後田間無秉穗室內乏升
斗親屬兩無依門戶詎能守里正代陳詞去留聽自取
竟不念故雄居然擇新牡誰謂嶺上松不如道旁柳爾
情一何薄爾顏一何厚亮由軀命重不耐飢寒受但顧
禾黍豐比戶康且阜生者不相棄死者不相負激勸愧

未能吾其引爲咎

賣兒謡

昔聞有林回投璧負嬰孩所重骨肉恩千金何爲哉云何蚩蚩自絶其根荄不見買奴婢都向寧郡來幼女齒方齔稚兒髮覆眉父母牽就市相望何觼鱟借問若干值一緡三歲奇兒啼父不念兒去母不思但云紇干雀從爾好處飛好處竟何處此離定長離鄉夢久應到生小魂凄迷刖有市儈徒剽販轉東西兒身已無蔕兒命當屬誰人家養兒女三五成冠笄綢繆六親誼珍重百歲期其歌有與樂其哭有與悲婚嫁而論財古賢斥

其非矧乃棄其身有類貨豚豨啜羹與放麑試以仁理推憶昨設粥日有婦老且娄自言身有子典鬻無子遺只今一身在微命如懸絲回頭賣兒錢撒手風雨馳溫飽能幾許不死仍苦飢予既感斯語已乃喻遣之不聞蚩負蟨啣將甘草貽不聞烏母慈仍有反哺兒微物心尚爾爾當轉自嗤徒令桓山曲終古爲酸嘶

兩蕃部

漢代始開置徙民實新秦遂收西郡地賴此爲本根當時走白羊依山繕城垣雖云阻一面三面垂在邊西北固磽埆種族蝗生蝝自周無上策何論漢以還棄之弱三輔守之孤外援破完補一僘其勢無兩全爰稽勝國時遺事可悲煎套地何么麽穴此井底天東馳逼環慶西哭連罕幵此間大河險蹂躪爲通津犇蜂起肘腋掩兎不及奔時聞出賀蘭殺人濇草間已復入村堡搜牢無一存爾時疆場吏豈無汗馬勳理國如理絲哀哉値其棼我　朝大一統封域極廣輪自克噶爾丹已戎河朔屯蒙鄂兩蕃部内屬爲世臣迄今百餘載膜拜奉一尊平靈數口道明制表闡門　詔許通互市弛禁薄其緡橐駝馬牛羊彌山塞郊原王公大貝勒封爵被國恩主之藩部郎玉節乘輶軒賞功馭有罪動息必

上聞治以中國法人以中國人小臣備職守目睹想所因自古聖人世分土無分民有如馭騀馬銜策令其馴又如哺雛鷇七子養則均馴由　天子義均由　天子仁美哉此道行萬古無邊塵

栽羢毯

蜀錦濯始成吳蠶浴還稚如何西鄙人畜牧爲耕織常聞古豳原裘褐皆有事聖人盡物性因土有其利欽皮始用官貢毳較精細大旅設旃案特用贊殷祭然猶令考工淫巧防其繼漢武定西域方物入圖記紫毯紅毹毾㲪毼百種蔚至今資服用寧人便體氣朔方有栽羢

毯中寂珍異吾嘗稽其法乃古氍毹製工欲操奇巖增妍出新意經以爽脆旃緯之木綿繸或又朱其組杭産乃寂貴屈蟠龍鳳文花樣四時媚購者動千緡巧宦與豪隸日索日不供尺幅萬指萃厥用在何許不中衣與被但云園墅勝主人作高會胡床藉綺羅重褥薦珠翠別有大地衣弓笏肖規制矜栱亘若雲輦重不易致土木被文繡侈靡蕩心志五載窮塞垣民瘼多于蝟而身此悠悠衣食尚爲累底將有限供趁此無窮費寄謝三數公無爲棄菅蒯

小當子

近時有歌兒其名曰當子郡中産尤多挾技走都市便串出新變頹波何所底公餘集賓僚百戲盛豪侈當筵召之來婑嫷齊稚齒巧學内家粧垂髫釵鳳紫偏諸小紺袖纏臂金約指氍毹置正中步搖行且止老郎抱琵琶對客據几玉撥風中挑腕下何奔駛維時綺席間橫斜不盈咫鶯喉澀初囀鷺頸延而跂三聲歌未畢擊節爲驚起上客親點籌斜行白團紙曲終索纏頭四座紛填委更鼓夜將闌主賓情未已或爲連臂歌或如坐部伎翩翾主觴政宛轉接簪履一樽侑一曲心醉非甘醴頻頻樺炬燃峩峩玉山圮吁嗟乎此時幾欲爲情死我本非解人隨衆聊諾唯擬將紅豆記謾以香奩比豈知舉其辭嘔啞逼心髓詩騷遠樂府不盡刪淫靡要知作者心雅鄭各有體金元諸院本存眞汰其俚豈聞玩侏儒直欲窮猥鄙禁之固無庸狎之良有泚奈此嗜痂人饞餂着瘡痏徒令兒女嗤豈惟壯夫恥歌詞遍六州音節頗清美胡不唱伊涼澆撥留犁七胡不唱隴頭梅花驛邊使我有數篇詩頗合風人旨諷諭雜諧謔激昂入宫徵惜無好女伶歌向旗亭裏黄華一嗑然古調嗟已矣

冬夜讀張大春溪見寄詩集偶成四律却寄

金城握手對靑樽斫地高歌意氣眞作客生涯原剌促論交肝膽尚輪囷一官未遂謀生計萬里偏羈負米身別後相望各惆悵高樓閒倚數星辰

一緘愁緒繭絲縈情話蟬聯紙百番我似海鷗思伴侶誰令澤雉困籠樊中年絲竹偏多感殘夜星河若易翻獨起飄零無限恨銅盤蠟淚助潺湲

羈緒鰥鰥有所思狂風吹折女蘿枝齊牢緣斷傷貧賤浩刼魂歸怨別離判負鹿門偕隱約難忘皐廡賃春時多君情重兼風義不似尋常兒女悲

君莫言愁我亦愁華年彈指去難留風塵潦倒誰靑眼

邊徼浮沉早白頭蒯徹著書名雋永枚皋作賦類俳優
離心輾轉難成寐曉角無端起戍樓

芙蓉山館詩稿卷八

金匱楊芳燦蓉裳

春曉

小閣明燈炧高窗曙色分抱香衣卷霧選夢枕垂雲細
雨催花信輕冰護水紋春寒猶未減卯酒愛微醺

海棠十二韻

百媚荷城啟玉扃雲舒霞卷見娉婷夭斜窺影臨深沼
淺淡凝粧傍小亭異種偶移來朔塞仙根應植自東溟
茜紗繫臂承新寵珠校圍腰恰妙齡已奪梨桃無冶色
判輸荼蘼擅幽馨珊会壓蔓堆紅浪瑤琖扶頭殢綠醽

薄暈臉潮醒未解輕籠眼纈睡初醒高燒葉底千條燭
密綴花稍九子鈴穠蕊開時含曉露繁枝缺處逗春星
雅宜倩女簪雲髻好伴文禽刷彩翎多恐斷魂迷蛺蝶
偶來偷眼任蜻蜓五家裝束誇秦號一種丰姿妒尹邢
不羨石家金作屋底須蜀國錦為屏歌疑絳樹臨風囀
曲愛霓裳八月聽乍覩曇華饒悵望却憐豔雪易飄零
攜將麗質藏芸閣注得清泉漾玉缾愁淚一彈羅袖濕
名香千嗅綵衣靈潛英石遠珊瑚現縹粉壺空點點熒
殘月幽輝流枕簟明燈橫影上牕櫺遺忘為補騷人過
綺語瀾翻筆不停

四月八日過凈慧寺

佛日過僧院蘭盆浴化生茶烟縈榻細花氣入簾淸小凭藤輪坐閒尋竹徑行禪宗吾未達得句且先呈

夜坐

把卷坐秋窗嫩凉侵白紵背燈地忽明黄昏下微雨

九日雨窗有懷蘿裳三弟

令節增鄉思蕭晨感客心九秋餘短景七日又愁霖遠岫藏穹翠低空壓暝陰雙墻衰草積廢甃古苔深繞砌泉鳴玉偎籬菊散金點波新鴈影扶户冷蛩音猛潦多妨轍頽飈暗觸襟有懷惟嘯咏無處可登臨獨夜愁難

遣離人涕不禁煙霄勞悵望容鬢恐頽侵邊角迎風急郵鐘隔霧沉秦雲迷黯黯蜀坂阻嶇嶔苦憶聯床話空成刻燭吟狂朋呼叔起柔落且同斟謂侯春塘

偶成

已墮風塵障難言少宦情家山勞夢想人事苦將迎局促尋陳迹飛騰讓後生杜欽官不達深媿負時名

寄兩弟

昔采籬邊菊官齋奉版輿今看雲外鴈遠道悵離居節物思親淚關山寄弟書臨風搔短髮旅鬢日蕭踈

葡萄

種自來戎落根宜植近郊預期秋得實先數夏舍苞翳日疑張繖迎凉勝縛茅翠甤森屋角淸陰散堂坳椽杙雙松立編籬六枳交庭虛覔引蔓墻矮漸抽梢穴地蟠春蚓拏雲起凍蛟千絲珊網結萬顆寶珠抛的皪星聚熒熒碧眼顯玉璫穿雜佩瓔珞綴華楙佳夢捫靑乳奇徵驗紫胞水精明奪月瓊液冷凝泡莫放飛飊竊須防啅雀捎堆盤光剖蚌褁帕淚藏鮫摘去看盈把量來恰滿筲荔奴名可並箇子狀難淆豈意三霄露翻成一斛醪凉州眞慢汝百果合相嘲

秋海棠四律和張雨岩

苑轉腰支掌上身水天别館証前因開逢碎雨零煙候生是長門永巷人粉界啼粧緣底恨黛凝愁思爲誰顰可知世有神仙侶睡足華淸占好春

居然香色一身兼無限秋情爲爾添驚翠眉長窺粉鏡塗黄額小映晶簾人前相見羞題扇山下重逢怨織縑拚把相思換憔悴爭禁玉骨瘦纖纖

幾枝綽約背斜曛艷到秋光已十分紺袖唾華嬌合德瑠壺淚點泣靈芸每愁弱質難勝露多恐離魂欲化雲信是幽姿愛高潔緑茵一片護苔紋

薄雲零亂月侵廊寂寂墻陰抱暗香未許蜨魂窺艷冶

儘留蛩語伴淒凉喚醒石上三生夢斷盡風前九轉腸
擬向冰綃標逸格幾回怊悵檢詩箱

古槐同張三雨岩侯大春塘聯句三十韻

靈武有古槐 會稽張森雨岩 盤礴當軒闢孤根吸河源 芳燦 老幹撐天末歲月迭推嬗 同邑侯士驤春塘 昏曉屢盪劃神完辟兵燹 森 本固謝天闕陶鑄陰陽交 芳燦 吐納烟霞活元化厚滋培 士驤 冥宰潛廻斡合受秦皇封 森 疑經漢吏芟出地疾雷奮 芳燦 閱世驚電抹獨秀聳喬柯 士驤 怒生挺旁枿虛星散芒燄 森 蘭山對巖辟纛旗十丈搴 芳燦 鐵䃆三尋拔𦐇腹露囷蠢 士驤 禿鬝紛轇轕長臂夜

叉拏 森 左耳乖龍剟猛兕蹲不動 芳燦 奔虬氣欲奪防風骨節僵 士驤 負貳械杻脫掘攣蠆尾垂 森 臃腫狠胡跋苔成斑駮篆 芳燦 蘿薜纚褷褐一國螘族屯 士驤 千種鳥言聒盛夏避炎歊 森 廣庭敞廖豁繁陰互蔽虧 芳燦 客葉森排擬屹立黛作堆 士驤 瀾翻翠如潑直袪女魃虐 森 不畏陽烏渴清宜設筒罇 芳燦 凉可屏荃葛仙實細殝擲 士驤 冷淘嫩堪掇漲雨波粼粼 森 漏月影黯黮勁質敵松筠 芳燦 大年壓杉栝欝葱望佳氣 士驤 瓌偉占晚達將軍百戰徙 森 寒士萬間凋端門拱華榱 芳燦 學市集緇撮相與祝嘉徵 士驤 音聲聽清越

贈張雨岩

蘭山識面初肝膽兩披豁愛君大雅才天懷最通脫文史相嬉娛風月互批抹一別忽經年怊悵塗采葛吏道坐自拘朋儕間何濶沉迷簿領中苦受險膚聒詩騷有結習亦被風塵奪聞君到朔方三日息軨轞咫尺不得見愁如困飢渴奚奴百里馳蘭訊一函達君果翩然來大笑入排闥深譚略寒暄快語紓欝閼詞場試角逐塵務暫擺撥手同天馬超心比神雲活李杜壘許摩王劉標可撮箕踞秋樹根興發不能遏此原號怪魁龍攣虎燈甀待君共品題傑句鬭新抜淋漓揮散卓墨汁三升

潑精思鑱石鼎速藻蔓銅缽得雋喜探驪誇博嗤祭獺譙樓叠鼓撾官燭屢見跋雲拆吐蟾蜍霜寒警鵠鴰盤蔬匏甘脆䬸飯愧粗糲良會祇須臾念別增㤼怛簡書有期程車馬已脂秣所願崇令名天衢看超越歲寒盟勿渝幼清義未沫宦成賦遂初把臂尋鹿祸山靈倘見招瑤草同攬掇

秋晚偶成

十年一障此棲遲雙鬢新添鏡裏絲鄉思牀前惟月見
宦情籬下有花知祇餘嬾癖齊中散恨少清吟敵左司
盡日書堂掩關坐吏人應笑長官癡

秋感

河奇西苑古靈州七載勞人此滯留有限親朋頻送別無端風物又驚秋鄉園入夢青山遠關塞連天白草愁正是羈懷感搖落一繩飛雁過南樓

信步

信步尋幽去名園開竹扉秋光愜山意暝翠滴人衣魚破綠萍出鳥銜紅葉飛煙中知有寺梵唱遠微微

讀何南園遺詩愴然有作

我愛南園子清才邁古今窮途任寥落狂態尚嵚嶔泉石歸詩癖風雲入劍心夜臺憐短褐絕調對誰吟

與俟大春塘夜話偶成

亂抽書帙散繩床聽徹秋更故故長拚雅竟忘塵吏俗偷閒翻替古人忙邊城風勁林無葉老屋燈寒夜有霜對爾吟懷忽飛動譚詩不減少年狂

晚望

獨倚西樓望斜陽上客衣黃花經雨綻紅稻帶霜肥江徼離情遠巴山信使稀寒雲千萬疊杳杳雁高飛

禹碑追和顧斐瞻作

祝融峰勢高峻嶒九向九背長雲絪碑書歷刧不磨滅七十七字森鋒稜隨刊大手古神禹明德遠充窮名稱降神石紐幹父蠱天綱手挈援黎蒸參身洪流宿嶽麓鳥獸門戶勞攀登烈風雷雨代櫛沐智瞀形折疲股肱疏排湛滯徙欝塞山川險阻四載乘元夷蒼水授百寶庚辰童律備五丞夔魖罔象萬萬纛殊形詭質吁可憎驅令絕迹遠奔竄百靈受職江河澄從茲九牧衣食備免營窟穴居巢橧刮磨巨石紀平定神工鑱鑿非人能文懸日月自典重功葢寰海無誇矜粤稽蒼牙逮軒頡聖神接踵書契興苞符橐籥合宜泄天誕文命爲欽承鈎鈐玉斗表靈覡赤珪綠字標奇徵自然制作侔造化卓立曠古無其朋秦碑漢版周獵碣俯首下視皆雲仍

火維地荒絕人迹鸞飄鳳泊埋榛艿窅崖或有鬼神護仄徑未許猿猱升退之好古見未曾咨嗟空有涕沾膺由來至寶不終秘前有宛委後羽陵乾端坤倪忽呈露萬本搨出岩千層洗生妙悟契冥宰丹鉼夢授神所憑豁如金篦刮眼膜照耀暗室然明燈廼知蟲書鳥篆體製別破壞古法嗤斯冰惜哉雌雄鼎鬲淪泗水龍齒齧斷黃金繩冥靈元要亦未覩石室永閟南和繒安得龍威丈人盡搜取坐使光價百倍增虎頭南遊得此本不負梯山棧谷行攢蛟蟉虬滿幅炎飛動芒燄作作空中騰祇愁轟雷掣電破齋壁亟命什襲藏巖縢

張大春淡以余詩寄陳寶摩遠惠四詩過蒙推挹
作此答之
憶從秦塞逢平子常望燕臺說孟公擊劍狂呼才磊落
把杯高詠句清工神交夢到龍堆月遠道書傳雁磧風
知己關情無限感青琴三疊聽難終
詞場跋扈憶當年淪落風塵黯自憐成佛故應居謝後
得名原媿在盧前偶然見獵心還喜也似逃禪累未捐
何日題襟對樽酒空王香火證因緣
薄領紛仍坐自拘銷愁賴有一床書司勳老去風情減
中散狂來禮法疏七日嬰城身幸脫十年乘鄣命何如

憑君莫話當亭事怕觸心兵噩夢餘
盧騘星月夜深深坐到燈殘玉漏沉小草已知無遠志
名山期不負初心貂褕繡貝殷勤贈彩管鸞牋宛轉吟
詞賦從今須愛惜側身北望有知音
寒月聯句
翔陽入崦嵫芳燦皓魄上寥泬高旻淡無際士驤夜景
清欲絕衆竅澄遠岫芳燦萬籟闃諸穴離離巫靈沉士
驤翳翳雲魅滅霜氣浸庭甃芳燦風威戛詹鐵未感楚
纊挾士驤頓恐吳棉折宵儀浴甘淵芳燦纖阿駕飛轍
檽眉垂曲瓊士驤簾額懸古玦半破露銀丸芳燦一方
印珂雪羅幌光搖洛士驤跳窗影瑩澈照死魚鱗閃芳
燦委砌蟾肪截噤痒膚起粟士驤眩蕩眼生纈荒磧沙
倍明芳燦長河凘漸結驚烏起屋角士驤凍鶻蹲林缺
瘦菊華已披芳燦老槐葉全撤街柝韵淸淒士驤城笳
響幽咽倦書卷暫庋芳燦斷酒尊徒設鬪茗瀹卑盧士
驤試香炷迷迭蘭膏任暗消芳燦松脂罷重爇索寞抱
冬心士驤羈棲慨暮節十載邊陲滯芳燦千里故人別
離思苦悁勞士驤吟懷但騷屑寄愁玉樓遠芳燦濯魄
冰壺潔想作曼都遊士驤共譜婆羅闋慧業記難眞芳
燦韶年去如瞥琳華未許佩士驤靈藥無緣竊謝賦巧

莫階芳燦飽詩秀堪擷推敲逢鉅手士驤瑟縮愧訥舌
窶數類鼠銜芳燦禿筆肖魚齧不如坐虛白士驤相對
忘言說芳燦
答狄道李寶之孝廉
曠代數詩人首推隴西李卓絕河梁篇五言實創始青
蓮最豪逸昌谷亦瓌詭君廣及才江磊落相間起最近
主騷壇健者空同子盤根本通仙孫枝秀無比君也紹
宗風弱齡貫經史藝圃鬱奇芬桂苑擎華蕊共問孝廉
船名聲服精理健翮暫淹留軼足終奔駛松崖老尊宿
才望屹山峙風流洛中社月旦平輿里相見每談詩偶

暇卽說士里社數才彥誇君不去齒神交未通夢高名早傾耳願言達微贊修士相見禮此邦雖僻遠人風頗淸美組帶靑衿儔鏘鏘而儗儗學舍寬數弓差足安硯几草比爲君設待作司南指惠來停君車歡迎倒吾屣淸言似霏屑逸翰如振綺益信松厓翁傾倒良有以羌予墮風塵彈指閱星紀竿牘疲精神嵬瑣殊可鄙本自無他長况久捐故技烟墨遂生疎不肯聽驅使新詩感投贈珠字光滿紙百和雜蘭椒五音合宮徵每謂君家詩高妙兼衆體仙才與鬼才後人強摹擬君其廓堂構遠證風騷旨新知樂莫樂酬倡從此始

衎齋小集用玉溪生體作憶雪催雪詩各一百言

不見龍山雪邊城空暮寒尋詩遲白戰對酒邀淸歡風緊聽多惧雲低望轉寬灞橋吟斷續剡棹興闌珊虛掩松關靜還愁麥壠乾庭難邀鶴舞澗且任虬蟠俊侶思瓊樹仙山認玉巒輕疑歌裏散艷想鏡中看悵望開幽徑沉吟凭曲欄停琴徒脈脈何以儷幽蘭

斗覺寒威勁彌空起凍雲祇驚風獵獵不見霰紛紛極浦迷靑靄遙峯斂翠氛絮應千點墜梅擬一枝分擘鉢留餘響當杯惜半醺八叉贏賭天合助淸文素女休臧艷瓊葩早吐芬梨魂期入夢玉戲待成羣姤影廻羅袖流輝映練裙綠章如可達先遣海神聞

作二詩成喜得微雪再賦一篇

䭾雪如期至無多亦復佳入情欣此夕天意慰吾儕傍舍孤烟曳平林宿霧霾寒輝流屋瓦夜色淨庭階似淞封苔額疑灰散豆稭生姿餘老樹借潤到枯荄浥浥纔霑袖盈盈未沒鞵冰紈裁蕙帶寶粟綴松釵薄落雲通夢依稀月墮懷朗吟淸思迥佳客賞心偕

寒夜效陰子堅體

寒空本明迥况復月華流遙夜屛紛務心跡暫淸幽輕冰金井結繁霜碧瓦浮盈几散緗帙當戶下羅幬杯重

玉醪滿爐溫石葉留孤斟發高咏因之散遠愁

歲暮有懷吳松厓先生

晏歲苦短晷斜暉藹微明空烟淡欲無新月霞外生修夜羣動息冬心抱孤淸燈影耿虛室霜氣流前楹林巒隔旅夢簿領妨幽情故人渺天末相思聞雁聲

贈張蘭阿

辛苦蘭阿子詩囊手自携失明專內視養靜愛幽棲鴈警邊霜重鐘催塞月低惜無淸絕句寄爾五雲溪（唐朱邑亦失明工詩居五雲溪）

黃河冰橋

神淵吐洪溜連天駛奔騰隆冬阻利涉壯士不敢憑險拱待其定寒威日以增元冥妙廻斡懸流下層凌碎響寒咿咿猛勢高稜稜排頭方競進銜尾還相承無煩夏后鑱崇山徒嵚崚不待秦皇鞭巨石驅硱磳盲風倏怒號雷轟雪翻嘣河身凍欲僵澤腹堅如癥一片玻璃魂滉漾生鏡菱遂使百丈橋起自九曲冰水程忽登陸川谷翻成陵虹腰蟠宛宛鴈齒排層層擲杖陋方士結筏嗤胡僧絕壑好藏舟通衢任擔簦卓馬蹄篤速服牛牽輷輘未妨壯于趾竟可麾以肱小渀橫礿度大浸飛梁升應星照瑤光通漢連銀繩陽侯獻縞帶鮫室聯綃綾

招鶯舞瑤鑑呼龍耕玉塍題柱字易滅掀車力能勝接岸瓊肪截隔堰珠塵凝潛虬目睗睒凍蛟背凌兢蹋來理輕策寧愁滑行縢不信水可抑翻訝雲堪乘微霜印人跡獨火明漁燈凭高望縈練躋險恐裂繒偉哉崑崙源紫塞相環絙瑞應表　聖代榮光叶休徵津逮出天造結構非人能車書此輻輳琛賮來頻仍昂首戴靈鼇偃翼蹋溟鵬重險履如夷坎德洵有恒欲誇東海若奇觀得未曾

分賦朔方古蹟得元昊宮

賀蘭山勢何龍嵸白草颯颯吹邊風居民尚記曩霄事荒宮彷彿留遺蹤曩霄剽悍古無比緋衣青蓋腰弓矢合圍壯士慣鵮生突陣傖奴偏敢死英雄自許不受恩區區錦綺安足珍旋風礮石鐵鷂騎萬里攻戰眞如神道傍錯置銀泥合放出摩空懸哨鴿金鼓鏦錚漢將驚伏兵四面如雲集陣中忽卓鮑老旗左盤右旋任指麾蕃書百道收銳卒英謀六出摧雄師朔方形勝連河隴二十二州南面擁張吳狂士竟橫行韓范孤軍但陰拱頻年黷武國空虛比戶歌謠十不如末路雄心猶倔強未甘俯首草降書土木當時誇壯麗雲房霧殿森虧蔽差勝顆頤陳涉王居然尊大公孫帝回首繁華總劫灰

蒼茫無復舊池臺行人駐馬斜陽外指點河山說霸才

題龔海峰雙驂亭詩集後

生千載後欲論詩古人邈矣不可追所恃古有眞性情衣冠笑貌如見之生千載後欲作詩作者已多胡贅爲所恃我有眞性情前薪後火息息吹心源方寸無盡境變化臭腐爲神奇精誠上感鬼神泣質直下使婦豎知雲屋無勞架欂櫨混沌詎可添鬚眉大家相傳有秘鑰彼膚淺者焉能窺海峰先生起閩嶠弱齡穎悟標奇姿典墳邱索經子史五行一覽咸無遺平生所學有根柢祇以餘事爲文辭天風海濤驅入筆鯨呿鼇擲蛟龍馳

聲華一日動 都下坐取科第如摘髭惜哉空袖著作手不使簪筆隨軒墀趨庭南詔陟萬里枯魚銜索遭艱危天涯負米苦奔走庭闈又失偏親慈白華朱萼付想像欲補詩什翻增悲伯淮季江誼最篤脊令原上愁分離故園松桂入夢寐對床風雨歸何時鹿門有婦勸偕隱數載未得還山貲祇今遺挂空在壁傷心兒女啼嚶咿先生至性重倫𢑥篇章感人皆涕洟纏綿悱惻出肺腑不事藻飾矜容儀古來名輩肩參差中有真意相維持不爾何以傳來兹一行作吏巫邊陲拊循凋𨙻回瘡痍張堪麥穗秀兩歧房豹井水甘如飴時從父老問疾

苦猶愧素食頻嗟咨香山樂府春陵作古音嗣響非君誰尭余少小弄柔翰繡鞶畫羽人所嗤年來結習頗知悔願懺綺語湔瑕疵先生虛懷採葑菲手題巨軸遠見貽案頭晨夕勤覽披如得美饌忘調飢棄膚扶髓証宗旨感君爲我作導師命爲嚆引吾豈敢先鳴木柷增嘲嗤聊漫長句誌傾倒或許挽袖登文陴

齋中即物成詠四首

水菸

西陲産靈草也號淡巴菰品逸桐君錄形遺柏翳圖化煙還淡蕩借水得甘腴時俗爭奇味良工出巧模龍攜斑竹管別製鏤金壺潤逼瓊絲細清迴蘭臋枯牛毛防飲迸一縷冷雲呼齒頰炎涼判胸懷冰炭俱龍涎凝晻藹蜃氣濕模糊酒惡醒能解詩狂興不孤好教如願婢亟喚引光奴試問餐霞客塵心滌盡無

石炭

我昔聞燋石揚光裨海東荒經徒志異物産此原同盤穴鈎能致連簋載不窮赭山灰有劫燒玉彩成虹氣盛禁寒逼心堅耐火攻伴鐙虛館裏照雪小窗中磊落堆丹𥟴晶瑩煉赤銅傍人通體熱銷夜滿爐紅衣月公明爇宜添柏子烘蘭幃香篆結綺席酒波融寶鴨携來煖

青猊刻處工良朋圍密坐歡笑待春風

煖炕

不信蕭齋裏溫柔別有鄉宦情思已熟客況坐來忘宿飲星星在清宵細細長底須燕玉伴絕勝越棉裝暴燰蒸炙重空烟隔幔颺破禪經火宅邀夢踏春陽愛士嘘寒背因人轉熱腸酒壚酣畢卓鍛竈卧嵇康淺藉貍毛薦濃薰石葉香懶留雲一片癡抱日三商棐几低相稱瓜廬小不妨熒臺真可傍消得鬢邊霜

火鍋

鼎鬲傳遺製中空百品盛食單誇北饌鄉味重南烹珍

鐘[illegible]宛然隔座
香風[illegible]筵[illegible]氣[illegible]物[illegible]畢竟虛
能受誰言小亦盈[illegible]餘十丈物[illegible]比丙三分郁烈蘭羞
洲冷[illegible]閣歲[illegible]湘流雲子飯鮮點片兒羹附[illegible]休相笑
袪寒恰有情濤骨佐佳讌持比景山鐺

除夕書懷

歲歲逢今夕開筵獻壽觴如何親舍隔悵望隴雲長丙
穴江魚美郫筒臈酒香錦城春似錦知可慰高堂
卯春隨幕府萬里到滇池軺傳經行處碧雞金馬祠關
山余望遠書劍爾酬知倘酌屠蘇酒應懸兩地思（時考家隨）

（嘉勇公赴滇南）
阿奴眞可羨膝下獨承歡妙曲紅牙譜新蔬白玉盤宜
春牋擘錦守歲燭燒蘭憶否秦關客淸唫坐夜闌
七年居畏壘政拙愧臨民敢道邊風陋偏憐士俗淳閭
閻腰鼓閙兒女彩衣新好協康衢咏歡聲迓早春

芙蓉山館詩稿卷九

金匱楊芳燦蓉裳

元旦試筆

守歲夜迢迢華燈燭燄銷星闌沉玉李雲曙展金翹圍
爐送寒意剪綵鬭春嬌文䆫縈寶篆繡戶拂祥飈衢巷
喧簫鼓兒童和詠謠共識康時樂氤氳見慶霄

春夜綠雲吟舫小集分韻

纖月破雲出娟娟媚遠春詩情淸入夜寒意澹如人篆
裊爐薰細花生燭燄新當杯逢俊侶更漏莫催頻
夜氣歛微霄春煙接明靄開軒縱酒歡列坐作高會小

埜林宗巾緩解維摩帶趺宕文史間蕭散風塵外

臨河堡曉發

隣雞促人起向壁燈微明春空淡欲曙林杪三四星長
河冰欲銷瘦馬凌兢行趨府豈云勞簿書有期程忠信
我所持履險心亦寧嗤彼千金子徒言不倚衡

送李賓之北上

我昔交吳均說君才無雙去歲喜君來足音空谷跫靈
武近邊陲今稱冠蓋邦土風頗淳美士氣殊敦龐延君
設臯比講畫開愚蒙樹義總千立待問懸鐘撞君本蘊
耤人靜默言無哤惟有詩筆奇厖突驚濤瀧快比劍發

硎爛若錦濯江相邀設盃杓屋小如臬艭雪意入寒硯
月波翻夜牕清音戛銅鉢細餤明金釭我方堅壁壘君
廼麾旌幢况有倓叔追俊氣不易降文壇掉鞅剸武庫
横矛鏦不憂臏欲絕百斛獨力扛笑談或達曙官鼓鳴
逄逢歡會安可常令我心增懮滿酌勸君飲紅釀浮春
缸此行信磊落高步凌崆峒衆仙詠霓裳珂珮聲琤瑽
倘念風塵中望遠足屢蹼頻寄尺素書珍重貽蘭茝

閏花朝同倓大春塘暨諸生藝兒小集城東書院

卽事四律

澹沲和風拂面吹閒餘春事故遲遲小園煙冷花如夢

曲徑泥融燕未知買醉逕須尋酒士偷閒偏喜作經師
木蘭雙槳紅橋路記否江鄉禊飲時
兩度花朝引興長眼前無事卽歡場游禽滿院林逾靜
新溜沿畦草亦香堆案文書憐我嬾當筵觴詠愛卿狂
詞壇跌宕誇身手差勝分棚入射堂
拈來競病鬭心兵每見新詩覺眼明束髮曾隨羌博士
下帷仍對爵諸生敢云伯業惟耽學那笑元長尚歛名
隨意談諧忘主客茶煙繞榻午餘清
平臺落日一登臨悵觸天涯去住心最憶舊遊荒白社
絕憐同調得青琴閒情共譜邊頭曲佳話應題漢上襟
樂事不妨兒輩覺并無絲竹只高吟

和倚齋師八旬自壽詩十首

錦字傳來青鳥翔吾師正舉八旬觴久知釋梵心無礙
却喜通明眼乍方柱下又逢周藏史人間眞有魯靈光
騎龍弄鳳憑遊戲瀟灑林霞樂未央
黌宮舞勺憶髫齡披腹琅玕獻　帝廷中秘許窺瓊笈
字舊班曾聽玉堂鈴西清蓮炬通宵艷南國棠陰匝地
青才子聲華循吏蹟萬枝銀管寫難停
乞養心同反哺烏非關鄉味憶蓴鱸壯年解組儕元亮
華首承歡慕伯俞池漲晴波八九曲梅翻香雪一千株

神仙愛住華鬘界不似尋常山澤臞
偶証修羅夙世因黙蒼岩畔再來身風雲氣壯才無敵
山水緣深筆有神小數不須凭日者大年原自屬天人
緌桃子熟盤根在歲歲花開二月春
幡然揮手謝塵囂小隱雲蘿不用招一老棲遲安樂國
萬言歌詠太平朝雞林購集爭求白鯷海尋師屢問蕭
更喜紅粧稱弟子詩傳謝韞史班昭
前歲珠江唊荔行羅浮曉日候雞鳴千重雲氣鋪黃海
百道霞標建赤城巖壑有靈邀品藻衣冠好事競將迎
遊山原不妨婚嫁塵縛翻憐尚子平

半郊半郭足盤桓收攬雲烟眼界寬傳世高文慙執簡
歸田淸福勝彈冠同時名輩隨肩少後起才流接踵難
老占名山天意在要公常住主騷壇
玉軸牙籤萬卷餘丹黃勘定禮堂書及門人總輕曹陸
繞膝兒還過庾徐海內公卿投縞紵山中著作佩瓊琚
詞場多少摩天手若比先生恐不如
士林萬口祝延之福慧如公理亦宜白髮女嬃歡聚首
紅閨吉耦慶齊眉側聞薛鳳和鳴日恰值莊椿介壽時
謝傳門庭春似海又看玉樹長孫枝
卿環玉冊寄邊城捧手傳觀四座傾一斗麵爲湯餅會

十章詩和管絃聲橫經問字思疇日受寶抽衣愧此生
祇向天南占晷度老人星傍月輪明

寄吳洵可

春色到邊徼風和晝愔愔千枝姚冶花百囀閒關禽虛
庭少諍辭隱几眺淸吟把君一卷詩泠然滌煩襟元氷
瑩玉壺朱絃絙瑤琴長懷開美度千里勞寸心煙灌阻
遐眺雲巒對孤斟勝抱托毫素臨風貽賞音

二弟隨和制府赴西陽軍營會勦逆苗詩以寄之

纔向滇池萬里廻又隨幕府陟崔嵬當年記室爭推阮
此日軍書合用枚畫角曉吹邊月落牙旗春捲瘴雲開
男兒作健誇身手莫爲勞生却悔才
密箐深林路不迷將軍天上動鉦鼙頻傳飛箭馳銀鶻
好縶長繩縱火雞會見三單屯勁旅那愁九穴接懸梯
書生似爾曾更事身到龍沙絕域西
先聲久已讋羣頑僕射威名重雪山謝艾臨戎揮白羽
班生按塞挽黃間行經蛇虎穿千嶂坐看貔貅掃百蠻
早晚歸來笳鼓競預傳吉語慰慈顏
罷磨盾鼻日揮毫慷慨應忘報國勞縛袴慾裝成慶
書據鞍斜壓赫連刀運籌君幸叨前席抱牘吾慚詣後
曹辜負平生曾膺手怕持靑鏡照顛毛

初夏放舟靑銅峽口因登百塔寺用松陵集中楞
伽精舍倡和韻

靈源出靑銅分流潤郊郭疏爲龍骨渠萬頃膏腴廓夏
始衆綠長和氣銷疹瘼雙峰靑刺天晝日光澹泊拗怒
喧波濤呀谽鬭崖崿堅逾玉壁城險過石闕閣沿隄行
水來露冕褰車箔不辭跋履勞暫得登臨樂嵐光破空
碧雲氣紛華堊俯瞰九曲流貫注長不涸却登檝頭船
輕身冒險惡振柁提有神可喜亦可愕龍門投箭筈翟
塘斷竹筰蛟虬怒欲立夔兩驚可摸潭渦翻雪車石稜
避霜鍔轉丸下峻坂駛馬脫羈絡掠耳霆砰訇奪眸眩

煇爗亂流萬人呼出險千丈落迅若乘飈輪翮如躡雲
屩吏道苦拘檢塵機多礙著偶然得一快似亦天所酢
尋幽入梵宮憑高望六寐嶒峗百浮圖阿誰所鑱鑿浮
柱倚危岑層構臨巨壑疑是阿育王來此翦叢薄鬬鼠
緣垂藤怖鴿觸懸鐸同遊得辯才譚空相應諾雖遂野
千行已免壓蛇蠚天香聞杳靄貝典翫深博徘徊日移
晷微吟招隱作靜境足留連非祇為禪縛伊余耽白業
藜藿甘寂寞試作物外觀心口自營度七寶座莊嚴八
關齋儼恪平生愆自懺豈止一重錯何時遂微尚林泉
好棲托行隨拾橡狙坐伴巢松鶴

憶三弟

清晨乾鵲繞簷鳴小季書來話錦城惜別總思疇日樂
懷歸同有故園情莫愁雲路高難陟且喜清才老更成
知否阿兄期望意讀書非祇為科名
繞膝依依奚阿奴小齋晴日版輿扶愛看雨後花成子
閒數風前燕引雛饌進雕胡供色養歌成華黍助清娛
近來文筆知何似學得西川錦樣無
懷人獨夜轉無憀坐到銀荷燭燼銷香霧迷離花似夢
涼雲浮動月如潮十年奔塞官程滯萬里巴山別路遙
却憶前春同客醉綠藤陰下酌三蕉

旅病羈愁兩不勝尋思往事涕沾膺圖花小閣爭題句
聽雨深宵共剪鐙關路已愁魚信隔風塵況說羽書徵
天涯更憶從軍客落月欄干嬾獨凭

春霽山行即事

春山過時雨萬綠雲外生晨興理輕策信意西崦行初
日澹荒荒曠望天新晴曲磵亂流響雜樹高花明野老
遮馬前呼兒啟柴荊邀我嘗社酒羅列紛瓶罌頻歲喜
豐穰諍訟日以平家家理農具無煩吏催耕淹留日移
晷陶然有餘情率爾遂成詠相和田歌聲

題田家壁

自覺塵勞倦連宵夢故居縱令諳治譜何似讀農書鞍
馬征衫破星霜旅鬢踈攜家就魚麥作計莫躊躇

過淨因寺

一徑碧蘿披招提在遠峰葉香眠麝草枝偃掛猿松露
重濕雙屐雲閒颺短筇憶同王法護曾此聽清鐘

夏夜

苦熱愛清夜迎涼坐小軒霞沉紅散影星過白留痕涙
泊懷征客卑棲滯塞垣嬌兒強解事瓜果說家園

贈

季夏于役高平吳三海晏招集柳湖書院即席賦

不意風塵裏相於索古懽艮朋欣會合勝地足盤桓柳影千絲碧池光一鏡寒蕭然無溽暑旅抱暫爲寬

蘭山一樽共此地復論文健筆摩詩壘豪情鬪酒軍繞畦尋活水倚檻待奇雲願與諸都講横經片席分

滿座江南客渾忘是異鄉清譚勝絲竹逸興寄壺觴入饌魚羹美開厨茗粥香相看有真意莊惠在濠梁

瞑色催歸客斜陽下遠岑水凉喧吠蛤樹闇聚遊禽金石堅前約雲波悵别心留將數行字他日憶題襟

題許更齋星查集後

吾愛許元度稜稜節士風名高行戍日才老著書中傲

骨千時拙枯腸索句工星槎任漂泊終有氣如虹

榆中曉發

侵曉雞聲斷續聞青綾殘夢戀餘熏微霜已着離離樹遠色初分薄薄雲塵壁偶然留斷句錦書誰與寄回文心知故國黄花節腸斷西風白雁羣

旅舍有懷

散帙坐清曉翛然謝俗氛秋聲滿池雨凉意一窻雲倚石花枝瘦當風雁影分蕭晨易生感况復悵離羣

過張三雨岩寓齋夜話

静夜月華滿閒園秋色宜孤花明露葉殘果墜風枝剪燭同清話拈毫索小詩天涯遊倦意脈脈兩心知

雨夜柬張雨岩

我自耽吴詠君應愛越吟亂雲迷客夢暗雨滴秋心戍鼓沉沉急街泥活活深寵驂怯相過濁酒只孤斟

秋雨懷吴握之

披襟坐西窻凉颸散秋暑淰淰嶺頭雲簌簌林梢雨瓷甌泛乳花玉爐銷篆縷所思不可見孤抱共誰語

燃燈寺晚眺

閒凭僧樓望秋山碧到天尋幽新雨後得句晚鐘前燈續長明焰香凝入定煙無由税塵鞅空説愛逃禪

九月五日應未堂刺史雨中招遊五泉看菊

五泉樓觀高玲瓏中有隙地寬百弓山僧好事蒔秋菊凌霜亂發花叢叢誰言秋英最冷淡直與春卉爭昌丰或如鷺衣匀淺赭或似鶴頂凝深紅塗黄韡紫千種色錦斑霞駁疑神工傾城往觀互傳語十日不斷遊人蹤我時小極掩關卧秋霖瀧瀧心情慵長鬚麥戸有底急招我冒雨趨靈宫賓王軼事已千載使君豪興將無同君言尋山兼訪菊要趁煙雨迷空濛風枝欹側見花態雲巒離合窺山容襲衣莫怯寒氣重撲鼻更覺幽香濃躡屐何妨效康樂墊巾正好誇林宗護世城中出美饌

勸客且進玻璃鍾當筵惆悵忽有憶故山林壑寒雲封天隨廢圃但生杞柴桑舊徑惟留松昔年籬下百株菊多恐蕪没隨蒿蓬憑誰爲我相問訊一繩新雁横秋空

秋夜有懷二弟

獨背秋鐙語相思此夜深風來千樹響月過半窗陰蜀道苦巉絶武溪多毒淫平生未識路擬向夢中尋

九日海蒼崖太守招同白塔山登高

商飈掃積陰邊日回暄和令節應嘉招杖策緣坡陀紅亭深隱映白塔高差峩透迤陟棧閣倚檻眺周阿危樓跨層城飛梁駕長河亭亭丹霞起宛宛文虹拖野渡始

收潦塞田已登禾衰黄籬下菊憭緣庭中莎䔲木澂哀籟脱葉辭高柯循覽感時變秋思盈懷多自我落邊徼兹山屢經過當時樽前侶飄轉隨蓬科良會不可常華年易蹉跎鄉關渺何許南望空長哦我如桓子野愁絶聞清歌座客顧我語感慨理則那歡場開笑口且博朱顔酡頻斟玉浮梁滿酌金叵羅起爲主人壽屢舞紛娑娑宵分整歸騎弦月流金波

寒鴉

彷彿荆關畫裏逢紛紛接翅度遥空寒生島嶼蒼茫外秋在風烟慘澹中廢苑殘陽爭禿樹荒江流水趁孤篷横斜醉墨塗來慣點畫終輸雁字工

夜過彈箏峽

曾讀嘉州詩秦箏聲最苦銀甲十三行琤瑽怨秋雨今我來百泉忽聞廣樂來空天彷彿萬秦女齊排鴈柱調鹍絃非絃非指非因想天際流雲出山響林木蕭騷羣鳥號成連去後無真賞峩峩空同山靈境不可攀軒轅廣成時往還疑是雲車羽衛夜過此喚取修羅天女續續空中彈迴流戛觸秋潭石萬古商聲自幽咽數徧青峰不見人腸斷天涯遠行客彈箏峽裏寒水清彈箏峽畔孤月明莫言水樂無宫徵此夜試聽弦外聲

小春招同陳秋濤唐薏園孫星菴遊五泉禪寺分韻得小字

香界肅諸天琳宫儆清曉高下見樓臺金碧出林杪初冬氣候暖景物猶妍好霜楓𦦨欲燃冰苔潔如掃鐘聲出寺遲鴈影隔雲小飽餐伊蒲供信步恣幽討勝侶四五人高譚愜懷抱年來吟興減總覺清思少索筆題僧扉結習殊未了趺坐凭藤輪暫袪六塵擾

送張大春溪歸里即次其留别原韻

平子磊落人才名壓儕輩風騷有結習文史非泛愛誰令束手版屈首銜官内憔悴入樊籠剪翎非所耐盤旋

上折坂舉步輙多礙境窮詩益工微妙得三昧滌濯塵土腸九陽餐沆瀣抉擿大化奇牢籠衆物態如秋水涣鱗如春山翟黛如露盎朝曦如霞擁夕暖纖能穿蚋翼壯欲騎鯨背思眞令鬼泣才不受天槪萬籟酣笙鐘千色列錦繢贈我吉光裘報君飛霞佩揮灑珣玗琪刻畫鼎鼐彝藝苑搴葩華詞源吐汪濊置之作者間洵足當一隊隴坂山嶔崟秦關雲靉靆憐君踔絶姿時命偏屯晦一官塵邊障觸事增悲慨銜索泣枯魚傷心寥莪廢窮途苦悽惻餘潤誰沾溉鄉園五千里宵夢迷霾霧寧甘鸞鶩餓詎見麒麟吠惟我獨知君逸才驚曠代金城

重會面風雪一樽對蛩駏惜分離雲龍暫追逮霜空寒肩聳列宿光炯碎翦燭話長宵谿壑傾肝肺簡珠雜砂礫叢蘭翳荒穢歸心明月知舊業名山在文章雖小技鍛鍊須年歲末妨俗士嗤要與聾者配浮榮何足道積蘇與累塊抗手從此辭丈夫意慷慨明春候鴈回莫忘寄良誨努力樹修名盛年安可再送君還越嶠我尙滯秦塞曼容宦不達靈鞠才先退東皋有薄田相約把鉏耒

贈周二倬雲用春溪韻

金城有傲吏落寞寡朋輩旅居吟四愁古懷歌七愛羸驂薄笨車疲頓風塵內趨府敢云勞刺促非性耐欲言口先噤舉步足多礙端憂坐兀兀望遠思昧昧忽聞春溪來如渴得淸瀣偏人露奇氣狂奴饒故態霜天鬱崢嶸寒山展青黛相訪趁晨曦縱談窮夕曖此時兩目光豈復在牛背爲言周郞奇倜儻負節槪羇帽誇君詩天然謝雕繢晶瑩切玉刀磊落貫珠佩淸音戛鍾石古色列尊鼐智刃游恢恢言泉流濊濊角立一軍張横衝萬夫隊梁月墮蒼茫塞雲凝靉靆復言君念我風雨雞鳴晦神交感知己對酒發長慨作吏來邊陲茲事幾欲廢如彼枯旱苗寸莖絶澆溉如彼塵昏鏡半面迷霾翳本

無不平鳴詎作隨聲吠惟叢兩版書丹黄勘人代遥遥作者心曠古如晤對名山石室藏此生冀津逮才患平原多文惋夾山碎君言中予痼感激鏤膺肺自愧駑瓌奇未能蠲瑕穢壯夫悔雕蟲結習依然在君其厲鋒穎聲華當盛歲精深抉閫奧上與古人配龍文虎脊兩尙里看歷塊兄袁而弟灌交期故慷慨懷哉曠艮覿安得奉淸誨春溪辭我去捧手何時再君復遠從師相望阻關塞詞場得二士甘作三舍退惜無佳茗硯分贈補之耒

詠柑

儒生風味是耶非一點寒香沁齒微黃綬淹遲吾惜汝
可知江橘已緋衣

詠霜後菊

一夜霜風衆緑乾幽姿還許捲簾看龍頭不到羅浮信
誰道梅花耐得寒

題相如傳後

半榻青苔秋雨餘茂陵消渴老相如可憐禿盡淩雲筆
閉戶閒修草木書

冰燈十二韻

水骨誰鐫琢銀荷製最工燈王呈皎潔冰子幻靈通素

影明欺月圓輝巧護風九枝原燦爛八面總玲瓏雲母
團丹魄雯華漾彩虹燭龍銜雪窖蠟鳳綴珠宮甲煎休
頻沃頗黎不耐烘麝煙搖處暈蘭燼墜時融夜色宜虛
白冬心畏熱中冷侵金穗澹朗徹玉壺空光欲驚寒鵲
清難語夏蟲書帷留照讀伯翳與還同

雪蓮花歌

塞垣雪嶺高接天中有異卉開如蓮是何標格幽且潔
要與六出爭鮮妍携來萬里貯囊篋色香不似凡花薦
今晨朔客持詫我爲語物產多奇偏窮冬草枯木僵立
九苞仙豔敷瓊田我疑瑤光散精氣素蘤搖曳玻璃煙
又疑玉茁發光怪此物無乃來于闐翻珠定滴凍鮫淚
斷絲欲續冰蠶緜衆香國裏應未識藐姑綽約真神仙
曾聞太華玉井巔巨藕十丈誇如船嵰山冰荷出冰壑
覆燈八尺瑤膏燃此花珍異豈其種托根本在蓬池邊
不爾何以耐寒沍外似蓮瓣中貞堅龍鬚馬乳入中國
當時何不隨張騫客言此最煖關鬲入口能使沉疴痊
月支更攻戎王子禁方好補桐君編

宿沙坡驛

古驛人煙少四圍寒色凝雲連高嶺雪月照大河冰隱
几收殘帙呼童炷暗燈夜深眠不得衾鐵凍生稜

臘日書院小集分韻

臘日近春日邊城晴景暄烟光霽松栢雪意滋蘭萱驛
人主賓謙講院開清罇忘形展譚讌四座皆和温
陽回頻遇戌寒後恰逢辰欲紀歲華麗還驚節物新酒
香杯餞臘詩巧格偷春更愛初弦月流輝澹照人

臘八粥十二韻

佛日逢寒臘他鄉節物皆厨供七寶粥座設八關齋呼
處聞朝鼓炊成報午牌但求仁祖米不用杲之鮭翠釜
琳腴泛瓷甌雪色揩勻調蓮粉膩細點蔗霜諧滑似雲
流液甘如蜜採厓歲華驚晚晚風味劇清佳冷莫淘槐

汁清宜瀹茗釵防風香滿口凝露爽盈懷腹果神先王
詩狂語類俳畫藍思昔日慚愧法筵埋

題陳葯洲中丞談禪說劒圖

華嚴大乘飛仙傳禪心俠骨公兼擅掌上圓珠片月明
胸中慧劒雙丸轉閒將雅抱寄丹青別有聲聞入靜聽
開士談禪揮白麈美人說劒捧青萍一般解脫離塵縛
霜花拂處天花落空際香光乍有無指端練影憑揮霍
燈火金經禮法王年來恩怨已都忘却看淨侶惟支遁
銷得青衣是隱娘空空妙手如如語刼塵早度修羅雨
乘興應尋鹿苑游無心更覔猿公去蓮花鍔畔現青蓮
慧是菩提俠是仙說有談空皆妙諦此身真坐辯才天

芙蓉山館詩稿卷十

金匱楊芳燦蓉裳

春分後一日微雪初霽郭雪莊院長招同侯春塘東園小集分賦

彈指春光半邊城未見花侵肌風凛冽拂面霰交加飄
灑牆根濕糢糊樹頂遮明疑開地鏡豔訝吐天葩遠磧
堆銀礫平郊散玉沙珠塵緣隙入冰筯遶簷斜翠閣煙
收幙文牕日弄紗盈盈消皓質旋旋隱空華習靜常關
戶躭閒早放衙丹鉛伴岑寂牒訴謝紛譁勝賞知誰共
良朋不我遐相招看折簡命侶急呼車深院琴樽獨開
園景物奢繚垣垂石髮曲磵漾雲牙綠褭垂蘿蔓青回
臥柳杈五楸圍老樹六枳護新笆興欲追梁苑歡如到
習家雅音聆正始逸品愛元嘉諧語壺齟讔高談豕轂
誇筆應飛彩鳳手競握靈蛇古硯雙螺墨磁甌百戲茶
爭奇吟瘀絮鬬捷和尖叉良會偏留戀芳筵辦咄嗟脃
添生菜甲嫩摘小芹芽脯掾羹頻熱觥丞酒易貰眞宜
膾魴鯉何必飽豚豭薄靄流華月殘霙照落霞汀遥迷
去鴈林迥亂棲鴉賦拙仝輸謝歌長半雜巴傳杯欣此
夕忘却在天涯

詠齋中玻璃屏十二韻

海國琢冰玉高齋開鏡屏巧匠執神矩方輝異圓靈非
磨自皎潔不鍊仍晶熒亭亭舞鸞影了了摹人形面壁
集虛白當戸摇空青雙烟裊檀几亞枝映瑶缾小沼對
澄澈幽牕照瓏玲忽驚銀汞瀉復訝鉛波渟一片接明
水數點涵疎星護燈堪作障蘸筆宜書銘詩襟雪椀滌
客夢雲牀醒我心正如此好誦光明經

花遊曲

啼鶯隔簾催夢醒春空澹白花冥冥騷人破曉踏春起
提壺却向花叢行花叢一片苔茵妥亞枝紅影杯中墮
著眼從教香霧迷滿身總被明霞裹綠嬌紅穉正耐看

花風蕩漾吹微寒金鯨瀉酒須盡醉莫待春餘尋墜歡

禁烟詞

游絲吹斷春風顛薄雲乍展兆羅綿打牕一陣潑火雨
萬家寒食摇楊天烟痕歛盡斜陽晚滿院花光烘不煖
野曠惟看碧樹圓樓高只覺青山遠揮盃獨酌還獨謠
頗黎色凍松花醪來朝試乞紅一朶分作蘭釭明春宵

插柳謠

綺陌春深寒尚峭萬縷青黄柳芽小百五韶光取次催
春人纖手和愁拗拗來猶帶煙露痕枝枝弄影摇横門
同心百子誰綰結欲鎖離恨留春魂小家碧玉偏韶媚
風裊長條拂羅袂更著香桃一樹紅左扉題徧相思字

較射聯句四十韻

東郊有射堂芳燦庨豁對平陸艾蘭修防開士驤設蓺
廣場築將軍愛操刺芳燦部卒恥蓄蹜邊郡武備嚴士
驤營陳軍容肅渙號先庚傳芳燦剛日惟戊卜聽鼓敢
不覆士驤枕鈴起孔夙千金募健兒芳燦六郡選豪族
蹂野虹霓翻士驤映原荼火簇揚旌赤羽飛芳燦展幕
青油覆高前聳危冠士驤短後曳袀服菲矢鍭矢分芳
燦唐弓楚弓獨蛇跗纏畫弰士驤魚鱗隱雕箙勁絃續
麟洲芳燦精鐵鍊梟谷雄稜淬石砮士驤鋭芒厲金僕

亭公爭負侯芳燦軍正早設楅騎士行逡巡士驤旗門
開忽儵分曹兩甄齊芳燦比耦量力勠執臂附橜枝士
驤凝神植枯木繹繹奔星流芳燦閃閃狂電爗彎弧引
猿泣士驤中的洞熊腹初如鵲怒飛芳燦末若鶴俛啄
或作飢鴟鳴士驤或類毚兔逐飛懸蝨貫心芳燦鏑集
雀嚁目絕力說熊渠士驤神技推養叔石飲一羽強芳
燦甲徹七重複角勝八算奇士驤釋獲十純縮中權先
解綱芳燦北面請揖抃合樂已歌貍士驤積籌尚執鹿
宜僚罷弄丸芳燦票姚愧蹋踘賈勇試盜驂士驤張弮
起逐肉驚禽匿遙藪芳燦駭獸竄深麓絕脰雕落雙士

驤 數肋麋麗六舞劍詫裴旻 芳燦 扛鼎驚夏育牆排千
肩駢 士驤 塵漲萬趾蹴術傳省君神 芳燦 手讓陳公熟
著眼賞驍奇 士驤 捫心奈慙恧少不習蹶張 芳燦 長惟
抱觚牘聊從壁上觀 士驤 僅免牀下伏狂發乞子鵝 芳
燦 伎癢愛野鶩結束願從君 士驤 吾將帶韃韣 芳燦

寒食郊行率爾成詠

天涯冷節最無憀信馬垂鞭過野橋前度園林花事減
舊時衫袖酒痕銷滿陂新水跳魚子一徑晴煙長藥苗
指點遥邨雲樹裏青旗風影若相招
嵐光澹澹水粼粼春到邊城不似春雙鷺蕭閒如傲客

孤花憔悴欲依人久拋謝客尋山屐空戴陶家漉酒巾
儂是江南游冶子爲君怊悵話前塵

春懷八首

纔見繁紅吹滿林邊簷新綠已森森銅鋪雙掩閒門靜
珠箔低垂曲院陰泣露蘭空擡淚眼受風蕉未展愁心
流黃自向機中織不爲飄零怨藁砧
照影臨流繡領斜低回絮語惜年華便思閬苑尋仙侶
不信明河返客槎寄恨蘇娘題錦字傷離蔡女拍金笳
誰知滿地紅心草原是天邊玉蕊花
朝烟罨戶日暉暉一桁遥山逗翠微偶爇名香繙貝葉
愛抽秘笈讀靈飛雲波隔夢鄉心遠金粉成塵春事違
百五韶光彈指過壓枝梅豆綠全肥
明燈照局只空碁子夜歌殘輾轉悲一院薄寒花謝後
半衾微煖酒醒時難憑紅鯉傳書去願借元駒入夢馳
何日蕭郎歸計準櫻桃樹底証相思
指點屏風六曲山巫雲悵望有無間玉猊煙冷香篝從
鉛水光收鏡檻關每坐深宵談往事總緣慧業誤韶顏
燃脂弄墨知何用空說才情似謝班
會記歌筵喚部頭天涯淪落杜家秋縷衣浥透連珠淚
黛筆描成滿鏡愁瘦骨已看輕似燕香盟安得信如鷗

春宵寂寞拋絃索怕聽隣家按石州
拈來雙繭是同功絲在春蠶宛轉中垂柳有情縈斷夢
落花無力舞迴風燒殘銀葉檀心熱滴損冰荷蠟淚紅
不分雙飛誇綺翼鴛鴦竟作白頭翁
方池一水碧逶迤浴鳥雙雙滿錦陂細草自留含恨色
衰桃不長合歡枝坐來新月和煙墜卧看春星帶影移
何事關卿易惆悵背人玉筯又偷垂

春陰遣興

連日春陰未放晴重簾不捲峭寒生偶徵舊事憑書簏
欲敵閒愁仗酒鎗微雨乍收千嶂暝薄雲初破一星明

無聊生到西牕晚龕得新詩取次成

三月七日天氣晴暖花事漸繁遇劉氏園晚至太
平寺偶成四律

三月行將半邊城始見春雲慵惟傍嶺風軟不驚塵垂
柳遠逾媚疎花瘦有神勝遊招俊侶聯袂出城闉
閒園臨水曲幽徑繞岩隈石榻春雲護山牕霽日開滌
瓯嘗綠荈拂席坐蒼苔惆悵思陳事遊蹤幾度來
花外闢仙梵僧廬此地偏偶聽雙樹法來坐四禪天草
色碧無際禽聲淸可憐繩牀揮麈語相對意翛然
野趣殊堪戀登臨未擬還霞光沉遠水暝色淡春山彈
指三生悟齋心半日閒難除文字障題句滿禪關

芙蓉山館詩稿　卷十　六

野行聯句

春膏發原隰芳燦 農事古所敦祉公報賽虔士驤 田祖
於蠻尊裔土闢阡陌芳燦 邊氓長子孫黃綺結耕侶士
驤 朱陳傳世婚甘澤布濩遍芳燦 協氣噓荼温屢逢年
穀豐士驤 益見風俗惇陽和令序屆芳燦 臯壤生意蕃
莩甲達芒茀士驤 蠕動蘇陳蜳長官雖云嬾芳燦 野行
敢辭煩夙駕侵晨星士驤 蓐食遲朝暾柴車非縵篆芳
燦 羸驂異騑驃白沙頻踠足士驤 青泥行没轓盤旋度
重岡芳燦 曠朗登遥原滮池蕩綠波士驤 燒畲迴碧痕
華薄帶逶迤芳燦 林芳散鮮縈棘枝蠆尾垂士驤 槐葉
兔目睽茅簷翔燕雀芳燦 莎柵圍雞豚遥汀颺白鳥士
驤 廣埸卧烏犍農歌聚臺笠芳燦 田餉挈筲笄小憩入
野廬士驤 信步尋荒園細草軟鋪徑芳燦 纖蘿低絡垣
山骨聳蒼秀士驤 花態呈嬋媛蒲心擢洲渚芳燦 杏靨
窺籬藩風絛自颯纚士驤 日蕚何翩反苔衣滑似刷芳
燦 柳疑疎如髠傍舍藝葱薤士驤 沿畦蒔葵萱行行逢
野祭芳燦 纍纍知誰墦郵叟共携榼士驤 里儒亦致膰
冷雨飄棠梨芳燦 愁煙羃松樠覘土築高堰士驤 循隄
出前村古渠兩盤互芳燦 交流會潺湲與作官程殷士

芙蓉山館詩稿　卷十　七

驤 疏鑿民力存畚鍤萬指操芳燦 薪樵千夫擧桀石競
賈勇士驤 負沙羣追奔履險狎習坎芳燦 屯膏滋厚坤
跑蹄古竇谽士驤 傴僂濘淖揪脂田腩田易芳燦 輕土
弱土翻茬菽鬱茶蕈士驤 禾黍青芬藍預期飫口腹芳
燦 邉恤疲肩踉拊循憫劬勞士驤 跋涉窮其源拔地起
雙峽芳燦 剌天呀一門黃流所沃盪士驤 洪濤相吐吞
峭削叠嶂竦芳燦 兀律駢崖蹲絕險障沙漠士驤 遠勢
連崑崙林迥飛走萃芳燦 谷窅雲靄屯頽峰露棧巘士
驤 怪石紛盤蜿或突若覆盆芳燦 或窪如鈌甗或偃如
蟄熊士驤 或仆如伏豭獰飆肩噎噎芳燦 駴浪流渾渾

輷轅雷車掉士驤濶瀑雪練噴憑湍宅靈幻芳燦礱屭
蛟鼉竈吹澇弄翅翮士驤鶬鷺皃鷗鶩馮夷蹴漩渦芳
燦巨靈擘厓垠龍宮俯可窺士驤牛斗仰欲捫山椒含
輕策芳燦河壖呼小艑一徑指梵宇士驤百塔森祇洹
丹靑繪飛閣芳燦金碧輝重閣寶像現舍利士驤空香
藹溫磨鰲負石樓柱芳燦虹掣瑤壇幡幽境愜懷抱士
驤奇觀搖心魂地偏鐘磬靜芳燦日晚林巒昏飛霞帖
波面士驤嗅翠沉山根露坐蔫蒲芝芳燦泥飲羅餅盎
半榻拂茵席士驤八牕敞茅軒移銚瀹茗荈芳燦滌椀
餔糜饘談佐穀皮岸士驤散帙松明燔偕行得儔侶芳

燦同調若弟昆夜堂對寥闃士驤詩思俱騰騫千色鬥
錦綺芳燦五音諧筦塤君方堅壁壘士驤吾其屬橐鞬
測交詎讓抗芳燦傾襟早事秊一自越鄉國士驤數見
更寒暄紆迴蟻旋磨芳燦局促蝨處褌舊業廢耕稼士
驤浪走謀饔飧負乘驚載鼷芳燦素食慙懸貆何時解
束縛士驤相與離塵喧閒騎欸段馬芳燦偶駕下澤轅
兩腳插風篷士驤寸心戀邱樊學道苦不早芳燦勞生
難具論區區抱微尚士驤可與知者言芳燦

分詠試香

閒閣無塵事名香試手焚玉爐留宿火銀葉炷微薰迷
迭仙山品都梁海國芬一痕銷篆印幾縷蕩簾紋過眼
全成幻書空忽有文晴江迷薄靄曉峽散華雯幽夢初
離影春魂欲化雲暖迎花氣入淸共茗煙分曲院風初
定斜階日漸曛繙經持淨業布策命靈氛碧幌凝殘麝
牙籤摻古芸驚精傳秘製辟惡著奇勳好作眞人想偏
宜大雅羣和方須范史拂坐待荀君默默心淵靜微微
鼻觀聞晚來還伴月勝賞結遙欣

春晚偶作斷句用山谷集中韻

鵲爐烟裊夢初回小句微吟續玉臺日暮凭欄風正急
落花隨燕入簾來

藥苞經雨紅初綻草甲含烟綠漸勻好是邊城花事晚
十分婪尾醉餘春

送羅西溪叅戎赴楚北軍營

將軍才勇推無雙羽林通籍輝星杠河奇西苑古靈武
手握虎節來是邦我亦同官佩靑紱愛君豪俊心爲降
兄袁弟灌重風義信有臭味儕蘭茝韜鈐滿腹不自衒
相對靜默言無哤雕弧六鈞一手挽赤鼎百斛獨力扛
豈惟絕技過育獲兼擅神射追甘逢巖疆臥護緩裘帶
邊氓樂業安耕耰昨朝幕府下飛檄潢池竊發憑湖江
斧螗鋒蝟敢跋扈嘯聚姦慝驚愚惷君行慷慨誓殺賊

飛而食肉麥崆峴鞾刀縛袴壯行色指揮貔虎驅驪駹孤延要與霹靂鬭耿豪豈懼杖戟撞曼胡之纓玉具劒鳴珂馬首聲琤瑽方今　天威震六合小醜何足煩戈鋋纛旗迅指氛祲滅飛電倏爍雷砰磕剪除祆鳥絕㲉穀斬拔惡木連株椿古來選將論骨相識君福艾形奇麗東門祀軷設帳飲滿酌大白浮春缸會取黃金纍肘後萬里專閫麾旌幢

長毋相忘漢瓦硯歌

漢宮片瓦珍於玉篆文四字廻環讀剩有煙華起墨池更無夢雨飄金屋金屋繁華春正穠魚鱗六六覆離宮

憑肩密誓標題徧入骨相思刻畫工含嬌含妬專歡燕誰道君心容易變買賦虛捐陳后金題詩空掩班姬扇複閣重樓跡渺茫尚餘殘礫記毋忘池荒涿沐恩波冷灰散椒風刼燼涼雕鎸作硯猶堪愛摸得應拚珠百琲噴出元雲試兎毫滴將清露研螺黛銅雀猶慙步後塵香姜未必許爲隣長留一片團欒影想見三山縹緲人玉泜銀帶殊常製彷彿韋郎夢中賜淚眼凝成鸜鵒斑香魂幻作鴛鴦字往事關心感慨多摩挲古物奈愁何三生石在終難化百刼情深合受磨千秋逸格誰能似湘東金管潑心紙點筆從教綴錦書然脂待與修眉史一度微吟一惘然騷情古意儘纏綿願將昔日宮闈語證我今生翰墨緣

春蔬八詠

薺花

一抹墻陰綠先知歲欲甘白花明似雪碧葉淺于藍近水撥盈掬和煙挑滿籃作虀傳食譜令節記重三

菜薹

菜把秀莖擷青黃堆滿盤頻煩園吏送恰稱腐儒餐果腹得眞味同心索古懽散金兼縂翠好句憶張翰

韭苗

一束金無價翻嫌入市遲且從膏壤剪亟趁宿春炊艮友適相過深杯許共持春前好風味獨有彥倫知

蒲筍

拔蒲燒稗筍淨饌却羶葷潔比瑤篸列清從玉版分懸鞭徵舊事編牒寫高文誰信菰蘆裏風流有此君

榆莢

說鋋誇榆莢當筵見未曾閒園和露摘小甑帶雲蒸乍訝青精熟旋看玉屑凝萬錢供一飽吾欲傲何曾

芹芽

新水滿煙谿芹芽綠漸齊弱纔交荇帶秀欲近蘭荑搖

影傍魚莼分香入燕泥蓴絲須汝替菱蓮五湖西

菌耳

離離黃耳菌采采付山厨石罅聞雷迸杉根得雨腴繞畦尋曲蓋入饌愛連珠一種燕支色吾還憶竹菇

蕨拳

好入先生饌初舒稚子拳破煙青甲嫩出土紫芽鮮野飯松棚下清齋竹閣邊歸耕吾有願携汝餉春田

惜花嘆

惜花落花落晩春時淚蕊爭辭蒂殘香不戀枝惜花落花落流年度春鳥亂啼煙春人空繞樹惜花落花落怨

春工千枝一夜空苔衣飄碎錦池面漾零紅啼痕滿地燕支冷杳杳春魂呼不醒月上疑聞嘆息聲風廻猶見娉婷影芙尾杯殘嬾入唇枉將旛子繡星辰倩誰寄語司香尉十萬金鈴護好春

望雨

三春尠膏雨莩甲甫抽軋土長不冒橛陳根未可拔飲澗振蚕驕臥壑潛虬蟄縱有重雲屯旋被盲飈刮生機尚拘攣野色似禿鬝瓜畏梁亭播苗疑宋人揠我心若悁勞虔禱望靈察未解驗風角又不習符札叩額自省譽齋心且戒殺陽門鍵常閉陰石鞭相戛董生繁露篇十可信七八[illegible]得駃雨來猛潦卷澎汃天漿忽翻瓢雷車急廻轄高原蘇麥苗下溼滋稻秸甘澤流滂沱沴氣盡洗刷試聽竹岡禽已呼泥滑滑

晩春有懷三弟

一榻茶煙亭午餘無言攲枕夢回初躭閒并覺詩情嬾養拙原知吏道踈幽鳥自啼牕外樹好風爲展案頭書天涯離緒縈心曲聆斷巴江雙鯉魚

首夏信筆柬春塘索和

綠陰如山覆庭戶最愛盤根老槐樹朝來豁達敞八牕碎影粼粼日光吐文書堆案暫擺撥驅染丹黃游藝圃

客來往往罷迎送自笑清狂踈世故江翁不解談狗曲王子那能知馬數盈甌茗汁翻綠雪縈幌爐熏銷碧霧凝塵嬾拂常滿席細草爭長任侵路風蟲日鳥自喧聒隱几嗒然躭靜趣興酣伸紙墨淋漓持向羊何索新句精思直與風雲通奇詩還愁鬼神妒賓朋文史有至樂塵土腐餘何足慕他年期作林澤遊把釣持鉏共晨暮

題天瓢行雨圖 時方久旱

衛公慷慨眞人豪軼事已足驚吾曹客途托宿眠圍焦赤章雲篆來中宵結束徑代龍工勞行空天馬上泬寥風鬃霧鬣寒蕭騷蹴踏不覺青冥高天公符節手所操

百靈奔走鞭螭蛟列鈌砰歷行相遭雨師風伯抗手招旌幢旛蓋旗旖旎障空翳日紛飄飄雲垂海立木石號雎雄呿唫六節搖霏珠濺玉萬滴拋翻江倒瀆揚波濤灌注畎澮浮堂坳肥蠱匿影女魃逃盪滌六合祆氛銷少年磊落風骨超意氣早已千星杓勛業那不凌夔臯誰驅煙墨圖生綃筆勢怒挾滄溟潮神妙直欲窮秋毫慮堂落落生風飈窺牖防有乘龍捎今年西陲困炎歊田疇龜坼枯禾苗火輪翕赩恒暘驕野夫傴僂抱甕澆仰天叩額空哀嗸捲圖而作心欝陶安得攫身入層霄暫借龍母天漿瓢坐使甘澤徧四郊淋漓元氣廻崇朝商羊鼓舞一足跳狂歌且和兒童謠

又題天女絡絲圖

畫中小閣如煙艇讀罷丹經竹𥦗暝韻事流傳羨沈郎仙風吹墮雙鬟影簾前雨脚絲絲飛玉纖撚處生明輝雲經霧緯斷復續七襄分得天孫機一絇持贈遊仙侶脉脉凝情悄無語直是冰心照冷光不似藕腸牽弱縷懷仙夢斷滅圜腰銀浦流波入望遙宛轉空繅圜客繭玲瓏試織海人綃團扇裁成可君意盧堂六月含霜氣解珮疑逢洛浦妃卖珠謾憶湘江娣今年月額雨無多病渴心情可奈何賸有眞人天際想絕憐雲影薄如羅

又題玉女投壺圖

宮殿參差壓虛碧十二瓏闌萬靈直紫皇暇日試投壺兩行玉女娉婷立金翹巽髻何雄妍長籌橫抱當胸前瑽琤壺口戛哀玉百枝脫手輕於煙一枝初入瞥嘘起突兀奇雲半空紫人間寂靜不聞聲但訝奔星流枉矢再投粲然玉齒開馮夷波底鞭雄雷羣飛海水入空去天闕隱隱蛟龍廻百驍賽罷軒渠縱卷地波濤連澒洞千尺光中猛雨飛補天石裂玻瓈縫偉哉畫史通神靈氣象慘澹森杳冥紅輪𤎁鳥騰光耀安得驍壺博天笑

五日詠瓶中芍藥十二韻

令節已逢重五日膽瓶紅芍尚呈姿花如稱意休嫌少開到將離轉愛遲藥圃待招銷夏客蒲觴翻作殿春巵隔𥦗煙冷窺橫影對鏡霞明見亞枝蟬雀扇搖香澹宕蘅蕪珮解態斜欹羅帬舊曳留仙縐綵縷新添續命絲麗質似含傾國恨韶顏未到退房時怕消豔雪頻量水爲駐嬌雲嬾捲帷錦帶一緘封別淚蠻牋十樣譜相思避塵不耐風人謔寫怨應題騷客辭高格詎宜葵艾侶幽情那許蝶蜂知相看清簟疏簾畔可是伊家要賞詩

寄懷陸秀三

脉脉朝酲解子午夢過閒雲散空影淺沼動微波靜

惜花香減愁憎燕語多欲持蘭訊問彼美意如何

喜雨仍用望雨原韻

亭午生重陰雷車轉輣軋荒垤聞鸛鳴靈湫見龍抜雨師信有神旱魃敢誇熊炎蒸盡銷洗埃壒倏清刮嘉生荷噓茶庶彙免尧齾赤地漸可耕白渠未須撮（時以河流漸落議重濬秦漢二渠口）誰言天道遠神聽最聰察蒼黎咸在宥忍使苦遲札涔雲屯黷黕獰飈息騷殺浮漚珠隱現環流玉交戞元氣淋漓中生意回七八樹色靜愔愔池光明汎汎狂喜呼勝侶門外車脫轄酌醴燔枯魚雜坐薦蒲秸陡覺詩思清几研淨如刷微吟適瞥行不避苔蘚滑

芙蓉山館詩稿卷十一

金匱楊芳燦蓉裳

有感二首

上相宣　王畧苗疆討不庭奇兵出烏滸間道走麓冷威懾檠瓠種謀深太乙經劍磨知水赤鏃過想風腥士氣能揮日軍鋒欲鬭霆旌勞懸素賞宥過用輕刑冒霆驅千甲開山役五丁祆酋歸束縛殘孽乞灰釘蕭斧摧朝菌滄波灌聚螢行看露版入坐待凱歌聽列土苴茅貴褒功秬鬯馨如何恢遠畧無計續遐齡密箐迤危棧淫溪比毒涇匪躬終得蹇盡瘁不遑寧握節猶呼渡投營忽隕星遊魂朱鳥返噩夢白雞醒畏革心徒壯含珠目未瞑　九重悲玉鉞　三錫下　彤廷待起祁連冢空留栒鼎銘感恩餘故吏流慟望南溟

朔塞軍書至傳聞有是非風塵連鄂渚寇盜擾荊圻米賊潛爲祟蚩氓本信禨蚊蝱惟恃衆螻蟻不知微蹂踐空村落流離到犬豨九江妖霧集三戶爨煙稀土俗原輕狡天心敢背違孤軍爭肉薄孽種尚頭飛貔虎屯嚴陣龍蛇發殺機星流傳急遞月暈築長圍上將能持重中權早決幾截流嚚竟渡誓衆扇頻揮自愧無長策空思著短衣感深時錯莫望極轉歔欷許國懷廉范臨戎

杖費禕運籌先轉餉發粟待援飢欲息梟風扇宜令鴈戶歸無勞退鋒鏑坐見偃旌旗楚塞銷兵氣蠻方識主威兼令有苗格六幕徧光輝

銷夏六詠

松棚

椓杙架松棚北牕堪企脚凉疑翠雨飛暑訝蒼雲薄勁氣不棲蟬清陰好招鶴謖謖長風生幽懷緬林壑

竹簾

晝靜簾自垂一桁湘波綠花氣過庭陰香煙轉欄曲新月掛珊鈎繁星綴金粟向晚試追凉移牀近碁局

蒲席

拔蒲向湖干長簟方花織水紋滑欲流雲光淨如拭纖塵未許侵炎氛莫相逼從教午睡餘夢到煙波國

蕉扇

和露翦叢蕉規月裁圓箑披襟煩慮遣入手凉吟愜花逕惹流螢風廊逐飛蝶中夏日方長無爲歎捐篋

藤枕

誰將藤作枕尙帶烟痕濕凉輝宛轉通幻夢玲瓏入無煩寒玉鏤何必名香裹此中貯秘書差堪商蠹笈

櫻拂

枯櫻代麈尾非王謝家物未須嗤薄陋亦足散炎鬱樹義接名流談空叅古佛胸中三斗塵仗爾好披拂

苦熱聯句

炎官火繖當空遮 芳燦 東方萬頃鋪頳霞 士驤 扶桑騰翥三足鴉 芳燦 融風當晝吹颷颷 士驤 旱雲出岫空紛拏 芳燦 今年亢陽生厲瘕 士驤 肥遺女魃相凌誇 芳燦 蛟蟠穴窟雷蟄洼 士驤 鞫軀不復迴狂車 芳燦 暍人仰天號且呀 士驤 赤土坼裂焦萌芽 芳燦 羲和煉石爭庖媧 士驤 六合偪仄爲籠笯 芳燦 坳堂無水著蝌蛙 士驤 安得鼉鳴如打衙 芳燦 高榆古柳陰交加 士驤 槁葉卷

縮枝槎枒 芳燦 何況菽麥禾與麻 士驤 惟餘蕭艾蕃蓬芭 芳燦 蔓延高隴連汙窊 士驤 山農邨覡羣啾譁 芳燦 枉向潭洞投豚豭 士驤 我心悄勞頻咄嗟 芳燦 喚酒無衕螹欒巴 士驤 端居局促如蠃蝸 芳燦 白汗濕透方空紗 士驤 却思江南雲水遐芙蓉湖波似若耶清湍漩澓搖蒹葭菰菱夾港繫釣艖煙簑雨笠看撈蝦吳船三板兩槳划棹歌唱入紅藕花 芳燦 天隨澤畔魚鳥家杞菊寒逕青甃鴜箯篣編扉枳護笆蝎來相訪幽興賒狂吟不覺西日斜 士驤 問君何事遊天涯觸熱那免人揄揶 芳燦 蚊蝱嗜膚作疥痂芒刺在背難搔爬 士驤 且呼奚

童汲井華石鼎自瀹蒙山茶芳燦胡牀滑簟無纖瑕閉
戶兀坐袪塵沙猶勝遠道驂驪騧士驤吟朋相對手屢
乂險韻拈出驚聱牙漸覺涼意來些些屋角已擲金蝦
蟇芳燦

夏夜東園寓興用五平五仄體以茅亭宿花影藥院滋苔紋為韻

逭暑入靜徑名園初誅茅厭浥草露滑冥濛林陰交徙
倚日已暝微聞山鐘敲
雅士喜客至招涼開軒亭曲澗漱古月方池涵空星雜
坐拂菰席談諧俱忘形
溪喧羣蛙鳴樹靜衆鳥宿山容開層青野色送遠綠呼

童燃松明勸客啜茗粥
月戶墮桂蕊星田吹榆花碧漢幾萬里乘風無靈槎坐
惜歲月晚良辰常吝嗟
夔蚿知憐風罔兩欲問景多君能清言引我著勝境翛
然煩襟清妙義嘿已領
吾家龍山陲陟嶺可採藥樵風吹衣涼陡覺暑氣薄塵
中愁炎氛最憶水石樂
紅霞明蓮塘翠雨滿竹院茶香浮磁甌墨瀋泛石硯江
鄉歸何時昨夜忽夢見
積想變素鬓難求金膏滋靜夜接軟語幽懷惟君知短
燭屢見跋深杯猶能持
半醉起視夜循堦行莓苔蝠影拂屋角蟾光沉林隈歗
詠震四壁鄰家休相猜
寶瑟戛楚調桃笙迴湘紋落紙潑醉墨揮毫飛涼雲抵
掌竟達旦東方生朝曛

夏日偶過適園見庭前葡萄一架美蔭四布可數
間屋漫成長句柬陸雨莊刺史

祝融司方火為紀金鴉飛騰旱雲紫毒暑鑠肌汗流趾
簿書堆案不能理君家相距僅尺咫竭來造訪整巾履
涼光潑眼心先喜蒼雲垂天欲壓已巡簷仰首驚諦視

葡萄百丈拔地起孤根盤礴當階戺蹲若元熊立青兕
蛟虬蜿蜒露脊尾草龍珠帳差可擬翠甤雲旓紛旖旎
風聲騷騷露泥泥清宵漏月光瀰瀰君言手植十年矣
抽蔓引蔓勢未已最宜長夏安硯几牙籤緗帙此間庋
高吟白雪雜流徵恍踏層冰泛清沘不用靈符佩壬癸
濃陰撐空孰與比千本甘蕉萬株柿問君胡不兼植此
況君工書窮八體揮灑可代琅玕紙笑談不覺日移晷
隔斷炎歊遠塵滓未信名園在城市觸熱免嘲穠纖子
高秋佳實何纍纍錯落珠璣貫瓊耳掩露而食甘且美
咀嚼元霜嚥丹髓絕勝浮瓜與沈李莫教醞釀作浮蟻

涼州一斛良可鄙咄哉伯郎詎足齒直須作圖傾書史妙墨淋漓狀奇詭携歸張向北牕底坐使炎氛淨如洗

受降城

萬里榆關道韓公有舊城草埋危堞墮風挾怒沙鳴戍士橐弓卧邊氓負耒耕無勞蠒門設蕃部久輸誠

邊牆

野日荒荒外邊牆入望迷風高原散馬雲迴塞盤雕蒸土頹垣在沉沙折戟銷登臨無限感戰壘認前朝

賀蘭山

拔地欝崔嵬玆山亦壯哉脊分河岸圻勢劃塞雲開設險悲陳事爭雄失霸才曩霄遺蹟盡莫問赫連臺

七夕

霞暗沉紅綺雲纖颺翠羅不知秋意早只覺晚涼多銀浦纔塡鵲金閨正掃蛾花廊簾盡捲苔徑履初過掩扇迴星影拈針映月波絲絲雙孔繫縴縷一痕拖弱腕擡還怯明眸認未譌閒情邀鳳駕寄意托蛛窠搗練誰家杵彈箏別院歌人間空約夢天上易斜河麝重休頻爇犀寒却待磨簟紋凝寶粟燈焰淡冰荷隱約催宵漏依稀散曉珂佳辰勞悵望良會易蹉跎謝女拋斑管蘇娘擲錦梭慧心憐薄命得巧竟如何

過僕固懷恩墓

唐代當中葉漁陽起叛藩驍雄出裨將義憤救中原酣戰摧强敵孤軍領外援假威添虎翼協力剪鯨吞左僕班資貴眞王爵秩尊氣驕非易制寵極轉成怨反側由羣口寬仁負主恩養癰分節鎭召亂誘羌渾自詫功無並寧知禍有源飲章爭告變謾語向陳寃蘇峻懷非望龎萌肆妄言士摧三載甲苑卒六軍屯涇水全師覆鳴沙數騎奔餘生逃斧鑕殘骨載轒轀壞道沉碑失陰崖破冢存悲風作嗚咽疑是健兒魂

秋雨初霽郊園遣興四律

雨過微涼白袷輕林陰繞屋有餘淸偷閒且庋書千帙

破悶宜貰酒一程帖水晚霞紅綺散侵階秋草碧茸生眼前風景佳如許合著樊川賦晚晴

附郭名園路不紆兩三素侶共相於雨徵已覺蒼苔滑寒早先愁碧樹疎偶撥枯叢看蠹化戲拈脫葉認蟲書瓜畦棗圃明如繡好是平臺縱目初

策策芒鞵踏淺沙柴門地僻靜無譁隔溪漁子炊菰米傍舍園丁剪韭花選勝故應歸我輩尋幽更欲到誰家夕霏暝色盈襟袖笑指林梢接翅鴉

一抹遥山潑欲無半灣淥水浸葭蘆東陽好續郊居賦

北苑難摹秋興圖江國書沉驚塞雁天涯歲晚感塘蒲
金虀玉鱠空相憶昨夜西風夢五湖

秋曉渡河水如海勢漫成一律

喚渡凌晨起百川方灌河兩涯迷遠色一葉盪層波隔
岸混牛馬中流散鸛鵝茫茫愁對此舟子亦勞歌

夜坐

疊鼓催更急秋齋坐寂寥愁多思遠道夢淺怯長宵篱
影菊叢瘦書空香篆銷背鐙坐未已淡月下牆腰

中秋夜雷雨大作二更忽霽醉後走筆賦此

南樓待月當初更墨雲四起何崢嶸盲風北來浩呼洶

猛雨拉雜如盆傾初聞濤浪聒聾盎旋訝鐵礮轟檐楹
素娥含顰電女笑冰輪匿影雷車行龍工似欲裂風景
海藏翻倒令人驚金支翠甤自排戞玉帝竇唾交琮琤
相看乍覺色錯愕却立未免心怔營須臾雲陰漸解駮
細響霎霎林間鳴白毫千丈忽踴現半空騰擲金蟇生
誰挽明河洗天鏡一奩捧出逾晶瑩太虛廓廓掃氛翳
涼颸襲人肌骨輕廣除積水似流汞寒光晃朗搖雙睛
急呼行炙飣梨棗勸客絡繹飛瑤觥神靈有意不可測
且對奇境抒遙情風雲變幻在頃刻未信萬里同陰晴
興酣援筆門豪橫復作倒峽傾江聲

季秋過文氏園亭用松陵集中臨頓里十首韻

秋郊愛明曠閒訪卞田居作屋思因樹看山想著書花
幽藏嬾蝶萍老覆寒魚蕭散偕詩侶行行緩當車
主人聞剝啄爲客啟衡茅砌冷蛩扶戶林疏鵲露巢翻
畦收紫蓼除架落青匏鬬茗饒清致披襟對素交
偶捉張讖麈閒登向栩牀奇書開眼界靜境養心王漁
子收罾早園丁抱甕忙興來同覓句選韵喜能強
野性諳農圃升沉兩不知撫琴姚靜理種秫足幽貲岩
迥猿呼侶波涼鳧引兒相於得與可讀畫更論詩
樹老橫垂笱藤疏青絡扉飯香浮午甑苔潤逼秋衣飢

隼衝烟出閒雲伴鶴歸塵囂全不到人語隔林微
林雨頽茶竈溪風響釣車小松移瘦影細菊綴圓花幾
兩吟朋屐三椽處士家登臨心有憶惆悵折疏麻
野景堪成賞秋光未覺殘蘆碕鳴敗葉竹塢偃修竿乘
菊香生袂穿林露濕冠高懷攜二仲來此樹騷壇
日晚空烟濟晴嵐媚遠天風高能送雁樹靜不棲蟬古
帖摹飛白高文擬太元故山歸夢裏別有好林泉
地僻翻留轍郵深不掩門白雲低硐曲紅葉滿籬根題
句劖苔壁移花帶石盆黃昏人客散劚土護雞孫
畫圖看北苑禪語愛南能潦倒塵緣重疏狂俗眼憎何

時鶴料足更得樆秈徵邱壑從吾好眠雲任曲肱

九日南城登高歸集綠雲吟舫卽席聯句三十韵

畦菊初開秋欲盡芳燦少昊西行令逾肅偶因時物感蕭晨楷 武威郭季莊 喜共吟朋騁遥目荒榛一徑林下出士驤危樓百尺城隅矗祇宜嘯詠豁心胸芳燦不許謳吺奏絲竹澄鮮霽色明千里楷杳藹遥天低萬木高瞻林岫相隱映士驤下瞰川原莽迴複河干波冷偃魚龍芳燦沙際雲垂號雁鶩露凝溪渚蒹葭老楷水涸陂田秔稻熟橫斜秉穗拄溝塍士驤絡繹篝車繞場屋田家風味自依依芳燦羈客心情轉碌碌傷離惜别空悵惘楷對

芙蓉山館詩稿 卷十一 十

酒題詩且徵逐觴政糾紛擢蝟毛士驤句律森嚴排鹿角清心鳴鏑輒破的芳燦適口佳釀頻傾斛萍蓬浩蕩屢飄轉楷今古俯仰同閃倏龍山勝蹟已成陳士驤彭城高宴知誰續賞會終應我輩在芳燦風流肯讓前賢獨題糕筆健自誇詡楷浮白杯深寧退縮倚醉狂歌欲碎壺士驤卜夜佳遊還秉燭隔簾霜華濃似烟芳燦浸階月色寒如玉城頭叠鼓鳴紞紞楷樹杪疎星搖熠熠依劉愧説作賦工士驤留髠未放行觴速相於接膝形已忘芳燦請各放懷言所欲平生襟抱最蕭散楷叵耐風塵長刺促未甘苦思祇覆瓿士驤詎肩傾身還障簏但求名署五湖長芳燦不望頭銜八州督聽歌與肯换中書楷飲酒樂原勝令僕分曹喝雉擲明瓊士驤聯騎射鵰馳駿駿時邀風月供勝賞芳燦更向溪山窮麗矚難期他日耆望副楷却喜此夕清歡足百年好景幾重陽士驤且勿孤負看花福芳燦

餅菊十韵

爲愛東籬菊呼童巧折枝烏皮安棐几紅玉選花瓷側正因心得高低用意爲三英同勝境七淨自華池入澹秋無色天寒水有知壺中容小隱硯北著幽姿曲院霜飛後空簾月到時餘芬歸茗椀橫影上書帷香近聞思

芙蓉山館詩稿 卷十一 十二

入神清坐對宜無勞問甘谷雲液滿軍持

醉歌八首

今夕何夕秋澄鮮明雲萬頃鋪霜天細菊離離正堪把
小松楚楚亦可憐河魚味美好斫膾折簡招客開長筵
眼前百事休挂口謝瀹此中只宜酒

秋風槭槭吹庭槐月光如水流平堦開軒促坐縱清賞
蕭散聊復抒幽懷解事須同索郎語論交願與歡伯偕
人生難得杯在手天上有星還主酒

城頭叠鼓欲二更筵前紅燭參差明主人起舞客稱壽
百分散打觥船行長吟短詠亦可樂何用聒耳琵琶箏

諸情如宮羽穆空香散微微天花飛蕺蕺筆揮下水舡
人仰凌雲躅嘉頌衆口傳騷壇一燈續庶流盡傾心比
戶幸果腹爭欲挽安平去恐雙旌速湛輩何足道盛德
誌欽矚願將五字詩鄭重鐫青玉

呈賡省堂庚訪用前韻

意匠造眞宰天然搆雲屋讀公九日詩凡材敢追逐令
序届三秋煙光媚岩麓攜懷寫山容秀色如在目千林
盡酣霜丹碧紛磵谷西臺揮健筆才力自雄獨高攀華
嶽雲清漱匡廬瀑逸興寄林霞餘事賦杞菊香界靜闃
思睑懷共清穆風颼顧渚茶雨餜祇園菽公才邁燕許
聲華繼前躅沙痕舊路開鳳跡新池續小試猗那手琅
玕快披腹擊鉢鬥豪吟刻燭未爲速微生信多幸麗藻
許瞻矚照眼驚夜光元圃萬重玉

呈蔡小霞觀察仍用前韻

山公本愛山端居厭華屋由來曠士懷不與世好逐三
秋佳風日五泉好林麓勝侶相招攜意行愜心目題字
滿僧扉文采照岩谷疎花倚錦石娟娟媚幽獨天籟漱
寒林水樂鳴秋瀑張紘拂古桐持杯泛南菊仙心達禪
理吟思何冲穆空香散吉雲淨餜薦芳菽飢生來恨晚
望岫想遊躅夔牙奏雅音幸許拙工續擊轅愧妍唱聊
以供捧腹郁膏已普徧竚盼公歸速小春展重陽倘得
陪麗矚浮白不容辭滑盞試藥玉

蔡小霞觀察惠梨賦謝一律 時觀察按屬縣賑務未歸

岣山佳種孰移將野圃垂垂壓樹黃帶濕遠貽千顆雨
耐寒新摘一林霜故應飣座誇珍品劇喜堆盤漱玉漿
自是鄴侯仙骨在齋廚清供許分嘗

會寧道中遇雪用昌黎山石詩韻

屯霾黯黮陽暉微打頭急雪縱橫飛短轅搖兀疲馬滑
壯遊空說乘堅肥盲風號怒土囊口山路詰屈人蹤稀
荒林野雀凍欲死蹲厓病鶻亦苦飢瞑投逆旅解鞍馱
主人爲我開荊扉頹簷堆壓冷滴滴破窗穿透明霏霏
忽憶天南尙轉戰王師十萬連長圍神旗凍定陣雲
黑一片冷光凝鐵衣漫空競灑白羽箭翻營齊掣黃金
鞿安得軍聲亂鵝鴨雪中縛賊鐃歌歸

靜寧道中曉行詠霧凇十韻

凌晨開霧市際野湧雲潮細共繁霜落輕疑密霰飄縈
空能作障著樹欲封條元圃寒霏玉鮫宮曉曝綃冷光
沉月額濕翠隱岩腰漱齒餐沆瀣騰身上泬寥白看邊
草短紅認驛樓遙乍覺微塵泉旋驚幻影銷侵衣膚起
粟潤壠麥生苗預識豐年兆歡賡飯甕謠

紅豆同周倬雲作

誰培香土護情根幻出相思歷刧存嵌向明璫愁入骨瑱將金篋怕銷魂猩唇欲破嬌無語獺髓纔勻黶有痕記否芙蓉莊畔過風枝雨葉怨黃昏

舊曲當筵記不迷玲瓏捍撥倚香臍玉壺清淚凝愁滴錦札遞情帶恨題故國幾枝勞採擷佳人萬里悵分攜粧成記向釵梁插恰伴男錢壓鬢低

韎韐勻圓絕可誇背人偷數惜年華鮫珠合綴珊瑚樹鵑血偏沾豆蔻花不似磨衣嫌紫貝卻疑擲米化丹砂把杯頻向東風祝種出雙心玉作芽

漫拈火齊裹春羅愁思纏綿奈爾何一抹茜痕銷腕雪十分朱暈上腮渦篆煙散盡星星在寶雨飄殘瑟瑟多慧業他年證金粟願除綺語懺維摩

墨梅四首

一片春雲起墨池毫端寫出玉參差羅浮暝色催寒早姑射冰姿入夢遲檐底偶巡成獨笑牕前忽到惹相思皂羅廚裏傾城客縹緲烟痕護雪肌

灞橋驢背課幽尋鐵幹槎枒墨一林冷淡相看留古意寂寥無語抱冬心爲憑老筆開生面莫訝緇塵涴素襟題向空山下路祇應元鶴是知音時在平涼官舍

珊珊瘦骨是耶非黥額妝成澼月微自昔風姿憐縞袂只今標格認烏衣凍蛟突兀拏雲立翠羽啁啾破曉飛千里煙波勞悵望江南消息近來稀

金壺殘汁灑零星元圃生煙玉有靈雪暗空山香淡蕩燈昏虛室影竛竮同塵原不妨仙骨韜晦眞應讀道經我亦任人嘲尙白移根且傍子雲亭

銷寒小集送郭雪莊還武威

雪滿千重岫冰凝九曲灣歲華驚晼晚人意樂蕭閒爲約良朋過先教俗慮刪題襟須假日拄笏好看山簿領人嫌懶風塵自笑頑虛名三寸管薄宦半通綸太史嗟

留滯安仁賦拙艱竹黏嘲未解書竊語非訕俊賞聯嵇阮神交慕尹班古歡聊慰藉結習任牽扳有托林霞外相於翰墨間揮琴洗箏笛擢桂出榛菅共鬭詞鋒捷誰甘筆力孱心兵鏖爆架法界現華鬘卜夜明然燭留賓靜掩關記歌珠錯落行酒琖循環且喜羨材足休辭飲量慳深談重促膝小別莫摧顏滿酌樽中淥遲聽馬首鑾晼蘭香可嚼堤柳凍難攀兗椀茶心苦銅盤蠟淚殷瓦寒霜片片牕冋月彎彎倚醉渾忘倦耽吟未擬還重逢期定準春到盼迴轘

賀蘭山積雪歌

君不見賀蘭山色青嵯峨倚天叠嶂開煙螺長風盪雲
生翠波照眼寒光忽相逼千峰一白排空出飈車夜碾
陰崖裂陰崖太古雪未銷新雪又復埋若腰茫茫旱海
堆銀濤銀濤百丈拔地起玉龍蜿蜒露脊尾歕霧拏雲
狀譎詭夕陽倒影瓊瑤臺憑虛彷彿羣仙來素鸞白鳳
紛毨毨決眥狂呼訝奇絕肝膽槎枒冷如鐵不識人間
有炎熱受降城畔寒沙平回樂峰頭孤月明高低激射
搖光晶安得手携九節杖直上層巔披鶴氅一曲高歌
泉山響

讀盈川集

胸羅斗宿爛生光健筆横馳翰墨場當日聲名出盧駱
吾家體格本齊梁曾從夢裏分餘錦時向行間挹古香
千載懸河流派在爾曹輕薄莫評量

沙溝夜行

千山同一暝行子似孤征雪樹有遠色風燈無定明殊
方驚暮節薄宦感勞生縱譜西烏曲難傳此夜情

宿毛卜喇驛舍偶成五韻詩

因悲此行役轉念昔閒居步兵惟捉酒文園嬾著書東
橋行藥罷南桀偃曝餘漫言從宦樂誰憐作計疎荒途
雪三尺日暮未停車

驅車投古驛不暇計郵程野堠飢烏集空槽羸馬鳴覆
垣煙樾暗當戶雪峯明浪迹如蓬轉徂年似電驚靜夜
聞邊角勞人百感生

與武城樓晚眺有懷二弟

天涯歲晚感離羣古戍登臨獨憶君祇為馬周工作奏
郤令王粲久從軍三湘浪靜銷兵氣五嶺天寒減瘴雲
南指狼星全斂角甘泉應有捷書聞

寒夜同春塘倬雲小飲

暮節感鄉心聊為越客吟濁醪還解事滿酌對知音盍
坐琴尊互虛堂燈燭深巡簷看夜色淡月上寒林

雪意銷殘臘煙華逗遠春流連無事飲儻蕩不羈人古
硯凝冰薄明釭結蕊新相於遣冬緒酒坐莫嫌頻

小除夕漫興十韵

邊城殘臘行看盡尙覺寒威特地嚴枯柳遶牆煙羃羃
亂峰窺牖雪巉巉絲囊漫結迎年佩錦帶還修饋歲函
炷鼎康香和濕𤇥堆盤生菜雜辛鹹縏肴儘付厨娘典
佳釀先教麴部監莫問浮蹤嗟浪迹且搜奇句試雕鑱
日車易逐飛光去風翮難將離恨芟遠道已書迴雁字
故園香信破梅緘散攄蕭鼓狂猶劇快撫桓箏興不凡
最憶兒時行樂處早裁越布製春衫

芙蓉山館詩稿卷十二

金匱楊芳燦蓉裳

元旦即事

夜雪澹鋪砌晨霞明照牕微煙縈篆鼎細燄歛星釭春信雖遲到寒威已早降元冰漸銷沼綠酒欲浮釭舒卷鮮雲疊飛鳴麗鳥雙風光拂珠箔日景上花幢比閭簫鼓鬧雜坐笑言哤豐稔占今歲升平樂此邦閒情須椒栢遠意托蘭茳拈毫聯二妙真有藻如江（謂春塘倬雲）

八日立春（得發字）

登高望遠春春光滿城闕韶景與人宜逸思先花發泉

脈潤冰苔雲容媚烟樾沿堤柳意回遶屋禽聲滑蘭樽看入手綵勝且簪鬟預期素心侶選勝陶嘉月

立春後言懷用昌黎韻

羈人惜景光百端集深念凭案鳥黏黐齧筆魚喁噞圖史供胙枕丹黃任驅染平生性儒緩結習苦難砭作計每不諧自覩良可厭空餘壯心在燒燭看孤劍楚氛猶未靖戈戟光磨閃秀才多入軍慷慨拯民墊（謂徐朗齋周鑑湖諸君供以書生投劾）悔不讀陰符飛箝詎無驗徒然困風塵單車歷郵店（時以獄赴紅寺堡）無策撫疲氓捫心但多欠流離悲鴈戶遮道訴荒歉願得歲回甘朽壤發春艷雪深炊餅大飢人舌先舔勾萌圻高壠泉溜疏深塹陋邦少竿牘漫士安鉛槧更望捷書傳天南烽息熖甲卒盡歸休丁徭絕影占家山筍蕨肥江湖鰕菜贍拂衣賦遂初吾其謝宂僭

元夜對月同春塘倬雲作

邊城燈事殊寥闃三五佳辰惟對月風光自媚餘寒薄夜色無邊纖翳沒閒登小閣上初桄汛掃廣除開十笏晶屏倒映玻璃天寶鏡洞明雲水窟碧入空烟彩愈高冷侵積雪光疑凸死溝霜重白生稜石嵌冰銷青露骨喜無俗客歘重扃時有驚禽啼凍樾何處薰爐百和然

誰家火樹千枝發妙伎嬌喉巧似鸎明童俊眼清如鶻妖歌嫚舞聒箏琶飛膳函珍冐肴核頻催急拍打六么那許深杯辭百罰當筵縱得一餉樂過眼飛蛗散揮忽我曹生活躭冷澹此夕襟情倍超越別尋勝賞酬蟾兔況有吟朋比鶼鶼嘔心奇句窮幻渺抵掌元談紛勃窣寒泉石鼎瀹茗苛淨饌陶盤供筍蕨澄輝射牖倏眴轉逸興淩虛自飄兀偶然掬水弄玉盤徑欲乘風到瑤闕深更屢見官燭炧堅坐只愁街鼓歇好天良夜足清歡何事甘同酒檮杌

明日

爲憐明日意惆悵坐深宵風外疎鐘斷曉前短燭銷補歡愁月破留約待春嬌猶共餘香語微吟背綺寮

回中西王母祠用唐鄭畋謁昇仙太子廟韻

漢代留仙蹟琳宮敞泬寥回中欣乍到海外怳相招蓬島樓臺古樊桐歲月遥蕺祠自榛莽芭舞尚蘭椒似有祥霞護誰言佳氣銷奇葩鮮擢頴古枿秀凌喬憶昔瓊輈駐曾看絳節朝客書三鳥遞法樂八風調雅奏傳湘瑟清音叶洞簫袿裳爭窈窕冠帔鬬嬌嬈月滿疑廻扇虹垂欲化橋洛妃貽翠羽漢女採芝苗六甲緗圖秘千言緑字饒毿毿花鳳尾宛宛玉龍腰懷夢香銷麝潛英

帳卷綃室餘丹竈冷陵巳寶衣燒靈藥顏難練蟠桃實早凋無緣攀少廣空擬築昆峁別殿纔長樂離宫又遠條塵寰經浩刼仙駕渺層霄秦嶺高低樹神山上下潮何當參侍從執蓋入雲飄

擬蕭貫曉寒歌

露井宫鴉啼落月漏箭無聲玉虬咽瑶缾水凍斜紋裂碎紅不墮缸花結呵光奩上銅照昏簾絲串斷留霜痕麝熏空炷九微火篆口細香吹不温鸞環六曲屏風遶雲母空明催白曉鸂鶒驚寒語悄悄一點紅浡隔烟小

社日郊行偶作長句

勾萌甲坼土脉融邨邨擊鼓賽社公比鄰邀迓集婦嫗攔街嗷跳譁兒童押豚幡黍尚古意莫以襆僕嗤邊風去年亢陽少甘澤芋魁飯豆苦不充篝車禱祝冀有應故遣巫陽覡歲豐神靈迎送例得雨願早試手煩龍工豆田見角穀垂頴餘潤徧及韭與菘提壺樹底勸耕作坐看春物爭昌丰我本農夫偶識字一官素食慚無功百弓下溼待鋤理願就魚麥歸江東依依桑柘夕陽下相逢泥飲來田翁不嫌邨荒酒味薄更乞一餅能治聾

題離騷九歌圖

昔年痛飲讀九歌逸興邈欲凌雲波眼明今忽見此本

百靈秘怪皆駢羅精心布置刮造化歷歷指掌看旋螺太乙神君倏來下蜺旌翠蓋交相摩齊驅兩龍作騄服天門蕩蕩羽衛肅少君冠劍同嵬峩湘君夫人兩窈窕頭角突兀形委蛇誰歟椒漿醉司命瓊輈斜倚顏微酡頩顏玉色揚修蛾手持絳節導輿從指撝河伯驂九河鱗堂貝闕炭飛動驌水迸集爭漩渦雲將泱欝徧六幕排風馭氣乘高駝日君煥赫嘘紫燄九光照燭榑桑柯幽篁山鬼亦媚嫵解采三秀尋烟蘿國殤猛志固常在帶弓攬甲搽吳戈其餘幽詭難悉數刻畫細碎窮幺麼我聞三楚尚巫覡神蘋森列淫祠多雅娘仰面呻復噫

靈談鬼笑紛娑娑騷人競逐鵂鳥放面目慘悴行江沱
淋漓大筆正謬俗如掃氛霧贈羲娥竈窔屏絕雅聲暢
傳芭代舞賡陽阿畫史亦復可人意巧搆形似無差訛
湘纍奇蹟落吾手卷圖南望長吟哦吟聲出吻皆佶屈
我歌與古原殊科方今羣神各受範震風凌雨回甘和
青曾黃頊變元化汚邪僻堁皆宜禾夔魖殲除罔兩伏
比戶康樂無札瘥歌成或可迓田祖前邨社鼓如鳴鼉

王春浦齋頭水仙一莖春深始花愛其姿致娟靜漫賦長句

東風吹出瑶花朶藕覆凌波嬌帖妥照眼驚看豔雪明

侵衣怕有凉雲墮棐几湘簾位置宜數拳翠石簇花瓷
憐他故國移根遠蹇仗騷人好護持冰魂欲化通春煖
漸見靈芽抽短短招得飛仙海上來誰道國香天不管
水沉依約度微薰彈指春光過二分花若有情應悵望
腰圍瘦掩砑羅裙月痕滿地霜華結對舞亭亭玉煙節
幻影玲瓏看欲無么絃宛轉彈初歇清心玉映澹丰容
散朗兼饒林下風留伴清談破岑寂漫拈好句鬥清工
邊城二月春寒重草甲苔衣青未動縱道開遲却占先
羣花尚作江山夢空香鼻觀靜中參欲語幽情半吐含
水碧沙明曾見汝舊遊爭不憶江南

姚宇清刺史見贈長句作此答之即送其還會稽

論詩我愛姚武功君詩清醇有宗風矜嚴下筆不流宕
如屏箏笛彈絲桐五泉巖壑頗奇秀烟雲變幻隨吟筇
襟情沖澹得山意誰誦使我心神融（君有遊五泉詩爲時傳誦）蘭山
逆旅始識面雅抱萬頃澄陂同劇談一出逢謝孝清言
自媿難爲工君時已解武都紱歸心欲逐馬首東爲言
老去宦遊倦願理鋤耒尋春農作官不過六百石此意
當學邴曼容遂初一篇見高致止足列傳希前蹤別來
相望不可見窘如獨鶴樓樊籠昨朝鄭重得尺素新句
悃款陳離衷文章小技詎足道勞君刮目待阿蒙兒兼

筆墨久拋棄壯懷銷減風塵中三錢雞毛禿鋒穎敢說
作賦聲摩空（來詩有高才待奏河東賦之句）君歸招隱攀桂樹我倘結
轍相追從蓉湖刻曲一水通相訪便可拏烏篷詩成獨
立望天末停雲八表春濛濛

空同山紀遊一百韻

空同鎮西陲五嶽推爲伯古帝所登臨仙眞此窟宅山
經縱荒詭爾雅最詳覈漆園誌軼事龍門証羣籍剛武
著人風博厚辨土脈傳疑名偶同考信記徵昔惟兹蘊
靈奇孰能並雄特神功謝雕鏤天骨立癯瘠萬景開麗
崎一元閟寥闃際野褰鵬嘐排空露鯨頷三霄爛金光

百里純黛色望望神爲馳卒卒身未歷非無卭䂊志苦
爲風塵廹今來值休暇小住息勞役霽景湛淸澄春容
藹明嫿挈伴果幽尋逃俗得佳覿超遥出重闉透迤越
廣陌腰下懸火鈴足底躡雲屐㝠訣呼林央靈符辟魃
颰意行無滯礙銳進忘驚愓水曲淺可亂山椒勇先陟
石嶝星淪精崖空月留霸巍宮煥丹䕶傑搆倚岩壁軒
黃傳秘與廣成留化迹岐途七聖迷㠜闕萬靈直膝行
下風進口授至道極守一契窈㝠處和尚昏默大騩害
馬去罔象遺珠得幻麥游華胥神瀵飮終北由來㝠入
蹤非可常理測中峰聳處尊衆皺欝如積攢峰小曰歸

列嶂屬者嶧梵宇敞十楹貝典藏萬冊文從身毒求字
記鳩摩譯前朝誇創造帝子慕禪寂空香纏夢榛天花
散衣祴白業彼所躭黑學我未識明藩藏經樓尚存徑紆修蛇
蟠臺壓伏龜息靈龜臺峯峭紛上干重隴忽南闢異境屢
廻換舊蹟窮搜剔仰瞻浮圖高稍喜僧院僻風鐸鳴淸
鏘石泉疏滴瀝東岡削高靑古穴洞深黑上㝠駐法從
元鶴騰健翮廻翔影或覿杳渺跡難覓北嶺最崛奇中
斷若㠔垿稜非夸蛾負豁豈巨靈擘蚴蟉架雄蝀連蜷
截雌霓石磴五百盤鐵鎖八千尺呀喘口忽呿重腿足
疑躄首俯尻益高脰悁目先逆高登靈鰲背危立老蛟

脊林莽如積蘇城郭同摘埴齊州九點靑長河一絲白
危峰名礟礌雷聲峯有松三百餘株狀極奇詭風起則其聲如雷故名長松蔭交格
掀騰軋波濤拗怒摧霹靂乖龍奮鱗鬣猛兕觝角觡窘
東貳負尸耆乾女丑腊常含烟露滋不受斤斧阨樛枝
絡兎絲盤根孕虎魄齊年多楩柟後輩列栝柏帝臺尚
置碁仙人亦躭奕巨碣誰磨治方罫自刻畫石腴髓流
丹草勁髮擢鐵華池冷宜潄上藥佳可擇山叟試赭鞭
羽士斠元液瑤渦盪虛明翠岛混空碧繁花態嬽娟幽
鳥聲格磔西臺瞰幽翳中夏失隆赫脣崖層冰凝哀壑
迅湍激岩巒皆軒昂氣勢互凌轢或如威鳳翔或如怒

猊擲森森擁旄仗霍霍交矛戟跬步錯陰陽彈指變朝
夕神光倏合離怪氣或紫赤昌黎句回頭詫險惡却坐轉
惶惑㝠濛夕霏斂晻曖斜景昃偶投招提境快得淸曠
域雲卧愛高寒塵襟盡蕩滌象緯儼在旁精靈恍疑逼
梵放靜鐘魚廣樂閒箏笛小憩凭藤輪欹眠拂菰席藿
食分鉢盂茗飮對鼎鬲我本山水人夙負林霞癖冲情
竚飈駕淸慮馳烟驛曾覽九仙方疑自三淸謫誰令嗜
臭腐遂致困羈靮墨會久乖離丹經浪紬繹難求邯鄲
枕空慕阜鄉舃塵根未祛六人壽希滿百安能超世網
長此依山客幽懷得忻暢弱植免淪溺兹遊冠平生觸

境皆創獲尋思去來因頓恐仙凡隔良期難再遇往事勞追憶發倡聯吟朋紀勝命子墨絕呌互擊壺高談同岸幘健筆扛龍文餘力洞犀革奇觀搖心魂狂吟豁胸臆思將一長劒耿耿倚穹石

畫卦臺二十四韻

首纂三微統蒼精出震雷法天通窔窴審帝得根荄星紀初廻次虹光久遶胎方牙傳讖緯大跡表奇侅御世歸先覺生民尚未孩精思陳六峇神化奠三才卦起苞符洩圖張橐籥開畫爻先彖繫積數兆京垓亭育乾坤絪雕鏤混沌壓炎黃心授受姬孔道兼該自是元功大

寧論智綱恢陰陽探始素文字紀初哉制作移時定經綸一理推朱紘彈駕辯廣樂奏扶來萬彙憑陶鑄羣靈入化裁如泉疏氿濫似斗執杓魁樸略難徵事洪荒豈有臺後人增棟宇此地闢蒿萊繪畫龜龍馬周環栝柏槐重欄峙雲際浮柱倚岩隈渭水波翻雪秦山翠作堆靈旗瞻舄奕神物降磑磓邃古仍元象塵寰幾刼灰仇夷山四面相對鬱崔嵬

分賦于闐玉

聖朝重譯盡來賓川貢榮光耀九垠地極要荒歸　帝闕天教璗琫產河津嬰垣本爲康時出延喜全憑靈貺甄黿采映空虹氣現夜光流影寶苗勻探從德水儕浮磬湧出祥輝比燭銀圓景共占明月滿（唐書西域傳于闐國有玉河夜視月光盛處必得美玉）方流好測小波淪職方徧列歸琛國王會爭趨慕德人負以明駝行絡繹載將暢轂走輪囷應同虞帝吹華琯不數農皇得石璘品壓虎精光燦爛名高龍輔色頮斌琤瑽試卬清聲遠砥礪頻加粹質淳溫潤從知　恩澤溥柔和可識土風馴黃琮白琥盈東序紫舌元蹄總外臣壤奠自應來遠物羈縻原不貴奇珍九華宜付良工琢六器還教典瑞陳薦向　齋壇藉蘭茝爲祈嘉穀庇生民

分賦秦州鏡

秦州古鏡形模好異色寒芒入手兼塵土刼餘圓相現光音天上梵輪瞻屑來珠粉剛盈掬磨出鉛波可一奩煉處會然燒汞火鑄成應費洗金鹽當心陡覺雲衣斂透背還驚日影暹缺齾半經銅繡蝕斑斕仍帶蘚花黏冷凝寶液浮瓊片畫罨菱絲露翠尖惜少銘詞工刻畫更無歲月好尋覘玲瓏巧樣蟠金獸演漾明姿映彩蟾九乳銀華同鄭重八銖綵縷太輕纖懸當虛室蛟螭動佩入深山鬼魅潛琢架定須寒水玉流輝堪抵夜明簾頻看勛業知無分暗數年華感易添神物且教依硯几

奇珍未合付閨禧愁多早换秋眉綠老去難留客鬢黔
待與容成作佳傳便尋真局到窮閻

沙鷗

沙鷗來往羽毛輕物外相看倍有情遠渚夢迴春水濶
平蕪飛近夕陽明五湖得爾真佳伴萬里憐余負舊盟
爲問釣車無恙否臨流便擬濯塵纓

河干夜月偶成長句

落日餘霞沉翠巘長河出峽春波滿須臾圓月湧中流
倒影空明見崖竅晶輝上下相激射此夕塵襟全濯澣
參差烟柳遶沙渚故傍清陰行緩緩村荒地僻人跡稀

惜少閒園門可欵却歸旅舍剪孤燭差喜相攜有吟伴
彥倫屬思頗經奇叔起談詩更清遠更闌坐對不成眠
花乳泠泠浮碧盌

村行見杏花始開

野店山橋見幾枝綠嬌紅小怨春遲連宵雨潤酥融頰
破曉霞明暈上眉晚嫁故教留薄媚高情應解賞新詩
鬖絲禪榻年來事又爲風懷惱牧之

閒遊四律用昌黎獨釣韻

清晨訪蘭若日影上幡竿松氣陰蕭瑟藤根老屈盤乘
閒遊目好得句稱心難又別禪關去山前小據鞍

新水宵來長沿堤泛浪花波心飄荇葉沙嘴努芹芽有
意携書篋無心問麯車韶光彈指過行樂未宜賒

風景清如許勞人倦眼醒高情依水竹浪跡托雲萍山
鳥有閒意磵花多遠馨呼童試雷莢箬響出銅瓶

我自尋春至人言行水來晚霞明柳眼宿雨綻梨顋幽
事殊堪戀煩襟暫得開西峯銜落日歸騎尚遲回

遣春

野曠愁空春蒼岑四圍繞薄靄凝華天初暘翳紅照高
柳曳長煙朝光乳鴉噪遠水蕩明流浮媚鮮雲卑時過
一百五春意來遐徼荒原草甲蘇微綠入清眺小桃坼

新蕊楚楚亦白好嫣香墮遥吹露臉不成笑蒲芽抽暗
渚嘖嘖啼蛄弔苔錢青壓疊幽藥趂人到風花條過眼
觸物增戀嫪華容易衰歇騷客減丰調浩蕩望吳雲羈
心劇懸旐頗憐鷗情逸自覺鶴性傲幽襟排繁事安得
適吟嘯願言乞綸竿河壖且垂釣

五日戲作讀曲歌五首

怯暑换單羅又取方空著郎情如生衣日日就疏薄

墻角海榴樹千苞坼絳雲瑣香金篋在持比舊時裙

百福奩初啟釵符巧綴金通靈丹篆好可解禁郎心

續命青紅縷拈來約臂宜纏綿終不斷纔信是真絲

蒲葉空如劒離離繞指柔縱教經百鍊難割寸心愁

雨牕四律

亭午涔雲起蕭然千里陰兼旬望甘澤一雨慰貧心天末失遥岫煙中歸暝禽高齋人不到槐影碧愔愔

衆綠聚凉意林園五月秋闢心聽溜滴失喜見浮漚吠蛤喧深沼潛蛟抜老湫山農相告語負耒向西疇

雨脚隨風下檐端續續吹輕陰飛簾額餘潤逼琴絲珠點亂跳瓦環流細入池今年欣紀閏秋種未云遲

繁聲入夜急燈火一窓凉泉瀹皐盧茗爐薰篤耨香平階看氾濫繞屋聽淋浪彷彿烏篷卧江干清夢長

寄懷周二倬雲

寄林聚暝色月華流夜雲羈人掩關坐岑寂悲離羣憶昨初識君共君事千役單車宿行店曉望空同雪相携到盧武歲晚天寒時明燈照竹屋高詠迎年詩聚首不成歡送君何草草屈指數交遊清才似君少别來未三月相思如百秋孤吟無與和落筆意先愁但望烟塵清巴西傳吉語關署定相逢對話蘭山雨

宿鳴沙州偶成

薄晚停車處郵亭傍古城閒雲風外澹斜日雨餘明對酒懷吟侶題詩記驛程長途人事少旅抱入秋清

秋夜曲

銀河耿耿涵星影凉露團光明綠井美人獨坐怨更長淚滴秋衾錦花冷中庭誰種青桐樹夜夜烏啼達天曙六曲屏山鎖夢雲天涯何處尋郎去紫蘭紅蕊不禁秋樹影蛩聲滿鏡愁水晶簾箔寒生處夜靜無人月自流

得吳三小松書並寄新什作此答之

積雨喜新霽凉颸掃層陰蕭晨發遐想開軒眺平林青鳥雲間來遺我瑶華音季子信逸才新篇富球琳高情寄岩壑雅抱涵古今搴華耀瓊蕤揮軫調玉琴風鳴幽澗松露警神皐禽長吟倚秋樹泠然滌塵襟虚懷謬見

推師資非敢任所願托素交異苔同一岑我昨事于役蘭山期盍簪中路却迴車勞君遠相尋來章達悃欵三復攬予心良覿自有時無爲嘆商參緘書報知已相思洮水深

送客

送客過蕭寺僧牕落照明一峯先暝色萬木盡秋聲鞍馬勞人夢尊鱸故國情天涯久留滯悽絶庾蘭成

秋感四首

青春彈指去匆匆薄宦天涯信轉蓬與我周旋寧守拙隨人趨走本難工恥爲夜客甄長伯甘受狂名蓋次公

頭白草元吾豈敢祇應辛苦老雕蟲

邊城蒼莽獨登樓落日長煙動客愁萬里商聲隨塞鴈滿天霜色上吳鈎好尋蘿薜成孤隱莫話蒲桃換一州躍馬呼鷹當日事不堪回首憶前遊

十年一障近瓜沙憔悴青衫兩鬢華賸有筆能飛白鳳竟無金可鑄文蛇篋中空著凌雲賦海上誰乘貫月槎何事升沈勞較計飄茵墮溷總風花

千場縱酒蹋華筵每聽清歌輒泣然故國雲波縈昔夢殊鄉節物感流年離心懸似當風纛文思艱于上水船擬築維摩方丈室焚香掃地且逃禪

夔兒讀太白集口占一律示之

胸懷浩蕩海難量豈獨文章光燄長氣格直應凌屈宋風流原不薄齊梁天人似此眞分界恩怨從來付兩忘萬里夜郎歸國後會無一字報汾陽

秋夜偶成

晚衙人吏散虛堂下簾初野寺鐘聲遠秋空星影疏宦情慵簿領鄉夢戀樵漁涼夜親燈火消愁且著書

青嵐山旅舍同侯春塘聯句三十韻

行子長途倦高空峻嶺參崎嶇緣白道卻曲上青嵐 芳燦 荒岫頹雲塞陰厓積雪函捫危憑絕磴俯首瞰深崟 士驤 不憚險頻陟還欣幽可探春聲當暮急煙態倚晴憨野果垂騈紫山禽炫竊藍 芳燦 馱鈴喧隔塢僧磬出前龕經雨苔衣滑凌霜槲葉酣鷹風號磧北雁路指天南 士驤 田叟能留客茅檐且駐驂 芳燦 軍書馳丙夜戍柝警丁男 士驤 旅飯炊車軸勞歌叩劒鐔 芳燦 風塵方浩蕩寇盜未平戡 士驤 蹤跡淹西塞音書滯左擔驚離魂黯黯望遠思潭潭 芳燦 嗜古希袁豹論兵愧謝朏壯心空激越愁鬢易鬖鬖 士驤 遠道聯佳伴淸宵縱劇譚詩囊綴蒼錦茶具挈都籃 芳燦 秋鷰終須學元文近稍諳高詞追屈宋名理析莊聃 士驤 鹿本無心覆魚非有

意甘漫郎容嘯傲迂士耐嘲唅 芳燦 結習何由砭陳編夙所妉 士驤 宦遊旋磨蟻生計穴書蟫 芳燦 朧月寒窺牖村醪濁滿甔 士驤 燈昏吟更苦衾冷夢難甘屋破星光漏庭虛夜氣涵僕夫催早發不待曉雞三 芳燦

和廣省堂廉訪九日登高用漁洋集中飲葉子吉學士齋韻

蘋末風輕不揚塽秋空如水無雲涴外臺政簡足淸閒階生屈軼衍楊卧禽華吐豔報重陽邊氓共喜彤幨過是時郭外宿雨晴不用障泥覆馬髁阜蘭有山城以南峭崿嶔嵜靈斧剉岩竇泉懸素瀑飛山椒路入蒼烟破

硬語盤空驚滿座小言已足淩景宋強韻寧徒歷刻賀
三倉五雅隷事博鬥捷爭奇不言癯鰍生未得陪燕几
猶向長途聽鈴馱自慚勸學讀未熟箋釋蟲魚久慵惰
桐江笠澤付想像每對西風口空咳興來聊復撫孤琴
落落絃聲相應和

廣廉訪見示近詩即次其韻呈之

文星次西躔光輝亘瑶井詞源濬若泉詩格清於茗古
澹得眞味佳處輒先領入手祛塵氛涵心息酩酊香薰
玉麴烟披誦漏及丙起看檐宇間霜華瀉千頃寒雲斂
虛碧片月下杉頂盈囊珠字圓照案青燈炳絃么琴寡

和韻劇筆難騁盤盤大國楚曹鄶詎能並力止截秋蟬
妄欲扛赤鼎類彼饕吃人期期再三請自從狂小言傳
賤勞走脛論詩眼界寬兼收略瑕眚鍾嶸許議鯫束皙
亦賦餅遂令媚學子望古志逾猛凡才不知量得譽竊
自幸如仰太華峰循麓想攀嶺如測大瀛水尋源思泛
梗夢吞丹篆文覺後猶噎哽會當書萬本筆硯未容屏
騷壇樹旗鼓羣雅有所秉大力作導師一喝衆迷醒長
吟欲徹旦冬晷愛宵景澄空忽生白海色蕩霞影旅舍
靜紛喧烟鐘到聰冷

蔡小霞觀察索詩次前韻奉呈

方池半畝蕩漣漪淨綠沉沉不可唾農歌相續沸歡聲
比戶年豐少寒餓登高舒歗携酒樽朱幡曲蓋隨車軻
題餻豪興忽淋漓戞鏗金石賡猗那徑窄衣嫌壁蘚侵
峯高身被林霞裹騁望霜楓千萬重靜對汀鷗三兩箇
地遠囂塵愜賞心位置琴床與茶磨花氣香浮碧螺琖
罨波光映金猊座彭城高會今再續品題當爲山靈賀
傑閣還登最上頭選勝探幽未辭癉夕陽人影散岩巒
珠字盈囊壓歸馱華牋傳示百回讀健筆眞能起庸惰
苦寒色正瞻五緯衆星錯落空倰㑋繫轅小唱竊自慚
陽春一曲原難和

和廉訪食蟹仍用原韻

江國水肥多蟹堁解甲輸芒稻泥涴老漁隔舍呼伴出
風露滿身未容臥疎燈入葦照雪明短槳劃蘋衝綠過
正期束縛滿蒲秸邊惜傴僂疲膝髁百錢換得十六輩
蜀豉蠻薑勞細剉觥船行酒浮太白叢菊繞庭香乍破
盈筐酥片似凝脂纔剝含黃已流唾更炊雲子滑流匙
恣餐頓慰空腸餓自從作吏滯邊關廿載風沙擁行軻
湖瀆小斷烟水荒下濮百弓計無那歸心夜夜尋舊溪
夢裡魚莊被雲裹當筵空說醉千場左手那能持一箇
西臺佳日作高會玉粒金虀出臼磨品題俊味索新句

踈花綻菊畦飛葉覆桐井去年龍山巔游讌共酩茗清談快霏屑冥意最堪領微才邀賞譽心醉逾酩酊官程奈敦迫背面同壬丙一從別華堂暄凄變俄頃如墮塵海中遠望蓬山頂側聞蘭臺聚文采極淼炳筆陣高於揮詞場飛虞騁新篇迭賡唱兩雄實相並浩瀚驅雲濤古欝列甗鼎韶箾舞九變觀止不敢請昨尋長城壕積雨泥没脛䤎䤎簡書畏空踈亦疵眚邱索失淹貫畫地空作餅始慚腹笥陋嗜學志不猛時奉檄訪長城舊址驅車入金城屐諷方自幸星麾按藩部先度崑崙嶺行踪遲雁鳦離心塞蓬梗茲辰拜月題喜劇忘別哽譚詩預末座結習未能屏百伎無一長鉛槧性所秉濯魄近冰壺塵夢豁然醒雪晴簷日煖愛此小春景習靜時掩關牆角見山影定知抱冬心琢句逾雋冷

芙蓉山館詩稿 卷十二 九

十月十四夜月終夜如晝

纖雲東不飛一鏡緣空升虛庭聚夜氣天光湛清澄離離星影動皎皎霜華凝開帷步廣除攬衣欲生稜地爐響松風茗飲留吟朋冰花滿破硯寒暈搖明鐙䌷如街鼓急櫓端低玉繩

東坡先生破硯歌爲張堯山作用集中龍尾硯韻

張君破硯極寶惜什襲弄藏抵蒼璧摩挲手澤重坡公萬古文章一方石森寒風雨落筆時光芒礫索鐫銘辭何年雲璺忽迸裂星精墮地無人知疾惡如風掃氛垢高節嶢嶢世希有寧甘玉碎恥瓦全殘缺非關劫灰後華嚴法界觀浮雲六十小刼吹微塵得窺公家秘寄藏猶有我輩嶔寄人羨君好古精決擇邀我題詩勞刻畫仇池九華倘兼致到眼尚能相識別

冬夜張堯山招飲出示寶刀聯句

張侯襟抱何豪雄芳燦圍爐置酒當嚴冬士驤論兵慷慨氣吐虹爲漢寶刀誇客抽銛鋒芝田若耶之錫赤堇銅芳燦臯谷精鐵同銷鎔士驤爐韝扇𥌓天爲紅爲漢

芙蓉山館詩稿 卷十二 十

百鍊躍出青芙蓉芝田赫連龍雀製未工芳燦昆吾大食皆凡庸士驤鷿鵜膏拭加磨礱爲漢金精耿耿横霜空芝田天欃芒角相交衝芳燦鬼物辟易潛其踪士驤四座起立森動容爲漢虛堂凜冽生寒風芝田燭光炫晃搖雙幢芳燦觸屏狂走驚奴僮士驤昔人佩此登三公爲漢蕩滌邪慝摧姦兇芝田方今楚蜀埽羣醜芳燦破獍王師十萬共屯守士驤餘孽披猖竄林藪爲漢破獍磨牙猰貐走芝田蒼黎蓄憤亦已久芳燦此刀應付壯士手士驤出匣蛟龍怒哮吼爲漢百戰無前拉枯朽芝田渠魁震讋齊授首芳燦徑取黄金歸繫肘士驤側聞

虎帳募勇赴（爲漢）定有奇材供指蔟（芝田）儒生慙愧壯
心負（芳燦）屈蟠兵策空驕尸（士驥）拂拭鎧鍔動星斗（爲
漢）會見軍威廓氛垢（芝田）大澤涵濡被九有（芳燦）昇平
偃伯靈臺後（士驥）利器韜藏同敝帚（爲漢）相將醵飲召
賓友（芝田）快洗尊罍更行酒（芳燦）

寒夜曲

明星翳翳光侵檐霜華如烟吹古簾殘釭背壁碎紅墮
愁人不眠擁衾坐誰家翠袖彈箜篌畫船行酒酣高樓
豪犀壓帷寒不入猶翦豐貂護嬌額

夜坐

堆床散帙却慵看坐到銅荷短燭殘霜氣似潮浮瓦白
星光如月照窗寒頻年作客愁難遣遠道懷人歲欲闌
賴有吟朋伴岑寂且拈韻字索清歡

漢裴岑碑用山谷集中磨崖碑韻（碑文云惟漢永和二年八月燉煌太守雲中裴岑將郡兵三千人誅呼衍王等斬馘部衆克敵全師除西域之灾蠲四郡之害邊竟艾安振威到此立海祠以表萬世）

永和二年破呼衍燉煌太守留殘碑斬馘部衆艾邊竟
如以利刃決亂絲郡兵三千勇且銳蒼頭奮擊從盧兒
蕭條萬里大漠西龍祠厰幕無安栖文詞壯偉篆渾古
心知其是非賡爲當年東觀缺紀載但傳班勇殲車師
延光以後武備弛屬國驕蹇戈矛揮裴公此舉功不細
河西四郡關安危燕然厓石勒威德唐鼓樂木歌聲詩
漢家好大重邊績胡廼舊史無褒詞騊駼蹛脫謝承誤
范曄附和聲相隨奇功湮沒知幾許摩挲遺蹟令人悲

懷周大鑑湖

周郎倜儻人百鷙見一鶚論兵習玉鈐頗喜縱橫略蘭
山初識面清樽共斟酌交君伯仲間文釆兩相若譚讌
未盡歡羽檄催分索么麽竊兵玉壘祆氛惡元戎擁
高牙軍行向井絡翩翩書記才去逐青油幕觽雲騄耳
馳出冶干將躍爹君懷抱雄愧我身手弱懷君日在念

不覺歲更籥君弟才亦奇從遊慰寂寞邊郵飛候騎頗
喜尺書託讀君寄弟詩擊劍雜歌謳同袍得何遜（謂何二蘭
庭）彩筆光照灼戎機方倥傯雅度何揮綽壯志自不凡
從軍亦云樂相思寒漏永客睡愁難著遠寺送疎鐘高
城急殘柝出戶望弧星傍檐明作作

懷嵇四容圃

鶚鶚排天風雪壓空同低去年當此時送君向巴西看
君行色壯腰裹新鑿蹄高冠楓具劍青絲絡月題東門
設帳飲撓酒金留犁槃余心胆怯話別聲酸嘶君顧抗
手行恥作兒女啼別來星已周氣候殊暄凄拳拳骨肉

情昔昔魂夢迷聞君贊幕府發策安蒼黎近復奉軍檄慷慨偏師提召募巴賨兒悉令習鼓鼙千夫共一膽要使法令齊巉巉白岩山山險不可躋危厓聳赤甲峻坂盤青泥摧堅發巨悉凌空架衝梯誰謂虎負嵎不過蚋聚醯士氣拗而怒鼻息成虹霓渠魁待束縛 天討寧久稽會聽笳鼓競笑談手重携爲君洗征塵滿酌浮頗黎

懷張大春溪

羣盜嘯潢池軍檄馳[illegible]午儒生事結束腰鞬插勁羽班超投筆起王壽焚書舞行向巴僰杖策謁幕府指揮花門子前驅齊負弩君才我所知施設備文武青衫百僚底屈首隨尉簿蟠胸藴奇略鬱鬱未得吐茲行信磊落黃氣見眉宇譬如處囊錐脫穎立可覩淋漓磨盾鼻作使萬貔虎短衣逐戎旃警枕聽嚴鼓昨者尺書來豪語傾肺腑不澌劍頭炊陟險不言苦大軍方深入小醜敢跋扈會看蕩巢窟何足煩礮斧相期樹修名勗君力須努貂蟬出兜鍪此言傳自古倚馬書長縑餘勇或可賈健筆戛鉦鐃凱歌待君譜

宿廣武旅舍月色如晝通夕不寐因成拗體排律三十韻以寄倬雲

芙蓉山館詩稿　卷十二　三十三

曰歸別儔侶言邁迴郊坰飛梁澤腹度危轍山腰經枚數雙隻堠籤記短長亭紅隱孤県人翠合羣巒暝徑投野店宿稍喜征驂停夜氣頑屭屓天風颭清泠素彩懸皓魄明波湧圓靈肅肅立疎木離離歛繁星急響邏街柝凄音戛車鈴村釀不成醉勞歌詎堪聽嗟余行未已念子心無寧憶昨歡聚首相對俱忘形清言絕槩繆健筆嗤眠挺方駕攀屈宋高步追溫邢潛心襲元窅奮身鬥鶩霆凌虛佩六甲鑿險驅五丁照乘珠出握剸鐘劍磨硎巽錦炫斑駁哀玉鏘瓏玲躭奇摘新艷嗜古搜遺馨駼耳騁逸足長麗刷修翎諧聲叶宮羽送抱除畦町炙硯共雪屋聯床集寒廳談深官鼓歇坐久窗燈熒如何搏沙散忽若墜雨零客契托蛩蚷浪迹歎蓬萍空齋爾索寞歧途我伶俜覓句燭見跋懷人月移欞驚馬饑齕莝羸童偃觸屏霜華浮淡白海色澄空青未識夢中路僕夫催展軨

歲暮綠雲吟舫擁爐有作

數日官閑恰似僧喜無堆案坐相仍蕭寥共度將殘歲冷淡原宜耐久朋牆角日斜明聚雪檐牙風過落懸冰爐中商陸銷應盡剩有清吟興倍增

芙蓉山館詩稿　卷十二　三十四

芙蓉山館詩稿卷十三

金匱楊芳燦蓉裳

元夕夜坐偶成

薄晚雲翳收天作凍黛色常儀浴其團百道貫光直須臾度瑶井萬頃瀉銀液燈聲亂如沸車馬鬨廝陌掩關謝紛譁斗室坐虛白澄輝入懷抱如濯冰壺魄人生異所尚喧寂各有適盈甌茶瀋綠泛几鑪熏碧呵硯墨微融清歡記茲夕

正月二十夜夢偕荔裳行至一山觀瀑布聯句十數韻覺後惟記磵冷翻夏雪山空轉晴雷二語作詩記之

從軍念子季千里阻巴蜀昨夜夢見之連袂陟山麓徐行度石梁翠壁見飛瀑疾雷激迅風雪浪相豗蹷披襟神怒王高吟震厓谷覺來猶惝怳奇境森在目西堂詠春草東坡記秋菊夢中多妙語覺此更雄獨君行向渝州發策贊帷幄手挽天河流洗兵看神速心知是吉徵不待季主卜

齋居十首

官齋十年住不異子雲居當戶有奇樹堆牀多異書尋春分社酒侵曉摘園蔬薄宦安吾拙浮沉愧甯遽

晝永荆扉掩庭虛枳徑通坐來移硃銚與到理詩筒舊侶長相憶新吟苦未工風光過百五花事惜匆匆

高談誇絶倒對客岸烏巾自覺風塵倦偏於卷帙親元文真尚白彩筆不能神竟負平生志終爲率爾人

繞榻茶煙細于于午夢醒時臨乞米帖別著養魚經祈穀農謠喜占書鵲語靈自來疎惰慣不是寡沈冥

林影疎疎直煙光澹澹陰看山添遠色聽鳥換新音索解談雙樹偷閒戲五禽莫因塵事擾惆悵損春心

魚子浮新水鳧雛浴淺沙綠痕歸岸柳紅意到溪花嬾覺詩情減愁憐春望賒催耕向郊墅便擬命巾車

南樓堪縱目落日一鉤簾野水澹搖影遠峯微露尖繙經開白氎服散合青黏許領閒中趣從誇吏隱兼

庭堦少諍辭竿牘詎云疲有托躭幽賞無悰改舊詩閒雲依樹靜斜日過窗遲獨酌懷歡友蘭時久別離

晚衙人吏散襟抱有餘清向栩閒吹笛桓伊快撫箏星窺虛牖入月傍小簷明坐到殘釭灺風傳疊鼓聲

攬鏡看容鬢棲遲類自憐鄉心隨夢遠詩語似春顛擊鉢還矜捷揮毫漫鬥妍怕人嘲慢戲如意帖吟牋

春暮懷偉雲

落絮飄空烟孤花承墜露綠繁紅漸稀宛宛春辭樹閒

存濠濮想靜覓除何句之子久離居無人作才語

晚晴偶成

濕雲未全斂斜陽林外微苔花雨餘潤潛碧明人衣春事忽已去所嗟賞心違望遠觸離緒寥寥瞑禽飛

別古槐

庭西老槐樹我客君是主投分忘形骸不覺十寒暑夜吟踞孤根曉吟蔭高枝十年去如瞥剩有千篇詩君材最輪囷我氣亦斗藪問君千年來曾見此客否秋滿客行去難忘唯有君遠夢隔翠雨離情空碧雲相對各凄然客愁主無語且把訶陵樽酌君中山醑低首拜石文

米顛具衣冠文饒童子寺頻報竹平安今古有情癡文人同一例再拜贈君詩別恨君知未

郊園

郊園來往熟幽趣亦不乏閒雲片雨飛遠樹生煙匝柳髮啼漸踈蒲心抽尚狹塘水煖生鱗雙雙浴花鴨

廣省堂廉訪送莧賦謝十韵

春殘櫻筍過小圃茁佳蔬摘趁梅炎後栽宜穀雨初翠添籬角潤紫逗石稜踈杜老芹堪並陶公薤不如羃栖來遠徼鄉味憶吾廬恩荷園官把餐加野客葅香分烟蕨餅甘勝露葵茹證易疑商陸箋詩誤接余花邊清供足竹外午炊餘願乞芝田種閒畦學自鋤

苦雨用昌黎集中秋雨聯句韻

愁霖雨旬浹陰霾四山會芳燦密雲欝蒸溥微陽失明藹士驤障空屏翳驕鼓浪陽侯泰芳燦檐瀉同懸瀑階泉抵湍瀨士驤犨牆水衣滿積潦浮漚大芳燦後榻滋蘚苔塞逕盛榛艾士驤頑莎濕爭長瘦菊寒不奈芳燦常儀久離畢少女猶吹兌士驤蔀屋斷晨炊坳堂渹晚汰芳燦陷淖慨車前習流念江外士驤眢井恣蛙矜高枝埽蜩嘒芳燦壓屋烟冥濛侵簾霧奄藹士驤峒山失巀業涇水漲㴋沛芳燦街泥絕跫音竅木戛清籟士驤

日車側蹉跼海藏傾豪忲芳燦坤軸窒螘封蒼旻匿虹帶士驤惟茲孳陰凝恐作三農害芳燦瞻途聚簦笠謀野潛昳澮士驤塞井詎無徵修防先有賴芳燦禁水制乖龍占晴灼靈蔡士驤禱社七日齋崇星一杯酹芳燦西陸宵暫澄南山朝已晉士驤宗廟愁傾欹饔盎厭匄礚芳燦囊空典衣裯米貴敵珠貝士驤未得事鎌鍛安望充廩膾芳燦萬室空籲呼一晴竟難丐士驤願回羲和輪速返黔嬴軑芳燦雲波烏尾訛霞彩鸞羽翽士驤休佩稚川符免假子夏蓋芳燦大造惜蒼黎陋邦憫曹鄶士驤阡陌轉平疁禾麻收穟旆芳燦高旻麗澄漢曉

岫飛初靄（士驤）遠畔豁氛霧清襟滌埃壒（芳燦）尋山思採芝當風休憶膾（士驤）斯願諒克副此樂應稱最（芳燦方約爲崆峒之遊）文陣鬥整嚴詞源吐滂沛（士驤）擊鼓能助陽吹笛足止霈（芳燦）高吟激迅商詎難感辰太（士驤）

重過彈筝峽

落日亭亭鞭影度長烟四合青山暮彈筝峽裏少人行淺瀨明漪照秋鷺岩泉滴瀝成古音仙風飄落寒翠深冷然天籟無定譜移宮換羽隨人心客路重聽吟興愜清響漸遙人出峽回首殘霞空外銷一痕纖月如銀甲

雨牕懷王二雪舫

門少經過客南榮夜坐時重陰催暝早積雨放晴遲野蔓縈牆角階苔上井眉逖居空慕侶漫興且裁詩

雨窗對菊

積雨經兩旬涔雲晦林麓奔潦溢坳堂頽飈鳴寂木羈客苦無悰惟對數叢菊清芬微逆鼻秀色靜娛目寒氣浸虛牕簷聲聽相續盡日烟水中甚齋似漁屋秋英信堪賞朝暮看不足傲骨耐孱愁高情愜幽獨恍接素心人論交不敢瀆竊簡索古歡痆琴調逸曲金鈿香尚溫石鼎荈初熟孤坐澹忘言苔光一簾綠

梅谿任丈以榅桲見貽向所未見古詩人亦無咏之者漫賦十韻誌謝并約雪舫春塘秀三同作

偶徵沙苑産佳種異根科夏始花纔綻秋來實最多上林疑答遝西域肖庵羅裹帕休抛棄登盤待刮磨（本草云食須淨去浮毛不爾損人肺）案頭幽韻足枕角燠熏和比梆方言誤呼相客語訛清能消宿醉潤解滌煩痾酢味沾牙怯甜香入手搓藏宜漬匿蜜遞合付明駝百顆勞相贈瓊瑤報則那

秋雨初霽過柳湖書院呈吳三海宴

寒日澹初曙冷雲澀難晴出郭理輕策曠望秋氣清風枝戛商羽霜實駢紅楨古柳危葉脫瘦菊疎花明高齋

面山開濕翠浮檐楹故人具壺觴意適聊共傾流連魚鳥緣惝怳煙霞情湖波湛凝綠臨流愧塵纓

再呈海晏一律

門外時停問字車數椽絕似瀼西居窗留返照重簾靜檐傍晴雲小閣虛殘葦作花秋雪老病棃成實曙星疎叔庠好事能留客自課畦丁摘晚蔬

起夜來

蘭㷋搖紅酒波綠主人傳觴列華燭座中有客彈商絃夜烏驚啼風滿天幽咽冰泉戛鳴佩明珠亂落珊瑚碎餘聲宛轉猶繞梁銀河射角夜未央

寄懷黃大葯林時在興安軍營

我昔交君在於越權奇互詡骨不凡詞壇藝苑共角逐癖嗜約略同酸鹹晴湖泛月棹空澗高峰披草梯穹嵌饑驅漫浪覓升斗一官誤署風塵銜別來倏忽已廿載華年過眼如驚飆舊遊彈指變童髦班鬢承弁秋髟髟人情老去慕儔侶雁書昨捧空中緘正欣宦蹟千里合君行又著從事衫幕府飛書選豪俊要藉健筆工鑱劖淋漓快試磨盾手三軍作氣待鼓儳指揮蒼兕請深入小醜何足煩夷芟攝提揚眉弧矢直坐看芒角銷天欃賀酒同傾洗盃杓凱樂叠奏調箏咸懷君玉帳隔關隴

夢中識路尋嶔嵒推書撲筆感中夜破窗寒月明纖纖

即事有懷

風影颼簾旌雲陰覆簷角冥冥朝雨來春井芹芽綠侵尋歡意謝悵望流光速良訊滯天涯閒愁亂心曲

登沈氏邨樓壁間有晴沙舅氏題句感而有作詩云驛馬銀川雲滿身賀蘭山外靜無塵寄聲父老休相訝我亦江南簑笠人

沿堤行水來所歷苦湫隘假日登茲樓耳目得曠快長渠納洪溜雪浪舞澎湃萬柳酣朝烟一綠不可畫謝公遺蹟在銀鈎尾如蠆詩句妙入神餐霞漱晨瀣公曾守是邦惠政蘇凋瘵想見班春行父老遮馬拜簑笠憶江南依依共清話公今為飛僊人間落金薤六十小刼過寶墨長不壞羊曇愧無似風塵力空憊仿佛西州門臨風發悲噫

宿香臺寺

流雲過遠空片月墜高嶺客心淡無營禪關掩虛靜仙梵自清圓香燈照僧影

堅行即事

曉起命巾車村路行屈曲不知誰氏園數椽傍巖築空亭春草長蝶意媚幽綠

夜坐有懷

空翠落窗暝虛庭悵寂寥星光珠母徙霞彩錦花銷作客華年晚懷人別夢遙幢幢孤燭影把卷坐深宵

寧夏官舍喜郭二雪莊過訪話舊成詩兼懷侯大春塘周二倬雲

朝光泛華薄好鳥鳴簷楹林端過微雨密蔭含餘清披衣步廣除曠望生逸情故人惠然來失喜倒屣迎經歲感離索今來還合并豈無一樽酒欵曲敘平生平生記相識昔在蘭山側元瑜淡蕩人離塵見標格精思通溟涬清詞謝彫飾躭吟各鉤奇嗜古同成癖投分汰衷衿相於略形迹河苑古靈州從君載酒遊山明看古雪澗

曲引長流樹窖偏藏屋雲奇欲碍樓愛閒尋小憩習靜接冥搜談諧忘主客休澣集朋儔春風開講院朋儔盡英彥伯仁才語工叔起佳言擅茶香碧泛甌墨瀋濃流硯落紙粲華星揮毫驟飛電開花俄落葉新鶯催早雁寧知聚會難不道暄寒變暄寒經幾度去日安能駐君留薄律城我陟空同路遠道苦風塵遥天黯雲霧凄涼感遇詩惆悵懷人賦頻寄空中書何由展離愫離愫浩難裁神交夢屢回誰知遊宦子仍到赫連臺更拂周璆榻先謀杜老醅墜歡猶可補清宴許重陪良書憑驛使卜日盼君來君來適我願抵掌連昏旦起我疲薾姿神

明還舊觀星闌談往事舊侶摶沙散天涯良會少暫笑旋成歎纏綿五字詩貽我錦繡段錦繡誠知重丹青久不渝香原合椒莄根不異槐榆齒髮寧遲暮情懷謾鬱紆願言崇令德相期廓遠謨飛騰看骨相不是列仙臞

喜錢三獻之過平涼阻雨小住次口遊柳湖書院即事賦贈

故人不相見彈指星紀周吏道坐自拘非關路阻修豈無空中詩往返勞星郵不如一摻袪中懷罄綢繆聞君奉官符轉餉天西頭我時寓朝那孔道識所由今晨當關報梟見一刺投倒屣出迎君喜極涕轉流無從溯離緒欲語舌在喉勸君且安坐約君三日留是時天久雨塗潦妨行軔積陰晦原野五月披重裘官行雖有程遇雨可小休爲君敞虛堂山翠當簷浮斷酒啜茗瀋加餐薦芹羞君才最雄獨說經世無儔辨三倉五雅証八索九邱高文儷崔蔡傑句凌曹劉尤工篆縮文腕底騰蛟虬凡將急就篇上下窮研搜坐客乞君書落筆神明遒斯冰去未遠隻字成琳璆布策妙管郭說劒追風歐鼂枚與鳥卜絕詣靡不收高談析羣疑四座無喧啾次日稍開霽雲駁風颼颼城西有講院柳湖佳可遊方池一碧淨樹雜萬綠稠冥冥野竹交獵獵塘蒲抽地偏人跡

絕室靜禽言幽小憩偶藉卉高尋或搴樛灑灰禁吠蛤持竿釣沉鰌風光信可戀欲去還夷猶君懷疎且曠我癖堅難瘳共是湖海人狎鷺盟閒鷗歌呼拍銅斗長年不知愁如何墮塵障觸處生瘢疣我齒齵然脫元花黳君眸誰憐汗血駒竟作蘭單牛有書身無事此外寧多求願言就魚麥與君執手謀江干買薄田相對操鋤耰

青嵐山阻雨

涔雲滃然起忽失前峯青山風迎面來沾衣雨冥冥細路苦逼仄羸馬愁伶俜盤迴上峻坂側足防濘汀岩腰得茅店且作半日停人稀土銼冷地僻荆扉扃破竈然

濕薪微煙出疎櫺充虛覔庚癸乞塒書丙丁陟險程屢
淹念遠心無寧倚壁題短章可當勞歌聽

已未五月二弟由蜀營奉　命來甘藩任官齋話
舊成五言五十韻兼寄三弟

作吏我廿年從戎君十霜艱虞各飽經關山夐相望憶
君衛藏歸謁　帝朝明光命簽益部吏綬艾懸銀章重
有滇池行使相趣急裝歸來未旬日犬封忽披猖檄君
入幕府兩載隨顏行諮謀仗葥彧職志歸周昌滔滔武
溪深毒癘不可當連隕兩大星投營赤而芒（謂嘉勇公和制府）
三軍盡務面士氣慘不揚豺牙思咀吞虎落難遮防恐

負知已恩苦心爲紀綱從容持大計鎮靜備非常果生
致渠魁畫策綏蠻荒微勞邀　主知　天語何琅琅畀
之旬宣任持節來甘涼我時聞捷書失喜不暇詳旦夕
盼君至風雨歡聯牀寧知事多阻羽檄日日忙迭氛未
銷滅蜀孽旋陸梁仍著短後衣往來百戰場憶弟我看
雲望兄君陟岡猷歲駭邊警紛馳赤白囊幺麼起鈔盜
蔓延及秦疆　今皇眷西顧重地須屏障奉　詔君西
行相見蘭山傍握手話苦辛喜極翻沾裳爲言北堂上
眠食欣康強長途暑方熾板輿不遑將更有甥與姊同
在天一方聚首期九秋歡樂知未央呼僮掃庭除爲我
開東廂嘉樹覆重櫚雜花繞脩廊涼陰拂枕簟落翠浮
縑緗朱墨稍休暇園池足徜徉夜談或達曙官鼓聲雷
磓兒時事如昨回首心傍徨嗟余墮風塵意氣殊頹唐
牙齒半脫落鬢鬚俱蒼浪如何卅寒暑秋霜爲檻羊迻
巡戀升斗雀鼠偷太倉冥行不知返醉墜幸未傷揣分
自宜休投紱還耕桑先壟護松楸寫經開禮堂門戶當
寄君如室有棟梁季弟亦才秀仕路行騰驤所願烽燧
息驊騮步康莊勗君宣令猷努力爾　明良纏綿骨肉
情此語期無忘

讀二弟德陽道中留別三弟詩愛其情詞婉篤有
觸余懷漫賦長句

三載戎行盼君至此日官齋欣把臂回首全家住錦城
一官匏繫憐子季示我郵亭五字詩甕眼細字寫烏絲
君緣抗手悲今別我恰關心念昔時弱齡爾我傷偏露
季弟扶牀纔學步聰明已解識之無少小相從授章句
貧賤生涯百不卹篝燈如豆坐深宵家風共耐虀鹽澹
舊業還欣卷帙饒一官捧檄過關隴遠道逶遲版輿奉
頭角嶢嶢漸長成七年子舍晨昏共經史紛綸恣意探
傳家文筆已能諳我知載協應慚亢入道機雲尚有耽
君時奏賦直芸閣北望長安感離索形影相隨秪阿奴

推棃讓棗華年樂最憶當年烽火驚弟兄倉卒扞孤城烟塵慘澹愁三月骨肉團圞慶再生一年奉母之京國一年迎去聲婦還鄉邑西去君投介子觚北行季射蘭成策幾度分攜只偶然者番契濶竟頻年趨蹌蜀道青天上悵望秦雲落日邊千盤棧閣愁烟鎖此度别君如别我已分䰟應送遠銷不堪淚向臨岐墮漫道同根荆樹枝如何花葉易參差崔松屏舍哦詩懶謝草池塘選夢遲君詩真摯無雕繢白璧明珠堪作佩果然好語動人心我亦勗奴須自愛願得承歡共北堂堂前雁雁喜成行岷江水接巴江水兩地離心爾許長

秋夜吟十首

小園風物有餘清一院桐陰碧影明好是晚來移榻坐簟波浮動嫩凉生

露脚吹煙濕欲流痩花纖穗娟凉秋風鑪試鬥釵頭茗滿注清泉白定甌

瓶花横影上簾衣蕩漾冰荷燭燄微七夕蘭期彈指過冶情猶賦九張機

紅蕉傍檻幾叢分小雨疎疎葉上聞洗出一天秋意思夜風吹皺茜羅雲

竹閣瓏瓏留宿燕萍池清淺養文魚心情近日蕭閒甚待補秦餘種樹書

小炷衙香裊篆煙夜闌山字聳吟肩憑將歡意償離緒一樣秋心勝昔年

無憀巡徧小迴廊選夢先安曲彔牀一事尋思却怊悵昨宵得句覺來忘

街鼓鼕鼕漏箭遲虚庭露白鶴先知滿襟凉思清無寐坐到明河射角時

偶拈酒琖金蕉葉添注花名玉篆牌笑我清狂渾未減微吟偏愛左風懷

當亭會記語團欒十載明蟾兩地看此度中秋同說餅

下階先拜水晶盤

新秋藝香圃即事以東坡秋早川原淨麗雨餘風日清酣分韻得二首

雲影薄吹綸風意凉侵衎閒澹竹閒花疎明松上雨清韻裊琴絲碧痕泛茶乳緩步適空階晚晴聞鵲語

小圃對秋容照眼愛明瑟山翠隱長煙池光漾斜日叢編笠澤書靜掩維摩室坐久落瓶花幽香隔簾出

食藕

誰劚青蓮根置之青玉案炯然冰雪光寒意生孤館昔時曾見慣此地原珍罕堆盤香欲凝去聲入齒花應粲盧

知君子心纖比佳人腕無端雲水夢觸我鄉思亂五湖
三泖間翠蓋紅衣散扁舟記來往一片明波涣心苦味
難回望極絲俱斷食能久徘徊天涼葛巾岸

食芋

愛聽秋雨聲繞畦栽紫芋大葉響踈踈頻煩插籬護霜
落盈筐收風味亦可慕齋厨親點對持付白家嫗地爐
氣蓊鬱陶甑香流注千祿走天涯肉食寧吾素如何七
箸間此味亦難遇懶聽巴人訟愧逐狙公賦堆盤見磊
落饞拟愜幽趣飯豆吾豈無歸歟治吾圃

雨中看山效樊榭體

秋山無媚色秋雨有古音崚嶒煙霞骨蕭澹梧竹心凌
晨起盥櫛清氣盈我襟几硯淨如拭不受纖埃侵溼翠
逼窗冷微流落池深雨止山更佳憑欄發高吟

說餅三十韻

仲秋節物佳作餅肖圓魄贄原出臼磨饋且偏隣戚大
庖湯官供小市鼎娥職餦餭楚些傳粔籹方言釋豐收
穫穄穗美碾噎鳩麥重羅颺珠塵淨釜溲雲液牛酥厭
膻膩豕膏喜肥澤潤分石蜜鮮潔點蔗霜白細剝靈瓜
瓤新脫珍果核輪廓妙搏捖花樣工刻畫侈應裂十字
豪或誇五色璧楕扶寸强鏡圜八銖直對此愜清歡相
於賞良夕次第薦蘭羞周遭展瑤席穹翠絕纖翳涼輝
蕩虛碧團欒佐盃杓重疊飣盤槅凝脂滑欲流純綿軟
宜擘華池漱玉漿嗛山咀甜雪哆口笑魚噞鉄鼻驚蟇
蝕充虛作談助銷夜佽茗癖殘牙愧零落俊味堪珍惜
桓元油恐涴王鼎緣休擲老去戀甘腴興極追疇昔紅
綾早無分銀花曾未識屑榆不療貧剪韭惟供客寒具
慰輖飢冷淘嗟旅食敢嗤公羊陋幸免邠卿厄說工愛
吳均賦俳類束晳忝餐知腹負顛頤求口實虛名不可
啖畫地復何益

八月初四夜偶成示二弟

清輝不盈手林外落新蟾屋淺露侵袂燈昏星滿簾悤
機就嘯傲隨分得清恬共遣初長夜頻將韻字拈

中秋月用東坡韻同黃大葯林作

涼雲斂暝色月出秋堂東明河已案戶牽牛昏正中委
照滿几席流輝遍房櫳孤光迥虛白積水涵高空故人
修澀事芳夜相追從恍如夢遊僊身到瓊瑤宮翻翻見
驚鵲唧唧聽寒蟲滿酌金叵羅酒盡興未窮半酣顧我
語此景不易逢商歌激清籟先後爭于喁
自我落邊徼與君廿年別同心各異縣相思每悽咽聚
首有今年良辰肯虛擲蒸香炷金鉔把盞對銀闕冰襟

山色河流紛到眼塞天微霜昨夜零木葉欲脫山痕青飛樓去地已百尺水氣平檻長冥冥河流怒觸山根勁山勢爭迎逆流迸大地雲崩衆軸搖晴天雷輥空巖應中流橫繫廿四艘鐵索連亘三千條峻嶒似蜿瘦蛟骨屈折欲斷長虹腰憑高對酒意飛動拍手狂歌浩呼洶九曲明波一白浮千盤秀色層青涌黃香標格今無儔章郎倜儻眞名流登高何必待重九適興到處成佳遊抱山心事還依舊只恐觀河面先皺萬里關心故國遙廿年彈指華年驟暝色蒼然生遠峯語君吟眺暫從容酒闌携手下山去天際星星聞寺鐘

長句送章大友山出關

相逢即有情相識即難別漫道空王有夙緣此中情事無從說我昔聞君名未曾見君面東西宦轍相背馳君到蘭山始相見識君恨已遲別君一何早霜氣落黃榆風威凋白草客含悲秋已劇歡送君又出陽關道君才倜儻天下奇儀有百賦千篇詩崑崙華嶽起方寸嶔嵜歷落無人知嶺嶠十年原浪漫一官久作浮雲看萬里投荒未足悲話到高堂腸欲斷浩蕩度龍沙愁多兩鬢華小人還有母遷客已無家粵西子舍仍孤寄入夢慈顏總憔悴衣上猶看密密縫客中難制涔涔淚我心悲

不受塵歌嘯倚清樾露氣濕幽草星光動涼葉且博當筵歡往事不堪說說餅有餘工刻畫到梨栗宵闌月更佳平堦如積雪高談復抵掌一笑冠纓絕

纖雲亦復佳不嫌滓太清玲瓏蕩空影雲行月俱行夜靜塵事息曲院堅關扃高枝脫葉響遠寺疎鐘聲我迹殊落落君心自明明眼前境澄澈妙與心迹并遙思寄綠綺壯志看青萍君言重九日萬里霜空晴相携共登高一醉浮名輕天涯戀儔侶繾綣知君情

秋夜口占

秋燈分影照窗紗風裊爐烟一縷斜小院露涼天似水牆陰開遍玉簪花

五泉即事

道署憩瓢堂境靜人意古銅餅汲寒泉石鼎響春雨疎籬護蔣畦曲徑繞花塢暝色起前峰歸樵隔烟語

齋中分咏得竹根硯

墨灑瀟湘雨琅玕巧琢成難磨原勁節得友不孤生鄉已辭離石封應近管城此君堪靜對何必問陶泓

仲秋同黃大葯林章大友山登白塔寺覽金城關河橋諸勝因作長句

金城形勢天下雄羣山西向長河東雀離古寺出天半

君復慰君至性自足回蒼旻況今　聖德徧八極定有雨露蘇枯根邊雲橫大漠秋氣偏蕭索征裘犯雪輕别酒經寒薄爲君慷慨發高吟朔雁南飛盼好音飄零塞外悲張儉游俠關中仗季心（謂長安費大令歐餘時以千金爲君贖鍰）臨岐贈子以長揖轉眼流人玉關入稱觴重奉北堂歡解橐急繙西戍集

龔少尹述祖以詩見贈作長句答之

風塵落落識君倩矯如獨鶴淸而傾一官暫與雞鶩伍九皋聲欲聞天屏章江之水搖漣漪蒹葭揭揭菰蔣肥相隨鷗鷺野心性徘徊顧影矜毛衣西行歷險不言苦

翻喜覽勝窮遐圻風陵河流白湍瞞大華雲氣青巍巍星心月脅忿穿穴芝英桂蕊供咀嘰與酣往往吐奇語古樯墨瀋縱橫揮壯遊似此良不惡客囊滿貯千珠璣朝來逆旅一握手感君於我情依依纏綿好句重持贈讀罷不覺生嗟欷將毋南徙遇希有顧慕亦悵同心稀長離掞耀詎敢望廿年我已韜光輝窮途屢遭腐鼠嚇升斗不救鶵雛飢自憐雙翅久摧塌甘受衆喙相嘲譏邊風蕭蕭塞草腓登山臨水送君歸增城懸圃亦咫尺盼君健翮排空飛

藝香圃菊花盛開適逢九日秋雨新霽小坐花下同二弟作

雁風吹裂雲波明天意滿放重陽晴窺窗山色碧如許樹杪猶飛昨宵雨參差牆外菊一畦疏綠長與衰黃齊中庭更放千百朶秀影壓疊迴闌低招携何必登高去且對名花作佳語爐烟出戶簷微微茗椀留人華舉舉此中靜趣無人知花却凝情如有思涼颸蕩漾搖亞枝得意似賞吾曹詩把杯還向花前酹一院秋光人薄醉冷香叢裏立多時黃蝶飛來上衣袂楓林高下斜陽紅邊撩點綴景亦工閒吟東臯薄暮句恍到北苑新圖中君不見百年幾度逢佳節流景抛人最堪惜問花花亦

憯無言坐到紛紛涼月白

即席復以秋菊有佳色爲韻得五首

夙愛重九名素襟披朗秋況復天氣佳曠望宿雨收朝光噪乾鵲明波躍纖儵峩峩千髻鬟青山滿牆頭

蕭辰何所愛愛此數叢菊卓哉霜下傑秀色奪人目詩吟彭澤陶賦擬臨頓陸坐臥寒香中朝暮看不足

大化浩茲茲此日爲我有古來良會多佳話傳亦偶選勝貴及時作歡莫相負照影花滿頭起舞杯在手

阿連句奇秀文疆語淸佳寧知廿年别茲夕相與偕迴思關路隔悵望天一涯當花對樽酒曷不攄幽懷

涼煙澹秋容碧雲流暮色千花環一座八在衆香國適
興和清吟寫照煩妙墨蔣林工畫扶醉繞階行霜月半輪直

九月十六夜對月用杜集江樓夜晏韻三首

塞月初更上依然一鏡明虛庭流夜色驕客感秋情衰
響樹當戶寒聲杵滿城繞籬憐細菊瘦影漸欹傾

銜山輪乍仄過竹影微遮驚鵲翻烟翠陰蟲泣露華烹
泉移石鼎鬥酒試銀槎堅坐消殘夜明波漾碧紗

清輝千里共歸夢落楓江疎磬出蕭寺涼燈明小窗離
心隨雁去遠信盼魚雙相對敲枯硯吟懷未肯降

寄懷胡二息齋十韻

同是勞人宦遠陬風沙古塞溯覊遊求郎我已嗟遲暮
出守君應感滯留竿牘久拋朝掩閣星辰遙憶夜登樓
懷鄉夢落芙蓉渚聽雁愁生蘆荻洲飲注瓮樽偕孟沈
句搜石鼎歷劉侯蕭蕭落木驚衆節采采涼花怨暮秋
玉扃行藏思顥尾蘭成詞賦老邊頭却看明鏡悲華髮
且對青山豁倦眸路隔雲波勞悵望詩憑鱗羽好賡酬
何時共騁談天口海外奇聞証九州

遣興四首

西風吹萬木各自唫秋聲脫葉雜寒雨策策飛檐楹獨
夜掩關坐釭花曖微明散帙發高詠翛然神骨清文字
有結習江湖多遠情

商聲引清澈夜氣愛蕭爽更無塵務嬰斗室足偃仰心
淵湛然明一靜息諸想卑棲念古人任達忘悒怏桓譚
六安丞班彪望都長

少無適俗韻陶句長有棲山志言尋遂初賦此事原不易
故園三畝宅上水百弓地必待作計成我見得毋滯落
落雲無心泛泛舟不繫

拈花忽有悟臨風時一吟過眼感風花恐俊不自禁游
雲本無質枯桐本無音五色麗於錦七紘徽以金聊憑
莊嚴相寄此空明心

幽邃補詩品一則

神之所遊秋鶴獨飛佳侶天末賞心久違懸蘿翳逕幽
人夜歸脩篁雨色山鬼碧衣暗泉落澗空岩掩扉如聞
瑤瑟郎之已希

芙蓉山館詩稿卷十四

金匱楊芳燦蓉裳

送殷大星巖之靈臺時黃大葯林爲作梅竹小幅即題其上

廿年纔會面此夕復分襟匹馬之官去千山落木深憶梅遲遠信種竹待清吟相對蕭閒意歲寒同此心

馴鴿聯句五十韻

官廨堂廡深畜鴿千百輩芳燦靈異具佛性馴最得人愛揆翩翾隨晨風棲宿向夕晦芳燦放可張五軍集自成一隊揆子母繁孕孳雌雄無詬誶芳燦守藏儕官奴邏更助衙倅揆營巢製方欂築室肖列闠芳燦駢聯簇

蜂房錯落旋蠓磴揆呼羣衡筆宇抱卵日當晬芳燦倦時息以踵止或咸其脢揆雙雙儼招攜一一若勞徠芳燦勃拏健兒舞綽約佳人態揆銀合休緘封雕籠孰拘礙芳燦高櫚敞庨豁嘉樹森蔘薱揆歲月誰能稽寒暑爾偏耐芳燦我聞附翼族常有淩雲概揆青骹出東溟白翎來朔塞芳燦擇肉烏鳶嚇栖巖鸛鶴欬揆爾質雖區區爾智非昧昧芳燦何不學翔鷁高枝足流瀣揆何不學賀燕大廈紛藻繪芳燦鳩化鉤爲祥鵲作印堪佩揆鵁鵲狎烟波鷁鵬耀光采芳燦鶯鳴舌調簧雞鬥身被鎧揆巢宜太乙向室知戊已背芳燦或擇茂梧蔭或託列柏栽揆各詡毛羽豐羣謀戶牖在芳燦惟汝久因依云誰加盼睞揆徒然傍門戶寧不羞丐貸芳燦試呼鴿來前環集庭以內揆口雖不能言臆尚可申對芳燦我生既苦微我形亦薉穢揆不羨樹琅玕寧戀梁玳瑁芳燦原甘鷃雀羣詎合鸞鷟配揆雁愁弋者慕雉恐羅氏逮芳燦孤鴟蹲煙飢六鷁遇風退揆惡溝墮泥濘野田豕荒薉芳燦柘彈修翎摧艾張錦臆碎揆何如安覆育可以遠吝悔芳燦弱肉勞護持仁粟費頒賚揆口食給官廩糧粒倒倉帑芳燦天全謝殰殈神王忘殢殔揆時遣空鍾馱不驚衙鼓擂芳燦抱此一寸心敢恃三尺

喙揆始悟勤拊循罔不知荷戴芳燦常爲驅狸狌忍說充鼎鼐揆安居無恐怖聚處勿散潰芳燦集膝悟崔光投懷感陳誨揆積年數應萬閱日飼還再芳燦錫名波羅越梵典徵記載揆

題梁溪女史吳瑤環仕女小幀

寫韻人傳吳彩鸞鏡中留影見姍姍嬌如新月真宜拜瘦到秋花轉耐看詎仿朝雲留粉本自研清露點冰紈東風未許芳心展翠袖伶俜日暮寒圖中著蕉竹數株意極蕭澹

袁露坪招同黃大葯林稽四容圖食餅即席口占

未到春盤已獻辛薹芽清脆韭花新剪鐙共度淒淒夜

説餅原須了了人竹閣分箋聯舊雨蘭山聽鼓話前塵
高懷自溯流風寫臨汝才華本絶倫

得葦大友山平番道中書却寄

西望千山積雪寒荒涼古驛駐行鞍憐君歲月愁中度
携我詩篇客裏看寄遠書成征雁去懷人夢斷曉鐘殘
玉關春信遙巡到擘袂還期補墜歡

小春喜雪聯句用五平五仄體

同雲彌長空 芳燦 密雪散土壟凌冬寒威嚴 騂 興化黃蒴林 際曉冷色溶山孤峯爭巉 揆 水落浪息沟續紛飄重欄 芝田 勃窣上疊栱三英誇瓌姿 承憲 六出鬥異種初凝緣

驪涔 芳燦 倏化滴乳湩縈簾墳爲鉤 騂 覆井壁台珙筋攣藤蟠蜿 揆 骨立竹削竦疑培枯荄蘇 芝田 欲壓窾木聳馨餘花殘英 承憲 碎補鳥脫毹迴旋飛難停 芳燦 颯沓勢益詾遙看連陂陀 騂 詎可計斗甬林梢飢鳶蹲 揆 瓦縫凍雀恐於時官齋清 芝田 盡却俗慮冗陽暉方潛滋 承憲 地脉未上涌祥霙頭番催 芳燦 宿麥萬頃壅實呼金罍傾 騂 僕掃玉屑捧拔裘巡庭除 揆 掩戶屏[illegible]輒慵如沙眠鷗 芝田 倦比繭縛蛹高驚檐牙堆 承憲 積怕展齒擁雄談能摧鋒 芳燦 白戰競賈勇窮閻人棲茅 騂 遠道客度隴貧憐牛衣單 揆 險怯馬背腫僵眠衾蒙頭 芝田 踏步履決踵吾曹躭蕭閒 承憲 下質愧闒嬶懷居心無寧 芳燦 偃息意尙竦惟欣詩襟開 騂 不慮穀價踊拈毫同搜奇 揆 得句等荷寵毋令分陰馳 芝田 豈借寸鐵重狂辭紛天葩 承憲 角勝袖肯拱 芳燦

十二月十六日雪後對月同二弟作

雪積層峰顛月出遠林頂凍雲搖曳吹作絲浩浩明波瀉千頃當庭老槐無葉飄空枝尙戛風蕭騷窺簾星影小於粟匝地霜氣流如潮衆籟無聲月亭午寒光照人毛髮古相看兀兀兩書生對擁殘編聽官鼓小童瑑雪巧作鐙蠟烟數點參差明牆根揜炎玳瑁色屐底悉窣

玻璃聲冰花滿研尖毫重縈乳半甌茶欲凍興來伸紙續清吟各抱冬心不成夢

歲暮述懷四首

自笑身如木石頑落然寒事一身閒由來作達非無意
何處逢歡不解顏去雁似塵迷極浦凍雲如絮裏遙山
三椽分占西頭屋滿榻叢書靜掩關

朝寒更覓敝裘添起看初陽下短檐但喜負暄酣白醉
未須行散服青黏游心六鑿空無礙信手三乘妙共拈
不是清狂誇慧業禪宗文字本來兼

藜牀棐几小團瓢位置居然七客寮歲晚閒情在林壑

天涯歸夢到漁樵茶芽嫩瀹荷心苦香瓣微熏石葉焦
短髻莫愁容易過正欣官閣坐深宵
星闌久坐峭寒增倦僕偎屏喚不譍半鏡冷光冰井月
一檠清影雪窗鐙惜無飲興傾蘭檣羞有吟情付甕藤
難得題襟聯舊侶好編佳句續松陵

外弟顧行可來蘭州長宵話舊成轉韻九十六句

邊沙塞雪金城陌歲暮覊人意悽惻忽報江南客到門
敝車羸馬風塵色江南我別二十年親交零落俱堪憐
出迎果喜見君至聯牀對語宵忘眠昔年別君我能記
君小猶梳兩丱髻久別渾忘歲月遷相看各訝容顏異

君家舊宅城南隅當門榆柳青扶疎我居北里路咫尺
雙梧樹底三椽廬髫齡記住外家好繞膝牽衣索梨棗
聰慧偏蒙大母憐嬌癡總說彌甥小相從舅氏學執經
文字了了通心靈丹黃狠籍書滿榻老屋靜對殘釭青
謝庭昆季俱英絕共我搜奇門知識盎壽先誇論史工
客兒雅負吟詩癖橫行濶視百不憂跳蕩自許非常儔
尋山吹火自蠟屐乘夜泛月還呼舟東齋十笏開軒砌
雜樹疎花栽隙地拋墻常遭隣舍嗔琢釘慣逐兒童戲
流光冉冉秋復春年行長大家苦貧勞生從此別親舊
乞食那免趨埃塵出山泉水移根橘我愧功名太倉卒

萬里伊涼去路長千盤關隴官程急別來變故不可論
舅氏捐館荆江濱（謌齋舅氏殁于黃梅書院）湘波浩淼蒼天濶剪紙
何處招吟魂當亭解舍同棲止一病拊棺傷仲子（學和偕余
至伏羌殁於官舍）纔賦論都季雅亡（斐瞻以選貢入都未及試病殁）早探元測
童烏死（傳爰早夭）就中伯氏才最奇曲江江頭曾賦詩冷官
苜蓿未三載尺書寄我悲長辭（立方於丁未成進士得蘇州教授癸未殁於官
署）口銜石闕奈何許阿嬖問天天不語玉樹凋零浩刼
灰白楊蕭瑟空齋雨昔時親串冷眼看誰憐未葬六七
棺愍孫臏有一身在生涯落拓憂飢寒讀書堂廢前楹
毀昔日住人今住鬼瓴甋苔荒走夕燐池塘水涸生秋

葦吾家弱弟官錦城君亦襆被西南行高堂相見淚盈
把故家中落難爲情瞿塘駭浪如奔馬千戈叢裏扁舟
下非關鄉思感丁年爲覓墓田營丙舍眠牛地卜山之
隈亟具畚鍤除蒿萊孤兒負土封馬鬣一慟萬壑松風
哀宵闌燭淚無端涌君語唏歔我心痛歷歷兒時景逼
真那堪回首都成夢悲君世母猶倚閭飄蕭華髮不滿
梳何時歸去侍母側爲供夕膳兼晨餔君不見廿年鏡
裏秋眉換我亦天涯宦遊倦小隱寧須舊侶招好山只
合家鄉看坐聽荒雞已再號晨星寥落曙天高一言破
涕還成笑爲說衰宗有鳳毛（時立方子翰已補弟子員學和斐瞻子俱秀穎能文）

冬晚偶成

夢回林烏喧嘽嘽窻日曬南榮酣偃曝肌骨自輕快風松落清嘯雪竹展雅拜遥山出牆角寒緑淡如畫頗欣塵事少未覺闌年屆起諷淨名經聞思入禪界

新正八日二弟督兵自平凉至秦州作此誌别

犂旦送征人明星照歧路諄長牽别袂愴恨不能去從行皆健兒韡刀縛衣袴彎弓向天狠士氣有餘怒秦風故慷慨同袍爲君賦儒生握兵柄豈曰非奇遇胡爲久屏營所恨别離遽半載共官齋荏苒流光度忽奉尺一書又叱邛崍馭剋日作急裝值此歲云暮東指數郵程

冰雪關山迥高平曾假守十口尚漂寓儻屋大道旁留君姑小住到日正除夜作歡還洽具守歲擁紅爐明燈然達曙骨肉話團圞繞膝戲童孺逡巡畢正臘春風漸和煦戒途君欲行惘惘寡歡趣君復慰我言此别知易晤雲棧望迢遥慈輿錦城駐量移　主恩厚喜得遂烏哺兒亦離去聲風塵初衣返其素會當定省來晨昏共容與相期愛玉體别後書頻附飲餞出東郊軍書絶塵騖上言氷賊狂攔江竟偷渡周防一郭危鈔畧千村懼幕府急拜章謂君悉機務就道勿稽延速領援軍赴急病而讓吏臣職敢違迋莽莽秦州山離離渭川樹愁烟曖廢墟荒雲暗孤戍我曾遊宦地君今過師處疇昔捍危城追憶心猶怖健婦供轉輸丁男應招募君試問羌人艱難諒能訴君久歷行間萬謀精一慮地形扼險要山勢識盤互制勝貴先機成功賴多助所仗在忠信可濟惟仁恕持重環武剛好整垂跗注早摧張角鋒汛掃衰優霧流膚衆廬復金湯百雉固捷書達　九重邊烽盡安堵努力更加餐風霜慎調護行矣事戎軒昜哉戒徒御

瓦亭旅舍同周生倬雲夜話

六盤山頭柳短短柳絲不把離人綰六盤山下草青青

草色偏傷遠别情客中忽喜與君遇抱被郵亭暫同住虛牕燈影明碧紗細雨飄落簷前花共談往事不成寐衣上斑斑墮清淚去年同舍三數公天涯飄散隨晨風空餘爾我相憐意明日驅車西復東

曉起即事

峭寒簾外飛輕雪銀牀素綆輕冰結逡巡曉日紅傍檐桃花一枝嬌入簾我吟一詩成枝頭一花放東風吹春春意蘇烟影花光兩揺蕩春光自去客自留掩關兀兀慵出遊滿院蒼苔人跡少護花鈴語絮春愁

遣悶二首

一行歸雁過汀洲，有客天涯嘆滯留。倚枕不堪思往事，杜門無計郤閒愁。風前晚磬來僧院，樹杪春山入郡樓。昨夢五湖煙水濶，日歸何日買扁舟。

漠漠寒雲逗雨絲，邊城芳信到來遲。忘機不耐鏖棊局，任達何當咒酒巵。廿載宦情青鬢改，半春愁緒綠楊知。維摩一榻蕭閒甚，檢點風光付小詩。

歐陽梅塢招飲酒仙祠醉歌

平生負清狂，自恨酒戶窄。偶聞糟漿氣，兩頰先發赤。我雖不善飲，頗喜交酒人。花前折簡召客飲，十斛曾買江南春。無端作吏風塵下，每到花時盃嬾把。遠道相望舊

芙蓉山館詩稿 卷十四 九

侶稀，好山入夢清遊寡。忽逢歐陽子，倜儻稱酒龍。酒仙祠畔雜花發，邀我共倒玻璃鍾。高樓一片花光紅，文窻八面開玲瓏。狂來欲呼酒仙過，金節翠蕤紛婀娜。昨夜蓬山飲興酣，酒星如月杯中曈。晴雲澹蕩春風吹，萬點飄落檐前枝。流鶯巧語如乳兒，勸君痛飲莫負三春時。我一勺，君五斗；君千言，我百首。酒量君應笑我慳，詩狂我肯隨君後。笑倚青藤曲繩牀，醉鄉竟入無何有。倒冠落珮君莫猜，人生難得笑口開。仙之人兮彷彿若可接，容我鞭鸞笞鳳游戲糟邱臺。

庚申四月余將北上留別蘭州僚友兼寄二弟一百韻

地闢金城壯，關連玉塞遥。西秦一都會，全隴此邊撩。積石驚濤激，蘭干峻嶺嶠。依山圍列堞，壓浪駕浮橋。驛柳將吹絮，原蕪已秀萋。碧陰初匝匝，朱火未炎熇。平楚晨光逗，輕塵宿雨飄。遣行人祀皷，送遠客聯鑣。漫士甘卑宦，窮年歎久僑。傷離嗟顛顛，感舊話譊譊。捧檄纔投足，當官學折腰。性還同野鹿，心不慕華貂。迎養謀升斗，移家挈齔齠。儒風本寒素，泉譽愧清劭。卓犖偏人翹，飛揚傳氣歊。休徵占井冽，吉卜問華樵。奧渫材寧屈，高明福可徼。五行誇應奉，千卷傲崔儦。樸學羞纖智，方聞恥汎

芙蓉山館詩稿 卷十四 十

剽。駿思支遁馬，奇賦杜陵雕。勁翮翻韝鏃，神姿就服縧。從容奔走地，期會簿書朝。孝綽從寧朔，潛夫謁度遼。香名流齒頰，盛作仰魁杓。樹義能傾座，談元各建標。張融仍緩帶，向栩自輕幧。入幕多佳伴，同官得俊寮。趨公欣有暇，選勝迭相邀。山鳥音如琯，林蘤色比莪。五崖泉灑落，千佛閣岧嶢。妙句搜爭捷，清聲邑遠姚。投瓊魚榆健，射蕞雉媒驕。竹葉傾千榼，蓮花門百驍。徵歌敲樂句，倚醉試茶籤。天路吹噓易，清流月旦昭。歡場難再得，旅抱漸無憀。余初至蘭州，適畢弇山師署理督篆，極蒙賞譽，此紀一時遊讌事也。遂作羌人長，偏逢寇騎囂。伏戎屯宿莽，繫卵托危苕。誰發陰嬉識，將

成脂夜妖蜒灾倅鬼蜮扇毒甚猺獠異祲頹山壓奔精
枉矢搖風高鳴劒槊月黑踞瓶簌鶴鄰肥胡雜犀函貝
冑穀多金募梟俊協力殄夔魈靈武州雄緊河奇地沃
饒　九重旌尹賞三府薦劉陶抱牘知才拙懷甎畏俗
澆曹司胥吏黠城闕子衿佻所冀回淳樸端宜簡教條
無煩設鉤距自爾解苛嬈下濕豐秔稻高原富菽蕎儺
喧神食虎蜡賽社迎猫畫諾陪成瑨逢迎鄙李翛拊循
宣甲令影占絕丁徭五鼓曾留鄧雙旌暫試蕭偶誇庖
代祝却愧斗無斛薄落涇水名迴瀾漫空同敞泬寥探奇
披鶴氅躋險躡龍蹻講院躭蕭曠經生采秀翹買牛師

渤海留犢笑時苗旋攝河堤尉欣聞池谷謠匽渠關輔
勝碑碣漢唐標干鏌神光合塤篪逸響調官同靈鞠退
才讓阿龍超堅坐星連曉深譚漏轉宵小園開曲逕官
舍拓疏寮紫蜃珠嘘燄雄虹玉露臕華辭羅鷲鷟淡墨
染蟫蛸甫畫綏邊策旋驅喻蜀軺浮屠三宿戀許伯寸
心慆放手沙終散分行鴈忽翾離觴嫌燭短別曲怨絃
么井絡方傳箭烏巄尚警刁蟲沙經浩刧烽火有遺熛
羽檄何倉卒盧兒盡勇趨前塵殊惘惘後約恐迢迢已未荔裳來甘藩任歡聚未及半載即調任四川正月因秦州告警率兵防禦順道赴蜀陳迹尋泥雪
流光駛電飈寄居慚瑣瑣遠害慨鷦鷯飄泊文章賤蹉

跎志節銷懷鄉心耿耿攬鏡髮髟髟執戟愁顛眴文園
苦癘痟餘年希社櫟噩夢誤隍蕉祿以狂名減財緣妄
語燒江郎花禿管臯客淚乾綃面枉讐麇借眉嗤混沌
描五錐頻挫銳六博不成梟舊侶憐淪躓歧途慰寂寥
頻煩投縞紵無路報英瑤豈有金重鑄徒勞玉再琱非
關慕臺省終擬返耕樵莊舄常吟越奚康嬾鍛譙守株
空待兔見彈漫求鴞出竦煙蘿誚歸憑叢桂招持竿臨
水裔剝芠傍崖椒倦數投林翼閒看挂壁瓟拈華參惠
遠採藥遇征喬說法常依鷲忘機更玩鯈業從離垢白
心免抱薰焦詩卷留千古家山認六朝昨宵淸夢好雙

槳渡江潮

喜得洪大稚存入關之信書此代簡

蘭山話別各傷神浩蕩冰天逐雁臣幸免若盧收杜衆
還愁欒浪竄崖駰孤蹤判作長流客　温語旋迴絕塞
春開盡桃花消盡雪兩行紅柳送歸人
雞竿詔向　九天頒鄭重　君恩特賜環傳到好音先
破涕懸知小別未摧顏朝搜斷碣窮沙磧夜聽淸笳度
雪山萬里只如庭戶近軺車聊當採風還
上書慷慨豈沽名願効涓埃答　聖明宣室舊曾徵賈
傅讜言今已念班生親知預擬聯帬屐邊徼行看洗甲

兵見買夫須嘗釣艇滄江穩臥頌昇平

湖山佳處儘相羊蟹舍漁村認故鄉築室且教泥水蔽著書合付子孫藏羈魂恐尚依銅柱（痕都斯坦有堯時銅柱相傳塞外人死皆歸之如中國之有岱宗云）歸夢時應到玉堂愧我浮沉銷志節白頭顏駟乞爲郎

青門旅舍贈張大子白

阿連曾賦梅花詞過江名士心識之（荔裳與君訂交最早曾題梅花書屋圖有過江名士如花瘦之句）今來旅食青門畔失喜逢君敘親串逭暑吟君百首詩仙仙天賦絶塵姿妙明心跡林霞寄澹蕩襟懷鷗鷺知槐廳薇省官纔稱坐惜清才去爲令一障邊城耐寂寥六盤驛路愁遐覔我昨東行君復西舊遊回首倍依依雲龍無分歡相逐燕雁偏教悵代飛紫塞紅崖皆瘠土班春差喜民風古已知令譽比嚴徐定有循聲並崔杜掃地焚香避俗氛涼燈初剪坐宵分青蓮海內推長句敬禮樽前定小文兩行官柳隨征鞚幾日離亭又相送薄宦除書鳥羽輕壯遊行卷牛腰重數子論交意氣眞別來常憶舊星辰他時倘話蘭山雨應念長安索米人（謂袁八露坪崔二禮卿丁四藕仙）

七夕邀子白袁笛生周巘堂小酌即席同作長句

我僦青門數椽屋君來旅舍停征軸街東街西三里强

芙蓉山館詩稿 卷十四 十三

日日呼車往來熟喜君同行多勝流袁郎周子非常儔虛空六鑿了無礙把臂共作逍遥遊清風吹衣暑初退七夕蘭期佳可愛招邀花下恍吟甌彷彿雲中聽鳴佩當年乞巧誇唐宮飛仙一去無遺蹤臯空恍見夜香碧照坐却喜秋鐙紅鐙花欲炧香銷寸擊鉢分題壓强韻最憐小雨解催詩一朶流雲涼一陣吾曹會合豈偶然況對好景飛觥船醉來談笑出佳語恐作軼事千秋傳禿毫三寸搜靈秘落落胸中吐奇氣人言李白是詩仙天遣藏洋爲酒吏吟懷瀟灑撰良辰瓜果筵前發興新銀漢回環占後會莫愁相望隔燕秦

安陽官舍喜晤趙四渭川作此贈別即題其集後

羅浮兩山天下奇波濤風雨山合離煙雲變幻峯屜巖仙靈秘怪杳莫窺我讀渭川千首詩奇境恍留稜于斯君才俊邁不可羈好古具有兼人資談經亹亹客解頤說文九千字以拏剖析疑似窮毫釐上溯籀史兼冰斯旁證鼎彝搜殘碑詩人眞以餘事爲手持玉鉞登文陴豪氣欲壓千熊羆銅牆劒餌瞰鬼炊夔魖罔兩紛躨跜忽造平淡攄幽思叩宮彈徵調金絲藹如春卉含芳蕤朗若秋水揚明漪至性感入人心脾此是小雅離騷遺臨風三復還喟嘻愛君却恨交君遲夢中尋路覺後疑

芙蓉山館詩稿 卷十四 十四

我時作吏滯隴坻君亦薄宦漳河壖關梁阻隔殊封圻一官各有纓紱縻但恐相見終無期今年我別蘭山陲褩裾謁選游京師安陽大邑君所治身雖未到神先馳造門握手心神怡百聞一見慰我私君聞我至樂不支童奴奔走開軒墀擊鮮斫鱠烹園葵珍果歷案堆盤匜星闌軟語連朝曦銅荷蠟淚涔涔垂我生于世百不宜躭書少小成詩癡風塵憔悴面目黧廿年素食惠無裨跋前疐後叢瑕疵麄材拙宦衆口訾白頭爲郎入以貲向人不覺顏忸怩感君顧我不鄙夷隨肩肯以弟畜之平原十日羅酒卮圖書萬卷供酣嬉馬有芻秣車載脂

朝來別君向路歧作詩匪云瓊玖貽願如兩山相附麗金石可泐山不移丹雞白犬陳誓詞此意敢告山靈知

送潘石甫歸揚州

征馬作離聲金鐶戛淒戾積雪滿千山天高朔風厲送別出春明川途莽迢遞相對黯無言空摻隔岐袂我昨至京師惘惘無所詣不籍子公書肯投正平刺屈指舊星辰零落餘一二汪倫（謂劍潭先生）吾老友重逢訴顑頷暇日相招邀結習愛文藝法護與脩爾（謂竹海昆季）翩翩好兄弟座中復識君風格各英異似儻八能才紛綸五經笥超俗無近情忘年托神契曲巷不斆武過從輒相值發

篋讀君詩古音孕元氣湛深作者心悱惻騷人意譬如食諫果齒頰有餘味寒宵聚深屋雜坐語無次杯盤任狼籍圖史供獺祭解帶縱彫談擱管拔僻事清漏促狂吟明燈照殘醉稜稜霜氣嚴作作星芒槩逸興劇飛騰詞源吐澎湃天涯遇心賞此樂誠不易高文惜未售輕裝去何駛方欣同隊鱗遽悵分飛翅君今將母行反哺心力瘁高柔得賢婦一事差足慰到日正及春紅橋景韶媚堤楊綠照眼官梅香破鼻江國多勝遊詩篇足佳思應念長安人索米苦留滯南雁北飛時望寄平安字

姚大春木以長句見贈作四律答之

浣花牋紙句新裁豪豔驚看曠代才十載知名思玉樹一朝話舊到金臺吳波浩蕩尋鷗侶楚雨蒼涼怨鴂媒我亦三生躭慧業謨觴秘笈爲君開

束髮遊蹤萬里遙風塵彩筆氣難銷方聞書儘緗三篋娟雅文還駕六朝客路愁吟秦棧雪天涯離思蜀江潮西南坐見妖氛豁只是音書久寂寥

作客京華耐苦辛相期珍重著書身烟霞氣逸譚何綺山水緣深筆有神子野情移邀篴步琅琊夢逸蹋歌塵才人自古偏多感磊落清狂態總眞

好賦霓裳上大羅華年莫便怨蹉跎新知握手聯牀約

佳兒愛壻共追隨，慧比靈珠潤於玉。伯夷辛秀亦解事，清靜無殊杜陵僕。盤根帶土蘚斑斑，修尾掃堦風蔌蔌。送來雲影翠成堆，縛得秋聲青滿束。瘦石玲瓏斜一枝，短牆繚繞圍千矗。勝賞還招與可同，高情合作賓之續。焚香靜對意灑然，恍到江鄉娛麗矚。東華暫許結歡鄰，南垞何當卜幽築。天近常含月露清，歲寒好耐風霜足。離根迸筍長琅玕，圍外高枝待鸞鵠。清遊願得更從公，莫厭欵門頻剝啄。

法梧門侍讀以詩見贈依韻答之

先生大雅才瓌偉，為世出丹黃。天祿儲青紫，地芥掇修

辭領其要，千慮無一失。目如照海燭，懷有書日筆。傾襟能愛士，衆儁來如律。名看夾袋收，句早錦囊括。講座擁皋比，樹義堅不拔。經史羅紛綸，讀偏剛柔日。靈虛卓神駿，萬馬空仰秣。隴上讀公詩，心折氣為奪。春明欣捧手，談話到纖悉。放筆作豪吟，題我舊詩帙。氣襲椒蘭馨，味愛薑桂辣。詞壇持玉鉞，走願備驅率。清音鬥琴筑，高唱合鉦鈸。剪燈百回讀，寒月光如潑。神清耿無寐，鈴柝任喧聒。虛懷采葑菲，軨材愧杉栝。悔廢廿年書，風塵勞跋跋。

讀邵五壽民橋東詩集題後四首

舊事關心倚劍歌，滿硯冰花燈欲暈，半簾烟影月微波。長吟擁鼻西牕夜，海思雲愁奈若何。

贈吳兼山（兼山尊人作黔南尉，死於軍事，兼山負骨歸葬）

季重聲華滿藝林，新詩贈我抵兼金。即看俊氣應騰上，未免浮蹤感滯淫。久客鄉愁驚噩夢，早年家難入悲吟。匣中盤劍明秋水，照見輪囷俠士心。

羅施鬼國畏途遙，盜起潢池聚莫徭。才子請纓功未就，微官裹革恨難銷。招魂故壘寒雲重，歸骨荒邱大樹凋。剩有愍孫殘息在，不堪門戶日蕭條。

變徵歌成激響哀，餘生辛苦賊中來。脫身虎穴重圍地，

過眼龍華小刼灰。絕徼風煙歸健筆，孤城兵火鍊奇才。渠黃山子千金價，買駿終登郭隗臺。

共把深樽話菀枯，生平我亦飽艱虞。廿年薄宦雙蓬鬢，五夜高歌一唾壺。莫向窮途揮痛淚，且從殘帙索清娛。憑將人海狂蹤跡，寫入天涯主客圖。

題法梧門侍讀移竹圖

吾家舊住蓉湖曲，湖邊銷夏栽修竹。廿年邊徼苦相思，沙雨濛濛夢涼綠。今晨展卷忽眼明，萬頃湘煙入橫幅。閒園半畝槿編籬，小院十弓茅壓屋。繞戶爭流宛轉泉，遮門低蔭陰森木。先生長日理小畦，叢篁移向貧當谷

天海襟懷澗高吟落筆時千秋惆悵事一卷性靈詩語
妙非俳諧情眞任點癡牢愁何必畔儘有解人知
太冲能詠史思道感勞生湖海飛揚氣幽并忼壯聲歌
長箏語急燭短劍花明縱飲千觴酒難教塊壘平
慨慷纔變雅微婉亦多風未信豪情減偏憐綺語工黎
魂迷澹白竹泪印圓紅舞破山𪋻曲天花散滿空
兒女英雄語憑君一筆兼通神疑有術盡取恐傷廉哀
怨調淸角縱橫用玉鈴三生眞慧業字字出華嚴

爲蔡浣霞儀部題煙雨倚樓橫卷

離離塞上煙漠漠沙邊雨西北有高樓江鄉渺何處幾

載別江鄉離愁長水長樓名記煙雨湖目是鴛鴦樓高
堪送目人倚闌干曲烟光卷岫青雨色連波綠雨峭
帆過漁郎著短簑澹煙踈雨裏聽唱懊儂歌薄遊情未
愜遠夢空相憶汀煙隔鷺鷥江雨迷蝴蝶我亦住蓉湖
煙波舊釣徒西窗寒雨夜惆悵展君圖

氷蘭曲 相傳閨中人有瀉水置澡盤者經宿冰凝成幽蘭一叢作詩紀之

花漏無聲度遙夜洗妝粉水和愁瀉寶枕應憐楚夢長
珠盤倏有湘魂化鏤玉雕瓊費巧思風枝露葉寫參差
依稀現出空中相頃刻開成別樣姿名花薄命琉璃脆
未許騷人紉作佩尺幅鮫綃瑣澹愁一叢魚魫蘭凝寒
翠相思人倚綠窗紗恍對圓蟾印桂華薄落雲妝宜照
水空明香界合拈花人間畫史摹難到自描生色天然
好風外旋看幻影銷意中偏惜靈芽小幽姿却耐峭寒
侵解抱冬心定素心一曲淸歌堪儷雪爲君脉脉撫瑤
琴

題華嚴法界圖

手操三寸管動欲窺天咫圓則九重十二綱不知去地
幾千萬餘里罡風簸蕩地軸搖金水相摩旋轉不能止
人間仰視正色空青蒼元氣接混茫上有金銀宮闕白
玉堂城垣牆壁一一可倚著人天福報隨緣示現之說

非荒唐請從三摩地更上一初桄三十三天拾級盡登
陟乘風御氣凌倒景下視三垣七曜炫轉而熒煌以夙
爲輪神爲馬倏忽周遊四天下大鹹海水環絡之洪濤
迅湲風雷馳鯤鱷蛟鼉龍蚪螭曝背成山沫成雨百色
妖露萬怪何閃屍又復穿溟涬遊淸微俯閻浮上須彌
云是忉利天帝釋天王之所治左盤青凋右素威香水
之海揚漣漪貝多羅樹紛葳蕤蓮花如車蓋香偏摩偷
池六千綵女結伴相娛嬉雪山甄陀女歌聲柔軟調金
絲能使五百淸淨仙人心逸不自持忽逢摩波旬砰訇
擊天鼓羅刹翻城槊叉舞脩羅宮中戈戟下如雨檄召

四天王天龍統八部鏗金鉦張玉聳甲冑現出旃檀林膽落羣魔色如土殛之阿鼻獄名入黑暗簿佛法自無邊貪嗔爾何苦頗復厭兵塵輕身想騰鶩衆鳥金臆隨迦旃香風裊裊飄長煙馬鳴把我袂龍樹拍我肩豐干逐我後丹霞導我前奉行無上無等咒參演大乘小乘禪主持色界無色界佛之第二名字本是天中天莊嚴華淨七寶座空中示我光明拳三十二相看具足我前合十作禮心虔虔相傳此間一石或墜地須經十萬八千三百八十年我生躭白業不願再墮落我佛大慈悲許我心已諾說法袪有漏觀空悟無著此語非幻還非

眞前生慧業來生因獻盞隨寶積採香通大秦皈依丈六黃金身華嚴法界圖中陳小儒見之舌撟而不伸謂天高高非可以倚杵何能羅列掌上看螺紋詎知梵王功德妙不可思議搏挖大千國界祗似陶家輪

宿燕郊

信馬垂鞭去川原浩蕩間鄉心驚歲晚客路覺身閒空磧明駝臥踈林暝鳥還雲端見松雪了了薊門山

石門

茅屋參差出人家半在坡枯苔封虎跡老樹露鷹窠牕迥星光入村荒柝響多濁醪酤滿眼一酌醉顏酡

題彭秋潭大雪出關圖

獰飈吹面狐裘裂脚底千峯萬峯雪鑿險入穿雪窟來撐崖冰柱堅如鐵輪摧軸折征車傾舍車策騎緣崖行藤蘿陰翳蔽天日雪色時向衣裾明跳岑高出青松頂直下窺關如落井蒼莽無端動古愁高寒貞訝非人境尺書遠赴故人招如此清遊勝灞橋難向孤村尋酒幔最憐瘦僕負詩瓢據鞍吟罷聲淒厲肯爲奇寒滅奇氣揮手錢刀越橐空照人肝膽吳鈎利受降城北拂雲堆我亦新從塞上迴十月邊風衰草白雪花吹落赫連臺荒雲四野迷人目嗚咽嚴城響哀角蹀雪曾經到白羊

衡寒猶記歌黃竹同是勞勞亭畔身卷圖莫更諳風塵

小梅花放圖爐夜且進銷寒酒一尊

芙蓉山館詩稿卷十五

金匱楊芳燦蓉裳

送趙大味辛之青州司馬任即次其留别原韻

自我别京華，彈指廿餘載。重來懷一刺，造門意先怠。試數舊星辰，落落幾人在。登堂握君手，各訝顔鬢改。拙宦中外同，無術免寒餒。流光嗟晼晚，觸處多吝悔。譬如老客婦，華容不相待。如何與娥媌，明粧鬥腰綵。我媿詣後曹，君愁佐東海。

六雄兼十縣，大郡推青州。時平民物阜，夾道桑麻稠。司馬雖閒曹，古來多俊流。權非半刺輕，政要百廢脩。寧徒

贊畫諾，甚或誇宴遊。判事偶休暇，岩壑供冥搜。峩峩琅琊臺，縹高望瀛洲。雲濤入奇懷，秀句囊中投。官清惟對鶴，俗美無佩牛。行當書上考，驥足寧淹留。

君家尚書公，嶽立冠當世。一門循卓行，奕葉雲礽繼。君抱經世才，學古期致治。　中禁久迴翔，出守非輕試。惠澤撫民甿，高風肅僚吏。黽勉企前徽，莫問升沈事。聲名與官職，得失判然二。如蘭湛湑醴，如花墮茵厠。誠知樹立難，敢羨飛騰易。百首江州詩，一卷柳州記。餘力主風騷，結習在文字。

明明鐙燭光，樽酒起相命。束髮得交君，英才一時盛。豈無嵇阮流，慷慨交期訂。君如山巨源，正以識度勝。天懷葆冲粹，無煩劾規諍。獲上而治民，惟在持久敬。努力宏遠謨，聲華古人竝。迷途馬能識，叩石桐能應。願將終身寶，取作臨岐贈。三疊鼓青琴，知君不失聽。

美君過故園，榆柳青扶疎。樂全老尊宿，杜門久懸車。喜君捧檄還，呼童掃庭廬。華樽酌家釀，雕盤進江魚。膝上置文度，嬉笑時牽裾。之官有期程，叢桂秋風初。勞形勘竿牘，寄興仍琴書。恬澹識君心，裁足寧求餘。殷勤申後約，共卜名山居。時乞假先歸定省，故云。

為陳雲伯孝廉題碧城仙夢圖

瑤海明星大如月，峭寒逼動蓬山骨。瑤臺明月小如星，三句用乩仙語。萬朵仙雲護玉扃。碧城縹緲曾棲宿，迴環十二闌干曲。客字親書位業圖，慧根早證長生籙。海思雲愁幾度春，再來原是謫仙人。丹梯迴首千重隔，空費名香禮紫晨。秋衾夜壓涼煙重，舊事無端還入夢。彷彿𤨏真閬苑遊，羽衣金節爭陪從。指點瓊扉認故居，玲瓏小閣倚清虛。攜將朮序披雲讀，種得芝房帶月鋤。六銖衣薄凝寒翠，天乳無聲濕仙袂。銀浦橫波匹練明，碧鸞尾掃榆花碎。虬漏丁東怯曉光，一絲清氣墮微茫。滿身香霧仙蹤遠，覽鏡蕭蕭鬢彩涼。研綃寫出餐霞意，聊借丹青

寓游戲試向空中寄鶴書三山舊侶相思未

題姚春木詩集後次張船山太史韻

詩格翻新變狂瀾去不回何人扶大雅之子抱奇才慧語靜中得仙心空外來盪胸無芥蔕雲夢小如杯

詞壇驚老宿歛手避雄奇碧海長鯨掣黄塵生馬騎談兵饒感激讀史有然疑咄咄花卿句高吟瘧可醫

遊蹤半天下題徧萬巴牋氣挾風雲壯才量斗石偏寥寥千載事落落數人傳我妬年難及衰遲黯自憐

燕市一樽酒相於意氣眞江湖勞遠夢風雪惱羈人未典裘先敝頻磨劒有神靈珠在君握光采豈終淪

祭書歌爲黄蕘圃主政作

雙龍深護瑯嬛地蚪篆蟲書閟靈異載得瑤華十乘來斗間奕奕騰光氣琯朗星精費禱祠三生慧業寸心知文人六籍爲司命滿酌椒漿奠玉巵興酣落筆風雷走驅染丹黄不停手奇字惟教豚望窺古香好付長恩守歲歲心耕傍硯田果然膏澤屢豐年傳經已幸葅畬熟飲蜡寧忘報賽虔京都鼓吹垒詩譜聊代迎神送神舞收藏功合祀中牢膾炙味還兼雜俎局脚牀邊短柄槃此生願與結心盟清狂任我繙仙笈輕薄從人笑鬼名縹緗萬軸曹倉貯窮年甘作搬薑鼠好古爭推顧野王拜經又見臧榮緒儉腹慚余無所知年來頗有借書癡華筵倘與賓朋列敢侑神前酒一鴟

立夏前一日雨和嵇笠軒職方韻

曉聞陰鳥鳴相和漫空翠雨繅絲多藥欄艷艷坼穠蕊萍沼鱗鱗生細波四野農歌聚圓笠五湖歸夢尋輕蓑玉壺茅屋縱清賞一任流光如擲梭

立夏後二日時雨初霽法梧門侍讀招同吳轂人庶子謝香泉儀部趙味辛司馬吳蘭雪孝廉出西直門憇極樂寺抵萬泉莊飯罷遊長河一帶名刹梧門詩先成即次其韻

超遙出城闉遠山見空秀萋萋千里碧宿雨土膏透招提占奇勝萬景盡奔輳寄林團野陰雜花媚晴晝連旬不出戶自覺見聞陋行樂貴及時斯言信非謬

翰林風月主同遊皆俊人遨頭驚俗眼踈狂任天眞笑脫頭上巾共門樽前身醒醉各有適相與陶嘉辰落花隨風來酒波動粼粼愧我不解飲負此中山春

衆泉滙一池雲影涵澹泊增高文石甃亭小香茅縛風疎蝶意閒樹靜禽聲樂坐久闇暗香藤花背人落灑然襟袖清心空袪六鑿危樓堪眺遠登臨試腰脚

出門叩精藍隨處皆淨土莊嚴水精域薝蔔飛香雨煮

茗洗風甌石鼎雪花舞三車繙貝葉梵字脫難補我愛
止觀經離捨義可取終當解塵纓安禪問初祖

張仲雅二丈移居萬明寺作詩四首索和書此柬
之

客中長物少於車淨業還依貝葉居望遠寄愁歸鳥外
尋幽得句晚鐘餘前塵回首添悵觸結習關心未破除
靜掩書帷聽梵放石壇涼月碧幢虛

湖山清讌記當時怊悵重逢兩鬢絲宦海餘生憐我儻
名場健足惜公遲虛名各有囊書在壯氣惟應匣劍知
未信觀河異童髦好拈禪語問波斯

彈指風塵廿載過故人芳訊隔關河閒中著述師心得
老去詩篇感事多雙槳吳江成昨夢一樽燕市且高歌
小桃穉柳爭春媚潦倒情懷奈爾何

蕭然一榻著閒身隔斷門前十丈塵雙樹法原無住相
孤花愁似未歸人香山奉佛何妨佞東野稱詩是至親（至親莫如詩孟東野句也）
共誦維摩金字偈茶煙影裏凭藤輪

題韓旭亭丈西山詩後

先生鸞鶴姿夙好在山水留客談煙霞爵躍先拊髀清
秋招勝侶涼雨洗屐齒出郭望西山相去不盈咫漸入
蒼翠深便陟孱顏始俯磵聽清泠據石賞奇詭問尋亦
華舍飽嚼元霜藥文采接羣賢山靈亦心喜長風掃晴
雲盡露岩壑美滌硯出清吟超超遠塵滓愧未與茲遊
結韈隨杖履快讀五字詩奇秀與山擬彷彿空翠光飛
來落牕几

還硯歌爲馮百史作（百史從祖大參公名訥生有硯一方製極古樸自鐫銘辭於背大參歿後孟亭侍御得之百史以宗誼請侍御於浙中因以硯歸焉百史作還硯歌和者甚衆余亦繼聲）

馮君示我山元璧爲說楚弓原楚得石不能言或有憑
百年文字存遺澤數行銘識故依然曾入詩囊伴散仙
緣痕飽貯江湖雨翠氣濃吹關塞煙不隨窔石幽宮瘞

硯田自此成淪棄舊篋虛生翡翠塵寶函空滴蟾蜍淚
流傳東越歸野王巾箱珍重什襲藏一朝脫贈入君手
拂拭古墨生奇光曲池歷縮波濤黑洗出應愁眞宰泣
鸜眼迎風認主人碧花噴月留詩魄怊悵華嚴小劫過
一方膩玉儘摩挲風流文采今猶昔快和君家得寶歌

夏至日銷夏第一會浣霞儀部招同人集春雲書
屋分韻得日字

還勝集盛賓逭暑擇佳日靜境即山林良會等眞率入
門見清陰塵慮頓銷失怪石夾瓏玲曲折到幽室移牀
解襟帶隱几繙書帙瓶花香暗吹砌草翠猶茁古藤高

壓屋影補莓苔賓軸簾好風至倚檻奇雲出冰廚營美饌雕盤薦芳實釘面潑新醅俊味勝眞一偶捉松枝塵閒抽蘆管筆元譚不爭義高吟不縛律賓主兩相忘輿寄各超逸斜陽度林項莫禽噪喝唧涼蟾破暝來澄輝泛瑤瑟

謝蘂泉儀部齋中銷夏第二會卽物分咏作白拂子歌

蒴得神駒行雨鬣冷光一把絲絲濕素虬尾掃秋潭平鮫妾卷綃遺佩纓斜飛露脚捎風急帳底癡蠅去無迹晚涼移近水晶屏明河影裏銀虹直

吳穀人先生齋中銷夏第三會分題趙士雷夏塘戲鴨圖

王孫天機精妙得寫生法塘水碧於羅雙雙戲花鴨羣浮煙荇亂爭浴風荷壓索門毛褷褷呼名口呀呷朋渏散千渦晚雨飛一霎傍鴛莫輕打比鷗信堪狎高齋讀畫坐涼意滿巾箑至樂同觀濠淸景疑泛霅却思銷夏灣艤棹菰蘆夾聽唱詩頭雜漁櫂響相答

六月十二日銷夏第四會爲宋黃文節公生辰吳山尊編修招諸同人瞻禮遺像分韻得七字

慶歷五年公誕日屈指春秋七百七翰林才子吳叔庠開筵召客升高堂公生乙酉今辛酉我覺去公猶未久曾從夜夢見容顏時向晴空數星斗束髮喜讀公歌詩穿穴險奇靡不爲幽祆秘怪入腕底波濤疊縮風雷馳眉山丈人驚且愕曠古以來無此作草頭一點過神駒雲外千盤迴健鶻公才磊落空古今以詩傳世非公心許身稷契杜陵老九原相對眞知音宜州永州兩羈管到死雙眉愁不展虛名留重黨人碑奇士惜歸文苑傳何年寫照傾畫工晬然和氣頤微豐滿堂賓客二十四瞻相頂禮天人容就公論詩公印可來處仙雲飛一朵珠玉隨風落九天誰言不拾江西唾齔生自媿媚學遲

廿年唫鬢垂霜絲抱公遺集作導師瓣香下拜公應知

積雨抱痾有懷顧容堂農部蕭百堂孝廉

瑟居愁浩浩溽暑雨淫淫客病經旬久街泥幾尺深方塘羣蛤吠客樹萬蟬喑兀坐簾垂地涔雲盡日陰久抱河魚疾難求麴與蘗微涼侵蔦帔積潤到蕉筒階蘚長殷綠園花墜老紅毀茶新著論石鼎罷松風屋漏無乾處黎牀徹夜移高檐長瀉瀑環舍已成池極望鄉心遠先秋病骨知怕持明鏡照雙鬢易添絲斗米炊裯換長安不易居潦深愁没馬飢小慣生魚顧愷仍躭畫蕭雲且著書同心不相見懷抱近何如

菩提紗四律同鄒曉屏侍郎作

種向羊城定幾年托根原自四禪天碎飾金界疎疎月
平展香臺澹澹煙偶縛冰絲愁獨繭試拈霜翼悟枯蟬
憑誰巧借生花手繡上摩偷九品蓮
輕盈百幅琢春冰魚網嫌雜剡藤質薄好裁香閣幔
眼疎難護石龕燈圓光乍現毫千縷空影憑消幻一層
我亦年來諳世味欲拈枯葉問南能
龍女生綃手自披蕭疎不耐好風吹鏤塵怕損蜻蜓翼
剪紙爭粘蛺蝶絲薄到十分窺色障縈將千結悔情癡
掌中細認方空縠多事金仙費巧思

霧緯雲經似有無玲瓏清影覆禪衢生成壞色剛三種
綴作偏衣抵五銖縱使奇溫輸吉貝恰宜香妙伴伊蒲
紺園更擷牟尼果記取光明百八珠

宋文信國公致吳架閣三書橫卷爲吳二蘭雪題

德祐國勢不可支詔徵天下勤王師信公奉詔募驍傑
慷慨萬人同飲泣前驅踴躍溪洞蠻大呼義旅齊八關
軍行餽餉苦難繼籌筆孤忠憂不細轉輸重任誰仔肩
治行久識吳公賢千五百貫發官會郡務久已無金錢
三書梗槩有雄氣古道論交略官位督師自署朝請郎
告糴全憑禾豐尉空坑兵潰萬事空蕭條柴市號悲風
精靈下食化朱鳥天海游魂招黑龍餘生杖策歸田里
僵臥肯因徵聘起遺墨零星掩淚看幽篁雨暗啼山鬼
握拳透爪亾其眞北平學士能傳神千秋展卷尙流涕
何況同歷艱危人黃冠丞相麻鞵叟耿耿丹心俱不朽
爲付雲礽好奔藏定有光芒燭牛斗

龍泉寺銷夏用長吉集中昌谷詩韻

空光明澹澹涼咽蒲塘水小逕破幽澀苺苔遍陰地殷
紅斷霞暗柔藍遠波媚跳岑何離離空秀聳生翠榴襟
歛病容柳眼泣衰淚林深鵲夢妥草客蝶魂醉平生抱
山性逃暑探荒邃[illegible][illegible]鷄棲車屈折行水涘枯叢蛛網

胷古石蛇涎膩蟬翳隱仙形蟲書鏤奇字城隅三貍蹲
木末一鵄跱濃雲相壓疊層巒鬱然起老春避夏光掩
抑幽墟裏蜂衣褪殘黃燕毛墮餘紫新桐垂細乳古柏
滴香髓獵獵毘嵐吹忍草落乾穟浮漚剖珠璫長烟曳
綃帔檐牙脫危葉小綠傍衣墜沿溝雨沫散迸石泉脈
恣莊嚴出琳宮紺絕儆華閟脩廊隔炎氛突厦納清氣
沈灰冷瑚爐流塵罨檀几覺華飄颯纚圓相現眞粹梅
梁穴蠹歆朽牆負蟄圯慧因歎往刼定心生古思陰房
伏幽妖壯鑰禁潛魅杪羅雙樹古貝葉三車貴燈懸曙
屋在唄響靈潮似高原浩無主纍冢古稱義坻愚重邪

覡鬼餓喜淫祀索錢土怪偵攫飦山魈恥漆炬出陰松深宵驂街吏潢汚難容刀蝦蛭不受餌崖鑿窪面尊蕉抽側理紙蕭寥託禪悅浮沉任身事幻形鱗鬭晝朽骨雀臺仗乞閒抱琴來證悟尋鐘至雜花頑可憎蒙茸亂無次羈懷絕紛喧宵念忘孤悴煩襟苦痟渴叩天借秋意草螢搖露尾水禽拍凉翅覆被墨三升擊甌茶百戲擬招餐霞侶久謝提壺使苦籜吟螟煙幺荷卷遊吹石枕寒碧凝簟席古斑漬飛鷁撲人影門鼠緣佛臂啾耳厭蛤吠痒肌避蚊刺小大蟲何知屈伸蚖共肆漫浪適吾生願學猗玗子

分龍行

天闕飈㕓停飛馭帝遣分龍八方去黑風吹浪海水飛萬仞倒立青玻璃擘空怒爪驅雷電旱火不光甘澤遍一洗石眼何環環龍尾拖雲歸碧山

紀雨詩和張船山檢討韻

匝月陰氣聚漂山雨勢雄屯霾迷卓午響霹殷遥空急溜千聲合奔流萬派同涉波塗共負見沫葩先豐屋破蘿難補牆傾潦更攻陡興千尺浪真抵九年洪墟市乘舟入車書仗筏通蛟鼉嘘吸裏蛙黽跳梁中無術回昏墊何由豁困蒙艱難須上策疏鑿憶神功斷蝀零星碧沉霞晦昧紅魚頭攢弗鬱蜃氣接寅蒙澤洞關民命憂勤萃

聖躬牲牢祠岳瀆金穀振孤窮欲挽天心轉還憑

帝德隆脩防鳩衆力贊化勉羣公拙宦原浮梗閒門任塞蓬甑塵生落索檐瓦碎玲瓏避濕愁移榻懷歸想挂篷淒凉秋士意吟伴草根蟲

積雨戲柬船山檢討

積陰塞宇宙西山失崔嵬盲風浩呼洶白雨爭喧豗中間更作氣鼓以雌雄雷炭然海水立巨浪排空迴朝愁朽柱折夜聽傾牆頹參軍屋漏中愁顏苦低催兩日幸

小休料理叢書堆詩逋積盈案紙背生莓苔最憶張昊陽愁霖句新裁濕薪燃爆竹破竈昏煙煤屠沽有酒食吾輩甘蒿萊君昨示我詩曠代驚奇才猛炬出犀燄寒星迸驪胎我如獲至寶摩挲日千回近忽秘之篋扃鐍不敢開恐此發光怪挈攫蛟龍來

贈張船山檢討

一飲能傾三百杯歌呼燕市氣如雷人傳公理眞狂漢（用仲長統事）我識中郎是逸才傳世高文隨手定驚人奇句破空來天涯莽莽誰知己握手同登郭隗臺

夜行郊野間偶然成詩

荒榛礙足攢芒利，洞口懸蘿幽翠翳。敗牆脫粉生莓苔，一燈如粟禪扉閉。暝煙團露不成雨，白雲如人隱深樹。二更黑月墮空岩，電影照僧歸寺去。

夢仙謠爲胡大硯農作

鸞笙喚月寒咿咿，瓊樓半開星斗稀。明妝綽約見鬟影，香露如煙吹寶衣。鳶肩公子青霞客，綺歲裁詩花作骨。一夜相思托楚雲，慧因肯信仙凡隔。曲欄十二橫空虛，玲瓏飛閣高眞居。柳風弄影皺瑤碧，明珠亂落金芙蕖。三山舊事啼紅雨，海思雲愁渺何許。夢境迷離覺後疑，玉壺試扣鸚鵡語。

爲蔣大香杜題紉箴課讀圖

兒名甫成母已亡，皐魚風木心摧傷。孤兒此日抱書哭，母昔含悲課兒讀。兒勤讀書母紉箴，一燈如粟秋堂深。三更驚烏啼上屋，滿庭松桂寒蕭森。君今文譽徧九州，從容朱邸常陪遊。廬陵下士愛顏謝，梁園好客延枚鄒。胸中盤盤貯經史，難忘慈親授書始。思親時復展圖看，淚血斑斕紅印紙。枯魚銜索良可哀，麻衣素韠顏如灰。天涯忍看慈母綫，春暉一去難重回。百年富貴亦何有，但願識字長依母。三牲鼎養詎足論，好以著述酬親恩。他年[illegible][illegible]窮經定，爲報孤兒讀書竟。

爲吳二蘭雪題秦淮春泛橫卷兼憶舊遊

蘭槳輕翻碧浪明，烏篷緩緩載春行。穠花壓檻朝酣酒，香月窺簾夜按箏。小別語還留後約，相逢緣總說前生。玉釵羅袖銷魂地，惆悵相如賦不成。

畫橋煙外柳陰陰，十二朱闌小院深。彈指華年悲錦瑟，移情絕調感青琴。月高猶擁聽歌櫂，花豔頻拋買笑金。聞道春潮依舊長，送人香夢杳難尋。

翠管紅牙譜豔詞，三生難懺是情癡。孥舟渡口憐桃葉，鄣袖風前認柳枝。粉鏡乍收眉黛鎖，銀箏斜倚淚連絲。瀟瀟莫雨吳娘曲，腸斷當筵話別時。

記得明漪漾半篙，昔年我亦泛輕舠。風扉樹綠團鴉柏，露井花紅綻鴨桃。舊侶飄零詩卷在，故山迢遞夢魂勞。劉郎縱有重來分，只恐霜華染鬢毛。

七夕後四日許大青士招集橋東寓齋小飲卽席賦贈

近來詩筆誰清矯，我識才人許丁卯。妙譽羣推白社尊，高情獨出青霞表。僦居塵海樂閒靜，卻下書帷謝紛擾。愁霖偏讀班家史，用邢子才事經世先儲賈生槀。今晨折簡走長鬚，滿幅蠶眠書字小。偶招俊侶續歡擬，向天孫乞餘巧。思時素節屛炎威，斗覺水襟除熱惱。桐陰罨榻

碧欲流山影當窗翠如擣衆籟鳴秋雨氣收明雲薦爽
晴光好疎藤一架日瓏瓏瘦竹百竿烟嫋嫋脫巾解帶
略苛禮促坐開樽豁幽抱紛綸下箸饜羹臛磊落堆盤
進梨棗元暉逸思最清發叔寶高談真絕倒留髡興劇
更卜夜涼月入簾疑白曉美君倜儻唾成珠媿我衰遲
鬢如葆頻年鄉夢越江湖幾日歸心戀魚鳥燒蘭擘錦
須盡醉良會天涯古來少題襟韻事續襄陽佳句傳鈔
徧袍襖

射雕行 陳石士庶常玉方比部招同人集太乙舟爲延秋第一會同賦是題

盤雕睇野秋風大勁翮如刀削雲破錦衣十八羽林郎

懸腰滿箙花箭香平原淺草馬蹄速人忽翻身雕側目
彎弓仰射提有神毰毸墮地如車輪虎頭將軍回一笑
平曆看傷萬人譟雄心憤發天狼愁邊城坐看奇功收
書生慙愧柳生肘空說詩中射雕手

追題朱笥河師椒花吟舫圖次石君大司農原韻

閣思妙不關薰脩謫仙非謫乃其游蘇句紅椒花發香滿
室瓔珞束帶趨吟儔先生兀兀擁皋比淋漓大筆追韓
歐我時橫經預末座每至日昳聽更籌一官迢遞落邊
徼去程渺渺窮旄牛龍門迴首迴天際浮雲西北紛颼
悠精神廿載儆遲逡[illegible]業荒落懷慙羞靈花奇實入夢
寐古藤叢篠枝相樛重來大雅不可作羊曇涕淚悲山
邱斜川詩筆繼家學別派未許江東偷欵門相過數晨
夕氣合椒桂非蘭猶公名垂世象星斗沒而不朽他何
求當年作達聞緒論古來樂豈歸爽鳩輞川圖畫半溪
賦人間此卷應長留

微雨薄寒夜坐偶作

虛館坐秋色明燈照雨涼近聽移莽銚倚壁背琴牀螢
濕度微影花蔫留舊香漸堪親卷帙更漏喜初長

秋雁四首

一繩新雁起并汾無限秋情總爲君孤館昏燈千里夢

故山涼月萬重雲不逢歸應迷路莫趁驚烏易失羣
二十五絃彈水調客心悽斷那堪聞

蒓花楓葉薄寒初點綴秋[illegible]錦不如悵悵漫彈遊子淚
寥寥久斷故人書江湖已[illegible]浮生老文字難教結習除
一種徘徊空外影叢蘆揀盡碧沙虛

側身南望道途賒瑟瑟青楓兩岸霞杜老裁詩長憶弟
江郎作賦苦思家天高朔漠雲無路水落瀟湘浪有花
絕徼荒寒生計拙年年憔悴逐風沙

飄泊天涯何所求不勝哀怨入清秋舊盟只合尋鷗去
薄俸無從與鶴謀慣歷風[illegible]遊興倦偶因泥雪爪痕留

咳唾潔菰米熟晨餐夕膳開中厨移居召客具盃酌折
简奔走長鬚奴嬾胥魚膾出精饌誰言粗糲供腐儒豪
家不解文字飲腥臊膩鼎徒沾污吾曹襟抱盡蕭放典
簽珊瑚復歌烏烏作歡詎必假絲竹趺宕文史相嬉娛明
窗大几風日好及時行樂眞良圖却嗤應璩太寒儉清
談不爨惟樵蘇脫巾竟似野人野容膝寧羨壺公壺君
才倜儻世無偶我久廢學如寒竽酒酣放筆作長句雄
快直欲追韓徒含毫欲和觸鄉思敦敦凭案成傳愚故
山秋色滿林壑桂樹著蕊桐陰鋪鱸鱠躞躞歸未得臨
風愧說懷蓴鱸

芙蓉山館詩稿 卷十五 十六

送吳穀人祭酒乞養旋里五十韻

講座三鱣集先生自此升陳情動　天聽勇退服公能
乞養烏私遂還鄉　鳳綍承歸心趁艫舳去夢戀觚稜
自欲希萊子非關羨季鷹蘭陔香正滿萱室慶方增品
望三雍重聲華萬口稱叩奇鐘自應敦誨鼓初徵守黙
才偏逸鳴謙氣不矜春卿何蘊藉子壽最端凝綴學寧
駢拇工文屢折肱詞壇嚴纛飄劬藻府窮榛荊東壁輝丹
篆南和閟寶繒雞林爭購覓魚網費鈔謄曲愛銅琵撥
絃聽錦瑟絙豪情濤歎湧健筆嶽崚嶒良會聯京國佳
時聚友朋推襟倒篋皮畧分接茵憑賓榻延徐穉仙舟
數聲飛度桑乾水知否勞人正倚樓

爲謝薌泉同年題論古圖

謝公胸中有千古抉摘丹鉛不言苦每持正論折儒臯
偶騁彤談驚義虎深居兀兀擁百城問字有酒盈鉦程
釣奇或與鬼爭義埋照不共時爭名昔年小試劬彊手
不愧惠文冠柱後看書如月李臺卿疾惡如風朱伯厚
攀安提萬才經通詞塲卓躒千夫雄文章自進官自退
拙宦不識趨時工羌余耽書成古癖廿載風塵鬢斑白
人生窮達洵有命過眼流光欺涙擲公眞好古抱古心
我亦挐古探古音相期淨洗箏笛耳寶此七尺朱絃琴

芙蓉山館詩稿 卷十五 十七

秋夜詞

銀浦明星光的皪一行涼雁橫秋碧峭風吹墮小蟾蜍
露脚斜飛入簾隙銅荷燄縮蘭炷殘獨夜苦吟詩魄寒
嚴城人靜漏悄悄疎柳鵶啼催白曉

祝仁泉移居招飲出示長句依韻和之

我不如蔣茅縛落耕田夫又不能浮家泛宅游江湖無
端寄迹萬人海數椽屋向鬧坊租長安桂玉苦騰踊時
恐門外來追呼幼輿幸未妨作達公緒何者能噓枯感
君念我數相過僦居同住城南隅藤花老屋近咫尺買
隣不惜營青蚨書齋十笏傍親舍蘆簾紙閣安妻孥蘭

對李膺看山車共載聽雨閣同凭但覺新知樂渾忘暮景騰粲花談似綺浮白酒如澠響擊秋堂鉢明然雪屋鐙推堅軍拔幟命中射分朋寄契投何晚凡才感島勝大邦當晉楚儆賦索邾滕組許門生議胞教膳宰羨材頻黿姜觥政舉甌丞選勝移樽過尋幽蠟屐登清游經幾度離緒忽千層極浦橫征雁疎林噪晚蟬一鞭燕市别雙槳潞河乘驛路初飛葉川波未結凌江流迴北固湖信到西興峯影窺蛾綠湖光泛鏡菱巡簷梅欲笑欵戸鶴先膺華黍歌應補常儀福有恒筍甘宜入饌魚美好垂脣摩詰鋤瓜圃天隨闢芋塍忘機禪力定觀物

道心澄近訪比鄰友閒尋退院僧菊荒三徑杞茶煮一枝藤廉讓風堪慕浮沉迹自憎塵埃嗟瑣瑣瓴缶恥仍仍祀畝陪疏廣歌驪餞庾冰墜歡期後續陳迹記前曾珍重求金液遲回望玉繩新吟懷輞口舊製愛韓陵腕弱書縈蚓眵昏墨誤蠅苦思同李翰好句媿胡曾鶴鯉書頻附烟蘿約可憑百弓謀下潠吾亦辦行縢

陳碩士庶常新納姬人詩以調之

一種輕盈掌上身銀荷燭底步香塵分來林下清風味曾侍妝臺咏絮人

拈來鈿菊恰雙頭細細清宵度好秋簾外素娥應解妒冰輪斜照合歡裯

庭院深深護綠陰簸錢年紀到如今寶釵曾却朱門聘珍重憐才一寸心

冷蕊疎枝格韻清暑施朱粉更傾城金函待與脩花譜豔雪叢中注小名

者是人間第一花幾生脩到列仙家桃根桃葉休相擬阿姊曾呼萼綠華

解抄難字問檀郎捧髻燈前慧語長爲愛玉堂新賦好未須辛苦讀靈光

目成眉語願終諧直願將身作錦鞵好爲香奩添韻事

新詩編入右風懷

紅窗曉起拂多羅小點江毫掃黛蛾方便緘書報蘇蕙莫將薄倖怨連波

釵索玲瓏燭影低香風搖蕩鎮帷犀憑將海水添更漏莫信花冠午夜啼

勝常道罷態嫣然斜倚熏籠半嚲肩我似劉楨但平視助粧媿乏夜飛蟬

芙蓉山館詩稿十六

金匱楊芳燦蓉裳

九日招同法梧門侍讀李墨莊主政蔡浣霞儀部陳石士庶常玉方比部吳蘭雪彭田橋兩孝廉陶然亭登高分韻

爽翠入秋夢，破曉聞清鐘。閒居愛重九，佳客相過從。江亭近咫尺，言尋舊遊蹤。踈風搖雪葦，涼波卷蒼葑。兀兀短轅車，恍疑坐艨艟。迢迢上瓢堂，洞闢軒窗重。同心撰幽賞，披襟展歡悰。煙華碧浮浮，川光澹濛濛。西山渺天際，隱見青芙蓉。快傾藥玉盞，蔬筍齋廚供。學士蘊藉人，論詩悟禪宗。探懷出新句，古秀凌霜松。供奉海外歸（墨莊曾使琉球），雲濤盪心胸。雄談出紫宙，舌端幻魚龍。須臾山雨來，寒綠壓檻濃。雅宜汗漫遊，一洗塵土容。醒醉兩忘形，此樂寧易逢。共約籬花開，探奇更攜筇。

為陳石士題瘦石圖（石傍著紅梅一株，風格秀絕。船山檢討庚申年所畫素箋，石士裝為橫卷，同人賦之）

石士吾石交，洵美玉堂彥。負材最輪囷，秉性殊介狷。隳地認星精，光芒露英絢。山骨聳崚嶒，雲根削蒼蒨。噓氣宛虹攄，礪齒丹霞嚥。昔年京兆筆，為君圖便面。踈梅傍石稜，數點燕支茜。名士悅傾城，標格堪同傳。將毋是佳讖，預贈坤靈扇。情經百鍊堅，緣本三生現。勁質與芳姿，都自華鬘轉。吾言戲之耳，聊博一笑倩。（石士新納姬人，名字巧合，故戲筆及之）

得吳竹橋太史書見寄長句走筆荅之

詞場昔日兩年少，君到蓬山我荒徼。二十三年容鬢蒼，我來京華君故鄉。文章風義交非偶，出處偏教落君後。平生立志苦不堅，坐此浮沉負良友。數椽儱屋閒坊西，短轅薄笨如雞棲。出門惘惘欲誰詣，意氣恐為求人低。羨君穩住湖田屋，門前千頃明波綠。每逢佳日賦新詩，偶設清樽招近局。午甑燒松野飯香，夜槽壓蔗春醪熟。

種樹岩邊待鶴巢，挐舟煙外尋鷗宿。眼中落落空古今，涼風天末思同岑。嗟余薄宦久流浪，江波浩淼吳雲深。興公愧說遂初賦，達夫空作還山唫。款門忽到江南客，為說家山好泉石。感君寄我尺素書，七字長篇妙風格。幽州日淡秋蕭騷，霜天白雁斜行高。報書飛去入君手，知我懷君心鬱陶。

為家克堂題醉漁小照四首

小坐聊持釣，清遊且佩壺。陶情惟麴蘖，托興在江湖。夢醒蘧蘧蝶，身閒泛泛鳧。前村烟火晚，稚子出門呼。

縱飲非埋照，臨流不釣名。醉中饒逸趣，物外有餘情。柳

影落衣碧溪光照眼明湖淯期並宅喚我作漁兒
晴日舟堪放烏篷六尺長種魚須萬石載酒足千觴洗
盞邀鄰叟收綸語索郎烟波供嘯傲機事已都忘
我愛耶溪路春流綠半篙星辰釣臺近風土醉鄉高擬
飽張翰鱠還持畢卓螯天涯話惆悵何日息塵勞

禮烈親王克勒馬圖歌克勒馬者王所乘良馬也汪太史琬爲作傳見堯峯文集王裔孫汲修主人屬張檢討問陶補圖同人賦之

乘黃兹白世希見渥洼大澤蚪龍變午夜天門裂帛聲
房星墮地光如電肉騣突角何權奇奮迅不受黃金羈
長鳴矯首望八極恍如擇主心然疑一自風雲從帝子

馬心甘爲英雄死辛苦沙塲百戰身桃花血濺旋毛紫
角聲吹動蒼山根二十萬衆連營屯蘭陵入陳勇無敵
馬是天馬人天人銜枚飛度薩爾滸定鼎奇功成一鼓
霜蹄蹴踏萬里空人是人龍馬眞虎悲嘶踏地地湧泉
金瘡洗合形神全鉦鐃凱樂沸官驛平沙忽步歎長煙
百年部曲同聲哭殉主空槽絕芻粟王薨馬聞哭聲不食而斃作歌
長憶望雲騅刻石偏遺忽雷駮雄姿此日重追摹猛氣
猶足吞飛騮想見橫戈斫堅壘陰風慘澹犂靈趨賢王
選馬如選將制勝百中能用壯　當代寧無出世材會
看太乙招神覡

蕭大百堂五十生辰以賀蘭石硯爲壽系之以詩

賀蘭奇石紛瓌瑰良工採之爲硯材窮搜地寶元窟裂
巧琢山骨蒼煙開昔年百戰邊荒地萬劍橫磨供作礪
崒硌曾無文字緣森寒總帶冰霜氣燭天光燄寧終淪
詞塲磊落今策勛文鏤蚪蚪成仙篆墨噴龍魚化海雲
我曾作吏兹山下入手摩挲自矜詫洮河綠石詎足珍
龍尾名高此其亞年來隨我逾關河輕篋不勞細馬馱
揮毫颯颯頗快意詩成尙覺邊聲多蕭雲雅抱耆書癖
窮年兀坐三經席松膠柏麝費研磨銷盡桑生一方鐵
守元尙白吾自嘲願持此硯贈石交君年五十未爲老

健筆猶足翻螭蛟硯田期爾千鍾獲好共琅玕獻閶闔
乍可長讐虎觀經未須遠勒燕然石

蕭山汪氏雙節詩蕭山汪楷官淇縣典史罷官後客死嶺南繼室王妾徐撫孤子輝祖成進士官縣令其孫繼坊亦舉孝廉矣持行狀乞詩爲作長句

卓哉巾幗兩丈夫立行足爲千古模汪家雙節名門妹
同事所天志不殊中閨相對情怡愉造室手抱鵷鸞雛
民母視之如掌珠洪圖賢尉爲餞驅遠適百粤羈番禺
荒江瘴厲侵肌膚二豎作祟運瓆琚未及下壽中年殂
凶書纔報旅櫬俱仰天哀慟摧肺腑淚血被面交模糊
重泉不難殉以軀傷心白髮堂上姑煢煢總角餘藐孤

忍死且復留須臾窮年茹苦手捋荼辛勤操作忘晨晡寧知翩反在友于不能禦侮忍作痡狰獰執劵狐鼠徒環視弱肉羣睢盱鬻我釵珥兼裙襦斥賣負郭償其逋飢寒守此先人廬他鄉轉徙非良圖堅心高識世所無姑存孝養供甘腴姑没負土封黃壚榛莽鬖髿麻衣麤婦代子職何艱劬秋風蕭索啼夜烏一燈青熒明坐隅二母紡織兒讀書機絲軋軋和咿唔兒能勤讀親心娛兒嬉親淚沾衣裾折薆進扑悲欷歔願兒績學成通儒果然磨琢出瑾瑜文章五色葩華敷科名連掇遊　皇都出宰大邑分銅符恪遵慈訓宏遠謨孫枝秀出榮蓼附冰霜歷盡回彫枯苦節食報理不誣　龍章疊錫光門閭巍峩綽楔臨通衢行人過此生嗟吁勁氣凜凜慚眉鬚嗚呼立行足爲千古模卓哉巾幗兩丈夫

汪企山指頭畫歌

胸中具邱壑腕底生煙雲以心使臂臂使指淋漓墨瀋落紙如有神汪君江左知名士腹笥便便貯經史偶然游戲亦驚人磊落嶔崎有如此疑是華嚴法界來萬象回皇現彈指若教畫手盡如君閒殺人間管城子不知董北苑寧論米南宮我行我法差快意輿酣貌出千奇峯[illegible]動古木森立蒼煙封虛堂如有鬼神入天色慘澹雲而風枯苔斑駁雜衰草指力所窮還用爪旁觀撫掌誇絕奇妙手眞能奪天巧我欲酌君酒一巵君辭不飲翻索詩强拈凍筆不成字媿我十指如懸搥

董大超然枉贈長句作此答之即題其集後

蘭陵董相眞奇才詩篇價抵千瓊瑰手把丹篆字猶熱懷探彩筆花爭開廿年流浪不稱意悲來輒酒窮途涕磊落居然湖海豪鳥藏偏帶幽并氣腰間傲骨何崚嶒隨俗俯仰非君能誰令落魄困一第青衫有鬼殊堪憎金臺被酒向我語悔敝浮名如腐鼠枉教海上白鷗猜

空羨雲中黃鵠舉側身四望無知音堅冰積雪愁人心旅居露食豈長計素衣不耐緇塵侵此身莫歎淪幽蔽猶有才名滿人口家世當年本豢龍知交此日無屠狗斗杓耿耿霜空橫萬木僵立風枯聲拈毫爲我作長句錚鏦金鐵行間鳴洪生存釋斥放黃生則仲死夜闌話舊悲難止詞壇老輩半榛眼底嶔崎見吾子香火空王証夙因果然天上剩星辰一樽燕市飄零酒同是悲歌感慨人

送黃五貴生出宰彭水

長安一夜雪六街泥滑滑送別出春明枯柳如秃髯凌

晨朔風勁霜威裂貂貀離聲嘶代馱愁聽金鐶戛交君
眞恨晩數月未及八俊賞共華尊佳遊尋古剎君眞掞
天才識度最英拔清班翔禁甬廣樂聆樒桝掉檄赴巴
竇深惜隨埃坋鑾花兼犵鳥孌虵鄰羅魑奔湍雪練噴
攢峰煙黛刷君乃誇壯遊翩翩如俊鶻男兒志難量冉
驪歸統轄　聖人方御宇神武不嗜殺立凿惟去稂莠
魚只擒獺兵甲喜歸農妖氛行蕩刮牧民賴賢宰元氣
迴坱圠垂簾牘夜披開閣琴曉拚惠政撫慘發廉風肅
豪猾樂職奏中和奚煩事苛察江山助奇懷傑句崢霄
軋瞿塘雙鯉魚勤寄八行札

芙蓉山館詩稿　卷十六　七

題金粟道人像

玉山賓從聲華盛玉山林壑神仙境曠代風流萬口傳
留得一龕金粟影金粟風流迴絕倫翩翩裙屐六朝人
玉靴翠袖陪清讌斑管雲牋賦冶春唐宮遺事搜新秘
天錦七襄裁半臂文字緣深證大乘緐華夢破皈初地
偶和陶家影共形便將心迹寄丹青圖蒲小坐拈僧偈
曲几閒凭寫道經欔鞋桐帽皈蕭放詩肩瘦聳神偏王
觀空頓悟去來因埋照全忘人我相我昔挐舟訪玉山
舊時台館盡凋殘空尋寶樹三千界無復瓊枝十二闌
習家池涸塡荆棘敗壠沙沉到公石鹿柴上聲欹傾輞口

莊鷗波浩渺臨江宅酒社詩盟轉眼空漫憑圖畫想遺
蹤吟成七客寮中句愧說才名繼鐵龍

十月三日同人集芙蓉山館送姚大春木下第南
歸周二倬雲赴隴聯句

星堂寒威嚴（芳燦）雪屋燈談小孤煙縈松梢（陽湖劉嗣綰芙初）
薄靄澹林杪開尊竹閣深（爲漢）分韻茶簾悄人影搖廲
磨（嶠李蘩鑾揚浣霞）風聲戛了鳥敗葉戰古杉（錢唐許乃濟青士）修竿
偃寒條醉行冥若夢（華亭姚椿春木）夜警白如曉同心無猜嫌
（嶠李蘩鴻緒湘岩）快聚却塵擾仙刼丹梯墮（同邑華景孝悙圖）鄉心碧
岑繞荒原困雕鶚（江都汪全德竹素）長坂蹶腰裊最憐去華擯

芙蓉山館詩稿　卷十六　八

（芳燦）頹厭巨源嬲斯文落荆棘（嗣綰）我輩集茶蓼禾許
孤鳳鶱（爲漢）竟學高鴻矯征棹雲北馳（鑾揚）郵亭月西
朓霜稜墮危巢（乃濟）冰花裂澄沼泥深雙輈傾（椿）店遠
獨火杳驚飆旋枯沙（鴻緒）凍埜起荒燎殘更雞口噤（景
孝）古路馬蹄蹻宵征氣早結（全德）寒話舌先撟祀軷出
遠郊（芳燦）滴淚入清醥羇夢各吳越（嗣綰）悲歌共燕趙
臨岐腸九回（爲漢）欲去首重掉窮途叒侘傺（鑾揚）眞性
絕儇佻慧業三生同（乃濟）離蹤百程邈夏聲歌秦中（椿）
鄉語熟江表杯停意餘酣（鴻緒）鉢擊韻微裊精心穿溟
涬（景孝）巧思競分秒不惜遠道行（全德時亦將赴粵西）所望良

會少 芳燦

陳四叔曾寒夜過訪以詩見贈作此答之

昔年官閣與君遇翦鐙共話蘭山雨浩蕩伊江我憶君舉頭惟見天山雲華光過眼如流電此日燕臺復相見倜儻看君骨格奇蕭衰訝我容顏變凌雲健筆今無儔盛年蹤跡半九州千言出塞傀奇句萬里趨庭亦壯遊詞場舊飲香名早雪窖冰天詩愈好神駿行空試鑿蹄角鷹脫鏇舒金爪大漠寒沙一片明登臨不盡古今情喑嗚欲和吹鞭響伉壯如聞擊筑聲齋鐘粥鼓僧廬住贈我清新錦囊句猶向西陲憶故人松庵草沒詩翁墓

（詩中憶及狄道吳松厓先生故云）往事從頭不易論天涯風雪坐黃昏擬招夢得聯吟社（謂芙初）亟買蒲萄酒一尊

冬夜讀書示華惇園

朔風排戶硯水冰吳綿欲折衣生稜神清骨冷耿無睡坐擁書帙然明燈燈光熒熒透簾隙一縷殘香裊孤白畏寒時復穴牕看霜氣如煙月華直

雪夜

向晚鴉爭樹寒聲已滿城雲陰千嶂暝雪響一樓清堆几帙初散背牕燈小明懷愁不成寐兀坐數長更

夜寒曲

花樓十二銀雲滿咽咽寒簧澀鸞管鈿暈仙裙舞帶斜瑤姬醉踏紅霞輭幽修碎戛雙明璫玉缸瀉酒玫瑰香桐君壁紙索新句小篆漆書生瘦芒曉星朦朧隔煙別綃衫冷照榆花色一點明蟾墮碧空霜華著地東方白

從梧門詩龕携歸金粟道人像一夕失之因屬程漱泉孝廉重摹作此詩以謝過

詩龕古詩人圖象列席左翩翩晉唐裝排闥爭入座我愛顧玉山聲華早流播詩龕曾品題珠玉紛咳吐卷圖携之歸伎癢欲繼和時爇名香薰預防寒具涴巧偷非意料書堂少巡邏名畫或通靈飛去壁能破大癸偶藏

舟夜半誰負馱頗疑金粟翁壯遊意先惰裘馬洛陽街久厭塵堀堁徑返雲水鄉煙蘿伴高臥望塵慚不及陡覺賞心剗妙手重追摹真意在阿那騷魂呼欲出無事吟楚些留客不上關吾其誌吾過

寒夜同浣霞孟士芙初敦夫小飲有作

已驚殘臘去匆匆莫向天涯唱惱公把琖細傾春釀碧拈毫同翦夜燈紅客來不速歡尤劇詩到無題語更工知否江南春信早小園吹過落梅風

辛酉除夕蔡浣霞儀部招同芙初竹素諸君集春雲書屋祭詩漫賦長句

我生精神何所托耽詩日夜窮追索相知何深報何薄卷中曾無祭詩作明珠爲佩瓊作衣不受人間祝與機餐風吸露長苦饑世人尚說吾詩肥蔡侯工詩負奇氣除夕高齋設詩祭送窮乞巧均游戲折簡招余且隨例此例剏自賈浪仙呼朋置酒開長筵騷魂詩魄來如煙醉中放我詩狂顛幢幢華炬鼕鼕鼓一屋酒人都起舞白羊赤鯉登樽俎歌呼慰勞詩腸苦少年自許筆力雄手捫麟篆光如虹一官邊塞悲飄蓬頽唐竟成五十翁伏櫪壯心猶未已達夫五十詩名起明日元辰大利市簡齋師句別開生面從茲始

法梧門學士五十壽詩

獻歲啟芝圖五十公始滿賓筵介春祺觥爵騰無算榮槃大雅才譽望中朝罕天球氣純溫品歷古圭瓚碩學對三雍右職兼七館諸生拔庾乘博士賞皇侃衡文承蘭臺程書東稽稗媚學則嫛姝測交最夷坦詩篇尤絕倫清音協鐘琯泠然豁我情天籟發空窾直追古風還上下憑寸管孤懷湛高潔冰雪濯肺腑有時或振奇放筆出廉悍壁壘韓孟堅牆𡾊曹劉短我纔持寸鐵敢直紛胡僻齊年竊自愧無成百事緩甘守甲辰雌白首淪兀牧戲公不鄙棄好我情悃款深談傾素抱豁達去畦疃勝侶共招携佳辰正休澣雪晴窗日晛簷角春煙煖疎梅心乍坼幽禽舌猶嬾竹翠落書棚墨香浮酒盌尋常祝嘏辭公應厭夸誕賤子操奇觚拙語謝雕篡相期各努力勤以道自盥丹橘與青松永結歲寒伴

早春遣興

漠漠寒雲望遠天長吟鴈後更花前貧家節物猶柑酒戚里風光自管絃東閣官梅香似夢西堂春草碧如煙客來總說江南好我別鄉園廿四年

飄泊天涯竟白頭清狂猶憶少年遊屺回夜月玻璃舫簾卷晴雲翡翠樓一國鶯花都解語六朝詞賦最工愁

尋常門巷經行地此日翻疑阻十洲

韲芽菜甲薦辛盤坐近春星夜不寒情語最欣聯舊侶佳辰且共覓清歡乘車入穴前塵誤搏虎收身末路難回首不堪談往事重逢真作隔生看

短鬢蕭騷百事非鶺鴒心緒慣南飛寂寥京國知交少迢遞巴江信使稀遠道遊蹤空馬券故家長物本牛衣何時種得先生柳歸掩滄江白板扉

幢幢短燭夜如何每蹋歡場感更多彭澤閒情耽小隱瑯邪風調怕清歌叢殘書卷判高閣潦倒年華付逝波聞道五湖鰕菜美不愁無地著煙蓑

平陽范氏三世節孝詩

三世孀　哀王孺人也

三世孀家運屯零丁百苦萃我身命不辰天太酷若子
若孫壽何促窮年茹蓼兼搼荼煢煢兩婦依一姑嗚呼
歲寒心見松柏棹楔巍峩鐫郾立烏奕　龍章表奇節

剪指爪　哀吉孺人也

剪指爪宜侵肌姑病撫摩須十指爪若傷姑罪當死婦
代子職何艱劬感郎臨沒言欷歔妾心但願姑常健持
面黃泉與郎見一腔碧血咯欲乾病容慘悴心悽酸年
季操作無休日隆冬指直膚皴裂君不見東家阿婦不

下堂羅袖垂垂指爪長

約指環　頌王孺人也

約指環金百鍊妾身可糜心不變妾夫雖沒魂有知誓
言痛絕彌留時生能養姑死能葬爲語九原休悵望不
惜籯金傳一經遺孤襁褓今成名願振家聲光閥閱范
宗延得千鈞髮氷霜歷盡天回春賜母長生金化骨

送周約齋同年歸吳中

細雨生曉寒平野媚新綠送君返江鄉夢趁吳山麓吳
山二三月空翠娛幽目新水漲平湖明鏡不可觸夜渚
蒲葦深舟伴鷗鷺宿曉露坼野桃小紅映斜竹魚鳥自
相親稚子候茅屋臨流濯塵纓暇日幽興足曰歸期九
秋泉石陪麗矚君當洗飲琖待我酌醽醁

題李墨莊歸槎圖

扶桑曉日升曈曨仙槎穩渡波搖溶連雲蜃氣青濛濛
浪花噴作金芙蓉翠𧄍羽葢高玲瓏手持絳節澤國龍
神魚挾楫擎噞喁千里一碧玻瓈鎔鬱華絢采光如虹
照送　天使星辰東島夷膜拜爭呼嵩驪頭纓耳及貫
胸手奉金表儀肅雍爲言　聖人坐法宮四時通正玉
律融祥飈瑞露百寶豐冒彫横目熙元功小邦懷德傾
葵衷永守藩服琛賮供公歸兩袖携清風琴囊書笈隨

奚僮驚人奇句盈詩筒侏𠐩蠻語考異同著書不讓方
言工么麼挾刃横艨艟先生謦欬聲如鐘指揮勁卒備
九攻寶刀新淬鸑鷟鋒帆檣摧折無留蹤倉卒應變何
從容畫史何人筆駿雄以手驅蠅成飛淙十洲花映巾
履紅海神迎送精誠通梯航萬國隨朝宗康時奉使譽
望隆何必珠貝歸裝充高文典冊傳無窮

四月朔日李滄雲京兆招陪姜杜鄰先生崇效寺看牡丹復遊廣慧寺訪詩僧鏡徹漫成長句

城西古寺春風香綠陰如雲高出墻遊人作隊尋香至
百朶花開紅一寺紫微仙人行佩壺腰脚健不須人扶

陶公不愛八州督跌宕花前謝羈束對花環坐笑戶開
佳辰願得長追陪平堦一片苔䄄展坐久濃香衣上滿
歸途逸興猶飛騰更向別寺尋詩僧腥臊膩鼎莫相近
最好齋厨飯蔬笋柳梢風急啼晚鴉歸燕入戶銜飛花
談深不覺斜陽暝幾杵疎疎佛樓磬約題新句贈皎然
愧我凡想難通禪

仲夏李滄雲京兆招同莫韻亭宗伯法梧門學士
李墨莊主事集少摩山室觀朱野雲王春波摹
漢唐宋名賢遺像分韵得我字

夏始訪藥欄餘花尚婀娜深蘭節已過照眼愛榴火朝
烟淡不收深院綠陰鎖湘簾四面垂曲室似舟舸不知
門外塵十丈苦揚簸京兆發興新招客喜盈坐學士度
委蛇退食自青瑣携來羣賢像秘殿窺馺娑翩然古衣
冠凝自天上墮勲名光宙合文章亦巍峩落落數詩人
遭際悲坎坷漂零謫夜郎老瘦嘲飯顆當日坐詩窮出
處與時左至今共瞻拜山斗見英荷王朱畫通靈解衣
盤礴贏遊神結冥想塡輪入細㣲墨成深動容四座戶
俱嗟高會聯古今齊契忘爾我後庭尚廣庭珍肴雜瓜
果逸空送凉颸奇雲湧千朶文史相嬉娛跌宕無不可
侍郎詩先成獄力排帖妥謫仙氣清雄高談誇炙輠我

纔持一鏃詎敢直霜笴躭吟餘結習望古意猶頗風雲
寧有分志業久踈惰蹉跎泥塗中吾甘守吾跛

觀津祈雨歌爲家米人司馬作

長空杲杲圓曜羅炎烟赤焰相噓呵肥蟲前導女魃走
百色妖露形委蛇田疇焦灼龜兆坼不但無麥將無禾
長官憂勞廢寢飯慘若在已嬰沉疴爲民請命叩天泣
額塌沙土交滂沱黃冠老農挾奇術海神山鬼能撝訶
感君精誠代君禱規壇積几高嵳峩天龍八部按方位
靈符秘籙盤朱窠元旗十丈卓空立侲童擊鼓如鳴鼉
潛虬拗怒拔湫底雨工矯步驅雲過奔霆拍格雷破硠
淋漓駭雨翻天河沾濡旱塊變膏壤蕩滌沴氣揚恩波
不嫌泥土濺衣屨壇前萬衆肩相摩豆田出角穀垂穎
高低一綠連陂陀歸家相喚飯黃犢南阡北陌皆烟簑
老農莫但誇爾力豈知善政回天和吾宗世德傳治譜
臨民清靜蠲煩苛精心自能致黑蜧下籍何勞刑白鵞
天關咫尺感斯應由來神貺無偏頗願以長生報束皙
樂哉四野扶犁歌

題恩元主人風雨紀遊橫卷

晚風吹皺湖波細湖干六月先秋意一片空明蕩倒光
琉璃萬頃疑無地主人愛此林塘幽適興到處成佳遊

亭亭千柄藕花放花光紅上湖心樓高榆古柳蔭巖曲
無數涼蟬噪淒綠時有溪翁把釣來三兩閒鳧立漁屋
須臾日落波痕搖忽鬭蘋末風蕭騷森森銀竹界空直
雨脚已到東湖梢電光礮礰倏明晦跨空人立長虹背
海藏愁隨猛雨翻雷車欲碾奇雲碎窞林縹黑烟冥冥
掉臂似有楓人行風聲喧豗雨聲雜暗中飽嗅蛟龍腥
縱橫流潦歸途失信步不妨泥沒膝宛在江湖浩蕩間
此時意氣偏豪逸南皮銷暑乘朱輪梁園賦雪開華樽
何時放眼就閒曠偉觀眞足搖心魂興酣落筆出雄快
四壁波濤助澎湃想見豪端走百靈蒼茫遠思來天外

主人冒雨歸燈下作記極工

壬戌五月都門諸君子以余與法梧門學士賀虛齋侍御祁鶴皋郎中謝薌泉儀部俱以是年五十初度合觴於正乙祠雅歌引和談讌竟日薌泉詩先成卽次其韻

學道求謏聞屬文愛奇字本非磊落人自知無遠志晨夕手一編覃思役神智徒作穴書蟫終愧籥雲驥立言為下列下列豈易致張平子語五十竟無聞掩卷空垂淚作吏乘一障盤錯困根節花門弄戈鋋連山見積雪重闉七日火利劍三尺血蹈危耻蓄縮望古想徽烈微軀幸得全薄宦甘守拙推遷任大化餘生且怡悅歲月易銷磨尺捶日取半晚學苦善忘散錢不受貫已驚駒過隙況復鷄失旦惟思就魚麥抽帆傍江岸羣公具觴酌好我回英盻自慚草木年碌碌何足筭孤生感知已風義夙所敦海內數英彥今日同淸尊槐榆與橘柚氣合皆弟昆玉盤冰比潔團扇風揚仁流連文字飲中有古道存洗盞迭為壽滿酌玻璃春

長夏讀墨莊師竹齋集適以和薌泉詩見示卽次前韻題後

眞惟寫性靈妙不關文字白豈蓬蒿人甫有江海志詎屑雕冰脂劌心矜小智百鷙見一鶚千里識一驥大雅信不羣事外有遠致千秋名山業廿載寒檠淚

我愛孤生竹磊砢抱奇節秀色含春烟貞標傲秋雪帝子綠雲間斑斑灑淸血騷人處幽篁慷慨思古烈君詩師其意遠俗葆吾拙肯作桃李顏妍華取時悅長風吹雲飄海水立天半讀君星槎集異采若虹貫魂魄魚龍氣光采變昏旦恍惚談瀛洲方壺連赤岸島夷迎使節嘉禮成顧盻忠信履波濤胸固有成筭識君余恨晚交誼應倍敦文章雖小技有本體自尊暇日相過從怡怡如弟昆借襏奇賈逵聯袂偕孟仁故交

半零落眞賞今誰存莫將碧海鯨輕比蘭苕春

雨聲四首和墨莊韻

伏暑闌珊雨易成黃昏淅瀝四檐聲初疑瓦鼎茶初沸
旋訝松窻紙忽鳴點滴似酬吟斷續低迷不放夢分明
跳珠戛玉清如許無限秋心靜處生

瞑烟如霧罨疎簾拂地銀河卷暮潮楚女雲蹤歸緩緩
吳娘水調唱瀟瀟緣知菜甲侵尋長紅惜蓮房歷亂飄
記否江南腸斷句夜船吹篷驛邊橋

未秋先已怯涼颸獨背殘燈有所思作客最憐孤店夜
懷人長記對床時預愁潦集街泥滑斗覺風沉漏鼓遲

彷彿故山泉韻好鄉心根觸更誰知

林梢冷翠滴空庭偏是愁人耳倍靈彈指年光悲落木
關心身事感流萍哀音乍歇漁陽摻幽恨猶傳劍閣鈴
何似滄江歸臥穩高荷大芋等閒聽

彭四愛園出示馬湘蘭小印上刻浮生半日閒五字旁有欵識爲董香光藍田叔諸公社集西湖席間何雪漁爲湘蘭作也羅兩峯山人繪爲橫卷余友王秋塍宰睢陽時招集同人爲銷寒會卽以此題分韻得詩八首秋塍書於卷尾茲與愛園話舊而兩峯秋塍下世久矣因作長句以志感云

洪都先生好事者摩挲片石千金價拈毫爲賦斷腸詩
續紙更題生色畫昔年社集醉娉婷翠袖朱家夙擅名
當筵能事殷勤錄風語華言百媚生衆中何遜多才藝
紅鈐小篆爲卿製悟得浮生半日閒尊前領取追歡意
明湖高會散如雲石不能言亦愴神幾度塵寰經浩刼
不隨豔骨葬秋墳水濱拾得蛟螭鈕乞錢換酒逢漁叟
未斷三生文字緣逡巡又落詩人手團爐雪苑記銷寒
一坐賓朋着意看吟到魂消心欲死淋漓蠟淚滿銅槃
王郎好句眞癡絕欲喚雙鬟來坐側長恨花無解語時

空吟酒是銷愁物酒是消愁物能消幾箇時湘蘭句也羅含妙手費追摹
蘭槳春風蕩錦湖畫裏雲波名士國鏡中金粉麗人圖
年華過眼如流電空說梁園盛文讌飄泊憐君已白頭
燕臺握手重相見西窻剪燭把深卮嘆逝傷離又一時
隣巷有人吹短笛夜臺無鬼唱新詩蠹粉蛛絲搜廢篋
不禁老淚同沾臆敗楮猶存大令書斷縑好認山人筆
山河滿目酒壚遙零落詩魂不可招彈指舊遊容易散
底須惆悵話前朝

題陳三石士太乙舟初稿後卽送其省覲歸新城

西風蕭槭長安葉旅鴈南飛雲帖帖短燭青熒照眼明

虛堂人靜繙瓊笈瓊笈蠶眠小字書凌霞才思彩毫攄翩翩標格陳驚座壯歲聲華冠石渠西堂文讌賓朋盛騷壇我亦心期訂斑管拈來豔雪飛蠻牋擘處奇花映常時下直掩元關巷指青楊數往還情話三更頻翦燭佳遊九日共看山衆中嘆絕君才健千言落紙風雲變得句能翻鸚鵡洲擒辭合上麒麟殿爲說歸期竟有期還家喜着老萊衣林中竹筍寒猶美江上鱸魚冬更肥把君詩卷神纔王小別因君復惆悵愧我鄉園未得歸白雲子舍勞西望城頭鳴咽角聲多獨夜爲君擊節歌萬點秋星明欲墮商聲吹過小黃河

題葉仁甫太史集後

蘭苕茁湘浦郁烈揚芳蕤鸑鷟巢丹山毛色何瑰奇太史繼家學弟昆自相師孝緯負奇才競爽威與儀塤篪有眞賞三筆竝六詩騷壇諸鉅公月旦無異辭風骨秀戌削文采光陸離天然謝雕飾信手雲霞摛險語入元窅英辯窮神錐落筆中書堂璺海翻蛟螭蕁常娟學子詎敢捩眼窺羌余抱吟癖兀兀成詩癡一編喜入手如獲玽玗珙京宵燈似雪快讀忘饑疲商風林端來雜沓萬馬馳慷慨擊唾壺高吟欲和之元子擬越石自愧聲猶雌

樊學齋小集

仲秋風日佳山明洗新黛嘉招值休暇梁苑名流會拂塵坐青霞滌煩漱甘瀣激水入平池碧影蕩雲碎微雨時作聲凉煙有餘態壓檐珍果繁窺牖孤花在晚吹冷然來容林送虛籟何必絲竹音興寄松石外傳觴晷苛禮元言靜相對挾瑟愧未工偶影隨朋輩聊陳擊轅唱庶以酬賞愛

睎陽樓小集

層樓面遠山寒翠入牎牖晴空卷纖雲初陽滿高柳樓前種脩竹欞欒可盈畝烟華潤琴硯重碧照樽酒激水

作飛流青瑤遶階走細響赴平池宛轉珠曲九逵人忘勢分眷容情彌厚詩情托魚鳥畫意寄林藪淸言契眞賞不覺流連久愧無作賦才授簡隨杖叟

九日極樂寺晚歸

遙指晴空鴈一行流光彈指度重陽淸曹休暇恣搜句俊侶招攜快舉觴山徑亂飛紅葉晚寺門深鎖碧雲凉行行片月隨雙屐興劇不知歸路長

惆悵

惆悵蜂雄蛺蝶雌一生難懺是情癡蕭疎碧樹驚寒早掩冉青燈約夢遲花底心盟眉解語鏡中愁緒鬢先知

柳枝東去無消息腸斷燕臺七字詩

歲晚有懷

晏歲忽崢嶸遣愁時獨行遠烟沉暝色老樹聚寒聲客況青氈破鄉思白髮生故人高臥穩燈火掩柴荆

壬戌臘月十八日余五十生朝先一日梧門先生以詩見贈依韻奉答

甕居依白社舊侶隔青樽歸舍童先報携詩客欵門故人情繾綣妙語氣清溫把向晴簷讀春光滿竹軒

五十倏焉至蹉跎愧友朋浮生無藉在斜景任飛騰傳世談何易還山夢屢曾敦槃隨大國邾莒敢爭承

上日綺筵開歌場數舉杯先生覽揆正月十七日今夏同人舉五十合讌雨集于正乙祠齊年異乘竊勝集喜追陪蓬島看重躡先生晉秩學士蒼華莫暗催甲辰雌已定甘自溷塵埃

洗盞傾佳醞開襟對俊人庭梅珠的皪山雪玉嶙峋艮會原關福高歌信有神彩豪千氣象共迓歲華新

讀劉松嵐同年詩集題後

劉郎負奇氣落落文字豪精芒炯寒星猛勢翻秋濤平生仗俠風義敦同袍眞心貫經史苦語躭詩騷當官任眞意蕭然解天弢法令躅苛煩擬置千牛毛了無浮競情高寄忘塵勞祇餘吟思深抽若獨繭繅晴空孤鶴唳霜夜幽蟲號劍澁古光永琴枯急絃高但博知者嘆不受俗論褒翦燈讀君詩老屋風颼颼冰雪阻千山東望心鬱陶何時豁離抱共酌玉色醪

和祝仁泉移居詩

青城坐擁古香酣解帶留賓縱劇談殘帙儘教堆硯北斜陽容易過窗南清歡擬約寒銷九小住無煩徑闢三自有高名動寥廓杜欽官冗亦何慚

一榻棲塵斗室寬虀鹽隨分足盤餐裝輕轉覺移家易詩好還愁索米難冰雪長途親舍遠江湖小隱舊巢安落然寒事同飄寄惆悵天涯歲又殘

雙鸞鏡歌同陳雲伯作

玉水金煙煉圓魄寶奩一片寒潭色琢花刻葉紛玲瓏雙鸞宛頸玻璃宮峻祈山畔分飛苦對影驚啼不成舞願入團圓苦背銅單棲肯上相思樹碧城樓閣倚女牀水晶盤迴含清霜颼颼紅尾拂空去萬里銀雲融冷光五絲帶綰蕤結珍重繡囊雙綺翼祇應留贈比肩人巧畫彎蛾學春碧

祭硯歌爲朱野雲賦

紅爐照室夜未午留客開筵陳酒脯吾曹本以硯爲田擊鼓吹笙迓田祖堂中高坐離石侯四圍羅列皆琳球

歎雲泄霧眞笮泣寶光上燭青幽幽先生畫妙入神品癖嗜烟霞同食飲摩挲古硯硯亦神元氣淋漓蒸墨瀋霜縑百匹筆底供歲收詎止畝一鍾詞源浸灌文露潤此田饒沃年常豐詩人祭詩有成例藏書家設長恩祀辛苦相隨不報功石交何事翻疎棄先生手侑酒一觴衆賓再拜前致辭願得人生如汝壽年年花下揮金卮靑花斑駁犀紋膩鸜眼臨風似含睇射覆藏鉤四座喧石不能言偏嫵媚我生百事無一能窮年兀兀惟目眣相於最憶龍鬚友配食先應進管城

芙蓉山館詞稿卷一

金匱楊芳燦蓉裳

應天長

半簾花影西風颭冷逼鳳燈孤燄閃移粧檻鋪文簟十二雕櫳和月掩　離愁濃似釀宮樣雙蛾長斂檀枕夢醒回粉臉淚珠三四點

卜算子

稜稜畫屧精窅窅湘裙衩一寸秋波不耐嬌彈淚秋千下　錦字十三行半摺鸞箋新砑鸚鵡無情也解愁學說相思話

小重山

一桁珠簾小綺疏斷腸人未睡鳳衾孤香篆錦字淚模糊青奩掩怕檢寄來書　懊惱夜牕虛沉檀然一瓣博山爐尖風料峭襲羅襦銀燈𤈦微雨雁飛初

摸魚兒　落葉

碾霜輪夜來青女丹黃染徧高嶺倡條冶葉東西陌前度繁華誰省呼小艇看半樹斜陽渡口寒烟暝蕭疎曲徑正鴉舅呼風蟲娘泣雨譜出晚秋景　闌情處憶起征夫薄倖天涯飄泊無定綠窗一夜風如剪碎覆玉階金井梨夢冷又一片敲窗淡月輕烟影幽懷銷凝是王

子與悲蕭郎抱恨和泪寫秋興

定風波

初試蘭湯小簟凉淡黃衫子藕絲裳一點銀蟾窺鬢影人靜膽瓶秋水玉簪香 記得畫堂南畔路重去菱絲鎖斷紫桐廊獨背金屏私自語無緒戲拈蓮子打鴛鴦

更漏子

御鸞釵熏翠被深院夜寒如水挑窗掩畫屏空簡人愁思濃 篆香重銀液凍醞造一牀愁夢籠片墜月華低早鴉烟外啼

眞珠簾

芙蓉山館詞稿　卷一　二

蘭幃翠被成虛設下瓊樓冷浸循堦羅襪龍篆慵添背立淚珠盈睫馬邑狼河三萬里早半年魚沉雁沒悲咽正凭高望遠愁深夜闌 惱煞陽關邊隔勸歸人願化子規啼血無語掩雲屏看鳳燈明滅欲解相思惟有夢奈夢醒相思更切愁絕是桂露吹香一庭凉月

水龍吟 八月十九夜倚水閣聞歌有感

凉波一片空明飄來露脚如烟細沙鷗撲漉草蛩叨絮攙入無寐獨凭危欄紫簫衫薄夜凉如水正嫦娥嬌嬾裝成半面徐徐被雲扶起 忽聽歌聲搖曳想高樓有人偷倚香咽珠宇玲瓏一串紅紅難記已是他鄉那堪消受者般情味看絲窗深處雙條絳蠟也飄秋泪

憶江南 上巳日金陵驛舍偶成

重三日憶在秣陵過象管牙籤名士國畫船蘭槳美人波樂事一春多

前調

重三日憶得住蘇臺度曲西樓珠箔捲朵香南浦錦帆廻鶯燕不相猜

前調

重三日憶在魏塘時同訪梅花高士墖錢郎山裘風調陸郎文翩詩高會傲羲之

芙蓉山館詞稿　卷一　三

前調

重三日佳麗憶維揚芍徑開尋羅襪印風亭忙趁翠鈿香年少足清狂

前調

重三日憶得在毘陵溪女裙裾初按茜酒家簾幙半搖青盡日醉還醒

前調

重三日游冶憶家鄉十里鶯花新繡幛六朝烟雨舊繡塘往事費思量

前調

重三日今歲宿榆中邊徼風塵三月暮關樓燈火一星紅獨夜嘆飄蓬

菩薩蠻

譙樓撾鼓聲聲徹小窗初上迷離月獨自剪秋鐙畫屏山幾層　夜涼衾半擁顛倒江南夢心事倩誰傳此間無杜鵑

漁家傲

梔子街頭騎細馬重樓十二珠簾掛記得那年寒食夜攜手仨小桃花底人如畫　無奈而今歡意謝華年去似流波瀉禪榻鬢絲憔悴也春夢假樊川惆悵三生話

芙蓉山館詞稿　卷一　四

臨江仙

隱隱簾紋似水濛濛雨氣如秋懷家有客數更籌經年人悵望兩地信沉浮　遠夢空尋菊逕隻身猶滯蘭州那堪點滴上心頭伴吟無酒盞照淚有燈篝

浣溪紗

初試生衣怯下牀小鬟拂鏡促朝粧露桃紅影上銀牆　曲院春寒螺黛斂重幃風細麝烟長夜來好夢費思量

踏莎行

待月修眉看雲擁髻內家梳掠天然媚粧成無語對東風春愁脉脉人憔悴　鳳局長拋獸鐶深閉玉壺空貯盈盈淚香箋一摺寫還休無人會得相思意

虞美人

隴頭流水關山月書劍飄零客天涯何事苦淹留轉眼濃春過了又涼秋　連宵夢繞蓉湖曲夢裏家山繞南飛心事有誰知獨倚銀箏偷譜鷓鴣詞

蝶戀花

幾日腰圍憔悴損春絮秋雲不盡天涯恨莫怪雙魚稀遠信君家去住先無準　獨擁羅衾眠未穩半夜涼生地與黃河近殘月滿窗燈欲暈夢長夢短憑誰問

芙蓉山館詞稿　卷一　五

前調

小院涼生簾半揭羅幙如烟一點明蟾入浴罷凭欄雲鬢側輕紈掩映芙蓉雪　誰傍花陰調鈿笛觸起柔腸多少愁根節銀漢迢迢蘭信隔露華和淚吹衣濕

臨江仙

一自遊驄花外去經年久絕音塵空箱疊損嬭金裙鏡鸞羞獨照衾麝惜餘熏　碧海青天人悵望斷腸最是黃昏紅箋小字寫迴文淚絲山枕雨夢影瑣窗雲

搗練子

香穗落蠟烟收曉日花光紅上樓春夢猶濃人嬾不起任

他鷓鴣喚梳頭

虞美人

四條紅子龍香柄 紅燭幢幢影 當筵催賜錦纏頭 小隊霓裳都解按涼州 夜闌漸覺聲凄促 不是江南曲 離人聽罷轉無聊 憶着吳娘暮雨唱蕭蕭

生查子

微紅頰暈生 淺綠眉痕逗 侍女約簾鈎 繡閣妝成後 細步下香堦 慢卷宮羅袖 折得小桃花 背立東風瘦

前調

明妝一面新 曉鏡人如畫 蓮瓣小鞵弓 杏子長裙衩

芙蓉山館詞稿 卷一 六

眉語故撩人 悄立花陰下 紅豆擲鸚哥 教把檀郎罵

女冠子

多生慧業 憶在蕊珠宮闕 玉臺前 明鏡圓規月 輕羅澹卷烟 機中挑錦字 花底語香絃 無限關心事 惜華年

謁金門

更漏轉 獨夜最難消遣 惆悵意中人不見 銀河清且淺 隱隱簾波斜卷 曲曲屏山不展 露濕秋星三四點 熒熒如淚眼

眼兒媚

夜深人靜客思家 漏鼓已三撾 倚闌凝眺 銀河隱隱 珠斗斜斜 年來飄泊心情減 暗裏惜韶華 天涯淪落 自然腸斷 不爲琵琶

江城子

秋來長是怨飄零 夢初醒 酒初醒 記得臨岐 別語漫丁寧 不道又成經歲隔 音信杳 若爲情 沾泥弱絮點波萍 去難憑 住難憑 數徧天涯 七十五長亭 憔悴不堪頻望遠 愁滿眼 隴山青

浪淘沙

飛字畫闌前 眉月初弦 夜明簾捲 已涼天 無數寒螿啼露草 一院秋烟 無語嚲檀肩 瘦影堪憐 紅絲小硯衍

芙蓉山館詞稿 卷一 七

波牋 喜字書成三十六 寄向誰邊

南鄉子

人在古蘭州 聽盡黃河曉夜流 記得當年逢此夕 驚秋 這度秋來愁更愁 年事去難留 百轉千回憶舊遊 爲問關山今夜月 如鈎 偏照誰家乞巧樓

蝶戀花

記否西湖湖水漲 千柄風荷 紅影爭搖蕩 消夏灣頭停兩槳 新詞付與玲瓏唱 久客不須頻悵望 料得年來風月應無恙 一葉扁舟烟水上 他時容我長蕭放

唐多令

一抹夜雲停。適空過雨，青晚涼時。翠戶初扃，簾外彎彎眉樣月，偏照見影伶俜。荷氣滿池亭。輕紈撲小螢。悵年華容易飄零。屈指蘭期初七，近風露，下盼雙星。

小重山

歸夢依稀認綠蘿。醒來仍悵望，隔關河。涼颸槭槭撼庭柯。挑燈坐，百感入秋多。　一劍十年磨。壯心銷未盡，愧蹉跎。阿誰微夜按清歌。短篇為我高唱，定風波。

點絳唇

顑頷風塵，而今眞悔當時錯。故山猿鶴。憶我長飄泊。　涼月多情，故故窺羅幙。燈花落。聽殘秋柝。客睡何曾着。

太常引　七夕

明星兩兩鵲橋邊。銀漢水濺濺。一夜有情天。訴不盡相思隔年。　人間此夜，傷離惜別，對景轉淒然。月姊悵孤眠。也半破、冰輪未圓。

卜算子

雲陰傍綺櫳，月影窺珠箔。惜月嫌雲獨夜長，凝恨凭粧閣。　月似妾心明，雲似君情薄。一片雲從何處飛，月向花梢落。

鷓鴣天　過瓦亭驛舍，見有海陽司馬題壁詩，戲題其後

一夜郵亭夢乍醒。使君無奈是多情。却愁春色皆塵土，多恐花叢誤燕鶯。　呼小玉，問雲英。舊時儂亦負狂名。而今夢冷秦樓月，不是心空是眼明。

好事近　過郴州

紅稻倚斜曛，歷歷數家茅舍。霜棗壓枝低亞，任兒童撲打。　行人駐馬古原頭，極目眺平野。風物天然入畫，憶周詩豳雅。

高陽臺　過永壽驛舍，見顧元樓前歲題壁詩，填此寄懷

鴉點催寒，雁聲送暝，驛亭小駐行鞭。班剝梅灰，短牆多少詩篇。虎頭畢竟風流絕，寫吟懷、曉月霜天。最愁予，剪燭題襟，觸緒前緣。　羨君宦海抽帆早，趁五湖春水，歸

買漁船。畫卷詩筒，蕭齋坐穩青氊。倦遊笑我征衫破，向風塵、拋擲華年。寄相思，渺渺吳關，鄉路三千。

齊天樂　至郴郡驛，始聞有蟋蟀聲，感賦

秋來偏愛秋聲好，牆陰暗螢無數。廢苑池亭，小窗燈火，記得舊曾聽處。伊涼羈旅。悵露草烟莎，寂寥如許。獨把殘編，苦吟徹曉更無侶。　今宵暮投孤館，忽淒淒切切，似聞鄉語。帶露如啼，臨風轉咽，斷續幺弦危柱。豳詩記取。是八月時光，薄寒庭宇。譜入新詞，倩予應和女。

浣溪沙　咸陽道中，夾道皆蘆葦，因憶水鄉風物，漫賦此闋

秋水蒹葭入畫圖。暝烟搖曳雪疎疎。伊人天末渺愁予。

寒渚鷗波千頃碧夜船漁火一星孤教人那不憶蓉
湖

百字令 青門旅邸中秋

遥天一碧夜雲收滿院明蟾似水恰好征衫塵乍拂小
憩青門行李驚鵲辭枝暗蛩扶戶深巷砧聲起閒庭徙
倚滿襟何限秋思　最憶堂上慈親燈前兒女更倚前
兄弟此夜京華添悵望也念秦關遊子草草杯盤迢迢
鐘漏酒醒難成寐方諸一片絲絲只隨清淚

浣溪沙 灞橋

灞水去濺濺幽咽離絃夕陽虹影卧波圓垂柳也應知
有恨憔悴秋烟　記得短亭前曾駐吟鞭舊遊回首轉
淒然別緒縱橫詩思減不似當年

臨江仙 邵平店

寂寞東陵人去久空餘衰草平沙西風吹盡古豪華夕
陽高柳外莫是故侯家　自笑風塵遊倦客頻年飄泊
天涯何時歸去話桑麻數弓誅隙地帶雨自鋤瓜

少年遊

嗚嗚畫角響譙門暝色四山昏返照明餘殘霞消後霜
葉醉寒雲　解鞍草草投孤館獨夜更消魂幾陣西風
一聲南雁行客最先聞

百字令 過班定遠墓

蘭臺著作讓阿兄獨步甘心投筆別有奇功垂史冊伯
仲居然雙絕遠度龍荒窮探虎穴不負封侯骨儁諸稱
孫小儒何處生活　當日絕塞留屯孤軍制勝拓地通
疏勒萬里功名真唾手依舊玉關生入故國魂歸高原
塚在三尺麒麟碣我來憑弔英風猶振林樾

洞仙歌 渭南道中賦紅葉

秦關東去愛秋光明瑟爽路楓林巧相接正斜陽一抹
掩映遥山明鏡裏彷彿黛眉脂頰　白雲深處好石徑
停車小杜吟懷最清絕更囑有情人寫徧相思冰綃上
淚痕輕裹只連夜商飈太匆匆怕七尺珊瑚碎飛紅雪

摸魚兒 家岑過興平有弔貴妃墓詞因和之

是耶非人間天上一抔埋恨荒土蛾眉訣絕須臾事此
地六軍曾駐君看取剩滿地苔錢淚洒胭脂雨延秋古
路悵凝露香銷翦霜紅葬寂寞佛堂樹　傷心處零落
霓裳小部千秋絕調誰譜一般解脫龍華劫不及雪衣
鸚鵡真淚語渾不信玉真自返蓬山去香盟已負縱拔
地生天慧因重證此恨也難補

芙蓉山館詞稿卷二

金匱楊芳燦蓉裳

水龍吟 登華嶽

飛雲截斷巖腰三峯秀色空中落凭高遠眺極天一碧
盪胸驚魄玉女虛無明星縹緲蓮華綽約怪金精凝結
恁般孤峭畢竟是誰鑱削 聞道上通寥廓問青天恨
無奇作予平高致少文豪興青縢芒屩擾擾匆匆山靈
笑我未離塵縛待他年事了高尋白帝要驂鸞鶴

蝶戀花

短景殘秋天易暮函谷關頭百折崎嶇路數點亂鴉歸

獨樹蒼涼古道無人語 一曲勞歌隨意譜鳳泊鸞飄
懷抱憑誰訴寒色滿天霜月午清輝照徹離情苦

夜行船 題磁中驛壁示蕿堂

一帶霜林明似繡澹斜陽短長亭堠馬上詩情雁邊鄉
思客裏過重九 且覓歡場開笑口青帘畔共君呼酒
為說東籬黃花念我應比年時瘦

滿庭芳 題土壕驛壁

石徑縈紆烟林蒙密驅車更陟重岡山名熊耳路卻似
羊腸萬疊暮雲凝碧凭高望何處江鄉秋將老楓凋菊
悴昨日已重陽 流光彈指頃百年身世知為誰忙又

匆匆度隴草草遊梁詞賦平生蕭瑟關山路寫盡淒涼
西風裏背人飛去新雁一行行

千秋歲 過澠池弔藺相如

凌雲風概慕藺應吾輩睨柱日詞慷慨連城曾見許息
壤今何在君莫訝臣頭與璧拚俱碎 更憶澠池會玉
劍交珠敦趙瑟罷秦聲賽一朝驕氣折千古英風快人
不見我來澆酒霜天外

謁金門

看不得一派洛陽秋色堤畔蕭蕭衰柳葉西風如許急
目斷寥天凝碧征雁暮飛無力又是誰家吹玉笛滿

庭霜月白

摸魚兒 渡洛水

澹盈盈洛濱流水秋風吹盡蘭杜宓妃綽約無人見才
子空留詞賦雙槳佇曾悵望凌波羅襪纖纖步明珠翠
羽只幻影難留靈風易颺倏忽綵雲去 空中語認作
感甄原誤君王自感遭遇蕭樓甲乙無憑準闌入高唐
神女幽思苦分明是轉蓬煮豆悲難訴低徊顧慕也抵
得三閭江潭澤畔一種斷腸句

錦堂春 新正二日次清風店題壁

樓角初融晴雪簾旌低襯明霞佳遊彷彿章臺路細馬

王褪斜　小艷疎香時候嬌歌脆管人家東風從此須
珍惜二十四番花

定風波　道中見新月

側側輕寒夜漏分纖纖月影碧籠雲逗出春光剛一綫
初見如塵似夢最銷魂　看到團欒知有待無奈清輝
偏照別離人纔把閒愁拋撇去凝竚鏡中眉樣又逢君

金縷曲　新正四日偕蕊裳次欒城是日蕊裳生日軟塤此闋爲壽

驟白髮君酌記生初斗杓箕舌畢辰碧落自是命宮磨
蝎在百事總多盤錯作計恨輕拋雲壑入手年華難把
玩問人生那得長漂泊商去住話今昨　風塵笑我功

芙蓉山館詞稿　卷二　三

名薄更憐君一囊索米枕書芸閣同作天涯憔悴客漫
說腰纏騎鶴但願得歸耕如約下瀨百弓牛十具想山
靈許我心先諾鄉夢斷醉懷愕

齊天樂　鈴聲

耳鳴不是聞鞞鐸鈴聲晚來淒警古堠烟寒空槽月落
一片宮商相應清圓入聽更似怨如愁助人銷凝夜雨
唐宮千年恨事劫灰冷　花鈿舊遊堪憶綰風絨索動
香夢初醒鸚毋簾前猧兒帳底不是者般情景千廻記
省閒飄蓦行蹤甚時方定伴我心旌共搖春夜永

前調　拆聲

是誰散打蝦蟆鼓聲聲恰環隣屋逗破黃昏敲殘白曉
不管離人眼熟跳珠撒菽似玉虎牽絲桐魚呼粥記否
當場箏琶滚偏六州曲　嚴城會伴刁斗正邊烽夜警
綠響相續舊事心驚長途耳倦孤枕那禁恨觸更闌轉
促又攙入寒雞數聲咿喔催殘燈花背人紅皺皺

摸魚子　過邯鄲偶成

兩茫茫神仙富貴邯鄲古道行客酒邊却話才人恨零
落好春堪惜薄命妾休悵望鈿車夢斷瓊樓月老華一
闋記當日叢臺妖謌嫚舞轉眼也消歇　人何處謾道
上清淪謫蕊珠依舊宮闕年華最怕經風雨多少粉魔

芙蓉山館詞稿　卷二　四

香劫尋解脫除非問靑羲枕裏丹砂訣情腸尙熱便金
屋藏卿雲臺着我還是夢中說

臨江仙　人日道中

屈指春來才七日行人去去何之別離不慣苦相思倩
誰簪綵勝爲我把金巵　雁後歸期全未穩吟情也比
花遲江南消息早梅知疎香官閣夢冷落草堂詩

祝英臺近　渡漳水

蕩晴雲流曉月綠影渺無際橋斷虹腰匆匆阻征騎欒
鞭指點斜陽英雄何處怎烟景蒼涼如此　黯凝眸惆
悵銅雀高飛無人識遺址斷瓦零星也沒魏宮字只餘

一掬春波盈盈東注，是多少望陵八淚。

滿江紅 過湯陰謁岳忠武祠敬和原韻

突兀祠行到此征人小歇下馬拜森然魄動英風猶烈怒髮悲歌蕭瑟雨驚心噩夢朦朧月記當年松竹盼家山關情切 獄已具冤旋雪身縱死名難滅只可憐無補金甌殘缺故國千年遼鶴怨全家百口巴鵑血望東京咫尺好歸魂依陵闕

漢宮春 旅舍見迎春一樹花甚爛慢因成此闋

除却江梅算春風消息伊最先知蕭疏籬根石角見雨三枝宮羅幾叠怯朝寒纖瘦難支依稀似玉人梔貌懨

懨小病闌時 香國何人試巧怪輕匀蜂額細剪鸞衣風流未輸弱柳金縷低垂初三淡月逗微光偷照幽姿憑寄語東君着意莫教擔悞花期

采桑子 試燈夜旅次延津雜憶

新正未破匆匆去遠夢迷離舊事依稀傷別傷春一種癡 無情却怨天邊月才見如眉又早如規只照行人向路歧

前調

風光最憶家山好簾卷璇題麝散羅衣五夜闌燈艷九微 踏歌歸去三更後燭影星稀月影雲迷猶有香塵逐馬飛

前調

當年漫賦銀花合雅謔微詞心跡相知只有風流顧愷之 春明無分重攜手燕雁差池去早來遲迢遞雲波隔夢思

前調 懷顧立方

少年曾住長千曲愛客袁絲東閣開時擊賞吳儂五字詩 隨園燈火明如晝滿樹參差葉葉枝枝千點繁星照曲池

前調 懷簡齋師

佳遊會踏蘇臺月南院吹簫北里彈絲香炧燈昏醉不辭 狂朋俊侶皆零落花底紅兒曲裏楊枝留得芳情更泥誰

前調

雨同官閣傳柑夜催譜香詞教和新詩記共泉明把酒卮 關雲隴樹遥相望良會何時別緒如絲腸斷清宵笛一枝

前調 懷陶午莊

鳳城人盼團圞月漫卷羅幃香霧清輝坐轉冰輪夜漏遲 別來又是逢佳節消黯誰知兒女嬌癡無奈荷娘

與裳師

前調

今宵人向延津佳月影來鏡皎潔如斯我欲停杯一問
之珠光寶氣寒相射兔魄圓虧龍劍雄雌玉宇澄澄
別樣姿

前調

夢華記讀東京錄樓上花枝道上蛾兒樂事教人展轉
思今年定許儂親見簫鼓康時鶯燕良期杜牧尋春
到未遲

前調

芙蓉山館詞稿　卷二　七

賓朋況是梁園盛宮體徐摛小賦卭遲風雅於今有主
持相如未至逢高會授簡休辭脆竹嬌絲佳話流傳
又一時

蝶戀花　儀門阻雨

滑滑春泥朝雨罷小阜雙輪人住旗亭下一抹淡烟青
欲化乳鳩還把輕陰駡韶景拋人彈指任柳惜殘春
槐自迎初夏爲問晴光如可借丙丁帖子催教畫

風流子　溫泉貫如池有元人詞因倚荔裳倚聲和之

華清湯十八傾城客遊幸春君歡正茂蕊香濃平池水
暖海棠夢醒小苑春寒誰會見擁髻雲委墜解佩玉闌

珊翠瀲輕搖才融豔雪珠鱗微動恰映明玕恩波容
易冷靈源在不與恨海同乾可有唾華留碧脂暈凝斑
恨人去人來空詩繡嶺花開花落何處逢山多少古今
情淚添作愁瀾

金縷曲　咸陽留別家賁山

惜別情無那聽郵亭荒雞唱醒月沉星大一道渭流明
木末四面秦山烟鎖且立馬咸陽原左露脚絲絲吹容
淚伴銅仙鉛水隨風隕征衫上萬行流關心往事匆
匆過最難忘危城夜警共看烽火此度別君非得已我
亦風塵摧挫悵越鳥南枝難妥行矣天涯淪落慣問名

芙蓉山館詞稿　卷二　八

山有約何時果吟苦調待君和

洞仙歌　有贈

趁時梳裹恰明妝玉潤花朶盈盈歷危鬟更橫波厓利
巧步尖纖誰得似一種可人風韻綵雲行不得箔囀
音高羯鼓勻圓四絃緊哀偏小涼州淺立筵前又軟語
流鶯聲近長記得相逢踏青時看細馬春衫倍憐輕俊

前調

幾番邂逅信十分閑雅不是矜持見時任看銀泥裙褶
金屑檀槽貪顧曲不覺酒闌燈炧也應憐宋玉月久
霞朝爲爾腰圍瘦損把秀色遠山橫好倩丹青寫鬟影

春風圖譜算標格眞應伴才人坐翠竹叢邊玉梅花下

前調

阿環嬌麗正穠粧却扇半彈叢鬟貼金鈿恍羅浮鳳子五色翩䙰雙垂手三叠霓裳拍徧　有緣連榻坐對話江南吳語關心最清軟一曲紫雲迴賞殺嬌喉紅䙰上明璣鋪滿更別有風流繫人思聽冷雨幽窗恁般凄怨

前調

天然點艶是薰香佳俠放誕卿還用卿法正落梅粧罷墮馬梳成（用詩陽孫壽事）同心帶雙綰紅綃尺八　鴛鴦生怕捉隔着芙蓉未許相親便相狎讔語故嘲伊淺笑佯嗔

芙蓉山館詞稿　卷二　九

腿渦畔紅潮一霎只病酒心情可憐生便小盞當花忍教輕呷

前調

鸞咽姹唱聽紅牙頻點銀燭千枝吐蘭燄怪纖纖過酒小小藏鈎看瘦影何事翠蛾偷斂　紺圜留慧種梅樹雙林肯共羣葩鬬華艶同首風生因解怨飄零道歌扇舞衫都厭料別後秋心定凄涼對月淡花疎此兒堪念

長亭怨慢（送宋大瑞屛旋里）

聽馬首金鐶鳴處別酒當筵不成微醉官柳多情向人青眼護凝睇郵籤迢遞數到日花期第幾筍熟茶香儘領略故園風味　清致奚囊新句滿相賞林霞眞意征衫任洗愛極目鷗波無際雪川銷暑夢初回料也念勞人千里倘感別經時好折芙蓉頻寄

前調

記舊日題襟韻事壁錦肯吟園花春酌酒絲燈紅佳時幾度共行樂湖山勝處羨君去竟詩初約傷別傷春只是我心期寥落　憶昨阿連辭我去幽夢西堂難續（謂芴裳）故人又別更誰慰天涯漂泊算君行定過吳中便寫就尺書慵托道顛頓風塵拚負草堂猿鶴

百字令（蘄州道中遇雪）

芙蓉山館詞稿　卷二　十

同雲暮合看馬頭撩亂又飛春雪銀海朦朧光欲眩四面青山玉立霧淞迷空雯華隨影吹上征衫濕一鞭古道勞勞誰念行客　解鞍且就郵亭孤烟起處認酒旗飄颭絕塞花風來較晚粧點春光奇絕薄醉旋醒微吟易斷窗外聲騷屑昏燈如豆夜寒無奈衾鐵

東風第一枝（八日）

拂戶風柔隔屏寒淺佳辰入春纔七綺筵初泛清樽華旛漫題彩筆團欒官舍數樂事宜今日只故園遙隔天涯却憶梅花消息　恰金斗生衣任熨想篆鼎水沉旋爇遲來樓角明霞減却庭陰殘雪熏桃注柳看取次

春光如纈，愛清宵脉脉多情，簾外微黃新月。

探春 銀川旅館元夜偶成

寶暈銷痕，仙雲散影，三五明蟾艷婉。暗釀春嬌，全迷夜色，燈火六街等亂。無奈餘寒峭，尚未放、繡簾高捲。一般笑語盈盈，翠樓多少遊伴。　誰念旅愁孤館，覺點碧裁紅，舊情全懶。心字香銷，雙花燭炧，怕聽邊城歌管。凝想江南信，早開過、梅花一半。剩有閑情，彩牋新句題滿。

生查子

香縈曉院幽，雪映晴檐娟。試拓小窗紗，尚怯餘寒在。紅意未全融，好教花枝耐。芳信要遲遲，不顧東風快。

鳳棲梧 與二弟別後宿平戎驛作

萬里分攜真草草。流水東西，嗚咽傷懷抱。倒雪千山山四繞。塞程迢遞何時到。　我亦風塵行未了。羸馬黃昏，缺月來相照。獨火熒熒郵店小。夜寒禁斷人聲悄。

百字令 旅夜有懷舊遊

華年彈指，最難忘、只是酒旗歌扇。金粉南朝行樂地，水榭中宵絃管。楊柳情絲，海棠夢影，醉眼春撩亂。分香怕子，行行新句題滿。　誰念關塞棲遲，吳雲萬疊，離恨連天遠。烟月秦淮無恙在，依舊蘭橈波煖。譜角吹愁，銅荷飄淚，聽徹更長短。沉思往事，酒醒人在孤館。

菩薩蠻 集句

西樓一夜風箏急。羅屏半掩桃花月。應笑畫堂空。娟娟照露叢。　年華空自惜。獨向姮娥泣。妾若是姮娥。清光應更多。

芙蓉山館詞稿卷三

金匱楊芳燦蓉裳

浪淘沙

衰柳石橋邊且放江船夕陽明上鷺鷥肩瑟瑟叢蘆聲似雨萬頃秋煙　風緊布帆偏黯澹霜天裌衣寒重要添棉回首家山青漸遠鄉思悽然

沁園春 為萬華亭題持籌握筭圖

真耶幻耶倏忽眼前波斯藏開看床邊磊磊裏蹄鑄就窓間帖帖魚伯飛回我謂先生紫標紅榜生活今真大可哉先生笑道區區長物聚散難猜　吾生剌促堪哈

羨善賈多金未易才只浪談仙島療貧有藥誤來入世逃債無臺願借前籌并書左劵升斗西江幸見哀先生起道明朝謝客君莫前來

百字令

藥爐烟裏怪春來小病厭厭如許玉琢相思金鑄淚只有此情難訴麝炷香銷鉛波鏡掩誰與修眉譜沉思往事總如春夢無據　須信交頸鴛鴦雙頭菡萏慣入閒詞賦留得情腸經刼在花鳥也堪千古光碧堂前蕊珠宮畔待覓遊仙侶三生慧業未妨多作情語

生查子

遊蜂觸樹僵啅雀爭枝墜暗裏覺春回尚有餘寒在　小步粉墻陰別雪尋梅蕊零落惜花魂滿眼傷春淚

木蘭花慢 薄宦邊陲交知閒澗吟窓岑寂秋意盈懷撫憶傳遊悵然成詞

記秋光如畫楓葉路菊花天約俊侶狂朋燈前蠟屐隄畔呼船難忘持螯雅會愛青山偏向酒人妍紅釀香浮小琖清歌韻入么絃　誰憐塵網苦縈牽一別十餘年算舊家風景而今都在夢裏吟邊天涯長卿遊倦只羨他平子賦歸田爲問北山猨鶴可思疇昔周旋

江城子

香桃瘦影上疎簾月纖纖夜厭厭乍試生衣窄地覺寒

嚴斜倚薰籠思往事香燼了又重添　丁東細漏響瓊籤掩青簾展香緘欲寄相思翠管却慵拈一段春愁無着處分付與兩眉尖

南浦 帆影

江光明瑟恰中流片片冷雲鋪兩岸青山相對界破翠糢糊演漾荻花風峭又吹來帖帖上平蕪帶歸鴉數點林梢沙尾傳出別離圖　薄暝人家江閣看一痕移過淡如無別是烟魂水魄好景最難摹極浦遠迷秋月冷空波低蕩夜燈孤有騷人清夢共伊飛去落江湖

謁金門

愁脈脈抱影獨眠荒驛堦下寒蛩啼不歇秋聲高一尺凉浸羅衾疑濕露氣隔簾吹入單枕中宵頻轉側夢雲無處覓

蘭陵王

夕陽落何處數聲邊角疎林外月未成弦一綫清光逗雲崿羇人情緒惡惆悵鸞飄鳳泊漫回首往事堪驚過眼波濤夢猶噩　無憀倚高閣見萬里晴空蓋野如幕霜風颯爽盤鵰鶚漸遠岫沉碧小窗送黑秋星墮水影作作覺夜氣蕭索　企脚望寥廓尚詩膽槎枒劍心噴薄祗憐攬鏡顏非昨願傍岩結屋披雲採藥山靈招手

定怪我負夙諾

臨江仙

記否徵歌桃葉渡當筵頻醉羅幕東風吹暖一樓春花香歎氣息柳弱姜腰身　飄泊天涯人易老佳遊早謝前塵藥爐經卷伴黃昏髩沾秦塞雪夢斷楚山雲

高陽臺（息園牡丹盛開偕春塘蘭臺小飲花下因憶張大春溪前寄牡丹八咏因成二闋却寄）

色界空華花工弄巧千苞爭綻穠春乞與東風者番眞倜釣魂平分塞上燕支色愛朝來臉暈潮痕謾疑睟玉照臺前卯酒微醺　嫦人最是春陰好著幾絲香雨一抹嬌雲共鬥明粧嫣紅艷粉羣羣態濃意遠誰能似想長安水畔腰身情韶華且向花間料理金樽

前調

寶扇迎來錦車催到人間纔信春深勝侶招携煖風遲日園林歷簷新綠濃如滴護花光一片清陰掩閒門滿院狂香長晝愔愔　蓬山咫尺誰傳語只往來花底小燕紅襟六曲闌干此間儘耐幽尋多生綺語難忘却乍拈來已破禪心怕輸他三影才華着意微吟

蝶戀花

紅遍花枝青遍柳彈指韶華又是清明後長日厭厭如

中酒閒愁空在眉尖鬭　拋却金針慵刺繡窣地簾波料峭輕寒透薄暮倚闌垂翠袖落花風裏春人瘦

金縷曲

秋氣何寥泬據胡床簟紋如水單衣寒怯剛是銅荷蘭燭灺瞥見如鉤新月著幾朶彩雲搖曳彈指玻璃魂易散夜明簾一片傷心碧簷馬驟砌蛩急　濛濛露脚吹來濕傍墻陰秋花無語淚痕偷裛病骨驚秋渾易瘦兒是離腸千結思往事夢中嗚咽只恐明朝青鏡裏早髩邊添上星星雪空搔首望天末

清平樂（寄三弟）

天涯共祓最小憐子季刻燭裁詩饒妙理不讓阿連清慧　那堪經歲離羣閒愁兩地平分夢汝池塘春草盼余隴首秋雲

燭影搖紅

且食蛤蜊那知奴僕高於婢裸衣亭上大聲呼何與癡人事年少疏狂意氣嘆此日消磨盡矣風沙裘劍莽莽天涯竟無知巳　仰屋著書千秋萬歲誰傳此不如魚鳥見流連肆意酣歌耳客舍西風又起憶故國蓴鱸正美幾時歸去一棹飄然五湖煙水

摸魚兒 九日蘭山登高

傍層樓晴雲數點霜空萬里無際年年此日題糕會佳客樽前同醉離別易真個似萍蓬聚散無根蒂漫郎憔悴也中酒懷人星星滿鏡旅鬢早斑矣　誰相念十載邊城孤寄西風吹夢迢遞故山雲壑應無恙何日好尋歸計秋色裏依舊是紫萸黃菊傷心麗凭高引睇又猛拍闌干曼聲長嘯塞雁忽驚起

解語花 鞭春

鮮雲乍卷麗景初舒簫鼓晴郊鬧朱幡翠葆紛成隊兒女攔街歡笑蹄瑩角矯訝刻畫形模偏肖待來朝撲散香塵看綵絲爭裊　陌上春泥融了漸輭紅吹漲花信先到玉驄驟裏尋芳客別有珊鞭縈繞田家相報聽遠樹春犁鳥名催曉好呼童飯犢煙坡勸東畬耕早

前調 剪綵

粧成梅蕚頌過椒花儘有閒心性春風曉鏡雙蟬鬢宜貼銀幡華勝金刀手冷怪幾日峭寒猶凝颭晴霞活色生香乍看來不定　花戸油窗相映愛晨光微逗分外幽靚葱纖巧運新裁剪多恐蝶魂催醒明姿端正便香國司花也稱傍粧臺小立盈盈散滿身紅影

前調 賣燈

春情艷婉夜色迷離小市華燈徧方空素絹新描畫露

葉風枝低顫燭花初剪看萬點琉璃齊泣隔簾波悄擲金錢不道韶光賤　最憶雪晴池館正蕙花香散翠幙初卷月華如練人微醉那管漏催銀箭春風圖面在夜火闌珊庭院悵江鄉一種佳遊問甚時重見

前調 試鼓

架塗青漆牀釘圓花百面春雷響雲窗霧幌傳聲處趲得和風駘蕩歌場十棒恰亥徧六么高唱遶花蕤紅蕚催開更翠萌齊長　少日蕭郎伎癢蝎來騎屋棟意氣豪上一般俊爽花奴手可似漁陽清壯休誇跌宕怕絕調更無人賞近天街且聽淵淵和康時擊壤

清平樂 小除夜對雪漫賦

寒花冷葉飄灑東風濕堦下縈盈看漸積夜影自明簾隙　年華去我駸駸天涯回首雲深自撥紅爐炙硯先生尚抱冬心

瑤花 春雪

豔難留影冷欲生香冉冉隨風墮簾波試捲看山額一抹東雲低鎖東君弄巧亂飛下九天珠唾道邊城花信來遲聊贈玉枝冰朵　滿爐石葉煙銷正官閣蕭閒啜茗清坐昨宵歸夢彷彿見幾樹江梅初破春光漸好只薄宦心情無那拂瑤琴試儷幽蘭且約吟朋教和

菩薩蠻

東風吹散庭陰雪檢垣微露苔痕碧夜色淡如煙邊城春可憐　燈花紅欲墮對影愁無那清夢到江梅疎枝索笑開

臨江仙

露井冰銷寒意淺抱琴人在閒庭蕙爐香裊戶初扃卷簾邀夜月滅燭數春星　憔悴司勳才思減天涯廿載飄零江南山色夢中青梅魂無處覓柳眼幾時醒

喜遷鶯 春曉賦

文窗匼匝漸淯白迷離暈銷殘蠟街鼓猶傳寺鐘初動山枕夢回寒怯凝想江鄉舊事百種春聲相接清圓甚是曉寒烟外弄晴鵲鳩　隔葉鶯語澀雙燕飛來又把金鈴踏滿院黃蜂賣花人過故故迴廊響屧逗得春魂撩亂睡起又還凭榻如今但聽早鴉啼後風聲吹霎

菩薩蠻

相思人隔榆關道芳心卻怪春來早低語祝花枝人歸開未遲　黃昏聽玉漏影背明燈瘦香夢遶屏山雲迷第幾彎

翠樓吟 丙辰二月花朝適逢春分社日詞以記之

春色平分花期剛到又逢簫鼓郵社韶光看總好問何

處最宜閒寫少年游冶記鬬草池塘籤錢亭榭彈指乍前塵如夢舊歡都謝　牽惹萬縷閒愁待雙燕歸來訴他情話花梢寒料峭猶未放一枝紅亞春魂欲化漸苔髮風梳柳眉煙畫酬清夜且傾佳釀月波同瀉

如夢令

捲幔鶯聲輕喚拂鏡花枝低顫韶景十分宜只是離人腸斷誰管誰管芳草江南春遠

浣溪紗

一桁簾紋窣地垂天涯芳訊費尋思閒愁惟有翠眉知煙裊綠痕歸柳重霞分紅意到花遲殢人最是早春

時

掃花遊 上巳日東陛雨莊刺史

重三到了便春事匆匆不堪留戀逶迤芳甸接晴空一抹碧痕如剪寒在花稍紅意曉來猶倦掩深院只徙倚廻闌小句吟遍　簾捲散香篆又閒理牙籤晝長消遣硬黃乍展是誰臨禊帖墨波微泣逸少風流此日平原兼擅恍重見舊蘭亭永和高讌

品令

春去花猶剩嬌雲墮明霞凝香苞齊迸裝成初夏十分韶景倦眼瞢騰昨夜宿酲未醒　落紅滿逕闌干曲人

閒凭簾旌低颺篆紋微裊日斜人靜移上窓紗花影雲影樹影

滿江紅 答侯大春塘寫懷之作

飄泊天涯作計悞虛名沾惹不信道名駒汗血一生轅下明鏡顛毛霜欲滿青衫老淚鉛同瀉任歡場豪竹間哀絲難陶寫　謀生拙休誇詫當官嬾從嘲罵只騷茵墨寶尚餘聲價噩夢難尋空覆鹿華年易逝如奔馬向鐙前看劍引深杯寒芒射

前調

亹亹清談對次道欲傾家釀算眼底惟君堪語襟期豪上點筆驚看花亂落撫絃要使山皆響據詞場幾度鬪心兵爭雄長　大道曲瑯邪唱細腰鼓漁陽杖更呼盧行炙狂追歡賞蕭散不妨邱壑置飛騰終有風雲想數古來才士盡如斯君休悵

前調 過劉氏園賞牡丹仍用前韻

倚徧闌干覺雙袖暗香縈惹恰正好鼠姑風細水明簾下瑤島嬌雲連影墮蕊宮仙靄和愁瀉縱江郎彩筆夢中傳難描寫　春魂返遊蜂詫輕陰護晴鳩罵只一枝穠豔直千金價天女自持紅錦帔明童莫駐斑騅馬隔蠶窓如雪和朝霞光相射

前調

蘸甲深盃向花底滿傾紅釀堪愛是一簇倩影苔堦移上滿徑濃陰松架靜半廊斜日花鈴響更環流細細潤香泥春渠長　佳言吐新詞唱茶移銚錢懸杖喜相攜儁侶不孤清賞帶雨似含傾國恨避風謾作留仙想怕嬌姿飛去作行雲添惆悵

前調 寄二弟再疊前韻

武庫兵鈐無奈是命宮招惹經幾度飛書馳檄青油幕下萬嶺猿啼深箐黑五溪蔦墮哀湍瀉飽艱危矛淅劍頭炊書難寫　少儒速徒矜詫孔璋檄工呵罵怕淋漓

磨盾讓君聲價猛士雄風驅地虎書生神筆行天馬看狼星夜半落寒芒彎弧射

前調

瘴雨蠻烟都是我離愁醞釀記彷彿夢中握手壺頭山上哭陣弓刀侵夜起翻營鼓角連天響總勝他荷戟逐戎旗千夫長　露版入鐃歌唱銷烽燧廻旋杖看窮搜虎穴策勛行賞笑我未成歸隱計盼君且作凌雲想只澤車欵段負平生同惆悵

前調 寄三弟廻用前韻

迢遞雲山思余季不勝怊悵還更有間關戎馬勞人可

想湘浦烽煙愁未息錦江花月佳堪賞羨阿奴晨夕獨承歡扶鳩杖　綵衣曳奎詩唱庭竹茂陔蘭長看巴渝試舞箏琶競響愧我黃塵烏帽底何時銀燭華筵上捧瑤巵雁雁喜成行斟家釀

前調

蜀棧連天正黛色千峰噴射況又是奔湍駴浪瞿塘如馬彈指兩年人久別關心一紙書無價奈朝來乾鵲慣欺余臨風罵　夢中事醒時詫心曲恨豪端寫怪愁吟未了淚波偷瀉我自看雲秦樹外君應聽雨巴山下道瀟瀟不似對床聲離愁惹

漁家傲 夏夜

屋角新蟾光冏冏殘霞幾點紅猶凝蝙蝠掠簷飛不定空煙暝一丸星過斜河影　試滌冰甌斟綠茗胡床笛簟明波淨江國舊遊重記省呼小艇風篷雨幔凉千頃

簇水 曉過月湖愛其煙景明瑟頗襟灑然爲賦此闋

一片明漪叢蘆瑟瑟搖青玉抱城新漲恰好似月鉤微曲幾陣釣絲風過蹙浪紋成縠正無數鷗鳧爭浴　凉意足最愛一抹遙山送來暝翠堪掬玲瓏雲外此地竟無三伏好看千枝紅藕點破烟光綠湖滑畔添箇漁舠如屋

邁陂塘 楊梅

記冰廚吳鹽如雪滿盤鶴頂初破年年筍老櫻殘後便盼洞庭烟柁園叟過看拾到筠籠翠簪重重裹勻圓百顆笑嬌小吳娘玉纖拈處先怕粉裙涴　閒銷暑露井水亭清坐不須料理茶磨夜深一口紅霞嚼凉沁華池香唾誰餉我況消渴年來最憶吾家果歸田願左便買夏論園山資未辦作計甚時可

前調 枇杷

傍墻根篩煙漏月濃陰一簇如畫蠟珠密向枝頭綴壓得翠梢低亞梅雨灑也柔就嬌黃軟縐宮羅帕林鶯婭

姹縱香夢驚回金丸在手爭忍便拋打　誇珍品只有江南亭樹離離子熟長夏相如錯認秦中樹賦筆空勞摹寫纖露下受摘向雕盤俊味甘於蔗閒情又惹記端正窺人當風郭袖花底小門鋪

前調 青李

憶江南堆盤碧實拈來露氣猶濕青房別是瑤池種不數千株玉葉寒水浥恰好共浮瓜顏色爭蒲鴿甘回齒頰似青子紅鹽分來風味入口都微澀　招涼處偶傍閒堦小立兒童樹底爭拾一痕細認嫣紅凝西子春纖曾捻歸思切正獨坐幽齋寫到來禽帖歡遊未愜羨當

日南皮名流佳讌挈兩伴蠻榼

齊天樂 珍珠蘭

踈花隱葉渾難認清宵露痕微泫細裊冰絲斜穿翠縷瑟瑟寶珠成串兜娘試剪愛插向蘭雲倚風輕顫一斛樓東向人憔悴訴清怨　踈簾剛逗新月坐來冰簟滑漏箭初轉乍覺生香如聞吹息慣惹離人腸斷愁深夢淺問碧影纖纖甚時重見剩有清芬夜涼浮茗盌

前調 茉莉

瓊田萬朶仙雲墮名花幻成奇絕玉骨玲屏冰魂縹緲不識人間炎熱看來總別似夢入瑤臺月華如雪未信炎州出塵有此好標格　碧紗幮畔銷暑玉壺曾貯處一樣瑩徹冷艷疑銷空香欲化頻向枕函邊覓仙姿誰匹怕素奈青梔比來差劣濟到無言滿庭涼露白

前調 夜來香

紗幮月上玲瓏影幽懷不禁棖觸似有香來不知花處葉色隔簾微綠芳叢幾簇愛人定風微麝薰吹足素女多情空中也為撒金粟　追涼最宜露坐傍垂蘿低蔓冷翠如幄碧玉娉婷綠珠嬌小相對黛眉雙蹙明河絡角只可惜涼宵漏聲催速漫展蕉箋譜新詞一曲

踈影 牽牛花

牆根籬隙逗青花數朶最好標格小院涼生翠影玲瓏恰映姤羅雲碧舊來曾識黃姑面留取伴星榆歷歷數含苞盼到開時漸近蘭期初七　認取牟尼一串算花工畢竟巧思先得不信來朝試看梢頭繚繞蛛絲猶織露痕洗出秋容澹正夜靜明河似雪愛幽姿插鬢偏宜一任弄梭人摘

高陽臺 新秋息園晚眺

小雨催涼微雲弄晚一庭秋色澄鮮茶具攜來呼童試瀹清泉遶廊靜聽風颭語澹吟懷句可通禪記前番藥甲開時曾放皖船　閒階幾簇秋花瘦倚玲瓏小石分

外幽妍垂柳多姿蕭疏已惹愁烟林鶯總惜春紅老到秋蟬綠也堪憐正銷凝新雁行行又過樓前

齊天樂 三弟寄椒珠並蜀箋數種賦此二闋示之

串椒寄綴驪珠顆玲瓏是誰呈巧郁烈盈懷勻圓在握雅稱騷人襟抱奇芬繚繞似頌過靈花酌來春醥佩作香瓔辟邪不用鑄剛卯 休嫌幻成圓相當風偏逆鼻生性孤峭蘭是同心桂原共氣風格自憐差老禪機悟早愛百八牟尼一般香妙證入聞思帶些辛味好

前調

文鱗六六巴江到蠻牋百番相贈海藻輸華溪藤讓滑

芙蓉山館詞稿 卷三 十五

幅幅琉璃光瑩粉痕紅凝更染透桃花十分妍靚韻事流傳錦官城外薛濤井 宮中曉寒曾賦衍波題未了仙夢催醒冶習銷磨香詞零落不似當年吟興舊遊追省把袍襖留題徧鈔還賸待倣銀鈎擫鐙銷夜永

邁陂塘 福謙齋刺史自塞外秩滿告歸作此送之

寄相思輪臺萬里重逢又把杯酒夢中尋徧關山路容易者番攜手離別久悵短鬢星星面似覲河皺清宵話舊記當日樽前嗟朋零落那免涕沾袖 歸非偶料理琴床茶臼故園樂事多有西山蒼翠渾無恙猿鶴盼君應瘦詩百首看塞雪邊雲盡入騷人手旗亭折柳悵廿載天涯青衫憔悴歸計甚時就

前調 稚容圖出墨梅小幅索題漫賦此闋

怪羅浮南枝瘦影無端移上橫幅騷人別有春風筆幾點烟痕微蹙生意足看幻出冰花個個圓如玉踈燈竹屋料也念離人江南夢遠留取伴幽獨 蕭齋裏凍雀誤來偷啅古香彷彿盈掬墨池雪嶺憑題品標格總超塵俗尋稠谷認一片空明肯着閒紅綠吟窗刻燭正小硯微溫麝煤融處試譜玉龍曲

尾犯 題水墨芭蕉畫卷

方空明淨寫叢蕉低覆石欄苔逕東風吹得芳心展漸

芙蓉山館詞稿 卷三 十六

濃陰交映墨痕微暈恍吹墮仙衣影向秋聰似作秋聲滿庭涼雨堪聽 彷彿綠天初暝淡烟凝清露冷再添些駃雪便是維摩輞川風景小箋拈金輕衫剪碧別饒幽興只江管難寫相思暮雲空擬高詠

謁金門

秋漸老滿目淡煙衰草無數寒鴉啼樹杪落霞紅未了 叢菊籬邊開早有酒共誰傾倒萬里家山書不到雁聲風外杳

探春 寒夜擫闋

月淡煙痕霜明夜色幾點疏星窺牖硯凍生華爐溫留

篆燭影暗垂紅豆，嘆年光荏苒，看鏡裏朱顏非舊。漫循短鬢蕭騷，早衰真似蒲柳。廿載天涯淹久，悵吟伴飄零，俊遊難又。霞盞慵斟，蠻牋倦擘，潦倒漸疏詩酒。相思惟選夢，愛細細長宵清漏。夢到家山，江梅花發三九。

蝶戀花

乞巧雙蛾初畫就。試捲簾波，脈脈蟾光逗。總爲箇人離別久，佳時一倍添孱僽。斜凭闌干聽玉漏。心字香銷，又是三更後。涼露如煙吹滿袖，明河影裏榆花瘦。

齊天樂 西瓜燈

盈筐最愛寒瓜好，團欒削成青玉。碧水浮餘，華筵戰後，

傾出瓊漿一斛。是誰鐫琢，訝面面玲瓏，薄如蟬殼。不分丹陵，也分餘啖到冰谷。煎熬偏近膏火，東陵人去久，空想高躅。五色前身，九華幻影，相對頓忘煩溽。虛幃照讀，厭螢尾星星，練囊微綠。映澈濤輝，圓蟾明屋角。

綺羅香 秋雨

碎響敲風，重陰釀暝，小院乍鳴涼葉。濺玉跳珠，鶩聲晚來聲急。漸餘潤、欲逼生衣，覺微冷、又拋輕箑。炷香篝、芸餅初銷，簾心一縷篆煙濕。西窗抱影孤坐，又似去年時候，閒愁千疊。聽徹潺湲，最憶釣舡簑笠。愁獨夜、歸夢模糊，正一片、江天雲合。鐙影下、誰伴微吟，暗蛩寒語澀。

瑣窗寒 新秋夜坐

雨洗秋光，烟澄霽色，晚風瀟灑。涼蟾如雪，小坐水邊亭榭。傍文窗、簾衣自垂，瓶花影顫枝低亞。愛茶香黯淡，相邀俊侶，冷吟閒寫。吟罷離愁惹。甚飄泊天涯，舊歡難借。年華彈指，琴思酒情都謝。暗窺入、明蟾半鈎，夜深冷光翻露瓦。聽堦前、清響琤然，一片檐梧下。

邁陂塘 秋水

灌長河、百川秋水，豆花雨後新漲。澄泓一碧開奩鏡，照影沙鷗三兩。天宇曠。愛極目空明，波底涼雲蕩。釣車風響。見垂柳陰陰，夕陽紅處，隔岸曬漁網。閒登賞。陡覺

襟情散朗。居然濠濮閒想。葭蒼露白添離緒，最憶吳淞江上。烟水長。記曾聽吳歌，帶月搖雙槳。別來無恙。筭拋却尊鱸，西風廿度，何日買歸榜。

秋霽 本意

涼雨初過，喜天放新晴，滿眼秋色。林響蕭騷，池光瀠洄，苔痕綠透簾隙。濕雲無迹。斜陽影裏殘虹直。更杳杳、屋角遙岑，微露一螺碧。蒼然平楚，暝色催愁，幾番巡檐，暗數歸翼。望吳天、故園何處，山中猿鶴正相憶。萬里雲波蘭訊隔。凭高目斷，又是悵觸離心，小樓風外，一聲長笛。

步月 玉簪

玉筯留痕冰壺蘸影冷光微上簾押幽篸淺綠比蕉心差狹看露下素萼開纔訝雲外瑤姬來鬟搔頭小吹墮碧欄幻成香莢　爵熏圖匼匝正拜月粧成葉底爭掐箇人纖媚傍蘭雲低插愛一縷香逗秋衾正半夜夢回凉榻清韻足沉水罷添睡鴨

憶舊遊 寄周二偉雲

漸凉煙破碧墜葉零紅塞雁飛初減却清遊興只水西雲北渺渺愁余秋風易驚倦客吹淚滿衣裾悵千里蘭山故人别後懷抱何如　離居應念我向燈火空簾獨

自攬書舊日題襟處記茶寮炙硯雪屋圍爐人去高齋岑寂苔綠上階除正離夢回時半牕澹月槐影踈

水龍吟 蓼花

小紅開徧遥汀明漪倒浸玲瓏影花工似惜秋容催老渚蓮千柄故着幽姿叢叢點綴水鄉煙景料閒鷗也愛風標如許拚立到斜陽冷　宛轉虹橋相映正湖干釣絲風定柔枝婀娜低梢翠蓀弱牽青荇擊碎珊瑚罥將瓔珞粉零香賸悵江南路遠何時花外更維蘭艇

倦尋芳 春陰

留煙渲翠借霧迷香春意無限薄靄冥濛吹上苔衣微泫鵲腦慵添爐篆細龍脣罷撫琴絲緩傍雕闌問小桃無語似含嬌怨　聽屋角午鳩頻喚惆悵芳時晴景難見窣地簾波斜倚枕函人倦好夢竟隨蘭信杳幽情不逐花風展望吳關謾凝眸綠蕪天遠

浣溪紗

六扇文牕日弄紗嫩情鶼語鬪簷牙簾心風引篆文斜　烟態漸濃如待柳霜痕微泫不妨花袷衣纔試薄寒加

春霽 本意

曉起庭花呈笑靨似喜風光澄澹薄靄纔銷游絲欲墮

一院濕煙全歛霑衣數點昨宵翠雨林梢颭倚高閣遠眺晴郊細草綠於染　便擬料理細馬輕衫好尋芳蘐莫負春豔正前山碧螺新沐滿襟秀色似堪擥遙指酒旗過野店燕語鶯語分明共勸遊人當筵且酌玉醪盈巵

生查子

愁多不見春却怪春來早翠被壓空牀遠夢迷煙草　無語倚香篝獨夜嫌寒峭簾外落花風紅閃缸花小

西子粧 題折枝桃花小幅

穠蕊風開幽姿露泫照眼十分嬌倭不知誰是搊花人

展生綃細勻香粉天然澹冶看鶯骨稜稜瘦損殢春情儘毫尖傳出無言有恨　朝寒嫩卯酒扶頭銀鏡朱霞暈蘭舟一棹渡煙江想官奴舊家標韻明𥦗把玩料不怕妒花風緊步虛來莫是瑶臺路近

解蹀躞 青銅峽

古峽撑空對峙靈掌何年擘斷崖巉峭蒼然爛銅色晴空何處奔雷滔滔東注洪濤山根怒擊　黛痕積剷破一綫天光日車行偪側犀株不照盤渦洞深黑我欲驚起魚龍携朋試上高峰夜吹鐵笛

前調 百塔寺

芙蓉山館詞稿　卷三　三十

支笻更尋蕭寺呀豁松關闢蒼藤絡澗怪石病猿瘠攢圖窣布山腰恍疑呵育天王鑿開青壁　倦登陟箕踞老樹根邊綠痕鋪蘚席春風吹到山花翠紅圻笑我不解談禪且放一曲狂歌寥天雲碧

紅情

小園雨過看盈盈葉底危花難妥照水亞枝顧影偏憐態纖瑣薄瞋殘霞數點晴烟外怯風吹墮似靜女病起慵粧臨鏡鬟雲嚲　一朶最婀娜乍點注絳脣笑齒微瑳冶情無那怕鬧階翠苔破分付催春杜宇莫更把茜痕啼涴任高閣客去也且留伴我

綠意

嫩晴臺榭又壓簷新綠一片低亞試拓𥦗紗几硯生凉碧痕潑眼疑瀉漫研螺墨爭題句正滑膩苔牋初砑羨尋香小燕身輕穿過幾重烟罅　況是迷空翠雨遠山愁黛斂秀色難畫挑菜期過採藥人歸可惜好春無價便尋遊伴携蠻榼擫醉列青莎堪藉怎因循負了韶華彈指惜惜槐夏

鵲踏枝

錦瑟無端移玉柱客鬢蕭踈彈指華年誤焚尾酒寒杯嬾舉勸人空費流鶯語　試看小園桃李樹嫩綠陰陰

芙蓉山館詞稿　卷三　三十一

一抹朝烟護花片似知春去處隨風萬點尋春去

春夏兩相期 小郊園集

愛春餘水天明霽閒園猶賸芳意藥甲齊開簷日一欄紅醉蝶酣殘夢粉痕銷燕疊新巢泥還墜乍捲踈簾輕彩怕染林梢濕翠　招携偶爾幽憇向石脣把釣竹身低颭茶烟細篆地思量櫻筍年光家山風味

山亭宴 太平寺齋期指席間新蔬分賦得香椿限茁字

題字瓠脯松肪小飲頗饒清致銀鉤微泫墨痕濃碧紗

偶來蕭寺停遊屐聽齋鐘飽餐香積淨饌薦嘉蔬正小樹靈芽初茁祇憐玉版不同叅空留伴青芹紫蕨侵曉

露痕睎看相對溪童摘　壺江風味生來別付詞人定
煩吟筆冷齒嚼清芬疑採自旃檀林側更宜略漬水晶
鹽好長供山厨藿食石鼎起松風點銅瓶雷莢

小諸皐 納凉同侯大春塘夔兄作

暝岫堆青斜陽斂絳散盡晚霞餘綺 芳燦 展青蒲露坐
桐陰竹屏初閉 侯士驤 預報來朝酷熱試看明星稠穊 承
憲 只一繩河影如烟垂地 芳燦 簾絡蟲絲檐捎蝠尾 士
驤 喜閒庭翠梢低顫風過豆花棚底 承憲 蕉箑小桃笙
膩 芳燦 今歲三庚偏逢置閏怎怪炎歊如此 士驤 問
何夕月露流空火雲全洗 承憲 幸免黃塵遠道猶有茶

瓜清美 芳燦 覺幽抱靜極自生凉意 士驤 興劇躭吟神
清忘睡 承憲 想水精眠夢何人江國雲波千里 芳燦 天
影白曉鐘起 士驤

玲瓏四犯 銀川有菜形如未開菡萏味極清美土人名之曰蓮花白因賦此闋

寒玉琢成碧羅裹就晚菘別樣新巧沙塍斜壓處風露
經秋飽園官曉來送早付厨娘齋期剛到魚荀清甘雞
蘇膩滑與爾恰同調　未開蓮蕚偏肖算佳名合配甫
里紅稻生花看舌底禪味嘗來好前身合是祇園種也
分得耆尼香妙寒蕊小繙蔬譜周郎未曉

古香慢 脫秋雜憶

影虧蟾碧香褪蜂黃早蕊開倦剩有疎枝宮額淺勻常
嬾冷夢着微霜殿秋晚餘馨更遠想花應念我翠袖暮
寒一樣清怨　思往事畫堂東畔銀地無塵簾幙高捲
綠醑頻傾芳意夜凉吹滿回首昔遊非彷彿是夢迷仙
苑遺秋心把招隱小山吟徧 右憶桂

金盞子

壓樹懸黃看筠籠小摘一籬霜後風味有誰如算荔可
呼奴橘應為友翠深誤認鷺衣疊宮羅圓緺齲齒怯瑤
姬裹將檀帕幾番偷觖　懷袖暗香逗記破處并刀映
素手華堂夜闌客醉金盃軟餘芬冷沁芳酎自從別却

垂虹想秋光依舊鄉思切倂作一種含酸添上眉皺 右憶橙

傾盃樂

水落煙汀霜零沙渚延緣齊上枯荻燈明斷隙小艇夜
聚縛寒蒲何急蠶蕞漫搗流涎處聽糟床香滴堪憶舊
遊招酒伴劇飲紺筐同擘　惆悵天涯歲晚空伴監州
對酒慵浮白歸興為蓴鱸季鷹曾未識內黃標格茶鼎
鳴初琴絲彈罷記眼波行迹婪江國籬菊也笑人岑寂 右憶蟹

無悶 冒雨行鳴沙道中漫賦

沙暗荒原雲褁遥岑寒雨迷空似織怕短景長途易催曛黑偏惹離人清淚共灑上征衫絲絲濕秋容漸老更能禁得幾番騷屑　行色正悽惻漸流潦縱横短轅摇兀看烟外蕭林一行疎直且放商歌激楚有萬里西風吹吟筆携朗笛叫破層陰放眼霜天晴碧

淒凉犯 雨夜聞雁用白石韻

北風吹送榆關雁深更旅館蕭索寒聲正苦客懷無那又攙邊角燈昏雨惡夢初醒秋衾絮薄最憐伊層雲萬里帶濕度荒漠　此去江南岸菰米莓苔水鄉堪樂碧天向晚揀平沙一繩齊落怕説飄零任過盡無書附着

想家山舊侶定怪負夙約

三姝媚 蘋果

壓枝低欲墜看摘下唐梯露痕猶漬潤臉呈姿愛脂輕黛淺自然明媚枕角衾邊更衣靜暗香微遞引逗吟情青李來禽遜伊風味　梵夾繙餘猶記比紅豆蠻江一般名字惜取團欒把紫惱偷褁綠腮遥寄沁齒清甘應會得別來深意細嚼相思人倚粧臺薄醉

夢芙蓉 沙泉驛旅舍夜坐偶成

野雲浮浛浛漸遥空迷暝四山煙浸殘霞墮水萬鏑散秋錦旗亭留客飲茅檐榆柳交蔭撿點征衣且添將半曾霜氣覺淒凜　長路蕭閒轉甚弄墨研脂試把新詞品瓷甌雪色濃綠鬭茶瀋暗塵凝角枕夜寒慵就孤寢坐到更深見風窗紙縫冷月一條滲

玉京秋 曉月

天宇碧冰蜍又飛上半規孤白翠波不動霙華疑裂挂壁昏燈無燄漸秋窗凉影如雪催行客夜烏驚起繞枝淒咽　冷浸星痕欲滴點征衣方諸淚濕如許清輝無因向紅樓人説馬背尋殘夢旁觸身到琳華宫闕太相逼一片烟霜曉色

徵招 霜花

玉煙匝地殘蟾起高空夜雲齊斂青女鬥嬋娟散瑶花如糝着衣明冉冉只吟鬢怕教頻點更惜東籬菊蘂憔悴舊香全減　攏馬過溪橋空濛裏回首一番消黯冷蕊不依枝逐西風輕颭莫嫌姿太澹好秋色儘伊烘染看霞外幾樹丹楓比茜桃還艷

瑞龍吟 五原道中即事聯句

古城角遥見煙際疎林坂前茅屋芳燦垂鞭行過溪橋馬蹄得得川原迴復士驤　槿籬曲無數壓檐紅柿飽霜齊熟芳燦　村農負畚歸來半扉斜日呼兒飯犢士驤　莫道邊城土瘠幾番甘澤便成饒沃芳燦　麥積滿塲

連耞還憂新穀士驤飯香浮甑出盎寒菹綠芳燦留行容白醅初壓青旗斜矗士驤夜榻篝燈宿芳燦歡聲到耳田歌相續士驤羨爾蕭閒福芳燦都自笑風塵頻年轣轆士驤五湖三畝歸期未卜芳燦

邁陂塘 過柳湖書院吳三海宴留飲即席賦此

繞湖邊數株官柳相逢總作青眼尋幽試訪同心侶小院竹扉容款懷抱展對千頃澄波三斗塵都浣蠻牋翠管笑結習難忘年來自喜詩興未全嬾 還爲我料理茶鐺酒琖山厨更出佳饌蟹胥魚膾俱清美髣髴故園觴讌扶醉看愛檻外黃花香噀西風遠淹留忘返漸城

芙蓉山館詞稿卷三 毛

角吟秋山鐘送暝鳥外碧霞晚

遶佛閣 六盤山古寺題壁

嶺危磴狹群峭拔地積翠疑壓細路如綫不知誰鑿谽谺費鍬鍤紆行百匝人馬似蟻緣上螺甲出峽入峽萬古無數輪蹄繞山脊 岌業訪禪剎決眥秋空雲翳豁古雪數峰晴光寒照闌聽絕壑濤聲松檜磨戛駛風吹雲訝鼓浪虬龍掀動鱗鬣又噌吰暮鐘相答

燭影搖紅 和周二倬雲

一障棲遲拂雲祠畔榆關路少年豪氣漸銷磨不怨風塵誤過眼飛光難駐看元鬢星星非故叢殘卷帙狼藉丹黃任嘲青蠹 莫放清狂尊前浪飲丁都護千杯濁酒向空澆何處平原墓遥夜霜天月午喜還有豪吟俊侶銅絃鐵撥試譜新詞待君廻顧

百字令 靖遠官舍與方八友槎夜話偶成

天涯歲晚悵落然寒事風塵空惹猶喜故人重把臂一笑烏蘭山下暮色平川斜陽疎木門外嘶征馬解鞍未了明燈催喚行炙 座客都是江南悄悄吳語相對銷寒夜話到故園梅信息各有鄉思難寫洗銚煎茶圍爐說餅天許清歡借三聲官鼓月痕移過窗罅

宴清都 臘日宿新堡有懷張三雨岩

芙蓉山館詞稿卷三 夫

孤館停征騎東風急緇塵吹涴吟袂冬心尚抱寒威漸減暗將春替自憐薄宦心情恁拋擲流光容易曾幾度餞臘迎年頓催客鬢憔悴 淒涼獨夜懷人爐銷石葉燈噴紅穗難忘最是分泉瀹茗擘牋題字別來定減歡悰但譜就新詞須寄夢中尋六扇明窗畫船春水春水船雨岩齋名

芙蓉山館詞稿卷四

金匱楊芳燦蓉裳

菩薩蠻

舞鸞鏡匣流塵滿曉粧無奈鸚哥喚掠削鬢雲偏蘭釵欲墜肩　陰陰香霧凍欹枕春愁重簾捲正西風落花飛向東

點絳脣

滿眼相思帕綃新淚紅猶凝玉爐煙冷一桁簾波靜小院無人獨向迴闌凭微風定春池如鏡落日桃花影

玉漏遲

峭寒殘酒醒抱愁孤坐夜闌人定窻隙風尖吹落缸花紅影彈指春光過半恁寂寞冬心猶剩看露井一痕澹白霜華微凝　幾番夢遶吳閶記吟傍烟郵醉尋花逕驀地驚回惆悵雲波千項況是知音人遠便賦就銷魂誰省香篆冷鵲爐漸灰芸餅

臺城路

戊午初夏余將赴蘭道出鳴沙樸圃明府招同人酌余於沙谿橋抵暮始歸因賦此解

平蕪遙指虹橋影溪流恰環沙尾舊侶情多勞人意倦假日暫停征騎盧亭壓水愛紫漾新蒲碧搖踈葦倚檻微吟晚山剛逗一簾翠　食罷移近高柳晚風烏陰爽吹滿凉意鱠切銀絲羹調玉葉別是山厨風味清歡淺酌問幾度天涯倦遊如此卜夜流連月波明似洗

埽花遊

莧

滿園花莧正縠雨初過碧鮮紅淨名詭荔挺笑參差誰註更呼人荇庾杲籬邊五色叢叢相映露痕凝白課巴童摘向閑町　齋閣清夢醒恰炊熟彫菰芋香浮甑陶盤乍飣着蓮鹽蒟醬點來尤勝一種芳鮮肯近腥羶臙鼎味堪並只山厨冷淘槐餅

永遇樂

夏日張三雨岩招同徐勉齋侯春塘五泉小集用迦陵詞中半繭園韻

林頂泉飛山腰寺出逕指烟路潭柳搖陰岑苔毶翠凉

意疑過雨景偏明瑟人多踈俊雲影淡隨幽步欹禪扉瓢堂小憩高談恍對孫許　紺園香界試尋陳跡幾度臨流選樹似水年光如絲鬢影空相原無住清歡洗盞微吟點筆啼鳥漫催歸去聽梵放鐘魚聲寂碧山欲暮懷息齋諸君

水龍吟

余與黃葯林明府別二十載矣邇見除書知將捧檄來甘詞以志喜

過江人物無雙詞場角藝傾襟早別來廿載鷗盟長負雁書長杳記否清遊九峯蝎屐六橋呼櫂更龍門御李與君俱是通家年少余與葯林俱出雲楣尚書門下　愧我天涯潦倒儘西風鬢絲吹老故人踪跡如何也到塞沙邊草除目

纔看離心頓觸舊愁多少。且留將家釀待君浮白共抒
懷抱。

齊天樂 秋懷

一番雨洗三庚暑秋容晚來蕭曠。烟草蒙茸露花纖瘦。
曲沼縠紋新漲。明雲荐爽。漸老樹無風秋聲自響。暝色
遥山一痕澹墨寫屏障。 新京好近燈火夜闌人語靜
獨掩青幌。旅況無聊吟情漸減夢繞巴山千嶂。離懷悵
惘。怕華髮緣愁又增千丈。倚枕無眠小窻殘月上。

百字令 雨夜撥悶

重陰易暝近黃昏又聽四檐鳴雨。庭院深深門掩乍送

芙蓉山館詞稿 卷四 三

到一城砧杵。金鴨烟消玉蟲燼落孤坐人無語。敲窻亂
葉。桐風徹夜凄苦。 籬角幾簇秋花凄京心事似倩寒
蛩訴。待得寫霜晴新帖子好約尋山儔侶。惆悵流光沉
吟舊夢展轉愁千縷。為秋憔悴拈毫更覓秋句。

菩薩蠻

西風作意吹晴色。夕陽明處雲波裂。野水碧彎環。秋痕
澹到山。 小樓簾乍卷。極望吳天遠。鄉思正凄迷。一繩
新雁低。

高陽臺 為穆二實夫題秋江獨釣圖

鷗雨冥濛魚雲淡泞空江一片明漪。手結夫須沿汀擬
櫂遲遲。幾株疎柳西風外拂烏篷低蘸烟絲。澹斜陽瑟
瑟蒹蘆涼雪飛時。 蕭然誰會尋秋意恍擊音漸遠小
立然疑。茶竈琴床清吟且和天隨。年來慣作鱸鄉夢算
閒身合伴漁師。卷橫圖烟水吳江空惹相思。

憶舊遊 為王雪舫題剡溪棹雪圖

愛長天玉戲水漾明波山隱空烟。靜夜閒乘興便携將
茶具溪畔呼船。遥聽櫓聲鴉軋驚起鷺鷗眠。羨擁棹微
吟披裘長嘯標格如仙。 誰憐隴頭客記舊日清遊回
首凄然。踏雪關山路正朔風吹面欲折吳棉。甚日片帆
歸去剡曲共洄沿。約相訪衝寒風流未必輸晉年。

芙蓉山館詞稿 卷四 四

探春慢 為王雪舫題梅花老屋圖

倚檻瞻香巡簷索笑數椽老屋幽絶。冷蕊清疎橫枝銷
瘦共耐殘年冰雪。鼻觀微參處證妙悟欲通禪悅。無言
坐到更深古簾微逗寒月。 惆悵羅浮夢杳便驛使西
來難問消息。翠羽啼煙縞衣怨夜廿載空山岑寂。待譜
江南曲怕吹徹玉龍凄咽。孤對生綃卧遊空展瑤席。

菩薩蠻

一庭澹月和烟冷。霜華着樹玲瓏影。羈客獨眠遲。殘缸
照鬢絲。 香篝偎未煖。寶瑟流塵滿。繞柱故徘徊。頻歌
起夜來。

百字令 夜坐示蘷兒

二更月黑，正滿庭寒色，掩關愁坐。影逗疏星三四點，窗紙峭風吹破。棲鵲頻驚，荒鷄乍咽，鬥鼠空梁墮。堆牀卷帙，夜闌閒理清課。　却喜膝上詩成，杜家驥子，强韻吟能妥。惆悵風塵長落拓，筆墨近來慵惰。攬鬢絲多，探懷錦少，惆悵華年過。寒爐試撥，松明猶剩微火。

金縷曲 黄大葯林自興安軍營寄梅花小幅，因題四闋於左方

廿載辭江國。記尋春、襆衫茸帽，歲寒泉石。抛却家園三百樹，漂泊天涯爲客。聽吹徹、玉龍淒咽。縞鶴青猨勞悵望，繞寒溪、幾度飄香雪。江天遠，夢難覓。　故人知我心

相憶。砑生綃、一枝疏瘦，剪來煙驛。海月流光明似鏡，冷挂珊瑚七尺。仿彿見、舊時顔色。不分何郎吟興減，索枯腸、試點春風筆。燈欲灺，研剛炙。

前調

尺幅傳心素。傍南枝、淋漓題徧，相思新句。慷慨短衣隨玉帳，不道此行良苦。看揮灑、儘饒風趣。只我沉吟添別恨，黯銷魂、細雨關山路。佳人遠，碧雲暮。　飄零總怨前塵悞。漫裁詩、嘲桃謔柳，賞心難遇。記否廵簷同索笑，雪北香南儔侶。空回首、舊遊何處。甚日相攜官閣畔，對疏花、重把淒凉訴。展瑶席，酌蘭醑。

前題

薄醉酣肩聳。正邊城、釄寒三九，敝裘孤擁。竹外横斜看最好，恰伴小齋清供。須省識、寄時珍重。手炷水沉烟一縷，拂琴絲、譜出江南弄。冬心抱，有誰共。　四簷晴雪懸冰凍。照文窗、凌兢蛟背，墨波浮動。十二屏山圍扃曲，似有暗香偷送。賺兩兩、翠禽幽哢。獨夜蘭釭明似豆，擁青綾、定作羅浮夢。寒月影，逗簾縫。

前調

彈指華年過。掩重關、鬢絲禪榻，六時清課。知己關情千里別，貌出寒花似我。有多少、冰霜摧挫。容到任嘲元尚

白，只素衣、空惹緇塵涴。名山約，幾時果。　懷人遠道情無那。劃爐灰、嗅添商陸，徹宵癡坐。一派角聲邊月曉，冷豔盈盈欲墮。更玉齒、粲然微瑳。姑射仙姝天際想，笑驛人、有句吟難妥。憑驛使，寄君和。

百字令 喜葯林至，高平招同周偉雲陛秀三遊柳湖，即席賦此

廿年舊雨，喜天涯握手，倍增幽興。遲日園林新霽後，占取風光殊勝。瘦竹迎筇，枯苔印屐，柳色明衫影。湖光湛綠，小亭恰似漁艇。　最愛泉味清甘，瓶笙細響，就石支茶鼎。似此佳遊曾幾度，記否故山烟景。静識禽音，樂知魚意，懶慣閒雲性。踏歌歸去，一林疏翠初暝。

齊天樂 小幅 題秋蝶

凉光破碧驚棲蝶，苔墻幾回飛遶。曉夢猶迷，春魂易化，剩得冶情多少。繁華悟早。只銷瘦堪憐，粉輕金小。似戀踈香，迴身更向蕙叢抱。 元嬰曾費翠擬，舞衣留五色，蒨錦爭巧。怯露伶俜，倚風搖颺，一抹淡煙織草。佳名恁好。訝幻影翩翩，鳳車呼到。寫入生綃，不教秋色老。

子夜歌

簾開冷滴蒼苔雨，虛腮寂寞閒禽語。竹屋聚雲凉，綠痕凝暗香。 遶空流影澹，煙渺平蕪遠。留客晚催詩，殘霞照曲池。

芙蓉山館詞稿 卷四 七

前調

幽廊夜靜留棲燕，梧桐月過墻陰淺。無語數秋星，流螢到小亭。 明釭愁影瘦，蝶夢迷清漏。獨坐拂青琴，寥寥空外音。

江神子 小幅 題玉簪

小闌干曲漫凝眸，碧痕稠，粉裝抽。冉冉吹香，滿院露華流。一片凉光殘夜月，臨半鏡，整搔頭。 水明簾子漾瓊鉤，玉兒愁，雪兒羞。只恐嬌雲，飛去影難留。愧仗騷人勻水墨，標格好，澹如秋。

行香子 聽雨同 弟分韻 二

碧墮踈槐，翠濕新苔。漸蕭蕭、響急閒階。生衣欲換，凉意吹來。任畫簾垂，蘭燭灺，篆香灰。 好句同裁，前字重排。對床聽、詩儘伊催。去年今夕，無限離懷。正夜偏長，愁未了，夢初回。

前調 題藝香圃 即事

秀影簪花，凉意汀莎。小池亭、偏占秋多。香凝寶鴨，酒泛紅螺。愛鳥閒閒，花淡淡，水羅羅。 遶柱微哦，倚瑟清歌。恨流光、容易蹉跎。年來好夢，總在烟波。待放湖舠，尋釣石，理漁簑。

玉漏遲 小艇 憶鷗 玩月

芙蓉山館詞稿 卷四 八

晚霞初散綺，正素月流空，光逗簾額。試拓踈窗，淺印一方珂雪。凉意蕭蕭竹樹，人靜後、滿庭秋色。河影直，遠山不動，夜雲堆積。 攜手共覓清歡，好料理吟箋，莫負蘭夕。記否頻年，對景漫勞相憶。小閣玲瓏如艇，渾疑泛、鷗波千尺。更漏急，生衣露華吹濕。

大酺 題華大友 山詞集後

身世茫茫，無憀極，慣溯流風獨寫。薄遊成落拓，怎故鄉烟月，舊歡都謝。嘆起南雲，聽殘暮雨，吟到離魂欲化。么絃彈側調，怪冰絲孤裊，賞音原寡。似衛虎言愁，江郎賦恨，傷心人也。 相逢杯共把，訴不盡、半世凄凉話。况更是同心永逝，知已長辭，頻番噩夢醒猶怕。我亦多情客，有老淚爲君飄灑。正空館、凉燈灺，不勝清怨，旅鴈又過雲鏤，落葉亂敲碎砌。

沁園春 中秋門席用迎陵韻同二弟作

今夕何年，皓月當頭，停杯問之。記隐囊麈尾，曾陪庾亮；皐禽翔管，曾伴陳思。清讌西樓，冶遊北里，多少驪人絕妙辭。今何處，只瓊宮無恙，環佩袿䙆。　晴空霧歛烟霏，筭此景年來見亦稀。儘掀髯老我，音情頓挫；隨肩愛弟，才調恢奇。蘭席平鋪，螺窓盡拓，觚爵齊騰逸興飛。燒高燭，擘蠻箋十樣，醉墨分題。

芙蓉山館詞稿 卷四　九

前題

風度疎篁，露下高梧，清輝轉揚。更凉莎繞砌，蛩聲斷續；明雲度水，鴈影微茫。綠醸浮盃，紅紗照坐，起舞當筵低復昂。秋光好，且冷吟閒醉，此計差長。　偶然闌入歡場，有俗客前來興也妨。恰人如兩晉，襟懷灑落；樽開三雅，帬展迴翔。笑語官奴，兼呼末婢，落筆爭誇錦繡腸。流連久，愛清言郭象，狂態袁羊。

前調

對月高歌，細數生平，紛紛角張。嘆少儒戎幕，征裘凋敝；相如圜令，賦筆摧藏。寄淚音書，驚心烽火，容易人歸百戰場。吾衰矣，漸容銷秦鏡，鬢點吳霜。　風沙古塞伊凉，竟誤認他鄉是故鄉。悵五湖煙水，空思泛宅；廿年塵土，未許搴裳。忍負盟鷗，更騎官馬，羞向關西道姓楊。誰招隐，說小山叢桂，吹滿秋香。

金縷曲 送黄大蒳林之官大荔

同是栖栖者。喜重逢、連牀快說，廿年前話。最好南樓看皓魄，萬頃明波如瀉。又九日、菊花盈把。說餅題糕徵往事，許吾曹、共結疎狂社。觥觴詠，占閒暇。　逡巡又過初冬也。黯將離、輕冰小雪，短長亭下。入洛遊梁知未倦，圖令行裝都雅。況更是、吟懷瀟灑。人說風光沙苑好，對終南山色青如畫。富棃栗，美桑柘。

芙蓉山館詞稿 卷四　十

前題

酒正三行矣。聽清圓、金鐶馬首，離聲乍起。半載西窓同剪燭，不羡匆匆分袂。到此際、又拋清淚。老去總憐儔侶少，更浮雲、游子天涯意。歸田願，幾時遂。　風塵浪走車生耳。記年時、從戎玉帳，故人千里。破臘山城逢驛使，贈我梅花一紙。我亦有、新詞相慰。此去官齋饒暇日，儘驅烟、染素供游戲。郵筒便，望頻寄。

蔓芙蓉 題屈宛仙女史蓮花小幅

幻影蓮生指。愛亭亭、獨立澹粧明媚。湘烟一幅，剪向楚江水。鬧紅香粉膩。誰憐縞練清麗。（縞練人名）謝郄鉛華。只冰魂縹緲。冷倩露痕洗。　人是靈均苗裔。水佩風裳標格應相似。涉江雙槳何處。小舟艤碧池涼雨。碎鮫人無限清淚。悵觸鄉心。記蓉湖千柄。月午棹歌起。

金縷曲　寒夜讀汪竹海竹素昆季詩集作此柬之時將赴粵西即以送別並呈劍潭

醉眼搖紅燄。把新詩高吟徹夜。暗燈如粟。慷慨唾壺敲欲缺。一片宮商相續。絕勝似哀絲豪竹。天海風濤聲入破。撒明珠碎戛玲瓏玉。原不是世間曲。　牛毛喜見雙麟角。擅吟場目空餘子。都成碌碌。二十能文詩七步。今我羞稱曹陸。眞待要命騷奴僕。慧業三生同注籍。羨心

香試撿東華錄。名山業。此時卜。

前調

握手長安道。恨無端秋風報罷。青衫瑣璅。失路蒼茫君莫恨。豈有奇才坐老。且暫博尊前歡笑。燕市酒徒今盡散。只兩三詞客稱同調。躭蕭放。恣吟嘯。　莫輕問是何年少。論才華分雲抉漢。十生難到。我見元方甘下拜。兩世交知尤好。儘箱篋爲君傾倒。團雪歌成還散雪。但相逢怕說分離早。愁打疊。送行稿。

前調

促坐杯行互。共西窗冷灰殘燭。黯然情緒。我盼京華來恨晚。君去一何匆遽。況冰雪千山寒沍。灑淚不成歡。空惜別。望吳天黯澹江雲暮。征程遠。善調護。　滿襟清淚彈無數。聽離筵青琴曲罷。此情尤苦。君到家園應小住。烟月紅橋別浦。是舊日我曾遊處。問訊梅花消息近。正壓枝香雪垂垂吐。頻寄我。好詩句。

前調

惻惻春明別。溯湘灘蠻烟瘴雨。小舟荒驛。一自玉溪登眺後。千載重來此客。看側嶺橫峯奇絕。弄鳳騎龍無不可。好江山合付才人筆。揮醉墨。灑苔壁。　乘閒更蠟尋幽屐。訪遺踪羅池古廟。鬱林佳石。紅豆花開丹荔熟。對

前調

相見悲遲暮，恨因他浮名馳走，暴鰓而去。博得李膺來送別，纔莫林宗遭遇。只一事、可傳千古。何必漢廷卿相說，始羣推國士真名譽。耻流亞，逐傖楚。　好奇端合殊方住。到蠻中、騎龍絕徼，射魚荒浦。皆傚昔人當放廢，浪作天魔狂舞。越幾載、便歸吳楚。公亦挂冠神武闕，遇子猷昆弟江南路。讀湖海，十年賦。

沁園春 石大敦夫以顏墻老樹二詞見示，因賦此闋

百感中來，健筆摩空，縱橫莫當。看別開生面，前身青兕；閒尋舊蹟，小劫紅羊。老樹槎枒，頹垣零落，假日登臨弔夕陽。無憀極，把有情人淚，灑向蒼茫。　歌頭譜出伊涼。記廿載、風沙古塞傍。悵隗囂宮畔，頻番草緑；赫連臺上，一片雲荒。定子當筵，柔奴按拍，各有新聲繞屋梁。何時去，向旗亭貰酒，共鬥清狂。

齊天樂 題邵五壽民情禪設語詞集

江郎彩筆偏多感，新詞譜成凄調。箏柱移心，燭荷拋淚，觸起閒愁多少。蠶眠字小。想擁鼻微吟，夜窗幽悄。繞榻茶烟，鏡中惆悵鬢絲老。　三生慧因重證，怪拈來棗葉，別樣香妙。蝶粉纔銷，荷絲又惹，畢竟情緣難了。多情也好。有法界華鬘，讓君修到。合付甄陀，曼聲歌嫋嫋。

蝶戀花 題人鶴雙清小冊

世外仙姿俱綽約。鶴病如人，人瘦還如鶴。束素纖腰憐戍削，臨風更惜雙翎弱。　惆悵瑤臺京月落。悔煞雙飛，一霎從頭錯。閬苑音塵今寂寞，附書長負當初諾。

前調

翠袖翩躚輕欲舉。天半朱霞，標格應同汝。何事向人偏楚楚，幾回花底親摩撫。　宛轉弓彎還解舞。按罷山薌，滿地飛紅雨。蕙帳空時聞怨語，三生緣薄芝田侶。

前調

迢遞雲波千里隔。輸却鴛鴦，睡穩銀塘側。鸂鶒呼名調慧舌，哀鶗為汝啼清血。　冰玉丰姿看艷絕。暝翠柔紅，誰似伊高潔。冷後情腸休更爇，相思滿翅蓬山雪。

疏影 為顧大伴琴題梅邊吹笛圖，用白石詞韻

明漪浸玉，恰小舟如鷺，波上棲宿。寂寞冬心，黯澹春魂，併付一枝橫竹。冷冷清磬聲相應，恍人在、香南雪北。好招他、入寺湖光，來伴吟懷幽獨。　坐到月高花瘦，天風吹暈小，空影微緑。夜氣高寒，孤櫂初迴，燈火前灣漁屋。延緣不盡湖山興，絕勝似、當年刻曲。寫清遊、浣筆冰壺，留取疏香尺幅。

百字令 初七夜月

靈辰過了愛微黃新月隔簾初上星影闌干雲數點引得吟情搖颺街柝才傳庵鐘乍歇空外箏弦響小歡微醉算來不負清賞　恰好倦枕琵琶北窗企腳天際真人想從此清輝看漸滿留客細傾佳釀燈蕊銷紅茶煙裊碧墨泛空明浪夕陽西下笑他鄰女猶唱

前調（初八夜月記去年與荔裳在高平話别時用前韻郵寄）

去年今夕正半輪皓魄在空桐山上偏照離人催部曲一派旌旗搖颺間道傳烽急郵飛羽笳鼓連天響良辰三五可憐孤負歡賞　轉眼又是經年燕山蜀棧各有天涯想料得高堂應念我對月懶傾家釀暈未全銷圓

芙蓉山館詞稿　卷四　十五

如有待夢怯巴江浪謝家詩句吟成誰和高唱

前調（初九夜月適姚春木吳兼山過寓同周偉雲夜話三疊前韻）

晚雲齊歛又月華滿地新弦剛上佳客翩然欣入座風引畫簾低颺茗瀹皁爐火添商陸靜聽瓶笙響門無剝啄閒中頗愜幽賞　莫話蜀道風塵吳江烟水（兼山將歸吳）入海飄零想羨喜清光千里共排悶且沽春釀境自空明人俱疎俊我亦甘流浪一聲銅鉢敲殘更促清唱

前調（初十夜月飲周約齋儀部寓時約齋乞假南歸四疊前韻）

閒園小閣喜銜杯話舊明蟾初上兩樹寒梅齊破蕊坐覺暗香微颺妙句調絃清談戛玉何必箏琶響廿年隔面今宵好縱清賞　羨子得遂初衣東華夢裏浩蕩湖山想京口鰲魚春正美爛醉洞庭新釀遲我三秋買他一棹共鼓烟江浪歸田賦好讓君且作先唱

前調（十一日夜月紀香谷吏部招飲與常州沈太守話舊作此柬二君五疊前韻）

樽開三雅正清郎休沐襟情豪上一院月痕寒似水隔幔霜華飄颺綠蟻頻浮紅牙試鬥腰鼓春雷響松明張王園爐雜坐歡賞　廿載關塞棲遲故人相見觸我前塵想記否蘭山曾買醉十斛蒲萄紅釀華髮盈顛流光彈指蹤跡萍隨浪伊凉新曲只今誰擅高唱

前調（十二日夜無月顧大晴芬以詞集見示讀至三更月復明朗六疊前韻）

芙蓉山館詞稿　卷四　十六

春寒料峭把文窗六扇一齊關上窗燭垂花圓似豆一縷水沉煙颺霧淞模糊雯華匼匝風裂輕冰響箇家琴趣深宵隨意吟賞　吟到烏夢難圓梅魂欲化最耐人閒想惜少紅紅能記曲且自淺斟新釀堅坐星闌重看月起雲散魚鱗浪不禁忍俊抽牋約共酬唱

前調（十三日夜同春木兼山晴芬偉雲步月廣慧寺訪詩僧鏡徹七疊前韻）

攜朋散步愛多情皓月照人衣上逐隊最嫌燈市鬧車馬六街塵颺十棒嬌歌千羣戲鼓何似鐘魚響禪關試叩佳哉此夕遊賞　才是小據蒲團同拈香偈便作逃禪想留客仲殊偏解事蜜酒半甖剛釀高下樓臺參差

金碧層叠翻銀浪花宮人靜泠泠仙梵猶倡

前調 十四夜月吳穀人先生張船山檢討招飲八叠前韻

詞壇鉅手數叔庠淹雅景陽遒上緑酒分曹邀客醉逸興一時飛颺隔座藏鈎交竿舞蔗鼓擿銅丸響狂歌痛飲九分圓月堪賞　漫道磨盾飛書横戈入陣萬里風雲想縱使功名垂竹帛不抵一杯新釀釣渚波平漁舟夢穩懶破長風浪黄雞白日玲瓏且慢催唱

前調 十五夜月過鄒曉屏侍郎寓齋小飲九叠前韻

遥山翠暝又一輪圓鏡半空飛上漸覺鳳城春艷婉簾捲東風徐颺梅格孤清蕙香閒澹茶鼎松濤響鄒陽興

劇開樽邀我同賞　郄話杞菊畦荒雲波路隔十載家山想夢裏蓉湖無限好水色緑於新釀悄共鷗盟閒聽鴨語泛宅桃花浪倚舷吟嘯和他西塞漁唱

前調 十六夜大雪十叠前韻

姮娥艷絶巷玉妃嬌妬跨鸞飛上亂撒瑶華迴舞袖恰趁落燈風颺簷戞懸冰窗敲急霰竹樹蕭騷響玉壺天地今宵别有奇賞　使我神骨清泠擁裘孤坐得句無凡想潤柳吹桃工作態一半春嬌先釀銀地無塵瓊田不夜碧瓦生寒浪梁園賦手招來試門妍唱

邁陂塘 送吳兼山歸里即題其巴江送别書卷

望巴江曲如巴字離腸一夕迴九干戈滿地難爲别落拓儒冠依舊衣短後枉負却華年倚馬飛書手功名大謬只贏得良朋臨岐珍重雙淚落樽酒　浮蹤迹往事不堪回首燕臺話别今又春明門外春如夢寒禁柳條還瘦看放溜歸舟幾日歸篷已抵楓橋口家山别久君試問煙蘿舊時猿鶴知我歸然否

菩薩蠻

冰紈小扇裁圓月羅衫愛染秋藍色繡作折枝斜疎疎落墨花　晚晴深院宇凉滴青桐雨簾卷盼銀河新添幾尺波

眉嫵 雨後新月用王碧山韻同春木箌雲作

愛碧華墮水素彩澄霞凉破小窗暝深翠摇殘滴香泥滑清輝莫照花逕諺云星月照濕土明朝依舊雨嫩晴未穩悵曲眉猶瑣幽恨誰更着一片方諸小淚花點衣冷　積雨悶懷難問怪天邊苔繡也蝕青鏡準擬重磨洗無多日十分便放圓景蓮宵漸永看明河窺户初正倩簾外東風吹斷濕雲流影

虞美人 題葉花圖

妬花風雨宵來急零落燕支雪玉人病起不勝嬌軟踏苔衣無語倩魂銷　啼鵑喚醒穠春夢紅淚澆香塚泥

金小牒寄蓉城願乞羣芳一例共長生

木蘭花慢

雨餘秋淨麗林影外蔚藍天奈一段鄉愁憑高送目杳杳無邊風前晚霞紅盡漸遙山黯澹欲成煙草際初翹瞑鷺枝頭尚咽凉蟬　蕭然素髮已垂肩飄泊問何緣悔黃塵烏帽頻番噩夢過了華年遷延漫籌歸計惱羈懷不是爲無田但祇布帆安穩西風好趁江舡

蝶戀花 題吳古晥江雲樂府

記得疎狂詩酒社燕市知交零落晨星寂聽唱新詞愁又惹那禁淸淚如波瀉　恨魄千年終不化慧業生天

芙蓉山館詞稿　卷四　十九

此語知非詐丹篆飛來人去也玉龍腰誤前生跨

前調

北里名倡呼謇姐未了情緣薄命桃花謝十二瑤臺明月夜天姻豔說飛瓊嫁　五色江毫含恨寫點染風流銷得珊瑚架詞客有靈應亦訝吳郎樂府高天下

百字令 七夕拈浣霞芙初竹素春木靑上小集寓齋分韻得睡字

濕雲斂影正愁霖乍歇嫩晴天氣淡淡銀河橫遠碧數點落霞明綺葉響催凉煙痕送暝夜色淸如水邀朋共賞拈毫無限秋意　莫話天上靈期人間幽恨乞巧兒時事投老情懷偏嬾散贏得小歡深醉顛倒桃笙縱橫茗椀堅坐渾忘睡羅心燭𤇾冷螢飛上衣袂

齊天樂 爲李四晴雪題荷華仕女小幀

藕花紅透鴛鴦夢亭亭數枝低裊蟬翅衫輕鴉雛鬢薄入傍曲欄深沼庭陰靜悄愛碧雨初過嫩凉生早怕斷情絲玉葱臨檻忍輕掐　波痕如展銀鏡正花容人面豔影雙照羅襪竛竮瑤璫錯澹一樣粉纖香嫋珠翻翠滌恰戲弄田田阿侯嬌小賭取勻圓掌中看更好

南柯子 題雪豔圖

寒壓燕支雙花疎翡翠屏萼華嬌小悔多情不信三山一笑謫瑤淸　夢影迷前度冰霜耐此生滿庭香霧冷

芙蓉山館詞稿　卷四　二十

冥冥可惜殘香等不到流鶯

金縷曲 閨千同汪竹素作

梵宇玲瓏極遶迴廊行來約略舊曾相識不似尋常閒院落十二瓊樓寒色正一把柳絲無力約束春情教宛轉搊明蟾肯放花陰直蓬山路萬重隔　當風不礙疎香入瀟湘波簾紋窣地綠烟如織回首遊仙成昨夢記否會調鈿笛更幾度弓弓點屐多少啼痕纖指印待重來覓徧全無迹苔花老滿堦碧

蝶戀花 題張鹿樵舍人梅花小影

官閣何郎耽索句一笑巡簷香雪垂垂吐玉照堂前裁

萬樹詩人合作名花主　老幹橫斜蒼石古極目空明
天澹雲來去吟到更闌寒月午驚霜翠羽啁啾語

前調

彈指韶華過六九小坐苔茵詩骨爭花瘦折得高枝春
在手寒香沁齒和烟漱　我憶家山離別久曲檻疏籬
空付青猿守獨夜夢回燈似豆爲花惆悵花知否

高陽臺 題潯陽送別圖

鴈爪淒聲鵾筋急響風從隔舫吹過送客寒江茫茫月
浸空波相逢訴盡飄零恨對清樽低蹙雙蛾最堪憐似
綺年華彈指蹉跎　天涯我亦悲淪落問閒情禁得幾

度銷磨荻渚楓汀祇應歸覓烟簑年來怕譜傷心曲掩
青衫老淚無多漫徵唫墨暈香殘燭灺冰荷

邁陂塘 題樂蓮裳訪琴圖

望巉岩蕭然獨往此中真有佳處調刁萬竅號天籟天
際恍聞琴語空響聚正滿澗流雲昨夜西山雨前塵頓
悟縱夢斷人遙絃孤櫬冷懷抱自千古　幽尋苦足繭
一雙芒屨秋衫半涴蒼土林風灑面凉如水日落但聽
樵斧愁淚注嘆野爨烟寒焦邪桐無數良材倘遇便携
訪成連滄波浩淼海上剌舡去

齊天樂 題家大兄春草軒詞集後

東風吹綠池塘夢重逢且吟春草一卷新詞廿年舊事
根觸勞人襟抱煙痕破曉悵遠碧粘天江南路杳莫更
牽愁鏡中容易鬢絲老　風流盡歸翠管怪玲瓏百種
冉取天巧蘭畹調箏蘋洲擪笛一樣曼聲淒調青袍相
照嘆憔悴年年何曾換了無恙西堂不如歸去好

摸魚兒 題大兄蓮舟圖

小閣浮一漚身世茫茫何處靈境等閒飛度菩提海借
得蓮舟華淨天水本愛極目空明磨洗青銅鏡禪心早
定任游戲神通中流容與片葉泛香影　西來意認取
妙鬘真性三生慧業重證漫誇彼岸先登好只怕回頭

不猛還記省笑我是頑仙不向牟尼依明星玉井看藕
大如舩花開十丈夢到萬峯頂

柳梢青 海棠果

花睡初醒相思有種幻出團欒碧剩春痕紅留豔影和
露堆盤　來禽錯寫冰紈向乞巧筵前細看薄命因緣
銷魂風味總帶些酸

高陽臺 爲家友仙題山水折枝牡丹畫幀

遠岫留雲疎林墜葉畢宏畫本清妍彩筆生香滕前雛
鳳娟娟折枝花樣天然好擅風姿不數黃荃記當時分
贈殷勤倚幌雙看　吳綾滑笏流塵滿悵對花人去一

蔓遊仙剩有遥山迷離還鎖愁煙春鵑曉蝶原空相漫
傷心錦瑟華年付裝池紅豆樓廳小影同懸畫爲畢靜山父女分贈友仙夫婦者友仙近已悼亡故云

蝶戀花 秋夜郎事

月落空庭雲影度斷夢難尋添上秋情緒搖蕩簾衣輕
欲舉流螢閃閃隨風去　二十五聲殘點誤凭遍回闌
夜靜無人語忽覺花梢飄冷露曉星移上墻頭樹

菩薩蠻 七月初八山作

琉璃一片空明夜珠簾半卷榆花謝花露暗吹香瑤天
鶴夢涼　離心空脈脈斗轉銀河直風外坐調笙秋光
別樣清

芙蓉山館詞稿　卷四　五三

前調 浣霞聽珂諸君約遊西山不果作此柬之

秋風鷹爽涼雲碎倚闌望斷西山翠古蔓落誰邊夜星
沈瘦煙　飛仙何處覓石徑無行跡洞口月明多年年
長綠蘿

喜遷鶯 題陳旻生江亭餘別圖即送其之官粵東

銅章乍綰指羊城天末別懷何限柳外離歌樽前俊侶
欲去不禁留戀萬頃撥廬簫瑟入在江家亭畔倩妙手
寫秋光行色蒼茫一片　清讌情繾綣讀畫論詩惆悵
相逢晚荔子雲紅桃榔雨黑水驛山程遙遥聞說珠江
佳麗好句定應吟遍乘風便盼輕郵寄我羅浮雙繭

百字令 題彭田橋下第詩後即送其回蜀

峨眉佳絕記右軍題品崑崙伯仲詩骨欲爭山骨瘦健
筆嶔崎殊衆絳螭心灰青琴淚盡失路文焉用當歌對
酒襟情未減豪縱　惆悵通潞河頭一驂行色折柳愁
相送風笛離亭秋易老冰雪長途珍重蜀國調弦巴渝
按舞先譜江南弄因君問訊舊遊烟水如夢田橋取道江南回蜀故云

高陽臺 賈素齋以詩冢銘見示因題其後

愁共塵埋劫隨灰冷詩城築向山深蘊老螢乾漆燈無

芙蓉山館詞稿　卷四　五四

焰長陰一堆蒼蘚荒岩土怎銷沉百種靈心化空明海
月孤光來照幽岑　騷魂已返陳芳國怕殘碑磨滅遺
跡難尋恨血千年秋墳定有知音葵花瘞鶴同惆悵殉
泉臺并碎瑤琴最淒涼雨暗叢篁山鬼微吟

水調歌頭 題賈素齋祭詩圖

再拜設詩祭今夕是何年幢幢蜜炬雙照百斛酒如泉
一笑爲徵舊事此自君家起例歲歲敞華筵勝似縱蒲
博盧雉叱廻旋　喚長恩邀如願共留連吾曹冷淡生
活作達亦堪憐好進黃羊亦鯉侑以銅琶鐵板四座舞
翩躚我作神絃曲騷鬼定欣然

百字令 九日偕法梧門學士賈素齋上舍遊極樂寺

携朋出郭正踈風迎面滿襟秋緒衰草粘天迷望眼一碧更無今古老柳長隄殘荷淺沼曲徑通村墅林梢翠濕猶飛昨夜凉雨 最愛梵宇玲瓏僧樓縹緲絕好登高處只恨黃花消息晚寂寞斜陽荒圃香繞藤輪茶翻石鼎靜裏通禪悟鐘魚催暝遲回未忍歸去

倦尋芳 題橫波夫人桃花小幅

含情宜笑流睇無言別樣嬌俊乍展生綃冉冉美人雲近豔影迷離看欲化倩魂搖蕩愁無準認題名愛眉樓小篆一痕朱暈 自占取鳳巢深穩萬朶紅雛總堪銷恨花夢春酣褪盡蝶翎香粉滿院煙華清露重半奩鉛水朝霞潤覷幽姿未輸他楚蘭風韻

芙蓉山館尺牘

（清）楊芳燦 撰

《芙蓉山館尺牘》十六卷首一卷，清楊芳燦撰，劉繼增輯，清抄本，佘一鼇校，未刻。上海圖書館編《中國叢書綜録》（中華書局一九五九年版）作《楊蓉裳先生尺牘》。

芳燦《真率齋初稿》、《芙蓉山館詩稿》前已著録。作者另自輯有《芙蓉山館師友尺牘》，收録袁枚、王昶、畢沅、孫星衍、洪亮吉等來函五十餘篇，可與《芙蓉山館尺牘》互參。

芳燦自幼時人『驚爲神童』，弱冠時『早標英譽』，而且『至老不衰』。一生交遊甚廣，『名公鉅卿往來贈答，長箋短簡不少人間』，留下了不少信劄。除二十五篇『鴻篇巨著、沉博絶麗之文』，在其生前已被收入文集刊印外，其餘均散存於親友手中。無錫名士劉繼增認爲這些書信『可考見先生一生涉歷交際遇合之方』，從楊芳燦的親屬、師友和相關邑人處『苦心搜羅』，『集其大全，雖只鱗片羽，期在網羅無遺』，搜得大量楊芳燦書撰的信劄。剔除重複，加上前述二十五篇，共得七百三十一篇。其中有些爲楊芳燦的手書，有些則是抄本，劉繼增『評審文義』，進行了仔細的清理、核對，按照年譜編次成書，共編爲十六卷，并作編年目録一卷，列於全書之首。

《芙蓉山館尺牘》另有民國抄本，本書據清光緒八年（一八八二）劉繼增所輯清抄本影印。

（金其楨）

芙蓉山館尺牘例言

一先生詩文手自訂刻，行世已久，惟尺牘僅於文集中刊列二十五首，餘藏於家，或為人傳鈔，向無刻本。易簀後，求之其家，散佚殆盡。經先生從外孫余成之一蘐苦心蒐羅，十餘年，得先生手書抄稿二百二十一首。又得先生外甥顧夢湘明府筠抄本二冊，四百十九首，內去與前抄稿同者四十五首，文集同者二首，計三百七十二首。又從郡中湯穀原鉞處假得抄本一冊，校與前抄本同，其不同者止四首。最後於夢湘明府曾孫顧伯裕舒寀家藏抄本二冊，計九十七首，又墨跡十二首，還已列文集之二十五首，通計七百三十一首，惟諸稿不分年時，前後錯列。今詳審文義，按照年譜編次成書，為十六卷。因作編年目錄一卷，附於簡端，庶閱者沿流溯源，可考見先生一生涉歷交際遇合之方，第散珠委地，從頭穿綴，不無先後微差，要於大致不相懸耳。

一是編文義精粗不一，茲集其大全，雖隻鱗片羽，期在網羅無遺，當與選本有別。大約刊列文集者，皆鴻篇鉅著，況博絕麗之文。抄本則酬應短札居多，其手稿墨跡，大率家常覼縷之言，在先生當日，本非定為必傳，後之人搜討遺芬，何忍遽棄。願善讀者，處其境以論其文，太羹元酒，熊掌駝峯，各味其味，勿嫌駁雜也。

一顧夢湘明府所抄之四百十九首，皆有先生加墨圈點，版口印有芙蓉山館字樣，是蓋先生選定之本。其顧氏所藏書，其字跡審系夢湘明府手錄，但未經先生加墨，并無版口字樣，間有參入他人之稿，今芟去之，得九十七首，今編入甲辰至甲寅年止。除上英勇何公壽啟、覆袁簡齋夫子兩首，此外皆是也。其間稟牘居多，似非盡出先生手筆，想其時簿書鞅掌，官樣文章，或出諸幕客，然未暇分別，明眼人當能辨別之。

一文集已刊之二十五首，本可毋庸編入，且與文字體例不甚相合，惟是編彙先生尺牘之全，細大不捐，如集中與袁簡齋兩書之類，應入文集，而文集未登者，不下十餘首，若因體例併此而去之，不亦兩無所收乎？顧彼則先此，故一概甄錄於編，但於目錄下特注已刊列文集字樣，庶閱者不訝重複也。

一原稿標目，或書姓，或書字，或書官，書別號，如洪瀾又作伊藍之類，不一例，古人詩詞集中往往如此，今悉仍其舊，間於編年目錄內補注，以備引證。其原稿無目可考者，則以佚目書之。

一書中密圈密點，皆系先生手跡，詳繹其意，間有因措詞的當用意前繁處為之，非專論文采也。按原刻詩文集皆無圈點，茲係初錄艸稿，姑存其真，如彙入全集，自應一例去而勿存。

一先生早標英譽，至老不衰，名公鉅卿，往來贈答，長箋短簡，不少人間。第伏處鄉下，窮搜不無遺憾。所冀　儒林大雅，

如有見藏惠示其餘益加裒輯抱殘補闕諒有同心焉

光緒八年壬午春三月無錫劉繼增識

三 無錫縣圖書館

芙蓉山館尺牘編年目錄

同里後學劉繼增石香編輯

金匱楊蓉裳先生著先生名芳燦字才叔小字嘉郎蓉裳其號

也曾祖宗濂字聲識邑庠生祖孝元字端操邑庠生父瑀觀

字鷺溪太學生先生生於乾隆十八年癸酉十二月十八日

七月即能言祖父教之識字四歲讀四子書竟誦古唐詩八

百餘首九月長妹生五歲祖父卒六七歲家綦貧父授讀於

家會多病廢學八歲二弟揆生是爲荔裳先生十二月次妹

生九歲父就館瀘溪外氏遂從鄰塾讀十一歲經傳卒業始

工詞賦作夜明蝦賦爲時所稱今刊文集中十二歲與外兄

顧立方敏恒同事外舅顧衎齋習舉業十三歲應童子試邑

令青田韓履寵錫胙器之有神童之目十四歲應學試不售三

月三妹生十六歲六月三弟英燦生是爲蘿裳先生十七歲

邑中秦峙齋朝釪鄒半谷方鍔吳鬬仙峻皆前名宿嘗過

從討論詩歌唱和爲忘年交焉十八歲笠湖世父時倅四川

邛州牧外舅顧響泉光旭爲四川觀察以詩文寄蜀皆邀激

賞溧陽彭賁園光斗年已七十餘作詞見寄有名童肯如泉

第二才雖雅擅賦三千之句十九歲學使景福按試以第

一補博士弟子員秋應鄉試薦而未售以詩文謁袁簡齋

太史枚於江寧之隨園與外兄顧立方同受業焉簡齋嘗

一 無錫縣圖書館

曰立方學八家之文蓉裳學六朝之文吾門得此可稱双絶
二十歲里中劉杲 寅賓 延至家為其孫 嗣宮嗣綰 師夏赴
江陰歲試文藝古學皆第一始受知於學使彭芸楣 元瑞
冬饔於徐氏以上尺牘皆未傳故不具編

卷之一

乾隆三十八年癸巳二十一歲仍館劉氏秋赴江陰應科試九
月黄仲則 景仁 洪稚存 亮吉 趙味辛 懷玉 過訪定交而去十
月丁父憂是年尺牘一首
上彭芸楣師啟 名元瑞謚文勤 已刊列文鈔
乾隆三十九年甲午二十二歲仍館劉氏九月學使彭芸楣將
入都招至署贈金言别並招二弟至署面試詩文以兄女訂
姻好焉十二月長女德芸生是年尺牘二首
復袁簡齋師 名枚號子才浙江錢塘人乾隆己未進士僑居江寧葺隨園居焉 已刊列文鈔
與黄仲則書 名景仁 已刊列文鈔
乾隆四十年乙未二十三歲仍館劉氏正月送二弟入都就前
學使彭芸楣約也秋赴金陵謁袁簡齋師於隨園與何南園
士永 陳古漁 毅 蔡芷衫 元春 方子雲 正澍 李瘦人 奕 丁星璧
珠 詩酒唱酬者兩月定交而别十二月服闋是年尺牘一首
再上雲楣師啟 已刊列文鈔
乾隆四十一年丙申二十四歲去歲客隨園謁江安道錢南浦

二 無錫縣圖書館

金殿 曾訂來春假館授其子詩古文辭旋南浦丁本生父艱
回浙江嘉善本籍正月至其家就館為其子 清瘦清豫 師並
得交其族孫錢裴山 楷 為文字莫逆十二月歸長妹適外兄
顧學和 徵喻
乾隆四十二年丁酉二十五歲春赴江陰應科試古學文藝均
第一尋考選拔貢錢南浦觀察服闋擧家寓江寧因偕往就館
五月南浦赴京謁選得江西南韶道挈家之任乃辭館謁袁
簡齋師留住隨園秋闈報罷歸時彭芸楣為浙江學使遂往
謁留署閱試文冬二弟北闈報罷來會歲暮同歸
乾隆四十三年戊戌二十六歲正月起程入都二月二弟之江
西南昌就彭氏婚三月抵京延尉 大 王述庵 昶 前以詩文見賞
留住寓齋尋楊桐舫 懋珩 進士充四庫館總校延請襄勘書
籍五月廷試一等第三名挑取引見以知縣籤發甘肅候補
八月抵家先一月二弟挈婦歸十月次妹適張澄予 湜 十二
月營父墓於華刹灣以上三年尺牘三首
上朱笥河師啟 已刊列文鈔
與兄永叔書 已刊列文鈔
與張仲雅書 已刊列文鈔
乾隆四十四年己亥二十七歲五月起程赴甘肅二月抵關中
謁陝西巡撫畢弇山以詩文執贄為弟子留署十餘日與嚴

三 無錫縣圖書館

冬夏侍講長明張痩銅中翰塤集終南仙館為詩酒之會四
月二十七日至蘭州七月署鞏昌府西和縣知縣是年尺牘
二首
寄袁簡齋師書 已刊刊文鈔
寄方子雲書 名正澍 已刊刊文鈔
乾隆四十五年庚子二十八歲在西和縣任時南巡盛典二弟
獻詩江寧召試行在賜舉人內閣中書六月調署慶陽府環
縣知縣迎母同眷屬至署尋除鞏昌府伏羌縣知縣隨赴任
乾隆四十六年辛丑二十九歲在伏羌縣任時回教搆亂攻蘭
州事平冒賑獄起以千議末減革職留任餘從道以下多伏
法六月長子 承憲 生九月長妹壻顧學和卒於署
乾隆四十七年壬寅三十歲在伏羌縣任
乾隆四十八年癸卯三十一歲在伏羌縣任修朱圉書院漢平
襄侯姜公祠十月修城垣充武闈同考官
乾隆四十九年甲辰三十二歲在伏羌任五月回教餘孽田五
作亂圍伏羌城先期戒嚴擒獲內應營弁固守五晝夜望援
不至乃具印牘脫獄中囚使黑夜踰賊營求救於制府時制
府李 侍堯 適統兵來離城二十里因賊眾未審虛實不敢
進得閱印牘大喜判其尾曰危城固守烽火連天不患書生
當此重任抒丹保赤實堪嘉尚云云於是內外攻擊賊遁圍

解六月大學士英勇公阿廣廷 阿桂 督師進勦殲賊於石峯
堡七月事平制府福 康安 以功奏保有旨送部引見是
年尺牘五首
謝福制軍保舉 名福康安號瑤林
賀福制軍撫綏回民秉賀年
又賀年
賀苗學使年節
稟告鎮臺
乾隆五十年乙巳三十三歲在伏羌縣任正月二弟自京邸遣
書迎母因全眷侍母入都行次沔寧次女德娥生旋以蜚語
冒餉勒昭十二月始卸伏羌縣事是年尺牘二首
上英勇阿公書啟 名阿桂字廣廷謚文成滿州
賀福制軍年
乾隆五十一年丙午三十四歲正月至蘭州以官虧累不得
結報俘多方丐貸至七月始領咨北上九月過汴謁巡撫畢
弇山師會扶稚存餽獻之 名 徐友竹 堅 方子雲於幕次時資
斧不繼弇山師以五百金贈行十月抵都至寓見姊及兩弟
貧窘特甚衣食不繼至是補為部署適陝甘制府嘉勇公福
康安 入覲乃以屬禮迎於涿州謂曰子初為人譖冒餉梅贊
故進眷屬先行余誤聽之非伙帆言不知子貧窘乃爾也歎

帆即菊山别字蓋遣出河南曹言及乞十一月引見發回甘
肅以知州題補嘉勇公福　亦將回原任贈以三百金並
囑同二弟偕之甘肅十二月同全眷先後出都是年尺牘六
首
賀福制軍陞協辦
謝畢中丞名沅字秋帆號弇山
謝福藩台名寧
賀署制軍永
賀福中堂陞見回任
稟錢觀察名全啟字南浦浙江嘉善人

乾隆五十二年丁未三十五歲四月至甘肅會三妹壻嵇蓉
圃承裕於會寧尉署謁制府嘉勇公福己檄回伏羌縣原任留
二弟於幕掌記室六月之伏羌縣任八月次子承惠生九月
嘉勇公福督師征臺灣二弟來署十月除寧夏府靈州知州
卸伏羌縣事至省二弟入方伯福寧幕掌記室十一月之
靈州任是年尺牘二十九首
稟福中堂名福康安見上
又
賀福中堂生日
稟謝福中堂題補靈州

稟謝福藩司詳補靈州名寧見上
賀李道太太壽辰
賀西寧道王少君館選
賀制台到任姓勒字宜軒歷任陝甘雲貴兩湖總督官至大學士封威勤公
稟河南畢撫軍
稟河南開歸道
稟彭大司馬名元瑞見上
賀李道中秋
賀李府中秋
稟學政

稟福中堂
稟雲南藩司王
稟河南畢撫軍
稟福中堂平征臺灣
稟浙閩制軍李平征臺灣
稟蘇道台出口安撫
又
稟西寧道王
稟彭雲楣大司馬
稟賀福中堂

又

稟勒制軍

又賀年

稟賀福藩司年節

賀本道年節

卷之二

乾隆五十三年戊申三十六歲在靈州任四月金文書院落成
製文珍碑二弟入制府勒宜軒保幕九月三弟歸娶于吳氏
明年偕婦來十月二弟偕行入都是年尺牘十四首

稟福中堂

一八二　無錫縣圖書館

賀勒制軍壽

稟景道台

稟陳臬台

賀藩台浦陞福建巡撫

稟河南畢撫軍安撫災民

謝隆太尊和詩

稟陝西粮道溫

稟賀福中堂入都兼賀生日

稟福公相 附翁蒙九先生柬

稟福中堂

稟彭大司馬

致彭芝庭

上王圖南七十壽啟

乾隆五十四年己酉三十七歲在靈州任　月二弟回京供職
是年尺牘七首

稟西寧道蔡

稟勒制軍

又

稟賀中秋

賀本府中秋

賀年稟

稟福中堂

乾隆五十五年庚戌三十八歲在靈州任六月長女婿秦蘭書
承霈來就婚七月二弟補內閣中書旋入軍機處行走纂修
萬壽盛典是年尺牘七首

稟大名道丁

稟福中堂

稟彭尚書

稟王蘭泉少司寇

顧晴沙觀察六十壽

稟顧晴沙觀察

稟陝西糧道秦

乾隆五十六年辛亥三十九歲在靈州任三月三女德華生十一月二弟隨大將軍嘉勇公征廓爾喀取道甘肅湟中遂謁大將軍於西寧安定途次並與二弟會隨駐肖垣五日送至西寧之丹噶爾而別是年尺牘三首

稟新藩司景

賀周臬司升安徽藩司

稟周學台

乾隆五十七年壬子四十歲在靈州任三月三弟入都應試八月達使進藏知廓爾喀酋長乞降二弟以功授内閣侍讀

賀孔雀翎十月充武闈同考官是年尺牘三首

稟福中堂

稟隆太尊

覆袁簡齋夫子

乾隆五十八年癸丑四十一歲在靈州任七月二弟隨大將軍嘉勇公自廓爾喀班師入都　月簡放四川川北道十二月二弟至川北任三弟自家同長妹赴川是年尺牘一首

稟福公爺

乾隆五十九年甲寅四十二歲在靈州任正月元旦預祝毋六十壽三月二弟遣三弟來迎毋之川北道署是年尺牘一首

稟福公爺

附以上六年中失考尺牘二十一首

稟述完太守告病

稟鄧學台

稟本道回任

稟本道

賀彭老太太壽

賀南陽府護理汝南道

賀福建撫台調任山東

稟述馬附復書

賀得花翎

稟貴州學政

賀制台加宮保銜

又

賀臬台生日

賀臬台少君完姻

又

賀藩台得子

賀道府生日

賀吳藩台老太太生日

又

賀山東撫台壽

賀彭太守壽

卷之三

乾隆六十年乙卯四十三歲在靈州任湖南乾州苗匪亂二弟從軍赴苗疆是年尺牘一首

覆袁簡齋夫子

嘉慶元年丙辰四十四歲在靈州任二弟在苗疆軍營以功轉四川按察使

嘉慶二年丁巳四十五歲在靈州任歲饑民有叔奪單車慰撫開倉廩立粥廠民乃帖然　月二弟轉四川布政使留川總理糧餉十月奉檄查古長城遺址作長城考

嘉慶三年戊午四十六歲在靈州任六月署平涼府知府以上三年中尺牘二首

答楊米人書 已刊列文鈔

與華湘屏書 已刊列文鈔

嘉慶四年己未四十七歲在平涼任正月卸事即署寧夏水利同知四月二弟至甘肅布政使任遵迴避例於二十七日卸事五月至省會二弟於藩署改署中攆峯書屋爲桐華吟館編唱和集送韋友山 佩金洪稚存亮吉先後遣戍出關十二月二弟卸任調赴四川遂同至平涼寓次度歲

嘉慶五年庚申四十八歲正月送二弟行次白水驛二弟奉檄以教匪侵甘肅境統兵回剿三月遣長子承蕙歸就婚於德清沈氏四月教匪遁回四川二弟赴四川布政使任五月以改官京秩請咨挈眷入都行至陝西省方伯台斐英阿贐以路費安陽趙渭川希璜門生湯陰錢 清馥皆來見九月至保定府經歷秦蘭臺瑨署十月抵京銓分戶部廣東司行走時新舊親知如馬秋藥光禄履泰盛甫山惇大張船山檢討問陶汪劍潭助教端光趙味辛舍人懷玉吳穀人庶子錫麒法時帆學士式善李墨莊舍人鼎元及劍潭子竹海全泰竹素全德皆一時名宿相與周旋極文字之樂

嘉慶六年辛酉四十九歲在戶部六月京師久雨成災九月與陳石士庶常用光陳玉方比部希祖姚春木公子椿周偉雲爲漢及吳穀人法時帆爲延秋會九月送吳穀人乞養回浙十一月充會典館纂修十二月兼陝西司坐辦司事

嘉慶七年壬戌五十歲在戶部二月二女婿龔雲疇瑞穀贄於京邸五月與法梧門學士賀虛齋侍御賢志祁鶴皋郎中韻士謝薌泉儀部振定俱爲五十初度吳穀亭侍郎瞻泰李滄雲京兆　等五十餘人合觴於汪乙祠誕讌竟日李滄雲墨莊作五君詠七月與汪薰亭學士滋畹同爲會典館總纂修

官辭陝西司坐辦十月長子承憲攜婦來京以上三年尺牘二首

謝法梧門侍講集敘啟 已刊列文鈔

答趙艮甫書 已刊列文鈔

嘉慶八年癸亥五十一歲在會典館是年添總纂修官二員禮部員外郎汪銳齋德鉞內閣中書葉雲素繼雯各偕袁蘭村通諸君為詞社

嘉慶九年甲子五十二歲在會典館五月姪慧二弟次子也甥顧夢湘翁自川來應京兆試二弟卒於四川藩司任六月訃至九月三弟自川奉母扶二弟柩及眷屬南歸詣館乞假省親不許十月姪慧甥顧夢湘歸是年尺牘七首

答阮芸臺中丞啟 已刊列文鈔

與大妹歸顧數綸字學和子翁

復方子雲

復吳松崖

致姜度香大司寇

致浙江方伯秦小峴

致秦小峴方伯

嘉慶十年乙丑五十三歲在會典館正月三弟挈眷扶二弟柩抵江寧先是陝西巡撫方葆岩維甸為買別業於江寧之常府街因家焉三月遣長子承憲回江寧省覲閏六月從兄蘊山擢偕江西布政使先福來京浙江布政使秦小峴瀛入覲改官京卿皆來會十一月伯兄蓮趺掄世父笠湖瀚觀長子也來京謁選得浙江台州府天台縣知縣以大宗無子先生命次子承惠嗣偕之浙十二月長子承憲自江寧來是年尺牘二十三首

與顧夢湘

致四川勒制府

致淮關監督

致汪敘潭太守

致伊墨卿太守

又

與顧夢湘

代擬致文恭人

致洪稚存太史

致孫平叔太史

復顧木天

致蘇州周驄雲太守

又

致蔣伯生

致署河庫道伊墨卿

致山西陳學政

復姚一如觀察

致天津陸貴春帆公子

致四川鹽茶道方有堂

致山東嚴筠亭同年

復山東秦觀察

復談韜華觀察

致河南張郡伯

嘉慶十一年丙寅，五十四歲。在會典館。六月，伯兄蓮跌卒於浙。九月得八月江寧訃，丁母憂。時京寓貧窘，以書籍典質得三百金。十月挈眷奔喪出都，十二月至江寧別業。大姪承懋，二弟長子也，在家為父營 諭塋。是年尺牘四首

致雲伯明府

復雲伯孝廉

致隆觀察

與顧夢湘

卷之四

嘉慶十二年丁卯，五十五歲。正月歸里，為母卜葬，期於十二月十九日。三月回江寧。五月至揚州，謁阮芸臺中丞元於家，及伊墨卿大守秉綬，尋回江寧。八月，姪承懋以三品廕生捐納知州，慧以郵廕知縣服闋入都，謁選分發湖北。十月，奉母柩歸里，旋赴浙謁浙江巡撫清平，皆請安泰。訂明年主講衢州書院。十二月返錫，為母營葬。是年尺牘四十二首

致石蘭親家 姓張，名志緒，餘姚人，官至四川布政，子嗣哉為先生三女婿

致蘅湖

致署青河縣陳竹溪

致嚴麗生孝廉 名學淦，丹徒人，後官湖南湘鄉縣知縣，筠亭觀察士鋐之子，薌裳公第二女之壻也

致法梧門學士

致錢裴山太常 名楷，浙江秀水人，乾隆己酉會元

致葉雲素同年

上董蔗林相國

致薰亭閣學

致四川勒制府

復陳石士太史

致秦小峴少司寇

與張子白書 已刊列文鈔

致額鹽政

又

致葉友山

致秦小峴少司寇
致彭愛園
致芸臺中丞
與嚴小秋
與夢湘
致方有堂廉訪

卷之五

嘉慶十三年戊辰五十六歲二月至衢州主講正誼書院三月浙江巡撫阮芸臺元莅任招至省主講詁經精舍旋陝西巡撫方葆岩維甸聘請主講關中書院六月還里七月同次子承惠起程八月道出河南晤巡撫清平階藩司錢裴山主試陳石士二女婿龔雲嶠璐穀於省垣十月抵關中書院講席十一月遣次子承惠赴甘肅平涼縣就趙氏婚是年尺牘九十八首

答方葆岩中丞
致衢州太守那
致江西方伯先
致孫蓮水
致姚建木
致周犢山明府
復生甫
致姚建木
致盛孟岩觀察
復方葆岩中丞
致郭頻伽
答雲墅
致曙墀太守
致葦塘姓沈名朝宗德清人任甘肅秦安知縣南河山安同知女適先生長子爲婦
復寶摩
致洪稚存太史
與夢湘
答郭頻伽
致項秋子
致嚴厚民
辭阮芸臺中丞啟已刊列文鈔
復千弇
致懷篔左杏莊明府
致江南正典試陳少司空
致安徽董觀橋中丞
致家雪帆觀察

與夢湘
又
致四川制府威勤公勒
與夢湘

卷之六

謝華州姚秋坪太守
謝潼關廳沈
謝華陰縣孫
致偶仙四兄
致署宜君縣秦猗瀾表兄
致中部縣丁西園七表弟
上甘肅藩司蔡
致河南開封府孔達山東
上四川總督勒
復阮芸臺中丞
上河南清平諧中丞
致河南錢裴山方伯
致廣時庵
致貴州陳方伯
致趙小淵明府

致王菱江
致秦猗瀾瀛
致南鄭縣楊廣廷
致李江雲太守
復顧少府
復洋縣王明府
致四川姚一如方伯
致四川按察司方有堂
上江蘇巡撫王
復甘肅平涼縣趙小淵觀家
致中部縣丁西園表弟
答蔣小松
致中部縣丁默甫即西園
又
致張子白
復家芟園五兄
致家蘭國二叔
復華竹樓三表兄
致孔東山
與蘭癡十二弟

致江鄭堂
致儲玉琴
答汪紫珊
致伊墨卿太守
致吴蘭雪
致柳村
與半園
致蓮裳
致家雪帆觀察
致兩淮候補鹽政廳劉政齋
上陝西方撫軍
致陝西督糧道盛孟巖
上蔡小霞方伯
致莊愔齋
致法梧門學士
致鄒曉屏大冢宰
致謝薌泉儀部
致盛甫山侍讀
致陶怡雲農部
致通州儒學秦雲騎

復蔣重光
致姚一如方伯
與伯初八弟
又
答李湘皋書已刊别文鈔
致東山
復蔣小松
復阮芸臺中丞
致雲伯
復家斐園别駕
復四川軍標李協鎮
復陝西長制府
復河南巡撫清
上四川總督勒
春洲
梁門生

卷之七

嘉慶十四年己巳五十七歲在關中書院七月方葆岩中丞陞任浙閩總督新任巡撫成公甯到任十月三弟署龍安府江油縣知縣是年尺牘一百十二首

致吳穀人祭酒

致陳古華

致石琢堂廉訪

與王佩青

與顧蕭嬉

復秋槎

復群三兄

與春樵

復趙小淵明府

答千波

致中部丁西園

復宜君秦瀞瀾

致士玉

復鄒攜鶴

復顧晴芬殿撰

復王菱江

復戚甫山侍讀

與蘭臺

致勒制府

與劉松嵐觀察

致鄢陵吳明府

致孔東山太守

復山陽黄秋圃同年

又

致洋縣王明府

致錢方伯

與龔雲疇

復趙小淵

致蔣小松

致趙小淵

致懷寧左杏莊明府

復嵇薈園司馬

復沈小苑

與蔣小松

致杭州廣郡伯

復余搢珊

復汪撫軍

與夢湘

卷之八

答陸杉石

致張子和觀察
與尤二娛
答犢山明府
致孫平叔太史
致張子白刺史
與家芸墅書已刊列文鈔
致寶摩
致小峴少司寇
致薛畫水
致韻篁明府
復竹嶼
佚目
佚目
復寶摩
致處州方春之太守
復蓀岩中丞
致張石蘭觀察
致李松雲
與雲伯
致雪帆觀察

致蔣小松
復衛輝王太守
復張春溪
復杉石同年
致春溪
復春溪
復洋縣王明府
致趙小淵明府
答石泉劉明府
與大姪岳生
致前任華州刺史姚
答千波
答姚春木
復河南方伯錢裴山
復阮芸臺中丞
致慶方伯
復河北莊觀察修滕
復南陽孔太守
謝華陰孔
復顧晴汾少司城

答孫平叔太史
致何純齋丈
與彭範九太史
與顧薫塘
致姚春木世兄
致署四川方伯方有堂
致署浙江中丞廣方伯
與黄梅縣定生五姪名慧
與枝江縣維績姪名承懋
復增一
致湖北漢陽府劉
復秋溪
與顧蕙塘表姪
復潼關虞司馬
致陳紅圃廉訪
復程春廬駕部
致署四川廉訪瞿袟山
復芸岩
致方有堂方伯
復蔣小松

與三弟
與蘭臺
復趙小湍
卷之九
致署陝甘制府蔡方伯
致山陽黄秋圃明府
又
致姚春木
答張介侯書已刊列文鈔
與陳雲伯書已刊列文鈔
復法梧門書已刊列文鈔
復朱虚舟方伯
致姚一如方伯
致金匱閻明府
致秋汀司馬
答蔣小松
致四川方有堂方伯
致張春溪
致馬老先生
復秋圃

復松嵐觀察同年

致嵩觀察

復方有堂方伯

致四川軍標協鎮李

與大妹

復春溪太守

致成都曹霞城太守

致方有堂方伯

復趙小淵

復署榆林縣徐秋山

致趙小淵

代擬賀種木姻丈

致署陝甘制府勒

賀趙小淵

致汪篙園明府

致中部丁明府

卷之十

嘉慶十五年庚午五十八歲在關中書院二月次子承惠自平涼來院八月三女婿張嗣敦贅於家冬巡撫董觀橋藩司朱虛舟聘留仍主講席十二月至三弟江油署是年尺牘八十六首

致甘肅陳紅圃方伯

致四川方有堂方伯

致四川鹽茶道瞿秋山

致署陝甘制府勒

致盤屋蓋

唁姚春木

致金匱閻明府

復河北觀察莊修隁

致伯初八弟

與龔雲疇

與伯初八弟

復雙流縣汪篙園

與六姪名承懲

致莊修隁觀察

致上南河王司局

致子朝士

致方有堂方伯

答岳一山書已刊列文鈔

答秋圃

致潘月三
復秋圃同年
又
復松嵐同年
致山陽黄秋圃同年
答潘月三
致張石蘭觀察
復秋圃同年
答芸墅
致吴蘭雪博士
致秦伊藍
與王幼海明府
致華州儒學楊棨階
與蘭臺
與王芸岩
復春溪太守
致中部丁默甫
復中部丁默甫
復宜君秦伊藍
答千波

致瞿牧山觀察
復竇之同年
答周壽龕
卷之十一
代擬鹿鳴宴請正副主考啟
代擬赴馬宴請正副主考啟
代擬賀趙甌北廉訪
復陳受生
與吴小松
致方葆岩制府
致四川方有堂方伯
答秦伊藍
復秦伊藍
宜君縣秦 稿本缺
上方伯蔡小霞先生
答劉松嵐書 已刊列文鈔
復張介侯書 已刊列文鈔
答陸秀三書 已刊列文鈔
復禹魯齋
復甘肅陳紅圃方伯

復增一
復張春溪太守
致姜岩
答梁門生
致雲伯
致彝徐柳堂太守
致白雲
復潼關虞司馬
復劉芙初太史
答虞司馬
復金直隸明府
復秋園同年
復瞿秋山觀察
復汪寫園明府
復蔡筠谷
復龔小弛
致嵩觀察
謝楊雨田
致曹太守
致瞿秋山觀察

復方有堂方伯
與岳生大姪
致宋雲墅郡伯
致趙芸浦學使
代擬上趙學使稟啟
致郫縣陸古山明府
致雅州太守倪
致張小渠
代擬致百菊溪制府

卷之十二

嘉慶十六年辛未五十九歲正月自江油署至成都謁四川總督常明藩司方有堂及瞿秋山觀察曹霞城太守會川東道嚴篔亭於省垣二月三弟卸江油縣事來會閏三月還至關中書院次子承惠赴平涼八月三弟補授安縣知縣十月四川總督常藩司方聘請纂修四川通志次子承惠自平涼來隨侍啟行十月道出安縣在三弟署小住數日即到省城志局與李松雲太守堯棟譚鐵簫別駕光祜實總其事十二月赴安縣度歲是年尺牘一百五十八首

復嵇若園
與三妹

致嚴質亭觀察
致咸甯林怡園明府
致潼關禹曼士觀察
與六姪
復宋雲壑太守
致豐都瞿菊亭明府
致内江顧明府
致張石蘭觀察
致三婿名嗣敦
致三女
致彭縣王明府名鍾鈁號羅山嘉善楓涇人蘿裳先生第四女之翁也
致汪寓園明府
復興文縣楊 迦懌字味條
致汪寓園
致盛孟岩觀察
復家琴軒
上勒相公
復先撫軍
致方有堂方伯
與定生姪名慧字緯寬一字定生蒻裳先生次子以鄉蔭知縣官至湖北黃梅縣安徽太和縣[illegible]

致四川軍標協鎮李
致馬實夫
復葉健庵太守
致鄭岵齋
致廣潤軒司馬
致湖北錢裴山中丞
致瞿秋山觀察
致金匱閻明府
致蘭屋
致韞山兄
致丁默甫
致星川
與岳生姪
與鄒耀遠
致方翔二弟
致張古山
與蘭臺
致王明府
致慶曾弟
致資州劉刺史

致袁刺史
致宋梅生郡伯
致汪芝亭
復張春溪太守
復黄秋圃同年
復徐秋山
致陳紅圃方伯
致李松雲太守
與岳生大姪
復琴軒
致瞿秋山親家
致邵曰堅親家
致王彤軒司馬
復鄭姑齋明府
致曹霞城太守
致陸古山
致春溆
復岳一山
致趙小瀞親家
致蘭厓

與雲疇
致陝甘那制府

卷之十四

復子擎博
致廣西陳方伯
與丁默甫
致楊雨田
復蔣小松
復陳紅圃方伯
致趙小瀞
復梁同年
復秋圃
復常制府
復方有堂方伯
致曹霞城郡伯
致李松雲太守
致方有堂方伯
致嵇蓉圃
與蘭臺
與大姪

與定生五姪
復湖北秦觀察
致朱虛舟方伯
復陸祁生
答吳小松
致那繹堂制府
致陳紅圃方伯
答閻學博
復吳小松
與雲疇
與丁默甫
與黃秋園同年
致程彝齋
復嚴麗生孝廉
復邵明府
復王西疇
致家華岩司馬
致禮卿
復嘉定太守宋梅生
致董觀橋中丞

致朱虛舟方伯
致盛孟岩觀察
致周蓟雲
致莊虛弇
致陸卲聞
致曹霞城太守
致甘肅蘭州府嵇
復汪寓園明府
致豐將軍
致常制府
致常廉訪
致瞿秋山觀察
復什邡明府紀同年
復司廣文
復晴川
復胡桂浦明府
致方有堂方伯
致平春穀刺史

卷之十五

嘉慶十七年壬申六十歲正月自安縣還成都志局時譚靜山

編修王東山明經汪寫園大令嚴麗生孝廉瑒顧夢湘皆在局同司分纂十二月爲六十生辰先期赴安縣三弟署諸名公爭致書儀爲壽是年尺牘五十首

復汪寫園明府

與三弟

復杺明府

致許明府

致嘉定太守宋梅生

復黄觀橋中丞

復顧如圖明府

復譚蘭楣太守

答九姓任長官司

復甘肅那制府

復長安張明府

復黄明府韻山

復瞿菊亭明府

端陽通復札

致潼川張郡伯同年

致甘肅陳方伯

致羅江李明府

復陶世長

復宋梅生太守

復金堂吴明府

復陝西糧道盛孟岩

復郫縣朱明府

復趙味辛

復李墨莊樞部

與蘭臺

致豐將軍

致衣谷觀察

致資陽周已邨

復黄韻山明府

唁顧刺史

中秋通札

復味辛

致顧如圖明府

復莊虛舍明府刺史

復灌縣邵明府

致新繁王葭園明府

致祝梅生太守

致王聘候

致莊恂齋

復葛曼士觀察

謝李松雲太守

謝李竹雲明府

謝譚鐵簫別駕

謝宋太守梅生

謝譚靜山觀察

復陸古山明府

復潼川張太守

致譚子受別駕

卷之十六

嘉慶十八年癸酉六十一歲正月自安縣還至成都志局二月病石淋閏三月始痊七月次子承惠自平涼來十二月赴安縣三弟署中度歲是年尺牘十七首

復吳華千

復陝西盛孟岩觀察

復徐秋山太守

復朱虛舟方伯

致孫平叔

致陳鍾溪司農

致石士太史

致曾賓谷方伯

致羅江李明府

致沈琢如明府

環甫

李墨莊樞部

青川曹二尹

雨田

芝亭

素亭

蔣小松

俠目

嘉慶十九年甲戌六十二歲二月自安縣還至成都志局兼主講錦江書院三月三弟引見入都七月出都過涿州與長子承憲表姪顧蕭塘翰十月初偕至四川志局三弟回安縣任次子承惠自平涼攜婦及孫男女皆至十二月舊病發得藩州牧劉長庚醫治就痊是年尺牘五十八首

致趙小淵明府

復小渠妹文

與三弟

佚目

與三弟

耀州姚秋枰

佚目

佚目

雨山

雙流書院掌教徐

春洲

秦蘭畹

心陔

侯春塘

崔禮卿

李渡龔表姪

龔老大

邵三兄

嘉慶二十年乙亥，六十三歲。十月，志局編纂事竣，擬南歸。總督常明公暨藩司陳望坡若霖（方伯）、臬司曹霞城六興（廉訪）、觀察奇瑶圃成額聘留，仍主錦江書院。十一月，同長子承憲赴安縣署。十二月二十一日病終。是年尺牘二十首。

致章太守

與蘭臺

致劉芙初

與三弟

復伯儒大姪

丘姪松雲

與三妹

復嚴麗生

又

與麗生

分致譚陳

復嚴貢亭

復心陔先生

致吉都轉

致陸平泉學使

失考六首

謝劉羅江

復沈庚軒

佚目

周巳邨

周少君

芙蓉山館尺牘卷一

金匱楊芳燦蓉裳著

上彭雲楣師啟

按金衡而調音律，清濁不得相淆；握璣鏡而鑒娥媌，妍醜於焉立判。豈有宮懸十二，啞鐘早受摐撞；粉黛三千，嫫女偏勞刻畫。是蓋非常知遇，夙有根因。拈花梵殿，曾叅金粟如來；徹席緇林，早侍儒童菩薩。一介預蘭臺之聚，三年陪藝苑之遊。憫投林之窮鳥，假以羽毛；解銜索之枯魚，貸之升斗。顧盼則榮於尺錦，咳唾則重若連城。譬太鈞之坱圠無垠，而小草之涵濡獨厚。伏維夫子詞壇圭臬，翰苑夔龍，通百氏之津梁，扶九流之鈐鍵。八章作頌，知吉甫為古詩人；再拜賡歌，識庭堅是真才子。凡夫壁誥威書之策，綠鱗丹首之文，羽陵百族之遺，金版六弢之舊，莫不十行俱下，一過不忘。宜乎摛詞而銀漢金鳴，落筆而鸞蹻鳳奮矣。猶復搜才路廣，揖客門寬，倒屣而接詞人，束帶而迎縫掖。經郭泰之品題，茅容望重；受裴頠之識拔，夏少名高。譽人不吝其齒牙，說士更甘於肉食。桃李盈前，還登橘柚；椒蘭在御，不棄蓬麻。即如某者，南國之鄙人也，鹿鹿何奇，狙狙有志，昏鈍實棗糕之性，液樠乃樗散之材。未吞夢鳥之一毫，敢竊神人之雙筆。問藻廉而不對，諮鼮鼠以茫然。高齋樹義，誰云畏此後生；弱冠迎賓，爭笑是何年少。況乎早歲單寒，窮年坎坷（壈），街頭販鐵，市上傭書無他志畧班筆空投未過知音陳琴欲碎青雲路杳素縴衣纏半年鸚鵡不過貞簡之廬一斛檳榔忽飽彥昇之腹鵝鼻魋肩之骨相鼠汚鵠結之冠巾陋若徐摛弱同王粲每遨遊其有願思干謁以無媒淋漓七紙敢誇倚馬之才迢遞三門宜絕登龍之想然自一登蓮府之餘兩拜月題而後公每煦之愛日浴以清波揚仲容之佳譽許以無雙愛孝緯之清才還他第一識王公孫於綺歲顧儻舊於髫齡謂博士已堪見代牛心割炙塵尾交談因而得泛文瀾遂窺藻府園令上凌雲之賦賜鎰百金佐公進石闕之銘賚縑千匹公每強之評論借以傳鈔欲知古事每問仲舒偶得精文定呼子慎元言不倦神契殊深斯真臭不卻岑味能茹鑿飾駑馬以鞶纓七就寶燕石以緹緗十重在人則驚以為奇而公且愛忘其醜茲緒僭作詩文若干首謹封如別鄙言累牘江東號曰癡符擁字盈囊都下嗤其濫體冀文星之朗照布巖電之流輝倘郊居十詠獲見賞於東陽宮體一篇免遭訶於北海則雖追氣泰山添年斗極未足方斯盛德譬此殊恩曰者九花虯遠千仞牆遙執丹漆而暫奉光塵詠鱒魴而還瞻黼黻此生見元魯山應無他恨於人得歐陽子使謂奇觀今晨赤鯉好乘江上之潮他日雙鳧暫立門前之雪斤祈以慶戰悚增深

復袁簡齋師

獻歲發春猿啼鶴命適以身負重憂微命如縷作報未聞思德滋深望南雲而引領逢東雨以搖心空結回皇未能忘彌自維譾陋久荷栽培屢有緒言長其佳譽雖川波遥隔而鱗札時通善誘之誠溢於紙墨念李標之篤孝憐元叔之奇窮不圖磁石竟受曲鍼豈獲人意能收朽木此君山之所以歎神交佐公之所以感知己也去歲覺犯靈祇招延禍罰痛閔凶之早遘為孤露之餘生號蚌無聞肝心欲殞誠不難騎龍舒而入地效臯魚以沉波而哀族少丁小人有母偷蹈延視息苟郊光陰僦居蓮燕甘為雜保之傭隱作漆工雖識高門之子良可哀也尚何言哉方秋英才叠足後賢驤首而某市中鬻布郭北擔薪棄傳介子之觚燒崔君苗之硯心如槁木形類寒蟬樊間窮鳥仰觀鵾鵬之翔峽畔沉舟靜聽風帆之過著五悲之皆投萬憤之詞未嘗不仰天椎膺泣盡繼之以血也顧惟不肖碌碌無所短長刻鵠下才雕蟲末技瑣碎同於綫縷繁猥譬之米鹽又不能流麥下帷棄竿投斧困於憂患迫於饑寒拾餘唾於夢中丐殘膏於席上庾信則識為驢犬陸雲則譬以豬羊情泛不專言浮妨要備聞明訓敢以鏤膺矣頃知儷體已付雕工輝重錦於藝林懸珏玉於都市望采者精隆聞風者意移某也狂愚竊思學步豈敢以尨涼闕華衮鉛刀忝步光哉特以入針神之室雖拙女亦能解鈎描遊匠石之門雖賤工亦知雕斲倘啟瑶緘賜之縹帙是所

望也再唐初王楊燕許諸集亦祈購一二見賜蔡中郎枕中之秘悉付仲宣沈長　祭上之珍盡歸元禮某之簿德敢附古人公也雅懷實追前彥以茲瑣屑上瀆尊嚴死罪死罪須白藏司秋素鐘屆序想攝衛惟宜興居多福雲飛泥滯奉談讌以無因魚愕雁沉盼箋繒而不至昔日綴黃壚之末曾造高軒何年陪彭戴之班還沾亳酒投觚隕涕臨紙神馳

與黃仲則書

某白自別光儀甚相思想不見叔度鄙吝日增古人云然殆不謬也前在蘭陵與諸君寒窗剪燭商畧文藝弟時負重憂戚然不怡及匆匆返棹孤坐蓬廬藜藿塞門徑無行者追憶曩時聚首又邈若夢中不禁淚之淫淫承睫也昨以不棄示之緒言雒誦再三心折久矣雲蒸龍變蚪翔鸞躍希世寶也希世之寶當為世秘之惜之夫貧窶之子當藏燕石為世者什襲享敝帚者千金此矜惜之過也若陶朱猗頓之家抱夜光碎結綠則暴殄之過為尤甚竊見足下有所撰作畧無留手而傪於裒錄弟私以為過矣又嘗論人之聰明才力嘗用其所長掩其所短與其博而不精毋寧嚴而不濫譬如首路者裹餱糧整車騎雖崑崙流沙之遠循途刻日可至也若朝思登崑崙夕欲泛洞庭吾恐願奢志紛終至白首鄉閭耳古人遺集奚啻百數談六藝說五經陳言累累盈緗溢縹後人視之惛然欲睡以塞鼠穴供蠹糧矣向亦鏤心刻骨求其可傳乃今如是悲夫詞賦小道然非殫畢生精力不能工也而好高者往往失之子建既小辨破言子雲復老不曉事强思畫虎效薄雕蟲願足下勿為所誤幸甚弟窮愁轗軻萬緣都廢惟文史結習未能去懷日來窺班范之鉅著製彷徐庾之瑋詞銖積寸累自謂有得然真賞殆絕知音者稀張率之詩云沈約則句句嗟稱慶虬之賦託相如則篇篇傳鈔庸流之人貴耳賤目依古有然何足怪也想攝衛惟宜眠食增勝茲因風便敢獻狂言

再上雲楣師啟

戴別旌門屢更蓂葉波駭雨滯奉清塵以無因魚愕雞晚負深恩而若悖長安路遠日下雲高空結徊皇未能忘弭猥當獻歲　睿鑒代工天府爍台曜於紫宸奉職冬官耀文光於華省戟架有烏翔之兆綬笥徵蟠繞之祥榮聞遙傳欣忭何已次弟撰承盼睞之榮許絲蘿之附不嫌寒賤遂締婚姻才慙逸少公然坦腹東床覺遜延明竟爾奮衣上座束鶴裝而隨鷁舫曳鵷衣而侍鱣堂某因敢以愚衷達諸鈞聽揆蹉跎失學懦鈍無才纔識妃豨初分甄畫茲得進窺文囿日侍宗工展香緘翠襟之書問瓊級金縷之字伏望憐其窾啓破厥愚蒙庶珠鱗潋灧分餘沫於潘江翠鏀熒煌擷寸絲於宋錦加以才同品陋學共家貧囊篋蕭然資裝寒薄以支離

之骨相著了鳥之冠裳任（中）西華負新郭北惟曳練裙韓康伯尉火懷中未成布禪燕臺雪厚朔塞風高短褐何以御（禦）寒敝裘豈能度歲尚得賜之文罽霞以綈袍割氊席於江郎解絮衣於顧協如芰穗之睎甘露何處非恩似桃李之仰青陽無言可謝此某之所以仰冀於公者也每念於陵子慎兩小齊眉仲海季江十年共被當關花落葉早雁初鷖或班管分題或鸞牋對擘一旦東裝欲去把酒言離輕車共載不隨康樂還都老屋同居翻遣清河赴洛詠夜雨連床之句和春流北渚之章行矣銷魂潛然落淚所恃者戴恩隆重託地孤（崇）高玉達訪璞之人桂入搜香之數纔欣中雀便擬登龍字李翱以兒子依然舊日門生愛盧肇是文人取作高閎嬌婿公之意厚矣公之德大矣某寧匪人有不鏤膺銘腑者乎日者棬樞寂處蓬戶索居灰心久寒蒲姿易改更冀曲逮恩光分河潤於東里襲承導引借雲棲以南枝輕觸威嚴不遑流汗

上朱筍河師啟

蓋聞屯雲醲霧發揚龍豹之輝駭浪衝飇鼓舞鵾鵬之勢良工鐫琢則虹玉離巖大匠挺鎔則星鐔出冶於以驤鱗奮翼絢綵飛芒苟無憑藉之資寧免湮沉之歎是以羊陟周旋於趙壹劉悏賞譽於張憑蔡中郎寫公叔之書任敬子誦陸倕之賦斯並一經題品便越儕流吹噓揚竹素之芬顧盼感風雲之氣者矣亦有風期外午心迹差池如荷戟以入榛莽處囊而脫穎絳帳尊嚴三年不見謏門迢遞一盼何期屈延明於馬廄之中坐季寶於牛衣之上甚且愛思道而排詢祖重班固而薄崔駰文章之投契何常知己之遭逢不易未有聞薰識桂嗅氣知金飛耳而納虛聲樹頰而延佳譽如公之於某者也閣下瑤躔降彩銑社抽英領著作於蘭臺典圖書於鶴籥經神樂府紛綸撮馬鄭之標辯圃詞宗盤礴吐淵雲之思凡夫羽陵落簡汲冢遺編龍威靈寶之書昌僕彤魚之譜莫不胸開冊府手握靈珠易中九事管輅皆明帝後七車張寬獨坐宜乎庶流仰鏡羣士傾（欽）風矣某引領（細）頏姿挈瓶小智劉瓛命蹇光逸門寒乞食路窮謀生計短鳥困雕陵之彈舟沉破冢之風固已分作散材甘爲餓隸惟是靈根未夭結習難忘雕畫奇辭丹黃稗說發簡而攝經三折燃燭而爐有數升黃頭作字惟乞漿壺仁軌屬文輒書空地發哀唱於斷竹焦桐之下拾殘編於補袍覆醬之餘敢云祭學飛才差用礪鉛摩鈍猶記少從儕輩遊聽風聲知閣下玉尺搜才冰衡鑒物揖賓朋於上席拔奇畯於單門竊幸與北海同時歐陽並世所恨仙凡迥隔流品相懸公遠於天愚卑於地縱復三霄露渥不潤枯荄九仞風高難扶弱羽將與腐芥曲針而並棄安望丹砂玉札以兼收不圖弟某猥以庸音上塵清聽因垂緒論曲獎蕪詞逢子慎而必問黔婁得僧彌而難忘法護孺子何

知早奉康成謦欬微生多幸更邀許劭題評不待趨塵窋須識面身猶泥滓名已煙霄渠盤鳴處竟諧龍笛之聲布鼓撾來遥答麟皮之響此某所以撫臆知恩循涯自愧者也所冀者廣棄山上不昧夙因通德門前可希後會章爾鄙枚末座願陪籍湜班行三尺之素方傳一瓣之香有屬輕干威重曷任兢惶

附復書

向從仲則處得讀足下駢體文以為初唐四子之風於今再覩趣博語重鬱為通人今茲可存他年可傳無遺憾也但惜無由接晤惟往來於心不能去耳頃從令弟劦裳處接手書讀之浩乎煥然若江河之決虹蜺之興也蓋太息者久之惟稱許過情僕非敢當柳州之為衆人師且不可足下何待之非分耶慚愧慚愧辱意惟相勗勵以諸經注疏為根柢以百家撰著為枝葉如作者之意極文字之能凌雲雕蟲不足盡也惟賢者能辨識之

與兄永叔書

猥荷良書用蠲疢首如兄已解鞍幕府弭節錦城經行五甸得詩百首抗勞商之古調變華羽之南音策馬南行（晨征）記蛇鳥庚丁之陣懸車夜度工蠶叢子午之天瞿塘波浪湧現毫端棧閣風煙盤旋腕下必有奇音震物異氣驚人惜不即寄我一編藏之什襲也重惠苦言聞聆高論驅使學木比喻詞章莊生放誕雜善寓言淳于滑稽喜為瘦語識異蕊奇花之不殊散木知華詞麗句之無當清裁研研之論確矣超超之悟神矣然揆予懷抱頗有異同夫朱羲啟曜九枝揚若木之華黃河始流五色絢崑邱之派搆雲屋而虹梁煥彩鼓洪爐而赤堇飛芒豐貂隱豹之珍其文蔚也綷羽明璣之貴其采鮮也地非裸壤寍有棄綺繡而弗陳人異裏（衰）駘敦肯卻丹鉛而不御如必欲易縑緗以結繩返輪轅為椎輅有不令見者口呿聞者舌撟乎若謂玩物者易溺性靈負才者必鄰浮薄是又鄙儒之過論非達士之知言何則陳思伐馬之篇王粲飛鸞之製陸士衡之揀金積玉徐孝穆之列堞明露（霞）並杼軸清英激揚鐘律韵高奇而有骨即連犿以何傷而世乃有學昧鼠坻經談狗曲早已斥詞章為末技薄藻翰為駢枝如吳邁遠之凌轢古人同劉季緒之詆呵作者有是哉俗士之披猖更甚於才人之踸踔也且夫蹄涔水淺豈能容橫海之修鱗魁父邱卑安得產凌霄之建木自古文人之表異必由大地之鍾靈故哀江夢渚之奇爰生景宗井絡天彭之險特秀淵雲而吾鄉自六代以還三唐而降雖清詞麗句不絕於時而亮節驚才罕聞於世弟所以仰山川而拂鬱發縹帙以欷歔楝極獨前恢奇自恣窮搜蠹簡三千鄴架之函廣集思聞八十陶家之甕所慮者陸雲貧儉謝客空疎思多而過眼即忘氣銳而經時輒輟有乖通閱無怪蚩㜸耳至若脂粉讕言元黃稗

說習慶環之語工側豔之詞六言伴侶誤陽五是賢人百首比紅目羅虬為才子篇章細碎音響妖浮未由犯我筆端早已置之牀下固不必為弟過慮也嗟乎入世寡諧知音難得自兄行役久不作詩蓋以目窘方隅身淹區里不足以馳驅烟墨嘯咤宮商抑緣境遇轗軻生涯寥落牧承宮之豕護高鳳之雞折芰燔枯量鹽數米落紙而飛揚氣少發唱而寒吃聲多手未柔而耳韜射虎之弓臏將絕而莫舉函牛之鼎待崔峻叔讀書五千卷王元偉閣筆三十年此時倚馬千言必且加人一等兄以為然乎否耶方今白藏紀序朱律謝期想攝衛惟宜興居多豫但望數行時標蘭訊莫教萬里久斷魚緘以休璉敘意之詩當子雲解嘲之作局函削札一笑臨風

與張仲雅書

長離善舞焦明必按拍而歌應龍好飛鵾吻輙憑虛而望瓠巴鼓瑟而遊魚聽師曠調琴而元鶴翔是皆景氣潛通心靈默會物猶易感人豈無情所以聲華相慕孝穆投箋於季那風器不凡叔夜測交於趙至何必垂髮齊年撫塵而遊始謂之知己耶今秋於家舅氏處敬析名作玉篆銀鉤珠胎鼎氣何郎得意露霞朝霧少夕之篇鮑子知名別葉歸華之句熒煌耀彩龍茲華覲之森陳曲折通幽樾猶疏房之架搆可謂美矣可謂麗矣夫漢樂唐謠詞裁互異吳歈越豔興旨相通苟非淹雅之才難語諧聲之妙迺者古音易濫真賞殆稀眂挺者喜為神禫之詞慘牙者不識瑰奇之製五色鸞章空資裸壤八珠鵲鏡徒覆盲卮寡識則狐認為蒼多怪則馬驚其腫緣茲憤懣歷有歲年豈意今晨遂逢作者載觀高製快極生平披月幌以長吟對風軒而細寫蘭芷充幃擷芳華而增慨絃歌赴節顧流水以移情千里神交九迴腸轉不自知其一往而深也某童子蟲雕辯人貍別結習未忘夫翰墨夙好祇在乎詞章楊雄綺歲早傳靈節之銘任昉髫齡便有月儀之製雖備經屯阨而不輟呻吟譬之鉗射稽之口不忘謳也拳攣人之手不忘斷也茲者繕為行卷呈之典籤過雷門而布鼓無聲投珠海而小璣失色倘不呵為澀體誚以癡符幸矣所恨川波迴隔抵掌莫因好命趾離明指夢中之路先呼慶忌緩通江上之書行看朱鷰之浮佇望青鸞之報

寄袁簡齋師書

自違誨言倏易星躔龍門天際翹首云勞稔復川路迴隔箋繒莫因懷戀舊恩積思成疾敬維福履康娛與時恬暢鮓圖枕史激流植援補汜勝之書和淵明之集寓賞物外索解元中緬想起居歆羨何已某以不才素蒙賞愛追隨杖履動輙彌旬每憶黼筵夕張華燈明穊竹露滴酒荷風入衣靜聆緒言仰和高咏自謂此樂千載一時陳思桂苑之遊任昉蘭臺之聚無以加也何圖良會星乖芳訊雨絕遠遊漂搖歧路嗚邑歷秦關龍坂之

險從白衣墨絰之役自獻歲首路暮春解鞍尋復西抵流沙東窮洮水奉檄何喜折腰自慚重以才性凡庸時形短絀翩翩斂手伈伈俛眉航蹊衡蘅既違其宜堂簾雨衆寧適其用常恥以脂膏潤已不敢以琅璫傲人内手捫心進退維谷適來文字結習猶尚纏綿然恐空日遠日疏性靈坐失漢汙一勺而易竭駑馬十駕而中疲尚冀時賜裁成曲加提策則首戴公恩更無涯涘

寄方子雲

判別以來忽忽半載江皋隴坂相去遼絕每一念及離腸九迴邊地蕭寒秋颸已勁朔雁遠唳悲笳亂吟念舊日之南枝悔昨年之西笑中夜起坐淚如綆縻某以謏才得託神契傾心倒意七載於茲猶記挈舟桃葉之渡躡屐雨花之岡美酒十千涼月三五才俊盈座筆墨橫陳歌呼相娛嘲嗟間作方謂古歡易索良會可常何圖一別邈若墜雨耶遐想足下起居康娛著作日富飫領靜趣殊勝勞人惟空釜生魚青苔及榻寂寞之况近復何似達人耐苦君子安雅是鎖眉者諒不置念也某獻歲束裝暮春解弭節尋復西窮弱水東抵臨洮僂指半年兩足萬里未嘗不覽山川之雄奇覩雲物之瑰麗悲英雄之無沒慨陵谷之遷貿思託詩歌以抒懷抱無如性靈坐失烟墨久疏江山之助人不敵風塵之困我也南園瘦人近况何如念之殊切凡我舊好幸俱致想思擲管操觚不勝淒咽倘逢風便幸惠德音

謝福制軍保舉

某謭陋庸材幸依慈宇特荷非常之知遇頻蒙再造之恩施轉一氣之鴻鈞須金躍冶灑三霄之瑞露小學熙春高厚仁慈全家頂戴銘肌刻髓言莫能宣

賀福制軍撫綏回民兼賀年

九月十八日叩送節麾條經兩月未敢輕以蕪稟塵瀆重嚴依戀微忱縈紆莫釋恭維宮保大人宣韓范之宏猷按秋班之舊部綏懷疆圉拱翼皇圖建非常之勛行未經之路星程迅速櫛沐爲勞茲際龍躔肇歲鳳紀書元仰見行幄凝禧台祠集慶卿雲氤郁三霄瑞叶緗圖愛日暄和萬里春回玉塞花門愛戴華護興歌某翹首台垣惟有頌鴻飛之叶位望龍袞之歸耳

又賀年

日前叩送旌麾載更月琯寸心孺戀與日俱深恭維宮保大人偉畧遐綏宏猷經國花門舊部德雨均沾疏勒嚴疆卿雲遍蔭茲際萸英轉旦椒蕊迎祥于旂玉帳謌萬里之春風龍紵麟符承九天之湛露纘弁仰經綸之式煥蒼黎歌黼黻之遄歸藻躍微忱名言莫喻某以謭陋之下材受非常之知遇厚叨高厚曲賜矜全頂戴鴻慈五中銘鏤

賀英學使年節

敬稟者竊某江左下材謬叨恩眛日前在郡趨侍彌旬備蒙提

攜迪格訓誨周詳銘泐五中名言莫喻茲際龍躔肇歲鳳紀書
元敬稔大人鼎裀集慶台衮凝禧藻鑑羣流均霑和煦甄陶髦
士悉被陽春震方納瑞欣占斗柄回寅左个迎祥快覩蓂英轉
旦咸仰文星之耀采共瞻黼黻之增華某荷沐慈光彌殷藻躍
望雲霄而額手等葵藿以傾心除新正赴郡趨叩崇轅躬申賀
悃外合肅蕪稟

稟吉鎮臺

憶自壬辰之夏節麾移駐當亭得以仰瞻霽範旬日趨承備蒙
訓植多方栽培迪格五中銘泐永矢勿諼依戀之私與時俱積
茲逢大人晉勤榮旋溫綸寵錫際此龍躔肇歲鳳紀書元敬稔
褆躬集慶福祉凝禧六轟宏開瑞氣壯風雲之色八騶遠莅祥
光迎霄漢之華蓂莢初更快覩陽和布澤椒花獻歲欣看淑景
宜人咸仰經綸之式煥羣瞻黼黻之增華喜起忝僚歡騰士卒

上英勇阿公壽啟

嶽紀生申碩輔應萬年之運星占賚傅豐功為百福之基祝純
嘏之方臻情殷鳧藻班下忱而莫達望切麟扉恭維公中堂大
人黃閣誕雲紫宮執斗以夔龍之德業兼方召之經猷早宣廟
略於巴西遠暢皇威於劍外九天九地出倍道之奇兵七縱七
擒得攻心之勝算挽錦江而濯甲征鐃迴鶖鸛之軍倚玉壘而
懸弓氛祲掃蠶鳧之域雲臺圖像金版銘勛膺楓宸特錫之榮
成竹帛冠時之業憶昨逆回之梗化爰勞上相之遄征兩度運
籌三旬奏凱迅如掃籜易若摧枯胸中甲兵韓范遜此宏猷掌
上山川耿賈慙斯碩畫至乃權專平地績奏安瀾桃花竹箭胥
賴宣防馬頰鉤盤咸勞疏鑿凡茲勳業悉炳旂常誠曠代所希
聞洵八紘所共仰茲當慶旦倍擁繁禧公衮增華天章絢綵金
華銀燭開介壽之華筵異錦文犀錫上方之珍品變偕元化四
時之玉燭常調協贊貞符五夜之瑤躔有耀纓緌交慶蒼赤蒙
庥某猥以微材濫承恩睞賜以濯磨之路拔之疵類之餘轉一
氣之洪鈞頑金復鑄洒三霄之湛露瘣木重榮邀再造之恩施
幸非常之遭遇前歲重瞻黼黻獲拜旌旄備荷噓茶頻蒙提拂
捫心知感圖報何階宣揚盛績上芝房寶鼎之歌頌祝遐齡獻
仙露卿雲之什仰東華而叩額望南極以馳情忭躍之私名言
莫喻

賀福制軍年

某以譾陋之微材受非常之拔擢策其駑鈍賜以成全惟高厚
之難名愧涓埃之莫報九月中旌麾按塞某未獲泥首道旁虔
申叩送五中悚仄莫可名言茲際律調豨管瑞獻椒盤恭惟宫
保大人行幰凝禧鼎裀集慶于旌迎日遐方共被暄和玉帳書
雲萬里均霑瑞靄花門戴德羅拜盈前葉護傾心歡謳載道竝
見台階增峻公衮遄歸某夙荷陶鎔彌殷藻躍

賀福制軍陞協辦

某叩辭後行抵靜寧營肅寸稟慶謝鴻慈諒蒙恩鑒茲某於八月十七日抵西安省城恭問宮保中堂榮膺紫綍特啟黃扉宏勳符玉鉉之占碩望協金甌之卜家聲克紹在恩地以承恩世德作求見相門之有相紅麻集慶子駿傳中壘之封綠綬承祥元戚接扶陽之武行見萬幾之化理胥賴匡襄惟茲半壁之關河仍資倚畀慶兆庶之共霑霖雨幸微生之獨被慈雲藻躍下忱名言莫喻

謝畢中丞

月前恭趨函丈獲奉光塵普望慈雲者四年今侍春風者一月備蒙訓植曲賜矜全實貸千金俾資就道如竹葦之晞甘露無處非恩如桃李之仰青陽無言可謝銘肌鏤骨感刻難忘敬惟老夫子大人欽承諭旨留撫中州帝許旬宣人欣借寇某首經河北凡參僚黎庶無不幸福星之暫駐也遥際榮光叶紀瑞雪應時行見政績推岳牧之先懋賞留公孤之右龍門在望翹首彌殷

謝福藩台

某劣材薄植幸列門牆自隸帡幪備承恩遇永戴生成之德難名銜結之私月前叩别慈顔復荷厚加賞賜憫投懷之窮鳥噓以仁風憐涸轍之枯魚濡之惠澤師恩高厚感刻五中逌惟老夫子大人台袞凝禧順時納慶龍門在望竹頌彌殷

賀署制軍永

某於八月間行抵西安藉得趨叩崇轅備聆訓誨五中銘泐莫可名言嗣自叩别慈顔數更月琯私衷殲慕與日俱深恭惟大人榮膺異命統轄全秦提衡文武鴻猷久著匡勷表裏山河半壁咸歸保障繡衣揚有道之華治符泰運銅虎膺無疆之祜德應祥垣仰欽經緯之非常益重股肱之特寄蒼黎交慶纓弁騰歡某仰荷帡幪彌殷藻躍某於前月十七日抵都即於二十二日引見奉旨著回甘肅以知州題補欽此某在現守候部照俟領獲後即束裝回甘趨謁崇轅備聆訓誨先此肅稟

賀福中堂陞見回任

恭惟宮保中堂大人晉覲榮旋八騶蒞省鼎祠集慶公袞增華攜御香於三殿蔭為二陝慈雲承湛露於九重沛作兩河甘雨經綸式煥羣瞻斗北之台星黼黻遄歸咸望關中之瑞靄蒼黎交慶纓弁騰歡某久荷帡幪彌殷藻躍

稟錢觀察

睽隔慈顔瞬逾十載關山間阻未得時修寸稟虔請鈞安殲戀下忱與時俱積某以前年伏羌守城微勞蒙福中堂保舉又因事遲滯於今年十月初一日甫行抵京與大弟接晤時二弟亦從南來敬悉老夫子大人懋祉凝禧台禰集慶頌又榮登存劄

入覲彤墀，邀三接之恩光，蒙九重之眷畀。龍門在望，藻躍彌殷。
某引見奉旨，仍回甘肅，以知州用。現在給領本照，理合回省候
補。惟是債主逼迫，單車出都，種種窘況，皆兩弟所親見，是以不
能恭候台旌，親承訓誨。師恩高厚，定蒙矜恕也。肅留蕪稟，虔請
崇禧。

稟福中堂

敬稟者：叩謁台階，備聆訓誨，仰沐鴻慈高厚，曲賜矜憐。弟某又
荷垂青，叨依欝戟。微生多幸，久邀帡幪之仁；弱質何緣，更仰生
成之德。全家頂戴祝，五內銘鐫。某叩辭後，即行就道，日內已抵隴
西，擬赴岷州謁見本道，即回伏羌接印任事，除將回任日期並
地方情形詳悉另稟外，所有感激下忱，並由岷回伏各緣由，合
肅稟聞。

稟福中堂

敬稟者：叩辭後，行抵鞏昌，當肅寸稟，叩謝鴻慈，並稟明由岷回
任各緣由，諒蒙恩鑒。茲於本月廿一日，仍自岷回鞏，昌適遇濃
雲密布，澍雨滂沱，自廿一日某刻至廿二日某刻止，四郊沾足，閭
郡士民無不仰頌中堂元氣燮調，至誠感格，灑慶雲之瑞露，潡
玉流珠，潤繡壤之嘉禾，迴黃轉綠，慰九重之眷顧，登萬戶之千拴盈
箱滿。觀大澤之旁敷，聽歡聲之載道，寸衷欣忭，莫可名言。伏羌附
近百餘里，所有各村莊自必一律均沾，某刻即回任，查明稟報

外，肅具蕪稟，上布歡忱，恭請鈞祉。

賀福中堂生日

敬稟者：某叩違慈範，月琯屢更，殊懸戀之忱，時縈五內。本月十七
日恭逢宮保中堂侯爺生申令旦，賚弼良辰，麟圖衍慶，適當麗
日舒長，鶴算呈祥，正值薰風解阜。五百年名世有期，望崇紫閣；
八千歲春秋方茂，秩峻黃扉。慈雲久蔭於全秦，咸呼生佛；德雨
均沾於二陝，長作歲星。仰見金章戴錫，堂廉占一德之符；共聽
嘉頌頻傳，黎庶進三多之祝。纓緌志喜，介弁騰歡。某備沐生成，
彌殷藻躍，分應趨赴崇轅，恭申賀悃。緣甫經到任，蒙諭料理地
方事件，是以羈於職守，莫遂晁趨，展葵藿以傾心，遙企南弧之
瑞靄，仰雲霄而額手，常瞻北斗之台垣。肅薰蕪稟，令胞弟某代
聆，叩祝恭賀鴻禧，敬請鈞祉，伏祈恩鑒。

稟謝福中堂題補靈州

敬稟者：本月十二日，本道因公到伏，接到司移，諭知某已蒙中
堂垂慈拔擢，題補靈州。聞諭之下，感悚無似。伏念某樗櫟微材，
夙蒙栽植，駑駘下質，幸備馳驅，憐微命之悴，全爰陳薦牘，謂一
長之可録，俾勒觀彤庭。念其家世單寒，賞賜沐再三之德；惜其公
私瑕累，矜恕邀格外之仁。職獲進於一階，恩實深於再造。茲復
加之遴選畀以要區，將圖報以何階，信許身之有地。全家頂戴，
五內銘鐫，所有感激下忱，合肅稟謝，仰冀慈鑒。

稟謝福潘司詳補靈州

敬稟者本月十三日本道因公到伏讀諭知某已蒙恩師詳請提補靈州聞諭之下感悚無似伏念某樗櫟庸材備員宇下荷沐老夫子大人隨時隨事逾格矜全戴等二天感深五內茲復蒙恩加以遴選詳補要區現前飲啄無非出自隆施此後蟻程容敢忘夫慈造正不惟舉家焚頂抑且沒生世以之矣所有感激微忱合肅蕪稟恭謝慈恩

賀本道太太壽辰

本月初七日恭逢太太設帨良辰添籌令旦蓬島凝禧錦字煥金泥之色台苑摛韻瑤光騈發寶婺之輝正桐露之鳴秋樽開閬苑適荷風之送暖陽滿瀛洲神女八琅比南音而舞𥓓安妃六膳斟八斗以為奬黎庶歡騰纓交慶某翹瞻福曜藻躍彌殷唯是僻邑偏隅毫無將敬肅呈菲儀一函稍申賀悃敬遣家人代躬泥首敢效綏桃之獻海修華祝之儀伏冀鴻慈曲垂鑒茹肅薰蕪稟虔賀崇禧

賀西寧道王少君館選

月之初七日恭閱抵報欣悉大兄引見彤庭榮登詞館掌中秘之圖書通英槐翠耀六筵之星象太乙藜青是皆大老爺德澤凝禧簡編貽穀鴻聲繼起子駿承中壘之封令譽早蜚蘇頲接許公之武喜傳蕊榜慶集德門某瞻望祥雲彌欣藻躍

賀制台到任

敬稟者竊某江左庸材備員甘省恭惟大人望重台垣治符命世綸音北至紫氣東來垂節鉞以宣猷山右久欽黼袞緒文武而作憲關中丕煥經綸萬里分玉麟之瑞六符著銅虎之威兩河左右咸欣吉曜之遙臨二陝東西共樂慈雲之遠蔭仰見台階增峻帝眷攸隆慶溢萁黎歡騰纓弁某幸依帡幪藻躍彌殷除趁赴前途恭迎憲節外合肅薰蕪稟專遣家人叩賀鴻禧敬請金安謹呈履歷伏祈垂鑒

稟河南畢撫軍

叩違函丈於四月廿八日始抵蘭山當肅寸稟虔請鈞安諒邀恩鑒屈指龍門睽隔倏又月莢四更憶陪嘉讌神欲往而如馳恐負深恩心乍捫而若悸私衷孺戀言莫能宣敬惟老夫子大人懋績凝禧台祠集慶丹青神化編氓共慶康時霖雨蒼生沃土咸登樂歲北闕之溫綸疊賁中州之嘉頌遙傳瞻望福星彌殷藻躍某抵省後蒙節相垂憐相待優厚當即為專摺請補靈州仍令暫回本任於六月初三日到伏接印任事弟撥廷入院署襄辦筆墨凡此恩施皆由栽植頃節相奉到綸旨於月之七日星馳赴京欣春澤之乍回忽慈雲之移蔭殊自悵緣慳福淺也淵如及第欣慰良深同列門牆獨傳衣鉢又自愧矣

稟河南閩歸道

敬稟者今夏四月間某逗遛大梁適憲駕公出未獲面聆訓誨當肅寸稟恭請鈞安諒蒙慈鑒邇惟大老爺公袞凝禧鼎裀集慶按六條而察吏手握冰衡撫萬姓以宣猷身為玉斗並見恭寮志喜黎庶騰歡翹首祥雲彌殷藻躍某仰瞻卿月久隔慈雲孺戀之私無時或釋肅具蕪稟恭請鈞安

稟彭大司馬

前在汴梁曾修寸稟賀請鈞安諒邀慈鑒邇惟老夫子大人公袞凝禧鼎裀集慶翹瞻台曜忭頌彌殷惟是海氛未靖廟謨遐宣老夫子大人任典戎樞未免賢勞夙夜私衷孺戀倍切依馳耳二妹輩在京仰累長者寸心跼蹐感愧交并肅稟恭請鈞安

賀本道中秋

睽隔慈顏數更月英私衷孺戀與日俱深邇際桂輪初滿玉律方中敬惟大老爺鼎裀集慶公袞凝禧樽開玉宇榮光偕秋色以澄輝樂奏瑤階瑞氣並天香而遠集恩同湛露徧敷綠野之膏心共冰清朗澈玉壺之鑑歡均郊野喜動簪纓某久荷帡幪彌殷藻躍惟是僻邑偏隅毫無將敬肅呈菲儀專遣家人賫叩憲轅仰冀鴻慈曲垂鑒茹敬肅丹稟虔請鈞安

賀本府中秋

茲際銀輪初潔玉律方中恭維大老爺鼎裀集慶公袞增華恩同湛露徧敷綠野之膏心共冰清朗澈玉壺之鑑瓊樓璇宇樽開撥桂之芳筵錦瑟瑤笙頌起梯雲之瑞景恭僚志喜黎庶騰歡某仰沐生成彌殷藻躍

稟學政

竊某材同樗櫟質類駑駘仰沐慈光幸叨樾蔭備員邊徼九歷寒暄恭惟大人碩學經時瓌材華國榮膺簡命特主文衡身為大匠千尋收集鳳之枝手鼓神錘萬斛鑄函牛之鼎全隴東西羣流仰鏡兩河左右庶士傾心某屬在照臨彌殷藻躍瞻北斗之文星六筐璀璨受關中之瑞靄五色氤氳未瞻拜於月題倍馳情於仰止

稟福中堂

竊某叩送霓旌倏又三月下忱孺戀與時俱深嗣於八月中虔修寸稟藉便肅請崇禧諒已得塵慈鑒並前者憲紀旋省恭悉八騶東指行次衢州一路行轅俱徵集吉近日又稔玉節已抵厦門敬惟宮保中堂大人遐宣豹略重佩麟符仗廟算之萬全塵清海嶠統禁兵之六萃波靜樓船指日小醜蕩平膚功底定桓圭晉錫益增黼黻之華紫閣酬庸更煥丹青之彩翹瞻台曜忭頌彌殷某備員半載愧乏寸長所幸合屬民情俱極恬謐現奉署制憲委查蘭州屬三縣賑務督同各令實力稽查不敢稍有遺濫此次災黎仰蒙中堂悉心調劑入告楓宸是以載道歡聲無不頌揚憲德田疇稍歉景象與樂歲無殊可以上慰鈞懷其

餘庶務惟有凜遵訓勉竭駑駘以祈仰答高深於萬一耳

稟雲南藩司王蘭泉先生

去冬京邸叩送台騶倏又星琯一周關河萬里疏隔自憐戀慕
恩知榮迴五內恭惟老夫子大人鼎祠集慶公衮增華沛恩澤
於全滇布勛猷於六詔薇堂日麗咸推裕國之經綸黼野春暄
坐聽宜民之歌頌蒼山洱海夲屬舊遊金馬碧雞又添新集某
未得趨隨函丈奉侍光塵翹首龍門瞻依倍切某去歲在京負
累滋多匆匆即行就道途中窘迫難以言罄復至大梁幸賴中
丞夫子賜以噓荼魁其涸轍擡閣兩月始得西行於四月杪到
甘蒙節相逾格垂憐即行題補靈州並令暫回本任旋奉部覆
知邊特旨恩准令赴新任視事邊膺繁劇恐蹈愆尤惟有刻凜
冰兢上酬褒誘中宵晷度占台宿之常輝小草根荄望慈雲之
遠蔭下忱依戀百倍恒情

稟河畢撫軍

叩別龍門倏更星莢私衷孺戀與日俱深七月中曾修寸稟虔
請福安諒蒙慈鑒敬維老夫子大人禔祉增綏繁禧茂集翹瞻
台宿忭頌時殷惟是瓠子宜防洪波漫溢使相之旌麾久駐金
隄之版築方殷未免行慮經營勞神櫛沐遥想大功蕆事冬冬水
安瀾沃壤則已慶豐年澤國亦咸鳩安宅慶奉温綸之錫爰酬
露冕之勤遥聽之餘倍深依結某前蒙福節相題補靈州奉旨
恩准現在交替尚未有人仍在伏羌任事兩年跋涉負累滋深
瘠薄之區一籌莫展備沐師恩高厚逾格成全思答春暉空憐
寸草捫心内手無地自容某一到靈州即當專遣家人來汴叩
謝鴻慈備申忱悃先肅蕪稟恭請金安

稟福中堂平征臺灣

叩違慈範星莢屢更蔡向之忱時縈五内恭惟宮保中堂麟符
集慶玉帳凝禧仗北闕之天威宣中權之遠畧百靈效順帆檣
穩涉恬波萬衆同心士馬俱騰銳氣九天九地出倍道之奇兵
七縱七擒得攻心之上策尅見海氛迅掃露布飛傳成不世之
勛名桓圭晉錫賜非常之顔色紫閣增華某備荷生成彌殷忭
躍某前沐鴻慈題補靈州於九月初三日接到飭知奉旨恩准
兹伏羌一缺司中詳委試用知縣李某接署某交代清楚後即
前赴靈州荷蒙拔擢之恩畀以殷繁之任蟻程幸進慈造難酬
惟有隨事留心倍加黽勉以期仰副高深於萬一所有感激下
忱合肅稟呈

稟浙閩制軍李平征臺灣

竊某於四月初旬欒城途次恭值八騶入覲得以叩謁慈顔仰
蒙訓誨周詳恩加格外五中感泐言莫能宣敬惟大人宣猷兩
浙移節八閩台衮凝庥鼎裀集慶值海氛之不靖仗威畧之遐
宣先機發策上契宸衷坐鎮運籌咸符睿算指日小醜蕩平大

功底定異數酬庸賜圭介之琬琰台階晉秩輝紫閣之丹青某
夙荷生成彌殷藻躍某奉准部覆得補靈州之缺蟻程幸進俱
邀再造之恩飲水思源全家頂祝茲乘人便肅稟恭請鈞安

稟蘇道台出口安撫

竊某樗櫟庸材毫無知識幸叨慈雲之瑞靄未瞻卿月之光輝
孺慕私忱無時或釋茲際鵷管迎祥蓂莢紀旦恭維大老爺懋
績咸宜宏猷式煥建韓范之偉畧展頗牧之鴻才瑞叶緗圖銅
虎著無疆之祜春回玉塞繡衣揚有道之華咫見公袞遄歸均
需德雨台階集慶共樂春風翹首祥垣冒勝忭躍

又

叩違慈範月琯倏更瞻睎祥雲時深葵向敬惟老老爺頗牧鴻
才韓范偉畧烏臺著績沛德雨於金城玉帳分猷耀福星於紫
塞茲際龍躔肇歲鳳紀書元繡斧遄歸共望春風之和煦台階
增峻行膺晝日之恩榮某夙荷陶鎔彌殷忭躍

稟西寧道王

叩別慈顏倏更蓂莢私衷孺戀與日俱深茲際椒盤獻歲斗柄
回寅敬惟大老爺華袞凝禧台祠集慶匡時碩學勤幕府之宏
猷經國瓌材贊籌 之偉畧佇見福星有耀繡斧遄歸荐牘酬
庸寵膺三接

稟彭雲楣大司馬

睽違函丈歲琯再更依戀之私時縈五內茲際綏雲書旦淑景
迎和敬維老夫子大人黼黻增華鼎祠集慶典中樞之重寄豫
上苑之佳遊渥承湛露之恩頻進卿雲之頌台階在望欣忭良
深某伏羌卸事即赴靈州頻劇初膺時虞隕越兼之伏羌任內
積累已深茲當交替之時限期近迫無計彌縫恐貽玷於門牆
益深懼競耳弟揆緣方伯招延至署襄辦筆墨未回靈州度歲
飄蓬蹤跡尚未有回京之期戀念慈顏同深依結

稟賀福中堂

月之二十日張戈什哈自厦門旋蘭接奉鈞函恭稔行旌綏吉
並示悉候風配渡及預行指畫機宜盥誦之餘實深額忭且於
偕壽聚米之際復蒙垂慈格外眷注殷殷刻鏤之私何能言罄
此間近日得稔中堂於十月下旬大兵雲集風利開洋即由鹿
港直取賊巢遠振軍威遐宣廟畧蒙恩賞給寶石帽頂四團龍
補服晉爵上公慰宵旰之勤勞沛上重之寵渥輝增金旐瑞應
桓圭首戴殊恩映翠翎而生色身沾異數分繡衮以增華奇珍
來自尚方黼服頒于紫殿勳聯褒鄂重輝畫閣之丹青美濟韋
平更紹傳家之琬琰當此樓船波靜海嶠氛消輓粟飛芻倚角
之民十萬綠沉星鏁攻心之眾七年奉揚橫海之雷霆齊仰登
壇之節鉞列圍鵝鸛捲陣貔貅前鋒定縛孫恩反火已收王則
竚見將軍戎服星飛露布之書壯士鐃歌銘勒燕然之石巢傾

穴剖翼折鱗披，去日旌旗，卜南風之正利；歸來笳鼓，看春水之方生。甲帳騰歡，波臣効順。某素依幬覆，重荷生成，未隨鞭鐙以備馳驅，每奉尤綸，尤深鼓舞。惟望百蠻帖服，早歸北闕之星辰；萬井恬綏，更領西陲之鎖鑰。此又某一人頂祝，而僚屬同欣者也。

又

昨者恭聞中堂於十月下旬，雄師大集，開洋風利，直取賊巢。高握麟符，遐宣豹畧。軍威所振，咸秉廟謨。又知大兵從斗六門進攻大里杙，賊匪奉到檄訓，紛紛乞命歸城，掃穴犁庭，翹足可俟。現在蒙恩賞給寶石頂、四團龍補服，晉爵上公。伏惟公中堂鳳德呈祥，龍函兆慶，勳調金鉉，三公居保傅之尊；爵應桓圭，五瑞列信躬之上。殊恩首戴，覆瓘璪於瓊雲；渥澤身披，映輝煌於藻火。翬翎發耀，繡袞重華。人誇琬琰，章平本是家傳；閣畫丹青，褒鄂自聯家閥。當此氛清海嶠，波靖樓船，八戰八克，而軍其郊；中十盪十決，而兵疑天上。擒渠以獻，即用降人；卸甲來歸，依然赤子。民望令公，爭拜賊闌；范父先驚，是皆公中堂運掌謀深，攻心策定，揚天討則威無不克，宣帝德則法有可寬。得雨露而感生，遇雷霆而必震。以此見王師之大，以此見軍令之嚴。羽黨既除，罪人斯得。灿見膚功迅奏，露布遥飛。江鄉之春水生波，海外之東風入律。營開鼓角，回軍正向楓亭；帳擁旌旗，歸馬盡過霞嶼。百蠻慴服，萬姓騰歡。某夙荷栽培，如蒙幬覆，每慚弱質，未供書檄之勞。忝在下風，傾聽鐃歌之奏。

稟勒制軍

敬稟者：竊某謭陋庸材，幸依仁宇，栽培逾格，訓誨周詳。小學雖微，俱仰春風之噓拂；碩金可點，備蒙大治之陶鎔。高厚鴻慈，五中銘鏤。適惟大人鼎祻集慶，公袞增華，翹首台垣，彌殷忭躍。某叩別慈顏，隨時傚裝起程，於本月十五日抵靈州，當與署前牧廣交替任事，接印現在。地方寍謐，漢回率教，可以上慰憲懷。某駑駘下質，仰沐垂憐，繁劇初膺，時虞隕越。惟有矢慎矢勤，隨事黽勉，仰副鴻慈於萬一耳。除將某到任日期另文詳報外，肅具蕪稟，虔謝深仁。

又賀年

叩別慈顏，倏更月莢。私衷孺慕，與日俱深。適際龍躔肇歲，鳳紀書元，敬稔大人鼎祻集慶，公袞凝禧，牙旗畫戟，調萬里之春風；龍綍麟符，承九天之湛露。震方納瑞，欣占斗柄回寅；左个迎祥，快覩蓂莢轉旦。纓弁仰經綸之式，煥蒼黎慶繡袞之增華。某荷沐帡幪，彌殷藻躍，望雲霄而額手，等葵藿以傾心。除新正趋赴崇轅躬申賀悃外，肅此具稟。

稟賀福藩司年節

叩違慈範，月莢數更，翹首台垣，日深孺戀。適際龍躔肇歲，鳳紀書元敬稔老夫子大人鼎祵集慶公衮凝禧微堂日麗黼黻增華麟閣風和經綸式煥璿衡在七政之先春回黍谷玉律轉三陽之候瑞叶椒花虬見榮膺三接寵渥九遷纓弁騰歡蒼黎交慶某仰叨栽植夙荷陶鎔遠睇龍門彌殷雀忭

賀本道年節

叩別慈顔倏經旬日翹瞻台耀彌慕時殷茲際太簇迎和矞雲呈彩敬維大老爺鼎祵集慶公衮凝禧蓂莢轉旦分青陽左个之祥椒蕊承風納蒼宿震方之瑞咸仰經綸之式煥羣瞻黼黻之增華黎庶騰歡簪纓交慶某仰叨栽植備荷帡幪遥望崇階彌殷藻躍惟是僻處偏隅愧無將敬肅備芻菲遥遣家人賚呈憲轅伏祈賞收除俟新正赴郡趨叩崇階面申賀悃外肅具蕪稟虔賀鴻禧

芙蓉山館尺牘卷二

金匱楊芳燦蓉裳著

稟福中堂

竊某於月之初八日附節轅差便肅稟恭請行祺藉展下忱計日定蒙霽照茲按江蘇郵報敬悉公中堂統領大兵奉揚天討於攻克大里杙之後列營水沙連地方其臺地南北一帶道路俱已廓清林爽文業已就獲報捷紅旗即時飛遞仰見公中堂兵行神速盡掃餘氛慰宵旰之勤勞著旂裳之勳伐綠沉金鎖連營耀戈甲之光鐵軸牙檣列艫壯波濤之色彤韜盡展麟閣重開師中有熊羆之名海外息鯨鯢之影元惡則莫逃斧鉞降人争拜旌旗遠鎮天威班師内渡屈指仲春下浣玉節可抵津門當鸞輅之時巡覲天顔之有喜淮西獻頌潞國勳高聽馮上之鐃歌醼軍中之勞酒兩階干羽聖德遐敷萬方騎樓船將星正朗識見歡騰中外慶溢官僚矧某素隸帡幪厚叨眷注值此大功底定吉曜歸躔鼓舞之誠實勝尋常萬倍刻下惟有遥瞻節鉞于敷奏彤廷之後即膺重寄早蒞西陲以為隴右蒼生之幸

賀勒制軍壽

竊某於春間在省晉謁鈞顔備蒙榘訓五中銘刻莫可言宣嗣因交代事竣束裝回任當經稟肅稟台端諒已得邀霽照茲者恭逢大人祝嘏嵩辰添籌慶日宣猷玉野協嘉應於西陲駐節

金維迓重熙於北闕花開益壽酒進延齡馥郁慈雲紀瑞則方過浴佛暄和暖日呈祥則盡識生申介眉於無疆卜純禧之愈懋士民齊祝寮吏臚歡某幸托怙幪分應躬叩崇轅慶申忭舞緣羈職守未遂覓趨仰企之餘實深額頌

稟景道台

敬稟者某州雷學政自省回州接奉鈞函備蒙慈注殷拳五中鐫鏤並蒙憲台加恩調護諸賜栽培念折穢之短才不勝繁劇憐捉襟之窘況難遽遷移體恤備至於隱微頂戴直同於高厚雷學政荷蒙提拔幸進一階感邀亦同受惟閩王體偶爾違和想調攝得宜定當勿藥有喜也引企崇轅實深依戀

稟陳臬台

某謭陋庸材幸依仁宇頻蒙恩曲賜成全既獎拂之多方復優容之逾格古說感恩不如知己分雖下吏即是門生仰首知鳴捫心銜感邇惟大人百福禔躬順時集慶翹首爲府忭躍弥殷

賀藩台補陞福建巡撫

某質類駑駘材同樗櫟夙依仁宇深荷栽成被春風之噓拂水竟忘寒受大冶之陶鎔鐵猶可點蟻私感激刻骨銘心恭惟大人上契辰宸衷崇膺綸旨移旌南越統轄郡侯黨度支於閩隴恩膏久被西陲秉節越鉞於甌閩聲望行敷南國蒼黎交慶纓弁騰歡某久蒙怙幪覆莫報涓埃等葵藿以傾心望雲霄而額手

分應泥首道旁稍申戀悃緣羈職守莫遂覓趨

稟河南畢撫軍撫災安民

夏間專差家人齎稟匍叩崇轅敬請福安諒邀鈞鑒此比來慈雲遠隔鄉月遙瞻殊戀下忱名言莫喻每閱邸報敬悉老夫子大人宏猷經國碩畫匡時桴鼓不驚旬日靖潢池之寇宣防永固三秋恬瓠子之瀾起萬户之瘡痍哀鴻安宅沛九乾之雨露赤土回春宜乎喜動天顔揆留睿鑒屢奉温綸之錫式增台衮之華榮問遥傳曷勝忭躍惟是紆慮善謀之會勞神櫛木之餘尚冀抱德蒼和時加攝衛此尤恩門下士所私心切禱者耳

謝隆太尊和詩

敬稟者日昨敬遵鈞命敢獻蕪詞塵瀆清嚴正勝惶悚仰蒙屬和賜以瓊瑶兼貽謝之儁逸擅裴王之高格熏將寶鼎幡幡旖旎之香濯向冰壺灩灩薔薇之露未足方斯淡雅比此清工更蒙斷繼和諸賢真已畢臻於衆妙八音迭奏五色相宜飲而心醉如斛凝露之漿咀之口香似飲防風之粥捧持之喜展玩增榮自顧疎庸遇邀矜譽恐粃糠之貽誚懷石璞以增慙尚冀憲台時賜提攜曲加璇植感激鴻慈更無涯矣原稿敬封呈繳外兼宣紙一通仰祈命闢世兄寫就付下俾藏爲墨寶益何欣幸

稟陝西粮台温

敬稟者前在都門得瞻霽範備蒙慈光下照略分言情銘鏤五

中名言莫喻祗因程期敦迫捧檄西行悃悵未申至今依結去膈得閲邸報欣悉大老爺榮膺簡命轉運全秦千箱萬斛掌天庾以儲珍兩岐雙穗先地官而貢瑞前秉銓衡於畫省共欽天山吏部之清裁茲推司筦榷于薇堂更推劉度支之碩畫展經綸于百二受倚眷于九重並涉屏藩旋膺旌節翹瞻台曜藻忭弥深某落拓一方淹遲十年時虞隕越空抱兢淵所冀台憲台垂情念舊時賜提攜俾得遵循有自實加銜感靡涯

稟賀福中堂入都兼賀生日

敬稟者某于春初曾肅寸稟虔請鈞禧諒邀慈鑒恭惟公中堂台祠集慶繡衮增華疊奉恩綸渥承宸眷入彤庭而輯瑞崇班冠四岳之先瞻黼座以呼嵩吉曜識三台之近重以遠臣効順邊徼歸昌金表抒誠實賴令公之鎮撫紫光賜宴俾知使臣相之威儀爭迎拜闕之旌麾遐想趨朝之劍佩仰經猷之益懋知眷倚之弥隆茲逢建未之辰適際生申之會莊椿作記煦舜日以延祺蓂莢呈圖賛禹疇而錫祉奉金章之舄奕調玉鼎以從容纓弁騰歡蒼黎額慶某備蒙怜憫又荷陶鎔藻躍之私名言莫喻祗因職守未得趨詣行轅虔申叩祝耑遣家人代躬泥首前途謹呈吉祥如意聊將芹献稍展葵忱伏冀曲鑒茹

稟福公相

茲聞公中堂大功告竣內渡班師晉覲天顔備蒙異數下風遡聽忭舞殊殷惟靈邑偏隅未得時薰丹稟上達尊嚴而引睇慈雲無刻不神依台斗也恭惟公中堂緗圖叶瑞金版增華七月間復命灤河即值木蘭扈蹕牙牆鐵軸方回海畔之星槎豹旆虹旌近侍雲閒之翠輦龍光三接露湛九霄揚偉績則丹筆題詩著元勲而紫光作賛洵一時之盛事備千古之奇逢瞻就五雲可勝藻躍某向依仁宇諸荷甄陶所有趨公之事刻刻凜遵棨謝備切慎勤本年靈武地方秋成豐稔民氣恬熙可以上慰慈懷特是久違台範依戀逾常惟望旌旆旋轅重邀噓植庶幾小草敷榮得沾渥澤在合省官民無不同深慶幸而在某受恩深重禱祝更倍常情

附荔裳先生稟福公相

謹啟老夫子大人鈞座竊某前在省垣曾肅寸緘恭請鈞祺並陳下悃知已得蒙霽照嗣奉賜函備沐眷注逾常有加靡已開緘盥誦鐫鏤良深比維老夫子大人鼎祉增綏褆躬集慶時逢秋獮扈蹕隨行煥龍德于九苞荷龍光而三接殊恩疊沛誠意交孚應五百歲而誕賢黃扉紀瑞冠二十人而作賛紫閣生輝宸翰褒嘉膺功底定中朝偉績中外傾心竊某幸列門牆厚叨噓植遡聽之下藻躍十倍尋常某到甘碌碌倏已載餘本望旌節重旋或可再依蓮府因奏准生番入覲恭聞老夫子大人奉命留京下懷依戀莫可名言急思供職東華冀以稍効馳策

通

擬于小春初旬束裝北上述時趨謁台階定得重蒙訓誨

稟福中堂

竊某於小春中浣肅稟叩祝崇釐計期長至之前已可上邀鈞鑒惟是遠隔台垣時殷孺慕縈把五内言莫能宣茲際蓂管回春萱英傳旦恭惟公中堂麟扆集慶龍袞增華燮諧元氣分青陽左个之祥匡贊亦六府納蒼宿震方之瑞寵渥楓宸紀鄉雲之糺縵歡承萱配瞻愛日之縈怡又值降番入覲海嶠歸昌豫奉恩綸特陪華宴中朝相司馬遠人咸聞起居當國有王商荒服咸欽咸望月青神化瓏球光畢華黎庶傾心簪裾額手某夙荷生成之德弥殷藻忭之忱胞弟揆以久隔慈顔情殷趨侍茲已束裝北上叩謁崇階惟依悃之稍舒望恩光之曲被轉一氣之洪鈞頑金可鑄潤三霄之瑞露小草滋榮高厚鴻慈全家頂戴某任事靈州已屆一載每念受恩深重仰報無階惟有隨事隨時矢勤矢慎所幸地方寧謐年歲有收可以上慰慈懷明春盼旌旆之重來喜忭幪之有托卑寸心欣忭百倍恒情

稟彭大司馬

茲際蒼雲轉旦翠英回春敬惟老夫子大人台衮增華鼎裀介祉中樞位望近接機廷獨坐威儀行齊揆席九花虯穩陪禁苑之佳游一品服尊拜尚衣之特錫獻九如之頌賡八伯之歌春倚弥望隆經猷益懋翹瞻台曜藻躍弥殷某任事靈州以來行及一年惟黽勉供職尚幸未蹈愆尤而負累已深左支右絀時虞隕越貽玷門牆尚望恩師曲加栽植則頂戴更無涯矣

致彭芝庭

睽違慈範歲琯再更依跂之私時縈五内恭惟九叔大人動定康娛聲華益峻新除班列已到鳳池舊價文章仍留鷺掖並稔闔潭納吉家慶方臻翹首祥光可勝忭頌

上王圖南先生九十壽啟

拜違函丈歲籥十週遥跂慈輝左右無刻不依左右每從南來人便敬詢起居藉稔老夫子大人動履增綏精神康健新春元旦正值九秩壽辰鶴算頻添芝圖乍展並高名柱史歲寒而惟見松筠繼雅會于香山華首而猶聯棣萼喚扶鳩杖徜徉琴酒之娛閒檢雲籤瀟灑林露之適斑衣繞膝琪樹盈庭行看三錫之榮定紀百齡之瑞瞻翹南斗慶忭奚如

賀西寧道蔡

竊某江左庸材備員屬末遠瞻台曜時切葵傾恭惟大老爺粉署碩儒玉堂峻望茲奉恩綸於北闕特宣經濟于西陲螭頭簪筆大料已並韓韓公憲節籌邊盛業行儕范相垂霄氤郁大羅香案之雲照物暄和秘府花磚之日蒼黎交慶纓弁騰歡翹首祥輝倍深藻躍恭

稟靳勒制軍

恭惟大人晉覲榮旋八騶莅省首戴殊恩翠翎耀色躬膺異數
繡卷增華七年之征賦胥蠲春臺共樂萬里之嚴關更築邊境
常寧惟嘉謨之入告上契宸楓斯愷澤之旁敷均沾部屋竹梟
冠時之事業明良曠代之遭逢嘉頌遥傳歡謡載道蒼黎交手
纓弁傾心某夙荷生成彌殷忭躍

稟勒制軍

叩違憲範月琯屢更葵向私忱時縈五内恭惟大人彤騶按部
黼繡遥歸簡犀渠之六萃軍威鎮静于邊隅正禺筴之七鍾[illegible]
政肅清于下邑前此嘉猷之入告既已上契宸衷至今王事之
宣勞自合渥膺帝眷翹瞻台曜虔頌彌殷卑州現在地方寧謐
秋稼豐登所有城鄉各堡回民屢奉大人頒發明示諄切誥誡
某復經傳集鄉人等當堂宣布皇仁及憲台德意該回衆等均
知感激均各率教可以上慰憲懷肅此具稟

稟賀中秋

敬惟夫老爺泰履增綏崇祺納吉清襟朗徹闢玉宇而塵淨秋
山藻鑑澄瑩映金波而輝騰萬戶延閶闔之涼飈天香遠襲想
閭閻之豐兆雲稼新登樂歲慶成歡聲普洽某素蒙帡覆忭
躍彌殷

賀本府中秋

綺筵樂餘應開北海之華樽綵筆毫吟不讓南樓之雅會某依
光甚邇未能陪清讌之娱仰德甚深不勝切重霄之望

賀年稟

茲際春融簇管頌洽椒盤恭惟大老爺台衮增華鼎裀集吉閶
開黄道聿新鳳紀之祥燕寢凝清香載戩穀之瑞歌傳纁袴
汗青遥紀于竹書恩沛絲綸泥紫行夫芝宇茂集陶鈞之福廣
宣坱圠之和引睇祥雲曷勝忭舞

稟福中堂

叩違憲範時星琯三周孺慕之私與時俱永雖瞻卿月之光輝
遐方咸被而被春風之噓拂小草尤殷茲際日麗青緹陽回翠
英敬惟公中堂鼎彝紀績黼黻呈華承湛露于九霄弥殷眷倚
蔭憲雲于百粤益著經猷彤牙晝静惠風恬瓊島之波鈴閣春
融瑞氣映珠江之彩明歲遠人來格先問司馬之起居今茲禪
海咸寧實賴某公之鑠鑰綜綏交慶黎庶蒙庥某備荷生成弥
殷藻躍某奉職靈邑已及二年冰兢循分幸未蹈于愆尤疲駑
無能每懷慙于報効今歲年穀順成地方寧謐差可上慰鈞懷
弟揆於今春抵都仍在粟籤處行走愧無寸進殊負厚恩近有
信來欲于明春榜後束裝趨叩台階感上相之憐才下士願供
驅策倘微生之多幸全家亦隸帡幪禱祝之忱銘鐫五内

稟大名道丁

睽違憲範歲籥屢更祗以關河迢遞未得時修寸稟虔請鈞安

而翹望祥雲每深依念前閱邸報欣悉大老爺榮膺簡命特擢
監司碧籠霧棧持絳節以流膏丹鳳泥香擁旌旄而出鎮仰見
經猷益茂黼黻增華惟冀眷倚之恩深復見屏藩之伊邇吉躍
西指父老重瞻棠蔭紫氣東來僚屬均沾樾蔭某素蒙栽植備
荷栽成瞻望崇轅曷勝藻躍

稟福中堂

恭惟公中堂絳節迎祥黃扉集慶雨粵之謳歌已遍中朝之柱
石咸欽榮奉恩綸平緩海外臣而入覲恭逢慶旦領鵷班百職
以呼嵩瞻天顏而拜手颺言喜動宸旒之眷倚侍慈幃而晨饔
夕膳時承色笑之歡益徵龍衮之增華恩承啓闢快覩班衣之
戲舞瑞叶蘭陵九乾則疊沛祥霙兆庶則共瞻台斗竹帛冠時
之事業明良曠代之遭逢翹首龍門曷勝藻躍

稟彭尚書

叩別慈顏四更歲琯寸心孺戀与日俱長春初稟肅燕稟虔
請鈞安諒邀恩鑒茲際桂輪映彩蘭卮流香敬惟老夫子大人
繡黼增華鼎裀集慶天衢賜第捧日而喜近宸居上苑來驄簫
雲而履陪清蹕侍迎英之講幄襄六為七而作一經典中秘之
翹林拔十得五而甄庶士恭遇聖壽無疆之會欣承天顏有喜
之時綏福祿于萬年樂酒頌治于周宴頌光華于八伯賡歌上
協于虞韶九乾則疊沛殊榮兆庶則共瞻偉望行留紫班于紫

閣早符吉卜于金甌翹首龍門弥殷藻躍

稟王蘭泉少司寇

叩別慈顏四更歲琯寸心縷緬依念殷殷日前接閱邸報敬聞
老夫子大人使車指南驂從多勞下懷益深繫念迎惟金符復
命玉佩趨朝屢邀溫語之褒嘉共仰宏猷之炳煥長揚楨獵每
扈宸遊甫開草開樽頻沾天宴封事一函識西臺望重奎章三錫
知北闕恩深翹首龍門曷勝藻忭

顧睛沙觀察六十壽

兩奉諭函備蒙注念之懃摯更荷提撕之誼切迴環盥誦感激
銘心迎惟母舅大人杖履增綏起居多適寓賞物外索解元中
於逢九月佳辰正届千秋慶旦集賓朋于菊逕瑤圖欣展六繙
侍色笑于蘐庭綵勝猶持三朔流連觴詠之娛長倩子舍管領
烟霞之福永作星藏弧南在望忭躍何如

稟顧睛沙觀察

敬稟者四卅四南曾肅寸稟恭請鈞安諒邀崇鑒頃奉手諭備
蒙逾格垂慈百凡訓誨銘佩五中非言能喻敬惟舅祖母大人
福履增綏起居恬適母舅大人承百齡之萱蔭開六秩之芝函
圖慶集通德高門名重扶風絳幄望雲顏手忭頌奚如敬讀大
稿發聖賢義蘊之精微抒豪傑胸襟之鬱結豈徒平視歸湖諸
家直可接踵韓柳歐蘇騰光虹彎必傳於後無疑也惕風塵馳

逐學業荒疏殊增愧恧敬呈七律數章伏乞長者憐而教之
外許鈇堂一部呈閱係國初名士作令西陲流寓而沒惟藉大
手裁其幽光光當此肅稟

稟陝西糧道秦

前月曾肅稟函虔申賀悃諒邀慈鑒頃接省札欣悉老表叔大
人榮膺寵命陞授陝西糧道欽惟曩時之偉績列在御屏共知
此日之崇遷特邀宸眷轉輸伊賴蕭侯坐鎮關中究稚惟工名
公分巡隴右某夙蒙慈愛竹聽好音蘷河九曲預祈普瀾之常
沾華嶽三峯竊幸慈雲之不遠寸心藻躍百倍恒情

稟新藩司秉

叩別慈顏屢更寒暑私衷孺戀与日俱深昨閱邸報欣悉大人
榮奉恩綸宣猷西土全符集慶瑞節凝禧帝簡良翰之長材人
仰惟屏之重寄愚恩承啓闕名伯初行惠洽蘭皋冠公重到咸
聽經猷式煥羣瞻黼黻增華茲逢紫氣東來僚屬重叨樾蔭欣
見吉驪西曜父老再親棠陰某素沐栽培弥殷藻躍兹自移窀
武三載有餘凜抱兢銘有虞隕越所幸年穀順成地方寧謐可
呈上慰慈懷

賀周臬司升安徽藩司

敬稟者某日昨因公在省趨叩鈞顏備蒙飲食教誨逾格垂慈
感泐五中名言莫喻昨接省札欣悉大人恭膺異命屏翰安徽
仰見帝心簡在誠意交孚天眷優隆恩綸疊沛茲值彤騶南指
玉節東行南國耆民載道歡迎召伯西陲庶士攀轅欲借寇公
某素蒙栽植諸荷矜憐今遠暌離不勝孺戀恩光普被雖時瞻
卿月之輝吉曜移躔未得侍春風之座寸心依結百倍恒情本
應泥首道旁躬申戀悃祇緣大憲按臨甯郡未克分身叩送行
旌益深歉悚肅熏燕稟敬遣家人賫叩崇轅敬呈白玉如意用
取吉祥聊申頌祝

稟周學台

敬稟者某昨以蕪詞輕塵藻鑑延蒙大人過情獎借曲賜品題
惟七字之清工抵百縑之鄭重迴環盥誦感悚增深茲際韶令
方新青陽協律欽惟大人鼎裀集慶黼扆增華魁首文星昌朕
藻躍昨聞初四日旌麾遄發將試五涼某因職守所羈未得躬
申叩送戀念彌深

稟福中堂

敬稟者某前于定遠次趨叩鈞顏備蒙訓誨懃拳恩施逾格五
中感激浹髓淪肌嗣于津迎中叩送旌旗倏又新更歲籥私衷孺
戀与日俱長欽惟公中堂將軍麟符集慶新龍衮增華翠節經
臨胥聽歌聲載道蜺旌映日遐方共被暄和兕帳書雲全衛均
沾瑞靄唯塞壇之草木盡識威名斯西域之山川咸歸碩畫延
見星馳電掃谷靜山空樓識壽遐塔名放仗放看慧炬之長輝

均知佛力更仰慈雲之遠蔭共戴聖恩中外歡騰紘綖交慶某素蒙幬覆屢荷生成從切望塵末由負贅惟望大功實奏吉曜歸躔歡忭之忱更勝尋常萬倍耳胞弟揆隨同進藏仰荷鴻慈體恤凡百矜憐某田者敬述高厚之恩老母暨舉家靡不焚香頂祝肅此具禀

禀隆太尊

敬禀者某于去冬赳赴湟中驅從已經出口未得泥首道旁躬申下悃私衷依結百倍恒情旋際除筵管生春料盤獻歲敬惟大老爺旋旋出塞五馬行邊曉渡冰河看瑚璉之月滿宵眠沙磧耀玉劍之霜明陋龔渤海之政美中邦徒傳吏治茲班定遠之功高異域宏此遠謨仰見幕府酬庸楓宸策賞超遷不次僚屬同歡某素沐栽培孫殷忭躍惟塞外風霜賢勞櫛沐瞻戀倍深弟揆久承垂昧今隨同公中堂進藏想得時常聚晤尚祈時賜栽成則佩德更無涯矣

覆袁簡齋夫子

某于月之十五日從吳松崖處奉到諭函盥手焚香莊誦備荷師恩眷念刻骨銘肌某去年前年兩肅禀函今始知均未遞到總緣道里遙遠信使浮沉既趨侍之無因兼悃忱之莫展自知疎節愧仄難安籍稔老夫子大人起居康娛福履恬暢還遊龍門叩頭稱慶賜函係今年端午後所寄隔歲始行奉到迢遙萬里一紙良書襲錦薰蘭當奉為至寶矣某束髮受經即蒙知遇追隨函丈前後七年嗣以人事煎熬家累驅迫遂謀升斗遠墮風塵浪漫微官栖遲邊徼重肩負累備歷艱危空吟樂志之詩愧讀歸田之賦迴憶曩年名園譚讌高座提攜莫慰悵悵時呼負負雖詩騷結習未能忘懷而塵務糾紛所得不及少時之什一茲錄呈數十首少弭衷諒去歲於吳松崖先生處讀隨園詩話悵悵舊遊不禁淚緣纓下當成長句亦在卷中而已辭裴尚思華鹿燕曾託謝以懸雕梁十三年來此念未嘗一日忘也敬讀除夕告存詩數首具見達觀妙有遊戲神通某謂吾夫子之得遐齡理也非數所能限也昔倉牙伊耆以上壽為大君金提力救以龐眉為碩輔以玉服之老擊壤之民皆兒齒華顛得年累百方今九乾錫福元氣絪縕含生之倫盡躋壽寓夫子出為人瑞處作興者歌詠太平懷抱沖一其遭際較古詩人為獨隆其年齡亦古詩人所希覯福非幸致理固宜然胡生小數何足以知之屈指開八九之秩進期頤之觴林霞之況味依然烟墨之風流如昨駐景引年靈光常在投簪解紱彭澤歸來重過元亭再趨絳帳樂可知也

禀福公相

恭惟公相迴翔錦水綏靜班禪韓魏公之威望常新裴晉國之壯猷丕振烏斯藏外悉翹首以問起居赤旱峯前胥戴德而輸

誠悃快聽鐃歌共奏勇劾偏裨欣聞孔雀文垂恩加守令百蠻謳頌都收一品集中萬里烽烟凝照九華虬工佇仰紫宸入奏赤舄榮旋龍光燕喜之詩玉殿聽星辰之履某依戀常深于寵寐卑循信凛夫冰淵

稟福公爺

拜麟符于北闕宣旄節于西川廿年之恩澤重沾千里之壺漿共迓章令公之勛業玉壘同高嚴僕射之威名雪山增重佛地莊嚴喜風塵之永靖番人歸附看環青之頻來膏雨豐年踴躍輸已實之布中和樂職歡欣調蜀國之絃纓弁傾心蒼黎額手某素蒙栽植凫藻彌殷弟揆昔傍恩門令趨憲府信微生之多幸知百體以難酬某奉職邊隅瞬息七載仰蒙德雨遐敷寄根荄于禾黍竊幸慶雲分蔭托弱羽于喬柯鏤骨銘心名言莫諭

稟送完太守告病

自隔慈顏正深馳戀昨接省抄得悉大老爺偶抱微痾陳情解組無勞形之案牘自頤養之沖和惟故園之歸思秋風早趁而舊治之吏民卿月倏違去思歌切卧轍情殷某夙荷栽培彌增依結

稟邱學台

敬稟者某塵埃下吏佔畢儒生昔瞻蕊榜之高題久欽台望今幸星軺之西指喜近慈光祇因分隔雲泥未敢輕干清重仰蒙大人鈞函下賁存問殷拳遜獎之過情益感慚而何極恭維大人鼎祠集慶台袞凝禧藻鑑群流均霑和煦甄陶髦士悉被陽春共瞻黼黻之增華咸仰文星之耀彩某近依仁宇趨叩匪遥容對清輝縷陳積愫先肅蕪稟恭請鈞安伏祈垂鑒

稟本道回任

恭接前途來札欣悉大老爺工成奏績憲節旋轅共欣繡衮之增華仰見絲綸之特錫攬轡而澄清萬里三秋恬靜于之瀾褰裳而化洽千村四野遍桑枝之頌秘府旋磚之日煦作恩暉大羅香案之雲行敷霖雨簪纓黎庶騰歡某案牘勞勞竊莫遂凫趨之願蕪詞敬用申燕賀之私

稟本道

日昨老太太福臨卑境某掃館清塵諸多未備私衷歉悚莫可名言茲接武陟來札敬悉于二十四日榮抵憲署仰見襞衣金帶映鳩杖以流輝舞綵宮袍奉版輿而增色篤不疑平情之暇喜慰加餐姚天福監察之餘歡承養志一室之珠聯璧合瑞集蘭階九重之鳳誥鸞章寵承嵩闕國恩家慶萃聚一時某翹首鈴轅曷勝藻躍

賀彭老太太壽

茲屆月之六日欣逢老太太設帨良辰添籌令旦翟衣霞麗依尚方一品以增華璇室星輝傍台斗中樞而擒藻祥徵萬井秀

啟蘭階舜蓂羽于蓬瀛欣持彩勝集羣仙于閬苑喜展瑶圖慈雲護益壽之花旭旦暖稱觴之酒玳筵晝錦珠履宵塵某未能靚叩瑶墀傍奉長生之慶欣藉詞歌寶鼎用申祝嘏之忱

賀南陽府護理南汝道

頃閱省報欣悉大老爺懋績黃堂宣猷㠀府佩看兩印繡衣騰金鶴之輝門列雙旌驄馬剖玉麟之瑞欣此名邁心腹已叨召父慈仁當茲豫楚咽喉復賴萊公鎖鑰仙卜榮遷晉秩仰邀北闕之恩綸共欣敷政宜民頻聽中州之嘉頌黎庶歡騰簪纓慶協某遠羈職守未遂晃趨翹望祥垣彌深雀躍

賀福撫台調任山東

叩送虬旌正深依戀旋奉鈞函下賁備蒙訓注慰拳盥誦再三曷勝感悚茲閱邸報欣悉恩憲大人榮奉恩綸移節泰岱衡湘畫省久欽丹子之威儀齊魯名邦又展仲父之碩畫月升東海易耀珠光雲近太陽更成金色肩皺欣八騶之旌旗列千里之迎仰看春界弥隆丕見功勛益峻事業頻書于赤管枚卜行貽于金甌纓弁騰歡紳僚志喜某久沾厚澤欣同小草之涵濡竊近清輝尤望慈雲之遠蔭寸心歡忭百倍恒情

稟送馬

昨奉鈞函飭令某覯購良馬當即肅稟馳覆諒蒙慈照茲購得騎馬二匹尚似調良善走駕駘罷駕雖未空冀北之羣牝牡驪黃聊可備閑中之用望垂青于志在千里尚推愛于質披五花茲特左牽願充後乘

附復書

奔赴簡書正寔策蹇兩驂解贈遠超伏櫪之姿百里騰驤正合來驄之選諒御之而控送振轡自如愧瘠矣于駑駘難如舊伻還率復銘泐莫如

賀得花翎

恭惟大人榮膺寵錫賞戴花翎五彩文圓燦爛壯元端之色千層羽翠繽紛煥章甫之冠恩重貂蟬榮逾豹尾自此陳藩東臬疊膺倚畀于九重開府建牙羣睹威儀于八座冠冕通于南極耀首增華禧惟賁于西陲纓冠益彩

稟貴州學政

敬稔大人恭膺寵眷巽命重申瑣院宏開掄音于天上星軺煥發持玉尺于黔中聚奎已騰日下之光花非春而盈桃李秉鑑旌及夜郎之遠化如雨而潤牂牁被要荒之琅函香留卅載布羅施之文教路指六千曜注臨犀情怡歡暢

賀制台加宮保銜

敬稟者某日昨肅寸稟虔請鈞安並申謝忱計已早邀慈鑒頃接吳蘭廳令來札欣悉大人榮膺恩旨特晉宮銜仰見嘉謨入告悉合機宜渥澤頻膺特邀知遇麟符錫命慶千載之遭逢

鰲署宣綸進三公而坐論召公任重經猷仍壯關河郭令望尊
岐秩行登樞輔碩望協金甌之卜鴻勛符玉鉉之占某夙蒙栟
覆倫沐生成濡躍下忱名言莫喻

又

敬禀者某肅寸禀恭賀崇禧諒邀恩鑒頃接省報欣知大人榮
膺寵命特晉宮階仰惟經猷悉協于廟謨懋典複邀夫宸眷河
湟地勢惟太尉之能知含衛邊籌非代公而莫贊繼久溥西陲之
德澤潤分少海之波遐宣北闕之恩綸朗映中台之瑞蒼黎交
慶纓弁騰歡某夙荷栽培弥殷忭躍

賀臬台生日

敬禀者叩違慈範月英載更孺戀之私與時俱積茲屆月之初
七日恭逢大人懸弧令旦賚弼良辰協嘉應于中州紀瑞則初
過上巳瞻輝騰于南極呈祥則共識生申五百之名世有期烏
臺望重九十之春光方茂鶴算籌添壽域筵開蓬壺讌集嘉賓
禊飲曲水流觴則同燕羽之蹁躚舞環霓羽應鸝音之宛轉柱繞
雲音仰見金章耀五色之輝恩綸特錫竚聽黎庶進三多之祝
嘉頌頻傳某緬爲繡以心儀藉申祧獻望瓊樓而跡阻弥切葵
私

賀臬台少君完姻

本月十六日恭逢少老爺大婚吉期伏惟栢臺望重鯉庭多詩
禮之傳綺席祥開鴻案著敬和之節酌千齡之仙醞先介壽眉
將百兩之隆儀迎同萊綵值嘉平之令序詠合好之葩詩卜詣
五世之祥鳳鳴繼美户正双星之照雁侶成歡鏡吐鸞輝映銀
蟾而皎潔爐披鵲尾飄香靄以氤氳勛業娩于汾陽世多令德
燕喜侔于韓姞爛其盈門某羈于公務未克趋叩崇墀實深悚
仄肅具寸禀恭請鴻禧並請少老爺燕禧統希慈鑒

又

某月日爲少老爺合卺良辰敬惟栢署祥凝錦堂春滿赤幢曲
蓋倫正嘉平邕喈迎雁之儀寶帳青廬協讌婉乘鸞之吉列畫屏之孔
雀月點宮闈之粧律諧大呂繡衣示訓燭聯蕊以生花象服
同觀壇霏烟而結篆席奏霓裳之妙舞瑶階開月扇以清華當
趨庭學禮之年吉先婚禮値隔幔牽絲之會喜遂紅絲三星照
燦爛之光彩交組綬五世協鳳凰之卜瑞應姬姜聽琴瑟之調
和宜簪纓之忭慶某遠羈官守未克趋叩崇墀用肅寸禀

賀藩台得子 八月十八日生

叩違慈範轉瞬蕉旬孺慕之忱與時俱積茲閱省報欣悉大人
秀毓蘭芽瑞生琪樹正值波湧銀濤之日光滿珠丸欣看香開
金粟之時祥徵桂子聲誇摩頂知爲天上之石麐夢協投懷定
是人間之玉燕此日瓊廬繡褓含飴先慰于謨庭他年蕊榜飛
声令譽早傳于蓉闕試啼声而知爲英物綿世德以裕後昆誌蓮

矢之稱祥仰環環之叶吉某忝趍莫遂無由覩覩鳳雛燕賀弥
殷竊效詞歌麟趾

賀道府生日

叩建憲範月琯條周依念之私與時俱積茲於月之某日恭逢
太人賚弼良辰生申令旦懋宣偉績方欣凱子之瀾節迓重熙
適值蓬壺集慶泛霞觴于菊徑酒進延齡環霓舞于華筵花開
益壽暄和煦物已中州之生佛咸呼瑞靄干霄復南極之德星
長拱仰見金章載錫欣繡衮以增華頻聽祝頌三多展緗圖而
叶吉蒼黎交慶纓弁騰歡某未能親叩祥垣得奉長生之慶竊
效詞歌寶鼎用申祝嘏之忱

賀吳藩台老太太生日

敬稟者自建懿範馳慕時殷茲于月之某日恭逢老太太添籌
令旦設帨良辰蓬島凝禧錦字煥金泥之色薇垣擒藻瑤光連
寶婺之輝秀啟瓊階祥徵萄并集芝蘭于閬苑喜展含飴舞霓
羽于瀛洲欣看戲綵堂前錦麗稱觴共祝延年膝繞珠連瑞氣
適瞻弥月輿情效祝僚屬騰歡某未能親叩棠階得奉長生之
慶所藉詞歌寶鼎用申祝嘏之忱

又

叩建憲範月奠屢更孺慕之私無時或釋茲屆月之某日恭逢
老太太設帨良辰添籌令旦夫人南嶽方開蓬島之筵王母西
崑正厰瑤池之宴宮袍璀璨承顏而載作斑衣寶樹瓊琳繞膝則
歡將玉筆屏開菊錦杯進霞光仙臚三接之龍光恩承蓉闕喜
介遐齡之鶴筭慶協蘭陔五色鸞章映奧斯而增色百釘寶帶
侍鳩杖以流光珠履實塵玳瑁畫錦某忝趍莫遂未能恭叩華
堂燕賀弥殷藉奉詞歌寶鼎肅具蕪稟恭祝千春

賀山東撫台壽

前聞移節青齊當即肅稟攄誠想邀慈照茲際黃鍾應律翠英
呈祥欣逢恩憲大人賚弼良辰生申令旦蜺旌行部方回海畔
之槎兕觥稱觴爭集雲軿之駕五紋添線愛日加長六出成花
瓊英獻瑞符八千歲大椿之壽際會風雲應五百年名世之期
輝騰泰岳芝函寶笈叶繡野之嘉謠金鼎玉璜拜彤庭之珍賜
參僚趍舞纓弁歡騰某莫遂覓趍弥殷雀躍肅具丹稟專遣奴
子叩祝千齡

賀彭太守壽

恭逢大老爺生申令旦賚弼良辰壽域宏開正春盎東郊之候
綺筵雅集值星輝南極之時惟五百年乃生名世以八千歲爰
紀大椿祥光紀景慶之圖綏履叶升恒之頌緬胄承歡于瑣闥
綵煥宮袍忻今開袟於棡堂露呈仙醞分箴交鶴飛之曲詰朝
增鳳紀之書燕寢凝香早荷御屏之紀績龍墀錫福真同海屋
添籌蘭玉駢羅簪纓翰履某忝趍未遂葵瓚仰維殷

芙蓉山館尺牘卷三

金匱楊芳燦蓉裳著

復袁簡齋夫子

閏二月二十八日接奉諭函並詩話尺牘同人集各一部如捧靈寶之章窺鄉嬛之笈仰荷師恩高厚垂注懃拳欣感私忱名言莫喻敬悉老夫子大人起居康娛精神矍鑠不事薰修而釋迦之髮自紺非關導引而通明之瞳轉青吾夫子素不喜二氏之說某竊疑識力之超攝衛之密更有過於彼法者童初九還無量三昧真不足以比擬萬一矣讀自壽詩十章金石諧婉雲煙卷舒斲輪得應手之工入矩有從心之妙藉稔老夫子大人今歲稱觴令旦即為世兄合巹良辰弧星朗而彩映銀潢椿蔭高而輝連玉樹鸞歌鳳舞樂奏九年玉液瓊蘇樽開三雅某遠羈邊徼未得捧介眉之斝分撒帳之錢瞻望龍門彌殷依戀猶復許和高咏俾聆好音雖未與會于龍華竟得列名于寶錄幸何如之更喜得詩後三日即為夫子遥祝千春署中賓友暨書院諸生亦有稍嫻詩律者盡誦來詩無不捧手贊歎是日也花開欲笑鳥囀如歌藻日流階芳風入牖覺邊城風景頓異平時翹首南天彷彿青露拂左紫烟舒右想見武侯君幔亭高讌時也某暌違慈誨十有餘年屢蹈阽危重添負累兼之才具凡劣百無一長如蘇綽之朱墨縱横黄霸之米鹽靡密性所不近動輒見尤幸同木燕之全敢怨土牛之滯所愧修名未立舊業全疎隨俗浮沈稅駕無地時虞隕墜貽玷門牆中夜捫心流汗沾背所幸老母以下均託平安從仲弟前歲從福嘉勇公衛藏旋師擢任川北道或可為某稍分擔荷二三年間倘得補苴罅漏滌濯瑕疵思阮瑀止足之篇尋孫綽遂初之賦再趨絳帳重到元亭禱祝之忱造次于是敬和自壽詩十章並録近詩一冊弟撰詩一冊廓爾喀紀功碑文一篇竊念一瓣心香弟兄共禮所冀嚴加繩削賜以誨言俾不致自甘廢棄感戴恩慈實無涯涘表弟侯士驤詩才頗清麗亦令和十首並所作一冊附呈座右仰惟老夫子誨人不倦之殷懷用敢塵瀆尊嚴諒邀垂鑒臨稟曷任欣躍瞻依之至

答楊米人書

夙耳聲華時深欽挹偶因良會得預勝流識騶忌之微言覓孟嘉于廣座清談似玉藹抱如春椒桂氣連槐榆誼合流連晷刻藻暢襟靈得賢友等於次福獲師資倖于至寶珍逾六棘美動七情方幸合簪俄成分襼濃雲蔽岫馳雪壓岑聽橐木而興懷折疏麻以軫念綢繆雅契寤寐宏襟言念音徽良增戀嫪每擬度通牋素略述胸懷而俗物塡胚塵緣罥滓託雙鯖而有待呼子墨而未遑杼軸於心迴環在抱辱承英盼先損良書珠字九光琱章五色豐辭麗密妙旨纏綿伸紙發函色飛神舞重荷揄

揚失當謙抑過情雖容遇龐公易邀嘉奬文如謝閣姑予佳評而為混沌書眉蒙倛借面循環周誦備益悚惶承示盛作如讀異書七襄文成八琅競響思通機妙才擅淵英不遺理而課言乃緣情而立則雅而能整博而不窮鉅海汸汸自異汀瀅之水和琴釆釆知非箏笛之聲洵可謂結瑤搆璠經奇緯麗者矣夫末流益縱大雅云遙單慧師心傈才貴耳或務為崛奇崇浮夸之襮或囿於鈎録尚神禪之辭苟非高挹羣言豈能力追正始伏觀尊旨獨暢元風推聲遠妣軼才郄步吾宗著作代有聞人盈川擅博麗之稱少尹負宏通之譽宋初格調首倡西崑元李才名争推老鐵文章未墜非閣下其誰嗣響哉某性惟椿昧學愧淹該寙焠掌而讀書徒折腰而負米墨綬纏綰塵衣易緇技官廿年榆塞萬里低首風塵之下疲精竿牘之內薄植早落咫聞日稀雖復軏結習而屬詞効庸音以足曲而荒徼之人文寥落故鄉之親舊睽違空唱古而呼今難捜述而索偶夔叟踸而踸踔鶴孤喙而喋吟獨學寡聞寔行失道類荃孫之化艾等蘭槐之漸滌日月其除光陰易邁翩然齒落儵爾髮凋一吟一詠從可知矣此所以駑蹇之乘自羞見伯樂而嘶聲缺鋻之劍未敢遇風胡而淬鍔也而閣下顧喜聞樵鳌樂聽甄缶拾荒亭之爨竹收古井之墜釵倒篋何辭披箋知感謹寄上舊詩一冊品異岑岑空邀釆劚質同瓦礫終愧弃藏尚望箴規指其疵考相去匪遠良晤何時室邇人遐波駁雨滯所望鹿轉覲閱鶴駕過都斟宿醞於烟晨剪春燈於雨夜雜花著樹携蠻榼而待君時鳥變聲抱清琴而訪我會言近止不其樂乎聊報瑤璋書不盡意

○與華湘屏書

籍甚清徽久深延佇猥蒙不棄恵以良書伸紙發函歡喜無量惟揄揚過當君子失辭雖誦再三伏增慙恧某少歲狂愚竊不自量綴奇辭而繡悅誇末技於雕蟲實結習之難忘匪偏人之自韙積年既久篇什遂多總未能遠溯淵源深探根柢同膏苓之不實譬蕕棘之徒華知未窺大雅之藩籬詎足掛通儒之齒頰自謀升斗早歷風塵簿領沉迷朱墨填委胸臆糾結張敞自謂無奇吏道廹促陳咸因之積憤鋒穎日退綀緗久疎加以精力易疲鬢容難待即偶有述造亦不堪就質當世矣閣下以嬌雅之才為通博之學方當抜秘文於冊府奏遙響於鈞天迺苔惜同岑芝憐共嗜遠垂緒論曲奬蕪音恐貽君以寶璞之譏益滋我以享帚之惑方今隴雁送秋皋鶴警露木葉欲脫邊草已黃訟庭稍暇書帷寂然唱古寡和呼今莫應我懷伊人渺在天末何時得促膝論文慰生平之衷懷予神交識路蘭訊可通後有箋繒祈伸昆季前書謙退未略形骸轉令懷慙殊乖素願裁書代面臨楮馳神某再拜

接奉手書，語長心重，廻環盥誦，恍如覿面。藉稔閣下文祉康娱，著作日富，為慰翹想。前歲金荔屏之世兄應試來都，攜有閣下惠書，撈後金君出都未來言别，是以未經裁復，忽忽兩年未通音問，疎節之愆，弟自知之，大雅含宏，幸恕之于格外也。弟京居況味寥落，今夏又遭荔裳之變，無枝之桐，其根半死，獨活之草，其心實傷。茲蜀中信來，知老母同孤姪輩于九月杪由水路扶櫬回南，弟即擬乞假出都省覲，又以館事敦迫，未能脫身，彌深懊悶。荔裳在任時曾僦屋金陵，今老母同孤姪輩南歸，即就新宅居住，與閣下居址接近，定蒙照拂。明春官書告竣，弟即具呈請假出都，如重到石城，與閣下促膝談心，剪燈話舊，此亦再世之樂也。史君半衰詩才雄健，人品端雅，殊可畏愛，惜寓居内城，未得時常接晤耳。茲因舍姪回南，聊附尺書，臨穎依切，諸惟亟鑒，不宣。

復松厓

惇園來都，接讀手示，語長心重，慰問慇拳，循誦廻環，寸心銘感。敬惟閣下文祉康勝，著作日富，定符重私。弟憔悴京居，浮沉人海，識短才拙，百無一能，釜甑生塵，青苔及榻，自抱天倫之戚，益覺人事之疎，愧然獨坐，哀憤兩絕，如拔心之草，半死之桐，風霜摧剝，生意盡矣。筆硯塵封，性靈易夭，前許為兄作萬花圖序，揑管無悰，久負諾責，深自愧恧。至大集久置案頭，其中絕妙好詞倩人錄出，今將原本封還，恐日久致遺失也。惇園闡牘甚佳，復遭黜額，良為扼腕，刻下留住弟寓，窮鳥相依，藉慰寥落耳。臨楮匆匆，言不盡意，諸惟珍重，風便幸惠德音。

致姜度香大司冦

叩送旌麾，倏更月莢，翹瞻福曜，時切依馳。敬惟大人輿衛安和，禔躬介福，榮膺恩命，峻秩崇遷，平反著于西臺，八座晉爽鳩之長；倚畀隆于北闕，三階揚岳軼之華。一品服尊，冠朝班而威儀有穆；九花虬穩，入禁城而翔步偏工。豹看絳節還都，黄扉側席，慰海内蒼黎之望，協台垣晷緯之祥。芳燦夙荷栽培，彌殷頌祝。芳燦前擬乞假同姪慧出都回南定省，緣館書敦迫，未敢冒昧呈懇。茲奉諭旨，令每月進書二次，勒限告成，俟明春書竣後，當再行呈請，以遂私忱。知關垂注，敬以附聞。餘令姪慧面稟。敬請鈞祉，兼賀崇禧，伏惟涵鑒，不宣。

致浙江秦小峴方伯

前月差弁回浙，曾修寸札，慶賀崇祺，想蒙垂鑒。邇惟一兄大人繡斧凝禧，華裀集慶，薇堂日麗，敷四野之陽春；鈴閣風和，承九乾之湛露。人傳公望，將展八州霖雨之才；我祝文星，且為兩浙湖山之主。想見庶流仰鏡，而著錄若雲；衆士趨風，而横經成市。正不獨蒼黎額手，共沐郇膏；僚屬傾心，咸歌召茇也。弟趨曹詣館，魚鹿如常，釜甑生塵，彌形竭蹶。京華知舊，大半苦貧，杜門却執文謙寡落竟無善狀可告知己茲有懇者戴君蕚樓與弟有葭莩之戚久僑浙省未得枝棲聞其文藻斐然可充書記之任徽號各件亦頗熟嫻所望賜以噓茶勉其留賃感激隆施不獨身受者已也肅函佈悃敬候台祉伏惟澄照不宣

致春小峴方伯

九月中旬曾修蕪札虔賀崇祺想登籤室延惟一兄大人懋膺增綏宏猷式煥作羣僚之表率敷兩浙之恩膏風雅執其玉（珠）盤有美之湖山何幸月旦歸其璣鏡彼都之人士咸歡翹首祥輝彌殷晁藻弟抱憤趨公挾鉛刊誤隨班逐隊百無一長釜甑塵魚畧同范史槁項黃馘乃類曹商倉廹漱攸之况無可為知己告者茲有朱君篁雨名昇佐浙江副貢生武英殿候補校錄告假回南欲伸晉謁乞弟一言為介其人學問淵博文采藻麗能擬子墨之賦兼通禮堂之經至于彥伯七紙倚馬推工黔石百函雕龍擅譽書記翩翩亦所勝任在都與弟為文字交深悉其才故敢縷陳清聽所望曲加噓拂或書院或西席書記俾事（高）蓄有資不第身受者感仁人之賜也祇緣士仰龍門共有歸高之想遂使弟操鯉素頻修薦禰之書大雅含宏恕其瑣瀆是幸敬行肅泐敬請台安統希淵照

與夢湘

去冬吾甥同五弟回金陵後祇接得一信兩月以來望眼將穿矣正月杪奉蘭壹寄來尊一在漢口所發信內云川江一路小有驚險幸得平寧今已抵漢陽換船長行歲杪可到金陵等語計算刻下總當有信來何遲遲久而未到也（耶）茲遣爾弟由清江浦來金陵晤時可悉種種舅婆大人同爾母三舅母想來必在金陵久住但家鄉亦無棲止之地奈何奈何將來三舅舅總須來京候選或捐分發爾亦須來京打算功名我意南北無家總是一樣不如勸舅婆大人來京團聚秋間由水路起身不甚勞頓尚有不盡之言爾弟面述爾可與細商之考謄錄尚無的信部（閣）部照尚（在）京有機會即可辦理勿念此寄慎儀賢甥覽之二月廿九日

復四川勒制府

月之初九日接奉鈞函敬稔前肅蕪辭已蒙恩鑒備荷垂慈逾（適）格慰問懃拳盥誦迴環五中銘泐茲際錦城花煖紫陌春濃敬維大人懋祉增綏崇勛式煥玉壘之烽烟久息（靖）銅梁之民物滋豐麟符屆述職之期鳳闕有近光之喜萬流翹首共瞻卿月之光輝寸草傾心允望春風之披拂下情禱祝以日為年芳爍昨接老母諭函知于正月十三日全家已抵金陵川途迢遞幸獲平寧惟故土之得歸皆賴鴻施之曲被不但芳爍暨舉家焚香頂祝弟捘有知銜結之感當何如耶外又奉到諭言兩函當即附寄弟英燦姪承懋等叩領敬肅蕪稟虔請金安餘俟旌節來都泥首前途叩謝厚恩而伸下悃伏祈鈞鑒

致淮關監督

睽違芝宇，星琯倏更，翹首崇階，時深依溯。茲際春華明麗，韶景舒長，敬維大人福履增綏，經猷式煥，權衡布惠，筦榷稱平。南邦為財賦之區，北關重度支之寄，商旅之歡謳載道，關梁之嵗額常盈。咫尺台垣，彌殷忭頌。芳燦趨曹供職，魚鹿如常。項接家言，知家慈同弟姪輩于正月十三日安抵金陵，已江險阻，長途幸得平寧，可以告慰綺注。想舍姪輩部署諸事稍有就緒，當即趨叩鈐轅，面聆訓誨也。季孝廉朝塏春試來京，備述在淮時雅愛懃拳，甚深感激。書院一席想仍虛左，渠即登第後亦須仍赴淮南，緣荷荊州愛士之盛心，未免餘情眷眷耳。渠有另啟一封附呈。伏惟垂鑒，敬請鈞祺。

致汪劍潭太守

去秋蔣梅亭七兄分發粵西，當附寸緘賀兩令郎秋捷之喜，未識曾登籤室否。邇惟大兄大人政祉增綏，禔躬集慶，一琴流韻，兩穗興歌，億萬户之受福，俱在黃堂涵育之中，二千石之即真，竚看絳闕恩綸之下。松茂柏悦，何悦如之。令郎以伉爽之才為通博之學，秀出儕輩，譽滿通都，秋闈已耀雙珠，春榜先飛一鳳。玉堂清望，翔步雲霞，早歲著作之庭，無愧方聞之目。每與同人譚讌，輒羨閣下碩福無量，有生子當如孫仲謀之歎。若弟輩兒子碌碌，真豚犢耳。弟自抱天倫之戚，益覺人事之疎，出則懷牘趨曹，歸則閉門掃軌，塊然獨坐，邑邑寡歡，宦意文情，磨滅盡矣。嵗月不居，性靈坐夭，閣下何以策其疲朽耶？令親湯价人大兄以望郎出守慶遠，適與舍兄文贊前有召父，後有杜母，風猷膏潤，相得益彰，此邦之人可云多幸。想見捧袂談心，問尊話舊，兩君子之言論風采，均為蒼生造福也。企羨無似，肅泐數行，佈候升祉。諸惟為道自重，不宣。

致伊墨卿太守

叩送旌麾，甫經旬日，而每懷雅度，時憶緒言，盍簪譚讌之歡，無日不欽欽在抱也。敬維閣下禔躬多祉，安抵江城，宣猷即分英蕩之符，視膳早迓蒲輪之御，蘭陔養潔，參隴雨甘，翹首祥輝，可勝頌祝。弟趨曹抱牘，魚鹿如常，淮是遠離米鹽，疎慵筆札，良朋日遠，鄙吝日生，恐性靈坐汩，向後更無進境矣。舍弟緝甫前在江亭公讌時，曾瞻道範，茲禮闈報罷，策蹇出都，晉謁台階，敢望賜之提挈。現在須回家定省，將來仍赴江淮之間，筆耕謀食，或書院或西席，如能借一枝棲，感激實靡有既。肅佈悃，敬候升祉，不宣。希垂鑒，不宣。

致揚州太守伊墨卿

睽違雅教，月琯屢更，夢穀心輪，時殷馳溯。敬維老公祖大人懋祉增綏，新猷式煥，奉恩綸于北闕，領大郡于南邦。維揚為財賦之區，邦上本人文之藪，籌箸箕算，追劉晏之精明，文苑詞壇，繼歐公之風雅上仰萬流之鏡氏傳五袴之歌錦署延禧華堂集慶老伯大人蒲輪安穩早抵江城和風披拂先春發瑞芍之華愛日舒長照座啟瓊枝之秀想見平山烟月杖履康娱華黍蘭陔天倫至樂翹瞻瑞靄忭頌曷勝弟抱牘趨曹扶鉛詣館隨班逐隊百無一能才性凡庸時形短絀食玉炊桂戚戚苦貧京華朋好如梧門墨莊諸君意緒亦復寥落文酒之會殊不譪譪也茲遣家人晁升回南肅函佈賀崇禧敬請鈞祉伏祈澄鑒

與夢湘

字寄筠甥覽之接來信備悉種種吾甥仍同五六兩弟讀書想舊業不至荒廢也二舅舅靈柩回錫吾甥定應親送至爾母親陪侍外祖母大人恐未必回家也靈坪弟到京在寓同住悉之窘況日甚一日不能分潤考館諸事俱無消息長此株守奈何爾母親五十壽辰前孫平叔回時欲寄銀十兩聊代茶果緣中秋節通累紛如竟未能寄京居之窘可想見矣茲差晁升回南附寄銀十兩聊代茶果爾母親定能諒我也燮生在金陵侍奉堂上三舅之意欲接取伊婦回南令且令其北上明歲春融或令其挈眷南旋下科同下南闈未為不可耳此問文祉不一　十月初三日

代擬致文恭人

曩在靈州得親雅教別來忽忽已二十寒暑矣每瞻瑞靄時切依馳敬惟太太懿祉綏和蘭闈介福錦褆繡褓添掌上之明珠瑜珥瑤環秀庭前之寶樹勤襄內政共仰賢名並見紫誥榮封花封疊錫側聞榮問欣頌何如氏子庚申歲入都屈指又經六載京居不易宦況清貧所幸幼弱輩托庇平安可以告慰錦念茲因舍親蔣岡培差回之便修箋布臆並附微物數種聊以伴函千里鵝毛哂存是幸敬候閫祉不宣

致洪稚存太史

春間令郎大世兄春試來都接晤之下敬悉閣下杖履康娛眠食增勝山水之興不減曩日圖書之富倍于往時欣慰之私名言莫喻四月中旬世兄匆匆出都不及修椷佈問起居僅寄一詩為壽詞意猥薄不足揄揚盛德寸心殊歉歉也頃聞鐵冶亭制府有修江南通志之舉閣下與姬傳先生實總其成展三長之才定千秋之業大名垂宙合羣推斗南一人鉅筆括通都續成江左十志此山川之幸文獻之光不僅海內才人學士傾心仰首已也瞻望南雲良殷健羨茲有懇者蒹葭稟命不融中年隕卒閣下古道深情遠寄輓章苦語纏綿捧讀之下淚痕積紙今諸孤姪奉櫬歸里卜葬有期因思蒹葭束髮時即與閣下訂交生平行誼知之最悉銘幽誌墓之文非閣下孰堪不朽前已諭孤姪輩踵門叩求想長者定憐而許之茲特專函再懇其行述係弟屬稿去秋悲慟之際語多繁冗祈椽筆採擇賜之巨製俾附大集以傳不但蒹葭銜感九原弟與孤姪輩均戴高誼于

無既矣弟京居寥落釜甑塵魚日形窘廹筆墨久疎學植荒落無可告慰知己老親在堂久睽定省每一念及跼蹐難安明春官書告竣定當乞假回南或藉與閣下相見一訴苦懷也肅函敬候台安臨楮依切不盡欲陳

致孫平叔太史

別來忽忽髙月兩成弦矣每懷譚讌之歡益增離索之慨心輪夢轂勞佇如何敬維太閣下與衛平宦錦衣旋里紫荑作佩香迎旌節之花黄菊開樽瑞應科名之草泉石俱成麗矚林霞更卷清襟篋中吟稿定如束筍人誇京様我覺吴音翹首南雲曷勝健羡愚人海棲遟窘況益甚黔金乏術避債無臺以致戚戚寡歡性靈坐夭猶憶臨手閣下勗以寬懷自解極承摯愛無如瑟居善感長年易悲劉越石之積疾非一丸可銷阮嗣宗之窮途輒長慟而返欲強逐歡顔破涕爲笑其可得乎舍弟旅櫬月内回錫家鄉一切禮儀孤姪輩未能諳悉尚望閣下隨時示俾免隕越感德靡既年内未知能卜葬否誌墓銘幽求稚存先生撰文書丹非閣下不可已諭孤姪輩敬謹叩求想長者定憐而許之也晴芬學使例進冊頁已遵命撰左氏尊聖論一篇繕成十四頁歸本衙門進呈雖未挑取亦平穩無疵差可告慰綺汪此次取者共三十八人清單寄上牽此布候文祉諸祈淵鑒臨穎依馳

復顧木天

濶別多年時深懷念雲坪來接奉姪手書得悉文祉清佳藉慰馳係駿孫姪已拾芹香聞其文筆秀麗克振宗風欣快之至惟蕙孫姪未能同時獲雋爲憾然吾侄昆季各負儁才劍氣珠光定然騰上所望六月培風七日隱霧益豐羽毛而富文采前程俱未可量現在窘廹之境勿以累心是所禱切愚京居寥落捉襟見肘之況日甚一日雲坪同寓居住共餐虀粥窮魚呴沫恐終無濟于事京師覓館甚難考館等事又無機會奈何數行復候近佳不盡縷縷

致蘇州周聽雲太守

睽違清誨歲琯屢更夢轂心輪時殷馳溯祇以京塵軇轆以致戔素罕通大雅含宏想能恕其踈節也茲際清和布令萬彙敷榮敬維公祖大人懋履增綏宏猷式煥五花判罷四郊雨甘香凝燕寢詩篇可替左司花滿樓臺州宅可夸元九林屋烟霞地饒山水吴臺風月安是神仙想對景怡懷著作日富翹瞻瑞藹忭頌曷勝弟趨曹詣館逐隊隨行筆墨久疎性靈坐汩兼之食玉炊桂逋纇日深補缺無期告歸未遂進退維谷日坐愁城未識知己何以策之茲乘巡檢陳蔭香赴任之便肅泐數行敬請升祉諸惟淵照臨穎依馳

致蘇州周聽雲太守

夏間曾修蕪啓，塵瀆清嚴，未識曾登籤室否。茲際爽澄蘭沼，香滿桂輪，敬惟老公祖大人高懷偕璣鏡同清，偉抱與冰壺共朗。召芨之歡謳載道，庾樓之佳句爭傳。棠蔭一枝，鄰封頌德；璇源九里，旁邑蒙庥。翹首祥輝，彌殷藻頌。弟農曹抱牘，自愧凡庸；書局懷鉛，時虞謬誤。兼之釜甑生塵，玉粟轉貴，捉襟見肘之況，無可告慰知己也。肅泐寸啓，虔請鈞祺，伏祈崇鑒。

致蔣伯生

廿載神交，一朝捧襼，春明話舊，快慰平生。重荷仁弟大人殷情古道，眷愛異常，杞賢達之末交，佩解推之雅誼。别來忽忽，又復彌旬，傾倒之忱，俱化為相思一寸，交魂通夢，想彼此有同情也。

敬稔閣下榮旋錦署，百事罄宜，護室康寧，侍奉曼福，翹企祥輝，曷勝健羨。愚趨曹詣館，近況鹿鹿如常，握别未久，無庸縷述。惟南中信來，家岳謝世，未免增一番悲戚耳。茲有舍舅奉寄一信，并祈照入。肅函佈悃，敬候升祺，臨穎神溯，不宣。

致署河庫道伊墨卿

夏間曾肅蕪啟，由小安沈丞札內附呈，想邀澄鑒。茲際莎廳露潤，蘭沼風清，秋生蟾兔，瞻玉鑑之光輝；水落魚龍，慶金隄之鞏固。想見高懷攄朗，碩福增綏，華堂晉介壽之觴，蔀屋聽輿人之頌。祥垣咫尺，忭頌彌殷。附有懇者：舊僕徐明，籍隸蘇州常熟縣人，頗誠實勤幹，隨弟有年，茲因其母老辭歸，欲就近覓食，如蒙

叩崇階，祈推愛賞一吃飯之地，渠必當圖效犬馬也。肅函佈臆，敬請鈞祺，不宣。

致山西陳學政

睽隔清徽，倏更歲籥，心輪夢轂，時切依馳。敬惟二兄大人懋祉增綏，禔躬集慶，渥承天眷，晉秩宮詹。文星揚少海之華，冊府煥蓬山之彩。冰衡鑒物，玉尺量才，庶士傾風，萬流仰鏡。卿雲氤郁，叶幡簿以呈祥；威鳳鏘祥，占羽儀而頌吉。遙瞻喬采，藻忭彌殷。弟抱牘趨曹，挾鉛詣館，隨班魚鹿，愧乏寸長，兼之簡米量鹽，日形窘迫，竟無善狀可以告慰知己。茲因候補葉令來晉之便，肅函佈賀崇禧，並請台祉，伏祈淵鑒，不宣。

復姚一如觀察

夏初接奉瑤函，備承垂注，慨分清俸，濡我涸鱗，高誼雲天，五中銘鏤。當肅函佈謝，想蒙垂鑒矣。適維年大兄大人懋履增綏，經猷式煥，天彭井絡，久蔭慈雲，玉壘銅渠，徧敷德雨。整科條而肅吏治，翁歸之施設不凡；算禺筴以阜民，劉晏之籌謀早裕。治行夙推第一，清操本是無雙。茲當元侯入覲之時，適蒙天語垂詢之及，勞績備陳于獨對，大名已達于九乾，行看不次超遷，榮膺屏翰。松茂柏悅，忭頌曷勝。弟趨曹赴館，魚鹿釜甑生塵，貧況益甚，莫解鴒原之戚，彌殷烏哺之私。大約秋冬之間，當乞假回南定省，屆期另修箋佈陳種種也。王驪泉太令名崇本，以新進士

籤擎四川其人學品兼優弟所素悉茲幸依仁宇晉謁台階仰祈俯賜栽培感同身受肅函佈悃敬請鈞祺諸惟朗鑒不盡宣

致天津費春帆公子

日前文讌得接光儀並讀麗製片文念錦一毛測鳳已覺煥爛滿目符采驚人思光說越信是逸才叔庠振奇故無凡語寸心傾挹寤寐締蘭謝覽倒屣潛夫古有忘年交弟與閣下近之矣自愧疲暮學植荒落雕蟲篆刻終無悔心閣下揚采烈于盛歲蜚英聲于早年著作之富充箱溢縹望寄示一二慰我輞飢禱切望切自文駕出都詩酒之會殊不藹藹衙門閒與殘編相對而已樵蘇不興意緒可知茲因侯麗田舍親來津之便幸泐數行敬侯文祉不盡依馳

致四川鹽茶道方有堂

春明聚首備荷隆情睽隔芝儀兩更歲籥心輪夢轂時切依馳敬惟大兄大人懋履增綏宏猷式煥榮膺簡命觀察錦城綜十部之紀綱作庶僚之表率權衡夙英精明推劉晏之才筦榷均輸公正服桓寬之論上游倚重比戶瞻依遐聽聲華良深欽挹弟趨曹抱牘詣館懷鉛碌碌本乏寸長惴惴時虞綆短兼之米鹽為累逋負日深釜甑塵封玉粟轉貴頁官況味素味鑒中河潤九里濡我涸轍不能無望于閣下也茲因姚一如廉訪回川之便肅泐數行敬賀崇禧並請鈞祉統希澄照不盡依馳

致川東道嚴筠亭同年

前月春明捧襼得奉教言二十餘年睽闊之悰于茲一慰西窗剪燭暢罄衷襟重蒙閣下眷愛情深解衣推食愈格周旋骨肉之誼亦無以過感激之忱銘諸心版非子墨所能宣也拜送台旌倏更月琯寸心戀念與日俱長敬維三兄大人百福視躬其旋協吉上游倚重舊部歡迎錦署凝禧慶雲承景芳郊含潤德雨流甘竚膺紫綍之榮即晉烏臺之秩翹瞻福曜忭頌彌殷弟趨曹詣館況味如常幼蔚舉均托庇平寧可以告慰綺注五令郎以令嫂夫人仙逝例應呈明回籍緣從前報捐文結內有並無出繼字樣部中司事者援此飭駁前月令郎具呈云從前係托親報捐填寫錯誤弟又加結聲明現行文本籍查覆令郎不日回南斟酌妥辦想不致再有轇轕也一如仁弟到京即陞廉訪晤聚未久匆匆話別團沙散雪促月傳雲與送吾兄時同一情懷也所望時惠良書以慰離索諸惟淵照敬侯鈞祺不盡依企

復山東秦觀察

勤甫表姪來京接奉諭函既承墨寶之頒復荷朱提之錫玉篆銀鉤斗覺蕭齋生色烏薪白粲頓令黍谷回和仰見摯愛懃拳有加靡已五中銘感非筆能宣總稔老表叔大人福履康娛精神矍鑠讞案東昌旋轅尚須時日清積年之壓牘蒼黎共頌持

平宣十部之風猷僚屬咸欽威德訖膺天眷陳臬開藩翹首慶霄彌殷頌祝勤甫表姪風采秀重從此發軔雲衢定卜聲華騰上德集慶蘭玉森森更可忭賀也姪趙曹詣館魚鹿如常釜甑生塵日形窘廹所幸幼弱輩均庇安善可以告慰慈懷肅泐蕪函佈陳謝悃敬請福安伏祈垂鑒不盡依馳

復談谿華觀察

春間曾修寸啟虔候鈞祺接奉還雲備承垂注迴環盥誦銘鏤五中茲際德水安瀾金隄鞏固大兄大人宣房懋績上契宸衷憲府即真殊恩疊沛水衡錢積修防嚴出納之司大盈庫充筦榷重度支之任訖見榮遷峻秩即昇旌旄翹首台垣彌殷忭頌弟抱牘趨曹挨鉛詣館隨班逐隊冗散自慙才性凡庸時形短絀兼之食玉炊桂竭蹶異常竟無長狀可告知己小兒承憲春間過江浦時未知曾叩謁龍門否茲令其束裝北上道出清江趨拜崇階尚望長者垂慈賜之提挈感激實靡有既肅函布賀鴻禧並請鈞祉伏祈丙鑑

致河南張郡伯

夏初台旆來都荷蒙枉顧蓬廬綢繆道故備荷高雲之誼重聯舊雨之歡十載離悰于茲一慰祇以輿衛匆匆榮發主誼未申歉仄之餘彌深依企茲際和風清暑蘭露迎秋敬維七兄大人懋履增綏經猷式煥即領珪符于郡編敷澤于中州德雨流流甘棠隴協雙歧之秀慶霄氤郁部屋傳五袴之歌大名已列于御屏峻秩訖膺夫繡黼翹瞻喬采藻忭彌殷弟趨曹詣館近況如常惟甑釜塵魚彌殷窘廹前蒙垂愛勉令外捐屈指限期屆滿谷處張羅尚無就緒未識能為代展一籌否倘分濃蔭潤及枯荄感激之私非言能喻茲因舍甥張集之赴豫之便肅緘布悃並賀新禧敬請升祉伏惟垂鑒不宣

致雲伯明府 丙寅

別來忽忽髙月兩成弦矣相思之深與時俱積敬想閣下錦旋珂里綵舞華堂菊泉味甘蘭陔香滿侍奉曼福定符私頌辰下當已安抵皖城臺府久重才名僚寀均欽雅度潘詞樂旨獨出冠時訖見榮補匪遙升華不次松茂柏悅何快如之愚趙曹詣館魚鹿如常惟窘廹之况日來益甚襟懷剌促筆墨久疎曳繼而歌商頌殊有愧於古人也梅史爽泉諸君亦未能時常晤對古雲又復多病衙回閉門端坐邑邑誦文通思友之詩擬笠澤自憐之賦閣下其何以慰我耶同鄉沈君嫻于幕府茲以微員分發來皖謁晤時祈推愛拂拭之至感至感家大兄近有信來云三月可到天台新任席兒尚在金陵與閣下曾通書否率此佈臆敬候升祉諸希珍重不宣

復雲伯孝廉

京華聚首五載于茲文字之交兼之風義停燈過酒促膝談心

爾時不自知其樂也一別如雨流光瞬馳每憶舊歡淒涼彌日兩接來函備荷垂注懃拳盥誦廻環益深感念藉稔閣下抵皖未久即至清江幕府憐才首推季重宣房奏績正藉信臣溝洫之志河渠之書大雅之所素裕榮補匪遙並膺殊擢松茂柏悅何快如之清江距京較皖城為近音問可以時通更堪慰意也愚趨曹詣館魚鹿如常惟數米量鹽窘廹益甚大兄五月中信來尚住省垣來到天台新任虎兒在彼身體安好可慰廑念蘭臺暫署正定光景稍覺寬裕變兒在正定署中過夏七月初可以回京長安知好俱踪跡睽濶天氣炎暑嬾于酬應銜回閉門惟一二索逋人時來剝啄耳專此佈覆並候升祉諸希珍攝不盡欲言

致隆觀察

都門趨謁屢奉緒言仰蒙垂注懃拳情愈骨月五中銘感言莫能宣叩送台旌倏又三更月英寸心懷企與日俱長敬維大人與衛平寍其旋協吉黎庶喜福星之再履僚屬欣慈蔭之重臨詑看溥惠澤于西陲承湛恩于北闕慶霄在望忭頌靡殷芳煤趨曹詣館碌碌愧乏寸長兼之釜甑塵魚度日益形窘廹捉襟見肘支絀堪虞時思乞假回南回南而逋累滋深驟難擺脫進退維谷俯仰無顏久蒙大德成全定荷矜憐曲至記臨歧之慈諭每感激以涕零竊幸飢寒交廹之身永免淵谷時臨之懼戴恩有地飲水皆甘肅泐蕪啓虔請金安伏祈垂鑒不盡依馳

與夢湘

字寄筠甥覽之三舅舅來信兩封俱係吾甥所書知近況安善為慰懸念舅婆大人慈躬抱恙吾甥隨同母親三舅舅侍奉定能如老人之意愚遠在京師公私累重急難擺脫不能歸侍膝前殊覺寢食難安也至京寓窘況日甚一日竟有不可支持之勢早晚總當作歸計耳蓮跌大舅舅來到天台即猝然仙逝痛悼之懷如何可言虎兒此時則可到南京與吾甥輩讀書早晚亦可慰堂上寂寞至于北上之期只可從緩渠重來出門孤身無伴不能行走也木天大姪空勞往返亦為悵悶茲因令內姑丈周太尊來寍之便藉問文祉不一

又附啓

此次令內姑丈來南京令岳寄銀二百兩令姑丈親情最重在京時詢及將來吾甥度日之計愚答以如能佽助五六百金放最穩典中起息仍覓館得數十金苦湊度日努力正路功名此為上計如捐官辦謄錄等事遙遙無期非良策也吾甥以為何如 八月初一日

光緒辛卯五月二十三日程公孫余一鶚裝於西陲之寄書草堂

芙蓉山館尺牘卷四

金匱楊芳燦蓉裳著

致芸臺中丞

與嚴小秋

與夢湘

致方有堂廉訪

芙蓉山館尺牘卷四

金匱楊芳燦蓉裳著

致石蘭親家

去秋曾肅寸緘，附郵徑遞，想登籤室。茲際八閩春滿，三島波澄，敬惟三兄大人政祉增綏，經猷式煥，海嶠之鯨鯢息影，巖疆之桴鼓無驚，定見峻秩即真，擁旌旄而按部，羣黎向化，瞻黼黻而傾心，湛露承恩，喬雲煥彩，翹瞻瑞靄，頌祝時殷。弟去冬奉諱挈眷出都，陸路則雨雪載途，水程則河梁阻塞，京居窘況，素在鑒中，資斧無多，屢丑之絶，沿途假貸，艱苦備嘗，於臘月初旬始抵金陵，新正得回無錫，囊橐蕭然，家鄉亦難久住，春杪擬至淮揚左近覓一安硯之地，筆耕生活，冷淡可知，幸託至戚，定荷關懷。未識三兄大人何以教我也。頃晤潘月三舍表弟，知三嫂親母大人於冬初過錫，行祺安順，邇維侍奉曼福，潭署康娛，良深欣忭。下佚

致夢湘

睽違清誨，歲籥屢更，依企私忱，無時或釋。敬惟大兄大人安抵里門，起居佳勝，湖山瀟灑，逸興倍增，定符心頌。弟芳燦去秋在都門奉諱，挈眷星奔，就道冬月，始抵金陵，春初偕弟英燦回錫，道出京口，擬即趨謁，面申悃愫，緣未識潭府住址，悵悵回舟，益縈離緒。茲姚茹庵五兄由川回松，把晤之下，得悉過京江時必

當奉訪肅附數行敬請邇祺並佈德音不盡縷縷

致署清河縣陳竹溪

去冬銜恤旋里舟泊清江荷蒙輿衛賁臨勤拳慰唁雲天高誼賻贈有加感激之忱永銘五內春間在錫曾肅函佈謝未識曾登籤室否邇維老棣臺大人政祉綏和潭著康勝上游倚重攜篆清河懋著賢勞屹看首列薦章超遷不次遄聽榮聞頌祝彌殷

致嚴麗生孝廉

睽違雅度屢易寒暄迴憶春明譚讌之歡宛如昨日兩人事遷變蹤跡蓬萍獨居無俚淒泣彌日今春都門糜農部寄到尊大人惠札語長心重並念鄙人讀之感念無已又見足下寄夔兄手書並新作一冊轢古切今筆力雄獨柳子厚所云捕龍蛇搏虎豹急與之角而力不暇者別來進境又復爾爾真令人佩服弟去秋九月在都奉先慈之諱十月十二日提挈細弱束裝就道麻衣披星野飯餐雪艱辛萬狀不可殫述薰之資斧之絕到處滯留臘月初旬始抵金陵獻歲得回無錫屈指離家已三十寒暑矣既觸蘇皖城郭之悲又抱皋魚風木之痛回溯子敬人琴之慟蕙軫彥威朋舊之傷帝索孫行則百憂交至棲閣獨坐則悲憤兩集足下知我謂我何哉此月初旬仍回金陵月內擬赴維揚為謀食之計一身漂泊十口溝隍越鳥南枝區區者尚不余畀也夔兄因其婦在母家抱病於三月杪買棹至清江涌頃有信來其婦病已愈月內仍回無錫僕僕道途舊業荒落未知南試尚能完場否餘詳致尊大人書中茲不多及敬候文祉不盡依馳

致法梧門學士

去歲芳燦在都聞訃仰蒙夫君子矜憐備至慰問勤拳賻以蕭金並賜華札為之延譽麻衣就道銜感何極別來忽忽星琯倏周無憶春明過從恍如昨夢端坐邑邑淒泣彌襟敬想閣下起居康娛著作日富名山千秋之業自信必傳並偶照小諭仍是文星閣下雅懷恬澹諒不以置念也弟去秋挈眷星奔水陸兩途均多阻滯命途連蹇所至輒窮於臘月初旬始抵金陵獻歲得回無錫為先慈料理窀穸已擇於臘月十九日安窆惟是家徒四壁囊空手文當此大事集身殊深惴懼現已遣人赴川向知己告貸節後擬赴維揚商之墨卿夫兄冀叅舟之助未知有濟否家鄉書院一席難於登天八口饑寒一身淪躓尚望閣下於江浙相知婉為嘘植俾得枝棲其感激宜有既耶專函佈悃敬請崇祺

致錢太常裴山

弟去冬銜恤出都荷蒙高軒枉過慰問勤拳揮涕贈金情款綢密寸心感戢子墨難宣寒暑倏更瞻繪睇節無忘提攜之雅彌

深眷戀之忱。敬惟年大兄大人政祉增綏，經猷益懋，法咫合咫任重樞機，公望公才，位躋槐棘，常伯總衣冠之秀，容臺分禮樂之司，九列名高，三霄眷重，翹瞻景慶，忭頌彌殷。弟以草土之餘生，伏蘇蓋而僻處，千人無術，賦命多奇，三匝無依，一枝難借，近狀芳芳，無可告慰。知己肅泐數行，敬候台祺，伏維朗鑒，不宣。

致葉雲素同年

叩別清徽，倏更星琯，每憶追隨之雅，彌深眷戀之忱。遥惟大兄大人褆祉增綏，侍奉曼福，樞庭重文章之望，芸館專記注之長，孟嘉實學，辞刪定郎，何休洽聞，領著作任，行見聲華騰上，清秩榮遷，翹首五雲，可勝頌祝。弟以譾才，備承知顧，推襟送抱，神契殊深，襞裾仲寶門前，扶策康成車後，懷鉛齎素，出入必偕，庶幾晨爲之專，稍正魯魚之悞。何圖一旦反覆波瀾，風雨梁山，枯魚銜索。大兄情重山岳，誼薄雲天，分以米提，憐其素艱，俾償逋務，兼理歸裝，八口星奔，得免飢凍，鏤膺銘腑，如何可言。別後水陸兩途均多阻滯，資斧乏絕，艱苦備嘗，臘月初旬始抵金陵，歲望後得回無錫。曼卿謀窆穸，蔡邕號筌，擬卜康門，得營丙舍，以遂雖一身漂泊，八口啼號，亦所弗計矣。肅函佈悃，敬候台祉，不盡依馳。

上董蔗林相國

芳燦叩別龍門，倏更星琯，寸心依戀，與日俱深。每念懷鉛詣館，蒙撫愛之有加；銜恤出都，荷恩施之逾格。鏤膺銘腑，感激難名。敬維老夫子大人黼黻增華，鼎裀集慶，綸扉贊九乾之化，樞廷宣八表之猷，堧埏之雨露和甘，寰海之波濤靜晏，威儀象緯，珠繩則瑞炳六符，燮理陰陽，玉燭則均調四序，世躋曼壽，歲紀賡豐，翹首台垣，彌殷頌祝。芳燦以草土之餘生，伏蘇蓋而僻處，謀生無路，賦命多奇，薄植飄零，憶春風之噓萬彙，孤生淪落，仰廣廈之庇千人。肅泐蕪函，虔申衷悃，恭請鈞祉，伏祈慈鑒。

致薰亭閣學

叩別台顏，倏更歲籥，引領北望，離腸九迴。每念挾鉛趨館，久荷提攜，銜恤出都，備蒙推解，高情摯誼，銘腑淪肌，非筆墨所能宣喻也。敬維大人黼黻增華，鼎裀介祉，文星熾熾，聯景耀於紫宸，威鳳鏘鏘，接羽儀於元扈，潤色政典，執著作之杓魁，翔步綸扉，叅台輔之品望。芳燦雖遠吉雲之覆，同瞻卿月之光，額頌彌殷，心依倍切。芳燦去歲挈眷遄行，備嘗艱苦，陸路則冰雪載途，水路則糧艘阻塞，臘月初旬始抵金陵，正月望後始回無錫，在家如客，四壁蕭然。擬於淮揚左近覓一謀食之地，而知交寥落，懷刺難投，素荷垂憐，尚望隨時噓拂，則越鳥南枝，皆出仁人之所賜也。茲有舍妹丈蔡琦由諸生援例爲中書科舍人，束裝北上，擬報捐行走，並就試京兆，仰慕龍門，虔誠晉謁。渠初次入都，諸多未諳，敢祈大人隨時指示，俾有遵循，感同身受。敬肅蕪函佈

陳謝悃敬請鈞祺

致四川勒制府

芳燦去歲在都曾肅寸啟佈申下悃想蒙慈鑒嗣奉鈞諭並頒到三省紀事一編伏讀之下仰見大人偉績宣勞宏謨制勝平安烽燧楚蜀之桴鼓無驚訓練兵精秦隴有金湯之固運奇謀於掌上操成算於胸中洵當貽以琅函鎸之玉策茲際邊疆晏靜寰海安恬謳歌徧賓僰之區膏澤浹蠻髳之國韋令公之碩望玉壘同高嚴僕射之威名雪山增重揆留 皇鑒忠藎

帝心行調東閣之鹽梅仍寄西維之鎖鑰翹瞻台斗佇頌彌殷芳燦去秋聞老母之訃於十月十二日星奔出都冰雪長途艱辛萬狀臘月初旬始抵金陵春間初偕弟英燦回家爲老母經營窀穸已擇於吉冬月十九日安葬惟是芳燦京居寒窘適累多端英燦僑寄金陵賦閒日久困阨之況均蒙洞鑒當此大事集身茫無措手不得不鳴號仰首籲懇鴻慈伏念芳燦兄弟屢沐生成沒齒難酬厚德所望仁人錫類九鼎一言矜恤有加致存均感肅稟敬請鈞安伏祈恩鑒

復陳石士太史

仲春在錫適有寧波陳鑑湖明經昆仲入都應試當肅寸札奉布謝忱未識曾登清鑒否舍表姪王鴻過回錫得閣下手書四目初旬到金陵復奉瑤翰語長心重慰問拳拳循誦十周感慰無量敬維閣下起居康娛聲華騰上金匱玉版資碩學以校讐天祿石渠光家傳而起越所望星軺瑞節典試南邦握手傾襟綢繆道故是所日夕禱祝者也並悉大姪於去冬完姻佳兒佳婦聚順一堂天倫之樂德門之慶可勝額賀姪傳先生時相過從精神甚健譚次念閣下不置爭來東南老輩零落將盡眼中耆宿當推先生爲第一流人詩古文詞俱臻正軌靈光巋然令人起敬追隨杖履竊自幸耳賤眷暨兒子輩均在無錫時有信來均各平安可慰垂注肅此佈悃敬候鈞祉不盡依馳

致秦小峴少司寇

春初在錫欣聆榮聞肅當賀緘附郵便寄呈想邀垂鑒敬維閣下執法西堂平反庶獄蒼黎蒙福健羨奚蘇白雲之司昔稱詩人之藪閣下主持風雅定見庶士傾風不僅如倪寬以經術飾吏情也弟在家鄉爲先慈料理窀穸事宜擇定於臘月十九日安葬於月之初七日仍回南京十月中扶櫬旋里端節後擬爲淮揚之行觸暑千人萬不獲已緣故鄉光景度日維艱八口溝隍一籌莫展所謂飢來驅我去不知竟何之也蘭臺亦久未有書渠此時家累亦重未識尚能支持否蒙閣下關愛逾常諒不致閒曹冷落然州縣累多恐羈羈家亦非易事殊令人懸慮耳有一信祈於郵便寄交爲禱碩士琴塢梅史諸君想時晤語幸爲道念在金陵與姪傳先生時相過從譚次推挹閣下古文爲當代

名家通來著作想益美富矣舍弟墓銘寄呈二通出月舍姪輩
來京當令泥首叩謝先此佈悃敬候鈞褀不盡依馳

又與張子白書

揖別以來屢易寒暑人事推遷境遇邅蹇隔闊相思發於寤寐
獨居邑邑遠注彌襟側聞閣下始有遷擢之喜繼有帷帳之悼江
淹之落入室潘岳之箪竟彥感念賢儷提攜弱女丐沐仰鉛觸
緒增慨君本多情何以堪此所望以禮制悲排愁破涕不必致
蒙莊之達亦無儒如奉倩之傷也某於去秋九月在都奉先慈
之諱十月中旬倉皇就道麻衣披星野飯餐雪途路艱難提挈
細弱資斧乏絶到處滯留臘月初旬始抵金陵苫次獻歲回無
錫舊居屈指離家三十餘年矣既觸棘就城郭之悲又抱皋魚
風木之痛回溯子敬人琴之慟薰幹彥威明舊之傷帶索冥行
則百憂交至捫閱孤坐則哀憤兩集覥顏視息不知人世之可
戀也先慈寃穸已卜吉於十二月十九日而髮前茅負土有待盧
年傾楮解驂誰爲佽助所冀慈靈早安宅兆則一身困躓八口
溝隍俱所弗計矣金陵旅舍與甘亭相過甚才力雄獨文藻富
豔有之古人亦罕其偶而窮年失職戚戚寡懽涼鐙空館譚次
時念閣下耳隆著告謝商風戒寒木葉隕地長年易悲蟲声扶
户獨客多警風騷騷而振野雲子子而墜天我懷伊人渺隔雲
隴何時得促膝談心一傾積懷耶翹管搖觚言不盡意倘逢風
便幸惠德音

致額鹽政

日前趨謁崇階備聆清誨仰蒙大人待之優禮接以溫顔憐其
難得安植即啟延之肩舍芳燦雖未侍春風之座願長依卿月
之輝叩別以來倍殷殊念敬維大人福躬集慶懋履增綏計裕
度支莞権重桓寬之論規嚴禹筴轉輸邁劉晏之猷僚屬臚歡
商民感頌翹瞻福曜慕忭曷勝芳燦於月之二十四日回金陵
寓舍一身僑寄旅况蕭然仰冀垂慈曲爲籌畫仲秋月杪當重
叩崔門面申下悃諒邀提拂定得依棲七紙之才雖多慙於倚
馬三經之席仍有望於登龍感激私忱非言能罄肅薰蕪啟敬
請鈞褀伏祈賜鑒

致額鹽政

睽隔台顔時殷馳戀仲夏曾修蕪啟敬請鈞褀諒邀垂鑒比維
大人鼎祠集慶鞴綍凝禧揚卿月之光輝仰慶霄之氣郁萬軸
浚轉輸之績僚屬臚懽千鍾正禹筴之規商民戴德竚見恩承
絳闕寵畀牙璋翹首台垣良深藻忭芳燦草土餘生羈蘆僻處
于人無術賦命多奇一身之講舌堪虞八口之饔飧不給夙蒙
知顧定荷矜憐茲聞樂儀書院主講蒲快亭進士業已銓選教
授海州書院亦未延請有人仰祈大人曲加栽植俾得安枝感
激之私名言莫喻毛遂無嫌自薦薛荔不媿呈身所恃大人當

代龍門虛懷愛士，用敢屢脩牋簡，上瀆清嚴，冒昧之𠎝，並希垂
諒。茲遣家人代躬前叩，鈐轄敬請福安，統祈垂鑒。

致韋友山

日前邗江小住，趨詣高齋，捧手傾襟，綢繆道故，七年契闊之思，
萬里飄零之迹，蓬隨萍聚，蔓附松喬，證舊日之古歡，實人生之
幸事。更羡閣下起居康娱，侍奉曼福，堂萱長茂，階蘭自馨，架盈
緗縹，坐擁皋比。叔陵博學，著録之生若雲；堂谿碩儒，橫經之彦
成市。盛作傳於七録，名山期以千秋，浮榮虛譽，知不足繫大雅
之懷抱也。弟挾策薄遊，干人計拙，匆匆話別，殊難為懷，乃以買
棹無資，復荷故人推解，寸心銘荷，非筆能宣。別後川途安穩，於
廿四日抵秣陵，炎暑隆熾，擬閉門結夏，免貽程曉之嘲。秋涼當
理行裝，仍來邗上，會言匪遠，剪燈促坐，可暢罄離衷也。肅此佈
謝，並候通祺，不盡依企。

致鄭堂

日前得謁光塵，即蒙知愛，接高齋之清讌，索暇日之古歡。古人
所謂相視莫逆者，正不在叢[illegible]聯袂、遊處必偕也。返棹匆匆，未
能面別，而依企之念，無時弭忘。閣下以卓犖之才，為通博之學，
談經則毛鄭避席，摘辭則崔蔡扶輪。弟之聆俊譽、誦高文者，十
年於茲矣。薄遊維揚，遂托末契，大雅含宏，不棄蒐瑣，其為欣幸，
何可勝言。並秋望前後，文駕當至秣陵，藉得暢聆緒言，良深竚
盼。屬題長卷，緣才回寓齋，不無酬應，心緒煩雜，未敢率爾塗鴉，
稍閒趨就，俟握晤時面繳也。壽階、梅峯、雀崖諸先生不及另啟，
祈叱名道念。肅函佈謝，敬候通祺，統希澄鑒，不宣。

致儲玉琴

日前維揚小住，得與吾兄綢繆道故，敘三十年離別之悰，歷數
平昔交遊，晨星寥落，而吾兩人華顛相對，剪燭西窗，既自悲亦
自慰也。吾兄愛我情殷，有逾骨肉，約名流作文字之飲，為童時
續觴詠之歡。弟勸兄酬，恍如昨事，寸心銘荷，難以言宣。及匆匆
返棹，未及面別，乃蒙吾兄命駕相送，又以他出，不獲迎候，回首
依依，彌深歉仄。別後江風送帆，川途安穩，於廿四日酉刻抵秣
陵寓舍，無錫音信時通，勿弱華均託庇平善，惟家徒四壁，桂玉
翔貴，窘況較前益甚耳。率此佈臆，並鳴謝忱，敬候通祺，不盡覼
縷。

答汪紫珊

日前湘湄大兄來寓，接奉瑤翰，語長心重，垂注懃拳，盥誦迴環，
五中銘戢。前刊燕詞，自愧鄙陋，不足以當英盼，乃荷譽揚過當，
藻語聯翩，以槃花之論飾折草之謠，恐君子之失辭，或風人之
善謔耶。比維嚴桂晚香，叢菊早秀，琴樽清賞，林霞古歡，攝衛惟
宜，福履多豫，驅烟染墨，定富名篇，健羨無似。尊詞飛騰妙麗，兼
擅稼軒、白石之長，昨與蘭村剪燈校讀，如聞異香，如聆仙樂，歡

專贊歎不能已已。小兒學語，强按宮商，猥蒙長者垂青，為之剞劂，其為光寵何如耶！感謝之至。湘湄先生一代清才，弟已神交十載，倉山賠聚，共數晨昏，良深欣幸，尚惜匆匆言別，未汰衷襟。聞十月初旬文駕來寓，湘湄亦當偕至，樽前燭底，迭唱聯吟，共拾墜歡，可勝竚望。率占佈臆，敬候台祺，統希垂鑒。

致伊墨卿太守

睽違清誨，時切馳思。前日黃右軍先生過訪，接讀瑤札，深感注存，並奉到年伯大人詩集，雒誦薔薇露，晨夕循諷，識雅才之逸軌，推藝苑之正宗，宣鬯八音，歸於諧婉，含咀五味，造於甘淡，澄泓演迤，如清洸之貫達，嵯峨蕭瑟，如名山之靚深，輇才小生，心形傾眼。吾兄過庭之暇，幸為達企仰之忱，可勝欣幸。比維政祉康娛，侍奉曼福，定符心頌。弟索居金陵，時署隆熾，賤體瘦茶，倦於酬應，出月擬返梓梁溪，擺擋一切，季秋或買舟前赴維揚，接奉譚讌也。昨得法華先生書云，廣陵一席有延致之議，此言未知所自。如蓮裳定應春試，懇吾兄為弟留意，窮猿投林，豈暇擇木，惟知己能曲諒苦衷耳。率此布瀆，敬候台祺，不宣。

致吳蘭雪

去冬衔恤出都，荷蒙軒車屢過慰問，懃拳執手，臨歧依依惜別，此情此景，無日弭忘，每一懷思，婁涓盈睫。敬想閣下起居康娛，著作日富，入直賡砌葉之句，偕奉詠蘭陔之章，鰈海雞林，爭求翰墨，青衿組帶，俱列門牆，盛名共推，清秩增峻，下風遥聽，頌祝奚如。弟讀禮壑室，蓬蒿塞廬，四壁蕭然，在家如客。五月間薄遊維揚，為謀食之計，而得館之難甚於得官，淹留旬日，竟無所遇，惟與白丁、蓮裳諸公握手敘闊，差慰平生耳。先慈窀穸之事，春間在無錫已延日者擇吉於臘月十九日安葬，而馬鬣封土，有待盡年，傾橐解驂，尚須佽助，五中輾轉，早夜難安。閣下愛我，當亦深為憫惻也。肅泐荒函，言不盡意，敬候台祉，伏祈垂鑒。

致柳村

十載神交，一朝捧袂，推襟送抱，古人所謂如舊相識也。大兄高情雲溫，朗抱月湛，寓舍岑寂，時相過從，重以嘉招斟酌，益學眷愛之厚，感泐於懷。別後舟次真州，緣親串相留，擔閣兩日，於廿四日解維，東風送帆，於即日酉刻抵秣陵矣。到寓不無應酬，心緒冗亂殊甚。屬選各名家詩，尚未錄出，卷數頗多，一時亦難竣事，須俟七月間文駕來時面繳耳。弟之館事急切難得機會，而家中薪水日窘一日，竟有難以支持之勢，奈何！率此佈臆，言不盡意，諸維心照，敬候邇祺。

與辛園

前日道出真州，得親雅度，荷承老表弟大人篤於親誼，眷愛逾常，兩日淹留，蟬嫣情話，卅年濶別之懷，於茲一慰。濒行復蒙雅貺稠疊，感戢於懷。邇惟文祉增綏，潭署多福為頌。愚於廿五日早解維渡江布帆安穩本日未刻已抵吉祥街寓日來頗有酬應心緒殊形煩冗無錫音信常通大小平安惟貧况不可耐耳吾弟七月初旬束裝來省晤期不遠當可暢罄衷衿未知二小姐能來小住否寓中均深盼切也諸三寶前赴揚州過儀時令其來署請安附上微物四種祈哂存之二小姐均此道謝並問郎愛安好率此佈候邇祺諸維朗照不宣

致蓮裳

邗江小住旅况無悰荷閣下眷愛殷殷慰以吟嘯虹橋雙槳招我清遊酒洌茶香古歡彌洽依依此景魂夢時縈嗣因匆匆買舟未及取別又蒙閣下命駕相送心重語長渺渺川途倍深依結邇惟起居康娛著作日富殊爲健羨日來想已移寓櫻圃閒具林泉錦鏡絕遠俗塵想幽徑紅詩涼天過酒定饒逸興忘此炎歊高秋捧袂時又當快讀新什也愚過真州因親串相留擔閣兩日於二十四日抵秣陵寓舍適春姚木昆仲自蜀來就秋試夜窓剪燭論文角藝頗得友朋之樂頑軀猶適勿以爲念香海先生不另啟望叱名道候率此佈臆敬候邇祺伏祈澄鑒

致雪帆觀察

春初接奉瑯函備荷勤拳慰問天雲高誼假以百金俾窮鳥刷其羽毛涸魚資以濡沫感激之忱非言能喻當即肅函布謝諒登籤室嗣因遄返無錫薄遊維揚謀食奔馳未遑修候大雅含宏諒能恕我踈節也邇維九弟大人禔祉增綏潭署多福攝烏臺之綱紀庶政稱平贍豸繡之輝華三遷在邇祥垣咫尺欣頌曷勝愚草土餘生旅廬僻處百八無術賦命多奇臘月中旬爲先人經營窀穸如號塋之願已酬負土之身無恙當覓一枝之借以免八口之飢向蒙眷愛之深同於手足值此阨窮之際終望提攜所屬之內或有書院或於賢達素交修書轉託俾得一講席以爲安身養家之計感佩高情實靡既極肅泐蕪啟敬請台祺統希垂鑒不盡依馳

致兩淮候補鹽政廳劉政齋

維揚小住備荷隆情勤拳慰問華饌惠頒良深感佩祇以匆匆買棹未得面罄別悰當留寸札遣下走送呈想蒙垂鑒邇維賢弟履祉康娛百凡順序爲頌愚於前月廿五日回秣陵寓舍獨居無俚惟以筆墨自娛天氣漸暑閉門度夏且俟涼秋八月仍爲邗上之遊也賢弟需次已久刻下當得榮署善地松茂柏悅盼望彌殷伍佑場謝公曾來鄙否月內新都轉到任定當謁見吾弟晤面時望爲致鄙意前致二札有浮沉否刻下尚未奉到復書也家人諸陞已薦至伊太尊處一切尚祈賢弟照應愚之近况詢伊便悉敬候邇祉不盡欲言

上陝西方撫軍

敬啟者睽違清誨星琯屢周翹首台垣時深依企去歲曾脩寸

啟。虔請崇祺。並申下悃。諒邀垂鑒。敬維大人菌馮集祜。黼黻凝
禧。陝左右久蔭慈雲。隴東西均沾德雨。青膝歲稔。石農騰荷杖
之歡。赤角風清。城尉息鳴桴之警。六符斯炳。百度維貞。元之已
宣十道之猷。士行即晉八州之督。祥輝在望。頌祝彌殷。芳燦以
草土之餘生。伏菰蘆而僻處。謀生無術。賦命多奇。嗟八口之長
飢。冀一枝之暫借。雖龍門踏陽。難申懇款之忱。而雁足書傳。猶
仰提攜之力。如江浙兩省中有賢達素交。俯望賜以書函。曲加
噓植。俾得一講席以為安身養家之計。感佩高誼。於靡既矣。肅
函佈悃。敬請鈞安。伏祈朗鑒。
再啟者。候補縣丞姚錫齡。係四川藩司姚　之胞弟。因遵例迴
避赴陝候補。其人品端醇。吏治幹練。想久在藻鑑之中。幸托帡
幪。所望隨事隨時栽培訓誨。則感激鴻慈不僅姚縣丞一人已
也。持叢慶請。希鑒詧。芳燦又啟。

致陝西督糧道盛孟巖

去歲春明話舊。藉慰離悰。柢因台旌遄發。匆匆未得暢聆清誨。
蘇雲隴樹。彌切依馳。翩聞峻秩榮遷。當肅箋函。虔申賀悃。想登
記室。邇維大兄大人政祉增綏。經猷式煥。慶霄垂蔭。萬彙敷榮。
德雨流甘。群生餐挹。關中茂轉輸之績。秦郊慶儲偫之豐。循聲
清望。久契宸衷。柏府嚴堂。妙膺殊擢。翹瞻為采。佇頌彌殷。芳燦以
草土之餘生。伏菰蘆而僻處。百八無術。賦命多奇。窮迫淑攸之
況。有不堪為知己告者。臘月中旬。為先慈料理窀穸事宜。如虢
塋之願稍酬。負土之身無恙。當束裝西上。面敂龍門。陪幸舍之
衆賓。泛蓉芙於涤水。閣下情殷舊雨。必有以位置之也。茲因姚
少尹赴陝之便。肅泐數行。佈悃。敬請鈞祺。不盡依企。

上蔡小霞方伯

芳燦去歲九月在都。適秋道趙牧田甘肅。曾肅寸啟。虔請崇祺。並
申下悃。諒邀慈鑒。敬維老夫子大人菌馮集慶。黼黻凝禧。兩河
久蔭於慈雲。八郡均霑於德雨。青疇歲稔。石農騰荷杖之歡。赤
角風清。城尉息鳴桴之警。萬流仰鏡。百度維貞。元之已宣十道
之猷。士行即晉八州之督。龍門在望。頌祝彌殷。芳燦去冬十月
銜恤出都。冰雪長途。水陸均多阻滯。於臘月始抵金陵。春初回
錫。為老母經營窀穸。已擇吉於臘月十九日扶櫬安葬。大事集
躬。莽無措手。家徒四壁。八口溝隍。芳燦京居窘迫。素在鑒中。草
土餘生。本出自師門所賜。茲當謀生無路。深蒙曲意矜憐。薄植
飄零。憶春風之噓萬彙。孤生淪落。仰廣廈之庇千人。如歸塋之
願已酬。負土之身無恙。當束裝西上。況首崇階。隨幸舍之衆賓
沐提撕於函丈。寸心禱祝。百倍恤情。妹婿嵇承裕夙叨栽植。久
荷帡幪。道留甘以後。西體下情。隨事隨時。備蒙高厚。每與芳燦
言及。輒感極涕零。茲銷差回甘。備員驅策。定沐恩施格外。終始
成全。感激之私。均靡既極。敬請鈞祺。伏惟垂鑒。

致莊恂齋

睽違雅度屢易寒暄迴憶青門譚讌之歡有如昨日而人事變遷蹤跡蓬萍關路阻長賤縉罕達大雅含宏想能恕其疏節也通維閣下起居康娛侍奉曼福九節侍仙人之杖雙輪扶春景之輿吹華潔之笙蘭陔香滿行端平之政棠茇陰多翹首祥輝良深企羨愚七年京宦支絀百端去歲十月銜恤出都扶挈細弱倉皇就道資斧乏絕到處滯留臘月初旬始抵金陵歔欷歲得回無錫屈指離家已三十寒暑矣蕪航之城郭如故彥威之朋舊已非既抱皋魚風木之傷回溯子敬人琴之痛帶索孤行則百憂交至掩關獨坐則悲憤兩集閣下知我當亦哀其屯躓也四月中旬仍來秣陵先慈窀穸之期擇定於臘月十九日十月中先期扶櫬旋里負土事竣即當出門謀食或竟束裝西上重到長安與閣下翦燭西窗銜杯話舊知故人高誼必能憐其窮而振之如周璆之投仲舉吳武之遇孔嵩何必令人遜於古耶姚西垣二弟迴避來陝其人品學兼優相見必有苔岑之契渠亦仰閣下為司南之指隨時隨事加之照拂固無俟愚之諄囑也肅函布悃敬候升祺諸惟澄鑒不宣

致法梧門學士

夏間舊僕徐明北上當肅寸啟虔請台祺並申謝悃想邀垂鑒通維閣下起居康娛攝衛多豫攬環結佩多英蹻之彥充箱壓軫富清工之作萬卷資其膏馥庶流歸其落鏡良辰共撰合響日隆未識論文餘藝時亦念及鄙人否馳戀之懷何能已已弟五月中自家鄉仍來金陵先慈窀穸之事已稍有就緒擇定於臘月十九日安葬先期於九月中旬扶櫬旋歸里俟葬事畢後當出門為謀食之計江浙間知交落落書院一席更不易得五月間籌遊維揚竟無所遇現在墨卿太守又丁外艱廣陵更無知己賦命之窮為可歎也茲因舍姪承樾兄弟來都之便肅泐數行敬候台祉諸維垂鑒不宣

致鄒曉屏大冢宰

芳爍春初在錫曾肅寸啟虔布賀忱並申謝悃想蒙垂鑒敬維閣下鼎彝集慶黼繡增華九流共仰其陶成庶士咸歸於品藻胸涵璣鏡權衡崔燕之平度叶珠繩簪冕鵷鸞之列竝見紫閣奏燮調之績黃扉贊密勿之猷瞻睇台垣彌殷頌祝芳爍在家譆閣三月有餘於五月間仍來金陵先慈窀穸擇於臘月十九日茲擬九月下旬先行扶櫬回里俟葬事畢後即當出門為謀食之計江浙之間覓館不易而書院一席尤為有力者占定惡急切未得機緣八口嗷嗷正不知作何安頓耳所幸幼弱筆均各平寧可以告慰垂注茲因姪承樾弟兄來京之便肅泐蕪啟敬請福安及姊姊大人懿福並問二甥文祉大妹暨郎愛安好

致謝鄉泉儀部

弟去冬銜恤出都荷蒙軒車屢過慰問勤拳揮湯贈金情款綢密五中鐫鏤無日弭忘每一懷思遠識盈眺敬想閣下起居康娛潭府多福雍容臺省翔步雲霞盛名共推清秩增峻下風跂聽忭頌奚如弟讀禮壁室蓬蒿塞廬四壁蕭然在家如客五月中薄遊維揚為謀食之計而得館之難甚於得官小住浹旬悵怏而返春間賓谷先生升任廉訪茲墨卿太守又丁外艱賓朋文史竟成廣陵散矣弟落落寡交于人無術自知操技之拙且安賦命之窮先慈窀穸之事已卜吉於臘月十九日而鬻茅負土有待盧牟傾儲解驂尚須佽助悲思輾轉早夜難安閣下知我當亦深為憫惻也舍姪承懋兄弟服闋來京屬其晉謁惟長者進而教之幸佈荒函言不盡意敬候台祉

致盛甫山侍讀

弟去冬銜恤出都荷蒙高軒屢過慰問勤拳既叨賵賻之隆重以解推之雅銘心鏤腑無日弭忘敬維閣下起居康娛潭府多祉跌宕文史揮灑烟霞於堦薇砌藥之間具跂石眠雲之致司州賞會惟在林澗幼輿位置故宜邛壑遠跡崇情令人健羨無已弟以草土之餘生伏菰蘆而僻處在家如客四壁蕭然春初回錫夏間復來秣陵小住自念宦遊三十餘年矣須白還鄉貲汲江南山水依依可人眷戀徘徊不忍舍去先慈窀穸之事已擇於臘月十九日營葬既畢又將飢驅遠出陸魯望云居無餐拙之資出有倦遊之歎老嬾襟懷羈孤情味循諷之下不覺慨然舍姪承懋兄弟服闋入都令其晉謁閣下見故人之子當倍增疇昔之感想能憐其寡識隨事提攜無煩諄囑也肅泐數行言不盡意敬請文祉伏惟垂鑒

致陶怡雲農部

弟去歲銜恤出都備荷閣下隆情古道慰賻勤拳念其途路之艱重以解推之雅寸心銘刻無日弭忘敬維閣下履祉增綏聲華益懋筦度支之籍清曹共仰宏才慎金穀之司計相咸推雅望迴翔畫省榮擢匪遙翹首五雲良深頌祝弟僑寓秣陵讀禮堊室十月中旬當買棹回錫為先慈經營窀穸臘月間葬事畢後獻歲即擬出門為謀食之計江浙之間得館之難甚於得官弟又迂嬾成性不善干人悠悠區區者尚不余畀也此間惟與蘭部往還時得晤言以破孤悶京華文酒之會想如舊日譚次亦念鄙人否茲因舍姪來都之便肅泐數行佈候台祉諸維澄照不宣

致通州儒學副堂秦雲瀞

秣陵把晤藉罄離悰雅別匆匆倏已兩更月冀心輪夢轂時切依馳遥維三兄親家大人起居康娛潭著協吉定符心頌蘭臺到承德任後曾有書來道其宦況頗為殊深懸念三兄近日曾接有家言否想三嫂大人懿祉勝常闔署大小均當吉也弟僑

屆金陵近况應鹿如舊先慈窀穸之事已定於臘月十九日先於月之廿二日扶櫬回錫暫停家祠屆期安葬三舍弟亦挈眷而回於寶藝堂概屋暫住徐圖安頓之計知關注念用以附陳敬請安祉伏祈澄鑒

致秦小峴少司寇

夏初同鄉張君入都曾肅寸緘敬候台祺並申謝悃想邀澄鑒

灑維閣下經猷益懋聲望彌隆九苞耀威鳳之儀五聽肅神羊之治冰壺鑛朗庶獄皆平璣鏡涵輝萬流共仰翹瞻瑞靄忭頌彌殷弟自五月中來金陵屈指又三閱月壁廬忝竊百憂萃止九月下旬擬扶櫬回錫定於臘月十九日安葬俟葬事畢逸即當出門為謀生之計家鄉左近書院一席須為有力者占定前曾薄遊維揚竟無所遇茲墨卿太守又丁外艱廣陵之局已散十月中回錫擬即赴浙江為明年作地祈一兄大人於浙中知好作札廣為噓薦倘得東道之借當拜南枝之賜蘭臺調任承德皆閣下提攜之力感何可言但伊負累頗重時為焦慮耳茲因姪承懋兄弟入都之便肅泐數行敬請崇祺伏祈垂鑒不宣

致彭愛園

去冬徵帆出都荷蒙高情摯誼慰問殷拳揮湯臨歧依依惜別此情此景無日彌忘別來彈指又易寒暄無一懷思淒泣彌日敬維四兄大人杖履康娛百凡順序定符心頌弟挈眷星奔艱辛萬狀資斧困乏到處滯留去臘始抵金陵獻歲得回無錫省視松楸修理墳墓並將細弱安頓在無錫老屋居住擔閣三月有餘於四月杪仍到金陵先慈窀穸之事在錫時已擇於今歲臘月十九日安葬先期於九月中旬擬同舍弟扶櫬歸里在家祠暫停以便從容料理葬事畢後即當出門為謀生之計江浙間覓館甚難而書院一席尤為難得弟又知交落落不善干求恐一枝之借未必余畀也江鄉夏旱年歲荒歉斗米三百錢未識長安米價如何我輩食貧况味大略相同可勝繫念承懋弟兄服闋來京一切均未諳練惟舅氏進而教之山甫二兄今春病逝聞信之下愴悼無已京華聚首光景如昨而已成隔世渺可悲也肅泐數行言不盡意諸維珍衛臨穎依馳

致芸臺中丞

前肅蕪函輕干清聽荷蒙裁答慰問懃拳循誦之餘銜感靡已敬維閣下簡膺納豫履祉清宜祥琴古龢與衛入覲華月出海慶霄垂光吉雲離山家宇被潤絳闕係心蒼生延首賁忠履孝宣力康時所望係愛玉躬懋膺多福某僑居秣陵日益貧瘠為緣講肆難籠學舍棲枝莫借疎拙自安惟望閣下即秉旌鉞大開帷幕俾八百孤寒庇身有地則惠風噓拂定及陳人禱祝之誠造次於是肅函佈悃敬請鈞祉不宣

與嚴小秋

承示大集挑鐙快讀其間奇藻羣言漱滌百態靈猶嗽月皓雀謍露未足比其清也竹雪鏗風裂雲縞夜未足喻其幽也綺霞破曉穠花笑春未足方其麗也長鯨跋浪快馬斫陣未足肖其雄也張祜琢句有金石管磬之音擒色選詞無脂粉綺羅之習置之古作者間洵可拔戟自成一隊者矣其定於月之二十二日旋里連日俗務糾纏未能如命細為編校惟傾倒之忱欽欽在抱稍暇當作序言奉寄至詞集前已細讀今錄出之本當語蘭卿即登著錄清思麗句在賞州竹屋之間藝林傳誦無疑也再承詢齊天樂第二體名如此江山有無異同記齊天樂臺城路如此江山乃同調而異名不繫於過變之參差也至此調換頭處名名家平仄亦互有出入曰第二體者亦詞律之強為分別耳客中無書可查臆說如此未知有當於大雅否渊中之行定於何時能於西子湖頭一把臂否耶率此佈復言不盡意

與夢湘

字寄夢湘賢甥收覽十五日接十三日所發書備悉一切為慰惟初二日一信竟未接到以致合家盼望此信到後可向江寧一查內有來登稟亦屬要緊也四川會項已遣人到蘇找着郭姓今有伊親筆來信自能會付也蘭卿借項不意其如此緊急吾甥與質還之極為妥協此事自當与三舅舅商量湊出不使吾甥一人受累也愚到家後窘迫之況難以言喻二十外即當偕蘭塘赴杭為覓食之計正不知機會如何飢來驅人可發一嘆餘詳家信暨三舅信中不多及此寄

致方有堂廉訪

十月下旬姚春木世兄赴蜀當奉寸啟虔布謝忱想登籤室通維年大兄大人履祉綏嘉侍奉曼福補華潔之篁詩蘭陔香滿聽中和之樂職棠茇陰多冉絡天彭共識會昌建福銅梁玉壘頻看大有書年祥風宣庶軼之華麗日耀神羊之彩翹瞻台曜忭頌曷勝弟於去冬初七日偕三舍弟回里刻下摒擋諸事均有就緒所賴仁人有指困之惠俾鮮民酬負土之心銘感五中非言能喻大舍姪承樾赴都掣籤分發湖北於月之十四日回江寧明春來裝到楚者試用如闌綺注用敢附聞敬候鈞祺伏祈垂鑒

附啟者吳驊千先生名質存武進人學問淵深人品端雅五六兩舍姪業師也前在錦城曹蒙垂睞茲復為岷江之遊晉謁台階尚望加之拂拭或書院或西席不吝遂芬俾寒士庇身有地感同身受情愛佈瀆諸惟亮詧不宣

此卷去年杪校半辛卯五月二十二日校完程公孫金鑑記

芙蓉山館尺牘卷五

金匱楊芳燦蓉裳著

答方葆岩中丞

去臘十八日蒔岵亭中翰旋里奉到鈞函並蒙厚賜感隆施之逾格荷摯愛之有加仁粟均頒比重千鍾而有羨康泉分潤斛一勺以皆甘錫鏹五中名言莫喻敬惟閣下祗馮集慶繡黼凝禧依萱陀之慈雲蘭陔香滿被楓宸之湛露棠茇蔭濃感望允孚棧閣之風塵久靖恩膏普徧隩區之民物滋豐卿月揚華澄懷鏡朗慶霄垂蔭碩福鼎來翹首台垣良深藻忭某棬棬寂處蓬戶索居獻歲二十一日接李松雲先生手札招至蘇郡云關中書院一席因道遠未能即赴過蒙推挹濫及顓蒙自維說敎寡聞難忝經師之席所願褰裾曳履暫隨韋舍之賓捧手橫經敢令諸生面北索逐摘埴幸逢哲匠司南書乍達於典籤神已馳于幕府昔年銅墨曾忘隴阪之長此日琴書不覺秦關之遠迩通尺簡即束輕裝微才夙荷夫良知薄技不嫌于自衒不宣

致衢州那太守

久欽儀範未遂趨瞻遂聽聲華時殷仰企茲際青陽布令萬彙欽榮敬惟大兄大人禔祉增綏經猷式煥搴帷勵俗露冕班春禮意風猷樂情膏潤楓宸紀績九乾之湛露新承部屋蒙庥十部之甘霖遲被久著朱幡之重望屯邀綵節之崇階翹首祥輝曷勝鳧藻弟樗櫟凡材菰蘆叢品早疲精于筆牘晚從事于絳帷愧非東晢之博聞兼乏摯虞之强記乃荷中丞推挹即蒙大雅招延過采虛聲俾尊講席欲辭似怯將赴先慚疇昔攻史不過一知半解今茲待問安能小叩大鳴所幸時覲棨戟得所依歸良有籍於司南庶無虞于返北耳仲春上日當即束裝趨赴高齋面聆雅教先肅蕪緘敬請鈞祺統祈垂鑒臨楮依馳

致江西先方伯

去秋孫蓮水先生自江寧前赴鈞署當肅寸啟敬請崇祺想邀垂鑒適惟大人茵馮集慶繡黼凝禧敷惠澤于薇垣逕恩光于楓扆言雲垂蔭萬彙葬滋德雨流甘羣生飽挹碩望與匡廬並峙威名偕章貢同清翹首祥輝曷勝藻忭芳燦去臘為浙中之遊蒙清平階中丞推薦衢州講席擬于月之望後假裝赴館瞻光稍遠戀念難名所望大人即揮牙璋撫綏江左俾得近傍春風之座時瞻卿月之輝禱祝之忱達次于是肅蕪啟敬請鈞祺伏祈朗鑒

又啟者舍親周爲旬人品端謹熟嫺幕務茲來江右仰慕龍門挹衣晉謁伏祈賜之噓植借以枝棲俾寒士不致淪落感激深忱不獨身受者已也塵瀆之愆統希原宥

致孫蓮水

金陵握手，晨夕過從，數十年企仰之忱，于茲一慰。別來忽忽歲籥，倏更朗月清風，輙懷元度，微言緒論，最憶真長。天末相思，鬱伊莫釋，閣下其何以慰之也。比維大兄大人起居康娛，著作日富，幕府多暇，範水模山，冰雪清吟，定復盈篋，令人健羨無已。弟于去冬偕三舍弟扶先慈靈柩回錫，擇吉于臘月十九日安葬。現在負土事竣，將出門爲謀食之計，前蒙浙江清中丞一推薦衢州講席，修脯甚薄，恐無救于八口之飢。此月望前擬赴館一行。如兄異竟難安硯，則飢來驅我去，不知竟何之，遠迨均難預料矣。周爲旬八兄係弟舊交，館山王家，兄之姻親也，人品瑞雅，熟嫻幕務，茲請遊江右，仰慕大名，到署修謁，所望推情照拂，隨事提攜，感同身受。專此，佈候文祉，伏惟珍重，不盡欲陳。

致姚建木

去臘在吳門接奉手書，當作一緘，托虎觀二兄轉寄，未知曾達覽否。獻歲發春，敬惟足下文祉增綏，百凡順序，定符心頌。今歲闈科，聞已奉有恩旨，秋風鵰鶚，定卜高騫，可爲預賀。舍兄于冬月二十三日在漢江舟次，曾有書寄來，計算此時纔能抵署，而一闈秋試之信，仍當假裝就道，迢遞川途，徒勞往返，殊深懸念。愚弟去臘中旬偕舍弟負土事竣，今春欲赴浙中，就衢州講席，而修脯甚薄，無濟于事。前日接李松雲先生來信，因陝西方中丞招伊主講關中，伊嫌道路遼遠，且葬事未畢，不能前往，薦愚自代。愚因關隴係舊遊之地，且與蜀中接壤，此遊想不落寞。已允松雲先生之薦，並懇汪首朱中丞作札致方中丞矣。現在摒擋一切，擬同舍弟由陸路起程，到陝後或竟母赴尊大人修志之招，亦未可知也。小牧希白諸君想時聚晤，文陣爭奇，鳳觀虎視，令人健羨。專此，佈候日祉，餘詳舍弟信中，不盡覼縷。

致猜山明府

記自髫辰即同硯席，托締蘭之契，磨采藻之詩，文陣詞壇，推君雄伯，弟亦執鞭弭以追隨。彈指流光，已三十寒暑矣。宦轍東西，差池不面，關河修阻，音問罕通。大雅今宦，諒能恕其疏節也。敬惟大兄大人著循聲于南上，馳俊譽于浙東，字均以惠政撫民，尚任迄以經術飾吏事，武城弦歌，桐鄉謳詠，嚶情膏潤，禮意風獻，循吏儒林，美能並擅，固知通人爲政，有度越恒常者矣。敢僅以報最榮遷爲閣下頌也。弟邊徼十年，京華七載，宦轍淪躓，連累滋多。丙歲之冬，銜恤還鄉，家徒四壁，嗷嗷八口，懸釜堪虞。去歲蒙清中丞推薦衢州講席，今春到彼，閱館山水清佳，人風樸茂，生徒數十，頗解治經，無如修脯甚微，難以久住。前月杪蒙苔臺中丞折簡相招，初二日自衢來省謁晤，時許于省城另謀一席，可以兼課衢士。中丞甫經蒞任，公事殷繁，只得僦居會城，靜候消息。而旅食艱難，家中又復停炊告急，不得已遣家人隊福迴叩鈴轅，敢懇大兄大人假我百金，即可解涸轍之困

或無傷鶴料之康弟素性硜硜俟秋間修膳稍得寬餘即當奉趙斷不致有辜雅愛也肅函佈悃敬候升祺諸惟丙鑒不宣

致張子和觀察

睽違雅度星琯載更夢穀心輪時殷馳企前聞閣下榮膺簡命建節浙東竟落私忱名言莫喻二月下旬來杭虔申謁賀適值興衛匆匆遄發未得面罄積悰瞻晞祥輝彌深依結適惟大兄大人茵馮集慶黼黻增華十部宣風六條察吏福星耀彩碧海波恬德雨流甘青疇歲稔遊聽輿頌引領新猷梓里蘭交同深忭忭弟自前歲衡恤回鄉家徒四壁長飢驅我垂老依人去冬蒙清中丞推薦衢州講席今春到彼開館生徒寥落學舍荒寒修脯無多不能久住一家八口仍有懸釜之虞前月杪蒙芸臺中丞一折簡相招自衢來省而作奏未工入幕恐多謬誤談經無地舉雖尚待吹噓旅食艱難進退維谷素蒙摯愛未知何以策之也肅藁燕啟專遣家人陳福前赴崇轅叩賀鴻禧並請鈞祉伏惟垂鑒

與尤二娛

西子湖邊匆匆握晤旅次冗雜又蒙高軒過訪適以買棹渡江未能報謁歉仄增深別來忽忽月兩成弦敬稔閣下起居康娛定如心頌別後溯流而上過富陽經桐廬山光瀅瀯水影深碧扁舟搖曳日在圖畫中行嚴灘以上光景尤為奇絕盤渦旋井跳岑造霄岩壑合奇風烟共逸鮑昭雷岸之書陳雲鄮縣之簡或可得其彷彿惜筆力膚苶不能紀其勝也季春二日始抵太末在書院小住匝月生徒樸儫頗能治經學舍蕭寂差喜傍嶺清談遐眺藉以娛意無如修脯無多殊難久住前月杪得芸臺先生來書遂束裝赴省下水舟輕歸程迅速無暇頓略山川之奇秀矣到杭謁晤芸臺先生意欲以章奏見屬此事本非素習敬懃班椽竊少蔿藝只得以婉言謝之懇其在省垣另謀一席可以兼課衢士未知能如所願否現在旅食大難芸臺先生前未便即以困乏相告因遣家人到鄞向周犢山明府假朱提百金以濟薪水此事曾函屬閣下先為緩頰想犢山必有以濟我也寧占佈臆敬請文祺不盡縷縷

答犢山明府

月之十四日令坦寶佩椒大兄過寓家人陳福隨來接奉手書語長心重遊憶車公之雅貧叨鮑叔之知領到佛番百圓如含衛團掌出雙金如護世城天雨美膳閣下以宰官身為萬家生佛使祇林乞食人均生歡喜況夙蒙摯愛有香火因緣者耶高誼雲情感戢無量籍稔福履增綏潭署多祉彌深欣慰令坦丰采秀重自是玉堂人物幸笠帆兄有此佳兒喜閣下得此佳婿也知其北上應京兆試已作書與東華故人廣為延譽矣諭索拙稿弟丙歲衡恤出都倉皇就道敝片累重車上未能攜帶寄

存陳碩士編修處即寄中刷印之本亦已散盡無以就正大雅良深歉仄惟駢體文二本其版現在家中現催兒子輩刷印寄杭容日呈教去秋在金陵快讀閣下文稿英思傳論獨闢生面足以平視黄岡俯揖石臺後進久已奉為圭臬便中望寄一二部為幸肅函佈陳謝悃敬候升祺不盡依依

致孫平叔太史

别來忽忽歲琯一周每憶燈淳酒温書古談洽此景此情時形夢寐而蓬科無定蘭訊罕通疏懶之愆又不能自解也敬想閣下文祉康娱俊譽日起散館寂然高等雍容華近翔步雲霄讀中秘之書典著作之任時方春試才彦雲集相與激揚風雅斧藻儒墨未識詞壇角藝時亦念及鄙人否愚家居無俚自吾弟北上出門惘惘更無所詣去臘薄遊浙中蒙清中丞推薦衢州講席今春溯嚴瀨蘭溪而上到館淹留一月三月抄因芸臺中丞作札相招仍復買舟來杭移硯詁經精舍課諸生詩古文辭此間吳穀人李松雲兩先生時相過從華秋槎陳桂堂諸君亦居址接近往來談藝聊慰岑寂耳春山先生暨各同好不及另札晤時祈致相思率占佈臆敬請台祺不盡依馳

致張子白刺史

去秋孫容圃舍親回甘曾附一緘佈候興居諒登籤室邇惟大兄大人政祉增綏循聲卓著定符心頌弟于去冬十月由金陵扶先慈靈櫬歸里臘月十九日經營窀穸事畢家居無俚八口嗷飢聊作近遊為謀食之計前蒙清中丞推薦衢州講席仲春到彼開館小住月餘茲芸臺中丞撫浙作札相招主詁經精舍講席並課衢士子月之望日移寓湖干適雅存先生□□□□先後作浙中之遊襆被同宿泛艇朝遊剪燈夜話□□首之新賞拾春餘之墜歡譚次時時念及閣下緣信使匆匆遂發不及作書囑筆道意華竹樓□姪在靈臺戴明府署中想時至州城晉謁家表兄秋槎先生與閣下為賢達桑梓諸事自蒙推情照拂無煩弟之諄囑竹樓詩才俊逸郡齋清暇有酬和之作否率占佈臆敬候升祺諸惟為道自重不宣

與家芸墅書

曩在京華知閣下㑹學區中飛才旬外傳佳什于縑素馳俊譽于倫好下走之欽遲者有年矣顧春條秋蒂氣候莫同羈羽沈鱗差池不狎每懷雅度不禁神依迺蒙閣下謬采白望先枉赤牘輕苔魚網出入懷袖英瑤繡段輝映几席如獲百朋喜慰無量昔人所云志均者相求好合者齊顏文章交道非偶然也循誦良書快讀大集嗢噱任沈攀追鮑謝函宮吐角鏘玉和鳴情往興來葩華并布烟霞命侶苔竹寄懷于模山範水之中為轢古切今之作流連逸藻嘯咏無風窮晨訖暮不忍釋手也某容鬢衰謝學殖荒落早困風塵君嚮非撥煩之吏中更憂患苞卯

愧學道之人茲復痛抱蒿莪感深莪蔚回首受書之歲傷心不髫之年失路蒼茫窮途潦倒長飢驅我垂老依人以致李翰思枯鮑昭才竭何敢主張文字之盟管領湖山之勝耶惠詩四律天才挾張風藻艷發譬之錦混沌以須靡被土木以綈錦揄揚過當比擬非倫溢目增華撫心多愧廢業之餘未敢酬和端函削牘聊布往懷帶水可杭相見或易鶴望清問以代萱蘇

致竇摩

弟與足下相望相思者十年于茲矣越樹燕雲曠焉不面猶謂道路遼遠關河間之茲來錢塘盈盈衣帶水耳仍復阻我良會未得剪燭銜盃暢申傾積懷愛而不見搔首如何敬惟閣下履祉綏嘉著作日富定符心頌弟自丙歲銜恤出都到家無立錐之地未歲薄遊維揚百方假貸臘月為先慈經營窀穸事畢家居無俚因就三衢講席二月中旬到彼閒館小住月餘茲芸臺先生撫浙延主詁經精舍兼課衢士于月之望日移寓湖干文字之緣湖山之勝差堪娛意然一身孫寄八口長飢每一念及仍戚戚寡歡也廢業之餘筆墨荒棄無可就正茲因稚存先生渡江之便聊布往懷並候台祉諸希垂鑒不盡依馳

致秦小峴少司寇

睽違雅誨兩易寒暄依企之忱與時俱積去歲舍姪輩來都曾修寸啟敬候起居未審曾登籤室否邇惟閣下福履康娛潭府多祉職司五聽恩承九乾翹首吉輝欣忭無量弟琴居無俚謀食薄遊去臘清中丞為推薦衢州講席今春到彼閒館歷富春桐廬而上清瀨見底眺岑造霄山川奇秀人風可愛盤桓匝月適芸臺先生撫浙作札見招到省謁晤俾主詁經精舍與段茂堂先生分課經義詩文日昨貴門生家書巢過訪得讀近刻大集第十八卷詩格蒼秀無敵足以平揖坡翁俯視道園令人心形俱服惟卷中多丙歲唱和之作夜窗燈火悵觸前塵益深懷念耳賓生光動佇笠飄二兒令子文筆清穎秀出班行茲應試北上晉謁龍門祈進而拂拭之感同身受肅函佈悃敬候台祉不宣

致薛畫水

京華叩別兩度暄蓴夢縈心輪時殷馳溯去秋舍姪承懋赴都曾修寸啟虔候興居未識曾登籤室否今春于邸報中得聆榮問知六兄大人恭膺簡命佐郡廬江分綰魚符藉展驥足更喜盈盈帶水衣繡江鄉滿擬於九峯二泉間卧酒吞花暢傾衷懷後聞便旌徑復新任清輝咫尺彌切懷思邇惟政祉綏和潭署多福定符心頌弟銜恤還鄉立錐無地去歲薄遊維揚小住東冶為子公之丐貸賴鮑叔之推解臘月為先慈經營窀穸事畢即為浙中之遊清平階中丞為薦衢州講席今春到彼閒館學舍荒寒生徒寥落勢難久住適芸臺先生撫浙作札相招俾主

詁經精舍湖山之勝文字之緣友朋之樂此境殊不易得然一
身孫寄八口長飢每一念及仍戚戚寡歡也舊僕雖文其人老
成可靠閣下所素知渠隨晴芬先生令郎回錫兹趨叩台端願
供驅策所望推情收錄感激不獨身受者已也肅此佈悃敬請
崇祺統希淵鑒

致韵篁明府

京華判袂倏已星霜載更每憶曩時談讌之歡輒增悵悒去歲
在金陵晤蓮水今春在蘇州遇頻伽俱能道閣下近狀云以廉
謹合憲意以慈惠得民心劉寵寬和任延儒雅固閣下所長也
下風遥聽欣慰無似分宜御眷後曾另擇善地否榮補當在何

十一

時殊深企念弟自丙寅冬閒銜恤出都到家在卯春正月家山
久別親舊凋零倘怳如夢去冬爲先慈經營窀穸事畢即有浙
中之行蒙清中丞推薦衢州講席今春到彼盤桓一月辰下因
藩臺中丞相招來省今移硯詁經精舍可以兼課衢士兩處修
脯均屬無多八口長飢一身孫寄光景可想見矣家三兄在方
伯幕中閒關防甚嚴恐未能時常聚晤陳竹士大兄同寓在省
否或在伊令弟沅薌先生處望致想念之忱兹震曙二舍弟薄
遊江右晤時定蒙照拂固無俟弟之諄囑其人誠實可靠予征
號雜務均極熟悉如大兄攜家榮任竟可攜之同往作一幫手
必不負所託也率占佈悃敬候升祉不宣

復竹嶼

接奉瑤翰備荷注存盥誦迴環良深銘戢敬稔閣下政祉康娛
侍奉曼福蘭陔香蒲棠茇陰濃翹首祥輝良深欣忭弟小住湖
干彈指匝月水光山色近在几席晨曦夕靄紫翠萬狀藉以滌
塋心神消散旅懷大集久置案頭暇時吟諷如有仙雲飄颻落
面牖間也兹加墨封呈聊志欽佩之忱恐陷僭妄之咎惟大雅
含宏恕其坦率耳桂堂先生昨在敝齋同讀來札今日買舟回
松江矣專此佈復諸惟淵鑒不盡依馳

佚目

孟夏望前知文旌駐省造門申謁適值台從公出未得晤談私

十二

衷悵悒頃從華舍親處接奉手教備荷存注慰拳華詞與節迴
環盥誦感佩難名藉稔五兄大人政祉增綏潭署多福翹首祥
輝良深欣忭弟在三衢書院小住月餘前月蒙當臺中丞延主
詁經精舍到省後即移寓湖干山水之緣友朋之樂可慰旅人
懷抱惟名勝之地酬應紛繁資斧不敷殊堪長慮琴葩會頃許
于月內春擊後措齊感劭無似望五兄大人即差健足寄來以
濟新水俾免專人往返更深心感也肅函佈復敬璧尊謙順候
安祺不盡依企

佚名

姻伯觀察大人閣下敬啟者前在省垣晋謁台階備蒙稱愛叩

別以後月瑨載吏滿擬即赴三衢可以時聆清誨乃遷延日久
轉致箋啟闕如大雅含宏當恕其疎節也姪移寓詁經精舍忽
已月餘雖湖光山綠頗足娱情而旅食艱難殊堪長慮現在中
丞尚駐節甬東須俟其回署或可告別來衢書院諸生久經曠
課寸心深抱不安耳嘉興盛春如先生學問淹博詩篇清拔久
坐戴憑之席能通服虔之經江浙左右聞其名者爭相延致與
姪早年即訂文字之交茲以閱貴屬郡試文卷前來浙東如蒙
門請謁敢祈姻伯大人加之噓拂賜以栽培俾寒畯得有枝棲
感同身受肅函佈悃敬請鈞安臨穎依企

復寶摩

前月曾肅寸緘托徐燮園明府帶呈邇此緘未達而瑶函先賁
知相思之切彼此同情雒誦迴環感慰交集藉稔閣下起居康
娛潭署多祉良深欣忭承示大集精深華妙卓然大家此海内
歸高寡獨鄙人頷首見寄五言轉韻一章情深語摯讀之怊悵
彌旬八卷以前尚望續寄俾窺全豹何幸如之子敬先生竊意
其赴都春試故前札未及致意茲奉來章知其家居無俚秋闈
作西泠之遊翦燈聯榻當得暢領積懷也弟駢體文又續刻數
篇茲奉去一部祈大兄切實指教之曼香上人閣下方外之友
人極高雅因其過江之便率占佈復敬候台祺諸惟珍重不宣
令郎春闈未捷殊為抱屈然珠光劍氣騰躍非遥明歲龍門定

登首選想留都候試未必回南也又啟

致處州方春之太守

東華聚首時奉教言判襼以來屢更歲籥祥輝在望瑶華莫困
懷念私忱與時俱積茲際恢台紀候民物恬熙敬惟三兄大人
懋祉增綏經猷式煥吉雲垂蔭萬彙華滋德雨流甘羣生養挹
澄懷鏡朗碩福鼎來每當判事之餘應多佇興之作恩光之領
南郡文暢之守吳興文采風流後先輝映下風遐聽欽羨曷勝
弟自丙歲衢恤固家草土餘生家徒四壁飢來驅我聊作近遊
去臘蒙清平階中丞推薦衢州講席今春到彼閱館小住月餘
三月杪芸臺先生撫浙延主詁經精舍移寓湖干彈指倏經兩
月矣湖山之勝文字之緣可稱具美恐福薄人難消受耳舍表
姪候補令鄧炳綸奉檄署理青田迫依慈蔭定荷仁噓弟亦深
為欣幸其人端謹弟所素知惟初習吏事恐有未諳尚祈三兄
大人隨時訓誨竟以子姪相待俾得奉承箕裘努力趨公將來
得有寸進皆出自長者之賜也肅函佈悃敬候鈞安伏希瀏鑒
不宣

復蓀岩中丞

前承尺書輕干清聽茲從郵遞奉到鈞函備蒙存注之殷並荷
招延之雅寸心感泐言莫能宣藉稔大人述職榮旋渥膺寵眷
充扈糧羽儀之吉青門喜譜綉之歸百度維貞六符斯炳翹瞻

瑞靄藻芹暢勝芳蝶李擬於三月中束裝西上緣家鄉告貸到處窮途不得已為浙中之遊蒙芸臺中丞延主詁經精舍講席五月初八日始從節署捧讀賜書不棄葑菲俾主關中講席並以鄉試屆期諸生盼切令于三月初就道計閏月之再周何急遽之轉滯現在即迅速遄馳已章雅望發函伸紙五内傍徨統候王家營健足到浙即行摒擋起程願卿月之輝得傍春風之座不敢以赤日黃塵遽延憚暑也肅函佈復敬請鈞祺不盡依企

致張石蘭觀察

去臘在浙曾佈寸緘度候興居並申鄙悃未識曾登籤室否通惟觀察大人福履增綏經猷茂著風清碧澥樓船之桴鼓無驚雨潤青疇石戶之倉箱有羨珂里報平安之竹金堂開吉慶之花翹首祥輝良深欣忭弟家居無俚橐筆遨遊茲荷清平階中丞推薦衢州講席二月中旬到衢開館小住一月有餘三月中芸臺中丞撫浙延主詁經精舍于前月移寓湖干徜徉水山之緣瀟灑賓朋之會狎海鷗以忘機共山僧而結社方喜嘯歌自適履慮漸忘乃于日前接陝西方葆岩中丞書因關中講席久虛相招赴陝意甚懃懇並已專人齎路費前來迎接弟思家鄉無立錐之地明年總須北上赴補關中尚有舊交大梁亦多相識此行可稍為假貸為春明僦屋之資兼之葆岩先生雅意亦未便以道遠卻之已先作書允其于秋涼時束裝大約七月杪八月初定期西上細弱在家無人照應或竟挈之而行明年自陝至京亦甚便捷也現在赤日黃塵長途憚暑計西湖寓舍尚有兩月耽閣閣下如有惠書便郵遞至杭州府署可無歧悞也專此佈達敬候台祉統希鑒不宣

致李松雲

西湖話別倏已經旬每憶閣下養和家園體履康吉定符心頌芳爍于月之初八日接葆岩中丞來書並錄稿呈覽繹其書意當係二月中所發而郵遞稽遲兩月之久刻下即星速馳赴亦已逾期且芸臺先生日內即至溫台一帶查閱海口未便率爾告辭只好等陝省來人或徑至無錫接到關書路費後再行定期起程為衢州一半脩金已經用盡一半尚未到手自到西冷皮衣盡付質庫難以料理行裝種種苦情惟先生為能洞鑒現已作書復葆岩中丞由節署徑寄青門先生如有書至陝望望代述鄙衷可勝感泐專此佈臆敬候禮履不盡依馳

與雲伯

雲伯仁弟老父臺大人閣下今春兩至吳門俱值閣下奉檄公出未得捧襟言歡暢傾積愫寸心勞結非筆能宣前月之杪晨甫同簡塘來杭晤談之次藉稔閣下政祉增綏侍奉曼福良深欣慰愚于二月下旬到衢州開館富春桐廬山水奇勝殊為娛意到彼擔閣一月適芸臺先生到浙作札相招到省俾主詁經精舍講席與段懋堂先生分課經義詞章于前月十七日到館水

光山綠簷挹靈秀晨夕如在畫圖中而積堂小河諸君時相歡
聚此心怦怦謂湖山之勝文字之緣友朋之樂三者具備正恐
薄福人殊難消受適于月之初八日得陝西方葆岩中丞來書
言關中講席久虛諸生盼切促其即行就道並專差賫送關書
路費由河南王家營一帶迎候如其人果來義無可却當擇湖
光而去　赤日不倍難為懷耶芸臺先生于十一日按部寧
台查閱海口往返約須二十日俟其回轅再定行止昨至尊府
晤浩川大兄談話良久茲因良甫回蘇之便率占佈臆敬候升
祉不宣

致家雪帆觀察

十七

去冬曾修寸啟慶候起居旋奉還雲語長心重出入懷袖以當
侍會藉稔閣下經猷茂宣聲華卓著台星照爽壇之署文　揚
屆軼之華施平準於舟車才逾劉晏寬均輸于鹽鐵望重桓寬
訖看晉秩榮遷即真在邇翹瞻瑞靄忭頌彌殷愚家居無俚客
迴之況日甚一日去臘先慈窀穸事畢即為浙中之遊蒙清中
丞推薦衢州講席今春到彼闊館盤桓一月春杪既芸臺先生
撫浙作札相招俾移硯詁經精舍差善離家不遠俯身往返并
可領略山水之勝頑軀無恙家中幼弱均托庇平寧差可告慰
耳茲有懇者從弟擴字霞瞻人極淳謹可靠向在皖省辦理征
號事宜亦稱熟手茲挹謁高齋仰祈噓植望于所屬中為謀一

枝棲感激真同身受以閣下鼎言之重此小席想尚易為力也
恃愛奉瀆諸惟涵鑒並請鈞祉不盡依企

復生甫

去冬接奉良書備承垂注懃拳五中銘感邇惟大兄大人福履
康娛澤府多祉雍容華近翔步雲霞瞻睇祥輝良深忭藻弟藝
居無俚謀食遨遊去臘清中丞為推薦衢州講席今春到彼閩
館歷嚴瀨蘭溪而上山水清佳人風可愛在太末書院盤桓匝
月適芸臺中丞蒞任作札見招遂買舟來杭謁晤之下俾主講
詁經精舍專課諸生詩古文辭飢餐湖光渴飲山淥洵人生不
易得之境恐侶緣甚重家累相逼未能久住此間耳茲有寄生

十八

光勳應試北上仰慕大名虔申晉謁乞第一言為介其文筆秀
麗可以造就祈大雅進而教之感同身受專此佈悃敬候台祉
不盡依馳

致姚建木

春間在錫曾致一緘想登清覽嗣因鹿鹿奔馳久疎箋素每憶
昔年旅寓金陵共數晨夕詩筒酒盞月地凉天此景依依如昨
日事而摶沙易散流光不居相望相思想彼此同之也邇惟閣
下起居康娛文筆日進定符心頌蜀中音問時通想尊大人政
復康勝潭署綏嘉哲兄今歲定赴北闈計長下應捷春明秋風
文戰南北分驍同奪赤幟是所盼切也愚二月中前赴衢州閩

館在彼擔閣一月盍夏來杭蒙芸臺中丞延主詁經精舍課諸生諸詩古文辭于前月十七日移寓湖干文字之緣友朋之樂山水之勝不減石城東岩閣惟念閣下昆仲天各一方末由聚晤三舍弟亦遠赴川中未知川途安穩已抵錦城否寸心縈繾追溯前塵輒復邑邑寡歡也望前接陝西方葆岩中丞來札俾主關中講席現以赤日黄塵未能就道大約七八月間當束裝西上俟有定期再行佈聞率此敬候文祺諸惟珍重不盡欲言

致盛孟岩觀察

暌違清誨歲籥載更夢縈心輪時殷馳溯祇緣關河間阻以致鱗羽罕通大雅含宏當恕其疏節也月之初四日葆岩中丞差弁來杭接奉手教備荷勤拳垂注感戢難名藉稔年兄大人履祉增綏禔躬多福茂轉輪之績宣慈惠之猷提挈卑寒主持風雅萬流仰鏡庶士傾心翹首龍門曷勝藻忭弟草土餘生羣棲伏處一簃落索八口飢盧擬借公孫之東乞仁祖之米乃荷中丞不棄謭菲過采虛聲延主關中講席藉得近覲玉度時奉琚談實屬平生至願本擬即日束裝就道緣浙省霪雨連旬川途多阻並荷芸臺中丞挽留雅意未免少有遷延已定于二十七日起程會言匪遥神與俱馳先佈往懷諸容面頌敬請鈞祉伏希垂鑒不宣

復方葆岩中丞

芳燦于五月初八日奉到鈞函當即肅緘佈復虔請崇祺諒中惘悵想蒙垂鑒茲憲使李弁于閏五月初四日自無錫來杭敬稔大人懋履增綏經猷式煥嘉生條邑樂職中和翹首台垣良深藻忭重荷華緘覆賁盧左相延既蒙束帛之招復有兼金之贈行李無虞于困乏投瓜莫喻其勤拳盥誦迴環寸心銘感本擬于旬日內束裝就道緣浙省于夏至後霪霖十日不止江湖泛濫道途泥濘難行辰下尚未晴霽昨晤芸臺先生荷其宛轉挽留定于月之二十七日起程遷滯之愆實深悚仄舟抵無錫不過數日擔閣即可長行雖當隆暑之時已近涼秋之節仰叨福庇定卜塗路安寧無煩錦念李弁人極妥協現同住詁經精舍途中可資其照應渠有稟函并呈鈞鑒肅函復謝敬請台祺不盡依企

致郭頻伽

湖干聯襼旅舍剪燈角藝論文兩時不自知其樂也自文旌遄返魏塘空館蕭寂湖雲送涼山月破暝每懷談讌不禁累欷敬惟閣下抵里以來禔祉增勝津府集書定符頌私蓴鱸節前顧公送來止校付一卷刻下渠並未續送即拙文寫就付刻亦一去杳然殊屬荒唐也承屬撰魏塘努家集序茲脫稿寄呈政定拙集一部祈令陳福送至湖干啟帚千金章句為請日昨接陝西方葆岩中丞信催令赴關中講席並專人前來迎接恐此

間小住久暫亦未能自主也靈芬館圖卷暨册頁一紙俟陳福
來時即當交付緗羅襦劇本有消息否大海一鍼何從尋覓眼
前事尚如夢幻幻何況三十年前耶惟先生愛我不可無此一段
癡想也敬候近祺新暑伏惟珍重不盡欲陳

答芸墅

兩奉瑤緘備承存注發函伸紙朗若披雲是何文采之巨麗而
慰喻之綢繆也溫邢藻思徐庾健筆非閣下其誰嗣響哉惟奬
飾過情撝謙逾格愚非敢當嗣後如有惠書得叙昆季行幸矣
闗隴之行事非得已長飢驅我垂老依人舍信美之湖山而與
赤日黃塵相抗寸心悵怏如何可言拙詩敗斥兩歲出都時累

十一

重難攜留于陳石士太史處舊印之本偶為友人取去無以奉
教呈駢體二册後有續刻數篇寄閣下書亦在其內祈政之初
七日買舟回錫率此留别敬候文祉不盡依馳

致曙壖太守

前月接奉琅緘當肅數行處申悃悰并候崇祺想邀澄鑒通惟
仁弟大人懋履增綏禔躬多福定符心頌此間自夏至後霖雨
不止下溼田禾多有漂沒者想貴治境內當暘雨應時也愚寓
居詁經精舍近況如常碩軀粗適可慰懸注茲有候補主簿郭
炘係愚姻姪叅署樂清縣磐石巡檢前來晉謁台階其人老成
幹練愚所素知將來磐石卸事後願依仁宇以供策遣所望閣
下格外栽培隨時訓誨俾徼貿得以自效感激不僅身受者已
也肅此佈懇敬請升祺不盡依企

致蕘塘

兩年濶别馳企為勞前聞輿衛不日榮旋以致久疎箋候唐人
所云長疑即見面翻致久無書也日昨家人王升來杭敬悉台
旌過錫枉顧敝廬弟僑寓西泠有闕地主之誼寸心歉仄子墨
難名藉稔親家大兄大人履祉綏和禔躬康健日來想已安抵
里門餘不溪水淨浣征塵跳熱惱之場入清涼之國其樂可勝
言耶弟蒙芸臺先生延主詁經精舍講席轉眴兩更月英湖千
黼寂頗愜清娛無如文字緣慳湖山福淺頃接陝西方葆岩先

十二

生來信云以闗中書院虛左相待且専差李升前來迎接現留
同寓居住看來不能久作遷延擬于月杪回家料理行裝于六
月望後定期西上歸途當挈燮兒至德清趨叩高齋面陳衷愫
先此佈達敬請邇祺伏祈垂鑒

復寶摩

接奉手翰備荷注存並稔前肅蕪緘及拙集已登清覽慰藉無
似惟是廿載神交盈盈帶水未獲把襼言歡暢傾衷愫長飢驅
我垂老依人闗隴之行事非得已茲定月之初七日回錫擔閣
數日即束裝西上信美湖山未能久住油衫烏帽與暑雨炎風
相抗閣下謂我懷抱何如耶青藤詩屋長歌勉強應命才思枯

涸了無佳語以視大作瞠乎後矣去秋曾作駢文十餘篇今夏移寓湖干復得數首并付剞劂附呈教正古華尚未來杭稚存先生聞在焦山銷夏肅此留别感暑諸維珍攝不盡依馳

致洪稚存太史

湖干對榻曾燭談心暢聚十年離緒别來忽忽旬月兩弦矣每懷元度不禁神馳遍惟大兄大人起居康娛著作日富園林清夏泉石清佳令人殊深健羨弟湖山福淺文字緣慳前月方䕃岩中丞遠致書幣專人前來延主關中講席已將來人留住西湖一月秋涼期近無可遷延日昨西鄰芸臺先生定于月之初九日回錫摒擋行裝即行西上黃塵赤日殊難為懷過毘陵時當得與吾兄把晤一訴離衷也兹有啟者前浙江提督李忠毅公以死勤事實為一代偉人其壻陳司馬大琮亦奇傑之士矓列忠毅公事狀及恩卹之典鉅細不遺欲乞鉅筆作誌銘以光泉壤大書深刻信今傳後集中又添一大文字想吾兄必欣然濡筆也陳君本以司馬分發安徽因感忠毅公之知欲為報仇協勦蔡逆芸臺先生深嘉其志奏留浙省在杭與弟交好兹浼其友史君踵門求請屬弟一言為介相見日近餘不多陳盛暑伏惟珍重

與夢湘

前月在浙接吾甥來信備悉種種緣浙中無便未即寄書想勞盼望矣邇惟堂上康適少奶奶身體調理想已全愈元寶妥好為慰懸念愚于月之初九日在西湖起身十一日抵家現在料理行裝即將赴陝緣方中丞差來之李外委染患瘧痢幾至危殆刻下延醫調治始有起色是以行期稍遲大約出月初四日或初八日起程在浦口雇覓騾轎就道到金陵時可盤桓兩三日也今年秋試吾甥與竹畦五弟必須在本縣起文為期已近務望即將監照寄來以便托人辦理春樵有信寄竹畦閱之可悉一切也簡塘到浙阮中丞延請撰文每歲修金八十金膳金每月五千文此館甚為合宜惟愚不在西湖未免光景寂寞耳蔓生今歲時文工夫甚荒緣應酬甚繁之故即來赴試恐未必有科舉全何此寄夢湘賢甥覽之見西在邇不多及六月二十一日

答郭頻伽

前復一緘想登清覽時暑隆熾想攝衛惟宜興居多福為頌某于初九日自杭起身十一日抵錫現在摒擋一切擬于七月初八日束裝西上垂老遠遊事非得已故人眷愛慰諭諄諄君言可思我心匪石戀江鄉之林壑悅親朋之話言而烏帽黃塵零丁就道閣下謂我何以為懷既無劉超攜石之儲而有向平婚嫁之累惟僑賦命之窮蒙勞生之漂泊而已歸帆迅速夜過鴛湖咫尺魏塘未能過訪面罄離衷良深悵悒嗣後如有西

飛便羽尚望時寄相思率占代别言不盡益意

致項秋子

日前在渝得謁芝儀許聯蘭譜摯稽交函吕歡若平生話别匆匆復蒙厚贈臨歧執手雅意慇拳載德而行寸心依結通惟三兄大人道履增綏潭府多福定如心頌弟于月之十一日抵家現在摒擋行裝擬于七月初四日起程赴陝俑時天氣微涼可卜長途順適可以無屋綺懷惟是江雲隴樹兩地睽違把酒論心未知何日引懷瀆黯如何可言所冀蒼雁頻魚時通尺素清風明月俱寄相思耳肅函佈悃並申謝私敬候台祺伏祈垂鑒不宣

致嚴厚民

同住湖干共數晨夕袪鄙叔度洗吝田蘇雅度沖融令人心醉所恨湖山福淺文字緣慳話别匆匆可勝悵悵復荷慇拳過愛患我多珍覽十頃湖波未足喻情瀾之不竭也寸衷依結于墨雖宣通維文祉康娛著作日富為頌弟于十一日抵家現在摒擋行裝定于七月初四日赴陝隆暑向闌長途想當順適可以無屋綺懷惟是江雲隴樹兩地睽違回念叢遊難為懷抱耳米樓想時晤面新詞一册已為轉交否秋白積堂小瑚暨諸同好不及一一另札見時希為道念肅函佈悃敬候文祺諸惟珍重不宣

辭阮芸臺中丞啟

自愧樗材得覲大雅遊門夙企備蒙知顧之殷驚節初臨即荷招延之德為劉瑽立檀櫟之館俾周續校馬融之經喜賓從之雍容追陪裙屐值籌謀之清暇嘯咏湖山方期受簡禮堂厠跡甘居北面詎意驅車函谷潘生遠賦西征緣淺自憐感深難别廼復分之清俸潤以康泉解推之意愈深銘佩之情日極敬惟閣下茴馮隻慶繡黼增華碧海波恬青疇歲稔翹瞻繁戟忭頌良殷别後於月之十二日抵錫緣秋暑隆熾稍事遷延定於七月初四日束裝赴陝長飢驅我垂老依人能無懷土之情彌切慕徒之戀依光日久思德滋深清暉在望祝卿月之常圓寸念遥飛嶼岳雲而共遠虔布謝忱伏祈垂鑒

復十峯

久欽文望時切溯洄接奉琅函備承推挹迴環雅誦感愧交并藉悉閣下起居康娱著作日富傳花萼之詠耽林霞之娱屢土勞人歆羨無已承屬題青藤詩屋長句年來憂患之餘才思枯澀筆力孱弱不但于天池先生無能為役并不足佚大雅一哂也敬讀令祖徵君大集清雄遒健卓然傳世無疑弟日內將有關隴之行心緒匆匆未及作詩以志企仰歉仄殊深辱承雅貺業已拜登肅函佈謝並候文祉不宣

致懷寧左杏莊明府

大梁握手贈我詩篇文酒佳遊時在心目雨風流雲散一别如雨屈指丙午歲分袂之時已更二十三寒暑矣秉之關河阻長人事錯迕臧縉罕逢離緒莫申大雅含宏諒能恕其疎節也敬聞仁兄大人宣猷皖水領袖百城慈惠字人聲華騰上判事之暇不廢嘯歌庭無諍辭遂有新什才人為政定自不凡緬想風徽企慕何已弟邊徼廿年京華七載仕途淪躓竄身蕭條如鮎之上竿如鼠之銜寶數跛前躓後動輒招尤甫抱荊枝之戚即銜栽蓼之悲白首還鄉家徒四壁長飢驅我垂老依人茲蒙陝西方葆岩中丞折簡相招俾主關中講席觜將塞衛復啟涌潼烏帽黃塵長途流痺閣下知我定亦憫故人之飄泊也茲有懇者舍表弟王琨字耀華丁卯孝廉來謁中丞並崇閣下大名冀聆清誨所望俯推鸞愛隨事提攜感同身受肅函佈悃敬請台祺諸惟朗鑒不盡依馳

致江南正典試陳少司空

睽違雅誨星瑲載更依企之忱與時俱積祗因雲泥分阻未敢輕呈牋簡慶滄清嚴惟大雅含宏想能恕其疎節也敬惟大人奉絲綸于北闕來軺傳于南邦玉尺量才冰衡鑒物身為大匠千尋收集鳳之枝手鼓神錘萬斛鑄函牛之鼎慶需阖郡叶幡騰以呈祥无色鵬翮占羽儀而頌吉慶流仰鏡聾士傾心翹首台垣良深忭頌芳燦草土餘生家居無俚今春薄遊浙中芸臺先生延主詁經精舍組帶青衿俱工詞翰既有湖山之美復饒文字之緣荏苒半年流光易邁長爲爲累所入不供適陝西方葆岩中丞以關中講席虛左相招專弁遠來迎接情意甚殷兼以修脯較厚不得不舍此就彼于七月初旬束裝西上到金陵小住數日策蹇長行赤日黃塵油衫席帽回首明波畫舫頓判仙凡自歎清福之難勝而俗緣之甚重也秋風撇棘未能趨謁龍門函中褱懷悵結難名附呈拙文二本仰祈藻鑒肅函佈悃敬請鈞祺

致安徽董觀橋中丞

睽隔旌門未由趨謁寸忱依企與日俱長敬惟大人繡黼延禧華袖介祉玉符移駐偶宣楚地之風鸞節遥歸仍溥皖江之潤萬戶之謳歌已遍九重之眷畀彌隆翹首台垣曷勝藻忭芳燦草土餘生家居無俚依人筆墨仍作薄遊春間阮芸臺先生撫浙延主詁經精舍西湖小住三月有餘茲蒙陝西方葆岩中丞折簡相招以關中講席見待並專差來浙敦促起程其情誼甚殷未敢以關路阻長遂延該却遂于七月初八日束裝西上睎光稍遠戀念難名惟桂岩暨卿月之輝梓里近茲雲之蔭禱祝之忱無間遐邇也肅函佈悃敬請鈞祺伏祈垂鑒

再啟者舍表弟王琨字耀華丁卯科順天榜舉人文筆典雅人品端醇親老家貧惟以筆耕自給茲仰欽重望願傍龍門所

望賜以嚧茶或書院或西席得一枝之借以為負米之資感同
身受芳㩦又啟

致雪帆觀察 時任江西蕪湖道

春間于武林旅舍曾肅寸椷敬候興居想登清覽邇惟九弟
大人政祉增綏潭署多福烏臺攝紀頌宣慈諒之猷豸繡升華
定普惠文之秩遂聽棨閭忭頌曷勝兄在詁經精舍小住三月
有餘平挹湖光仰餐山綠芸臺先生為風雅主持組帶青衿俱
工文筆既有賓朋之樂復饒文字之緣自謂平生極稱意境無
如家累甚重所入不供適陝西方葆岩先生延主關中講席專
人遠來敦請情意甚殷兼之脩脯較厚不得不舍此就彼茲已

於七月初八日束裝就道赤日黃塵油衫席帽回首明波畫舫
積判仙凡自歎清福之難勝而俗緣之甚重也茲有懇者從弟
熙之字籥傚甲子科舉人文筆穎銳詩詞清麗應試入都仰慕
大雅摳衣晉謁祈閣下進而教之其貧苦寒薄恐長路淹遷
更望邇格吹嘘俾得就春明之試則微名寸進皆出栽培感
激之忱曷其有極肅函敬候台祉不盡依馳

與夢湘

月之朔日秋雨連江依依話別殊難為懷別後于初三日就
陸長行一路尚稱順序定生因山東一路泥濘難行亦改途由
汴梁進京此行殊不寂寞今日到河南夏邑縣之會亭驛因
驟頭痛之欲緩一日計此日賢甥昆仲正二場戰捷時也秋高
月朗定饒佳興塵土中人能無健羨耶簡塘蘭厓場事畢後想
結伴回錫竹畦同回否甚念之倚裝草草不能多及餘俟到汴
再寄家信一封即為加封寄去為囑

又

在會亭驛曾寄一椷想已收到無錫信想已加封寄去矣邇惟
賢甥文祺佳暢簡塘昆仲想已回錫秋風榜發雁行中能有一
二報捷者已慰至願不敢望齊登蕊榜也愚于十八日到大梁
在八舅處與雲坪同住虎弟在二妹夫處居住兩家實一宅也
虎弟染患痢疾日來已漸愈可無廑念吾甥捐事已見過新例

否現議定在江甯報捐即可在就近上兌惟捐後必須在請江
辦工始能得三河四省否則雲貴川廣遠近難預定也若欲
舉動宜斟酌行之三舅已蒙公爺保奏留川服闋後以知縣即
補殊屬可喜南京已見報否河南覓館甚難如筆墨之事館亦
尚易得聞西席正在需人愚已與方伯言及吾甥才品明歲如
作汴遊當不落寞少奶奶帶來繡件當托八舅銷售俟銷去得
價當囑其覓便寄回五弟在汴擔閣三日廿一日換轎車進
京身體甚健旺諸事均妥協錢方伯送銀四十兩開封府派差
二人送京可稟知二舅母可以放心堂上為我問好少奶奶好
元寶好此寄 八月二十五日

致四川制府威勤伯勒

芳燦去秋接奉鈞函，備蒙恩注，當肅蕪啟，虔請崇祺，想邀慈覽。茲于月之十九日汴梁途次，恭閱邸抄，敬稔大人虎節綏邊，麟符懷遠，仁嚴並濟，威惠兼敷，指揮定運掌之謀，惟殲巨憝；擒縱得攻心之策，永奠岩疆。露布遙傳，天顏有喜，事功與民功並著，碩望彌崇，羣策與羣力交資，元勳聿懋。遂使隨征掾屬均沐鴻施，宣力偏裨同邀上賞。蒼黎歡變，纓弁臚歡，翹首台垣，良深藻忭。弟英燦于今春束裝赴蜀，叩謁崇階，時芳燦就館淛東，未得稟陳下悃，寸心歉悚，難名茲。英燦仰荷恩慈，俾得與隨在事人員均蒙優叙，俟服闋後留川補用，竊幸飄零之小草，長托帡幪，自憐冗散之微材，無階報稱。五中銜感，依戀彌深。芳燦因方蓀岩中丞專使遠來，延主關中講席，于八月朔日自金陵起程，十八日抵汴梁省城，小住旬日，即束裝西上。隴坂遙遙，近接靈之蔭；機棧雲在，望長瞻卿月之輝。除俟到陝後再行續啟外，先薰蕪簡，恭賀勳祺，敬請鈞安，伏祈恩鑒。

一三一 無錫縣圖書館

與夢湘

夢湘賢甥覽：愚于前月十八日到汴梁，當有兩信由藩署寄至江寧縣署中轉送，想經收到。邇惟賢甥文祉增綏，秋闈榜發，昆仲內有一二獲雋否？此間尚未見試錄，殊深盼望。愚在汴梁擔閣一月有餘，緣秋潦連綿，道途泥濘，難以起身，兼之老虎痢疾初愈，必須調理，李差官濕瘡甚重，不能動履，是以遷延至今。現在天氣晴霽，老虎輩身子亦已健旺，定于月之廿四日西行矣。吾甥館事已與裴山方伯說起，如到汴城，許為推薦，如欲捐官，則收庫及投效均係江南之事，來此無益也。帶來綿貨此處竟難銷售，只好携至陝西銷去，後將價銀寄回，大約在冬底春初矣。無錫信一封，即從報便遞去，勿遺是禱。九月廿四日

一三三 無錫縣圖書館

芙蓉山館尺牘卷六

金匱楊芳燦蓉裳著

謝華州姚秋坪太守

日昨道出代疆備聆雅教多年企想之私于茲一慰荷蒙二兄
大人殷情摯誼迥越恒常戴德而行五中銘佩適惟閣下政祺
恬邕履祉綏嘉定符心頌弟于初十日行抵會垣即住書院諸
生在院肄業者共有五十餘人頗不寂寞現擇于十七日開館
中丞及方伯諸公雅意甚厚禎軀盈適可慰錦懷閣南闈試驗
令姪建木未能獲雋深為扼腕然珠光劍氣必不常淪轉瞬庚
年即見雙龍騰躍也專此鳴謝敬候升祺餘容續布不宣

謝潼關廳沈

多年睽隔舊雨重逢欣幸私忱非言能罄祇緣長路匆匆未得
暢申衷愫而大兄大人當差務殷繁之際為故人假館授餐情
文兼摯如雲高誼銘佩弗諼適惟福履增綏政祺益懋定如心
頌弟于別後緩程而行初十日始到關中書院謁晤中丞暨方
伯廉訪諸公均蒙厚待現在定于十七日開館諸凡順序禎軀
粗適可慰錦懷專此佈謝敬候升祺不盡依企

謝華陰縣孫

日前道出花封得覲芝宇深慰平生企慕之私荷蒙大兄大人
高誼如雲蘭盟許附授餐假館摯愛懃拳戴德而行五中銘佩
適惟政祺恬邕履祉綏和翹首祥輝可勝欣忭弟于初十日抵
會垣即在書院解鞍次日謁晤中丞備蒙厚意定于十七日開
館諸凡順序禎軀粗適可慰綺懷專此佈謝敬候升祺臨穎依
溯

致偶仙四兄

睽違清誨星琯八更懷想之私時縈寤寐祇緣境遇迍邅奔走
靡寧以致牋繒疏濶至好想能恕其疏節也邇惟閣下政祉增
綏聲華騰上分符大邑不日榮遷遊聽好音良深忭頌弟自丙
歲冬月衔恤出都家居無俚八口長飢今春薄遊淛中小住半
載因方葆岩先生延主關中講席專使遠來情意諄懇誼無可

卻復作關隴之遊于秋初束裝起程沿途擡閣直至月之初十
日始行抵陝垂老遠遊事非得已長途歷碌意緒可知所幸頑
軀粗適可慰綺注大令愛歸甯赴甘行抵關中一路輿馬盈吉
計冬月中旬可抵錦署亞歲團爐定饒樂事也弟所攜家中親
友致閣下書函先託駒差路過平涼交敝親家趙小淵轉寄諒
經達覽茲有家鷺洲書一封附呈肅泐數行佈候升祉不盡依
馳

致署宜君縣秦漪瀾表兄

睽隔清誨屢更星琯心輪夢轂時切依馳邇惟閣下政祉增綏
潭署多福定符心頌弟蒙中丞延主關中講席于秋閒束裝

西上月之初十日已抵省垣在錫時尊大人託寄信件甚多此間無便寄上祈吾兄即遣役來省携回是禱獻歲文旌莅省冀得把袂論心一抒别緒欣快何如專占佈賸敬候升祺不盡縷縷

致中部縣丁西園七表弟

睽違譚讌爐篕六更每憶清輝時深馳企去冬薛岵亭四兄自陝回錫接奉琅札備荷注存因之便郵久稽裁答疏節之愆想蒙垂諒邇惟閣下政祉增綏潭署多福二令郎英才隽品高擬南元明歲春闈定當首選木天清秘指顧可期可勝預賀弟家居無俚李擬作關隴之遊適方中丞專使遠來延主關中講席因於秋間束裝西上月之初十日到館一路輿馬平盜頑軀粗適可慰綺注家鄉親友致閣下信件郵筒中恐有遺失祈專役來省取回為禱台福旌何時詣省剪燭談心一抒濶悰是所晨夕企望省耳專占佈賀並候升祺不盡縷縷

上甘肅藩司蔡

敬啟者芳爍春間在滬曾修寸啟虔請崇祺諒蒙慈鑒邇惟老夫子大人褆躬介祉懋履增綏敷惠澤于薇垣迓恩光于楓宸卿月攜華襟懷境朗慶霄垂蔭碩福鼎來翹首台垣良深藻忭芳爍家居無俚八口長飢今春薄遊滬中蒙阮芸臺先生延主詁經精舍小住西湖半載有餘人多文字之緣地有湖山之勝無如長官為異修脯所入不供饘粥先是李松雲先生作書推薦關中講席即蒙方葆巖先生虛左相招專人遠至杭州書意諄懇因于仲秋束裝就道月之十一日到陝十七日開館諸生執經者有二百餘人自念憔悴之餘學殖荒落忝作經師實難勝任過蒙厚待彌切兢惶所幸近傍龍門得以時聆鈞誨仰賴成全之德俾無隕越之虞禱祝之忱造次於是肅泐蕪啟敬請金安伏祈垂鑒芳爍謹啟

致河南開封府孔東山

前月洛陽途次曾修寸啟虔佈謝忱托購重光二兄面呈想蒙垂鑒邇惟三兄大人政祉增綏潭祺茂集慶霄垂蔭碩福鼎來德雨流甘循聲遠播下風逖聽忭頌曷勝世兄月望前後當已起程來陝晤期不遠欣幸何如弟於月之十一日抵陝即在書院居住葆巖中丞相待極厚諸生執經者有二百餘人住院者五十餘人東坡詩云先生堂前霜月苦弟子讀書喧兩廡身歷其境纔知古人造語之妙院中所貯書籍頗多丹黃點勘藉以消遣書蠹生涯蘇蟲滋味久經習慣忘其苦也莪洲二兄想動履安吉意興如常均此道懷容日再行專啟肅此敬候台祉諸希淵鑒照臨穎依馳

上四川總督勒

芳爍九月初旬在汴梁途次肅修寸稟虔賀勛祺並申謝悃逦

蒙鈞函下賁，獎飾過情，盥誦迴環，五中銘戢。敬稔公爺鼎祺集慶，繡黼延禧，邊徼謐寧，并絡建會昌之象，蒼黎安怠，錦城宣樂職之聲。承湛露于九乾，蔭慈雲于萬戶，翹瞻台曜，忭頌彌殷。芳燦于月之十一日到陝，十七日書院開館，諸生肄業者有二百餘人，方葆巖中丞相待優厚，惟是輇材薄植，學業久荒，忝作經師，時虞隕越，所幸密邇恩門，尚望時加訓誨，私忱禱祝，倍百恒情。肅稟敬請崇祺，恭繳鈞柬，伏祈垂鑒。

復阮芸臺中丞

芳燦于秋初束裝赴陝，曾修寸啟慶布謝忱，接奉還雲，知蒙朗鑒，重荷高情，悃欵垂念，勞人盥誦迴環，五中銘鏤。敬稔大人鼎祻集慶，繡黼延禧，承湛露于九乾，扇仁風于兩浙，震鱗題翔，分壽陽左个之祥，雲鳳書年，納蒼宿東方之福，溥恩膏于蔀屋，春滿郊原，宣甲令于瀛壖，波澄渤澥，翹瞻瑞靄，忭頌曷勝。芳燦在汴梁小住一月有餘，十月中旬始抵關隴，書院于前月開館，肄業者有一百餘人，奔走風塵，頑軀粗適，可慰錦懷。惟是睽違大雅，眷念昔遊，憶湖山清晏之娛，記文酒追陪之樂，嶽雲千里，侍譚讌以無因，瓣月一輪，祝聲華之不遠，龍門在望，時切依馳。肅叢蕪啟，敬賀崇禧，並請鈞祉。

上河南清平階中丞

芳燦前在梁園時趨函文，仰荷師恩，高厚眷愛有加，鉥腑鏤膺，名言莫喻。溯行曾留寸啟慶布謝忱，交女壻龔瑞穀敬呈，想蒙垂鑒。敬惟老夫子大人鼎祻介祉，黼繡凝禧，敷惠澤于中州，迓恩光於北闕，時和歲美，千疇沐德雨之甘，吏畏民懷，萬戶仰慶霄之瑞，祥輝在望，藻忭彌殷。芳燦于月之十一日抵陝，葆岩中丞相待優厚，書院肄業者有二百餘人，自愧崩蒙，久疏舊業，恐迂愚寡識，有忝經師，所幸密邇龍門，得以時叨訓迪，俾擴方隅之見，無貽荒落之羞，禱祝之忱，造次于是。肅薰寸啟，慶請鈞祺，伏祈恩鑒。

附啟者：陸世兄濉時得晤面，見其舉止老誠，殊為慰意。芳燦亦到八家巷宅，見陸年伯母精神尚健，合家大小均各寧吉，惟食指頗繁，景況窘迫，傳知尊諭，一家俱深感激，知屢鈞注，合附啟聞。

致河南錢裴山方伯

梁園小住，得罄離悰，頻開東閣之樽，共剪西窗之燭，高情摯誼，眷愛有加，憐其行路之難，贈以兼金之重，詩章悃欵，情溢于詞，繡段英瑤，流豔几席，愧無酬答，感泐彌深。邇惟年大兄大人懋履增綏，禔躬集慶，年伯母大人安輿抵署，祉福便蕃，護室承歡，衣絢斑斕之綵，蘭陔介壽，詩歌華潔之笙，翹首祥輝，曷勝忭頌。弟到後長途車馬，托庇寧吉，于月之十一日到陝，葆岩中丞相待極厚，書院諸生執經者有二百餘人，談藝論文，頗不寂寞，頑

軀粗適可以告慰綺注肅函佈陳謝悃敬賀崇禧統希淵照不盡依馳

致廣時庵

餘杭萍泛遂與機雲歡洽湖山勝處叨陪後流盤曲室之深談預南皮之嘉會情深一往感泐不忘別後瞬届首春每憶清標時增馳企空梁落月夢想為勞遥計二兄大人新祺駢集寢膳吉祥承護寃之歡顏叙雁行之樂事南雲引領欣忭良深弟應聘關中已于十一日行次青門堂邕暨夫三鱣經徒橫于五鹿所幸賤軀眠食如常足以遠慰綺注肅此佈候文祺諸惟丙照不宣

致貴州陳方伯

睽違清誨歲琯三更每懷眷愛之殷時念解推之雅心輪夢轂依企難名去秋馬島甸先生前赴豫章曾肅寸緘處中悃愫適值大兄大人榮奉恩綸開藩黔省知此札未登籤記彌切馳私敬維閣下懋簉增綏經猷式煥耀薇垣之愛日照遍羅施蔭棠茇之慈雲歡騰貴筑棲霞文筆偶被祥輝犵鳥蠻花都含喜氣鉅見恩承三接龍潛九遷開府建牙即在指顧松茂柏悅忭頌奚如弟去歲薄遊浙中蒙芸臺先生延主詁經精舍頗有湖山之樂兼饒文字之緣嗣因葆岩中丞專使遠來以關中講席虛左相招于秋杪束裝西上仲冬始抵青門關路阻長風塵顛頓

貧而作客老尚依人愧如涸轍之鮒窘若棲樊之雉殆福幸全愧歷抵于諸侯捧手經闈未必賢于弟子時恐空疎致誚孤陋叢譏尚望大兄大人有以教我也睎光稍遠思德滋深搦管摅衷言不盡意敬請鈞祉臨穎馳神

致趙小淵明府

月初行抵華陰適河南都事王潛生世兄解餉來甘當肅蕪緘佈陳依悃到陝後又附郵舍親赴山丹之便又修寸啟虔請升祺想陸續可登籤室敬維大弟親家大人懋履增綏禔躬介祉親母夫人壺儀協吉懿福延洪綺閣和琴繞膝王家麟鳳錦堂犨案盈庭謝氏芝蘭瞻睇祥輝良深忭慶小兒承惠應即令趨侍左右緣愚初到青門應酬冗鹿諸事尚須部署大約長至前後可以摒擋起程吉期謹詹于獻歲初六日敬開呈覽家鄉俗例女壻入贅須從女家尊長周堂年命星辰仰祈親家大弟大人酌定也再一切儀文大弟既宦況清廉愚亦家風寒素至好締姻諸事可從簡便想大雅亦不拘于俗禮也肅函佈達敬候崇祺統祈垂鑒

致王菱江

前在梁園小住得接琚談亟窺瑤策翠苕鯨海兼擅勝場不覺心形俱服足下以英特之年為通博之學搆思瓌奇數典瑰麗將來著撰定當于古作者中高踞一座惟制藝之文才高

省元氣奇者跡茲正讀禮之時望降心抑志為之俟淡墨書名
後再馳騁藝林未嘗不可出人頭地弟年少氣盛時亦有是古
非今之病是以終未成名悔之深故言之切知足下必不以為
迂談也別後于月之初十日到陝長途輿馬平安可慰綺注書
院堂廡寬敞捧手橫經之士有二百餘人霜月橫空青燈照室
呼唔達夜聽之殊可娛意惟初到會城不無酬應屬撰詩序及
題尊照不敢率爾操觚稍暇當即命筆也率占佈臆敬問素履
不盡欲陳

復秦瀛瀾

月之朔日紀綱到省接奉琅函知前肅寸緘已登籤記備荷華

辭獎飾雅愛勤拳盥誦迴環良深銘佩藉稔老表兄大人政祺
康勝澤潭署綏知琴堂集慶彩判五花綵室延釐祥開六瑁翹
瞻瑞靄忭頌彌殷弟于前月十七日開館二十二日小課一次
執經問字者有二百餘人頗不寂寞書院舊藏經籍甚多暇時
繙閱藉可消遣旅思頑軀安適可慰綺注茲將竹報三封並携
來書畫等件照單交付尊紀帶回內有陳白陽牡丹一軸對一
副暫借以光書舍俟明春還便寄呈餘祈點收肅函佈復敬候
升祺統希澄鑒臨穎神依不一

致南鄭縣楊廣庭

省垣捧袂得罄離悰廿載相思于茲一慰別來忽忽月琯屢更

夢穀心輪時深依溯遥惟三弟大人元旋叶吉兼逢亞歲迎祥
想福履增綏閭潭介祉泛華筵之柏子咏宮閣之梅花勝地名
區得賢宰為之撫字所謂政通人和百廢俱興者可謂閣下頌
也愚于前月十七日開館中丞親到書院談讌竟日禮意有加
諸生肄業者有二百餘人住院者有五十餘人執經問字頗不
寂寞書院藏書甚多暇時繙閱藉以消遣頑軀粗適可慰綺懷
二小兒于月杪起程赴平涼就婣日昨趙親家處已遣人來迎
接矣知關注念並以附聞敬請升祺統希澄鑒十一月初四日

致李松雲太守

睽違道範月英六更關河阻長魚雁罕達索居無俚景歲寡歡

每念舊遊良深悵結遥維先生樂志田園怡情文史福履多豫
禔琴告餘緬想起居企羨無已弟秋初束裝到處留滯從人疲
頓途路澀難直至十一月十一日始抵青門蒋岩中丞推先生
之愛相待極厚書院于十七日開館諸生肄業者二百餘人住
院者五十餘人關中文字頗清剛有樸茂之氣惟是頻年荒落未
作經師恐謝客空疎述之淺薄有負吹噓之雅實深悚恧之懷
小兒信來秋閒叩謁高齋面陳窘况蒙先生假以朱提三十金
濡其枯涸感激更難言喻肅啟鳴謝敬請崇祺不盡依溯

復顧少府

早年遠宦戚友多疎去臘今春在家鄉小住為時無幾旋作浙

右之遊是以未能即親雅度然每逢覲串備述英才卓犖穎悟
過人未嘗不往來于懷也茲接瑤函蒙老表兄懃拳存注語重
心長撝謙之意溢于楮墨感戢于懷藉稔文祉增綏百凡順序
欣快無似弟于前月十一日到關中書院十七日開館生徒執
經者有二百餘人住院者有五十餘人頗不寂寞庭除軒敞竹
樹蕭疏亦頗為幽致頑軀安適可慰綺懷宜君離省不遠歲
春和可圖良晤瑤林瓊樹以先覩為快也專此佈復敬候文祺
藉璧謙光不盡依溯

復洋縣王明府

前在京華得親雅度匆匆言別衷悰未攄別後懷思時深依結

到陝後即擬修牋佈候迺承華翰先施備蒙存注懃拳過情媿
怍迴環雒誦銘佩于懷敬稔大兄大人政祉綏和禔躬康勝比
屋之豐登有慶載道之歌頌遙傳咫尺清輝良深欣忭弟家居
無俚橐筆遠遊再入秦關事非得已白髮生鬢自覺蕭衰漂泊
天涯難為懷抱所幸中丞相待優厚書院執經者有二百餘人
省垣尚有二三舊好往來過從藉遣岑寂頑軀粗適可慰錦懷
肅泐佈復敬候升祉臨穎依馳

致四川姚一如方伯

九月中旬梁園小住曾修寸啟慶佈謝忱未識曾登籤室否迺
維年大兄大人繡黼凝禧鼎裀集慶望崇屏翰績懋旬宣銅梁
玉壘布中和樂職之詩井絡天彭協建福會昌之瑞遥恩光于
三殿普惠澤于兩川翹首薇垣曷勝藻忭弟于前月十一日到
關中書院十七日開館諸生肄業者有二百餘人院中藏書頗
多注史談經藉遣寥寂頑軀粗適可慰綺懷三弟留川補用仰
托仁帡諸蒙訓誨提攜隆情逾格寸衷感激非可言宣肅函佈
請鈞祺統希垂鑒不盡依馳
附啟者芳燦族兄名廷錫向任司獄告病後留滯川中貧不能
歸姪伯時名春澍筆耕資養茲聞其賦閒景況益窘敢望年大
兄大人賜以噓枯俾得一枝棲以資事畜感同身受芳燦又啟

致四川按察使方有堂

春間接奉瑤緘曾修寸啟慶佈謝忱想登籤室迺惟年大兄大
人懋祉增綏禔躬集慶紫氣照爽鳩之署祥光貫索之躔香
藹蘭陔笙詩華潔恩覃節屋樂職中和承湛露于九乾扇仁風
于萬戶翹瞻福曜忭頌曷勝弟家居無俚橐筆遠遊仲春赴衢
主講三衢復蒙芸臺先生延主詁經精舍亭榭擅湖山之勝賓
朋多文字之緣荏苒半年頗饒逸興無如家徒四壁食指浩繁
脩脯所入不供饘粥適蓀岩中丞專弁遠來招赴關中書院遂
于秋仲束裝西上十月十一日到陝荷蒙中丞相待優厚書院
諸生執經問字者有二百餘人客子光陰消磨書卷蠹魚生計
穿穴簡編藉以排遣旅懷即證結習頑軀無恙可抒綺注三弟

留川補用仰托仁帡諸蒙格外提携可勝感泐肅啟敬請鈞祉
諸惟垂鑒臨穎神馳

上江蘇巡撫汪

芳爆趨謁台階備蒙知顧念關山之遠邁俾膏秣之有資高誼
隆情五中銘感當即肅啟虔布謝忱想蒙鈞鑒邇惟大人鼎祻
集慶綿蕃凝禧碩福鼎來澄懷鏡朗震鱗題翔分青陽左个之
祥雲鳳書年納蒼宿東方之瑞眷畀彌隆于北闕恩膏徧普于
南邦翹首台垣曷勝蕿忭芳爆于十月十一日到關中書院家
樸巖先生相待優厚于十七日開館諸生肄業者有一百餘人
住院者有五十餘人自維譾劣忝作經師恐啟迪之無功更空

十三

疎之貽誚尚冀時頒槼訓俾有遵循禱祝之忱造次于是萍蓬
棲泊仰瞻卿月之輝桑梓迢遙幸托慈雲之蔭寸心依戀倍百
恒情肅箋蕪啟虔請鈞祺伏祈垂鑒

復甘肅平涼縣趙小淵親家

月之初三日姚紀同役馬華來陝接奉手書備悉種種藉稔政
祺綏吉潭府康寧欣忭之忱非言可喻小兒來錦署就姻既蒙
閣下酌定猷歲六日為上吉之期無庸更易諸事可以從容辦
理此間擇于月之二十四日啟程緣愚初到青門匆匆鮮暇資
裝一切尚須摒擋是以擇期稍遲想大弟大人必不責其濡滞
也姚紀同馬華向係愚處熟人今在書院居住諸事可資其照

應幸無僵懷承屬撰陳老伯壽序日內當即屬稿于望前寄上
先此佈復尚祈惠賜德音敬請升祺不盡依企

致中部縣丁西園表弟

連奉手緘備荷存注懃拳語長心重迴環盥誦感戢予懷邇惟
政履增綏潭祺懋集定符心頌家鄉帶來各信已遵來命交秋
溪令兄轉寄想經達覽茲有懇者愚七月初旬起身來陝時因
盤費不敷兼之二小兒欲赴平涼就姻不無所費因向携鶴
商挪銀兩携鶴近年光景不似從前寬裕言並無現銀惟老表
弟榮任時曾借伊大錢五百千文至今本利未歸云到陝後可
以取用當時尊券交愚收存伊亦有書奉致愚素知老表弟莅

十四

任以來宦況冰清殊難啟口但小兒月杪必須前赴平涼吉期
已擇定新正初六日不惟六禮一無備辦而盤費衣裝尚難設
措此間初到無可商挪支脩亦屬有限輾轉尋思實無長策不
得已敢懇老表弟竭力為愚措挪百金于月之中旬寄省以濟急
需感無既極耑函佈瀆敬候升祺統望德音不盡依企

答小松

京華揮别歲籥屢更每憶清輝殊深勞企日昨從郵筒接奉手
書備荷存注懃拳語長心重循環省覽用忘飢渴頃趙舍親處
遣人來陝復承雅意示之鉅製聲律依韋風雲吐莞可謂鸞步
無侶鶴音寡儔方今同志中如甘亭小宛梅史竹海竹素　雲

諸君為此體者不下十數家皆攀逐鶴崔蔡含咀庾徐雙手人攫隋珠家擅和璧閣下高視其間洵無愧色矣弟年邁疲暮心思枯涸同劉峻之聲塵寂寞有恨異溫生之文筆庸峭難為偶有所作自慚嵬瑣閣下乃索其著撰强之評論才原不還何敢定敬禮之文筆亦無奇豈足重左思之賦哉至詩篇清麗亦是才人本色置之案頭晨夕諷誦俟小兒來署當帶呈也秀三閣在盛夏思之甚切然必欲令其千里命駕亦事之所難稍暇當作札致之耳韵雲及史君書已分致孫淵如盛孟岩兩先生書則未見也專此佈復敬候文祉餘容續寄不宣

十五

致中部縣丁默甫

日前宜君秦犄瀾大兄家人回署附寄寸緘想登簽室邇惟老表弟大人政祉增綏潭祺增勝定符心頌恩前札所懇之事因携鶴有此一番雅意故畧為述其顛末至老表弟大人官况清寡思豈不知而為此不情之請乎但二小兒定于月之廿四日前赴平涼就姻現在竭力張羅盤費等項計尚短五十金為數無多敢祈吾弟助我一臂務于二十日前寄到感無既極來春恩補寬裕即可奉趙不必以携鶴之項在意也專此再懇敬候升祉並望德音不盡覼縷

致丁默甫

月之十九日早刻貴役王勇來省接奉瑤華備荷存注數拳五中銘戢並因小兒赴平涼就姻惠賜朱提八十金俾車馬之費得以寬餘皆出自長者之賜惟念老表弟大人官况清廉又以此瑣瑣仰費清神寸心深抱不安耳承詢及杏江二弟所寄信恩起程時諸親友送來各信俱登記號簿另以一大拜匣貯之想無遺失惟來札云杏江信係六月中送來爾時恩尚在杭州或家中于起程匆忙時未經檢在一處此時徧尋不得深以為媿歲內有便人回南當令大小兒查明即復并令面見杏江二叔如內有要言即行補寄也邇惟老表弟大人政履綏和大妹夫人閫祺盛吉為頌秋溪三兄處信件均已遵交取有回信專此佈復並鳴謝忱統希澄鑒

十六

致張子白

去秋在秣陵寓舍曾佈一緘今夏小住西湖復修寸札縷陳衷愫敬候興居未識曾否登籤記否邇惟大兄大人蘭山攝篆領袖百城禮意 歡樂情書潤千萬戶之受福俱在條風和氣之中二千石之即真眡看絳闕恩綸之下逖聽禁門作頌良殷弟家居無俚橐筆薄遊蒙苫臺中丞一雅意招延小住詁經精舍窗朋文史之娛詩酒湖山之美洵人生不易得之境無如長貧為累饘脯□□不供饘粥適蘅岩先生折簡相招以關中講席虛左見待事节遠至渺中情誼殷拳義無可卻遂于仲秋起程西上至梁園擡閣一月前月十一日始到青門十七日開館白髮

優鬆自覺蕭衰垂老遠遊事非得已風塵疲頓懷抱可知所幸中丞相待優厚書院諸生肄業者有二百餘人執經問字藉慰寥寂頑軀無恙可慰綺懷在瀏時二娛甘亭頻伽諸君時得聚晤書蟲生涯蓼蟲滋味二三故人淪落之況頗相同也肅泐數行佈候升祉諸希澄鑒不宣

附啟者有寄菘容圖信一函祈飭役送南府街公寓燮生秋試被落昨有信來云秋冬間當作吳淞近遊虎兒則攜至陝西日內將赴平涼就姻矣知關注念並以附聞

復家斐園五兄

鄒紀來省接奉手書備荷五兄大人垂注懃拳因二姪赴平涼

就姻寄來朱提一笏長者之賜所不敢辭惟吾兄宦況非寬裕之時又分鶴俸心感之餘殊抱不安耳秩山觀察親家到省彼此還往晤談之下深慰濶衷茲輿馬闇已齊備一二日內當起程赴蜀大姪女出閣吉期想在明歲秋冬之間此時欲留增在陝似覺太驟且俟親家蒞任後令姑爺前來就姻川陝連界程途亦不甚遠也大姪仍從春洲大弟受經極安協春洲經義詞章具有家法其人品醇雅弟之所素知也吾兄往大荔蒲城催辦兵糧想有旬餘撟閣月杪當可旋署詩集三本俟盧庵先生閱過當即取回弟當如命作序呈正耑此復謝敬請福安並請五嫂大人懿懿祉 姪兒女安好

致家蘭圃二叔

夏間衙齋叩別轉瞬月琯五更每懷撫愛之深無日不神馳左右邇惟二叔大人履祉增綏嬸母大人懿祺康勝定如心頌姪于七月初八日在家起身到金陵撟閣半月于八月初一日渡江至浦口雇騾長行十八日抵汴梁因從人多病且盤費缺乏又撟閣一月有餘九月廿四日始行束裝西上前月十一日始到西安即在書院居住蓀岩中丞相待甚厚方伯康訪諸公虛懷愛士均深投契十七日開館書院諸生執經問字者有二百餘人靜夜明燈書聲盈耳藉以消遣寂寞廣寶定于月之廿四日赴平涼就姻吉期係新正初六日諸可從容料理姪身體安

好勿厪尊念日前所諭之事斷不忘懷明歲三月初旬即當繕其札致至秋林讀書及濯足萬里流兩圖稍暇亦當屬稿寄回也再有懇者姪出門後雖寄銀信兩次恐有遷延且舊日逋累甚多過年時恐尚不敷用敢祈二叔大人為代挪銀五十兩或洋錢五六十元付燮生收用明春當覓便寄還不致濡滯也肅函佈悃敬候福安

復華竹樓三表兄

自到關中即擬專函佈達而塵冗鹿鹿遷延至今大雅含宏當恕其疎懶也昨奉手書備紉存注懃拳五中銘戢藉稔文祉康勝諸事勝常良深慰藉弟來此月餘頗有酬應書院肄業者有

二百餘人每月兩課批閱竟少暇晷每憶春夏間西湖小住與
尊大人晨夕過從嘯傲烟波跌宕文史此景依依形諸夢寐而
道里遼遠關河間之每一懷思不勝惆悵二小兒于二十四日
赴平涼就姻咫尺鶚觚易圖良晤吉期定于新正初六日獻歲
署中無事尚望命駕往高平一行以文星而為月老諸事言
慶可知也同來陝者惟顧雲坪別無親友小兒到平涼專此奉
復敬候邇綏不盡縷縷

致孔東山

前月中旬弟抵青門當肅寸啟敬請台祺想登藏室令郎大兄
來陝接晤之下敬稔三兄大人政祉增綏潭署多福忭慰無似

十九

令郎大兄清才雋品上游均極器重弟時得聚晤諸凡順序可
無廑念蘭癡舍弟近依蓮府荷蒙厚待感泐于懷茲有家言一
封祈即轉付舍甥張集之以窮苦微員仰承推愛飲食教誨逾
格栽培渠有信來備述恩施銘心刻腑當囑其隨事勤慎以酬
期望耳蔣重光先生賦閒日久旅況甚窘尚冀春風噓植俾有
棲枝感同身受肅函佈請鈞祺統希垂鑒臨穎依馳

與蘭癡十二弟

到陝後兩接手書備承關愛情般良深心感藉稔吾弟履祉增
綏百凡順序為慰愚旅況如常頑軀粗適月之二十四日磬生
赴平涼就姻同在書院者惟顧雲坪一人下人亦去其半屢

人少未免寂寞耳吾弟札內所云愚已專函道謝以吾弟才華
肆應主賓自然相得將來水乳交融之後諸事必當從厚居停
亦慷慨人此時不便提及轉存形迹未識吾弟以愚言為然否
蔣重光二兄一書祈即轉致十弟暨菱江作人心培不另啟見
時幸為道念此候近祉不盡欲言

復重光

梁園小住備荷隆情別後懷思時深依結孔世兄來陝接奉手
教備荷注存藉稔道履綏和為慰馳系至吾兄賦閒日久旅況
清窘弟亦深為長慮現已作札再托東山先生為吾兄謀之惟
鹽館急切不能定局或暫就衙門別席想無不可祈吾兄定見

二十

寄示再當札懇孔公也書山三兄想文祉佳勝均此致念弟到
陝以後不無酬應兼之書院每月三課校閱竟少暇晷尊嫂夫
人墓銘尚未屬稿容稍暇即當撰成郵寄余五夫大兄亦不及另
啟晤時望致想念之忱小兒已于月之二十四日起身赴平涼
就姻矣頑軀粗適可慰綺注專此佈復敬候文祺不一

致姚一如方伯

前月華五籌赴蜀趨叩台階敬附寸緘藉申依愫並請崇祺計
日可登籤室邇惟年大兄大人懋履增綏錦堂集慶井絡建會
昌之福銅梁占豐稔之祥德雨流甘羣生餐挹卿雲垂蔭庶彙
數榮翹首薇垣彌殷頌祝弟講院蕭寥惟就靜趣蟫編蠹簡生

涯仍是寒氈見與香爐况味有同枯衲藉銷永晝聊遣餘年棠
進之心日頹疏嬾之癖轉甚惟是故山迢遞八口長飢家累未
忘鄉思難遣耳三弟仰叨樾蔭諸荷栽培感難言喻茲因李紀
田川之便率占布臆敬候台祺伏祈澄鑒不盡依馳

與伯初八弟

別來兩接手書敬稔堂上福履康寧吾弟文祺協吉闔潭多祉
深為欣慰愚抵青門忽忽一月有餘省垣不無酬應兼之書院
一月三課校閱亦少暇晷惟身體粗適可慰綺注磨竇已于月
之二十四日赴平涼就姻行橐所餘及冬季脩脯均作婚費現
在度日薪水之資頗形偪仄也前存銀信吾弟托沈先生寄去
想係妥便如十一月中可到則殘冬可無寒餒之虞矣此間南
信甚難出門半年止得燮生八月中一信耳五言一首寄呈聊
志平生離合之迹詩雖不工語却真實無雕飾也龔壻委署鄜
州州判未審能題此缺也否二女想仍在省垣度歲尚望嬸母
大人暨吾弟垂慈照應實深心感湯秀兄薛三兄不另札均此
道念華州五兄書已寄去此候近祉不盡欲言

與伯初八弟

前月曾寄一信並五言古詩三十韻想經達覽邇惟堂上福履
康勝吾弟文祺恬吉合潭多祉為頌愚近况如常磨竇于前月
廿四日赴平涼計初二日可以到署吉期定于正月初六日到
平後尚未有信來天氣晴暖道途定卜平寧為慰綺念龔雲疇
壻鄜州一缺未知能題補否二小女曾否起身到鄜州祈便中
示知斐園五兄回書一封寄上蘭癡十二弟不另札均此道念
此問近佳餘容續寄

答呂湘皋書

齊年兄弟卅載睽離秋初趨叩高齋蹉跎不面浦颿風利遽爾
解維迺荷閣下垂念故人河干延望遠辱手筆追路相尋托赫
蹏于沈鱗寄削哺于鸘羽文采鉅麗慰喻綢繆出入懷袖紙縑
墨渝一日千周以當侍會並示大作太白墓表鯨鏗春麗鸞躍
天下卷裨海之長瀾搴鄧林之鉅幹謫仙有知猶應頫首鄙製
嵬瑣曾何足云猥蒙緒論曲加獎飾撫衷循省彌增慚恧弟草
土餘生家居貧悴積石不食刮毛無氈相如遊梁罄冠嫁衛長
飢驅我垂老依人再入秦關事非得已牛屋星飯雞棲露宿
中饋失意之賦節士愁思之歌精力銷亡髮容凋謝孟冬十日
始抵青門就劉嶽之經舍入周續之講肆耗歲月于蒲柳寄生
涯于蟫蠹鄉路千里良儔三五感憶星辰驅役魂夢愛而不見
我勞如何惆齋南歸刻日遄發匆匆摛管聊布往懷稚存味辛
諸兄不及札致晤時幸為道念天氣嚴寒伏惟保愛不盡欲陳

致東山

前月曾肅寸緘由戚孟岩觀察處加封寄達想登籤室邇維三

兄大人政祉增綏錫堂多福良深欣頌弟碩軀粗適近況托芘
順序可慰綺注大世兄時常聚晤諸凡盛吉上游相待甚優其
才品卓犖洵是瑶林瑛樹也有寄蘭凝十二弟一信祈轉付肅
此敬候崇祺諸希朗鑒臨穎馳神

復小松

兩奉手椷何文采之英麗而慰喻之綢繆也發函伸紙感戢于
懷籍稔文祉綏嘉著作日富良深慰忭至高平度歲親串重逢
固是鄙懷所願且得與閣下商略文藝聯床話舊差勝旅館寒
燈敦敦孤坐然事有不能如意者愚甘省舊吏也既入甘肅境
內斷無不進省之理且三舍妹寓居蘭州亦甚懸盼但至高平
而即回陝于心不安如竟赴蘭州往返二千餘里此間館事拋
荒亦無以對知己輾轉尋思所謂心欲行而足不遑徒深悵怏
耳秀三如到平涼亦望屬其即回洮陽不必到陝歲聿云暮氷
雪載塗徒勞往返彼此無益弟在關中講院尚有年餘擔閣後
會正有期也幼海昆仲時得晤談已將尊意及來書轉致矣此
此候文祉不盡欲言

復浙江阮芸臺中丞

芳燦于前月中旬曾脩寸啟慶請崇祺想登籤記茲于月之十
一日接奉鈞函備荷垂注勤懇拳五中銘鏤藉稔大人華裀集慶
綉黼延禧武闈校士得翹關鼎躍之材經舍延賓皆組帶青衿

之彥頃閱浙江試錄知孫同元趙春沂均已獲雋皆閣下栽培
之美材也許子將人倫之鑒任彥昇風雅之宗凡海內嫺學之
士莫不以手加額願托龍門瞻睇祥輝曷勝馳戀芳燦自抵關
中講院倏已兩月有餘鐙火寒窗擁書枯坐關山氷雪歲暮鄉
歡每憶湖山譚讌之歡輒復形諸夢寐幸碩軀無恙可慰遠懷
肅函佈復敬請鈞安不盡依溯
附啟者儀徵學訓導鄒綸錫係芳燦表弟前在杭州接伊來信
云春間叩謁崇階荷蒙盼睞今冬俸滿之期可否轉求噓植
等語芳燦謂別時但言其才質尚堪造就其餘瑣瑣未敢塵瀆
清嚴茲蒙詢及敬此佈復芳燦又啟

致雲伯

日前接奉手書備荷垂注勤懇拳良深感佩茲際紅椒獻瑞粉蕊
迎麻敬惟老父台仁弟大人政祉增綏譚府多福承慶霄之湛
露棠茇陰濃接珂里之慈雲蘭陔香藹下風傾首忭頌曷勝
芳燦爲益顛雪剩空抱冬心匝地氷蔫未知春意所望故人早膺
新社照之愛日噓以春風則光徧及于寒門暖或回于黍谷寸
心禱祝倍萬恒情敬肅蕪函慶賀新禧順請鈞祉不盡依馳

復家斐園別駕

春朝接奉瑶函敬悉兄嫂大人履祉綏和百凡順序欣慰無
量連日祥霙六出瑞兆豐年想太華亦均沾被矣官齋無事

定有新詩郵便望寄示一二也棲霞山房大集壓卷又于前日送來畫燭披吟如同晤對講院蕭寂雪竹數叢與紙上清風兩相映發令人恍坐冰壺中浣盡胸中塵翳快甚快甚稍暇當作序呈政伍南四叔數日未見想為雪阻其館事尚未有就緒如來書院當勸其回署也此敬候升安不戩

復四川軍標李協鎮

青門捧檄暢敘淵衷積年懷想之忱于茲一慰祇因移旌西蜀驪從遄行未得共數晨夕遐瞻瑞靄時切馳思正擬修牋布賀乃承華翰先施高誼隆情溢于楮墨迴環盥誦銘戢良深藉稔八兄大人牙璋莅鎮玉帳延釐組伏青旗士馬壯河山之色錦

三十五　無錫縣圖書館

江玉壘風霆宣控制之威倚畀常隆九陛重綏邊之略陽和乍布三軍騰挾纊之歡際此熙春欣承燕喜歸城花滿絢黼繡于斑衣萱砌春長進壽觴于椒酒祥凝畫戟瑞滿華堂翹企五雲曷勝藻忭弟經含清閟藉藏鳩拙所幸眠餐恬適足以遠慰綺懷肅此佈賀鴻禧並請勛褀諸惟朗照不宣

復陝甘長制府

前啣燕函輕塵記室荷承恩顧奉到鈞函念舊情長憐才語重愧蓬樗之下質忝象獎飾過情盥誦迴環五中銘鏤欽惟大人鼎祠集慶黼黻凝禧迎首祚之蕃昌正春熹之普護驗六符于台宿震鱗皮題瑞朔之元占五色于卿雲翟鳳紀和

昇之序二陝之謳歌已遍九乾之眷倚彌隆翹首崇階曷勝鳧藻芳燦自抵青門經含倏已兩月有餘況味蕭閒日理詩書舊業禎艋無恙可以告慰慈懷肅薰燕啟虔賀崇禧敬繳鈞柬伏希垂鑒

復河南巡撫清

芳燦于月之初六日奉到鈞函知前班燕緘已蒙垂鑒備荷恩慈逾格獎慰勤拳盥誦迴環五中銘鏤欽惟老夫子大人鼎祠集慶黼黻延禧占首祚之蕃昌正春熹之普護震麟題朔分青陽左个之祥雲鳳書元納蒼宿東方之福眷畀彌隆于北闕謳歌已遍于中州翹睇台垣良深藻忭芳燦抵關中經含倏已兩

三十六　無錫縣圖書館

月有餘況味蕭閒日理詩書舊業禎艋無恙可慰慈懷陸伯安處晝信書已送交寓中近狀安吉陸淮于日內當來復也肅薰燕啟虔賀崇禧敬繳鈞柬

上四川總督勒

芳燦于十月中旬接奉鈞函當肅燕禀恭請崇祺想荷象鑒惟公爺鼎祠集慶黼黻凝禧占井絡之會昌變坤維之康阜耀六符于台宿震麟題瑞朔之元瞻五色于慶雲靈鳳紀和年之序楓宸眷倚祝眠食之康強郁壘謳歌感恩膏之渝浹玉壘之烽烟久靖銅渠之桴鼓無驚贊化調元養和納祜翹瞻瑞靄忭頌彌殷芳燦自抵青門經含倏已兩月有餘況味蕭閒日理

書詩舊業，胞弟英煤荷蒙栽植，得托仁帡，感激私忱，名言莫喻。但久未得家信，殊深繫念，附信一封，祈即飭付，肅薰無量，敬賀崇禧。芳燦謹具

笑蓉山館尺牘卷七

金匱楊芳燦蓉裳著

致吳穀人祭酒

湖山名勝，縱約叨陪，契結雲霞，當窮花鳥，自遣蘭席，旋策蜀將，山川超緬，寒暑遷更，感蹤跡于蓬萬，阻音塵于鱗羽。舊遊循省，旅懷戀嫪。猷歲發春，敬維先生着潛夫之論，賡廣微之詩，侍奉康娛，起居恬嬉，情圖史，著作日多，養素丘園，優游自得。南雲翹首，忭頌何如。弟應聘關中，已于十一月行次青門，道室蕭寥，客蹤孤遠，鴻湖暫住，鶯序俄遷，空感節物之催，無復京華之夢。所幸獨傾白墮，靜讀書遣愁，默守黃庭，齋心學靜，頗得蕭閒之趣。得慰關念之懷，肅此佈候道履，惟希珍重，不宣。

致陳古華

湖山勝處，衾後追隨，關輔西來，雲波間隔，每憶譙譚之樂，益深離索之懷。瀕行惠以良書，語長心重，示之新什，鋒發韻流，綺繡盈箱，英瑤在握，每一展對，如晤故人。猷歲發春，敬惟三兄大人起居康勝，攝衛惟宜，被化雨于鱣堂，露和風于鹿洞，藻摛春艷，門牆之桃李爭榮，遊擇良辰，嘯詠而江湖引興，經史鎔鑄，發七略之雄文，濡墨揮毫，擅三臺之妙迹，翹瞻喬采，忭頌良殷。弟暫駐青門，深愁絳帳，參旗已過，燭無太喜之花，斗柄初回，柳有懷鄉之色，客情寂歷，經舍蕭寥，所幸眠食如常，生徒相習，藉堪藏

拙足慰遠懷肅此布請台安並乞融照不宣

致石琢堂康訪

江鄉捧襼深喜從遊秦越分襟忽驚改歲波駛雨滯久悵暌違月落雲停時增戀嫪蒹花照眼時憶分牋鬥茗之歡園鳥鳴心每思嘯侶命儔之樂睠懷疇昔徒切欝陶獻歲發春敬惟先生望重璇魁聲凝絳帳桂宮射策昔邁鄉雲璧水橫經遠宗服鄭門栽桃李春隨地以俱生咏采膆曦膳教因人而不倦金漏玉海遙挹波瀾時雨春風載深欽嚮翹瞻喬采忭頌良殷世兄攝篆花封定宣茂績超越當先于衆儁循良無愧乎古賢知家學之有源喜德門之積慶寸心馳企梧百恒情弟曹棲鹿洞無夢鵠行曳裾作客愧歷抵乎諸侯抗顏為師未必賢乎弟子曖曖姝姝而自悅魚魚碌碌以何為所幸經舍蕭閒生徒浹洽藉堪藏拙足慰遠懷肅此佈達並請台安不宣

與王佩青

湖干判襼執手依依別後懷思彌深耿結去歲金陵小住曾致寸緘並詞序一首未審能塵籤室否嗣後遊梁度隴心緒匆匆兼之鱗羽殊稀以致箋繒罕達引領南望我勞如何敬惟閣下起居康娛侍奉曼福訂曲臺之逸禮補陽平之笙詩著作隆富含香漸越時命儔侶閒携琴樽為林澤之遊極邱壑之趣松石資其騰賞烟霞助其藻思風塵中人歆羨何能已已某自抵青門倏更歲簷蹲居度日愁思青春塊守數椽之廬兀坐三經之席終日邑邑殊無好懷兼之長安風物大異江鄉水盡盧奴山多童禿灞岸有銷魂之樹聿由無稱意之花心源自窒吟情久廢回憶尋山蠟屐泛月呼舟遠渚盟鷗雙槳芙蓉之雨孤亭招鶴一肩薜荔之雲良會難常坐歎莫續能無慮沈憂之損人恨長飢之驅我耶猶假舍弟已應春試入郡林香大兄想時聚晤益不另札望致相思攝管操觚可勝依結良風有便幸惠德音順請文祺言不盡意

與顧蘭塘

陸劭聞大兄來陝接到手書知同竹畦在西湖僑寓繾綣念遠之懷惆悵離羣之感發函伸紙不覺泫然某自羈旅青門睠念白社分題角韻弄墨拈箋蘭槳春波竹窗夜火茶話初洽燭醉濤酣回思此景恍在心目而高月六七弦長路五千里隔瀾關河驅役魂夢離情徒軫墜歡莫續引領南望我勞如何每念足下射策遺擯心緒毿毿筆黏拤茹家食不給仍當橐筆近遊數裾廣塵湖干舊館有無更易二三故人蹤跡潦倒孰分半菽誰落一毛蘭厓奉親豈無仁祖之米竹畦述婚囊乏阮修之錢筠甥居貧乃思入官即欲折腰無如素手其畫亦無俚之至耳某講院蕭寥端生伊鬱惟有劉雲時相晤對亦以居憂失職戚戚寡歡塊如涸轍之鮒窘若樓樊之雉窮鱗濡呴不若江湖羈羽

啁啾難忘翳會也擬與劉雲選輯諸家詩足下新舊所作即錄
出寄來是所跂望良甫遭喪近狀何似緣未知其行止未能作
札慰唁晤時祈致眷念之忱

復秋槎

去冬弟到青門曾修寸啟處佈悃忱由方中丞郵筒附遞至若
臺先生處轉交想登清鑒二月初七日陸叨聞大兄來陝接奉
手書中紙發函恍如覿面重荷勤拳眷注義感意深感激之私
非能喻藉稔三兄大人履祉增綏潭府凝吉慰忭無似臨平河
道仰賴大才贊辦而海昌往返未免辛勞所望保愛玉躬隨時
攝衛再竹樓三令郎因小兒在平完姻往賀吉禮一切多費清
神正月二十一日自平來陝承其惓惓故人千里命駕屈留屋院
共數晨夕正擬回靈臺到館而接奉手書弟即勸其南回為首
可無西向其居停戴公處已于初九日差人前往婉札辭之並
取行李前來大約此月之杪可以由陝起身惟是令郎之意因
在甘數年囊中亦無所積此次長途船費尚屬不敷如遲到安
徽恐梅史條候補人員宦況亦未能寬裕即友朋誼重而無傳
可分擬于道出河南時先到儀睢到寫令弟處暫行解鞍小住
如彼處有可棲之枝擬延一半載先回家省覲再至安徽就梅
史之約弟意安徽與豫省距家道里相等此計未嘗不可行如
三兄必欲其回浙即寄一信往儀睢俶裝起程亦不遲也弟謹
院蕭閒端生悵悵關中景物大異南中水盡盧奴山多童禿頓
風時作塵土眯人憶去歲與吾兄乘小舟度六橋行水精域中
坐玻璃天下上仙凡判隔能不形留神往耶穀人古華琢堂諸
先生日昨郵遞曾經致書茲不復寄晤時祈為道念寧占佈覆
復敬候安祉不宣

復薛三兄

去秋渠園小住得以暢聆淵衷備荷雅愛勤拳寸心感佩到來
恩恩歲籥更新懷念之忱與時俱積接奉華翰備荷注存藉稔
三兄大人履祉綏嘉潭祺懋集欣慰無似弟經舍蕭寥日與陳
編相對家鄉迢遞音問難通垂老依人窮年作客海鷗蹤跡書
蟲生涯出入無悰懷抱可想肅函佈復敬候安祺並璧撝謙
狀祈垂鑒

與春樵

蓉湖判袂握手依依入陝以來忽更歲籥池塘春草時切懷思
去冬曾寄一緘想登清覽通惟大弟文祉綏和侍奉曼福定符
心頌愚自抵青門即開講舍生徒執經者有二百餘人每月三
課校閱文字兼有應酬筆墨幾無暇晷二小姐詩集序尚未屬
稿為歉然稍暇即當為之此係一則佳題不肯遏遏也蘭塘竹
畦昆仲仍到杭州否昨得春木來信云去冬姚方伯有寄竹畦
銀兩曾收到否薆生在家想時晤面兄家人口浩繁去年寄歸

銀兩恐尚不敷尚望吾弟隨時照應代挪接濟感靡既極虎兒于新正六日完姻閨媳婦頗賢淑伉儷甚相得也率此佈候近祉並問二小姐及郎壻安好不一

復趙小淵明府

月之二十一日華竹樓舍親來陝接奉手書欣稔福履增綏玫祺懋集寸心欣忭莫可名言小兒完姻愚愧寒囊羞澀禮數不週又未獲親叩錦堂料理一切荷蒙大弟大人暨親母夫人諸費清神百凡體諒句篤金蘭之誼半子本猶子之親今聯蘿蔦之姻愛壻推愛女之意飲食教誨遍格慈拳感激之忱非筆墨所能罄述也日前寄到京信並銀百兩已于二十日交摺差寄京想可無悞愚近況如常頑軀托庇粗適可慰綺懷肅函復謝敬候升祺順請親母夫人懿祉並問郎壻安好

答午波

月之二十二日接奉瑤緘兼示新什發函伸紙如獲百朋重荷垂注慇拳五中銘泐記自庚申即舍在雲棠頭得讀大集中間佳句如春難剗愛關心切山有良緣見面多近山月影涼生露遠樹秋聲響作團蛛網留垂露蜂巢護折花羣魚進散子燮鳥代梳翎孫山青眼夢斜月濘吾廬至今吟諷不去口心輸夢穀馳結彌般而路阻關河莫能謀面去冬道出華下滿擬良晤可圖又以行李倥偬未剋所願太華夜碧悅見顏色何當把袂

慰我寂寥也弟入關以來忽已改歲抗顏為師未必賢于弟子所幸經舍蕭閒生徒浹洽藉堪藏拙耳文字結習雖未能忘而年老才退胸懷寥落苦無佳語客僚稍暇再當寄政率占佈臆敬請文祉不盡依馳

致中郎丁西園

前月役回曾附一緘並郵遞之信想俱達覽邇惟七弟大人政祉增綏百凡順序為頌吾弟循聲卓著上游推重有榮登薦剡之信特此佈聞敬請升安不一愚表兄楊某頓首二月十一日

復宜君秦瀞瀾

久疏箋候時切馳思昨奉瑤函敬悉大表兄大人政祉增綏潭署多福良深慰忭三表兄回錫知于初十日自署起身約十三四日可以到省歡晤弟之家書當寫就奉托也先此佈復敬候升祉不一

致士玉

春間曾修寸啟虔請福綏並伸斟悃諒蒙清鑒邇惟老表兄大人履祉安和潭府多福定符心頌令郎大表兄清才雋品久重上游前有愚民越控之事不無輟轎日來原告業已輸心可以結案盧舟方伯重蒞秦中令郎在潼關接見極蒙眷愛福星所蔭定卜諸事清安令媳抱恙聞近得良方漸就痊愈吉人天相無庸過慮也令郎三表兄二月中已到省垣寓居不遠藉得共

數晨夕茲宜君署內外諸事均已妥協同令孫坦顧姑爺擇于月之六日起程回南眷中暨宜君近況到日自能細述弟[illegible]青門講院閒靜生徒浹洽中丞方伯暨當道諸公相待均極優厚無如家鄉迢遞內顧隱憂脩脯所供入不敷出去冬為兒子完姻未免多用是以寅食卯粮補苴乏術此次祗寄家用銀六十兩因三表兄盤費不敷付之應用到日敢懇老表兄大人即為措置交兒子變生查收舍間懸釜待炊之勢素在洞鑒之中無煩瑣視也又上年代挪顧姑爺百金之項日內竟難打算已與姑爺當面說明俟伊秋冬之間來陝再行歸楚已蒙慨允矣率占佈臆敬候安祺諸惟垂照不盡依馳

知何日可以奉到伊戀敬帚之言人多燕璞之求以此仰累知己感愧無似肅函佈臆敬候台祉不盡依馳

復王菱江

別來忽忽歲琯倏更懷念之忱無時或釋接奉來札備荷注存相愛深情溢于楮墨自慚才退禿管無花謹以緹緗寶此燕石而足下殷殷索其序言何設詞之巧麗而托喻之諧婉也恩懷在彼敢負諸責祇以去年到陝以後酬應紛如獻歲開館諸生文課日事披閱幾無暇晷是以尚未屬藁奉寄殊深愧歉足下與作人似條諸君談詩角藝裒然成帙社以秋鳴客同鷗寄詩序一篇極蕭瑟沉峥之致每臨風而三復感不絕于余心長

軍入都矣專此佈復並候文祺不盡縷縷並問三小姐懿福令弟信兩封已分致兩丁公矣姻愚表弟楊芳燦頓首

復顧晴芬殿撰

接奉還雲知前寄寸牋已登籤室備荷慇拳眷注語重意深雖誦千周以當侍會敬稔大弟大人履祉康娛聲華騰上紬金鐀之秘簡校玉堂之寶書翔步霞高賡颺日近令人企羨何能已已愚遠客關中經年舍蕭寂家鄉迢遞音問罕通八口長飢一身旅寄掩關兀坐抑鬱寡歡筆硯疎蕪學植荒落寘心坐三經之席抗顏為家人之師粥粥無能黑黑自愧耳拙集蒙閣下與平叔三弟為校點缺頁覓工補刻刷印寄陝惟此間人便殊難未

安僑寄絕妙詩人講院諸生下嫻聲律欲如閣下結一詩社而不可得灞橋烟水華曲風花遺蹟久荒徒聞其語端坐悒悒殊無好懷心源自窒吟情久廢恐自今以後日急日去再作人不另札均此道念李莪洲大守處當即作書致托也專此佈復敬候文祉不盡欲言

復盛甫山侍讀

去年舍姪輩入都肅具寸椷已奉還雲備承惠注感佩良深國甫到青門酬應稍繁匆匆未能具牋然依結之私則無日不縈五内也即晨春色融熙敬惟二兄大人綸扉珥筆芸館讐書托清塵于雲烟寄冲情于縑素神明怡裕寢膳吉祥翹企五雲曷勝欣忭弟入關以來忽已改歲鱣堂清寂鹿洞蕭閒所幸日與大兄聚首諸承關照差慰旅懷昨接晴芬平叔兩弟來書言腸劇即拙稿送至尊處即承轉托許太史帶陝今遣人往詢以瀕行促迫未能携入行笥拙稿想尚在高齋務祈遇便即行寄下為感肅此佈達並請台安不盡縷縷

與蘭臺

蘭臺賢倩足下入春以來行及四月未經接有一音殊深盼切月之十三日二月所寄並三月初六日書同時接到閱函俾紙喜忭難名藉稔賢倩果膺卓薦器重上游辰下又奉調赴省李缺又已委人想才華風著必有繫望之缺相付如果攝篆近京題授不遠望即作書慰我也太夫人福體康寧大小姐暨嘉齡兒妹均各安吉閨門署清宜更深欣慰尊大人在通州想時通音問此間離江南稍遠郵書難達如有禀去為愚請安道念小峴一兄晉秩副憲並知貢舉歷清華掼衡文柄晚運亨通亦殊可喜已作札賀之矣愚主持講席日與帖括為緣而無益之應酬時相牽掣生徒住院者本有五十餘人今歲聞風而至竟欲滿百每月兩課又添詩賦經策三小課批閱竟無暇晷幸身體尚好文藝一道向本樂此不為疲也虎弟畢姻後其岳父母甚愛之伉儷之誼亦篤昨以省視來陝住過端午仍當回平至愚進京之期此時尚茫無就緒來修六數家中需用之外此間又要酬應實屬不敷此番進京非有二年之糧斷難支持過去且待三叔在川補一善地賢倩陞一望縣可為我將伯之助再行作計秋間當有信寄閩也景春大舅舅辭容園姑丈之館二月中已到蘭州不知因何事擔閣至今尚未過陝家中自接歲弟正月中來稟後兩月來亦杳無消息閩莊恂齋逵吉一二日內可到或有信託其帶來也九弟在署諸承照應渠有信來深感厚意其字畫文理大有進境茲不另札即以此信示之俾知愚近來光景耳此間文祉餘俟續寄不盡欲言愚舅楊芳燦手啟四月十三日

肅筆請堂上福安

致勤制府

芳燦予仲春下澣肅修蕪啟慶請鈞祺想蒙恩鑒茲際長嬴啟
序首夏延庥敬惟大人瑞紀生申祥徵賁傳瑤籍展千春之慶
芝圖開七秩之華曜慧日于瞿曇佛壽原稱無量仰慶霄于斗
宿台光喜見長明九重之眷畀彌隆一心一德萬户之盈盈有
象壽世壽民并絡天彭鳳琯叶會昌之律錦江玉壘龍章映紀
縵之雲纓弁臚歡蒼黎忭慶芳爍夙蒙栽植凫藻彌殷祇緣留
滯青門未得趨承絳幄獻賓鼎芝房之頌遥祝升恒誦卿烟仙
露之章難名依結肅薰蕪啟虔賀崇禧敬請鈞祉伏祈慈鑒

與劉崧嵐觀察

丙歲銜恤里居跧伏蓬藋荷蒙高情眷注慰問懃拳仁粟康泉

分潤枯涸五中銘鏤楮墨難宣去夏肅具蕪函敬申謝悃諒登
鑒閣嗣以侹儴塵滓山川超緬鴒鯉隔閡音問疏節契濶譚讌
良用慨然序屆長嬴彙蕃秀敬維十兄大人祠介福黼黻延
禧華星掞文峻玉標節領禺筴之任筦度支之司積雪霏霜
本張融之賦手籌籌鞭算運劉晏之精心白壤課耕編氓樂業
紫瀾塌水井户臚歡企膺眷注于九重即慶恩榮於三錫祥輝
引領藻忭載深某自税素冠未遑黔突琴書典質蔾糗飢寒館
嫁牽纏更增罣累還家營葬暫住江鄉應聘談經俄游關隴一
來鹿洞九見螢圓錯簡碎文勉尋舊業椒連槐合久乏新知等
况味予曾溝忘榮華予塵轍為道日損絶學無憂自分放閒亦

頗疏蕩第史雲据拾未足自資王霸妻孥更難兼顧故鄉雲水
歸夢空殷講席蕭寒前途愈窄成其棲遁能無望于嘉賓蒼鹿
疏頑終有藉于仁祖素承知愛聊佈胸臆嗟老景之衰翁又復自笑
秦晉接壤清輝不遥削牘抒辭敬候綏祉竚望佳問以代萱蘇

致鄢陵吳明府

睽違清輝條易晦蓂每懷譚讌之歡並感解推之德心輪夢轂
時切依馳邇維大兄大人政祉康娛著作日富案無膧牘擁杜
陵連屋之書庭少諍辭命謝朓高齋之筆烟墨賓其薈蔚元
儒養其惠心緬想起居歆羨何已弟留滯青門眴逾半載旅懷
寥落講院蕭閒每多懷土之思時切慕徒之戀蟫編蠹簡生涯

仍是寒氈貝典香鑪况味無殊枯衲端坐邑邑意緒可知所幸
生徒浹洽頑軀粗適差可告慰綺懷窪承先生去年入都以後
近狀何似深為馳系尊處想時得信便中祈示慰也肅函佈悃
敬候台祺臨穎依溯

致孔東山太守

春仲曾修寸啟虔請崇祺想登籤室通惟三兄大人華祠集慶
潭署凝禧回舊部于南陽蒞新恩于北闕篠驂夾道欣郭伋之
重來鳩杖隨車喜鄧侯之再蒞艾碧長春之葉瑞靄齡軒榴紅
益壽之花祥輝綺閣翹瞻雨彩藻忭彌殷弟講院蕭閒繙琴
書而送日江皋遲遁感節物而思鄉書蠹生涯海鷗心事恐漸

形其懶散，更無望于飛騰。重承良友之厚期，詢以趨朝之何日，依人作計，動輒遷延，殊深愧赧耳。令郎大兄時得敘晤，其才品端謹，上憲均深器重。月初自盛陝差旋，體履平安，合寓均各安吉，可慰綺懷。肅此敬賀崇禧，希惟垂鑒，不盡依馳。

復山陽黃秋圃同年

忝尺清輝，未由把晤，心輸夢穀，時切依馳。冀三兄回省，奉到惠書，存注勤拳，語長心重。並荷年大兄大人垂情舊雨，潤以康泉，俾休璉下得續樵蘇，歷果盤中又添鮭菜，雲天高誼，銘泐五中。藉稔政祉增綏，潭祺懋集，良深欣慰。惟是祈甘澍于神叢，給淖糜于編戶，日操量鼓，撫字心勞，尚望保愛玉躬，茂膺多福耳。

弟講院蕭寥，惟飽閱靜芸烟蠹粉，生涯仍是寒氈，貝典香爐，況味無殊枯衲，衰羸之徵早見，榮進之心日頹。昔人云月食斗米不盡，何容復有宦情，流行坎止，聽之而已。率占佈復，並鳴謝忱，敬請升祺，不盡依企。

致洋縣王明府

仲春月杪，華晴川大弟赴蜀，道出花封，曾肅寸緘敬候台祺，想登籤記。邇惟大兄大人政祉增綏，潭署多福，棼岐遍穗，琴韻一絃。際此採艾佳辰，浴蘭令節，繫青絲而益智，酌綠醑以延禧，判牘之餘，定多佳興，翹瞻瑞靄，忭頌曷勝。弟青門羈滯，講院蕭寥，日與帖括為緣，頗妨嘯咏之適，況味不殊于枯衲，生涯仍托于

寒氈。競渡江鄉，最憶菖蒲之節；持觴客館，惟餘苜蓿之盤。出入無悰，襟情可想。所幸生徒浹洽，頑軀粗適，可慰綺懷。昨接岳一山中翰來札，極推重大兄德政，想賢達素交，風稱莫逆。有復函一封，祈轉交為感。專此佈達，敬賀節禧，並候升安，不盡依企。

致錢方伯

春間接奉還雲，肅具蕪啟，敬候興居，計已早登籤室。邇惟年大兄大人勳猷著迎禧，護闡介福，雅叶中和之慶，循聲上達于[illegible]詩歌華渚之篁，茂祉近承，夫戀落行，見北闕之恩榮，特錫中州之民物，滋豐翹首吉雲，曷勝忭頌。弟青門羈滯，講院蕭寥，貝典香爐，況味無殊枯衲，蠹簡生涯，仍是寒氈，榮進之心日頹，

疏懶之癖轉甚，鄉思難遣，旅況無悰，無可告慰知己。兼之塵務關心，天分有限，筆墨之事日漸荒落，竟無可以就正者，撫心彌增愧恧耳。肅函佈臆，敬候台祺，伏禱涵鑒。

附啟者：舍表姪華麗植，向在弟處襄理一切，今以報捐徵職，歸圃分發，道經汴省，趨叩龍門。其人風度端雅，學藝優長，進謁之餘，定蒙青睞。再貴屬候補令華名宗壇，為其族兄，如蒙噓植，俾有資助，以就微名，則不關

與龔雲疇

月之初六日接賢壻手書，得悉四月中莊修膳觀察來汴托寄兩信，均已接到。並稔吾壻政祉安盛，上游器重，派辦土工諸事

順序為慰懸念二小姐于月内分娩身子健旺可卜平寧如再索得男瀛兒可為哥矣殊為可喜惟產後總須小心調護勿因體健稍為大意至囑至囑愚在青門諸凡安適虎兒於前月初八日來陝因其婦多病趙親家屢有信來促其回平並差役馬華前來迎接茲定于十二日起程炎風赤日之中奔馳殊不易也春闈揭曉二位令兄均未得捷殊深怏悵二令兄應仍回平涼道出鄞州得數日晤聚也五弟已選黃梅如告假回南京則徑由水路赴任不經過豫省矣蘭臺已得卓異歲内可以題升縣缺前月曾有信來署中大小均安甚為慰意三叔處音信時通三嬸母同大姑母于二月廿二日自南京起程長行計算此

十六 無錫縣圖書館

月杪即可抵陝矣惟無錫音信甚稀此間托寄銀信亦殊不易為悶悶耳景春大舅舅自甘肅起身回南省觀過關中書院耽閣旬日愚之近況諒能細述茲寄上庫墨川紬衫料一疋聊以伴函惟哂存之寶藍紬一疋付二小姐查收此問近祺不盡縷縷

復趙小淵

月之初二日曾修寸啟敬候興居並賀節禧想登籤室迴惟親家大〇弟大人政祉增綏潭祺懋介定如心頌惟令愛三小姐抱恙日内調理未識已痊愈否懸念殊深磨生李擬于十二日起程前來錦署緣數日以來西安亢旱酷暑殊不可耐渠又有飯後嘔痰之症現延安塞裴公為之診治選方服藥數劑之後覺有效驗俟其向愈再行令其就道馬華不便久在陝省擱閣先令回署供差磨生來平此間當另撥人伺應也陝省五旬不雨驕陽酷烈草木俱已焦卷禾苗可知未識平涼光景何似聞設壇祈禱焦勞可想見矣春闈託寄令甥捐欵項銀百兩不意為米少廬所誤前日愚作札進京料理其稿底托小松先生轉呈閱之可惡顛末今聞土方例展限至十月杪則此項銀兩少廬必當交龔三兄辦理可不致貽誤也西安因上年慶公爺進藏沿途地方應付差事出門包脚費十兩十餘兩者均奉旨革職不准以軍功藉口抵銷共有十九員之多大路州縣之難為

十七 無錫縣圖書館

如此可勝慨歎專此佈達並候升祉餘容續陳不盡縷縷

致小松

日前因小淵先生寄京信一事曾作一函佈覆並將前月致敘少廬信稿抄錄寄上懇轉致小淵等因想郵遞于日内可致到矣通惟大兄文祉增綏百凡順序為頌竹樓同徐舍親于初九日觸暑長行再四挽留不住赤日黃塵彌天火繖勞人殊可念也至磨簪李擬于十二日起程來平奈兩日以來暑氣更劇渠又有飯後嘔痰之疾精神極為狼狽如此酷熱長途斷難支持只好令其暫緩惟前接小淵來書並差役到陝言其令愛抱病甚重促磨生即行到平日來未知調理痊愈否總無一信殊

今人悶損耳此間朱曾階方伯到任匆匆一見未得細談劭聞已經請定不往山左去矣□□□明日起程紅圃廉訪月杪當赴蘭州弟以閒散秀才尚多酬應盯高蓋如荷斧馳駱繹可想見矣再去年慶公進藏沿途應酬各員奉特旨俱革職莊老大亦在其內其餘相好者如何蘭庭姚秋坪沈老二林怡園諸君共有十九員一齊罷斥豈非意外事耶眼前富貴真鏡花空花人萬緣俱冷現在維摩一榻逃暑安禪通真質受用也湖筆十枝寄上與三錢雞毛無異不中塗抹奈何此候文祺臧暑伏惟珍重不宣

致趙小澗

月之十三日馬華回署當肅寸牘慶請崇祺想邀垂鑒通惟親家大弟大人政祉增綏潭署多福定符心頌惟令愛三小姐舊恙未知調理痊愈否久未得大弟大人來書深為懸念慶生嘔痰之疾連服安塞袁公之藥頗有效驗現在嘔痰漸少而脾胃尚不甚健俟其全愈並天氣稍涼當令來平趨侍左右也土方捐例在河工收銀者已于四月截卯其在京上兑者展限至年底止如在八月前上兑即可赶頭卯掣籤計算朱少盧明府刻下當已抵都恩當作札催促令同龔弓叔三兄赶緊為令甥上兑今將户部摺稿錄呈肅此佈達敬候升祺並請親母大人坤福郎愛安好

致懷寓左杏莊明府

去秋將有關隴之行曾肅寸緘交舍表弟王孝廉覞携叩琴堂想蒙清鑒嗣以疲頓風塵山川超緬鶴鯉隔閡音問疎節停雲八表時切懷思敬惟二兄大人政祉增綏循聲卓著百城領袖壹佇交推行見薦牘攀膺超遷不次松茂柏悅忭頌奚如弟自挽棗旋未遑黔突琴書典質冀禦飢寒婚嫁牽纏更增負累出門西笑並非本懷貧作經師老為遊客芸烟蠹粉生涯仍是寒禮梵夾禪床況味無殊枯衲桑榆之懷已迫蒲柳之姿易衰每多懷土之思時切桑梓之想明春山資稍辦即理歸裝當訪閒下子琴淺皖水閒也匆匆削牘聊佈積忱敬請台祺伏惟澄照不盡欲陳

附啟者孫曉嵐先生品學兼優素敦古道質直好義無愧斯言吏牘文辭俱能諳練兹以遊秦既倦棠筆南旋仰慕大名欲投名刺又恐無因至前乞弟一言為介二兄一見定深敬其人望為謀一安硯之方感同身受

復嵇容圃司馬

端節後二日從郵筒中接奉手書敬悉四兄大人政祉增綏百凡順序欣慰無量並見奏稿知貴德已准補授此缺雖苦無計日論功當即有遷擢之喜也賀賀弟長夏無事讀院蕭寥鄉思羈愁百端交集攀進之心日澹奔走之力已疲不復作春

明之夢矣居停主人相待甚厚生徒亦頗浹洽此間小住過明年秋試即擬摒擋南歸吾兄通時宜况稍佳定能贈我買山之資三弟蘭臺輩亦當有所助從此息肩豈非至幸衰年益壑半已凋殘故隴松楸誰為經理尚何心隨行逐隊作長慶老郎耶徐景春前月旋陝過端節後起身赴汴深感吾兄解推厚意臨行囑為道謝磬生畢姻滿月後四月中來陝因其婦多病今早冒暑回平涼矣餘詳三妹信中率占佈復並候升祉不宣

復沈小宛

去冬把襼歡若生平鉅筆高文鯨鏗春麗妙緒泉湧英音韶湊覽漢魏作者去人不遠删妃白儷青之庸調抒鎔經緯史之偉辭近日探驪固多能手思精才大舍閣下其誰屬哉佩服之至蒔聚旋分弇陽增悵寶奉良札如接清輝敬稔動履勝常著作隆富日與芙初諸君聯床促膝作曲室中語勝遊俊賞其樂只且昌勝健羨弟經舍蕭寥略無意興幼海劉雲時相晤對每燈炧星闌念及閣下石磊落英多之氣況博絕麗之文未嘗不馳情感往懷抱戀嫪也幼海已承孟岩觀察相延劉雲尚無枝棲蕭疎相對殊少好懷然幸賴有此可忘岑寂濕沫濡呴雖異江湖綿羽嚶鳴無殊鼴會也紫陌暄和春風得意東堂射策上苑看花翹首五雲可勝頌祝率占佈臆諸惟珍重風便時惠德音

與小松

初四日曾從郵便寄遞一緘想登清覽邇惟大兄起居康娛百凡順序為慰懷念承示新什華妙無雙清調冰絲響戛哀玉備環吟諷不忍釋手弟嘗論今人以西崑與香奩並稱直是耳食之談其胸中全無分曉西崑有寄托香奩無寄托西崑深遠香奩褻近西崑芬芳悱惻原本楚騷香奩則詞人之賦麗以淫矣然西崑三十六體又當分別觀之玉溪淵奧去香奩最遠柯古雖篇什無多古雅有樂府遺意至飛卿近體漸傷儇薄下蔡臨邛之句一轉即為秦樓楚館之詞吾輩落筆于毫釐之間最宜審慎大概要以仙心則無凡語時指怨句即有遠神庶不致遺譏冬郎霧中也 弟聞大兄到陝後止晤談一次初九日即當下榻蕭署恐圖晤頗難因幼海大兄已應孟岩觀察之聘來于初九日進署此後講院蕭寥時相過從者惟偉雲一人耳大兄制藝才藻宏麗于場屋最利為磬生之師而有餘望切賓敎之是所囑切近文數首付刻纔竣將塗改之稿寄正幸恕其不恭專此佈復敬候文祉不盡欲言

致杭州廣郡伯

睽違清誨時切依馳春閒曾修蕪啟慶請騶祺未審曾登籤室否邇惟五兄大人懋膺增綏侍奉曼福家慶仰慈雲之蔭春暉依愛日之輝餘華潔之笙詩蘭陔香滿布中和之樂

職掌髮膚多一堂喜協于燕宬四境遍傳夫歌頌伫見恩承綍
闕峻秩榮遷翹首祥輝彌殷忭頌弟留滯青門瞬逾半載於懷
寒落講院蕭閒邊地先秋漏天多雨時切慕徒之戀每縈懷鄉
之思燈火青邊江湖白社自慚漂泊出入無悰未識知愛何以
策之也茲由解餉王尉由陝回浙之便肅泐蕪函佈申依悃敬
請崇安伏祈垂鑒不宣

附啟者余㴑珊先生係弟同鄉世好筆墨清雅人品端謹前賦
閒在浙弟經面懇賜以吹噓尚望終始成全俾寒士早得枝棲
不致淪落銘感無既王尉復元奉差遄省跋涉多艱茲回省鎮
差定荷仁風披拂是又寸心禱祝者也特覆塵瀆諸惟涵鑒

復余㴑珊

暌隔清輝屢更月蓂心輪夢縠時切依馳四月中旬令親昌化
少府王公來陝接奉手書備荷垂注勤拳五中銘戢藉稔閣
下近履安適為慰遠懷至館事已遵來命于廣文尊處再
行作札諄懇但弟人微言輕且秦隴迢遥未知有濟與否殊為
懸念也弟青門留滯忽又經秋每多懷土之思時切慕徒之戀
燈火青山江湖白社時縈遠夢頻觸秋心擬于歲闌即理歸計
未識能如願否茲因王令親回浙之便肅函佈臆敬候文祉不
盡欲言

復汪撫軍

敬啟者接奉鈞函知前吳廿曦已登籤閣隔清光于千里正切
馳思捧琳札于七襄彌增感佩敬惟大人鈴閣迓禧戟轅介祉
知風甘雨聿宣長養之風湛露卿雲普錫閭閻之福優綸龍賁
位卜金甌渥眷榮膺行占玉鼎瞻福星于桑梓依卿月之光輝
引領南雲曷勝蕪忭徐若中丞移節浙閩道出江鄉藉瞻聚晤
敘尹班之情話商轉范之良謨想捧襼之餘定增佳興也芳爐
自抵關內忽已秋初經室蕭寥幸多靜趣生徒浹洽差慰設
懷惟愧才退而著述轉稀甚增而疏慵更甚無可告慰彌切
汗顏耳肅此恭請台安伏祈垂鑒

與夢湘

接三舅留來信知吾甥奉堂上暨三舅母于四月初五日始抵
武昌換船入川約須六月初旬可抵成都等語此次川途遥遠
又值江水漲發之時一路知多艱險懸念之深非言能喻所賴
吉神護佑刻下安抵寓所合家歡聚望早寄一書慰我也吾
甥到川後自應小住數月再作入都之計現在土方例江南已
於四月截卯京師展限至年底尚可從容辦理吾甥如入都必
由陝西行走到書院可作半月盤桓殊為盼望愚有時文數篇
惟吾甥處有稿如携至川中望即帶來此間諸生頗以愚時文
為不謬也蘭塘昨有信來係五月杪所寄在浙頗為安適芸
臺先生相待甚厚竹畦已于三月廿五日畢姻在增鄉

居住光景頗佳大可慰悤也雲生於前月赴平涼此間相對惟雲坪一人耳愚身體安好勿念堂上為我問好甥媳元寶均好

六月廿七日

芙蓉山館尺牘卷八

金匱楊芳燦蓉裳著

答陸杉石

握別以來高月兩成弦矣每懷雅度時切依馳正擬肅牋佈候興居緣未識文旌到館日期是以逡巡中止頃荷瑤函先蒙敬念閣下攝衛惟宜動定康勝去冬徽恙業已霍然登函申紙喜與忭會想觀龍門之濤可當枚生之七發也邇惟與衛已到渭南絳帳傳經青衿請業文史苑囿京都鼓吹復綦清泰定叶頌私大集風格清遒才力雄獨涵灑萬派囊牢百家論詩八章已是目光如炬其餘各體莫不精穿溟涬鋭走雷霆嘯咤風雲夔鍠金石銅牆鐵鋌無不窺也翠萌紅圻如其麗也仰惟大雅之宗羣足令小才怖服乃荷假叚下問謙德彌光屬為序引强之評論自惟淺識多愧方聞繡鞶畫羽惟變華詞刻脂鏤冰未識綺語何足以描摹鉅麗測量高深然尹師魯之于廬陵謝方石之于西涯其才不逮二公而以詩文質証必扶摘瑕疵效其直諒某雖不敢上方昔人而大君子之虛懷實超前彥敢不效一得之愚耶容再假以時日當撰序奉教並得大集封呈當不嫌其濡滯也附呈續刻雜文數篇聊供一噱肅函布復統希朗鑒

致蔣小松

前日曾從郵遞寄復一緘想登清覽邇惟大兄文祉康娛百凡

順序爲頌日來細讀大作天才挾張風藻古艷愛不忍釋問曽
一二跋語以誌欽佩若云加墨則未敢也弟發棄以來學殖荒
落竟無可以就正者茲幸得在都時所作舊稿一本呈政老而
不知羞猶䏝綺語閣下覽之或擬爲十七八之好女子乎當不
信其雖皮鶴髮也因略楞嚴觀河面皺之喻波斯匿王未改童
心此言非謬把晤未期聊博一笑二小兒來署當得晨夕叙晤
其蒙啟廸閣祈大兄教而益之敬候文祺言不盡意

復衛輝王太守

去歲梁園小住接奉瑤緘備蒙垂注之殷重以解推之雅五中
銘鏤子墨難名載德而行時深懷想敬惟大兄大人政祉增綏
經猷益懋側聞榮膺薦牘卓冠循良昔日步西臺之驄馬人憚
鐵鋒棱今茲搴大郡之襜帷民歌慈惠企見恩綸特錫峻秩
崇遷翹首祥輝曷勝藻忭弟講舍蕭寒家山迢遞悵蓬科之彌
定如櫟社之不材筆墨久疏學殖荒落冗散同于冗叙賓悴過
予李標負知己之厚期每撫心而自愧耳肅布寸緘敬候台祉
諸維垂鑒不盡依馳

復張春溪 時任甘肅徽縣

春間貴門生明經賀君登舉來陝備述閣下政祉安和循聲洋
溢當肅寸啟佈積年契濶之忱未審曾登覽記否月之初十日
尊紀來陝接奉手書殷拳之思溢于紙墨敬稔好音頻寄護蔭

南榮惠澤覃敷棠陰西茂判牘多暇不廢嘯歌貽故人以佳章
揚仁風于便面兼之英瑤繡段惠賜多珍比相思之縷縷寄以
純綿寫錦字之行行贈之佳頴人來千里意重百朋感沏五中
名言莫喻載展華翰縣志已勒有成書太康吳地之記延篇益
州之書紀載風土披揚潛逸足見通人爲政度越尋常軼輶軒
絕代之語爲方策不刊之業剞劂如成先覩爲快至大集精深
華妙久已服膺吾弟卅載邊陲歷經盤錯勞形撫字盡力戎行
吏事既多寄之吟詠集中有關係之作不可不壽之棗梨以示
海內茲閣付刻先爲距躍三百承屬校定自惟與閣下廿載知
心非敢多讓如千金之字可易則一得之愚必竭也愚青門羈
滯講院蕭寥旅況無悰徂年易邁琴書換日筆墨銷愁意緒精
神俱非曩昔惟生徒浹洽起居粗適差可告慰綺懷尊紀云明
日有使人回蜀先泐數行布謝餘俟讀竟大集即當令其回署
備時再詳布種種也盛暑伏祈珍重敬候升祺不盡縷縷

復杉石同年 詩謙

月初接奉手書知奎明府在省即將大集托伊帶呈遣人前往
探問而奎公已回署矣講院閒寂無憀惟將大集晨夕吟諷三
復而味益長華妙精深令人心形俱服每謂吾兄詩發源於李
杜人皆知之可無論矣而每讀一過覺東坡漁洋去人未遠讀
吾兄宦迹所至其境地與兩先生相似耶則古來詩人入蜀遊

學者不少何神味了不相[illegible]似吾兄詩超詣沉摯兼而有之讀之幾令人忘漁洋并忘東坡是殆得其神髓者矣必傳于後無疑也弟之詩撫華而不能食實格調甚卑而工夫甚淺蒙吾兄強之評論畧抒管見實不能闚見萬一也拙稿呈上一部當時冒昧付刻已蹈詅癡符之誚今深悔之欲刪其大半刻詩鈔二本以配文鈔望大筆痛加刪削于秋間遇便擲下幸甚幸甚專此佈復並候台祺不盡依依

致春溪

月之初十日紀綱來陝接奉手教惠賜多珍當修寸札虔佈謝忱計日可登籤室承屬校定大集連日雨窗多暇焚香廻環盥誦深佩思力之深格律之細與年俱進其華可及而樸不可及其清可及而厚不可及知仁弟年來寢饋于少陵集中登其堂而嚌其胾者中間酬應之作及無關性情者去其十分之三如鑄洪鐘鑿其滓則聲清如攻美珵磨其瑕則光潔今所存者卓然可傳當即付剞劂以公同好也陸杉石先生昨冬來陝識面訂交其詩稿愚亦為之刪定渠主渭南講席日昨專人寄去尚未接有回信杉石為吾弟舊交想欲知其行止故附及之日來三復來章知愚遁年蹤迹閣下未悉其詳今將自訂年譜先抄數頁奉寄可知萍蓬流轉艱苦備嘗之況稍遲當全抄寄呈能為愚付刻則感激靡既附呈詩扇一柄舊稿一部墨二挺大筆二枝聊以伴函非敢云報瓊也敬候升祺伏惟珍重臨頴依馳

復春溪

五月二十九日役來接奉手書並見懷詩五首發函伸紙喜與忭會是何文采之鉅麗而慰喻之綢繆也感銘心骸言莫能宣藉稔仁弟大人政祉康娛福履恬暢翹首清輝欣慰無似前示大集蒙虛懷諄懇致一得之愚加之刪削不揣檮昧妄為他山之攻方恐有傷瑜瑾乃來諭復以所取過覧令痛加芟薙謙下之懷令人欽佩不得已復去十分之三以存字小印識之此時可不入選而全集之中固卓然可存也志書翻閱一過發凡起例挈然秩然中間采輯極為詳贍信可備一邑之掌故為今時之佳志乘矣大序簡潔有法似柳州筆墨點竄數字尚希裁酌承命作序則有所不敢凡郡邑之志主修之人例得有序有纂輯之勞者亦可附傳至簡首序言或請鈐轄斯土之大吏為之蓋知其風土人情詳其山川名勝識其因革損益言之有本故能信今而傳後愚雖宦甘肅二十餘年而鳳山仇池之間蹤跡未嘗一至此間又無通志及一統志可查勉強為之必貽口實且古亦無此例也故敬謹封還並抒管見如左以待大雅之採擇如圃契濶多年筮仕蜀之內江過陝相訪適患有腹疾匆匆言別未然衷襟良深快悵荷其攜挹願執贄修弟子之禮自顧

何人敢為如園之師耶愧在其肝無以自解閣下有書寄如園望遠違鄙意得申昆季之分足矣日來關中天氣歊暑異常賤體雖愈而精神未復終日疲倦飲食大減是以筆墨疏懶見懷佳什容日和就寄正賀明經新補正課溺苦子學頗有進境陸杉石先生久無信來尊札當附郵寄去後有回書當即奉寄拙集詩文書院諸生請選刻詩鈔文鈔各十卷此間刻工頗佳今先寄呈數篇但二十卷字數不下十六七萬工貲浩繁敢祈仁弟助我一臂能得五十金予八月寄來則此舉不至中輟感激實無既極專此佈復敬候升祉諸希珍攝不盡依馳

復祥縣王明府

咫尺清輝末由接晤心輪夢轂時切依馳月之初八日陳大兄紀綱送來琅札一封並惠賜銀二十四兩發函伸紙情溢于詞兩紙尾月日則係四月二十八日所寄因天中佳節錫以朱提豈期桂魄輪圓忽喜蒲觴香滿雖是過時之筆墨依然往日之心情敬謹拜登五中銘佩通惟世大兄大人政祉增綏潭署多福尊大人在黔中音問時通動定康勝計辰下公事可以清釐安與可來錦署矣華晴川昨有信來于六月十五日自黔起身由湖南常德水路回陝約計月內可到定携有安報當即寄呈弟講院蕭寥琴瑟居無俚慨良辰之孤負念故里之遐遙日對殘編襟情可想肅函佈謝敬請升祺臨穎依溯

致趙小淵明府

秋色宜人蘭舒菊秀清輝咫尺時切馳思未得共銜東閣之杯剪西窗之燭盈盈脉脉想有同情也遙維親家大弟大人懋優增綏潭祺集慶琴堂月朗長懸璣鏡之輝桂苑風清双照冰壺之色鑒彩鸞之舞玉界三千聽雛鳳之聲祥噹十二禔躬介福榮擢遐邇欣悅之忱非筆能罄愚講院蕭寥琴瑟居無俚對孀媳之修竹時憶吾廬看搖落之衰桐偏驚暮節江鄉迢遞知好暌隔離雨散叢書一枝免管生涯如此意緒可知小兒日侍懿顏備蒙飲食教誨至戚殷情可勝心感肅函佈賀令禧並請親母夫人閫祉諸惟垂照不盡依馳

答石泉劉明府

省垣捧袂暢聆教言別後懷思與時俱積並擬修函布候乃承華函翰先施愧獎飾之過情荷垂注之逾格迴環盥誦感戢難名藉稔大兄大人懋履增綏新猷式煥民淳俗美喜聞謠頌之聲政簡刑清不廢嘯歌之適際此月輪正滿秋色平分開東閣之清樽發南樓之逸興燒蘭擘錦好句如仙如有便風祈示我一二也大集精深清妙氣格在香山放翁之間其真率樸老處直到元次山詩人吐屬穆如清風真令人心形俱服展讀數過未能釋手俟序言製就一并封呈率占佈復敬候升祺諸惟澄鑒不宜

與大姪岳生

馬俊來省詢悉署中光景深為繫懷見山來時屬吾姪奉慈輿到省俟居者恐後任要衙門之故今已𡵦丁秋溪先生係愚表兄渠無家眷隨處可居尚與之說明不必搬移將來靈櫬回南需費不少一時不能湊集當與莊盧庵丈及見山商酌辦理四川體親家已有信去矣餘令馬俊口述諸惟節哀以慰尊慈臨紙悵咽

致前任華州姚刺史

暌違雅誨月英屢更每憶清輝時深馳溯塵差過境之事二兄大人因公解職殊為扼腕爾時聞與衙即行旋省藉可捧袂一罄積忱是以未即作書布慰且知高懷落落定不以此介蒂胸中並翅回豁而奮翼溟地不過轉瞬間事也頃奉手教備尚存注勤拳並因家五兄忽焉遠逝隆情高誼垂念孤寡為之擘畫周詳捧讀迴環感激非言能喻居二兄之事即當代懇想大憲垂憐定蒙鑒允也專此佈復並候履祺不盡依依

八　無錫縣圖書館

答午波

接奉手書備承存注藉稔大兄大人體履綏和潭府多福茲際秋色平分冰輪正滿引觴刻燭逸興遄飛翹望清輝良深健羨弟講院蕭寥琴居無俚雲水隔江湖之夢琴樽闊明好之緣感故土之久離慨佳時之虛負端坐邑邑殊無好懷家斐園五兄

之變殊出意外至今痛心不已吾兄高誼殷情予存殁無不周摯求之古人亦不多遘寸心感激非筆能宣弟同來之顧表姪病勢危篤中懷煩悶出入無悰筆墨塵封心源枯涸欲作五兄輓章援筆復止尚無以就正也專此佈復敬候日安臨紙依切

答姚春木

春初趙仲平過陝携來手書伸紙發函語長心重出入懷袖如接晤談藉稔賢弟抵署以來福履多豫閒過過庭之訓詠循陔之詩夕膳晨餐左圖右史著作之富定盈箱篋惜隔潤千里未得共數晨夕互相質証也愚講院蕭寥端坐悒悒閉館以來惟有寫爛帖括堆案盈几殊不足以啟人神智日長繙閱忽然欲睡無聊況味概可想見幼海已應孟岩觀察之招進署以後未得時時把晤惟有劉雲常相過從羈鳥窮魚殊寡歡趣此間得館甚難其窘迫之況日來更甚愚之脩脯已經予去歲透支現在瓶盎無儲衿肘畢露竟不能稍為濡呴賢弟札內所云會付金陵五十金之項刻下尚無以應命只好各盡各情各清各款愚與劉雲師友之情最篤吾弟與劉雲交誼不後古人吾弟以五十金贈友愚則目擊其窘必會竟而始付是賢弟獨為君子也望間脩脯送到愚自為劉雲籌之可無屢念金陵之項俟三舍弟光景稍得寬餘當囑其歸楚庶友朋之誼彼此各得其當于心始安我輩當守古人硜介之操不為時俗倚魁之行否則

九　無錫縣圖書館

一轉移間君既篤于情誼我則寬其債負豈不便捷耶率占佈
臆並候文祉不宣

復河南方伯錢裴山

夏間舍表姪華麗植過汴曾肅寸啟虔候台祺嗣奉還雲備蒙
存注並荷解推之德資其行李之資循誦之餘五中銘鏤邇惟
年大兄大人懋祉增綏侍奉曼福堂護榮茂歆膳載加陔蘭吉
馨斑綵增絢還恩綸于北闕並惠澤于中州翹首祥輝曷勝藻
忭弟經舍蕭寥流光還質身如蒲柳諷欲驚秋聲感霜鐘淒其
動曉本羈棲之無味況知舊之遠離貝葉繩床儼同枯衲青燈
涼雨還憶故鄉不無李膺之思當返稚圭之宅歉歲整理琴書
擬束裝南下但首春明非無眷戀而負病交侵衰微早見任賓
之情轉篤榮進之心日頹白髮如絲青袍似草半生漂泊早覺
魚勞晚歲支離自甘鷁退夙蒙知愛定能亮其夙心也率占佈
臆敬請台祉不盡依馳

又啟者彭山泉比部大兄于夏間逝世殊堪傷悼其令嗣樹三
世兄係朱惕菴觀察令坦于昨歲來陝就姻今聞訃回京客裝
寒儉恐長途資斧尚有不給道過大梁專誠叩謁年大兄大人
古道高情必能加之提挈再豫省僚屬中或有文勤夫子門生
或為山泉大兄舊屬如能賜以吹噓俾盤費無缺稍餘讀書之
資渠一家均深感激不僅樹三一人已也

復阮芸臺中丞

接奉鈞函敬悉前具蕪箋賀陞融鑒遠蒙記注渥荷惠存雒誦
之餘鎸銘曷極敬稔大人旌旛建福裀鼎延禧沛甘雨于浙西
東扇和風于海内外蘇旗電掃靖烽燧于重洋稛鼓雷鳴震威
稜于遠徼瀛壖向化鷗鷺無驚阿閣占祥鳳儀共仰翹瞻棨戟
藻忭良深側聞政事餘閒搜羅彌富訪求遺佚掇拾叢殘藏之
琳宮緘之金匱靈臺剩馥都歸宛委之編瑰璧明珠盡入嫏嬛
之籍以視龍門石室止藏太史篇章鶴籍禮龕惟貯香山著作
同為佳話此更鉅觀自媿迹阻關河不獲晤申襄贊南雲引企
馳慕彌深耳薇岩先生移節浙閩方召聯鑣范歐共事籌邊深
算策更無遺逮議知衷力堪相藉曷勝佇見其澄清海澨永攸
莫安晏江鄉浴德棐梓蒙恩惟祝績著旂常佇聞鐃吹勳銘彝
鼎早迓疇禁藉達悃忱難名燕賀芳燦自來隴坻忽已秋深經
含蕭寥旅懷索寞雖復生徒歆洽絃誦鏗鏘而說詩未見其起
予涉筆漸失其故我定甲乙于帖括徒損心靈呼庚癸于晨昏
又銷永日以故漢唐遺蹟雖欲搜尋衰病情懷都無趣向金風
繞樹蔓繪懷思素月盈襟琴尊動念禮堂經幄夢寐依馳竭含
遥企旋歸不遠趨承有日欣忭何如肅函敬請崇祺伏惟垂鑒

致慶方伯

青門摳謁得奉光塵陪侍屏軒備蒙知顧瞻斗山之碩望喜慰

平生念桃李之小枝恩遍恒沙方欣陽生忽唱離歌拜送台旌
慶圓梁月側聞老世叔大人東登岱岳歌頌才興南游江浙屏
藩更寄恭維太老師大人三吳秉節兩度建牙泰雨棠陰沛汪
洋之大澤嘉禾馴雉著愷悌之深仁化浹閭閻久淪肌髓譽傳
謠詠猶播郊歷即今徽猷述禧聿宣舊德牙旗接武會紹前庥
綵紅綸以迎鸞惠流芸庶建翠旌以開府吉聽槐聲佇迓絲綸
上承堂構姪幸連枝桂彌切傾風念託枌榆尤增忻頌翹瞻吉
靄藻忭窦如姪經含蕭閒書田勤肄尚元雖安于養拙說經汪
愧子解嘲適值葆岩中丞移節浙閩魏應閑門不交賓友謝德
仰屋更乏將迎所幸旅況安恬足以上慰綺注肅函布請台安
伏惟融鑒不盡依馳

復河北莊觀察修塍

叩送台旌屢更蓂葉緬懷儀範正切依馳接奉良書正擬肅函
佈復旋于虛寔老伯處驚聞世嬸大人仙遊之信敬惟老世叔
大人情深伉儷知著琴琴忘懷詎等于鼓盆愴抱定深于遺挂
惟世嬸大人孳脩彝誥德懋璇閨衍遺慶于珣琪流餘馨于瓖
玖祖年登化無憾九原長下老世叔大人毿毿撐方勞宜防正氣
宜加攝衛勉就歡庸尚乞以禮節情為國自重望風禱祝倍百
恒情屬校詩集業已刊刻完竣義測管窺詎知潭奧刲風淮雨
庶免缺訛乃荷獎益增顏甲姪經含蕭閒容情落寞近以葆

岩中丞移節南閩仲叔閑關猶盱尚戀李膺仰屋鱸鱠增思幸
生徒浹洽領驅粗適可慰綺念肅此佈達並請台安不宣

復南陽孔太守

夏間接奉還雲備荷存注懃拳華詞獎飾況徽莊誦欣慰交并
敬稔三兄大人懋祉增綏潭祺集慶澄懷鏡朗碩福鼎來野多
馴雉之風邑少吠龐之警側聞中州領袖仍須仰仗宏才想鳳
羽為儀鸞章有譽既交推于臺府似未便于固辭也世兄攝篆水
華陰郵傳衝途往來與衡而老成持重辦理安詳大府甚重其
才將來功名正未可量可為閣下賀也弟經含蕭寥倏已度夏
秋風蕭瑟每觸鄉思燈火青熒況味無俚葆岩中丞總制浙閩
知已遠離彌增惆悵耳肅函佈臆敬候升祉不盡依馳

謝華陰孔

睽闊芝儀時深馳企月前接奉手翰曹肅寸緘復候升祺想登
籤室頃接瑤華重叨記注並頒珍品飣座堆盤佐佳節之饔飧
慰客居之寂寞拜登之下銘戢靡涯敬惟世大兄大人懋祉增
綏百凡順序際此璣鏡騰輝之候正值錦堂介祉之時判罷五
花吟成八詠南樓逸興西園勝遊翹首清光良深企羨弟近況
如常碩軀粗適可慰綺念專函復謝敬候升禧不盡縷縷
奉到尊大人惠書日內有人赴汴當即敬復也

復顧晴芬少司成

夏間曾修寸啟佈候興居未悉曾登清覽否前月接奉手翰備荷存注懃拳盥誦迴環五中銘戢藉悉大弟大人榮膺殊擢晉秩司成集六館之生生三經之席國子先生晨入太學翰林侍奉夜對禁中此宋人偶對之工今日可為閣下頌也愚謹陀蕭寥索居無侶雲水隔江湖之夢霜露零蒲柳之姿每憶春明曉懷明好非不欲再續邊擦之景重尋讌讌之歡而修脯所入僅能敷八口之飢寒資斧所需未免覬家人之佽助求人非易動輒違延明歲仲春擬束裝北上亦未審能如願否肅函佈復敬候台祉

答孫平叔太史

夏間接到吾弟手書並代刷拙集二十部當即肅椷申謝由咸甯山二兄處轉呈想無遺悞兩月以來未通蘭訊懷想之私殆不可任敬惟二弟大人禔祉增綏潭祺懋集春容日近翔步霞高筆非出彩鳳之毫南山獻頌庶棲翔麟之麥西苑陪遊臚華早達于九乾超越定先于家傳松茂柏悅欣忭奚如前日接石士來書知全唐文條閣下主持其事一代著作洋洋鉅觀得洪筆卓識撮指條篇上裨聖主治教之隆下慰多士延企之意洵不朽盛事也春間略抒管見曾獻芻蕘屬梧門先生轉呈未識曾邀澄鑒否愚講院蕭寥流光遷貿李鶴樓之無味值知舊之星移芳蛛簡繩床儼同枯衲秋風涼雨時憶故鄉蒲柳之姿易衰桑梓之情彌篤惟是春明故人殷殷垂盼明歲或當作計束裝北上可與閣下促膝談心一傾積愫也率此敬候台祺不盡縷縷

致何純齋文

去冬十月青門解鞍即奉華札備蒙慰問義盛意深銘鏤五中名言莫喻日昨從蘭臺信中又奉手諭以葆岩先生升任浙閩閩中朋舊星稀與其餬口四方為筆耕之計莫若仍赴春明纂修會典可邀甄敘期望之殷溢于紙墨甚愧文人之學甚知文人之真也敬審福履康娛聲華騰上屬車扈從簪筆雍容文星熾熾耀光采于紫垣威鳳鏘鏘著羽儀于元扈佇膺榮擢即晉

清卿翹首五雲欣羨何已姪增自返江鄉家徒四壁長年作客邊道依人羈旅關中行周星紀朋儕寥落出入無悰自凋識譚時深戀念每依南斗長望京華方今壽寓宏開普天同慶廣野之氣燭為祥烟含生之倫盡遊化宇賡聲鼓舞播為聲歌自慚飄泊天涯未獲一觀盛典掩蔾藿之遲抱葵藿之誠此子長歎周南之滯公幹怨漳濱之留也身無雙翼不能奮飛客囊羞澀亦難就道未識長者何以策之顧司業孫太史兩表弟書望即轉致蘭臺信亦望不見便發寄瑣事奉瀆深抱不安肅函佈臆敬請福安不盡依企

與彭範九太史

暌隔芝儀，屢更星琯，中間人事遷嬗，關河修阻，奔走謀食，幸
無暇以致筆墨疎懶，曠素罕通，大雅含宏，諒能恕其疏節也。側
聞閣下禔祉在躬，俊譽騰上，通英懷翠，天祿藜青，翔步霞蔦，從
容日近，並預方聞之選，總管修全唐之文，聲華已達于九乾，超越
定先于衆僊，長文東太郎之訓，賈山傳博士之文，遜聽之餘，不
禁以手加額，為師門慶，不僅為閣下一人頌也。捧奉手書，備承
存注，驚稔令伯大人夏間仙遊，齊年弟兄，忽焉凋謝，寸心摧剝，
如何可言。令弟聞訃之後，急欲回京，無如資斧維艱，求人不易，
遷延至今。弟又青鐘冷落，家中八口嗷嗷，修脯所入，寄家信之
外，竟無留餘，時至樵蘇不繼，以心與願違，不能佽助，抱愧無似。楚

十六

北兩舍姪時有書來，諸事尚稱順序，可慰綺注。肅械佈復，敬候
文祺，不盡欲陳。

與顧蘭塘

六月中旬，方湛屋先生來陝，接得手書並詩稿二本，知賢姪仍
館浙西中丞，相待優厚，在桂堂先生處同住，晨夕譚藝，可遣寂
寞，且省旅食之費，深為慰藉。愚羈旅青門，燹居無俚，磨生久任
塌鄉，不能前來講院，惟與雲坪相對，已覺抑鬱難堪。迺七月初
十日，雲坪舊病忽發，初似瘧疾，後變傷寒，身體發熱，有汗不退，
遍纏床褥，迄今一月，延醫服藥，竟無效驗，今日病勢甚危，平奉
醫滿座，時而方公來取回信，心緒惡劣，不堪言狀，恐其竟大

天年，為之奈何。愚精神亦復疲乏，不如在湖上帝時，長安寥落，
殊無趣味，方蓀岩中丞已陞閩督，知己暌離，別懷悵悵，遲至明
春，即當理歸裝耳。桂堂先生不及另札，為愚道候，凡屬知好，俱
致相思。竹畦在松江，近況想安適。姚西垣二弟進京謁選，冬初
可得缺矣。此候文祉，不盡縷縷。

致姚春木世兄

前月接奉手書，備荷存注，懃拳語長心重，出入懷袖，怳如萱燈
語舊時也。適惟賢弟文祉勝常，侍奉曼福，尊大人暫卸屏藩之
任，安心調攝，撥置冗煩，定得喜占勿藥，日來想飲膳增加，精神
漸復，福星有耀，仍麗微垣，是所日夕禱祝者也。愚今經含蕭寥，

十七

蕭居無俚，蒲柳之姿易老，桑梓之念時縈。前月蓀岩中丞陞任
浙閩，灞橋話別，執手依依，知己暌離，羈旅青門，殊覺少味，歲杪
春初，當舍三經之席，就半畝之居耳。如云金門索米，恐白首馮
唐，長飢曼倩，誰復周其困乏耶。內手捫心，進退維谷，秋風秋雨，
出入無悰。聊布往懷，諸惟珍重，不宣。

致署四川方伯方有堂

夏間因內江令顧文曜赴蜀，晉謁崇階，當肅蕪函，上塵清鑒，兼
請鈞祺，諒登籤室。邇維年大兄大人懋復增綏，宏猷式煥，肅科
條于柏府，攝綱紀于薇垣，楓宸承庥，護闌介福，萬戶仰慈雲之
蔭，慶霄紀纓，以拜華九光，瞻卿月之輝，璣鏡團欒而耀采，想見

南樓輿逸東閣樽開未得陪珠履之賓朋知彩毫之吟咏台垣
在望依企彌深弟講舍蕭閒琴居無俚憶桑梓之逆旅悵蒲柳
之蕭衰前月葆岩中丞升任閩浙灞陵送別執手依依知己遠
離衰襟莫屬欲京華索米而曼倩囊空欲故里歸耕而長卿壁
立舍此一經之席別無三逕之資進退為難未識知愛何以教
之也三弟仰荷仁憐諸蒙提拂感泐靡涯家信一封敬祈飭付
專此佈悃敬賀崇禧伏祈垂照不宣

致署浙江中丞廣方伯

前聞台旌入關深為欣慶滿擬道出秦中藉可仰瞻光霽而征
軿暫駐旋即首塗講院蕭寥去人猶遠及至閩信趨謁而輿衛

十八

遄行已出青門矣瞻望弗及依戀倍深敬惟大人方召宏猷
卑世澤紅薇肇吉才寄屏藩蒼佩延釐即膺旌鉞聖明眷注咸
惠宣昭拖見假節延恩即真志喜人傳公望展八州霖雨之才
我視文星為兩浙湖山之主銘勳膚于玉鼎卜姓字于金甌譽
弁臚歡閭閻忭舞翹瞻吉藹見藻良深芳燦經舍清寒客懷寥
落近以葆岩中丞移節浙閩賓朋益寡輿趣更闌古屋寒鐘雖
雖未拋夫雞肋山心鄉夢已無戀于豬肝約在初春即理歸計
叨陪履約行尋湖上之鷗瞻望魁杓先托雲中之雁肅函恭請
崇安伏乞垂鑒

與黃梅縣定生五姪

前接京中來信知吾姪乞假回南七月中可以挈眷赴任諸凡
順序深為欣慰緣此間南便殊稀未及復寄種種為得尊一來
書知吾姪于七月廿二日到省謁見各憲均極垂青俟送撫軍
進京後即行越赴任少奶奶已先到署中彭仲基表兄亦同來
諸凡料理得宜足見明幹黃梅地界衝繁總須打起精神處處
留心以謹慎為本以勤幹為用庶可獲上信友而循聲日起也
勉之望之愚在關中彈指行及一年講院蕭寥羈居無俚所幸
生徒浹洽身體安適可慰遠念方葆岩中丞升任閩督明年此
席尚未定局或北上或南回且俟冬間再商行止耳彪弟完姻
後四月中曾到書院住近匝月仍回平涼近況安好彭樹三

十九

表弟于月內聞訃爾山泉母舅于六月中作古殊可傷悼樹三
先景亦甚清窘出月欲奔喪回京資斧尚須張羅也此寄定生
五姪覽之並問少奶奶安好伯氏芳燦手字八月廿一日

與枝江縣維續姪

六月下旬接吾姪來信知吾署枝江宦途順適良深欣慰此間
雖與楚北接壤而寄信殊屬不易今從漢陽署中尊一處轉寄
未識能無浮沈否如果可達則將來書問往還寄至漢陽劉太
尊處加封遞陝西糧道盛年伯處可無悞也邇惟吾姪抵任以
來百凡盈吉為慰懸念枝江缺分清苦然幸地僻事簡初次署
事似不宜即膺繁劇之任諸事持之以謹慎處之以和平取信

子上游加惠子百姓發軔之始能得好名聲則進步亟未可量
清貧非所慮也接尊一來書知五弟已經抵省各憲相待甚
好眷口已先到黃梅署中諸事順序欣慰無似兩缺相去頗遠
吾姪弟兄想尚未能晤聚也三叔在川荊州係水路要會想吾
信時通三孀母同大姑母筠弟輩平安到省當早悉一切矣恩
在關中身體安好葆岩嚴中丞升任閩浙制府明年此席尚未
定且俟冬間再商北上南回之計耳虎兒在平涼亦安好此寄
維績大姪覽之並問少奶奶安好應芝好

復增一

夏間接吾姪來書備紉注念之殷並悉文祉綏嘉為慰馳系此

二十 無錫縣圖書館

間雖與楚北接壤而郵遞殊難是以未經裁答即維績處亦音
問落落也頃閱復接手翰語重心長備徵關切愚北上之計兩
年空空何能婆娑料理前月方葆岩中丞升任浙閩明春此席
亦未能預定年來精神疲乏容鬓蕭衰棨進之心日額家山之
思倍切歉歲發春惟當料理歸裝耳且三叔與維績兄弟俱作
宦在外如愚再挈眷入都則故里松楸無人典守心何以安雖
無平子之田可歸猶有遂少之墓可誓區區微尚當如此而已吾
姪書內所云兩弟俱來楚北豈心培亦由豫入楚耶虎弟完姻
後曾來書院小住匝月仍回平涼過夏身子安好勿念所需賓
谷先生書頃閱邸鈔報似已移節楚南容俟查確再行寄上維

績定生書兩封祈吾姪加封分致此復並候邇祺不盡縷縷苕
爍手啟

華州斐園五叔子前月廿八日謝世想已得信矣春之八叔今
年在豫時曾有書見寄現在省垣否暇時先為道念并望示知
以便寄復信也又及

致湖北漢陽府劉

泰同梓誼未挹蘭芬邈聽循聲時深欽佩邇思曠度彌切溯洄
去秋小侄金陵適令姪宣之大兄暨家三弟同來秋試夜窗鄉
語諸舊論文頗深歡洽惜匆匆言別未沐襄禩曾屢致聲敬悉
台祉未識曾達鄙忱否邇惟大兄大人懋履增綏政祺集慶宣

二十一 無錫縣圖書館

仁風于楚甸流惠澤于漢皋矜蚔看峻秩崇遷恩承綸綍詳輝
在望欣忭良深弟僑寄關中謬膺講席自憐飄泊多愧迂疎回
念家山殊增鄉思舍姪士煐久托仁宇備蒙照拂感泐無涯茲
有家言一函即望擲付肅函佈瀆敬候崇祺伏祈澄鑒不盡依
馳

復秋溪

月之十七日台旌榮發不及趨送為歉頃奉手翰敬悉三兄大
人蒞任以來諸凡順序欣慰無似惟冠蓋絡繹酬應為勞過此
以往想可清閒矣家斐園五兄身後孫寡零丁朝不謀夕深蒙
關切感何可言來札云云弟非不日夜縈懷無如人微言輕呼

號莫應兼之上游諸公日來亟在迎送之際忙冗異常即時常請謁十往九不見面且言多則不靈即如現在敍甫先生旅櫬回南彭山最之世兄聞訃奔喪皆仰藉於方伯觀察二公者均托弟轉致言之真覺其煩亦復久無應驗奈何日昨晤虛齋丈囑其將前日知單公分催陳四兄湊聚寄至華州暫供朝夕饔飧之費然恐急切亦難集腋也弟頑軀粗適顧雲坪之病幸已向愈每日能食糜粥四五次矣諸承垂念故以附聞西園昨有信來二十日卸事月初可以來省專此佈復敬請升祉不盡欲

陳

全郎三表兄均此此字祈送岳生舍姪一看與見山商定後當

再寄信也又行

與顧蘭塘表姪

八月中旬浙江方湛厓醝使解甘餉過陝曾附一緘交桂堂先生處轉交未知收到否頃接手緘知足下解館回錫就澄江科試想聲華騰上定列前茅劍氣珠光為明年騰躍之先機也愛生近日頗留心時藝與姪與蘭厓共相鍼礪明歲可以一戰如各二先生竟拋卻蝨殼頭巾豈不快哉愚此間亦日與帖括為伍端坐兀兀作老經生惟念平生最歎然者莫如經義近日又購得十三經一部讀之看之與諸生講解之冀免荒經之譽答亦晚年之懺悔也雲坪大病今已向愈雖體甚羸瘦而

量頗加想必復元尚易無屢憶念虎兒在平涼署中同藩小松讀書亦頗有進境與竹畦堉鄉光景相同也春樵意興殊佳甚慰想念其要寶藍洗緘俟永壽回時帶上羽素近日有新詞否所屬序言必當踐此諾責日內稍閒即可命筆矣續刻駢文數篇寄呈詩詞除應酬外不多作作亦無可存者簡齋師云鴨鳥老莫調古人老莫作詩此言大是芸臺先生去任秋槎忽焉辭世回憶舊遊令人悽愴彌日吾姪試後尚到西湖否念念而此佈臆並候升安不盡縷縷

復潼關虞司馬

睽違雅誨月琯載更咫尺停雲時殷馳溯亟擬修牋布臆遙

蒙華翰先施語重心長存問周摯浣薇環誦感戢五中敬稔五兄大人懋績增綏潭祺集慶際此秋高玉宇月映冰壺麈尾隱囊羨元規之興逸纔牋綵管知希逸之詞工碩福鼎來澄懷鏡朗翹瞻瑞靄忭頌奚如弟譾陋蕭寥襟情懶散自違譚讌自覺出入無悰前月篠岩中丞復又升任閩浙良知睽隔旅況羈孤燈火青山江湖白杜間關千里潭寄一身閣下其將何以慰之也肅緘佈復敬候升祺並賀節禧不盡依企

致陳紅圃廉訪

睽違清誨月琯屢更每懷譚讌之歡深感提携之雅妙墨銀鉤之惠贈重拋百朋名山金鐀之珍藏緘之什襲五中銘戢于墨

難名敬維大人繡黼增綏茵憑介祉卿月耀冰壺之彩慶雲靄
璣鏡之祥闢東閣之華樽蘭生百末發南樓之逸興桂滿三秋
翹首台垣彌殷鳧藻弟瑟居無侶講院多閒惟悵蒲柳之蕭
衰憶桑梓之迢遞西風乍起鄉思倍增兼之知己遠離良朋
虔室有管盛之榻庭無貢公之綦叔夜本自粗疏平子日形潦
倒未識閣下何以策之也肅熏燕啟恭賀崇禧兼申依悃統希
垂鑒不宣

復程春廬駕部

暌違雅度馳企為勞祇緣奔走風塵關河阻越是以久疏牘
寸衷歉仄筆墨難宣前月接奉手書語長心重故人高誼
不以淪落見遺感激之忱鏤于肺腑藉悉閣下福履康娛潭府
多祉樞庭入直館局隨身校中壘之書視相如之草賢勞可想
遠擢非遥引領五雲良深忭頌弟旅懷抑鬱學舍蕭寥筆
硯生塵歔欷久發自循短鬢悵蒲柳之望秋懶曳長裾任蓬蒿
之塞逕欲趨曹抱牘而精力已疲欲理策還山而飢寒交迫念
此三經之席難求五畝之田出入無悰進退維谷未識知己何
以策之獨管操觚言不盡意敬候台祉並望德音

致署四川康訪瞿鐵山

夏閒賀農部處便人赴川曾修寸啟度候崇祺想必達鑒室通
親家大兄大人懋祉增綏潭祺集慶壢陳臬事絲綸嘉師

際茲序入清秋益卜祥徵烏集霧華珠湛知渥澤之覃敷月鏡
輪圓企澄懷之朗照三把被德頌聲洋溢于茅檐九陛承禧寵
命即頒于柏府翹瞻瑞靄忭頌曷勝弟講舍蕭閒瑟居無侶偉前
月方中丞陞任閩浙知己暌離益深怏悵所幸生徒浹洽頗堪
相通可以告慰綺懷肅函敬候台祺伏維垂鑒不宣
附啟者家塾園五兄之變實出意外姪輩想有信通知矣大
兄大人至戚關懷定深傷悼將來旅櫬還鄉想仗仁人援手
相雲天高誼固無俟弟之瑣祝也

復芸巖

暌違雅度時切馳思祇因塵事糾紛以致牋緡疏闊停雲佇月
歉結彌深前月俞公來陝接奉手書備荷垂注懃摯語長心重
出入懷袖如接風儀並讀大集如英瑤錦繢光彩溢目置之案
頭晨夕吟諷拙序過蒙矜寵登之簡首附驥之尾老彩端獻
蜚雁子碣石又何幸耶邇惟二兄體履康娛趨庭多暇著撰之
富定倍曩時良深企羨弟講院蕭寥惟耽閒靜坐有橫經之
客堂無載酒之人書生生涯海鷗心事仕賓之情轉為縈進
之心日顛顛燈火親人江湖入夢鄉思難遣旅況無悰昔人云
月食斗米不盡何容復有宦情流行坻止聽之而已率此佈復
敬候禮履諸惟澄鑒不宣

致方有堂方伯

前月曾肅蕪緘，敬請崇祺，並望台謙，想登籤室。恭閱邸報，欣稔年大兄大人承恩楓宸，晉秩薇垣，輿頌推陳臬之平，渥眷重維藩之寄。銅梁玉壘，飭綱紀以宣風；井絡天彭，應會昌而建福。增護紀斑衣，與象服齊輝；慶洽蘭陔，廣樂共笙詩叶響。展經綸于壯歲，作霖雨于康時，榮聞遐傳，曷勝蓬忭。弟索居經舍，獨抱秋心，喜聞知己之升華，如受春風之披拂，松茂柏悅，非名言所能喻也。三舍弟仰蒙帡覆，備荷栽培，感激之忱，銘之肺腑。茲有家信一件，祈即飭付。肅函佈悃，敬賀崇禧，統希澄鑒，曷勝依馳。

復蔣小松

接奉手緘，備紉存注，藉稔大兄文祺怡豫，著作日新，欣慰無量。弟近況如常，雲坪病體亦漸已向愈。向例官課係委員閱卷，一月中尚有餘閒，自朱虛舟方伯官課以課卷屬閱，此月常廉訪援以為例，案頭堆積，怡拾陳陳紫棘，（闕）三斗兼之。八月以來，會城冠蓋絡繹（闕），及乎窮老秀才，每日東轄答客，既費精神，又費錢鈔，而俗客往來，徒亂人意。重陽已到，未見黃花，俾雲貧病相尋，不能晤面，煩悶抑鬱，不可言懷，是以青門送別圖久負諾責，未能作序，殊自慚恨。今遣王升帶上，日後終當補還也。華洲光景窘不可言，岳生日昨信來，云子望後晉省，俟其來時，作何計較，再行佈聞。卿仔先生復書寄上，敬候文祉，不盡欲陳。

與三弟

月之初二日，姚綿墨云兄來陝，接吾弟手書，備悉近履安適，闔寓平安，為慰懷悉。今早曹太尊見過，匆匆即行，趕程不及作信。兄身體粗適，明年館事，看朱虛舟方伯意甚優厚，大約仍舊之局。而京中諸友信來催促入都，緣會典館明春告成，可邀議敘。蘭臺題升密雲，亦甚望兄進京，屢次書來催促。刻下素手空空，如何起身？只好聽之而已。勒公節初十日內可已過陝，想可得謁見。吾弟刻下當已委署一缺，但未知遠近何如，家眷能同去否，良深懸念。大姨姊三太太暨全寶姊妹、蓼湘賢夫婦想俱安好。茲因達縣郭對西大兄回川之便，聊附數行，以報平安，餘容再寄。此字三弟覽之。兄芳燦手啟。十一月初五日。

與蘭臺

兩月以來不接手書，正深盼望。前于八月十五日接到來信，藉稔堂上曼福，吾壻政祉平寧，大小姐暨壽齡兒妹均各安吉，欣慰無量。至密雲一缺，任大責重，辭之為是。如能近京升一善地，脫離邊塞，是所深望。然食祿有方，總由命數，安排以吾壻之才，從容做去，自有機緣相湊也。愚在書院身體安好，生徒亦極浹洽。葆岩中丞升任浙閩，朱方伯像舊好相待極厚，春來此席今年總須終局，且俟明春再定行止。何純齋先生以會典未成，如年入春明，可望優敘，深感其期望之意。然進京一事談何容易，非得二三千金不能有一年之糧，且俟三叔得一善地，吾壻得進一階或有接濟刻下似難冒昧也磨寶之婿已有緩帶之喜十月中可以分娩渠住增鄉亦頗相安愚離陝之計遲遲亦為此耳三孀大姑母錫弟夫婦及全保姊妹均已到川一路平安亦屬可喜之事茲勤公節過陝兩日應酬甚冗匆匆作此信托隨行之叙永廳周九兄寄至純齋處轉寄不及細述一切藉報平安而已無錫時有信來合家均安惟苦貧耳此問

升禧　愚舅楊芳燦頓首

霨筆請堂上慈福

復趙小淵

月之初六日王升來陝接奉瑤緘備承存注懃懇寸心銘感佩藉稔大弟親家大人政祺增勝潭署凝禧欣忭之私非言能喻小兒依侍左右備蒙飲食教誨日來頗知向學文字漸有進境是皆泰山之雲涵潤滋培之所致令人感激彌深令愛小姐娩期行近聞身體安健□□□藉叨在大弟大人親母夫人福蔭之下諸事定卜吉祥順序茲覓換人葠一錢三分係臨盆時所用已交付穩生矣附上點心二匣真紹酒兩罈彩蛋筍一桶芝句一包聊以佯函布惟哂存愚近狀託芝盦書通可慰綺注肅函佈復敬請升安不盡馳企

所需對聯錄呈

芙蓉山館尺牘卷九

金匱楊芳燦蓉裳著

致署陝甘制府蔡方伯

芳燦翹企龍門時殷依戀栽培厚德縈結五中祇因銓闈請嚴未敢輕塵牋牘而通夢馳情無日不趨承函丈也敬惟老夫子大人黼黻增綏華祖集慶迓絲綸於北闕作柱石於西陲碩福鼎來澄懷鏡朗承九乾之湛露自天之眷倚彌隆蔭二陝之慈雲西地之謳歌孟廣竚見即真而恩隆三錫開府而望重八州瞻睇祥輝曷勝藻忭芳燦槐市清閑忽焉過夏蒲葵蕭瑟又已望秋榮進之心日頹鄉曲之思倍切趨曹抱牘知筋力之已疲理策還山恐飢寒之交迫窮年飄泊異地羈孤內手捫心進退維谷知關垂念用敢縷陳尚冀師恩曲加提策俾谷底寒荄或重榮而蒼翠瀆中朽木不終斷於青黃感激之忱寧有涯涘茲因肅州學政汪應榁來蘭叩謁肅薰蕪啟虔請鈞祺伏祈垂鑒

致山陽黃秋園明府

前月接奉琅函並蒙文綺珍裘之贈當即肅緘虔佈謝悃想登籤記日來焚玉麩香盥薔薇露敬將大集展誦班香宋艷符未照入陸海潘江濤瀾動地勝襟橫霓古情鬱霞臨風三復足以滌塵襟而遣煩慮快何如之制義二册鎔鑄經訓準則先民靈皋文輈諸公衣缽竟在兄處非近日操觚者所敢望也書院諸

生競相傳鈔以為楷式俟作序後吾兄當付之梓人以衣被後
學亂皇芝草爭以先覩為快耳弟日來稍有酬應兼之方伯以
官課卷屬閱一月三課積算五六百卷披閱竟無暇晷俟十月
初旬孟岩觀察課期卷係自閱爾時稍暇當將序文撰就封呈
屆期或令尊使順便取回更為捷便遲遲之愆希惟原諒專此
佈臆敬候升祺敍風早寒諸惟珍重臨穎神馳

致山陽黃秋圃

望前曾修寸啟度候興居想登清鑒邇惟年大兄大人政祉增
綏潭著多福定如心頌大集須俟十月初間批閱稍暇纔能撰
序呈政刻下帖括堆滿案頭胸中柴棘三寸未敢以蕪漫之辭
塵瀆大雅也茲有懇者白河衛大兄係丁酉同譜在省與弟為
文字知交極稱莫逆今秦已由大路前赴新任其年嫂夫人宅
眷取道商南到任經過花封護河船隻一切祈加意照拂衛大
兄仰慕芝儀因同年同官一方未曾謁晤不敢專函冒瀆屬弟
一言為介年大兄大人誼篤蘭盟定能周摯無庸瑣瀆也肅此
佈懇敬候升祉不盡依馳 九月十七日

致姚春木

八月初旬曾佈一緘並劉雲司書想經收覽邇維仁弟起居康
娛侍奉曼福篋中著作想益美富健羨無似愚講院蕭寥獨處
無侶秋雲重陰淥雨時濡竹樹蕭槭敗葉積階甑有蒐史之塵
庭無貢公之迹既感凄節又悲徂年懷抱抑鬱槩可想見劉雲
舊患胃疾頃轉增篤不能時相晤聚重陽將近未見黃花青門
無可游之處獨游亦不歡也搦管嬋媛紙劣墨燥諸惟珍重不
盡欲陳

答張介侯書

睽闊光儀十易寒暑道里隔閡人事邅蹇未奉書問自知疏節
而仰高睎驥歷年滋多拳拳寸忱時在心抱廼荷閣下貽之良
翰惠以德音椒桂之氣合於畝蓋魚龍之感動於風雨攄纏綿
之雅思暢經通之遠旨蘭杜芬馥琳琅清越長卿恧其文藻子
雲歉其筆札萬遍循諷三陌距躍惟是獎飾逾分推挹過情流
汗騂顏失容隆席敬惟閣下雅性都長天才朗邁玉瓚璪猛黃
黃鐘灑光品登明堂書校中秘司淵向之籍辨章舊聞摛鄉雲
之詞潤色朝典發徐防之五十難試李充之九千言長才曠度
無所不淹西州閭人九牧稱嘆廼未得久居承明迴翔禁省一
命作吏遠踰丹徼羅施俗異牂牁路阻削牘移病投紱乞歸不
慕朱文之軫甘守綠縢之帙含光韜采收華稚節潛志墳籍殫
心經訓默而好深湛之思舒而為彬蔚之作抉精剔華擿伏發
隱近復講藝龍門談經鱣舍學宗鄭賈文羞曹陸槩模規笑羣
士步趨神墨靈武萬流纂智凡夫常擬星氣耿昌月行蠡問射
法宜僚劍道劉昆清角趙定雅琴莫不元鑑在胸靈珠入握某

初來闢輔得讀黔書一斑驗豹半毛測鳳其紀載詳贍㧞揚輿廣河圖括地輶軒絕代長沙土風之碑建康山水之志雖裴秀精審酈驅通博以今方古殆有過之大雅謙冲恕其瞀論辨雎霓之連蜷忘蕪菁之唐突許為真賞托以良知文字心交千里如面子休之於惠施君山之於班嗣無以踰也某瓶管小材蝨篆末藝文繡鞶帨刻雕冰脂實山謹事涉獵江淹不調者撰詞賦百六家頗當留意經術上下古風未究心掇拾郎言綱羅璞說風蟲露鸝鶴助其呻吟病葉狂花同其迷悶閒奮啾發投曲雕蟣屬詞大類辯入黃馬之談徒貽下士蒼蠅之笑茲者時邁齒截英華凋落亦思竊六藝之旨成一家之言而老覺氣衰疾今志沮掌蘇未樹鉛槧易疏衡公叔之精專遜伯業之篤嗜日暮途遠心夸力躓如嚇河之臞夫類移山之愚叟誠恐典籍腐敝學業沉隤讀聞不逮歿世不稱耳兼之寄食殊方端憂卒歲入士鄉而友教借經舍以棲遲徒抱貞孤甘同淪廢雖謝瀹未嘗拒客而王微不好詣人坐此瀏踈遂相詬病甑穴遊蔡蒿塞門嗟身世之飄泊惜朋儕之闊隔日感氣草耳悲時鶬倡古寡和呼今莫應宜乎述造之無成見聞之益陋也閣下垂念陳人曲加存問所望遠頒鉅製時示周行發其疹憤啟其聾聵俾鈍閣條達庸神曉然則砥摩鉛鈍或並價於龍阿鞭策駑病得齊蹤於驥騏君之惠也何幸如之惟攝衛惟宜道履多豫瑞函佈復言不宣心

與陳雲伯書

自違謦欬忽更歲籥山川超緬鱗羽淹滯毎懷雅度悲若輖飢敬維閣下製錦宣猷鳴琴著化侍奉多福循蘭在陔拊循有方按蒞當戶臺府賞譽闔閭歌頌俊譽雷顛琦聲飇起下風傾聽喜與忭會某遠越隴坻坐守經舍畝鍾折几蕭寥無侶戒香定水枯淡如僧涼風碭駭秋陰黝倏廣除十笏荒崖五畝寒卉宗生幽鳥族聒每當晦雨溟沐長廊陰翳壁苔紅綠色類殘畫砌蟲啁唧聲應古琴對茲岑寂殊乏趣向慨焉瘖嘆念我故人莫由晋覿彌增菀結加以倫好殊實分呼喝莫應怙恃填委苦之秀異丹黃點注彌損神智才思轉退撰述亦稀毎念閣下快字凌紙俊語霏屑每示一篇輒諷百過譬猶神鄉奇帛經緯騰輝海國異香肝脾沁馥聆離日久吟咏更富受而不見搔首踟躕何當郵示慰其素莫至於旅游寡味徒事竊泊僚黨尠撒更無結納貧悴兄散有似孝標潦倒麤疎竟同叔夜徒嫂妹而自好甘貞孤之不諧無如觚字篤學終累家室向平肆意未畢婚嫁生計蹙迫方寸煙鬱每翹首南望未嘗不自悔而笑也小兒夔生兩謁高齋備蒙款洽閣下念其寠貧加以周恤俾昌黎輿室暫止啼號史雲窮居不須据拾分金指囷誼等古昔哅濡沫通其有無高義如斯銘感尤極其射猶覩於兔首味無戀於豬肝

興切尊鱸蓴繞松桂會逸江頭之棹佇陪湖上之尊想見匪遙馳神轉切端函削牘敬候近祺書不盡言但聞文繫

復法梧門書

敬復者某於去歲恭閱邸抄伏讀　上諭以内府所藏全唐文宜付文穎館全詳稽載籍加之補輯校勘完善進呈　乙覽刊刻頒行欽惟　聖祖仁皇帝　欽定全唐詩海内奉爲矩矱我皇上崇文講學嘉惠士林　聖治光昭後先繼軌文章際會千載一時凡方聞向學之儒萬頭胥延以先覩爲快竊謂自漢魏以來辭章著撰之富無過於唐玉海金淵莫測涯涘先生以通博之才領蒐輯之任搜羅散佚纖悉無闕遺猶復采及芻蕘以編次之例殷殷下問不揣檮昧敢以管見所及爲閣下陳之按藝文志有總集之目有别集之目如文選唐文粹文苑英華所采詩文分體編纂此總集例也若專家單行則謂之别集　欽定全唐詩則稟别集而爲總集篇章宏富蔚爲大觀其例以人繫詩時代先後秩然不紊今全唐文亦應遵照此例編纂其人之名位不顯者當考其出處交游按年彙入庶無舛互此體例之宜審者一也按全唐詩於諸家之有專集者逐篇必録其無專集者單辭必收今如王楊燕許韓柳諸大家文集具完好者無論已然而釋伽成道之記子安之集失編西域經紀之序燕公之文不録自當旁搜博采補入集中至若馬賓王之章疏郭

六　無錫縣署書館

汾陽之表奏鄭台文之露布見之唐史而無專集者指不勝屈偉人鉅公猶復如是其寒畯單門一鱗片羽零落者又復何限應徧檢新舊唐書佛藏道藏及别集之附見者（如李太白集之有范傳正碑昌黎集之有李漢序杜牧集之有裴延翰序是也）以收散佚此體例之宜審者二也按全唐詩選詩而不及賦以賦雖古詩之流而其體則近於文也唐以詩賦取士功令所繫故作賦者尤多今諸家之有專集者其賦自冠其文以行至如扈壁海潮何諷夢渴之類一賦之外别無著撰場屋覓擧之士僅傳一賦者不可勝數全唐詩有止登試帖一首以存其人者今之録賦亦當如是此體例之宜審者三也又考唐人文集兼有子史如昌黎之順宗實録杜牧之罪言劉蛻之鼎書羅隱之兩同書皮日休之鹿門子其本在集内者自已全歸著録其在集外者如國史補讒書猗玕子之類卷帙叢繁如欲盡采則盈箱充棟如竟置之則與他集之例不符此體例之宜審者四也按全唐詩采晚唐之詩兼及五代是以韓偓韋莊孫光憲等之小詞均歸甄録蓋韓偓諸人雖托身霸國而俱係唐臣是五代之於唐猶餘分閏位當比附以傳不能離異也歐史不載文字薛史兼載詔命章奏之屬至馬令南唐書所載之文俱系全篇吴任臣十國春秋雙行小注中采文極爲詳備其餘諸國霸史如有遺文均應采入附於末簡此體例之宜審者五也至小説九百本自虞初于寶捜神異均志怪列仙

七　無錫縣署書館

之傳靈鬼之記漢魏以來篇帙甚夥洎乎唐代爲類尤繁搜全唐詩凡童謠里諺之辭勞人思婦之什仙靈詭怪之語滑稽優戲之流片語必登罔有遺漏以此類推唐人小說不下千種廣記五百已不勝收或當列之外篇或竟置之別錄此體例之宜審者六也再歷觀唐之初盛中晚自貞觀以至龍紀作者往往以駢散序言冠於詩首致爲詳贍如王勃之滕王閣王維之送秘書晁監柳宗元之平淮西雅全唐詩於此類則登其詩并錄其序然文可以入詩詩不可以入文今將錄其序而遺其詩乎抑并不錄其序乎此體例之宜審者七也至來書所云金石文字頗難搜訪然近日如王述庵先生之金石粹編搜羅最富迺

川趙琴士之金石文鈔校勘尤善精其餘考據金石之家自歐趙至今不翅百有餘種似當無難裒集惟是吉金樂石歷年既久剝蝕寖多志金石者或可以闕文存疑若采入全唐文則當旁引曲證以期完善是則搜訪非難而考証實難任其斷爛既難入於簡編妄下雌黃又恐滋其附會此體例之宜審者八也頃聞此書總裁皆當代宗工又得晴芬石士芙初諸君爲之分纂而先生潤色其間櫽指條篇原原本本而 文淵四庫所藏唐人別集極爲美富行見勒成一書高文鉅製照耀千古上充乎 聖心下加惠於來學豈不懿哉某無裒遺之強記如師丹之善忘精力銷殘學殖荒落平生記誦十不得一聊布區區之

忱冀垂省覽焉某頓首再拜

復朱虛舟方伯

日昨承賜華牋屬詠瓶菊率成十絕敬呈清誨自愧擊轅拊缶之音不足以呈大雅且與名花不相稱耳頃奉琅函知質披學使以文穎館纂輯全唐文搜羅關中金石文字述菴夫子金石萃編一書自上古下迄唐宋吉金樂石搜采最爲宏富考證亦極精詳茲將全部呈覽其中有唐一代文章三兄大人如令鈔胥錄出半月即可竣工全部卷帙太繁不必齎去也弟有答法梧門學士全唐文體例曾見八條容日錄奉鈞鑒秋山觀察書已接到肅此敬請台祺餘容面頌不宣

致姚八如方伯

八月初旬曾布一緘想登簽記頃接三舍弟家信知年丈九大人攝衛惟宜福履多豫常膳較加舊疴有痊雖林霞興逸不無南國之思恐雨露恩深難辭北闕之眷竚看吉星重煥薇垣是所日夕禱祝者也秋坪二弟日前在省時得把晤差費一事蒙嚴先生入奏奉有恩旨想大兄已經恭閱二弟軍功丕著不日即當榮復凡在至好無不欣忭弟講院岑寂光景如常可慰繡注茲乘李紀回陝之便肅函佈請福安諸惟珍重不盡依馳

致金遺閣明府

睽違清誨星琯一周夢斅心輪時殷馳溯昨接家信知老父台

大人念旅人之漂寄憐細弱之清貧潤以廉泉頒之仁粟俾左餼右粥得度飢春高誼隆情五中銘鏤敬審老父台碩福鼎來循聲卓著樂情膏潤禮意風猷樂歲棣通東哲之霖應侯群生餐挹房杓之井回甘閩邑中之戴白垂髫無不同聲延祝寔樂職中和之譜頌神明慈惠之師桑梓關情昌勝銘佩弟忝膺講席一載于茲天府李產寀樹賁鄉尤多翹秀橫經問學衿纓集至百人繼晷焚膏吟誦喧于五夜外來隨課者尚有百餘人書蒸擷華可稱極盛弟才識譾淺經藉荒蕪早歲作文不過一知半解中年失學安能小叩大鳴恐寡陋之貽譏更裁成之乏術撫躬循省常切兢銘所望老父台示以周行時頒矩訓俾有司南之指無貽面北之羞是寸心禱祝者也肅具蕪椷虔申謝悃敬請鈞祉臨穎依馳

致張秋汀司馬

梁園小住備荷隆情慇拳尺素之書鄭重朱提之賜寸心銘泐無日彌忘敬維親家二兄大人履祉增綏禮猷益懋恩承玉陛行霑湛露之濃績奏金堤已報安瀾之慶祥雲在望欣忭奚如弟羈旅青門行周星琯疲精神于腐簡獨齒髮于徂年書蠹生涯海鷗心事衰羸之微早見榮進之心日頹燈火親人江湖入夢鄉思難遣旅況無憀竟無善狀可為知己告者葦塘大兄里居以來從未得其音問聞其蒔花種竹聊以自娛未知還作出山想否肅函佈悃敬請台祉臨穎依馳

答蔣小松

月之二十日接奉手書知小价王升輩已經到署足下塗同之遊登陟三日至十四日始還捧讀佳什知逸興橫雲勝襟拂霄奇有皆搜無憂不探健羨無似弟欲訪少陵學堂困卑雲抱痛逡巡不果平生無山水之福少濟勝之具自安疲輭望岫息心茲聞閣下謁黃軒問道之宮尋元鶴幽棲之洞渺渺焉輒作天際真人想矣弟講院蕭瘦況味如舊日來孟岩觀察送黃花十餘盆諸門生亦有所贈冷香環坐瘦影籠燈靜對翛然藉抒襟抱雲圩大病雖愈而羸弱殊甚如七八十老人須扶杖而行也頃接都門龔孟仲信知前托少廬之項直至八月間始行交付尺照封面送去百金再三向說姑允補交人心之難信如此所幸土方新例截至年底為期尚寬不致悞人功名弟亦可以卸責矣見山于十八日赴華州廿日昨同岳生來肴困書院無聊旁在盧蕣文處居住歸櫬公分盧舜方伯格外垂憐令同州各屬出四百金富平三原兩處各一百金其餘二百金各同鄉均出方伯同孟岩觀察各有所贈大約可得千金孤寡可以還鄉皆斐園先生在日忠厚待人之報也四川瞿觀察專人來陝日內亦可到其求親之說五太太已作札婉回之俟明歲周年後姑爺回南鄉試即可就親立言亦頗得體日內張羅安當岳生回

華料理一切十月中靈櫬總可起身矣岳生求敘行述渠年幼稚事迹不能記憶僅得斐園自敘履歷一紙殊難着筆也空函詩送卓雲處千客家信暨卿什信已分送餘容續布敬候文祉不宣

致四川方有堂方伯

前月恭閱邸抄欣傳榮聞知年大兄大人晉崇階于蔽省承遅眷于楓宸肅耶燕牋虔申賀悃想・英（歷）盼已付典籖邇維年大兄大人懋祉增綏侍奉曼福當（堂）蕤榮茂飲饍載加陔蘭芳馨班綵增絢井絡建會昌之福巴賓布樂職之聲引領祥雲良深忭頌弟旅懷抑鬱學舍蕭寥筆硯生塵謳吟久廢自循短髮悵蒲柳之易衰嬾曳長裾任蓬蒿之側塞欲趨曹抱膝牘而精力已疲欲理策還山而飢寒交迫舍此三徑之席難求五畝之田出入無悰進退維谷未識知己何以策之肅泐蕪函虔請台祉倘逢風便幸惠德音擱管操觚寸心馳企

再啟者新選雙流縣令汪士侃弟同縣人少時相從受業其才質穎秀人品端謹弟所素志惟是新掇科名即膺民社于官方吏治恐有未諳幸隸帡幪所望賜以裁成加之提拂感激如同身受祗緣士仰仁風群慕愛才之雅遂使弟操弱翰瀆修薦士之書千瀆清嚴良深悚仄芳燦又啟

致張春法

又月初二日貴役旋署曾佈一緘想登記室邇維仁弟大人懋祉增綏政猷丕煥時和歲稔里溢頌聲政簡刑清堂流琴韻二千石之恩綸即下億萬户之福芘可知鵷肩祥輝彌深忭大集付刻想已工竣望即擲賜一部景星鳳皇以先覩為快也愚講院蕭寥索居無俚頑軀蝸適可慰綺懷拙文已經刻竣茲寄上三篇俟刷印齊全再一併寄正詩稿現在付刻而光景竭蹶刻資未無出功已及半又斷難手前懇仁弟大人助我銀五十金如蒙慨允即專役寄來銘感無既專此佈懇敬候升祉臨穎依馳

致馬老先生

夏間接奉良書辱承垂問並不棄弇鄙亦以詩文三復之餘欽欽在抱祗緣夏秋時氣候不調時抱小病是以久遲作荅歉仄良深邇維老先生道興履綏和著作日富定符心頌大集久置几案承屬加墨敬捋管見未知有當否雷王二生溺若于學文藝駸駸日進可以告慰肅函佈復敬璧尊謙並候台祉不宣

批語

唐李習之作高愍女碑孫可之與高錫望書當時以為傑作二人皆奉昌黎為師者也先生文兩首氣息古厚筆力勁健直欲登昌黎之堂而嚌其胾以視孫李伯仲閒耳誦讀百過欽佩無似懷人詩亦情深文明君子之交澹而彌

也惟厚德之滋培卜高門之慶譽彩雲五色琪樹連枝欣忭之餘彌殷禱頌日昨郭紀來陝知與衛月内有省垣之行並詢悉青門至錦署不過五百餘里弟前荷招邀亟思侍會冬閒必挈車踐約古人象一相思千里命駕況不及千里耶諒叔屆序講院蕭寥端坐邑邑蓋復無俚幸頑軀佣適勿心為念附呈自序竊比義山敢其窮愁潦倒境遇略同非敢方其才藻也有周生者縱而為之解則未免過譽矣今併呈之以博知己一笑周生名為漢字劉雲浙人弟之受業弟子負異才詩文古詞有奇逸之氣同輩方之仲則茲同在陝省冬閒或絜之晉謁龍門知閣下愛才如命必能傾襟相待也茲因郭紀回署奉占佈臆敬候

升祉諸惟垂照不盡欲言

致嵩觀察

京華聚首時挹清輝判襼以來屢更歲籥悵萍蹤之無定歎魚雁之鮮通馳企之懷匪言可喻茲聞九兄大人榮膺葵命觀察童商着威惠于雄關建勛猷于工洛制函畫節推英蕩以延釐身繡鸞章近絲綸以介祉翹瞻吉靄忭慶良深惟悵相距匪遙東由圖晤日昨台旌蒞省乃蒙不忘舊雨枉駕先施適值以事他往弟竟延接次早即當專誠拜謁而與衛公出又復莫遂趨承歉仄下懷欽欽莫釋弟以鶚陋匪才忝膺講席孝先空腹無愧經術之迂疎伯業華顛時有鄉心之眷戀乃荷咸中丞雅意永洵有徵也已己九月望日楊芳燦拜讀并識

復秋圃

前日貴書來縣當將大集四冊交伊帶呈未及另札蓋封緘相待者已十餘日矣中有序文三篇自知陋劣不足為前馬之導大雅有以正之也月初奉到手緘備承存注懃拳寸心銘佩並稔行役勞頓腰腳疲曳滌為懸念刻下想已全愈惟加意攝衛為望吾兄託寄信物之孫鳳韶並未來省弟素不識其人館上供事中亦無其姓名其人荒唐如此所言皆謊可知殊為可恨至吾兄宦況清窘弟所素知襟懷恬澹時切鄉園之思而不能即賦遂初者為貧所累也別帋云云如有可為力之處無不留意弟飄蓬蹤跡跡難自立趨曹抱牘筋力已不能勝頃屢接京華來信札因館書明春告竣促令即行赴都而囊橐空空豈能就道現在成中丞申陝尚未接晤俟明春此席仍舊與否再定行止耳自壽詩聲和被紙光米盈字而真情摯語諧婉動人真得名家大家三昧者拜服拜服肅函佈復敬請升祺諸希丙鑒

復松嵐觀察同年

接奉還雲知前肅蕪緘已、籤室備荷懃拳記注情溢于詞繼誦迴環五中銘鏤敬稔閣下起居康娛福履恬吉去歲徵蘭兆夢集鳳占祥繡褓瑤環明珠在握張籍詒昌黎云此是萬金産挽留本爲六鷁之退飛且喜一枝之暫借得玖則止又復淹留所幸魁杓在望談讌可圖尋畫省之陞歡話春明之舊夢此則私心所慶幸者耳弟于臘月望前擬赴劉松嵐觀察之約前赴潞村道出潼關再當晉謁崇階面申積愫先此奉達並請台安統乞融鑒不宣

複方有堂方伯

頃奉瑤函知雙流令汪士佩所承薦函已登籤記備荷年大兄大人懃拳栽荅獎飾過情盥誦迴環五中銘佩敬稔履祉增綏侍奉曼福繡黼煥斑衣之彩愛日舒長雕章爍紅綃之輝卿雲糺縵蔵首則祥凝百福錦城則歲稔三登翹首慶霄良深欣忭弟關中棲屑荏苒經年榮進之心日頹鄉園之思彌切蒙成中丞曲垂雅愛款曲攀留仍爲學舍之賓忝作經生之長豬肝猶戀馬齒日增蕭寥況味不足爲知己慰也三弟荷蒙栽植署篆江油當屬其勤慎辦公以副期望茲附家信一緘祈即擲發是所感泐肅函佈復敬請鈞祺並璧謙柬臨穎依馳

致四川軍標協鎮李

睽違清誨歲琯倏周每懷譚讌之歡並憶提携之雅心輪夢轂時切依馳秖因羈旅無憀久疎音敬迺荷琅函下賁垂注懃拳盥誦迴環五中銘戢藉稔八兄大人鼎祉延洪崇祺懋介祥開玉帳承湛露于楓宸彩絢斑衣蔭慶雲于蘐室翹瞻福曜忭頌

猶殷弟識悉蕭寥況味如舊秋初方葆岩先生中丞升任閩浙制府知己睽離本擬即作南旋之計昨蒙成中丞雅意攀留仍復忝居經席鷦棲猶戀鷁退自慙幸頑軀粗適可以告慰綺注三弟在蜀諸荷關情良深銘泐茲署任江油關地方偏闢民事甚簡渠係初任可以無隕虞越藉爲慰意猥荷華緘道賀感衷靡涯專函佈復敬候台祺諸希朗鑒

與大妹

月之初十日接吾妹暨筠甥來信藉稔近履平安少奶奶暨元寶姊妹均各平安欣慰無似筠甥已隨三弟赴江油新任想來必回寓度歲吾妹在省寓同三太太全保姊妹輩過年亦不寂寞新年又有邵親母處往來定然熱鬧也來信中言及筠甥捐官一事經歷縣丞既無此力量從九未入斷做不得現在捐例已准長開隨時可捐不必急急至筠甥信中云學習幕務亦屬可惜凡看筠甥文藝尚可望中速即勸其溫習舊業明年徑下北闈如有餘貲帶捐一州同縣丞職銜如能中固佳不能中將來亦可加捐以作退步至筠甥文理習幕甚易此時年紀尚輕家累未重亦毋庸急急也此時各省奏留之例既停即托勤公爺亦無能爲力惟有一職銜在身將來各處或有機會均可効用此信可寄與筠甥閱看並商之三弟以爲何如兄明年關中書院仍舊撫藩諸公相待甚好身體安適可慰遠念惟今歲豐

用較多度歲未免踞蹶前信所云吾妹處四十金及少奶奶處四十六金之項俟明歲寄上如筠甥進京過陝時付伊作盤費亦可此寄大妹覽之十二月望日

復春溪太守

月之十二日賀明經旋里曾附寸緘敬候興居並申鄙悃迺渠甫起程而貴役適至奉到良書並各種書籍發函伸紙綢繆之思溢于楮墨又因愚刊刻詩文稿助以朱提五十金高誼隆情銘鐫心腑記大集鷗雲圍詩云友道窮方見詩名老更輕愚與閣下定交時即喜誦此二句今愚羈旅青門齒危髮禿儔侶日稀聲華日減而閣下獨拳拳不置助以多金俾竣剞劂之役友誼之篤方之古人殆無多讓而其因緣已定于二十年前文章有神交有遺豈不信哉敬稔仁弟大人懋履增綏升華在邇雒誦迴環喜與忭會大集又讀一過不必再行刪減惟于新作數章添印選字即可付刻至如圖書字字心印所謂我輩語也其欲存前悼亡二十首以慰孟光所見極是且詩亦沉摯可存愚亦不解當時何以不入選幸賴如圍忠告以補愚謬誤之過原書仍附還新檢收大集已刻者校正一冊訛誤尚少字畫清楚刻本中之佳者也彭羿仁先生詩集校讀一過其詩才思浩博文采鉅麗如珊瑚木難光彩照人而其中字句不無瑕類蓋才大不暇檢點故耳陸射山先生字永修竹垞明詩綜已存其詩集中篇什與阮亭諸公相酬和均係一時名宿其詩精深華妙卓然名家校讀之下心形俱服才氣雖不如初白先生之大而鍛鍊工夫則有過之承囑選有其尤警策者十之四五而七律一體美不勝收所選似覺太少尚望閣下有以質之也明詩綜云著有平齋遺稿未知已刊刻行世否與此稿所存有同異否如有回南人便祈閣下搜訪之彭陸兩家均賴閣下刊行俾鄉先輩潛德幽光鬱而必發蔥璞呈輝遺珠諒照其爲功德豈淺鮮哉大集刻成及二家詩望即賜示感佩無既如叔圍吾弟之至誠愚之老友也此次入川過訪忽以師禮見待令人驚疑慚愧愚雖庸妄斷不至此已作札堅辭之並望閣下致書道達鄙意得申昆季爲幸如來書云云重吾過也豈有數十年雁行相齒而忽以師資自予者哉學如鄭康成尚不敢屈泰山太守應仲遠閣下雖謙何待之非分耶君子失辭不容不諍希惟亮詧並和夏間見懷詩四首請正亦風人無言不酬之義天氣早寒諸惟珍重言不盡意臨穎依馳

致成都曹霞城太守

日前候補崔令赴蜀晉謁台階曾附一緘虔請台祺計日可登籤室邇維大兄大人鼎裀介祉黼黻凝禧會昌建福應井絡之星辰樂職中和協錦城之絲管九霄垂蔭踦膺豸繡之榮十部宣猷已兆康衢之瑞翹瞻高采欣頌良深弟羈泊關中況味蕭寥

寂憶鄉關之迢遞感歲序之貿遷對此青鐙自慚素食乃荷成
中丞曲加垂愛悃款攀留愧無一得之愚忝坐三鱣之席笑鷦
棲之尚戀甘鷁退而不飛榮進之心日頽衰羸之徵早見襟懷
寥落不堪爲知己慰也茲因賀研齋農部赴川之便肅函佈臆
敬候台祺諸惟淵照不盡依馳

致方有堂方伯

再啟者研齋農部四兄弟在都門同司至好追旅寓青門共數
晨夕相得甚歡茲研齋以公事赴川晉謁台階所望大兄大人
推愛垂青曲加照拂感激之忱有同身受芳燦又啟

月初接奉瑤函肅修蕪啟從朱虛舟方伯署中郵筒轉達計可
即登鑒敬維年大兄大人鼎祻介祉繡黼凝禧承湛露于楓
宸蔭慈雲于護室椒花獻頌懋膺百福之釐柏葉稱觴欣際三
陽之泰啟頌在望忻慶曷勝弟羈泊青門自慙素食祿荷成中
丞不嫌奔組雅意攀留愧無侍閭之長仍坐談經之席年華適
邁容髮蕭衰綠酒弄盞數歸期于雁後青燈丙夜發鄉思于花
前筆墨生涯虀鹹況味不足爲知己慰也肅函佈悃敬請台祺
統希澄鑒臨穎依馳

復趙小淵

前月知文旌赴省是以久未奉書懷想之私無時或釋頃接手
翰敬稔覲家大兄大人元旋吋吉福履增綏潭著千盈良深忭
慶愚講院蕭寥迹況如舊前月抄蒙成中丞雅愛枉駕過從訂
明年之約并欲令其世兄相從講藝情誼殷摯殊爲可感愚思
此時囊橐空空斷不能作春明之夢即欲南回亦無盤費或出
或處進退兩無所據既荷攀留之雅且圖研席之安想閣下聞
之定深欣慰也承來札相招至高平度歲愚與大弟大人睽違
日久想念殊深奈相距匪遥欲圖聚首一傾衷懷擬于旬日作
潞村之行向松嵐觀察商度歲之費是以令麐生前來書院照
應如嘉平月抄自潞村回陝當挈麐生前來錦署頌椒盤之花
閑栢酒之醞西窗剪燭暢叙親情固所願也專函佈復敬候台
祺統希澄鑒

復署榆林縣徐秋山

前月專誠叩送而輿衛已先一日遄發詩聯一付托世兄寄呈
想蒙清覽日昨接二兄大人途中來札知福星所蒞諸事平善
良深慰忭並荷惠拳記注感泐于懷楊生所云簡齋師詩集選
就即將原本送呈彼此兄揆業已領悉但此事非能草率竟功
總須于明歲春夏間纔能如約耳再蒙詢及武威鄧生大耳學
行其人時藝甚佳有天崇國初人風軌經書精執品亦端謹渠
亦同官楊明府高足弟子可以延請也弟家中丞大人雅意攀
留于前月二十六日親至書院面送關書情誼諄諄極爲可感
既得一枝之借幾謀三徑之資且得與二兄大人音問時通常

聆教益固是鄙懷所願也肅函佈復敬候台祺諸惟淵照不盡
欲言十二月初二日

致趙小淵

頃接瑤緘備綢存注五中銘泐子墨難宣敬稔親家大弟大人
政祉增綏潭祺茂集熟賭福禔忭頌良殷廑生過蒙慈愛因其
身體軍弱天寒道遠不令跋涉懸爾有信亦已止其起程令在
錦署度歲俟明正春融或可來陝一行也愚本擬今日起程赴
潞村因聞劉松嵐同年尚在太原是以中止亦緣今年天氣嚴
寒倍于往歲今晨飛雪未霽憚于冒寒之故蒙大弟相招赴署
作椒盤之會亦同此意是以逡巡不果非不相思竟不能千里
命駕望恕其老嬾爲幸種木老伯賀啟屬稿呈政匆匆援管詞
意鄙俚尚祈改削用之勿令貽笑方家也專此佈復並候升祺
敬聞覲母大人萬福郎安好統希丙鑒不宣

代擬賀種木姻丈

姪自慙樗櫟幸托葭莩識名夙仰夫山斗晉謁未聆乎謦欬才
衰驅企八載于茲敬維姻伯大人名世英賢熙朝耆碩早躋膴
仕傳中外之聲華晚遂初衣樹鄉邦之軌範養和抱德倘佯圖
史之娛餌术餐芝瀟洒林霞之適一經裕後百福禔躬萬石門
高三多慶集茁謝家之寶樹盡是芝蘭傳王氏之青箱無非麟
鳳茲當慶旦倍擁繁禧年逢松椿日逢弧矢杯浮玉斝之醽高

風共仰香山庭開金帶之花良會真同洛社婇一官匏繫未遂
鳧趍千里梓鄉彌殷燕賀辭宣揭而莫罄意傾向以彌勤敬犯
蔚菲虔申頌禱愧鄙非萌寶綏桃之獻遠和芝房寶鼎之歌仰冀
鑒涵曷深欣幸肅薰蕪啟敬賀崇祺虔請台祉臨穎瞻馳

致署陝甘勤制府

芳燦叩違恩誨月瑄載更依戀私忱時縈五內敬維大人鼎祉
洪延崇祺懋介蔭慈雲于二陝承湛露于九軋玉塞金城重沾
惠澤黃童白叟咸動歡謳百度維貞樂職中和之化三階齊色
宣揚閫德之符茲際椒蕊承風蓂英紀旦雲翹暢舞分青陽左
个之祥簇管諧音納蒼宿震方之祜台垣在望忭頌彌殷芳燦
仰蒙厦庇備沐恩噓成中丞雅意攀留仍添關中講席幸枝棲
之許借自愧空疎冀渠訓之頻頒曲叨栽植寸心感激倍百恒
恒情肅薰蕪啟敬請鈞祺虔賀新禧統祈垂鑒

賀趙小淵

月之十二日曾肅寸緘佈候興居想登籤記茲際龍躔肇歲鳳
紀回春敬維親家大弟大人懋履延和潭祺集慶紅椒頌旦欣
百祿之同臻粉茘迎年樂三陽之啟泰茂集陶鈞之福訏膺遷
擢之榮翹首吉雲曷勝蒸忭愚講院肅寥書帷岑寂闌年行屆
旅抱無憀幸小松先生下榻荒齋共數晨夕菜盤椒酒和東坡
守歲之詩翠管銀牋書華老宜春之帖聊排鄉思共索古懽耳

肅函佈賀新禧敬請親母大人懿祉郎変均吉統希垂鑒不宣

致汪寫園明府

青門捧檄藉傾積悰猶悵匆匆言别未能盡平原十日之歡也頃接三舍弟來信知閣下安抵錦城謁見上游均深器重即赴雙流新任通維政祺恬愷惠澤覃敷來暮之歌定徧郊圻矣翹首蜀雲良深頌祝弟蒙成中丞雅意攀留仍添關中講席且得一枝之借纔謀三徑之資惟是歲事向闌鄉思倍切江湖白社燈大青氈托歸夢于烟波抱冬心于冰雪垂老則怕斟椒酒退歸則未學桃符種種苦懷惟知己能諒之也肅函佈臆並賀新禧敬候台祉不盡欲陳

致中部丁明府

青陽應律馱雪時晴頌福祉之綏和想起居之清豫正擬修牋布賀乃蒙華翰先頒並荷專足相迎朱提惠贈發函環誦摯誼懃拳雖至戚不敢言謝而感銘心版矣藉稔老表弟大人視躬集慶錦署康娛欣慰無量二甥在都想有信回其文筆英秀愿之所知今春盼其聯擬大魁為婣鄰之光也愿與吾弟睽離日久渴欲一圖把晤暢叙親情况蜜炬迎年椒盤守歲高齋樂事定勝韓阮孤吟無如解館以後尚有應酬不能擺脫心與願違有辜雅愛悵悵何如率占佈悃敬賀新禧不戩

漢書張敞為京兆尹長安市偷盜尤多一日捕數百人由是枹鼓稀鳴市無偷盜

芙蓉山館尺牘卷十

金匱楊芳燦蓉裳著

致甘肅陳方伯

芳燦于之月初九日肅寸啟度叩台祺想蒙垂鑒日昨姚鏞壘六兄自甘來陝接晤之下敬悉大人懋履增綏家猷式煥薇堂日麗敷四野之陽春鈴閣風和承九乾之湛露青疇綺陌石農騰衛杖之歡柳塞榆關城尉鳴桴之警蒼黎額手僚屬傾心翹首祥雲蜀勝藻忭芳燦青門旅食歲籥屢更講院蕭閒近况托庇適惟是遺經獨抱愧無倚閭之長思闌自拘惟貽集學之誚見聞日陋容鬢漸衰時縈鄉土之思每作江湖之夢夙蒙摯愛未識何以策之肅泐數行敬請台祉統希垂鑒不盡依馳

附啟者侯補未入流揚學裏芳燦之從弟去歲乞假赴直隸茲回甘銷假叩謁崇轅聽侯差遣惟是絜眷遠行途中資斧既已不敷到甘光景朝不給夕尚祈大人恩施格外賞一餬口之地俾微末窮員不致淪落非特學裏全家頂感弟亦感激靡涯矣恃愛妄瀆希惟涵鑒

致四川方有堂方伯

月之朔日接奉琅函知前椷蕪牋已登籤記備荷勳拳眷注獎飾有加盥誦迴環五中銘鏤並發芬舍弟芳燦家言一函亦經

領到感激彌深敬稔年大兄大人懋祉增綏宏猷式煥被楓宸之湛露蔭護室之慈雲承歡緻華潔之笙陔蘭香滿施絕惠聽中和之樂棠茇陰多翹首祥輝曷勝忭慶弟羈旅青門載更歲籥感時光之遷貿愴容鬢之蕭衰榮進之心日頹鄉關之思彌切惟是舍此一經之席更無三徑之資笑雞肋之難拋覺豬肝之可戀今歲諸生場後擬作歸計所望舍弟早補一缺俾弟得分微祿以養餘年庶可作羲之誓墓之文尋興公遂初之賦凡此微生之冀倖皆仰大雅之宏栽培惟年大兄大人念舊情殷憲天比德定能善為位置賜以提攜不但英燦頂感將弟亦拜高誼于靡既矣肅函佈悃敬請鈞祺並繳謙柬諸惟淵鑒

附呈家書一緘敬祈飭發為感又啟

致四川鹽茶道瞿秩山

新正四日崔禮卿試吏來川叩謁崇轅當肅寸啟虔候起居諒登籤記適維大兄親家大人懋祉綏和經猷炳煥正陽和之普護慶民物之恬熙敷惠政于錦城澄懷鏡朗逮湛恩于蜂職頌福鼎來翹首祥輝彌殷藻忭弟青門旅食歲琯屢更講院蕭閒近況抱茫盈適惟是遺經獨抱媿無待問之長咫尺自拘愧貽寡學之誚生徒寥落容鬢蕭衰時懷鄉土之思每作江湖之夢夙蒙摯愛未識何以策之舍姪岳生旋里後尚未接有來信想長途安穩早抵江鄉惟家徒四壁正難于布置耳專函佈請鈞祺諸惟鑒照臨穎依馳

附啟者賀研齋農部四兄向蒙垂愛渠昨來言及纓手川中鹽務代銷引張一事未免苦累今歲自應照例行銷明歲如蒙恩照或可免其代銷感激實靡有既渠未敢冒昧具稟屬弟先爲達此意渠有辦事人在川自當遵例呈懇也特爲陳瀆諸惟涵鑒芳燦又啟

復署陝甘勸制府

芳燦肅薰藻啟虔賀新禧廼荷恩注懃拳鈞函下賁感栽培之逾格蒙獎飾之過情盥誦迴環五中銘鏤欣稔公中堂大人榮膺紫綍特晉黃扉崇階即陟于中台超拜不由于參政枚吉協金甌之卜鼎亨符玉鉉之占姚前古之遭逢時無其偶稽盛朝之典冊代不數人頌聖主之得賢以上公而入相既登台輔兼領封圻瞻黼黻之遙歸真為西蜀蒼生之幸喜旌麾之暫涖且慰全秦父老之心井絡宣猷仍寄北門之鎖鑰斗垣虛席待持東閣之鈞衡纓弁臚歡紘綖交慶芳燦夙承恩植凫藻彌殷指日青門花滿繡陌風和望輿衛之經臨諧鈴轅而展拜寸心欣幸倍百恒情闔德宣揚萬彙咸資于調燮噓枯潤槁微生更仰大陶鈞慶謁有期欵宣莫罄肅薰藻啟虔賀崇禧敬請鈞祉伏祈垂鑒

致藝屋蓋

去冬把袂怏挹清芬荷雅誼之纏綿聽英談之灑落重荷情殷
蘭譜眷愛有加握手依依嘉珍惠錫五中感佩不可名言獻歲
發春敬維年四兄大人新猷煥發景福駢蕃翹企琴堂彌深欣
頌尊處書院山長葉玉溪三兄人品端雅學問深醇兼善書畫
與弟為文字之交素稱莫逆今由肖赴館想促膝言歡想見恨
晚也弟經舍蕭閒生徒浹洽藉堪藏拙足慰綺注肅此佈達並
請升安

嗐姚春木

昨聞尊大人謝世以為道路傳言既乃知為信然不勝傷慟竊
念愚與尊甫結髮論交椒桂早連漆膠成契嗣雖宦遊睽隔而

四 無錫縣圖書館

與舍弟勤棠誼屬同舟尤為水乳數十年來交契彌篤不意相
繼徂謝危脆至此在條日及未足為喻甫聞病耗旋接凶聞隆
寒殺節風景慘變蕭齋逆客慘然枯坐尋有舊事如夢如昨既
傷良友更念同氣涕洟沾漬不自知其嗚咽失聲也惟仁弟
至孝性成際此凶艱焦肺乾肝定增毀瘠惟念尊人蜚聲執麈
鵠起早歲銘勳彝鼎驥驤晚節劬勵緋遺掃蕩餘氛玉壘錦
江旺殲遺澤受九重之渥眷垂奕世之令名而賢弟又復業紹
弓裘足揚芬烈英靈常在鈌陷毫無足慰孝思度寬哀痛且大
事未集諸須經理尚乞節哀珍重以禮制情饘粥勉進苦出自
愛幸惟朱納是所至屬靈輀何日由蜀啟行乞即示知愚關山

迢隔絮酒莫奠南雲引領但有沾灑謹具輓聯以申哀思乞告
靈筵無任悲塞肅此奉唁並候孝履不宣

致金嘗闓明府

睽違清誨歲琯再更每憶光儀時殷馳仰祇因塵事冗鹿未得
時修箋簡度候興居歉仄之忱與時俱積遡維老父台大人懋
祉增綏經猷式煥屆清和之令序喜茂豫于群生揚玉署之清
風琴彈雙璞布青疇之德雨麥秀兩歧凡在仁帡謳歌已遍幸
叨廈庇頌祝尤殷弟寄遊關中兩更寒暑昨冬本擬束裝北上
緣中丞方伯諸公雅意攀留生徒又復殷殷眷戀淳屠三宿仍
復遷迴今歲鄉試屆期諸生踵至肄業者有四百餘人神阜多

五 無錫縣圖書館

翹秀之才關隴賚人文之藪弟忝坐三經之席愧無一技之長
蛾眉時勤終恐寡聞貽誚鷦棲猶戀惟虞素食見嘲尚祈大雅
司南示以周行正軌寸心欣幸倍百恒情肅函布臆敬請鈞祺
統希澄照不宣

復河北觀察莊修膝

昨冬接奉還雲備蒙存注懃拳語長心重感戢難名茲尊紀來
陝復奉瑤緘並荷鶴俸遙分濡其鮒轍俾齋廚樵爨與春日同
溫皆出自長者之賜也銘諸心版非筆能宣藉稔老世叔大人
樹繡凝禧台祠集慶仰吉雲之垂蔭知德水之安流偉績宜防
識金隄之葦固歡謳載道迓玉節之光輝賢勞久契于紫宸懋

賞疊承手紼闕翔瞻台曜藻忭獨殷婬闌中講席蒙成中丞相
留仍舊茲初順國中丞蒞任繆采虛聲情文優厚自愧芠跡之
學曾無啓迪之功內手捫心素餐滋愧耳茲乘紀回之便肅泐
寸緘虔申謝悃敬請鈞祺統希垂鑒臨穎依馳

致伯初八弟

望前一日得吾弟初六日所寄書藉稔履祉清宜堂上曼福嘉
慰無量已觀察因事罷官吾弟不就後任之聘暫息勞肩不爲
無見惟是食指浩繁家食非易且盛名之下恐亦不能久閒耳
愚講院蕭寥況味如舊所喜生徒浹洽論文講藝樂此亦不爲
疲身體安適可慰綺念馨賓已于新正初六日完姻其岳父母
頗憐愛之今其在署讀書不至荒廢龔雲疇婿已補鄭州州判
二姪女已接至署中在汴數年蒙孀母大人暨吾弟格外垂慈
待如親女愚之感激非筆能罄今雲疇雖得實缺而署中寂寞
回念托庇宇下之時想二姪女亦甚依依也茲有一信望即加
封寄遞爲囑施雲槎五兄出署後現寓何處甚爲懸念祈便中
示知十二弟清江之行須俟東山先生即真之後土方新例屆
期必須展限原可無庸亟亟也湯秀兄近況佳想勝昭時祈爲
道念十弟十二弟不另札均此致懷茲因伍康伯大兄來豫之
便率此佈復敬候文祺並問弟夫人懿福郎愛安好 二月十六日
伍康伯大兄常州同鄉其人溫雅工詩今來汴城擬赴其親戚

涉匡公署中久慕吾弟名持書來謁如有可照拂之處祈爲留
意薛三兄之事即致書中丞恐于事無益是以未敢冒昧祈吾
弟爲懸婉復之又行

與龔雲疇

前月莊修勝觀察家人回汴曾托寄一信未知曾收覽否頃接
吾婿鄭函中所寄書得悉政祺綏吉二小姐暨瀛兒凡妹輩均
各安好爲慰懸念愚講院蕭閒諸凡順序身體頑健可慰廑懷
今年科試屆期從遊者甚眾蒙中丞方伯雅意攀留諸生亦俱
戀戀自難恝然舍去然天涯飄泊精力日衰長此棲遲終非久
計俟諸生試後再行定止或北上或南回總須臨時斟酌此時心
如懸旌未能預定也虎兒自前月二十八日自平涼來陝擬在
書院讀書小淵先生委署孟州于月朔到任歲內當有遷擢之
喜令嫂暨姪兒女輩均各齒吉可慰遠念令姑丈陳公留在蘭
州聞其旅況艱難銷售各物頗不如意奈何王虹亭先生遽作
古人實深傷悼其爲人篤行君子與愚爲莫逆交今知音永逝
能無愴惻未知其靈櫬于何時旋里芸巖因爲現在豫省否均
望郵示以便作書致唁也旋遣王升旋錫緣永壽初次遠涉不
甚放心王升于河南一路最爲熟識其人亦頗老幹故耳率此
寄復餘詢王升便悉此候升祉不盡縷縷

與伯初八弟

新正接奉手書敬悉堂上福履增綏吾弟文祉康勝闔潭均吉深爲欣慰祇因酬應冗鹿久疏裁答懷想之私如何可言邇維侍奉曼福百凡順序定符心頌愚講院蕭寥追况安適今歲科試之年中丞方伯雅意攀留諸生亦俱戀戀斷不能恝然舍去且待伊等秋闈以後再行定止惟是天涯飄泊齒髮日衰轉此鷦栖跡非長策欲北上長安則方朔饑貧難索半囊之米欲南歸故土則長卿壁立更無一枝之田輾轉尋思進退維谷吾弟來書勸作蜀中之行恐再遲則宦場變遷交朋寥落此言甚是現在勤公相榮入黄扉姚方伯喪歸白宴錦江如舊已似晨星向後不知更復何似幸三弟署任江油夏秋之間可以補缺能

得一善地九月間總當到川中一行再作歸計也搦管匆匆書不盡意諸惟珍重餘詢王升想能備悉

復雙流縣汪窩園

獻歲以來兩接手書具紉存注勲拳語長心重迴環循誦感戢奚如藉稔賢弟政祉增綏百凡順序遂爲忭頌惡聞上游雅重清才興論俱推循行良時勞力遄擢非遙無煩故人頌祝也愚旅食青門屢更歲籥舍此一經之席别無三徑之資是以鷄肋難抛豬肝尚戀而襟懷寥落容鬢蕭衰榮進之心日頹鄉園之思彌切現在生徒秋試在邇每月五課校閲竟無暇晷自揣精力亦覺不支俟八九月間生徒試事已竣即當料理歸計邇

時或作錦城之行與足下剪燭西窗暢伸衷悃未可知也程盛谷于前月回陜渠亦無顔不常來書院其人学畫端正文理粗可愚之所知至其可托財與否未能深悉去歲薦伊之時亦未言及于此莊周九徵之法曰委之以財以觀其仁苟非其人底裡畢露愚亦深媿無知人之明耳竹報已附南便寄去下佚

與六姪

字閲六姪文祉去歲夏間接吾姪來字知已絜（挈）婦回家承歡侍奉百凡順序爲慰遠念嗣以南來之便未通音問良用系懷邇維堂上福履康勝吾姪暨姪媳輩均各安善定如心祝兩凡均出作宦家居讀書晨夕奉母是人生最難得之樂事所望學業

精進上接書香一脉正不願遽入仕途也愚在蜀中轉瞬將及二載老年羈旅戚戚寡懽現在諸生場期在邇小作淹留之計俟九十月間當料理行裝即行南返耳爾兩兄在楚北音問時通宦况極爲順序三叔署江油縣事已挈眷赴任惟此缺甚清苦入不敷出幸補期不遠今歲秋冬之間可得實缺也吾姪想已得子慰堂上抱孫之喜磨生于去冬得一子聞甚茁壯可喜渠于前月自平涼到書院讀書晨夕相依聊慰寂寞無錫久無來信甚爲盼切有寄藥生信一封即交報房寄去爲要此寄六姪覽之三月十八日　堂上爲我請安

致莊修膝觀察

唐制帖試士曰試帖舉人總括經文以應帖試曰帖括 唐書 選舉志 楊綰疏言明經者但記帖括 禮賦子時術之

春間接奉華緘兼蒙惠賜當即肅稟蕪啟虔佈謝忱並請鈞祺想邀垂鑒適維老世叔大人懋履增綏經猷式煥金隄鞏固德水安瀾九重簡畀上承綸闕之恩百室盈寍下錫蒼生之福翹瞻瑞藹忭頌良深姪經舍棲遲頑軀托芘寍適惟今歲秋試屆期諸生雲集與課者有四百餘人帖括盈几批閱日無暇晷且恐中多謬誤貽誚通方蝕術雖勤蟲雕自愧徒作纏牽之守曽無啟牖之功未識知己何以策之肅泐數行敬請鈞祉諸惟朗鑒不盡依馳

附啟者鄭州州判龔瑞轂海峯之少子姪之女壻也向蒙老世叔大人垂念親誼教誨成全良深感激茲瑞轂有稟來知已報實授與陞例相符倘蒙垂念提拔得一進階銜感不獨身受者已也

史記淮陰侯傳漢王解衣衣我推食食我

致上南河王司馬

睽違清誨倏易寒暄每懷譚讌之歡並感解推之雅心輸夢繞魑魅靡寍適維二兄大人政祉增綏褆躬集祜恩承玉陛露湛露于重霄績奏金隄慶安瀾于九派弘見繡衣胥秩豸服升華翹首祥輝良深欣忭弟講院蕭閒日與生徒講藝論文藉遣岑寂頑軀猶適可以告慰綺懷小壻龔瑞轂已咨補鄭州州判向蒙垂愛今隸仁帡渠于河務素未諳習所望二兄大人隨時訓誨曲賜成全實深感泐肅緘佈候台祉諸惟澄鑒不盡依馳

致于朝仕

前在秣陵備承雅愛別來忽忽歲籥屢更渭樹江雲川途間隔引領南望勞必如何弟在瀧東得與令郎卬川大兄聯文字之交譚次詢悉四兄大人道履康娛潭府凝吉年來想息里門未作京華之遊想鍾阜烟雲秦淮風月載酒尋花定饒勝賞風塵中人歆羨無似弟講舍蕭寥獨居無俚桑榆已廹蒲柳易零榮進之心日頹鄉關之思彌切無如家徒四壁囊無一錢難營五畝之資戀此三徑之席遷延兩載歸計未成燈火清宵江湖夢遠岑寂如此意緒可知令郎學博才高弟之畏友今歸秋試此看搏扶蔚榜題名德門集慶預為額賀肅函佈臆敬候安祺統希澄照不盡依馳

致方有堂方伯

前月接奉瑤函肅修蕪啟虔候興居從盛孟岩觀察處郵筒鱗遞想登記閣敬維年大兄大人宏猷式煥懋祉增綏承湛露于楓宸蔭慈雲于萎苑蘭陔香滿棠茇陰濃井絡星明玉壘建會昌之福青疇雨潤錦城占豐稔之祥翹首嚴堂良深頌祝弟竊縻學舍留滯頻年索居寡懽迟聞不遠鷦栖可戀愧無持問之長蝕術時勤懼貽寡學之誚容髮蕭衰忘業跡情未識知已何以策之肅函佈悃敬請台祺統希垂鑒不盡依馳

附啟者舍姪春詔前歲叩謁崇階荷蒙垂睞因其筆墨尚堪造

就蒙存書啟一席感泐殊深茲聞其賦閑在省八口嗷嗷全賴筆耕為活所冀大君子垂情憐憫如持書進謁還祈曲賜吹噓俾得一枝棲以資事育不但舍姪全家戴德弟亦感同身受矣

答岳一山書

春明盍宗訓酢歡洽山川阻闊星歲遷貿光景莫接波濤寸心駐車關輔談藝横序坐戴憑之遺席擁馬融之舊帳屏瑩無已馳卬塔增遠辱書曲蒙存注子元論議懸河注瀉令明辭義澄波淵映披戚雒誦不勝懃服敬維閣下早辭清要夙標高尚句華致養詩詠壽康氷鑒論文士稱精藻總攬英偉援緝文獻高風遠洽化雨溢流駿譽益隆多文為富植耳遂聽欽挹良深關內神皋人文蔚起惜其徑歲捧檄遠在邊鄙今來主講又尠結納暌眛藏拙孤陋抱愧一時賢達罕通紵縞幸得指示昭若發蒙稽茲品題可希津逮物色異人從茲始矣每怪秦中自三李山史豹人諸先生後詩文傳播音響況閬既而思之蓋非人材寥落步武乏絕良由表章乏人是以湮滅不顯即今所指已得數人或紹詞賦於淵雲或辨聲形于倉雅強君星學則甘石之緒也介侯黔書則裴酈之志也並世如此前此堪知昔元文五千尚廣攬飄紫留三萬幾無剩牘譔觸古簡半歸蟲蝕宛委殘編悉聽鼠齧流傳之難古今同嘆伏維閣下望崇鱣學蔚為儒宗繼禰李之淵源奮王康之文舉土壤不讓群士學山魁杓所指君子秉斗則網羅遺佚補綴殘缺攄懷舊之蓄念發潛德之幽光非異人任也久勞蒐訪定多創獲一經著錄即播遐邇斷石而窕璞呈輝採波而遺珠迴照宜揚風雅嘉惠後學甚盛事焉某雖衰鈍樂覩其成尚望留意以副厚願講院生徒向荷教澤即今馳企悉感化裁守丁恭之講義遵劉琨之典儀文學背欲就匡衡朱墨則猶傳董遇膺臨所漸風流未沫皋比繼擁教授空勤無袁遺之篤學詎可為師異崔儦之讀書聽其入室元惟尚白青易出藍內手捫心良增懟恧何當時聆屑緒教以斷輪承戢箴規庶寡譽咎至承渥愛問及出處瞻念篤摯感佩靡涯某少無宦情慨紲塵鞅毛義作吏賫負祿養顏駟為郎即同引退今者永抱風木之悲長茹蓼莪之痛久傷哀榮更乏趣向且日月逾邁精力衰耗等長卿之痟渴同子雲之顛眴顧茲疲苶豈期榮進稍謀山資即返野服幸畢願於婚嫁庶樂志于邱園雖復公叔貞孤史雲簞陋生計蕭疏經營拮据然道在日損性無所溺處此窮約亦當有以自娛耳拙無詩曾付剞劂並求是正以驅蒙蔀自維少尚偏奇老謝精詣智慧日減撰述亦稀同許慎之隱几愧君孟之伏書炳燭已遲懷鉛徒奮所望加以繩削賜之甄錄俾時駟驥以長傳不共良蟫而俱朽其為感激豈有既耶

復秋圃

兩荷良書，備荷垂注，慇拳語長心重。弟今春肺疾大發，頹委旬日，是以久遲作報，歉仄難名。敬維年大兄大人政祉增綏，著作日富，良深忭頌。承示詩文，精深華妙，如少陵夔州、東坡海外，晚年詣力銳進不已如此，真令人怖服。弟則心思枯澀，英華凋落，每一搦管，如陸士龍所云腹立滿背便熱，竟不敢勞精費思驅役神志矣。大集聞付剞劂，欣慰無似，弟鄙拙之文亦可附驥以傳，私心更深慶幸。至弟所刻詩文，至今尚未竣工，集序三篇均已抄錄付伎，計四月間可以印刷全本寄呈也。岳一山先塋圖序本應如命代擬呈正，緣弟病後實不能屬思，且今歲生徒雲集，批閱之事甚繁，一月三課，竟無暇晷，吾兄古文作家，尚望自為撰筆，幸甚幸甚。專此佈復，敬候升祺。詩文原稿敬謹加墨封呈，希惟鑒存。不盡縷縷。

致渚月三

睽違芝範，蟋蟀倏更，夢數心輪，時殷馳溯。屢接家言，敬稔老表弟大人文祉佳鬯，侍奉曼福，蘭陔養志，菊徑怡情，奉杖履之康娛，樂琴書之恬素，眷懷梓里，健羨奚如。兒輩在家，荷蒙長者提攜照拂，真摯逾常，時為代籌，資其不給，非戚好關情不能有斯高誼，亦非衡宇相望不能悉其真實，感激之忱，名言莫喻。張石蘭親家調任臺洋，覓挈全家渡海，寸心甚為縈繫。頃接小兒來信，小堦有九月中來錫就姻之說，聞辰下洋面頗不寧戢，恐親家未必放心令其子遠來。如果到錫，舍下諸事未能預備，一切尚祈鼎言周旋，感泐實靡既極。悉講院蕭閒，頑軀托庇循適，生徒亦頗浹洽，可以告慰綺懷。肅函鳴謝，敬候文祉。不盡依馳。

復秋圃同年

接奉瑤函，知前郵蕪椷已經達覽，重蒙垂注慰問，慇拳備誦，迴環以當侍會。藉審年大兄大人履祉增綏，政和祺恬毖，五花判罷，四郊雨甘，逸興培增，行脩蘭之節，清吟屢續，定多東筍之篇，咫尺清輝，時深翹頌。弟栖遲經舍，日與帖括為緣，出入無悰藝，居易感故國音書，每懷桑梓，殊鄉節物，又到葵榴，容髮蕭衰，心性懶散，竟無佳況可以告慰知己。拙詩已經刻竣，如有妥便，即當奉教。全文鈔版片留在家中，此間續刻者不過十餘篇，月內亦可竣工，當一併寄呈也。專此佈覆，敬候升祺。不盡縷縷。

又

前月之杪接奉良書，當肅寸緘郵遞寄呈，未識曾邀崇鑒否。頃接手教，備荷注存，心重語長，令人循誦迴環，不能釋手。弁陋之資，愧荷大雅垂愛之深，可勝感激。賜和綠陰四首，字裡行間，古香飄拂，臨風三復，齒頰俱芬，面視鄙作，自慚形穢矣。小幅楷法精妙，懸之座右，覺藻思濃采盈滿几席也。岳一山同年先塋圖詩序簡古而詩潔雅，如摩詰輞川之作，匆匆一讀，未盡其妙，容遲數日從郵筒寄還。來銀六兩已收到，但弟文鈔版片在家中未曾帶來前信中已詳及之此間續刻不過十數篇耳大兄詩文序亦在內剞劂尚未竟工詩鈔則全刻矣今先將舊有者呈上一部文係家鄉所刻詩及續文鈔係此間所刻紙版均有參差也大兄前日書來云弟致一山中翰書有建安風味雖爲溢美之言實深知己之感恐尚未能爲齊梁作後塵則吾兄爲失辭矣詩鈔續刻本文即當令刷印交葉德華寄上端午侯節坐徒卑集未能詳及諸容續報敬請鈞祉不盡依馳

致松嵐同年

弟經舍窮居幽憂無俚側聞大兄大人以言事落職深爲悵悒然閣下所言爲公言則過亦爲公過聖明優眷行當起用暫爲鵬翥之息終復雁門之跡耳惟交卸之後未知行止如何與衛哉即赴都或回珂里小作盤桓耶遙維道履康娛闔潭蕃吉玉雪佳兒想嶷然見頭角矣依企之餘良深心頌弟去冬本擬牽車奉候以踐平原十日之約緣台旌尚住省垣是以中止道里接近良會尚慳嗣後把襼言歡又不知又在何時何地想閣下亦同此悵悵耳弟新刻詩鈔二本從書院諸生所請殊無可采惟第八及卷及補鈔一卷內有吾兄未見之作茲特封呈筆墨荒落才思日退真畏見予將也專此佈悃敬候安祺諸維澄鑒不宣四月十二日

致山陽黃秋圃同年

端午後二日發回曾肅寸緘布復並拙稿一部敬呈鑒定初九日又肅一函寄還大著岳中翰先塋圖詩想已均登藏記弟栖遲經舍既味如常近接家書三小女于今秋出閣弟二男三女長次者俱已婚嫁自此而向平之願粗畢矣差爲慰意惟是家徒四壁囊篋俱空昔庚衰猶有荊蒼英隱尚能牽犬弟則并此而無之家中屢來告急兒女之情未免爲之心動六月中有儔足回南擬寄百金稍爲料理荊布而此間夏季脩脯止餘五十金弟素性狷介斷不肯破例透支敢懇年大兄假以五十金以便湊寄感激實靡有既俟秋季脩金支出即當寄上閣下宦況冰清亦非有餘之時不敢以此仰累至好也專此佈達並候升祉不盡依馳

答潘月三

前月二十七日健足回陝接奉還雲備荷存注勤拳語長心重迴環盥誦欣感交并藉悉老表弟大人文祉增綏侍奉曼福慶承萱室香滿蘭陔麹首祥輝良深藻忭愚旅食青門屢更歲籥年華遲暮齒髮薾衰戀此鷦栖殊非良策輾轉遷延進退維谷頃接家信知張石蘭親家遣其令郎前來就姻刻下已安抵餘姚穩渡臺洋殊深欣喜聞于三月二十四日遣人到錫行納吉納徵之禮擇定于八月二十四日吉期入贅一切儀文經大才酌定無不妥協心感良深惟是愚僦居州巷房屋窄小斷難行

禮至兩處舊居現有子姪輩居住亦無館甥之所思之實深焦慮然在三千里外鞭長莫及總祈老表弟大人與小兒輩熟商妥善感激更無既極矣至愚之近況戚好所知昔戴良遣嫁尚餘竹笥庾袞訓女猶有荊苞愚則并此而無之想石蘭親家亦必原諒也專此佈悃敬候文祉不宣

致張石蘭觀察

弟于戊歲秋初應方葆岩先生之聘主講關中在錫起程時曾修寸啟虔候崇祺並布悃忱想當鑒記嗣聞台旌遠渡臺洋弟則羈棲關隴道里遼遠波濤閒之未得殘棄時通以當把晤相思之深如何可言邇惟親家三兄大人鈴閣延釐戟門介祉撫仁風于裨海著威望于重溟碧澥波恬青疇歲稔瀛壖向化鷺堠無驚阿閣延禧鳳儀共仰定荷九重之渥眷即邀三錫之殊榮溶陟藩維𦍑膺旌鉞翹矚瑞靄藻忭良殷弟羈旅青門兩更寒暑客懷寥落經舍蕭寥感齒髮之日衰慨年華之易邁欲南歸江國則相如壁立曾無一簇之田欲北上京華則方朔飢貧難索半囊之米誰難助之閣我愧豬肝之累人出處無憑進退維谷前月接家言知親家已遣令郎子去臘渡臺面南省覲堂上並令到錫就姻已于三月中行禮擇吉于八月二十二日入贅在吾兄百兩以將爰陳文錦華鍃之聘而弟則寸縷未備并乏布囊竹笥之貽況旅食關中歸期未卜甥館之儀文多褻婿鄉則照應之人訓誡有愧於庾袞資真羞儆名譽多慚于樂廣況卻水清兒女關情難為懷抱叨在至戚總祈憐之而諒之耳肅覆蕪啟敬請崇祺並申悃愫伏祈涵鑒

復秋園同年

甘桂來省接奉手書並讀華山紀遊詩愛如拱璧不忍釋手詩既高奇歌則亦復精絕真將明星玉女千岩萬壑煙霞變幻之狀攝入於掌握中豈非珍玩耶並承賜朱提五十金為小女添奩吾兄高誼如雲脫手相贈在弟則深抱不安然齊年兄弟情同骨肉亦不敢復作客套語矣銘諸心版永矢勿諼翹瞻動履康娛在官廉靜無累足以養心良深欣慰從此尋達初之賦誦樂志之篇江湖鷗鷺閒當有我兩人蹤跡也拙稿交甘桂帶上端函佈謝敬請安祺諸惟淵照不盡依馳

答芸墅

夏間方湛庭大兄來陝接展手書發函伸紙恍如覿面過承推挹之雅備荷存問之殷意志綢繆詞藻博麗出入懷袖一日千周通夢交魂飲欽在抱並示大著清聲鏗鏘奇采照耀英瑤繡段流艷凡席承命作木枕之先聲為香牘之嗤引夙蒙摯愛所不敢辭無如今歲長安酷暑之後體中多病每一搦管腹亦滿背便熱是以未能成章殊深愧赧刻下天氣漸涼賤軀頗健終當踐此諾責也舊文續刻數篇附呈叙叙佈復書不盡意諸惟

此首應列在前致松嵐函年前

珍重餘俟續陳

致吳蘭雪博士

暌違謦欬星琯四周夢繞心輪時深馳溯秪以關河隔閡未得時通尺素度候興居大雅含宏當恕其疏節也敬維仁弟大人道履綏和侍奉曼福陔蘭香滿庭竹陰濃羨著述之富隆卜聲華之騰上子淵宣布中和遂有賢臣之頌退之職司訓詁即上聖德之詩翹首五雲曷勝欣企芳燦羈栖闌珊彈指三年講院蕭寥索居無俚桑榆已迫蒲柳易衰慚禹鼎之徒增笑豬肝之尚戀未嘗不睠懷倫好眷念春明而素手空囊假裝非易秋闈或當攜摺北上與閣下流連話舊共叙離悰也附詩八卷係書院諸生出資剞劂即係在都時閣下所定之本共得十卷尚未竣工先以此就正凡我舊好幸俱致相思匆匆作札敬候升祺諸惟朗鑒不宣

再啓者張星耀世兄四川漢州人其令祖與愚同官甘肅最為莫逆茲入都應京試欲在監肄業執贄求見乞愚言為介祈二弟大人收之門下賜以噓植俾得取一內舍以資旅費感同身受芳燦又啓

致秦伊藍

暌違光儀時深馳溯茲際天中令節定卜老表兄大人履候勝常從附介祉為頌弟棲遲經舍近況寥寂感年華之適遘暌容

髮之蕭條故里風光時思虓鱠他鄉節物又到葵榴空憶吳兒競渡之船更無名士離騷之酒出入無悰意緒可想見也頃聞尊嫂夫人靈輀到省弟與劬聞竹琴相約至南關一奠扁聯均已書就昨紀綱來院又致尊意力辭弟頃作札轉致二君俟𣲖閣南回時再行伸意耳前歲所借壯丹一軸今藉紀附還希惟檢收此候升安不一

與王劬海明府

京華聚首歡鬵袁襟判袂以來倏已十餘寒暑矣夢繞心輪時深依溯去冬接奉琅函翰迴環莊誦備荷存注慰奉寸心銘戢秪因塵事鹿鹿裁荅稽遲大雅含宏諒能恕其疏懶也適維二兄大人懋履增綏經猷式煥屆長贏之令序喜茂豫于群生揭玉署之仁風琴彈雙舄布青疇之德雨麥秀兩岐棠陰聞樂職之詩棣萼詠風人之句澄懷鏡朗碩福鼎來翹首祥輝良深欣頌弟棲遲經舍屢易暄寒齒髮蕭衰年華晚暮觽棲可戀愧無倚閭之長蛾術時勤懼貽寡學之誚咫聞不遠慰居少歡近況無俚不足為知己告也哲兄千波先生想道履康勝茲不另起啟均此致念外附拙稿一部就正大雅餘周鑑壺大兄想能備述率泐數行敬候升祉統希淵照不宣

致華州儒學楊榮階

去臘接手書備承存注入春以來諸事冗鹿久稽裁荅深用歉

懷而落月停雲無日不深馳系企也適維老賢阮文社康娛潭署寅吉定符心頌尊大人遺集久置案頭去臘已作序一篇本擬即覓便寄上緣接手書珍重先人著撰須俟專人或的便來取故遲待至今茲華晴川舍親奉差來華因敬謹封好交伊面呈華君誠信君子必無遺悞也愚講院蕭寥光景如昨惟科試屆期執經問字者踵至每月堂課三百餘卷批閱竟無暇晷耳頹軀托芘粗適可慰綺懷此候升綏言不盡意

與蘭臺

日來連接手書知近祉徽吉堂上慈輿已由京師旋署體履康盛大小姐暨壽林兄妹均各安善為慰懸念惟密雲一缺苦而

且累現在兵米與差事紛至沓來不知何以支持每一念及深為長慮也張星耀嘗到署中吾壻嘗此多用之際又為愚勢還銀二十兩撫衷殊抱不安然了却一樁心事省得後來口舌亦是美事星槎為人荒唐吾壻之所素知將來如或到署貞置之不理可耳嵇容圃姑丈平生不以銀錢為事以是此番窘到萬分幾至一籌莫展吾壻又在窘鄉不能如其所請事奚無可如何怪與不怪只好聽之而已屢次接無錫信知家中大少平安甚慰為遠念本欲令燮弟北上今接伊來稟云云看來未能赴北闈鄉試且昨接家信張妹夫已經渡臺到浙三月內遣人到錫過禮三妹擇于八月二十二日出閣家中無人照應燮弟更難脫身吾壻托陳遠峰會回銀兩盼其成就功名未免有辜惟意且又虛伊妙盼望矣然今年秋闈愚必料理北上將來團聚有期告知大小姐無庸邑邑也書院光景如常愚身體安適慶弟亦安好勿廑遠念專此寄復並候升祉不盡欲言

唁玉芸巖

春間得小壻龔雲疇書驚聞尊大人仙逝之信悼痛不已前年在署剪燈話舊備尊大人情誼殷拳有逾骨肉何圖一別竟成永訣耶弟羈旅關中不能躬親一奠以伸哀悃自呼負負無可言者前月從莊詢齋大弟接奉手書知大兄居憂之後尚留滯汴梁尊夫人身後不無公累緣此歸櫬稽遲更深系念刻下未

知已擠擋妥協否大兄當念仔肩之重隨時以禮節哀至諸事從容料理自有就緒望勿過為焦慮是所至禱肅此佈復諸維垂照臨紙淒哽不宣

復春溪太守

頃從方友槎處接到瑤函備承垂注懃拳五中銘佩二月中賀明經來書院奉到大集及彭陳兩先生詩集嶶縣志乘快讀之下捧手讚歎曾即作書從鄭簡遠寄不意此函竟浮沈也至來函所云秦州所寄之緘亦未奉到相隔不過千里有餘而音驛阻滯如此可勝悵悒茲接來翰珍同拱璧藉稔二弟大人政祉增綏褆躬多福欣慰無量愚羈旅青門流光荏苒頹齡多感索

居寡歡故國風烟每懷桑梓他鄉節序又到葵榴昏鈍之資衰
難益智怔忡之疾外不鎮心秋試屆期生徒麇至帖括盈几披
閱日無暇晷自惟精力亦恐不支九月涼秋當理歸計耳周翁
雲所作張瑛姓七古一首其詩才氣頗佳採入藝文亦于風教
有裨建置尾頁删去公館甚合體例已附訂入寄來志乘內矣
專此佈復附呈復介侯書一篇請正俟有的便當將文稿余寄
也此牘亦付郵筒未知能達覽否散候升祺言不盡意

致中部丁默甫

今早肅械佈復計日可登清鑒頃晤卒若二兄舊日同筆共硯
之友濶别三十餘年相看鬢髮俱已蒼白譚少時事恍惚如夢
不覺泫然言及歸志已決而囊空羞澀雖蒙七弟大人力爲推
解歸途盤費尚屬不敷此間既不可逗留長路亦終虞流落實
有進退維谷之勢愚又間其有銀若干即可起身渠云如得銀
二十兩可以勉强到家愚意七弟大人篤于親誼雖署中窘理
萬分然卒若二兄既處兩難仍望吾弟曲爲周旋俾得早歸故
里否則在此擔閣費用益多更難料理敢祈吾弟即籌畫二十
金當差送省不特卒若二兄感激愚亦佩高義於靡既矣餘詳
前信中不及多贅敬請升安諸惟心照不宣

復中部丁默甫

叠奉手書備悉種種李鵬來省又蒙專緘存注以天中節近饋
俸分頒拜賜之餘以感以媿遥惟七弟大人政祉增綏潭署益
吉良深欣慰愚棲遲講院况味如常惟科試屆期諸生雲集課卷
每期三百有餘堆積案頭批閱日無暇晷恐精力不支以致舛
黄錯悞見笑方家耳趙卒若二兄前所懇之事接到復書後愚
即婉勸伊仍回貴署俟秋涼天氣再行假裝旋里免得炎風烈
日道路艱辛並俟吾弟官况稍得寬紓自當力爲佽助奈渠執
意不肯回中欲在省垣等待徒添旅費實非長策渠云有書奉
復愚亦無可如何只可再作計較矣華晴川往渭南華州臨潼
三處催解地丁尚未回省所有銀信俟伊回時面交朱藕亭顧
雲坪俱蒙推愛實深心感專此佈謝敬候升祉不盡欲言

復宜君秦

日前肅復寸械從郵遞寄呈想登籤記初七日貴役來省接奉
華翰因小女出閣吉辭貴飾並賜隆儀戚好關情不同恒泛拜
登之下感戢難名敬維老表兄大人政祉恬愉懋履綏和近聞
秉攝洛川益見上游倚重日昨利川大兄過訪闕一節更無游
移屆指犧愷將迎正值蟾圓佳候玉輪初满適逢鸞續良期慶
集瑶筵釋凝錦署寸心藻忭非筆能宣肅此佈復並申謝悃敬
候台祉不盡依馳

答千波

青門捧袂暢聆麈談平生企慕之忱于茲一慰惟是講院蕭寥

世説王濟見衛玠嘆曰珠玉在側覺我形穢

纂要夏曰炎夏九夏 蕭統六月啓三伏將終九夏將謝

疏鶣盤餐諸多觽褻乃荷琛函下賁殷殷齒及令人倍切悚恧藉稔大兄先生履祉增綏潭禧懋集寸心欣忭莫可名言大作綠陰四律風神雋劭格韻清適想見謝仁祖北窗企脚居然天際真人鄙作庸瑣殊增形穢矣弟近况如常碩軀慵適可慰綺注清和下浣與衛來省又得暢罄衷䘵殊深鶴望惟是十年神契許訂蘭盟乃牴謂過謙殊乖素望嗣後幸勿復爾足徵見愛之深鶼粉竹筍敬已拜登謝謝肅函佈復敬候台祉不盡依馳

致瞿秋山觀察

睽澗光儀屢更月琯棧雲秦樹時切依馳敬維大兄親家大人繡黼延禧華裀介福槐院莎廳暢清襟于九夏錦江玉壘沛恩澤于三巴兼綜禺筴之司佐理匀鹽之化錦雨流甘編氓樂業紫瀾蕃潤井戶臚歡蚧膺春注于九重即慶恩榮于三錫翹瞻䔞采忭載深弟經舍蕭寥又將過夏久忘榮進益覺疏慵所幸賤體如常生徒浹洽可以告慰綺注肅函佈悃敬請鈞祺臨穎依馳企

附啟者賀研齋農部四兄其令親在治下辦公曾屢次虔誠叩謁未蒙盼睞殊切悚惶尚望親家大兄大人推愛屋烏賜之顏色俾得有所遵循感靡既極

復竇之同年

螢州分袂忽忽十有餘年宦迹邅迴人事錯迕每懷疇昔悃悵曷勝關路阻長牋繼罕逮大雅含宏當恕其疎節也昨奉手翰備荷注存藉稔文祉增綏侍奉曼福良深欣慰弟因家居無俚不得已作青門之遊謁院蕭寥端居邑邑況味不殊于枯衲生涯仍藉夫寒氈藥之歲月邁邁精力銷殘偏鬚凋瘁然齒隨文通思枯㯉管輒博叔夜心闌掩卷即忘筆臺之緣日疏榮進之心已譖有負故人之厚期良深愧恧耳承示大作高古精深較前更進一格佩服佩服蒙詢補官一事陝有此席需次者多弟意以為且宜從緩專此佈復並候邇綏敬請年伯母大人萬福閣第安吉不宜

江淹傳字文通少以文章顯後夢一丈夫自稱郭璞謂淹曰吾有筆在卿處多年可見還乃探懷得五色筆一以授之爾後為詩絶無美句時人謂之才盡 南史江淹傳 又嘗宿冶亭夢一丈夫自稱張景陽謂曰前以一匹錦相寄今可見還淹探懷中得數尺與之其人大恚曰乃將割截都盡自後文章躓矣

答周霽窗

髫年同學角藝論文明月清風每尋兄度嗣以邊陝作吏故鄉親舊蹤跡澗踈八表停雲徒深悵望令郎來陝接奉琅函備荷大兄大人存注懃拳高懷念舊並承賁遺頒佾之菊茗故人雅惠銘戢五中弟質無㒺郭老作經師遂赴關中事非得已苦烟鹹粉生涯仍是寒氈貝典香爐況味不殊枯衲家鄉迢遞八口長飢歸夢江湖舊盟鷗鷺未知何日得賦遂初也令郎在青門客舍搖擱兩月有餘近來陝省宦場局面殊覺局促弟又力微不能為之道地是以所求不甚遂意有孤雅屬抱愧莫如敬維福履康綏定符心頌專此佈復諸惟垂照不宜 七月廿七日

芙蓉山館尺牘卷十一目録

金匱楊芳燦蓉裳著

芙蓉山館尺牘卷十一

金匱楊芳燦蓉裳著

鹿鳴宴請正副主考啟代擬

伏以附翼攀鱗多士慶得賢之盛吹笙鼓瑟嘉賓有式燕之歡麗澤占祥需雲誌樂藉鴻裁而選儁彰盛典以開筵仰止惟殷式臨是幸恭維大人譽高日下望重斗南學海迴瀾掩舒向金淵之麗文鋒耀彩邁卿雲黼黻之工簪筆螭坳影纓鳳掖茲復掌聖世掄才之任叶神皋試士之期經傳典冊抉周情孔思之微文炳丹青贊堯醲舜薰之治二陝之儒風蔚起三秦之翹秀咸登庶流欽衡鑑之平萬口頌羽儀之吉秘府花磚之日暖到槐廳大羅香案之雲攜來蓬島冰壺正朗綺席攸陳伏冀大雅惠臨文光垂照桂林露湛作人欣雅化之宣芹野風清好我示周行之示

起馬宴請正副主考啟代擬

伏以慶霄氤郁仙都揚桂苑之華元扈鏘翔天府啟蕊珠之榜企景星之朗照瑞靄盈闈瞻奎宿之聯輝光騰井野萬流仰鏡庶士傾心恭維大人碩學經時瓌文冠古魏公品望祥徵五色雲邊元相文章彩映九英梅下榮膺紫綍持玉尺以量才勝攬黃圖握冰衡而鑒物身為大匠千尋收集鳳之枝手鼓神鍾萬斛鑄盈牛之鼎望隆北斗文振西京茲當駐節之初爰展入闈

之典。賡階肅穆。笙簧飫酌之宜。瑣院清嚴。珩珮盡簪之盛。伏願高軒早賁。鳳篤遥臨。行見沛時雨於青門。茅茹有慶。被春風於紫塞。棫樸呈材。

代擬賀趙甌北廉訪

春闈曾修燕謝。虔候興居。接奉琅緘。備承垂注。浣微莊誦。感戢難名。恭閱邸抄。敬悉老前輩大人。杖履增綏。禍馮篤慶。重赴鹿鳴之嘉讌。特賡麟綍之殊榮。承湛露於五雲。躋清衔於三品。吹笙鼓瑟。歲紀當庚。進儁登賢。科逢周甲。以大前輩會小同年。儒林丈人。作商周之法物。詩壇宗匠。為風雅之總持。丈星則環拱瑶光。蔚成奇彩。桂苑則齊開金粟。吹出古香。應聖世之嘉徵。傳藝林之盛事。某情深敬梓。跡阻繫匏。未能與珂里羣賢共陪艮會。竊願闈禮堂緒論。遠示周行。仰止彌殷。欣馳倍切。肅董蕪啟。恭賀崇禧。燕申依悃。統希垂鑒。不宣。

復陳交笙

西湖話別。鷁蜂屢更。每憶清輝。時懷馳溯。洪介亭先生典試來陝。接奉良書。備荷垂注。懃拳語長。心重出入。懷袖感戢難名。藉稔閣下文祉康娛。俊譽日起。秋闈大戰。定已高捷。以焯雅之才。充清英之選。翱步玉堂。亦意中事也。弟講院蕭寥。瑟居無俚。雲水隔江湖之夢。風霜悴蒲柳之姿。每憶春明。睠懷倫好。非不欲續捸之景。尋已墜之歡。而脩脯所入。僅能救八口之啼號。資斧所需。未免覬衆人之佽助。依人作計。動輒遷延。兼之長卿病渴。子雲顛眴。衰羸之徵早見。禁進之心日頹。乘流得坻。亦聽之造物而已。拙詩僖經雲伯選定。在武林時頻加。又增選三百餘首。攜至青門。書院門生請付剞劂。今以寄呈。祈大雅切實正之。隋唐碑新出土者甚多。今寄上數通。恐閣下在陝時已曾見過搨本。亦不甚佳也。耑函佈復。敬候文祺。諸維澄照。不宣。

與吳小松

夏初接奉手書。備承存注。緣之人便。兼之帖括堆案。批閱無暇。以致久稽裁答。歉仄良深。滿擬秋試屆期。文旌當至青門。藉得把袂談心。快抒離緒。七月望後。令姪暨魏令親先後來陝。兩奉手書。知以家事羈身。未能就試。傳雲落月。引領云勞。適惟三兄雅枕圖史。自成馨逸。進取之心本淡。恬退之風自高。與坦菴諸君觴詠優游。定饒勝趣。新吟益富。企羨何如。弟講院蕭寥。瑟居無俚。燈火江湖之夢。雲波鄉國之思。涼雨一簾。寒螢三徑。每懷舊侶。時觸羈愁。至雪刺盈頭。名心久澹。脩脯所入。僅能救八口之饑寒。資斧所需。未免覬衆人之佽助。北上之計。亦何易言。乘流得坻。聽之而已。尊大人試帖一冊。已加跋語。敬謹封還。尊作二冊。張唐二君詩亦寄還。祈分致。拙稿二部。一呈清覽。一致張孟丞年兄。祈轉交。是幸。匆匆佈復。敬候文祉。諸惟珍重。不盡欲陳

致方葆巖制府

芳燦叩違清誨星琯行周每懷譚讌之歡深感提攜之德寸心依戀與日俱長春初曾修寸啟敬附軽郵虔請台祺諒邀崇鑒邇惟大人旌幢建福裀鼎延釐百度維貞六符斯炳普恩膏於兩浙宣威惠於八閩鏡靜溟池鋤耕沃野牙檣錦纜風恬蛟蜃之波棡鼓蠡旗海息鯨鯢之影仰挹絳霄之湛露楓宸恩濃遥瞻錦里之祥雲護閬慶溢台垣在望藻忭曷勝芳燦講舍棲遲旅懷寥落悵年華之晚暮感容鬢之蕭衰誨館下之諸生風蒙采菲作關中之羈客茲再及瓜性本迂疎徒作纆牽之守學慚黷淺曾無啟迪之長猶幸士感前恩丈遵舊範秋闈行屆翹俊紛來繼晷焚膏絃誦喧於五夜橫經捧手衿纓幾及千人三輔丈風蒸蒸日上可以告慰知己耳茲因長隨魏榮回閩之便肅箋蕪啟敬請鈞安諸惟垂鑒不盡依馳

致四川方有堂方伯

李夏接奉琅函備荷垂注殷拳五中銘鏤邇惟年大兄大人簪裾集慶裀鼎凝禧承湛露於楓宸蔭卿雲於護室銅梁歲稔萬寶咸成玉壘民和三階齊色翹瞻斋采忭頌曷勝並稔彤騶入覲於月內可以啟程道出青門當敬迓台旌藉伸悃愫此又私心所日夕頌禱者也弟講院棲遲倏經兩載年光遷貿容鬢蕭衰仲宣懷土之思長卿倦遊之感羈懷寥落無可告慰知己附寄三舍弟家言伏祈加封發交實深感泐肅函佈臆敬請崇祺諸希澄照不盡依馳

答秦伊藍

日昨張紀來省接奉琅函備叙綺注懃拳五中銘戢敬稔老表兄大人吉期伊邇所有應行酬賓事宜講院寬闊可以肅客大轎二乘今晨晤盛芝弁大兄已允借用餘俟莊和祉六兄到省面商定能妥協盛利川大兄處擇吉於八月初六日自省起程欣惟鵲渡橋成鳳臺蕭引喜香纓之乍締迓繡幰以遄臨正桂館之舒華蘭幃並馥仰冰輪之搞朗玉鏡同圓忭慶之忱非言能喻附呈鼎頂一座帽簷一付朝靴一雙安息香四匣聊將賀悃伏冀莞存肅泐蕪啟敬賀新禧並請升祉臨穎神馳

復秦伊藍

前月接奉琅函當即佈復並致賀忱想登籤記朔日莊和祉六兄來省晤談備悉種種又奉手書重蒙記注感戢良深邇惟老表兄大人百福禔躬錦堂慶集魚軒將屆鸞社初開香飄蘭閣之風鏡轉桂巖之月翹瞻瑞靄忭頌奚如昨與和祉商定於初四日送花冠初六日吉時自省起程諸事和祉辦理均極妥協想已詳悉佈聞矣專此佈復載賀新禧不戩

上方伯小霞先生

芳燦翹瞻函丈時切依馳自惟冗散疎慵未得常修蕪箋簡風蒙

知愛定荷矜憐昨汪廣文應槎回陝詢悉老夫子大人起居康勝福履綏和不以得失縈懷惟以琴書自樂仰見霽月光風之氣度非尋常所能及也惟是宏才偉績久經上契宸衷謝傅東山仍當為蒼生而起恐未能尋林澗之趣耽嘯詠之娛耳並聞世兄瑤環瑜珥蘭茁其芽昔張籍語昌黎公云此是萬金產也德門餘慶積變鍾祥作頌之忱非言能罄若燦羈旅青門屢更寒暑光陰遷貿容髮蕭[衰]疏欲北上春明則方朔長饑難索半囊之米欲南歸江國則相如四壁更無一椽之田出入無蹤進退維谷終負栽培之德長為樗散之材蟫蠹生涯鷦鷯飲啄潦倒艱辛殊難為懷抱也肅此佈悃敬請福安不盡依企

答劉松嵐書

松嵐年大兄閣下仲秋望日接奉良書發函伸紙喜與忭會知閣下言辭京輦遄歸梓里游梁入洛復同運城萬卷羅胸雙珠在掌人生至樂誠無以逾下風企羨非可言喻並稔閣下興逸區中趣寄塵外躡康樂之屐佩紫微之壺欲摹玉井之華躡巨靈之掌氣豪拂霓詩奇問天名呼林央志擬禽向因命不偕共探幽奇自惟青鞋布韈夲有前期翠巘丹崖屢入昔夢西風涼冷尋問真源極欲追隨以償夙願無如精力衰[羸]微腰脚疲苶夲之濟勝之具又抱幽憂之疾覽鏡顧影則蒲柳呈姿臨蹬思逞則烟霞絕想足躓蟻封之垤力彈魁父之邱散步行樂猶覺呀喘而況太華千仞拔地倚天高峯尋雲深谷無景未能懸崖撒手固當望岫息心通天啟門欲觀栝柏之箭布地求福愧之隶梨之錢既負嘉招又乖素尚臨風軫慨愴恨何言所望閣下清遊既愜高軒早臨翦燭西窗藉頌積愫會言近止何快如之

復張介洤書

前奉翰札如獲百朋璘玢在握雕繪滿目辱荷撝謙曲加獎飾溟瀣浩淼猶納沆濫恒岱巇嶫不卑部婁欽感之餘慙恧無地敬惟足下素諳習禮青藜照書華摹七英藻速十札潛神默化導引後進浮英湛德追踪前哲宅心醇粹樹義淵奧瞻望英塵不勝欽佇承示大著實為巨觀幽思詰屈琦字珠麗金鏗球戛韡韡動心麟儀鳳師騰翥為瑞身佩靈符指撝怪偉手脫神珠激揚霆雹譬猶異錦百鑷譎采亂費奇花四照瓌輝雲煌璚宮玕殿妙臻異境珉膏雲液迥殊凡味和璧獻而瓊玖淪彩陽文進而娥媌失艷固足含咀班揚凌轢徐庾不圖衰暮覩此奇特彥昇則高時無輩持正則後代難繼捧誦流沫何啻絕編珍覿秘藏謹用貽枕欽愛靡已贊嘆欲絕拙著猥承見索茲特呈覽雜詩錦羽殊異鷫鸘貍炫文皮富儕龍豹緬維往歲翔步藝林雖復枕葄圖史鑽研典策同傅毅之興志等趙昱之下帷而早縛塵纓糾紛眾務中躓宦途流離旅寄文多率作詩皆漫興暫子長之愛奇恔次山之嗜瑣即今顛毛渺汩壯懷鑚散枯桐氣

索鍊不成雲衰竹心空吹難應律偶復命筆更難言文祗以摯愛遂敢布覆蚓竅蠅聲彌增赧汗伏惟大雅進而教之不勝厚幸講院生徒比因秋闈試畢盡皆倚席不復横經叢竹檀欒古槐蕭颯涼風作起秋意薄人緬懷風範更增戀嫪靦縷奉復敬候福履馳企之抱難以言宣

答陸秀三書

都門握别七易暄萋途路隔闊人事邅蹇長圖大念隱心莫申比來青門瞬息兩載夏間一奉手牋畧悉近況而秋試在邇生徒盈座帖括堆案疲精批閱久羈裁答寸心歉仄非言可宣价人就試來陝復接良書發函伸紙恍如覿面慰問有加詞意懃懇出入懷袖企想彌深藉稔足下杜門家居覃思文史擷華落實著撰日富單鄙捽加聊以自娛膝前佳兒已見頭角晨燈夜燭發篋籯督課仲任閒靜公叔貞張希風古人庶幾未遠某講院棲屑懷抱無俚方徂隆暑又值凜秋涼雨一天鳴蛩三徑鐙火青熒江湖白社鄉關羈思形諸夢寐至於出處久已自審本尠才用又之經濟肯以暮歲干於浮雲自脊今抱痛荒蔚銜哀坟山松楸尚未成長悲淚承睫心懸若旌願學義之歸誓墓下貪冒尚進實非素心惠子知余諒不為怪若輟西笑即應南飛徒以一椽未卜八口長飢家室負累米鹽瑣屑卻顧無資前盼奚藉戀此片席以塞啼號未能決舍良用慨歎大兒在家摒擋門户朋輩牽率近就南試文藝荒落無可觀覽諱次兒相隨俾習經藝一知半解未見斐然蓟雲負悴屈首經師近復多病呼醫飲藥偶到相見索寞寡歡迴思昔時分題角藝光景如夢渺不可追飄泊天涯惆悵何極足下如赴春闈定踐秋諾剪燈聯榻冀罄離踪良會有時希惟珍重

復馬會齋

今春雷生景鵬來講院猥惠良書並示雅什發函伸紙昭若發矇嗣因人事冗鹿並以秋試屆期生徒踵至帖括堆案批閱無暇以致久稽裁答非師丹之善忘也邇惟先生起居康娛杖履增勝䕒枕圖史笙簧典墳米公抃之精專袁伯業之篤嗜無以過之托嘯詠以怡情撫琴樽而寄興緬懷雅度企羨何如弟羈旅青門已逾二載講院蕭寂出入無悰西風蒲柳之姿獨夜江湖之夢鄉關之思彌切文字之緣漸疏年來撰者頗稀未能就正有道惟駢體文字十餘篇近付剞劂寄呈清鑒祈切實教之專此復請台祺敬璧撝謙不盡依企

復甘肅陳紅圃方伯

睽違清誨星琯倏周馳戀私忱與時俱積接奉瑶函備荷垂注懃奉過情獎飾迴環雒誦感泐五中敬惟大人鼎祉增綏經猷式煥祗以蒼黎託命遂令撫字心勞歲無四餔之登帝有萬鍾之賚躬操量鼓遍歷窮檐為宵旰分憂為閭閻造福以視尹興

賦十人之粥，㕘脡資一郡之錢，功德相懸，非可數計。翹瞻台耀，頌禱彌殷。芳燦講院棲遲，條經兩載，桑榆感暮，蒲柳望秋。江湖白社之思，鐙火青氊之夢，小人懷土，獨客思家，意緒蕭寥，未可告慰。錦注諸生場後以文相質，中亦多翹秀可采者，鳳紫栽植之恩，未識能多中數人以副期望否。肅函佈悃，敬請鈞祉，伏希崇鑒不宣。

復增一

紀瑞姪：三兄來陝秋試，接吾姪手書，備荷記注，懃拳良深感佩。自入春以來，從郵筒中屢得書問，且有所商之事。愚所以未經裁答者，非叔夜之疎懶，亦非師丹之善忘，實因愚還闈以來，舌耕爲業，談經片席，人亦以孫冷置之，厚祿故人，音問久濶，不便因有所求始通書疏，且人微言輕，亦無益於足下。秦楚雖近，借人郵筒亦多窒礙，是以久未作報，想能曲諒之也。邇惟文祉康娛，百凡順序，藉慰懷念。愚在青門，諸事尚稱平善。至北上之計，非數千金不可，年來脩脯所入，寄歸家用及此間應酬，尚且不敷，豈有長餘可供資斧？當道諸公相待雖厚，然皆自顧不暇，覬其佽助，事有所難。年來精神大不如昔，衰羸之徵早見，榮進之心日頽，眷戀雖助，暫作遷延，俟三叔補缺之後，入蜀一行，即當作歸計耳。張妹夫來錫就姻，三妹擇於八月二十二日出閣，裙布釵荊，未能周備，然自幸向平婚嫁從此畢矣。變生因伊妹喜事未能北上，就近金陵入試，無可冀倖。虎兒自平涼來相隨讀書，不致荒廢。去年十月渠得一子，取名衍慶，聞頗結實，此可告慰足下者。蘭台在密雲，雲疇在鄭州，兩妹暨甥兒輩均各安好。吾姪處有書通問否？茲因紀三兄回楚之便，率此復問近祉。陸勖聞已回南鄉試矣。來書仍封還查收。不盡覼縷。

復張春溪太守

夏間錢通守來陝，接奉手教，並賚摩大兄書信、天巢詩稿一部、皐聞太史巖若柯文一部，均已接到。前從郵筒中所寄如圃書函，亦經接讀，喜無浮沈，藉慰翹想。祗緣今歲秋試屆期，生徒踵至，帖括堆案，批閱鮮暇，是以久羈裁答，良用歉懷。張生師後來應秋試，復接瑤函，備荷存注，懃拳廻環，盥誦銘戢無已。藉稔閣下政祉康娛，禔躬百福，樂情膏潤，禮意風猷，佳士賔興，萬流仰鏡，羣生樂業，比户騰歡，墳典筆簧，圖史苑囿，著述益富，嘯詠自高，引睇清輝，可勝欣羨。愚講院栖遲，年光遷貿，方徂隆暑，人屆凜秋，涼雨一天，寒螿三徑，守蓬蒿之岑寂，感蒲柳之蕭衰，關河羈旅之蹤，燈火江湖之夢，意緒寥落，不堪爲知己告也。滿望閣下南旋省覲，道出青門，剪燭西窗，藉申積悃，會期匪遠，言不宣心。敬請福綏，諸惟珍重。

致芸巖

前月有人回汴，曾肅寸緘，交小壻龔雲疇轉寄，未知曾達覽否？

邇來未通書疏未審近履何似摒擋諸事已有就緒否尊大人
輤車未知何日旋南弟身羈關隴未得素車白馬親詣靈次躬
執紼纚愧負九京寸心悲歉吾兄仔肩綦重長途尚期節哀保
攝是所額禱弟講院栖遲年光遷貿方徂隆暑又屆秋關河
羈旅之思燈火江湖之夢胸懷襟寥落不堪為知己告也茲因絢
齋大弟來汴聊佈數行藉陳衷愫其餘絢齋想能備述不復覼
縷臨穎悽然

答梁門生

青門話別彈指半年每憶清輝時深馳溯在冬接到手箋備承
記注緣人事冗鹿以致裁答稽遲伻月停雲欽欽在抱邇惟世
長兄丈祉康娛著作日富蕭齋多暇翰墨怡情萬卷皮陸澄之
廚五經儲邊韶之笥並聲馳譽揚藻擷華並讀祕書即登東觀
松茂柏悅頌祝彌殷僕講院談經況味如昨今歲係科試之年
從游者踵至閱畧文藝殊不岑寂兩令弟從靈州來陝留在院
內肄業文筆駸駸日上秋闈大有可望茲有書寄上祈查收率
泐數行言不盡意敬問升祺即希澄照

致雲伯

去秋曾佈一緘從慶右伯郵筒中轉致未審曾登籤室否久疏
音問勞並增深頃接都門受笙大兄手書敬審仁弟大人攝篆
琴川政祉康勝虞山拂水素號名區得詩人管領是山水之福
也不僅部民謳歌來暮矣咫尺武林想堂上安輿早經到署蘭
陔馨潔常膳再加翹首祥輝可勝額頌愚講院栖遲倏已兩載
江湖白社鐙火青氈懷鄉之思良不可任擬俟生徒榜後為蜀
中之遊與三舍弟叙晤且覲諸同好飲助明年春正即理歸裝
嵩隨鳩節野老之羣觀仁侯之為政耳年來精力漸衰意興日
減豈尚復有榮進之心雖無平子之田當誓義之之墓此心耿
耿惟知己能明之也自作經師久疏詩什惟得駢體文數篇大
半牽率應酬之作無可觀采聊呈粲政率占佈臆敬候升祺諸
希垂鑒不盡依馳
附啟者朱鷺亭舍親顧立方先生之長婿簡塘之姊丈也其人
溫雅厚重嫻於世務今仰慕龍門修刺晉謁尚望推愛加之噓
植感同身受

致徐柳塘太守

京華握別彈指歲琯九更翹企清輝時殷馳溯祇以飢驅奔走
冗悴風塵以致久疏音問而停雲伫月之思未嘗一日去諸懷
也邇惟閣下宣猷首郡履祉增綏澄懷與濟楚同清碩望與鶚
華並峙惠風披拂庶彙歡榮德雨流甘羣生餐挹翹瞻吉靄藻
忭彌殷弟於戊歲冬月應方葆巖先生之聘忝主關中講席流
光荏苒兩易暄涼學舍蕭寥瑟居無侶桑榆遲暮蒲柳蕭衰榮
進之心日頹鄉園之思彌切無如家徒四壁囊空一錢難營五

畝之資戀此一經之席遷延歲月歸計未成燈火長宵江湖遠
夢岑寂如此意緒可知沈葦塘大兄閒居里門未知尚作出山
計否聞其四令郎來錦署就婣尚留甥館不及另札祈致懷念
肅泐數行敬請台祉統希垂鑒不盡欲陳
附啟者候補令鄒桂係弟戚誼聞其託蔭仁宇備蒙提拂栽培
有加無已感泐難名茲有舍表甥華雲倬前鄒令署鄒平時因
係戚好同至署中辦理徵號並司帳房出納其人品端謹諸凡
可靠鄒令卸事後恐其賦閒在省渠家本寒素全賴修脯所入
以為事育之資茲令其持書摳謁台階敢懇閣下俯推烏愛廣
為噓植俾得一枝棲不但舍表甥舉家感激弟亦感高雲於靡
既矣

致白雲

都門捧馨文宴追隨剪燭西窗歡悰如昨而風流雲散一別如
雨屈指前遊已五更寒暑矣相思之深良不可任祇因途路奔
馳人事邅蹇未得時修箋素敬問起居想大雅含宏能恕其疏
節也敬惟閣下政祉康娛禔躬多福樂情膏潤禮意風猷組帶
青衿萬流仰鏡桑枝麥穗比戶騰謠卓著循聲即膺殊擢下風
遡聽忭頌曷勝弟自丙戌歲銜恤出都飢驅奔走風塵況瘁非
言可喻戊辰之冬蒙方篠巖先生見招令主關中講席青門栖
屑二載於茲容髮蕭疏年光遷貿方徂隆暑忽屆凜秋關河
羈旅之蹤鐙火江湖之夢意緒寥落不堪為知己告也肅此數
行敬請升祉不盡依馳
又啟者宋舍親名綬字鶚亭其人文筆溫雅老成可靠今自陝
言旋欲就近覓一枝棲專誠叩謁龍門尚望推愛噓荼感同身
受芳燦又啟

復潼關虞司馬

睽違清誨星琯行周夢轂心輪時殷馳溯頃奉華翰備荷存注
懃拳綺詞獎飾瓷薇莊誦銘戢良深茲際蘭坂風清桂巖月朗
敬惟五兄大人履祺恬卷政祉綏和興寄琴樽想高情於北海
談偕賓侶發佳興於南樓翹首祥輝良深忭慶弟棲遲講舍歲
月如流隆暑方徂凜秋又至迢遞江湖之夢蕭衰蒲柳之姿舊
帙堆牀帷餘落蠹明鐙照壁聊伴吟蛩蹤跡飄零襟懷寥落無
可為知己告也令甥芙初太史書二封已收到安昌侯張禹傳
錄呈並弟新作文二篇寄求郢政專函佈復敬賀令禧並請鈞
祉不宣

復劉芙初太史

久暌譚讌時切懷思介亭先生典試入關接奉良書恍如覿面
慰問有加詞意譪懇出入懷袖感戢彌深敬審閣下起居康娛
著作日富鸞步無侶鶴音寡儔自當超越特先衆儁而金門索
米臣朔長飢護闌遠離心切返哺欲解纓紱言辭承明把書三

復不覺氣息愚講院棲遲出入無蹤稟秋易悲獨客多感鼯鼬六徑蔡藿塞門燈火青氈江湖白社鄉關羈思形諸夢寐至於出處久已自審既乏才用又兼負病肯以疲暮干於浮雲自脊令抱痛蓼莪銜哀故山松楸尚未成長衰疚映睫離心懸旌顧學養之歸誓墓下會冒苟進實非素心惠子知余諒不為怪三弟在蜀以書相招白頭兄弟冀得團聚擬束輕裝取道雲棧錦城小住三月為期一二知好覬其佽助明春同陝遄歸故閭言尋漁釣終老耕鋤一疏一秦瞻拜邱壟即復委蛻亦無所恨大兒在家搘撐門戶朋輩牽率令就南試文藝荒落無可覬倖次兒相隨俾習經義一知半解未見斐然氣體尫弱不任督責晨作暮輟聽之而已率占佈復言不宣心順候文祺希惟珍重

答虞司馬

接奉手書驚聞令郎三世兄仙遊之耗為之惋悒彌日其孝友嗣懿理合永年乃稟命不融蘭摧玉折凡在相識者莫不撫膺悼歎而五兄大人慈愛素篤定然哀慼逾常然修短有期徒哀無益所望善自排解珍衛起居雖不必學東門吳之達亦不可如西河氏之傷也至囑至禱相隔數百里不能親身慰唁歉悚增深附寄扁聯一付祈懸之令郎靈几以當一奠限於字數不足揚其懿行吾兄悲思稍減錄其生平大概寄來當為之作銘誄耳弟蒙中丞方伯諸公雅意攀留明年仍司講席已於二十六日送關冬月初九日擬作蜀中之遊緣三舍弟有札相招弟兄冀圖歡聚度歲獻歲發春仍當來陝開館肅函佈復並遣家人代申悃愫敬請升安諸惟朗鑒不盡依馳

復金匱閣明府

首夏曾肅蕪函輕干清重荷蒙高懷垂注賜以琅函感獎飾之過情承眷愛之逾格浣薇莊誦銘戴五中敬稔老父臺大人撫馭增綏經猷式煥屆厥台之令節布長養之仁風黃犢報稔瑞已獲乎雙歧綠野凝膏祥復呈乎九穗人頌端平之政史書大有之年桑梓翹瞻蒼黎何幸仰叨芘廕欣感交并芳攀講院棲遲近況尚稱順序惟是學愁譾淺曾無啟迪之功識愧迂疎徒作纓牽之守重荷良書之期許彌切下念之悚惶耳小兒燮生晉謁崇階備聆清誨童蒙無識乃承提獎殷拳寸心益深慚感茲附家言一封祈即擲交是幸肅函佈復敬請台安恭繳鈞東統希朗照不盡依馳

復秋圃同年

仲秋望日接奉手書備荷垂注慰拳語長心重迴環盥誦欣慰交并藉稔閣下政祉康娛循聲日起案無積牘庭少諍辭以圖史為園囿以文章為鼓吹延篤嗜學日下兩堂之帷謝朓耽吟時命高齋之筆清秋逸興定富新詩企羨之餘益深懷想弟講院蕭寥索居無俚鳴蛩三徑涼雨一天蔡藿拄門庭無豢迹燈

火江湖之夢風霜蒲柳之姿旅況少悰鄉思彌切古人所謂晚歲惜光輝獨居慕儔侶信有然矣團焦二字見北齊書神武本紀神武徵時止邑人龐蒼鷹團焦中及得志就其第起南宅門巷閈廣堂宇壯麗本所住團焦以石堊之留而不毀團焦一作團蕉即今草廬今之所謂草鋪也因蒙垂詢故詳及之弟之駢體文承閣下過愛稍暇當作一書呈覽先此佈復並候台祺不盡覼縷

復瞿秋山觀察

夏間接奉琅函備荷垂注懃拳語長心重迴環盥誦感戢靡涯遥惟大兄親家大人裀鼎凝禧簪裾集慶攝柏臺之綱紀承楓宸之恩波玉壘民和六符斯炳銅梁歲稔萬寶咸成蘭玉盈階錦堂多福翹瞻瑞靄頌禱彌殷家五嫂暨令媳姪女岳生姪於月之望日安穩到陝仰蒙大兄親家大人戚誼關懷專人遠接體恤無不周摯雲天高誼不特身受者知感弟亦銘戢五中非子墨所能罄也茲在青門擔閣四五日即起程來蜀福星所庇定然一路平安吉期行届令郎賦述婚之喜珠箑錦絢此日占鳴鳳之祥玉署花明來歲卜並蘭之慶私衷藻忭百倍恒情肅薰無啟敬請鈞祉並賀崇禧不盡依企

復汪寓圃明府

小春之杪接奉月朔所寄手書伸紙發函恍如晤對語長心重慰問懃拳三復迴環喜與忭會敬稔閣下政祉康娛俊譽日起秋闈分校文柄攸司任孝孫之治行本是無雙劉孝綽之才名復推第一簡拔寒畯推轂英才出海底之沈珠剖櫝中之寃璞不遺餘力不負初心君則振筆而書說士尤甘於肉僕乃揚衡而喜聆音而識其真憐才寸心千里相印尤為撫掌稱快者也今年秋試書院獲雋者正榜十七人副榜四人士林同聲言數十年來未有其盛而甯生景鵬竟褎然解首其人長於說經博覽載籍其餘如王憲章賈文茂熊兆趙秀書劉三傑邵楷等或精考訂或擅詞章皆高材生也江南榜發表姪顧蘭塘中式第八十名立方先生之長子也不但時藝擅長詩古文辭皆獨出冠時家學淵源其來有自聞信之下為之喜而不寐至大兒燮生雖隨侍就南試而被落乃意中事小兒麐生相隨在陝未令其觀場也嚴觀察月杪月初過陝僕亦擬作川中之行相見在邇不復多及先此復問文祉諸惟珍重

復蔡筠谷

月之初四日小兒到陝接奉手牋備荷存注懃拳語長心重迴環盥誦感戢於懷敬稔二兄大人文祉增綏百凡順序藉慰翹想弟錦城之行為飢所驅事非得已巴山雪沍棧閣雲深草草勞人冒寒遠涉風餐星飯意緒可知所喜關中一席蒙韋公雅意攀留來歲仍然主講於仲春回陝開館鷦鷯一枝巢痕未掃

差可告慰綺注耳茲已定於初九日長行倚裝匆促不盡欲言諸惟澄照不一

復龔小范

憶己酉歲高平官舍得接英談判袂以來彈指二十三寒暑矣中間人事變遷關路隔濶未得時通牋簡虔候起居歉悚之私欽欽在抱長至月初令郎二兄至關中過訪荒齋握晤之次兼奉琅函藉稔大兄親家大人履祉增綏潭祺集慶高情恬逸眠食有加忭慰非可言喻因念吾兄抱經濟之才為通博之學懷奇未試屈首下僚雖黄綬位輕而青霞望重釣東野之瀨嘅斯立之松析芙燔枯倫然自得其高致非恒人所能及也弟自戊辰之冬應方徐岩制府之招忝主關中講席棲遲學舍轉瞬兩年襆被一床叢書兩簏自遭艱棘百事疏慵榮進之心日頹任實之情轉篤海鷗心事書蠹生涯馬隊久居鷦棲猶戀茲於初九日復為錦城之行垂老飢驅事非得已感萍蓬之飄泊嗟蒲柳之蕭衰近狀冗塵不堪為知己告也令郎人極伉爽於世情亦極明練相聚數日亦將西赴甘蘭身體平宜請兄順序可無廑念吾兄明年舉七秩觴弟作序一篇樸僿不文聊申衷愫已交令郎寄呈祈大雅鑒之肅泐數行言不盡意敬候升祉不盡依馳

謝楊雨田

月之朔日從郵筒接奉手書以惠有錦城之行垂念懃拳並惠珍品寸心良深感戢敬稔大兄文祉綏和百凡順序藉慰潤悰麐生於初四日到陝現在擠擋資斧定於初九日起程雖時屆冱寒間雲棧一路校之陝甘尚為和煖自維精力亦可支持可無廑錦念書院一席已蒙當道諸公挈留仍舊主講明歲仲春即當回陝聞館也專此佈謝復候文祺臨穎依溯

致嵩觀察

日前荷蒙輿衛遠臨荒齋促膝高懷繾綣許訂蘭盟忘其僭妄之愆益感懃拳之誼别來忽忽又復彌旬馳溯私忱與時俱積敬惟九弟觀察大人懋履增綏台祺集慶西疇歲稔時聆歌頌之聲東閣晴暄閒發琴樽之興翹瞻嵩采忭頌奚如尊照敬題五古二十韻備記十年中離合之迹以誌欽挹之忱茲錄稿呈政其圖卷仍遵命送至余竹琴先生處待盧舟方伯及諸公題詠後當另專人寄呈也愚蜀中之行定於冬月十九日獻歲仲春即回陝聞館匆匆小别未得面罄離悰咫尺祥煇倍深依企肅修蕪啟敬請升祉不宣

致曹太守

睽隔芝儀倏更歲琯傳雲佗月時切馳思遍惟大兄大人懋履增綏台祠介祉西疇歲稔時聆歌頌之聲東閣晴和閒發樽罍之興樂情膏潤禮意風猷庶玫稱平才推領袖三階齊色慶集

釐祺翹首祥輝，良深藻忭。弟旅食青門，已逾二載，秋闈榜發，諸生獲雋者二十餘人，闔中頗傳為盛事。場後講舍清閒，忽動遊興，奚囊襆被，策蹇西行，冀與知己談心，且得弟兄聚首。於前月初九日自陝起程，月之初四日抵三舍弟江油縣署，征鞍暫解，小憩塵勞。獻歲發春，即當束裝詣省，趨謁華軒，面聆清誨。會言匪止，何快如之。先肅寸啟，敬候升祺，統希澄照，不宣。

致瞿秋山觀察

十月下旬曾修寸啟，虔候台祉，並賀崇禧，想邀垂鑒。邇維親家大兄大人裀鼎增綏，釐祺介祉，金穰紀瑞，巴賨傳樂職之歌，玉壘宣猷，井絡建會昌之福。翹瞻喬采，藻躍曷勝。家五嫂同舍姪岳生令媳大姪女想早平安抵署，令郎已賦述婚之喜，錦堂花滿，喜看雛鳳雙飛，蘭砌春濃，佇卜華芝三秀。幸託葭莩，又同深欣忭者也。弟於前月初九日自青門起程，雲棧崎嶇，輿馬尚稱安吉，於月之初三日抵三舍弟江油官署，征鞍暫解，小憩塵勞。獻歲發春，擬即束裝赴省，藉得趨謁高齋，面申衷愫。先肅蕪啟，敬候鈞祺，統希朗鑒，不莊。

復方有堂方伯

冬初在青門講舍接奉瑤緘，備荷垂注，懃拳盥誦，迴環五中，銘戢。邇時即擬束裝赴蜀，良晤匪遙，是以未肅報章，良深歉悚。敬惟年大兄大人釐祺集慶，裀鼎凝庥，西臺則重倚宏才，北闕即特申恩命，舊手賴維藩之寄，新春綏述職之期，百度維貞，六符斯炳。護闈介壽，叶循陔華潔之詩，徽省延禧，聽樂職中和之頌。翹瞻喬采，忭頌彌殷。弟於冬月初九日自陝起程，雲棧縈紆，輿馬尚屬平安，適於月之初四日抵江油署，弟兄聚首，暫息塵勞。月杪即當詣省，趨謁高齋，面申衷愫。先此佈候鈞祺，統祈澄照，不宣。

與岳生大姪

青門晤面，藉罄離悰。吾姪先奉慈輿入蜀，愚亦於前月初九日自陝起程，棧閣崎嶇，一路時深懸憶。於月之初三日到江油縣署，得毛可園表兄來書，知已安抵錦城，良深欣慰。大姊出閣吉期擇於新正二十一日，喜事一切可以從容料理。愚在此間小憩塵勞，身體安適，三叔相留度歲，擬新歲初六日即赴省垣，會晤不遠。諸容面罄。堂上為愚請安，可園表兄不另札，均此道念。此問大姪近好。愚叔芳燦手啟。十二月十七日。

致宋雲墅郡伯

去歲台旌入覲，道出青門，得奉緒言，並蒙雅眖，纏綿之情，有逾骨肉，銘諸心版，無日弭忘。敬惟四兄大人履祉增綏，經猷益懋。辛盤獻歲，甲令班春，東閣梅開，巡檐索笑，西堂草綠，點筆題詩。相羊圖史之娛，瀟灑琴樽之興，緬懷曠度，不禁神馳。弟於諸生榜後，經舍蕭閒，忽動遊興，冀得弟兄聚首，且與諸好論心，躡雪秦關擾雲蜀棧星餐露宿不以為疲月之初四日巳抵三舍弟江油縣署解鞍解舍小憩塵勞春初即赴省遡時輿衛或涖錦城當趨謁行轅面申衷愫也率占佈臆敬候台祺諸惟朗照不宣

致趙芸浦學使

青門講舍荷蒙輿衛遠臨促膝論心謙光下逮語長心重遹慰拳為計入棧之期先訂翦燈之約寸心感泐子墨難名敬維年伯大人駐節錦官宣風玉壘六筵星朗接瑞靄於慶霄五色雲高承渥恩於黼扆禹流仰鏡庠士傾心翹首台階良深藻忭芳燦於十一月初九日自陝起程棧石星餐巖館霞宿躡七盤之積雪擾兩角之旅雲於月之初四日始抵三舍弟江油縣署解鞍解舍稍慰塵勞獻歲之初當即束裝詣省藉得暢聆訓誨面罄衷襟欣幸之忱非言可喻肅函佈臆敬賀新禧並請鈞祉諸維垂鑒不宣

代擬上趙學使稟啟

竊某久欽碩望未遂趨承翹瞻卿月之輝如侍春風之座恭維大人瓌文冠世邃學經時奉黼扆之恩綸司錦江之文柄繡衣驄馬樹峻節於中朝玉尺冰衡著英規於西蜀庶僚手額多士傾心茲際椒葩承風蓂莢轉旦慶霄氤郁叶幡簿以呈祥元扈鏘翔占羽儀而頌吉台垣在望皂纛彌殷某菰蘆下士樗櫟微材初入仕途未嫻吏事兢銘是凜隕越為虞幸吏代之有期拜旌麾其不遠得以飫聆槩訓備沐恩暉慶忭之忱非言能喻肅薰燕稟恭賀崇禧敬請鈞祉伏祈垂鑒

致鄠縣陸古山明府

青門旅次兩回捧袂得沐衷衿送別匆匆倏周星琯心輪夢轂勞如何如敬惟閣下起居康娛令譽騰上琴彈文暢雙璞推工詩詠元暉五言獨步遙有佳什屈無諍詞側耳循聲欣羨無似弟青門講舍兩載棲遲樗後諸生半皆倚席乘此閒暇遂賦遠遊橐筆長征策蹇西上歷雲棧入劍關星飯霞餐不覺勞頓茲於月之初九日巳抵江油縣署弟兄聚首對床深宵悼往感今悲喜交集解鞍解舍小憩勞薪獻歲發春擬即赴省遡時鶴蓋或涖錦城當罄平原十日之歡踐中散千金之約會言近止何快如之削牘端函聊佈胸臆刻望還問以代萱蘇如有郢筒亦須貽我諸維朗照臨穎神馳

致雅州太守涗

憶在春明旅舍得謁尊顏拜別以來屢更裘葛下懷依企與日俱深敬惟祖姑丈大人履祉康娛禔躬多福壽與公遂初之賦慕疏傅止足之風星駕辭金雲裝解黼瀟洒林霞之興倘徉詩酒之娛香山洛社共挹高風翹首吉輝良深歆羨芳燦橐筆西遊青門留滯海鷗心事書蠹生涯學舍棲遲倏經兩載茲因

家居無俚又賦遠征陟秦嶺之崎嶇越蜀棧之修阻於月之初九日抵三舍弟江油縣署弟兄聚首稍慰塵勞明歲仲春仍當返陜長鐵驅我垂老依人未得於九峯二泉之間追隨杖履悵快何如秋泉二表叔蒙友于誼篤提挈同家芳燦弟兄均深感激肅函佈悃敬請安祉伏祈垂鑒臨穎依馳

致張小渠

弟兄隔面二十餘年不特把晤言歡邈不可得而關河修阻音問亦復罕通每念平生難爲胸臆愚於戊辰之冬就方蒓巖先生之聘主關中講席學舍棲遲忽忽二載曾有兩札交三弟郵筒轉寄未知曾登清覽否今歲秋闈榜發諸生獲雋者俱料理資裝將赴禮闈未中者均乞假回家住院者寥寥數人亦倚席不講出入無悰忽動遠遊之興因思秦蜀接壤三弟署篆江油相離較近弟兄不趁此一聚過此以往南北分馳欲圖歡會更費躊躇是以結束輕裝徑度雲棧精神頗健忘老不入川之戒次兒麐生亦隨侍同行一路託庇順適於月之初三日已抵江油縣署對牀夜話撫今追昔未免悲感交集譚次知吾弟就館太平去省垣頗遠明春燈節後擬赴錦城一行擔閣不過半月即應回陜緣起程時董觀橋中丞朱虛舟方伯再三相訂期三月初須到陜開館恐與吾弟不能會晤寸心尤深悵悵弟愚年來雙鬢漸星殘牙零落衰羸之徵早見榮進之心日頹祗緣知己攀留鶴栖可戀藉此一經之席以救八口之饑棲屑數年當從故里雖無平子之田可歸尚有逸少之墓可誓也前歲麐生赴甘就姻昨歲已得一孫今年八月三女亦已出閣同張婿回餘姚向平婚嫁粗已完畢此差足慰意者耳二妹在家與嫂氏時相往還陜中音問時通二甥前年娶親亦已得孫前月十六日三甥亦已畢姻吾弟年甫五十已得兩孫將來蘭玉森森正未有艾而栽之培之亦大費阿翁經營也盆伯滙也一缺甚屬清苦未知何日卸事未接伊信甚爲繫念專此佈臆餘容再寄諸維珍重並賀年禧不盡縷縷

代擬致百蘜溪制府

某於前月某日曾附星郵肅薰蕪稟祝起居之萬福頌功業之千秋虔布悃忱想蒙恩鑒茲於某日恭閱邸報敬稔老夫子大人勳高全粵威靖重溟受廟略於伏波統舟師而横海摩渠樓艘樓船揚貔虎之雄蛟鼉彌龍竄島珍鯨鯢之暴破浪而擒揚太人是飛來廻旗而搏孫恩兵從天降渠魁授首餘孽歸誠張宿宵明欃雲曉落鯨濤剗渚刻日砥平蛋戶馬人齊聲膜拜凱唱遙傳於碧瀨捷書上達於紫宸奉麟綍於九重被龍光之三錫榮膺懋賞特晉宮銜翠翎增耀首之華雙輝珠璧綠綬衍承家之澤世紀旂常紫橐金荷頒來朶殿奇珍喜玉錫自尚方宣揚鍾萬之猷炳燿丹青之色仰湛恩之稠疊占頌福之洪綿

纓弁臚歡埏埏頌慶某備蒙栽植幸託門牆鳧藻之忱名言莫喻肅薰無稟恭賀大喜敬請崇祺

芙蓉山館尺牘卷十二目錄

金匱楊芳燦蓉裳著

上勒公相
復光撫軍
致方有堂方伯
與定生姪
致四川軍標協鎮李
致馬寶夫
復葉健莾太守
致鄭始齋
致虞潤軒司馬
致湖北錢裴山中丞
致瞿袂山觀察
致金遺闇明府
致蘭崖
復緼山兄
致丁默甫
與龔雲疇
與道園大姪
致星川
與岳生姪
與郭耀遠

致方翔二弟
致陸古山
與蘭臺
致王明府
致慶曾弟
致資州劉刺史
致吳太親翁
致陳二梅明府
致程退廬明府
致春塘

復禚容圃

去歲匆匆作蜀中之行曾作一信並尊照一幨託陸杉石同年寄呈未知曾達覽否弟於去臘四日抵三弟江油官署二十六日接奉手書欣悉題升高平太守奏稿内歷叙勞績也蒙 聖明俞允年來想奉有批廻矣此缺雖清苦然吾兄以參軍起家歷任令守風土人情無不諳悉官民相安並見循良奏最亦一佳話也可勝忭賀弟擬於鐙節後赴錦城小住月餘即當回陝如旌旆已蒞新任當至高平署中一叙闊悰耳專此佈賀大喜並候近祉不宣

與三妹

兄於臘月初四日抵三弟江油縣署在署度歲與大姊三弟暨姪女輩圍鑪叙話時念吾妹不置也歲杪接妹丈來信知已題升平涼太守此地吾妹僑住之處一切俱已習慣官舍真如家耳可喜之至趙親家聞調燉煌未知確否如果調定欲將家眷接至省垣或至任所吾妹務將二姪媳及行慶輩留在署中居住兄與廖生於三月内必當回陝當至高平接取或北上或南回爾時當有定見如姪媳隨伊父母移家又多一番周折矣望吾妹與趙親母懇切言之至囑至囑餘詳妹丈信中此問近好不一

致嚴箕亭觀察

青門捧袂得謦咳襟叩送行旌倏更歲籥寸心馳戀與日俱深茲聞省抄敬稔三兄大人晉覲榮旋禔躬百福近龍光於紫禁駐蜺節於錦城曉日觚稜已見新恩渥被春風鼓吹並看舊部重臨正韶景之方長更繁禧之茂集翹瞻瑞靄忭頌彌殷弟於去臘初四日抵三舍弟江油縣署小住一月有餘守歲紅鑪弟兄團聚藉慰旅懷茲舍弟已屆瓜期弟先擬於月之十二日赴省當即趨謁高齋飫領雅誨會言近止欣快何如肅函佈賀崇祺統希詧照不宣

致咸寍林明府

去冬匆匆赴蜀備蒙厚貺寵頒蔥拳逾格俾蒯緱添潤蓋蓮生輝兄如馮諼之行李蕭條忽訝長卿之資裝都雅皆出自知己之賜也戴德而行五中銘感邇惟夫兄大人政祉增綏經猷式煥正陽春之韶麗知景福之駢蕃翹首祥輝良深忭頌弟於去臘四日抵舍弟江油官署一路託庇平安聽雨連床近况摘適可慰綪念日内擬作錦官之行稍有耽閣即當旋陝大約上巳修禊之辰當得捧袂言歡暢聆宗愫耳附信一函望飭交書院為感專此佈悃敬候台祺不盡依企都文甫大兄不另啟均此致候

致潼關嵩曼士觀察

去歲勞人就道遙唱驪歌良友關情慨分鶴俸俾行李無虞於

困之資裝頓覺其雍容戴德而行五中銘鏤自違雅度月筴屢更仕月停雲時殷馳溯敬惟九弟大人黼黻凝禧裀馮集慶部華錦麗碩福鼎來承湛露於丹霄蓮開華井蔭吉雲於元圃芝秀商山縵篆班春芳膝雨潤旌麾行部繡壤風清翹首祥輝曷勝嵩溱兄逾越秦關攀登蜀棧攫瓴雲之雨角陟峻嶺之千重愛烟景之麗崎忘風塵之況瘁臘月初旬抵三舍弟江油官署弟兄聚首恰度新正綵勝椒盤藉銷羈緒燈節後束裝前赴錦城日來與二三知好銜杯話舊亦不寂寞此間擬盤桓匝月小憩塵勞上巳後起身旋陝如與衛莊者當得西窗翦燭却話巳山也途中得小詩十數首暇時請政肅函佈臆敬請升祉統希澄鑒不宣

與六姪

字問六姪文祉去夏陸劭聞回南秋試曾託寄一信未知收覽否邇惟堂上動定多福吾姪侍奉康娛合家大小均各平安定符頌祝兩昆俱遠宦楚中吾姪夕膳晨餐承歡膝下蘭陔萱茂愛日融怡乃人生不易得之境所望定省之下溫習文藝涵養性情以為他年入宦之資是所期望愚在關中書院棲遲兩載去秋諸生榜後經舍蕭閒遂輕裝入蜀臘月初旬抵三叔江油縣署燈夕後始來錦城小住已經旬日三叔於月之初三日卸事日內可以來省愚於出月望間當束裝旋陝至南回北上之

計茫無定見流行欽止隨天所付幸身體康健可慰遠念率泐數行以報平安諸惟珍重不盡覼縷堂上為我請安並問少奶奶懿福

復宋雲墅太守

去臘江油解舍曾肅蕪函輕干清重荷蒙垂注捧到還雲伸紙發函恍如詩會何丈采之鉅麗而慰喻之綢繆也盥誦迴環喜與忭會邇惟閣下政祉增綏福履康勝凌雲載酒已歐萬戶之封瀘水班春復擁雙旌之貴琴譜江南之曲丈暘風流詩吟池上之篇元暉清發翹瞻采芮忭頌彌殷弟於前月杪行抵錦城倏三舍弟即署回省即當料理旋陝大約上巳前後束裝就道勞人踪跡飄轉無方咫尺清徽末由謁晤勞仰如何專緘佈悃敬候升祉希惟澄鑒不盡依馳

致鄭都瞿菊亭明府

前歲台旌兩過青門均蒙枉顧備聆雅誨並續陸歡訪古碑談詩翦燭迴思此景忽已兩易膃蓂翹企清輝殊深勞結邇惟四兄大人政祉增綏潭祺並茂錦囊縹軸定富名篇鄀屋青疇均沾惠澤遙聽循行忭頌彌殷弟去歲諸生榜後經舍蕭閒忽動蜀遊之興臘杪抵三舍弟江油官署相留度歲燈節後束裝來省錦城旅舍擬作匝月盤桓上巳前後仍當旋陝萍蓬蹤蹟飄轉無方知己關懷定深垂念專此佈悃並候升祉不盡依馳

致內江顧明府

獻歲之初弟在江油解舍接奉華緘當即肅復未識曾登籤室否邇惟大兄大人政祉增綏潭祺茂集魁首祥輝定如心頌弟於前月二十四日到省十日以來應酬歷鹿殊少暇晷惟與式堂古山諸君翦燭談心藉遣旅人孤悶當茶話方洽燭醉薄酣每悵閣下不在座也三舍弟於月之三日卸江油篆大約望前後可來錦城弟擬於月杪旋陝咫尺琴堂末由謁晤緬懷雅度勞佇何如弟在關中講院刻詩鈔八卷詞一卷文一卷當覓的便寄正此候升祉不盡欲陳

致張石蘭觀察

去夏曾因魏榮回蜀之便肅修寸啟虔請崇祺並達鄙忱想登籤記邇惟親家三兄大人簪祜集慶黼黻凝禧正裨海之砥平想高懷之鏡朗瀛壖向化斥堠無驚阿閣呈祥羽儀共仰九乾露甚三島波恬行膽內渡之旌麾即樹高牙之棨戟吉輝在望鬯藻彌殷令郎於去秋來錫就姻弟羈旅關中寒舍乏人照應練裳竹笥清貧到女兒之箱䉛飯壺飧輶褻愧婿鄉之館小女初持箕帚禮節未嫻荷蒙堂上垂憐弱質撫愛有加感激私忱名言莫喻惟有屬其晨昏定省隨事留心仰答恩慈無貽譽咎耳弟在關中講舍兩載栖遲去歲秋闈榜發諸生獲雋者俱摒擋資裝北上春試餘亦多乞假回家經席蕭閒遂發蜀遊之興冀得弟兄聚首且與知好論心臘月抵三舍弟江油官舍柏酒椒盤相留度歲燈節後始赴錦城約小住逾月仍當旋陝料理入都之計白首趨曹事非得已所望台旌述職握手春明翦燭而敘懽悰把盞而聆雅誨是晨夕禱祝者也肅緘佈臆敬請鈞祉統希垂鑒不盡依馳

致三婿

頃從郵遞接到家書展誦手箋備承關念藉稔賢婿述婚歸侍文祉增綏羨家慶之方臻吉雲重蔭喜華年之正富寶月長圓萬里遠懷良深慰忭惟是去秋丈旌在錫愚適羈旅青門愧吉禮之未周更館儀之多闕盤飧寒儉輶褻良多每一懷思慙歉交集乃蒙叠及彌切汗顏三小女箕帚初持未嫻禮節闔大父母憐其弱質撫愛有加感激之忱非言能喻尚望賢婿時相指示俾免譽尤此私衷切禱者也尊大人臺汗秩滿內渡有期東臬閩藩即在指顧可勝預賀愚在關中講舍兩載栖遲去歲秋闈榜發後諸生捷者二十餘人一時傳為盛事冬間因生徒告假旋里經席蕭閒遂束裝作蜀中之遊冀得弟兄聚首且與知好論心在江油官署度歲燈節後始抵錦城小住逾月仍當旋陝摒擋北上之計賢婿負聰穎之資秉英銳之氣青箱家學具有淵源黃卷工夫當加淬勵轉瞬酉科應京兆秋試爾時東華歡聚坐看飛騰老眼摩挲盼望殊切專此復問文祉不盡欲言

與三女

字問德華三女安好爾自幼長依膝下未一日遠離今隨婿歸侍川途遠隔去秋出閣時我又遠在關中未能親為料理資裝寒薄禮數不周每一念及殊覺耿結於懷也頃接女婿來書知爾蒙大父母逾格愛憐遠懷藉慰晨昏定省爾當倍加孝敬以答恩慈至於接姻戚以謙和相夫子以柔婉待下人以慈祥隨事隨時諸凡留意勉立賢名此我之所切望者也爾身體素弱諸宜保重既出嫁離家亦不必時時縈念我去臘自陝至三叔江油官署度歲爾二兄亦隨侍同行與大姑母兩妹輩團聚甚歡體中亦頗寧適今春到錦城小住俟三叔卸事來省三月中起程回陝秋間當作北上之計一切尚稱順序可無廑念茲寄爾銀二十兩作針黹之需查收餘詳女婿信中不多及

復彭縣王明府

去歲青門經舍荷蒙輿從惠臨適以官課扃門未得一親雅度次日專誠報謁而台旌已經遄發歉仄之懷至今欽欽在抱今春小住錦城滿擬捧袂言歡暢傾衷愫乃彼此往返又未得諧良晤想人生會合定自有期心契神交不嫌相見之晚也頃奉琅翰備荷注存悵望之情同縈心曲迴環雒誦感戢五中藉稔三兄大人政祉增綏經猷式煥翹瞻卿霱忭頌彌殷弟滯迹會垣俟經旬月關中諸好頻番致札敦促歸期三舍弟卸事後因新任盤量倉穀尚有擔延二十外始能到省弟俟其到後盤桓旬日定於三月十一日旋陝知關垂念用敢佈問敬候升祺不盡依企

致汪寫園明府

日前紀綱來省備承雅愛頒到多珍拜領之餘寸心銘戢邇惟仁弟大人懋履安和百凡順序魚軒初至潭祉駢臻翹首璘雲良深欣忭愚本擬過訪高齋以踐夙約緣日來酬應倍覺紛繁嚴質亭觀察宋梅生太守及蘋香古山諸君惆款相留排日作餞竟無暇晷可以抽身事與違殊增悵悒幸修志之舉已有成議冬間再至錦城定當促膝西窗暢傾衷愫判袂之期不遠盍簪之日方長差慰意耳前承諸公厚愛慨助膏秣之資而道里遠近不等恐起身之前尚未能齊集前月所挪百金之項俟彼處送來屬三舍弟專人奉繳叨在至好定荷鑒原肅此佈懷並候升祉倚裝草草不盡欲言

復興文縣楊

久欽雅望未遂趨瞻千里神交時殷馳溯接奉華翰備荷懃拳存注獎譽過情盥誦迴環感慚交集藉稔四兄大人崇祺懋介福履增綏宣雅化於琴堂七絃流韻溥春膏於麥隴兩穗興歌循卓交推超遷在邇翹瞻瑞靄忭頌奚如弟錦城小住倏及五旬關中講席未便久虛擬於月之十六日束裝旋陝迢遞雲棧

况痒風塵垂老飢驅事非得已素叨摯愛想亦念勞人之草草也令姪清才雋品獨出冠時夜燭晨燈甚相投契珠光劍氣騰躍非遥惟門戶支持虀鹽料理心亦未免為境所累耳肅函佈復敬請升祺諸希朗鑒不宣

致汪寫園

日前紀綱回署屬其面述一切想俱心照茲接來翰備荷垂注慇拳語長心重令人感戢無已愚體中自服丸藥稍有效驗惟二兒感冒未能全愈雖定於二十日就道恐尚有稽遲寸心焦慮之至仁弟值公務殷繁之際斷不必來省且冬閒把晤匪遥亦無庸快悵也前項既承雅意諄諄敬已拜領惟仁弟亦非有餘之時寸心深抱不安耳率此佈復順候升祉並賀潭禧不一

華晴川書收到當面致之

致盛孟巖觀察

仲春錦城小住曾修寸啟虔候台祺諒登籤記邇惟年大兄大人祉馮篤慶黼繡凝禧正韶景之棣通想清襟之茂豫吉雲蔭彩萬彙華滋德雨流甘羣生餐挹訢見變林寶樹秀出丹霄五色文鵷高翔蓬島翹瞻瑞靄忭頌彌殷弟於前月二十日自成都啟程日來陟劍閣之崎嶔覽井絡之奇勝曉侵星餐晚就霞宿徵輿登頓不覺其勞閏月朔日已抵寧羌頓驅託庇粗適可慰綺注計月望前後可抵青門歡晤匪遥正聽雨郎君泥金報捷時矣可勝預賀肅函佈悃敬候鈞祺諸惟澄鑒不宣

復家琴軒

接奉手箋備承存注慇拳良深感慰藉稔三弟履祉增綏潭祺懋集遥為欣忭稔容圃四兄署篆首郡未知何日接印三妹輩在省苦況備嘗得此稍堪慰意也兄此次到川在江油署中與三弟聚首兩月圍爐度歲頗盡家庭之樂至一到錦城廻念二弟當日光景觸處俱增悽感宦途中舊日知交已晨星落落蒙助膏秣之費不及千金除往返資斧四百金外所餘無幾在川即會回家中以濟嗁號之急茲於月之十四日遄返關中仍復空囊素手南回北上之計前路茫然正難預定也頃接平涼來信新生之孫又於二月中因驚風殤折心緒惡劣殊不可言吾弟聞之定為扼腕耳紅圃方伯前俟稍暇即當作書通候吾弟旅況清窘當代求提拂但人微言輕未知有濟與否也專此佈復並候升祉不盡依馳敬問弟夫人懿福郎愛安好

上勒公相

敬啟者芳燦於青門節署叩送旌麾睽隔慈煇倏更歲籥寸心依戀與日俱深敬稔公中堂繡黼凝禧鼎祉集慶迓新恩於北闕宣偉績於南邦銅梁玉壘普瞻民物之會昌竹箭桃花今見波瀾之底定慰九重之宵旰信一德之感孚協宣陽闓德之符聽樂職中和之頌蒼黎志喜咸登衽席之安桑梓關情共戴帡

幪之庇私忱藻忭莫罄名言芳燦去歲諸生榜後經舍蕭閒於冬月初旬起程赴蜀在三弟英燦江油官署度歲茲英燦卸事同來錦城小住旬日仍回關中館一身漂泊八口饑貧未由效奔走於曹司徒自敝精神於佔畢自憐朽鈍上負栽培內手捫心感慚交集肅薰蕪稟虔賀崇祺敬請鈞祉伏祈恩鑒芳燦

謹啟

復先撫軍

芳燦去冬肅牋蕪函上塵清重虔申下悃敬請鈞祺荷蒙大人略分言情不遺在遠賜之瑤簡賁以華詞愧獎飾之過情感恩施之逾格迴環盥誦銘鏤五中敬惟大人籥祓凝禧禔禡集祜承九霄之湛露繡野含滋蔭五色之吉雲華堂絢綵台光朗耀連翼軫以增輝峻望崇隆共衡廬而並峙蒼黎頡慶纓弁臚歡翹首旂南曷勝藻忭芳燦羈旅青門徒守一經之席鑽研黃卷無救八口之飢雪刺盈顛老猶作客寒氊半榻貧且依人去冬曾爲蜀棧之遊今春小作錦城之住而交親寥落行李蕭條於月之十四日仍返關中首蓿堆盤蓬蒿塞徑烟江釣艇彌深懷土之思畫省香爐無復趨曹之望自憐朽質有負厚期內手捫心感慚交集三兄久依幕府諸荷提攜感激之忱非言可喻肅薰寸啟敬請鈞安恭繳台東統祈垂鑒芳燦謹啟

致方有堂方伯

錦城握晤剪燭論心備荷隆情五中鐫鏤瀕行復蒙厚贈並爲籌畫多方感激之私名言莫喻弟於月之十四日到陝二十二日知興衛入闈長途櫛沐尊體偶爾違和良深馳系日昨家人旋省詢悉調攝維宜緩程前進已占勿藥之喜稍慰鄙懷頃奉手教並示新詩風骨高奇才力雄獨溥濤瀾於腕下走風霆於筆端洵足開拓萬古心胸推倒一世豪傑正如枚乘七發所云陽氣見於眉宇之間浸淫而上幾滿大宅固知庚赤玉胸中無宿疾也欣快無似明早相迎請容面頌伏維珍重小詩一章聊博一粲不盡依馳

與定生姪

今春二月愚在錦城小住適徐芑東三兄由楚江南下云過黃梅時必訪吾姪因作一信託伊面致想已收到并可詢悉愚之近狀也愚於三月二十日在三叔金沙庵寓起身閏月十四日抵關中書院長途輿馬平寍梦湘相隨到陝讀書夜燭晨燈頗不寂寞前月接吾姪來字知官況寍吉署中上下平安三月中又有得子之喜欣慰無似吾家人丁甚難不啻龍眼側生甘蕉旁出總以多爲妙也黃梅衝要素稱難治吾姪年少能辦理安協極爲難得裴山年伯向日相待最厚今來作大府定當格外垂青愚已作札致之矣麐生於十九日回平涼其新生之子行慶二月中驚風殤折殊爲可惜無錫久無信來燮生就館杭州

家中無人服應亦深繫念此間近佳並問少奶奶懿福阿蓮好

致四川軍標協鎮李

春間錦城小住抠謁旌門荷蒙八兄大人念舊隆情有加靡已既華筵之特錫復珍貺之遠頒銘戢五中名言莫喻別來忽忽月琯載更夢魂心輪時殷馳溯敬惟八兄大人勛祺集懋鼎祉增綏承護室之歡顏溥柳營之惠澤百福煥延齡之綵五絲呈益智之觴當茲節届天中定卜恩承日下臨風遥聽藻忭彌殷弟棧閣遥行輿馬託庇粗吉於月之十四日抵關中書院兩旬以來應酬𢙣鹿殊無暇晷修候稍遲寸心歉仄今甥董六兄仍館咸寧署中遇課到院肄業近體粗吉可慰綺注妥帶安信同馬公信均已面交矣專函佈悃並鳴謝忱敬賀節禧伏祈垂鑒不宣

致馬寶夫

成都小住得挹清徽許訂雞盟遂聯蘭契窺著撰之美富讀詩什之清工濯錦江頭相招勝集浣花溪畔更續清遊展盍簪睽樓之娛極送抱推襟之致追隨兩月快慰平生臨歧話別又蒙佳貺寵頒高誼懃拳五中銘佩別來忽忽月莢又更敬維三兄大人履祉增綏繁禧懋集溫江展覲想已回省金護曼壽跗萼連華翹首祥輝良深藻忭弟經行棧閣長途託庇平安茲於月之十四日抵關中書院青氊無恙經舍蕭寥塵面猶黔勞筋乍息彌切朋儔之戀每懷譚讌之歡八表停雲曷勝勞佇一切近狀有堂先生想能面述專此佈悃敬候文祉諸惟澄鑒不宣

復葉健菴太守

去歲冬月匆匆為蜀中之行未及端函叙別良深歉仄茲弟於月之十四日回陝張生鵬翼來謁接奉瑤函備承垂注懃拳過蒙推挹臨風莊誦感愧交并藉稔二兄大人履祉增綏潭祺懋集青疇雨潤兩穗與歌黃閣風和一琴流韻想澄懷之鏡朗占碩福之鼎來欣忭之忱非言能喻張生人品端重望而知為績學勵行之士素蒙鑒賞定識其真從此硯席相依共數晨夕弟亦得收切磋之益何幸如之專此佈復敬候升祺統希垂鑒不盡依馳

致鄭始齋

月初道出化疆藉得捧袂論心暢傾積愫備荷閣下殷情欵洽摯愛有加感泐五中非言能喻適惟六兄大人政祉增綏經猷式煥郊原雨潤兩穗與歌齋閣風清一琴流韻芝蘭玉樹聯班綵於庭階組帶青衿展縹緗於講院樂情禮意化洽風行遥聽循聲曷勝欣頌弟於十四日到關中書院中丞擇於初八日甄別出月望前可以開館碩軀揗適可慰綺懷前承屬為令郎四世兄作伐到省時與姚秋坪二弟談及令郎英才雋品渠有閨中之秀相攸之意甚殷閣下與秋坪係賢達素交今結朱陳之

好諸事無不諧合閘已嵩人致意無庸弟之瑣瑣矣專此佈謝敬候升祺伏祈淵鑒

致虞潤軒司馬

岷峨往返久缺修牋每念清輝時深馳溯邇惟五兄大人政祉綏嘉潭祺康勝對清和之令序抒散朗之沖襟點筆高齋定饒逸趣令人殊深企羨弟去臘到三台弟江油縣署度歲後即赴錦城小住擔閣兩月有餘往返四千餘里歷秦關之蹇嵯陟蜀棧之崎嶔羸馬筍輿疲於登頓茲於月之十四日仍返關中書院勞薪甫息而塵面尚黔潦倒情懷不堪為故人道也專此佈候升祉諸惟亜照不盡欲陳

致湖北錢裴山中丞

睽違清誨屢易暄蓂馳戀私忱無時或釋嗣以旌麾之遠隔以致箋簡之罕通大雅含宏量包山藪定能矜其冗散必不責其疏慵也敬惟年大兄大人棨戟凝禧簪裾集慶承楓宸之湛露蔭護室之慈雲百度修明樂譜中和之頌千齡錫羨笙和華潔之詩舊日謳思尚留八桂今茲惠澤又遍三湘翹首台垣良深藻忭弟羈旅青門徒守一經之席鑽研黃卷無救八口之飢雪刺盈顛老猶作客寒氊半揭貧只依人去冬曾為蜀棧之遊今春小作錦城之住閏月之望仍返關中藜藿塞門鼪鼬穴徑烟江釣艇彌深懷土之思畫省香爐無復趨曹之望進退無據哀病相尋有負厚期感慚交集大姪承懋次姪慧幸託仁帡備荷慈蔭所望憐其窾啟時賜提撕俾無隕越之虞均戴栽培之德仰惟大君子念舊高懷舉家啣感非筆墨所能宣罄也肅薰蕪稟敬請鈞祉統希垂鑒臨穎依馳

致瞿秩山觀察

春間錦城小住懽聚親情荷蒙摯愛纏綿有逾骨肉華筵特設侑以笙歌厚貺寵頒加之綺繡忘客裝之霜儉感親誼之雲高鉥腑鏤膺名言莫喻邇惟大兄親家大人簪紱延禧裀馮集慶卿雲垂蔭百福鼎來台宿摛華三霄鏡朗培謝庭之寶樹秀茁芝蘭啟韋氏之金籯香生緗簡家庭備雍容之象黎庶歸陶育之中瞻睇祥輝曷勝藻忭弟拜別後遄行棧閣輿馬託庇平安於閏三月十四日抵關中書院勞薪甫息舊突猶黔苜蓿堆盤蒿蓬在徑候蟲時鳥觸羈客之閒情夜燭晨燈理腐儒之故業所幸頑軀痡適可以告慰綺懷肅泐蕪緘順請鈞祉不盡依馳

致金匱閻明府

昨歲冬初曾修寸啟虔請崇祺想塵清鑒嗣因秦關蜀棧歷鹿風塵以致牋簡久疏寸心彌深依結頃自蜀道遄返青門晤王文衡盧殿欽兩世兄敬稔老父臺大人政祉增綏經猷式煥聞已有量移之喜仍留作慈惠之師想持韡而爭挽崔戎卧轍則競攀侯霸竊幸襜帷久住桑梓蒙庥鈴閣風清一琴流韻綺勝

雨潤雨穗興歌瞻晹祥輝曷勝忭藻弟因去臘諸生散館經舍
蕭閒即策筍將遄行蜀棧旋攜襆被小住錦城荏苒流光忽逾
五月茲於閏三月十四日仍返關中書院理青氈之舊業尋白
蟲之生涯俟秋涼當北上春明戴趨曹署知關垂念用敢附陳
外附家書一封祈飭付小兒夔生收拆感無既極專函佈悃敬
候台祺臨穎依企

致蘭崖

久疏音問殊切懷思昨接家書知夔生赴浙清吾姪代寫想見
文祉安和侍奉曼福良深欣慰愚去冬赴蜀擔閣五月有餘臘
酒辛盤江油度歲華筵紅燭錦水遨春朋舊招邀弟兄歡聚頗
慰旅人孤悶閏春三月仍返青門雲棧崎嶇探幽歷險前興羸
馬登頓忘疲且有夢湘相隨到陝談文論詩頗不寂寞也簡塘
春試未捷何日南旋或留京就館久未得伊信殊深懸念夔生
不在家中大孀又住常州故鄉竟無立錐之地愚兩次所寄銀
信未知去人何處尋覓殊為懸念望吾姪告知大孀總須覓小
屋數間在錫居住若遷移無定將來寄信誤事不淺也專此佈
候文祺並請堂上懿祉尊夫人安福

復蘊山兄

手足分攜轉瞬又七更寒暑矣行蹤飄泊關河間之不但握手
之期未能預卜即尺書往返亦易致浮沈覲首南雲欝伊莫釋
閏月十四日弟由蜀棧回關中書院接奉吾兄手書一紙千金
臨風展誦敬稔體履康勝意興如常中丞書中言時花種竹頗
饒逸趣弟心深為欣慰至家累之重通負未清弟兄光景正復
相同然年在桑榆憂之亦復無益只好隨時遣興隨緣度日耳
金齡完姻倏已經年姪孫媳有綏帶之喜吾兄將為人作曾祖
矣此又深堪慰意也弟去歲諸生榜後經舍蕭寥適三弟署江
油縣事作札相招到署度歲遂於冬月初九日起身赴蜀賡生
亦隨侍同行於臘月初三日抵署與大妹三弟及姪女輩相見
除夕家筵頗有天倫之樂正月中三弟卸篆弟先赴錦城嵩方
有堂方伯瞿秩山觀察及陸古山王彤軒諸君相待甚厚然過
二泉書屋紫柏山房迴念護堂就養之時嚴署承歡之日風景
如昨兩人事變遷觸緒傷懷不覺淚緣纓下矣弟在陝起身時
董觀橋中丞預訂今年書院之約是以不能久留三弟於二月
下旬自江油攜眷來省聚首幾及一月於三月二十日束裝回
陝筍孫欲赴書院讀書一同起程臨行時諸公各有所贈不及
千金緣舊好晨星落落弟亦與有堂方伯面言不願通省派公
分也計往返盤費用去四百餘金所餘數百金即交積盛長號
會歸無錫以還去年嫁女時燃眉之債茲於月之十四日回關
中書院仍復素手空囊幸青氈無恙緩為作計耳賡生於前年
正月在平涼署中完姻十月中卯生一男取名衍慶今已一週

三歲頃接趙親家來信知於二月中驚風暴殤麐生出繼大兄後此子即係家孫今又復夭殤殊堪悲悼三弟尚未得子吾家人丁艱難如此不覺拊膺長歎也弟去歲三女適餘姚張氏婚嫁之事幸已完畢年來髮白齒脫精神大不如前榮進之心日頹任寳之情轉篤且空囊羞澀何能索米長安補官之計竟無就緒只好守此一經之席藉脩脯所入救八口之啼號耳三弟於三月中題補安縣歲内當進京引見在陝可圖聚晤此缺在蜀可稱上中從容做去數年中當可清理舊逋也大妹身體康勝牙齒完固髮未全白在三弟處相依居住頗為安適銜甥人品秀重文藝書法均出人頭地在蜀不甘學習幕務隨弟到陝發憤讀書其志殊可嘉尚或可博得一第以償大妹之苦節也定生姪在黃梅時常有書來聞其作官頗謹慎老成殊堪慰意維績姪在枝江拜篆聞其近況頗窘久不接伊音書矣麐生已於十九日赴回婚鄉不及作稟茲因馮亦韓大兄差竣回豫章之便作信詳佈種種亦韓係弟在靈州時所延佐理筆墨之友書記翩翩人亦明幹常州馮氏與無錫本屬一家而與叔及曾祖母面上之親係屬表弟行茲在豫章候補縣丞如有可照拂之處望吾兄留意為囑此啟

致丁默甫

自去冬赴蜀箋候久疏每念芝儀時深馳溯邇惟七弟大人政祉增綏潭祺集慶良深頌頌愚在川擔閣四月有餘棧閣連雲攀登不易箯輿羸馬幸獲平安茲已於月之十四日回關中書院蜀中知交落落脂秣之需脫贈者無幾而往返四千餘里所費不貲今來關陝仍復空囊北上南回之計竟無從定其遲早也到書院接平涼來信前年新生之孫於二月内因驚風殤折日昨遣麐生赴緊回平心緒惡劣殊甚是以通札稍遲想蒙垂鑒專此佈達並候升祺敬問大妹懿福郎愛安好臨穎依溯不盡欲言

祉容圖四兄署蘭州府三舍弟在川宦況尚適現已題補安縣均可告慰綺注又行

與龔雲嶠

去冬赴蜀適樂君令兄在陝當作一信屬其附便寄至京水署中未知曾達覽否愚去臘在江油署中擔閣五十餘日今春錦城留滯幾及六旬往蒴半年始定期回龍閏三月十四日到書院一路輿馬平安二（身體頗健可慰屢念惟久不接吾增來書想政祉平甯）小姐瀛兒弟妹均安好為祝愚此次到川平生交好及二叔舊時僚屬俱已落落晨星相見情意頗殷而人數無多佽助殊屬有限除寄家信及往返盤費外比到青門已是空囊素手舊巢可戀故我依然北上春明只可付之夢想耳謙仲令兄春試未能高捷定當遄返平涼西科尚遙想無留京之理如月内道出關中當得一番暢叙也麐生隨侍入川長

逢順適惟到書院後得平寓來信知衍慶因驚風暴殤其婦亦多病匆匆於十九日經赴髙平矣目來心緒惡劣不能多及數行寄慰並問卄祉諸惟珍重二小姐均此瀛兒弟妹均好此寄雲疇賢婿覽之四月二日

與道園大姪

道園大姪覽今春愚在錦城小住適徐芑東由楚江南下當作一信託其面致未審曾收到否久未接吾姪來信時深憶念惟從定生信中知枝江一缺實在苦累有難以支持之勢是以暫告病假未知能卸卸事否交代一切不至有累否便中望即寄慰令岳已選襄陽司馬少奶奶可以歸寧至親同在一省亦屬可喜之事應芝更長成矣吾姪有得子喜信否吾家人丁甚難而盼望三叔得子之心尤切年逾四十子息漸難非吾姪尚在盛年者可比也愚於三月二十日在成都起程閏十四日抵關中書院一路平安陝西當道諸公相待甚極厚生徒浹洽身體安適可以告慰廑念應生回陝後十九日赴平涼仍在婿鄉居住其新生之子衍慶於二月中驚風殤折愚心緒亦為抑鬱吾家老兩房俱艱於子嗣豈關祖墳風水耶官場諸事留心身體諸宜保重此問近好並問少奶奶懿福應芝好不一伯氏蓉裳手字五月二日

致星川

星川賢阮足下錦城小住備荷雅愛懃拳別後懷思殊深勞佇逾惟足下素履安和百凡順序定符心頌愚於前月十四日到關中書院長途託庇平安頑軀猶適眠食如常可慰綺注見山隨學使按試諸郡不識賓主相得否二叔近體如何均深懸念崗此佈問文祉不盡縷縷

與岳生姪

別來忽忽月已再弦惟大姪近履綏嘉堂上曼福為頌愚自三月二十日起程棧道中無陰雨之阻一路輿馬亦甚平安閏三月十四日已抵關中書院中丞方伯諸公舊雨重逢情誼極為殷摯到日不無酬應刻下稍覺清閒已擇於月之初八日甄別開館矣託寄章參軍信件到院之次日即遣家人送至署中面交章公收訖渠日內有字致復否應生回接平涼來信其前歲所生之子驚風暴殤前月十九日即赴回平寓愚身體安好惟心緒因此劣甚搦管不能多及惟吾姪潛心學業勿稍荒怠是所切望者耳姊夫姊姊均為愚問好此寄大姪覽之敬請五嫂大人福安

與鄒耀遠

春間錦城小住與老賢甥聚首兼旬濶懷藉慰匆匆返陝話別纏綿又蒙丈駕出郊遠送寸心殊深感佩邇惟老賢甥政祉康勝二小姐近履盃吉合愛安好為頌愚棧閣遙行一路輿馬尚

稱平順長途亦無雨雪於閏三月十四日抵關中書院當道諸
公相待甚好生徒亦頗浹洽身體安適可以告慰綺注致祉槎
先生書到日即面交渠於前月杪赴令岳署中此間補缺之期
尚遙大約即在皋蘭相幫一切未必即行旋陜也專此佈候大
祉不盡縷縷 四月望日

致方翔二弟

別來忽忽兩月餘矣懷念之私如何可言前日接邵親家三兄
來信知吾弟已搬進成都署中與邵三兄對房下榻晨夕相聚
頗不寂寞遠懷藉慰愚於閏三月十四日到關中書院應酬冗
鹿並有文字差徭殊尠暇晷磨生因新生之孫於二月中驚風
殤折十九日即赶回平涼現在惟與夢湘談詩論文消遣悶懷
而已茲來溫江彭縣龍泉司各信吾弟可轉囑彤軒七弟加封
分遞幸勿遲悞沈庚軒大兄如在省垣即遣人送至浙江會館
宅內可也彤軒數日前曾有札致茲不另啟晤時為愚道候此
問近佳不盡覼縷 四月十六日

致陸古山

錦城小住得汰衷襟剪燭西窗纏綿話舊此情此景無日弭忘
瀕行又蒙贈以多金濡其涸轍故人高誼銘佩勿諼別來忽忽
月再成弦隔闊相思形諸夢寐敬惟三兄大人履祉增綏潭署
曼福五花判罷八詠詩成酌蒲酒於金尊佩綵絲於綺閣遙懷
鏡朗碩福鼎來瞻睎祥輝良深欣忭弟自抵關中倏經旬日青
氈無恙故我依然天涯飄泊能無桑梓之思經舍栖遲又見葵
榴之節蹉跎六經藜藿柱門岑寂如斯意緒可想肅函佈悃並
達謝忱敬賀節禧統希垂鑒 四月十二日
馬老伯母壽言稍暇即當屬稿壽辰在九秋出月寄川不嫌遲
滯也又行

與蘭臺

今春在錦城小住從雙流令汪寫園處連接手書知吾婿之念
我甚切也頃又從三叔信中接三月初旬所寄書知賢婿差務
賢勞上游倚重令堂太夫人起程由水路回南壽齡隨侍同行
到家後擇吉完姻展閱之餘喜慰無量惟差務殷繁之際摒擋
盤費亦殊不易耳岳母及夔弟在家又寄銀六十金接濟薪水
深感厚意愚此次赴蜀在江油度歲擔閣五十餘日春閒在成
都盤桓不及兩月昔年舊好已晨星落落相待之意雖厚亦不
能多有佽助愚不願於通省派帮公分是以所得不過十二百
餘金而往返盤費用去四百餘金家中自三妹出閣後久急債
四五百千逼索追呼日無寧刻只得從積盛長號會歸銀五百
兩先是內江徐芑東三兄同南寄去銀一百兩前月十四日回
關中書院一榻青氈仍舊空囊羞手頃閱來書因會典館年內
告成促愚束裝北上並計及部中清苦為代籌日用之費情意

極為耗憊，惟恩明年便是六十老翁，鬢髮半白，齒牙脫落，存者不過二三，步履亦漸艱澁，顧此老醜，尚堪與諸少俊趨曹抱牘，奔走於銀臺門外乎？是以榮進之心日就頹廢，且起復之後已逾兩年，恐已干例議。去冬匆匆赴蜀，未識本籍曾為告病否，此事只好置之度外矣。吾婿愛我，一二年後能回家鄉，足下亦量移一善缺，每年幫我一二百金，此時婚嫁初畢，人口無多，以此接濟米鹽，深得實惠。若索米長安，用度浩繁，足下豈能以有限之俸填無底之壑耶？但潤別已久，極欲與吾婿及蕊淵一聚。三叔題補安縣，今秋進京引見，過陜時恩或假輕裝徑至寓雲署中歡聚數月，如去歲江油之例，未可知也。麐生到陜後接平京寓中來信，新生之子行慶因驚風暴殤，其婦亦多病，於前月十九日赴回平涼。恩日來心緒劣甚，不及多書，草此令顧雲呼代寫，以慰厪懷，並問升祉。蕊淵不另札，均此寄憶。諸惟珍重自愛。此寄蘭臺賢婿覽之。愚舅楊芳燦手啟

致王明府

春間錦江小住，得挹蘭芬，積年企想之忱，於茲一慰。重荷三兄大人眷愛慇拳，雲天誼重，驪歌未唱，鶴俸先頒，當肅寸緘，佈中謝悃，想登籤記。別來忽忽月炎，虔史依企之忱，與時俱積。敬惟閣下政祉增綏，侍奉曼福，慈幃燕喜，常膳載加，賡華潔之詩，陔蘭香滿，聽廉平之頌，棠茇陰多。際麗景之舒長，正繁禧之茂集，翹瞻爵采，忭頌曷勝。弟雲棧經行，輿馬託庇平善，於閏月十四日遄返關中，守經舍之蕭寥，悵旅懷之岑寂，舊巢猶在，戀鷦鷯之一枝，今雨不來，穴鼪鼬於三徑。青鐙半榻，緗帙千函，夜燭晨燈，聊以銷磨歲月耳。肅函佈臆，敬候升祺，不盡縷縷。

致慶曾弟

春間錦江小住，得與吾弟聚首兼旬，良深慰意。瀕行執手依依，又蒙贈我椒珠竹扇，香風馥郁，至今猶在衣袂間也，可勝感謝。邇惟吾弟丈祉增佳，百凡順序為頌。弟夫人有縫帶之喜，瑤環瑜珥，蘭茁其芽，可勝欣賀。恩於閏三月十四日到陜，長途輿從均各平善。麐生於十九日赴平涼，時有信來，身體安好。梦湘在書院溫習舊業，頗有進境。恩眠食如常，可無厪綺注。率占佈臆，順問近佳，並弟夫人懿祉，不一。

致資州劉刺史

春間錦江小住，得挹光儀，荷蒙摯愛有加，情殷念舊，瀕行持頒厚貺，以潤輕裝，俾蒯緱長鋏，不歎蕭條，白飯青芻，無虞困乏，征途載德，夙夜銘心。敬惟六兄大人懋履增綏，經猷式煥，布廉平之政，賡樂職之詩，鶴舞槐庭，一琴流韻，雉馴麥隴，兩穗興歌。正麗景之舒長，卜繁禧之揔萃，祥垣在望，忭頌彌殷。弟於前月十四抵陜，一路託庇平寍，經舍蕭閒，客懷寥落，無可告慰知己。所望彤騶入覲，道出青門，當得趨迓台旌，一抒積愫耳。肅函佈謝

敬請升祺諸惟朗鑒不宣

致吳太親翁

春闈錦城小住得挹芝儀備荷摯愛慇拳有加靡已既華筵之寵錫復珍貺之頻頒高誼如雲五中銘鏤敬惟太親翁大人履祉增綏侍奉曼福金萲有喜九華開益壽之觴玉樹增榮百福絢延年之綵錦堂多祉麗景方長翹企之餘彌殷頌祝某於前月十四日抵陝鷦棲無恙蟲簡自娱雖學舍之蕭條喜生徒之浹洽賤軀粗適可以告慰綺懷肅函鳴謝敬請台祺諸惟垂鑒不宣

致陳二梅明府

春闈錦江捧袂暢聆麈談積年企慕之忱於茲一慰荷蒙四兄大人推襟送抱眷愛有加良會開水閣之樽情話剪雨窗之燭英詞妙墨務我情於山水之間繡緞瓊瑤拜君惠於風塵之下臨歧執手惜别依依紉佩高雲無時忘弭弟經行雲棧長途輿馬託庇平安於閏三月十四日抵關中書院理青氈之舊業尋黄卷之清娱故紙堆中聊以銷磨歲月頑軀粗適眠食如常可以告慰綺注專函佈謝敬候升祺諸惟朗鑒不盡依馳

致程息廬明府

春闈錦江小住得接光儀廿年企慕之忱於茲一慰猥荷長篇枉贈慰譽過情金錯英瑤自慙投報瀕行復蒙珍璽華纓之賜拳殷摯愛情溢於文銘戢五中名言莫喻邇維大兄大人履祉增綏攝衛多豫筆蕭六藝枕葄百家篋中著撰當益美富翹瞻吉靄忭頌良殷弟於前月十四日到關中書院尋青氈之舊業招白社之諸生藜蒿塞門鼪鼬六徑寥落如此意緒可知日昨麗生八世兄春試報罷道出青門過訪荒齋攀留半日縱談文藝殊慰岑寂所謂逃虛之人踉位其空聞人足音跫然而喜者也弟之近況八世兄晤時自能縷述肅函佈謝敬候台祉不盡依馳

致春塘

武連旅次得遇文旌知吾弟紆途迓我篤愛慇拳茅店談心更闌燭炧此情此景何可弭忘臨行又蒙惠贈蜀綈謝難言罄邇惟文旌蒞省諸事勝常刻下已有下榻處否芝亭先生舊雨情殷想時常還往足下素擅文譽定有人虛左招延不至如杜陵秋述所云青苔及榻今雨不來也愚於閏三月十四日抵陝一路輿馬平安惟平涼信來新生之孫二月中驚風殤折譽生於十九日即回婿鄉日來惟藉蟲簡磨編銷遣孤悶劉雲貧病如故相對亦無好懷倦鳥栖翎窮魚呴沫寥落至此意緒可知率此佈問近祺言不盡意諸惟珍重自愛臨穎依依

芙蓉山館尺牘卷十三目録

金匱楊芳燦蓉裳著

致丁默甫
致山陽黄秋圃明府
致沈庚軒
致邢制府
致王湛泉太守
復趙小淵親家明府
復如圃
致孫蓮水
致沈琢如
致朱方伯
致乾州徐刺史
致嵇容圃
致嚴質亭觀察
致山陽黄秋圃明府
復吴小松
致曹式堂
致趙學使芸浦
啟四川常制府

致常廉訪
致曹霞城太守
致汪寓園明府
致沈蘋香司馬
致金匱閻明府
致華陽吴明府
致沈葦塘司馬
致甯羌鄭始齋刺史
復黄秋圃同年
復鳳翔太守王
致方有堂方伯
復方有堂方伯
復方有堂方伯
復曹霞城太守
復杉石同年
致袁刺史
致宋梅生郡伯
致汪芝亭
復張春溪太守
復黄秋圃同年

芙蓉山館尺牘卷十三

金匱楊芳燦蓉裳著

致丁默甫

愚于閏月十四日由蜀旋秦當肅寸緘敬候升祺並申鄙悃日來盼望還雲久而未至豈前函竟爲郵遞浮沈每憶起興居彌增戀念邇惟七弟大人履趾增綏潭署曼福定符心頌愚棲遲經舍甫息勞薪出入無悰意緒寥落南歸北上兩事俱無定見萍暫逐浪絮又沾泥白蝨生涯青氈況味閣下謂愚樂焉否也容圃署蘭郡篆亦有信寄去未得復音家鄉書來無非告急麐生回平其子已殤婦復多病俱足添人悶懷耳率占佈臆敬請邇安並問大妹懿福郎愛安好

致山陽黃秋圃明府

去冬匆匆爲蜀中之行未及作書叙別重荷閣下殷懃垂念時屆正臘猶遣人存問並致隆情感激之私非言能喻邇惟年大兄大人政祉增綏潭祺集慶翹首吉雲良深欣忭弟去臘抵川在三舍弟江油署中度歲春正即赴錦城與諸同好晤叙擔閣兩月有餘于三月二十日起程月之十四日仍回關中書院此行嘩覽秦關之奇秀歷蜀棧之嶔崟曉尋煙餐晚就霞宿筍將登頓遊目忘疲剔蘚看碑披榛覓路今風古轍每觸寸衷惜筆力傴弱未能抒寫途中僅得五律二十餘首稍暇尚當錄出請政

也專此佈悃並候升祺統希淵照不宣

致沈庚軒

春間錦城小住得挹蘭芬積年企慕之私于茲一慰嘀杯翦燭飫領緒言擷藻搴華編繙大集其走海驅山之氣撐霆裂月之奇至今几席間猶覺殷殷留金石聲也瀕行復荷隆情寵頒珍貺從此名香禮佛得所皈依樹精進之幢被忍辱之鎧或于迦維妙諦稍有覺悟拜君之惠非淺鮮矣邇惟大兄大人履祉綏和褆躬多福定如心頌弟經行雲棧長途託庇平安于閏月十四日抵關中書院鼯鼬穴遷蓬藋塞門寒氊一床殘書兩版戒香定水枯冷如僧惟眠食如常頑軀粗適可以告慰綺注專函佈謝敬候台祉不盡依馳

致那制府

敬啟者曩在春明得覘山斗時切掃門之願未申脩謁之忱仰止歸高匪伊朝夕寸心依戀與日俱長恭惟大人銑社鍾英瑤躔毓秀青藜表瑞早蜚中壘之聲綠綬呈祥上接扶陽之武瓌文炳蔚池頭鳳跡皆重峻望崇高海內龍門共企胸藏韜畧宣緯績于八州手握珪符馳大名于九牧茲復撫綏玉塞控制金維膺土回春窮黎徧德逬恩膏于楓扆兩河之甘澤均沾承福蔭于蘐闈二陝之慈雲溥被三階齊色百度維貞纓弁臚歡蒼黎額慶芳燦蕪蘆蕞品樗櫟散才今為佔畢之迂儒舊是風塵之末吏豹窺無幾蛾術徒勤摘埴索塗空作拘墟之守寡聞窾啟愧無待問之長迺以虛名猥蒙過聽憐其寒素賜以招延准夫子之文章久殷鑽仰荷郎君之謙下尚待切磋分宜結束蒯緱趨承棨戟無如疲駑之姿多戀榆豆之性難移久滯青門生徒未能遽舍薄遊錦水弟兄已約相依冀謀饘粥以畢餘年更籍筆墨而甦八口雖五中銜感欲傍恩門而萬念邅迴恐貽諾責仰惟仁恕定沐矜全敬聞彤襜當榮覲之期黄圖愜歡迎之望春風煦物小草傾心當瞻拜旌麾瀝陳悃愫肅薰蕪啟虔謝鴻慈敬請鈞祉芳燦謹啟

致王湛泉太守 辛未

去冬赴蜀曾于途次一覲清輝草草班荊未申衷愫别來彈指星琯倏更佇月停雲良深依結邇維大兄大人履祉增綏潭祺集慶記歸昌之瑞固有翔禽譜樂職之歌野多馴雉惠政久敷于三輔循聲上達于九重企聽好音即膺殊擢翹瞻喬采藻忭彌殷弟錦城小住三月有餘歷棧閣之崎嶔攀岩巒之奇秀前月十四日仍返關中黄卷生涯青氊故物襟懷寥落無可告慰知己專此佈達敬請鈞祉諸惟朗鑒

復趙小淵親家明府

春間錦江留滯道里迢遙兼之酬應紛如以致箋繒疎闊寸心馳念與日俱深在蜀中於三月二十日起程閏三月十四日回

陜知親家大弟大人已榮蒞新任日内正擬專函布臆而適奉琅書敬悉政祉康娛新猷煥發欣忭無量惟沙州舊壤素號膏腴今竟有名無實宿逋新累何以支持未免代爲焦慮我輩骨相清寒所到之處俱變腴爲瘠真有耗磨星坐在命宫耶思之良可歎也即如愚到川中二三知己相待不爲不厚無如晨星寥落之餘佽助終屬有限而往來盤費及一切應酬用去五百餘金諸公所贈千二百金除寄家信及輿馬之費比到青門已囊空如洗寒氊半榻故我依然北上春明只可付之夢想矣衍慶以暴疾夭殤係愚門衰德薄所致而有孤大弟及親母一番撫育之恩寸心不勝感歎慶生到陜後聞令愛三小姐因衍慶殤後悼念成病於十九日起身回平頃接伊來信知令愛所患漸愈稍爲慰藉愚明年已是六十老翁鬚鬢全白萬念俱灰迢遞關河一身孤寄正不知税駕何所只可隨緣安命作達銷憂耳此候升祉諸惟珍重不盡依馳

復如圃

春間錦城小住荷蒙殷情眷注叠惠牋縳語重心長有逾骨肉並憐鮒轍分以鶴糧高誼如雲五中銘感所悵清輝咫尺未能握手談心就道匆匆不勝依戀所冀冬間來践方伯修志之約當與閣下尋邊撩之晚景續春餘之隆歡也邇惟政履增綏潭署多福蓄蘭節近東筍詩多酒緑蒲香定增逸興翹瞻吉靄欣忭良深弟遄返青門倏經旬日舊巢無恙故我依然羈客心情長懷桑梓殊方節物又見葵榴歸計無成流光易邁端坐邑邑意緒可知閣下其何以策之也肅函布謝敬候升祺諸惟澄鑒

致孫蓮水

秣陵聚首快慰平生别後懷思鬱伊莫釋風塵奔走關河間之不惟會晤無由並致箋縳罕達引領南望勞佗如何弟於閏月望日自蜀中回陜接家三兄手書籍稔閣下履祉增綏新詠日富吟風嘯月之下時念鄙人感慰之忱非言能喻弟薄遊隴三閲暄萋經舍蕭寥琵居無侣樵蘇不爨捽茹自娱據槁木而咏猋風曳敝縱而歌商頌采金匱之祕記緝玉山之落簡聊憑丹墨以遣牢愁去冬爲雲棧之遊今春作錦城之客尋武侯籌筆之驛謁少陵浣花之祠曉侵星餐晚就露宿今風古轍每觸寸衷往返得詩五十餘首稍暇當録出寄正也書院諸生爲弟刻詩八卷詞二卷並雜文數篇今寄呈清誨擱管濡毫言不盡意諸惟珍重風便幸惠德音

致沈琢如

春間錦城小住得接光儀暢領緒言備承渥愛既荷嘉肴之錫復蒙厚貺之頒俾羸馬筍將客路無虞困乏之蒯緱長鋏輕裝不歎蕭條戴德而行五中銘鏤别來忽忽又復彌旬敬維太親臺大人政祉增綏經猷式煥際舒長之麗景披解阜之祥風榴紅

益壽之花輝凝綺閣艾碧生香之葉瑞溢軨軒昆藻私忱名言莫喻芳燦於閏三月十四日抵關中書院長途輿馬託庇平安所有委帶信函及雅連等物（件）均已面交孟岩觀察大兄收訖想已有書奉復矣專函申謝敬候台祺諸惟垂鑒不宣

致朱方伯

秦坤蜀艮連高夾深岊巒尋雲谿谷無景前人題詠備極奧奇自維庸茶難與爭勝往返其間止得五言詩（近體）二十四首聊記鄙程無可觀采錄請虛舟三兄大人正之

致乾州徐刺史

久睽光霽時切馳思祇以歷碌風塵以致久疏箋簡傳雲仡月結想彌殷邇維二兄大人政祉綏和履祺康勝棠陰雨潤歡謳樂職之詩麥隴風清瑞兆雙岐之穗正嘉生之茂豫占景福之駢臻翹首祥輝曷勝忭頌弟於去冬作蜀中之遊於前月十四日回陜錦城留滯流景倏更雲棧邅迴危途徧歷愧勞生之無益嗟旅況之多艱日來料理琴書勞新稍息頑軀無恙可以告慰綺懷舍親華主簿斌素蒙提撕（挮）渠亦深感隆情茲奉方伯檄委至貴屬催提錢糧晉謁台階所望體恤窮員曲垂慈照不第渠感激靡已弟亦叨光多多矣專此布達敬請升祺臨潁依溯

致嵇容圃

月之初九日接奉手書當即肅椷佈候興居並陳鄙悃計日可邀垂鑒邇惟四兄大人政祉增綏經猷益懋首公率屬為臺府分憂起瘠拯飢為蒼黎造福想見實心實力夙夜兢兢恐日來雪刺盈頭霜髭滿頷矣賢勞之下尚宜珍攝此弟之所日夕禱祝者也三妹暨甥兒女均各安吉為慰遠念弟自蜀回陜旅況無聊貧窘益甚庭無行迹惟餘輿草一廛榻有凝塵獨擁殘書數卷衰羸之徵日見顛眴之疾載加却老無方遣愁乏術挈眷如吾兄當亦憐其疲頓也茲有門生朱子方孝廉春試未捷回甘擬赴蘭州覓一枝棲其人才品吾兄之素知或書院或西席務為留意吹噓勿致賦閒旅邸不但寒酸感恩弟亦叨光於靡既專此布達並候升祉餘容續布不宣

致嚴篔亭觀察

春間錦城小住得奉光塵荷蒙眷愛慇拳有逾骨肉瀕行又辱高軒枉過特錫珍肴歘曲談心纏綿話舊五中鐫銘言莫能宣邇惟三兄大人懋祉增綏禔躬集慶際長贏之令序抒茂對之冲襟瞻吉靄於天中宜膺景福迓新恩於日下行展宏猷翹首台垣良殷藻忭弟於前月十四日到陜長途託庇安吉惟塞邅半榻經舍蕭閒輿草一廛羈懷寥落日昨令郎八世兄過訪攀留半日論文角藝稍慰岑寂專函布請鈞祉並鳴謝忱伏惟垂鑒不宣

致山陽黃秋圃明府

弟於閏月十四日自川旋陝，當肅寸緘敬候興居，並伸別愫。日來盼望還雲，猶傳八表，豈前函郵遞浮沈，未登籤室耶？遙企清輝，彌殷勞佇。邇維年大兄大人懋履增綏，經猷式煥。轉瞬蕙蘭令序，采艾佳辰，蒲根泛綠，醞可延齡，棟葉凝香，稷能益智，澄懷鏡朗，碩福畢來，藻忭私忱，非言能喻。弟勞塵甫息，羇緒無悰，飄泊天涯，一身蓬梗，棲遲經歲，三見葵榴，戚戚寡歡，蒼蒼在鬢，竟無善狀可以告慰知己。附呈棧道送行詩二十三首，希惟斧政。專此布候升祺，臨穎馳溯。

復吳小松

接奉還雲，知前寄荒蕪緘已蒙雅照，發函伸紙，喜與忭俱。大集久經加墨，今託長安中書郵寄，未識能無浮沈否？年來著撰較前益覺精深，殊可喜也。某講院蕭寥，端居悒悒，他鄉節物，又見葵榴，故里邱園，難忘松桂，籍琴書而送日，弄筆墨以消愁，榮進之心已忘，疎懶之癖益甚，所望故人時相存問，砭以高文，或不致頹然自放耳。華詞獎飾，非所敢當也。幸占佈復，敬候文祉，不宣。

致曹式堂

撫塵至好，十載分攜，小住錦城，得申衷曲，西窗翦燭，話舊纏緜。荷蒙眷愛勤拳，有逾骨肉，深杯共把，珍餽疊頒，感泐五中，非言能喻。简將就道，適與文旆偕行，即次過從，依依叙別，喜荃蘭之氣合，信香火之緣深也。邇惟仁弟大人履祉增綏，褆躬多福，翹企祥輝，良深忭頌。愚於前月十四日抵關中書院，長途託庇平盍，蟲簡自娛，鷦棲可戀，理青氊之舊業，招白社之諸生，夜燭晨燈，銷磨歲月。每憶譚讌之樂，彌深馳仰之忱。所望冬間脩志局成，當與閣下促膝談心，重補暌歡也。專此佈悃，敬請鈞祉，不宣。

致趙學使芸浦

春間錦城小住，樞謁台階，得奉緒言，備承渥愛，瀕行又勞鳳念，分以鶴糧，纏緜之意有加，春注之情彌篤，五中鐫鏤，永矢勿諼。敬維年伯大人鼎祉增綏，履祺集慶，樂情禮意，士頌文翁；玉海金淵，人推中壘。握冰衡而鑒物，羣雅傾心；持玉尺以量才，萬流翹首。廉惟守儉，公則生明，奎壁高文，共仰星垣之彩；斗山峻望，仍欽風憲之司。景仰之餘，依馳倍切。姪自叩別後，遄征雲棧，一路託庇平安，於閏三月十四日抵關中書院，陳編無恙，舊榻依然，應休璉之變，尚有樵蘇，崔子玉之餐，不過菜具，生徒浹洽，境地蕭閒，藉遣羇懷，仍耽結習，頑軀粗適，可以告慰綺注。肅箋蕪啟，敬請台祺，統希涵鑒，不宣。

啟四川常制府

敬啟者：芳燦春間錦城作客，樞謁旌門，荷蒙大人接以溫顏，待之以優禮，提攜逾格，獎飾有加，感激私忱，非言能喻。敬維大人簪裾集祜，黼黻凝禧，承湛露於九乾，蔭慈雲於全蜀。近復柳營閑武，蕩節巡邊，犀林萬隊，旌旗爭燦火之光；豹略三中，號令肅風雷之氣封疆盂論士馬驍騰石農有荷杖之歡城尉輟鳴桴之警下風逖聽邑藻昌勝芳燦叩別遄行於閏三月十四日到關中書院自愧青壇舊業黄卷腐儒景企前修徒作拘墟之守鑽研故紙更無待問之長惟是瞻卿月之光華仰台星之晷度守心依戀百倍恒情肅肅蕪啟敬請鈞祺伏祈垂鑒芳燦謹啟

致常康訪

春間錦城小住得謁光儀感厚意之有加荷隆施之逾格慨分清俸以潤行裝戴德而行五中銘鏤適惟大人簪裾集祜蒲散凝禧敷惠澤於西川承湛恩於北闕栢臺奏績星空貫索之躔薇省宣猷雲近蓬萊之色英規夙著峻擢匪遥瞻睇台垣良深藻忭弟拜辭後經行雲棧長途託庇平安於閏三月十四日抵關中書院理青壇之舊業尋白社之故居首蓿堆盤藜蒿塞逕客中意緒寥落可知所幸賤軀頑健眠食如常可以告慰綺注肅函鳴謝敬請鈞祺統祈垂鑒不宣

致曹霞城太守

春間錦城小憩快領塵談頻開東閣之尊共翦西窗之燭推襟送抱歡極平生瀕行既蒙摯愛殷拳惠頒清俸復荷多方籌畫徧貸監河俾舊雨垂情高雲借潤馮公長鋏不歎蕭條園令輕裝居然都雅皆出自知己之賜也戴德而行五中銘鏤適惟大兄大人懋履增綏經猷式煥慶雲氤郁庶彙華滋德雨涵濡群生餐挹五花判牘凝畫戟之清香兩穗盈箱記緑疇之美瑞翹瞻喬采忭頌彌殷弟拜別後遄行雲棧一路託庇平安於閏三月十四日抵關中書院蕤書兩版奥草一廛放散絪縕驅染煙墨聊以消遣羈緒頑軀無恙眠食勝常可以告慰錦注肅函鳴謝敬候升祺統希垂鑒臨穎依馳

致汪寫園明府

春間錦城小住荷蒙文駕屢至肖垣勤拳慰問瀕行又蒙惠頒清俸並賜多珍高誼如雲有加靡已寸心銘佩永矢弗諼適惟閣下政祉增綏錦署多福際此采艾蓄蘭之候定饒攀條藉卉之思想判罷五花題成八詠郵筒寄我以當萱蘇可勝佇望愚於閏三月十四日安抵關中轉瞬行及一月應酬冗廔是以作札稍遲每念聚首之歡中懷邑邑方有堂方伯過陝到書院晤談逾晷渠本重吾賢才品愚將雙流宦況備細提及似蒙首肯如有機緣定蒙提拂也嚴生蘭塘各家詩可存尊處周到雲仝稿方伯已攜至川中矣修志之約已當面訂定冬間當襆被輕裝仍來巴蜀與吾弟聚首之日正長殊堪慰意耳專此佈謝並問升祉不宣

致沈嶺香司馬

春間錦城小住得接光儀飫聆緒言備承摯愛陶情嘉月開函珍飛賸之筵話別岐途拜金錯英瑤之贈雲天高誼銘刻勿諼

適惟八兄大人履祉增綏侍奉曼福萱闈介壽蘭生百末之觴
綺閣延禧艾結五絲之縷翹瞻瑞靄藻忭彌殷弟別後經行雲
棧長途托庇平盂於閏三月十四日抵關中書院理青緗之舊
業尋白蟲之生涯夜燭晨燈聊以自遣所愧無董遇之強記如
師丹之善忘爪不鎮心稷難益智以視吾兄淹貫羣雅囊括百
家者相去何啻霄壤仰企清徽可勝畏愛耑此佈悃並申謝私
敬請台祺不盡覼縷

致金匱閻明府

前月自蜀旋秦曾肅蕪緘敬候興居想塵籖室茲際畜蘭令節
采艾良辰敬惟老父臺大人德並日隆福隨時茂歲占豐稔麥
氣迎秋景正舒長梅炎藻夏盤傳角黍五絲絢益智之華觴泛
金蒲百末兆延年之瑞翹瞻吉靄忭頌曷勝弟經舍棲遲長年
浪漫殊方節物三見葵榴旅客心情一身蓬梗既抱徂年之感
彌深懷土之思所幸生徒浹洽賤軀頑健可以告慰綺注肅薰
蕪啟敬賀令禧虔請台祺伏祈霽鑒不宣

致華陽吳明府

春間小住錦城得親雅度感高情之逾格荷摯愛之過情筐篚
金石侑以華筵繡段英瑶頒來厚貺寸心銘佩永矢勿諼適惟
七兄大人政祉增綏經猷式煥屆長嬴之令序節披解阜之祥薰
六時呈益智之觴百福煥延年之縷五花判牘八詠裁詩聯良
會於琴樽寄閒情於花石翹瞻喬采欣羨曷勝弟自抵青門條
經旬日容懷寥落經舍蕭閒長日遣懷惟憑編簡殊方感物又
見葵榴所幸眠食如常生徒浹洽可以告慰綺注肅緘佈謝敬
賀令禧統希垂鑒不盡依馳

致沈葦塘司馬

睽隔光儀四更歲籥道里遼遠關河間之不特把襼言歡杳不可
得即牋繒往返亦復鱗羽稀疏依企之忱與時俱積適惟親家
大兄大人履祉綏和潭祺康勝離風塵之勞攘尋泉石之清娛
餌朮餐芝蒔花種竹元亮歸田之賦仲長樂志之篇每企高情
令人神往弟青門留滯白社棲遲戀鵷鷯之一枝托鼪鼬之三
逕時抱羇孤之感每懷鄉土之思無如坐止半擅家徒四壁卓
錐無地息轍難期年來精力衰頹鬢髮須白欲遂春明之夢難
勝奔走之勞且桑榆之景來日大難珠桂之鄉安居不易進退
維谷百感紛來輾轉尋思申旦不寐心緒之劣概可知矣去臘
作蜀中之遊弟兄聚首椒酒辛盤頗有天倫之樂今春錦江小
住兩月有餘擬為將伯之呼無奈知交之寡三月中仍由雲棧
遄返青門四海空囊一身孤寄可見人生飲啄俱有定分簞瓢
捽茹惟有安之若命而已聞令愛三小姐歸盜夔生偕至甥館
想得常侍左右聞渠于武林覓有枝棲係方葆岩制府所薦未
知確否弟貧窘如此兒輩不得不于筆墨中作謀生之計望長

者命其各自努力也楊元自甘來陝貧不能歸弟留在書院暫供驅策人頗勤慎且能耐苦渠在甘嘗過長隨滋味故無奢望耳茲因餉員章五兄回莒之便肅函佈候安祺諸希澄鑒臨穎依馳

致寗羌鄭始齋刺史

前月二十五日曾肅寸緘虔候升祺並申賀悃想登籤記邇惟六兄大人政祉增綏潭祺集慶定符心頌茲有啟者春間弟在高齋快覩芝蘭玉樹光采照人吾兄曾屬弟為訪求佳耦茲四令郎已作秋坪之壻文鸞彩鳳行見喜氣充閭惟大令孫秀出（坪）行吾兄言其文藝尤為穎異昨與家表兄丁秋溪言及秋溪有令愛待字閨中相攸之意甚殷特專函佈達秋溪與吾兄為同年然云得招快壻不復以行輩為嫌也可否望示一音敬候台安臨穎依溯

復黄秋園同年

月之十九日紀綱來省接奉良書知前肅蕪緘及鄙作一冊已塵清鑒備荷勤拳眷注語重心長賜以朱提佐其樵爨俾異鄉蒲節不歎蕭寥銘泐五中非言能喻敬稔閣下政祉康娛潭署曼福良深欣忭至家山之思吾兩人本有同心贈序一篇斷不致有負諾青弟年來精力大不如前雪刺盈顛元花翳眼豈復能趨曹抱牘還朝之想恐孤厚期如香火有緣他年當握手于吳山皖水間也耳拙詩一部祈轉寄岳一山同年查收此間有便亦當札致外附椒球二匣稚連一匣聊以伴函俾吾兄知弟此番遊蜀景況蕭然容囊中不過添此辛苦二味耳一笑肅此佈候升祺諸惟珍重不宣

復鳳翔太守王

月初華主簿試回公叩謁台階虔附蕪緘輕干清重仰蒙眷愛奉到還雲感綺注之勤拳荷華詞之賁飾浣薇環誦感泐五中敬稔大兄大人懋祉增綏潭祺曼福屆中天之令節迎日下之新恩五絲則緣絢延年九子則粽呈益智蒲香酒綠聯良會于琴樽榴火梅炎寄遐情于諷咏翹瞻喬采忭頌良殷弟經年棲遲杜門無事蠨蛸一室翳塵半床惟玩簡篇以遣岑寂頑軀猶適可慰錦懷華主簿備蒙吹植感激靡涯肅函敬賀節禧並請鈞祉臨穎依企

致方有堂方伯

前月朔日拜送旌麾彈指倏更月炎心輪夢轂時切馳（思）頃接常廉訪來札敬悉年大兄大人于四月二十日安抵錦城二十一日接篆邇惟簪裾篤祜榮戟凝禧花擁輕軒喜金護之曼壽露凝瑤卮欣玉樹之敷榮德雨隨車群生饜和風煦物萬户樂康弟講院棲遲諸凡托庇順序惟地處會垣不無酬應筆墨之事未能專心所有修志體例月內當翻閱舊志斟酌擬呈台覽

所需書籍亦當開單附寄先肅蕪啟敬候鈞祺統希垂鑒臨穎
瞻馳

復方有堂方伯

天中節後曾肅寸緘敬候鈞祺想登籤室昨奉琅函遠貢備蒙
錦注懃拳盥誦迴環五中銘鏤敬稔年大兄大人祠馮集祜簪
紱延禧布中和樂職之詩聽建福會昌之頌仰九霄之瑞露楓
宸承恩蔭五色之慈雲護閫介壽正甘霖之被野喜福曜之歸
躔百度惟貞三登有兆樂情膏潤禮意風猷翹首祥輝良深藻
忭承示修志一事現在詳請制府入奏俟奉批迴即可定局自
維譾陋猥荷招延愧無記載之長難勝編削之任欲辭似怯闡
命先慚幸依大雅之才可作司南之指冬間當束裝赴蜀翦燭
西窗飫領清誨欣幸何如李松雲太守學問優長誠如來諭弟
風義既秉於師友聲名夙藉其獎成如共挾鉛費素之勤可免
摘埴索塗之誚寸心慰快莫可名言三弟英燦安縣一缺已奉
部準備荷栽培之德彌深感激之忱所有修志略例現在繕檢
各書容俟秋初擬呈藻鑑肅函布悃敬請鈞祉並璧台謙不盡
依溯

復方有堂方伯

接奉還雲備承垂注浣薇莊誦感泐五中敬稔年大兄大人懋
祉增綏經猷式煥挹三霄之瑞露楓宸恩濃蔭五色之祥輝議
闈慶溢金穰應兆玉壘會昌百度維修六符斯炳翹瞻吉靄藻
忭難名承示修志一事已詳明制府于六月十五日具奏不日
可以奉到批迴諒邀俞允捧讀之下彌切慚惶弟以菲材謬蒙
推轂學植本薄精力就衰愧無農馬之專祠正魯魚之誤幸依
大雅可作司南秋杪冬初結束輕裝由秦赴蜀籍得把襟言歡
快聆大教是所願望也所有摺稿望録出先行寄示一切章程
經松雲先生籌議呈請宏裁必當綱舉目張犁然有序弟才識
譾陋此間又無書可查何敢云發凡起例惟有應貯書籍及採
訪各事宜如管見所及容日開單呈電耳端函佈復敬請台祉
並璧尊謙統祈淵鑒不宣

復曹霞城太守

日前接奉還雲備荷垂注懃拳語長心重五中銘佩莫罄名言
藉稔大兄大人懋履增綏潭祺集慶翹瞻吉靄忭頌良殷承示修
志之舉已經有堂方伯詳請制府具奏俟奉到批迴即籌辦設
局並屬弟於秋冬之間束裝赴川備承至好關懷殊深感戢倘
得棲遲錦里樞謁輶軒索笑尋官閣之梅拈韻賦星堂之雪緜
冬初之新賞續春餘之陸歡是所願望也肅函佈悃敬請台祺統
希澄鑒並璧撝謙

復杉石同年

去冬台旌回陜弟以薄遊蜀棧未得晤談懷想之私時縈夢寐

頃接琅翰備蒙眷注懃拳雒誦循環五中銘鏤藉稔年大兄大人攝衛咸宜福履多豫常膳載加舊疴有痊詐枕圖籍遊浪儒元想見物我兼忘達觀有得馳戀寸忱良用欣慰弟蜀中往返幾及半年疲頓風塵踰越險阻棧石星飯岩館霞宿夏首歒暑始回青門筍將暫息蒯緱如故拂蟫蠹之簡闃鼪鼬之逕衰病侵尋筋骨駑緩以任命為膏酥以支離代萱樹才思日退煙墨久踈蜀道詩什前推少陵近則漁洋大集中蜀道諸作於艱難中特出奇麗可謂陵前邈後自維筆力孱弱未敢摩壘致師僅得五律二十餘首容日錄呈教正率占佈臆敬候安祺仰維為道自重臨穎依馳

致袁制史

春間小住錦城得瞻芝宇備蒙渥愛許訂蘭盟感綺讌之招延荷雲情之悃款瀕行復分清俸以潤行裝俾蒯緱不歎其蕭條逆旅無虞於困乏五中銘泐子墨難宣邇惟大兄大人政祉綏和侍奉曼福斑衣絢彩一堂賡華潔之詩紅籥延釐百室聽盈寧之頌惠澤遍敷于邛筰清標並峙于峨峽五袴騰歡雙歧表瑞吉雲在望企頌良殷弟經舍棲索（遲）居無俚長日枕書惟看落蠡珠方感物又聽鳴蟬虞翻悲故國之迢遙許靖歎生涯之寥落竟無佳況可以告慰知己率占佈悃並鳴謝私敬請崇祺伏惟埀鑒不宣

致宋梅生郡伯

春間錦江小住得奉光塵飫領緒言屢陪良會荷蒙虛懷若谷高誼如雲小技文章過情推獎長途輿馬厚意懃拳助其膏秣之資俾無困乏之慮五中銘感無日弭忘敬維四兄大人懋履增綏潭祺並集布廉平之政賡樂職之詩玉節宣猷鹿轓雨潤彤襜行部雉野風謠井絡會昌坤維建福翹瞻吉靄忭頌曷勝松雲先生安抵蜀都想已歡晤未識曾過漢嘉作淩雲之遊否弟講舍棲遲瑟居無俚蠨網一室鼯塵半牀每深懷土之思時切慕徒之戀惟藉編簡以遣寂寥賤體如常可以告慰綺注肅函佈悃敬候台祺統希埀鑒不盡依馳

致汪芝亭

夏間曾修寸啟敬候興居並布謝忱想登籤記茲際瓊樓月朗銀漢秋清敬維四兄大人政祉增綏潭禧茂集登高作賦共推希逸之麗詞選勝開樽不數元規之豪興聲華騰上著述宏通判罷五花吟成千首緬懷雅度馳企彌殷弟講院蕭閒客懷嬾散寄生涯于蠹簡憶伴侶于鷗波踪迹栖栖襟情悒悒未識知己何以策之小倉山房駢體文註錄出寄呈一知半解自愧空踈四兄大人博贍多聞尚冀搜採羣言正其訛誤是所欣感專此佈達敬請升安統希朗照不宣

復張春溪太守

前月接奉良書，備承存注，臨風循誦，銘感于懷。衹以日來小有將迎，心緒煩冗，以致久稽裁答，歉仄之私，非言能喻。適惟仁弟大人履祉增綏，闔潭曼福，定如心頌。未審台旌何日東來，冀得促膝談心，暢傾衷懐，交魂通夢，延佇云勞。愚講院栖遲，倏經三載，意興日減，齒髮漸衰。當日西陲作吏，適負滋多，吾弟之所素悉。茲以憂患之餘生，尚有追呼之舊項，故王丞置錐之地，窮途無托鉢之門，輾轉尋思，一籌莫展，想知好亦為之長慮也。春間在錦城小住，如圃在內江，未得把晤，而書疏時通，盛相推挹。其致陸古三書云：蓉裳先生今之阮亭，惟福命不如耳。某以得列門牆為幸，何屢見卻也耶。知己深情，令人欲涕。瀕行又贈膏秣之資，書詞肫摯，其風義不減古人，至今欽欽在抱也。專此復候台祺，諸維澄鑒，不盡欲陳。

復黃秋圃同年

夏秋之間，兩奉手緘，捧讀之餘，備紉存注，拳拳之思，實切于懷。緣爾時尊處之案尚未定局，弟逢蒿寂處，聞見未的，是以遲遲未報。今則八風皆平矣，欣慰之思，非言可喻。敬惟年大兄大人懋履康娛，禔躬多福，際此蟾圓之候，定開蘭馥之樽，翹首吉雲，實良深忭頌。弟經舍棲遲，襟情寥落，復因甘省清查之案，前在靈武任內負累甚多，雖蒙恩限之尚寬，無奈頹齡之已迫，故土則置錐無地，他鄉則托鉢依人，八口溝隍，何堪受追呼之累；一官曹署，竟無復赴補之期。出入無悰，進退維谷，蕭衰之徵，早見潦倒之況，日增想知。已聞之定為慨息也。蜀中之行，約在冬月。肅此佈臆，敬候升祉，並賀節禧，不儩。

復徐秋山

睽隔光儀，屢更歲琯，心輪夢轂，時切依馳。弟蜀中往返半載，有餘首夏，始回講院，聞台旌不日涖省，會晤匪遙，是以未通牋素。敬候興居，唐人所云長疑即見面，翻致久無書也。頃奉來翰，備荷存注，懃拳盥誦，迴環五中，銘鏤敬稔。二兄大人福履康綏，政祺並懋，五花判罷，四郊雨甘，禮意風猷，樂情膏潤，吉暉在望，額頌維殷。弟講院棲遲，光景如舊，日來觸暑偶抱微痾，兼以心緒冗煩，端坐悒悒，縹緗庋門，筆墨生疎，竟無善狀可以告慰知己。簡齋師詩集去歲因生徒眾多，怗括堆案，未能如命過批，良深愧歉。四傑集已收到，率占佈復，敬候升祉，餘容面頌，不宣。

致陳紅圃方伯

睽違清誨，星琯屢更，仰企私忱，無時或釋。衹以自慚冗散，未敢輕修蕪啟，上瀆崇嚴，夢轂心輪，依馳倍切。敬惟大人宏猷式煥，懋履增綏，蔭萬户之慈雲，布兩河之德雨，燮和宣化，分楓宸宵旰之憂，起瘠拯飢，造蔀屋蒼黎之福，惟心勞于撫字，致頌遍于閭閻。遐聽仁聲，良深額慶。芳燦棲遲經舍，三見暄萋，蒲柳望秋，桑榆向晚，貧悴之況，素荷矜憐，榮進之心，久甘頹廢，乃昔年下吏身多耗缺之釁此日寒儒名在追呼之牘故鄉迢遞更無老屋數椽逆旅蕭條惟有殘書兩版雖幸邀于寬典恐終蹈夫嚴科尚望垂慈曲加援手指三山而戴德盤五内以銘恩非筆墨所能宣喻也簡齋先師詩文集謹封呈繳詩集中蒙諭選擇略加別識管蠡窺測自知無當尚祈大雅主裁俾藝苑流傳不朽將見寰海咸欽古道不但師弟共感隆施也茲因中部縣丁令來甘之便肅薰蕪啟敬請鈞祺伏祈垂鑒

致李松雲太守

春間襜帷赴蜀暫住青門聆奉誨言追隨杖履陪琴樽之雅會續山水之清遊積年懷想之思于茲一慰別來忽忽月兩成弦敬惟先生與衛安適早抵錦城碩望共欽大著益富文星輝于井絡惠澤遍于坤維洵足為山川生色不止為蒼黎造福也弟講院蕭閒藜高塞逕芸煙蠹(蝕)粉消遣餘年已不作補官之想頃聞西省清釐積欠十年前曾經作吏尚有未清之累為數亦復不少故鄉無置錐之地何以堪此追呼嗣後恐筆墨生涯亦難久戀進退維谷出入無悰素蒙摯愛能畫(為)一善策銘感實無既極肅函佈候鈞祺伏維垂鑒不宣

與嶽生大姪

三月中旬到陝後曾寄一書旋接來函知堂上身體康健吾姪履祉安佳並能專心文藝不預外務行見學業日進慰藉無似愚在關中講(舍)光景如常今歲非科試之年生徒寥落每課文卷不多批閱尚不費力精神可以支持無廑懷念頃接方伯來信修通志之舉已有成議如果定局則愚于秋末冬初當(束)裝來蜀聚首之期不遠矣星川習勤及張雲川姊丈不及另札見時均為道念三叔想已赴館見山當隨學使按試諸郡回省尚須時日也此寄大姪覽之

敬請五嫂大人福安　姑爺大小姐安好

復琴軒

月初劉愚谷大兄回甘愚不知渠于何日起程是以未及作書奉復頃接來書備紉垂注藉稔三弟大人履祉增綏潭祺集慶良深欣慰惟光景窘迫此時各省大略相同愚谷回時想能備述青門況味也十三日丁酉園七弟解餉回甘愚曾肅啟致方伯備言吾弟近狀懇其援手未知有濟否西園行走較遲大約月杪月初始行抵蘭附信一函閱之當悉種種愚棲遲經舍出入無悰靈州通項又在追呼之列故鄉無卓錐之地何以堪此想吾弟亦為我長(慮)也專此佈候升祉並問弟夫人懋(懿)福郎愛安好　六月十三日

致瞿秋山親家

日前接奉琅函備殷(蒙)注五中銘鏤子墨難宣邇惟親家大兄大人懋祉綏和潭禧駢集(承)詠九霄之湛露琪樹含滋蔭五色之祥

雲瑶塀焕彩澄懷鏡朗碩福鼎來魌企崇階昌勝欣頌弟棲遲
經舍況味如常蕭衰蒲柳之姿自憐谷鬢寂寞蓬蒿之遥惟守
丹鉛出入無悰襟懷可想頃接方有堂方伯來書知修志一事
已蒙制府入奏不日可奉批回如蒙 下伕

致邵親家

睽隔光儀屢更月琯停雲八表延佇為勞仰荷戚好關情于寄
夢湘信中時加存問寸衷銘佩子墨難宣藉稔親家三兄大人
履祉凝庥闔潭多福瞻睇祥輝良深欣忭三舍弟安縣部霞刻
下應已奉到上憲體恤之意自能先能令泣任昨見曰堅親家三
兄大人寄夢湘信云舍妹似可不必到安署即在貴宅東偏居
住姑媳相依晨昏定省足見令愛孝思而親家三兄大人親誼
殷拳籌畫無微不至感激實非淺鮮弟意安縣離省甚近舍妹
先同三弟到署俟修志局果成弟同夢湘來蜀時先至安縣小
住即偕舍妹至省白頭兄妹得以歡聚皆仰托至戚之芘蔭也
專函佈謝並候文祉不備

致王彤軒司馬

睽違譚讌月琯載更長懷遐念循環無賜敬惟七弟大人政祉
增綏侍奉曼福為頌愚棲遲講舍況味如常溽暑已過涼風拂
袵賤軀頑健可慰綺懷所望修志局成早來錦里與吾弟暨同好
握手言歡西窗翦燭是所頌禱耳兹有寄邵舍親書一函祈即

致之敬請升祉不備

復鄭始齋明府

久睽霽範時切馳思接奉琅函並紉存注藉稔六兄大人履祉
增綏潭祺並懋風和瑤戺喜寶樹之數榮雨潤青疇見嘉禾之
暢遂薦牘重循良之譽風謡流慈惠之聲企見峻秩頻遷繁禧
總集翹瞻喬采忭頌昌勝四令郎問名吉禮弟承命忝預執柯
歐餘大弟料理周詳竟日華筵歡洽感泐良深吾弟與秋坪二
兄夙敦尹范之交兹訂朱陳之好德門盛事慶溢庭闈又寸心
所倍殷馳頌者也肅函復謝並賀大喜敬請台安不備

致曹霞城太守

日前接奉還雲備荷眷注殷拳語長心重迴環盥誦感泐五中
敬稔大兄大人政祉增綏履祺並懋青疇雨潤慶樂歲之屢豐
黄閣風和迓繁禧之總集祥輝在望忭頌彌殷弟羈旅青門棲
遲經舍徒有抱遺之志媿無待問之長容髮蕭衰鄉關迢遞端
坐悒悒意緒可知知己關懷想勞垂念三舍弟安縣一缺昨見
邸抄已經准補備荷提攜之德莫名感激之忱肅函佈悃敬請
鈞祺統希澄鑒不盡依馳
再家信一封祈飭交舍弟收啟為感

致陸古山

弟抵青門後即肅寸緘佈陳謝悃從長安郵筒迢遞華陽吴七

兄署中轉寄未識曾登籤室否適惟三兄大人政祉增綏潭署曼福翹企祥輝良深心頌弟棲遲經舍日與帖括為緣出入無悰意緒寥落惟三舍弟安縣一缺已經議准又聞通志一事方伯經理主修可有成局倘不遺葑菲忝荷嘉招則得傍筌蘭時聆雅教耿耿寸心差堪自慰耳李老伯母壽言聯句擬就寄呈詞義黯淺不足以宣揚懿徽祈大雅加之繩削免致貽誚方家幸甚感甚肅泐數行敬候升祉諸惟淵照不宣

致春淑

日前台旌過陜荷蒙枉顧荒齋得聆緒言備承推挹不覺心形俱服感愧交并祇以偶抱微疴未能報謁大雅含宏當恕之於格外也邇惟閣下行祺曼福早經安抵衙齋玉友金昆對床翦燭喜棣華之交映正蘭蕊之方開橫錦散珠定增佳製翹首祥輝曷勝健羨弟棲遲講舍出入無悰書蠹生涯海鷗心事桑榆之陰已迫蒲柳之姿易零兼之子雲顛眴長卿消渴偶然散帙目下過而已忘時欲拈毫心若蕩而中輟愧無著撰可以就正詞壇惟吳小松三世兄處有詩文鈔二冊係松崖先生選刻之本可以索觀至在青門所刻俟有便人亦當緘寄蒙知已過愛當布露所蓄不敢自匿其醜也小松詩文清麗能豈宗風尚望賜以提攜是所心感有書一函祈飭役送交松花庵為禱令兄小裴先生望屺名問安容日專緘佈悃肅泐數行敬候台祉諸惟朗照不宣

復岳一山

夏間接奉還雲知前非荒函已登清覽過蒙獎借眷注勤拳雅誦迴環五中銘鏤邇惟大兄先生道履綏和侍奉多福堂護曼壽飲膳載加陔蘭芳馨班綵增絢翹首祥輝良殷頌祝承示大作氣雄力厚三復之餘心形俱服緣夏秋間體中時抱微疴心緒冗煩久遲久作報歉悚難名茲如命加墨封呈並識數語以志欽服弟容鬢蕭衰心緒潦倒時有慕徒之戀益深懷土之思而精力日退著撰甚稀每一握管則腹滿背熱愧無可以就正者舊稿亦無便人可以托寄瞻睇清輝彌深依溯肅函佈候台祉諸惟珍攝不宣

致趙小淵親家

前月曾佈一緘未知曾登清覽否道里遼遠馳念倍殷邇惟親家大弟大人政祉增綏褆躬多福定符頌祝愚棲遲經舍況味如常頃接川省方有堂方伯來書及三舍弟家信知修輯通志之舉常制府已于六月中旬奏出看來事在必准冬月之杪即當束裝由秦赴蜀如攜麐生同行則此局總有一二年之久非如去歲擔閣不過數月者可比細弱在平久累吾弟暨親母大人撫育于心深抱不安麐生到蜀後必多罣念再連接家信內人在家盼媳盼孫之情甚切頃容圓舍妹丈書來適席氏大甥

女偕其壻田南于八月十九日自蘭起程道出平涼如作伴同行兩家得有照應是一大好機會因諭麐生禀知親母大人並與令愛商酌愚又作書通知妹丈及舍妹俾囑大甥女過平時麐生及令愛小孫一同到陝小住數日長行南下昨接麐生來信禀知親母大人似為可行在吾弟慈愛素深一時自難分捨然男有室而女有家似屬正理且事勢如此亦須從長計較愚此次赴蜀田家遲早未可預期吾弟陞遷在邇地方之遠近亦難自必輾轉提攜彼此徒增牽罣不如一勞永逸之為得也望吾弟勿過縈懷抱是所禱切專此佈悃敬候升安餘容續寄不盡依馳 八月初十日

致蘭厓

四月初旬曾佈一緘順候文祉並托寄家書由郵筒徑遞縣署轉交未知曾達覽否邇惟大姪履祉綏嘉侍奉曼福闔潭均吉定符心頌簡塘已回家否竹畦在雲間歲內曾否來錫殊深懸念夔生就館蘇杭之說是否確實眷口在常州居住究非長策閏月中旬曾托脚子寄回銀信會票等件恐到錫無處尋問或至歧誤實不放心愚在講院以書卷自娛已忘榮進之想日來兼與夢湘講習文藝殊得靜趣無如甘省清查案內愚尚有靈州舊欠八千餘金咨追本籍將來不知作何料理與其坐受追呼不如竟作出山之計青氈舊業亦難久戀良可歎也此次周脚子來錫竟令其將信送至吾姪處轉交夔生收拆庶無錯誤專此佈候近祺並問堂上懿福不宣愚表叔楊芳燦頓首

與雲疇

夏間接賢壻手書得悉公事平宜體履康吉二小姐暨瀛兒弟妹均各安好為慰懸念夏秋之間積雨連旬黃流盛漲未識東河光景何似一切工程俱能完固否久未得來信殊深懸念愚在關中講舍諸事尚稱順序春間在蜀常制府方有堂方伯面訂修通志之約頃有信來云已具詳入奏如有成局冬月間當束裝赴蜀非不欲進京補官無如囊空如洗欲助無人長安居大不易是以再四躊躇只得以謀生為急矣三叔已補安縣此缺在川可算上中離省不過二百里去大路不遠到彼一切可有照應也俟有定準再行寄知無錫近有信來家中均各平宜夔生就館蘇州孫古雲處每歲得束修一百金亦不無小補麐生在平涼四月二十八日生一子其婦本多病娩後卻幸平安大約九月間當來陝也趙親家在燉煌缺分頗好惟離平甚遠鞭長莫及寓中亦不免竭蹶茲渠有寄大令兄信一函可覓便寄去二令兄在京聞已考取教習未知曾出京否平涼寓中盼望甚切也八叔在汴近況何似歲餘未通音問殊深懸念茲有一信望即寄去吾壻前信聞歸陳觀察云云因在京未經熟識未便通問修滕觀察遽爾仙逝良為悼惜茲有家人楊元係沈

葦塘親家舊僕丙寅冬伺候出京一路頗得其力其人勤幹樸實最能耐苦前跟葦塘在河南于河工各事極為熟悉望吾壻留用以供驅策渠必當竭力報效署中清苦渠亦能耐緣在葦塘家辛勤已慣無外省長隨氣習也樂君令兄在蘭竟不能動身想大累矣此寄雲疇賢壻覽之二小姐均此問候瀛兒弟妹安好

致陝甘那制府

芳燦前趨麾戟得奉光塵屢接緒言仰窺鉅製讀謨觴之寶字披鴻朗之仙函雖贊頌以難工欲步趨而莫逮洒荷沖襟若谷偏憐樗散之資峻望如山不薄雕蟲之技感知戴德五内鐫銘敬惟大人黼黻凝禧簪裾集祜慶霄氤郁承楓宸之恩輝愛日融怡介護闈之景福恭逢老太太添壽令旦設帨良辰霓羽花迎笙璈雲駐夫人南岳方開蓬島之筵王母西崐正啟瑤池之宴宫袍璀璨承顔而彩映斑衣寶樹琳瑯介壽而光浮玉斝屏開菊錦酒湛萸香紫誥五花偕緗圖而衍算彤奩百福依繡紱以摛華纓弁臚歡蒼黎頌慶芳燦情殷賀廈分隔趨塵祇能援末座之彩毫敬聯百韻未得接高軒之朱履恭祝千春藻躍之餘驂馳倍切肅薰蕪啟敬賀崇禧虔請鈞祉伏祈垂鑒

芙蓉山館尺牘卷十四

金匱楊芳燦蓉裳著

復湖北秦觀察
致朱虛舟方伯
復祁生
答吳小松
致邢繹堂制府
致陳紅圃方伯
答閻學博
復吳小松
與雲疇
致丁黙甫
與黄同年秋圃
致程彝齋
復嚴麗生孝廉
復邵明府
復王西𨈆
致家華岩司馬
致禮卿
復嘉定太守宋梅生
致董觀橋中丞
致朱虛舟方伯

致臧孟岩觀察
致周蓟雲
致莊虛弅丈
致陸劭聞
致曹霞城太守
致甘肅蘭州府秫
復汪寫園明府
致豐將軍
致常制府
致常廉訪
致瞿觀察秋山
復什邡明府紀同年
復司鷹文
復晴川
致胡桂浦明府
致方有堂方伯
致王春敷刺史

芙蓉山館尺牘

金匱楊芳燦蓉裳著

復于學博

頃奉瑤函並讀佳什備荷殷拳之思溢於楮墨出入懷袖感與忭俱藉稔大兄大人政祉增綏起居恬燮坐擁皋比說經鏗鏗門前之桃李敷華階下之芝蘭擢秀高齋點筆吟興倍增翹企清輝曷勝健羨弟栖遲講舍倏已三載有餘歲月不居寒暑遞貿感心期之寥落嘆容鬢之蕭衰拈毫握管竟無佳思鮑照才竭師丹善忘愧無著撰就正知己附呈去冬入蜀紀行詩十餘首聊博一粲並懇令郎世兄代寫一通以寄小松專此復候台祺諸惟朗鑒不宣

再來札所云李夏患寄三緘並未收到承示大作音節古健從漢魏得來儁感二首逼近劉公幹再三吟諷愛不忍釋也又啟

致廣西陳方伯

睽違光霽鷗蜉六更憶春明譚讌之歡感東郡提攜之德五中依溯子墨難名祇緣梗泛蓬飄雲飛泥滯未得時修牋簡敬候起居惟大雅含宏量包山藪定當憐其冗散必不責其濶疏也敬維大兄大人簪紱延禧袖馮介祉承九霄之湛露綉野含滋蔭五色之祥雲華堂絢彩惠澤與灕江並永碩望偕粵秀俱崇禮意風猷樂情膏潤竝見棨膺綸綍即擁旌旄翹首台垣可勝藻忭弟羈旅關中倏逾三載空守一氊之席無救八口之饑雪刺盈頭垂老作諸侯之客寒氈半榻抗顏為庠士之師懷土之念徒殷買山之資未辦去臘薄遊錦水今春復返青門首若堆盤髮蕭蹇遂滄波釣艇惟思遠泛江湖畫省香鑪無望再趨曹署自甘頹廢有負厚期撫管操觚殊深愧恧所望知己情深不遺疵賤他日大開帷幕以引方容俾囊琴而謁高軒操簡而陪末座是所日夕禱祝者也肅薰無啟敬請崇祺統希垂鑒不盡依馳

又啟者敝世姪周心如前在粵西候補理問丙歲因丁艱旋里遊幕陝西其人書記翩翩於吏牘亦能嫻習茲服闋來粵候補幸隸仁怜尚冀推愛垂慈加之提拂俾微員無淪落之虞感激如同身受再長途迢遞風水恐有擔延如逾定限在十日之間並祈曲垂矜恤更感鴻慈於靡既矣

與丁默甫

月初文旌自甘旋陝晤談之下藉慰私悰惜話別匆匆未得稍申款洽殊深悵歎邇維七弟旌署以來政祉增綏潭祺集慶定符心頌虛舟方伯延榆之役道出花封自有一番酬應而情意當更為浹洽矣愚栖遲講舍眠食如常昨接川信三弟於月之十三日到安縣接印任事脩志之舉經制府專摺入奏已奉批回允准闡川省於月內差人來陝迎接愚須俟虛舟方伯旋省

後始定期赴蜀，大約須在十月望後也。季秋田五兄憑世交至好，茲同貴本州赴鄜者，其人風雅縕藉，過中奉訪，定深投契。憑之近況，渠能備述。率泐數行，敬候升祉，諸維澄照，不宣。愚表兄楊芳燦頓首啟

致楊雨田

雨田大兄足下：春間自川旋陝，接奉手書，備紉存注，殷拳寸心，銘戢當即肅緘佈復，未知曾達覽否？邇維大兄安硯衛齋，文祺恬適，定如心頌。弟栖遲講舍，況味如常，今歲生徒旋里，絃誦寥寥，不似昔年之橫經滿座也。學道未至，靜極生愁，蓬蒿塞門，徑無行者，惟藉籤書兩版，聊以銷磨歲月耳。今春在錦城小住，適制府方伯諸公有議脩通志之舉，謬採虛聲，俾司編纂，聞於夏閣，已經奏准，秋杪冬初，當粵人延陝來請，弟之行期大約十月下旬。自此道里迢遙，未知握手之期定在何日，私衷殊深悵惘也。鏖生仍在平涼，擬於季秋來陝，大約隨侍入川之局。專函佈臆，敬問邇祉，不盡依馳。芳燦頓首啟　九月初二日

復蔣小松

別來忽忽，寒暑再更，每念伊人，庭虛情滿。夏間接奉手書，備承垂注，發函伸紙，感戢於懷。屬以抱痾，久稽裁答，頃復奉來札，感悚交并。藉稔閣下旅祉康娛，著作日富，忻慰無似。弟錦城之行，於閏三月中旬旋陝，棲遲經舍，出入無悰，長夏苦暑，偶嬰疢疾，頗近癘痟，目來雖調理向愈，而蒲柳之質，自覺蕭衰，雪刺盈顛，霜髭滿頷，攬鏡自訝，竟頹然一老翁矣。趙小澗遠宦敦煌，書問疏闊，眷口尚任平涼。鏖生自川中回陝，即赴平涼，令尚未來書院也。龔謙山考取教習第七名，聞有出都之信，如返高平，必過關中，當得圖晤。閻太守已告病，即作平涼寓公，退閒之後，起居頗適。楊玉如已就正寧之館。秀山場後挑取謄錄，聞其往湖北秦方伯署，未知遊況如何，許久不通音問矣。鑑湖已於月初挈家赴粵西。倬雲仍留陝省，喪偶以來，益形憔悴，時得晤對，亦戚戚寡懽。趙金浦遺詩，去秋已為付梓，其板片寄回平涼，所存刻本二十餘冊，悉為知好取去，今將原抄本送呈閣下，覽之定增惋歎耳。蜀中脩志之局已成，謬承虛聲，俾司纂輯，聞當道諸公於此月中專人來陝迎接，約十月初即當束裝前往。饑來驅我，老更依人，雲棧邅迴，事非得已。所幸三舍弟已補安縣，弟兄相聚，可樂餘年；岳生奉母亦在道署；錦城親串不乏，知好亦多，差堪慰寥寂耳。率占佈復，敬問文祉，言不盡意。

復陳紅圃方伯

月之初三日，中部丁令回陝，仰蒙垂念，頒到瑤華，感與飾之過情，荷栽培之逾格。兼之珍裘遠錫，厚愛有加，春風風人，歲似回寒，溫燠解衣衣我，士不歎於單寒，滿目恩輝，遍身德澤，寸衷銜感，五內鐫銘。敬惟大人簪紱凝禧，禋馮介祉，承慶霄之湛露，九

重之眷倚彌隆蔭玉宇之祥雲萬戶之幈幪有託澄懷鏡朗碩
福鼎來翹首台垣良深藻忭承示芳爆前在靈武虧項一萬餘
兩備蒙大人曲垂珍恤百計圖全感激難名兢惶交集芳爆舊
在伏羌任內因回匪滋事力保危城兼籌辦糧餉事後各案均
有刪減虧累滋多嗣調任靈武交代限迫不得不挹彼注茲在
任數年竭力補苴尚多短缺令奉分咨完繳通省大局豈容以
私意干求惟故鄉無一瓦之覆一瓏之植頻年旅食隴家中
榮榮細弱衣食不周如再加以追呼必至擠於溝壑種種苦況
素在鑒照之中無煩縷述大人一言九鼎定能格外成全如蒙
在必行亦望逕咨陝省如明歲就館四川亦可由秦咨蜀俾得
脩脯所入分年完繳雖是一身負累可免八口流離感戴隆施
寔有既極肅箋無啟佈達謝忱虔請台安敬繳鈞東統祈垂鑒
不盡依馳

致趙小淵

前月曾布一緘未識曾登籤室否道里遼遠馳念倍殷頃接七
月二十六日手書以仲秋令節殷殷致賀垂念懃拳良深感佩
藉稔親家大弟大人政祉增綏禔躬多福欣慰無似本任文卸
開尚須時日未必即到鳴沙即瓜代後以吾弟才猷夙著器重
上游定有機緣輻湊無庸過慮也愚春間在錦城小住適當道
諸公有議脩通志之舉謬採空疏俾司纂輯夏間已經奏准頃
接三弟來信知中秋節後制府方伯即專人來陝迎接弟之行
期約在十月之杪此次入蜀須有二三年擔閣磨生隨侍同行
令愛與祥熊在平仰累思慈撫育於心深抱不安是以前曾作
書奉達令磨生絜婦同崧氏舍甥女結伴回南告知親母夫人
未蒙許允在慈愛之懷不能遽捨自是至情弟亦未忍相強也
所望吾弟升一善地隴蜀接壤書問自可相通即將來回南之
行亦非甚難事耳專此佈候升祉諸希垂照不盡欲言

復梁同年

同譜同官椒蘭誼合金城簪盍共索古歡自庚申夏五判襟東
郊俾指已廿餘寒暑道路遼遠山川間之南北分馳箋繒疏濶
停雲他月時切懷思頃奉瑤翰備荷注存藉稔年大兄大人道
履增綏禔躬多福近復下榻高平諸凡順序欣慰無量弟留滯
關中瞬逾三載青氊舊業白頭生涯恥挾策以干人愧卓錐之
無地一身漂寄八口長饑精力銷磨學殖荒落過蒙盛譽彌切
汗顏小兒幼年失學年來隨弟跋涉道途舊業都廢今幸依函
丈望年大兄大人俯念通家子姪時賜提撕俾稍有知識荷長
者之德於靡既矣肅此佈復敬候安祺統希垂鑒不宣
再者台東敬璧知好何存形迹如此想係錯誤耶

復秋圃

前月紀綱回署當肅寸緘佈謝並候台祺想登籤記頃接瑤函

並奉緗帙瓌文彬蔚麗藻紛綸展讀之餘照耀几席而集中小
題尤妙為後學度盡金針暇日與書院高才生講解之共歎為
隆萬一燈於今再炳諸生等俱奉為準的鈔寫熟讀者不少也
惟鑒定之名弟不敢當吾兄謙德彌光愈大方之家嗤弟之庸
妄耳比維福履綏和年豐人樂良深欣忭遂初之賦且可從緩
弟日來為甘省舊累所迫恐亦不能長守一經宦海抽帆政非
易易也專此佈復並候升祺不盡覼縷

復常制府

前奉琅函備承垂注五中鐫鏤與日俱深茲月之初九日鈞弁
來陝重荷關書遠賁華東嵩頌感佩之餘依馳倍切敬維大人
簪裾集祜棨戟凝禧持玉節以巡邊握牙璋而按部著綏懷之
遠略展揆奮之宏猷嚴僕射之威名雪山增重韋令公之偉望
玉壘同高纓弁臚歡蒼黎額慶翹瞻台斗忭頌彌殷並聞志局
之初開胥賴嘉謨之入告當此百度俱脩之日宜取三長兼擅
之才豈意空疏得邀採擇感栽培之逾格蒙藻飾之過情分應
即束行裝徑趨幕府祇緣關中講席接替尚未有人荷朋舊之
攀留更生徒之眷戀未容率爾遽賦驪駒約須十月中旬甫能
就道仰慶霄之氤郁拜台席以匪遙近卿月之光華列賓階而
多幸寸心欣躍百倍恒情先肅蕪啟敬請鈞祺伏祈垂鑒

復方有堂方伯

月之初九日制府差弁來陝捧讀琳函備荷年大兄大人存注
懃拳華詞獎飾重以裹蹏之贈以為膏秣之資眷愛周詳無微
不至寸心銘鏤孑墨難名敬稔年大兄簪祓延禧祻馮集慶仰
楓宸之倚畀承護室之樂康岷峨播樂職之聲田疇豐稔參井
建會昌之福民物恬熙經綸已展其恢宏著作並徵其隆富六
符斯炳百廢俱興惟茲志乘之重脩胥賴籌謀之素裕雄州望
縣俱布列於目中名山鉅川悉盧牟於掌上嘉謨碩畫已入告
於
聖明細目宏綱將徧求其美備勒成一代不刊之典必取
三長兼備之才猥以迂疏謬膺推舉少慙失學老更善忘恐編
纂之多疏致員程之有曠幸藉司南之指得依大雅之宗庶挾
鉛槧素可證舛訛考獻徵文無虞疏漏耳本擬東裝即行趨赴
籍伸依慕敬奉緒言緣關中一席雖已延請趙味辛司馬江路
迢遙尚未到陝前月虛舟方伯三兄赴延榆各屬辦理公事聞
於出月初旬始能旋陝多年至好必須面罄離悰而在院諸生
亦俱攀戀歌驪惜別未免稍事遷延定於十月望間必當就道
夙蒙摯愛諒能恕其濡滯之愆也肅薰蕪啟敬請台祺統希淵
鑒不宣
再啟者前承面囑購覓書籍並酌擬條例弟當即留心搜訪無
如關中竟無藏書之家如大清一統志皇輿表均不可得此二
書必不可少未知年大兄大人已在川中購得否此次續脩通

志總以採訪近事爲主考證古書尚在所後義例均應隨時酌定未能預擬其應購備查之書如晉常璩華陽國志宋張唐英蜀檮杌宋益部方物畧記明何宇度益部談資曹學佺蜀中廣記並近人著述其類甚夥凡有關於蜀中掌故者望購覓數種以備參考如不能得有正史及雜史載記可據亦可無虞缺漏總之此事考古非難叙述近事爲難高明當洞鑒其本末也

致曹霞城郡伯

睽違光霽倐易涼暄夢轂心輪時殷馳溯重九日制府差弁來陝詢悉大兄大人政祉增綏潭祺集慶忭慰良深錦城志局初開一切知勞碩畫未知刻下松雲先生已來省否考獻徵文之事一經商定想無不妥協也自惟譾陋謬荷寵招汗青無記載之長塞白有空疏之誚欲辭未敢將赴先慚所幸編纂之餘得以時聆清誨仰藉司南之指或可無虞隕越也三舍弟赴安縣新任皆出自提攜之德寸心感激非可言宣弟現在摒擋行裝擬於十月中旬就道緣朱虛舟方伯三兄尚在延榆查辦公事至好多年必須面別是以稍有擔延俟其旋省即當起程會晤之期亦不在遠藉得促膝西窗剪燈話舊欣快何如肅函佈悃敬請台祺統祈淵鑒不宣

致李松雲太守

青門送別倐易涼暄依企之忱無時或釋夏閒曾修寸啟度候興居未審曾登籤閣否邇維福履康娛政祺恬邕吉雲被潤雅雨流廿萬户樂康民歌召父七經風教士頌文翁翹首台垣良深藻忭屢接方伯來書知錦城志局初開賴大雅總司其事仰才學識三長之並擅更經子史萬卷之兼該勒成一書可垂千古自慚譾劣猥荷招延俾得陪几席之旁亦分任編摩之役應劭之過康成自甘面北兒寬之事和伯諸藉指南欣快私衷名言莫喻曩在武陵（林）備聞緒論謂駢儷之體叙述每病於難詳衰暮之年雕鎸不宜於過苦勸其改業竟作散行非相知之深不能爲此言也將來同脩志乘當棄王盧之故伎學韓柳之高文雖善詭亦有前因幸此生能酬素願肅函佈戀臆敬請升祺諸祈淵照不宣

復方有堂方伯

月之初九日蕭弁到陝接奉琅函當肅一緘佈復想登籤記頃又接瑤翰備荷虛懷延佇眷愛有加五中益深銘戢並讀夏閒陳倉道上新詩氣格渾成天機超妙而情深一往流露毫端數十字中覺煙雲無際此盛唐大家神來之作也欽佩無似藉稔年大兄大人勛祺懋集侍奉康娛翹首薇堂彌殷忭頌弟俟虛舟方伯三兄旋省即行擇期起程本擬令來弁先回渠再三不肯只得聽其暫候大約十月中旬必當就道會期不遠長至前後當得剪燭西窗暢聆衷愫也三舍弟家書已收到外件文雅

安徐令帶上最為妥協諸費清神統容面謝肅函佈悃敬請鈞祺諸祈垂鑒不盡依馳

致嵇容圃

日前連作數緘自郵遞寄呈未識俱登籤記否邇維四兄大人政祉康娱百凡順序定符心頌惟三妹眼疾未愈甚為記念日來服藥調理想當輕減大甥女偕壻南回初六日是否一准起身抑或緩至明春日內盼來信甚切也四川差弁蕭姓於初九日到陝弟因朱虛舟方伯在延榆辦公事未回此間久住不能無累摒擋一切尚須時日因屬其先回蜀銷差奈渠執意不肯現住四川提塘等候看來未能久為擔延俟方伯回陝後約在十月望間必當就道矣弟分咨之件吾兄查明之數是否的確總祈免咨本籍或咨陝或咨蜀弟自能料理前已懇求紅圃方伯望吾兄留神代懇即示一確音至禱至禱祁鶴皋四兄文恭公門生其人品學問推山右名宿與弟同年同部在都門時為莫逆之交今應制府之聘來蘭握晤時定敦世好之情得新知之樂也附呈川蘭二疋椒朝珠二掛聊以佾緘祈哂存之此候升祺餘容再佈諸維心照不宣

與蘭臺

七月初旬接手書得悉署中大小平安吾壻宦況順序差事均極妥協有升擢通州之信甚為欣慰兩月以來未得來信良深盼望此間亦因赴蜀進京兩途未能定局是以久未作書想勞廑念矣愚春間在錦城小住方有堂方伯過寓面訂纂脩通志之舉當時以為經費浩繁未必即能湊齊雖經應許不遽信以為實迺六月中常制府據詳專摺奏請八月初奉旨允准月之初九日制府方伯諸公專差蕭弁來陝送關敦請三叔亦有信來囑趁天氣未大冷時即行就道但此間尚有應行摒擋之事急切不能起程大約定期總在十月中也愚非不欲北上補官且與吾壻及大女輩藉圖歡聚但自揣精力漸衰鬚髮皓白隨班行走實慚形穢至米珠薪桂七年況味親嘗向後支持更為不易是以只得就脩志之聘所有脩脯較關中書院稍為豐厚所喜三叔題補安縣已於八月十三日到任安縣綿州所屬離省不過二百里諸凡得有照應大姑母在省約定同往錫弟相隨來陝讀書十月間同回川省麐生亦隨侍偕行長途殊不寂寞愚精神雖減於前於筆墨一道尚覺樂此不疲可無廑懷念今秋容圃姑丈處大表妹偕妹壻回南愚本擬遣麐生攜婦一同返錫商之趙親家母執意不肯此次赴川總有二三年擔閣麐生在彼恐增牽罣然事處無可如何只好到川後再看機會如有盤費當先令其回錫也南中音問甚稀吾壻處常得信否壽齡完姻已擇定吉期否六月中家信內云渠赴通州署中尚未回錫嗣後未接一字殊深懸念春間往川得吾壻數信俱

徑遞雙流汪寓園處郵筒甚速以後如有信即遞安縣署中可耳專此佈問升祉餘容再寄不盡依依

與大姪

前月接吾姪來書得悉枝江卸事交款已經清楚此缺清苦上游所知雖有賠累而記功頂委或能蒙調劑也惟姪媳體質本弱舊恙未知已調理全愈否深為懸念所喜林三兄親家在荊州諸事得有照應可以放心吾姪俟委署一缺後再行接眷省得往還盤費此亦善策去臘得子甚為可喜但取名與遠祖閣西夫子相同似應敬避當改名應雷既與應芝排行畫一取平地一聲之義將來可期遠到也愚在青門講院身體安善四川脩志之局已成日昨常制府暨方伯諸公專差蕭弁來陝迎接定於十月中旬起程赴蜀鏖生隨侍同往夢湘雲坪亦偕行長途甚不寂寞惟媳婦孫兒只好仍寄趙親家處本欲打算盤費送伊回南無如趙親母執意不放將來總是一累墜之事奈何吳甥麟趾在省相依甚為安協看其文理尚通暢字畫亦端楷可作一幫手也渠有兩信寄我本應復之緣官封不能過厚為我道念為囑有信至荊州汝岳父前先為請安到川後當另脩函致候並詢姪媳及應芝姊弟安好此寄維續大姪覽之伯氏蓉裳字九月初十日

與定生五姪

前月接吾姪來字備悉公事順序署中大小平安南京音信時通堂上以下均各無恙欣慰無似凡有楚中相識來陝晤談之下俱言吾姪官聲甚好裴山年伯雖移節安徽其意極為關切黃梅一缺想調動之期不遠並望之至愚棲遲講舍身體安適四川脩志之局已成日昨常制府及方伯諸公已差蕭弁前來迎接擬於十月中旬即行赴蜀鏖生隨侍同往夢湘雲坪亦偕行殊不寂寞脩脯較關中稍為豐厚惟脩志一事筆墨頗繁恐衰年精力難支耳三叔前於前月十三日到安縣任眷口亦於月之初六日自省起程赴署安縣離省不過二百里愚到川中擬在署盤桓半月再行進省吾姪如有信寄我即徑遞安縣署中可也此寄定生五姪覽之並問姪媳安好蓮兒姊弟好

復湖北秦觀察

秋初傅生來關中肄業接奉瑤函備紉存注懃摯情文斐亹浣薇莊誦感泐五中正擬復候興居重荷華緘叠賁出入懷袖銘戢彌深敬稔夫兄大人懋祉增綏宏猷式煥被楓宸之湛露蔭護室之慈雲承歡顧華潔之笙蘭陔香滿行部聽中和之頌棠茇陰濃翹首祥輝曷勝忭慶弟棲遲講舍三易寒暄愧無待問之長時抱素餐之處茲因四川制府諸公有續脩通志之舉不遺檮昧猥荷招延擬於冬月初旬即束裝赴蜀旅客生涯惟憑筆墨殘年精力又歷風塵雲棧邅迴事非得已素蒙知愛當亦

憫勞人之草草也。兩舍姪幸託仁帡，備蒙恩植，感激私忱，非言能喻。肅函佈悃，敬請鈞祺，伏維淵鑒，不宣。

致朱虛舟方伯

叩送台旌，倏更月莢，每懷談讌，時切依馳。敬維三兄大人驂從迎禧，襜帷集慶，福星所蒞，嘉頌載途，布惠宣猷，慰楓宸之宵旰，扶羸起弱，回榆塞之陽和，惟是櫛沐賢勞，尚望隨時攝衛，寸心頌祝，倍切恒情。弟栖遲講舍，近況託庇平善。四川續脩通志之舉，奏摺已奉批回允准，月之初九日常制府差弁到陝，送蘭有堂、秧山諸公俱有書函，促弟即束裝赴蜀，現在摒擋一切，統俟旌麾旋省，面罄別悰，再行擇期就道，大約總在小春望後也。知蒙關念，肅啟佈聞，敬請鈞祺，不盡瞻企。

復祁生

離索以來，八更寒暑，相思之積，過於陵阜。頁閱接奉手緘，慰問臻至，情瀾不竭，銘戢於懷。屬以抱痾，未即裁答，中心欽欽，歉悚無似。敬維閣下旅祉安和，著作日富，定符心頌。弟栖遲關隴，忽已三稔，歲月易得，時序如流，蒲柳之姿漸衰，桑榆之陰已迫，空守一經之席，無救八口之饑，雪刺盈顛，垂老作諸侯之客，寒氈半榻，抗顏為羣士之師，懷土之念徒殷，買山之資未辦。去臘薄遊錦里，今春復返青門，蔡雍挂闕，龍湫穴徑，滄波釣艇，惟思遠泛江湖，畫省香爐，無望再趨曹署。猥蒙詢及，殊切慚惶。兼之顛眴之疾不瘳，衰羸之徵早見，以支離伐萱樹，以任命為膏酥，流行蚳止，聽之而已。川中有脩志之舉，謬采空疏，俾司纂輯，擬於冬閒束裝前往，雲棧迢遙，疲於登陟，饑來驅人，非得已也。劭聞大兄時相過從，藉慰覊緒，樵蘇不爨，清談而已。率占布臆，書不盡言，諸維為道自重。

答吴小松

七月下旬，溽暑方退，舊痾就痊，正欲快讀大集及令兄佳什，而劉君適至索書，恐後此再無的便，因未及加墨，草草寄呈，寸心至今抱歉。頃從郵筒接奉手書，情誼懇摯，不怪前此之坦率，復示以佳文新什，並將昨歲所通之札刻入文鈔，斷紙零縑，俱蒙寶惜，深感吾弟愛我之盛心也。新詩工力更進，令茲可存，他年可傳。辱承虛懷下問，俱綴以評語，可不必然疑。至序記數篇，曲折波瀾，得柳州、廬陵妙處，此事近今作者甚尠。愚自束髮受學，喜作駢文，今已垂老，不能變格，所望吾弟力勞為之，如褒然成集，文壇當另立一赤幟矣。愚川中之行，大約在十月之杪，此信如無浮沈，到日即賜還雲，可勝鶴望。小裴刺史，愚久欽其才品，月初伊令弟春溆先生過陝，至書院相訪，茗話移時，愚即告以吾弟酷嗜風雅，伊深相欽挹，刻下當已握手論交矣。尊大人像贊寄上，老成典型之感，非數行所能盡也。率占佈復，敬候文祺，伏祈珍重。

蒼蒼松古落落霞高不脩威儀神骨自超晚辭簪紱獨解天弢菲枕墳典枕希風騷孫鶴盤空長鯨噴濤出入百家鬱為詩豪成風斵郢忘機觀濠千秋哲匠我思臨洮

致那繹堂制府

日前感糧儲家人賫回鈞諭就審仲秋肅奉蕪緘已邀霽鑒屢蒙獎借逾分感悚增深正擬續佈依忱驚聞太太仙遊之信魚軒遠涖喜共承護室之歡象服方陳悵遽返蓬山之駕朗香徒設遺挂空存定增傷悼之懷益見伉儷之重惟中壺之賢明永逝想高堂之垂廑尤深所冀大人上慰慈闈抑情養志此則下懷所日夕禱祝者也四川續脩通志之舉已經設局常制府於前月差弁來陝芳燦定於月之十九日傚裝赴蜀隔慶霄而漸遠瞻卿月之常圓伏維雕蒼黎仰望之殷念聖明倚畀之重隨時珍攝宣德布和依企私忱造次於是肅箋蕪啟敬請崇安恭繳賜柬統希垂鑒

致陳紅圃方伯

仲秋拜珍緘之賜荷優渥之言當肅蕪函虔申謝悃諒塵籤記敬維大人箸祜集慶黼黼延禧日來請覲之章想邀允准祉見嘉謨入告畫接承恩丹霄挹煙露之華元扈耀羽儀之吉翹瞻瑞靄忭頌彌殷四川續修通志已經開局荷常制府方伯諸公謬采虛聲俾司纂輯月前已專弁來陝相延茲定於月之十九日束裝就道僕計絳驂北上道出青門恐未獲趨拜旌麾面聆清誨風仰栽培之德益深依戀之忱肅啟虔賀崇祺藉申別悰伏祈垂鑒

答闞學博

王世兄來院接奉瑶函備荷存注勤拳過情獎譽洸微莊誦感愧交并並蒙頒到多珍謹拜嘉惠銘之心版非筆能宣敬惟大兄大人履祉增綏侍奉曼福翹首祥輝良深忭頌屬撰太夫人壽言敬擬呈政願介護室穰眉之壽愧無芝房寶鼎之詞恐不足侑錦堂之觴增綵衣之色弟於月之十九日赴蜀相距咫尺未得面罄離悰梁月停雲可勝依結肅緘布謝敬候台祉並璧尊謙不戩

復吳小松 名承禧 狄道人

兩接手書語長心重感慰交并前寄一緘知已達覽惟大集尚未收到想小裴先生旋署定可攜交也續示詩冊中間與前所見者大畧相同故不復加墨仍由郵遞封還祈檢收愚入蜀之行定於月之十九日從此隴樹巴雲迢遥相望縹緲情緒縈結寸衷所望尺素時通以當良覿然錦水雙魚亦恐未易覓也心同地隔悵惘奚如坦菴先生暨令兄檜亭不另札祈為致念倚裝草草不盡欲言諸惟努力自愛

與雲疇

前月接手書知楊元之信已經達覽藉稔賢壻政祉安宜河壖要險竭力脩防幸保無事計三汛安瀾大憲鑒其勞績或能列薦章也二小姐暨瀛兒兄妹均各宜吉為慰懷念四川脩志之局已成前月已專人到陝迎接茲定於月之十九日束裝就道雲棧迢遙隆冬冰雪非不憚於跋涉幸精力尚可支持到彼與三叔華徽聚度歲是以忘行役之苦辛也吾壻與二小姐可勿廑懷磨弟因趙親母再四相留未能隨侍入蜀茲來陝送愚起程後仍返平涼寓中實在無人照應未知二令兄已出京否平寓盼望甚殷也王善香觀察處已通信託其照應矣八叔在彼想諸事亦定關切耳倚裝草草不盡欲言嗣後有信遞寄四川署中可無歧誤二小姐均此諸惟珍重

致丁默甫

接奉手緘備承垂注懃拳語長心重迴環懷袖感戀交并藉稔七弟大人政祉增綏潭祺集慶良深慰忭虛舟方伯旋省晤談之下提及吾弟才品其意頗為浹洽想邀擢喜音亦當不遠來札所云瀕行時再為諄囑也愚定於十九日起程赴蜀關中三載諸荷隆情愛逾手足從此秦關蜀棧兩地迢遙依結之忱非言能罄磨生因平寓無人伊岳母相留照料一切未能隨侍同往吾弟如量移善地陝甘相距較近尚祈隨時照拂感無既極舍甥壻暨甥女輩到陝留住數日雇二馬車由浦口一路回南於日昨東行矣容圃宦況順適紅圃方伯入覲在即或當仍署首郡耶愚分咨之事咨陝咨蜀屢閲之容圃尚無的信紅圃方伯亦未有回書殊深繫念專函佈復敬候升祺不盡依企

與黃同年秋圃

兩月以來未通箋簡心輪夢轂時切依馳邇維年大兄大人政祉增綏潭祺櫶集定如心頌前案省垣未見提及想諸事平宜從容料理逸犯可均就弋獲也惟吾兄故國尋鱸之興久切於懷因此稽遲未免悵悒耳弟投老饑驅萍蓬飄泊四川脩志之局已成當道諸公耑人迎接於前月到陝茲已定於月之十九日起程赴蜀相違咫尺未獲面罄離悰從此蜀棧秦關迢遙雲樹縈絲情緒縈結寸衷所望尺素時通以當良覿心同地隔悵戀奚如肅佈荒緘藉申別緒敬請升祉不盡欲陳 十月初三日

致程彝齋

久睽光霽時切馳思每從劉雲巖敬悉大兄大人履祉增綏百凡順序為慰翹企日昨涇陽諸生來謁知因講席推薦有人諸生至周衣谷太守處挽留文駕文駕足見盛德感人教澤之深也弟即謁晤衣谷先生云此出自真隸溫制軍山西成中丞之意推薦張君一時誤記大兄已移硯他處故有是舉今知其顛末當為張君另薦講席並云多年知好幸勿介懷也弟已就四川常制府之聘纘修通志定於月之十九日束裝赴蜀從此隴

樹巴雲迢遥相望心同地隔勞佇何如肅函佈達並話别悰諸惟爲道自愛不宣

復嚴麗生孝廉

秋間在青門講舍接奉手書備荷存注懃拳語長心重發函伸紙感與忭俱藉稔文祉康娱侍奉曼福著作隆富横錦散珠分光氣於烟虹窩瓌奇於山水充箱溢縹茹古涵今惜未得促膝西窗剪燈快讀也愚於前月十九日自陝起程棧石星飯松門霞宿崎嶇登陟選勝忘疲於月之十一日行抵安縣在三舍弟署中小住數日於十七日到省即在書院居住自維譾劣老而善忘陋編削末蹣跚側多艸安得英絶領袖如足下者助我濡毫震耀方聞以啟老瞶其獲益豈淺鮮哉跂予望之心乎愛矣敷行佈臆敬請文祺統希澄照不宣

復邵明府

春間自蜀回秦備荷高誼如雲惠分清俸俾蒯緱長鋏不嘆蕭條戴德而行五中銘鏤富即肅函佈謝想蒙荃照邇維二兄大人政祉增綏潭署曼福翹首祥輝定如心頌弟於十月十九日自閬中起程一路輿馬託庇平安於前月十一日抵三舍弟安縣署中小住數日即赴省城志局征塵甫拂酬應頗繁正擬脩緘布臆乃荷遠使嵩臨曲加存問並惠涑豆腐珍品氣殊蔬筍迥超世味之酸鹹品歷冰霜益驗交情之水乳稱腐儒之粗糲飫鸛客之輖饑充腹之餘銘肌載切肅此鳴謝敬候升祺不盡依企

復王西疇 名夢庚金華人

月之十七日到省即蒙文駕光臨未得倒屣趨迎良深悚仄次早報謁而旌旆已經遠發正擬肅函道歉適蒙華翰先施備荷垂注懃拳良深感戢藉稔大兄大人攝篆新津經猷式煥案無留牘堂有唱絃翹首祥輝良深藻忭弟以譾劣猥荷招延愧編削之未嫻更學殖之將落深虞隕越貽笑方家茲於二十五日移入局中居住丹黄油素諸事茫然所望知好時惠良箴策其不逮感激非可言喻肅函佈復敬請升安並璧尊謙束不盡依馳

致家華岩司馬

青門講舍三載栖遲備荷摯愛懃拳情逾骨肉一朝握别共愴離悰剪燭西窗深杯共把此情此景無日弭忘而隴樹巴雲迢遥阻隔契濶諱譏勞佇何如邇維三兄大人祉增綏潭署多福瞻睇祥輝良深忭頌弟别後經行雲棧一路輿馬平宦幸無雨雪之阻雖崎嶇登陟精力尚可支持於前月十一日抵三舍弟安縣署中小住數日即赴錦城書局制府方伯諸公相待均極優厚惟應酬紛繁殊無暇晷頗憶書院中文史蕭閑之樂為不易得也肅函佈悃敬候升祺統希垂鑒不盡依馳

附高晴江大兄書一函祈方大兄命紀雍交為感

致崔禮卿

禮卿仁弟明府閣下：別來忽忽，倏易寒暄。雲棧邅迴，風塵歷鹿。久疏箋候，勞佇增深。敬維閣下政祉康娱，褆躬多福，聆樂職之頌，續諭蒙之書，遥聽循聲，良深忭頌。川中續修通志之舉，愚以隨牒猥荷大府及諸鉅公虛懷雅意，專弁到陜相延，於前月十九日自青門起程，月之十一日到舍弟安縣署中小住數日，於十七日進省，現已移至書局居住。愧學殖之久荒，恐編摩之多誤，發凡起例，頭緒棼如，油素丹黄，茫然向若。所望閣下亦以司南之指，匕虛弇丈，及留閟大兄書二函，附呈肅泐，數行敬請升祉，諸維朗鑒不宣。

復嘉定太守宋梅生

秋間在關中講舍，接奉琅緘，備荷垂注，懃拳語長，心重迴環盥誦。銘戢五中，秖緣赴蜀匪遥，圖晤不遠，是以未經裁復，歉臆殊深。邇維四兄大人懋祉增綏，褆躬多豫，疏花官閣，欣開餞臘之樽，生菜春盤，喜聽迎年之頌，翹瞻吉靄，忭頌彌殷。弟於十月十九日自陜起程，崎嶇棧閣，輿馬託庇平安，冬月十一日行抵安縣，在三舍弟署中小住數日，於十七日到省，即在書局解裝。惟是學植荒疏，無裒遺之強記，年益疲暮，如飾丹之善忘，恐編削未嫻，記誦多誤，有負大府之招延、知己之期望耳。肅函佈悃，敬請台祺，統希澄鑒，不盡依馳。

附啓者：同鄉吳驊千先生學問優長，於制義一道，尤得先正風軌。兹聞四兄按試各縣，校閱需人，敢以一言為介。渠現在華陽吳令處閱文，如以為可，望賜招延；或尊處已延請有人，並望鼎言推薦，為禱。恃愛瑣瀆，統希涵鑒。芳燦又啓。

致董觀橋中丞

敬啓者：芳燦青門旅食，得傍旌麾，自憐樗散之材，頻荷栽培之德。瀕行復荷高懷眷愛，惜別懃拳，賜以朱提，潤其行色，五中銘鏤，子墨難名。敬維大人按部槃旋，褆躬曼福，承九華之湛露，繹闕思多積，六出之祥霙，青疇歲稔，仰經猷之布濩，致民物之恬熙。翹首台垣，易勝藻忭。芳燦叩別後，經行雲棧，托庇平安，前月十一日行抵安縣，在三弟英燦署中留住三日，即赴成都志局。纂輯之事，因購辦書籍，採訪事蹟，尚未齊全，稍遲編削。現在先將舊志詳加默勘，並據現在所有書籍，先為考證，自慚弇陋，時抱冰兢。所希大人曲賜裁成，時加提策，感泐私忱，實靡有既。肅𣝣蕪啟，虔請鈞祺，伏祈垂鑒。芳燦謹啟。

致朱虛舟方伯

青門經舍，三載棲遲，備荷眷愛隆情，有逾骨肉。饑驅遠別，依戀難名，復荷三兄大人念其道里之阻長，憐其資裝之寒薄，慨分清俸，俾無困乏之虞。高誼有加，五中鐫鏤。敬維三兄懋祉綏和，政祺恬愷，東閣梅花，已開五出，西疇麥穗，預兆雙歧。禮意風猷樂情膏潤翹瞻吉靄忭頌曷勝世兄自浙起程辰下想已平安抵署矣弟別後經行雲棧一路無雨雪之阻輿馬託庇平安前月十一日行抵安縣在三弟署中小住數日即赴錦城志局纂輯之事因購辦書籍採訪事蹟尚未齊全年內未能動手松雲先生於前月二十九日回雅州考試弟亦擬於初十內外回安縣度歲俟明春燈節後來省再議舉行耳知關廑念敬以附聞度請鈞祺伏祈垂鑒不盡依馳

致盛孟巖觀察

青門講舍三載相依眷愛高情有逾骨肉風騷旨合香火緣深無句不賡有杯同把依依此景無日弭忘而一旦橐筆辭秦載書遊蜀離情別緒幾不自勝復荷年大兄大人款曲纏綿有加靡已分清俸以資其乏贈佳什以寵其行摻袂臨歧潸然出涕潭水千尺停雲萬里未足以喻情之深意之厚也鏤銘五內寸墨難宣敬維年大兄大人黼黻凝禧絪縕集慶柏臺政暇定富新篇梅閣風清知饒逸興翹瞻吉靄曷禁神馳弟別後棧閣經行一路輿馬託庇平善於前月十一日行抵安縣在三舍弟署中小住數日即赴錦城志局纂輯之事因購辦書籍採訪事蹟一時未得齊全歲內未能動筆弟擬於月之望前後回安縣度歲俟過燈節仍來省垣再議舉行耳知關綺念用以附陳劉雲樵常依硯席近狀何如殊深系念有書一函祈即付之肅函敬請鈞祺並鳴謝悃統希朗鑒不宣

致周劉雲

青門旅寓三載相依風雨過從寒暄慰問憐余衰暮念爾羈棲窮鳥枯魚相憐同病而饑來驅我復作蜀遊陟危棧之千盤搴孤雲之兩角野飯餐雪征衣披星途路之艱筆難罄述因念閣下抱幽憂之疾掩寂寞之關燈火青熒緇纓白蝨離懷多感憂歲鮮歡出入無悰何以自遣所望排愁破涕順性養壽解束縛之天發暢經通之達旨勿更鬱鬱徒損眠餐幸甚幸甚愚於前月十一日抵安縣署中小住數日即赴錦城志局征塵甫拂酬應紛繁疲頓之軀更添痾恙而舊志積牘堆案盈几發凡起例展卷茫然此間舊好既已寥寥新知又不靄靄高談無所與陳發義無所與展塊然獨坐傻悒終日安得英絶領袖如足下者助我揮灑啟其瘀憤乎有堂方伯素重奇才接書後亦以未能來蜀為憾壽亭已回陝否保之所業想不致荒廢甚念之緣匆兄冗不另札也率占佈臆諸維珍重不宣

致莊虛齋丈

三載青門追隨杖履備荷提攜之德屢陪譚讌之歡論史評詩渾忘羈旅而依人橐筆復作蜀遊瀕行復蒙餞以華筵贈之佳什慇拳眷愛無已有加感戢私忱名言莫喻敬惟老伯大人起居康娛禔躬曼福翹首祥雲忭頌奚似姪別後經行雲棧長途

無雨雪之阻輿馬託庇平安前月十一日抵三弟安縣署中即赴錦城志局制府方伯諸公相待意甚殷厚纂脩之事因購辦書籍採訪事蹟尚未有就緒大約明春始能命筆姪擬於此月望間仍回安縣度歲耳肅函佈悃敬請福安不盡依企

致陸劭聞

旅食青門得親大雅寒暄慰問風雨過從賞奇析疑共數晨夕當此之時忽然不自知其樂也而饑來驅我老更遠遊陟蜀棧之崎嶇望秦關之超緬迴思疇曩譚讌之歡渺如塵夢引領東望勞何如何敬維閣下起居康娛著作日富定如心頌弟別後長途幸無雨雪之阻輿馬託庇平安於前月抵三舍弟安縣署中小住數日即赴錦城志局勞新甫息酬應紛繁日來偶抱微疴精神殊覺委頓纂輯之事尚無就緒空疏自愧編削未嫻終恐上車不落貽笑方家耳時邁盛載剌促勘歡未識閣下何以策之也味辛先生歲內能到館否如已來關中晤時望先致想念之忱容日專函佈臆耳率占數行敬候文祉諸維珍重不盡欲陳

致曾霞城太守

敬啟者弟連日感冒風寒身熱頭痛未能出門趨謁歉仄無似茲有陝西書信四封敢懇大兄大人即加封發遞實深感激昨許借觀太平寰記宇祈檢付來手容日踵謝敬請台祺不一

致甘肅蘭州府嵇

十月下旬在興平途次曾作一緘交磨生帶回平涼加封遞省想經達覽通維四兄大人政祉綏嘉百凡順序定如心頌紅圖方伯進京想當仍署首郡九甥完姻吉期在臘月中辰下正喜氣盈門時也大甥女想早安抵家門途中定卜平安曾有信來否弟經行棧閣一路輿馬平善於冬月十一日行抵三弟安縣署中歡聚數日即來省城志局居住制府方伯諸公相待之意甚為優厚惟酬應頗繁而纂輯之事年內尚未能動手擬於初十外回安縣度歲明春燈節後來省再料理書局諸務也靈武通項須接朱虛舟方伯來信云紅圖方伯過陝談及原數本有一方令已設法減去一半明春即當咨至蜀中云云與吾兄前信所言為數又復互異未識何故此時甘省又有佳音此事弟但求為數稍減可以與三弟商量按年完項望吾兄轉求紅圖先生核定確數即行咨蜀是所切禱麐生在平寓居住明春令其到蘭請安一切望姑丈姑母大人隨時照應也三妹均此致念餘容續寄此請容圖四兄大人升安並賀新禧不盡縷縷

復汪寓圃明府

錦城握晤藉慰離悰因台旌遄發匆匆未得盡抒積抱為悵頃奉瑤翰備荷注存藉稔政祉增綏潭署多福欣慰無似重試校文定勞清慮當又得幾許英才矣志局分纂一席方伯暨松雲

先生早定吾賢非關愚之推轂也將來正藉博雅多聞啟予老瞶良深欣幸附上帽簷一頭絳片一端管幼安之皂帽王子敬之青氈行李蕭條本無長物聊以侑緘博大雅之一粲而已相見在邇不復多陳敬候升祉統維淵鑒

致豐將軍

芳燦前在錦垣得瞻台範荷隆情之殷摯蒙珍餽之寵頒銘鏤五中名言莫喻正擬肅函薰沐敬賀崇禧復承鈞札先施吉詞獎飾浣薇莊誦感愧交并恭稔將軍豹幄延釐麟符集祜迓恩綸於絳闕黼黻凝烟露之華介眉壽於華堂斑彩納雲霞之色慶春韶之始屆占繁祉之方臻引睇台階曷勝藻忭芳燦俟過元夕即詣錦城當趨叩鈴轅面申依悃合先肅啟恭請鈞安並賀新禧統祈垂鑒

致常制府

敬啟者芳燦前在錦城趨瞻台座接隆施之逾格蒙優禮之有加感泐寸忱五中銘鏤茲際龍躔肇歲鳳紀書元敬維大人福鼎凝禧簪裾集祜卿烟仙露分青陽左个之祥柏葉椒花納蒼宿震方之瑞井絡會昌而建福惠澤覃敷泰階闡德以宣符恩綸疊賁翹瞻吉靄藻忭曷勝俟新正詣省當趨叩崇轅度賀鴻禧祇領鈞誨肅薰蕪啟敬達賀忱並請台祉伏祈垂鑒芳燦謹啟

致常廉訪

前在省城時聆清誨感隆施之稠疊荷厚意之懃拳銘戢寸心非言能喻邇維五兄大人祠馮集慶黼黻凝禧震觟題瑞翔之元堯蓂煥彩雲鳳紀和年之序軒軼呈華星空貫紫之躔六符斯炳日麗爽鳩之署百度惟貞知碩福之鼎來卜恩綸之晉錫翹瞻益采忭頌彌殷燈節後擬束裝詣省會晤匪遙諸容面頌先肅蕪啟敬賀新禧並請台祺統希垂照不宣

致瞿觀察秋山

前在省城時聆清誨感隆情之悃款荷雅意之懃拳銘鏤五中名言莫喻邇維親家大兄大人懋膺增綏潭祺茂集紅椒入頌分青陽左个之祥粉茐迎年納蒼宿震方之福喜階前之玉樹秀挺三株占日下之喬雲祥開五色並見恩承三接寵渥九遷翹首台祺曷勝藻躍芳燦俟過元夕即束裝赴省會期不遠當面罄積忱先此奉賀並請台祉不宣

復什邡明府紀同年

曩在京華時聆清誨別來匆匆屢易暄寒夢轂心輪彌殷馳溯祇以風塵冗悴關路阻長未能虔候興居常通款曲殊繒疏闊歉仄方深乃荷年大兄大人垂念懃拳瑤函先賁浣薇莊誦感愧交并藉稔福履增綏宏猷式煥任延本經術以飾吏治宋均布文教而惠民萌禮意風猷樂情膏澍訟庭多暇著作等身易

學邃深古人未有綜儒先之奧旨闢異學之清言陳桃入夢虞
翻盡領三爻何晏共談管輅兼明九事稍窺涯涘已覺服膺尚
望惠我一編俾得時深鑽仰欣幸何如弟關隴栖遲倏逾三載
書餘白𧈢坐只青氊茲因蜀中志局初開蒙大府謬采虛聲俾
司編纂策笛將而就道操不律以依人愧非農馬之專難証魯
魚之誤年華晚暮如師丹之善忘學術荒疎匪袁遺之强記荷
蒙大雅獎飾過情內手捫心惟增慚汗耳春韶屆序萬彙敷榮
想柏酒椒盤繁禧懋集肅緘佈復敬賀崇禧諸惟淵照不宣

復司廣文

睽隔光儀倏更星琯停雲伀月時切依馳弟於去歲十月自陜
起程來蜀會垣小住酬應紛如未能脩牋佈臆臘月至神泉官
署又因童試閱文筆墨無閒稍遲佈賀乃荷琅函先貴存注懃
拳更獎借之過情感推挹之備至浣薇莊誦且感且慚敬維大
兄大人懋履增綏潭祺茂集博士聲華久已旉敷化雨郎官遘
次行看上應列星翹首祥輝可勝藻忭弟策笛將而就道操不
律以依人精力行衰年光逾邁江淹有才盡之歎師丹貽善忘
之譏脩志之舉悉難勝任過承期許益滋汗顏矣現擬燈節後
即詣錦城台旌菘省當得握手言歡暢罄積悰慰快奚如肅緘
佈復敬候升祺統希朗鑒不宣

復晴川

講舍栖遲共數晨夕荷大雅綢繆之意慰天涯羈旅之思當此
時忽然不自知其樂也倏焉濶別天各一方隴樹巴雲關山間
阻迴憶曩時譚讌之歡邈不可得寸心悵悒子墨難名宣自來
川省兩奉惠書語重心長懃拳備至發函伸紙感與忭俱並以
虛度之年華蒙吉詞之賁飾霜雪盈顛衰齡六十雲山隔夢長
路五千過承知己之關情不覺慚感之交集矣藉稔閣下政祉
增綏新猷式煥際此春陽之啟瑞定占碩福之游臻引睇祥輝
良深藻忭悉於十月十九日起程後雲棧邅迴輿馬均各宓吉
於冬月十七日抵成都省城在志局小住兩旬臘月初八日回
三台弟署中度歲椒盤柏酒餞臘迎年弟兄歡聚殊可慰意祗
軀託庇粗安無庸錦注肅函佈謝敬候升祺諸維朗鑒不宣

致胡桂浦明府

睽違清誨歲琯倏更依企私忱與時俱積祇以風塵冗庶橐筆
依人以致久疏牋候歉仄殊深邇維老表叔大人政祉增綏侍
奉曼福棠陰日麗聽樂職之和平護祀春融譜笙詩之華潔正
青陽之啟占弟祿之游臻翹首祥輝良深忭頌某於去歲十月
中旬自陜起程於冬月行抵錦城在志局小住兩旬即回神泉
度歲迎年餞臘光景匆匆雲水懷鄉雪霜侵鬢人日則戲簪綵
勝思發花先元辰則後飲屠蘇老居人下所幸頑軀託庇粗適
弟兄聚首共索新歡可以告慰綺注肅函佈悃敬候升祺統希

垂鑒不宣

復方有堂方伯

前在錦城屢陪譚讌感隆情之稠疊荷厚意之懃拳感戢私忱名言莫喻邇惟年大兄大人簪祜集祜裀鼎延禧恩承楓陛黼繡凝烟露之華慶集護闌班綵絢雲霞之色樂情與春齊並潤和氣偕禮意均調泰階占闓德之符井絡躔建會昌之福翹瞻吉靄忭頌彌殷弟俟過元夕當即趨赴省垣面申賀悃先肅蕪啟敬請台祉虔賀崇禧諸維朗照不宣

致王春穀刺史

錦城握手備荷關情小別匆匆倏經旬日每懷芝宇馳溯良殷邇維三兄大人懋履增綏繁禧倍擁聽謳歌於萬戶舊部重臨欽領袖於百城新猷式煥梅花官閣祥開獻歲之樽柏子春盤瑞啟迎年之頌翹瞻吉靄藻忭曷勝弟在三舍弟署中頑軀託庇撫適童試已經竣事筆墨殊覺蕭閒寫宜春之帖分壓歲之錢兒盍童心老顛風景可以博知己之一粲耳燈節後擬束裝詣省會晤匪遙諸容面頌先肅蕪啟敬賀新禧並請升安統希垂鑒不宣

芙蓉山館尺牘卷十五

金匱楊芳燦蓉裳著

復汪寫園明府

獻歲發春正擬修牋馳賀荷蒙記注惠以瑤華並頒到多珍隆情殷摯拜領之下銘戢良深敬稔閣下懋履增綏潭祺交集栢葉進華堂之頌梅花開官閣之樽井絡會昌斗杓建福雲呈三素歲卜金穰盥薦五辛時調玉燭卜聲華之伊邇知繁祉之方臻欣忭私忱名言莫喻愚在舍弟署中頑軀托芘撫適童試事竣筆墨蕭閒緣勝屠蘇弟兄歡聚藉慰天涯羈旅之思俟過元夕即束裝赴省會期不遠當面罄積忱專此復謝順賀升祉諸惟朗照不宣

復雅州李松雲太守

接奉德音如親道範存注策勵高誼蒸孝盥誦迴環以當侍曾出入懷袖感與忭俱獻歲發春伏惟攝衛惟宜福履增勝撫時納豫抱德養和吏望精調寢膳以副俱瞻禱祝之忱造次于是弟在臘之十一日抵安縣署椒盤栢酒年事匆匆入春倏又五日矣俟過元夕即當束裝前赴錦城局中筆墨之事新春想多清暇學使按臨在邇台旌詣省不妨稍緩也前命作十三經堂記屬槁附呈詞意謭陋不足以揄揚盛美布鼓雷門伏增慚恧尚祈宗工進而教之不勝幸甚肅函佈覆敬請升祉諸惟垂鑒不宣

與三弟

廿二日別後住河灞瑒尚有微雨次日天氣晴明行走順適廿四日酉刻抵省廿五日應酬一天今日人客來者甚多真所謂應接不暇大約旬日以內不得清楚也湖北維續大姪處遣家人陸春來省云歸結曹太尊所存之項有信一封寄上覽之可悉一切陸春在省城守候太尊處回書不來安縣矣何貴所攜還項已向吳少爺交明本利取出借券夢湘即行塗銷今亦附寄一切何貴當能面稟也泥金福字只有一個同硃箋一張寄上查收省城諸事如常兄身體安適勿念道周二兄於今午到省署中吏覺寂寞矣陸古三譚鐵蕭諸同好俱囑致候吾弟於公私諸事宜節勞自愛夢湘料理家務竟無暇來局此信囑雲蹕騰真封寄匆匆不及細述餘令何貴毛繼清面稟此寄三弟覽之並問三太太懿福二大姪女安好兩位姑娘好兄芳爍手字

復紀明府

接奉瑤函謝知前歲燕臧已登戩記乃荷吉詞賁飾麗藻繽紛盥誦迴環良深感戢奉到大著容俟細談當元春復始之辰釋吉事有祥之義俾玩詞觀象稍測津涯不啻十朋之錫矣捧手贊嘆莫罄名言藉稔年大兄大人懋祉增綏潭祺交集翹瞻瑞靄忭頌彌殷惟冀函過事撝謙轉存形迹令人愧汗無以為容非所望於大雅也肅函佈謝敬請升祉謹璧尊柬不盡依馳

致許明府

久欽山斗未遂趨瞻翹企清輝時深依溯敬維八兄先生以玉堂之品望展赤縣之經猷出分章扶漢之才儀工製錦砌藥階蘭之地小試栽花承湛露於層霄俱成德雨應台光於列宿仍是文星遐聽循聲彌深景仰弟在關中謬舍三載棲遲愧無待問之長殊覺謏聞之陋茲因蜀中修志豪大府虛聲過聽折簡相招橐筆遠征遠適雲棧學植荒落如師丹之善忘年力衰頹無袁遺之篤志深虞隕越有負招延所望大雅示以周行兼其不逮感激之私實靡有暨專此佈達敬候升祉統惟洞鑒不宣

致嘉定宋梅生太守

春韶乍屆接奉還雲感厚愛之勤拳荷華詞之藻飾發函伸紙朗若披雲三復迴環喜與忭會敬維四兄大人懋履增綏經猷式煥惠風披拂庶彙昭蘇德雨沾濡群生餐挹久紘雅操寄文暢之遙情五字清吟得元暉之逸格下風企仰神與俱馳弟歸地棲遲流光荏苒池魚籠鳥能無藪澤之思落絮飄花時觸鄉關之感謏聞淺識本屬無多記事纂言恐難勝任殊愧袁遺之晚學難忍邢邵之誤書出入無憀襟懷可想所望軒車游止得謁清塵補春餘之墜歡綿夏首之新賞暢聆雅誨啓我蓬心是所顧望也肅緘佈悃敬候崇祺統希鑒察不宣

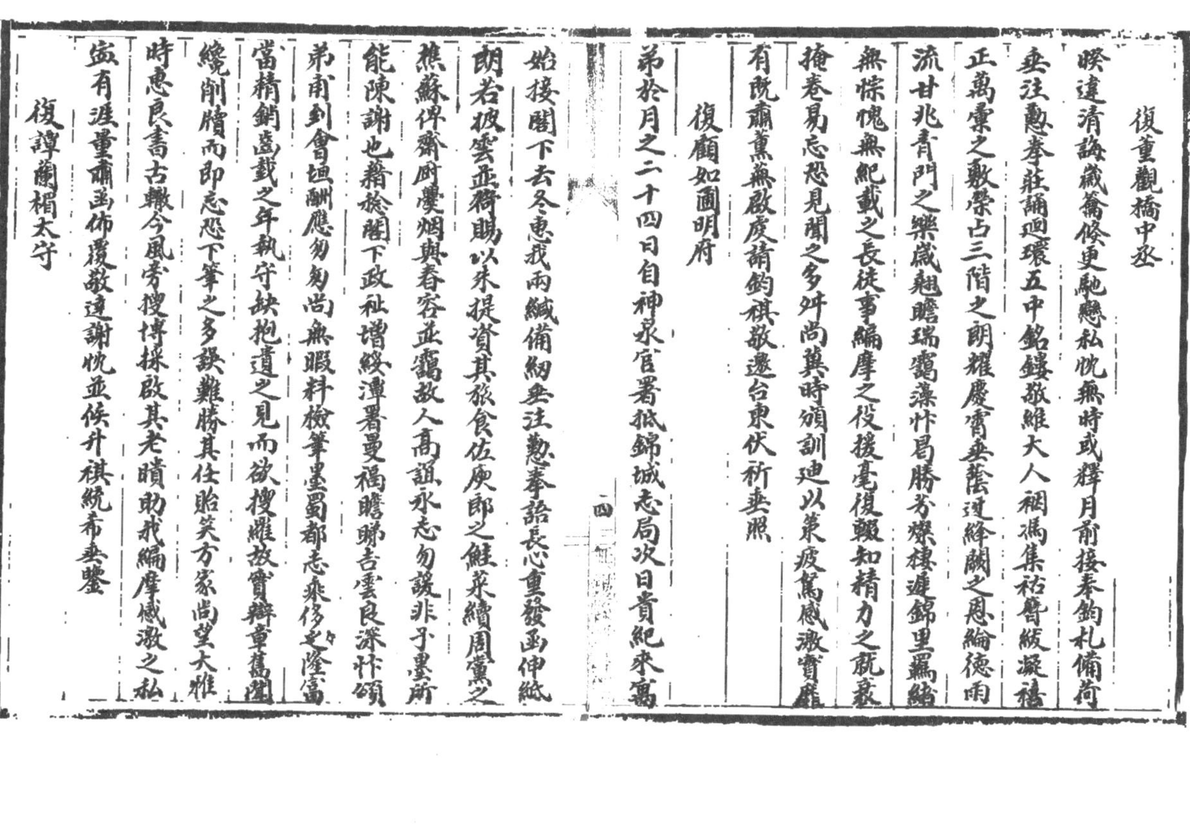

睽違清誨，歲籥倏更，馳戀私忱，無時或釋。月前接奉鈞札，備荷垂注慂拳，莊誦迴環，五中銘鏤。敬維大人禔福集祜，爵綬凝禧，正萬彙之敷榮，占三階之朗耀，慶膏垂蔭，廷綍頒之恩綸，德雨流甘，兆青門之樂歲。翹瞻瑞靄，藻忭曷勝。芳燦棲遲錦里，羈紲無悰，愧無紀載之長，徒事編摩之役，援毫復輟，知精力之既衰，掩卷易忘，恐見聞之多舛，尚冀時頒訓廸，以策疲駑。感激實靡有既。肅薰蕪啟，虔請鈞祺，敬遵台柬，伏祈垂照。

復顧如圃明府

弟於月之二十四日自神泉官署抵錦城志局，次日貴紀來寓，始接閣下去冬惠我兩緘，備紉垂注慂拳，諳長心重，發函伸紙，朗若披雲，並荷賜以朱提，資其旅食，佐庾郎之鮭菜，續周黨之樵蘇，俾齋廚烟與春容並靄，故人高誼，永志勿諼，非予曩所能陳謝也。籍稔閣下政祉譜綏，潭署曼福，瞻聯吉雲，良深忭頌。弟甫到會垣，酬應匆匆，尚無暇料檢筆墨。蜀都志乘，侈之逢當，當精鍜歲載之年，執守缺抱遺之見，而欲搜羅故實，辯章舊聞，纔削牘而即忘，恐下筆之多誤，難勝其任，貽笑方家。尚望大雅時惠良書，古轍今風，旁搜博採，啟其老瞶，助我編摩，感激之私，寧有涯量。肅函佈覆，敬達謝忱，並候升祺，統希垂鑒。

復譚蘭楣太守

春明良會，茶熟香溫，睽劉繪之清吟，問江洪之速藻，迴思此景，如在目前。而翔雁沉鱗，差池不狎，契闊譚讌，七見暄夔。翹首高雲，曷勝延佇。祇以身事遭蹇，客路阻脩，未得時奉牋牘，以伸衷愫。自知鑿流節鑿，谷難辭，乃蒙大雅含宏，包山藪曲垂鳳念，遠賜魚緘，溢曰英瑤，盈懷珠玉，迴環莊誦，感愧交并。籍審五兄大人政履繒綏，循聲懋著，鹿轓行部，鶴蓋班春，採杜渚之蘭荃，詠高齋之杏竹，吉雲垂蔭，厭彙昭蘇，德雨流膏，群生餐挹。想見才人為政，度越尋常，即境怡娛，與時休暢。下風遙聽，忭頌奚如。弟暮景頹侵，宿逋驅迫，陶潛乞食，王粲依人，青門三載，曾為弟子之師，錦里一廛，又作諸侯之客。地志之學，夙未究心，荷蒙當事謬采虛聲，俾司纂輯之役，奉之強記，如師丹之健忘，心旌遙遠，頭毛種種，鮮穎久禿，葩華不擷，何能侈記載於千言，吐文辭於萬牒。即哲弟天賦異才，家傳碩學，酈州志囊括胸中，裴秀輿圖，盧年掌上，相與搜羅故實，辯章舊聞，獲三長之益良多，愧十倍之才不及也。端函肅復，聊佈往懷，敬請崇祺，伏希澄鑒不宣。

答九姓任長官司

久耳聲華，未由把晤，正望雲而遙企，荷琅札以先頒，盥誦迴環，感承綺注。祇以雙魚乏便，牋覆尚稽。敬維大兄大人猊躬曼福，撫序凝禧，澤遍花郊，勲高葉護，翹瞻矞采，忭慰奚如。弟志局樓遲流光荏苒一塵與草兩版叢書殊愧暮齒之善忘猶憶少時之結習恐多謬誤貽笑方家茲貴本家來省知尊處志乘新加采輯一經大才閱定自必條目秩然到後自當加意編摩彙入通志也前奉到蘭先生首卷始知弟與大兄大人既同梓誼又附蘭交乃荷稱謂過謙殊增跼蹐凿此佈復順候台祺惟希朗鑒不宣

復甘肅那知府

芳躅於冬月十六日在錦城志局接奉鈞函知前驲燕緘已登掌記荷恩施之逾格蒙獎飾之過情盥誦迴環五中銘鏤恭維大人簪裾集祜裀鼎凝禧履經猷而百度惟修應象緯而六符斯炳(承)九華之湛露颯展延恩蔭五米之吉雲護闡介福逖聽嘉謨之入告均沾闓澤之覃敷調元贊化雨自溥於三霄潤嶠蘇枯雲本興於四岳纓綾頌慶蒼赤臚歡芳躅風荷陶甄獨殷藻忭四川通志重修前已奏蒙恩准現在詳查博訪諸事次第舉行猥以譾劣之材忝預編摩之役竊願宣揚聖德辯章舊聞伏念文成公偉績豐功昭垂史冊而謳思不泯尤在西川都人拜葛相之祠野老賽鄒公之社茲值忝修志乘自當詳加記載炳耀縹緗庶大名與玉壘同高碩望使雪山增重敢祈大人將本傳碑誌抄錄一通發方藩司處俾東華儒生咸瞻威烈闡風邊裔永聾盛聲是所日夕仰望者也肅薰燕啟敬請鈞祺恭繳台東伏祈垂鑒

復長安張明府

春初接奉還雲知前驲燕函已登籤記備荷殷情春注語重心長盥誦迴環五中銘戢適維三兄大人褆躬多祉慶集護闡庭餘華潔之笙野譜中和之樂翹瞻瑞靄忭頌奚如弟錦里棲遲旅況寥寂聽時禽而增感觀春翹而有思山藪江湖奔勞遠壹簡編燈大聊遣羈愁出入無悰襟懷可想所幸志乘載筆之事尚不致忙迫碩軀猶適可慰綺注小兒遠在平涼今有家信一緘敢懇加封發交臧扉既極專函佈悃敬候升祺統希澄照不宣

復黃明府韻山

春初文旌在省屢荷過存剪燭西窗暢申衷愫別來忽忽月兩成綌懷想之忱與時俱積頃奉手教備荷注存藉稔大兄大人履祉增綏百凡順序乞病之文已經允准現在摒擋一切脫然無累便可拂衣展誦之餘令人不勝歆羨孫興公尋遂初之賦陶元亮詠歸來之辭舊浦鷗鷺故山松桂一閒此語定亦欣然況如弟之華首依人求歸未得者耶日來志局筆墨漸覺冗繁幸精力尚可支持眠食無恙可慰錦注率此佈覆敬候邇綏諸惟垂詧不盡欲陳

復瞿菊亭明府

弟樓遲錦里荏苒半年而咫尺清𡟖末由把晤契闊譚燕勞仁如何春間從宋念兹二兄處接讀良書情欵懃拳語長心重出入懷袖感與忭俱邇惟閣下履祉增綏著作日富判花事簡東箭詩多歡月吟風澄懷鏡朗逸歌邑頌碩福鼎來迭聽循聲是勝欣忭前賜大集披誦再三風格清猷才力雄獨涵彙萬派羣牢百家各體兼工允能並擅夔𨯴金石揮斥風雲夫惟大雅不群是令小才怖服乃荷虛懷下逮並采菲葑幸遇良知敢不布露所蓄兹送呈二冊致頫雖慚於東里指迷終望於南車尚祈著撰之餘加之正定心感實靡有既日內編纂志乘稍有就緒前承大教以古來大人物史家有傳者宜詳加編錄舊志未免失之簡略具徵卓識弟當與諸同人共領斯言冀免蹈踈漏之譏也道里遼遠音書易致浮沉是以久違作報兹因錢曉帆大兄赴梁山贊府新任之便肅函佈悃敬候升祺諸希垂鑒不宣

端陽通覆札

天中令節地臘良辰遙企清輝時殷馳頌正擬修牋布賀乃承華翰先施荷綺念之注存感吉詞之賁飾迴環盥誦銘戢曷勝藉稔某兄大人撫序增綏禔躬曼福艾碧生香之葉瑞靄斡軒榴紅益壽之花祥凝錦閣翹瞻爲采忭頌良殷弟志局棲遲年光迅邁鑽燈散袠出入無悰暮齒心情每懷雲水經生事業惟杙丹鉛憶南國之舊遊作西川之羈客斐居悒悒意緒可知想知己聞之亦憐其寥落也肅函佈覆敬候節禧諸惟朗鑒不宣

致潼川張郡伯同年

錦城捧襼欽領教言並荷嘉招兼頒珍饌感隆情之倍摯覺別緒之彌長伀月傳雲時深依溯邇維年四兄大人簪紱凝禧綢繆集慶百福煥延齡之錄五時呈益智之觴喜友氣之迎秋歲占豐稔正梅炎之藻夏序屆長嬴想見碩福鼎來澄懷鏡朗翹瞻吉靄藻忭曷勝弟志局棲遲流光荏苒恐編摩之多悞致鉛槧之徒勞暮齒心情已嗟蒲柳殊方節物又見蔡榴書蠹生涯海鷗蹤跡晨燈夜燭況味可知拙稿附呈正定少耽綺麗之詞老作頹唐之語不足供大雅一粲也肅函佈臆敬賀節禧伏祈涵鑒

致甘肅陳方伯

睽違清誨五易寒暄企想私衷無時或釋復以弃違蹤跡霥華依人青門咫尺尚鱗羽之易達錦水迢遙更牋緘之罕達每念惸㦗之德難名感激之忱敬維大人黼黻延禧簪裾集慶惠風披拂庶彙敷榮德雨涵濡群生餐挹玉塞之田疇豐稔金城之民物恬熙上宣絳闕之恩福錫蒼生之福翹瞻台曜忭頌彌殷芳躅棲遲志局羈緒無悰愧無紀載之長徒事編摩之役年華蒲柳知精力之就衰几席丹鉛恐見聞之多悞虛糜廩粟有曠衡程內手捫心良深愧恧所望大雅垂慈不遺在遠時頒渠訓

以策疲駑銘鏤寸心益靡既極肅熏附啟敬請崇祺伏維朗鑒不盡依馳

附啟者芳槃蜚州久項前蒙賜示備極周詳免其故土追呼俾在客中完繳捐承厚德銘戢五中頃接盧舟方伯來書知行文將次到川自應接年竭力措辦但爲數甚多以天涯飄泊之身恐力盡途窮仍羅重咎夙荷大人矜憐遍格尚望於無可設法之中再爲援手如得爲數稍減則此閒將伯之呼亦不致知交束手將來饘粥餘生皆出自仁人之賜矣芳槃又啟

致羅江李明府

春初在神泉官舍接奉琅書備荷垂注懃拳五中銘泐當即肅函佈覆敬候興居想登鐵記邇維大兄政祺康勝懋履增綏布甘澤於四郊聽歡謳於比戶琴彈雙璞訟庭自少諍辭交秀兩岐官閣定饒新句澄懷鏡朗碩福鼎來引領下風曷勝藻忭弟棲遲志局近況如常雖有編纂之勞藉得文字之樂碩軀無恙可慰綺注茲有啟者敝門生冉曉山名玉嘉係肖治孝廉曩在京華相從劘切文藝知其人品端謹學問優長茲來志局共數晨夕方伯許以分校一席但此時局中正在草創稿本校讐一事尚可從緩閣貴本州處已經理志書事宜想尊處亦一例舉行雖發凡起例主持胥賴宏裁而考獻徵文佐理亦須良友如將冉君延請俾司編纂裨於志乘體例最爲諳悉實屬大有裨

十二 無錫縣圖書館

益不揣冒昧敢以一言爲介如蒙俯允望賜德音以便令其趨謁高軒也肅函佈悃敬請升祉諸惟垂照不宣

復陶世長

久企清徽未由通問荷蒙記注古誼懃拳承蘭訊之先頒覺蓬心之頓啟感今念往義盛意深循誦再三曷勝銘泐惟是華詞麗義獎借過情恐君子之失辭撫鄙懷而多愧藉稔世大兄先生安研江津蓮祺綏茂寄逸情於翰墨富新著於縹緗魁首文星良深欽挹弟舜華遂暮蹤跡飄浮老更依人飢來驅我背門三載曾爲弟子之師錦里一廛又作諸侯之客謬膺編摩之任愧無記問之長伏雨闌風晨燈夜燭江湖夢遠鷗鷺侶稀兼之宦橐尚多山貲未辦莫遂拂衣之願徒殷懷土之思出入無悰心情可想更恨素心睽隔未得西窗剪燭暢罄衷悰致休璉叙意之書尋高惠相思之語數行佈復神與俱馳敬璧撝謙並候文祉伏祈垂鑒不宣

復宋梅生太守

前月肅修寸札虔候興居想登鐵室頃奉蘭訊備荷垂注懃拳雒誦迴環五中銘戢又從曹式堂處頒到詩文一冊詩具杜陵之體文專新野之長落唾珠零拈毫錦粲奮韻四章愈奇愈妙卷舒自得纘續無痕拙詞辱蒙睍和清思雋句嗣響姜張白雪陽阿之曲差足擬其風流昌𢬵(?)草之歌殊自慚其奔鄙矣邇

十一 無錫縣圖書館

惟四兄大人履祉增綏潭署曼福定符心頌弟棲遲志局況味
如常惟鞘蠹紛雲烟銷磨歲月一庭涼雨夏已如秋能無慕侶
之思易動徂年之感所幸頑軀痡適可以告慰錦懷端函佈復
敬請崇祺伏希垂鑒

復金堂吳明府

天中節後接奉瑤函備紉垂注慇拳藻詞奬飾迴環莊誦感愧
交并藉稔三兄大人懋履增綏新猷式煥薰風披拂蔗稟敷歡
甘雨沾濡群生饗祀芬膍訟簡竹閒詩清占碩福之鼎來仰澄
懷之鏡朗慶霄在望忭頌曷勝令兄壽麓先生書一函敬已領
到俟會垣人便入都當裁牋肅復弟棲遲志局羈緒無悰蠹紛
芸烟藉以銷磨歲月頑軀痡適可慰錦懷肅函佈復敬候升祺
順繳謙柬諸惟淵照不宣

復陝西粮道盛孟岩

月之朔日接奉瑯函備荷垂注慇拳華詞奬飾迴環莊誦喜與
忭俱敬稔年大兄大人懋履增綏禔躬曼福卓行交推於三府
循聲上達於九乾指日曳纓趨朝近新恩於鳳掖剖符宣化躋
峻秩於烏臺翹首祥輝曷勝忭頌弟棲遲志局況味如常惟鞘
蠹紛芸烟消磨歲月晨燈夜燭伏雨闌風能無慕侶之思易動
徂年之感幸頑軀痡適可以告慰綺念專函佈復敬請鈞祺伏
祈垂鑒不宣

令壻王蘭坨大人高才邁古雅望飛時弟在青門時交訂忘年
過從最數論文角藝送抱推襟茲聞玉折蘭摧實爲傷悼年大
兄痛深襟抱所不待言然修短有數無可如何尚望寬懷自愛
其所著詩篇清新俊逸傳世無疑可付之剞劂以慰九原並望
郵便見示當作序文以展哀悰也又啟

復鄖縣朱明府 此函應在四川時鄖縣四川地是修通志時

月之二十一日接奉瑯函如前肅蕪緘函已登掌記藉稔六兄
大人政祺懋集履祉咸宜欣忭私忱非言能喻送到志乘略加
繙閱已覺宏綱細目編次秩如想經大雅鑒裁不比小胥鈔撮
攬英擷秀已是成書中間如有應增損之處容俟細讀當抒管
見效芻蕘一得之愚也承惠香稻米三斗敬謹拜領佳品甚分
鶴粒故人能饋鶴糧曾望詩中僅説紅蓮之美蘭成啟裡未言
白粲之珍深慰輖飢永銘雅貺端函佈謝順候升祺敬璧謙柬
伏祈澄照不宣

復趙味辛

戊歲橐筆西征道經珂里荷蒙閣下慇拳惜別執手依依風雨
扁舟河干遠送此情此景無日殆忘而流光不居轉瞬暄寒五
度去秋興衛將蕆秦關而弟又遠行蜀棧孤雲西北迢遞相踰
勞佔之思非言能罄嗣因未知抵陝日期遲奉牋爾月之朔月
接奉良書敬稔大兄於二月中自都啟裝孟夏抵關中講院福

履多豫傔從平安欣慰無似而諸生多牽共奉名師橫高座之經篤禮堂之簡青衿組帶文藝日新自問迂踈真慙樲杙矣乃蒙華詞獎飾推挹過情內手捫心殊增顏汗弟棲遲志局半載有餘愧記誦之無多恐編摩之易慎海鷗心事書蠹生涯師丹易忘劉楷多病兼之靈州道項爲數甚多家無儋石之儲名在追呼之牘天涯飄泊何堪此貧累耶暮景衰遲恐擠乎溝壑矣中懷悒悒出入無悰宦意文情倏焉都盡想知己聞之定亦憫其寒落也許人俊大兄時得晤聚其歸裝貧窘頗蒙有方伯垂憐秋間水落灘平即可買舟南下與弟係世交親誼如有可爲力之處無不代籌匆匆㢘綺念端函佈復敬請安祺諸惟爲

道自重不宣

復李墨莊樞部（名鼎元時任兵部主政馬館監督）

七月望日得四月中所寄手書發函伸紙恍如覿面語長心重義盛意深展誦再三鏤膺鈊腑惟蘭首有雁寄秦關魚沉燕塞之語似去歲秋田坻陝後接奉長牋當復一緘未登蠻室況鱗羈羽音信難憑翹首五雲曷勝依結茲略陳蹤跡稍聚哀襟弟自辭白社即赴青門三載栖遲一身羈泊牢愁損壽急景凋年自厭餘生人傳已死蒙閣下憂我摋皮皆真撥筆寫心流涕覆面自非切肺之至交誰肯傾喉而長慟耶夢屢交魂感真次骨去冬遂從秦棧遠赴蜀都野廬星餐岩館霞宿曾經珂里未奉

蕪函剬休璉之牘難罄離悰報彥升之書媿無才語因茲縴轉致遠延然曾申譾譾哲弟則尚有惠連共理丹鉛名甥則更推無忌每當明燈容坐曲室清言未嘗不憶春明之舊歡祝起居之曼福隅濶相思彼此同之也弟以謭陋之才勘記誦之學精力日耗如師丹之善忘學殖久荒無袁遺之篤志謬蒙推轂畀屬以編摩恐記載之多疎致貽羞之有曠錦江玉壘本屬名區金鏡石函更饒軼事雍州望縣既碁布而星羅高山大川難盡沙而聚米表士女之風節述官師之典章志乘之傳關係綦重當虛牟故實辯章舊聞自慚一孔之儒徒守方隅之見何能修李宏憲之成書述杜君卿之鉅典耶所幸當事多魁碩之儒

同局皆博通之士補亡三篋借書五車相與發潛闡幽訂同考異或不致貽譏爲鄙見笑通方耳見寄長律氣雄力厚胎息杜陵七律亦蒼秀可愛風格獨上精神益遒可勝佩服弟衰病交侵思力日退未能學步深爲愧恧此間學堂重修弟請之諸公以陸渭南配享有記一篇茲錄呈教正餘俟有的便入都再行奉寄端函佈復敬候升祉諸惟爲道自重不宣

與蘭臺

蘭臺賢倩足下前月二十七日曾寄一緘內有托寄南信月之初四日接尊大人來書當即肅復一札均用成都官封徑遞究未識能達到否錦城志局光景如常安縣署中亦均盛吉可無

禮地宜堂而皆以英蕩輔之杖予美玉以幽器乘此節故曰英蕩畫函 張華詩曰歲月歲夜再代謝

塵念帷南中空信雖通而寄銀未便未知日內薪水何以支持
麐生在平涼三月以來並無隻字殊令人懸憶耳茲有寄兵部
李墨莊先生書一封祈吾增托的便寄至京寓確交勿致遺失
是所切禱率此數行佈候升祉不一愚舅楊芳燦手啟
尊大人前祈為請安並問大小姐壽齡夫婦兄妹均安好

致周衣谷觀察

睽違清誨倏易暄寒每念曩日譚讌之歡提攜之雅迴環心曲
與日俱深茲閱邸報敬稔二兄大人榮膺異命慶洽升階章服
加身繡之華職任典糧儲之重節分英蕩仍宣陝右之風鑲利
轉輸即茂關中之績官喜遷於舊部人共仰其新猷翹首祥輝
昌深藻忭弟錦里棲遲年光荏苒空抱鷺鷗之心事惟尋蟫蠹
之生涯愧編纂之非長恐記載之多悮晨燈夜燭羈緒無悰所
幸風土漸諳頑軀粗適可以告慰綺注肅薰蕪啟恭賀崇禧統
希淵鑒不宣

致豐將軍

恭送旌麾四更月琯翹瞻吉靄企結時殷月之二十四日接奉
琅函仰荷遠注懃拳高情悃款浣薇莊誦銘戢五中敬稔將軍
豹幄凝禧麟符集慶瑞節遠經於佛地嘉謨上契乎天心施措
咸宜邊氓悅服拜新恩於絳闕領舊部於錦城翽繡遙歸香火
夾道計卿月重輪之候正台星返旆之時藻忭私悰名言莫喻

鱸

晉書張翰字季鷹吳郡人也號江東步兵齊王冏辟為大司馬東曹掾翰因秋風起思吳中菰菜蓴羹鱸魚膾曰人生貴適志何能羈宦數千里以要名爵乎遂命駕歸俄而冏敗人謂之見機 魏鴻記勝嘉善縣西北有分湖又名汾湖中產紫鬚蟹 宋玉九辯窈窕悲哉此秋

芳燦棲遲志局近況如常編纂之事日來已稍有就緒如關眷
注用以附陳肅薰蕪啟敬請崇祺伏祈垂鑒不盡瞻馳

復賀陽周巳部

睽違雅誨月莢再更馳企之私與時俱積頃奉瑤翰備荷垂注
懃拳華詞奬飾浣薇三復感愧交縈藉稔大兄大人履祉增綏
新猷式煥際此爽澄蘭沼香滿桂林想見高懷與玉鏡同圓清
望與冰壺比潔隱囊麈尾興逸南樓綺席華樽祥凝東閣翹瞻
吉藹忭頌昌勝令弟十兄想近履安適南旋之期曾否擇定刻
下秋高氣爽天色晴明如由雲棧遄行定卜一路平安也弟志
局棲遲況味如舊頑軀粗適可以告慰錦念肅函佈復敬請升
安並賀節禧不戩
十兄均此致候相見在邇不另札矣又行

復黃韻山明府

夏間接奉琅翰曾肅寸緘布復今復接來書如前寄之書未登
籤室想普懸郵遞有浮沉也邇維大兄大人履祉增綏闔潭均
吉翹首祥輝良深忭頌並聞仲秋中浣即可買棹南歸涼吟西
風秋江浪穩尋蒓菜鱸魚之味正黃花紫蟹之時飄然此行無
異登仙矣能不令人健羨耶弟棲遲志局出入無悰徂年易流
凜秋多感感年之精力漸覺消磨舊簡之編摩恐多紕繆山資
未辦歸計難期何日能與閣下尋白社之歡踐青山之約耶迢

遞天涯未能面別搡觚捫鞘惆悵何如譚太史學閎淵深共數
晨夕深叨教益附呈家言一封望台旌過錫山時交小兒收拆
銘感無既專函代面敬候台祺諸惟珍重不宣

嗐顧刺史

睽違清誨星琯屢更夢繫心輪正殷馳溯忽聞老伯母大人仙
逝之信不勝驚悼大兄大人天懷瀛篤至孝性成痛蓼莪之遽
摧望梓鄉而流慟定然哀傷過禮毀瘠逾常惟念老伯母大人
榮受崇封壽登遐算慶安娛於子舍喜繁茂於孫枝彤管揚芬
緣疇備福驂鸞閬苑跨鶴樊姿化如歸想無遺憾閣下夙敦內
行廑體親心五十非致毀之年一身有仔肩之重所望節哀順
變上慰慈靈禱祝之忱微吹於是肅啟佈悃敬候素安不一

中秋通札

香飄蘭坂之風鏡轉桂岩之月良辰甫屆美景方新荷轆轤之
遞頌更蘇瓌之特錫拜領之餘五中銘鏤敬稔某兄大人禔躬
集慶蹤祉延禧彩徹金波仰慶霄之亂郁光浮玉宇承湛露之
華滋東閣樽開南樓興逸翹瞻瑞靄忭頌昌勝弟錦里棲遲流
光荏苒一廛與草兩版叢書風蟬露蟀無燭吟懷蠹粉芸烟藉
銷羈緒所幸頑軀備適眠食如常可以告慰綺注肅緘佈復敬
候升安順賀節禧統祈垂鑒不宣

復味辛

夏間閣尊體違和時深馳繫頃李秋田世兄來蜀接奉手書知
閣下偶患風痺兩月以來調攝漸已痊愈十月中可望霍然不
覺喜與忭會而書詞悃款筆力蒼勁可知維摩示疾形病而神
不病如東坡所云此翁神完中有恃談笑可却千熊羆者耶詢
之秋田亦云日來意興漸好常膳載加且有令郎隨侍左右侍
奉無不周至尤堪欣慰所望加意珍衛勿以羈緒縈懷也承示
春水方生即當南返並訂薜蘿之舊約尋鷗鷺之前盟二老風
流共君還往五湖烟水招我歸來弟自揣衰頹久忘榮進宦肯
垂老暮景鬢折忘歸悵悵夜行鐘鳴未已自甘飄泊貽誚岩阿
無如宦適莫償山貲未辦一身負累八口嗷號昔王古直老人
有云一到故鄉惟有吏胥立門外相候耳何以歸為種種苦懷
閣下想能憐而亮之也大集手訂已成承命為木梲之引附名
簡末榮幸實深但閣下駢體淡思濃采獨擅勝場任沈王盧未
能扶轂而虛懷採擇濫及鄙人纂輯麄手雕胡雜縕屬于錦綺
恐為識者所嗤耳然既蒙來諭謠諑終當竭將盡之才抽已枯
之思候秋田回陝敬呈台覽先此佈復敬候福綏諸惟為道自
重不宣

致顧如圃明府

前月杪曾修寸札虔候興居未識曾登籤室否邇維大兄大人
政祉增綏澤著曼福蘭生百末香開東閣之樽桂蕊一枝爽動

周處風土記白鶴性警至八月白露降流于草上滴滴有聲即鳴 張耒詩砧杵發秋心

會要掌劉子政事中舍人分押尚書六曹天下求務無不關決各執己見雜署其名謂之五花判事

南樓之興謝莊才逸鮑照思清雪凝水鏡快賞佳辰別業歸華定饒名句惜相違咫尺未得共把深杯未免對月明而徘徊賦小山而怊悵耳弟羈棲錦水蔭蔚流光每見蟾圓徒增鄉思時聞鶴警易愴秋心白蟲半床寒蛩四壁晨燈夜燭伏雨闌風出入無悰襟情可想閣下愛我想亦念其寥落也專占佈候升祺餘詳前信中不盡縷縷

致顧如圃明府

前月接奉瑤函知前肅寸牋已登籤閣敬稔大兄大人政祉增綏潭署曼福洗誦之餘欣慰無量邇惟起居安念民物怡熙五花判罷桂蕊飄香双璞調成桐枝流韻想箴中著撰日益美富惜未能促膝西窗剪燈快讀也弟棲遲志局羈緒無悰惟考訂之學素所未諳而性靈之文遂以日拙年來不作韻語即作亦係應酬牽率俱蕪淺不足存惟浩翁生日曾作長句一篇稍有意義茲錄呈大雅正之新刻駢體文二篇茲亦附上此體自入陝後所作頗多當陸續請正也耑此佈達並候升祉諸惟珍重不宣

復莊虛葊刺史

秋初鹽亭明府陸君來蜀接奉台函備紉垂注勲奉五中銘戢邇惟老伯大人履絢集慶几杖凝禧寄逸興於西園獄蓮雲覆對清樽於東閣籬菊霜開占碩福之鼎來想澄懷之鏡朗下風翹首忭頌曷勝天弟定省之餘從容為政定卜輿情愛戴慈祉便蕃瞻睇祥輝更深欣羨姪栖遲錦里倏易暄涼迴憶青門追隨譚讌依依之忱獨切離索之感時深四壁蟏蛸一庭蛩雨秋心獨抱羈緒可知所幸編纂之事稍有就緒丹黃點竄藉以銷磨歲月耳肅函佈悃敬請福安諸惟垂鑒不宣

復灌縣邵明府

日前接誦瑤緘備荷記注語長心重感戢難名並蒙頒到笋乾兩種佳菓異味獨飛時新雪香稱釘座之珍玉版擅充庖之美高情雅誼逾越恒常果腹之餘銘肌載切邇惟二兄大人政祉增綏潭署曼福咫尺無慚良深欣頌弟志局棲遲景光遷貿秋心獨抱出入無悰黃葉西風易動徂年之感青燈永夜能無鄉土之思幸頑軀無恙編纂之事稍有就緒可以告慰錦注肅函佈復敬請升祺順璧台謙伏祈涵鑒不宣

致新繁王啟圃明府

春明握手交呂攀嵇共索古歡彌洽神契自送行旌時深悵結歲月如流不覺五更寒暑矣閣下以儁邁之才通博之學出宰百里抱德養和劉昆惠政先倡儒風任延經術爰飾吏治將見禮意風猷樂情膏潤膺褒望推漢循良不僅以薦章報最清秋榮遷為閣下頌也愚錦里棲遲流光荏苒一塵與草兩版叢書驚涼夜之秋風感羈棲之歲月鄉思易起每聽鵑鳴結習未

漢書陳湯傳屈指計其日曰不出五日當有吉語聞 詩我送

除又看雁字出入無懵客況可槩見矣率占佈臆敬候升祉不宣

祝梅生太守

自違譚讌月瑎載更咫尺清輝時深依溯茲際三秋令序九月佳辰敬維四兄大人暨四嫂大人同開蓬島之樽共介〔懷〕眉之壽珮孫繡帨輝映門闌黃菊紫萸生香几席斑衣彩錦玉袖承花雲璈靈石賡樂九成禾蜜金膏仙觴四奏翹首凌雲九頂閬彷彿青霞拂左紫烟舒右如見曼亭高宴時也弟未能曳珠履於華筵綴末班而翺翔僅得抽絲毫於廣座隨群彥以祝延〔筵〕歘仄私悰非言能喻肅薰蕪啟敬賀棨禧並請台祉伏祈朗鑒不宣

再啟者正擬肅函佈賀適奉琅函並溼縣志書一冊捧讀之下備悉一切象山先生精忠大節炳着嘉州如四兄大人詳請在州建立專祠必邀允准至文廟旁之名宦祠如未有栗主亦可詳明入祀二者似應本地士民具呈儒學由縣詳請閣下核實加稟轉詳以重典禮是否如斯尚祈高明確詢裁奪溼志暫存弟處俟有的便附繳專此敬復伏祈垂詧不宣

復王聘侯

憶歲在丁未戊申之間尊大人蒞任盩厔弟亦承乏靈州共事一方交申昆季遂蒙高軒枉過得挹芝儀別來歲月如駛屈指

舅氏曰至渭陽

南史謝鳳子超宗善文詞作殷妃誄帝歎曰超宗殊有鳳毛 張說義陽王神道碑龍種異品鳳毛秀色

已二十五寒暑矣撫今追昔悵結曷勝今春得與令親張玉泉四兄同館志局令郎亦隨渭陽到館始得詢悉淵源正擬修函通意適荷琅緘先貴存注惠拳語重心長篤於古道迴環雒誦感戢難名藉稔大兄文履綏和潭府曼福金昆玉友共守儒風寶樹華枝咸承世業比見學成麟角譽美鳳毛翹首吉雲良深欣汴弟半生拙宦一介迂儒自遭銜恤以來遂息榮進之想而家無儋石身有宿逋索筆遠遊事非得已昔往青門倏逾三載茲來錦里又復彌年倚席為弟子之師曳裾作諸候之客忝司編纂自識空疏兼之精力蕭衰年華疲暮無伯業之篤志如飾丹之善忘恐五技之俱窮詎三長之敢望荷蒙獎借彌切汗顏耳令郎人極沈靜學業可望有成同事鉛丹諸事定當加意照應無庸厪念蒙贈楹帖感譽過情愧感交集肅函佈悃敬候文祺順璧謙柬統希澄鑒不宣

致莊怡齋

暌違譚讌倏易暄妻秦樹蜀雲時深延佇敬維仁弟大人政祉增綏侍奉曼福譜中和之樂職棠茇陰濃賡華潔之篁詩蘭陔香滿菰肥魚美可佐介壽之歡嶽色河聲悉助豪吟之興遙瞻瑞彩𣈆藻彌殷愚錦里棲遲況味蕭敔一庭涼雨四壁寒蛩叢書滿床凝塵盈几晨燈夜燭惟事編摩秋月春花聽其遷貿徒結江湖之夢時懷泉石之思而宦遊未償私累不尠斂眉寄食

俛首求衣長此依人未知稅駕想知己關懷亦為之悽悵也茲乘秩山觀察親家北上過潼之便輒呈短札聊布往懷敬候升祺不盡縷縷

復嵩曼士觀察

秦嶺雲高蜀江波渺悵清輝之遠隔藉尺素以通忱昨奉覆函感承垂注發函伸紙銘鏤五中敬稔九弟大人絢履凝禧鼎祠集慶樂情膏潤禮意風猷矜嚴翠廣既推隽京兆之精明竟權稱王又同劉度支之碩畫久昇巖關之鎖鑰即膺玉陛之絲綸正不僅薇省柏台用酬勳績也松茂柏悅欣慰何可言喻比來志乘一事廣搜博採漸有就緒碩軀亦托庇粗適均可告慰綺

二十四　無錫縣圖書館

注尊照攜至蜀中已請有堂方伯松雲太守題句茲乘敝親家瞿秩山大兄北上過陝之便帶呈鈴閣並咏古詩選一部呈覽伏乞鑒收肅此佈復敬請台安惟希澄照不宣

謝李松雲太守

月初叩別倏已彌旬依企私忱無時或釋茲者遠勞遠使特賚琅書自慙草木之年華仰荷雲天之記注高文絢爛吉語繽紛朱提解贈深叨鮑叔之知青玉難酬愧誦張衡之句五中銘鏤言莫能宣茲屆三微肇始之辰欣逢百祿來同之候春融梅閣頌洪椒盤敬維先生履祉増綏禔躬曼福重碧進延齡之醞小紅開稱意之花翹首瑞雲昌勝晁藻弟依人萬里作客頻年短

晉周顗傳庾亮嘗謂顗曰諸人咸以君方樂廣顗曰何乃刻畫無鹽唐突西施也

杜氏通典別駕從事使一人從刺史行部別乘傳車故謂之別駕漢制隋及唐為郡官

史記管晏傳吾始困時事鮑叔賈分財利多自與鮑叔不以我為貪知我貧也　荊楚歲時記立春帖宜春二字王曾立春帖子寶帖宜春

鬢蕭疏益齒髮脩勝流光遄買後飲屠蘇聊尋弟兄團聚之歡梢慰羈旅寂寥之況自憐蒲柳敢附松喬撫鏡而殊愧形顏握筆而難宣衷曲公真念舊尚賡同丙子之詩走實無能甘守雌甲辰之誚肅函佈謝敬請台祺統希垂鑒不宣

謝李竹雲明府

書局追隨共數晨夕欽領雅教備荷隆情自愧蒲柳年華違萍蹤迹長而無述壯不如人迺荷絲筆揄揚麗詞裒飾愛望其醜未免刻畫無鹽譽實過情恐致譏嘲海若茲復遠箋下賁珍貺寵頒爛如錦鐀之陳重比英瑤之贈五中銘鏤言莫能宣茲際椒藻承風蕡英轉旦敬維五兄大人禔躬曼福鬻祉鼎來翹首

二十五　無錫縣圖書館

吉雲彌殷馳頌肅函鳴謝敬賀新禧並請升祉不宣

謝譚鐵簫別駕

錦城簪盍晨夕必偕備荷隆情欽聆雅誨猥以愚虛增馬齒寵賁鴻辭銀管摛華瑤箋絢采經生歲月方慙皓首龐眉才子文章大費巧心妍手既綺筵之特錫復珍貺之遙頒惟鮑叔知我之貧俾蓋河各分其潤雲天高誼銘泐弗諼茲際翠英承風紅椒紀旦敬維七弟大人政祺懋集潭祉駢臻香凝獻歲之樽先賡戩穀錦製宜春之帖並聽聲華翹首吉雲昌勝晁藻肅函鳴謝敬賀新禧並請升祉不宣

謝宋太守梅生

元好問詩裁紅暈碧助春情 歐陽雜俎韋陟自謂所書陟字如五朵雲按陟封郇公 李商隱啟奪美於江毫蔡絹

郇

史記酈生傳家貧落魄無衣食 王鳳洲云魄音託與拓同

論衡燕有谷氣寒不生五穀鄒子吹律致氣寒更為溫燕以種黍又生豐熟到今名之曰黍谷 劉向別錄燕有谷地美而寒不生五穀鄒衍居之吹律而溫至黍生

弟馬齒加增無足稱述仰荷隆情記注龍錫華文當贏無緘呈
松雲先生轉達想發籤記茲復荷吉詞之賁飾披麗藻之繽紛
錯翠鏤金裁紅暈碧郇公翰墨光生五朵雲中元相文章米照
九英梅下兼蔡絹江毫而並美合潘詞樂旨以成文洵儷體之
擅場非識才所敢望惟是傅譽廉以粉黛假混沌以鬚眉未免
君子失辭小人多幸葵玉甃而載誦浣薇露以三熏覺美瑾六
寸未足比其輝華錦千純無以喻其瑹麗者矣敬想閣下棣
衛政暇蘭祀祥凝宮閣蹴花笑呈紅蕊春盤生菜喜送青絲錦
擘靈箋寫玉局宜年之帖花開鏤管賡香山獻歲之詩知頌福
之鼎來與韶華而並豫翹瞻瑞靄藻忭局勝弟身是陳人怕逢
新歲老去而益齎餘勝退歸則擬學桃符頻年滯迹於青門兩
度薄遊於錦水扁舟一笠久負鷺朋鷗侶之盟廨舍三椽聊看
蠶弟梅兄之約山青雲白關心鄉路五千石大電光彈指衰齡
六十山資未辦客夢難圓落拓自憐襟情可想仰蒙存問遠慰
羈栖交訂歲寒情如春煦鳳笙叶律吹黍谷以成暄龍燭揚光
照寒門而有耀五中銘鏤寸墨難名敬肅蕪函佈申謝悃虔請
鈞祺統希朗鑒不宣

謝靜山觀察

錦城羈旅疊荷隆施復以馬齒虛增重勞鳳念既嘉肴之時錫
復珍貺之寵頒奇字九光美理六寸輝流几席彩溢緗縢金錯

晉列女傳劉臻妻陳氏正旦獻椒花頌 庾信詩椒花逐頌來 杜詩重碧沽春酒

前漢衣食志朱提銀八兩為一流 注朱提縣名出善銀

英瑤未足喻其瑹麗也拜領之餘銘鏤五內適惟閣下禔躬曼
福樹衛惟宜頌浹椒盤春融梅樹重碧進延齡之醞小紅開稱
意之花高閣凌霄方池俯鏡詩清絕俗興逸如仙翹首瑞雲昌
勝企羨弟於月之初五日抵安縣署弟兄聚首餞臘迎年稽銷
羈緒碩軀粗適可以告慰錦懷肅緘佈謝敬請台祺統希垂鑒
不宣

謝瞿秋山觀察

春初接奉還雲備承垂注浣薇莊誦感沏五中月之初九日家
人旋署復奉琅函飾以華詞錫之珍貺英瑤璀璨綺組繽紛七
襄並麗擅針神繡師之工百鏁爭奇極霧縳雲經之巧輝生几
席絲映緗縢蒙眷愛之有加益感銘於靡既敬維親家大兄大
人譽碆集慶黼佩凝禧節近燈宵堂開晝錦喜文鴛之朓鄉瑣
圃花明看仙桂之凌霄瑤階月滿應春韶之茂豫占頌福之鼎
來翹首吉雲彌殷藻忭弟在神泉度歲椒盤柏酒正臘行過上
元後即當束裝詣省趨謁高齋面申衷愫先肅蕪啟敬請鈞祺
並鳴謝忱統希垂鑒不宣

復陸古三明府

復荷琳函賁飾嘉藻紛綸專一介而遠來更百朋之載錫米鹽
分惠深叨鮑叔之知青玉難酬愧誦張衡之句惟雲情過厚而
鶴俸亦清拜賜之餘感歉交集茲際景和梅閣順浹椒盤敬維

歲時雜記京人十月朔沃酒及炙肉於爐中團坐飲啗謂之煖爐

王份傳長子琳琳長子銓銓雖學不及第錫而孝行齊焉時人以爲銓錫二王可謂玉昆金友 禽經鳳之小者曰鸑鷟

陶潛詩樂與數晨夕

三兄大人政祉增綏春祺洊至舊傳惠政久敷訟半田邊今領
今領雄州閒在釣魚城畔識上游之倚重膺殊擢以彪遴翹首
祥輝曷勝藻忭弟於月初抵三舍弟神泉館署弟兄聚首聊慰
天涯羈旅之思匆匆旬日歲事向闌短鬢蕭騷差藉娛勝流
光遷貿後飲屠蘇老懶性情倦遊踪迹不堪爲知己慰也肅函
佈謝敬賀新禧並候升祉統希垂鑒不宣

致譚于受別駕

書局追隨共數晨夕備荷隆情眷愛無已有加感激私忱鏤之
心曲別來忽忽又復彌旬敬稔七弟大人懋祉增綏潭祺曼福
寸心欣頌昨接王振華弟來書並知兩位令郎均已入泮竹報
遙傳芹香高擷金昆玉友駕學飛才十隊爭魁齊報郎君之喜
一雙彩鷟俱登茂異之科德門之慶譽方將碩學之淵源有自
從此宮蟾塔雁競爽聯題九萬扶搖正未可量聆音歡忭莫既
名言愚於月之初五日抵安縣署弟兄聚首剪燭圍爐頗饒靜
趣惟署中親友寥寥相對殊覺寂寞欲接王振華弟來安度歲
時届封篆想尊處筆墨之務亦可稍閒望即促其就道是所欣
禱專函佈賀大禧並請鈞祉不盡欲陳

復潼川張太守

復奉琅函備承獎飾洸嶶誦莊感泐五中並奉到年伯大人笙
雅堂全集一部重比尊彝珍同球璧文宗學府竟可垂爲一經

三輔黃圖劉向於成帝末校書天祿閣

口沫手胝竊願誦之萬遍揚崇宏之論識先生之高視諸家呈
嵬瑣之言幸小子亦挂名末簡心形俱服已莫能宣至竹書紀
年一編既得舊時槧本校勘無譌自係當時讎書天祿鈔錄中
秘之本此書近代諸作者論撰甚少亟當付之剞劂傳播藝林
嘉惠後學之功不淺也茲際椒風轉旦蕙雪融春敬維四兄大
人尊黼增綏裀禡集慶正三陽之肇始占百祿之同升引領瑞
雲藻忭奚似弟於月初抵三舍弟安縣署中弟兄聚首聊慰闌
年羈緒一過上元仍當赴省日來碩䐧犄適諸凡托庇順序可
慰綺懷肅函佈復敬候升祉不宣

爾雅蟫白魚注蟫衣書中虫始則黃色既老則身有粉故曰白魚本草謂衣魚一曰壁魚俗呼蠹魚古稱困學生爲書蟫按蠹或作蠧

芙蓉山館尺牘卷十六

金匱楊芳燦蓉裳著

復吳華十

久違光霽時切依馳接奉琅函備荷垂注勤拳過情奬飾洸巖莊誦感愧交幷藉稔大兄大人履祉增綏令譽日起青衿組帶捧手橫經受大匠之陶鎔秉宗工之儀矩龍門在望翹頌靡殷弟於去臘初二日在省解館赴舍弟安縣署中度歲椒盤栢酒聊慰天涯羈旅之思刻下已節近傳柑行當束裝詣省書蟫生計櫪驥年華萬里鄉關時縈遠夢長年漂泊未得寧居意緒無悰不堪告慰知已快讀大作如得枚生七發豁我胸襟附綴數言以誌傾倒貴居停謝五兄弟夙所敬服如能示以新作實深企望茲不另札希爲叱名道候專函佈覆敬候文祺並璧謙柬不盡願言

復陝西盛孟岩觀察

接奉琅函知前布寸緘已登籤室備荷高情眷注語重心長念往日之清歡惜今時之小别臨風三復感泐寸心藉稔年大兄大人懋履增綏潭祺茂集仰慶霄之翩郁峰闕恩覃喜德雨之敷施青疇威稔政已標乎三異秩自峻於九遷瞻睇祥輝曷勝忭頌弟棲遲錦里羈緒無悰感蜀國之風花夢江鄉之烟月鑽研編簡愧等蟫蠹生涯蕭放湖山空抱鷺鷗心事所幸舊疴向愈眠食如常可以告慰綺念關中課藝想已刻就仰蒙大雅宏奬風流不但多士傾心弟亦同深欽佩如有便人尚祈擲寄數部爲感端函佈覆敬候台祺統希垂鑒不宣

復徐秋山太守

前荷高軒枉過飫領教言以錦里之新歡踐青門之夙約寸心欣慰莫可名言復蒙摯愛勤拳嘉肴特錫感激之私銘鐫五內别來忽忽又復彌旬正擬端函先蒙賜札迴環盥誦如坐春風藉稔二兄大人簪紱凝禧祠馮集祜布端平之政膺樂職之詩想見德雨流甘群生餐挹吉雲垂蔭萬彙華滋遥聽新猷曷勝欣頌弟棲遲志局况味蕭條所幸舊疴向愈眠食如常可以告慰垂注肅函佈覆敬請鈞祉統希朗鑒不宣

附啟者長隨譚陞係川省人前在關中隨弟來川人頗勤謹茲令至臺端以供驅策渠亦無奢望惟願備鞭鐙之役如蒙推愛收錄必當感激圖報也

復朱虛舟方伯

月之三日接誦瑤函知前牀蕪牋已登掌記重荷殷拳眷注厚意有加雒誦迴環銘膺鉥腑敬稔三兄大人簪紱凝禧祠馮介祉屆六琯延蘇之候正三凝集祜之辰青門已久蔭慈雲峰闕則頻承湛露並見綵綸之賁即膺麾節之榮兼之雛鳳丹山毛羽已豐於子舍威芝玉砌葩華又見於孫枝家慶方臻天庥洊

至翹瞻瑞靄忭頌曷勝弟棲遲志局汎味如常入冬以來舊痾輕減精力稍增可以告慰無注惟靈州通項仰荷三兄大人適格關情百方籌畫感激私忱非筆墨所能宣竊茲奉到録示公牘備悉源委蒙札詢德方伯如已咨至江蘇仍懇致書南中上游轉咨來蜀如尚未行文即求觀橋中丞徑咨蜀中此間尚有一席可依故鄉並無片瓦之覆種種若情久邀鑒照不待瀆陳也再前件文内申明無庸咨部將來還項必須搭解甘省綏急之權自甘省掭之何方伯在都時弟曾晉謁且與弟有戚誼重以鼎言自能關照如過陝有期尚望示知以便作書通候咏年大凡舊恙於冬春之間能脫體否殊深縈念竹琴劬關兩兄文履清安定如心頌肅函佈悃敬請鈞祺統祈朗鑒不盡依馳

注白虎通正朔有三何本天有三統謂三之月也　黃庭堅詩骨秀已知騏驥子性仁端是鳳凰雛　李商隱贈韓偓詩雛鳳清於老鳳聲　張東之詩青田白鶴丹山鳳

致孫平叔

敬稔三弟履祉增綏潭第曼福雍容日近翔步霄高名已列於御屏祥光徵於綏笥佇膺傳瑞寔布令猷遂聽好音曷勝企祝雙生仰荷垂愛留在邸第以待秋試飲食教誨適格栽培感激五中名言莫喻愚二月中忽患沉痾幾至危殆纏綿床蓐彌歷七旬良由性靈有限勞役過甚百病交攻迫此頹暮齡適來屏絕藥餌勉進飲食自覺精神稍復步履如常惟容鬢蕭衰羸瘦殊甚自念一身作客萬里依人宦遊末償家累相迫故鄉乏卓錐之地浪游無稅駕之期秋風四起林亭易色清夜輾轉焚憂繼集知我如閣下想亦憐其顑頷也

王尊傳毋持節鼓過雷門注雷門會稽城門也有大鼓越擊此鼓聲聞洛陽

致陳鐘溪司農

東華趨省仰挹清徽屢陪談讌之歡備荷提攜之雅別來忽忽寒暑八更潼水千波巴山萬嶂附書難達通夢爲勞隔濶相思交縈寤寐敬維閣下履祉增綏侍奉曼福曆　九重之簡命爲衆士之司南黼黻推工斗山着望胸涵璣鏡俗彩筆以騰輝手握冰衡眏玉壺而攝朗咳唾所及不數顧廚陶鑄之餘猶成曹陸洵爲江左人文之幸得奉中朝風雅之宗翹首吉雲曷勝欣忭弟棲遲錦里韓瞬兩年叔夜疏慵孝標冗散搬拾縹緗之末疲勞鉛槧之間亂學撥蠹恐見窮於五技蟲跨食字詎見擅於三長幸與令親子受先生同致編摩共數晨夕搜羅故實辨章舊聞茶熟香温書古談洽寂啟見聞之寡陋兼遺况味之寂寥此天涯儔侶之樂差堪慰意者耳前歲見閣下與子受書承詢鄙作駢體文比來當更有進老病侵尋久疏筆墨才思日退愧恧難名今將秦蜀行篋所存駢文及平生詩什稍加甄録合成詩文鈔二冊呈之左右尚祈加之針砭俾不致貽誚詅癡感激

疎字下似脱一節字

實庵有既

致陳石士太史

戊歲中州話別彈指寒暑八更懷想之私欽欽在抱去歲同予受弋弟接奉手書知閣下重入春明百凡豫順良深慰意當茲一緘來合江秦世兄就試之便敬候起居不意其人中途南返此函竟致浮沉寸心曷勝悵惘春間粢患沉疴臥床者三閱月以致筆硯塵封牋緘閒濶大雅含宏想能恕其疎也小廉中翰典試西川接奉良書備承垂注藉稔閣下翔步霞高雍容日近著撰美富令譽益隆佇看玉尺手持萬流仰鏡好音遙聽企望良殷某病骨支離衰容蕭颯中醫自守上樂難求濮西無一椽之田江岸乏三椽之屋歸田作客去住都難四壁寒蛩滿池涼雨掩關獨夢倚枕微吟憔悴自憐襟情可想幸與予受弋弟同司纂輯博聞廣識益我良多夜燭晨燈時相晤對藉以排遣相思破除羈緒因念都門聚首角藝論文茶熟香溫書古談洽此景此情時復入夢而燕雲巴樹想望各天萬里懷人能無淒泫蘇齋先生去歲書來索賦銅尺因病心氣虛損毋一擱管輒腹滿背熱是以未能應命見時祈為道歉便當致問也閣下舊園圖詩兩篇俱佳忽忽一讀尚未全領其妙容俟細讀後當勉為繼組枯腸孱體望寬以時日也

致曾賓谷方伯

四時寶鏡東晉李鄂立春日命以蘆菔芹芽為菜盤相餽餽又曰立春日春餅生菜號春盤杜詩春日春盤細生菜後漢章帝紀順三微也注以三微之月為正者當尽之時物皆微[illegible]凝 歲華記麗三微始布 荆楚歲時記正月一日飲屠蘇酒次第從小飲起 顧況詩手把屠蘇讓少年 陳襄文蜀雜錄立春士大夫家剪

大名宙合山斗同欽仰企歸高迄今廿載謁旌麾於月下百朋荷瓊玖之貽瞻棨戟於維揚千軸拜緗縹之賜鄙著濫登於著錄微名仰藉於揄揚頻蒙騶駕之過存未涉龍門之高峻感傾襟之誼重悵接席之緣慳敬維先生藝林宗匠康時賢臣撫綏五羊屏翰百粵群士歸而增色庶僚循職以蒙庥咳唾所及不數顧厨陶鑄之餘猶成曹陸洵推一代風騷之主行展八州都督之才翹首吉雲曷勝欽抱某蓬樗下質蒲柳頹齡叔夜粗疎孝標冗散青門設講為佔筆之儒錦水修書司纂輯之任憐時邁而歲戢猶守缺而抱遺恐五技之俱窮詎三長之敢望惟是少耽文藝性癖詩歌積有歲年遂盈卷帙拾叢殘之鄙說作諧讔之瑣言敬謹封題呈之左右倘蒙賜之甄錄加以題評感激私忱寧有既極

致羅江李明府

久欽雅範未遂趨瞻惟牋素時通而悰襟未罄停雲佇月時切依馳邇維大兄親家大人懋履增綏政祺集慶梅花官閣仲言定有新吟生菜春盤子美正饒佳興屆三微之肇始占百祿之方臻咫尺祥輝良深藻忭弟蓬飄梗寄作客頻年雲白山青思鄉萬里數華年之還貿後飲屠蘇撚短髮之蕭疏羞爭綵勝茲以丹鉛暇日燈火闌年聊尋弟兄團聚之歡以慰羈旅寂寥之況爐添商陸椀瀹景盧深愜古懷頗耽靜趣想知已聞之亦為慰

絲為春勝以為戲東坡立春日亦簪幡勝子姪嗤指云伯伯老人亦簪花勝耶　雲仙雜記裴度除夜

意也附呈拙稿二册癡符貽哭布鼓增慚然大雅當前敢不布露所畜尚祈哲匠司南指其疵纇俾收晚悟之益免致方聞之譏感激之私實靡有既肅函布悃敬候升祉不宜

致沈竹如明府 琢

睽違清誨歲籥載更依企私忱與時俱永敬維大兄大人政祉增綏潭祺懋集聽樂職中和之頌應會昌建福之占鵬日纔過興逸梅花官閣元辰行届祥開柏子春盤正百祿之同臻卜三遷之有兆翹瞻吉靄藻忭昌勝弟愧作陳人怕逢新歲留滯則尚同蓬梗退歸則擬學桃符吟鸞朋鷗侶之詩長倚錦水傳瓊弟梅凡之信又到神泉撫 換素提鉛暫輟經生之業買餳試鼓且圖晏歲之歡頹廢自甘衰慵可想日昨三舍弟遣价前來錦署猥以飄浮之蹤跡仰蒙存問之慇懃奉銘鏤五中名言莫喻闌年事冗雖未遂於趨承獻歲月長當敬申其辰謁慶霄鴻邇馳仰彌殷肅緘佈悃虔賀崇禧敬請台祉伏祈垂照

致趙小淵明府

錦江玉壘萬里睽違鱗羽難逢牋繒罕達寸心依結與日俱深去臘家人王升到川接小兒來稟敬稔大弟親家大人履祉增綏百凡順序沙州攝篆瓜代有期想春到玉關花迎旂旆卜升階之伊邇知碩福之方臻翹首祥輝良深忭慶愚棲遲錦里況味如常編綦之事已有就緒三舍弟導官神泉距省不遠愚於

許渾詩客路隨萍梗鄉園失薜蘿

去臘解館即赴署中度歲弟凡 趣有柏酒椒盤可慰天涯羈緒惟前歲甘肅清查愚在靈武任内通項多至一萬有奇現已咨至蜀中按年追繳桑榆晚景萍梗浮生八口長飢一身孤寄惟恐虛延歲月終蹈愆尤輾轉尋思竟無善策想感好關情亦代為籌慮也大弟大人高平通貿閩蜀無多年來竭力補苴能脫然無累否便中望示知一切以慰遠懷小兒自依左右計已六度寒暄蒙大弟大人暨親母夫人視婿如兒適常憐愛教養備至今渠已兒女成行内人在家自三小女出閣後膝前未免寂寞前接家書盼望兒孫之心甚切兹王升回平愚寄付銀三百金以作盤費囑其與令嫒三小姐回南省視在親母夫人慈愛之心定難分捨然男有室女有家出嫁從夫自是人倫正理望大弟大人曲為排解以義割慈俾其早行就道總須於二月間起程為妥遲至三四月間便多暑雨恐長途細弱行走諸多阻滯也前蒙大弟大人惠我羔裘文綺感謝無似茲附呈微物數種聊以伴函伏惟莞存是幸專函佈悃敬請升祉不盡依馳

復小渠妹丈

接奉手書備紉存注憶去年之危疾幾化鼠肝幸此日之孱軀猶親蟲藺君為加額我亦驚心稱樂量水至今尚感真長對月臨風安得不懷元度也敬稔閣下文祉增綏攝衛多愈寸心良深慰忭三弟擬於望前來省北上之期大約在此月下旬渠來

省後自當作札寄知趙蔺園觀察初七日起程初九日早解維南下凡因張林告假即托其攜帶回南渠路上亦須人照應可謂兩得其便吾弟銀信一封同兄所寄銀兩並王振華大弟家書一併裝入小皮箱内交付張林并與觀察説知編入號簿帶回極為妥協大約端節前總可到錫至周巳村大兄丁艱回南正有擔閣恐家中懸釜待炊之況緩不及事也專此佈復敬候文祉不宜

與三弟

日昨益茶房來省接吾弟手書並文華苑英華兩套均已收到二十日道腳夫回署有信一封内有膏藥等物限伊兩日到署想已收覽制府已於昨午進省霞城觀察亦於今午可到徐公尚未接交想因制府回署轉致擔閣安縣民情悍急案牘紛繁係久旱之後省城各處連日祈禱備極虔誠而竟無應驗近省各州縣亦患團勇滋事命案疊出光景與安縣相同向後恐别生事端殊為可慮常方伯處已付有回書賞錢福銀二兩今付楊貴將原書帶回閲之可悉一切再此番吾弟北上往返計有半年擔閣家眷在署居住園屬省儉然值多事之際如來省垣居住較可放心如將累重物件存儲一處派妥人經守僅帶衣箱等物來省似盤費亦不至過多愚所見如此吾弟可再回執籌之新姑娘乳癰據梁山尉張公云所患情形無從懸擬必須

診視方可用藥如能來省就近醫治可望速效張公名文光係外科名手也常福且令在局伺候王升想日内亦可來省矣鹽腿二隻收到謝謝此寄三弟覽之並問大妹三太太懿福合署安好

兄 尖目

月之二十九日馬四凡處送來手書備悉種種當即遣家人錢福同馬處來人將前存銀信面交馬四凡收存取有收字想彼處已專札佈復矣但資陽來差並未來局所有藥生帶來竹報一封從鄰筒寄上信不甚厚想可不致遺失也適來維大弟大人履祉安和百凡順序深為欣慰愚舊痾就痊一切托庇寧適三弟於十七日自省起程回安縣擇於二十二日到任來札當即附去此復並候文祉不宣小兒藥生磨生侍筆請安 十月二十日

與三弟

役來接吾弟手書知署中上下平安交代諸事已有端緒深為欣慰大妹舊恙向愈飯量漸加尤為可喜此皆吾弟醫藥之功凡服丸方頗覺有效涿州信來壽積之病亦已漸痊吾弟於醫理真有神能將來名譽必出於鍾姚之上矣局中諸事如常麐生寓中大小均吉可無廑念藥生丸藥日昨甫合成令其擬日照分兩服之必當見效也昨接貴卓觀察暨麗生親家來信欲為南姪婿擇吉親迎其意甚切凡意二姪女年紀尚輕出閣之

期可緩而實亭暨夫人年紀已高急欲與其孫完姻亦是至情至理今將其求札并致兄原札一并寄上吾弟與太太新姑娘如何定見之處祈作一信寄來兄當照札致復實亭喬梓也野雉收到謝謝大姊所寄凫雉各一亦已收到矣此寄三弟覽之並問大姊三太太懿福大姪女賢伉儷二三姪女康新姑娘安好

致章太守

去臘台旌駐省得挹光儀備蒙存問之殷並荷解推之雅寸心感泐筆墨難宣適維大兄大人爵紱凝禧絪縕集祜領建福昌之郡布中和樂職之詩正韶景之舒長卜繁禧之駢集彤旌行部雉野風馴夏篆班春鹿轓雨潤翹瞻吉靄藻忭曷勝弟自去冬抱恙支離床蓐兩月有餘正月下旬始有起色幸叨福庇刻下已臻康復眠食如常可以告慰錦念通志編纂之事期於五六月間脫稿既輟丹鉛之役不無鄉國之私思蓴菜秋風未知能料理歸裝否承蒙摯愛並以附呈陳敬請台祺統希垂鑒不宣

附啟者敝門生楊超任英年隽品好學工文為錦江書院中之翹楚茲回蜀應試令其摳謁崇階敢祈大兄大人賜以噓茶加之提獎感同身受芬燦又啟

與蘭臺

屢接手書知吾婿關愛之切良深心感並知工次賢勞服闋在邇大府當奏留直省從此一路亨衢可以展抒抱負也寓中大小姐暨壽祺弟妹輩均各平安尤深慰意愚入春以來舊疴向愈精神彌覺健旺可無厪念通志於五六月間可以脫稿今歲秋冬之間擬同愛生輩作南歸之計所謂錦城雖云樂不如早還家也而吾婿信內有接岳母到涿寓之說芙初來信亦復云然在吾婿與大小姐為我菽水之意未嘗不美但一家人口不少盤費恐難設措且愛生眷口在川總須由水路送回無錫即使伊秋間挈戩得有省分亦不能挈眷前往如岳母暨愛生眷口到涿則愚同兒輩到錫諸事更難安頓此計恐不果行愚家信中亦未曾提及也但既有此說遠懷不無惶惑現有南中人便不敢逕寄銀信到家恐致歧悞今托摺差寄家信一封銀一百兩

致劉芙初

芙初仁弟太史閣下去秋三舍弟回蜀接奉手書備荷關念之切緣冬間抱病未遑作報歉仄方深今春疊奉來函語長心重出入懷袖如挹光塵藉稔閣下起居康娛侍奉曼福慶鍾蘐堂樂詠蘭陔徜徉弋釣之娛瀟灑林霞之趣較之長安索米自覺心地寬閒惜愚羈身萬里之外未得與閣下同尋鷗鷺盟也健羨之餘益深依結承示小婿蘭臺及大女之意欲接內人至涿州居住托閣下為料理起程乘令婿胡保之完姻後挈眷回京

之便即可同行愚作客錦城歸期未卜兼之身有官適八到故鄉即有胥吏追呼之苦眷口北行赴涿暫依壻女居住俟小兒學生分發得有省分再定棲托之方未嘗非一善策保之本係世好且相從受業知其人頗幹練一路照應可以放心閣下爲愚悉心籌畫可勝感泐惟是長途盤費不貲急難措辦大兒媳係洗葊摠愛女未必放行此事謀之親戚恐勸阻者多仍作遷延之役耳此間道途遥遠諸事艱長莫及只可侍蘭臺信來再行寄銀接齋愚入春以來舊疴向愈眠食如常兒輩均各平安可慰綺注兹來方世兄回南之便專函佈臆敬候近祉諸惟垂詧不宣

十三

與三弟

月之二十五日張林等來省接吾弟手書備悉公事平安署中大小均各安吉欣慰無似蔺塘變生評閱試卷爲數無多想不致忙迫刻下已過初二覆矣計半月内當發長案也蔺塘有館課變生亦有志局編纂之事均不便久爲擔閣望於試事竣後即令回省俟秋涼天氣同來署中再作暢叙也寄來稟函銀兩已照單分送回信隨後寄來先遣張林等回署月白緞二尺二寸帶上又有安世兄一信油紙包一個查收兒日來眠食如常寓中大小均各平安勿念變生不另作諭有涿州來信一封付伊閲之大小姐又生一女娩後平安可爲慰意大嫂女娩期在即如能得男變生輩可在署中預湯餅會也此寄三弟覽之大妹均此並問三太太懿福姪兒女安好兩位娥娘好

復伯儒大姪

别後想念悠悠已彌旬懷念之私無時或釋接奉來函敬悉大姪履祉凝禧百凡順序欣慰無似閲端節後仍須隨秩山觀察前赴道爲橐筆贊勞定有機緣輻輳良深企望至所需松雲觀察書函現在軍務殷繁未便瑣瀆且刻下諸事未有眉目爲時尚早容俟稍遲再行札懇似爲有益張雲亦二兄前有書來諸承記注所囑之事亦尚未提及想與大姪同在觀察幕中朝夕晤面兹不另札均此致念愚近況如常舊恙向愈可以告慰綺念專占佈復並問行祺諸惟心照不宣

十四

致李松雲

睽違鈞誨月琯載更每懷知顧之殷備荷提攜之雅寸心馳戀與日俱長敬維先生行幰迎禧台祠集慶披猷而按塞展猷略以綏邊馬卿之諭檄推工無須磨盾裴相之軍儲早裕不事量沙出運掌之奇謀贊攻心之勝算竚見威宣虎帳氛靖魚通酬三捷之殊勳膺九重之懋賞翹瞻吉靄藻忭難名惟是櫛沐賢勞尚望起居珍攝此又私心所禱切者也芳燦舊疴向愈諸凡托芘平安適志輿地一門刊刻將次完竣現在詮次歷代人物及撰國朝職官人物小傳期於五月底脱稾錦江書院已於

月之初三日開館，援期閱課，精神尚可支持，可以告慰廑注。二兄資性高明，才筆健麗，現與顧商塘、瞿綬伯暨小兒燮生共結文課，英絕領袖之才，令人怖服。肅函布悃，敬候鈞祉。

復吳先生

睽違清誨，候易周星，夢轂心轅，時殷馳溯。接奉華翰，備荷垂注，懃拳過情，獎飾發函，莊誦感愧交并。藉稔大兄大人文祉增綏，褆躬多福，經神學府，研馬鄭之精思；辯圃詞宗，發淵雲之麗藻。為士流之矜式，知著撰之滿家。翹首吉暉，良深藻忭。弟棲遲志局，況味蕭寥，遲暮心情，已嗟蒲柳；殊方節物，又過葵榴。江湖白社之盟，燈火青山之約，時縈懷抱，出入無憀。所幸編纂之事，於夏秋之間可以告蕆，冬初擬整理歸裝，買舟南下。垂白之年，得還鄉里，想知已聞之，亦為慰意也。舍甥隨李松雲先生前赴鎮城，橐筆從軍，或有功名機會。尊函當附便寄交也。肅函布復，順候文祉，並璧台緘，不一。

與三弟

月之初八日毛清來省，接吾弟手書，知公事清閒，署中上下安好。新生姪兒肥白端正，甚是有趣。小姪女亦聰慧異常，可謂掌上雙珠矣。大姪女十六日滿月，身體安健，可喜。外孫女亦端整。欲寄小兒衣飾，未免數見不鮮，寄上小元寶四隻，以代錠鐲，可付大姪女哂收，並為道賀也。二十一日為吾弟生辰，安縣士民製錦旛，祝其文卻平常，兄又不便潤色，只好贊其佳妙，其意甚誠。屆期當開筵戲謝客，定然熱鬧。兄以志事敦迫，燮生亦有編輯之事，未能來署，殊深怏悒。寄上八仙慶壽扇一柄，聊以伴函。外紅燭四十斤、紹酒四大罈，寫票寄上，可即遣人來取。緣此間去取必以酸酒相欺，瑞誠係省城大號，吾弟遣人前來，或托宋誠號轉取，彼必不敢以酸酒搪塞也。去年曾寄道二兄酒八罈，酸不可飲，至今心中耿耿，今亦寄上一罈，以補吾過。有信一封，內票一張，可轉致二兄，一併來取。兄身體安適，志書雖甚敦迫，排日編纂，亦有餘閒。蘭塘如常來局，振華晨夕談心，燮生、虎兒輪當住局。日來陰雨過多，天氣未暑，偶過水榭、薛濤井各處，消遣如吾弟所云，隨事散誕，不致過勞心力也。專此佈賀，並問適安，不盡縷縷。此寄三弟覽之，並問三太太懿福，姪兒姪女安好，兩位娘姨好。

與大姪

字問大妹安好。十六日筠甥媳分娩，得一男，當即作信報喜。邰三親家處亦有書寄，署想均收覽。毛其清來，接吾妹來字，備悉種種。筠甥在鎮城，時有信來，刻下軍務告竣，留川之事有八九分把握，出月可以回省，殊為可喜。甥媳娩後身體健旺，真實從後長成結實。吾妹此時已得兩孫，將來孫曾滿堂，後福正未可量，可勝欣賀。至我兄妹均是六十外人，家務原可不必操心，所謂兒孫自有兒孫福也。安署日來甚為熱鬧，大姪女十六日滿月，接連又是三弟生日，當必開筵唱戲。新生姪兒肥白端正，聞甚有趣；小姪女亦聰慧異常。吾妹在彼，正可隨時消遣，無不稱心稱意，羨甚羨甚。兄在志局居住，亦頗安適。夔、麐二兒輪流到局隨侍，謝墉隔四五日必來住宿，辦理志書之暇，談文論詩，亦有樂趣。所望諸同事協力相幫，此月中將志書辦竣，俟筠甥回省後同來安署，過中秋節，可得一番歡聚也。前寄來信已寄交筠甥。此間謝墉、夔生時有信寄錫城，可無廑念。此寄大妹覽之。

閒元賓安好

致李松雲

天中御後，接奉鈞函，知前壯無械，已登掌記，備荷垂情眷注，鏌鋣難名。敬稔先生行旌凝禧，台祺篤慶，竝膺功之迅奏，占頤福之鼎來。惟是櫛沐宣勞，壽謀勤暇，尤望順時調攝，保愛玉躬，是所私心切禱者也。外甥顧筠追隨左右，仰蒙飲食教誨，通格栽培，高厚師恩，全家頂感。芳燦樓連志局，荷蒙就痊，編纂之事幸無曠員程。刻下輿地、食貨、武備各門陸續刊刻，將次完竣；職官、人物亦期於六月中脫稿付刻，通勉從事，精神尚可支持，足以告慰廑念。候補令許復料奉委解銀，前赴鑪城叩謁崇轅，面請訓示，所望賜以噓荼，同深感泐。肅函佈悃，敬請鈞祉，統希垂鑒不宣。

與三妹

五月二十日沈五世兄送來安信一封，並玉玩、蒲桃、水烟等物，均已收到。閱信知吾妹身體平安，寓中甥兒女輩均各孟吉，欣慰無量。去年夏間所寄信物，幸未遺失，但苦無的便，閣在箱中幾及半年矣。今接信知吾妹要綿紬兩尺，足添買寄上查收。玉玩等物已專差寄至安縣署中，並三弟有回信，並有銀兩、紬綾，托沈五世兄帶蘭，可照信查收也。兄去冬舊恙復發，幾至委頓，藥餌調理，刻下已經復元，眠食如常，可無廑念。惟是年過六十，精神究不如前，今年秋冬之間志書告成，擬作回南之計。所慮者甘肅宦項為數至九千之多，期限已迫，不知作何歸結。如回家鄉，更難辦理。頃聞妹丈已蒙制憲保舉，不日可升知府，不識能為代展一籌否？如有可通融之處，庶可遂歸田之願，否則前路茫茫，正難預料也。夔、麐兩兒均在左右，麐生媳婦暨孫兒女輩相聚，頗慰旅懷，然食指浩繁，支持不易，錦城久住亦非長策，總須攜回無錫，纔能放心耳。餘詳妹丈信中，不多及。此寄三妹覽之。

復麗生

接奉還雲，備紉存注，懃拳語長心重，發函莊誦，感戢靡涯。藉稔八弟親家大人文祉綏和，侍奉曼福，蘭陔香滿，荷沼香清，庭闈之常膳有加，箱篋之新篇日富，鶴心萬里，鳳味八音，翹首吉雲欣慰無量。愚棲遲志局，况味如常，惟是編纂將次告成，卷帙愈形繁冗，几案縱横，有如獺祭魚鱗雜襲，令人心目俱眩。所幸舊疴向愈，精力尚可支持，不甚以為苦耳。閣下所纂武備一門，將次刊刻完竣，惟首卷尚未成編。春間譚鐵簫先生托陳雲驤代為纂錄，而雲驤旋赴鹽城，聞轉交汪少海續纂，未知月内能竣事否。香南新作數篇附還，志事敦促，未能細閲。内有莫見乎隱一篇，不知何人携去，俟查出當續寄也。安縣音問時通，官况安善，署中大小俱平善，可慰綺念。肅此佈復，並候文祉，諸惟垂鑒，不宣。

復麗生

前月曾肅寸緘，敬候興居，並申鄙悃，想登清鑒。茲奉手教，備荷注存，綢繆之思，溢於楮墨，迴環三復，感沏五中。藉稔閣下履祉康娱，侍奉曼福，浴蘭節過，來菊詩多，奉香餘於雕胡，奏新篇於側理，澄懷鏡朗，碩福鼎來，翹首吉雲，曷勝藻忭。香南文筆俊健，較前大進，固屬父師教督之功，亦其天機濬發，故此疊出清新。現在且宜多作小題，以厲其鋒穎，至於理題，可緩為之。愚意如此，不識吾弟以為何如。凝生為志書所困，詩詞一道，今年竟未動筆。偶同蔺塘輩會課作時文，亦覺性情不屬也。愚老嬾無能，近亦閣筆，托名養疴，實以藏拙耳。茲因尊紀回署之便，肅泐數行佈復，並請文祉，諸惟珍重，不宣。

與麗生

麗生親家仁弟大人閣下：接奉手書，備荷存注，出入懷袖，如挹風儀，纏綿之思，久而彌篤。敬稔閣下文祉增綏，侍奉曼福，蔴桃古藉，鼓吹高文，異錦千鑷，播其藻華，名醞百末，助其馨逸。著作之富，定盈篋笥，惜未能剪燈共賞，高吟擊節，私衷悵怏，如何可言。愚棲屑錦城，旅况寥落，雖鷦栖之可憐，恐鷗盟之久寒。客中去住，不能自主，求衣寄食，實非素心。玉溪所云屏除俗累，打鐘掃地，作清涼山行者，此願未知何日能遂也。志局於月抄可撤，愚已定移寓於南門之紅照壁，係勉從諸生之請，與書院相近耳。〃生桂林院中之高才生，茲回巴縣應試，仰慕盛名，欲申摳謁，祈閣下進而教之，幸甚。此候文祺，諸惟垂照，不盡欲言。並問香南賢姪倩文佳。

分致陳譚

日[illegible]與閣下編次通志目錄，擬將雜傳編入雜類志。今細思之，於體例究為未協。此係列傳之體，仍應分綴職官人物之末為是。其版心兩字標目之處，上寫職官，下寫雜傳，人物亦然，不必泥定人物為褒詞。昔人云臧否人物，兼臧與否而言之，則知人物二字為籠統之詞也。再此傳應列於職官人物之末，以終其局。至國朝職官人物，均別為一編，亦不相妨碍。愚見如此，尚祈高明（裁定）酌之。此候升安，不一。

復嚴貫亭

接奉環雲，備紉垂注，並蒙家人李琨已蒙轉薦巴縣吉明府處，
仰蒙雅愛，慇拳有加，靡已。發函伸紙，感泐五中，敬稔三兄大人
簪紱凝禧，稛馮集祐，金穰有兆，占樂職之中和；玉樹增榮，羨天
倫之豫順，重碧泛延齡之醞，小紅開稱意之花，翹首台垣，良殷
臮藻。弟棲遲志局，況味如常，刻下通志稿本雖已告成，而人物
一志潤飾良非易易，全書進呈之期約在明歲仲春，是以方伯
諸公雅意相留，擬將錦江講席增加脩脯，以為安硯之地。弟思
依人作計，遠近無殊，雖餞故國之思，不無舊遊之戀，流行坻止，
只可聽之。聞日內商之大府，即有成説，俟訂定送關後再作札
佈陳，種種也。茲因書院余生天民來渝叩謁，之便肅函敬復，順
請鈞祉，諸惟朗鑒，不宣。

復心陔先生

日前接奉良書，知前寄寸緘已登清覽，備荷懃拳，眷愛感泐靡
涯。藉稔閣下文祉增綏，著作日富，良深健羨。弟衰病侵尋，近況
寥落，無可告慰。知已志局編纂之事業已告蕆，於月之二十五
日散館，惟校讐刊刻尚須時日，弟蒙方伯諸公相留，仍主錦江
書院，俟通志進呈，諸生試後再理歸裝。難謀三徑之資，戀此
一經之席，五湖烟水恐鷗鷺之笑人也。王慎齋觀察名德碩望，
素所欽挹，通志小傳局於規格，恐不足宣揚緯績，愧歎之至。王

忠祠記久負諾責，稍暇當屬稿呈教，耑此佈復，並候文祉，不宣。
恊之三弟均此，道念容日另札郵寄也。

致吉都轉

敬啟者：錦城侍教，備荷隆情，春間叩送旌麾，彈指七更月葵，寸
心馳戀，與日俱長。敬維大兄大人棨戟凝禧，籌䇲集慶，正三徽
之犀祐，欣百福之來同，計裕度支，筦榷重桓寬之論，規嚴禹莢，
轉輸邁劉晏之猷，僚屬臚歡，商民額頌，翹瞻瑞靄，藻忭曷勝。弟
錦城留滯，近況托芘平安，通志編纂之事已於十月告成，本擬
作即南歸之計，蒙制府方伯諸公雅意相留，仍主錦江講席，丙
科在邇，俟諸生試後再定歸期，大約明歲冬間當得趨承杖履
也。茲有啟者，雙流令汪士侃捐升員外，離任回籍，因囊橐蕭然，
不能入都候補，擬於近省謀一枝棲，暫資糊口，渠向在弟處受
業，知其學問尚優，或書院或西席均能誘掖後進，可否仰求垂
憐舊屬，賜以噓茶，則感激洪施不獨汪生一人已也。肅慕、蕪啟，
敬請鈞祺，伏祈垂鑒，不宣。

復陸平泉學使

接奉琅函，知前邨蕪緘已登鑒記，備荷懃拳，存注獎飾，過情盥
誦，週環曷勝，銘感。敬稔大人懋履延禧，台稛集慶，播著撰之宏
富，為群士之楷模，惜未能侍春風之座，窺東壁之藏也。承諭延
請剧生為漢俘，依蓮幕，詞意藹懇，脩脯優厚，具見大人虛懷愛

士之感心當即告知周生同深感激無如渠有家累未能遠離體羸多病憚於跋涉且日内已就高晴江家授徒之館未便更易此外又無相信之人可以應命者有辜雅愛歉悚增深肅函佈覆敬候鈞祺芳燦再拜

謝劉羅江

夏間台旌駐省得挹清徽荷蒙雅愛殷拳良深心感頃貫紀來局接奉瑤函心重語長獎借逾格廻環莊誦銘佩益深藉稔大兄大人政祉增綏起居曼福瞻聆吉雲欣忭無量戢照蒙名筆寫成額上三毫不減長康神品惟土木形骸不稱丹青藻飾耳感劝之私更非言諭肅緘鳴謝敬請升祺附璧謙柬不宣

復沈庚軒

前月文旌在省備荷關情別後懷思時深洄溯正擬肅函佈候廼承華翰先施既存注之多情復獎飾之逾格發緘莊誦感愧交并敬維大兄大人懋祉增綏潭署曼福庭無留牘常留清燕之香室有鳴琴閒譜中和之樂翹瞻吉靄忭頌曷勝春塘舍親同至衙齋備承雅愛茲以貴友不來囑令辦理刑錢一席渠於此道頗稱諳練必能仰副良知至少雲先生處已托彤軒轉致自能妥協弟日内如見少雲亦當面述尊意也專此佈覆並候升祉諸惟朗鑒不宣

失目

接奉瑤函備承存注懃奉寸心銘佩並稔世大兄政祉增綏潭祺懋集欣忭無似寄來張眾秋水先生書一封盤費十兩當即面交渠心深為感激另有書奉謝茲因華晴川表妹由蜀赴黔路出花封肅函佈候升祺弟之近狀晴川自能細述不盡欲陳

後記

無錫是中國吴文化的發祥地。七千多年悠久歷史與文明，造就了『梁溪明秀之區，衣冠禮樂甲於江左』的城市人文傳統和深厚的歷史文化底蘊。數千年來，文脉綿延，永世流芳。邵寶在《錫山遺響》序中曾經這樣描述：『錫之爲邑，在三吴間。山水清麗豐曠，生其地者，多沉雅秀整，以文名家，代不乏人。』文化已經成爲這座城市最本色的氣質。爲傳承吴地文明，建設文化名城，進一步彰顯無錫城市内在精神特質，經過幾年的精心策劃，旨在全面整理地方文化典籍的《無錫文庫》編纂出版工作於二〇一〇年全面啓動，二〇一一年起陸續與讀者見面了。

無錫的城市文化曾經爲中華文化寶庫作出過巨大貢獻。顧愷之、倪瓚、王紱、鄒一桂、賀天健、徐悲鴻、錢松嵒、吴冠中，如松秀群嶺，在中國繪畫史上擁有很高的地位；華秋蘋、楊蔭瀏、劉天華、華彦鈞（阿炳），乃韵動天籟，對中國音樂發展發揮了重要作用；李紳、蔣防、尤袤、蔣捷、陳維崧、顧貞觀、嚴繩孫、周濟、劉半農，皆胸懷錦綉，在中國文學史上可謂各領風騷；計六奇、顧祖禹、顧棟高、秦蕙田、嵇璜、錢基博、錢穆、錢鍾書、錢海岳，可稱堂奥廣庭，學造淵源，在中國學術史上卓然大家；顧憲成、高攀龍之東林，唐文治之『國專』，徐霞客之游記，徐壽、華蘅芳之『格致之學』，陳翰笙、錢俊瑞、孫冶方、薛暮橋之經濟學，都堪稱中華文化史上的一座座高峰，至今閃耀着炫目的光芒。

整合，又突出重點，考慮到文庫的涵蓋面和系統性；在書目選擇上既注重經典性，又强調代表性，兼顧到圖書本身質量和作者特點；在出版方式上既總體規劃、循序推進，又采取較爲靈活的方式，成熟一批出版一批，不編序號，爲今後增補書目預留空間。

尊重歷史又反映時代特色。《無錫文庫》注重歷史性與時代性相結合，以嶄新的學術角度和現代學科理念對城市歷史文化進行整理和弘揚。編纂工作充分體現對歷史傳統的尊重，儘可能減少評述性成分，杜絶截割、改篡、增删圖書内容，對節選本祇采取作者的自選本。與此同時，以現代學術視野來看待傳統史料，增加收録有價值的歷史資料和文獻，如對民國時期的一些稿本、期刊、會刊、紀念册也予以應有的關注，收入了部分重要的民間史料。

保持原貌又便于讀者查閱。《無錫文庫》除第五輯外，全部采用原版影印方式，力争選擇最優版本作底本，保持文獻著作的歷史面目。爲了便於閱讀、查證、使用、研究，每一輯均撰寫編輯説明，每種書撰寫提要，并編撰《文庫》書目索引。通過這樣的方式，使《無錫文庫》兼具工具書檢索的作用，增强文化典籍整理的實用功能。

如期完成又精益求精。《無錫文庫》作爲一項重大文化工程，編纂工作面廣量大，必須集中力量，一鼓作氣。我們明確，從編纂工作全面啓動開始，花三年時間完成《無錫文庫》出版工作。《無錫文庫》總書目形成後，五輯的書目編纂工作同時開展，整體推進。我們要求，《無錫文庫》編纂出版工作要强化精品意識，力求思想精深、内容精彩、選編精當、學風精良、裝幀精美。文庫編纂出版的每個環節都反復論證推敲，確保經得起歷史檢驗。

《無錫文庫》的編纂出版工作，得到了鳳凰出版傳媒集團的大力支持，鳳凰出版社在版本選擇、編輯出版方面做了細緻的工作；由於《無錫文庫》收録的資料有三分之二散落在全國各圖書館中，中國國家圖書館、上海圖書館、南京圖書館等一批國内知名圖書館爲此提供了積極的幫助；應邀擔任《無錫文庫》學術顧問的專家，都是無錫籍的文化名人和國内一流的古籍研究專家，他們有的不顧年事已高，有的不顧自身工作繁忙，爲《無錫文庫》的編纂工作付出辛勤勞動；《無錫文庫》工作委員會和編輯委員會成員以及編務人員在文庫編纂出版過程中做了大量的工作。在此，謹向他們表示崇高的敬意和由衷的謝忱！

由於《無錫文庫》收録内容涉及範圍廣、時間跨度長，部分書目已經散佚，可利用資料受到限制，加之編輯委員會水平有限，《無錫文庫》的編纂工作難免會有一些疏漏和錯誤，不當之處敬請讀者指正。

王立人

二〇一一年一月